Java™

COMO PROGRAMAR

10ª EDIÇÃO

Java™

COMO PROGRAMAR

10ª EDIÇÃO

Paul Deitel

Deitel & Associates, Inc.

Harvey Deitel

Deitel & Associates, Inc.

Tradutor:

Edson Furmankiewicz

Docware Traduções Técnicas

Revisão técnica:

Fábio Luis Picelli Lucchini

Bacharel em Ciência da Computação pelo Centro Universitário Padre Anchieta

Mestre em Engenharia da Computação pela Unicamp (FEEC)
Professor Universitário do Centro Universitário Padre Anchieta

Pearson

Diretora de produtos	Gabriela Diuana
Supervisora	Silvana Afonso
Coordenador	Vinícius Souza
Editora de texto	Sabrina Levensteinas
Editora assistente	Karina Ono
Preparação	Ana Mendes e Sérgio Nascimento
Revisão	Márcia Nunes
Capa	Solange Rennó, sobre o projeto original de Paul Deitel, Harvey Deitel, Abbey Deitel, Barbara Deitel e Laura Gardner
Projeto gráfico e diagramação	Docware Traduções Técnicas

Printed in Brazil by Reproset RPSA 228376

Dados Internacionais de Catalogação na Publicação (CIP)
(Câmara Brasileira do Livro, SP, Brasil)

Deitel, Paul
Java: como programar / Paul Deitel, Harvey Deitel; tradução Edson Furmankiewicz; revisão técnica Fabio Lucchini. -- São Paulo: Pearson Education do Brasil, 2017.

Título original: Java: how to program 10. ed. norte-americana.
Bibliografia
ISBN 978-85-430-0479-2
1. Java (Linguagem de programação para computador) I. Deitel, Harvey. II . Título.

16-01233 CDD-005.133

Índice para catálogo sistemático:
1. Java : Linguagem de programação: computadores: Processamento de dados 005.133

Direitos exclusivos cedidos à
Pearson Education do Brasil Ltda.,
uma empresa do grupo Pearson Education
Av. Francisco Matarazzo, 1400,
7º andar, Edifício Milano
CEP 05033-070 - São Paulo - SP - Brasil
Fone: 19 3743-2155
pearsonuniversidades@pearson.com

Distribuição
Grupo A Educação
www.grupoa.com.br
Fone: 0800 703 3444

MISTO
Papel | Apoiando o manejo florestal responsável
FSC® C103535

Para Brian Goetz,

Arquiteto de linguagem Java e líder da especificação do projeto Lambda do Java SE 8 da Oracle:

Sua orientação nos ajudou a fazer um livro melhor. Obrigado por insistir para que fizéssemos a coisa certa.

Paul e Harvey Deitel

Sumário

23 Concorrência 747

24 Acesso a bancos de dados com JDBC 813

Capítulos e apêndices do Site de Apoio

Os capítulos 26 a 34 e os Apêndices F a N estão disponíveis no Site de Apoio do livro.

Apresentação

Eu me apaixonei pelo Java mesmo antes do seu lançamento 1.0 em 1995, e fui posteriormente desenvolvedor, autor, palestrante, professor e embaixador de tecnologia Oracle Java. Nessa jornada, tive o privilégio de chamar Paul Deitel de colega, e com frequência adotei e recomendei seu livro *Java: como programar*. Em suas muitas edições, ele provou ser um ótimo texto para cursos universitários e profissionais que eu e outros criamos a fim de ensinar a linguagem de programação Java.

Uma das qualidades que torna esta obra um grande recurso é sua cobertura completa e clara dos conceitos Java, incluindo aqueles introduzidos recentemente no Java SE 8. Outro atributo útil é seu tratamento dos aspectos e das práticas essenciais para o desenvolvimento de software eficaz.

Como fã de longa data deste livro, quero destacar algumas das características desta décima edição sobre as quais estou mais empolgado:

- Um novo capítulo ambicioso sobre expressões e fluxos lambda Java. Ele começa com uma cartilha sobre programação funcional, introduzindo termos lambda Java e como usar fluxos para executar tarefas de programação funcional em coleções.

- Embora a concorrência já tenha sido abordada desde a primeira edição do livro, ela é cada vez mais importante por causa das arquiteturas multiprocessadas. Há exemplos de trabalho com tempo — usando as novas classes API de data/hora introduzidas no Java SE 8 — no capítulo sobre concorrência que mostram as melhorias de desempenho com multiprocessamento sobre o processamento simples.

- JavaFX é a tecnologia gráfica e multimídia do Java que avança para o futuro, assim é interessante ver três capítulos didáticos voltados ao JavaFX baseado em código ativo dos Deitel. Um desses capítulos está no livro impresso e os outros dois estão disponíveis no Site de Apoio.

Por favor, junte-se a mim a fim de parabenizar Paul e Harvey Deitel por sua edição mais recente de um recurso maravilhoso para estudantes da ciência da computação, bem como para desenvolvedores de software!

James L. Weaver
Embaixador da tecnologia Java
Oracle Corporation

Prefácio

"O principal mérito da língua é a clareza..."

— Galeno

Bem-vindo à linguagem de programação Java e *Java: como programar, 10ª edição!* Este livro apresenta as tecnologias de computação de ponta para estudantes, professores e desenvolvedores de software. Ele é apropriado para sequências introdutórias de cursos acadêmicos e profissionais baseadas nas recomendações curriculares da ACM e IEEE, e para a preparação para o exame AP Computer Science.

Destacamos as melhores práticas de engenharia de software. No cerne do livro está a assinatura "abordagem de código ativo" Deitel — em vez do uso de trechos de código, apresentamos conceitos no contexto de programas de trabalho completos que são executados nas versões recentes do Windows®, OS X® e Linux®. Cada exemplo de código completo é acompanhado por execuções de exemplo.

Entrando em contato com os autores

Depois de ler o livro, se você tiver dúvidas, envie um e-mail para nós em

`deitel@deitel.com`

e responderemos prontamente. Para atualizações sobre este livro, visite

`http://www.deitel.com/books/jhtp10`

assine a newsletter *Deitel® Buzz Online* em

`http://www.deitel.com/newsletter/subscribe.html`

e associe-se às comunidades de redes sociais Deitel em

- Facebook® (`http://www.deitel.com/deitelfan`)
- Twitter® (`@deitel`)
- Google + ™ (`http://google.com/+DeitelFan`)
- YouTube® (`http://youtube.com/DeitelTV`)
- LinkedIn® (`http://linkedin.com/company/deitel-&-associates`)

Todo o código-fonte está disponível em:

`http://www.deitel.com/books/jhtp10`

Organização modular

Java: como programar, 10ª edição é apropriado para vários cursos de programação em vários níveis, mais notavelmente cursos e sequências de cursos de Ciência da Computação 1 e 2 nas disciplinas relacionadas. A organização modular do livro ajuda os professores a planejar seus planos de estudos:

Introdução

- Capítulo 1, Introdução a computadores, internet e Java
- Capítulo 2, Introdução a aplicativos Java – entrada/saída e operadores
- Capítulo 3 , Introdução a classes, objetos, métodos e strings

Fundamentos de programação adicionais

- Capítulo 4, Instruções de controle: parte 1; operadores de atribuição ++ e --
- Capítulo 5, Instruções de controle: parte 2; operadores lógicos
- Capítulo 6, Métodos: um exame mais profundo
- Capítulo 7, Arrays e ArrayLists
- Capítulo 14, Strings, caracteres e expressões regulares
- Capítulo 15, Arquivos, fluxos e serialização de objetos

Programação orientada a objetos e projeto orientado a objetos

- Capítulo 8, Classes e objetos: um exame mais profundo
- Capítulo 9, Programação orientada a objetos: herança
- Capítulo 10, Programação orientada a objetos: polimorfismo e interfaces
- Capítulo 11, Tratamento de exceção: um exame mais profundo
- **(Site de Apoio)** Capítulo 33, Estudo de caso ATM, parte 1: projeto orientado a objetos com a UML
- **(Site de Apoio)** Capítulo 34, Estudo de caso ATM, parte 2: implementando um projeto orientado a objetos

Interfaces gráficas Swing e gráficos Java 2D

- Capítulo 12, Componentes GUI: parte 1
- Capítulo 13, Imagens gráficas e Java 2D
- Capítulo 22, Componentes GUI: parte 2

Estruturas de dados, coleções, lambdas e fluxos

- Capítulo 16, Coleções genéricas
- Capítulo 17, Lambdas e fluxos Java SE 8
- Capítulo 18, Recursão
- Capítulo 19, Pesquisa, classificação e Big O
- Capítulo 20, Classes e métodos genéricos
- Capítulo 21, Estruturas de dados genéricas personalizadas

Concorrência; rede

- Capítulo 23, Concorrência
- **(Site de Apoio)** Capítulo 28, Redes

Interfaces gráficas do usuário, imagens gráficas e multimídia JavaFX

- Capítulo 25, GUI do JavaFX: parte 1
- **(Site de Apoio)** Capítulo 26, GUI do JavaFX: parte 2
- **(Site de Apoio)** Capítulo 27, Imagens gráficas e multimídia JavaFX

Área de trabalho voltada a banco de dados e desenvolvimento web

- Capítulo 24, Acesso a bancos de dados com JDBC
- **(Site de Apoio)** Capítulo 29, Java Persistence API (JPA)
- **(Site de Apoio)** Capítulo 30, Aplicativos Web JavaServer™ Faces: parte 1
- **(Site de Apoio)** Capítulo 31, Aplicativos Web JavaServer™ Faces: parte 2
- **(Site de Apoio)** Capítulo 32, Serviços web baseados em REST

Recursos novos e atualizados

Eis as atualizações que fizemos em *Java: como programar, 10ª edição:*

Java Standard Edition: Java SE 7 e o novo Java SE 8

- ***Fácil de usar com Java SE 7 ou Java SE 8.*** Para atender as necessidades do nosso público, projetamos o livro para cursos universitários e profissionais com base no Java SE 7, Java SE 8 ou uma combinação de ambos. Os recursos Java SE 8 são abordados em seções opcionais fáceis de incluir ou omitir. As novas capacidades Java SE 8 podem melhorar dramaticamente o processo de programação. A Figura 1 apresenta alguns novos recursos Java SE 8 que abordamos.
- ***Lambdas, fluxos e interfaces com métodos `default` e `static` Java SE 8.*** Os novos recursos mais significativos no JavaSE 8 são lambdas e tecnologias complementares, que abordamos em detalhes no Capítulo 17 opcional e nas seções opcionais marcadas "Java SE 8" nos capítulos posteriores. No Capítulo 17, você verá que a programação funcional com lambdas e fluxos pode ajudá-lo a escrever programas de maneira mais rápida, concisa e simples, com menos bugs e que são mais fáceis de paralelizar (para obter melhorias de desempenho em sistemas multiprocessados) do que programas escritos com as técnicas anteriores. Você verá que a programação funcional complementa a programação orientada a objetos. Depois de ler o Capítulo 17, você será capaz de reimplementar de maneira inteligente muitos dos exemplos Java SE 7 ao longo do livro (Figura 2).

Recursos Java SE 8
Expressões lambda
Melhorias na inferência de tipos
`@FunctionalInterface`
Classificação de arrays paralelos
Operações de dados em massa para coleções Java — `filter`, `map` e `reduce`
Melhorias na biblioteca para suportar lambdas (por exemplo, `java.util.stream`, `java.util.function`)
API de data & hora (`java.time`)
Melhorias na API de concorrência Java
Métodos `static` e `default` nas interfaces
Interfaces funcionais — interfaces que definem apenas um método `abstract` e podem incluir os métodos `static` e `default`
Melhorias no JavaFX

Figura 1 | Alguns novos recursos Java SE 8.

Temas pré-Java SE 8	Discussões e exemplos Java SE 8 correspondentes
Capítulo 7, Arrays e ArrayLists	As seções 17.3 e 17.4 introduzem capacidades básicas de lambda e fluxos que processam arrays unidimensionais.
Capítulo 10, Programação orientada a objetos: polimorfismo e interfaces	A Seção 10.10 apresenta os novos recursos de interface Java SE 8 (métodos `default`, métodos `static` e o conceito de interfaces funcionais) que suportam a programação funcional com lambdas e fluxos.
Capítulos 12 e 22, Componentes GUI: partes 1 e 2, respectivamente	A Seção 17.9 mostra como usar um lambda para implementar uma interface funcional de ouvinte de eventos Swing.
Capítulo 14, Strings, caracteres e expressões regulares	A Seção 17.5 mostra como usar lambdas e fluxos para coleções de processo dos objetos `String`.
Capítulo 15, Arquivos, fluxos e serialização de objetos	A Seção 17.7 mostra como usar lambdas e fluxos para processar linhas de texto de um arquivo.
Capítulo 23, Concorrência	Mostra que programas funcionais são mais fáceis de paralelizar para que possam tirar proveito das arquiteturas multiprocessadas a fim de melhorar o desempenho. Demonstra o processamento paralelo de fluxos. Mostra que o método `parallelSort` de `Arrays` melhora o desempenho em arquiteturas multiprocessadas ao classificar grandes arrays.
Capítulo 25, GUI do JavaFX: parte 1	A Seção 25.5.5 mostra como usar um lambda para implementar uma interface funcional de ouvinte de eventos JavaFX.

Figura 2 | Discussões e exemplos de lambdas e fluxos Java SE 8.

- ***Instrução "`try` com recursos" e a interface `AutoClosable` do Java SE 7.*** Objetos `AutoClosable` reduzem a probabilidade de vazamentos de recursos quando você os usa com a instrução "`try` com recursos", que automaticamente fecha os objetos `AutoClosable`. Nesta edição, usaremos "`try` com recursos" e objetos `AutoClosable` conforme apropriado no Capítulo 15, Arquivos, fluxos e serialização de objetos.

- ***Segurança do Java.*** Nosso livro foi auditado com base no CERT Oracle Secure Coding Standard for Java e foi considerado apropriado como um livro introdutório.

  `http://www.securecoding.cert.org/confluence/display/java/SEI+CERT+Oracle+Coding+Standard+for+Java`

  Consulte a seção "Programação Java segura" deste Prefácio para obter mais informações sobre o CERT.

- ***Java NIO API.*** Atualizamos os exemplos de processamento de arquivos no Capítulo 15 para usar os recursos da API Java NIO (novo IO).

- ***Documentação Java.*** Ao longo do livro, fornecemos links para a documentação Java em que você pode aprender mais sobre os vários temas que apresentamos. Para a documentação Java SE 7 , os links começam com

  `http://docs.oracle.com/javase/7/`

e para a documentação Java SE 8, os links começam com

  `http://download.java.net/jdk8/`

  Esses links para o Java SE 8 começam com

  `http://docs.oracle.com/javase/8/`

  Para quaisquer links que mudarem após a publicação, vamos postar atualizações em

  `http://www.deitel.com/books/jhtp10`

Interface, elementos gráficos e multimídia Swing e JavaFX

- ***Interface Swing e elementos gráficos Java 2D.*** A interface gráfica Swing do Java é discutida nas seções "Interface e elementos gráficos" opcionais nos capítulos 3 a 10 e nos capítulos 12 e 22. O Swing agora está no modo de manutenção — a Oracle interrompeu seu desenvolvimento e daqui para a frente só fornecerá correções para bugs, mas continuará a ser parte do Java e ainda é amplamente utilizada. O Capítulo 13 discute elementos gráficos Java 2D.

- ***Interface, elementos gráficos e multimídia JavaFX.*** Daqui para a frente, a API de interface, elementos gráficos e multimídia do Java é o JavaFX. No Capítulo 25, utilizamos o JavaFX 2.2 (lançado em 2012) com o Java SE 7. Os capítulos 26 e 27 — localizados no Site de Apoio do livro, em inglês — apresentam recursos adicionais da interface JavaFX e introduzem elementos gráficos e multimídia JavaFX no contexto do Java FX 8 e Java SE 8. Nos capítulos 25 a 27 usamos o Scene Builder — uma ferramenta de arrastar e soltar para criar GUIs JavaFX de maneira rápida e conveniente. Trata-se de uma ferramenta autônoma que você pode usar separadamente ou com qualquer um dos IDEs Java.
- ***Apresentação escalonável da interface e elementos gráficos.*** Professores que dão cursos introdutórios têm um amplo espectro de possibilidades quanto à profundidade da abordagem dos assuntos relacionados com interface, elementos gráficos e multimídia — desde nenhuma ou apenas passando pelas seções introdutórias opcionais nos primeiros capítulos, até um profundo tratamento da interface Swing e dos elementos gráficos Java 2D nos capítulos 12, 13 e 22, passando por uma abordagem detalhada do JavaFX no Capítulo 25 e nos capítulos 26 e 27, no Site de Apoio.

Concorrência

- ***Concorrência para melhor desempenho com multiprocessamento.*** Na edição norte-americana, tivemos o privilégio de ter como revisor Brian Goetz, coautor de *Java Concurrency in Practice* (Addison-Wesley). Atualizamos o Capítulo 23, com a tecnologia e a linguagem Java SE 8. Adicionamos um exemplo de `parallelSort` *versus* `sort` que usa a Java SE 8 Date/Time API para cronometrar cada operação e demonstrar o melhor desempenho do `parallelSort` em um sistema multiprocessado. Incluímos um exemplo de processamento de fluxo paralelo *versus* sequencial no Java SE 8, mais uma vez usando a API de data/hora para mostrar melhorias de desempenho. Por fim, adicionamos um exemplo de `CompletableFuture` Java SE 8 que demonstra a execução sequencial e paralela dos cálculos de longa duração.
- ***Classe*** **`SwingWorker`.** Usamos a classe `SwingWorker` para criar interfaces com o usuário com múltiplos threads. No Capítulo 26, no Site de Apoio, em inglês, mostramos como o JavaFX trata a concorrência.
- ***A concorrência é desafiadora.*** Programar aplicativos concorrentes é difícil e propenso a erro. Há uma grande variedade de recursos de concorrência. Destacamos aqueles que a maioria das pessoas deve usar e mencionamos aqueles que devem ser deixados para especialistas.

Obtendo valores monetários certos

- ***Valores monetários.*** Nos primeiros capítulos, por conveniência, usamos o tipo `double` para representar valores monetários. Em razão do potencial de cálculos monetários incorretos com o tipo `double`, a classe `BigDecimal` (que é um pouco mais complexa) deve ser usada para representar valores monetários. Demonstramos `BigDecimal` nos capítulos 8 e 25.

Tecnologia de objetos

- ***Programação e design orientados a objetos.*** Utilizamos a abordagem antecipada de *objetos,* introduzimos os conceitos básicos e a terminologia da tecnologia de objetos no Capítulo 1. Os estudantes desenvolvem suas primeiras classes e objetos personalizados no Capítulo 3. Apresentar objetos e classes logo no início faz com que os estudantes "pensem sobre objetos" imediatamente e dominem esses conceitos mais a fundo. [Para os cursos que requerem uma abordagem de objetos posterior, considere a versão *Late Objects* de *Java How to Program, 10/e.*]
- ***Estudos de caso do mundo real com a introdução antecipada de objetos.*** A apresentação antecipada de classes e objetos mostra estudos de caso com as classes `Account`, `Student`, `AutoPolicy`, `Time`, `Employee`, `GradeBook` e `Card`, introduzindo gradualmente os conceitos de orientação a objetos mais profundos.
- ***Herança, interfaces, polimorfismo e composição.*** Usamos uma série de estudos de caso do mundo real para ilustrar cada um desses conceitos de orientação a objetos e explicar situações em que cada um é preferível para construir aplicativos de força industrial.
- ***Tratamento de exceções.*** Integramos o tratamento básico de exceções no início do livro e então apresentamos um tratamento mais profundo no Capítulo 11. O tratamento de exceções é importante para construir aplicativos de "missão crítica" e "cruciais para os negócios". Os programadores precisam estar cientes sobre "O que acontece quando o componente que chamamos para fazer um trabalho experimenta dificuldades? Como esse componente sinalizará que teve um problema?" Para utilizar um componente Java, você precisa saber não apenas como esse componente se comporta quando as "coisas vão bem", mas também que exceções esse componente "lança" quando as "coisas dão errado".
- ***A classe*** **`Arrays`** ***e*** **`ArrayList`.** O Capítulo 7 agora abrange a classe `Arrays` — que contém métodos para realizar manipulações de array comuns — e a classe `ArrayList` — que implementa uma estrutura de dados parecida a um array dinamicamente redimensionável. Isso segue nossa filosofia de obter muita prática usando as classes existentes e aprendendo como definir suas próprias classes. A rica seleção de exercícios do capítulo inclui um projeto substancial de construção de seu próprio computador pela técnica de simulação de software. O Capítulo 21 inclui um projeto de seguimento sobre como construir seu próprio compilador que

pode transformar programas de linguagem de alto nível em código de linguagem de máquina que executará em seu simulador de computador.

- ***Estudo de caso opcional: desenvolvimento de um projeto orientado a objetos e implementação de um caixa eletrônico em Java.*** Os capítulos 33 e 34, em inglês, no Site de Apoio, incluem um estudo de caso *opcional* sobre o projeto orientado a objetos utilizando a UML (Unified Modeling Language™) — a linguagem gráfica padrão da indústria para modelagem de sistemas orientados a objetos. Projetamos e implementamos o software para um caixa automático simples. Analisamos um documento dos requisitos típicos que especifica o sistema a ser construído. Determinamos as classes necessárias para implementar esse sistema, os atributos que precisam ter, os comportamentos que precisam exibir e especificamos como elas devem interagir entre si para atender os requisitos do sistema. A partir do projeto, produzimos uma implementação Java completa. Os alunos muitas vezes relatam ter um "momento de iluminação" — o estudo de caso os ajuda a "juntar tudo" e realmente compreender a orientação a objetos.

Estruturas de dados e coleções genéricas

- ***Apresentação das estruturas de dados.*** Começamos com a classe genérica `ArrayList` no Capítulo 7. Nossas discussões posteriores sobre estruturas de dados (capítulos 16 a 21) fornecem um tratamento mais profundo das coleções genéricas — mostrando como usar as coleções incorporadas da API Java. Discutimos a recursividade, que é importante para implementar classes da estrutura de dados em forma de árvore. Discutimos os algoritmos populares de pesquisa e classificação para manipular o conteúdo das coleções, e fornecer uma introdução amigável ao Big O — um meio de descrever como um algoritmo pode ter de trabalhar muito para resolver um problema. Então, mostramos como implementar métodos e classes genéricos, bem como estruturas de dados genéricas *personalizadas* (o objetivo disso são cursos superiores em ciência da computação — a maioria dos programadores deve usar as coleções genéricas predefinidas). Lambdas e fluxos (introduzidos no Capítulo 17) são especialmente úteis para trabalhar com coleções genéricas.

Banco de dados

- ***JDBC.*** O Capítulo 24 aborda o JDBC e utiliza o sistema de gerenciamento de banco de dados Java DB. O capítulo apresenta a Structured Query Language (SQL) e um estudo de caso orientado a objetos sobre o desenvolvimento de uma lista de endereços orientada a banco de dados que demonstra instruções preparadas.

- ***Java Persistence API.*** O novo Capítulo 29, no Site de Apoio, em inglês, abrange a Java Persistence API (JPA) — um padrão para mapear objetos relacionais (ORM) que usa o JDBC "sob o capô". Ferramentas ORM podem analisar o esquema de um banco de dados e gerar um conjunto de classes que permitem que você interaja com um banco de dados sem ter de usar JDBC e SQL diretamente. Isso acelera o desenvolvimento de aplicativos de banco de dados, reduz erros e produz código mais portável.

Desenvolvimento de aplicativos web

- ***Java Server Faces (JSF).*** Os capítulos 30 e 31, em inglês, no Site de Apoio, foram atualizados para introduzir a tecnologia JavaServer Faces (JSF) mais recente, que facilita a criação de aplicativos JSF baseados na web. O Capítulo 30 inclui exemplos sobre como construir GUIs de aplicativos web, validar formulários e monitorar sessões. O Capítulo 31 discute aplicativos JSF orientados a dados com o AJAX — o capítulo apresenta uma lista de endereços web com múltiplas camadas orientada a banco de dados que permite aos usuários adicionar e procurar contatos.

- ***Serviços web.*** O Capítulo 32 (no Site de Apoio) agora focaliza como criar e consumir serviços web baseados em REST. A grande maioria dos atuais serviços web agora usa REST.

Programação Java segura

É difícil construir sistemas de força industrial que resistem a ataques de vírus, *worms* e outras formas de "malware". Hoje, pela internet, esses ataques podem ser instantâneos e ter um escopo global. Incorporar segurança aos softwares desde o início do ciclo de desenvolvimento pode reduzir significativamente as vulnerabilidades. Incorporamos várias práticas seguras de codificação Java (como apropriado para um livro introdutório) nas nossas discussões e exemplos de código.

O CERT® Coordination Center (`www.cert.org`) foi criado para analisar e responder prontamente a ataques. CERT — o Computer Emergency Response Team — é uma organização financiada pelo governo no Carnegie Mellon University Software Engineering Institute™. O CERT publica e promove padrões de codificação segura para várias linguagens de programação populares a fim de ajudar os desenvolvedores de software a implementar sistemas de força industrial que evitam as práticas de programação que deixam os sistemas abertos a ataques.

Agradecemos a Robert C. Seacord, Secure Coding Manager do CERT e professor adjunto na Carnegie Mellon University School of Computer Science. O Sr. Seacord foi o revisor técnico do nosso livro, *C How to Program, 7ª edição,* no qual examinou nossos programas em C a partir de um ponto de vista da segurança, recomendando então que seguíssemos o *CERT C Secure Coding Standard.* Essa experiência influenciou nossas práticas de codificação nos livros *C++ How to Program, 9/e* e *Java: como programar, 10ª edição.*

Estudo de caso de GUIs e imagens gráficas (Opcional)

Alunos gostam de construir interfaces de aplicativos e elementos gráficos. Para os cursos que apresentam a interface e elementos gráficos no início, integramos uma introdução opcional de 10 segmentos para criar elementos gráficos e interfaces gráficas do usuário (GUIs) baseadas em Swing. O objetivo desse estudo de caso é criar um aplicativo simples de desenho polimórfico no qual o usuário pode selecionar uma forma para desenhar, selecionar as características da forma (como a cor) e usar o mouse para desenhá-la. Esse estudo de caso fundamenta gradualmente esse objetivo, com o leitor implementando um desenho polimórfico no Capítulo 10, adicionando uma GUI baseada em eventos no Capítulo 12 e aprimorando as capacidades do desenho no Capítulo 13 com o Java 2D.

- Seção 3.6 — Utilizando caixas de diálogo
- Seção 4.15 — Criando desenhos simples
- Seção 5.11 — Desenhando retângulos e ovais
- Seção 6.13 — Cores e formas preenchidas
- Seção 7.17 — Desenhando arcos
- Seção 8.16 — Utilizando objetos com imagens gráficas
- Seção 9.7 — Exibindo texto e imagens utilizando rótulos
- Seção 10.11 — Desenhando com polimorfismo
- Exercício 12.17 — Expandindo a interface
- Exercício 13.31 — Adicionando Java 2D

A abordagem de ensino

Java: como programar, 10ª edição, contém centenas de exemplos de trabalho completos. Ressaltamos a clareza do programa e concentramo-nos na construção de software bem projetado.

VideoNotes. O site do Deitel inclui notas extensas sobre os vídeos em que o coautor Paul Deitel explica em detalhes a maioria dos programas nos capítulos centrais do livro. Os alunos gostam de assistir as VideoNotes para reforçar e entender melhor os conceitos fundamentais.

Cores da sintaxe. Por questões de legibilidade, utilizamos uma sintaxe colorida para todos os códigos Java, semelhante à maneira da maioria dos ambientes de desenvolvimento integrado Java e editores de código utilizam cores nos códigos. Nossas convenções para cores de sintaxe incluem:

```
comentários aparecem em verde
palavras-chave aparecem em azul escuro
erros aparecem em vermelho
constantes e valores literais aparecem em azul claro
outras codificações aparecem em preto
```

Destaque de código. Realçamos em amarelo os segmentos de código mais importantes.

Utilizando fontes para ênfase. Inserimos os termos-chave e a referência de página do índice para cada ocorrência definidora em texto em negrito em **vermelho escuro** para facilitar a referência. Enfatizamos os componentes na tela com a fonte **Helvetica** em negrito (por exemplo, o menu **File**) e enfatizamos o texto do programa Java na fonte `Lucida` (por exemplo, `int x = 5;`).

Acesso Web. Todos os exemplos de código-fonte podem ser baixados de:

```
http://www.deitel.com/books/jhtp10
```

Objetivos. As citações de abertura são seguidas por uma lista dos objetivos do capítulo.

Ilustrações/figuras. Muitas tabelas, desenhos, diagramas UML, programas e saídas de programa estão incluídos.

Dicas de programação. Incluímos dicas de programação para ajudá-lo a focalizar aspectos importantes do desenvolvimento do programa. Essas dicas e práticas representam o melhor que reunimos a partir de sete décadas combinadas de programação e experiência pedagógica.

Boa prática de programação

As Boas práticas de programação chamam a atenção a técnicas que irão ajudá-lo a criar programas que são mais claros, mais compreensíveis e mais fáceis de manter.

Erro comum de programação

Indicar esses erros comuns de programação reduz a probabilidade de que eles aconteçam.

Dica de prevenção de erro

Essas dicas contêm sugestões para expor bugs e removê-los dos seus programas; muitos descrevem aspectos do Java que evitam que bugs apareçam nos programas.

Dica de desempenho

Essas dicas destacam oportunidades para fazer seus programas executar mais rapidamente ou minimizar a quantidade de memória que eles ocupam.

Dica de portabilidade

As dicas de portabilidade ajudam a escrever código que poderá ser executado em diferentes plataformas.

Observação de engenharia de software

As Observações de engenharia de software destacam questões arquitetônicas e de projeto que afetam a construção de sistemas de software, especialmente sistemas de larga escala.

Observação sobre a aparência e comportamento

Observações sobre a aparência e comportamento destacam as convenções da interface gráfica com o usuário. Essas observações ajudam a criar interfaces gráficas atraentes e amigáveis ao usuário que seguem as normas da indústria.

Resumo. Apresentamos um resumo do capítulo, sessão por sessão, no estilo de lista.

Exercícios e respostas de revisão. Extensos exercícios de revisão e suas respostas de são incluídos para autoaprendizagem. Todos os exercícios no estudo de caso opcional do caixa eletrônico estão totalmente resolvidos.

Exercícios. Os exercícios do capítulo incluem:

- recordação simples da terminologia e dos conceitos importantes
- O que há de errado com esse código?
- O que esse código faz?
- escrever instruções individuais e pequenas partes dos métodos e das classes
- escrever métodos, classes e programas completos
- principais projetos
- em muitos capítulos, os exercícios "Fazendo a diferença", que estimulam o uso de computadores e da internet para pesquisar e resolver problemas sociais significativos.

Os exercícios que são puramente SE 8 são marcados como tais. Veja em nosso Programming Projects Resource Center vários exercícios adicionais e possibilidades de projetos (`www.deitel.com/ProgrammingProjects/`).

Índice. Incluímos um índice extenso. A definição das ocorrências dos termos-chave é destacada com um número de página **marrom em negrito.**

Software usado em *Java: como programar, 10ª edição*

Todo o software de que você precisa para este livro está disponível gratuitamente para download a partir da internet. Consulte na seção Antes de começar depois deste prefácio os links para cada download.

Escrevemos a maioria dos exemplos no *Java: como programar, 10ª edição* usando o Java Standard Edition Development Kit (JDK) 7 gratuito. Para os módulos opcionais Java SE 8, utilizamos a versão inicial de acesso do OpenJDK do JDK 8. No Capítulo 25 e em vários capítulos do Site de Apoio, também usamos o IDE NetBeans. Consulte na seção Antes de começar depois deste prefácio informações adicionais. Você pode encontrar recursos adicionais e software para download em nossos Java Resource Centers em:

```
www.deitel.com/ResourceCenters.html
```

Agradecimentos

Queremos agradecer a Abbey Deitel e Barbara Deitel pelas longas horas dedicadas a este projeto. Tivemos a sorte de trabalhar neste projeto com a equipe (norte-americana) dedicada de editores na Pearson. Agradecemos a orientação, sabedoria e energia de Tracy Johnson, editora-executiva de ciência da computação. Tracy e sua equipe lidam com todos os nossos livros acadêmicos. Carole Snyder contratou os revisores técnicos do livro e supervisionou o processo de revisão. Bob Engelhardt coordenou a edição do livro. Selecionamos a arte da capa e Laura Gardner a elaborou.

Revisores

Queremos agradecer os esforços dos revisores das edições recentes — um seleto grupo de acadêmicos, membros da equipe Oracle Java, Oracle Java Champions e outros profissionais da indústria. Eles examinaram o livro e os programas e forneceram inúmeras sugestões para melhorar a apresentação.

Agradecemos a orientação de Jim Weaver e Johan Vos (coautores do *Pro JavaFX 2*), bem como de Simon Ritter nos três capítulos sobre o JavaFX.

Revisores da décima edição norte-americana: Lance Andersen (Oracle Corporation), Dr. Danny Coward (Oracle Corporation), Brian Goetz (Oracle Corporation), Evan Golub (University of Maryland), Dr. Huiwei Guan (professor, Department of Computer & Information Science, North Shore Community College), Manfred Riem (Java Champion), Simon Ritter (Oracle Corporation), Robert C. Seacord (CERT, Software Engineering Institute, Carnegie Mellon University), Khallai Taylor (professor assistente, Triton College, e professor adjunto, Lonestar College — Kingwood), Jorge Vargas (Yumbling e Java Champion), Johan Vos (LodgON e Oracle Java Champion) e James L. Weaver (Oracle Corporation e autor de *Pro JavaFX 2*).

Revisores das edições anteriores norte-americanas: Soundararajan Angusamy (Sun Microsystems), Joseph Bowbeer (Consultant), William E. Duncan (Louisiana State University), Diana Franklin (University of California, Santa Barbara), Edward F. Gehringer (North Carolina State University), Ric Heishman (George Mason University), Dr. Heinz Kabutz (JavaSpecialists.eu), Patty Kraft (San Diego State University), Lawrence Premkumar (Sun Microsystems), Tim Margush (University of Akron), Sue McFarland Metzger (Villanova University), Shyamal Mitra (The University of Texas at Austin), Peter Pilgrim (Consultant), Manjeet Rege, Ph.D. (Rochester Institute of Technology), Susan Rodger (Duke University), Amr Sabry (Indiana University), José Antonio González Seco (Parliament of Andalusia), Sang Shin (Sun Microsystems), S. Sivakumar (Astra Infotech Private Limited), Raghavan "Rags" Srinivas (Intuit), Monica Sweat (Georgia Tech), Vinod Varma (Astra Infotech Private Limited) e Alexander Zuev (Sun Microsystems).

Um agradecimento especial a Brian Goetz

Tivemos o privilégio de ter Brian Goetz, arquiteto de linguagem Java e líder da especificação do projeto Lambda do Java SE 8 da Oracle, assim como coautor do *Java Concurrency in Practice,* fazendo uma revisão detalhada de todo o livro (edição original em inglês). Ele examinou detalhadamente cada capítulo, fornecendo ideias extremamente úteis e comentários construtivos. Quaisquer falhas remanescentes no livro são de nossa responsabilidade.

Bem, aí está! À medida que você lê o livro, apreciaríamos seus comentários, críticas, correções e sugestões para melhorias. Envie qualquer correspondência para:

```
deitel@deitel.com
```

Responderemos prontamente. Esperamos que você aprecie ler este livro tanto quanto apreciamos escrevê-lo!

Paul e Harvey Deitel

Sobre os autores

Paul Deitel, diretor executivo e diretor técnico da Deitel & Associates, Inc., é pós-graduado pelo MIT, onde estudou tecnologia da informação. Ele tem os certificados Java Certified Programmer e Java Certified Developer, e é um Oracle Java Champion. Por meio da Deitel & Associates, Inc., ele deu centenas de cursos de programação em todo o mundo para clientes como Cisco, IBM, Siemens, Sun Microsystems, Dell, Fidelity, NASA (Centro Espacial Kennedy), National Severe Storm Laboratory, White Sands Missile Range, Rogue Wave Software, Boeing, SunGard Higher Education, Nortel Networks, Puma, iRobot, Invensys e muitos outros. Ele e seu coautor, Dr. Harvey M. Deitel, são os autores de livros-texto e vídeos profissionais sobre linguagem de computação que são líderes de vendas no mundo todo.

Dr. Harvey Deitel, presidente e diretor de estratégia da Deitel & Associates, Inc., tem mais de 50 anos de experiência na área de informática. Dr. Deitel tem bacharelado e mestrado em engenharia elétrica pelo MIT e é Ph.D. em matemática pela Universidade de Boston. Ele tem ampla experiência de ensino universitário, incluindo ter sido professor titular e presidente do Departamento de Ciência da Computação no Boston College antes de fundar a Deitel & Associates, Inc., em 1991, com seu filho, Paul. As publicações dos Deitels ganharam reconhecimento internacional, com traduções publicadas em japonês, alemão, russo, espanhol, francês, polonês, italiano, chinês simplificado, chinês tradicional, coreano, português, grego, urdu e turco. O Dr. Deitel deu centenas de cursos de programação para clientes corporativos, acadêmicos, governamentais e militares.

Sobre a Deitel® & Associates, Inc.

A Deitel & Associates, Inc., fundada por Paul Deitel e Harvey Deitel, é uma organização internacionalmente reconhecida na autoria de livros e cursos de treinamento corporativo, especializada em linguagens de programação de computador, tecnologia de objetos, desenvolvimento de aplicativos móveis e tecnologia de softwares na internet e web. Os clientes dos cursos de treinamento corporativo incluem muitas das maiores empresas no mundo, agências governamentais, divisões das forças armadas e instituições acadêmicas. A empresa oferece cursos de treinamento ministrados por seus instrutores nos locais dos clientes em todo o mundo sobre as principais linguagens e plataformas de programação, incluindo Java™, desenvolvimento de aplicativos Android, desenvolvimento de aplicativos Objective-C e iOS, C++, C, Visual C#®, Visual Basic®, Visual C++®, Python®, tecnologia de objetos, programação web e internet e uma lista crescente de cursos adicionais de programação e desenvolvimento de software.

Ao longo dos seus 39 anos de parceria com a Pearson/Prentice Hall, a Deitel & Associates, Inc. tem publicado livros didáticos e livros profissionais de programação, impressos e em uma ampla variedade de formatos de e-book, bem como os cursos em vídeo *Live-Lessons*. A Deitel & Associates, Inc. e os autores podem ser contatados pelo endereço de seu e-mail:

`deitel@deitel.com`

Para saber mais sobre o currículo de treinamento corporativo da *Dive-Into® Series* da Deitel, visite:

`http://www.deitel.com/training`

Para solicitar uma proposta de treinamento ministrado por instrutores em sua organização, envie um e-mail para `deitel@deitel.com`.

Leitores que querem adquirir os livros da Deitel podem fazer isso por meio do site

`http://www.grupoa.com.br`

Antes de começar

Esta seção contém informações que você deve revisar antes de usar este livro. Todas as atualizações para as informações apresentadas aqui serão postadas em:

`http://www.deitel.com/books/jhtp10`

Além disso, fornecemos os vídeos Dive Into® que demonstram as instruções nesta seção Antes de começar.

Convenções de fontes e nomes

Utilizamos fontes para separar componentes na tela (como nomes de menu e itens de menu) e código ou comandos Java. Nossa convenção é enfatizar componentes na tela utilizando a fonte **Helvetica** em negrito sem serifas (por exemplo, menu **File**) e enfatizar código e comandos Java com uma fonte `Lucida` sem serifas (por exemplo, `System.out.println()`).

Software usado no livro

Todo o software de que você precisa para este livro está disponível gratuitamente para download na web. Com exceção dos exemplos que são específicos ao Java SE 8, todos os exemplos foram testados com os Java Standard Development Kits Edition (JDKs) do Java SE 7 e Java SE 8.

Java Standard Edition Development Kit 7 (JDK 7)

JDK 7 para as plataformas Windows, Mac OS X e Linux está disponível em:

`http://www.oracle.com/technetwork/java/javase/downloads/index.html`

Java Standard Edition Development Kit (JDK) 8

Há a versão quase final do JDK 8 para as plataformas Windows, Mac OS X e Linux em:

`https://jdk8.java.net/download.html`

Depois que o JDK 8 for lançado como uma versão final, ele estará disponível em:

`http://www.oracle.com/technetwork/java/javase/downloads/index.html`

Instruções de instalação do JDK

Depois de baixar o instalador JDK, certifique-se de seguir cuidadosamente as instruções de instalação do JDK para sua plataforma em:

`http://docs.oracle.com/javase/7/docs/webnotes/install/index.html`

Embora essas instruções sejam para o JDK 7, elas também se aplicam ao JDK 8 — você precisa atualizar o número de versão do JDK em quaisquer instruções específicas da versão.

Configurando a variável de ambiente PATH

A variável de ambiente PATH no seu computador especifica em quais diretórios o computador pesquisa ao procurar aplicativos, como os aplicativos que permitem compilar e executar seus aplicativos Java (chamados `javac` e `java`, respectivamente). *Siga atentamente as instruções de instalação para o Java na sua plataforma a fim de certificar-se de que você configurou a variável de ambiente* PATH *corretamente.* Os passos para configurar as variáveis de ambiente diferem para cada sistema operacional e às vezes para cada versão do sistema operacional (por exemplo, Windows 7 *versus* Windows 8). As instruções para várias plataformas estão listadas em:

```
http://www.java.com/en/download/help/path.xml
```

Se você não configurar a variável PATH corretamente no Windows e em algumas instalações do Linux, ao usar as ferramentas do JDK, você receberá uma mensagem como:

```
'java' is not recognized as an internal or external command,
operable program or batch file.
```

Nesse caso, volte às instruções de instalação para configurar a variável PATH e verifique novamente seus passos. Se baixou uma versão mais recente do JDK, talvez seja necessário mudar o nome do diretório de instalação do JDK na variável PATH.

Diretório de instalação do JDK e o subdiretório `bin`

O diretório de instalação do JDK varia por plataforma. Os diretórios listados a seguir são para o JDK 7 atualização 51 da Oracle:

- JDK de 32 bits no Windows:
  `C:\Program Files (x86)\Java\jdk1.7.0_51`
- JDK de 64 bits no Windows:
  `C:\Program Files\Java\jdk1.7.0_51`
- Mac OS X:
  `/Library/Java/JavaVirtualMachines/jdk1.7.0_51.jdk/Contents/Home`
- Ubuntu Linux:
  `/usr/lib/jvm/java-7-oracle`

Dependendo da sua plataforma, o nome da pasta de instalação do JDK pode ser diferente se você estiver usando uma atualização diferente do JDK 7 ou usando o JDK 8. No Linux, o local de instalação depende do instalador que você usa e possivelmente da versão do Linux que você utiliza. Usamos o Ubuntu Linux. A variável de ambiente PATH deve apontar para o subdiretório ***bin*** do diretório de instalação do JDK.

Ao configurar a PATH certifique-se de usar o nome adequado do diretório de instalação do JDK para a versão específica do JDK que você instalou — à medida que as versões mais recentes do JDK tornam-se disponíveis, o nome do diretório de instalação do JDK muda para incluir um *número de versão de atualização.* Por exemplo, no momento em que este livro era escrito, a versão mais recente do JDK 7 era a atualização 51. Para essa versão, o nome do diretório de instalação do JDK termina com "_51".

Configurando a variável de ambiente CLASSPATH

Se tentar executar um programa Java e receber uma mensagem como

```
Exception in thread "main" java.lang.NoClassDefFoundError: SuaClasse
```

então seu sistema tem um variável de ambiente CLASSPATH que deve ser modificada. Para corrigir problema, siga os passos da configuração da variável de ambiente PATH, localize a variável CLASSPATH e então edite o valor da variável para incluir o diretório local — tipicamente representado por um ponto (.). No Windows adicione

```
.;
```

ao início do valor CLASSPATH (sem espaços antes ou depois desses caracteres). Em outras plataformas, substitua o ponto e vírgula pelos caracteres separadores de caminho apropriados — geralmente o sinal dois pontos (:)

Configurando a variável de ambiente JAVA_HOME

O software de banco de dados Java DB que você usará no Capítulo 24 e em vários capítulos do Site de Apoio requer que se configure a variável de ambiente JAVA_HOME como seu diretório de instalação do JDK. Os mesmos passos utilizados para configurar o PATH também podem ser usados para configurar outras variáveis de ambiente, como JAVA_HOME.

Ambientes de desenvolvimento integrados (IDEs) Java

Existem muitos ambientes de desenvolvimento integrados Java que você pode usar para a programação Java. Por essa razão, utilizamos apenas as ferramentas de linha de comando do JDK para a maioria dos exemplos do livro. Fornecemos os vídeos Dive Into® (no site Deitel) que mostram como fazer o download, instalar e utilizar três IDEs populares — NetBeans, Eclipse e IntelliJ IDEA. Usamos o NetBeans no Capítulo 25 e em vários capítulos do Site de Apoio do livro.

Downloads do NetBeans

Você pode baixar o pacote JDK/NetBeans a partir de:

```
http://www.oracle.com/technetwork/java/javase/downloads/index.html
```

A versão do NetBeans que é fornecida com o JDK é para o desenvolvimento Java SE. Os capítulos do Site de Apoio sobre JavaServer Faces (JSF) e o capítulo sobre serviços web usam a versão Java Enterprise Edition (Java EE) do NetBeans, que pode ser baixada a partir de:

```
https://netbeans.org/downloads/
```

Essa versão oferece suporte a desenvolvimento Java SE e Java EE.

Downloads do Eclipse

Você pode baixar o Eclipse IDE a partir de:

```
https://www.eclipse.org/downloads/
```

Para o desenvolvimento Java SE escolha o IDE Eclipse para Java Developers. Para desenvolvimento Java Enterprise Edition (Java EE) (como JSF e serviços web), escolha o Eclipse IDE para Java EE Developers — essa versão suporta tanto o desenvolvimento Java SE como Java EE.

Downloads do IntelliJ IDEA Community Edition

Você pode baixar o IntelliJ IDEA Community Edition gratuito a partir de:

```
http://www.jetbrains.com/idea/download/index.html
```

A versão gratuita só suporta o desenvolvimento Java SE.

Obtendo os exemplos de código

Os exemplos deste livro estão disponíveis para download em

```
http://www.deitel.com/books/jhtp10/
```

sob o título **Download Code Examples and Other Premium Content.**

Ao baixar o arquivo ZIP, anote o local onde você o armazenou no seu computador.

Extraia o conteúdo do `examples.zip` usando uma ferramenta de extração ZIP como o 7-Zip (`www.7-zip.org`), WinZip (`www.winzip.com`) ou os recursos embutidos do seu sistema operacional. As instruções ao longo do livro supõem que os exemplos estão localizados em:

- `C:\examples` no Windows
- subpasta `examples` da sua pasta inicial de conta de usuário no Linux
- subpasta `Documents` nas suas pastas no Mac OS X

A nova aparência e funcionamento do Java Nimbus

O Java vem com uma aparência e comportamento multiplataforma conhecida como Nimbus. Para os programas com as interfaces gráficas de usuário Swing (por exemplo, capítulos 12 e 22), configuramos nossos computadores de teste para usar o Nimbus como a aparência e o comportamento padrão.

Para configurar o Nimbo como o padrão para todos os aplicativos Java, você precisa criar um arquivo de texto chamado `swing.properties` na pasta `lib` tanto da sua pasta de instalação do JDK como da sua pasta de instalação do JRE. Insira a seguinte linha do código no arquivo:

```
swing.defaultlaf=com.sun.java.swing.plaf.nimbus.NimbusLookAndFeel
```

Para obter informações adicionais sobre a localização dessas pastas de instalação, visite `http://docs.oracle.com/javase/7/docs/webnotes/install/index.html`. [*Observação:* além do JRE autônomo, há um JRE aninhado na pasta de instalação do seu JDK. Se estiver utilizando um IDE que depende do JDK (por exemplo, NetBeans), talvez você também precise inserir o arquivo `swing.properties` na pasta `lib` aninhada na pasta `jre`.]

Agora você está pronto para começar seus estudos do Java. Esperamos que goste do livro!

Marcas comerciais

DEITEL, sua logomarca (o inseto fazendo sinal de positivo) e DIVE INTO são marcas comerciais registradas da Deitel and Associates, Inc.

Oracle e Java são marcas registradas da Oracle e/ou suas afiliadas. Outros nomes podem ser marcas comerciais de seus respectivos proprietários.

Microsoft e/ou seus respectivos fornecedores não fazem representações sobre a adequação das informações contidas nos documentos e imagens relacionadas publicados como parte dos serviços para qualquer finalidade. Todos esses documentos e imagens relacionadas são fornecidos "tal como são" sem garantia de qualquer tipo. A Microsoft e/ou seus respectivos fornecedores se isentam de todas as garantias e condições no que diz respeito a essas informações, incluindo todas as garantias e condições de comercialização, seja expressas, implícitas ou estatutárias, adequação a uma finalidade específica, título e não violação. Em nenhum caso a Microsoft e/ou seus respectivos fornecedores serão responsáveis por quaisquer danos especiais, indiretos ou consequentes ou quaisquer danos resultantes da perda de uso, dados ou lucros, seja em uma ação de contrato, negligência ou outra ação ilícita, decorrente de ou em conexão com o uso ou desempenho de informações disponíveis nos serviços.

Os documentos e imagens relacionados contidos nesse documento podem conter imprecisões técnicas ou erros tipográficos. Alterações são periodicamente adicionadas às informações aqui contidas. A Microsoft e/ou seus respectivos fornecedores podem fazer melhorias e/ou alterações no(s) produto(s) e/ou programa(s) descrito(s) aqui a qualquer momento. As capturas de tela parciais podem ser vistas em sua totalidade dentro da versão do software especificado.

Microsoft® e Windows® são marcas registradas da Microsoft Corporation nos EUA e em outros países. As capturas de tela e os ícones foram reimpressos com permissão da Microsoft Corporation. Este livro não é patrocinado, endossado ou afiliado à Microsoft Corporation. UNIX é uma marca registrada da The Open Group.

Apache é uma marca comercial da The Apache Software Foundation.

CSS, XHTML e XML são marcas comerciais registradas do World Wide Web Consortium.

Firefox é uma marca comercial registrada da Mozilla Foundation.

Google é uma marca comercial da Google, Inc.

Mac OS X e são marcas comerciais da Apple Inc., registradas nos EUA e em outros países.

Linux é uma marca registrada de Linus Torvalds. Todas as marcas registradas são de propriedade de seus respectivos proprietários.

São utilizadas marcas comerciais por todo este livro. Em vez de inserir um símbolo de marca comercial em cada ocorrência de um nome registrado, declaramos que estamos utilizando os nomes apenas de uma maneira editorial e visando o benefício do proprietário da marca comercial, sem a intenção de violá-la.

Material de apoio do livro

No site www.grupoa.com.br, professores e estudantes podem acessar os seguintes materiais adicionais a qualquer momento:

para professores:

- apresentações em PowerPoint
- manual de soluções (em inglês);
- Atividades experimentais (em inglês).

Esse material é de uso exclusivo para professores e está protegido por senha. Para ter acesso a ele, os professores que adotam o livro devem entrar em contato através do e-mail divulgacao@grupoa.com.br

para estudantes:

- capítulos complementares (em inglês, do 26 ao 34);
- apêndices complementares (em inglês, do F ao N);
- Código-fonte dos exemplos apresentados no livro.

Introdução a computadores, internet e Java

1

O homem ainda é o computador mais extraordinário.

— John F. Kennedy

Bom design é bom negócio.

— Thomas J. Watson, fundador da IBM

Objetivos

Neste capítulo, você irá:

- Conhecer os empolgantes desenvolvimentos no campo da informática.
- Aprender os conceitos básicos de hardware, software e redes de computadores.
- Entender a hierarquia de dados.
- Entender os diferentes tipos de linguagem de programação.
- Entender a importância do Java e de outros tipos de linguagem de programação.
- Entender programação orientada a objetos.
- Aprender a importância da internet e da web.
- Conhecer um ambiente de desenvolvimento de programa Java típico.
- Fazer test-drive de aplicativos Java.
- Observar algumas das principais tecnologias de software recentes.
- Ver como se manter atualizado com as tecnologias da informação.

Sumário

1.1 Introdução

Bem-vindo ao Java, uma das linguagens de programação mais utilizadas no mundo. Você já conhece as tarefas poderosas que os computadores executam. Usando este manual, você escreverá instruções que fazem com que os computadores realizem essas tarefas. O **software** (isto é, as instruções que você escreve) controla o **hardware** (isto é, os computadores).

Você aprenderá a *programação orientada a objetos* — atualmente a metodologia-chave de programação. Você vai criar e trabalhar com muitos *objetos de software*.

Para muitas organizações, a linguagem preferida a fim de atender às necessidades de programação corporativa é o Java. Ele também é amplamente utilizado para implementar aplicativos e softwares baseados na internet para dispositivos que se comunicam por uma rede.

A Forrester Research prevê que mais de dois bilhões de PCs estarão em uso até 2015.[1] De acordo com a Oracle, 97% dos desktops corporativos, 89% dos desktops PC, 3 bilhões de dispositivos (Figura 1.1) e 100% de todos os players Blu-ray Disc™ executam o Java, e há mais de 9 milhões de desenvolvedores Java.[2]

De acordo com um estudo realizado pela Gartner, os dispositivos móveis continuarão a ultrapassar os PCs como os dispositivos de computação principais dos usuários; estima-se que 1,96 bilhão de smartphones e 388 milhões de tablets serão distribuídos em 2015 — 8,7 vezes o número de PCs.[3] Em 2018, o mercado de aplicativos móveis deverá alcançar US$ 92 bilhões.[4] Isso está criando oportunidades profissionais significativas para pessoas que programam aplicativos móveis, muitos dos quais são programados em Java (veja a Seção 1.6.3).

[1] http://www.worldometers.info/computers.
[2] http://www.oracle.com/technetwork/articles/java/javaone12review-1863742.html.
[3] http://www.gartner.com/newsroom/id/2645115.
[4] https://www.abiresearch.com/press/tablets-will-generate-35-of-this-years-25-billion-.

Dispositivos		
Blu-ray Disc™	Caixas automáticos	Canetas inteligentes
Cartões de crédito	Consoles de jogos	Celulares
Cartões inteligentes	Dispositivos médicos	Copiadoras
Decodificadores de TV (*set-top boxes*)	Estações de pagamento de estacionamento	Desktops (computadores de mesa)
e-Readers	Medidores inteligentes	Impressoras
Eletrodomésticos	Robôs	Interruptores de luz
Imagens por ressonância magnética (MRIs)	Scanners de tomografia computadorizada	Roteadores
Passes de transporte	Sintonizadores de TV a cabo	Sistemas de diagnóstico veicular
Sistemas de aviação	Sistemas de segurança residencial	Sistemas de informação e entretenimento para automóveis
Smartphones	Tablets	Sistemas de navegação GPS
Terminais lotéricos	Termostatos	Televisões

Figura 1.1 | Alguns dispositivos que usam Java.

Java Standard Edition

O Java evoluiu tão rapidamente que esta décima edição do *Java: como programar* — baseada no **Java Standard Edition 7 (Java SE 7)** e no **Java Standard Edition 8 (Java SE 8)** — foi publicada apenas 17 anos após a primeira edição. O Java Standard Edition contém os recursos necessários para desenvolver aplicativos de desktop e servidor. O livro pode ser usado com o Java SE 7 *ou* o Java SE 8 (lançado logo depois que esta obra foi publicada originalmente em inglês). Todos os recursos Java SE 8 serão discutidos em seções modulares, fáceis de incluir ou omitir ao longo da leitura.

Antes do Java SE 8, a linguagem suportava três paradigmas de programação — *programação procedural*, *programação orientada a objetos* e *programação genérica*. O Java SE 8 acrescenta a *programação funcional*. No Capítulo 17, mostraremos como usar a programação funcional para escrever programas de forma mais rápida e concisa, com menos bugs e que são mais fáceis de *paralelizar* (isto é, executar múltiplos cálculos ao mesmo tempo) a fim de tirar proveito das atuais arquiteturas de hardware multiprocessadas com o intuito de melhorar o desempenho do aplicativo.

Java Enterprise Edition

O Java é utilizado para um espectro de aplicações tão amplo que ele tem duas outras versões. O **Java Enterprise Edition (Java EE)** é adequado para desenvolver aplicativos em rede distribuída e em grande escala e também aplicativos baseados na web. No passado, a maioria dos aplicativos de computador era executada em computadores "independentes" (que não estavam conectados em rede). Já os aplicativos de hoje podem ser escritos para que se comuniquem entre os computadores no mundo pela internet e web. Mais adiante neste livro discutiremos como elaborar esses aplicativos baseados na web com o Java.

Java Micro Edition

O **Java Micro Edition (Java ME)** — um subconjunto do Java SE — é voltado para o desenvolvimento de aplicativos para dispositivos embarcados com recursos limitados, como *smartwatches*, MP3 players, decodificadores de TV (*set-top boxes*), medidores inteligentes (para monitorar o uso de energia elétrica) e muitos outros.

1.2 Hardware e software

Os computadores podem executar cálculos e tomar decisões lógicas incrivelmente mais rápido que os seres humanos. Muitos dos computadores pessoais de hoje em dia podem realizar bilhões de cálculos em um segundo — mais do que um ser humano é capaz durante a vida. *Supercomputadores* já realizam *milhares de trilhões* (*quatrilhões*) de instruções por segundo! O supercomputador Tianhe-2 do departamento de tecnologia de defesa da Universidade Nacional da China pode executar mais de 33 quatrilhões de cálculos por segundo (33,86 *petaflops*)![5] Para colocar isso em perspectiva, *o supercomputador Tianhe-2 pode executar em um segundo cerca de 3 milhões de cálculos para cada pessoa no planeta!* E os "limites máximos" de supercomputação estão aumentando rapidamente.

[5] `http://www.top500.org/`.

Os computadores processam dados sob o controle de conjuntos de instruções chamados **programas de computador**. Esses programas de software orientam o computador por meio de ações ordenadas especificadas por pessoas chamadas **programadores** de computador. Neste livro, você aprenderá uma metodologia de programação-chave que melhora a produtividade do programador, reduzindo, assim, os custos de desenvolvimento de softwares — a *programação orientada a objetos.*

Um computador é composto por vários dispositivos chamados hardware (por exemplo, teclado, tela, mouse, unidades de disco, memória, unidades de DVD e unidades de processamento). Os custos da computação estão *caindo drasticamente*, por conta dos rápidos avanços nas tecnologias de hardware e software. Os computadores que ocupavam grandes salas e custavam milhões de dólares há décadas agora são gravados em chips de silício menores que uma unha, ao custo de apenas alguns poucos dólares. Ironicamente, o silício é um dos materiais mais abundantes na Terra — é um componente da areia comum. A tecnologia do chip de silício deixou a computação tão econômica que os computadores se tornaram um produto de consumo popular.

1.2.1 Lei de Moore

Todos os anos, você provavelmente espera para pagar pelo menos um pouco mais pela maioria dos produtos e serviços. Aconteceu o oposto no caso das áreas de informática e comunicações, especialmente no que diz respeito ao hardware que suporta essas tecnologias. Por muitas décadas, os custos de hardware caíram rapidamente.

A cada um ou dois anos, as capacidades dos computadores praticamente *dobram*. Essa tendência notável muitas vezes é chamada **lei de Moore**, cujo nome vem da pessoa que a identificou na década de 1960, Gordon Moore, cofundador da Intel, a atual maior fabricante de processadores de computadores e sistemas incorporados. A lei de Moore e observações relacionadas se aplicam especialmente à quantidade de memória que os computadores têm para os programas, a quantidade de armazenamento secundário (como armazenamento em disco) que eles têm a fim de manter programas e dados em relação a períodos mais longos de tempo, e suas velocidades de processador — as velocidades em que eles *executam* os programas (isto é, fazem seu trabalho).

Crescimento semelhante ocorreu na área de comunicações — os custos despencaram bruscamente enquanto a demanda enorme por *largura de banda* das comunicações (isto é, a capacidade de transmitir informações) atraiu concorrência intensa. Não conhecemos nenhuma outra área em que a tecnologia melhora e os custos caem de maneira tão rápida. Essa melhoria fenomenal está estimulando verdadeiramente a *revolução da informação.*

1.2.2 Organização do computador

Independentemente das diferenças na aparência *física,* os computadores podem ser visualizados como divididos em várias **unidades lógicas** ou seções lógicas (Figura 1.2).

Unidade lógica	Descrição
Unidade de entrada	Essa seção de "recebimento" obtém informações (dados e programas de computador) de **dispositivos de entrada** e as coloca à disposição de outras unidades para serem processadas. A maioria das entradas do usuário é inserida nos computadores por meio de teclados, telas sensíveis ao toque e dispositivos do tipo mouse. Outras formas de entrada incluem recebimento de comandos de voz, digitalização de imagens e códigos de barras, leitura de dispositivos de armazenamento secundário (como discos rígidos, unidades de DVD, Blu-ray Disc™ e unidades flash USB — também chamadas de "pen drives" ou "cartões de memória"), recebimento de vídeos de uma webcam e fazer seu computador receber informações da internet (como ao transmitir vídeos a partir do YouTube® ou baixar e-books da Amazon). Novas formas de entrada incluem dados de posição a partir de dispositivo GPS e informações de orientação de um *acelerômetro* (dispositivo que responde à aceleração para cima/baixo, para esquerda/direita e para a frente/trás) em um controlador de smartphone ou jogo (como o Microsoft® Kinect® e Xbox®, Wii™ Remote e Sony® PlayStation® Move).
Unidade de saída	Essa seção de "entrega" pega as informações que o computador processou e as coloca em vários **dispositivos de saída** para torná-las disponíveis a fim de serem utilizadas fora do computador. A maioria das informações que são produzidas pelos atuais computadores é exibida em telas (incluindo as sensíveis ao toque), impressa em papel ("a abordagem verde" desencoraja isso), reproduzida como áudio ou vídeo em PCs e tocadores de mídia (como iPods, da Apple) e telas gigantes em estádios, transmitida pela internet ou usada para controlar outros dispositivos, como robôs e eletrodomésticos "inteligentes". As informações também são comumente produzidas para dispositivos de armazenamento secundário, como discos rígidos, unidades de DVD e unidades de flash USB. Uma forma popular recente de saída é a onda dos smartphones.

continua

continuação

Unidade lógica	Descrição
Unidade de memória	Essa seção de "armazenamento" de acesso rápido e de relativa baixa capacidade retém as informações que foram inseridas por meio da unidade de entrada, tornando-as imediatamente disponíveis para processamento, quando necessário. A unidade de memória também retém informações processadas até que elas possam ser colocadas em dispositivos de saída pela unidade de saída. As informações na unidade de memória são *voláteis* — em geral, são perdidas quando o computador é desligado. A unidade de memória é com frequência chamada **memória**, **memória principal** ou **RAM** (Random Access Memory). A memória principal dos computadores desktop e notebook tem até 128 GB de RAM. GB representa gigabytes; um gigabyte é aproximadamente um bilhão de bytes. Um **byte** tem oito bits. Um bit é um `0` ou um `1`.
Unidade de aritmética e lógica (ALU)	Essa seção de "produção" executa *cálculos* como adição, subtração, multiplicação e divisão. Também contém os mecanismos de *decisão* que permitem ao computador, por exemplo, comparar dois itens da unidade de memória para determinar se são iguais ou não. Nos sistemas atuais, a ALU é implementada como parte da próxima unidade lógica, a CPU.
Unidade de processamento central (CPU)	Essa seção "administrativa"coordena e supervisiona a operação das outras seções. A CPU diz à unidade de entrada quando as informações devem ser lidas e transferidas para a unidade de memória, informa à ALU quando as informações da unidade de memória devem ser utilizadas em cálculos e instrui a unidade de saída sobre quando enviar as informações da unidade de memória para certos dispositivos de saída. Muitos computadores de hoje têm múltiplas CPUs e, portanto, podem realizar muitas operações simultaneamente. Um **processador de múltiplos núcleos** (ou **multi-core**) implementa o multiprocessamento em um único chip de circuito integrado — por exemplo, um *processador de dois núcleos* (ou *dual-core*) tem duas CPUs e um *processador de quatro núcleos* (ou *quad-core*) tem quatro. Computadores desktop de hoje têm processadores que podem executar bilhões de instruções por segundo.
Unidade de armazenamento secundária	Essa é a seção de "armazenamento" de longo prazo e de alta capacidade. Programas ou dados que não são utilizados ativamente pelas outras unidades, em geral, são colocados em dispositivos de armazenamento secundário (por exemplo, *discos rígidos*) até que sejam necessários, talvez horas, dias, meses ou até mesmo anos mais tarde. As informações nos dispositivos de armazenamento secundário são *persistentes* — elas são preservadas mesmo quando a energia do computador é desligada. As informações no armazenamento secundário levam muito mais tempo para serem acessadas do que aquelas na memória principal, mas seu custo por unidade é bem mais baixo. Exemplos de dispositivos de armazenamento secundário incluem discos rígidos, unidades de DVD e unidades de flash USB, algumas das quais podem armazenar mais de 2 TB (TB significa terabytes; um terabyte é aproximadamente um trilhão de bytes). Discos rígidos típicos em computadores desktop e notebook armazenam 2 TB, e alguns desktops podem armazenar até 4 TB.

Figura 1.2 | Unidades lógicas de um computador.

1.3 Hierarquia de dados

Os itens de dados processados pelos computadores formam uma **hierarquia de dados** que torna-se maior e mais complexa em estrutura à medida que passamos dos itens de dados simples (chamados "bits") para aqueles mais ricos, como caracteres e campos. A Figura 1.3 ilustra uma parte da hierarquia de dados.

Bits

O menor item de dados em um computador pode assumir o valor `0` ou o valor `1`. É chamado **bit** (abreviação de "dígito binário" — um dígito que pode assumir um de *dois* valores). Notavelmente, as funções impressionantes desempenhadas pelos computadores envolvem apenas as manipulações mais simples de `0`s e `1`s — *examinar, configurar* e *inverter o valor de um bit* (de `1` para `0` ou de `0` para `1`).

Caracteres

É tedioso para as pessoas trabalhar com dados na forma de baixo nível de bits. Em vez disso, elas preferem trabalhar com *dígitos decimais* (0–9), *letras* (A–Z e a–z) e *símbolos especiais* (por exemplo, $, @, %, &, *, (,), –, +, ", :, ? e /). Dígitos, letras e símbolos especiais são conhecidos como **caracteres**. O **conjunto de caracteres** do computador é o conjunto de todos os caracteres utilizados para escrever programas e representar itens de dados. Computadores processam apenas `1`s e `0`s, assim um conjunto de caracteres

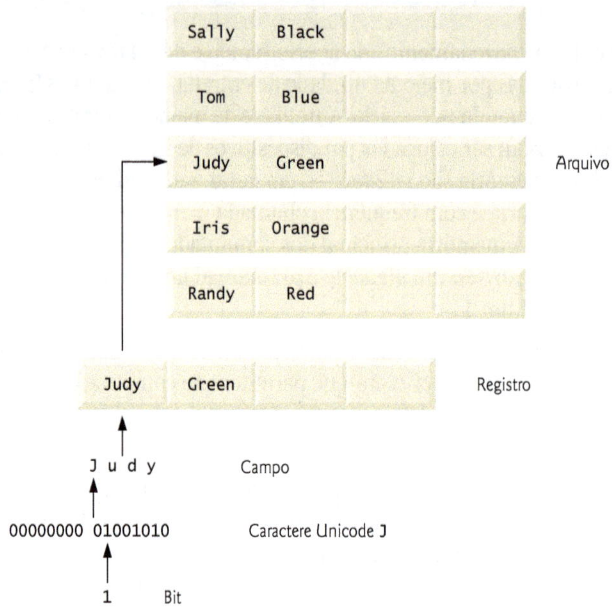

Figura 1.3 | Hierarquia de dados.

de um computador representa cada caractere como um padrão de `1s` e `0s`. O Java usa caracteres **Unicode®** que são compostos por um, dois ou quatro bytes (8, 16 ou 32 bits). O Unicode contém caracteres para muitos idiomas no mundo. Consulte o Apêndice H, no Site de Apoio (em inglês), para obter mais informações sobre o Unicode. Consulte o Apêndice B para informações adicionais sobre o conjunto de caracteres **ASCII (American Standard Code for Information Interchange)** — um subconjunto popular do Unicode que representa letras maiúsculas e minúsculas, dígitos e vários caracteres especiais comuns.

Campos

Assim como caracteres são compostos de bits, **campos** são compostos de caracteres ou bytes. Um campo é um grupo de caracteres ou bytes que transmitem um significado. Por exemplo, um campo que consiste em letras maiúsculas e minúsculas pode ser usado para representar o nome de uma pessoa, e um campo que consiste em dígitos decimais pode representar a idade de uma pessoa.

Registros

Vários campos relacionados podem ser usados para compor um **registro** (implementado como uma `class` no Java). Por exemplo, em um sistema de folha de pagamento, o registro para um funcionário poderia consistir nos seguintes campos (possíveis tipos para esses campos são mostrados entre parênteses):

- Número de identificação de funcionário (um número inteiro).
- Nome (uma string de caracteres).
- Endereço (uma string de caracteres).
- Remuneração por hora (um número com um ponto decimal).
- Rendimentos anuais até a presente data (um número com um ponto decimal).
- Quantidade de impostos retidos (um número com um ponto decimal).

Portanto, um registro é um grupo de campos relacionados. No exemplo anterior, todos os campos pertencem ao *mesmo* funcionário. Uma empresa pode ter muitos funcionários e um registro de folha de pagamento para cada um.

Arquivos

Um **arquivo** é um grupo de registros relacionados. [*Observação*: de maneira mais geral, um arquivo contém dados arbitrários em formatos arbitrários. Em alguns sistemas operacionais, um arquivo é visto simplesmente como uma *sequência de bytes* — qualquer organização dos bytes em um arquivo, como os dados em registros, é uma visualização criada pelo programador de aplicativo. Você verá como fazer isso no Capítulo 15.] Não é incomum uma organização ter muitos arquivos, que contêm alguns bilhões, ou mesmo trilhões, de caracteres de informações.

Banco de dados

Um **banco de dados** é uma coleção de dados organizados para fácil acesso e manipulação. O modelo mais popular é o *banco de dados relacional,* em que os dados são armazenados em *tabelas* simples. Uma tabela inclui *registros* e *campos*. Por exemplo, uma tabela de alunos pode incluir os campos nome, sobrenome, especialização, ano, número de identificação do aluno e rendimento acadêmico médio. Os dados para cada aluno são um registro, e as informações individuais em cada registro são os campos. Você pode *pesquisar, classificar* e manipular os dados com base no relacionamento com várias tabelas ou bancos de dados. Por exemplo, uma universidade pode usar os dados do banco de dados dos alunos em combinação com os dados dos bancos de dados dos cursos, habitação no *campus*, planos de refeição etc. Discutiremos bancos de dados no Capítulo 24.

Big data

A quantidade de dados que está sendo produzida no mundo é enorme e está crescendo rapidamente. De acordo com a IBM, cerca de 2,5 quintilhões de bytes (2,5 *exabytes*) de dados são criados por dia e 90% dos dados do mundo foram criados apenas nos últimos dois anos![6] De acordo com um estudo da Digital Universe, o suprimento global de dados alcançou 2,8 *zettabytes* (igual a 2,8 trilhões de gigabytes) em 2012.[7] A Figura 1.4 mostra algumas medições comuns de bytes. Aplicações de **big data** lidam com essas quantidades enormes de dados e esse campo está crescendo depressa, criando muitas oportunidades para desenvolvedores de software. Segundo uma pesquisa realizada pelo Gartner Group, mais de 4 milhões de empregos em TI no mundo todo suportarão *big data* até 2015.[8]

Unidade	Bytes	O que é aproximadamente
1 kilobyte (KB)	1024 bytes	10^3 (1024 bytes, exatamente)
1 megabyte (MB)	1024 kilobytes	10^6 (1.000.000 bytes)
1 gigabyte (GB)	1024 megabytes	10^9 (1.000.000.000 bytes)
1 terabyte (TB)	1024 gigabytes	10^{12} (1.000.000.000.000 bytes)
1 petabyte (PB)	1024 terabytes	10^{15} (1.000.000.000.000.000 bytes)
1 exabyte (EB)	1024 petabytes	10^{18} (1.000.000.000.000.000.000 bytes)
1 zettabyte (ZB)	21024 exabytes	10^{21} (1.000.000.000.000.000.000.000 bytes)

Figura 1.4 | Medições de bytes.

1.4 Linguagens de máquina, assembly e de alto nível

Os programadores escrevem instruções em várias linguagens de programação, algumas diretamente compreensíveis por computadores, outras requerendo passos intermediários de *tradução*. Centenas dessas linguagens estão em uso atualmente. Elas podem ser divididas em três tipos gerais:

1. Linguagens de máquina
2. Linguagens assembly
3. Linguagens de alto nível

Linguagens de máquina

Qualquer computador só pode entender diretamente sua própria **linguagem de máquina**, definida pelo seu projeto de hardware. As linguagens de máquina consistem geralmente em strings de números (em última instância, reduzidas a 1s e 0s) que instruem os computadores a realizar suas operações mais elementares uma de cada vez. As linguagens de máquina são *dependentes de máquina* (uma determinada linguagem de máquina pode ser utilizada apenas em um tipo de computador). Elas são complicadas para seres humanos. Por exemplo, eis uma seção de um primeiro programa de folha de pagamento em linguagem de máquina que adiciona o pagamento de horas extras à base de pagamentos e armazena o resultado como salário bruto:

```
+1300042774
+1400593419
+1200274027
```

[6] http://www-01.ibm.com/software/data/bigdata/.

[7] http://www.guardian.co.uk/news/datablog/2012/dec/19/big-data-study-digital-universe-global-volume.

[8] http://tech.fortune.cnn.com/2013/09/04/big-data-employment-boom/.

Linguagens assembly e assemblers

A programação em linguagem de máquina era simplesmente muito lenta e tediosa para a maioria dos programadores. Em vez de utilizar strings de números que os computadores poderiam entender de maneira direta, os programadores começaram a usar abreviações em inglês para representar operações elementares. Essas abreviações formaram a base de **linguagens assembly**. *Programas tradutores* chamados **assemblers** foram desenvolvidos para converter os primeiros programas de linguagem assembly em linguagem de máquina a velocidades de computador. A seção a seguir de um programa de folha de pagamento em linguagem assembly soma os ganhos em horas extras ao salário de base e armazena o resultado no salário bruto:

```
load        basepay
add         overpay
store       grosspay
```

Embora tal código seja mais claro para humanos, ele é incompreensível para computadores até ser traduzido em linguagem de máquina.

Linguagens de alto nível e compiladores

Com o advento das linguagens assembly, o uso de computadores aumentou rapidamente, mas os programadores ainda tinham de usar inúmeras instruções para realizar até mesmo as tarefas mais simples. A fim de acelerar o processo de programação, foram desenvolvidas **linguagens de alto nível** em que instruções únicas poderiam ser escritas para realizar tarefas substanciais. Os programas tradutores chamados **compiladores** convertem os programas de linguagem de alto nível em linguagem de máquina. Linguagens de alto nível permitem aos programadores escrever instruções que se pareçam com o inglês cotidiano e contenham notações matemáticas comumente utilizadas. Um programa de folha de pagamentos escrito em linguagem de alto nível poderia conter uma *única* instrução como:

```
grossPay = basePay + overTimePay
```

Do ponto de vista do programador, as linguagens de alto nível são preferíveis às de máquina e às assembly. O Java é uma das linguagens de programação de alto nível mais amplamente usadas.

Interpretadores

Compilar um programa grande de linguagem de alto nível em linguagem de máquina pode levar tempo considerável de computador. Os programas *interpretadores,* desenvolvidos para executar diretamente programas de linguagem de alto nível, evitam o tempo de espera da compilação, embora sejam mais lentos do que programas compilados. Discutiremos mais sobre interpretadores na Seção 1.9, na qual você aprenderá que o Java utiliza uma combinação de desempenho afinado e inteligente de compilação e interpretação para executar os programas.

1.5 Introdução à tecnologia de objetos

Hoje, como a demanda por software novo e mais poderoso está aumentando, construir softwares de maneira rápida, correta e econômica continua a ser um objetivo indefinido. *Objetos* ou, mais precisamente, as *classes* de onde os objetos vêm são essencialmente componentes *reutilizáveis* de software. Há objetos data, objetos data/hora, objetos áudio, objetos vídeo, objetos automóvel, objetos pessoas etc. Quase qualquer *substantivo* pode ser razoavelmente representado como um objeto de software em termos dos *atributos* (por exemplo, nome, cor e tamanho) e *comportamentos* (por exemplo, calcular, mover e comunicar). Grupos de desenvolvimento de software podem usar uma abordagem modular de projeto e implementação orientados a objetos para que sejam muito mais produtivos do que com as técnicas anteriormente populares como "programação estruturada" — programas orientados a objetos são muitas vezes mais fáceis de entender, corrigir e modificar.

1.5.1 O automóvel como um objeto

Para ajudar a entender objetos e seus conteúdos, vamos começar com uma analogia simples. Suponha que você *queira guiar um carro e fazê-lo andar mais rápido pisando no pedal acelerador*. O que deve acontecer antes que você possa fazer isso? Bem, antes de poder dirigir um carro, alguém tem de *projetá-lo*. Um carro tipicamente começa como desenhos de engenharia, semelhantes a *plantas* que descrevem o projeto de uma casa. Esses desenhos incluem o projeto do pedal do acelerador. O pedal *oculta* do motorista os complexos mecanismos que realmente fazem o carro ir mais rápido, assim como o pedal de freio "oculta" os mecanismos que diminuem a velocidade do carro e a direção "oculta" os mecanismos que mudam a direção dele. Isso permite que pessoas com pouco ou nenhum conhecimento sobre como motores, freios e mecanismos de direção funcionam consigam dirigir um carro facilmente.

Assim como você não pode cozinhar refeições na planta de uma cozinha, não pode dirigir os desenhos de engenharia de um carro. Antes de poder guiar um carro, ele deve ser *construído* a partir dos desenhos de engenharia que o descrevem. Um carro pronto tem um pedal de acelerador *real* para fazê-lo andar mais rápido, mas mesmo isso não é suficiente — o carro não acelerará por conta própria (tomara!), então o motorista deve *pressionar* o pedal do acelerador.

1.5.2 Métodos e classes

Vamos usar nosso exemplo do carro para introduzir alguns conceitos fundamentais da programação orientada a objetos. Para realizar uma tarefa em um programa é necessário um **método**. O método armazena as declarações do programa que, na verdade, executam as tarefas; além disso, ele oculta essas declarações do usuário, assim como o pedal do acelerador de um carro oculta do motorista os mecanismos para fazer o veículo ir mais rápido. No Java, criamos uma unidade de programa chamada **classe** para armazenar o conjunto de métodos que executam as tarefas dela. Por exemplo, uma classe que representa uma conta bancária poderia conter um método para *fazer depósitos* de dinheiro, outro para *fazer saques* e um terceiro para *perguntar* qual é o saldo atual. Uma classe é similar em termos do conceito aos desenhos de engenharia de um carro, que armazenam o projeto de um pedal de acelerador, volante etc.

1.5.3 Instanciação

Assim como alguém tem de *fabricar um carro* a partir dos desenhos de engenharia antes que possa realmente dirigi-lo, você deve *construir um objeto* de uma classe antes que um programa possa executar as tarefas que os métodos da classe definem. O processo para fazer isso é chamado *instanciação*. Um objeto é então referido como uma **instância** da sua classe.

1.5.4 Reutilização

Assim como os desenhos de engenharia de um carro podem ser *reutilizados* várias vezes para fabricar muitos carros, você pode *reutilizar* uma classe muitas vezes para construir vários objetos. A reutilização de classes existentes ao construir novas classes e programas economiza tempo e esforço. Também ajuda a construir sistemas mais confiáveis e eficientes, porque classes e componentes existentes costumam passar por extensos *testes*, *depuração* e *ajuste de desempenho*. Assim como a noção das *partes intercambiáveis* foi crucial para a Revolução Industrial, classes reutilizáveis são fundamentais para a revolução de software que foi estimulada pela tecnologia de objetos.

Observação de engenharia de software 1.1

Utilize uma abordagem de bloco de construção para criar seus programas. Evite reinventar a roda — use as peças de alta qualidade existentes sempre que possível. Essa reutilização de software *é um dos principais benefícios da programação orientada a objetos.*

1.5.5 Mensagens e chamadas de método

Ao dirigir um carro, o ato de pressionar o acelerador envia uma *mensagem* para o veículo realizar uma tarefa — isto é, ir mais rápido. Da mesma forma, você *envia mensagens para um objeto*. Cada mensagem é implementada como uma **chamada de método** que informa a um método do objeto a maneira de realizar sua tarefa. Por exemplo, um programa pode chamar o método *depósito* de um objeto conta bancária para aumentar o saldo da conta.

1.5.6 Atributos e variáveis de instância

Um carro, além de ter a capacidade de realizar tarefas, também tem *atributos*, como cor, número de portas, quantidade de gasolina no tanque, velocidade atual e registro das milhas totais dirigidas (isto é, a leitura do odômetro). Assim como suas capacidades, os atributos do carro são representados como parte do seu projeto nos diagramas de engenharia (que, por exemplo, incluem um odômetro e um medidor de combustível). Ao dirigir um carro real, esses atributos são incorporados a ele. Cada carro mantém seus *próprios* atributos. Cada carro sabe a quantidade de gasolina que há no seu tanque, mas desconhece quanto há no tanque de *outros* carros.

Um objeto, da mesma forma, tem atributos que ele incorpora à medida que é usado em um programa. Esses atributos são especificados como parte da classe do objeto. Por exemplo, um objeto conta bancária tem um *atributo saldo* que representa a quantidade de dinheiro disponível. Cada objeto conta bancária sabe o saldo que ele representa, mas *não* os saldos de *outras* contas bancárias. Os atributos são especificados pelas **variáveis de instância** da classe.

1.5.7 Encapsulamento e ocultamento de informações

Classes (e seus objetos) **encapsulam**, isto é, contêm seus atributos e métodos. Os atributos e métodos de uma classe (e de seu objeto) estão intimamente relacionados. Os objetos podem se comunicar entre si, mas eles em geral não sabem como outros objetos são implementados — os detalhes de implementação permanecem *ocultos* dentro dos próprios objetos. Esse **ocultamento de informações**, como veremos, é crucial à boa engenharia de software.

1.5.8 Herança

Uma nova classe de objetos pode ser criada convenientemente por meio de **herança** — ela (chamada **subclasse**) começa com as características de uma classe existente (chamada **superclasse**), possivelmente personalizando-as e adicionando aspectos próprios.

Na nossa analogia do carro, um objeto da classe "conversível" decerto *é um* objeto da classe mais *geral* "automóvel", mas, *especificamente,* o teto pode ser levantado ou baixado.

1.5.9 Interfaces

O Java também suporta **interfaces** — coleções de métodos relacionados que normalmente permitem informar aos objetos *o que* fazer, mas não *como* fazer (veremos uma exceção a isso no Java SE 8). Na analogia do carro, uma interface das capacidades "básicas de dirigir" consistindo em um volante, um pedal de acelerador e um pedal de freio permitiria que um motorista informasse ao carro *o que* fazer. Depois que você sabe como usar essa interface para virar, acelerar e frear, você pode dirigir muitos tipos de carro, embora os fabricantes possam *implementar* esses sistemas *de forma diferente.*

Uma classe **implementa** zero ou mais interfaces — cada uma das quais pode ter um ou mais métodos —, assim como um carro implementa interfaces separadas para as funções básicas de dirigir, controlar o rádio, controlar os sistemas de aquecimento, ar-condicionado e afins. Da mesma forma que os fabricantes de automóveis implementam os recursos *de forma distinta,* classes podem implementar métodos de uma interface de maneira *diferente.* Por exemplo, um sistema de software pode incluir uma interface de "backup" que ofereça os métodos *save* e *restore.* As classes podem implementar esses métodos de modo diferente, dependendo dos tipos de formato em que é feito o backup, como programas, textos, áudios, vídeos etc., além dos tipos de dispositivo em que esses itens serão armazenados.

1.5.10 Análise e projeto orientados a objetos (OOAD)

Logo você estará escrevendo programas em Java. Como criará o **código** (isto é, as instruções do programa) para seus programas? Talvez, como muitos programadores, simplesmente ligará seu computador e começará a digitar. Essa abordagem pode funcionar para pequenos programas (como os apresentados nos primeiros capítulos deste livro), mas e se você fosse contratado para criar um sistema de software para controlar milhares de caixas automáticos de um banco importante? Ou se fosse trabalhar em uma equipe de 1.000 desenvolvedores de software para construir a próxima geração de sistema de controle de tráfego aéreo dos Estados Unidos? Para projetos tão grandes e complexos, não sentaria e simplesmente começaria a escrever programas.

Para criar as melhores soluções, você deve seguir um processo de **análise** detalhado a fim de determinar os **requisitos** do projeto (isto é, definir *o que* o sistema deve fazer) e desenvolver um **design** que os atenda (isto é, especificar *como* o sistema deve fazê-lo). Idealmente, você passaria por esse processo e revisaria cuidadosamente o projeto (e teria seu projeto revisado por outros profissionais de software) antes de escrever qualquer código. Se esse processo envolve analisar e projetar o sistema de um ponto de vista orientado a objetos, ele é chamado de **processo de análise e projeto orientados a objetos (*object-oriented analysis and design* — OOAD)**. Linguagens como Java são orientadas a objetos. A programação nessa linguagem, chamada **programação orientada a objetos (*object-oriented programming* — OOP)**, permite-lhe implementar um projeto orientado a objetos como um sistema funcional.

1.5.11 A UML (*unified modeling language*)

Embora existam muitos processos OOAD diferentes, uma única linguagem gráfica para comunicar os resultados de *qualquer* processo desse tipo veio a ser amplamente utilizada. A *unified modeling language* (UML) é agora o esquema gráfico mais utilizado para modelagem de sistemas orientados a objetos. Apresentaremos nossos primeiros diagramas UML nos capítulos 3 e 4, então os usaremos no nosso tratamento mais profundo da programação orientada a objetos até o Capítulo 11. No nosso estudo de caso *opcional* sobre engenharia e software da ATM referente aos capítulos 33 e 34 (Site de Apoio, em inglês), apresentaremos um subconjunto simples dos recursos do UML à medida que o orientamos por uma experiência de projeto orientado a objetos.

1.6 Sistemas operacionais

Sistemas operacionais são sistemas de software que tornam a utilização de computadores mais conveniente para usuários, desenvolvedores de aplicativos e administradores de sistema. Eles fornecem serviços que permitem que cada aplicativo execute de maneira segura, eficiente e *concorrente* (isto é, em paralelo) com outros aplicativos. O software que contém os componentes essenciais do sistema operacional é o **kernel**. Sistemas operacionais populares de desktop incluem Linux, Windows e Mac OS X. Sistemas operacionais populares para dispositivos móveis usados em smartphones e tablets incluem o Android, do Google, o iOS, da Apple (para os dispositivos iPhone, iPad e iPod Touch), o Windows Phone 8 e o BlackBerry OS.

1.6.1 Windows — um sistema operacional proprietário

Em meados dos anos 1980, a Microsoft desenvolveu o **sistema operacional Windows**, que consiste em uma interface gráfica construída sobre o DOS — um sistema operacional muito popular para computadores pessoais com o qual os usuários interagiam digitando comandos. O Windows emprestou muitos conceitos (como ícones, menus e janelas) popularizados pelos primeiros sistemas operacionais da Apple Macintosh e originalmente desenvolvidos pela Xerox PARC. O Windows 8 é o sistema operacional mais recente da Microsoft — seus recursos incluem suporte a PCs e tablets, uma interface de usuário baseada em ladrilhos, melhorias de segurança, tela sensível ao toque, suporte multitoque e mais. O Windows é um sistema operacional *proprietário* que é controlado exclusivamente pela Microsoft. Ele é de longe o mais usado no mundo.

1.6.2 Linux — um sistema operacional de código-fonte aberto

O sistema operacional **Linux** — que é popular em servidores, computadores pessoais e sistemas embarcados — talvez seja o maior sucesso do movimento *código-fonte aberto*. O estilo de desenvolvimento de **softwares de código-fonte aberto** diverge do estilo de desenvolvimento *proprietário* (usado, por exemplo, no Microsoft Windows e no Mac OS X, da Apple). Com o desenvolvimento de código-fonte aberto, indivíduos e empresas — frequentemente em todo o mundo — contribuem com seus esforços para o desenvolvimento, manutenção e evolução de softwares. Qualquer pessoa pode usá-lo e personalizá-lo para seus próprios propósitos, em geral sem nenhum custo. O Kit de Desenvolvimento Java e muitas tecnologias Java relacionadas agora são de código-fonte aberto.

Algumas organizações na comunidade de código-fonte aberto são a *Eclipse Foundation* (o *Eclipse Integrated Development Environment* ajuda os programadores Java a desenvolver softwares de maneira conveniente), a *Mozilla Foundation* (criadora do navegador *Firefox*), a *Apache Software Foundation* (criadora do *servidor web Apache* que *fornece páginas web pela internet* em resposta a solicitações de navegadores web), o *GitHub* e o *SourceForge* (que fornecem as *ferramentas para gerenciar projetos de código-fonte aberto*).

Melhorias rápidas para computação e comunicações, custos decrescentes e softwares de código-fonte aberto agora tornaram mais fácil e mais econômico criar negócios baseados em softwares em relação a apenas algumas décadas atrás. O Facebook, que foi lançado a partir de um dormitório estudantil, foi construído com software de código-fonte aberto.[9]

Uma variedade de questões — como o poder de mercado da Microsoft, o número relativamente pequeno de aplicativos Linux amigáveis ao usuário e a diversidade das distribuições Linux (Red Hat Linux, Ubuntu Linux e muitas outras) — impediu o uso generalizado do Linux em computadores desktop. Mas o Linux tornou-se extremamente popular em servidores e sistemas embarcados, como smartphones baseados no Android, do Google.

1.6.3 Android

Android — sistema operacional de crescimento mais rápido para celulares e smartphones — baseia-se no kernel do Linux e usa Java. Programadores Java experientes podem mergulhar rapidamente no desenvolvimento Android. Um dos benefícios do desenvolvimento de aplicativos Android é a abertura da plataforma. O sistema operacional tem código aberto e livre.

O sistema operacional Android foi desenvolvido pela Android, Inc., que foi adquirida pelo Google em 2005. Em 2007, a Open Handset Alliance™ — que agora tem 87 membros de empresas em todo o mundo (`http://www.openhandsetalliance.com/oha_members.html`) — foi criada para desenvolver, manter e evoluir o Android, fomentando inovações na tecnologia móvel, melhorando a experiência do usuário e reduzindo custos. Em abril de 2013, mais de 1,5 milhão de dispositivos Android (smartphones, tablets etc.) eram ativados *diariamente*.[10] Em outubro de 2013, um relatório da Strategy Analytics mostrou que o Android tinha 81,3% de participação no mercado global de *smartphones*, em comparação com 13,4% para a Apple, 4,1% para a Microsoft e 1% para a Blackberry.[11] Dispositivos Android atualmente incluem smartphones, tablets, e-readers, robôs, motores a jato, satélites da NASA, consoles de jogos, geladeiras, televisores, câmeras, dispositivos de cuidados da saúde, relógios inteligentes, sistemas de informação e entretenimento para automóveis (para controlar o rádio, GPS, telefonemas, termostato etc.) e mais.[12]

Smartphones Android incluem a funcionalidade de um celular, client internet (para navegação na web e comunicação na internet), MP3 players, consoles de jogos, câmeras digitais e outros. Esses dispositivos portáteis apresentam *telas multitoque* coloridas que permitem controlar o dispositivo com *gestos* que envolvem um ou múltiplos toques simultâneos. Você pode baixar aplicativos diretamente para seu dispositivo Android por meio do Google Play e outros mercados. Durante a elaboração deste livro, havia mais de um milhão de aplicativos no **Google Play**, e o número está crescendo rapidamente.[13]

Há uma introdução ao desenvolvimento de aplicativos Android no nosso livro-texto *Android How to Program, segunda edição,* e na nossa obra profissional *Android for Programmers: An App-Driven Approach*, segunda edição. Após entender o Java, você descobrirá que é simples começar a desenvolver e executar aplicativos Android. Você pode colocar seus aplicativos no Google Play (`play.google.com`) e, se for bem-sucedido, pode até ser capaz de lançar um negócio. Basta lembrar que o Facebook, a Microsoft e a Dell foram lançados de dormitórios estudantis.

1.7 Linguagens de programação

Nesta seção, comentaremos brevemente as diversas linguagens de programação populares (Figura 1.5). E, na próxima, introduziremos o Java.

---

9 `http://developers.facebook.com/opensource.`

10 `http://www.technobuffalo.com/2013/04/16/google-daily-android-activations-1-5--million/.`

11 `http://blogs.strategyanalytics.com/WSS/post/2013/10/31/Android-Captures-Record-81-Percent-Share-of-Global-Smartphone-Shipments-in-Q3-2013.aspx.`

12 `http://www.businessweek.com/articles/2013-05-29/behind-the-internet-of-things-is-android-and-its-everywhere.`

13 `http://en.wikipedia.org/wiki/Google_Play.`

Linguagem de programação	Descrição
Fortran	A linguagem Fortran (FORmula TRANslator) foi desenvolvida pela IBM Corporation em meados da década de 1950 para aplicativos científicos e de engenharia que requerem complexos cálculos matemáticos. Ela ainda é amplamente utilizada, e suas versões mais recentes suportam programação orientada a objetos.
COBOL	O COBOL (Common Business Oriented Language) foi desenvolvido na década de 1950 por fabricantes de computadores, além de usuários governamentais e industriais norte-americanos de computadores, com base em uma linguagem desenvolvida por Grace Hopper, almirante da Marinha dos EUA e cientista da computação que também defendeu a padronização internacional das linguagens de programação. O COBOL ainda é bastante empregado para aplicativos comerciais que exigem manipulação precisa e eficiente de grandes quantidades de dados. Sua última versão suporta a programação orientada a objetos.
Pascal	Uma pesquisa feita na década de 1960 resultou na evolução da *programação estruturada* — uma abordagem disciplinada para escrever programas mais claros, mais fáceis de testar e depurar e de modificar do que os grandes programas produzidos com a técnica anterior. Um dos resultados dessa pesquisa foi o desenvolvimento em 1971 da linguagem de programação Pascal, projetada para ensinar programação estruturada e popular em cursos universitários por várias décadas.
Ada	O Ada, baseado em Pascal, foi desenvolvido sob o patrocínio do Departamento de Defesa dos EUA a (DOD) durante a década de 1970 e início dos anos 1980. O DOD queria que uma única linguagem atendesse a maioria de suas necessidades. A linguagem Ada recebeu seu nome de Lady Ada Lovelace, filha do poeta Lord Byron. Ela é reconhecida como aquela que escreveu o primeiro programa de computador do mundo no início de 1800 (para o dispositivo de computação mecânica Analytical Engine, projetado por Charles Babbage). O Ada também suporta a programação orientada a objetos.
Basic	O Basic foi desenvolvido na década de 1960 no Dartmouth College para que os novatos conhecessem as técnicas de programação. Muitas de suas versões mais recentes são orientadas a objetos.
C	O C foi desenvolvido no início da década de 1970 por Dennis Ritchie no Bell Laboratories. Ele inicialmente tornou-se amplamente conhecido como a linguagem de desenvolvimento do sistema operacional UNIX. Até a presente data, a maior parte do código para sistemas operacionais de uso geral é escrita em C ou C++.
C++	O C++, que se baseia no C, foi desenvolvido por Bjarne Stroustrup no início de 1980 no Bell Laboratories. O C++ fornece vários recursos que "embelezam" a linguagem C, mas, sobretudo, para a programação orientada a objetos.
Objective-C	Objective-C é outra linguagem orientada a objetos baseada em C. Foi desenvolvida no início de 1980 e, mais tarde, adquirida pela NeXT, que por sua vez foi comprada pela Apple. Tornou-se a linguagem-chave de programação para o sistema operacional OS X e todos os dispositivos equipados com o iOS (como iPods, iPhones e iPads).
Visual Basic	A linguagem Visual Basic, da Microsoft, foi introduzida no início de 1990 para simplificar o desenvolvimento de aplicativos Microsoft Windows. Suas versões mais recentes suportam a programação orientada a objetos.
Visual C#	Três linguagens primárias de programação orientada a objetos da Microsoft são Visual Basic (baseado no Basic original), Visual C++ (baseado em C++) e Visual C# (baseado em C++ e Java, e desenvolvido para integrar a internet e a web a aplicativos de computador).
PHP	O PHP, uma linguagem de script de código-fonte aberto orientada a objetos suportada por uma comunidade de usuários e desenvolvedores, é usado por milhões de sites da web. O PHP é independente de plataforma — há implementações para todos os principais sistemas operacionais UNIX, Linux, Mac e Windows. O PHP também suporta muitos bancos de dados, incluindo o popular MySQL de código-fonte aberto.
Perl	O Perl (Practical Extraction and Report Language), uma das linguagens mais amplamente usadas de script orientada a objetos para programação web, foi desenvolvido em 1987 por Larry Wall. Entre outras capacidades, destacam-se os recursos avançados de processamento de texto.
Python	O Python, outra linguagem de script orientada a objetos, foi lançado publicamente em 1991. Desenvolvido por Guido van Rossum, do Instituto Nacional de Pesquisa para Matemática e Ciência da Computação em Amsterdã (CWI), o Python depende bastante do Modula-3 — uma linguagem de programação de sistemas. O Python é "extensível" — pode ser estendido por meio de classes e interfaces de programação.

continua

continuação

Linguagem de programação	Descrição
JavaScript	O JavaScript é a linguagem de script mais utilizada. É usado principalmente para incorporar comportamento dinâmico a páginas web — por exemplo, animações e melhor interatividade com o usuário. É fornecido em todos os principais navegadores.
Ruby on Rails	O Ruby, criado em meados dos anos 1990, é uma linguagem de programação orientada a objetos com sintaxe simples e semelhante a do Python. O Ruby on Rails combina a linguagem de criação de scripts Ruby com a estrutura de aplicativo web do Rails desenvolvida pela 37Signals. Seu livro, *Getting Real* (`gettingreal.37signals.com/toc.php`), é uma leitura obrigatória para desenvolvedores web. Muitos desenvolvedores Ruby in Rails informaram ganhos de produtividade significativos em relação ao uso de outras linguagens ao desenvolver aplicativos web que utilizam intensamente banco de dados.

Figura 1.5 | Algumas outras linguagens de programação.

1.8 Java

A contribuição mais importante até agora da revolução dos microprocessadores é que ela permitiu o desenvolvimento de computadores pessoais. Os microprocessadores estão tendo um impacto profundo em dispositivos eletrônicos inteligentes de consumo popular. Reconhecendo isso, a Sun Microsystems, em 1991, financiou um projeto de pesquisa corporativa interna chefiado por James Gosling, que resultou em uma linguagem de programação orientada a objetos chamada C++, que a empresa chamou de Java.

Um objetivo-chave do Java é ser capaz de escrever programas a serem executados em uma grande variedade de sistemas computacionais e dispositivos controlados por computador. Isso às vezes é chamado de "escreva uma vez, execute em qualquer lugar".

Por uma feliz casualidade, a web explodiu em popularidade em 1993 e a Sun viu o potencial de utilizar o Java para adicionar *conteúdo dinâmico*, como interatividade e animações, às páginas da web. O Java chamou a atenção da comunidade de negócios por causa do interesse fenomenal pela web. Ele é agora utilizado para desenvolver aplicativos corporativos de grande porte, aprimorar a funcionalidade de servidores da web (os computadores que fornecem o conteúdo que vemos em nossos navegadores), fornecer aplicativos para dispositivos voltados ao consumo popular (por exemplo, telefones celulares, smartphones, televisão, *set-up boxes* etc.) e para muitos outros propósitos. Ainda, ele também é a linguagem-chave para desenvolvimento de aplicativos Android adequados a smartphones e tablets. A Sun Microsystems foi adquirida pela Oracle em 2010.

Bibliotecas de classe do Java

Você pode criar cada classe e método de que precisa para formar seus programas Java. Porém, a maioria dos programadores Java tira proveito das ricas coleções de classes existentes e métodos nas **bibliotecas de classe Java**, também conhecidas como **Java APIs (*application programming interfaces*)**.

Dica de desempenho 1.1

Utilizar as classes e os métodos da Java API em vez de escrever suas próprias versões pode melhorar o desempenho de programa, porque eles são cuidadosamente escritos para executar de modo eficiente. Isso também diminui o tempo de desenvolvimento de programa.

1.9 Um ambiente de desenvolvimento Java típico

Agora explicaremos os passos para criar e executar um aplicativo Java. Normalmente, existem cinco fases: editar, compilar, carregar, verificar e executar. Nós as discutiremos no contexto do Java SE 8 Development Kit (JDK). Consulte a seção "*Antes de começar" (nas páginas iniciais do livro) para informações sobre como baixar e instalar o JDK no Windows, Linux e OS X.*

Fase 1: criando um programa

A Fase 1 consiste em editar um arquivo com um *programa editor*, muitas vezes conhecido simplesmente como um *editor* (Figura 1.6). Você digita um programa Java (em geral referido como **código-fonte**) utilizando o editor, faz quaisquer correções necessárias e salva o programa em um dispositivo de armazenamento secundário, como sua unidade de disco. Arquivos de código-fonte Java recebem um nome que termina com a **extensão `.java`**, que indica um arquivo contendo código-fonte Java.

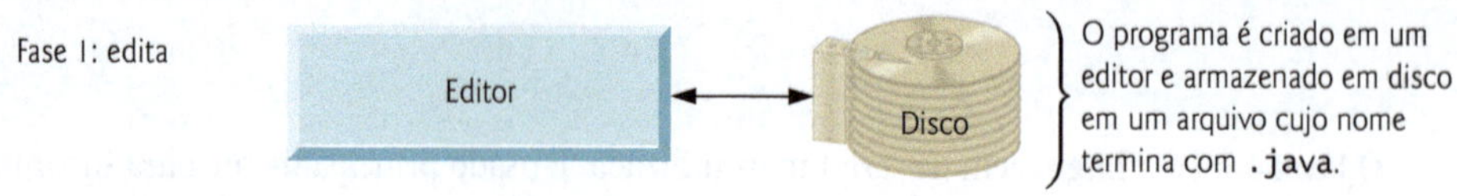

Figura 1.6 | Ambiente típico de desenvolvimento Java — fase de edição.

Dois editores amplamente utilizados nos sistemas Linux são `vi` e `emacs`. O Windows fornece o Bloco de Notas. Já o OS X fornece o TextEdit. Também há muitos editores freeware e shareware disponíveis on-line, incluindo Notepad++ (`notepad-plus-plus.org`), EditPlus (`www.editplus.com`), TextPad (`www.textpad.com`) e jEdit (`www.jedit.org`).

Ambientes de desenvolvimento integrado (IDEs) fornecem ferramentas que suportam o processo de desenvolvimento de software, como editores e depuradores para localizar **erros lógicos** (que fazem programas serem executados incorretamente) e outros. Há muitos IDEs Java populares, incluindo:

- Eclipse (`www.eclipse.org`)
- NetBeans (`www.netbeans.org`)
- IntelliJ IDEA (`www.jetbrains.com`)

No site dos autores (Seção Antes de começar, nas páginas iniciais do livro) estão os vídeos Dive Into®, que mostram como executar os aplicativos Java desta obra e como desenvolver novos aplicativos Java com o Eclipse, NetBeans e IntelliJ IDEA.

Fase 2: compilando um programa Java em bytecodes

Na Fase 2, utilize o comando **`javac`** (o **compilador Java**) para **compilar** um programa (Figura 1.7). Por exemplo, a fim de compilar um programa chamado `Welcome.java`, você digitaria

```
javac Welcome.java
```

na janela de comando do seu sistema (isto é, o Prompt do MS-DOS, no Windows, ou o aplicativo Terminal, no Mac OS X) ou em um shell Linux (também chamado Terminal em algumas versões do Linux). Se o programa compilar, o compilador produz um arquivo **`.class`** chamado `Welcome.class` que contém a versão compilada. IDEs tipicamente fornecem um item de menu, como Build ou Make, que chama o comando `javac` para você. Se o compilador detectar erros, você precisa voltar para a Fase 1 e corrigi-los. No Capítulo 2, discutiremos com detalhes os tipos de erro que o compilador pode detectar.

O compilador Java converte o código-fonte Java em **bytecodes** que representam as tarefas a serem executadas na fase de execução (Fase 5). O **Java Virtual Machine (JVM)** — uma parte do JDK e a base da plataforma Java — executa bytecodes. A **máquina virtual** (***virtual machine*** — **VM**) é um aplicativo de software que simula um computador, mas oculta o sistema operacional e o hardware subjacentes dos programas que interagem com ela. Se a mesma máquina virtual é implementada em muitas plataformas de computador, os aplicativos escritos para ela podem ser utilizados em todas essas plataformas. A JVM é uma das máquinas virtuais mais utilizadas. O .NET da Microsoft utiliza uma arquitetura de máquina virtual semelhante.

Diferentemente das instruções em linguagem de máquina, que são *dependentes de plataforma* (isto é, de hardware específico de computador), instruções bytecode são *independentes de plataforma*. Portanto, os bytecodes do Java são **portáveis** — sem recompilar o código-fonte, as mesmas instruções em bytecodes podem ser executadas em qualquer plataforma contendo uma JVM que entende a versão do Java na qual os bytecodes foram compilados. A JVM é invocada pelo comando **`java`**. Por exemplo, para executar um aplicativo Java chamado `Welcome`, você digitaria

```
java Welcome
```

em uma janela de comando para invocar a JVM, que então iniciaria os passos necessários a fim de executar o aplicativo. Isso começa a Fase 3. IDEs tipicamente fornecem um item de menu, como Run, que chama o comando `java` para você.

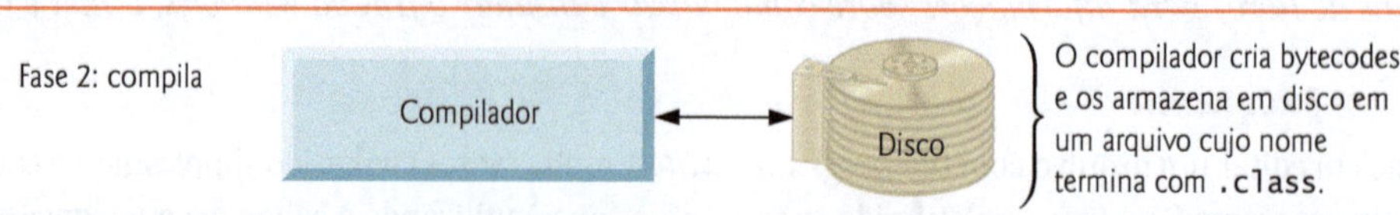

Figura 1.7 | Ambiente típico de desenvolvimento Java — fase de compilação.

Fase 3: carregando um programa na memória

Na Fase 3, a JVM armazena o programa na memória para executá-lo — isso é conhecido como **carregamento** (Figura 1.8). O **carregador de classe** da JVM pega os arquivos `.class` que contêm os bytecodes do programa e os transfere para a memória primária. Ele também carrega qualquer um dos arquivos `.class` fornecidos pelo Java que seu programa usa. Os arquivos `.class` podem ser carregados a partir de um disco em seu sistema ou em uma rede (por exemplo, sua faculdade local ou rede corporativa ou a internet).

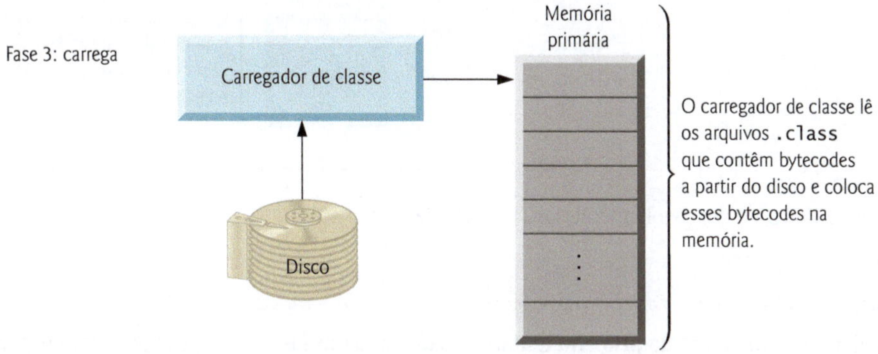

Figura 1.8 | Ambiente típico de desenvolvimento Java — fase de carregamento.

Fase 4: verificação de bytecode

Na Fase 4, enquanto as classes são carregadas, o **verificador de bytecode** examina seus bytecodes para assegurar que eles são válidos e não violam restrições de segurança do Java (Figura 1.9). O Java impõe uma forte segurança para certificar-se de que os programas Java que chegam pela rede não danificam os arquivos ou o sistema (como vírus e worms de computador).

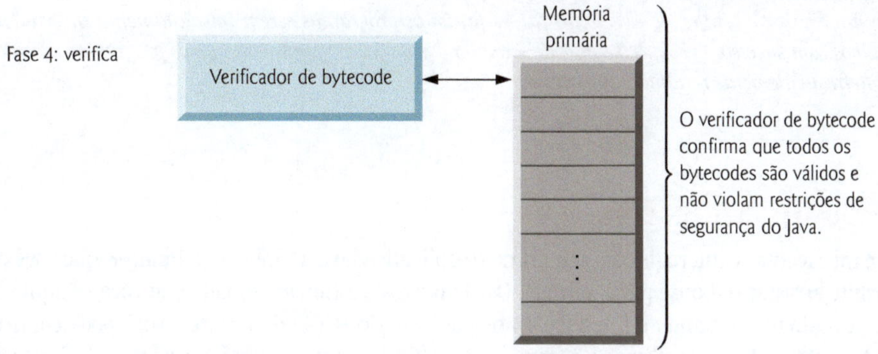

Figura 1.9 | Ambiente típico de desenvolvimento Java — fase de verificação.

Fase 5: execução

Na Fase 5, a JVM **executa** os bytecodes do programa, realizando, assim, as ações especificadas por ele (Figura 1.10). Nas primeiras versões do Java, a JVM era simplesmente um *interpretador* para bytecodes. A maioria dos programas Java executava lentamente, porque a JVM interpretava e executava um bytecode de cada vez. Algumas arquiteturas modernas de computador podem executar várias instruções em paralelo. Em geral, as JVMs atuais executam bytecodes utilizando uma combinação de interpretação e a chamada **compilação *just in time* (JIT)**. Nesse processo, a JVM analisa os bytecodes à medida que eles são interpretados, procurando *hot spots* (*pontos ativos*) — partes dos bytecodes que executam com frequência. Para essas partes, um **compilador *just in time* (JIT)**, como o **compilador Java HotSpot™** da Oracle, traduz os bytecodes para a linguagem de máquina do computador subjacente. Quando a JVM encontra de novo essas partes compiladas, o código de linguagem de máquina mais rápido é executado. Portanto, os programas Java realmente passam por *duas* fases de compilação: uma em que o código-fonte é traduzido em bytecodes (para a portabilidade entre JVMs em diferentes plataformas de computador) e outra em que, durante a execução, os *bytecodes* são traduzidos em *linguagem de máquina* para o computador real no qual o programa é executado.

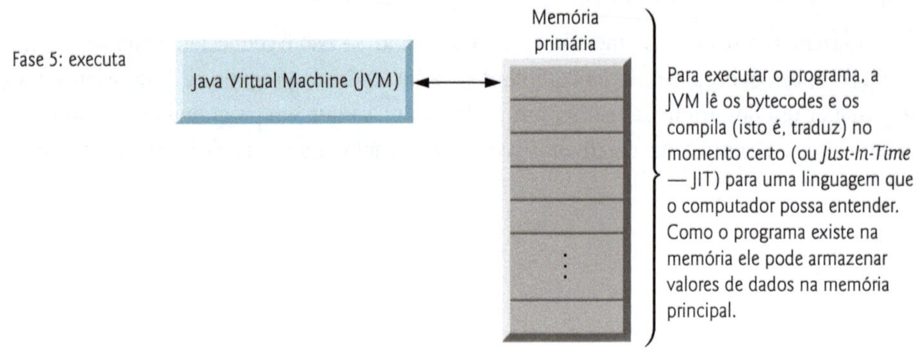

Figura 1.10 | Ambiente típico de desenvolvimento Java — fase de execução.

Problemas que podem ocorrer no tempo de execução

Os programas podem não funcionar na primeira tentativa. Cada uma das fases anteriores pode falhar por causa de vários erros que discutiremos ao longo dos capítulos. Por exemplo, um programa executável talvez tente realizar uma operação de divisão por zero (uma operação ilegal para a aritmética de número inteiro em Java). Isso faria o programa Java imprimir uma mensagem de erro. Se isso ocorresse, você teria de retornar à fase de edição, realizar as correções necessárias e passar novamente pelas demais fases para determinar se as correções resolveram o(s) problema(s). [***Observação:*** a maioria dos programas Java realiza entrada ou saída de dados. Quando afirmamos que um programa exibe uma mensagem, normalmente queremos dizer que ele a apresenta pela tela do computador. As mensagens e outros dados podem ser enviados a outros dispositivos de saída, como discos e impressoras, ou até mesmo uma rede para transmissão a outros computadores.]

Erro comum de programação 1.1

*Os erros como divisão por zero ocorrem enquanto um programa executa, então são chamados **runtime errors** ou **erros de tempo de execução**. **Erros de tempo de execução fatais** fazem os programas serem imediatamente encerrados sem terem realizado seus trabalhos com sucesso. **Erros de tempo de execução não fatais** permitem que os programas executem até sua conclusão, produzindo frequentemente resultados incorretos.*

1.10 Testando um aplicativo Java

Nesta seção, você irá executar e interagir com seu primeiro aplicativo Java. O aplicativo **Painter**, que você construirá ao longo de vários exercícios, permite arrastar o mouse para "pintar". Os elementos e a funcionalidade que você vê aqui são típicos daquilo que aprenderá a programar neste livro. Usando a interface gráfica do usuário (GUI) do **Painter**, você pode controlar a cor do desenho, a forma a traçar (linha, retângulo ou oval) e se a forma é preenchida com a cor. Você também pode desfazer a última forma que adicionou ao desenho ou limpá-lo inteiramente. [*Observação:* neste livro, utilizamos fontes para distinguir alguns elementos. Nossa convenção é enfatizar os recursos de tela, como títulos e menus (por exemplo, o menu **File**), em uma fonte **Helvetica sem serifa** em seminegrito e destacar os elementos que não são de tela, como nomes de arquivo, códigos de programa ou entrada (por exemplo, `NomeDoPrograma.java`), em uma fonte `Lucida sem serifa`.]

Os passos nesta seção mostram como executar o aplicativo **Painter** a partir de uma janela **Command Prompt** (Windows), **Terminal** (OS X) ou shell (Linux) no seu sistema. Ao longo desta obra, vamos nos referir a essas janelas simplesmente como *janelas de comando*. Execute as seguintes etapas para usar o aplicativo **Painter** e desenhar um rosto sorridente:

1. ***Verificando sua configuração.*** Leia a seção "Antes de começar" (nas páginas iniciais do livro) para confirmar se você configurou o Java corretamente no computador, se copiou os exemplos do livro para o disco rígido e se sabe como abrir uma janela de comando no sistema.
2. ***Mudando para o diretório do aplicativo concluído.*** Abra uma janela de comando e use o `cd` a fim de mudar para o diretório (também chamado *pasta*) do aplicativo **Painter**. Supomos que os exemplos do livro estão localizados em `C:\examples` no

Windows ou na pasta `Documents/examples` da sua conta de usuário no Linux/OS X. No Windows, digite `cd C:\examples\ch01\painter`, então pressione *Enter*. No Linux/OS X, digite `cd ~/Documents/examples/ch01/painter`, então pressione *Enter*.

3. ***Executando o aplicativo* Painter.** Lembre-se de que o comando `java`, seguido pelo nome do arquivo `.class` do aplicativo (nesse caso, `Painter`), executa esse aplicativo. Digite o comando `java Painter` e pressione *Enter* para executar. A Figura 1.11 mostra o aplicativo em execução no Windows, no Linux e no OS X, respectivamente — encurtamos as janelas para economizar espaço.

   [*Observação:* comandos Java diferenciam entre *maiúsculas e minúsculas* — isto é, letras maiúsculas são diferentes de minúsculas. É importante digitar o nome do aplicativo `Painter`, por exemplo, com o `P` maiúsculo. Caso contrário, o aplicativo *não* executará. Especificar a extensão `.class` ao utilizar o comando `java` resulta em um erro. Se receber a mensagem de erro "`Exception in thread "main" java.lang.NoClassDefFoundError: Painter`", seu sistema tem um problema de `CLASSPATH`. Consulte na seção "Antes de começar" instruções para ajudá-lo a corrigir esse problema.]

4. ***Desenhando uma forma ovalada preenchida de amarelo para o rosto.*** Selecione **Yellow** como a cor do desenho, **Oval** como a forma e marque a caixa **Filled**. Então, arraste o mouse para desenhar uma forma ovalada grande (Figura 1.12).

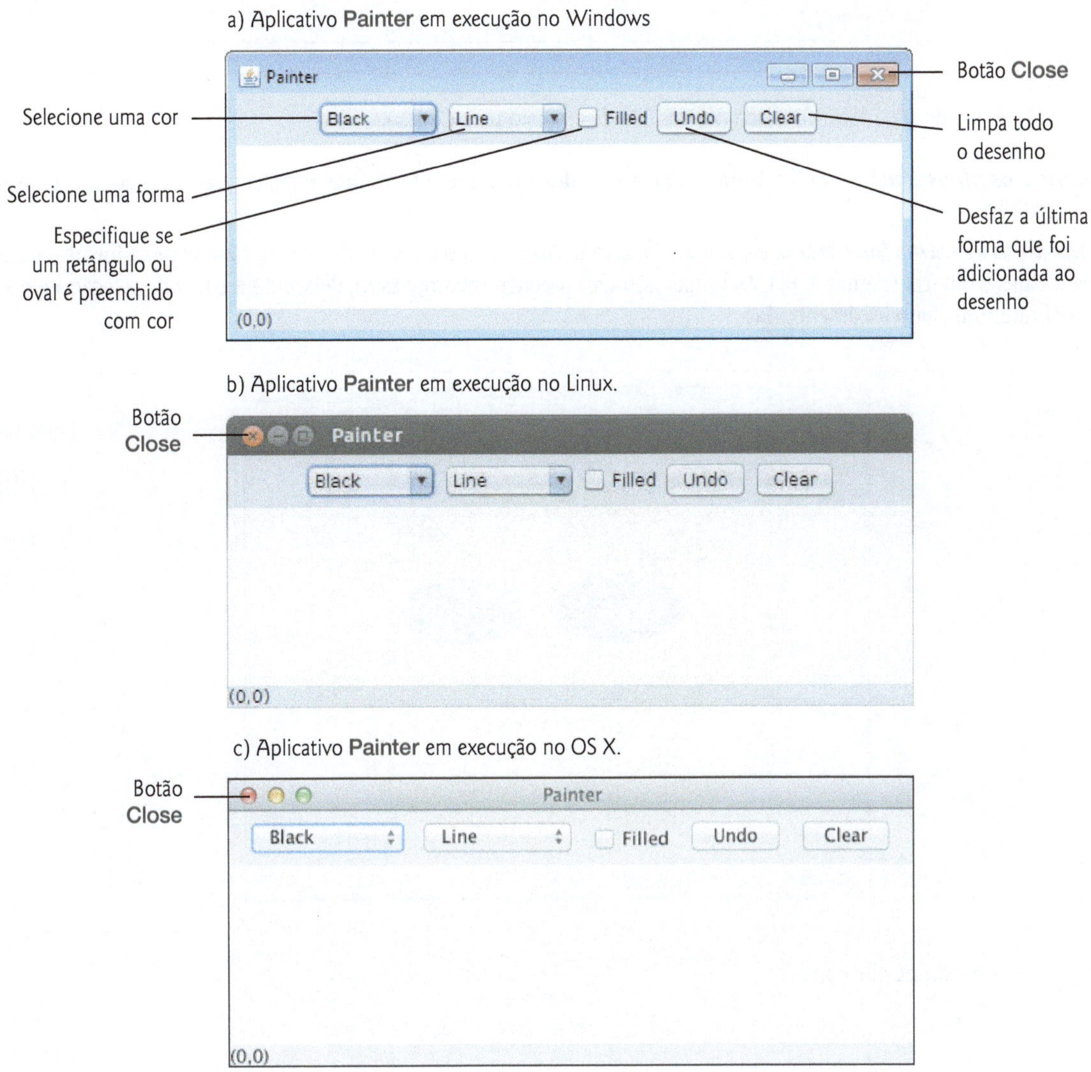

Figura 1.11 | Aplicativo Painter em execução no Windows 7, Linux e OS X.

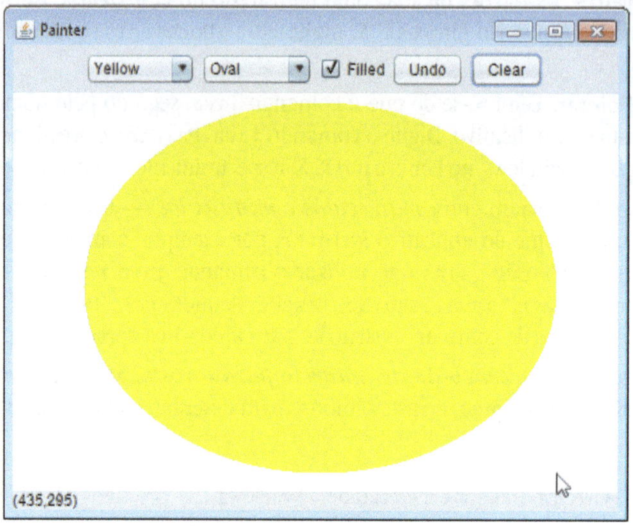

Figura 1.12 | Desenhando uma forma ovalada preenchida de amarelo para o rosto.

5. ***Desenhando os olhos azuis.*** Escolha **Blue** como cor do desenho, então faça duas formas ovaladas pequenas para os olhos (Figura 1.13).
6. ***Desenhando as sobrancelhas pretas e o nariz.*** Selecione **Black** como a cor do desenho e **Line** como a forma, então desenhe as sobrancelhas e o nariz (Figura 1.14). As linhas não têm preenchimento; assim, deixando a caixa de seleção **Filled** marcada não haverá nenhum efeito ao desenhá-las.

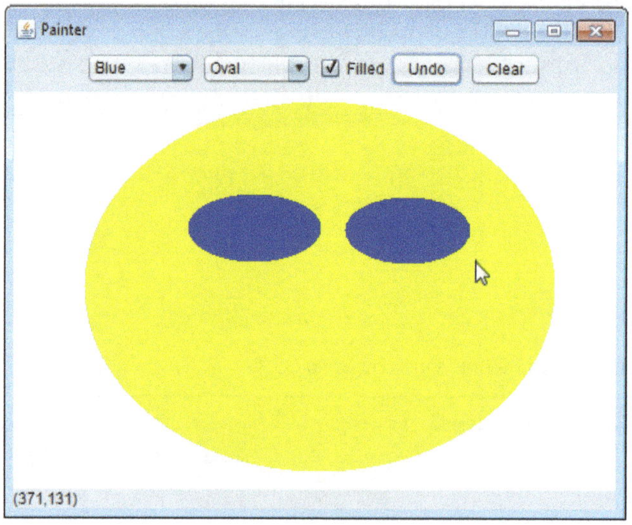

Figura 1.13 | Desenhando os olhos azuis.

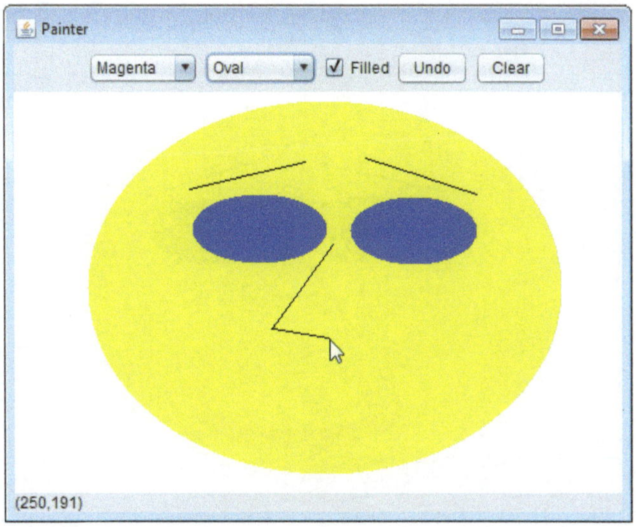

Figura 1.14 | Desenhando as sobrancelhas pretas e o nariz.

7. ***Desenhando uma boca magenta.*** Selecione **Magenta** como a cor do desenho e **Oval** como a forma, então desenhe uma boca (Figura 1.15).
8. ***Desenhando uma forma ovalada amarela na boca para criar um sorriso.*** Selecione **Yellow** como a cor do desenho, então desenhe uma forma ovalada para transformar o traçado magenta em um sorriso (Figura 1.16).

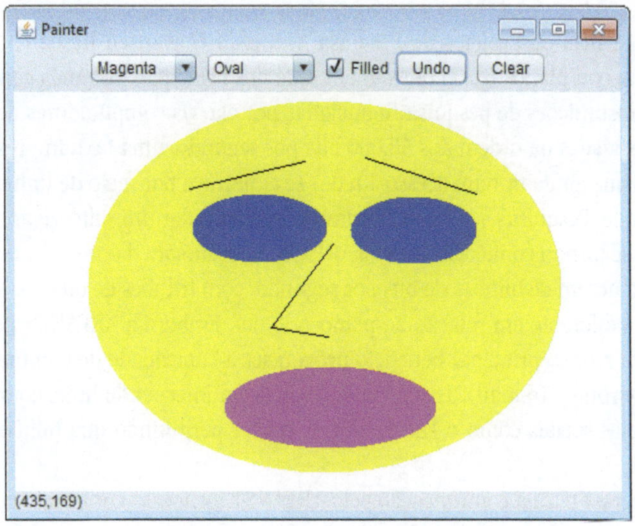

Figura 1.15 | Desenhando uma boca magenta.

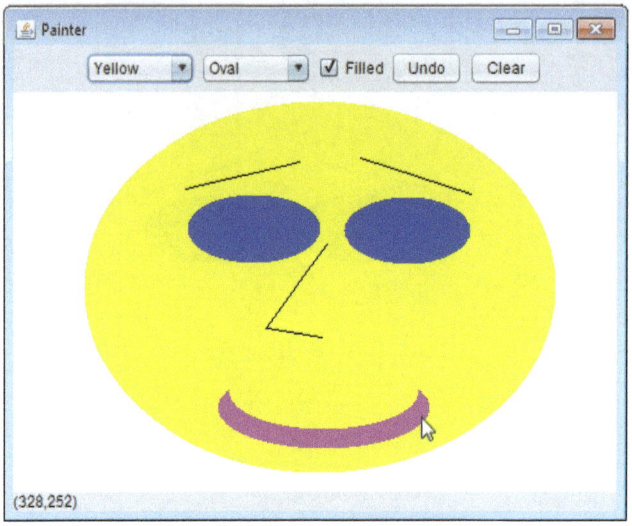

Figura 1.16 | Desenhando uma forma ovalada amarela na boca para criar um sorriso.

9. ***Fechando o aplicativo* Painter**. Para encerrar o aplicativo **Painter**, clique no botão **Close** (no canto superior direito da janela no Windows e no canto superior esquerdo no Linux e no OS X). Fechar a janela faz o aplicativo **Painter** em execução parar de trabalhar.

1.11 Internet e World Wide Web

No final dos anos 1960, a Agência de Projetos de Pesquisa Avançada (Advanced Research Projects Agency — ARPA) do Departamento de Defesa dos EUA lançou planos para conexão em rede dos principais sistemas computacionais de aproximadamente uma dezena de universidades e instituições de pesquisa financiadas por ela. Os computadores deveriam ser conectados a linhas de comunicações operando em velocidades na ordem dos 50.000 bits por segundo, uma taxa impressionante em uma época na qual a maioria das pessoas (dos poucos que ainda tinham acesso à rede) se conectava por meio de linhas telefônicas com os computadores a uma taxa de 110 bits por segundo. Pesquisas acadêmicas estavam prestes a dar um salto gigante para a frente. A ARPA começou a implementar o que rapidamente se tornou conhecido como a ARPANET, precursora da **internet** de hoje em dia. As atuais velocidades mais rápidas da internet estão na ordem de bilhões de bits por segundo, com trilhões de bits por segundo no horizonte!

As coisas saíram de maneira diferente em relação ao plano original. Embora a ARPANET permitisse que os pesquisadores conectassem seus computadores em rede, o principal benefício provou ser a capacidade de comunicação rápida e fácil pelo que veio a ser conhecido como correio eletrônico (e-mail). Isso é válido mesmo na internet de hoje, com e-mails, mensagens instantâneas, transferências de arquivos e mídias sociais como o Facebook e o Twitter permitindo que bilhões de pessoas em todo o mundo se comuniquem rápida e facilmente.

O protocolo (conjunto de regras) para a comunicação pela ARPANET tornou-se conhecido como **Transmission Control Protocol (TCP)**. O TCP assegurava que mensagens, consistindo em partes sequencialmente numeradas chamadas *pacotes*, fossem encaminhadas de modo adequado do emissor para o receptor, chegassem intactas e fossem montadas na ordem correta.

1.11.1 A internet: uma rede de redes

Em paralelo com a evolução inicial da internet, as organizações em todo o mundo estavam implementando suas próprias redes, tanto para comunicação intraorganização (isto é, dentro de uma organização) como interorganizações (isto é, entre organizações). Surgiu uma enorme variedade de hardwares e softwares de rede. Um desafio foi permitir que essas redes diferentes se comunicassem entre si. A ARPA alcançou isso desenvolvendo o Internet Protocol (IP), que criou uma verdadeira "rede das redes", a arquitetura atual da internet. O conjunto combinado dos protocolos agora é chamado **TCP/IP**.

As empresas rapidamente perceberam que, usando a internet, poderiam melhorar suas operações e oferecer serviços novos e melhores aos clientes. Elas começaram a investir grandes quantias para desenvolver e aprimorar sua presença na internet. Isso gerou uma concorrência feroz entre operadores de telecomunicações e fornecedores de hardware e software para atender à crescente demanda por infraestrutura. Como resultado, a **largura de banda** — a capacidade de transmissão de informações das linhas de comunicação — na internet aumentou tremendamente, enquanto os custos de hardware despencaram.

1.11.2 A World Wide Web: tornando a internet amigável ao usuário

A **World Wide Web** (simplesmente chamada de "web") é um conjunto de hardwares e softwares associados com a internet que permite aos usuários de computador localizarem e visualizarem documentos baseados em multimídia (com várias combinações de texto, elementos gráficos, animações, áudios e vídeos) sobre praticamente qualquer assunto. A introdução da web foi um evento mais ou menos recente. Em 1989, Tim Berners-Lee, da European Organization for Nuclear Research (CERN), começou a desenvolver uma tecnologia de compartilhamento de informações via documentos de texto com "hiperlinks". Berners-Lee chamou sua invenção de **HyperText Markup Language (HTML)**. Ele também escreveu protocolos de comunicação como o **HyperText Transfer Protocol (HTTP)** para formar a espinha dorsal do seu novo sistema de informação de hipertexto, que ele chamou de World Wide Web.

Em 1994, Berners-Lee fundou uma organização, chamada **World Wide Web Consortium (W3C**, www.w3.org), dedicada à criação de tecnologias web. Um dos principais objetivos da W3C é tornar a web universalmente acessível a todos, sem pesar deficiências, linguagem ou cultura. Neste livro, você usará o Java para construir aplicações baseadas na web.

1.11.3 Serviços web e mashups

No Capítulo 32 (disponível no Site de Apoio, em inglês), incluímos um tratamento substancial aos serviços web (Figura 1.17). A metodologia de desenvolvimento de aplicativo dos *mashups* permite estabelecer rapidamente aplicativos de software poderosos com-binando serviços web (muitas vezes gratuitos) complementares e outras formas de feeds de informação. Um dos primeiros mashups combinava os anúncios imobiliários fornecidos pela `www.craigslist.org` com os recursos de mapeamento do *Google Maps* para oferecer mapas que mostravam os locais das casas para venda ou locação em determinada área.

Fonte de serviços web	Como é usada
Google Maps	Serviços de mapeamento
Twitter	Microblog
YouTube	Busca de vídeos
Facebook	Rede social
Instagram	Compartilhamento de foto
Foursquare	Compartilhamento de localização por celular com GPS
LinkedIn	Rede social profissional
Groupon	Compra coletiva
Netflix	Streaming de filmes e séries
eBay	Leilões virtuais
Wikipédia	Enciclopédia colaborativa
PayPal	Pagamentos on-line
Last.fm	Rádio via internet
Amazon eCommerce	Compra de livros e muitos outros produtos
Salesforce.com	Gestão de relacionamento com o cliente (CRM)
Skype	Mensagens e telefonia on-line
Microsoft Bing	Sistema de busca de conteúdos diversos
Flickr	Compartilhamento de fotos
Zillow	Pesquisa de imóveis
Yahoo Search	Sistema de busca de conteúdos diversos
WeatherBug	Meteorologia

Figura 1.17 | Alguns serviços populares na web.

(Fonte: `www.programmableweb.com/apis/directory/1?sort=mashups`)

1.11.4 Ajax

O **Ajax** ajuda aplicativos baseados na internet a ter um desempenho comparável ao dos aplicativos desktop — uma tarefa difícil, uma vez que eles sofrem atrasos de transmissão à medida que os dados são transferidos entre seu computador e os servidores na in-ternet. Utilizando o Ajax, aplicativos como o Google Maps alcançaram um excelente desempenho e se aproximaram da aparência e do funcionamento dos aplicativos desktop. Embora não discutamos a programação Ajax "bruta" (que é bastante complexa) neste texto, mostraremos no Capítulo 31 (disponível no Site de Apoio, em inglês) como construir aplicativos compatíveis com o Ajax utilizando componentes JavaServer Faces (JSF) indicados nesse caso.

1.11.5 A internet das coisas

A internet não é mais simplesmente uma rede de computadores — ela é uma **internet das coisas**. Uma *coisa* é qualquer objeto com um endereço IP e a capacidade de enviar dados automaticamente por uma rede — por exemplo, um carro com um transponder para pagar pedágios, um monitor cardíaco implantado em um ser humano, um medidor inteligente que informa o consumo de energia, aplicativos móveis que podem monitorar seu movimento e localização e termostatos inteligentes que ajustam a temperatura ambiente com base em previsões de tempo e atividades em casa. Você usará endereços IP para construir aplicativos em rede no Capítulo 28 (disponível no Site de Apoio, em inglês).

1.12 Tecnologias de software

A Figura 1.18 lista alguns jargões que você ouvirá na comunidade de desenvolvimento de softwares. Criamos Resource Centers sobre a maioria desses tópicos, com mais a caminho.

Tecnologia	Descrição
Desenvolvimento ágil de software	**Desenvolvimento ágil de software** é um conjunto de metodologias que tentam fazer um software ser implementado mais rápido e usando menos recursos. Confira a Agile Alliance (`www.agilealliance.org`) e o Agile Manifesto (`www.agilemanifesto.org`).
Refatoração	**Refatoração** envolve retrabalhar os programas para torná-los mais claros e fáceis de manter e, ao mesmo tempo, preservar sua exatidão e funcionalidade. Ela é amplamente empregada com metodologias de desenvolvimento ágeis. Muitos IDEs contêm *ferramentas de refatoração* embutidas para fazer as principais partes do retrabalho automaticamente.
Padrões de design	**Padrões de design** são arquiteturas testadas para construir softwares orientados a objetos flexíveis e que podem ser mantidos. O campo dos padrões de design tenta enumerar aqueles padrões recorrentes, encorajando os designers de software a *reutilizá-los* a fim de desenvolver softwares de melhor qualidade empregando menos tempo, dinheiro e esforço. Discutiremos os padrões de projeto Java no Apêndice N (disponível no Site de Apoio, em inglês).
LAMP	**LAMP** é um acrônimo para as tecnologias de código-fonte aberto que muitos desenvolvedores usam a fim de construir aplicativos web — ele significa *Linux, Apache, MySQL* e *PHP* (ou *Perl* ou *Python* — duas outras linguagens de script). O MySQL é um sistema de gerenciamento de bancos de dados de código-fonte aberto. PHP é a linguagem de "script" mais popular de código-fonte aberto no lado do servidor para a criação de aplicativos web. Apache é o software de servidor web mais adotado. O equivalente para o desenvolvimento Windows é WAMP — *Windows,* Apache, MySQL e PHP.
Software como serviço (SaaS)	Softwares geralmente são vistos como um produto; a maioria deles ainda é oferecida dessa forma. Se quiser executar um aplicativo, você compra um pacote de software a partir de um fornecedor — com frequência um CD, DVD ou download da web. Você então instala esse software no computador e o executa conforme necessário. À medida que aparecem novas versões, você atualiza seu software, muitas vezes com um custo considerável em termos de tempo e dinheiro. Esse processo pode se tornar complicado para as organizações que devem manter dezenas de milhares de sistemas em um array diverso de equipamentos de computador. Com o **Software como serviço (Software as a service — SaaS)**, os softwares executam em servidores em outros locais na internet. Quando esse servidor é atualizado, todos os clientes no mundo inteiro veem as novas capacidades — nenhuma instalação local é necessária. Você acessa o serviço por um navegador. Navegadores são bem portáteis; portanto, você pode executar os mesmos aplicativos em uma ampla variedade de computadores a partir de qualquer lugar no mundo. Salesforce.com, Google e o Office Live e Windows Live da Microsoft oferecem SaaS.

continua

continuação

Tecnologia	Descrição
Plataforma como serviço (PaaS)	**Plataforma como serviço (Platform as a service — PaaS)** fornece uma plataforma de computação para desenvolver e executar aplicativos como um serviço via web, em vez de instalar as ferramentas no seu computador. Alguns provedores de PaaS são o Google App Engine, Amazon EC2 e Windows Azure™.
Computação em nuvem	SaaS e PaaS são exemplos da **computação em nuvem**. Você pode usar o software e os dados armazenados na "nuvem" — isto é, acessados em computadores remotos (ou servidores) via internet e disponíveis sob demanda — em vez de salvá-los em seu desktop, notebook ou dispositivo móvel. Isso permite aumentar ou diminuir os recursos de computação para atender às suas necessidades em um dado momento qualquer, o que é mais eficaz em termos de custos do que comprar hardware a fim de fornecer armazenamento suficiente e capacidade de processamento com o intuito de suprir as demandas ocasionais de pico. A computação em nuvem também economiza dinheiro passando o ônus do gerenciamento desses aplicativos para o fornecedor do serviço.
Kit de desenvolvimento de software (SDK)	**Kits de desenvolvimento de software (SDKs)** incluem as ferramentas e a documentação que os desenvolvedores usam para programar aplicativos. Por exemplo, você empregará o Java Development Kit (JDK) para criar e executar aplicativos Java.

Figura 1.18 | Tecnologias de software.

O software é complexo. O projeto e a implementação de grandes aplicativos de software do mundo real podem levar muitos meses ou mesmo anos. Quando grandes produtos de software estão em desenvolvimento, eles normalmente são disponibilizados para as comunidades de usuários como uma série de versões, cada uma mais completa e refinada que a anterior (Figura 1.19).

Versão	Descrição
Alfa	Software *alfa* é a primeira versão de um produto que ainda está em desenvolvimento ativo. Versões alfa muitas vezes são repletas de erros, incompletas e instáveis e são lançadas para um número relativamente pequeno de desenvolvedores a fim de testar novos recursos, receber feedback inicial etc.
Beta	Versões *beta* são lançadas para um número maior de desenvolvedores no processo de desenvolvimento depois que a maioria dos principais erros foi corrigida e novos recursos estão quase completos. Software beta é mais estável, mas ainda sujeito a alterações.
Candidatos a lançamento	*Candidatos a lançamento*, ou *release candidates*, em geral *têm todos os recursos,* estão (principalmente) livres de erros e prontos para uso pela comunidade, que fornece um ambiente de teste diversificado — o software é empregado em sistemas distintos, com diferentes restrições e para uma variedade de propósitos.
Versão final	Quaisquer erros que aparecem no candidato a lançamento são corrigidos e, com o tempo, o produto final é lançado para o público em geral. Empresas de software muitas vezes distribuem atualizações incrementais pela internet.
Beta contínuo	Softwares desenvolvidos usando essa abordagem (por exemplo, pesquisa no Google ou Gmail) geralmente não têm números de versão. Esse tipo de software é hospedado na *nuvem* (não é instalado no seu computador) e está em constante evolução para que os usuários sempre tenham a versão mais recente.

Figura 1.19 | Terminologia de lançamento de software.

1.13 Mantendo-se atualizado com as tecnologias da informação

A Figura 1.20 lista as publicações técnicas e de negócios que irão ajudá-lo a se manter atualizado com as novidades, tendências e tecnologias mais recentes. Você também pode encontrar uma lista crescente de centros de recursos relacionados à internet e à web em `www.deitel.com/ResourceCenters.html`.

Publicação	URL
AllThingsD	allthingsd.com
Bloomberg BusinessWeek	www.businessweek.com
CNET	news.cnet.com
Communications of the ACM	cacm.acm.org
Computerworld	www.computerworld.com
Engadget	www.engadget.com
eWeek	www.eweek.com
Fast Company	www.fastcompany.com/
Fortune	money.cnn.com/magazines/fortune
GigaOM	gigaom.com
Hacker News	news.ycombinator.com
IEEE Computer Magazine	www.computer.org/portal/web/computingnow/computer
InfoWorld	www.infoworld.com
Mashable	mashable.com
PCWorld	www.pcworld.com
SD Times	www.sdtimes.com
Slashdot	slashdot.org/
Technology Review	technologyreview.com
Techcrunch	techcrunch.com
The Next Web	thenextweb.com
The Verge	www.theverge.com
Wired	www.wired.com

Figura 1.20 | Publicações técnicas e comerciais.

Exercícios de revisão

1.1 Preencha as lacunas em cada uma das seguintes afirmações:

a) Os computadores processam dados sob o controle de conjuntos de instruções chamados ________.

b) As principais unidades lógicas do computador são ________, ________, ________, ________, ________ e ________.

c) Os três tipos de linguagens discutidas no capítulo são ________, ________ e ________.

d) Os programas que traduzem programas de linguagem de alto nível em linguagem de máquina são chamados ________.

e) ________ é um sistema operacional para dispositivos móveis baseados no kernel do Linux e Java.

f) O software ________ em geral tem todos os recursos, sendo (supostamente) livre de erros e pronto para uso pela comunidade.

g) O Wii Remote, bem como muitos smartphones, usa um(a) ________ que permite ao dispositivo responder ao movimento.

1.2 Preencha as lacunas em cada uma das seguintes frases sobre o ambiente Java:

a) O comando ________ do JDK executa um aplicativo Java.

b) O comando ________ do JDK compila um programa Java.

c) Um arquivo de código-fonte aberto Java deve terminar com a extensão ________.

d) Quando um programa Java é compilado, o arquivo produzido pelo compilador termina com a extensão ________.

e) O arquivo produzido pelo compilador Java contém ________, que são executados pela Java Virtual Machine.

1.3 Preencha as lacunas de cada uma das sentenças a seguir (com base na Seção 1.5):

a) Os objetos permitem a prática de ________ — embora eles possam se comunicar entre si por meio de interfaces bem definidas, normalmente não têm autorização para descobrir como outros objetos são implementados.

b) Os programadores Java concentram-se na criação de ________, que contêm campos e o conjunto de métodos que manipulam esses campos, além de fornecer serviços para clientes.

c) O processo de analisar e projetar um sistema de um ponto de vista orientado a objetos é chamado ________.

d) Uma nova classe de objetos pode ser convenientemente criada por ________ — a nova classe (chamada subclasse) começa com as características de uma classe existente (chamada superclasse), personalizando-as e talvez adicionando características próprias.

e) ________ é uma linguagem gráfica que permite às pessoas que projetam sistemas de software utilizar uma notação padrão da indústria para representá-las.

f) O tamanho, forma, cor e peso de um objeto são considerados ________ da classe dele.

Respostas dos exercícios de revisão

1.1 a) programas. b) unidade de entrada, unidade de saída, unidade de memória, unidade de central de processamento, unidade aritmética e lógica, unidade de armazenamento secundário. c) linguagens de máquina, linguagens de assembly, linguagens de alto nível. d) compiladores. e) Android. f) Candidato a lançamento. g) acelerômetro.

1.2 a) `java`. b) `javac`. c) `.java`. d) `.class`. e) bytecodes.

1.3 a) ocultamento de informações. b) classes. c) análise e projeto orientados a objetos (OOAD). d) herança. e) Unified Modeling Language (UML). f) atributos.

Questões

1.4 Preencha as lacunas em cada uma das seguintes afirmações:

a) A unidade lógica que recebe informações de fora do computador para uso por ele é a ________.

b) O processo de instrução do computador para resolver um problema específico é chamado ________.

c) ________ é um tipo de linguagem de computador que utiliza abreviações em inglês para instruções de linguagem de máquina.

d) ________ é uma unidade lógica que envia informações que já foram processadas pelo computador para vários dispositivos, de modo que possam ser utilizadas fora da máquina.

e) ________ e ________ são unidades lógicas do computador que retêm informações.

f) ________ é uma unidade lógica do computador que realiza cálculos.

g) ________ é uma unidade lógica do computador que toma decisões lógicas.

h) As linguagens mais convenientes para que o programador escreva programas rápida e facilmente são as ________.

i) A única linguagem que um computador pode entender diretamente é a ________ dele.

j) ________ é uma unidade lógica do computador que coordena as atividades de todas as outras unidades lógicas.

1.5 Preencha as lacunas em cada uma das seguintes afirmações:

a) A linguagem de programação ________ é agora utilizada para desenvolver aplicativos corporativos de grande porte, aprimorar a funcionalidade de servidores da web, fornecer aplicativos a dispositivos de consumo popular e para muitos outros propósitos.

b) Inicialmente, o ________ tornou-se muito conhecido como a linguagem de desenvolvimento do sistema operacional UNIX.

c) O ________ garante que as mensagens, que consistem em partes sequencialmente numeradas chamadas bytes, sejam adequadamente encaminhadas do emissor para o receptor, cheguem intactas e sejam montadas na ordem correta.

d) A linguagem de programação ________ foi desenvolvida por Bjarne Stroustrup no início dos anos 1980 na Bell Laboratories.

1.6 Preencha as lacunas em cada uma das seguintes afirmações:

a) Os programas Java normalmente passam por cinco fases: ________, ________, ________, ________ e ________.

b) Um(a) ________ fornece muitas ferramentas que suportam o processo de desenvolvimento de software, como editores para escrever e editar programas, depuradores a fim de localizar erros de lógica em programas e muitos outros recursos.

c) O comando `java` invoca ________, que executa programas Java.

d) Um(a) ________ é um aplicativo de software que simula um computador, mas oculta o sistema operacional e o hardware subjacentes dos programas que interagem com ela(e).

e) O ________ transfere os arquivos `.class` contendo os bytecodes do programa para a memória principal.

f) O ________ examina bytecodes para assegurar que eles são válidos.

1.7 Explique as duas fases de compilação de programas Java.

1.8 Um dos objetos mais comuns do mundo é um relógio de pulso. Discuta como cada um dos seguintes termos e conceitos se aplicam à noção de um relógio: objeto, atributos, comportamentos, classe, herança (considere, por exemplo, o alarme dele), modelagem, mensagens, encapsulamento, interface e ocultamento de informações.

Fazendo a diferença

Ao longo deste livro incluiremos exercícios "Fazendo a diferença", pelos quais você será convidado a trabalhar em problemas que realmente importam a indivíduos, comunidades, países e ao mundo. Para informações adicionais sobre organizações em todo o planeta que trabalham a fim de fazer a diferença, além de ideias de projetos de programação relacionadas, visite nosso Making a Difference Resource Center em `www.deitel.com/makingadifference`.

1.9 ***(Test-drive: calculadora de emissão de carbono)*** Alguns cientistas acreditam que as emissões de carbono, em especial da queima de combustíveis fósseis, contribuem significativamente para o aquecimento global, e que isso pode ser combatido se as pessoas tomarem medidas a fim de limitar o uso de combustíveis com base de carbono. As organizações e pessoas estão cada vez mais preocupadas com suas "emissões de carbono". Sites (em inglês) como o TerraPass

`http://www.terrapass.com/carbon-footprint-calculator/`

e o Carbon Footprint

`http://www.carbonfootprint.com/calculator.aspx`

fornecem calculadoras para estimar a "pegada de carbono". Teste essas calculadoras com o intuito de determinar as suas emissões de carbono. Os exercícios nos próximos capítulos solicitarão que você programe sua própria calculadora de emissões de carbono. A fim de se preparar, use a web como recurso de pesquisa de fórmulas para esse cálculo.

1.10 ***(Test-drive: calculadora de índice de massa corporal)*** A obesidade causa agravamentos significativos de problemas de saúde como diabetes e doenças cardíacas. Para determinar se uma pessoa está acima do peso ou obesa, você pode utilizar uma medida chamada índice de massa corporal (IMC). Os departamentos de assistência social e de saúde norte-americanos fornecem uma calculadora do IMC em `http://www.nhlbi.nih.gov/guidelines/obesity/BMI/bmicalc.htm`. Utilize-a para calcular seu próprio IMC. Um exercício adiante solicitará que você programe sua própria calculadora. A fim de se preparar, use a web como recurso de pesquisa de fórmulas para esse cálculo.

1.11 ***(Atributos dos veículos híbridos)*** Neste capítulo você aprendeu alguns dos conceitos básicos das classes. Agora você começará a estabelecer os aspectos de uma classe chamada "veículos híbridos". Eles estão se tornando cada vez mais populares, porque muitas vezes têm um desempenho por litro de combustível muito melhor do que veículos que só utilizam gasolina. Navegue pela web e estude os recursos de quatro ou cinco carros híbridos atuais mais populares, e então liste o maior número possível de atributos relacionados a eles. Alguns mais comuns incluem desempenho urbano por litro de combustível e desempenho em estradas. Liste também as particularidades das baterias (tipo, peso etc.).

1.12 ***(Neutralidade de gêneros)*** Muitas pessoas querem eliminar o machismo em todas as formas de comunicação. Solicitaram a você que criasse um programa que pudesse processar um parágrafo de um texto e substituir palavras definidoras de gênero por outras neutras. Supondo que você recebeu uma lista de termos específicos quanto a gênero e seus equivalentes neutros (por exemplo, substituir "wife" e "husband" por "spouse", "man" e "woman" por "person", "daughter" e "son" por "child"), explique o procedimento que usaria para examinar um parágrafo e fazer manualmente as substituições. Como essa tarefa pode gerar um termo estranho como "woperchild?" Você aprenderá que uma palavra mais formal para "procedimento" é "algoritmo", e que um algoritmo estabelece os passos a serem executados e a ordem na qual eles acontecem. Mostraremos como desenvolver algoritmos e então convertê-los em programas Java que podem ser executados em computadores.

Introdução a aplicativos Java – entrada/saída e operadores

2

Que há em um simples nome? O que chamamos rosa sob outra designação teria igual perfume.

— William Shakespeare

O principal mérito da língua é a clareza.

— Galeno

Uma pessoa pode fazer a diferença, e todo mundo deve tentar.

— John F. Kennedy

Objetivos

Neste capítulo, você irá:

- Escrever aplicativos Java simples.
- Usar declarações de entrada e saída.
- Aprender os tipos primitivos em Java.
- Compreender os conceitos básicos de memória.
- Usar operadores aritméticos.
- Entender a precedência dos operadores aritméticos.
- Escrever declarações de tomada de decisão.
- Usar operadores relacionais e de igualdade.

Sumário

2.1 Introdução

Este capítulo apresenta a programação de aplicativos Java. Começaremos com exemplos de programas que exibem (saída) mensagens na tela. Em seguida, demonstraremos um programa que obtém (aceita a entrada) dois números de um usuário, calcula a soma e exibe o resultado. Você aprenderá como instruir o computador a executar cálculos aritméticos e a salvar os resultados para uso posterior. O último exemplo demonstra como tomar decisões. O aplicativo compara dois números, então exibe mensagens que mostram os resultados da comparação. Você usará as ferramentas de linha de comando JDK (Java Development Kit) para compilar e executar os programas deste capítulo. Se preferir usar um ambiente de desenvolvimento integrado (*integrated development environment* — IDE), também postamos vídeos Dive Into® no site dos autores (ver seção Antes de começar, nas páginas iniciais) deste livro para o Eclipse, NetBeans e IntelliJ IDEA.

2.2 Nosso primeiro programa Java: imprimindo uma linha de texto

Um **aplicativo** Java é um programa de computador que é executado quando você utiliza o **comando `java`** para carregar a Java Virtual Machine (JVM). Mais adiante, nesta seção, discutiremos como compilar e executar um aplicativo Java. Primeiro consideramos um aplicativo simples que exibe uma linha de texto. A Figura 2.1 mostra o programa seguido por uma caixa que exibe sua saída.

O programa inclui os números de linha. Adicionamos esses números para propósitos instrutivos — eles *não fazem* parte de um programa Java. Esse exemplo ilustra vários recursos Java importantes. Veremos que a linha 9 faz o trabalho — exibindo a frase `Welcome to Java Programming!` na tela.

```
1   // Figura 2.1: Welcome1.java
2   // Programa de impressão de texto.
3
4   public class Welcome1
5   {
6      // método main inicia a execução do aplicativo Java
7      public static void main(String[] args)
8      {
9         System.out.println("Welcome to Java Programming!");
10     } // fim do método main
11  } // fim da classe Welcome1
```

```
Welcome to Java Programming!
```

Figura 2.1 | Programa de impressão de texto.

Comentando programas

Inserimos **comentários** para **documentar programas** e aprimorar sua legibilidade. O compilador Java *ignora* os comentários, portanto, eles *não* fazem o computador realizar qualquer ação quando o programa é executado.

Por convenção, iniciamos cada programa com um comentário indicando o número da figura e o nome do arquivo. O comentário na linha 1

```
// Figura 2.1: Welcome1.java
```

começa com `//`, indicando que é um **comentário de fim de linha**, e termina no fim da linha, onde os caracteres `//` aparecem. Um comentário de fim de linha não precisa começar uma linha; ele também pode começar no meio de uma linha e continuar até o final (como nas linhas 6, 10 e 11). A linha 2

```
// Programa de impressão de texto.
```

de acordo com nossa convenção, é um comentário que descreve o propósito do programa.

O Java também tem **comentários tradicionais**, que podem ser distribuídos ao longo de várias linhas, como em

```
/* Esse é um comentário tradicional. Ele
   pode ser dividido em várias linhas */
```

Eles começam e terminam com delimitadores, /* e */. O compilador ignora todo o texto entre os delimitadores. O Java incorporou comentários tradicionais e comentários de fim de linha das linguagens de programação C e C++, respectivamente. Preferimos usar comentários `//`.

O Java fornece comentários de um terceiro tipo: **comentários Javadoc**. Esses são delimitados por `//**` e `*/`. O compilador ignora todo o texto entre os delimitadores. Os comentários no estilo Javadoc permitem-lhe incorporar a documentação do programa diretamente aos seus programas. Esses comentários são o formato de documentação Java preferido na indústria. O **programa utilitário `javadoc`** (parte do JDK) lê comentários Javadoc e os usa para preparar a documentação do programa no formato HTML. Demonstraremos comentários Javadoc e o utilitário `javadoc` no Apêndice G, no Site de Apoio (em inglês), "Criando documentação com `javadoc`".

Erro comum de programação 2.1

Esquecer um dos delimitadores de um comentário tradicional ou Javadoc causa um erro de sintaxe. Um ***erro de sintaxe*** *ocorre quando o compilador encontra o código que viola as regras da linguagem do Java (isto é, sua sintaxe). Essas regras são semelhantes às da gramática de um idioma natural que especifica a estrutura da sentença. Erros de sintaxe também são chamados* ***erros de compilador, erros em tempo de compilação*** *ou* ***erros de compilação****, porque o compilador os detecta ao compilar o programa. Quando um erro de sintaxe é encontrado, o compilador emite uma mensagem de erro. Você deve eliminar todos os erros de compilação antes que o programa seja compilado corretamente.*

Boa prática de programação 2.1

Algumas organizações exigem que todo programa comece com um comentário que informa o objetivo e o autor dele, a data e a hora em que foi modificado pela última vez.

Dica de prevenção de erro 2.1

À medida que você escreve novos programas ou modifica aqueles existentes, mantenha seus comentários atualizados com o código. Programadores muitas vezes precisam fazer alterações no código existente para corrigir erros ou melhorar as capacidades. Atualizar seus comentários ajuda a garantir que eles reflitam com precisão o que o código faz. Isso facilitará a compreensão e a modificação dos seus programas no futuro. Programadores que usam ou atualizam código com comentários desatualizados podem fazer suposições incorretas sobre esse código que levam a erros ou até mesmo a violações de segurança.

Utilizando linhas em branco

A linha 3 é uma linha em branco. Linhas em branco, caracteres de espaço e tabulações tornam os programas mais fáceis de ler. Juntos, eles são conhecidos como **espaços em branco**. O compilador ignora espaços em branco.

Boa prática de programação 2.2

Utilize linhas e espaços em branco para aprimorar a legibilidade do programa.

Declarando uma classe

A linha 4

```
public class Welcome1
```

começa uma **declaração de `class`** para a classe `Welcome1`. Todo programa Java consiste em pelo menos uma classe que você (o programador) define. A **palavra-chave `class`** introduz uma declaração de classe e é imediatamente seguida pelo **nome da classe** (`Welcome1`). **Palavras-chave** (às vezes chamadas de **palavras reservadas**) são reservadas para uso pelo Java e sempre escritas com todas as letras minúsculas. A lista completa de palavras-chave é mostrada no Apêndice C.

Nos capítulos 2 a 7, cada classe que definimos inicia com a palavra-chave `public`. Por enquanto, simplesmente exigimos `public`. Você aprenderá mais sobre as classes `public` e não `public` no Capítulo 8.

Nome de arquivo para uma classe `public`

Uma classe `public` *deve* ser inserida em um arquivo com um nome na forma *NomeDaClasse*`.java`, assim a classe `Welcome1` é armazenada no arquivo `Welcome1.java`.

Erro comum de programação 2.2

Um erro de compilação ocorre se um nome de arquivo da classe `public` não for exatamente igual ao nome dessa classe (tanto em termos de ortografia como capitalização), seguido pela extensão `.java`.

Nomes e identificadores de classe

Por convenção, os nomes de classes iniciam com uma letra maiúscula e apresentam a letra inicial de cada palavra que eles incluem em maiúscula (por exemplo, `SampleClassName`). O nome de uma classe é um **identificador** — uma série de caracteres que consiste em letras, dígitos, sublinhados (_) e sinais de cifrão ($) que *não* inicie com um dígito e *não* contenha espaços. Alguns identificadores válidos são `Welcome1`, `$valor`, `_valor`, `m_campoDeEntrada1` e `botao7`. O nome `7botao` *não* é um identificador válido porque inicia com um dígito, e o nome `campo de entrada` não é um identificador válido porque contém espaços. Normalmente, um identificador que não inicia com uma letra maiúscula não é um nome de classe. O Java faz **distinção entre maiúsculas e minúsculas** — letras maiúsculas e letras minúsculas são diferentes — assim, `value` e `Value` são identificadores diferentes (mas ambos válidos).

Corpo de classe

A **chave esquerda** (como na linha 5), `{`, inicia o **corpo** de cada declaração de classe. Uma **chave direita** correspondente (na linha 11), `}`, deve terminar cada declaração de classe. As linhas 6 a 10 são recuadas.

Boa prática de programação 2.3

Recue o corpo inteiro de cada declaração de classe por um "nível" entre a chave esquerda e a chave direita que delimitam o corpo da classe. Esse formato enfatiza a estrutura da declaração de classe e torna mais fácil sua leitura. Usamos três espaços para formar um nível de recuo — muitos programadores preferem dois ou quatro espaços. Qualquer que seja o estilo que você escolher, utilize-o de modo consistente.

Dica de prevenção de erro 2.2

Quando você digita uma chave de abertura, ou chave esquerda, `{`, imediatamente digite a chave de fechamento, ou chave direita, `}`, então reposicione o cursor entre elas e dê um recuo para começar a digitação do corpo. Essa prática ajuda a evitar erros decorrentes da ausência das chaves. Muitos IDEs inserem a chave direita de fechamento automaticamente quando você digita a esquerda de abertura.

Erro comum de programação 2.3

Trata-se de um erro de sintaxe se chaves não aparecerem em pares correspondentes.

Boa prática de programação 2.4

IDEs em geral recuam o código para você. A tecla Tab *também pode ser usada para recuar o código. Você pode configurar cada IDE para especificar o número de espaços inseridos ao pressionar* Tab.

Declarando um método

A linha 6

```
// método main inicia a execução do aplicativo Java
```

é um comentário de fim de linha que indica o propósito das linhas 7 a 10 do programa. A linha 7

```
public static void main(String[] args)
```

é o ponto de partida de cada aplicativo Java. Os **parênteses** depois do identificador `main` indicam que ele é um bloco de construção do programa chamado **método**. Declarações de classe Java normalmente contêm um ou mais métodos. Para um aplicativo Java, um dos métodos *deve* ser chamado `main` e ser definido como mostrado na linha 7; caso contrário, a JVM não executará o aplicativo. Os métodos realizam tarefas e podem retornar informações quando as completam. Explicaremos o propósito da palavra-chave `static` na Seção 3.2.5. A palavra-chave **`void`** indica que esse método *não* retornará nenhuma informação. Mais tarde, veremos como um método pode fazer isso. Por enquanto, basta simular a primeira linha de `main` nos aplicativos Java. Na linha 7, a `String[] args` entre parênteses é uma parte necessária da declaração `main` do método, que discutiremos no Capítulo 7.

A chave esquerda na linha 8 inicia o **corpo da declaração do método**. Uma chave direita correspondente deve terminá-la (linha 10). A linha 9 no corpo do método é recuada entre as chaves.

Boa prática de programação 2.5

Recue o corpo inteiro de cada declaração de método um "nível" entre as chaves que definem o corpo do método. Isso faz com que a estrutura do método se destaque, tornando a declaração do método mais fácil de ler.

Gerando saída com `System.out.println`

A linha 9

```
System.out.println("Welcome to Java Programming!");
```

instrui o computador a executar uma ação, ou seja, exibir os caracteres contidos entre as aspas duplas (as próprias aspas *não* são exibidas). Juntos, as aspas e os caracteres entre elas são uma **string** — também conhecida como **string de caracteres** ou **string literal**. Os caracteres de espaço em branco em strings *não* são ignorados pelo compilador. As strings *não podem* distribuir várias linhas de código.

O objeto **`System.out`** — que é predefinido para você — é conhecido como **objeto de saída padrão**. Ele permite que um aplicativo Java exiba informações na **janela de comando** a partir da qual ele é executado. Em versões recentes do Microsoft Windows, a janela de comando chama-se Prompt de Comando. No Unix/Linux/Mac OS X, a janela de comando é chamada **janela terminal** ou **shell**. Muitos programadores simplesmente a chamam **linha de comando**.

O método **`System.out.println`** exibe (ou imprime) uma linha de texto na janela de comando. A string entre parênteses na linha 9 é o **argumento** para o método. Quando `System.out.println` completa sua tarefa, ele posiciona o cursor de saída (o local em que o próximo caractere será exibido) no começo da linha seguinte na janela de comando. Isso é semelhante àquilo que acontece ao pressionar a tecla *Enter* depois de digitar em um editor de texto — o cursor aparece no início da próxima linha no documento.

A linha 9 inteira, incluindo `System.out.println`, o argumento `"Welcome to Java Programming!"` entre parênteses e o **ponto e vírgula** (`;`), é uma **instrução**. Um método normalmente contém uma ou mais instruções que executam a tarefa. A maioria das instruções acaba com um ponto e vírgula. Quando a instrução na linha 9 executa, ela exibe `Welcome to Java Programming!` na janela de comando.

Ao aprender a programar, às vezes é útil "quebrar" um programa funcional para você poder familiarizar-se com as mensagens de erro de sintaxe do compilador. Essas mensagens nem sempre declaram o problema exato no código. Ao encontrar um erro, ele lhe dará uma ideia do que o causou. [Tente remover um ponto e vírgula ou uma chave do programa da Figura 2.1 e, então, recompile-o para ver as mensagens de erro geradas pela omissão.]

Dica de prevenção de erro 2.3

Quando o compilador reporta um erro de sintaxe, talvez ele não esteja na linha que a mensagem de erro indica. Primeiro, verifique a linha em que o erro foi informado. Se você não encontrar um erro nessa linha, analise várias linhas anteriores.

Utilizando comentários de fim de linha em chaves de fechamento para melhorar a legibilidade

Como uma ajuda para iniciantes em programação, incluímos um comentário de fim de linha depois de uma chave de fechamento que termina uma declaração de método e após uma chave de fechamento que termina uma declaração de classe. Por exemplo, a linha 10

```
} // fim do método main
```

indica a chave de fechamento do método `main`, e a linha 11

```
} // fim da classe Welcome1
```

aponta a chave de fechamento da classe `Welcome1`. Cada comentário sinaliza o método ou classe que a chave direita termina. Omitiremos esses comentários de fechamento após este capítulo.

Compilando seu primeiro aplicativo Java

Agora estamos prontos para compilar e executar nosso programa. Vamos supor que você esteja usando as ferramentas de linha de comando do Java Development Kit (JDK), não um IDE. Para ajudá-lo a compilar e executar seus programas em um IDE, fornecemos os vídeos Dive Into® no site dos autores (ver seção Antes de começar, nas páginas iniciais do livro) para os IDEs populares Eclipse, NetBeans e IntelliJ IDEA. Esses IDEs encontram-se no Site de Apoio do livro:

A fim de preparar-se para compilar o programa, abra uma janela de comando e vá ao diretório onde ele está armazenado. Muitos sistemas operacionais usam o comando `cd` para alterar diretórios. No Windows, por exemplo,

```
cd c:\examples\ch02\fig02_01
```

muda para o diretório `fig02_01`. Já no Unix/Linux/Max OS X, o comando

```
cd ~/examples/ch02/fig02_01
```

muda para o diretório `fig02_01`. Para compilar o programa, digite

```
javac Welcome1.java
```

Se o programa não contiver nenhum erro de sintaxe, o comando anterior cria um novo arquivo chamado `Welcome1.class` (conhecido como o **arquivo de classe** para `Welcome1`), que contém os bytecodes Java independentes de plataforma que representam nosso aplicativo. Ao usar o comando `java` para executar o aplicativo em determinada plataforma, a JVM converterá esses bytecodes em instruções, que são entendidas pelo sistema operacional e hardware subjacentes.

Erro comum de programação 2.4

Ao tentar usar o `javac`*, se receber uma mensagem como "*`bad command or filename`*", "*`javac: command not found`*" ou "*`'javac' is not recognized as an internal or external command, operable program or batch file`*", sua instalação do software Java não foi completada corretamente. Isso indica que a variável de ambiente de sistema* `PATH` *não foi configurada de maneira adequada. Revise com cuidado as instruções de instalação na seção "Antes de começar" deste livro. Em alguns sistemas, depois de corrigir o* `PATH`*, talvez seja necessário reinicializar seu computador ou abrir uma nova janela de comando para que essas configurações sejam aplicadas.*

Cada mensagem de erro de sintaxe contém o nome do arquivo e o número da linha em que o erro ocorreu. Por exemplo, `Welcome1.java:6` indica que houve um erro na linha 6 em `Welcome1.java`. O restante da mensagem fornece informações sobre o erro de sintaxe.

Erro comum de programação 2.5

A mensagem de erro do compilador "`class Welcome1 is public, should be declared in a file named Welcome1.java`*" indica que o nome de arquivo não corresponde ao da classe* `public` *no arquivo ou que você digitou o nome de classe incorretamente ao compilar a classe.*

Executando o aplicativo `Welcome1`

As instruções a seguir supõem que os exemplos do livro estão localizados em `C:\examples` no Windows ou na pasta `Documents/examples` na sua conta de usuário no Linux/OS X. Para executar esse programa em uma janela de comando, mude para o diretório que contém `Welcome1.java`—`C:\examples\ch02\fig02_01` no Microsoft Windows ou `~/Documents/examples/ch02/fig02_01` no Linux/OS X. Então, digite

```
java Welcome1
```

e pressione *Enter*. Esse comando inicia a JVM, que carrega o arquivo `Welcome1.class`. O comando *omite* a extensão `.class`; do contrário, a JVM *não* executará o programa. A JVM chama o método `main` da classe `Welcome1`. Em seguida, a instrução na linha 9 do `main` exibe `"Welcome to Java Programming!"`. A Figura 2.2 mostra o programa em execução em uma janela Command Prompt do Microsoft Windows. [*Observação:* muitos ambientes mostram as janelas de prompt de comando com fundo preto e texto na cor branca. Ajustamos essas configurações para tornar nossas capturas de tela mais legíveis.]

Dica de prevenção de erro 2.4

Ao tentar executar um programa Java, se receber uma mensagem como "`Exception in thread 'main' java.lang.NoClassDefFoundError: Welcome1`*", sua variável de ambiente* `CLASSPATH` *não foi configurada corretamente. Revise com cuidado as instruções de instalação na seção "Antes de começar" deste livro. Em alguns sistemas, talvez seja necessário reinicializar seu computador ou abrir uma nova janela de comando depois de configurar a* `CLASSPATH`*.*

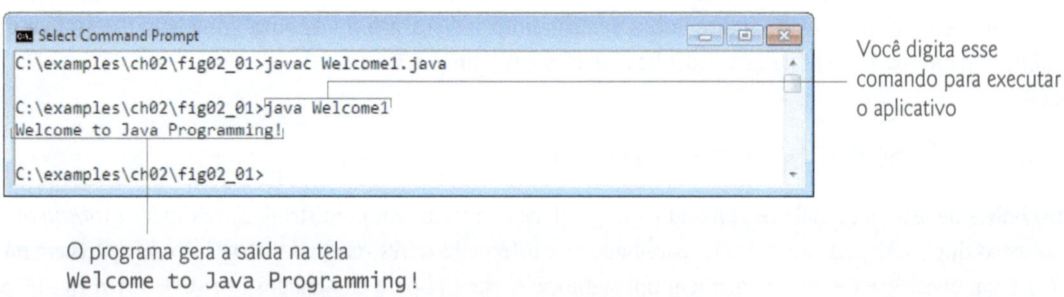

Figura 2.2 | Executando `Welcome1` do **Command Prompt**.

2.3 Modificando nosso primeiro programa Java

Nesta seção, modificaremos o exemplo na Figura 2.1 para imprimir texto em uma linha utilizando várias instruções e imprimir texto em várias linhas utilizando uma única instrução.

Exibindo uma única linha de texto com múltiplas instruções

`Welcome to Java Programming!` pode ser exibido de várias maneiras. A classe `Welcome2`, mostrada na Figura 2.3, usa duas declarações (linhas 9 e 10) para produzir a saída mostrada na Figura 2.1. [*Observação*: deste ponto em diante, adotaremos um fundo amarelo para destacar os recursos novos e principais em cada listagem de código, como fizemos para as linhas 9 e 10.]

O programa é similar à Figura 2.1, portanto, discutiremos aqui somente as alterações.

```
// Imprimindo uma linha de texto com múltiplas instruções.
```

```
1  // Figura 2.3: Welcome2.java
2  // Imprimindo uma linha de texto com múltiplas instruções.
3
4  public class Welcome2
5  {
6     // método main inicia a execução do aplicativo Java
7     public static void main(String[] args)
8     {
9        System.out.print("Welcome to ");
10       System.out.println("Java Programming!");
11    } // fim do método main
12 } // fim da classe Welcome2
```

continua

continuação

```
Welcome to Java Programming!
```

Figura 2.3 | Imprimindo uma linha de texto com múltiplas instruções.

A linha 2 é um comentário de fim de linha declarando o propósito do programa. Já a linha 4 inicia a declaração da classe `Welcome2`. E as linhas 9 e 10 do método `main`

```
System.out.print("Welcome to ");
System.out.println("Java Programming!");
```

exibem uma linha de texto. A primeira declaração usa o método `print` de `System.out` para exibir uma string. Cada instrução `print` ou `println` retoma a exibição dos caracteres a partir de onde a última instrução `print` ou `println` parou de exibi-los. Diferentemente de `println`, depois de exibir seu argumento, `print` *não* posiciona o cursor de saída no começo da próxima linha na janela de comando — o próximo caractere que o programa exibe aparecerá *imediatamente depois* do último caractere que `print` exibe. Assim, a linha 10 posiciona o primeiro caractere no seu argumento (a letra "`J`") logo após o último que a linha 9 exibe (o *caractere de espaço* em branco antes da aspa dupla de fechamento da string).

Exibindo múltiplas linhas de texto com uma única instrução

Uma única instrução pode exibir múltiplas linhas utilizando **caracteres de nova linha**, os quais indicam aos métodos `print` e `println` de `System.out` quando posicionar o cursor de saída no começo da próxima linha na janela de comando. Como ocorre com linhas em branco, caracteres de espaço em branco e caracteres de tabulação, os caracteres de nova linha são caracteres de espaço em branco. O programa na Figura 2.4 exibe quatro linhas de texto utilizando caracteres de nova linha para determinar quando iniciar cada nova linha. A maior parte do programa é idêntica àquelas nas figuras 2.1 e 2.3.

A linha 9

```
System.out.println("Welcome\nto\nJava\nProgramming!");
```

exibe quatro linhas de texto na janela de comando. Em geral, os caracteres em uma string são exibidos *exatamente* como aparecem entre as aspas duplas. Mas os caracteres emparelhados `\` e `n` (repetidos três vezes na instrução) *não* aparecem na tela. A **barra invertida** (`\`) é um **caractere de escape**, que tem um significado especial para os métodos `print` e `println` de `System.out`. Quando aparece uma barra invertida em uma string, o Java a combina com o próximo caractere para formar uma **sequência de escape** — `\n` representa o caractere de nova linha. Quando um caractere de nova linha surge em uma string sendo enviada para saída com `System.out`, esse caractere de nova linha faz com que o cursor de saída na tela se mova para o começo da próxima linha na janela de comando.

A Figura 2.5 listas várias sequências de escape comuns e descreve como elas afetam a exibição de caracteres na janela de comando. Para obter a lista completa de sequências de escape, visite

```
http://docs.oracle.com/javase/specs/jls/se7/html/jls-3.html#jls-3.10.6
```

```
1   // Figura 2.4: Welcome3.java
2   // Imprimindo múltiplas linhas de texto com uma única instrução.
3
4   public class Welcome3
5   {
6      // método main inicia a execução do aplicativo Java
7      public static void main(String[] args)
8      {
9         System.out.println("Welcome\nto\nJava\nProgramming!");
10     } // fim do método main
11  } // fim da classe Welcome3
```

```
Welcome
to
Java
Programming!
```

Figura 2.4 | Imprimindo múltiplas linhas de texto com uma única instrução.

Sequência de escape	Descrição
`\n`	Nova linha. Posiciona o cursor de tela no início da *próxima* linha.
`\t`	Tabulação horizontal. Move o cursor de tela para a próxima parada de tabulação.
`\r`	Retorno de carro. Posiciona o cursor da tela no início da linha *atual* — *não* avança para a próxima linha. Qualquer saída de caracteres depois do retorno de carro *sobrescreve* a saída de caracteres anteriormente gerada na linha atual.
`\\`	Barras invertidas. Utilizadas para imprimir um caractere de barra invertida.
`\"`	Aspas duplas. Utilizadas para imprimir um caractere de aspas duplas. Por exemplo, `System.out.println("\"entre aspas\"");` exibe `"entre aspas"`.

Figura 2.5 | Algumas sequências de escape comuns.

2.4 Exibindo texto com `printf`

O método `System.out.printf` (`f` significa "formato") exibe os dados *formatados*. A Figura 2.6 utiliza esse método para gerar a saída em duas linhas das strings "`Welcome to`" e "`Java Programming!`".

As linhas 9 e 10

```
System.out.printf("%s%n%s%n",
   "Welcome to", "Java Programming!");
```

chamam o método `System.out.printf` para exibir a saída do programa. A chamada de método especifica três argumentos. Quando um método exige múltiplos argumentos, estes são colocados em uma **lista separada por vírgulas**. Chamar um método também é referido como **invocar** um método.

Boa prática de programação 2.6

Coloque um espaço depois de cada vírgula (,) em uma lista de argumentos para tornar os programas mais legíveis.

As linhas 9 e 10 representam somente *uma* instrução. O Java permite que instruções grandes sejam divididas em muitas linhas. Recuamos a linha 10 para indicar que ela é uma *continuação* da linha 9.

Erro comum de programação 2.6

Dividir uma instrução no meio de um identificador ou de uma string é um erro de sintaxe.

```
1  // Figura 2.6: Welcome4.java
2  // Exibindo múltiplas linhas com o método System.out.printf.
3
4  public class Welcome4
5  {
6     // método main inicia a execução do aplicativo Java
7     public static void main(String[] args)
8     {
9        System.out.printf("%s%n%s%n",
10          "Welcome to", "Java Programming!");
11    } // fim do método main
12 } // fim da classe Welcome4
```

```
Welcome to
Java Programming!
```

Figura 2.6 | Exibindo múltiplas linhas com o método `System.out.printf`.

O primeiro argumento do método `printf` é uma **string de formato** que pode consistir em **texto fixo** e **especificadores de formato**. A saída do texto fixo é gerada por `printf` exatamente como seria gerada por `print` ou `println`. Cada especificador de formato é um *marcador de lugar* para um valor e especifica o *tipo da saída de dados*. Especificadores de formato também podem incluir informações opcionais de formatação.

Especificadores de formato iniciam com um sinal de porcentagem (%) seguido por um caractere que representa o *tipo de dados*. Por exemplo, o especificador de formato `%s` é um marcador de lugar para uma string. A string de formato na linha 9 especifica que `printf` deve gerar a saída de duas strings, cada uma seguida por um caractere de nova linha. Na primeira posição do especificador de formato, `printf` substitui o valor do primeiro argumento depois da string de formato. Na posição do especificador de cada formato subsequente, `printf` substitui o valor do próximo argumento. Portanto, esse exemplo substitui `"Welcome to"` pelo primeiro `%s` e `"Java Programming!"` pelo segundo `%s`. O resultado mostra que duas linhas de texto são exibidas em duas linhas.

Observe que, em vez de usar a sequência de escape `\n`, utilizamos o especificador de formato `%n`, que é uma linha separadora *portável* entre diferentes sistemas operacionais. Você não pode usar `%n` no argumento para `System.out.print` ou `System.out.println`; mas o separador de linha gerado por `System.out.println` *depois* que ele exibe seu argumento *é* portável em diferentes sistemas operacionais. O Apêndice I (no Site de Apoio, em inglês) apresenta mais detalhes sobre a formatação de saída com `printf`.

2.5 Outra aplicação: adicionando inteiros

Nosso próximo aplicativo lê (ou insere) dois **inteiros** (números inteiros como –22, 7, 0 e 1024) digitados por um usuário no teclado, calcula sua soma e a exibe. Esse programa deve manter um registro dos números fornecidos pelo usuário para o cálculo mais tarde no programa. Os programas lembram-se dos números e de outros dados na memória do computador e os acessam por meio de elementos de programa chamados **variáveis**. O programa da Figura 2.7 demonstra esses conceitos. Na saída de exemplo, utilizamos o texto em negrito para identificar a entrada do usuário (isto é, 45 e 72). Como nos programas anteriores, as linhas 1 e 2 declaram o número da figura, nome de arquivo e a finalidade do programa.

```
1  // Figura 2.7: Addition.java
2  // Programa de adição que insere dois números, então exibe a soma deles.
3  import java.util.Scanner; // programa utiliza a classe Scanner
4
5  public class Addition
6  {
7     // método main inicia a execução do aplicativo Java
8     public static void main(String[] args)
9     {
10       // cria um Scanner para obter entrada a partir da janela de comando
11       Scanner input = new Scanner(System.in);
12
13       int number1; // primeiro número a somar
14       int number2; // segundo número a somar
15       int sum; // soma de number1 e number2
16
17       System.out.print("Enter first integer: "); // prompt
18       number1 = input.nextInt(); // lê primeiro o número fornecido pelo usuário
19
20       System.out.print("Enter second integer: "); // prompt
21       number2 = input.nextInt(); // lê o segundo número fornecido pelo usuário
22
23       sum = number1 + number2; // soma os números, depois armazena o total em sum
24
25       System.out.printf("Sum is %d%n", sum); // exibe a soma
26    } // fim do método main
27 } // fim da classe Addition
```

```
Enter first integer: 45
Enter second integer: 72
Sum is 117
```

Figura 2.7 | Programa de adição que insere dois números, então exibe a soma deles.

2.5.1 Declarações `import`

Um dos pontos fortes do Java é seu rico conjunto de classes predefinidas que você pode *reutilizar* em vez de "reinventar a roda". Essas classes são agrupadas em **pacotes** — *chamados de grupos de classes relacionadas* — e, coletivamente, são chamadas de **biblioteca de classes Java**, ou **Java Application Programming Interface** (**Java API**). A linha 3

```
import java.util.Scanner; // programa utiliza a classe Scanner
```

é uma **declaração `import`** que ajuda o compilador a localizar uma classe utilizada nesse programa. Isso indica que o programa usa a classe `Scanner` predefinida (discutida mais adiante) do pacote chamado `java.util`. O compilador então garante que você usa a classe corretamente.

Erro comum de programação 2.7

Todas as declarações `import` devem aparecer antes da primeira declaração da classe no arquivo. Inserir uma declaração `import` dentro ou depois de uma declaração de classe é um erro de sintaxe.

Erro comum de programação 2.8

Esquecer-se de incluir uma declaração `import` para uma classe que deve ser importada resulta em um erro de compilação contendo uma mensagem como "`cannot find symbol`". Quando isso ocorre, verifique se você forneceu as declarações `import` adequadas e se os nomes nelas estão corretos, incluindo a capitalização apropriada.

Observação de engenharia de software 2.1

Em cada nova versão Java, as APIs tipicamente contêm novos recursos que corrigem erros, aprimoram o desempenho ou oferecem meios melhores para realizar as tarefas. As versões mais antigas correspondentes não são mais necessárias nem devem ser usadas. Diz-se que essas APIs estão obsoletas e podem ser removidas das versões Java posteriores.

Muitas vezes você encontrará APIs obsoletas ao navegar na documentação API on-line. O compilador irá avisá-lo quando compilar o código que usa APIs obsoletas. Se você compilar o código com `javac` adotando o argumento de linha de comando `-deprecation`, o compilador informará quais recursos obsoletos você está usando. Para cada um, a documentação on-line (`http://docs.oracle.com/javase/7/docs/api/`) indica e normalmente vincula o novo recurso que o substitui.

2.5.2 Declarando a classe `Addition`

A linha 5

```
public class Addition
```

inicia a declaração da classe `Addition`. O nome de arquivo para essa classe `public` deve ser `Addition.java`. Lembre-se de que o corpo de cada declaração de classe inicia com uma chave esquerda de abertura (linha 6) e termina com uma chave direita de fechamento (linha 27).

O aplicativo começa a execução com o método `main` (linhas 8 a 26). A chave esquerda (linha 9) marca o início do corpo do método `main`, e a chave direita correspondente (linha 26) marca seu final. O método `main` está recuado um nível no corpo da classe `Addition`, e o código no corpo de `main` está recuado outro nível para legibilidade.

2.5.3 Declarando e criando um `Scanner` para obter entrada do usuário a partir do teclado

Uma **variável** é uma posição na memória do computador na qual um valor pode ser armazenado para utilização posterior em um programa. Todas as variáveis Java *devem* ser declaradas com um **nome** e um **tipo** *antes* que elas possam ser utilizadas. O *nome* de uma variável permite que o programa acesse o *valor* dela na memória. O nome de uma variável pode ser qualquer identificador válido — mais uma vez, uma série de caracteres consistindo em letras, dígitos, sublinhados (_) e sinais de cifrão ($) que *não* comecem com um dígito e *não* contenham espaços. O *tipo* de uma variável especifica o tipo de informação armazenada nessa posição na memória. Como ocorre com outras instruções, as instruções de declaração terminam com um ponto e vírgula (`;`).

A linha 11

```
Scanner input = new Scanner(System.in);
```

é uma **instrução de declaração de variável** que especifica o *nome* (`input`) e o *tipo* (`Scanner`) de uma variável utilizada nesse programa. Um **`Scanner`** permite a um programa ler os dados (por exemplo, números e strings) para utilização nele. Os dados podem ser provenientes de várias origens, como os digitados pelo usuário ou um arquivo do disco. Antes de utilizar um `Scanner`, você deve criá-lo e especificar a *origem* dos dados.

O sinal de igual (`=`) na linha 11 indica que a variável `Scanner` `input` deve ser **inicializada** (isto é, preparada para utilização no programa) na sua declaração com o resultado da expressão à direita desse sinal — `new Scanner(System.in)`. Essa expressão utiliza a palavra-chave **`new`** para criar um objeto `Scanner` que lê caracteres digitados pelo usuário no teclado. O **objeto de entrada padrão**, **`System.in`**, permite que aplicativos leiam *bytes* de informações digitadas pelo usuário. O `Scanner` traduz esses bytes em tipos (como `int`s) que podem ser utilizados em um programa.

2.5.4 Declarando variáveis para armazenar números inteiros

As instruções de declaração de variável nas linhas 13 a 15

```
int number1; // primeiro número a somar
int number2; // segundo número a somar
int sum;     // soma de number1 e number2
```

declaram que as variáveis `number1`, `number2` e `sum` armazenam dados do tipo **`int`** — elas podem armazenar valores *inteiros* (números inteiros como `72`, `-1127` e `0`). Essas variáveis ainda *não* são inicializadas. O intervalo de valores para um `int` é –2.147.483.648 a +2.147.483.647. [Observação: os valores `int` que você usa em um programa podem não conter pontos.]

Alguns outros tipos de dados são **`float`** e **`double`** para armazenar números reais, e **`char`** para armazenar dados de caracteres. Os números reais contêm pontos decimais, como em `3.4`, `0.0` e `-11.19`. Variáveis do tipo `char` representam caracteres individuais, como uma letra maiúscula (por exemplo, `A`), um dígito (por exemplo, `7`), um caractere especial (por exemplo, `*` ou `%`) ou uma sequência de escape (por exemplo, o caractere de nova linha, `\t`). Os tipos `int`, `float`, `double` e `char` são chamados de **tipos primitivos**. Os nomes dos tipos primitivos são palavras-chave e devem aparecer em letras minúsculas. O Apêndice D resume as características dos oito tipos primitivos (`boolean`, `byte`, `char`, `short`, `int`, `long`, `float` e `double`).

Diversas variáveis do mesmo tipo podem ser declaradas em uma declaração com os nomes da variável separados por vírgulas (isto é, uma lista separada por vírgulas de nomes de variáveis). Por exemplo, as linhas 13 a 15 também pode ser escritas como:

```
int number1, // primeiro número a somar
    number2, // segundo número a somar
    sum;     // soma de number1 e number2
```

Boa prática de programação 2.7

Declara cada variável em uma declaração própria. Esse formato permite que um comentário descritivo seja inserido ao lado de cada ser variável que é declarado.

Boa prática de programação 2.8

Escolher nomes de variáveis significativos ajuda um programa a ser autodocumentado (isto é, pode-se entender o programa simplesmente lendo-o em vez de ler os documentos associados ou visualizar um número excessivo de comentários).

Boa prática de programação 2.9

*Por convenção, identificadores de nomes de variáveis iniciam com uma letra minúscula e cada palavra no nome depois da primeira começa com uma letra maiúscula. Por exemplo, o identificador de nome da variável `firstNumber` inicia a sua segunda palavra, `Number`, com uma letra `N` maiúscula. Essa convenção de nomenclatura é conhecida como **notação camelo**, porque as letras maiúsculas destacam-se como corcovas desse animal.*

2.5.5 Solicitando entrada ao usuário

A linha 17

```
System.out.print("Enter first integer: "); // prompt
```

utiliza `System.out.print` para exibir a mensagem `"Enter first integer: "`. Essa mensagem é chamada **prompt** porque direciona o usuário para uma ação específica. Utilizamos o método `print` aqui em vez de `println` para que a entrada do usuário apareça na mesma linha que o prompt. Lembre-se de que na Seção 2.2 esses identificadores que iniciam com letras maiúsculas representam em geral nomes de classe. A classe `System` faz parte do pacote **`java.lang`**. Observe que a classe `System` *não* é importada com uma declaração `import` no começo do programa.

Observação de engenharia de software 2.2

Por padrão, o pacote `java.lang` é importado em cada programa Java; portanto, `java.lang` é o único na Java API que não requer uma declaração `import`.

2.5.6 Obtendo um `int` como entrada do usuário

A linha 18

```
number1 = input.nextInt(); // lê o primeiro número fornecido pelo usuário
```

utiliza o método `nextInt` do valor de `input` do objeto `Scanner` para obter um inteiro digitado pelo usuário. Nesse momento o programa *espera* que o usuário digite o número e pressione a tecla *Enter* para submeter esse número a ele.

Nosso programa assume que o usuário insere um valor válido de inteiro. Se não, um erro de lógica em tempo de execução ocorrerá e o programa terminará. O Capítulo 11, "Tratamento de exceção: um exame mais profundo", discute como tornar seus programas mais robustos, permitindo que eles lidem com esses erros. Isso também é conhecido como tornar seu programa *tolerante a falhas*.

Na linha 18, colocamos o resultado da chamada ao método `nextInt` (um valor `int`) na variável `number1` utilizando o **operador de atribuição**, `=`. A instrução exibe "`number1` *gets* the value of `input.nextInt()`". O operador `=` é chamado de **operador binário**, porque tem *dois* **operandos** — `number1` e o resultado da chamada de método `input.nextInt()`. Essa instrução inteira é chamada *instrução de atribuição*, pois *atribui* um valor a uma variável. Tudo à *direita* do operador de atribuição, `=`, sempre é avaliado *antes* de a atribuição ser realizada.

Boa prática de programação 2.10

Coloque espaços de ambos os lados de um operador binário para legibilidade.

2.5.7 Solicitando e inserindo um segundo `int`

A linha 20

```
System.out.print("Enter second integer: "); // prompt
```

solicita que o usuário insira o segundo inteiro. A linha 21

```
number2 = input.nextInt(); // lê o segundo número fornecido pelo usuário
```

lê o segundo inteiro e o atribui à variável `number2`.

2.5.8 Usando variáveis em um cálculo

A linha 23

```
sum = number1 + number2; // adiciona números e, então, armazena o total na soma
```

é uma instrução de atribuição que calcula a soma das variáveis `number1` e `number2` e, então, atribui o resultado à variável `sum` utilizando o operador de atribuição, `=`. A instrução é lida como "`sum` *obtém* o valor de `number1 + number2`". Quando o programa encontra a operação de adição, ele executa o cálculo com base nos valores armazenados nas variáveis `number1` e `number2`. Na instrução anterior, o operador de adição é um *operador binário* — seus *dois* operandos são as variáveis `number1` e `number2`. As partes das instruções que contêm cálculos são chamadas **expressões**. De fato, uma expressão é qualquer parte de uma instrução que tem um *valor* associado com ela. Por exemplo, o valor da expressão `number1 + number2` é a *soma* dos números. Da mesma forma, o valor da expressão `input.nextInt()` é um inteiro digitado pelo usuário.

2.5.9 Exibindo o resultado do cálculo

Depois que o cálculo foi realizado, a linha 25

```
System.out.printf("Sum is %d%n", sum); // exibe a soma
```

utiliza o método `System.out.printf` para exibir a `sum`. O especificador de formato `%d` é um *marcador de lugar* para um valor `int` (nesse caso, o valor de `sum`) — a letra `d` significa "inteiro decimal". Todos os caracteres restantes na string de formato são texto fixo. Portanto, o método `printf` exibe "`Sum is`", seguido pelo valor de `sum` (na posição do especificador de formato `%d`) e por uma nova linha.

Os cálculos também podem ser realizados *dentro* de instruções `printf`. Poderíamos ter combinado as instruções nas linhas 23 e 25 na instrução

```
System.out.printf("Sum is %d%n", (number1 + number2));
```

Os parênteses em torno da expressão `number1 + number2` não são necessários — eles são incluídos para enfatizar que o valor da saída da expressão *inteira* é gerado na posição do especificador de formato `%d`. Diz-se que esses parênteses são **redundantes**.

2.5.10 Documentação da Java API

Para cada nova classe da Java API que utilizamos, indicamos o pacote em que ela está localizada. Essas informações ajudam a encontrar descrições de cada pacote e classe na documentação da Java API. Uma versão baseada na web dessa documentação pode ser encontrada em

```
http://docs.oracle.com/javase/7/docs/api/index.html
```

Você pode baixá-la da seção Recursos Adicionais em

```
http://www.oracle.com/technetwork/java/javase/downloads/index.html
```

O Apêndice F (no Site de Apoio deste livro, em inglês) mostra como utilizar essa documentação.

2.6 Conceitos de memória

Os nomes de variável como `number1`, `number2` e `sum` na verdade correspondem às *posições* na memória do computador. Cada variável tem um **nome**, um **tipo**, um **tamanho** (em bytes) e um **valor**.

No programa de adição da Figura 2.7, quando a instrução seguinte (linha 18) executa:

```
number1 = input.nextInt(); // lê primeiro o número fornecido pelo usuário
```

o número digitado pelo usuário é colocado em uma localização de memória correspondente ao nome `number1`. Suponha que o usuário insira `45`. O computador coloca esse valor do tipo inteiro na localização `number1` (Figura 2.8), substituindo o anterior (se houver algum) nessa posição. O valor anterior é perdido, assim diz-se que esse processo é *destrutivo*.

Quando a instrução (linha 21)

```
number2 = input.nextInt(); // lê o segundo número fornecido pelo usuário
```

é executada, suponha que o usuário insira `72`. O computador coloca esse valor do tipo inteiro na localização `number2`. A memória agora aparece como mostrado na Figura 2.9.

Depois de o programa da Figura 2.7 obter os valores para `number1` e `number2`, ele os adiciona e coloca o total na variável `sum`. A instrução (linha 23)

```
sum = number1 + number2; // adiciona números, depois armazena total na soma
```

realiza a soma e então substitui qualquer valor anterior de `sum`. Depois que a variável `sum` foi calculada, a memória aparece conforme mostrado na Figura 2.10. Observe que os valores de `number1` e `number2` são exibidos exatamente como antes de serem utilizados no

Figura 2.8 | Posição da memória mostrando o nome e o valor da variável `number1`.

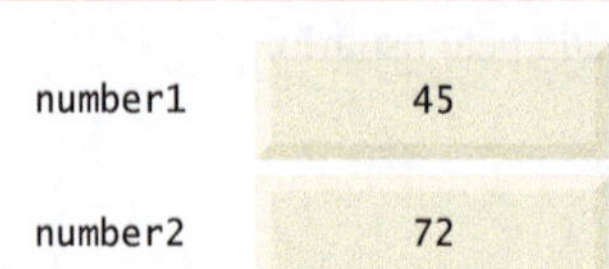

Figura 2.9 | As posições da memória depois de armazenar os valores para `number1` e `number2`.

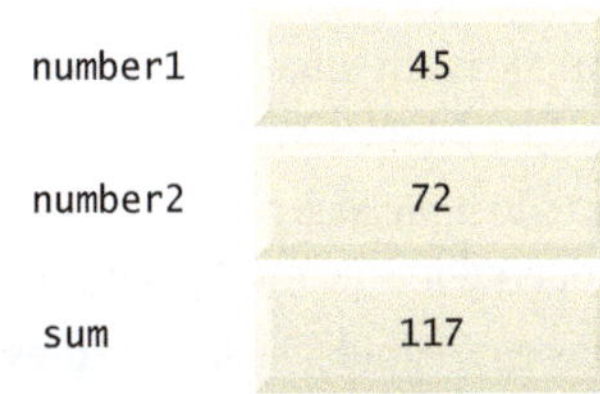

Figura 2.10 | As posições da memória depois de armazenar a soma de `number1` e `number2`.

cálculo de `sum`. Esses valores foram utilizados, mas *não* destruídos, enquanto o computador realizou o cálculo. Quando um valor é lido de uma posição da memória, o processo é do tipo *não destrutivo*.

2.7 Aritmética

A maioria dos programas realiza cálculos aritméticos. Os **operadores aritméticos** são resumidos na Figura 2.11. Note o uso de vários símbolos especiais não utilizados na álgebra. O **asterisco** (`*`) indica multiplicação, e o sinal de porcentagem (`%`) é o **operador de resto**, que discutiremos a seguir. Os operadores aritméticos na Figura 2.11 são *binários*, porque cada um funciona em *dois* operandos. Por exemplo, a expressão `f + 7` contém o operador binário `+` e os dois operandos `f` e `7`.

A **divisão de inteiros** produz um quociente inteiro. Por exemplo, a expressão `7 / 4` é avaliada como `1` e a expressão `17 / 5`, como `3`. Qualquer parte fracionária na divisão de inteiros é simplesmente *truncada* (isto é, *descartada*) — nenhum *arredondamento* ocorre. O Java fornece o operador de resto, `%`, que oferece o resto depois da divisão. A expressão `x % y` produz o restante depois que `x` é dividido por `y`. Portanto, `7 % 4` produz `3`, e `17 % 5` produz `2`. Esse operador é mais comumente utilizado com operandos inteiros, mas também pode ser usado com outros tipos de aritmética. Nos exercícios deste capítulo e nos posteriores, vamos examinar vários aplicativos interessantes do operador de resto, como determinar se um número é um múltiplo de outro.

Operação Java	Operador	Expressão algébrica	Expressão Java
Adição	+	$f + 7$	`f + 7`
Subtração	–	$p - c$	`p - c`
Multiplicação	*	bm	`b * m`
Divisão	/	x/y ou $\frac{x}{y}$ ou $x \div y$	`x / y`
Resto	%	$r \bmod s$	`r % s`

Figura 2.11 | Operadores aritméticos.

Expressões aritméticas na forma de linha reta

As expressões aritméticas em Java devem ser escritas na **forma de linha reta** para facilitar inserir programas no computador. Portanto, expressões como "a dividido por b" devem ser escritas como `a / b`, de modo que as constantes, as variáveis e os operadores apareçam em uma linha reta. A seguinte notação algébrica geralmente não é aceitável para compiladores:

$$\frac{a}{b}$$

Parênteses para agrupar subexpressões

Os parênteses são utilizados para agrupar termos em expressões Java da mesma maneira como em expressões algébricas. Por exemplo, para multiplicar a pela quantidade `b + c` escrevemos

```
a * (b + c)
```

Se uma expressão contiver **parênteses aninhados**, como

```
((a + b) * c)
```

a expressão no conjunto *mais interno* dentro dos parênteses (`a + b`, nesse caso) é avaliada *primeiro*.

Regras de precedência de operador

O Java aplica os operadores em expressões aritméticas em uma sequência precisa determinada pelas seguintes **regras de precedência de operador**, que são geralmente as mesmas que aquelas seguidas em álgebra:

1. As operações de multiplicação, divisão e de resto são aplicadas primeiro. Se uma expressão contiver várias dessas operações, elas serão aplicadas da esquerda para a direita. Os operadores de multiplicação, divisão e resto têm o mesmo nível de precedência.
2. As operações de adição e subtração são aplicadas em seguida. Se uma expressão contiver várias dessas operações, os operadores serão aplicados da esquerda para a direita. Os operadores de adição e subtração têm o mesmo nível de precedência.

Essas regras permitem que o Java aplique os operadores na *ordem* correta.[1] Quando dizemos que operadores são aplicados da esquerda para a direita, estamos nos referindo à sua **associatividade**. Alguns operadores associam da direita para a esquerda. A Figura 2.12 resume essas regras de precedência de operador. Um gráfico completo de precedência está incluído no Apêndice A.

Operador(es)	Operação(ões)	Ordem de avaliação (precedência)

`*`
`/`
`%`
	Multiplicação
	Divisão
	Resto
		Avaliado primeiro. Se houver vários operadores desse tipo, eles são avaliados da *esquerda para a direita*.

`+` `-`	Adição Subtração	Avaliado em seguida. Se houver vários operadores desse tipo, eles são avaliados da *esquerda para a direita*.
`=`	Atribuição	Avaliado por último.

Figura 2.12 | Precedência de operadores aritméticos.

Exemplo de expressões algébricas e Java

Agora vamos considerar várias expressões à luz das regras de precedência de operador. Cada exemplo lista uma expressão algébrica e seu equivalente Java. O seguinte é de uma média aritmética dos cinco termos:

Álgebra: $m = \frac{a + b + c + d + e}{5}$

Java: `m = (a + b + c + d + e) / 5;`

Os parênteses são exigidos porque a divisão tem precedência mais alta que a adição. A soma total `(a + b + c + d + e)` será dividida por `5`. Se os parênteses são omitidos erroneamente, obtemos `a + b + c + d + e / 5`, que é avaliado como

$$a + b + c + d + \frac{e}{5}$$

Eis um exemplo da equação de uma linha reta:

Álgebra: $y = mx + b$

Java: `y = m * x + b;`

Nenhum parêntese é requerido. O operador de multiplicação é aplicado primeiro, porque ela tem uma precedência mais alta que a adição. A atribuição ocorre por último porque ela tem uma precedência mais baixa que a multiplicação ou a adição.

O seguinte exemplo contém operações de resto (%), multiplicação, divisão, adição e subtração:

Álgebra: $z = pr \% q + w/x - y$

Java:
```
z = p * r % q + w / x - y;
  6   1   2   4   3   5
```

Os números dentro de círculos sob a instrução indicam a *ordem* em que o Java aplica os operadores. As operações de multiplicação (*), resto (%) e divisão (/) são avaliadas primeiro na ordem da *esquerda para a direita* (isto é, elas associam-se da esquerda

---

[1] Utilizamos exemplos simples para explicar a *ordem da avaliação* de expressões. Questões sutis surgem para as expressões mais complexas que serão apresentadas mais adiante no livro. Para mais informações sobre a ordem de avaliação, consulte o Capítulo 15 da *Java™ Language Specification* (`http://docs.oracle.com/javase/specs/jls/se7/html/index.html`).

para a direita), porque têm precedência mais alta que adição (+) e subtração (-). Já as operações + e - são avaliadas a seguir. Elas também são aplicadas *da esquerda para a direita*. A operação (=) de atribuição é avaliada por último.

Avaliação de um polinômio de segundo grau

Para desenvolver um bom entendimento das regras de precedência de operadores, considere a avaliação de uma expressão de atribuição que inclui um polinômio de segundo grau $ax^2 + bx + c$:

```
y = a * x * x + b * x + c;
  6   1   2   4   3   5
```

As operações de multiplicação são avaliadas primeiro na ordem da esquerda para a direita (isto é, elas são associadas da esquerda para a direita), porque têm uma precedência mais alta que a adição. (O Java não tem nenhum operador aritmético para exponenciação, assim x^2 é representado como `x * x`. A Seção 5.4 demonstra uma alternativa para realizar a exponenciação.) As operações de adição são analisadas em seguida da *esquerda para a direita*. Suponha que `a`, `b`, `c` e `x` são inicializados (valores dados) como a seguir: `a = 2`, `b = 3`, `c = 7` e `x = 5`. A Figura 2.13 ilustra a ordem em que os operadores são aplicados.

Você pode usar *parênteses redundantes* (parênteses desnecessários) para tornar uma expressão mais clara. Por exemplo, a instrução de atribuição precedente pode estar entre parênteses como a seguir:

```
y = (a * x * x) + (b * x) + c;
```

```
Passo 1
    y = 2 * 5 * 5 + 3 * 5 + 7;    (Multiplicação mais à esquerda)
        2 * 5 é 10

Passo 2
    y = 10 * 5 + 3 * 5 + 7;       (Multiplicação mais à esquerda)
        10 * 5 é 50

Passo 3
    y = 50 + 3 * 5 + 7;           (Multiplicação antes da adição)
             3 * 5 é 15

Passo 4
    y = 50 + 15 + 7;              (Adição mais à esquerda)
        50 + 15 é 65

Passo 5
    y = 65 + 7;                   (Última adição)
        65 + 7 é 72

Passo 6
    y = 72                        (Última operação — coloca 72 em y)
```

Figura 2.13 | Ordem em que um polinômio de segundo grau é avaliado.

2.8 Tomada de decisão: operadores de igualdade e operadores relacionais

Uma **condição** é uma expressão que pode ser `true` ou `false`. Esta seção apresenta a **instrução de seleção** `if` do Java que permite a um programa tomar uma **decisão** com base no valor de uma condição. Por exemplo, a condição "nota é maior ou igual a 60" determina se um aluno passou em um teste. Se a condição em uma estrutura `if` for *verdadeira*, o corpo da estrutura `if` é executado. Se a condição for *falsa*, o corpo não é executado. Veremos um exemplo brevemente.

As condições nas instruções `if` podem ser formadas utilizando os **operadores de igualdade** (`==` e `!=`) e os **operadores relacionais** (`>`, `<`, `>=` e `<=`), resumidos na Figura 2.14. Ambos os operadores de igualdade têm o mesmo nível de precedência, que é *mais baixo* do que o dos relacionais. Os operadores de igualdade são associados *da esquerda para a direita*. Todos os operadores relacionais têm o mesmo nível de precedência e também são associados *da esquerda para a direita*.

Operador algébrico	Operador de igualdade ou relacional Java	Exemplo de condição em Java	Significado da condição em Java
Operadores de igualdade			
=	`==`	`x == y`	x é igual a y
≠	`!=`	`x != y`	x é não igual a y
Operadores relacionais			
>	`>`	`x > y`	x é maior que y
<	`<`	`x < y`	x é menor que y
≥	`>=`	`x >= y`	x é maior que ou igual a y
≤	`<=`	`x <= y`	x é menor que ou igual a y

Figura 2.14 | Operadores de igualdade e operadores relacionais.

A Figura 2.15 utiliza seis instruções `if` para comparar duas entradas de inteiros pelo usuário. Se a condição em qualquer uma dessas instruções `if` é *verdadeira,* a instrução associada a essa instrução `if` é executada; caso contrário, a instrução é ignorada. Usamos um `Scanner` para inserir os números inteiros do usuário e armazená-los nas variáveis `number1` e `number2`. O programa então *compara* os números e exibe os resultados que são verdadeiros.

```java
// Figura 2.15: Comparison.java
// Compara inteiros utilizando instruções if, operadores relacionais
// e operadores de igualdade.
import java.util.Scanner; // programa utiliza a classe Scanner

public class Comparison
{
   // método main inicia a execução do aplicativo Java
   public static void main(String[] args)
   {
      // cria Scanner para obter entrada a partir da linha de comando
      Scanner input = new Scanner(System.in);

      int number1; // primeiro número a comparar
      int number2; // segundo número a comparar

      System.out.print("Enter first integer: "); // prompt
      number1 = input.nextInt(); // lê o primeiro número fornecido pelo usuário

      System.out.print("Enter second integer: "); // prompt
      number2 = input.nextInt(); // lê o segundo número fornecido pelo usuário

      if (number1 == number2)
         System.out.printf("%d == %d%n", number1, number2);

      if (number1 != number2)
         System.out.printf("%d != %d%n", number1, number2);

      if (number1 < number2)
         System.out.printf("%d < %d%n", number1, number2);

      if (number1 > number2)
         System.out.printf("%d > %d%n", number1, number2);

      if (number1 <= number2)
         System.out.printf("%d <= %d%n", number1, number2);

      if (number1 >= number2)
         System.out.printf("%d >= %d%n", number1, number2);
   } // fim do método main
} // fim da classe Comparison
```

continua

continuação

```
Enter first integer: 777
Enter second integer: 777
777 == 777
777 <= 777
777 >= 777
```

```
Enter first integer: 1000
Enter second integer: 2000
1000 != 2000
1000 < 2000
1000 <= 2000
```

```
Enter first integer: 2000
Enter second integer: 1000
2000 != 1000
2000 > 1000
2000 >= 1000
```

Figura 2.15 | Compare números inteiros utilizando instruções `if`, operadores relacionais e operadores de igualdade.

A declaração da classe `Comparison` inicia na linha 6

```
public class Comparison
```

O método `main` da classe (linhas 9 a 40) inicia a execução do programa. A linha 12

```
Scanner input = new Scanner(System.in);
```

declara a variável `Scanner` `input` e lhe atribui um `Scanner` que insere dados a partir da entrada padrão (isto é, o teclado).

As linhas 14 e 15

```
int number1; // primeiro número a comparar
int number2; // segundo número a comparar
```

declaram as variáveis `int` utilizadas para armazenar a entrada dos valores digitados pelo usuário.

As linhas 17 e 18

```
System.out.print("Enter first integer: "); // prompt
number1 = input.nextInt(); // lê o primeiro número fornecido pelo usuário
```

solicitam que o usuário digite o primeiro inteiro e insira o valor, respectivamente. Esse valor é armazenado na variável `number1`.

As linhas 20 e 21

```
System.out.print("Enter second integer: "); // prompt
number2 = input.nextInt(); // lê o segundo número fornecido pelo usuário
```

solicitam que o usuário digite o segundo inteiro e insira o valor, respectivamente. Esse valor é armazenado na variável `number2`.

As linhas 23 e 24

```
if (number1 == number2)
   System.out.printf("%d == %d%n", number1, number2);
```

comparam os valores de `number1` e `number2` para determinar se eles são iguais. Uma estrutura `if` sempre inicia com a palavra-chave `if`, seguida por uma condição entre parênteses. Uma instrução `if` espera uma instrução em seu corpo, mas pode conter múltiplas instruções se elas estiverem entre chaves (`{}`). O recuo da instrução no corpo mostrado aqui não é exigido, mas melhora a legibilidade do programa enfatizando que a instrução na linha 24 *faz parte da* estrutura `if` que inicia na linha 23. A linha 24 executa somente se os números armazenados nas variáveis `number1` e `number2` forem iguais (isto é, se a condição for *verdadeira*). As instruções `if` nas linhas 26 e 27, 29 e 30, 32 e 33, 35 e 36, 38 e 39 comparam `number1` e `number2` usando os operadores `!=`, `<`, `>`, `<=` e `>=`, respectivamente. Se a condição em uma ou mais das instruções `if` for *verdadeira*, a instrução no corpo correspondente é executada.

Erro comum de programação 2.9

Confundir o operador de igualdade, ==, com o operador de atribuição, =, pode causar um erro de lógica ou um erro de compilação. O operador de igualdade deve ser lido como "igual a", e o operador de atribuição, como "obtém" ou "obtém o valor de". Para evitar confusão, algumas pessoas leem o operador de igualdade como "duplo igual" ou "igual igual".

Boa prática de programação 2.11

Insira uma única declaração por linha em um programa para facilitar a leitura.

Não há nenhum ponto e vírgula (`;`) no final da primeira linha de cada declaração `if`. Esse ponto e vírgula resultaria em um erro de lógica em tempo de execução. Por exemplo,

```
if (number1 == number2); // erro de lógica
   System.out.printf("%d == %d%n", number1, number2);
```

na realidade seria interpretado pelo Java como

```
if (number1 == number2)
   ; // estrutura vazia


System.out.printf("%d == %d%n", number1, number2);
```

onde o ponto e vírgula na linha por si mesmo — chamado **instrução vazia** — é a instrução a executar se a condição na estrutura `if` for *verdadeira*. Quando a instrução vazia é executada, nenhuma tarefa é realizada. O programa então continua com a instrução de saída, que *sempre é* executada, *independentemente* de a condição ser verdadeira ou falsa, porque a instrução de saída *não* faz parte da estrutura `if`.

Espaço em branco

Observe o uso de espaço em branco na Figura 2.15. Lembre-se de que o compilador normalmente ignora espaços em branco. Então, as instruções podem ser divididas em várias linhas e ser espaçadas de acordo com as suas preferências sem afetar o significado de um programa. Não é correto dividir identificadores e strings. Idealmente, as instruções devem ser mantidas pequenas, mas isso nem sempre é possível.

Dica de prevenção de erro 2.5

Uma instrução longa pode se estender por várias linhas. Se uma única instrução deve ser dividida em várias linhas, escolha pontos de quebras naturais, como depois de uma vírgula em uma lista separada por vírgulas ou depois de um operador em uma expressão longa. Se uma instrução for dividida em duas ou mais linhas, recue todas as subsequentes até o fim da instrução.

Os operadores discutidos até agora

A Figura 2.16 mostra os operadores discutidos até agora em ordem decrescente de precedência. Todos, exceto o operador de atribuição, `=`, são associados da *esquerda para a direita*. Este é associado da *direita para a esquerda*. O valor de uma expressão de atribuição é qualquer um atribuído à variável à esquerda do operador `=`. Por exemplo, o valor da expressão `x = 7` é `7`. Assim, uma expressão do tipo `x = y = 0` é avaliada na suposição de que seja escrita como `x = (y = 0)`, o que atribui primeiro o valor `0` à variável `y`, então o resultado dessa atribuição, `0`, a `x`.

Operadores	Associatividade	Tipo
`*` `/` `%`	da esquerda para a direita	multiplicativo
`+` `-`	da esquerda para a direita	aditivo
`<` `<=` `>` `>=`	da esquerda para a direita	relacional
`==` `!=`	da esquerda para a direita	igualdade
`=`	da direita para a esquerda	atribuição

Figura 2.16 | Operadores de precedência e de associatividade discutidos.

Boa prática de programação 2.12

Ao escrever expressões que contêm muitos operadores, consulte a tabela do operador de precedência (Apêndice A). Confirme se as operações na expressão são realizadas na ordem que você espera. Se, em uma expressão complexa, você não estiver seguro quanto à ordem da avaliação, utilize parênteses para forçar essa ordem, exatamente como você faria em expressões algébricas.

2.9 Conclusão

Neste capítulo, você aprendeu muitos recursos importantes do Java, incluindo como exibir dados na tela em um Command Prompt, inserir dados a partir do teclado, realizar cálculos e tomar decisões. Os aplicativos apresentados aqui introduzem muitos conceitos básicos de programação. Como verá no Capítulo 3, em geral aplicativos Java contêm apenas algumas linhas de código no método `main` — essas instruções normalmente criam os objetos que realizam o trabalho do aplicativo. Nesse mesmo capítulo, você aprenderá a implementar suas próprias classes e a utilizar objetos delas nos aplicativos.

Resumo

Seção 2.2 Nosso primeiro programa Java: imprimindo uma linha de texto

- Um aplicativo Java é executado quando você usa o comando `java` para iniciar a JVM.
- Comentários documentam programas e melhoram sua legibilidade. O compilador ignora-os.
- Um comentário que começa com `//` é de fim de linha — ele termina no fim da linha em que aparece.
- Comentários tradicionais podem se estender por várias linhas e são delimitados por `/*` e `*/`.
- Os comentários da Javadoc, delimitados por `/**` e `*/`, permitem que você incorpore a documentação do programa no código. O programa utilitário `javadoc` gera páginas em HTML com base nesses comentários.
- Um erro de sintaxe (também chamado erro de compilador, erro em tempo de compilação ou erro de compilação) ocorre quando o compilador encontra um código que viola as regras da linguagem do Java. É semelhante a um erro de gramática em um idioma natural.
- Linhas em branco, caracteres de espaço em branco e caracteres de tabulação são conhecidos como espaço em branco. O espaço em branco torna os programas mais fáceis de ler e não é ignorado pelo compilador.
- As palavras-chave são reservadas para uso pelo Java e sempre são escritas com todas as letras minúsculas.
- A palavra-chave `class` introduz uma declaração de classe.
- Por convenção, todos os nomes de classes em Java começam com uma letra maiúscula e apresentam a letra inicial de cada palavra que eles incluem em maiúscula (por exemplo, `SampleClassName`).
- O nome de uma classe Java é um identificador — uma série de caracteres consistindo em letras, dígitos, sublinhados (_) e sinais de cifrão ($) que não iniciem com um dígito nem contenham espaços.
- O Java faz distinção entre maiúsculas e minúsculas.
- O corpo de cada declaração de classe é delimitado por chaves, `{` e `}`.
- Uma declaração de class `public` deve ser salva em um arquivo com o mesmo nome da classe seguido pela extensão "`.java`".
- O método `main` é o ponto de partida de cada aplicativo Java e deve iniciar com

```
public static void main(String[] args)
```

  Caso contrário, a JVM não executará o aplicativo.
- Os métodos realizam tarefas e retornam informações ao concluí-las. A palavra-chave `void` indica que um método executará uma tarefa, mas não retornará nenhuma informação.
- As instruções instruem o computador a realizar ações.
- Uma string entre aspas duplas é às vezes chamada de string de caracteres ou string literal.
- O objeto de saída padrão (`System.out`) exibe caracteres na janela de comando.
- O método `System.out.println` exibe seu argumento na janela de comando seguido por um caractere de nova linha para posicionar o cursor de saída no começo da próxima linha.
- Você compila um programa com o comando `javac`. Se o programa não contiver nenhum erro de sintaxe, um arquivo de classe contendo os bytecodes Java que representam o aplicativo é criado. Esses bytecodes são interpretados pela JVM quando executamos o programa.
- Para executar um aplicativo, digite `java` seguido pelo nome da classe que contém `main`.

Seção 2.3 Modificando nosso primeiro programa Java

- `System.out.print` exibe seu argumento e posiciona o cursor de saída imediatamente após o último caractere exibido.
- Uma barra invertida (`\`) em uma string é um caractere de escape. O Java combina-o com o próximo caractere para formar uma sequência de escape. A sequência de escape `\n` representa o caractere de nova linha.

Seção 2.4 Exibindo texto com `printf`

- O método `System.out.printf` (`f` significa "formatado") exibe os dados formatados.
- O primeiro argumento do método `printf` é uma string de formato contendo especificadores de texto fixo e/ou de formato. Cada especificador de formato indica o tipo de dado a ser gerado e é um espaço reservado para um argumento correspondente que aparece após a string de formato.
- Especificadores de formato iniciam com um sinal de porcentagem (`%`) e são seguidos por um caractere que representa o tipo de dado. O especificador de formato `%s` é um espaço reservado para uma string de caracteres.
- O especificador de formato `%n` é um separador de linha portável. Você não pode usar `%n` no argumento para `System.out.print` ou `System.out.println`; mas o separador de linha gerado por `System.out.println` depois que ele exibe seu argumento é portável em diferentes sistemas operacionais.

Seção 2.5 Outra aplicação: adicionando inteiros

- Uma declaração `import` ajuda o compilador a localizar uma classe que é usada em um programa.
- O rico conjunto do Java de classes predefinidas é agrupado em pacotes — chamados de grupos de classes. Esses são referidos como biblioteca de classes Java, ou Interface de Programação de Aplicativo Java (API Java).
- Uma variável é uma posição na memória do computador na qual um valor pode ser armazenado para utilização posterior em um programa. Todas as variáveis devem ser declaradas com um nome e um tipo antes que possam ser utilizadas.
- O nome de uma variável permite que o programa acesse o valor dela na memória.
- Um `Scanner` (pacote `java.util`) permite que um programa leia os dados que utilizará. Antes de um `Scanner` poder ser utilizado, o programa deve criá-lo e especificar a origem dos dados.
- Variáveis devem ser inicializadas a fim de serem preparadas para uso em um programa.
- A expressão `new Scanner(System.in)` cria um `Scanner` que lê a partir do objeto de entrada padrão (`System.in`) — normalmente o teclado.
- O tipo de dado `int` é utilizado para declarar variáveis que conterão valores de inteiro. O intervalo de valores para um `int` é –2.147.483.648 a +2.147.483.647.
- Os tipos `float` e `double` especificam números reais com pontos decimais, como `3.4` e `-11.19`.
- Variáveis do tipo `char` representam caracteres individuais, como uma letra maiúscula (por exemplo, `A`), um dígito (por exemplo, `7`), um caractere especial (por exemplo, `*` ou `%`) ou uma sequência de escape (por exemplo, tab, `\t`).
- Tipos como `int`, `float`, `double` e `char` são primitivos. Os nomes dos tipos primitivos são palavras-chave; portanto, todos devem aparecer em letras minúsculas.
- Um prompt direciona o usuário a tomar uma ação específica.
- O método `Scanner` `nextInt` obtém um inteiro para uso em um programa.
- O operador de atribuição, `=`, permite ao programa atribuir um valor a uma variável. Ele é chamado operador binário, porque tem dois operandos.
- Partes das declarações que contêm valores são chamadas expressões.
- O especificador de formato `%d` é um marcador de lugar para um valor `int`.

Seção 2.6 Conceitos de memória

- Os nomes de variável correspondem a posições na memória do computador. Cada variável tem um nome, um tipo, um tamanho e um valor.
- Um valor que é colocado em uma posição de memória substitui o valor anterior dessa posição, que é perdido.

Seção 2.7 Aritmética

- Os operadores aritméticos são `+` (adição), `-` (subtração), `*` (multiplicação), `/` (divisão) e `%` (resto).
- A divisão de inteiros produz um quociente com inteiros.
- O operador de resto, `%`, fornece o resto depois da divisão.
- As expressões aritméticas devem ser escritas em forma de linha reta.
- Se uma expressão contém parênteses aninhados, o conjunto mais interno é avaliado primeiro.
- O Java aplica os operadores a expressões aritméticas em uma sequência precisa determinada pelas regras de precedência de operador.
- Quando dizemos que operadores são aplicados da esquerda para a direita, estamos nos referindo à sua associatividade. Alguns operadores associam da direita para a esquerda.
- Parênteses redundantes podem tornar uma expressão mais clara.

Seção 2.8 Tomada de decisão: operadores de igualdade e operadores relacionais

- A instrução `if` toma uma decisão baseada no valor de uma condição (verdadeiro ou falso).
- As condições em instruções `if` podem ser formadas utilizando-se os operadores de igualdade (`==` e `!=`) e relacionais (`>`, `<`, `>=` e `<=`).
- Uma instrução `if` começa com a palavra-chave `if`, seguida por uma condição entre parênteses, e espera uma instrução no seu corpo.
- A instrução vazia é do tipo que não realiza qualquer tarefa.

Exercícios de revisão

2.1 Preencha as lacunas em cada uma das seguintes afirmações:

a) Um(a) ________ começa o corpo de cada método e um(a) ________ termina o corpo de cada método.

b) Você pode usar a declaração ________ para tomar decisões.

c) ________ começa em um comentário de fim de linha.

d) ________, ________ e ________ são chamados espaço em branco.

e) ________ são reservadas para uso pelo Java.

f) Aplicativos Java iniciam a execução no método ________.

g) Os métodos ________, ________ e ________ exibem informações em uma janela de comando.

2.2 Determine se cada uma das seguintes afirmações é *verdadeira* ou *falsa*. Se *falsa*, explique por quê.

a) Os comentários fazem com que o computador imprima o texto depois das `//` na tela quando o programa executa.

b) Todas as variáveis devem ser atribuídas a um tipo quando são declaradas.

c) O Java considera que as variáveis `number` e `NuMbEr` são idênticas.

d) O operador de resto (%) pode ser utilizado apenas com operandos inteiros.

e) Os operadores aritméticos `*`, `/`, `%`, `+` e `-` têm, todos, o mesmo nível de precedência.

2.3 Escreva instruções para realizar cada uma das tarefas a seguir:

a) Declare que as variáveis `c`, `thisIsAVariable`, `q76354` e `number` serão do tipo `int`.

b) Solicite que o usuário insira um inteiro.

c) Insira um inteiro e atribua o resultado à variável `int value`. Suponha que a variável `Scanner input` possa ser utilizada para ler um valor digitado pelo usuário.

d) Imprima "`This is a Java program`" em uma linha na janela de comando. Use o método `System.out.println`.

e) Imprima "`This is a Java program`" em duas linhas na janela de comando. A primeira deve terminar com `Java`. Utilize o método `System.out.printf` e dois especificadores de formato `%s`.

f) Se a variável `number` não for igual a 7, exiba "`The variable number is not equal to 7`".

2.4 Identifique e corrija os erros em cada uma das seguintes instruções:

a)
```
if (c < 7);
   System.out.println("c is less than 7");
```

b)
```
if (c => 7)
   System.out.println("c is equal to or greater than 7");
```

2.5 Escreva declarações, instruções ou comentários que realizem cada uma das tarefas a seguir:

a) Declare que um programa calculará o produto de três inteiros.

b) Crie um `Scanner` chamado `input` que leia valores a partir da entrada padrão.

c) Declare as variáveis `x`, `y`, `z` e `result` como tipo `int`.

d) Solicite que o usuário insira o primeiro inteiro.

e) Leia o primeiro inteiro digitado pelo usuário e armazene-o na variável `x`.

f) Solicite que o usuário insira o segundo inteiro.

g) Leia o segundo inteiro digitado pelo usuário e armazene-o na variável `y`.

h) Solicite que o usuário insira o terceiro inteiro.

i) Leia o terceiro inteiro digitado pelo usuário e armazene-o na variável `z`.

j) Compute o produto dos três inteiros contidos nas variáveis `x`, `y` e `z` e atribua o resultado à variável `result`.

k) Use `System.out.printf` para exibir a mensagem "`Product is`" seguida pelo valor da variável `result`.

2.6 Usando as instruções que você escreveu no Exercício 2.5, elabore um programa completo que calcule e imprima o produto de três inteiros.

Respostas dos exercícios de revisão

2.1 a)chave esquerda (`{`), chave direita (`}`). b) `if`. c) `//`. d) Caracteres de espaço, novas linhas e tabulações. e) Palavras-chave. f) `main`. g) `System.out.print`, `System.out.println` e `System.out.printf`.

2.2 a) Falso. Os comentários não causam nenhuma ação quando o programa executa. Eles são utilizados para documentar programas e melhoram sua legibilidade.

b) Verdadeiro.

c) Falso. Java diferencia letras maiúsculas de minúsculas, então essas variáveis são distintas.

d) Falso. O operador de resto também pode ser utilizado com operandos não inteiros em Java.

e) Falso. Os operadores `*`, `/` e `%` têm uma precedência mais alta que os operadores `+` e `-`.

2.3 a) `int c, thisIsAVariable, q76354, number;`

ou

```
int c;
int thisIsAVariable;
int q76354;
int number;
```

b) `System.out.print("Enter an integer: ");`

c) `value = input.nextInt();`

d) `System.out.println("This is a Java program");`

e) `System.out.printf("%s%n%s%n", "This is a Java", "program");`

f)
```
if (number != 7)
   System.out.println("The variable number is not equal to 7");
```

2.4 a) Erro: o ponto e vírgula depois do parêntese direito da condição (`c < 7`) no `if`.
Correção: remova o ponto e vírgula depois do parêntese direito. [*Observação:* como resultado, a instrução de saída executará independentemente de a condição em `if` ser verdadeira.]

b) Erro: o operador relacional => é incorreto. Correção: altere => para >=.

2.5 a) `// Calcula o produto de três inteiros`

b) `Scanner input = new Scanner(System.in);`

c) `int x, y, z, result;`

ou

```
int x;
int y;
int z;
int result;
```

d) `System.out.print("Enter first integer: ");`

e) `x = input.nextInt();`

f) `System.out.print("Enter second integer: ");`

g) `y = input.nextInt();`

h) `System.out.print("Enter third integer: ");`

i) `z = input.nextInt();`

j) `result = x * y * z;`

k) `System.out.printf("Product is %d%n", result);`

2.6 A solução para o exercício de revisão 2.6 é a seguinte:

```
// Exercício 2.6: Product.Java
// Calcula o produto de três inteiros.
import java.util.Scanner; // programa utiliza Scanner

public class Product
{
   public static void main(String[] args)
   {
      // cria Scanner para obter entrada a partir da janela de comando
      Scanner input = new Scanner(System.in);

      int x; // primeiro número inserido pelo usuário
      int y; // segundo número inserido pelo usuário
```

continua

continuação

```
      int z; // terceiro número inserido pelo usuário
      int result; // produto dos números

      System.out.print("Enter first integer: "); // solicita entrada
      x = input.nextInt(); // lê o primeiro inteiro

      System.out.print("Enter second integer: "); // solicita entrada
      y = input.nextInt(); // lê o segundo inteiro

      System.out.print("Enter third integer: "); // solicita entrada
      z = input.nextInt(); // lê o terceiro inteiro

      result = x * y * z; // calcula o produto dos números

      System.out.printf("Product is %d%n", result);
   } // fim do método main
} // fim da classe Product
```

```
Enter first integer: 10
Enter second integer: 20
Enter third integer: 30
Product is 6000
```

Questões

2.7 Preencha as lacunas em cada uma das seguintes afirmações:

a) ________ são utilizados para documentar um programa e aprimorar sua legibilidade.

b) Uma decisão pode ser tomada em um programa Java com um(a) ________.

c) Os cálculos normalmente são realizados pelas instruções ________.

d) Os operadores aritméticos com a mesma precedência da multiplicação são ________ e ________.

e) Quando parênteses em uma expressão aritmética estão aninhados, o conjunto de parênteses ________ é avaliado primeiro.

f) Uma posição na memória do computador que pode conter valores diferentes várias vezes ao longo da execução de um programa é chamada ________.

2.8 Escreva instruções Java que realizem cada uma das seguintes tarefas:

a) Exibir a mensagem "`Enter an integer: `", deixando o cursor na mesma linha.

b) Atribuir o produto de variáveis `b` e `c` para a variável `a`.

c) Utilizar um comentário para afirmar que um programa executa um cálculo de exemplo de folha de pagamento.

2.9 Determine se cada uma das seguintes afirmações é *verdadeira* ou *falsa*. Se *falsa*, explique por quê.

a) Operadores Java são avaliados da esquerda para a direita.

b) Os seguintes nomes são todos de variável válidos: `_under_bar_`, `m928134`, `t5`, `j7`, `her_sales$`, `his_$account_total`, `a`, `b$`, `c`, `z` e `z2`.

c) Uma expressão aritmética Java válida sem parênteses é avaliada da esquerda para a direita.

d) Os seguintes nomes são todos de variável inválidos: `3g`, `87`, `67h2`, `h22` e `2h`.

2.10 Supondo que `x = 2` e `y = 3`, o que cada uma das instruções a seguir exibe?

a) `System.out.printf("x = %d%n", x);`

b) `System.out.printf("Value of %d + %d is %d%n", x, x, (x + x));`

c) `System.out.printf("x =");`

d) `System.out.printf("%d = %d%n", (x + y), (y + x));`

2.11 Quais instruções Java a seguir contêm variáveis cujos valores são modificados?

a) `p = i + j + k + 7;`

b) `System.out.println("variables whose values are modified");`

c) `System.out.println("a = 5");`

d) `value = input.nextInt();`

2.12 Dado que $y = ax^3 + 7$, quais das seguintes alternativas são instruções Java corretas para essa equação?

a) `y = a * x * x * x + 7;`

b) `y = a * x * x * (x + 7);`

c) `y = (a * x) * x * (x + 7);`

d) `y = (a * x) * x * x + 7;`

e) `y = a * (x * x * x) + 7;`

f) `y = a * x * (x * x + 7);`

2.13 Declare a ordem de avaliação dos operadores em cada uma das seguintes instruções Java e mostre o valor de `x` depois que cada instrução é realizada:

a) `x = 7 + 3 * 6 / 2 - 1;`

b) `x = 2 % 2 + 2 * 2 - 2 / 2;`

c) `x = (3 * 9 * (3 + (9 * 3 / (3))));`

2.14 Escreva um aplicativo que exiba os números 1 a 4 na mesma linha, com cada par de adjacentes separados por um espaço. Use as seguintes técnicas:

a) Uma instrução `System.out.println`.

b) Quatro instruções `System.out.print`.

c) Uma instrução `System.out.printf`.

2.15 (***Aritmética***) Escreva um aplicativo que solicite ao usuário inserir dois inteiros, obtenha dele esses números e imprima sua soma, produto, diferença e quociente (divisão). Utilize as técnicas mostradas na Figura 2.7.

2.16 (***Comparando inteiros***) Escreva um aplicativo que solicite ao usuário inserir dois inteiros, obtenha dele esses números e exiba o número maior seguido pelas palavras `"is larger"`. Se os números forem iguais, imprima a mensagem `"These numbers are equal"`. Utilize as técnicas mostradas na Figura 2.15.

2.17 (***Aritmética, menor e maior***) Escreva um aplicativo que insira três inteiros digitados pelo usuário e exiba a soma, média, produto e os números menores e maiores. Utilize as técnicas mostradas na Figura 2.15. [*Observação:* o cálculo da média neste exercício deve resultar em uma representação de inteiro. Assim, se a soma dos valores for 7, a média deverá ser 2, não 2,3333...]

2.18 (***Exibindo formas com asteriscos***) Escreva um aplicativo que exiba uma caixa, uma elipse, uma seta e um losango utilizando asteriscos (*), como segue:

```
*********     ***       *        *
*       *   *     *    ***      * *
*       *  *       *  *****    *   *
*       *  *       *    *     *     *
*       *  *       *    *    *       *
*       *  *       *    *     *     *
*       *  *       *    *      *   *
*       *   *     *     *       * *
*********     ***       *        *
```

2.19 O que o seguinte código imprime?

```
System.out.printf("*%n**%n***%n****%n*****%n");
```

2.20 O que o seguinte código imprime?

```
System.out.println("*");
System.out.println("***");
System.out.println("*****");
System.out.println("****");
System.out.println("**");
```

2.21 O que o seguinte código imprime?

```
System.out.print("*");
System.out.print("***");
System.out.print("*****");
System.out.print("****");
System.out.println("**");
```

2.22 O que o seguinte código imprime?

```
System.out.print("*");
System.out.println("***");
```

```
System.out.println("*****");
System.out.print("****");
System.out.println("**");
```

2.23 O que o seguinte código imprime?

```
System.out.printf("%s%n%s%n%s%n", "*", "***", "*****");
```

2.24 ***(Inteiros maiores e menores)*** Escreva um aplicativo que leia cinco inteiros, além de determinar e imprimir o maior e o menor inteiro no grupo. Utilize somente as técnicas de programação que você aprendeu neste capítulo.

2.25 ***(Ímpar ou par)*** Escreva um aplicativo que leia um inteiro, além de determinar e imprimir se ele é ímpar ou par. [*Dica:* utilize o operador de resto. Um número par é um múltiplo de 2. Qualquer múltiplo de 2 deixa um resto 0 quando dividido por 2.]

2.26 ***(Múltiplos)*** Escreva um aplicativo que leia dois inteiros, além de determinar se o primeiro é um múltiplo do segundo e imprimir o resultado. [*Dica:* utilize o operador de resto.]

2.27 ***(Padrão de tabuleiro de damas de asteriscos)*** Escreva um aplicativo que exiba um padrão de tabuleiro de damas, como mostrado a seguir:

```
* * * * * * * *
 * * * * * * * *
* * * * * * * *
 * * * * * * * *
* * * * * * * *
 * * * * * * * *
* * * * * * * *
 * * * * * * * *
```

2.28 ***(Diâmetro, circunferência e área de um círculo)*** Eis uma prévia do que veremos mais adiante. Neste capítulo, você aprendeu sobre inteiros e o tipo `int`. O Java também pode representar números de pontos flutuantes que contêm pontos de fração decimal, como 3,14159. Escreva um aplicativo que leia a entrada a partir do usuário do raio de um círculo como um inteiro e imprima o diâmetro do círculo, circunferência e área utilizando o valor do ponto flutuante 3,14159 para π. Utilize as técnicas mostradas na Figura 2.7. [Observação: você também pode empregar a constante `Math.PI` predefinida para o valor de π. Essa constante é mais precisa que o valor 3,14159. A classe `Math` é definida no pacote `java.lang`. As classes nesse pacote são importadas automaticamente, portanto, você não precisa `importar` a classe `Math` para utilizá-la.] Adote as seguintes fórmulas (*r* é o raio):

$$diâmetro = 2r$$
$$circunferência = 2\pi r$$
$$área = \pi r^2$$

Não armazene os resultados de cada cálculo em uma variável. Em vez disso, especifique cada cálculo como o valor de saída em uma instrução `System.out.printf`. Os valores produzidos pelos cálculos de circunferência e área são números de ponto flutuante. A saída desses valores pode ser gerada com o especificador de formato `%f` em uma instrução `System.out.printf`. Você aprenderá mais sobre números de pontos flutuantes no Capítulo 3.

2.29 ***(O valor inteiro de um caractere)*** Eis outra prévia do que virá adiante. Neste capítulo, você aprendeu sobre inteiros e o tipo `int`. O Java também pode representar letras maiúsculas, minúsculas e uma variedade considerável de símbolos especiais. Cada caractere tem uma representação correspondente de inteiro. O conjunto de caracteres que um computador utiliza com as respectivas representações na forma de inteiro desses caracteres é chamado de conjunto de caracteres desse computador. Você pode indicar um valor de caractere em um programa simplesmente incluindo esse caractere entre aspas simples, como em `'A'`.

Você pode determinar o equivalente em inteiro de um caractere precedendo-o com `(int)`, como em

```
(int) 'A'
```

Um operador dessa forma é chamado operador de coerção. (Você aprenderá sobre os operadores de coerção no Capítulo 4.) A instrução a seguir gera saída de um caractere e seu equivalente de inteiro:

```
System.out.printf("The character %c has the value %d%n", 'A', ((int) 'A'));
```

Quando a instrução precedente executa, ela exibe o caractere `A` e o valor `65` (do conjunto de caracteres Unicode®) como parte da string. O especificador de formato `%c` é um espaço reservado para um caractere (nesse caso, `'A'`).

Utilizando instruções semelhantes àquela mostrada anteriormente neste exercício, escreva um aplicativo que exiba os equivalentes inteiros de algumas letras maiúsculas, minúsculas, dígitos e símbolos especiais. Mostre os equivalentes inteiros do seguinte: `A B C a b c 0 1 2 $ * + /` e o caractere em branco.

2.30 ***(Separando os dígitos em um inteiro)*** Escreva um aplicativo que insira um número consistindo em cinco dígitos a partir do usuário, separe o número em seus dígitos individuais e imprima os dígitos separados uns dos outros por três espaços. Por exemplo, se o usuário digitar o número `42339`, o programa deve imprimir

```
4   2   3   3   9
```

Suponha que o usuário insira o número correto de dígitos. O que acontece quando você insere um número com mais de cinco dígitos? O que acontece quando você insere um número com menos de cinco dígitos? [*Dica:* é possível fazer este exercício com as técnicas que aprendeu neste capítulo. Você precisará tanto das operações de divisão como das de resto para "selecionar" cada dígito.]

2.31 ***(Tabela de quadrados e cubos)*** Utilizando apenas as técnicas de programação que aprendeu neste capítulo, escreva um aplicativo que calcule os quadrados e cubos dos números de 0 a 10 e imprima os valores resultantes em formato de tabela como a seguir:

```
number    square    cube
0         0         0
1         1         1
2         4         8
3         9         27
4         16        64
5         25        125
6         36        216
7         49        343
8         64        512
9         81        729
10        100       1000
```

2.32 ***(Valores negativos, positivos e zero)*** Escreva um programa que insira cinco números, além de determinar e imprimir quantos negativos, quantos positivos e quantos zeros foram inseridos.

Fazendo a diferença

2.33 ***(Calculadora de índice de massa corporal)*** Introduzimos a calculadora de índice de massa corporal (IMC) no Exercício 1.10. As fórmulas para calcular o IMC são

$$\text{IMC} = \frac{pesoEmLibras \times 703}{alturaEmPolegadas^2}$$

ou

$$\text{IMC} = \frac{pesoEmQuilogramas}{alturaEmMetros^2}$$

Crie um aplicativo de calculadora IMC que leia o peso do usuário em libras e a altura em polegadas (ou, se preferir, o peso em quilogramas e a altura em metros) e, então, calcule e exiba o índice de massa corporal dele. Além disso, que exiba as seguintes informações do Department of Health and Human Services/National Institutes of Health, assim o usuário pode avaliar o seu IMC:

```
BMI VALUES
Underweight: less than 18.5
Normal:      between 18.5 and 24.9
Overweight:  between 25 and 29.9
Obese:       30 or greater
```

[***Nota:*** neste capítulo, você aprendeu a utilizar o tipo `int` para representar números inteiros. Os cálculos de IMC, quando feitos com valores `int`, produzirão resultados com números inteiros. No Capítulo 3, você aprenderá a utilizar o tipo `double` para representar números com pontos decimais. Quando os cálculos de IMC são realizados com `double`s, eles produzirão números com pontos decimais — esses são chamados de números de "ponto flutuante".]

2.34 ***(Calculadora de crescimento demográfico mundial)*** Utilize a internet para descobrir a população mundial atual e a taxa de crescimento demográfico mundial anual. Escreva um aplicativo que introduza esses valores e, então, que exiba a população mundial estimada depois de um, dois, três, quatro e cinco anos.

2.35 ***(Calculadora de economia da faixa solidária)*** Pesquise vários sites sobre faixa solidária. Crie um aplicativo que calcule o custo diário de dirigir, para estimar quanto dinheiro pode ser economizado com o uso da faixa solidária, que também tem outras vantagens, como reduzir emissões de carbono e congestionamento de tráfego. O aplicativo deve introduzir as seguintes informações e exibir o custo por dia de dirigir para o trabalho do usuário:

a) Quilômetros totais dirigidos por dia.

b) Preço por litro de gasolina.

c) Quilômetros médios por litro.

d) Taxas de estacionamento por dia.

e) Pedágio por dia.

Introdução a classes, objetos, métodos e strings

3

Seus servidores públicos prestam-lhe bons serviços.

— Adlai E. Stevenson

Nada pode ter valor sem ser um objeto útil.

— Karl Marx

Objetivos

Neste capítulo, você irá:

- Descobrir como declarar uma classe e utilizá-la para criar um objeto.
- Ver como implementar comportamentos de uma classe como métodos.
- Aprender como implementar os atributos de uma classe como variáveis de instância.
- Verificar como chamar os métodos de um objeto para fazê-los realizarem suas tarefas.
- Detectar o que são variáveis locais de um método e como elas diferem de variáveis de instância.
- Distinguir o que são tipos primitivos e tipos de referência.
- Analisar como usar um construtor para inicializar dados de um objeto.
- Desvendar como representar e usar números contendo pontos decimais.

Sumário

3.1 Introdução

[*Observação*: este capítulo depende da terminologia e dos conceitos da programação orientada a objetos introduzida na Seção 1.5, "Introdução à tecnologia de objetos".]

No Capítulo 2, você trabalhou com classes, objetos e métodos *existentes*. Usou o objeto de saída padrão *predefinido* `System.out`, *invocando* seus métodos `print`, `println` e `printf` para exibir informações na tela. Empregou a classe `Scanner` *existente* a fim de criar um objeto que lê dados de números inteiros na memória inseridos pelo usuário com o teclado. Ao longo do livro, utilizará muito mais classes e objetos *preexistentes* — esse é um dos grandes pontos fortes do Java como uma linguagem de programação orientada a objetos.

Neste capítulo, você aprenderá a criar suas próprias classes e métodos. Cada nova *classe* que você desenvolve torna-se um novo *tipo* que pode ser utilizado para declarar variáveis e delinear objetos. Você pode declarar novos tipos de classe conforme necessário; essa é uma razão pela qual o Java é conhecido como uma linguagem *extensível*.

Apresentamos um estudo de caso sobre como criar e utilizar uma classe simples de uma conta bancária do mundo real, `Account`. Essa classe deve manter como *variáveis de instância* atributos como seu `name` e `balance` e fornecer *métodos* para tarefas como consulta de saldo (`get Balance`), fazer depósitos que aumentam o saldo (`deposit`) e realizar saques que diminuem o saldo (`withdraw`). Incorporaremos os métodos `getBalance` e `deposit` à classe nos exemplos do capítulo e você adicionará o método `withdraw` nos exercícios.

No Capítulo 2, utilizamos o tipo de dado `int` para representar números inteiros. Neste capítulo, introduziremos o tipo de dado `double` a fim de indicar um saldo de conta como um número que pode conter um *separador decimal* — esses números são chamados *números de ponto flutuante*. [No Capítulo 8, ao nos aprofundarmos um pouco mais na tecnologia de objetos, começaremos a representar valores monetários precisamente com a classe `BigDecimal` (pacote `java.math`), como você deve fazer ao escrever aplicativos monetários de força industrial.]

Normalmente, os aplicativos que você desenvolverá neste livro consistirão em duas ou mais classes. Se você se tornar parte de uma equipe de desenvolvimento na indústria, poderá trabalhar em aplicativos com centenas, ou até milhares, de classes.

3.2 Variáveis de instância, métodos *set* e métodos *get*

Nesta seção, você criará duas classes — `Account` (Figura 3.1) e `AccountTest` (Figura 3.2). A `AccountTest` é uma *classe de aplicativo* em que o método `main` criará e usará um objeto `Account` para demonstrar as capacidades da classe `Account`.

3.2.1 Classe `Account` com uma variável de instância, um método *set* e um método *get*

Diferentes contas normalmente têm diferentes nomes. Por essa razão, a classe `Account` (Figura 3.1) contém uma *variável de instância* `name`. Variáveis de instância de uma classe armazenam dados para cada objeto (isto é, cada instância) da classe. Mais adiante no capítulo adicionaremos uma variável de instância chamada `balance` a fim de monitorar quanto dinheiro está na conta. A classe `Account` contém dois métodos — o método `setName` armazena um nome em um objeto `Account` e o método `getName` obtém um nome de um objeto `Account`.

```
1  // Figura 3.1: Account.java
2  // Classe Account que contém uma variável de instância name
3  // e métodos para configurar e obter seu valor.
4
5  public class Account
6  {
7     private String name; // variável de instância
8
9     // método para definir o nome no objeto
10    public void setName(String name)
11    {
12       this.name = name; // armazena o nome
13    }
14
15    // método para recuperar o nome do objeto
16    public String getName()
17    {
18       return name; // retorna valor do nome para o chamador
19    }
20 } // fim da classe Account
```

Figura 3.1 | A classe `Account` que contém uma variável de instância `name` e métodos para *configurar* e *obter* seu valor.

Declaração de classe

A *declaração de classe* começa na linha 5:

```
public class Account
```

A palavra-chave `public` (explicada no Capítulo 8 em detalhes) é um **modificador de acesso**. Por enquanto, simplesmente declaramos toda classe `public`. Cada declaração de classe `public` deve ser armazenada em um arquivo com o *mesmo* nome que a classe e terminar com a extensão `.java`; do contrário, ocorrerá um erro de compilação. Assim, as classes `public Account` e `AccountTest` (Figura 3.2) *devem* ser declaradas nos arquivos *separados* `Account.java` e `AccountTest.java`, respectivamente.

Cada declaração de classe contém a palavra-chave `class` seguida imediatamente pelo nome da classe, nesse caso, `Account`. Cada corpo de classe é inserido entre um par de chaves esquerda e direita como nas linhas 6 e 20 da Figura 3.1.

Identificadores e nomeação usando a notação camelo

Nomes de classes, de método e de variável são *identificadores* e, por convenção, todos usam o mesmo esquema de nomeação com a *notação camelo* que discutimos no Capítulo 2. Também por convenção, os nomes de classe começam com uma letra *maiúscula*, e os de métodos e de variáveis iniciam com uma letra *minúscula*.

Variável de instância `name`

Lembre-se da Seção 1.5: um objeto tem atributos, implementados como variáveis de instância que o acompanham ao longo da sua vida. As variáveis de instância existem antes que os métodos sejam chamados em um objeto, enquanto eles são executados e depois que a execução deles foi concluída. Cada objeto (instância) da classe tem sua *própria* cópia das variáveis de instância da classe. Uma classe normalmente contém um ou mais métodos que manipulam as variáveis de instância pertencentes aos objetos particulares dela.

Variáveis de instância são declaradas *dentro* de uma declaração de classe, mas *fora* do corpo dos métodos da classe. A linha 7

```
private String name; // variável de instância
```

declara uma variável de instância `name` do tipo `String` *fora* do corpo dos métodos `setName` (linhas 10 a 13) e `getName` (linhas 16 a 19). Variáveis `String` podem conter valores de string de caracteres como `"Jane Green"`. Se houver muitos objetos `Account`, cada um tem seu próprio `name`. Como `name` é uma variável de instância, ele pode ser manipulado por cada um dos métodos da classe.

> **Boa prática de programação 3.1**
>
> *Preferimos listar as variáveis de instância de uma classe primeiro no corpo dela, assim você pode ver o nome e o tipo das variáveis antes de elas serem utilizadas nos métodos da classe. Você pode listar as variáveis de instância da classe em qualquer lugar nela, fora das suas instruções de método, mas espalhar as variáveis de instância pode resultar em um código difícil de ler.*

Modificadores de acesso `public` *e* `private`

A maioria das declarações de variável de instância é precedida pela palavra-chave `private` (como na linha 7). Da mesma forma que `public`, `private` é um *modificador de acesso*. As variáveis ou métodos declarados com o modificador de acesso `private` só são acessíveis a métodos da classe em que isso ocorre. Assim, a variável `name` só pode ser empregada nos métodos de cada objeto `Account` (nesse caso, `setName` e `getName`). Você verá mais adiante que isso apresenta oportunidades poderosas de engenharia de software.

Método `setName` *da classe* `Account`

Analisaremos o código da declaração do método `setName` (linhas 10 a 13):

```
public void setName(String name) - Esta linha é o cabeçalho do método
{
   this.name = name; // armazena o nome
}
```

Nós nos referimos à primeira linha de cada instrução de método (linha 10, nesse caso) como *cabeçalho do método*. O **tipo de retorno** do método (que aparece antes do nome deste) especifica a qualidade dos dados que o método retorna ao *chamador* depois de realizar sua tarefa. O tipo de retorno `void` (linha 10) indica que `setName` executará uma tarefa, mas *não* retornará (isto é, fornecerá) nenhuma informação ao seu chamador. No Capítulo 2, você usou métodos que retornam informações — por exemplo, adotou `Scanner` do método `nextInt` para inserir um número inteiro digitado pelo usuário no teclado. Quando `nextInt` lê um valor, ele o *retorna* para utilização no programa. Como veremos mais adiante, o método `Account getName` retorna um valor.

O método `setName` recebe um *parâmetro* `name` do tipo `String` — que representa o nome que será passado para o método como um *argumento*. Você verá como parâmetros e argumentos funcionam em conjunto ao discutir a chamada de método na linha 21 da Figura 3.2.

Os parâmetros são declarados em uma **lista de parâmetros** que está localizada entre os parênteses que seguem o nome do método no título dele. Quando existem múltiplos parâmetros, cada um é separado do seguinte por uma vírgula. Cada parâmetro *deve* especificar um tipo (nesse caso, `String`) seguido por um nome da variável (nesse caso, `name`).

Parâmetros são variáveis locais

No Capítulo 2, declaramos todas as variáveis de um aplicativo no método `main`. Variáveis declaradas no corpo de um método específico (como `main`) são **variáveis locais** que *somente* podem ser utilizadas nele. Cada método só pode acessar suas próprias variáveis locais, não aquelas dos outros. Quando esse método terminar, os valores de suas variáveis locais são *perdidos*. Os parâmetros de um método também são variáveis locais dele.

Corpo do método `setName`

Cada *corpo* de *método* é delimitado por um par de *chaves* (como nas linhas 11 e 13 da Figura 3.1) contendo uma ou mais instruções que executam tarefa(s) do método. Nesse caso, o corpo do método contém uma única instrução (linha 12) que atribui o valor do *parâmetro* `name` (uma `String`) à *variável de instância* `name` da classe, armazenando assim o nome da conta no objeto.

Se um método contiver uma variável local com o *mesmo* nome de uma variável de instância (como nas linhas 10 e 7, respectivamente), o corpo desse método irá referenciar a variável local em vez da variável de instância. Nesse caso, diz-se que a variável local *simula* a variável de instância no corpo do método. O corpo do método pode usar a palavra-chave `this` para referenciar a variável de instância simulada explicitamente, como mostrado à esquerda da atribuição na linha 12.

Boa prática de programação 3.2

Poderíamos ter evitado a necessidade da palavra-chave `this` *aqui escolhendo um nome diferente para o parâmetro na linha 10, mas usar* `this` *como mostrado na linha 12 é uma prática amplamente aceita a fim de minimizar a proliferação de nomes de identificadores.*

Após a linha 12 ser executada, o método completou sua tarefa, então ele retorna a seu *chamador*. Como você verá mais adiante, a instrução na linha 21 do `main` (Figura 3.2) chama o método `setName`.

Método `getName` *da classe* `Account`

O método `getName` (linhas 16 a 19)

```
public String getName()
{
   return name; // a palavra-chave return retorna o valor de name
                // para o método chamador
}
```

retorna ao chamador um `name` do objeto específico `Account`. O método tem uma lista *vazia* de parâmetros, então *não* exige informações adicionais para realizar sua tarefa. Ele retorna uma `String`. Quando um método que especifica um tipo de retorno *diferente* de `void` é chamado e conclui sua tarefa, ele *deve* retornar um resultado para seu chamador. Uma instrução que chama o método `getName` em um objeto `Account` (como aqueles nas linhas 16 e 26 da Figura 3.2) espera receber o nome de `Account` — uma `String`, como especificado no *tipo de retorno* da declaração do método.

A instrução `return` na linha 18 da Figura 3.1 passa o valor `String` da variável de instância `name` de volta ao chamador. Por exemplo, quando o valor é retornado para a instrução nas linhas 25 e 26 da Figura 3.2, a instrução o usa para gerar saída do nome.

3.2.2 Classe `AccountTest` que cria e usa um objeto da classe `Account`

Em seguida, gostaríamos de usar a classe `Account` em um aplicativo e *chamar* cada um dos seus métodos. Uma classe que contém um método `main` inicia a execução de um aplicativo Java. A classe `Account` *não pode* executar por si só porque *não* contém um método `main` — se digitar `java Account` na janela de comando, você obterá um erro indicando "`Main method not found in class Account`". Para corrigir esse problema, você deve declarar uma classe *separada* que contenha um método `main` ou colocar um método `main` na classe `Account`.

Classe `AccountTest` condutora

Para ajudá-lo a se preparar para os programas maiores que veremos futuramente neste livro e na indústria, usaremos uma classe `AccountTest` separada (Figura 3.2) contendo o método `main` a fim de testar a classe `Account`. Depois que começa a executar, `main` pode chamar outros métodos nessa e em outras classes; estas podem, por sua vez, chamar outros métodos etc. O método `main` da classe `AccountTest` cria um objeto `Account` e chama os métodos `getName` e `setName`. Essa classe é às vezes denominada *classe driver* (*ou "classe condutora"*) — assim como um objeto `Person` dirige um objeto `Car` informando-lhe o que fazer (ir mais rápido, ir mais devagar, virar à esquerda, virar à direita etc.), a classe `AccountTest` orienta um objeto `Account` indicando-lhe o que fazer ao chamar seus métodos.

```
1  // Figura 3.2: AccountTest.Java
2  // Cria e manipula um objeto Account.
3  import java.util.Scanner;
4
5  public class AccountTest
6  {
7     public static void main(String[] args)
8     {
9        // cria um objeto Scanner para obter entrada a partir da janela de comando
10       Scanner input = new Scanner(System.in);
11
12       // cria um objeto Account e o atribui a myAccount
13       Account myAccount = new Account();
14
15       // exibe o valor inicial do nome (null)
16       System.out.printf("Initial name is: %s%n%n", myAccount.getName());
17
18       // solicita e lê o nome
19       System.out.println("Please enter the name:");
20       String theName = input.nextLine(); // lê uma linha de texto
21       myAccount.setName(theName); // insere theName em myAccount
22       System.out.println(); // gera saída de uma linha em branco
23
24       // exibe o nome armazenado no objeto myAccount
25       System.out.printf("Name in object myAccount is:%n%s%n",
26          myAccount.getName());
27    }
28 } // fim da classe AccountTest
```

```
Initial name is: null
Please enter the name:
Jane Green
Name in object myAccount is:
Jane Green
```

Figura 3.2 | Criando e manipulando um objeto `Account`.

Objeto `Scanner` para receber a entrada do usuário

A linha 10 cria um objeto `Scanner` chamado `input` para inserir o nome do usuário. Já a linha 19 exibe um prompt que pede para o usuário inserir um nome. E a linha 20 utiliza o método **`nextLine`** do objeto `Scanner` para ler o nome do usuário e atribuí-lo à variável *local* `theName`. Você digita o nome e pressiona *Enter* a fim de enviá-lo para o programa. Pressionar *Enter* insere um caractere de nova linha após aqueles digitados. O método `nextLine` lê os caracteres (incluindo o de espaço em branco, como em `"Jane Green"`) até encontrar a nova linha, então retorna uma `String` contendo os caracteres até, mas *não* incluindo, a nova linha, que é *descartada*.

A classe `Scanner` fornece vários outros métodos de entrada, como veremos ao longo do livro. Um método semelhante a `nextLine` — chamado **`next`** — lê a *próxima palavra*. Ao pressionar *Enter* depois de digitar algum texto, o método `next` lê os caracteres até encontrar um *caractere de espaço em branco* (como um espaço, tabulação ou nova linha), então retorna uma `String` contendo os caracteres até, mas *não* incluindo, o caractere de espaço em branco, que é *descartado*. Nenhuma informação depois do primeiro caractere de espaço em branco é *perdida* — elas podem ser lidas por outras instruções que chamam os métodos de `Scanner` posteriormente no programa.

Instância de um objeto — palavra-chave `new` e construtores

A linha 13 cria um objeto `Account` e o atribui à variável `myAccount` de tipo `Account`. A variável `myAccount` é inicializada com o resultado da **expressão de criação de instância de classe** `new Account()`. A palavra-chave **`new`** estabelece um novo objeto da classe especificada — nesse caso, `Account`. Os parênteses à direita de `Account` são *necessários*. Como veremos na Seção 3.4, esses parênteses em combinação com um nome de classe representam uma chamada para um **construtor**, que é *semelhante* a um método, mas é chamado implicitamente pelo operador `new` para *inicializar* as variáveis de instância de um objeto quando este é *criado*. Na Seção 3.4, você verá como colocar um *argumento* entre os parênteses para especificar um *valor inicial* a uma variável de instância `name` de um objeto `Account` — você aprimorará a classe `Account` para permitir isso. Por enquanto, simplesmente não incluímos *nada* entre os parênteses. A linha 10 contém uma expressão de criação de instância de classe para um objeto `Scanner` — a expressão inicializa o `Scanner` com `System.in`, que o informa de onde ler a entrada (isto é, o teclado).

Chamando o método `getName` da classe `Account`

A linha 16 exibe o nome *inicial*, que é obtido chamando o método `getName` do objeto. Assim como no caso do objeto `System.out` em relação a seus métodos `print`, `printf` e `println`, podemos também utilizar o objeto `myAccount` para chamar seus métodos `getName` e `setName`. A linha 16 chama `getName` usando o objeto `myAccount` criado na linha 13, seguido por um **ponto separador** (.), então o nome do método `getName` e um conjunto *vazio* de parênteses porque nenhum argumento está sendo passado. Quando `getName` é chamado

1. o aplicativo transfere a execução do programa a partir da chamada (linha 16 em `main`) para a declaração do método `getName` (linhas 16 a 19 da Figura 3.1). Como `getName` foi chamado via objeto `myAccount`, `getName` "sabe" qual variável de instância do objeto manipular.
2. então, o método `getName` executa sua tarefa, isto é, ele *retorna* o `name` (linha 18 da Figura 3.1). Quando a instrução `return` é executada, a execução do programa continua de onde `getName` foi chamado (linha 16 da Figura 3.2).
3. `System.out.printf` exibe a `String` retornada pelo método `getName`, então o programa continua executando na linha 19 em `main`.

> **Dica de prevenção de erro 3.1**
>
> *Nunca use como controle de formato uma string inserida pelo usuário. Quando o método `System.out.printf` avalia a string de controle de formato no primeiro argumento, o método executa as tarefas com base no(s) especificador(es) de conversão nessa string. Se a string de controle de formato fosse obtida do usuário, alguém mal-intencionado poderia fornecer especificadores de conversão que seriam executados por `System.out.printf`, possivelmente causando uma falha de segurança.*

`null` — o valor inicial padrão para variáveis `String`

A primeira linha da saída mostra o nome "`null`". Diferentemente das variáveis locais, que não *são* inicializadas de forma automática, *toda variável de instância tem um* **valor inicial padrão** — fornecido pelo Java quando você *não* especifica o valor inicial da variável de instância. Portanto, *não* é exigido que as *variáveis de instância* sejam explicitamente inicializadas antes de serem utilizadas em um programa — a menos que elas devam ser inicializadas para valores *diferentes* dos seus padrões. O valor padrão para uma variável de instância do tipo `String` (como `name` nesse exemplo) é **`null`**, que discutiremos mais adiante na Seção 3.3 ao abordar os *tipos por referência*.

Chamando o método `setName` *da classe* `Account`

A linha 21 chama o método `setName` de `myAccount`. Uma chamada de método pode fornecer *argumentos* cujos *valores* são atribuídos aos parâmetros de método correspondentes. Nesse caso, o valor da variável local de `main` entre parênteses é o *argumento* que é passado para `setName`, de modo que o método possa realizar sua tarefa. Quando `setName` é chamado:

1. o aplicativo transfere a execução do programa da linha 21 em `main` para a declaração do método `setName` (linhas 10 a 13 da Figura 3.1), e o *argumento valor* entre parênteses da chamada (`theName`) é atribuído ao *parâmetro* correspondente (`name`) no cabeçalho do método (linha 10 da Figura 3.1). Como `setName` foi chamado por objeto `myAccount`, `setName` "sabe" qual variável de instância do objeto manipular;
2. em seguida, o método `setName` executa sua tarefa — isto é, ele atribui o valor do parâmetro `name` à variável de instância `name` (linha 12 da Figura 3.1).
3. quando a execução do programa alcança a chave direita de fechamento de `setName`, ele retorna ao local onde `setName` foi chamado (linha 21 da Figura 3.2), então continua na linha 22 da Figura 3.2.

O número de *argumentos* na chamada de método *deve corresponder* ao de itens na lista de *parâmetros* da declaração do método. Além disso, os tipos de argumento na chamada de método precisam ser *consistentes* com os tipos de parâmetro correspondentes na declaração do método. (Como você aprenderá no Capítulo 6, nem sempre é requerido que um tipo de argumento e de seu parâmetro correspondente sejam *idênticos*.) No nosso exemplo, a chamada de método passa um argumento do tipo `String` (`theName`) — e a declaração do método especifica um parâmetro do tipo `String` (`name`, declarado na linha 10 da Figura 3.1). Portanto, nesse exemplo, o tipo de argumento na chamada de método equivale *exatamente* ao tipo de parâmetro no cabeçalho do método.

Exibindo o nome que foi inserido pelo usuário

A linha 22 da Figura 3.2 gera uma linha em branco. Quando a segunda chamada para o método `getName` (linha 26) é executada, o nome inserido pelo usuário na linha 20 é exibido. Já no momento em que a instrução nas linhas 25 e 26 conclui a execução, o final do método `main` é alcançado, assim, o programa termina.

3.2.3 Compilação e execução de um aplicativo com múltiplas classes

Você deve compilar as classes nas figuras 3.1 e 3.2 para que possa *executar* o aplicativo. Essa é a primeira vez que você criou um aplicativo com *múltiplas* classes. A classe `AccountTest` tem um método `main`, a classe `Account` não. Para compilar esse aplicativo, primeiro mude para o diretório que contém os arquivos do código-fonte dele. Em seguida, digite o comando

```
javac Account.java AccountTest.java
```

para compilar *ambas* as classes de uma vez. Se o diretório que contém o aplicativo incluir *apenas* os arquivos desse aplicativo, você pode compilar ambas as classes com o comando

```
javac *.java
```

O asterisco (`*`) em `*.java` indica que *todos* os arquivos no diretório *atual* que têm a extensão de nome de arquivo "`.java`" devem ser compilados. Se ambas as classes forem compiladas corretamente — isto é, nenhum erro de compilação for exibido — você pode então executar o aplicativo com o comando

```
java AccountTest
```

3.2.4 Diagrama de classe UML de `Account` com uma variável de instância e os métodos *set* e *get*

Utilizaremos com frequência os diagramas de classe UML para resumir os *atributos* e *operações* de uma classe. Na indústria, diagramas UML ajudam projetistas de sistemas a especificar um sistema de maneira gráfica, concisa e independente de linguagem de programação antes de os programadores implementarem o sistema em uma linguagem específica. A Figura 3.3 apresenta um **diagrama de classe UML** para a `Account` da Figura 3.1.

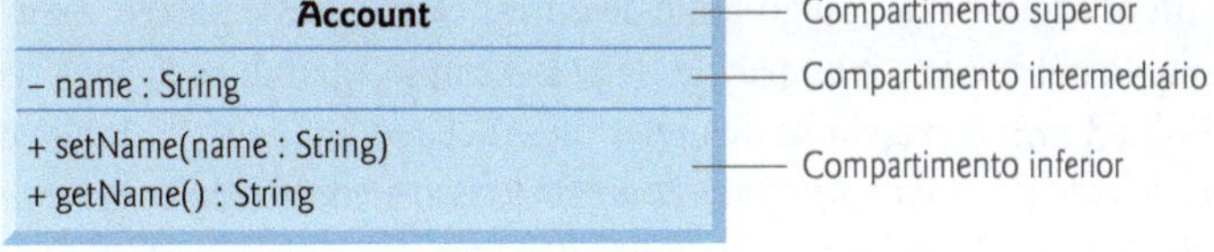

Figura 3.3 | Diagrama UML de classe para a `Account` da Figura 3.1.

Compartimento superior

Na UML, cada classe é modelada em um diagrama de classe como um retângulo com três compartimentos. Nesse diagrama, o compartimento *superior* contém o *nome da classe* `Account` centralizado horizontalmente em negrito.

Compartimento intermediário

O compartimento *intermediário* contém o *atributo* `name` *da classe*, que corresponde à variável de instância de mesmo nome em Java. A variável de instância `name` é `private` em Java, assim o diagrama UML de classe lista um *modificador de acesso com um sinal de subtração (–)* antes do nome do atributo. Depois do nome do atributo há um *dois pontos* e o *tipo de atributo,* nesse caso `String`.

Compartimento inferior

O compartimento *inferior* contém as **operações** da classe, `setName` e `getName`, que correspondem aos métodos com os mesmos nomes em Java. O UML modela as operações listando o nome de cada uma precedido por um *modificador de acesso,* nesse caso `+ getName`. Esse sinal de adição (+) indica que `getName` é uma operação *pública* na UML (porque é um método `public` em Java). A operação `getName` *não* tem nenhum parâmetro, então os parênteses após o nome dela no diagrama de classe estão *vazios,* assim como na declaração de método na linha 16 da Figura 3.1. A operação `setName`, também de caráter público, tem um parâmetro `String` chamado `name`.

Tipos de retorno

A UML indica o *tipo de retorno* de uma operação inserindo dois pontos e o tipo de retorno *após* os parênteses que vêm depois do nome da operação. O método `getName` de `Account` (Figura 3.1) tem um tipo de retorno `String`. O método `setName` *não* retorna um valor (porque retorna `void` em Java), então o diagrama de classe UML *não* especifica um tipo de retorno após os parênteses dessa operação.

Parâmetros

A UML modela um parâmetro de um modo pouco diferente do Java listando o nome desse parâmetro, seguido por dois-pontos e pelo tipo dele nos parênteses que seguem o nome da operação. O UML tem seus próprios tipos de dado semelhantes àqueles do Java, mas, para simplificar, usaremos os tipos de dado Java. O método `setName` de `Account` (Figura 3.1) tem um parâmetro `String` chamado `name`, assim a Figura 3.3 lista `name : String` entre parênteses após o nome do método.

3.2.5 Notas adicionais sobre a classe `AccountTest`

Método `static main`

No Capítulo 2, cada classe que declaramos tinha um método chamado `main`. Lembre-se de que `main` é um método especial que será *sempre* chamado automaticamente pela Java Virtual Machine (JVM) quando você executar um aplicativo. Você deve chamar a maioria dos outros métodos *explicitamente* para orientá-los a executar suas tarefas.

As linhas 7 a 27 da Figura 3.2 declaram o método `main`. Uma parte essencial para permitir à JVM localizar e chamar o método `main` a fim de iniciar a execução do aplicativo é a palavra-chave `static` (linha 7), que indica que `main` é um método `static`. O método `static` é especial, porque você pode chamá-lo *sem antes criar um objeto da classe na qual esse método é declarado* — nesse caso, a classe `AccountTest`. Discutiremos métodos `static` em detalhes no Capítulo 6.

Notas sobre declarações `import`

Note a declaração `import` na Figura 3.2 (linha 3), que indica ao compilador que o programa utiliza a classe `Scanner`. Como você aprendeu no Capítulo 2, as classes `System` e `String` estão no pacote `java.lang`, que é importado *implicitamente* para *todos* os programas Java, assim eles podem usar as classes desse pacote *sem* importá-las explicitamente. A *maioria* das outras classes que você empregará nos programas Java *precisa* ser importada *explicitamente.*

Há uma relação especial entre as classes que são compiladas no *mesmo* diretório, como as classes `Account` e `AccountTest`. Por padrão, essas classes são consideradas no *mesmo* pacote — conhecido como o **pacote padrão**. Classes no *mesmo* pacote são *importadas implicitamente* para os arquivos de código-fonte de outras classes nesse pacote. Assim, uma declaração `import` *não* é necessária quando uma classe adota outra no *mesmo* pacote — por exemplo, quando a classe `AccountTest` usa a classe `Account`.

A declaração `import` na linha 3 *não* é exigida se nos referimos à classe `Scanner` ao longo desse arquivo como `java.util.Scanner`, que inclui o *nome do pacote* e o *nome da classe completos.* Isso é conhecido como **nome de classe totalmente qualificado**. Por exemplo, a linha 10 da Figura 3.2 também pode ser escrita como

```
java.util.Scanner input = new java.util.Scanner(System.in);
```

Observação de engenharia de software 3.1

O compilador Java não requer declarações `import` em um arquivo de código-fonte Java se o nome de classe totalmente qualificado for especificado sempre que um nome de classe é usado. A maioria dos programadores Java prefere o estilo de programação mais conciso que as declarações `import` fornecem.

3.2.6 Engenharia de software com variáveis de instância `private` e métodos *set* e *get* `public`

Como veremos, usando os métodos *set e get,* você pode *validar* tentativas de modificações nos dados `private` e controlar como os dados são apresentados para o chamador — esses são benefícios convincentes da engenharia de software. Discutiremos isso com mais detalhes na Seção 3.5.

Se a variável de instância fosse `public`, qualquer cliente da classe — isto é, qualquer outra classe que chama os métodos de classe — poderia ver os dados e fazer o que quisesse com eles, inclusive configurá-los como um valor *inválido.*

Você talvez ache que, embora um cliente da classe não possa acessar diretamente uma variável de instância `private`, ele pode fazer o que quiser com a variável por meio dos métodos *set* e *get* `public`. Você talvez ache que é possível espiar os dados `private` a qualquer momento com o método *get* `public` e também modificá-los à vontade por meio do método *set* `public`. Mas os métodos *set* podem ser programados para *validar* seus argumentos e rejeitar qualquer tentativa de *definir* os dados como valores ruins, como temperatura corporal negativa, um dia em março fora do intervalo de 1 a 31, um código de produto que não está no catálogo da empresa etc. E um método *get* pode apresentar os dados de uma forma diferente. Por exemplo, uma classe `Grade` pode armazenar uma nota como um `int` entre 0 e 100, mas um método `getGrade` pode retornar uma classificação como uma `String`, por exemplo, `"A"` para as notas entre 90 e 100, `"B"` para as notas entre 80 e 89 etc. Controlar de perto o acesso e a apresentação dos dados `private` pode reduzir significativamente os erros, além de aumentar a robustez e a segurança dos seus programas.

A declaração de variáveis de instância com o modificador de acesso `private` é conhecida como *ocultamento de dados* ou *ocultamento de informações*. Quando um programa cria (instancia) um objeto de classe `Account`, a variável `name` é *encapsulada* (ocultada) no objeto e pode ser acessada apenas por métodos da classe do objeto.

Observação de engenharia de software 3.2

Anteceda cada variável de instância e declaração de método com um modificador de acesso. Geralmente, as variáveis de instância devem ser declaradas `private` e os métodos, `public`. Mais adiante no livro, discutiremos por que você pode querer declarar um método `private`.

Visualização conceitual de um objeto `Account` com dados encapsulados

Você pode pensar em um objeto `Account` como o mostrado na Figura 3.4. A variável de instância `private` chamada `name` permanece *oculta no* objeto (representado pelo círculo interno contendo `name`) e *protegida por uma camada externa* de métodos `public` (representados pelo círculo externo contendo `getName` e `setName`). Qualquer código do cliente que precisa interagir com o objeto `Account` *só* pode fazer isso chamando os métodos `public` da camada externa protetora.

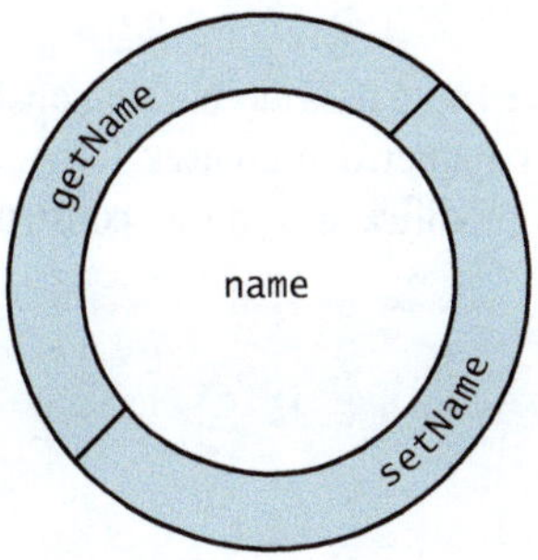

Figura 3.4 | Visualização conceitual de um objeto `Account` com sua variável de instância `private` chamada `name` encapsulada e com a camada protetora dos métodos `public`.

3.3 Tipos primitivos *versus* tipos por referência

Os tipos do Java são divididos em primitivos e **por referência**. No Capítulo 2, você trabalhou com variáveis do tipo `int` — um dos primitivos. Os outros tipos primitivos são `boolean`, `byte`, `char`, `short`, `long`, `float` e `double`, cada um dos quais discutiremos neste livro — eles estão resumidos no Apêndice D. Todos os tipos não primitivos são *por referência*, assim, as classes que especificam os objetos são por referência.

Uma variável de tipo primitivo pode armazenar exatamente *um* valor de seu tipo declarado por vez. Por exemplo, uma variável `int` pode armazenar um número inteiro de cada vez. Quando outro valor é atribuído a essa variável, ele substitui o anterior — que é *perdido*.

Lembre-se de que as variáveis locais *não* são inicializadas por padrão. Já as variáveis de instância de tipo primitivo *são* inicializadas por padrão — dos tipos `byte`, `char`, `short`, `int`, `long`, `float` e `double` como 0, e as do tipo `boolean` como `false`. Você pode especificar seu próprio valor inicial para uma variável do tipo primitivo atribuindo a ela um valor na sua declaração, como em

```
private int numberOfStudents = 10;
```

Os programas utilizam as variáveis de tipo por referência (normalmente chamadas **referências**) para armazenar as *localizações* de objetos na memória do computador. Dizemos que essa variável **referencia um objeto** no programa. *Objetos* que são referenciados podem conter *muitas* variáveis de instância. A linha 10 da Figura 3.2:

```
Scanner input = new Scanner(System.in);
```

cria um objeto da classe `Scanner`, então atribui à variável `input` uma *referência* a esse objeto `Scanner`. A linha 13 da Figura 3.2:

```
Account myAccount = new Account();
```

desenvolve um objeto da classe `Account`, então atribui à variável `myAccount` uma *referência* a esse objeto `Account`. *Variáveis de instância de tipo por referência, se não forem inicializadas explicitamente, o são por padrão para o valor* `null` — que representa uma "referência a nada". É por isso que a primeira chamada para `getName` na linha 16 da Figura 3.2 retorna `null` — o valor de `name` ainda *não* foi definido, assim o *valor padrão inicial* `null` é retornado.

Para chamar métodos em um objeto, você precisa de uma referência a ele. Na Figura 3.2, as instruções no método `main` usam a variável `myAccount` para chamar os métodos `getName` (linhas 16 e 26) e `setName` (linha 21) para interagir com o objeto `Account`. Variáveis de tipo primitivo *não* fazem referência a objetos, assim elas *não podem* ser usadas para chamar métodos.

3.4 Classe `Account`: inicialização de objetos com construtores

Como mencionado na Seção 3.2, quando um objeto de classe `Account` (Figura 3.1) é criado, sua variável de instância `String` chamada `name` é inicializada como `null` por *padrão*. Mas e se você quiser oferecer um nome ao *desenvolver* um objeto `Account`?

Cada classe que você declara tem como fornecer um *construtor* com parâmetros que podem ser utilizados para inicializar um objeto de uma classe quando o objeto for criado. O Java *requer* uma chamada de construtor para *cada* objeto que é desenvolvido, então esse é o ponto ideal para inicializar variáveis de instância de um objeto. O exemplo a seguir aprimora a classe `Account` (Figura 3.5) com um construtor que pode receber um nome e usá-lo para inicializar a variável de instância `name` quando um objeto `Account` é criado (Figura 3.6).

3.4.1 Declaração de um construtor `Account` para inicialização de objeto personalizado

Ao declarar uma classe, você pode fornecer seu próprio construtor a fim de especificar a *inicialização personalizada* para objetos de sua classe. Por exemplo, você pode querer especificar um nome para um objeto `Account` quando ele é criado, como na linha 10 da Figura 3.6:

```
Account account1 = new Account("Jane Green");
```

Nesse caso, o argumento `"Jane Green"` de `String` é passado para o construtor do objeto `Account` e é usado para inicializar a variável de instância `name`. A instrução anterior requer que a classe forneça um construtor que recebe apenas um parâmetro `String`. A Figura 3.5 contém uma classe `Account` modificada com esse construtor.

```
// Figura 3.5: Account.java
// a classe Account com um construtor que inicializa o nome.

public class Account
{
   private String name; // variável de instância

   // o construtor inicializa name com nome do parâmetro
   public Account(String name) // o nome do construtor é nome da classe
   {
```

continua

continuação

```
11        this.name = name;
12     }
13
14     // método para configurar o nome
15     public void setName(String name)
16     {
17        this.name = name;
18     }
19
20     // método para recuperar o nome do curso
21     public String getName()
22     {
23        return name;
24     }
25  } // fim da classe Account
```

Figura 3.5 | A classe `Account` com um construtor que inicializa o `name`.

Declaração do construtor de `Account`

As linhas 9 a 12 da Figura 3.5 declaram o construtor de `Account`. Um construtor *deve* ter o *mesmo nome* que a classe. Já uma *lista de parâmetros* de um construtor especifica que ele requer um ou mais dados para executar sua tarefa. A linha 9 indica que o construtor tem um parâmetro `String` chamado `name`. Ao criar um novo objeto `Account` (como veremos na Figura 3.6), você passará o nome de uma pessoa para o construtor, que receberá esse nome no parâmetro `name`. O construtor, então, atribuirá `name` à *instância variável* `name` na linha 11.

> **Dica de prevenção de erro 3.2**
>
> *Embora seja possível fazer isso, não chame métodos a partir de construtores. Vamos explicar esse aspecto no Capítulo 10, Programação orientada a objetos: polimorfismo e interfaces.*

Parâmetro `name` *do construtor da classe* `Account` *e método* `setName`

Lembre-se da Seção 3.2.1 que os parâmetros de método são variáveis locais. Na Figura 3.5, o construtor e o método `setName` têm um parâmetro chamado `name`. Embora esses parâmetros tenham o mesmo identificador (`name`), o parâmetro na linha 9 é uma variável local do construtor que *não* é visível para o método `setName`, e aquele na linha 15 é uma variável local de `setName` que *não* é visível para o construtor.

3.4.2 Classe `AccountTest`: inicialização de objetos `Account` quando eles são criados

O programa `AccountTest` (Figura 3.6) inicializa dois objetos `Account` usando o construtor. A linha 10 cria e inicializa o objeto `Account` denominado `account1`. A palavra-chave `new` solicita memória do sistema para armazenar o objeto `Account`, então chama implicitamente o construtor da classe correspondente para *inicializá-lo*. A chamada é indicada pelos parênteses após o nome da classe, que contêm o *argumento* `"Jane Green"` usado para inicializar o nome do novo objeto. A expressão de criação da instância de classe na linha 10 retorna uma *referência* ao novo objeto, que é atribuído à variável `account1`. A linha 11 repete esse processo, passando o argumento `"John Blue"` a fim de inicializar o nome para `account2`. As linhas 14 e 15 utilizam o método `getName` de cada objeto para obter os nomes e mostrar que eles, de fato, foram inicializados quando os objetos foram *criados*. A saída mostra nomes *diferentes*, confirmando que cada `Account` mantém sua *própria cópia* da variável de instância `name`.

```
1   // Figura 3.6: AccountTest.Java
2   // Usando o construtor de Account para inicializar a instância name
3   // variável no momento em que cada objeto Account é criado.
4
5   public class AccountTest
6   {
7      public static void main(String[] args)
8      {
9         // cria dois objetos Account
10        Account account1 = new Account("Jane Green");
11        Account account2 = new Account("John Blue");
12
13        // exibe o valor inicial de nome para cada Account
14        System.out.printf("account1 name is: %s%n", account1.getName());
```

continua

continuação

```
        System.out.printf("account2 name is: %s%n", account2.getName());
    }
} // fim da classe AccountTest
```

```
account1 name is: Jane Green
account2 name is: John Blue
```

Figura 3.6 | Usando o construtor de `Account` para inicializar a variável de instância `name` no momento em que cada objeto `Account` é criado.

Construtores não podem retornar valores

Uma diferença importante entre construtores e métodos é que os *construtores não podem retornar valores*, portanto, *não podem* especificar um tipo de retorno (nem mesmo `void`). Normalmente, os construtores são declarados `public` — mais adiante no livro explicaremos quando usar construtores `private`.

Construtor padrão

Lembre-se de que a linha 13 da Figura 3.2

```
Account myAccount = new Account();
```

usou `new` para criar um objeto `Account`. Os parênteses *vazios* depois de "`new Account`" indicam uma chamada para o **construtor padrão** da classe — em qualquer classe que *não* declare explicitamente um construtor, o compilador fornece um tipo padrão (que sempre não tem parâmetros). Quando uma classe tem somente o construtor padrão, as variáveis de instância da classe são inicializadas de acordo com seus *valores padrões*. Na Seção 8.5, você aprenderá que as classes podem ter múltiplos construtores.

Não há nenhum construtor padrão em uma classe que declara um construtor

Se você declarar um construtor para uma classe, o compilador *não* criará um *construtor padrão* para ela. Nesse caso, você não será capaz de estabelecer um objeto `Account` com a expressão de criação de instância da classe `new Account()`, como fizemos na Figura 3.2 — a menos que o construtor personalizado que você declare *não* receba nenhum parâmetro.

Observação de engenharia de software 3.3

A menos que a inicialização padrão de variáveis de instância de sua classe seja aceitável, forneça um construtor personalizado para assegurar que elas sejam adequadamente inicializadas com valores significativos quando cada novo objeto de sua classe for criado.

Adicionando o construtor ao diagrama de classe UML da classe `Account`

O diagrama de classe UML da Figura 3.7 modela a classe `Account` da Figura 3.5, que tem um construtor com um parâmetro `name` de `String`. Assim como as operações, a UML modela construtores no *terceiro* compartimento de um diagrama de classe. Para distinguir entre um construtor e as operações de uma classe, a UML requer que a palavra "constructor" seja colocada entre **aspas francesas (« e »)** antes do nome do construtor. É habitual listar construtores *antes* de outras operações no terceiro compartimento.

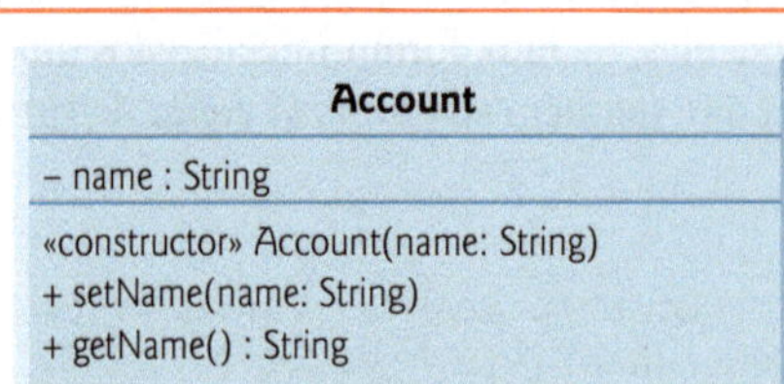

Figura 3.7 | Diagrama de classe UML para a classe `Account` da Figura 3.5.

3.5 A classe Account com um saldo; números de ponto flutuante

Agora declaramos uma classe `Account` que mantém o *saldo* de uma conta bancária além do nome. A maioria dos saldos das contas não é de números inteiros. Assim, a classe `Account` representa o saldo da conta como um **número de ponto flutuante** — com um *ponto decimal,* como 43,95, 0,0, –129,8873. [No Capítulo 8, começaremos representando valores monetários precisamente com a classe `BigDecimal`, como você deve fazer ao escrever aplicativos monetários de força industrial.]

O Java fornece dois tipos primitivos para armazenar números de ponto flutuante na memória — `float` e `double`. As variáveis do tipo `float` representam **números de ponto flutuante de precisão simples** e podem ter até *sete dígitos significativos*. Já as variáveis de tipo `double` representam **números de ponto flutuante de dupla precisão**. Esses exigem *o dobro* de memória que variáveis `float` e podem conter até *15 dígitos significativos* — quase o *dobro* da precisão das variáveis `float`.

A maioria dos programadores representa números de ponto flutuante com o tipo `double`. De fato, o Java trata todos os números de ponto flutuante que você digita no código-fonte de um programa (7,33 e 0,0975, por exemplo) como valores `double` por padrão. Esses valores no código-fonte são conhecidos como **literais de ponto flutuante**. Veja o Apêndice D, Tipos primitivos, para informações sobre os intervalos precisos de valores de `float`s e `double`s.

3.5.1 A classe `Account` com uma variável de instância `balance` do tipo `double`

Nosso próximo aplicativo contém uma versão da classe `Account` (Figura 3.8) que mantém como variáveis de instância o `name` *e* o `balance` de uma conta bancária. Um banco típico atende *muitas* contas, cada uma com um saldo *próprio*, portanto, a linha 8 declara uma variável de instância chamada `balance` do tipo `double`. Cada instância (isto é, objeto) da classe `Account` contém suas *próprias* cópias *tanto* de `name` *como de* `balance`.

```java
1  // Figura 3.8: Account.java
2  // Classe Account com uma variável de instância balance do tipo double e um construtor
3  // e método deposit que executa a validação.
4
5  public class Account
6  {
7     private String name; // variável de instância
8     private double balance; // variável de instância
9
10    // Construtor de Account que recebe dois parâmetros
11    public Account(String name, double balance)
12    {
13       this.name = name; // atribui name à variável de instância name
14
15       // valida que o balance é maior que 0.0; se não for,
16       // a variável de instância balance mantém seu valor inicial padrão de 0.0
17       if (balance > 0.0) // se o saldo for válido
18          this.balance = balance; // o atribui à variável de instância balance
19    }
20
21    // método que deposita (adiciona) apenas uma quantia válida no saldo
22    public void deposit(double depositAmount)
23    {
24       if (depositAmount > 0.0) // se depositAmount for válido
25          balance = balance + depositAmount; // o adiciona ao saldo
26    }
27
28    // método retorna o saldo da conta
29    public double getBalance()
30    {
31        return balance;
32    }
33
34    // método que define o nome
35    public void setName(String name)
36    {
37       this.name = name;
38    }
39
40    // método que retorna o nome
41    public String getName()
42    {
43       return name; // retorna o valor de name ao chamador
44    } // fim do método getName
45 } // fim da classe Account
```

Figura 3.8 | A classe `Account` com uma variável de instância `balance` do tipo `double`, um construtor e o método `deposit` que executa a validação.

Construtor com dois parâmetros da classe `Account`

A classe tem um *construtor* e quatro *métodos*. É comum que alguém que abre uma conta deposite o dinheiro imediatamente, assim o construtor (linhas 11 a 19) recebe um segundo parâmetro — `initialBalance` do tipo `double` que representa o *saldo inicial*. As linhas 17 e 18 asseguram que `initialBalance` seja maior do que `0.0`. Se for, o valor de `initialBalance` é atribuído à variável de instância `balance`. Caso contrário, `balance` permanece em `0.0` — seu *valor inicial padrão*.

Método `deposit` *da classe* `Account`

O método `deposit` (linhas 22 a 26) *não* retorna quaisquer dados quando ele completa sua tarefa, portanto, seu tipo de retorno é `void`. O método recebe um parâmetro nomeado `depositAmount` — um valor `double` que é *adicionado* a `balance` *apenas* se o parâmetro for *válido* (isto é, maior que zero). Primeiro, a linha 25 adiciona o `balance` atual e `depositAmount`, formando uma soma *temporária* que é *então* atribuída a `balance` *substituindo* seu valor anterior (lembre-se de que a adição tem precedência *maior* do que a atribuição). É importante entender que o cálculo à direita do operador de atribuição na linha 25 *não* modifica o saldo — por isso a atribuição é necessária.

Método `getBalance` *da classe* `Account`

O método `getBalance` (linhas 29 a 32) permite aos *clientes* da classe (isto é, outras classes cujos métodos chamam os dessa referida) obter o valor do `balance` de um objeto `Account` particular. O método especifica o tipo de retorno `double` e uma lista *vazia* de parâmetros.

Todos os métodos de `Account` *podem utilizar* `balance`

Mais uma vez, as instruções nas linhas 18, 25 e 31 empregam a variável `balance`, embora ela *não* tenha sido declarada em *nenhum* dos métodos. Podemos utilizar `balance` nesses métodos porque ele é uma *variável de instância* da classe.

3.5.2 A classe `AccountTest` para utilizar a classe `Account`

A classe `AccountTest` (Figura 3.9) cria dois objetos `Account` (linhas 9 e 10) e os inicializa com um saldo *válido* de `50.00` e um *inválido* de `-7.53`, respectivamente — para o propósito dos nossos exemplos, supomos que os saldos devem ser maiores ou iguais a zero. As chamadas para o método `System.out.printf` nas linhas 13 a 16 geram os nomes e os saldos das contas, que são obtidos chamando os métodos `getName` e `getBalance` de `Account`.

```
1  // Figura 3.9: AccountTest.Java
2  // Entrada e saída de números de ponto flutuante com objetos Account.
3  import java.util.Scanner;
4
5  public class AccountTest
6  {
7     public static void main(String[] args)
8     {
9        Account account1 = new Account("Jane Green", 50.00);
10       Account account2 = new Account("John Blue", -7.53);
11
12       // exibe saldo inicial de cada objeto
13       System.out.printf("%s balance: $%.2f %n",
14          account1.getName(),account1.getBalance());
15       System.out.printf("%s balance: $%.2f %n%n",
16          account2.getName(),account2.getBalance());
17
18       // cria um Scanner para obter entrada a partir da janela de comando
19       Scanner input = new Scanner(System.in);
20
21       System.out.print("Enter deposit amount for account1: "); // prompt
22       double depositAmount = input.nextDouble(); // obtém a entrada do usuário
23       System.out.printf("%nadding %.2f to account1 balance%n%n",
24          depositAmount);
25       account1.deposit(depositAmount); // adiciona o saldo de account1
26
27       // exibe os saldos
28       System.out.printf("%s balance: $%.2f %n",
29          account1.getName(),account1.getBalance());
30       System.out.printf("%s balance: $%.2f %n%n",
31          account2.getName(),account2.getBalance());
32
```

continua

continuação

```
33        System.out.print("Enter deposit amount for account2: "); // prompt
34        depositAmount = input.nextDouble(); // obtém a entrada do usuário
35        System.out.printf("%nadding %.2f to account2 balance%n%n",
36           depositAmount);
37        account2.deposit(depositAmount); // adiciona ao saldo de account2
38
39        // exibe os saldos
40        System.out.printf("%s balance: $%.2f %n",
41           account1.getName(),account1.getBalance());
42        System.out.printf("%s balance: $%.2f %n%n",
43           account2.getName(),account2.getBalance());
44     } // fim de main
45  } // fim da classe AccountTest
```

```
Jane Green balance: $50.00
John Blue balance: $0.00

Enter deposit amount for account1: 25.53

adding 25.53 to account1 balance

Jane Green balance: $75.53
John Blue balance: $0.00

Enter deposit amount for account2: 123.45

adding 123.45 to account2 balance

Jane Green balance: $75.53
John Blue balance: $123.45
```

Figura 3.9 | Entrada e saída de números de ponto flutuante com objetos `Account`.

Exibição dos saldos iniciais dos objetos Account

Quando o método `getBalance` é chamado por `account1` a partir da linha 14, o valor do `balance` da `account1` é retornado da linha 31 da Figura 3.8 e exibido pela instrução `System.out.printf` (Figura 3.9, linhas 13 e 14). De maneira semelhante, quando o método `getBalance` for chamado por `account2` da linha 16, o valor do `balance` da `account2` é retornado da linha 31 da Figura 3.8 e exibido pela instrução `System.out.printf` (Figura 3.9, linhas 15 e 16). O `balance` de `account2` é inicialmente `0.00` porque o construtor rejeitou a tentativa de iniciar `account2` com um saldo *negativo*, assim o saldo retém seu valor inicial padrão.

Formatando números de ponto flutuante para exibição

Cada um dos `balances` é gerado por `printf` com o especificador de formato `%.2f`. O **especificador de formato `%f`** é utilizado para gerar saída de valores de tipo `float` ou `double`. O `.2` entre `%` e `f` representa o número de *casas decimais* (2) que devem ser colocadas à *direita* do ponto decimal no número de ponto flutuante — também conhecido como a **precisão** do número. Qualquer valor de ponto flutuante com `%.2f` será *arredondado* para a *casa decimal dos centésimos* — por exemplo, 123,457 se tornaria 123,46 e 27,33379 seria arredondado para 27,33.

Lendo um valor de ponto flutuante pelo usuário e realizando um depósito

A linha 21 (Figura 3.9) solicita que o usuário insira um valor de depósito para `account1`. Já a linha 22 declara a variável `depositAmount` *local* para armazenar cada montante de depósito inserido pelo usuário. Ao contrário das variáveis de *instância* (como `name` e `balance` na classe `Account`), variáveis *locais* (como `depositAmount` em `main`) *não* são inicializadas por padrão, então elas normalmente devem ser inicializadas de forma explícita. Como veremos mais adiante, o valor inicial da variável `depositAmount` será determinado pela entrada do usuário.

Erro comum de programação 3.1

O compilador Java emitirá um erro de compilação se você tentar usar o valor de uma variável local não inicializada. Isso ajuda a evitar erros perigosos de lógica no tempo de execução. Sempre é melhor remover os erros dos seus programas no tempo de compilação em vez de no tempo de execução.

A linha 22 obtém a entrada do usuário chamando o método **`nextDouble`** do objeto `Scanner input`, que retorna um valor `double` inserido pelo usuário. As linhas 23 e 24 exibem o `depositAmount`. Já a linha 25 chama o método `deposit` do objeto `account1` com o `depositAmount` como *argumento* desse método. Quando o método é chamado, o valor do argumento é atribuído ao parâmetro `depositAmount` do método `deposit` (linha 22 da Figura 3.8); então o método `deposit` adiciona esse valor a `balance`. As linhas 28 a 31 (Figura 3.9) geram `name` e `balance` de ambas as `Account` *novamente* para mostrar que *só* `balance` da `account1` mudou.

A linha 33 pede ao usuário para inserir um valor de depósito para `account2`. Então, a linha 34 obtém a entrada do usuário chamando o método `nextDouble` do objeto `Scanner input`. As linhas 35 e 36 exibem o `depositAmount`. Ainda, a linha 37 chama o método `deposit` do objeto `account2` com o `depositAmount` como o *argumento* desse método; em seguida, o método `deposit` adiciona esse valor ao `balance`. Por fim, as linhas 40 a 43 geram `name` e `balance` de ambas as `Account` *novamente* para mostrar que *só* `account2` mudou.

Código duplicado no método `main`

As seis instruções nas linhas 13 e 14, 15 e 16, 28 e 29, 30 e 31, 40 e 41 e 42 e 43 são quase *idênticas* — cada uma delas gera um `name` e um `balance` da `Account`. Elas só diferem no nome do objeto `Account` — `account1` ou `account2`. Código duplicado como esse pode criar *problemas de manutenção de código* quando ele precisa ser atualizado — se todas as *seis* cópias do mesmo código tiverem o mesmo erro ou atualização a ser feita, você deve fazer essa mudança *seis* vezes, *sem cometer erros*. O Exercício 3.15 solicita que você modifique a Figura 3.9 para incluir um método `displayAccount` que recebe como parâmetro um objeto `Account` e gera `name` e `balance` dele. Você, então, substituirá as instruções duplicadas de `main` por seis chamadas para `displayAccount`, reduzindo, assim, o tamanho do seu programa e melhorando sua manutenciabilidade usando *uma* cópia do código que exibe um `name` e um `balance` de `Account`.

Observação de engenharia de software 3.4

Substituir o código duplicado por chamadas para um método que contém uma cópia dele pode reduzir o tamanho do seu programa e melhorar sua manutenciabilidade.

Diagrama de classe UML para a classe `Account`

O diagrama de classe UML na Figura 3.10 modela de maneira concisa a classe `Account` da Figura 3.8. Isso acontece no *segundo* compartimento com os atributos `private name` tipo `String` e `balance` do tipo `double`.

O *construtor* da classe `Account` é modelado no *terceiro* compartimento com os parâmetros `name` do tipo `String` e `initialBalance` do tipo `double`. Quatro métodos `public` da classe também são modelados no *terceiro* compartimento — a operação `deposit` com um parâmetro `depositAmount` do tipo `double`, a operação `getBalance` com um tipo de retorno `double`, a operação `setName` com um parâmetro `name` do tipo `String` e a operação `getName` com um tipo de retorno `String`.

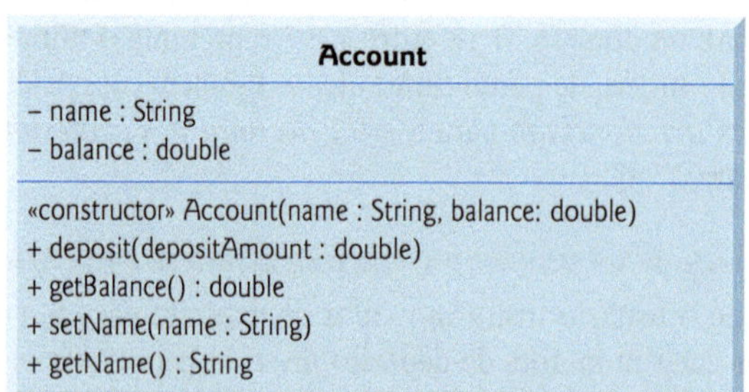

Figura 3.10 | Diagrama de classe UML para a classe `Account` da Figura 3.8.

3.6 (Opcional) Estudo de caso de GUIs e imagens gráficas: utilizando caixas de diálogo

Este estudo de caso opcional é projetado para aqueles que querem começar a aprender as poderosas capacidades do Java para criar interfaces gráficas do usuário (*graphical user interfaces* — GUIs) e as imagens gráficas iniciais do livro antes das principais discussões mais profundas sobre esses tópicos mais adiante. Ele apresenta a tecnologia Swing madura do Java que, no momento em que esta obra era escrita, ainda era um pouco mais popular do que a nova tecnologia JavaFX mostrada nos capítulos posteriores.

O estudo de caso sobre GUI e imagens gráficas aparece em dez seções curtas (veja a Figura 3.11). Cada uma delas introduz vários novos conceitos e fornece exemplos de capturas de tela que mostram interações e resultados. Nas poucas primeiras seções, você criará seus primeiros aplicativos gráficos. Nas subsequentes, você utilizará conceitos da programação orientada a objetos para criar um aplicativo que desenha várias formas. Ao introduzirmos as GUIs formalmente no Capítulo 12, empregaremos o mouse para escolher exatamente que formas desenhar e onde as desenhar. No Capítulo 13, adicionaremos capacidades gráficas da API Java 2D para desenhar as formas com diferentes espessuras de linha e preenchimentos. Esperamos que este estudo de caso seja informativo e divertido para você.

Localização	Título — Exercício(s)
Seção 3.6	Utilizando caixas de diálogo — entrada e saída básicas com caixas de diálogo
Seção 4.15	Criando desenhos simples — exibindo e desenhando linhas na tela
Seção 5.11	Desenhando retângulos e ovais — utilizando formas para representar dados
Seção 6.13	Cores e formas preenchidas — desenhando um alvo e gráficos aleatórios
Seção 7.17	Desenhando arcos — desenhando espirais com arcos
Seção 8.16	Utilizando objetos com imagens gráficas — armazenando formas como objetos
Seção 9.7	Exibindo texto e imagens utilizando rótulos — fornecendo informações de status
Seção 10.11	Desenhando com polimorfismo — identificando as semelhanças entre as formas
Exercício 12.17	Expandindo a interface — utilizando componentes GUI e tratamento de evento
Exercício 13.31	Adicionando Java 2D — utilizando a API Java 2D para aprimorar desenhos

Figura 3.11 | Resumo da GUI e estudo de caso de imagens gráficas em cada capítulo.

Exibindo texto em uma caixa de diálogo

Os programas apresentados até agora exibem a saída na *janela de comando*. Muitos aplicativos utilizam janelas ou **caixas de diálogo** (também chamadas **diálogos**) para exibir a saída. Navegadores web como o Chrome, Firefox, Internet Explorer, Safari e Opera apresentam páginas da web em janelas próprias. Os programas de correio eletrônico permitem digitar e ler mensagens em uma janela. Tipicamente, as caixas de diálogo são janelas nas quais os programas mostram mensagens importantes aos usuários. A classe `JOptionPane` fornece caixas de diálogo pré-construídas que permitem aos programas exibir janelas que contêm mensagens — essas janelas são chamadas de **diálogos de mensagem**. A Figura 3.12 exibe a `String` `"Welcome to Java"` em um diálogo de mensagem.

```
// Figura 3.12: Dialog1.java
// Usando JOptionPane para exibir múltiplas linhas em uma caixa de diálogo.
import javax.swing.JOptionPane;

public class Dialog1
{
   public static void main(String[] args)
   {
      // exibe um diálogo com uma mensagem
      JOptionPane.showMessageDialog(null, "Welcome to Java");
   }
} // fim da classe Dialog1
```

Figura 3.12 | Utilizando `JOptionPane` para exibir múltiplas linhas em uma caixa de diálogo.

Classe `JOptionPane`, método `static` `showMessageDialog`

A linha 3 indica que o programa utiliza a classe `JOptionPane` do pacote `javax.swing`. Esse pacote contém muitas classes que ajudam a criar **GUIs** para aplicativos. **Componentes GUI** facilitam a entrada de dados executada pelo usuário de um programa e a apresentação das saídas a esse usuário. A linha 10 chama o método `JOptionPane` **`showMessageDialog`** para exibir uma caixa de diálogo que contém uma mensagem. O método requer dois argumentos. O primeiro ajuda o aplicativo Java a determinar onde posicionar a caixa de diálogo. Um diálogo é tipicamente exibido a partir de um aplicativo GUI em uma janela própria. O primeiro argumento refere-se a essa janela (conhecida como a *janela pai*) e faz o diálogo aparecer centralizado na janela do aplicativo. Se o primeiro argumento for `null`, a caixa de diálogo será exibida no centro da tela. O segundo argumento é a `String` a ser exibida na caixa de diálogo.

Introduzindo métodos `static`

O método `JOptionPane` `showMessageDialog` é o chamado **método `static`**. Tais métodos muitas vezes definem tarefas frequentemente adotadas. Por exemplo, muitos programas exibem caixas de diálogo, e o código para isso sempre é o mesmo. Em vez de exigir que você "reinvente a roda" e crie o código para exibir uma caixa de diálogo, os projetistas da classe `JOptionPane` declararam um método `static` que realiza essa tarefa para você. Um método `static` é chamado utilizando seu nome de classe seguido por um ponto (`.`) e o nome de método, como em

NomeDaClasse`.`*nomeDoMétodo*`(`*argumentos*`)`

Note que você *não* cria um objeto da classe `JOptionPane` para utilizar seu método `static` `showMessageDialog`. Discutiremos métodos `static` mais detalhadamente no Capítulo 6.

Inserindo texto em uma caixa de diálogo

A Figura 3.13 utiliza outra caixa de diálogo `JOptionPane` predefinida chamada **caixa de diálogo de entrada** que permite ao usuário *inserir dados* em um programa. O programa solicita o nome do usuário e responde com um diálogo de mensagem que contém uma saudação e o nome que o usuário inseriu.

```java
// Figura 3.13: NameDialog.Java
// Obtendo a entrada de usuário a partir de um diálogo.
import javax.swing.JOptionPane;

public class NameDialog
{
   public static void main(String[] args)
   {
      // pede para o usuário inserir seu nome
      String name = JOptionPane.showInputDialog("What is your name?");

      // cria a mensagem
      String message =
         String.format("Welcome, %s, to Java Programming!", name);

      // exibe a mensagem para cumprimentar o usuário pelo nome
      JOptionPane.showMessageDialog(null, message);
   } // fim de main
} // termina NameDialog
```

Figura 3.13 | Obtendo a entrada de usuário a partir de um diálogo.

Método `static` showInputDialog da classe `JOptionPane`

A linha 10 usa o método **`showInputDialog`** de `JOptionPane` para exibir uma caixa de diálogo de entrada que contém um prompt e um *campo* (conhecido como **campo de texto**) no qual o usuário pode inserir o texto. O argumento do método `showInputDialog` é o prompt que indica o nome que o usuário deve inserir. Ele digita caracteres no campo de texto, depois clica no botão OK ou pressiona a tecla *Enter* para retornar a `String` para o programa. O método `showInputDialog` retorna uma `String` contendo os caracteres digitados pelo usuário. Armazenamos a `String` na variável `name`. Se você pressionar o botão do diálogo Cancel ou a tecla *Esc*, o método retornará `null` e o programa exibirá a palavra "null" como nome.

Método `static format` da classe `String`

As linhas 13 e 14 utilizam o método `static String` **`format`** para retornar uma `String` que contém uma saudação com o nome do usuário. O método `format` funciona como `System.out.printf`, exceto que `format` retorna a `String` formatada em vez de exibi-la em uma janela de comando. A linha 17 mostra a saudação em uma caixa de diálogo de mensagem, assim como fizemos na Figura 3.12.

Exercício do estudo de caso GUI e imagens gráficas

3.1 Modifique o programa de adição na Figura 2.7 para utilizar entrada e saída baseadas em caixas de diálogo com os métodos da classe `JOptionPane`. Uma vez que o método `showInputDialog` retorna uma `String`, você deve converter a `String` que o usuário insere em um `int` para utilização em cálculos. O método `static parseInt` da classe `Integer` (pacote `java.lang`) recebe um argumento `String` que representa um inteiro e retorna o valor como um `int`. Se a `String` não contiver um inteiro válido, o programa terminará com um erro.

3.7 Conclusão

Neste capítulo, você aprendeu a criar suas próprias classes e métodos, criar objetos dessas classes e chamar métodos desses objetos para executar ações úteis. Você declarou variáveis de instância de uma classe a fim de manter os dados para cada objeto da classe e também seus próprios métodos para operar nesses dados. Aprendeu a chamar um método para instruí-lo a fazer sua tarefa e de que maneira passar informações para um método como argumentos cujos valores são atribuídos aos parâmetros dele. Descobriu a diferença entre variável local de um método e variável de instância de uma classe, e que apenas variáveis de instância são inicializadas automaticamente. Ainda, verificou como utilizar um construtor da classe para especificar os valores iniciais às variáveis de instância de um objeto. Você viu como criar diagramas de classe UML que modelam os métodos, atributos e construtores das classes. Por fim, você aprendeu a lidar com os números de ponto flutuante (números com separador decimal) — como armazená-los com variáveis de tipo primitivo `double`, como inseri-los com um objeto `Scanner` e como formatá-los com `printf` e o especificador `%f` para propósitos de exibição. [No Capítulo 8, começaremos representando valores monetários precisamente com a classe `BigDecimal`.] Também deve ter começado o estudo de caso opcional de GUI e imagens gráficas, aprendendo a escrever seus primeiros aplicativos GUI. No próximo capítulo iniciaremos nossa introdução às instruções de controle, que especificam a ordem em que as ações de um programa são realizadas. Você as utilizará em seus métodos para especificar como eles devem realizar suas tarefas.

Resumo

Seção 3.2 Variáveis de instância, métodos set *e métodos* get

- Cada classe que você cria torna-se um novo tipo que pode ser utilizado para declarar variáveis e elaborar objetos.
- Você pode declarar novos tipos de classe conforme necessário; essa é uma razão pela qual o Java é conhecido como uma linguagem extensível.

Seção 3.2.1 Classe `Account` com uma variável de instância, um método set *e um método* get

- Toda declaração de classe que inicia com o modificador de acesso `public` deve ser armazenada em um arquivo que tem o mesmo nome que a classe e termina com a extensão de arquivo `.java`.
- Cada declaração de classe contém a palavra-chave `class` seguida imediatamente do nome da classe.
- Os nomes de classe, método e variável são identificadores. Por convenção, todos usam nomes na notação camelo. Os nomes de classe começam com letra maiúscula, e os de método e variável, com uma letra minúscula.
- Um objeto tem atributos que são implementados como variáveis de instância que eles mantêm ao longo de sua vida.
- Existem variáveis de instância antes que os métodos sejam chamados em um objeto, enquanto os métodos são executados e depois que essa ação foi concluída.
- Uma classe normalmente contém um ou mais dos métodos que manipulam as variáveis de instância que pertencem a objetos específicos da classe.
- Variáveis de instância são declaradas dentro de uma declaração de classe, mas fora do corpo das instruções de método da classe.

- Cada objeto (instância) da classe tem sua própria cópia de cada uma das variáveis de instância da classe.
- A maioria das declarações de variável de instância é precedida pela palavra-chave `private`, que é um modificador de acesso. As variáveis ou métodos declarados com o modificador de acesso `private` só são acessíveis a métodos da classe em que são declarados.
- Os parâmetros são declarados em uma lista de itens separados por vírgula, que está localizada entre os parênteses que vêm depois do nome do método na declaração dele. Múltiplos parâmetros são separados por vírgulas. Cada parâmetro deve especificar um tipo seguido por um nome de variável.
- As variáveis declaradas no corpo de um método particular são conhecidas como locais e só podem ser utilizadas nesse método. Quando ele terminar, os valores de suas variáveis locais são perdidos. Os parâmetros de um método são variáveis locais dele.
- O corpo de todos os métodos é delimitado pelas chaves esquerda e direita (`{` e `}`).
- O corpo de cada método contém uma ou mais instruções que executam a(s) tarefa(s) desse método.
- O tipo de retorno do método especifica o tipo de dado retornado para o chamador de um método. A palavra-chave `void` indica que um método realizará uma tarefa, mas não retornará nenhuma informação.
- Os parênteses vazios que seguem um nome de método indicam que ele não requer nenhum parâmetro para realizar sua tarefa.
- Quando um método que especifica um tipo de retorno diferente de `void` for chamado e completar sua tarefa, ele retornará um resultado para seu método de chamada.
- A instrução `return` passa um valor a partir de um método chamado de volta para seu chamador.
- As classes costumam fornecer métodos `public` para permitir aos clientes da classe *set* (configurar) ou *get* (obter) variáveis de instância `private`. Os nomes desses métodos não precisam começar com *set* ou *get*, mas essa convenção de nomenclatura é recomendada.

Seção 3.2.2 Classe `AccountTest` que cria e usa um objeto da classe `Account`

- Uma classe que cria um objeto de outra classe, e então chama os métodos do objeto, é uma *driver*.
- O método `Scanner nextLine` lê os caracteres até um caractere de nova linha ser encontrado, depois retorna os caracteres como um método `String`.
- O método `Scanner next` lê os caracteres até qualquer um de espaço em branco ser encontrado, então retorna os caracteres como uma `String`.
- A expressão de criação de instância de classe começa com a palavra-chave `new` e estabelece um novo objeto.
- Um construtor é semelhante a um método, mas é chamado implicitamente pelo operador `new` para inicializar as variáveis de instância de um objeto no momento em que ele é criado.
- Para chamar um método de um objeto, o nome da variável deve ser seguido de um ponto separador, do nome de método e de um conjunto de parênteses que contém os argumentos do método.
- Variáveis locais não são inicializadas automaticamente. Cada variável de instância tem um valor inicial padrão — fornecido pelo Java quando você não especifica o valor inicial dela.
- O valor padrão para uma variável de instância do tipo `String` é `null`.
- Uma chamada de método fornece valores — conhecidos como argumentos — para cada um dos parâmetros dele. O valor de cada argumento é atribuído ao parâmetro correspondente no cabeçalho do método.
- O número de argumentos na chamada de método deve corresponder ao de itens na lista de parâmetros da declaração do método.
- Os tipos de argumento na chamada de método devem ser consistentes com os dos parâmetros correspondentes na declaração do método.

Seção 3.2.3 Compilação e execução de um aplicativo com múltiplas classes

- O comando `javac` pode compilar múltiplas classes ao mesmo tempo. Basta listar os nomes dos arquivos do código-fonte após o comando com cada um deles separado do próximo por um espaço. Se o diretório contendo o aplicativo incluir apenas os arquivos de um único aplicativo, você pode compilar todas as classes com o comando `javac *.java`. O asterisco (*) em `*.java` indica que todos os arquivos no diretório atual que têm a extensão de nome de arquivo "`.java`" devem ser compilados.

Seção 3.2.4 Diagrama de classe UML de `Account` com uma variável de instância e os métodos set *e* get

- Na UML, cada classe é modelada em um diagrama de classe como um retângulo com três compartimentos. Aquele na parte superior contém o nome da classe centralizado horizontalmente em negrito. O compartimento do meio exibe os atributos da classe, que correspondem às variáveis de instância em Java. O inferior inclui as operações da classe, que correspondem a métodos e construtores em Java.
- A UML representa variáveis de instância como um nome de atributo, seguido por dois-pontos e o tipo.
- Os atributos privados são precedidos por um sinal de subtração (-) na UML.
- A UML modela operações listando o nome delas seguido por um conjunto de parênteses. Um sinal de adição (+) na frente do nome da operação indica que é uma do tipo public na UML (isto é, um método `public` em Java).
- A UML modela um parâmetro de uma operação listando o nome dele, seguido por um caractere de dois-pontos e o tipo dele entre parênteses depois do nome de operação.
- A UML indica o tipo de retorno de uma operação colocando dois-pontos e ele depois dos parênteses que se seguem ao nome da operação.

- Os diagramas de classe UML não especificam tipos de retorno para operações que não retornam valores.
- Declarar variáveis de instância `private` é conhecido como ocultar dados ou informações.

Seção 3.2.5 Notas adicionais sobre a classe `AccountTest`

- Você deve chamar a maioria dos métodos, exceto `main`, explicitamente para instruí-los a fazer suas tarefas.
- Uma parte fundamental da ativação da JVM para localizar e chamar o método `main` a fim de começar a execução do aplicativo é a palavra--chave `static`, que indica que `main` é um método `static` que pode ser chamado sem antes criar um objeto da classe em que esse método é declarado.
- A maioria das outras classes que você utilizará nos programas Java precisa ser importada explicitamente. Há um relacionamento especial entre as classes que são compiladas no mesmo diretório. Por padrão, essas classes são consideradas como estando no mesmo pacote — conhecido como pacote padrão. As classes do mesmo pacote são importadas implicitamente para os arquivos de código-fonte de outras classes desse mesmo pacote. Uma declaração `import` não é necessária quando uma classe em um pacote utiliza outra no mesmo pacote.
- Uma declaração `import` não é necessária se você sempre se referir a uma classe com um nome totalmente qualificado, que inclui o nome do pacote e o nome da classe.

Seção 3.2.6 Engenharia de software com variáveis de instância `private` *e métodos* set *e* get `public`

- Declarar variáveis de instância `private` é conhecido como ocultar dados ou informações.

Seção 3.3 Tipos primitivos versus *tipos por referência*

- Tipos no Java são divididos em duas categorias — primitivos e por referência. Os tipos primitivos são `boolean`, `byte`, `char`, `short`, `int`, `long`, `float` e `double`. Todos os outros são por referência; portanto, classes, que especificam os tipos de objeto, são tipos por referência.
- Uma variável de tipo primitivo pode armazenar exatamente um valor de seu tipo declarado por vez.
- As variáveis de instância de tipo primitivo são inicializadas por padrão. Variáveis dos tipos `byte`, `char`, `short`, `int`, `long`, `float` e `double` são inicializadas como `0`. As variáveis de tipo `boolean` são inicializadas como `false`.
- Variáveis de tipo por referência (chamadas referências) armazenam o local de um objeto na memória do computador. Essas variáveis referenciam objetos no programa. O objeto que é referenciado pode conter muitas variáveis de instância e métodos.
- As variáveis de instância de tipo por referência são inicializadas por padrão como valor `null`.
- Uma referência a um objeto é necessária para chamar os métodos de um objeto. Uma variável de tipo primitivo não referencia um objeto e, portanto, não pode ser utilizada para invocar um método.

Seção 3.4 Classe `Account`*: inicialização de objetos com construtores*

- Cada classe que você declara pode fornecer um construtor com parâmetros a ser utilizados para inicializar um objeto de uma classe quando ele for criado.
- O Java requer uma chamada de construtor para cada objeto que é criado.
- Construtores podem especificar parâmetros, mas não tipos de retorno.
- Se uma classe não definir construtores, o compilador fornecerá um construtor padrão sem parâmetros, e as variáveis de instância da classe serão inicializadas com seus valores padrão.
- Se você declarar um construtor para uma classe, o compilador *não* criará um *construtor padrão* para ela.
- A UML modela os construtores no terceiro compartimento de um diagrama de classe. Para distinguir entre um construtor e operações de uma classe, a UML coloca a palavra "constructor" entre aspas francesas (« e ») antes do nome do construtor.

Seção 3.5 A classe `Account` *com um saldo; números de ponto flutuante*

- Um número de ponto flutuante tem um ponto decimal. O Java fornece dois tipos primitivos para armazenar números de ponto flutuante na memória — `float` e `double`.
- As variáveis de tipo `float` representam números de ponto flutuante de precisão simples e têm sete dígitos significativos. Já as variáveis de tipo `double` indicam números de ponto flutuante de dupla precisão. Elas requerem duas vezes a quantidade de memória das variáveis `float` e fornecem 15 dígitos significativos — aproximadamente o dobro da precisão de variáveis `float`.
- Literais de ponto flutuante são do tipo `double` por padrão.
- O método `nextDouble` de `Scanner` retorna um valor `double`.
- O especificador de formato `%f` é utilizado para gerar saída de valores de tipo `float` ou `double`. Já o especificador de formato `%.2f` especifica que dois dígitos da precisão devem ser gerados à direita do ponto decimal no número de ponto flutuante.
- O valor padrão para uma variável de instância do tipo `double` é `0.0`, e o valor padrão para uma variável de instância do tipo `int` é `0`.

Exercícios de revisão

3.1 Preencha as lacunas em cada uma das seguintes sentenças:

a) Toda declaração de classe que inicia com a palavra-chave ________ deve ser armazenada em um arquivo que tem exatamente o mesmo nome que a classe e terminar com a extensão de nome do arquivo `.java`.

b) A palavra-chave ________ em uma declaração de classe é imediatamente seguida pelo nome da classe.

c) A palavra-chave ________ solicita memória do sistema para armazenar um objeto, e então chama o construtor da classe correspondente para inicializar esse objeto.

d) Todo parâmetro deve especificar um(a) ________ e um(a) ________.

e) Por padrão, as classes que são compiladas no mesmo diretório são consideradas como estando no mesmo pacote, conhecido como ________.

f) O Java fornece dois tipos primitivos para armazenar números de ponto flutuante na memória: ________ e ________.

g) As variáveis de tipo `double` representam números de ponto flutuante de ________.

h) O método `scanner` ________ retorna um valor `double`.

i) A palavra-chave `public` é um ________ de acesso.

j) O tipo de retorno ________ indica que um método não retornará um valor.

k) O método `Scanner` ________ lê os caracteres até encontrar um caractere de nova linha, então retorna esses caracteres como uma `String`.

l) A classe `String` está no pacote ________.

m) Um(a) ________ não é requerido(a) se você sempre referenciar uma classe por meio do seu nome completamente qualificado.

n) Um(a) ________ é um número com um ponto de fração decimal, como 7,33, 0,0975 ou 1000,12345.

o) As variáveis de tipo `float` representam ________ números de ponto flutuante de dupla precisão.

p) O especificador de formato ________ é utilizado para gerar saída de valores de tipo `float` ou `double`.

q) Os tipos no Java são divididos em duas categorias — tipo ________ e tipo ________.

3.2 Determine se cada uma das seguintes sentenças é *verdadeira* ou *falsa*. Se *falsa*, explique por quê.

a) Por convenção, os nomes de método são iniciados com letra maiúscula, e todas as palavras subsequentes a ele também começam com letra maiúscula.

b) Uma declaração `import` não é necessária quando uma classe em um pacote utiliza outra no mesmo pacote.

c) Parênteses vazios que se seguem a um nome de método em uma declaração indicam que ele não requer nenhum parâmetro para realizar sua tarefa.

d) Uma variável de tipo primitivo pode ser utilizada para invocar um método.

e) As variáveis declaradas no corpo de um método particular são conhecidas como variáveis de instância e podem ser utilizadas em todos os métodos da classe.

f) O corpo de todos os métodos é delimitado pelas chaves esquerda e direita (`{` e `}`).

g) As variáveis locais de tipo primitivo são inicializadas por padrão.

h) As variáveis de instância de tipo por referência são inicializadas por padrão com o valor `null`.

i) Qualquer classe que contém `public static void main(String[] args)` pode ser usada para executar um aplicativo.

j) O número de argumentos na chamada de método deve corresponder ao de itens na lista de parâmetros da declaração desse método.

k) Os valores de ponto flutuante que aparecem no código-fonte são conhecidos como literais de ponto flutuante e são tipos `float` por padrão.

3.3 Qual é a diferença entre uma variável local e uma variável de instância?

3.4 Explique o propósito de um parâmetro de método. Qual a diferença entre um parâmetro e um argumento?

Respostas dos exercícios de revisão

3.1 a) `public`. b) `class`. c) `new`. d) tipo, nome. e) pacote padrão. f) `float`, `double`. g) precisão dupla. h) `nextDouble`. i) modificador. j) `void`. k) `nextLine`. l) `java.lang`. m) declaração `import`. n) número de ponto flutuante. o) simples. p) `%f`. q) primitivo, referência.

3.2 a) Falsa. Por convenção, os nomes de método são iniciados com letra minúscula e todas as palavras subsequentes começam com letra maiúscula. b) Verdadeira. c) Verdadeira. d) Falsa. Uma variável de tipo primitivo não pode ser utilizada para invocar um método — uma referência a um objeto é necessária para que os métodos do objeto possam ser invocados. e) Falsa. Essas variáveis são chamadas variáveis locais e só podem ser utilizadas no método em que são declaradas. f) Verdadeira. g) Falsa. As variáveis de instância de tipo primitivo são inicializadas por padrão. Deve-se atribuir um valor explicitamente a cada variável local. h) Verdadeira. i) Verdadeira. j) Verdadeira. k) Falsa. Esses literais são de tipo `double` por padrão.

3.3 Uma variável local é declarada no corpo de um método e só pode ser utilizada do ponto em que isso acontece até o fim da declaração do método. Uma variável de instância é declarada em uma classe, mas não no corpo de qualquer um dos métodos dessa classe. Além disso, as variáveis de instância são acessíveis a todos os métodos da classe. (Veremos uma exceção disso no Capítulo 8.)

3.4 Um parâmetro representa informações adicionais que um método requer para realizar sua tarefa. Cada parâmetro requerido por um método é especificado na declaração do método. Um argumento é o valor real de um parâmetro de método. Quando um método é chamado, os valores de argumento são passados para os parâmetros correspondentes desse método para que ele possa realizar sua tarefa.

Questões

3.5 ***(Palavra-chave* `new`*)*** Qual é o objetivo da palavra-chave `new`? Explique o que acontece quando você a utiliza.

3.6 ***(Construtores padrão)*** O que é um construtor padrão? Como as variáveis de instância de um objeto são inicializadas se uma classe tiver somente um construtor padrão?

3.7 ***(Variáveis de instância)*** Explique o propósito de uma variável de instância.

3.8 ***(Usando classes sem importá-las)*** A maioria das classes precisa ser importada antes de ser usada em um aplicativo. Por que cada aplicativo pode utilizar as classes `System` e `String` sem importá-las antes?

3.9 ***(Usando uma classe sem importá-la)*** Explique como um programa pode usar a classe `Scanner` sem importá-la.

3.10 ***(Métodos* set *e* get*)*** Explique por que uma classe pode fornecer um método *set* e um método *get* para uma variável de instância.

3.11 ***(Classe* `Account` *modificada)*** Modifique a classe `Account` (Figura 3.8) para fornecer um método chamado `withdraw` que retira dinheiro de uma `Account`. Assegure que o valor de débito não exceda o saldo de `Account`. Se exceder, o saldo deve ser deixado inalterado e o método deve imprimir uma mensagem que indica `"Withdrawal amount exceeded account balance" [Valor de débito excedeu o saldo da conta]`. Modifique a classe `AccountTest` (Figura 3.9) para testar o método `withdraw`.

3.12 ***(Classe* `Invoice`*)*** Crie uma classe chamada `Invoice` para que uma loja de suprimentos de informática a utilize para representar uma fatura de um item vendido nela. Uma `Invoice` (fatura) deve incluir quatro partes das informações como variáveis de instância — o número (tipo `String`), a descrição (tipo `String`), a quantidade comprada de um item (tipo `int`) e o preço por item (`double`). Sua classe deve ter um construtor que inicializa as quatro variáveis de instância. Forneça um método *set* e um *get* para cada variável de instância. Além disso, forneça um método chamado `getInvoiceAmount` que calcula o valor de fatura (isto é, multiplica a quantidade pelo preço por item) e depois retorna esse valor como `double`. Se a quantidade não for positiva, ela deve ser configurada como `0`. Se o preço por item não for positivo, ele deve ser configurado como `0.0`. Escreva um aplicativo de teste chamado `InvoiceTest` que demonstra as capacidades da classe `Invoice`.

3.13 ***(Classe* `Employee`*)*** Crie uma classe chamada `Employee` que inclua três variáveis de instância — um primeiro nome (tipo `String`), um sobrenome (tipo `String`) e um salário mensal (`double`). Forneça um construtor que inicializa as três variáveis de instância. Forneça um método *set* e um *get* para cada variável de instância. Se o salário mensal não for positivo, não configure seu valor. Escreva um aplicativo de teste chamado `EmployeeTest` que demonstre as capacidades da classe `Employee`. Crie dois objetos `Employee` e exiba o salário *anual* de cada objeto. Então dê a cada `Employee` um aumento de 10% e exiba novamente o salário anual de cada `Employee`.

3.14 ***(Classe* `Date`*)*** Crie uma classe chamada `Date` que inclua três variáveis de instância — mês (tipo `int`), dia (tipo `int`) e ano (tipo `int`). Forneça um construtor que inicializa as três variáveis de instância supondo que os valores fornecidos estejam corretos. Ofereça um método *set* e um *get* para cada variável de instância. Apresente um método `displayDate` que exiba mês, dia e ano separados por barras normais (/). Escreva um aplicativo de teste chamado `DateTest` que demonstre as capacidades da classe `Date`.

3.15 ***(Removendo código duplicado no método* `main`*)*** Na classe `AccountTest` da Figura 3.9, o método `main` contém seis instruções (linhas 13 e 14, 15 e 16, 28 e 29, 30 e 31, 40 e 41 e 42 e 43) e cada uma exibe `name` e `balance` do objeto `Account`. Estude essas instruções e você perceberá que elas só diferem no objeto `Account` sendo manipulado — `account1` ou `account2`. Neste exercício, você definirá um novo método `displayAccount` que contém *uma* cópia dessa instrução de saída. O parâmetro do método será um objeto `Account` e o método irá gerar `name` e `balance` dele. Então você substituirá as seis instruções duplicadas em `main` por chamadas para `displayAccount` passando como argumento o objeto específico `Account` para saída.

Modifique a classe `AccountTest` da Figura 3.9 para declarar o seguinte método `displayAccount` *após* a chave direita de fechamento de `main` e *antes* da chave direita de fechamento da classe `AccountTest`:

```
public static void displayAccount(Account accountToDisplay)
{
   // coloque aqui a instrução que exibe
   // o name e o balance de accountToDisplay
}
```

Substitua o comentário no corpo do método por uma instrução que exiba `name` e `balance` de `accountToDisplay`.

Lembre-se de que `main` é um método `static`, assim pode ser chamado sem antes criar um objeto da classe em que é declarado. Também declaramos o método `displayAccount` como um método `static`. Quando `main` tem de chamar outro método na mesma classe sem antes criar um objeto dela, o outro método *também* deve ser declarado `static`.

Depois de concluir a declaração de `displayAccount`, modifique `main` para substituir as instruções que exibem `name` e `balance` de cada `Account` pelas chamadas para `displayAccount` — cada uma recebendo como seu argumento o objeto `account1` ou `account2`, como apropriado. Então, teste a classe `AccountTest` atualizada para garantir que ela produz a mesma saída como mostrado na Figura 3.9.

Fazendo a diferença

3.16 ***(Calculadora de frequência cardíaca alvo)*** Ao fazer exercícios físicos, você pode utilizar um monitor de frequência cardíaca para ver se sua frequência permanece dentro de um intervalo seguro sugerido pelos seus treinadores e médicos. Segundo a American Heart Association (AHA) (`www.americanheart.org/presenter.jhtml?identifier=4736`), a fórmula para calcular a *frequência cardíaca máxima* por minuto é 220 menos a idade em anos. Sua *frequência cardíaca alvo* é um intervalo entre 50-85% da sua frequência cardíaca máxima. [***Observação:*** essas fórmulas são estimativas fornecidas pela AHA. As frequências cardíacas máximas e alvo podem variar com base na saúde, capacidade física e sexo da pessoa. **Sempre consulte um médico ou profissional de saúde qualificado antes de começar ou modificar um programa de exercícios físicos.**] Crie uma classe chamada `HeartRates`. Os atributos da classe devem incluir o nome, sobrenome e data de nascimento da pessoa (consistindo em atributos separados para mês, dia e ano de nascimento). Sua classe deve ter um construtor que receba esses dados como parâmetros. Para cada atributo forneça métodos *set* e *get*. A classe também deve incluir um método que calcule e retorne a idade (em anos), um que calcule e retorne a frequência cardíaca máxima e um que calcule e retorne a frequência cardíaca alvo da pessoa. Escreva um aplicativo Java que solicite as informações da pessoa, instancie um objeto da classe `HeartRates` e imprima as informações a partir desse objeto — incluindo nome, sobrenome e data de nascimento da pessoa — calcule e imprima a idade da pessoa (em anos), seu intervalo de frequência cardíaca máxima e sua frequência cardíaca alvo.

3.17 ***(Computadorização dos registros de saúde)*** Uma questão relacionada à assistência médica discutida ultimamente nos veículos de comunicação é a computadorização dos registros de saúde. Essa possibilidade está sendo abordada de maneira cautelosa por causa de preocupações quanto à privacidade e à segurança de dados sigilosos, entre outros motivos. [Iremos discutir essas preocupações em exercícios posteriores.] A computadorização dos registros de saúde pode facilitar que pacientes compartilhem seus perfis e históricos de saúde entre vários profissionais de saúde. Isso talvez aprimore a qualidade da assistência médica, ajude a evitar conflitos e prescrições erradas de medicamentos, reduza custos em ambulatórios e salve vidas. Neste exercício, você projetará uma classe `HealthProfile` "inicial" para uma pessoa. Os atributos da classe devem incluir nome, sobrenome, sexo, data de nascimento (consistindo em atributos separados para mês, dia e ano de nascimento), altura (em metros) e peso (em quilogramas) da pessoa. Sua classe deve ter um construtor que receba esses dados. Para cada atributo, forneça métodos *set* e *get*. A classe também deve incluir métodos que calculem e retornem a idade do usuário em anos, intervalo de frequência cardíaca máxima e frequência cardíaca alvo (veja o Exercício 3.16), além de índice de massa corporal (IMC; veja o Exercício 2.33). Escreva um aplicativo Java que solicite as informações da pessoa, instancie um objeto da classe `HealthProfile` para ela e imprima as informações a partir desse objeto — incluindo nome, sobrenome, sexo, data de nascimento, altura e peso da pessoa —, e então calcule e imprima a idade em anos, IMC, intervalo de frequência cardíaca máxima e frequência cardíaca alvo. Ele também deve exibir o gráfico de valores IMC do Exercício 2.33.

Instruções de controle: parte I; operadores de atribuição ++ e --

4

Vamos todos dar um passo para a frente.
— Lewis Carroll

Quantas maçãs não caíram na cabeça de Newton antes de ele ter percebido a pista!
— Robert Frost

Objetivos

Neste capítulo, você irá:

- Aprender técnicas básicas de resolução de problemas.
- Desenvolver algoritmos por meio do processo de refinamento passo a passo de cima para baixo.
- Usar as instruções de seleção `if` e `if...else` para escolher entre ações alternativas.
- Usar a instrução de repetição `while` para executar instruções em um programa repetidamente.
- Utilizar repetição controlada por contador e repetição controlada por sentinela.
- Usar o operador de atribuição composto e os operadores de incremento e decremento.
- Entender a portabilidade dos tipos de dados primitivos.

Sumário

4.1 Introdução

Antes de escrever um programa para resolver um problema, você deve ter um entendimento completo do problema e uma abordagem cuidadosamente planejada para resolvê-lo. Ao escrever um programa, você também deve compreender os blocos de construção disponíveis e empregar técnicas comprovadas de construção de programas. Neste capítulo e no próximo, discutiremos essas questões ao apresentar a teoria e os princípios da programação estruturada. Os conceitos apresentados aqui são cruciais na construção de classes e manipulação de objetos. Discutiremos a instrução `if` do Java detalhadamente e introduziremos as instruções `if...else` e `while` `if` — todos aqueles blocos de construção que permitem especificar a lógica necessária para que os métodos executem suas tarefas. Também introduziremos o operador de atribuição composto e os operadores de incremento e decremento. Por fim, consideraremos a portabilidade dos tipos primitivos do Java.

4.2 Algoritmos

Qualquer problema de computação pode ser resolvido executando uma série de ações em uma ordem específica. Um *procedimento* para resolver um problema em termos de

1. **ações** a executar e
2. **ordem** em que essas ações executam

é chamado **algoritmo**. O exemplo a seguir demonstra que é importante especificar corretamente a ordem em que as ações executam.

Considere o "algoritmo cresça e brilhe" seguido por um executivo para sair da cama e ir trabalhar: (1) Levantar da cama; (2) tira o pijama; (3) tomar banho; (4) vestir-se; (5) tomar café da manhã; (6) dirigir o carro até o trabalho. Essa rotina leva o executivo a trabalhar bem preparado para tomar decisões críticas. Suponha que os mesmos passos sejam seguidos em uma ordem um pouco diferente: (1) Levantar de cama; (2) tirar o pijama; (3) vestir-se; (4) tomar banho; (5) tomar café da manhã; (6) dirigir o carro até o trabalho. Nesse caso, nosso executivo chegará ao trabalho completamente molhado. Especificar a ordem em que as instruções (ações) são executadas em um programa é chamado de **controle de programa**. Este capítulo investiga o controle de programa utilizando as **instruções de controle** do Java.

4.3 Pseudocódigo

Pseudocódigo é uma linguagem informal que ajuda a desenvolver algoritmos sem se preocupar com os estritos detalhes da sintaxe da linguagem Java. O pseudocódigo que apresentamos é particularmente útil para desenvolver algoritmos que serão convertidos em partes estruturadas de programas Java. O pseudocódigo que usamos neste livro é simples — ele é conveniente e fácil de usar, mas não é uma linguagem de programação de computador real. Você verá um algoritmo escrito em pseudocódigo na Figura 4.7. É claro que você pode usar seu próprio idioma nativo para desenvolver seu pseudocódigo.

O pseudocódigo não é executado nos computadores. Mais exatamente, ele ajuda a "estudar" um programa antes de tentar escrevê-lo em uma linguagem de programação como Java. Este capítulo fornece vários exemplos do uso de pseudocódigo para desenvolver programas Java.

O estilo de pseudocódigo que apresentamos consiste puramente em caracteres, para que você possa digitar o pseudocódigo de modo conveniente, utilizando um programa editor de textos qualquer. Um programa de pseudocódigo cuidadosamente preparado pode ser facilmente convertido em um programa Java correspondente.

Em geral, o pseudocódigo só descreve as instruções que representam as *ações* que ocorrem depois que você converte um programa do pseudocódigo em Java e depois de o programa ser executado em um computador. Essas ações poderiam incluir *entrada, saída* ou *cálculos*. No nosso pseudocódigo, normalmente *não* incluímos declarações de variáveis, mas alguns programadores optam por listar variáveis e mencionar seus propósitos.

4.4 Estruturas de controle

Normalmente, instruções em um programa são executadas uma após a outra na ordem em que são escritas. Esse processo é chamado **execução sequencial**. Várias instruções Java, que discutiremos mais adiante, permitirão que você especifique que a próxima instrução a executar *não* é necessariamente a *próxima* na sequência. Isso é chamado **transferência de controle**.

Durante a década de 1960, tornou-se claro que a utilização indiscriminada de transferências de controle era a raiz de muita dificuldade experimentada por grupos de desenvolvimento de software. A culpa disso é a **instrução goto** (utilizada na maioria das linguagens de programação atuais), que permite especificar uma transferência de controle para um entre vários espectros de destinos em um programa. [*Observação*: o Java *não* contém uma instrução `goto`; entretanto, a palavra `goto` é *reservada* pelo Java e *não* deve ser utilizada como um identificador em programas.]

A pesquisa de Bohm e Jacopini[1] tinha demonstrado que programas poderiam ser escritos *sem* nenhuma instrução `goto`. O desafio dos programadores na época era mudar seus estilos para "programação sem `goto`". O termo **programação estruturada** tornou-se quase sinônimo de "eliminação de `goto`". Foi somente em meados da década de 1970 que os programadores começaram a levar a sério a programação estruturada. Os resultados foram impressionantes. Grupos de desenvolvimento de software informaram tempos de desenvolvimento mais curtos, mais frequente cumprimento dos prazos de entrega dos sistemas e mais frequente conclusão dentro do orçamento dos projetos de software. A chave para esses sucessos era que programas estruturados eram mais claros, mais fáceis de depurar e modificar e menos propensos a conterem bugs, para começar.

O trabalho de Bohm e Jacopini demonstrou que todos os programas poderiam ser escritos em termos de somente três estruturas de controle — a **estrutura de sequência**, a **estrutura de seleção** e a **estrutura de repetição**. Ao introduzirmos as implementações das estruturas de controle do Java, na terminologia da *especificação da Linguagem Java,* nós as chamamos de "instruções de controle".

Estrutura de sequência em Java

A estrutura de sequência está incorporada ao Java. A não ser que seja instruído de outra forma, o computador executa as instruções Java uma depois da outra na ordem em que elas são escritas — isto é, em sequência. O **diagrama de atividades** na Figura 4.1 ilustra uma estrutura de sequência típica em que dois cálculos são realizados na ordem. O Java lhe permite ter o número de ações que quiser em uma estrutura de sequência. Como logo veremos, uma única ação pode ser colocada em qualquer lugar, assim como várias ações em sequência.

Um diagrama de atividades UML modela o **fluxo de trabalho** (também chamado **atividade**) de uma parte de um sistema de software. Esses fluxos de trabalho podem incluir uma parte de um algoritmo, como a estrutura de sequência na Figura 4.1. Os diagramas de atividade são compostos de símbolos, como **símbolos do estado da ação** (retângulos com os lados esquerdo e direito substituídos por arcos curvados para fora), **losangos** e **pequenos círculos**. Esses símbolos são conectados por **setas de transição**, que representam o *fluxo da atividade* — isto é, a *ordem* em que as ações devem ocorrer.

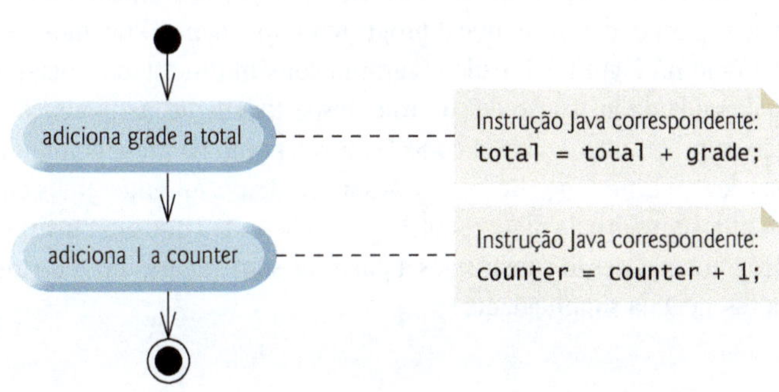

Figura 4.1 | Diagrama de atividades da estrutura de sequência.

[1] BOHM, C.; e JACOPINI, G. Flow Diagrams, Turing Machines, and Languages with Only Two Formation Rules. In: *Communications of the ACM*, Vol. 9, No. 5, p. 336–371, maio 1966.

Como acontece com o pseudocódigo, os diagramas de atividades ajudam a desenvolver e representar algoritmos. Os diagramas de atividades mostram claramente como operam as estruturas de controle. Utilizamos a UML neste capítulo e no Capítulo 5 para mostrar o fluxo de controle em instruções de controle. Nos capítulos 33 a 34 (em inglês, no Site de Apoio), utilize a UML em um estudo de caso de caixa automática real.

Considere o diagrama de atividades estrutura-sequência na Figura 4.1. Ele contém dois **estados de ação**, cada um contendo uma **expressão de ação** — por exemplo, "adicionar nota ao total" ou "adicionar 1 ao contador" — que especifica uma determinada ação a executar. Outras ações poderiam incluir cálculos ou operações de entrada e saída. As setas no diagrama de atividade representam **transições**, as quais indicam a *ordem* em que as ações representadas pelos estados da ação ocorrem. O programa que implementa as atividades ilustradas pelo diagrama na Figura 4.1 primeiro adiciona `grade` a `total` e então adiciona `1` a `counter`.

O **círculo sólido** na parte superior do diagrama de atividade representa o **estado inicial** — o *começo* do fluxo de trabalho *antes* de o programa realizar as ações modeladas. O **círculo sólido cercado por um círculo vazio** que aparece na parte inferior do diagrama representa o **estado final** — o *fim* do fluxo de trabalho *depois* que o programa realiza suas ações.

A Figura 4.1 também inclui retângulos com os cantos superiores direitos dobrados. Estes são **notas** da UML (como comentários em Java) — observações explanatórias que descrevem o propósito dos símbolos no diagrama. A Figura 4.1 utiliza notas da UML para mostrar o código de Java associado a cada estado de ação. Uma **linha pontilhada** conecta cada nota com o elemento que ele descreve. Os diagramas de atividades normalmente *não* mostram o código Java que implementa a atividade. Fazemos isso aqui para ilustrar como o diagrama se relaciona ao código Java. Para informações adicionais sobre o UML, consulte nosso estudo de caso de designs orientado a objetos (capítulos 33 a 34 disponíveis no Site de Apoio, em inglês) ou visite <`www.uml.org`>.

Instruções de seleção em Java

O Java contém três tipos de **instruções de seleção** (discutidos neste capítulo e no Capítulo 5). A *instrução* `if` realiza uma ação (seleciona), se uma condição for *verdadeira*, ou pula a ação, se a condição for *falsa*. A *instrução* `if...else` realiza uma ação se uma condição for *verdadeira* e uma ação diferente se a condição for *falsa*. A *instrução* `switch` (Capítulo 5) realiza uma de *muitas* ações diferentes, dependendo do valor de uma expressão.

A instrução `if` é uma **instrução de seleção única** porque seleciona ou ignora uma *única* ação (ou, como veremos a seguir, um *único grupo de ações*). A instrução `if...else` é chamada **instrução de seleção dupla** porque seleciona entre *duas ações diferentes* (ou *grupos de ações*). A instrução `switch` é chamada de **instrução de seleção múltipla** porque seleciona entre *muitas ações diferentes* (ou *grupos de ações*).

Instruções de repetição em Java

O Java fornece três **instruções de repetição** (também chamadas de **iteração** ou **instruções de loop**) que permitem que programas executem instruções repetidamente, contanto que uma condição (chamada de **condição de continuação do loop**) permaneça *verdadeira*. As instruções de repetição são `while`, `do...while`, `for` e instruções `for` aprimoradas. (O Capítulo 5 apresenta as instruções `do...while` e `for` e o Capítulo 7 apresenta a `for` aprimorada). As instruções `while` e `for` realizam a ação (ou grupo de ações) no seu corpo zero ou mais vezes — se a condição de continuação de loop for inicialmente *falsa*, a ação (ou grupo de ações) *não* será executada. A instrução `do...while` realiza a ação (ou grupo de ações) no seu corpo *uma ou mais* vezes. As palavras `if`, `else`, `switch`, `while`, `do` e `for` são palavras-chave. Uma lista completa das palavras-chave Java é apresentada no Apêndice C.

Resumo das instruções de controle em Java

O Java contém somente três tipos de estruturas de controle, que daqui para a frente chamaremos de *instruções de controle*: *instrução de sequência, instruções de seleção* (três tipos) e *instruções de repetição* (três tipos). Cada programa é formado combinando quantas instruções forem apropriadas para o algoritmo que o programa implementa. Podemos modelar cada instrução de controle como um diagrama de atividade. Como na Figura 4.1, cada diagrama contém um estado inicial e um estado final que representa um ponto de entrada e um ponto de saída da instrução de controle, respectivamente. As **instruções de controle de entrada única/saída única** facilitam a construção de programas — basta conectarmos o ponto de saída de uma instrução ao ponto de entrada da instrução seguinte. Chamamos isso de **empilhamento de instruções de controle**. Aprenderemos que existe apenas outra maneira de conectar instruções de controle — **aninhamento de instruções de controle** — em que uma instrução de controle aparece *dentro* da outra. Portanto, algoritmos nos programas Java são construídos a partir de somente três tipos de instruções de controle, combinadas apenas de duas maneiras. Isso é a essência da simplicidade.

4.5 A instrução de seleção única `if`

Os programas utilizam instruções de seleção para escolher entre cursos alternativos de ações. Por exemplo, suponha que a nota de aprovação de um exame seja 60. A instrução em *pseudocódigo*

Se a nota do aluno for maior que ou igual a 60
    Imprime "Aprovado"

determina se a *condição* "nota do aluno é maior que ou igual a 60" é *verdadeira*. Nesse caso, "Aprovado" é impresso, e a próxima instrução de pseudocódigo é "realizada". (Lembre-se de que o pseudocódigo não é uma linguagem de programação real.) Se a condição for *falsa*, a instrução *Print* é ignorada e a próxima instrução de pseudocódigo na sequência é realizada. O recuo da segunda linha dessa instrução de seleção é opcional, mas recomendável, porque enfatiza a estrutura inerente dos programas estruturados.

A instrução de pseudocódigo *If* precedente pode ser escrita em Java como

```
if (studentGrade >= 60)
   System.out.println("Passed");
```

O código Java é muito similar ao pseudocódigo. Essa é uma das propriedades do pseudocódigo que torna essa ferramenta de desenvolvimento de programas tão útil.

Diagrama UML de atividades para uma instrução `if`

A Figura 4.2 ilustra a instrução de seleção única `if`. Essa figura contém o símbolo mais importante em um diagrama de atividade — o *losango*, ou **símbolo de decisão**, que indica que uma *decisão* deve ser tomada. O fluxo de trabalho continua ao longo de um caminho determinado pelas **condições de guarda** do símbolo associado, que podem ser *verdadeiras* ou *falsas*. Cada seta de transição que sai de um símbolo de decisão tem uma condição de guarda (especificada entre *colchetes* ao lado da seta). Se uma condição de guarda for *verdadeira*, o fluxo de trabalho entra no estado de ação para o qual a seta de transição aponta. Na Figura 4.2, se a nota for maior ou igual a 60, o programa imprime "Aprovado" e então se dirige para o estado final da atividade. Se a nota for menor que 60, o programa se dirige imediatamente para o estado final sem exibir uma mensagem.

A instrução `if` é uma instrução de controle de uma única entrada e uma única saída. Veremos que os diagramas de atividades para as instruções de controle restantes também contêm estados iniciais, setas de transição, estados de ação que indicam ações a realizar, símbolos de decisão (com condições de guarda associadas) que indicam decisões a serem tomadas e estados finais.

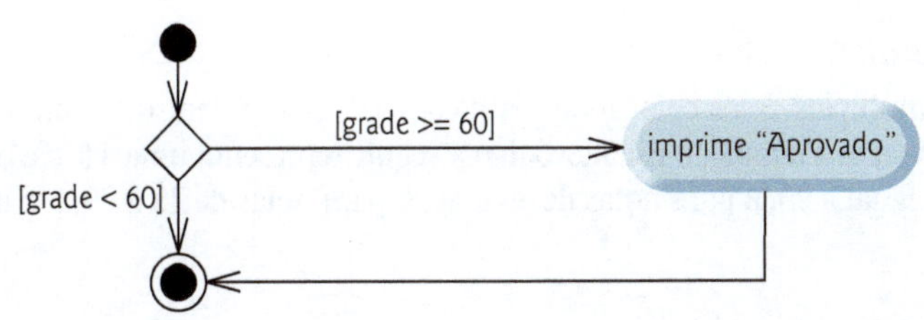

Figura 4.2 | Diagrama UML de atividades de uma instrução de seleção única `if`.

4.6 Instrução de seleção dupla `if...else`

A instrução `if` de seleção única realiza uma ação indicada somente quando a condição é `true`; caso contrário, a ação é pulada. A **instrução de seleção dupla `if...else`** permite especificar uma ação a realizar quando a condição é *verdadeira* e uma ação diferente quando a condição é *falsa*. Por exemplo, a instrução de pseudocódigo

```
Se a nota do aluno for maior que ou igual a 60
              Imprima "Aprovado"
Caso contrário
              Imprima "Reprovado"
```

imprime "Aprovado" se a nota do aluno for maior ou igual a 60, mas imprime "Reprovado" se for menor que 60. Em qualquer um dos casos, depois que a impressão ocorre, a próxima instrução do pseudocódigo na sequência é "realizada".

A instrução *If...else* no pseudocódigo anterior pode ser escrita em Java assim

```
if (grade >= 60)
            System.out.println("Passed");
else
   System.out.println("Failed");
```

O corpo de `else` também é recuado. Qualquer que seja a convenção de recuo que escolher, você deve aplicá-la consistentemente por todos os seus programas.

Boa prática de programação 4.1

Recue as duas instruções do corpo de uma instrução `if...else`*. Muitos IDEs fazem isso por você.*

Boa prática de programação 4.2

Se existem vários níveis de recuo, cada nível deve ser recuado pela mesma quantidade adicional de espaço.

Diagrama UML de atividades para uma instrução `if...else`

A Figura 4.3 ilustra o fluxo de controle na instrução `if...else`. Mais uma vez, os símbolos no diagrama de atividades da UML (além do estado inicial, setas de transição e estado final) representam os estados e decisões da ação.

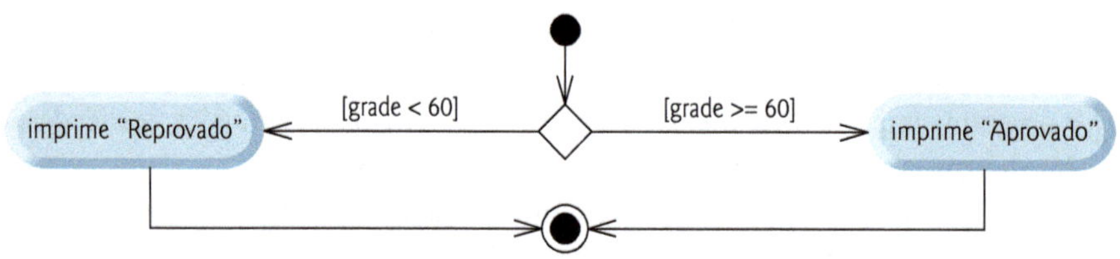

Figura 4.3 | Diagrama UML de atividades de instrução de seleção dupla `if...else`.

Instruções `if...else` *aninhadas*

Um programa pode testar múltiplos casos colocando instruções `if...else` dentro de outras instruções `if...else` para criar **instruções `if...else` aninhadas**. Por exemplo, o pseudocódigo a seguir representa uma `if...else` aninhada, que imprime `A` para notas de exame maiores que ou igual a 90, `B` para notas de 80 a 89, `C` para notas de 70 a 79, `D` para notas de 60 a 69 e `F` para todas as outras notas:

```
Se a nota do aluno for maior que ou igual a 90
        Imprima "A"
caso contrário
        Se a nota do aluno for maior que ou igual a 80
            Imprima "B"
        caso contrário
            Se a nota do aluno for maior que ou igual a 70
                Imprima "C"
            caso contrário
                Se a nota do aluno for maior que ou igual a 60
                    Imprima "D"
                caso contrário
                    Imprima "F"
```

Esse pseudocódigo pode ser escrito em Java como

```
if (studentGrade >= 90)
   System.out.println("A");
else
   if (studentGrade >= 80)
      System.out.println("B");
   else
      if (studentGrade >= 70)
         System.out.println("C");
      else
         if (studentGrade >= 60)
            System.out.println("D");
         else
            System.out.println("F");
```

Dica de prevenção de erro 4.1

Em uma `if...else` aninhada, certifique-se de testar todos os casos possíveis.

Se a variável `studentGrade` for maior ou igual a 90, as quatro primeiras condições na instrução `if...else` aninhada serão verdadeiras, mas somente a instrução na parte `if` da primeira instrução `if...else` será executada. Depois que essa instrução é executada, a parte `else` da instrução "mais externa" `if...else` é pulada. Muitos programadores preferem escrever a instrução `if...else` anterior aninhada como

```
if (studentGrade >= 90)
   System.out.println("A");
else if (studentGrade >= 80)
   System.out.println("B");
else if (studentGrade >= 70)
   System.out.println("C");
else if (studentGrade >= 60)
   System.out.println("D");
else
   System.out.println("F");
```

As duas formas são idênticas, exceto quanto ao espaçamento e recuo, que o compilador ignora. Essa última forma evita o recuo profundo do código à direita. Tal entrada muitas vezes deixa pouco espaço em uma linha de código-fonte, forçando a divisão de linhas.

O problema do `else` oscilante

O compilador Java sempre associa um `else` à instrução `if` imediatamente anterior, a menos que instruído de outro modo pela colocação de chaves (`{` e `}`). Esse comportamento pode levar àquilo que é chamado de **problema do `else` oscilante**. Por exemplo,

```
if (x > 5)
   if (y > 5)
      System.out.println("x and y are > 5");
else
   System.out.println("x is <= 5");
```

parece indicar que, se `x` for maior do que `5`, a instrução `if` aninhada determina se `y` também é maior do que `5`. Se for assim, a string `"x and y are > 5"` é enviada para a saída. Caso contrário, parece que se `x` não for maior que `5`, a parte `else` do `if...else` imprime a string `"x is <= 5"`. Cuidado! Essa instrução `if...else` aninhada *não* é executada como parece. Na verdade, o compilador interpreta a instrução como

```
if (x > 5)
   if (y > 5)
      System.out.println("x and y are > 5");
   else
      System.out.println("x is <= 5");
```

em que o corpo da primeira `if` é uma `if...else` *aninhada*. A instrução `if` externa testa se `x` for maior do que `5`. Se for, a execução continuará testando se `y` também for maior que `5`. Se a segunda condição for *verdadeira*, a string adequada — `"x and y are > 5"` — é exibida. Entretanto, se a segunda condição for *falsa*, a string `"x is <= 5"` é exibida, apesar de sabermos que `x` é maior que `5`. Igualmente ruim, se a condição da instrução `if` externa for falsa, o `if...else` interno é pulado e nada é exibido.

Para forçar a instrução `if...else` aninhada para executar como foi originalmente concebida, devemos escrevê-la como a seguir:

```
if (x > 5)
{
   if (y > 5)
      System.out.println("x and y are > 5");
}
else
   System.out.println("x is <= 5");
```

As chaves indicam que a segunda instrução `if` está no corpo da primeira e que a instrução `else` está associada à *primeira* instrução `if`. Os exercícios 4.27 a 4.28 investigam ainda mais o problema do `else` oscilante.

Blocos

A instrução `if` normalmente espera somente *uma* instrução no seu corpo. Para incluir *várias* instruções no corpo de uma `if` (ou no corpo de um `else` de uma instrução `if...else`), inclua as instruções dentro de chaves. As instruções contidas em um par de chaves (como o corpo de um método) formam um **bloco**. Um bloco pode ser colocado em qualquer lugar em um método em que uma única instrução pode ser colocada.

O exemplo a seguir inclui um bloco na parte `else` de uma instrução `if...else`:

```
if (grade >= 60)
   System.out.println("Passed");
else
{
   System.out.println("Failed");
   System.out.println("You must take this course again.");
}
```

Nesse caso, se `grade` é menor que 60, o programa executa *ambas* as instruções no corpo do `else` e imprime

```
Failed
You must take this course again.
```

Observe as chaves que cercam as duas instruções na cláusula `else`. Essas chaves são importantes. Sem as chaves, a instrução

```
System.out.println("You must take this course again.");
```

estaria fora do corpo na parte `else` da instrução `if...else` e seria executada *independentemente* se a nota fosse menor que 60.

Os *erros de sintaxe* (por exemplo, quando não é colocada uma das chaves em um bloco do programa) são capturados pelo compilador. Um **erro de lógica** (por exemplo, quando não são colocadas as duas chaves em um bloco do programa) tem seu efeito no tempo de execução. Um **erro fatal de lógica** faz com que um programa falhe e finalize prematuramente. Um **erro de lógica não fatal** permite a um programa continuar a executar, mas faz com que produza resultados incorretos.

Assim como um bloco pode ser colocado em qualquer lugar em que uma instrução individual pode ser colocada, também é possível ter uma instrução vazia. Lembre-se de que na Seção 2.8 a instrução vazia é representada colocando um ponto e vírgula (`;`), onde uma instrução normalmente estaria.

Erro comum de programação 4.1

Colocar um ponto e vírgula depois da condição em uma instrução `if` ou `if...else` resulta em um erro de lógica em instruções `if` de seleção única e um erro de sintaxe em instruções `if...else` de seleção dupla (quando a parte `if` contém uma instrução de corpo real).

Operador condicional (?:)

O Java fornece o **operador condicional (`?:`)**, que pode ser utilizado no lugar de uma instrução `if...else`. Isso pode tornar o código mais curto e mais claro. O operador condicional é o único **operador ternário** do Java (isto é, um operador que recebe *três* operandos). Juntos, os operandos e o símbolo `?:` formam uma **expressão condicional**. O primeiro operando (à esquerda do `?`) é uma **expressão `boolean`** (isto é, uma *condição* que é avaliada como um valor `boolean` — `true` ou `false`), o segundo operando (entre o `?` e `:`) é o valor da expressão condicional se a expressão `boolean` for `true` e o terceiro operando (à direita do `:`) é o valor da expressão condicional se a expressão `boolean` for avaliada como `false`. Por exemplo, a instrução

```
System.out.println(studentGrade >= 60 ? "Passed" : "Failed");
```

imprime o valor do argumento da expressão condicional de `println`. A expressão condicional nessa instrução é avaliada para a string `"Passed"` se a expressão `boolean studentGrade >= 60` for verdadeira e para a string `"Failed"` se a expressão `boolean` for falsa. Portanto, essa instrução com o operador condicional realiza essencialmente a mesma função da instrução `if...else` mostrada anteriormente nesta seção. A precedência do operador condicional é baixa, então a expressão condicional inteira normalmente é colocada entre parênteses. Veremos que as expressões condicionais podem ser utilizadas em algumas situações nas quais as instruções `if...else` não podem.

Dica de prevenção de erro 4.2

Use expressões do mesmo tipo para o segundo e terceiro operandos do `?:` para evitar erros sutis.

4.7 Classe `Student`: instruções `if...else` aninhadas

O exemplo das figuras 4.4 a 4.5 demonstra uma instrução `if` aninhada que determina a letra da nota de um aluno com base na média do aluno em um curso.

Classe `Student`

A classe `Student` (Figura 4.4) tem recursos semelhantes aos da classe `Account` (discutida no Capítulo 3). A classe `Student` armazena o nome e a média de um aluno e fornece métodos para manipular esses valores. A classe contém:

- variável de instância `name` do tipo `String` (linha 5) para armazenar o nome de um `Student`;
- variável de instância `average` do tipo `double` (linha 6) para armazenar a média de um `Student` em um curso;
- um construtor (linhas 9 a 18) que inicializa `name` e `average` — na Seção 5.9, você aprenderá a expressar as linhas 15 a 16 e 37 a 38 de forma mais concisa com operadores lógicos que podem testar múltiplas condições;
- os métodos `setName` e `getName` (linhas 21 a 30) para *definir* e *obter* o `name` do `Student`;
- os métodos `setAverage` e `getAverage` (linhas 33 a 46) para *definir* e *obter* o `name` do `Student`;
- o método `getLetterGrade` (linhas 49 a 65), que usa instruções *`if...else` aninhadas* para determinar a *letra da nota* do `Student` com base na média do `Student`.

O construtor e método `setAverage` utilizam instruções *`if` aninhadas* (linhas 15 a 17 e 37 a 39) para *validar* o valor usado para definir `average` — essas instruções garantem que o valor é maior que `0.0` *e* menor que ou igual a `100.0`; caso contrário, o valor `average` permanece *inalterado*. Cada instrução `if` contém uma condição *simples*. Se a condição na linha 15 é *verdadeira*, só então a condição na linha 16 será testada, e, *somente* se as condições na linha 15 *e* na linha 16 são *verdadeiras*, é que a instrução na linha 17 será executada.

Observação de engenharia de software 4.1

Lembre-se do que foi discutido no Capítulo 3: você não deve chamar métodos a partir de construtores (explicaremos por que no Capítulo 10 – Programação orientada a objetos: polimorfismo e interfaces). Por essa razão, há código de validação duplicado nas linhas 15 a 17 e 37 a 39 da Figura 4.4 e nos exemplos subsequentes.

```
1  // Figura 4.4: Student.java
2  // Classe Student que armazena o nome e a média de um aluno.
3  public class Student
4  {
5     private String name;
6     private double average;
7
8     // construtor inicializa variáveis de instância
9     public Student(String name, double average)
10    {
11       this.name = name;
12
13       // valida que a média é > 0.0 e <= 100.0; caso contrário,
14       // armazena o valor padrão da média da variável de instância (0.0)
15       if (average > 0.0)
16          if (average <= 100.0)
17             this.average = average; // atribui à variável de instância
18    }
19
20    // define o nome de Student
21    public void setName(String name)
22    {
23       this.name = name;
24    }
25
26    // recupera o nome de Student
27    public String getName()
28    {
29       return name;
30    }
```

continua

continuação

```java

   // define a média de Student
   public void setAverage(double studentAverage)
   {
      // valida que a média é > 0.0 e <= 100.0; caso contrário,
      // armazena o valor atual da média da variável de instância
      if (average > 0.0)
         if (average <= 100.0)
            this.average = average; // atribui à variável de instância
   }

   // recupera a média de Student
   public double getAverage()
   {
      return average;
   }

   // determina e retorna a letra da nota de Student
   public String getLetterGrade()
   {
      String letterGrade = ""; // inicializado como uma String vazia

      if (average >= 90.0)
         letterGrade = "A";
      else if (average >= 80.0)
         letterGrade = "B";
      else if (average >= 70.0)
         letterGrade = "C";
      else if (average >= 60.0)
         letterGrade = "D";
      else
         letterGrade = "F";

      return letterGrade;
   }
} // finaliza a classe Student
```

Figura 4.4 | A classe `Student` que armazena o nome e a média de um aluno.

Classe StudentTest

Para demonstrar as instruções `if...else` aninhadas no método `getLetterGrade` da classe `Student`, o método `main` da classe `StudentTest` (Figura 4.5) cria dois objetos `Student` (linhas 7 e 8). Então, as linhas 10 a 13 exibem o nome e a letra da nota de cada `Student` chamando os métodos `getName` e `getLetterGrade` dos objetos, respectivamente.

```java
1  // Figura 4.5: StudentTest.java
2  // Cria e testa objetos Student.
3  public class StudentTest
4  {
5     public static void main(String[] args)
6     {
7        Student account1 = new Student("Jane Green", 93.5);
8        Student account2 = new Student("John Blue", 72.75);
9
10       System.out.printf("%s's letter grade is: %s%n",
11          account1.getName(),account1.getLetterGrade());
12       System.out.printf("%s's letter grade is: %s%n",
13          account2.getName(),account2.getLetterGrade());
14    }
15 } // fim da classe StudentTest
```

```
Jane Green's letter grade is: A
John Blue's letter grade is: C
```

Figura 4.5 | Cria e testa objetos `Student`.

4.8 Instrução de repetição `while`

Uma instrução de repetição permite especificar que um programa deve repetir uma ação enquanto alguma condição permanece *verdadeira*. A instrução de pseudocódigo

Enquanto houver mais itens em minha lista de compras
    Comprar o próximo item e riscá-lo da minha lista

descreve a repetição durante uma viagem de compras. A condição "enquanto houver mais itens em minha lista de compras" pode ser verdadeira ou falsa. Se ela for *verdadeira*, então a ação "Compre o próximo item e risque-o de minha lista" é realizada. Essa ação será realizada *repetidamente*, enquanto a condição permanecer *verdadeira*. A(s) instrução(ões) contida(s) na instrução de repetição *While* constitui(em) seu corpo, que pode ser uma instrução única ou um bloco. Por fim, a condição se tornará *falsa* (quando o último item da lista de compras tiver sido comprado e removido). Nesse ponto, a repetição termina e a primeira instrução depois da instrução de repetição é executada.

Como exemplo da **instrução de repetição `while`** do Java, considere um segmento de programa projetado para encontrar a primeira potência de 3 maior que 100. Suponha que a variável `int product` tenha sido inicializada como `3`. Depois que a instrução `while` a seguir é executada, `product` contém o resultado:

```
while (product <= 100)
    product = 3 * product;
```

Cada iteração da instrução `while` multiplica `product` por 3, então `product` assume os valores 9, 27, 81 e 243, sucessivamente. Quando `product` é 243, `product <= 100` torna-se falso. Isso termina a repetição, portanto o valor final de `product` é 243. Nesse ponto, a execução de programa continua com a próxima instrução depois da instrução `while`.

Erro comum de programação 4.2

*Não fornecer, no corpo de uma instrução `while`, uma ação que consequentemente faz com que a condição na `while` torne-se falsa normalmente resulta em um erro de lógica chamado **loop infinito** (o loop nunca termina).*

Diagrama UML de atividades para a instrução `while`

O diagrama UML de atividades na Figura 4.6 ilustra o fluxo de controle na instrução `while` anterior. Mais uma vez, os símbolos no diagrama (além do estado inicial, setas de transição, um estado final e três notas) representam um estado e uma decisão de ação. Esse diagrama introduz o **símbolo de agregação**. A UML representa o símbolo de agregação e o símbolo de decisão como losangos. O símbolo de agregação une dois fluxos de atividade a um único. Nesse diagrama, o símbolo de agregação une as transições do estado inicial e do estado de ação, assim ambos fluem para a decisão que determina se o loop deve iniciar (ou continuar) a execução.

Os símbolos de decisão e agregação podem ser separados pelo número de setas de transição "entrantes" e "saintes". Um símbolo de decisão contém uma seta de transição apontando para o losango e duas ou mais apontando a partir dele para indicar possíveis transições a partir desse ponto. Além disso, cada seta de transição apontando de um símbolo de decisão contém uma condição de guarda ao lado dela. Um símbolo de agregação tem duas ou mais setas de transição apontando para o losango e somente uma seta saindo do losango, para indicar que diversos fluxos de atividades se juntam a fim de dar continuidade à atividade. *Nenhuma* das setas de transição associadas com um símbolo de agregação contém uma condição de guarda.

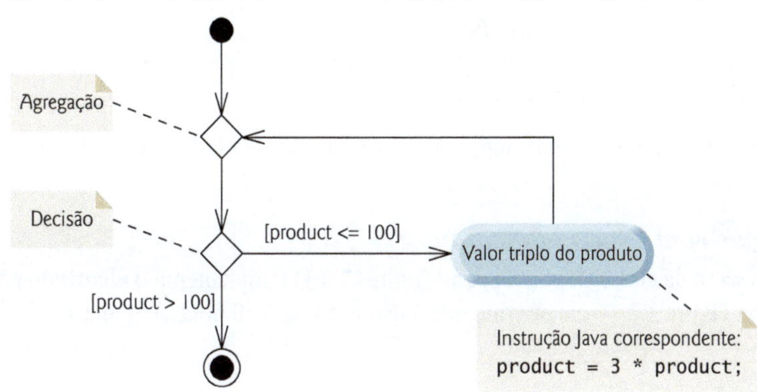

Figura 4.6 | Diagrama UML de atividades da instrução de repetição `do...while`.

A Figura 4.6 mostra claramente a repetição da instrução `while` discutida anteriormente nesta seção. A seta de transição que advém do estado da ação aponta de volta à agregação, a partir da qual o programa passa o fluxo de volta à decisão que é testada no começo de cada iteração do loop. O loop continua a executar até que a condição de guarda `product > 100` torne-se verdadeira. Em seguida, a instrução `while` termina (alcança seu estado final) e passa o controle para a próxima instrução na sequência do programa.

4.9 Formulando algoritmos: repetição controlada por contador

Para ilustrar como os algoritmos são desenvolvidos, resolvemos duas variações de um problema que tira a média das notas dos alunos. Considere a seguinte declaração do problema:

> *Uma classe de dez alunos se submeteu a um questionário. As notas (inteiros no intervalo 0–100) para esse questionário estão disponíveis. Determine a média da classe no questionário.*

A média da classe é igual à soma das notas divididas pelo número de alunos. O algoritmo para resolver esse problema em um computador deve inserir cada nota, armazenar o total de todas as notas inseridas, realizar o cálculo da média e imprimir o resultado.

O algoritmo em pseudocódigo com repetição controlada por contador

Vamos utilizar o pseudocódigo para listar as ações a executar e especificar a ordem em que elas devem ser executadas. Utilizamos **repetição controlada por contador** para inserir as notas uma por vez. Essa técnica utiliza uma variável chamada **contador** (ou **variável de controle**) para controlar o número de vezes que um conjunto de instruções será executado. A repetição controlada por contador costuma ser chamada de **repetição definida**, porque o número de repetições é conhecido *antes* de o loop começar a executar. Nesse exemplo, a repetição termina quando o contador excede 10. Esta seção apresenta um algoritmo de pseudocódigo totalmente desenvolvido (Figura 4.7) e um programa Java correspondente (Figura 4.8) que implementa o algoritmo. Na Seção 4.10, demonstramos como utilizar o pseudocódigo para desenvolver esse algoritmo a partir do zero.

Observe as referências no algoritmo da Figura 4.7 a um total e a um contador. Um **total** é uma variável utilizada para acumular a soma de vários valores. Um contador é uma variável utilizada para contar — nesse caso, o contador de notas indica qual das 10 notas está em vias de ser inserida pelo usuário. Variáveis utilizadas para armazenar totais normalmente são inicializadas como zero antes de serem utilizadas em um programa.

Observação de engenharia de software 4.2

A experiência tem mostrado que a parte mais difícil de resolver um problema em um computador é desenvolver o algoritmo para a solução. Uma vez que um algoritmo correto foi especificado, produzir um programa Java normalmente é simples.

```
Configure o total como zero
Configure o contador de notas como um

Enquanto contador de notas for menor ou igual a dez
    Solicite para o usuário inserir a próxima nota
    Insira a próxima nota
    Adicione a nota ao total
    Adicione um ao contador de notas

Configure a média da classe como o total dividido por dez
Exibe a média da classe
```

Figura 4.7 | O algoritmo em pseudocódigo com a repetição controlada por contador para resolver o problema da média da classe.

Implementando repetição controlada por contador

Na Figura 4.8, o método `main` da classe `ClassAverage` (linhas 7 a 31) implementa o algoritmo para calcular a média da classe descrita pelo pseudocódigo na Figura 4.7 — ele permite que o usuário insira 10 notas, então, calcula e exibe a média.

```
1 // Figura 4.8: ClassAverage.java
2 // Resolvendo o problema da média da classe usando a repetição controlada por contador.
3 import java.util.Scanner; // programa utiliza a classe Scanner
4
```

continua

continuação

```
5  public class ClassAverage
6  {
7     public static void main(String[] args)
8     {
9        // cria Scanner para obter entrada a partir da janela de comando
10       Scanner input = new Scanner(System.in);
11
12       // fase de inicialização
13       int total = 0;  // inicializa a soma das notas inseridas pelo usuário
14       int gradeCounter = 1; // inicializa nº da nota a ser inserido em seguida
15
16       // fase de processamento utiliza repetição controlada por contador
17       while (gradeCounter <= 10) // faz o loop 10 vezes
18       {
19          System.out.print("Enter grade: "); // prompt
20          int grade = input.nextInt(); // insere a próxima nota
21          total = total + grade; // adiciona grade a total
22          gradeCounter = gradeCounter + 1; // incrementa o contador por 1
23       }
24
25       // fase de término
26       int average = total / 10; // divisão de inteiros produz um resultado inteiro
27
28       // exibe o total e a média das notas
29       System.out.printf("%nTotal of all 10 grades is %d%n", total);
30       System.out.printf("Class average is %d%n", average);
31    }
32 } // fim da classe ClassAverage
```

```
Enter grade: 67
Enter grade: 78
Enter grade: 89
Enter grade: 67
Enter grade: 87
Enter grade: 98
Enter grade: 93
Enter grade: 85
Enter grade: 82
Enter grade: 100

Total of all 10 grades is 846
Class average is 84
```

Figura 4.8 | Resolvendo o problema do cálculo da média da classe usando a repetição controlada por contador.

Variáveis locais no método `main`

A linha 10 declara e inicializa a variável `Scanner input`, utilizada para ler os valores inseridos pelo usuário. As linhas 13, 14, 20 e 26 declaram as variáveis locais `total`, `gradeCounter`, `grade` e `average`, respectivamente, como sendo do tipo `int`. A variável `grade` armazena a entrada de usuário.

Essas declarações aparecem no corpo do método `main`. Lembre-se de que as variáveis declaradas no corpo de um método são variáveis locais e podem ser utilizadas apenas da linha de sua declaração até a chave direita de fechamento da declaração de método. A declaração de uma variável local deve aparecer *antes* de a variável ser utilizada nesse método. Uma variável local não pode ser acessada fora do método em que é declarada. A variável `grade`, declarada no corpo do loop `while`, só pode ser usada nesse bloco.

Fase de inicialização: variáveis de inicialização `total` e `gradeCounter`

As atribuições (nas linhas 13 e 14) inicializam `total` como `0` e `gradeCounter` como `1`. Essas inicializações ocorrem *antes* de as variáveis serem usadas nos cálculos.

Erro comum de programação 4.3

Utilizar o valor de uma variável local antes de ela ser inicializada resulta em um erro de compilação. Todas as variáveis locais devem ser inicializadas antes de seus valores serem utilizados nas expressões.

Dica de prevenção de erro 4.3

Inicialize cada contador e total, em sua declaração ou em uma instrução de atribuição. Normalmente, os totais são inicializados como 0. Os contadores normalmente são inicializados como 0 ou 1, dependendo de como eles são utilizados (mostraremos exemplos de quando usar 0 e quando usar 1).

Fase de processamento: lendo 10 notas do usuário

A linha 17 indica que a instrução `while` deve continuar a fazer o loop (também chamado **iteração**), contanto que o valor de `gradeCounter` seja menor ou igual a 10. Enquanto essa condição permanecer *verdadeira*, a instrução `while` executará repetidamente as instruções entre as chaves que delimitam o corpo da instrução (linhas 18 a 23).

A linha 19 exibe o prompt `"Enter grade:"`. A linha 20 lê a nota inserida pelo usuário e a atribui à variável `grade`. A linha 21 adiciona então a nova `grade` inserida pelo usuário ao `total` e atribui o resultado a `total`, o que substitui seu valor anterior.

A linha 22 adiciona `1` a `gradeCounter` para indicar que o programa processou uma nota e está pronto para inserir a próxima nota fornecida pelo usuário. O incremento da variável `gradeCounter` acaba fazendo com que ela exceda 10 em algum momento. Então o loop termina, porque sua condição (linha 17) torna-se *falsa*.

Fase de conclusão: calculando e exibindo a classe Average

Quando o loop termina, a linha 26 realiza o cálculo da média e atribui seu resultado à variável `average`. A linha 29 utiliza o método `printf` da `System.out` para exibir o texto `"Total of all 10 grades is"` seguido pelo valor da variável `total`. A linha 30 então utiliza `printf` para exibir o texto `"Class average is"` seguido pelo valor da variável `average`. Quando a execução alcança a linha 31, o programa termina.

Observe que esse exemplo contém apenas uma classe, com o método `main` realizando todo o trabalho. Neste capítulo e no Capítulo 3, vimos exemplos que consistem em duas classes — uma contendo variáveis de instância e métodos que realizam as tarefas que usam essas variáveis e uma contendo o método `main`, que cria um objeto da outra classe e chama seus métodos. Ocasionalmente, quando não faz sentido tentar criar uma classe reutilizável para demonstrar um conceito, colocaremos as instruções do programa inteiramente no método `main` dentro de uma única classe.

Observações sobre a divisão de inteiros e truncamento

O cálculo da média realizado pelo método `main` produz um resultado inteiro. A saída do programa indica que a soma dos valores das notas na execução de exemplo é 846, que, quando dividido por 10, deve produzir o número de ponto flutuante 84,6. Entretanto, o resultado do cálculo `total / 10` (linha 26 da Figura 4.8) é o inteiro 84, porque `total` e `10` são ambos inteiros. Dividir dois inteiros resulta em **divisão de inteiro** — qualquer parte fracionária do cálculo é **truncada** (isto é, *perdida*). Na próxima seção veremos como obter um resultado de ponto flutuante a partir do cálculo da média.

Erro comum de programação 4.4

Assumir que divisão de inteiros arredonda (em vez de truncar) pode levar a resultados incorretos. Por exemplo, 7 ÷ 4, que produz 1,75 na aritmética convencional, é truncado para 1 na aritmética de inteiros, em vez de arredondado para 2.

Uma nota sobre estouro aritmético

Na Figura 4.8, a linha 21

```
total = total + grade; // adiciona grade a total
```

adicionou cada `grade` inserida pelo usuário ao `total`. Mesmo essa simples instrução tem um *potencial problema* — adicionar os inteiros pode resultar em um valor que é *muito grande* para ser armazenado em uma variável `int`. Isso é conhecido como **estouro aritmético** e provoca *um comportamento indefinido,* que pode levar a resultados indesejados (`http://en.wikipedia.org/wiki/Integer_overflow#Security_ramifications`). O programa `Addition` da Figura 2.7 teve o mesmo problema na linha 23, que calculou a soma dos dois valores `int` inseridos pelo usuário:

```
sum = number1 + number2; // adiciona números, depois armazena total na soma
```

Os valores máximos e mínimos que podem ser armazenados em uma variável `int` são representados pelas constantes `MIN_VALUE` e `MAX_VALUE`, respectivamente, que são definidos na classe `Integer`. Há constantes semelhantes para outros tipos de números inteiros e para tipos de ponto flutuante. Cada tipo primitivo tem um tipo de classe correspondente no pacote `java.lang`. Você pode ver os valores dessas constantes na documentação on-line de cada classe. A documentação on-line para a classe Integer está localizada em:

```
http://docs.oracle.com/javase/7/docs/api/java/lang/Integer.html
```

É considerada boa prática garantir, *antes de* executar cálculos aritméticos como aqueles na linha 21 da Figura 4.8 e linha 23 da Figura 2.7, que eles *não* irão estourar. O código para fazer isso é mostrado no website da CERT `www.securecoding.cert.org` — apenas procure a diretriz "NUM00-J". O código usa os operadores && (AND lógico) e || (OR lógico), que são introduzidos no Capítulo 5. No código de força industrial, você deve executar verificações como aquelas para *todos os* cálculos.

Uma análise mais profunda sobre receber entrada de usuário

Sempre que um programa recebe entrada de usuário, vários problemas podem ocorrer. Por exemplo, na linha 20 da Figura 4.8,

```
int grade = input.nextInt(); // insere a próxima nota
```

supomos que o usuário irá inserir um número inteiro para a nota no intervalo de 0 a 100. Mas a pessoa que insere uma nota pode digitar um número inteiro menor que 0, um número inteiro maior que 100, um número inteiro fora do intervalo de valores que podem ser armazenados em uma variável `int`, um número contendo um ponto decimal ou um valor contendo letras ou símbolos especiais que nem mesmo é um número inteiro.

Para garantir que as entradas sejam válidas, programas de produção robustos devem testar todos os possíveis casos errôneos. Um programa que lê notas deve **validar** as notas usando a **verificação de intervalo** para garantir que elas são valores no intervalo de 0 a 100. Você pode então solicitar que o usuário reinsira qualquer valor que esteja fora do intervalo. Se um programa requer entradas de um conjunto específico de valores (por exemplo, códigos de produtos não sequenciais), você pode garantir que cada entrada corresponda a um valor no conjunto.

4.10 Formulando algoritmos: repetição controlada por sentinela

Vamos generalizar o problema de média da classe da Seção 4.9. Considere o seguinte problema:

Desenvolva um programa para tirar a média da classe que processe as notas de acordo com um número arbitrário de alunos toda vez que é executado.

No exemplo anterior de média da classe, a declaração do problema especificou o número de alunos, assim o número de notas (10) era conhecido antecipadamente. Neste exemplo, nenhuma indicação é dada de quantas notas o usuário irá inserir durante a execução do programa. O programa deve processar um número arbitrário de notas. Como podemos determinar quando parar de inserir as notas? Como saber quando calcular e imprimir a média da classe?

Uma maneira de resolver esse problema é utilizar um valor especial chamado **valor de sentinela** (também chamado **valor de sinal**, **valor fictício** ou **valor de flag**) para indicar "final de entrada de dados". O usuário insere as notas até que todas as notas legítimas tenham sido inseridas. O usuário então digita o valor de sentinela para indicar que nenhuma outra nota será inserida. A **repetição controlada por sentinela** é frequentemente chamada **repetição indefinida**, uma vez que o número de repetições não é conhecido antes de o loop iniciar a execução.

Obviamente, deve-se escolher um valor de sentinela que não possa ser confundido com um valor aceitável de entrada. As notas em um questionário são inteiros não negativos, portanto, para esse problema, –1 é um valor aceitável de sentinela. Desse modo, uma execução do programa de média de classe talvez processe um fluxo de entradas como 95, 96, 75, 74, 89 e –1. O programa então computaria e imprimiria a média de classe para as notas 95, 96, 75, 74 e 89; como –1 é o valor de sentinela, ele *não* deve entrar no cálculo da média.

Desenvolvendo o algoritmo de pseudocódigo com refinamento passo a passo de cima para baixo: a parte superior e o primeiro refinamento

Abordamos o programa de média da classe com uma técnica chamada **refinamento passo a passo de cima para baixo**, essencial para o desenvolvimento de programas bem estruturados. Iniciamos com uma representação em pseudocódigo do **topo** — uma única instrução que fornece a função geral do programa:

```
Determine a média de classe para o questionário
```

O topo é, em efeito, uma representação *completa* de um programa. Infelizmente, o topo raramente fornece detalhes suficientes para escrever um programa em Java. Então, agora iniciamos o processo de refinamento. Dividimos a parte superior em uma série de tarefas menores e as listamos na ordem em que elas serão realizadas. Isso resulta no **primeiro refinamento** que se segue:

```
Inicialize as variáveis
Insira, some e conte as notas de questionário
Calcule e imprima a média da classe
```

Esse refinamento utiliza somente a *estrutura de sequência* — os passos listados devem ser executados na ordem, um depois do outro.

Observação de engenharia de software 4.3

Cada refinamento, bem como a própria parte superior, é uma especificação completa do algoritmo; somente o nível de detalhe varia.

Observação de engenharia de software 4.4

Muitos programas podem ser divididos logicamente em três fases: uma fase de inicialização que inicializa as variáveis do programa; uma fase de processamento que insere os valores dos dados e ajusta as variáveis do programa de maneira correspondente; e uma fase de conclusão que calcula e insere os resultados finais.

Prosseguindo para o segundo refinamento

A *Observação de engenharia de software* anterior costuma ser tudo o que você precisa para o primeiro refinamento no processo de cima para baixo. Para prosseguir para o próximo nível de refinamento — isto é, o **segundo refinamento** — definimos variáveis específicas. Neste exemplo, precisamos de uma soma total dos números, uma contagem de quantos números foram processados, uma variável para receber o valor de cada nota à medida que é inserida pelo usuário e uma variável para armazenar a média calculada. A instrução de pseudocódigo

Inicialize as variáveis

pode ser refinada desta maneira:

Inicialize total como zero
Inicialize counter como zero

Somente as variáveis *total* e *counter* precisam ser inicializadas antes de serem utilizadas. As variáveis *average* e *grade* (para a média calculada e a entrada do usuário, respectivamente) não precisam ser inicializadas, uma vez que seus valores serão substituídos à medida que são calculados ou inseridos.

A instrução de pseudocódigo

Inserir, somar e contar as notas do teste

requer que a *repetição* insira sucessivamente cada nota. Não sabemos de antemão quantas notas serão inseridas, assim usaremos a repetição controlada por sentinela. O usuário insere as notas uma por vez. Depois de inserir a última nota, o usuário insere o valor de sentinela. O programa faz um teste para o valor de sentinela depois de cada nota ser inserida e termina o loop quando o usuário insere o valor de sentinela. O segundo refinamento da instrução de pseudocódigo precedente é então

```
Pede ao usuário que insira a primeira nota
Insere a primeira nota (possivelmente a sentinela)

Enquanto o usuário não inserir o sentinela
    Adicione essa nota à soma total
    Adicione um ao contador de notas
    Solicite que o usuário insira a próxima nota
    Insira a próxima nota (possivelmente a sentinela)
```

No pseudocódigo, *não* utilizamos chaves em torno das instruções que formam o corpo da estrutura *While*. Nós simplesmente recuamos as instruções abaixo da *While* para mostrar que pertencem à *While*. Novamente, o pseudocódigo é apenas um auxílio informal ao desenvolvimento de programa.

A instrução de pseudocódigo

Calcule e imprima a média da classe

pode ser refinada desta maneira:

```
Se o contador não for igual a zero
    Configure a média como o total dividido pelo contador
    Imprima a média
Caso contrário
    Imprima "Nenhuma nota foi inserida"
```

Precisamos ter cuidado aqui para testar a possibilidade de *divisão por zero* — um *erro de lógica*, se passar não detectado, resultaria em falha do programa ou produziria saída inválida. O segundo refinamento completo do pseudocódigo para o problema da média da classe é mostrado na Figura 4.9.

Dica de prevenção de erro 4.4

Ao realizar cálculos de divisão (/) ou resto (%) em que o operando à direita pode ser zero, teste e lide com isso (por exemplo, exibir uma mensagem de erro) em vez de permitir que o erro ocorra.

Nas figuras 4.7 e 4.9, incluímos linhas em branco e recuos no pseudocódigo para torná-lo mais legível. As linhas em branco separam os algoritmos em suas fases e configuram as instruções de controle; o recuo enfatiza os corpos das instruções de controle.

O algoritmo de pseudocódigo na Figura 4.9 resolve o problema da média de classe mais geral. Esse algoritmo foi desenvolvido depois de dois refinamentos. Às vezes, são necessários mais refinamentos.

Observação de engenharia de software 4.5

Termine o processo de refinamento passo a passo de cima para baixo quando tiver especificado o algoritmo de pseudocódigo em detalhes suficientes para você converter o pseudocódigo em Java. Normalmente, implementar o programa Java é então simples e direto.

Observação de engenharia de software 4.6

Alguns programadores não utilizam ferramentas de desenvolvimento de programa como pseudocódigo. Eles acreditam que seu objetivo final é resolver o problema em um computador e que escrever pseudocódigo só retarda a produção das saídas finais. Embora isso talvez funcione para problemas simples e conhecidos, pode levar a erros sérios e atrasos em projetos grandes e complexos.

```
Inicialize total como zero
Inicialize counter como zero

Solicite que o usuário insira a primeira nota
Insira a primeira nota (possivelmente o sentinela)

Enquanto o usuário não inserir o sentinela
    Adicione essa nota à soma total
    Adicione um ao contador de notas
    Solicite que o usuário insira a próxima nota
    Insira a próxima nota (possivelmente a sentinela)

Se o contador não for igual a zero
    Configure a média como o total dividido pelo contador
    Imprima a média
Caso contrário
    Imprima "Nenhuma nota foi inserida"
```

Figura 4.9 | Algoritmo em pseudocódigo do problema de média da classe com repetição controlada por sentinela.

Implementando a repetição controlada por sentinela

Na Figura 4.10, o método `main` (linhas 7 a 46) implementa o algoritmo de pseudocódigo da Figura 4.9. Embora cada nota seja um número inteiro, é provável que o cálculo da média produza um número com um *ponto decimal* — em outras palavras, um número real (ponto flutuante). O tipo `int` não pode representar esse número, portanto, essa classe utiliza o tipo `double` para fazer isso. Você também verá que as instruções de controle podem ser *empilhadas* uma sobre a outra (em sequência). A instrução `while` (linhas 22 a 30) é seguida na sequência por uma instrução `if...else` (linhas 34 a 45). A maior parte do código nesse programa é idêntica ao código da Figura 4.8; portanto, iremos nos concentrar nos novos conceitos.

```
1  // Figura 4.10: ClassAverage.java
2  // Resolvendo o problema da média da classe usando a repetição controlada por sentinela.
3  import java.util.Scanner; // programa utiliza a classe Scanner
4
5  public class ClassAverage
6  {
7     public static void main(String[] args)
8     {
9        // cria Scanner para obter entrada a partir da janela de comando
10       Scanner input = new Scanner(System.in);
11
12       // fase de inicialização
13       int total = 0; // incializa a soma das notas
14       int gradeCounter = 0; // inicializa o nº de notas inseridas até agora
15
16       // fase de processamento
17       // solicita entrada e lê a nota do usuário
18       System.out.print("Enter grade or -1 to quit: ");
19       int grade = input.nextInt();
20
21       // faz um loop até ler o valor de sentinela inserido pelo usuário
22       while (grade != -1)
23       {
24          total = total + grade; // adiciona grade a total
25          gradeCounter = gradeCounter + 1; // incrementa counter
26
27          // solicita entrada e lê a próxima nota fornecida pelo usuário
28          System.out.print("Enter grade or -1 to quit: ");
29          grade = input.nextInt();
30       }
31
32       // fase de término
33       // se usuário inseriu pelo menos uma nota...
34       if (gradeCounter != 0)
35       {
36          // usa número com ponto decimal para calcular média das notas
37          double average = (double) total / gradeCounter;
38
39          // exibe o total e a média (com dois dígitos de precisão)
40          System.out.printf("%nTotal of the %d grades entered is %d%n",
41             gradeCounter, total);
42          System.out.printf("Class average is %.2f%n", average);
43       }
44       else // nenhuma nota foi inserida, assim gera a saída da mensagem apropriada
45          System.out.println("No grades were entered");
46    }
47 } // fim da classe ClassAverage
```

```
Enter grade or -1 to quit: 97
Enter grade or -1 to quit: 88
Enter grade or -1 to quit: 72
Enter grade or -1 to quit: -1

Total of the 3 grades entered is 257
Class average is 85.67
```

Figura 4.10 | Resolvendo o problema da média da classe usando a repetição controlada por sentinela.

Lógica do programa para repetição controlada por sentinela versus *repetição controlada por contador*

A linha 37 declara a variável `double average`, que permite armazenar a média da classe como um número de ponto flutuante. A linha 14 inicializa `gradeCounter` como `0`, uma vez que nenhuma nota foi inserida ainda. Lembre-se de que esse programa utiliza a *repetição controlada por sentinela* para realizar a entrada das notas. Para manter um registro exato do número das notas inseridas, o programa incrementa `gradeCounter` somente quando o usuário insere uma nota válida.

Compare a lógica do programa para repetição controlada por sentinela nesse aplicativo com aquela para a repetição controlada por contador na Figura 4.8. Na repetição controlada por contador, cada iteração da instrução `while` (por exemplo, as linhas 17 a 23 da Figura 4.8) lê um valor do usuário, para o número especificado de iterações. Na repetição controlada por sentinela, o programa lê o primeiro valor (linhas 18 a 19 da Figura 4.10) antes de alcançar o `while`. Esse valor determina se o fluxo do programa de controle deve entrar no corpo do `while`. Se a condição do `while` for falsa, o usuário inseriu o valor de sentinela, portanto o corpo do `while` não é executado (isto é, nenhuma nota foi inserida). Se, por outro lado, a condição for *verdadeira*, o corpo inicia a execução e o loop adiciona o valor `grade` a `total` e incrementa `gradeCounter` (linhas 24 e 25). As linhas 28 e 29 no corpo do loop inserem então o próximo valor a partir do usuário. Em seguida, o controle do programa alcança a chave direita de fechamento do corpo do loop na linha 30, assim a execução continua com o teste da condição de `while` (linha 22). A condição utiliza a `grade` mais recente inserida pelo usuário para determinar se o corpo do loop deve executar novamente. O valor da variável `grade` é sempre a entrada do usuário imediatamente antes de o programa testar a condição `while`. Isso permite que o programa determine se o valor recém-inserido é o valor de sentinela *antes* de o programa processar esse valor (isto é, adiciona-o a `total`). Se o valor de sentinela for inserido, o loop termina e o programa não adiciona –1 a `total`.

Boa prática de programação 4.3

Em um loop controlado por sentinela, as instruções devem lembrar o usuário do sentinela.

Depois de o loop terminar, a instrução `if...else` nas linhas 34 a 45 é executada. A condição na linha 34 determina se uma nota qualquer foi inserida. Se nenhuma foi inserida, a parte `else` (linhas 44 e 45) da instrução `if...else` executa e exibe a mensagem `"No grades were entered"` e o método retorna o controle ao método de chamada.

Chaves em uma instrução `while`

Observe o *bloco* da instrução `while` na Figura 4.10 (linhas 23 a 30). Sem as chaves, o loop consideraria o seu corpo como sendo apenas a primeira instrução, o que adiciona `grade a total`. As últimas três instruções no bloco iriam cair fora do corpo do loop, fazendo com que o computador interprete o código incorretamente como a seguir:

```
while (grade != -1)
   total = total + grade; // adiciona grade a total
gradeCounter = gradeCounter + 1; // incrementa counter

// solicita entrada e lê a próxima nota fornecida pelo usuário
System.out.print("Enter grade or -1 to quit: ");
grade = input.nextInt();
```

O código anterior resultaria em um *loop infinito* no programa se o usuário não inserisse o sentinela `-1` na linha 19 (antes da instrução `while`).

Erro comum de programação 4.5

Omitir as chaves que delimitam um bloco pode levar a erros de lógica, como loops infinitos. Para evitar esse problema, alguns programadores incluem o corpo de cada instrução de controle dentro de chaves mesmo se o corpo contiver somente uma única instrução.

Conversão explícita e implícita entre tipos primitivos

Se pelo menos uma das notas foi inserida, a linha 37 da Figura 4.10 calcula a média das notas. Lembre-se de que na Figura 4.8 a divisão de inteiros fornece um resultado inteiro. Embora a variável `average` seja declarada como uma `double`, se tivéssemos escrito o cálculo da média como

```
double average = total / gradeCounter;
```

perderia a parte fracionária do quociente *antes* de o resultado da divisão ser atribuído a `average`. Isso ocorre porque `total` e `gradeCounter` são *ambos* inteiros e a divisão por inteiros fornece um resultado inteiro.

A maioria das médias não são números inteiros (por exemplo, 0, –22 e 1024). Por essa razão, calculamos a média da classe nesse exemplo como um número de ponto flutuante. Para realizar um cálculo de ponto flutuante com valores inteiros, devemos *temporariamente* tratar esses valores como números de ponto flutuante para utilização no cálculo. O Java fornece o **operador unário de coerção** para realizar essa tarefa. A linha 37 da Figura 4.10 utiliza o operador de coerção `(double)` — um operador unário — para criar uma cópia *temporária* de ponto flutuante do seu operando `total` (que aparece à direita do operador). A utilização de um operador de coerção dessa maneira é chamada de **conversão explícita** ou **coerção de tipos**. O valor armazenado em `total` ainda é um inteiro.

O cálculo agora consiste em um valor de ponto flutuante (a cópia `double` temporária de `total`) dividido pelo inteiro `gradeCounter`. O Java só pode avaliar expressões aritméticas em que os tipos dos operadores são *idênticos*. Para garantir isso, o Java executa uma operação chamada **promoção** (ou **conversão implícita)** nos operandos selecionados. Por exemplo, em uma expressão que contém valores `int` e `double`, os valores `int` são promovidos para valores `double` para uso na expressão. Nesse exemplo, o valor de `gradeCounter` é promovido para o tipo `double`, então a divisão de ponto flutuante é realizada e o resultado do cálculo é atribuído a `average`. Contanto que o operador de coerção `(double)` seja aplicado a *qualquer* variável no cálculo, o cálculo produzirá um resultado `double`. Mais adiante neste capítulo, discutiremos todos os tipos primitivos. Você aprenderá mais sobre as regras de promoção na Seção 6.7.

Erro comum de programação 4.6

Um operador de coerção pode ser utilizado para conversão entre tipos numéricos e primitivos, como `int` e `double` e entre tipos por referência relacionados (como discutiremos no Capítulo 10, Programação orientada a objetos: polimorfismo e interfaces). Aplicar uma coerção ao tipo errado pode causar erros de compilação ou erros de tempo de execução.

Um operador de conversão é formado colocando o nome de qualquer tipo entre parênteses. O operador é um **operador unário** (isto é, um operador que recebe somente um operando). O Java também suporta versões unárias de operadores de adição (+) e subtração (-), portanto você pode escrever expressões como `-7` ou `+5`. Os operadores de coerção são associados da ***direita para a esquerda*** e têm a mesma precedência que outros operadores unários como + unário e - unário. Essa precedência é um nível mais alto do que aquela dos **operadores multiplicativos** `*`, `/` e `%`. (Consulte a tabela de precedência de operadores no Apêndice A). Indicamos o operador de coerção com a notação `(`*tipo*`)` nas nossas tabelas de precedência para indicar que qualquer nome de tipo pode ser utilizado para formar um operador de coerção.

A linha 42 exibe a média da classe. Nesse exemplo, exibimos a média de classe *arredondada* para o centésimo mais próximo. O especificador de formato `%.2f` na string de controle de formato de `printf` indica que o valor da variável `average` deve ser exibido com dois dígitos de precisão à direita do ponto de fração decimal — indicado por `.2` no especificador de formato. As três notas inseridas durante a execução do exemplo `GradeBookTest` (Figura 4.10) totalizam 257, o que produz a média 85,666666.... O método `printf` utiliza a precisão no especificador de formato para arredondar o valor de acordo com o número especificado de dígitos. Nesse programa, a média é arredondada para a posição dos centésimos e é exibida como `85,67`.

Precisão de número de ponto flutuante

Números de ponto flutuante nem sempre são 100% precisos, mas eles têm inúmeras aplicações. Por exemplo, quando falamos de uma temperatura "normal" de corpo de 98,6°F, não precisamos ser tão precisos a ponto de envolver um grande número de dígitos. Quando lemos a temperatura de 98,6°F em um termômetro, ela pode, de fato, ser 98,5999473210643°F. Chamar simplesmente esse número de 98,6 serve para a maioria dos aplicativos que medem temperaturas de corpo.

Números de ponto flutuante muitas vezes surgem como resultado da divisão, como no cálculo da média da classe nesse exemplo. Na aritmética convencional, quando dividimos 10 por 3, o resultado é 3,3333333..., com a sequência de 3s repetindo-se infinitamente. O computador aloca apenas uma quantidade fixa de espaço para armazenar tal valor, portanto, evidentemente, o valor de ponto flutuante armazenado somente pode ser uma aproximação.

Em razão da natureza imprecisa dos números de ponto flutuante, o tipo `double` é preferido ao tipo `float`, porque as variáveis `double` podem representar números de ponto flutuante com mais exatidão. Por essa razão, utilizamos principalmente o tipo `double` por todo o livro. Em alguns aplicativos, a precisão das variáveis `float` e `double` será inadequada. Para números de ponto flutuante precisos (como aqueles exigidos por cálculos monetários), o Java fornece a classe `BigDecimal` (pacote `java.math`), que discutiremos no Capítulo 8.

Erro comum de programação 4.7

Utilizar números de ponto flutuante de uma maneira que sejam representados precisamente pode levar a resultados incorretos.

4.11 Formulando algoritmos: instruções de controle aninhadas

Para o próximo exemplo, mais uma vez, formulamos um algoritmo utilizando o pseudocódigo e o refinamento passo a passo de cima para baixo e escrevemos um programa Java correspondente. Vimos que as instruções de controle podem ser empilhadas umas sobre as outras (em sequência). Nesse estudo de caso, examinaremos a única outra maneira estruturada como instruções de controle podem ser conectadas — a saber, **aninhando** uma instrução de controle dentro de uma outra.

Considere a seguinte declaração do problema:

> *Uma faculdade oferece um curso que prepara os candidatos a obter licença estadual para corretores de imóveis. No ano passado, dez alunos que concluíram esse curso prestaram o exame. A universidade quer saber como*

foi o desempenho dos seus alunos nesse exame. Você foi contratado para escrever um programa que resuma os resultados. Para tanto, você recebeu uma lista desses 10 alunos. Ao lado de cada nome é escrito 1 se o aluno passou no exame ou 2 se o aluno foi reprovado.

Seu programa deve analisar os resultados do exame assim:

1. *Dê entrada a cada resultado do teste (isto é, um 1 ou um 2). Exiba a mensagem "Inserir resultado" na tela toda vez que o programa solicitar o resultado de outro teste.*
2. *Conte o número de cada tipo de resultado.*
3. *Exiba um resumo dos resultados do teste indicando o número de alunos aprovados e reprovados.*
4. *Se mais de oito estudantes forem aprovados no exame, imprima "Bonus to instructor!".*

Depois de ler a declaração do problema cuidadosamente, fazemos estas observações:

1. O programa deve processar resultados de teste para 10 alunos. Um loop controlado por contador pode ser utilizado, porque o número de resultados do teste é conhecido antecipadamente.
2. Cada resultado do teste tem um valor numérico — 1 ou 2. Toda vez que ler o resultado de um teste, o programa deve determinar se ele é 1 ou 2. Em nosso algoritmo, testamos se o número é 1. Se o número não for 1, supomos que ele seja 2. (O Exercício 4.24 considera as consequências dessa suposição.)
3. Dois contadores são utilizados para monitorar os resultados do exame — um para contar o número de alunos que foram aprovados no exame e outro para contar o número dos que foram reprovados.
4. Depois que o programa processou todos os resultados, ele deve decidir se mais de oito alunos foram aprovados no exame.

Vamos prosseguir com o refinamento passo a passo de cima para baixo (top-down stepwise). Iniciamos com uma representação do pseudocódigo da parte superior:

Analise os resultados do exame e decida se um bônus deve ser pago

Mais uma vez, o topo é uma representação *completa* do programa, mas vários refinamentos possivelmente serão necessários antes que o pseudocódigo possa ser naturalmente transformado em um programa Java.

Nosso primeiro refinamento é

Inicialize as variáveis
Insira os 10 resultados dos exames e conte as aprovações e reprovações
Imprima um resumo dos resultados do exame e decida se um bônus deve ser pago

Aqui, igualmente, mesmo tendo uma representação *completa* do programa inteiro, é necessário refinamento adicional. Agora empregamos variáveis específicas. Precisamos de contadores para registrar as aprovações e reprovações, de um contador para controlar o processo de loop e de uma variável para armazenar a entrada do usuário. A variável em que a entrada do usuário será armazenada *não* é inicializada no início do algoritmo, uma vez que seu valor é lido a partir da entrada fornecida pelo usuário durante cada iteração do loop.

A instrução de pseudocódigo

Inicialize as variáveis

pode ser refinada desta maneira:

Inicialize as aprovações como zero
Inicialize as reprovações como zero
Inicialize o contador de alunos como um

Observe que somente os contadores são inicializados no início do algoritmo.

A instrução de pseudocódigo

Insira os 10 resultados dos exames e conte as aprovações e reprovações

requer um loop que sucessivamente insere o resultado de cada exame. Sabemos antecipadamente que há precisamente 10 resultados de exame, portanto um loop controlado por contador é apropriado. Dentro do loop (isto é, *aninhado* no loop), uma estrutura de seleção dupla determinará se cada resultado de exame é uma aprovação ou uma reprovação e incrementará assim o contador apropriado. O refinamento da instrução de pseudocódigo precedente é então

```
Enquanto o contador de alunos for menor ou igual a 10
    Solicite que o usuário insira o próximo resultado de exame
    Insira o próximo resultado de exame
    Se o aluno foi aprovado
        Adicione um a aprovações
    Caso contrário
        Adicione um a reprovações
    Adicione um ao contador de aluno
```

Utilizamos linhas em branco para isolar a estrutura de controle *If...Else*, o que melhora a legibilidade.

A instrução de pseudocódigo

Imprimir um resumo dos resultados do exame e decidir se um bônus deve ser pago

pode ser refinada desta maneira:

```
Imprima o número de aprovações
Imprima o número de reprovações
Se mais de oito alunos forem aprovados
    Imprima "Bonus to instructor!"
```

Segundo refinamento completo do pseudocódigo e conversão para a classe `Analysis`

O segundo refinamento completo aparece na Figura 4.11. Note que as linhas em branco também são utilizadas para destacar a estrutura *While* para melhorar a legibilidade de programa. Esse pseudocódigo agora está suficientemente refinado para ser convertido em Java.

```
Inicialize as aprovações como zero
Inicialize as reprovações como zero
Inicialize o contador de alunos como um

Enquanto o contador de alunos for menor ou igual a 10
    Solicite que o usuário insira o próximo resultado de exame
    Insira o próximo resultado de exame

    Se o aluno foi aprovado
        Adicione um a aprovações
    Caso contrário
        Adicione um a reprovações

    Adicione um ao contador de aluno

Imprima o número de aprovações
Imprima o número de reprovações

Se mais de oito alunos forem aprovados
    Imprima "Bonus to instructor!"
```

Figura 4.11 | Pseudocódigo para o problema dos resultados do exame.

A classe Java que implementa o algoritmo de pseudocódigo e duas execuções de exemplo são apresentadas na Figura 4.12. As linhas 13, 14, 15 e 22 do `main` declaram as variáveis que são usadas para processar os resultados do exame.

Dica de prevenção de erro 4.5

Inicializar variáveis locais quando são declaradas ajuda a evitar quaisquer erros de compilação que poderiam surgir de tentativas para utilizar variáveis não inicializadas. Embora o Java não exija que as inicializações das variáveis locais sejam incorporadas a declarações, ele exige que variáveis locais sejam inicializadas antes de seus valores serem usados em uma expressão.

```java
// Figura 4.12: Analysis.java
// Análise dos resultados do exame utilizando instruções de controle aninhadas.
import java.util.Scanner; // classe utiliza a classe Scanner

public class Analysis
{
   public static void main(String[] args)
   {
      // cria Scanner para obter entrada a partir da janela de comando
      Scanner input = new Scanner(System.in);

      // inicializando variáveis nas declarações
      int passes = 0;
      int failures = 0;
      int studentCounter = 1;

      // processa 10 alunos utilizando o loop controlado por contador
      while (studentCounter <= 10)
      {
         // solicita ao usuário uma entrada e obtém valor fornecido pelo usuário
         System.out.print("Enter result (1 = pass, 2 = fail): ");
         int result = input.nextInt();

         // if...else está aninhado na instrução while
         if (result == 1)
            passes = passes + 1;
         else
            failures = failures + 1;

         // incrementa studentCounter até o loop terminar
         studentCounter = studentCounter + 1;
      }

      // fase de término; prepara e exibe os resultados
      System.out.printf("Passed: %d%nFailed: %d%n", passes, failures);

      // determina se mais de 8 alunos foram aprovados
      if (passes > 8)
         System.out.println("Bonus to instructor!");
   }
} // fim da classe Analysis
```

```
Enter result (1 = pass, 2 = fail): 1
Enter result (1 = pass, 2 = fail): 2
Enter result (1 = pass, 2 = fail): 1
Enter result (1 = pass, 2 = fail): 1
Enter result (1 = pass, 2 = fail): 1
Enter result (1 = pass, 2 = fail): 1
Enter result (1 = pass, 2 = fail): 1
Enter result (1 = pass, 2 = fail): 1
Enter result (1 = pass, 2 = fail): 1
Enter result (1 = pass, 2 = fail): 1
Passed: 9
Failed: 1
Bonus to instructor!
```

```
Enter result (1 = pass, 2 = fail): 1
Enter result (1 = pass, 2 = fail): 2
Enter result (1 = pass, 2 = fail): 1
Enter result (1 = pass, 2 = fail): 2
Enter result (1 = pass, 2 = fail): 1
Enter result (1 = pass, 2 = fail): 2
Enter result (1 = pass, 2 = fail): 2
Enter result (1 = pass, 2 = fail): 1
Enter result (1 = pass, 2 = fail): 1
Enter result (1 = pass, 2 = fail): 1
Passed: 6
Failed: 4
```

Figura 4.12 | Análise dos resultados do exame utilizando instruções de controle aninhadas.

A instrução `while` (linhas 18 a 32) faz um loop 10 vezes. Durante cada iteração, o loop insere e processa um dos resultados do exame. Observe que a instrução `if...else` (linhas 25 a 28) para processar cada resultado é ***aninhada*** na instrução `while`. Se o `result` for `1`, a instrução `if...else` incrementa `passes`; caso contrário, ela supõe que `result` é `2` e incrementa `failures`. A linha 31 incrementa `studentCounter` antes de a condição de loop ser testada novamente na linha 18. Depois que 10 valores foram inseridos, o loop termina e a linha 35 exibe o número de `passes` e o número de `failures`. A instrução `if` nas linhas 38 e 39 determina se mais de oito alunos foram aprovados no exame e, se foram, gera saída da mensagem `"Bonus to instructor!"`.

A Figura 4.12 mostra a entrada e a saída de duas execuções de exemplo do programa. Durante a primeira, a condição na linha 38 do método `main` é `true` — mais de oito alunos passaram no exame, assim o programa gera uma mensagem de bônus para o instrutor.

4.12 Operadores de atribuição compostos

Os **operadores de atribuição compostos** abreviam expressões de atribuição. Instruções como

variável = *variável* *operador* *expressão*;

onde *operador* é um dos operadores binários +, -, *, / ou % (ou outros que discutiremos mais adiante no texto), pode ser escrita na forma

variável *operando* = *expressão*;

Por exemplo, você pode abreviar a instrução

```
c = c + 3;
```

com o **operador composto de atribuição de adição**, +=, como

```
c += 3;
```

O operador += adiciona o valor da expressão na sua direita ao valor da variável na sua esquerda e armazena o resultado na variável no lado esquerdo do operador. Portanto, a expressão de atribuição `c += 3` adiciona `3` a `c`. A Figura 4.13 mostra os operadores de atribuição compostos aritméticos, expressões de exemplo que utilizam os operadores e explicações do que os operadores fazem.

Operador de atribuição	Expressão de exemplo	Explicação	Atribuições
Suponha: `int c = 3, d = 5, e = 4, f = 6, g = 12;`			
+=	`c += 7`	`c = c + 7`	10 a c
-=	`d -= 4`	`d = d - 4`	1 a d
*=	`e *= 5`	`e = e * 5`	20 a e
/=	`f /= 3`	`f = f / 3`	2 a f
%=	`g %= 9`	`g = g % 9`	3 a g

Figura 4.13 | Operadores de atribuição compostos aritméticos.

4.13 Operadores de incremento e decremento

O Java fornece dois operadores unários (resumidos na Figura 4.14) para adicionar 1 ou subtrair 1 do valor de uma variável numérica. Esses são os **operadores de incremento** unários, ++, e os **operadores de decremento** unários, --. Um programa pode incrementar por 1 o valor de uma variável chamada `c` utilizando o operador de incremento, ++, em vez da expressão `c = c + 1` ou `c += 1`. Um operador de incremento ou de decremento que é colocado antes de uma variável é chamado de **operador de pré-incremento** ou **operador de pré-decremento**, respectivamente. Um operador de incremento ou de decremento que é colocado depois de uma variável é chamado de **operador de pós-incremento** ou **operador de pós-decremento**, respectivamente.

Operador	Nome do operador	Exemplo	Explicação
++	pré-incremento	`++a`	Incrementa `a` por 1, então utiliza o novo valor de `a` na expressão em que `a` reside.
++	pós-incremento	`a++`	Usa o valor atual de `a` na expressão em que `a` reside, então incrementa `a` por 1.
--	pré-decremento	`--b`	Decrementa `b` por 1, então utiliza o novo valor de `b` na expressão em que `b` reside.
--	pós-decremento	`b--`	Usa o valor atual de `b` na expressão em que `b` reside, então decrementa `b` por 1.

Figura 4.14 | Operadores de incremento e decremento.

Utilizar o operador de pré-incremento (ou de pré-decremento) para adicionar (ou subtrair) 1 de uma variável é conhecido como **pré-incrementar** (ou **pré-decrementar**). Isso faz com que a variável seja incrementada (decrementada) por 1; então o novo valor da variável é utilizado na expressão em que ela aparece. Utilizar o operador de pós-incremento (ou pós-decremento) para adicionar (ou subtrair) 1 de uma variável é conhecido como **pós-incrementar** (ou **pós-decrementar**). Isso faz com que o valor atual da variável seja utilizado na expressão em que ele aparece, então o valor da variável é incrementado (decrementado) por 1.

Boa prática de programação 4.4

Diferentemente dos operadores binários, os operadores de incremento e decremento unários devem ser colocados ao lado dos seus operandos, sem espaços no meio.

Diferença entre operadores de pré-incremento e operadores de pós-incremento

A Figura 4.15 demonstra a diferença entre as versões de pré-incremento e de pós-incremento do operador de incremento ++. O operador de decremento (--) funciona de forma semelhante.

A linha 9 inicializa a variável c como 5 e a linha 10 gera a saída do valor inicial da c. A linha 11 gera a saída do valor da expressão c++. Essa expressão pós-incrementa a variável c, assim o valor *original* de c (5) é enviado para a saída e, então, o valor de c é incrementado (para 6). Portanto, a linha 11 gera a saída do valor inicial de c (5) novamente. A linha 12 gera a saída do novo valor de c (6) para provar que o valor da variável foi de fato incrementado na linha 11.

A linha 17 reinicializa o valor da c como 5 e a linha 18 envia o valor de c para a saída. A linha 19 gera a saída do valor da expressão ++c. Essa expressão pré-incrementa c, assim seu valor é incrementado; então, o *novo* valor (6) é enviado para a saída. A linha 20 gera a saída do valor de c novamente para mostrar que o valor de c ainda é 6 depois que a linha 19 é executada.

```
1  // Figura 4.15: Increment.java
2  // Operadores de pré-incremento e de pós-incremento.
3
4  public class Increment
5  {
6     public static void main(String[] args)
7     {
8        // demonstra o operador de pós-incremento
9        int c = 5;
10       System.out.printf("c before postincrement: %d%n", c); // imprime 5
11       System.out.printf("    postincrementing c: %d%n", c++); // imprime 5
12       System.out.printf(" c after postincrement: %d%n", c); // imprime 6
13
14       System.out.println(); // pula uma linha
15
16       // demonstra o operador de pré-incremento
17       c = 5;
18       System.out.printf(" c before preincrement: %d%n", c); // imprime 5
19       System.out.printf("     preincrementing c: %d%n", ++c); // imprime 6
20       System.out.printf("  c after preincrement: %d%n", c); // imprime 6
21    }
22 } // fim da classe Increment
```

```
c before postincrement: 5
    postincrementing c: 5
 c after postincrement: 6

 c before preincrement: 5
     preincrementing c: 6
  c after preincrement: 6
```

Figura 4.15 | Operadores de pré-incremento e pós-incremento.

Simplificando instruções com a atribuição composta aritmética e com operadores de incremento e decremento

Os operadores aritméticos compostos de atribuição e os operadores de incremento e decremento podem ser utilizados para simplificar as instruções de um programa. Por exemplo, as três instruções de atribuição na Figura 4.12 (linhas 26, 28 e 31)

```
passes = passes + 1;
failures = failures + 1;
studentCounter = studentCounter + 1;
```

podem ser escritas mais concisamente com operadores de atribuição compostos como

```
passes += 1;
failures += 1;
studentCounter += 1;
```

com operadores de pré-incremento como

```
++passes;
++failures;
++studentCounter;
```

ou com operadores de pós-incremento como

```
passes++;
failures++;
studentCounter++;
```

Ao incrementar ou decrementar uma variável em uma instrução isolada, as formas de pré-incremento ou pós-incremento têm o *mesmo* efeito, assim como as formas de pré-decremento ou pós-decremento têm o *mesmo* efeito. Apenas quando uma variável aparece no contexto de uma expressão maior é que pré-incrementar e pós-incrementar a variável tem efeitos diferentes (e correspondentemente para pré-decrementar e pós-decrementar).

Erro comum de programação 4.8

Tentar utilizar o operador de incremento ou decremento em uma expressão diferente daquela a que um valor pode ser atribuído é um erro de sintaxe. Por exemplo, escrever `++(x + 1)` *é um erro de sintaxe, porque* `(x + 1)` *não é uma variável.*

Precedência e associatividade de operador

A Figura 4.16 mostra a precedência e a associatividade dos operadores que apresentamos. Eles são mostrados de cima para baixo em ordem decrescente de precedência. A segunda coluna descreve a associatividade dos operadores em cada nível de precedência. O operador condicional (`?:`); os operadores unários de incremento (`++`), decremento (`--`), adição (`+`) e de subtração (`-`); os operadores de coerção e os de atribuição `=`, `+=`, `-=`, `*=`, `/=` e `%=` associam da *direita para a esquerda*. Todos os outros operadores na tabela de precedência de operadores na Figura 4.16 associam da esquerda para a direita. A terceira coluna lista o tipo de cada grupo de operadores.

Boa prática de programação 4.5

Consulte a tabela de precedência e associatividade de operadores (Anexo A) ao escrever expressões que contêm muitos operadores. Confirme se os operadores na expressão são realizados na ordem em que você espera. Se não tiver certeza da ordem de avaliação em uma expressão complexa, divida a expressão em instruções menores ou use parênteses para forçar a ordem da avaliação, exatamente como faria em uma expressão algébrica. Certifique-se de observar que alguns operadores como atribuição (=) se associam da direita para a esquerda, em vez de da esquerda para a direita.

Operadores	Associatividade	Tipo
`++` `--`	da direita para a esquerda	unário pós-fixo
`++` `--` `+` `-` (*tipo*)	da direita para a esquerda	unário pré-fixo
`*` `/` `%`	da esquerda para a direita	multiplicativo
`+` `-`	da esquerda para a direita	aditivo
`<` `<=` `>` `>=`	da esquerda para a direita	relacional
`==` `!=`	da esquerda para a direita	igualdade
`?:`	da direita para a esquerda	ternário condicional
`=` `+=` `-=` `*=` `/=` `%=`	da direita para a esquerda	atribuição

Figura 4.16 | Precedência e associatividade dos operadores discutidos até agora.

4.14 Tipos primitivos

A tabela no Apêndice D lista os oito tipos primitivos em Java. Como ocorre com suas linguagens predecessoras, C e C++, o Java requer que todas as variáveis tenham um tipo. Por essa razão, o Java é referido como **linguagem fortemente tipada**.

Em C e C++, os programadores frequentemente têm de escrever versões separadas dos programas a fim de que ele suporte diferentes plataformas de computador, uma vez que não há garantia de que tipos primitivos sejam idênticos entre um computador e outro. Por exemplo, um `int` em uma máquina pode ser representado por 16 bits (2 bytes) de memória, em uma segunda máquina por 32 bits (4 bytes) e em outra máquina por 64 bits (8 bytes). No Java, valores `int` são sempre de 32 bits (4 bytes).

Dica de portabilidade 4.1

Os tipos primitivos em Java são portáveis entre todas as plataformas de computador que suportam Java.

Cada tipo no Apêndice D é listado com seu tamanho em bits (há oito bits em um byte) e seu intervalo de valores. Como os projetistas do Java querem assegurar a portabilidade, eles utilizam padrões internacionalmente reconhecidos para os dois formatos de caracteres (Unicode; para informações adicionais, visite `www.unicode.org`) e números de ponto flutuante (IEEE 754; para informações adicionais, visite `grouper.ieee.org/groups/754/`).

Lembre-se da Seção 3.2: as variáveis dos tipos primitivos declaradas fora de um método como campos de uma classe recebem *automaticamente valores padrão, a menos que sejam explicitamente inicializadas*. As variáveis de instância dos tipos `char`, `byte`, `short`, `int`, `long`, `float` e `double` recebem o valor `0` por padrão. Atribui-se às variáveis de instância do tipo `boolean` o valor `false` por padrão. As variáveis de instância do tipo por referência são inicializadas por padrão para o valor `null`.

4.15 (Opcional) Estudo de caso de GUIs e imagens gráficas: criando desenhos simples

Um recurso atraente do Java é o suporte a gráficos, que permite aprimorar os aplicativos visualmente. Agora introduziremos uma das capacidades gráficas do Java — desenhar linhas. Ela também aborda os princípios básicos da criação de uma janela para exibir um desenho na tela do computador.

Sistema de coordenadas do Java

Para desenhar em Java, você deve primeiro entender o **sistema de coordenadas** do Java (Figura 4.17), um esquema para identificar pontos na tela. Por padrão, o canto superior esquerdo de um componente da GUI tem as coordenadas (0, 0). Um par de coordenadas é composto de uma **coordenada *x*** (a **coordenada horizontal**) e uma **coordenada *y*** (a **coordenada vertical**). A coordenada *x* é a localização horizontal que se estende *da esquerda para a direita*. A coordenada *y* é a localização vertical que se estende de *cima para baixo*. O **eixo *x*** descreve cada coordenada horizontal e o **eixo *y***, cada coordenada vertical. As coordenadas indicam onde elementos gráficos devem ser exibidos em uma tela. Unidades coordenadas são medidas em **pixels**. O termo pixel significa "picture element" (elemento de imagem). Um pixel é a menor unidade de exibição da resolução do monitor.

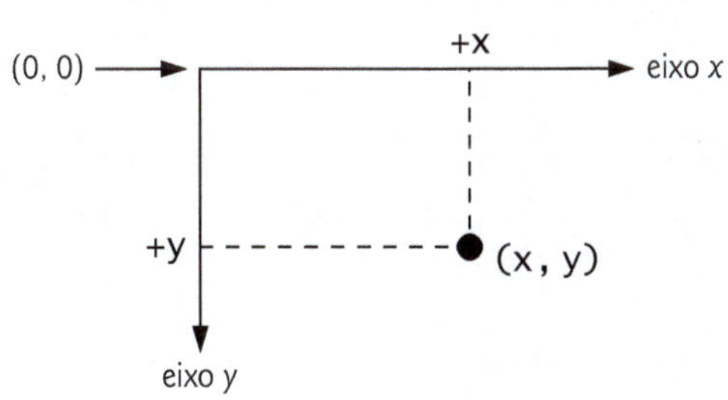

Figura 4.17 | Sistema de coordenadas Java. As unidades são medidas em pixels.

Primeiro aplicativo de desenho

Nosso primeiro aplicativo de desenho simplesmente desenha duas linhas. A classe `DrawPanel` (Figura 4.18) realiza o desenho real, enquanto a classe `DrawPanelTest` (Figura 4.19) cria uma janela para exibir o desenho. Na classe `DrawPanel`, as instruções `import` nas linhas 3 a 4 permitem utilizar a classe `Graphics` (do pacote `java.awt`), que fornece vários métodos para desenhar texto e formas na tela, e a classe `JPanel` (do pacote `javax.swing`), que fornece uma área em que podemos desenhar.

```java
// Figura 4.18: DrawPanel.java
// Utilizando DrawLine para conectar os cantos de um painel.
import java.awt.Graphics;
import javax.swing.JPanel;

public class DrawPanel extends JPanel
{
   // desenha um X a partir dos cantos do painel
   public void paintComponent(Graphics g)
   {
      // chama paintComponent para assegurar que o painel é exibido corretamente
      super.paintComponent(g);

      int width = getWidth(); // largura total
      int height = getHeight(); // altura total

      // desenha uma linha a partir do canto superior esquerdo até o inferior direito
      g.drawLine(0, 0, width, height);

      // desenha uma linha a partir do canto inferior esquerdo até o superior direito
      g.drawLine(0, height, width, 0);
   }
} // fim da classe DrawPanel
```

Figura 4.18 | Utilizando `drawLine` para conectar os cantos de um painel.

```java
// Figura 4.19: DrawPanelTest.java
// Criando JFrame para exibir um DrawPanel.
import javax.swing.JFrame;

public class DrawPanelTest
{
   public static void main(String[] args)
   {
      // cria um painel que contém nosso desenho
      DrawPanel panel = new DrawPanel();

      // cria um novo quadro para armazenar o painel
      JFrame application = new JFrame();

      // configura o frame para ser encerrado quando ele é fechado
      application.setDefaultCloseOperation(JFrame.EXIT_ON_CLOSE);

      application.add(panel); // adiciona o painel ao frame
      application.setSize(250, 250); // configura o tamanho do frame
      application.setVisible(true); // torna o frame visível
   }
} // fim da classe DrawPanelTest
```

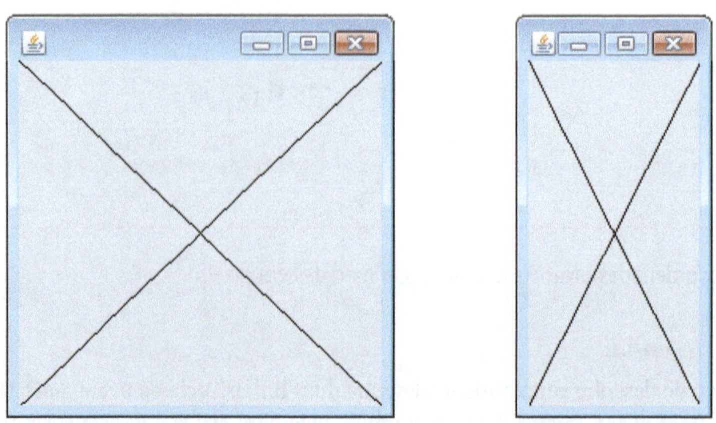

Figura 4.19 | Criando `JFrame` para exibir `DrawPanel`.

A linha 6 da Figura 4.18 utiliza a palavra-chave **extends** para indicar que a classe `DrawPanel` é um tipo aprimorado de `JPanel`. A palavra-chave `extends` representa o relacionamento conhecido como *herança*, no qual nossa nova classe `DrawPanel` inicia com os membros existentes (dados e métodos) a partir da classe `JPanel`. A classe a partir da qual `DrawPanel` **herda**, `JPanel`, aparece à direita da palavra-chave `extends`. Nessa relação de herança, `JPanel` é chamado de **superclasse** e `DrawPanel` é chamado de **subclasse**. Isso resulta em uma classe `DrawPanel` com os atributos (dados) e comportamentos (métodos) da classe `JPanel`, bem como os novos recursos que estamos adicionando à nossa declaração da classe `DrawPanel` — especificamente, a capacidade de desenhar duas linhas ao longo das diagonais do painel. A herança é explicada detalhadamente no Capítulo 9. Por enquanto, você deve simular nossa classe `DrawPanel` criando os seus próprios programas gráficos.

Método `paintComponent`

Todo `JPanel`, incluindo nosso `DrawPanel`, contém um método **`paintComponent`** (linhas 9 a 22), que o sistema chama automaticamente sempre que precisa exibir o `DrawPanel`. O método `paintComponent` deve ser declarado conforme mostrado na linha 9 — caso contrário, o sistema não o chamará. Esse método é chamado quando um `JPanel` é exibido na tela pela primeira vez, quando é *ocultado* e então *exibido* por uma janela na tela e quando a janela em que aparece é *redimensionada*. O método `paintComponent` requer um argumento, um objeto de `Graphics`, que é oferecido pelo sistema quando ele chama `paintComponent`. Esse objeto `Graphics` é usado para desenhar linhas, retângulos, ovais e outros elementos gráficos.

A primeira instrução em cada método `paintComponent` que você cria sempre deve ser

```
super.paintComponent(g);
```

que assegura que o painel seja exibido corretamente antes de começarmos a desenhá-lo. Em seguida, as linhas 14 e 15 chamam os métodos que a classe `DrawPanel` herda de `JPanel`. Como `DrawPanel` estende `JPanel`, `DrawPanel` pode utilizar alguns métodos `public` de `JPanel`. Os métodos **`getWidth`** e **`getHeight`** retornam a largura e a altura de `JPANEL`, respectivamente. As linhas 14 e 15 armazenam esses valores nas variáveis locais `width` e `height`. Por fim, as linhas 18 e 21 utilizam a variável `g` de `Graphics` para chamar o método **`drawLine`** a fim de desenhar as duas linhas. O método `drawLine` desenha uma linha entre dois pontos representados pelos seus quatro argumentos. Os dois primeiros argumentos são as *coordenadas x* e *y* para uma extremidade, e os dois últimos argumentos são as coordenadas para a outra extremidade. Se você *redimensionar* a janela, as linhas serão *dimensionadas* de maneira correspondente, uma vez que os argumentos estão baseados na largura e altura do painel. Redimensionar a janela nesse aplicativo resulta em uma chamada de sistema `paintComponent` para *redesenhar* o conteúdo de `DrawPanel`.

Classe `DrawPanelTest`

Para exibir a `DrawPanel` na tela, você deve colocá-la em uma janela. Você cria uma janela com um objeto da classe **`JFrame`**. Em `DrawPanelTest.java` (Figura 4.19), a linha 3 importa a classe `JFrame` a partir do pacote `javax.swing`. A linha 10 em `main` cria um objeto `DrawPanel`, que contém nosso desenho, e a linha 13 cria um novo `JFrame` que pode armazenar e exibir o nosso painel. A linha 16 chama o método `JFrame` **`setDefaultCloseOperation`** com o argumento **`JFrame.EXIT_ON_CLOSE`** para indicar que o aplicativo deve terminar quando o usuário fecha a janela. A linha 18 usa o **método `add`** da classe `JFrame` para *anexar* o `DrawPanel` a `JFrame`. A linha 19 configura o *tamanho* da `JFrame`. O método **`setSize`** recebe dois parâmetros que representam a largura e a altura da `JFrame`, respectivamente. Por fim, a linha 20 *exibe* `JFrame` chamando seu **método `setVisible`** com o argumento `true`. Quando a `JFrame` é exibida, o método `paintComponent` de `DrawPanel` (linhas 9 a 22 da Figura 4.18) é implicitamente chamado e as duas linhas são desenhadas (veja as saídas de exemplo na Figura 4.19). Tente redimensionar a janela para ver que as linhas sempre são desenhadas com base na largura e altura atual da janela.

Exercícios do estudo de caso sobre GUIs e imagens gráficas

4.1 Utilizar loops e instruções de controle para desenhar linhas pode levar a muitos projetos interessantes.

a) Crie o projeto na captura de tela esquerda da Figura 4.20. Esse projeto desenha linhas do canto superior esquerdo, estendendo-as até que cubram a metade superior esquerda do painel. Uma abordagem é dividir a largura e altura em um número igual de passos (descobrimos que 15 passos funcionam bem). A primeira extremidade de uma linha sempre estará no canto superior esquerdo (0, 0).

   A segunda extremidade pode ser encontrada iniciando no canto inferior esquerdo e movendo-se para cima em um passo vertical e para a direita em um passo horizontal. Desenhe uma linha entre as duas extremidades. Continue movendo-se para cima e para o passo à direita a fim de encontrar cada extremidade sucessiva. A figura deve ser dimensionada de maneira correspondente à medida que você redimensiona a janela.

b) Modifique sua resposta da parte (a) para que as linhas se estendam dos quatro cantos, como mostrado na captura de tela da direita na Figura 4.20. As linhas de cantos opostos devem se cruzar no meio.

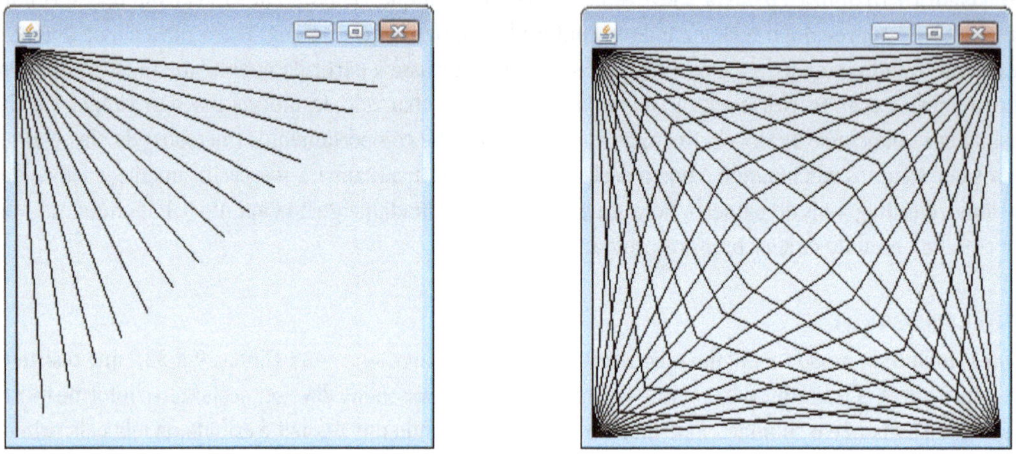

Figura 4.20 | As linhas que se estendem a partir de um canto.

4.2 A Figura 4.21 exibe dois projetos adicionais criados utilizando-se loops `while` e `drawLine`.

a) Crie o projeto na captura de tela da esquerda na Figura 4.21. Comece dividindo cada borda em um número igual de incrementos (escolhemos 15 novamente). A primeira linha inicia no canto superior esquerdo e termina um passo à direita na extremidade inferior. Para cada linha sucessiva, move-se para baixo um incremento na borda esquerda e um incremento para a direita na borda inferior. Continue desenhando linhas até alcançar o canto inferior direito. A figura deve ser dimensionada à medida que você redimensiona a janela, de modo que as extremidades sempre toquem as bordas.

b) Modifique sua resposta da parte (a) para espelhar o projeto em todos os quatro cantos, como mostrado na captura de tela da direita na Figura 4.21.

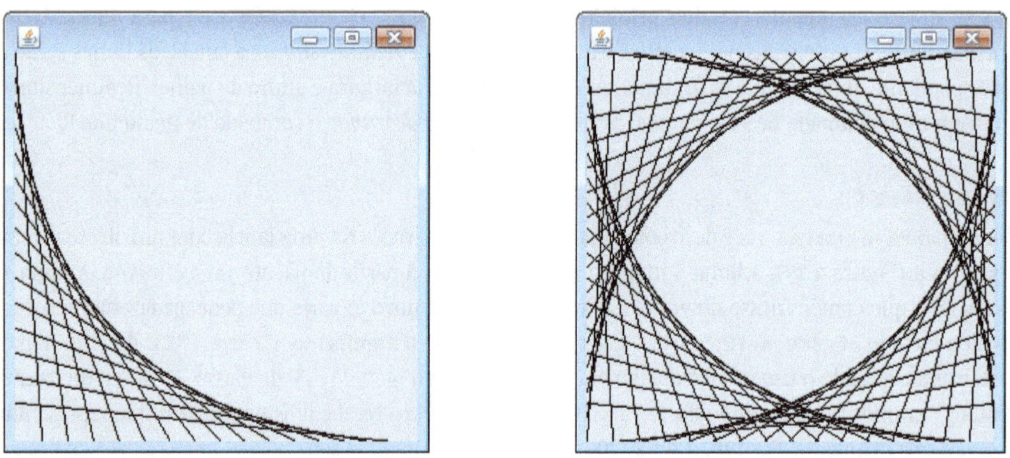

Figura 4.21 | Desenho de linhas com loops e `drawLine`.

4.16 Conclusão

Este capítulo apresentou a solução de problema básico para construir classes e desenvolver métodos para essas classes. Demonstramos como construir um algoritmo (isto é, uma abordagem para resolver um problema) e como refinar o algoritmo por meio de várias fases de desenvolvimento do pseudocódigo, resultando em código Java que pode ser executado como parte de um método. O capítulo mostrou como utilizar o refinamento passo a passo de cima para baixo a fim de planejar as ações específicas de método e a ordem em que o método deve realizar essas ações.

Somente três tipos de estruturas de controle — sequência, seleção e repetição — são necessários para desenvolver quaisquer algoritmos de solução de problemas. Especificamente, este capítulo demonstrou a instrução de seleção única `if`, a instrução de seleção dupla `if...else` e a instrução de repetição `while`. Estas são alguns dos blocos de construção utilizados para construir soluções para muitos problemas. Utilizamos o empilhamento de instruções de controle para totalizar e calcular a média de um conjunto de notas de alunos com a repetição controlada por contador e por sentinela e usamos o aninhamento de instruções de controle para analisar e tomar decisões com base em um conjunto de resultados de um exame. Apresentamos os operadores de atribuição compostos do Java e seus operadores de incremento e decremento. Por fim, discutimos os tipos primitivos do Java. No Capítulo 5, continuaremos nossa discussão sobre as instruções de controle, introduzindo as instruções `for`, `do...while` e `switch`.

Resumo

Seção 4.1 Introdução

- Antes de escrever um programa para resolver um problema, você deve ter um entendimento completo do problema e uma abordagem cuidadosamente planejada para resolvê-lo. Você também deve entender os blocos de construção que estão disponíveis e empregar técnicas de construção do programa comprovadas.

Seção 4.2 Algoritmos

- Qualquer problema de computação pode ser resolvido executando uma série de ações em uma ordem específica.
- O procedimento para resolver um problema em termos das ações a serem executadas e da ordem em que são executadas é chamado algoritmo.
- Especificar a ordem em que as instruções são executadas em um programa chama-se controle de programa.

Seção 4.3 Pseudocódigo

- Pseudocódigo é uma linguagem informal que ajuda a desenvolver algoritmos sem se preocupar com os estritos detalhes da sintaxe da linguagem Java.
- O pseudocódigo que usamos neste livro é simples — ele é conveniente e fácil de usar, mas não é uma linguagem de programação de computador real. Naturalmente, você pode usar seu próprio idioma nativo para desenvolver seu pseudocódigo.
- O pseudocódigo ajuda você a "estudar" um programa antes de tentar escrevê-lo em uma linguagem de programação como Java.
- O pseudocódigo cuidadosamente preparado pode ser facilmente convertido em um programa Java correspondente.

Seção 4.4 Estruturas de controle

- Normalmente, instruções em um programa são executadas uma após a outra na ordem em que são escritas. Esse processo é chamado execução sequencial.
- Várias instruções Java permitem a você especificar que a próxima instrução a executar não seja necessariamente a próxima na sequência. Isso é chamado transferência de controle.
- Bohm e Jacopini demonstraram que todos os programas poderiam ser escritos em termos de somente três tipos de estruturas de controle — a estrutura de sequência, a estrutura de seleção e a estrutura de repetição.
- O termo "estruturas de controle" vem do campo das ciências da computação. A *Java Language Specification* refere-se a "estruturas de controle" como "instruções de controle".
- A estrutura de sequência está incorporada ao Java. A não ser que seja instruído de outra forma, o computador executa as instruções Java uma depois da outra na ordem em que elas são escritas — isto é, em sequência.
- Em qualquer lugar que uma ação única pode ser colocada, várias ações podem ser colocadas em sequência.
- Diagramas de atividades fazem parte da UML. Um diagrama de atividades modela o fluxo de trabalho (também chamado atividade) de uma parte de um sistema de software.
- Os diagramas de atividades são compostos de símbolos — como símbolos de estado de ação, losangos e pequenos círculos — que são conectados por setas de transição, as quais representam o fluxo da atividade.
- Os estados de ação contêm expressões de ação que especificam determinadas ações a ser realizadas.
- As setas em um diagrama de atividades representam transições, que indicam a ordem em que ocorrem as ações representadas pelos estados da ação.
- O círculo sólido localizado na parte superior de um diagrama de atividade representa o estado inicial da atividade — o começo do fluxo de trabalho antes de o programa realizar as ações modeladas.
- O círculo sólido cercado por um círculo vazio que aparece na parte inferior do diagrama representa o estado final — o fim do fluxo de trabalho depois que o programa realiza suas ações.
- Os retângulos com o canto superior direito dobrados são notas da UML — observações explicativas que descrevem o objetivo dos símbolos no diagrama.
- O Java tem três tipos de instruções de seleção.
- A instrução de seleção única `if` escolhe ou ignora uma ou mais ações.
- A instrução de seleção dupla `if...else` seleciona entre duas ações ou grupos de ações.
- A instrução `switch` é chamada de instrução de seleção múltipla, uma vez que seleciona entre muitas ações diferentes (ou grupos de ações).

- O Java fornece as instruções de repetição `while`, `do...while` e `for` (também chamada iteração ou loop), que permitem que programas executem instruções repetidamente enquanto uma condição de continuação de loop permanece verdadeira.
- As instruções `while` e `for` realizam a(s) ação(ões) no seu zero de corpos ou mais horas — se a condição de continuação do loop for inicialmente falsa, a(s) ação(ões) não serão executadas. A instrução `do...while` realiza a(s) ação(ões) no seu corpo uma ou várias horas.
- As palavras `if`, `else`, `switch`, `while`, `do` e `for` são palavras-chave Java. As palavras-chave não podem ser utilizadas como identificadores, por exemplo, nos nomes de variáveis.
- Cada programa é formado combinando o número de instruções de sequência, seleção e de repetição, conforme apropriado no algoritmo que o programa implementa.
- As instruções de controle de entrada única/saída única são anexadas uma a outra conectando o ponto de saída de uma instrução ao ponto de entrada da instrução seguinte. Isso é conhecido como empilhamento de instruções de controle.
- Uma instrução de controle também pode ser aninhada dentro de outra instrução de controle.

Seção 4.5 A instrução de seleção única `if`

- Os programas utilizam instruções de seleção para escolher entre cursos alternativos de ações.
- O diagrama de atividade da instrução `if` de seleção única contém o símbolo de losango, que indica que uma decisão deve ser tomada. O fluxo de trabalho segue um caminho determinado pelas condições de guarda associadas do símbolo. Se uma condição de guarda for verdadeira, o fluxo de trabalho entra no estado de ação para o qual a seta de transição correspondente aponta.
- A instrução `if` é uma instrução de controle de uma única entrada e uma única saída.

Seção 4.6 Instrução de seleção dupla `if...else`

- A instrução `if` de seleção única só realiza uma ação indicada quando a condição for `true`.
- A instrução de seleção dupla `if...else` executa uma ação quando a condição é verdadeira e outra ação quando a condição é falsa.
- Um programa pode testar múltiplos casos com instruções `if...else` aninhadas.
- O operador condicional (`?:`) é único operador ternário do Java — ele leva três operandos. Juntos, os operandos e o símbolo `?:` formam uma expressão condicional.
- O compilador Java sempre associa um `else` com o `if` imediatamente precedente, a menos que seja instruído a fazer de outro modo pela colocação de chaves (`{}`).
- O enunciado `if` espera uma instrução no seu corpo. Para incluir várias instruções no corpo de uma `if` (ou no corpo de um `else` de uma instrução `if...else`), inclua as instruções dentro de chaves (`{` e `}`).
- Um bloco de instruções pode ser colocado em qualquer lugar em que uma instrução única pode ser inserida.
- O efeito de um erro de lógica ocorre em tempo de execução. Um erro fatal de lógica faz com que um programa falhe e finalize prematuramente. Um erro de lógica não fatal permite a um programa continuar a executar, mas faz com que produza resultados incorretos.
- Assim como um bloco pode ser colocado em qualquer lugar em que uma instrução única pode ser colocada, você também pode utilizar uma instrução vazia, representada colocando-se um ponto e vírgula (`;`) onde normalmente entraria uma instrução.

Seção 4.8 Instrução de repetição `while`

- A instrução de repetição `while` permite especificar que um programa deve repetir uma ação enquanto alguma condição permanecer verdadeira.
- O símbolo de agregação da UML une dois fluxos de atividade em um único.
- Os símbolos de decisão e agregação podem ser distinguidos pelo número de setas de transição que entram e saem. Um símbolo de decisão contém uma seta de transição apontando para o losango e duas ou mais setas de transição apontando a partir do losango para indicar possíveis transições a partir desse ponto. Cada seta de transição que sai de um símbolo de decisão tem uma condição de guarda. Um símbolo de agregação contém duas ou mais setas de transição apontando para o losango e somente uma seta de transição apontando a partir do losango, para indicar a conexão de múltiplos fluxos de atividades a fim de continuar a atividade. *Nenhuma* das setas de transição associadas com um símbolo de agregação contém uma condição de guarda.

Seção 4.9 Formulando algoritmos: repetição controlada por contador

- A repetição controlada por contador utiliza uma variável chamada contador (ou variável de controle) para controlar o número de vezes que um conjunto de instruções é executado.
- A repetição controlada por contador costuma ser chamada de repetição definida, porque o número de repetições é conhecido antes de o loop começar a executar.
- Um total é uma variável utilizada para acumular a soma de vários valores. Variáveis utilizadas para armazenar totais normalmente são inicializadas como zero antes de serem utilizadas em um programa.
- A declaração de uma variável local deve aparecer antes de a variável ser utilizada nesse método. Uma variável local não pode ser acessada fora do método em que é declarada.
- Quando a divisão de um inteiro por outro resulta em um número fracionário, a parte fracionária do cálculo é truncada.

Seção 4.10 Formulando algoritmos: repetição controlada por sentinela

- Na repetição controlada por sentinela, um valor especial chamado de valor de sentinela (também chamado de valor de sinal, valor fictício ou valor de flag) é utilizado para indicar o "fim da entrada de dados".
- Deve-se escolher um valor de sentinela que não possa ser confundido com um valor aceitável de entrada.
- O refinamento passo a passo de cima para baixo é essencial para o desenvolvimento de programas bem estruturados.
- A divisão por zero é um erro de lógica.
- Para realizar um cálculo de ponto flutuante com valores inteiros, faça a coerção (conversão) de um dos números inteiros para o tipo `double`.
- O Java sabe como avaliar somente expressões aritméticas nas quais os tipos dos operandos são idênticos. Para assegurar isso, o Java realiza uma operação chamada de promoção em operandos selecionados.
- O operador de coerção unário é formado colocando-se parênteses em torno do nome de um tipo.

Seção 4.12 Operadores de atribuição compostos

- Os operadores de atribuição compostos abreviam expressões de atribuição. Instruções da forma

variável = *variável operador expressão*;

em que *operador* é um dos operadores binários +, - *, / ou %, podem ser escritas na forma

variável operador= expressão;

- O operador += adiciona o valor da expressão à direita do operador ao valor da variável à esquerda do operador e armazena o resultado na variável à esquerda do operador.

Seção 4.13 Operadores de incremento e decremento

- O operador de incremento unário, ++, e operador de decremento unário, --, adicionam 1 ao, ou subtraem 1 do, valor de uma variável numérica.
- O operador de decremento ou incremento que é prefixado a uma variável é o operador de incremento de prefixo ou decremento de prefixo, respectivamente. O operador de incremento ou decremento que é pós-fixado a uma variável é o operador de incremento pós-fixo ou decremento pós-fixo, respectivamente.
- Utilizar o operador de pré-incremento ou pré-decremento para adicionar ou subtrair 1 é conhecido como pré-incrementar ou pré-decrementar, respectivamente.
- Pré-incrementar (ou pré-decrementar) uma variável faz com que a variável seja incrementada ou decrementada por 1; então o novo valor da variável é utilizado na expressão em que ela aparece.
- Utilizar o operador de incremento ou decremento pós-fixo para adicionar ou subtrair 1 é conhecido como pós-incrementar ou pós-decrementar, respectivamente.
- Pós-incrementar ou pós-decrementar a variável faz com que seu valor seja utilizado na expressão em que ele aparece; então o valor da variável é incrementado ou decrementado por 1.
- Ao incrementar ou decrementar uma variável em uma instrução isolada, o pré-incremento ou o pós-incremento têm o mesmo efeito, assim como o pré-decremento ou o pós-decremento.

Seção 4.14 Tipos primitivos

- O Java requer que todas as variáveis tenham um tipo. Assim, o Java é conhecido como uma linguagem fortemente tipada.
- O Java utiliza caracteres de Unicode e números de ponto flutuante IEEE 754.

Exercícios de revisão

4.1 Preencha as lacunas em cada uma das seguintes afirmações:

a) Todos os programas podem ser escritos em termos de três tipos de estruturas de controle: ________, ________ e ________.

b) A instrução ________ é utilizada para executar uma ação quando uma condição for verdadeira e outra quando essa condição for falsa.

c) Repetir um conjunto de instruções por um número específico de vezes é chamado de repetição ________.

d) Quando não se sabe antecipadamente quantas vezes um conjunto de instruções será repetido, um valor de ________ pode ser utilizado para terminar a repetição.

e) A estrutura de ________ é construída em Java; por padrão, instruções são executadas na ordem que elas aparecem.

f) As variáveis de instância dos tipos `char`, `byte`, `short`, `int`, `long`, `float` e `double` recebem o valor ________ por padrão.

g) O Java é uma linguagem ________; ele requer que todas as variáveis tenham um tipo.

h) Se o operador de incremento for ________ para uma variável, primeiro a variável é incrementada por 1 e, então, seu novo valor é utilizado na expressão.

4.2 Determine se cada um dos seguintes é *verdadeiro* ou *falso*. Se *falso*, explique por quê.

a) Um algoritmo é um procedimento para resolver um problema em termos das ações a serem executadas e da ordem em que essas ações são executadas.

b) Um conjunto de instruções dentro de um par de parênteses é chamado bloco.

c) Uma instrução de seleção especifica que uma ação deve ser repetida enquanto algumas condições permanecem verdadeiras.

d) Uma instrução de controle aninhada aparece no corpo de uma outra instrução de controle.

e) O Java fornece os operadores aritméticos de atribuição compostos `+=`, `-=`, `*=`, `/=` e `%=` para abreviar expressões de atribuição.

f) Os tipos primitivos (`boolean`, `char`, `byte`, `short`, `int`, `long`, `float` e `double`) são portáveis somente em plataformas Windows.

g) Especificar a ordem em que as instruções são executadas em um programa é chamado controle de programa.

h) O operador de coerção unário `(double)` cria uma cópia temporária do tipo inteiro do seu operando.

i) Atribui-se às variáveis de instância do tipo `boolean` o valor `true` por padrão.

j) O pseudocódigo ajuda você a pensar sobre um programa antes de tentar escrevê-lo em uma linguagem de programação.

4.3 Escreva quatro instruções Java diferentes que adicionam 1 à variável de inteiro `x`.

4.4 Escreva instruções Java para realizar cada uma das seguintes tarefas:

a) Utilize uma instrução para atribuir a soma de `x` e `y` a `z`, em seguida, incremente `x` por 1.

b) Teste se a variável `contador` é maior do que 10. Se for, imprima `"Contador é maior que 10"`.

c) Utilize uma instrução para decrementar a variável `x` por 1, então subtraia-o da variável `total` e armazene o resultado na variável `total`.

d) Calcule o resto após `q` ser dividido por `divisor` e atribua o resultado a `q`. Escreva essa instrução de duas maneiras diferentes.

4.5 Escreva uma instrução Java para realizar cada uma das seguintes tarefas:

a) Declarar variáveis `sum` do tipo `int` e inicialize-as como `0`.

b) Declarar variáveis `x` do tipo `int` e inicialize-as como `0`.

c) Adicione a variável `x` à variável `sum`, e atribua o resultado à variável `sum`.

d) Imprima `"A soma é: "` seguido pelo valor da variável `sum`.

4.6 Combine as instruções escritas no Exercício 4.5 em um aplicativo Java que calcula e imprime a soma dos inteiros de 1 a 10. Utilize a instrução `while` para fazer loop pelas instruções de cálculo e incremento. O loop deve terminar quando o valor de `x` tornar-se 11.

4.7 Determine o valor das variáveis na instrução `product *= x++;` depois que o cálculo é realizado. Suponha que todas as variáveis sejam do tipo `int` e inicialmente tenham o valor 5.

4.8 Identifique e corrija os erros em cada um dos seguintes conjuntos de código:

a)
```
while (c <= 5)
{
   product *= c;
   ++c;
```

b)
```
if (gender == 1)
   System.out.println("Woman");
else;
   System.out.println("Man");
```

4.9 O que há de errado com a instrução `while` a seguir?

```
while (z >= 0)
   sum += z;
```

Respostas dos exercícios de revisão

4.1 a) sequência, seleção, repetição. b) `if...else`. c) controlada por contador (ou definida). d) de sentinela, de sinal, de flag ou fictício. e) sequência. f) `0` (zero). g) fortemente tipada. h) prefixado.

4.2 a) Verdadeiro. b) Falso. Um conjunto de instruções dentro de um par de chaves (`{` e `}`) é chamado bloco. c) Falso. Uma instrução de repetição especifica que uma ação deve ser repetida enquanto alguma condição permaneça verdadeira. d) Correto. e) Verdadeiro. f) Falso. Os tipos primitivos (`boolean`, `char`, `byte`, `short`, `int`, `long`, `float` e `double`) são portáveis em todas as plataformas de computador que suportam o Java. g) Verdadeiro. h) Falso. O operador de coerção unário `(double)` cria uma cópia temporária de ponto flutuante do seu operando. i) Falso. Variáveis de instância do tipo `boolean` recebem o valor `false` por padrão. j) Verdadeiro.

4.3
```
x = x + 1;
x += 1;
++x;
x++;
```

4.4 a)
```
z = x++ + y;
```

b) `if (count > 10)`
```
   System.out.println("Count is greater than 10");
```
c) `total -= --x;`

d) `q %= divisor;`
```
q = q % divisor;
```

4.5 a) `int sum = 0;`

b) `int x = 1;`

c) `sum += x;` ou `sum = sum + x;`

d) `System.out.printf("The sum is: %d%n", sum);`

4.6 O programa é o seguinte:

```
// Exercício 4.6: Calculate.java
// Calcula a soma dos inteiros de 1 a 10
public class Calculate
{
   public static void main(String[] args)
   {
      int sum = 0;
      int x = 1;

      while (x <= 10) // enquanto x é menor ou igual a 10
      {
         sum += x; // adiciona x a soma
         ++x; // incrementa x
      }

      System.out.printf("The sum is: %d%n", sum);
   }
} // fim da classe Calculate
```

```
The sum is: 55
```

4.7 product = 25, x = 6

4.8 a) Erro: está faltando a chave direita de fechamento do corpo da instrução `while`.
Correção: adicionar uma chave direita de fechamento depois da instrução `++c;`.

b) Erro: o ponto e vírgula depois de `else` resulta em um erro de lógica. A segunda instrução de saída sempre será executada.
Correção: remover ponto e vírgula depois de `else`.

4.9 O valor da variável `z` nunca é alterado na instrução `while`. Portanto, se a condição de continuação do loop (`z >= 0`) for verdadeira, um loop infinito é criado. Para evitar que um loop infinito ocorra, `z` deve ser decrementado de modo que acabe se tornando menor que 0.

Questões

4.10 Compare e contraste a instrução de seleção única `if` e a instrução de repetição `while`. Qual é a semelhança dessas duas instruções? Qual é a diferença?

4.11 Explique o que acontece quando um programa Java tenta dividir um inteiro por outro. O que acontece para a parte fracionária do cálculo? Como você pode evitar esse resultado?

4.12 Descreva as duas maneiras como as instruções de controle podem ser combinadas.

4.13 Que tipo de repetição seria apropriado para calcular a soma dos primeiros 100 inteiros positivos? Que tipo seria apropriado para calcular a soma de um número arbitrário de inteiros positivos? Descreva brevemente como cada uma dessas tarefas poderia ser realizada.

4.14 Qual é a diferença entre pré-incrementar e pós-incrementar uma variável?

4.15 Identifique e corrija os erros em cada um dos seguintes fragmentos de código. [*Observação:* pode haver mais de um erro em cada trecho de código.]

a)
```
if (age >= 65);
   System.out.println("Age is greater than or equal to 65");
else
   System.out.println("Age is less than 65)";
```

b)
```
int x = 1, total;
while (x <= 10)
{
   total += x;
   ++x;
}
```

c)
```
while (x <= 100)
   total += x;
   ++x;
```

d)
```
while (y > 0)
{
   System.out.println(y);
   ++y;
```

4.16 O que o seguinte programa imprime?

```
// Exercício 4.16: Mystery.java
public class Mystery
{
public static void main(String[] args)
{
   int x = 1;
   int total = 0;

   while (x <= 10)
   {
      int y = x * x;
      System.out.println(y);
      total += y;
      ++x;
   }

   System.out.printf("Total is %d%n", total);
}
} // fim da classe Mystery
```

Para os exercícios de 4.17 a 4.20, execute cada um dos seguintes passos:

a) Leia a declaração do problema.

b) Formule o algoritmo utilizando pseudocódigo e refinamento passo a passo de cima para baixo (top-down stepwise).

c) Escreva um programa Java.

d) Teste, depure e execute o programa Java.

e) Processe três conjuntos completos de dados.

4.17 (***Quilometragem de combustível***) Os motoristas se preocupam com a quilometragem obtida por seus automóveis. Um motorista monitorou várias viagens registrando a quilometragem dirigida e a quantidade de combustível em litros utilizados para cada tanque cheio. Desenvolva um aplicativo Java que receba como entrada os quilômetros dirigidos e os litros de gasolina consumidos (ambos como inteiros) para cada viagem. O programa deve calcular e exibir o consumo em quilômetros/litro para cada viagem e imprimir a quilometragem total e a soma total de litros de combustível consumidos até esse ponto para todas as viagens. Todos os cálculos de média devem produzir resultados de ponto flutuante. Utilize classe `Scanner` e repetição controlada por sentinela para obter os dados do usuário.

4.18 (***Calculador de limite de crédito***) Desenvolva um aplicativo Java que determina se um cliente de uma loja de departamentos excedeu o limite de crédito em uma conta-corrente. Para cada cliente, os seguintes dados estão disponíveis:

a) Número de conta.

b) Saldo no início do mês.

c) Total de todos os itens cobrados desse cliente no mês.

d) Total de créditos aplicados ao cliente no mês.

e) Limite de crédito autorizado.

O programa deve inserir todos esses dados como inteiros, calcular o novo saldo (= *saldo inicial* + *despesas* – *créditos*), exibir o novo saldo e determinar se o novo saldo excede ao limite de crédito do cliente. Para aqueles clientes cujo limite de crédito foi excedido, o programa deve exibir a mensagem `"Limite de crédito excedido"`.

4.19 (***Calculador de comissão de vendas***) Uma grande empresa paga seu pessoal de vendas com base em comissões. O pessoal de vendas recebe R$ 200 por semana mais 9% de suas vendas brutas durante esse período. Por exemplo, um vendedor que realiza um total de vendas de mercadorias de R$ 5.000 em uma semana recebe R$ 200 mais 9% de R$ 5.000, um total de R$ 650. Foi-lhe fornecida uma lista dos itens vendidos por cada vendedor. Os valores desses itens são como segue:

```
Item    Value
1       239.99
2       129.75
3        99.95
4       350.89
```

Desenvolva um aplicativo Java que recebe entrada de itens vendidos por um vendedor durante a última semana e calcula e exibe os rendimentos do vendedor. Não existe nenhum limite para o número de itens que pode ser vendido.

4.20 ***(Calculador de salários)*** Desenvolva um aplicativo Java que determina o salário bruto de cada um de três empregados. A empresa paga as horas normais pelas primeiras 40 horas trabalhadas por cada funcionário e 50% a mais por todas as horas trabalhadas além das 40 horas. Você recebe uma lista de empregados, o número de horas trabalhadas por eles na semana passada e o salário-hora de cada um. Seu programa deve aceitar a entrada dessas informações para cada empregado e, então, determinar e exibir o salário bruto do empregado. Utilize a classe `Scanner` para inserir os dados.

4.21 ***(Localize o maior número)*** O processo de localizar o maior valor é muito utilizado em aplicativos de computador. Por exemplo, um programa que determina o vencedor de uma competição de vendas inseriria o número de unidades vendidas por cada vendedor. O vendedor que vende mais unidades ganha a competição. Escreva um programa em pseudocódigo e, então, um aplicativo Java que aceita como entrada uma série de 10 inteiros e determina e imprime o maior dos inteiros. Seu programa deve utilizar pelo menos as três variáveis a seguir:

a) `counter`: um contador para contar até 10 (isto é, monitorar quantos números foram inseridos e determinar quando todos os 10 números foram processados).

b) `number`: o inteiro mais recentemente inserido pelo usuário.

c) `largest`: o maior número encontrado até agora.

4.22 ***(Saída no formato de tabela)*** Escreva um aplicativo Java que utiliza um loop para imprimir a seguinte tabela de valores:

```
N     10*N    100*N    1000*N

1     10      100      1000
2     20      200      2000
3     30      300      3000
4     40      400      4000
5     50      500      5000
```

4.23 ***(Encontre os dois números maiores)*** Utilizando uma abordagem semelhante àquela do Exercício 4.21, encontre os *dois* maiores valores entre os 10 valores inseridos. [*Observação:* você só pode inserir cada número uma vez.]

4.24 ***(Validando entrada de usuário)*** Modifique o programa na Figura 4.12 para validar suas entradas. Para qualquer entrada, se o valor entrado for diferente de 1 ou 2, continue o loop até o usuário inserir um valor correto.

4.25 O que o seguinte programa imprime?

```java
// Exercício 4.25: Mystery2.java
public class Mystery2
{
public static void main(String[] args)
{
  int count = 1;

  while (count <= 10)
  {
     System.out.println(count % 2 == 1 ? "****" : "++++++++");
     ++count;
  }
}
} // fim da classe Mystery2
```

4.26 O que o seguinte programa imprime?

```java
// Exercício 4.26: Mystery3.java
public class Mystery3
{
public static void main(String[] args)
{
```

continua

continuação

```
    int row = 10;

    while (row >= 1)
    {
       int column = 1;

       while (column <= 10)
       {
          System.out.print(row % 2 == 1 ? "<" : ">");
          ++column;
       }

       --row;
       System.out.println();
    }
 }
} // fim da classe Mystery3
```

4.27 ***(Problema do `else` oscilante)*** Determine a saída para cada um dos conjuntos dados de código quando `x` é `9` e `y` é `11` e quando `x` é `11` e `y` é `9`. O compilador ignora o recuo em um programa Java. Da mesma forma, o compilador Java sempre associa um `else` com o `if` imediatamente precedente a menos que instruído a fazer de outro modo pela colocação de chaves (`{}`). À primeira vista, o programador pode não ter certeza de qual `if` um `else` particular corresponde — essa situação é conhecida como "problema do `else` oscilante". Eliminamos o recuo do seguinte código para tornar o problema mais desafiador. [*Dica:* aplique as convenções de recuo que você aprendeu.]

a)
```
if (x < 10)
if (y > 10)
System.out.println("*****");
else
System.out.println("#####");
System.out.println("$$$$$");
```

b)
```
if (x < 10)
{
if (y > 10)
System.out.println("*****");
}
else
{
System.out.println("#####");
System.out.println("$$$$$");
}
```

4.28 ***(Outro problema do `else` oscilante)*** Modifique o código dado para produzir a saída mostrada em cada parte do problema. Utilize técnicas de recuo adequadas. Não faça nenhuma alteração além de inserir chaves e alterar o recuo do código. O compilador ignora recuo em um programa Java. Eliminamos o recuo do código fornecido para tornar o problema mais desafiador. [*Observação:* é possível que não seja necessária nenhuma modificação para algumas das partes.]

```
if (y == 8)
if (x == 5)
System.out.println("@@@@@");
else
System.out.println("#####");
System.out.println("$$$$$");
System.out.println("&&&&&");
```

a) Supondo que x = 5 e y = 8, a seguinte saída é produzida:

```
@@@@@
$$$$$
&&&&&
```

b) Supondo que x = 5 e y = 8, a seguinte saída é produzida:

```
@@@@@
```

c) Supondo que x = 5 e y = 8, a seguinte saída é produzida:

```
@@@@@
```

d) Supondo que `x = 5` e `y = 7`, a seguinte saída é produzida. [*Observação:* todas as três últimas instruções de saída depois do `else` são partes de um bloco].

```
#####
$$$$$
&&&&&
```

4.29 ***(Quadrado de asteriscos)*** Escreva um aplicativo que solicita ao usuário que insira o tamanho do lado de um quadrado e, então, exibe um quadrado vazio desse tamanho com asteriscos. Seu programa deve trabalhar com quadrados de todos os comprimentos de lado possíveis entre 1 e 20.

4.30 ***(Palíndromos)*** Um palíndromo é uma sequência de caracteres que é lida da esquerda para a direita ou da direita para a esquerda. Por exemplo, cada um dos seguintes inteiros de cinco dígitos é um palíndromo: 12321, 55555, 45554 e 11611. Escreva um aplicativo que lê em um inteiro de cinco dígitos e determina se ele é ou não um palíndromo. Se o número não for de cinco dígitos, exiba uma mensagem de erro e permita que o usuário insira um novo valor.

4.31 ***(Imprimindo o equivalente decimal de um número binário)*** Escreva um aplicativo que insere um número inteiro que contém somente 0s e 1s (isto é, um número inteiro binário) e imprime seu equivalente decimal. [*Dica:* utilize os operadores de resto e divisão para pegar os dígitos do número binário um de cada vez da direita para a esquerda. No sistema de números decimais, o dígito mais à direita tem um valor posicional de 1 e o próximo dígito à esquerda um valor posicional de 10, depois 100, depois 1.000 e assim por diante. O número decimal 234 pode ser interpretado como 4 * 1 + 3 * 10 + 2 * 100. No sistema de número binário, o dígito mais à direita tem um valor posicional de 1, o próximo dígito à esquerda um valor posicional de 2, depois 4, depois 8 e assim por diante. O equivalente decimal do binário 1.101 é 1 * 1 + 0 * 2 + 1 * 4 + 1 * 8 ou 1 + 0 + 4 + 8 ou 13.]

4.32 ***(Padrão de tabuleiro de damas de asteriscos)*** Escreva um aplicativo que utiliza apenas as instruções de saída

```java
System.out.print("* ");
System.out.print(" ");
System.out.println();
```

para exibir o padrão de tabuleiro de damas a seguir. Uma chamada de método `System.out.println` sem argumentos faz com que o programa gere saída de um único caractere de nova linha. [*Dica:* as instruções de repetição são requeridas.]

```
* * * * * * * *
 * * * * * * * *
* * * * * * * *
 * * * * * * * *
* * * * * * * *
 * * * * * * * *
* * * * * * * *
 * * * * * * * *
```

4.33 ***(Múltiplos de 2 com um loop infinito)*** Escreva um aplicativo que continue exibindo na janela de comando os múltiplos do inteiro 2 — a saber, 2, 4, 8, 16, 32, 64 e assim por diante. Seu loop não deve terminar (isto é, deve criar um loop infinito). O que acontece quando você executa esse programa?

4.34 ***(O que há de errado com esse código?)*** O que há de errado com a seguinte instrução? Forneça a instrução correta para adicionar 1 à soma de `x` e `y`.

```java
System.out.println(++(x + y));
```

4.35 ***(Lados de um triângulo)*** Escreva um aplicativo que lê três valores diferentes de zero inseridos pelo usuário, determina e imprime se eles poderiam representar os lados de um triângulo.

4.36 ***(Lados de um triângulo direito)*** Escreva um aplicativo que lê três inteiros diferentes de zero, determina e imprime se eles poderiam representar os lados de um triângulo direito.

4.37 ***(Fatorial)*** O fatorial de um inteiro não negativo n é escrito como $n!$ (pronuncia-se "n fatorial") e é definido como segue:

$$n! = n \cdot (n-1) \cdot (n-2) \cdot \ldots \cdot 1 \quad \text{(para valores de } n \text{ maiores ou iguais a 1)}$$

e

$$n! = 1 \quad (\text{para } n = 0)$$

Por exemplo, $5! = 5 \cdot 4 \cdot 3 \cdot 2 \cdot 1$, o que dá 120.

a) Escreva um aplicativo que lê um inteiro não negativo, calcula e imprime seu fatorial.

b) Escreva um aplicativo que estima o valor da constante matemática *e* utilizando a fórmula a seguir. Permita ao usuário inserir o número de termos a calcular.

$$e = 1 + \frac{1}{1!} + \frac{1}{2!} + \frac{1}{3!} + \ldots$$

c) Escreva um aplicativo que computa o valor de e^x utilizando a fórmula a seguir. Permita ao usuário inserir o número de termos a calcular.

$$e^x = 1 + \frac{x}{1!} + \frac{x^2}{2!} + \frac{x^3}{3!} + \ldots$$

Fazendo a diferença

4.38 ***(Impondo privacidade com criptografia)*** O crescimento explosivo de comunicação e armazenamento de dados na internet e em computadores conectados por ela aumentou muito a preocupação com a privacidade. O campo da criptografia envolve a codificação de dados para torná-los difíceis de acessar (e espera-se — com os esquemas mais avançados — impossíveis de acessar) para usuários sem autorização de leitura. Nesse exercício, você investigará um esquema simples para criptografar e descriptografar dados. Uma empresa que quer enviar dados pela internet pediu-lhe que escrevesse um programa que criptografe dados a fim de que eles possam ser transmitidos com maior segurança. Todos os dados são transmitidos como inteiros de quatro dígitos. Seu aplicativo deve ler um inteiro de quatro dígitos inserido pelo usuário e criptografá-lo da seguinte maneira: substitua cada dígito pelo resultado da adição de 7 ao dígito, obtendo o restante depois da divisão do novo valor por 10. Troque então o primeiro dígito pelo terceiro e o segundo dígito pelo quarto. Então, imprima o inteiro criptografado. Escreva um aplicativo separado que receba a entrada de um inteiro de quatro dígitos criptografado e o descriptografe (revertendo o esquema de criptografia) para formar o número original. [*Projeto de leitura opcional:* pesquise a "criptografia de chave pública" em geral e o esquema de chave pública específica PGP (Pretty Good Privacy). Você também pode querer investigar o esquema RSA, que é amplamente usado em aplicativos robustos industriais.]

4.39 ***(Crescimento demográfico mundial)*** A população mundial cresceu consideravelmente ao longo dos séculos. O crescimento contínuo pode, por fim, desafiar os limites de ar respirável, água potável, terra fértil para agricultura e outros recursos limitados. Há evidência de que o crescimento tem reduzido a velocidade nos últimos anos e que a população mundial pode chegar ao ponto máximo em algum momento nesse século e, então, começar a diminuir.

Para esse exercício, pesquise questões de crescimento demográfico mundial on-line. *Não deixe de investigar vários pontos de vista.* Obtenha estimativas da população mundial atual e sua taxa de crescimento (a porcentagem pela qual provavelmente aumentará neste ano). Escreva um programa que calcule o crescimento demográfico mundial anual dos próximos 75 anos, *utilizando a premissa simplificadora de que a taxa de crescimento atual ficará constante.* Imprima os resultados em uma tabela. A primeira coluna deve exibir os anos do ano 1 ao ano 75. A segunda coluna deve exibir a população mundial esperada no fim desse ano. A terceira deve exibir o aumento numérico na população mundial que ocorreria nesse ano. Utilizando os seus resultados, determine o ano em que a população dobraria com relação ao número de hoje se a taxa de crescimento do ano atual persistisse.

Instruções de controle: parte 2; operadores lógicos

5

A roda já deu uma volta completa.
— William Shakespeare

Toda a evolução que conhecemos procede do vago para o definido.
— Charles Sanders Peirce

Objetivos

Neste capítulo, você irá:

- Aprender os princípios básicos da repetição controlada por contador.
- Usar as instruções de repetição `for` e `do...while` para executar instruções em um programa repetidamente.
- Compreender a seleção múltipla utilizando a instrução de seleção `switch`.
- Utilizar as instruções de controle `break` e `continue` do programa para alterar o fluxo de controle.
- Utilizar os operadores lógicos para formar expressões condicionais complexas em instruções de controle.

Sumário

5.1 Introdução

Este capítulo continua nossa apresentação da teoria e dos princípios da programação estruturada introduzindo todos, exceto uma das instruções de controle restantes do Java. Demonstramos as instruções `for`, `do...while` e `switch` do Java. Por uma série de breves exemplos que utilizam `while` e `for`, exploramos os princípios básicos da repetição controlada por contador. Usamos uma instrução `switch` para contar o número de notas A, B, C, D e F equivalentes em um conjunto de notas numéricas inseridas pelo usuário. Introduzimos as instruções de controle de programa `break` e `continue`. Discutimos os operadores lógicos do Java, que permitem utilizar expressões condicionais mais complexas em instruções de controle. Por fim, resumimos as instruções de controle e as comprovadas técnicas de resolução de problemas do Java apresentadas neste capítulo e no Capítulo 4.

5.2 Princípios básicos de repetição controlada por contador

Esta seção utiliza a instrução de repetição `while` introduzida no Capítulo 4 a fim de formalizar os elementos necessários para realizar a repetição controlada por contador, o que requer:

1. uma **variável de controle** (ou contador de loop).
2. o **valor inicial** da variável de controle.
3. o **incremento** pelo qual a variável de controle é modificada a cada passagem pelo loop (também conhecido como **cada iteração do loop**).
4. a **condição de continuação do loop** que determina se o loop deve continuar.

Para ver esses elementos da repetição controlada por contador, considere o aplicativo da Figura 5.1, que utiliza um loop para exibir os números de 1 a 10.

```java
// Figura 5.1: WhileCounter.java
// Repetição controlada por contador com a instrução de repetição while.

public class WhileCounter
{
   public static void main(String[] args)
   {
      int counter = 1; // declara e inicializa a variável de controle

      while (counter <= 10) // condição de continuação do loop
      {
         System.out.printf("%d  ", counter);
         ++counter; // variável de controle de incremento
      }

      System.out.println();
   }
} // fim da classe WhileCounter
```

```
1  2  3  4  5  6  7  8  9  10
```

Figura 5.1 | Repetição controlada por contador com a instrução de repetição `while`.

Na Figura 5.1, os elementos da repetição controlada por contador são definidos nas linhas 8, 10 e 13. A linha 8 *declara* a variável de controle (`counter`) como um `int`, *reserva espaço* para ele na memória e configura seu *valor inicial* como `1`. A variável `counter` também poderia ter sido declarada e inicializada com as seguintes instruções de declaração e atribuição de variável local:

```
int counter; // declara contador
counter = 1; // inicializa o contador como 1
```

A linha 12 exibe o valor da variável de controle `counter` durante cada iteração do loop. A linha 13 *incrementa* a variável de controle por 1 para cada iteração do loop. A condição de continuação do loop no `while` (linha 10) testa se o valor da variável de controle é menor ou igual a `10` (o valor final para o qual a condição é `true`). O programa realiza o corpo desse `while` mesmo quando a variável de controle é `10`. O loop termina quando a variável de controle excede `10` (isto é, `counter` torna-se `11`).

Erro comum de programação 5.1

Uma vez que valores de ponto flutuante podem ser aproximados, controlar loops com variáveis de ponto flutuante pode resultar em valores de contador imprecisos e testes de terminação imprecisos.

Dica de prevenção de erro 5.1

Utilize números inteiros para controlar loops de contagem.

O programa na Figura 5.1 pode tornar-se mais conciso inicializando `counter` como `0` na linha 8 e *pré-incrementando* `counter` na condição `while`, como segue:

```
while (++counter <= 10) // condição de continuação do loop
   System.out.printf("%d  ", counter);
```

Esse código salva uma instrução, porque a condição `while` executa o incremento antes de testar a condição. (A partir do que foi discutido na Seção 4.13, lembre-se de que a precedência de ++ é mais alta que a de <=.) A codificação de um modo tão condensado exige prática, talvez torne o código mais difícil de ler, depurar, modificar e manter e, em geral, deve ser evitada.

Observação de engenharia de software 5.1

"Manter a coisa simples" é um bom conselho para a maior parte do código que você escreverá.

5.3 Instrução de repetição for

A Seção 5.2 apresentou os princípios básicos da repetição controlada por contador. A instrução `while` pode ser utilizada para implementar qualquer loop controlado por contador. O Java também fornece a **instrução de repetição `for`**, que especifica os detalhes da repetição controlada por contador em uma única linha de código. A Figura 5.2 reimplementa o aplicativo da Figura 5.1 utilizando `for`.

```
// Figura 5.2: ForCounter.java
// Repetição controlada por contador com a instrução de repetição for.

public class ForCounter
{
   public static void main(String[] args)
   {
      // o cabeçalho da instrução for inclui inicialização,
      // condição de continuação do loop e incremento
      for (int counter = 1; counter <= 10; counter++)
         System.out.printf("%d  ", counter);

      System.out.println();
   }
} // fim da classe ForCounter
```

```
1  2  3  4  5  6  7  8  9  10
```

Figura 5.2 | Repetição controlada por contador com a instrução de repetição `for`.

Quando a instrução `for` (linhas 10 e 11) começar a executar, a variável de controle `counter` é *declarada* e *inicializada* como `1`. (A partir do que foi discutido na Seção 5.2, lembre-se de que os primeiros dois elementos da repetição controlada por contador são a *variável de controle* e seu *valor inicial*.) Em seguida, o programa verifica a *condição de continuação do loop*, `counter <= 10`, que está entre os dois pontos e vírgulas requeridos. Como o valor inicial de `counter` é `1`, a condição é inicialmente verdadeira. Portanto, a instrução de corpo (linha 11) exibe o valor da variável de controle `counter`, a saber `1`. Depois de executar o corpo do loop, o programa incrementa `counter` na expressão `counter++`, que aparece à direita do segundo ponto e vírgula. Então, o teste de continuação do loop é realizado novamente para determinar se o programa deve continuar com a próxima iteração do loop. Nesse ponto, o valor da variável de controle é `2`, então a condição ainda é verdadeira (o *valor final* não é excedido) — portanto, o programa realiza a instrução de corpo novamente (isto é, a próxima iteração do loop). Esse processo continua até que os números de 1 a 10 tenham sido exibidos e o valor de `counter` torne-se `11`, fazendo com que o teste de continuação do loop falhe e que a repetição seja finalizada (depois de 10 repetições do corpo do loop na linha 11). Então, o programa realiza a primeira instrução depois do `for` — nesse caso, a linha 13.

A Figura 5.2 usa (na linha 10) a condição de continuação de loop `counter <= 10`. Se você especificasse `counter < 10` incorretamente como a condição, o loop só iteraria nove vezes. Esse é um *erro comum de lógica* chamado de **erro fora-por-um (off-by-one)**.

Erro comum de programação 5.2

Utilizar um operador relacional incorreto ou um valor final incorreto de um contador de loop na condição de continuação do loop de uma instrução de repetição pode causar um erro fora-por-um.

Dica de prevenção de erro 5.2

Usar o valor final e o operador `<=` na condição de um loop ajuda a evitar erros fora-por-um. Para um loop que imprime os valores de 1 a 10, a condição de continuação do loop deve ser `counter <= 10` em vez de `counter < 10` (que causa um erro fora-por-um) ou `counter < 11` (que é correto). Muitos programadores preferem a chamada contagem baseada em zero, em que se conta 10 vezes, `counter` seria inicializado como zero e o teste de continuação do loop seria `counter < 10`.

Dica de prevenção de erro 5.3

Como mencionado no Capítulo 4, inteiros podem estourar, causando erros de lógica. Uma variável de controle de loop também pode estourar. Escreva suas condições de loop com cuidado para evitar isso.

Uma análise mais atenta do cabeçalho da instrução `for`

A Figura 5.3 examina mais detalhadamente a instrução `for` na Figura 5.2. A primeira linha — incluindo a palavra-chave `for` e tudo mais entre parênteses depois de `for` (linha 10 na Figura 5.2) — é às vezes chamada **cabeçalho da instrução `for`**. O cabeçalho de `for` "faz tudo" — ele especifica cada item necessário para repetição controlada por contador com uma variável de controle. Se houver mais de uma instrução no corpo do `for`, as chaves (`{` e `}`) são exigidas para definir o corpo do loop.

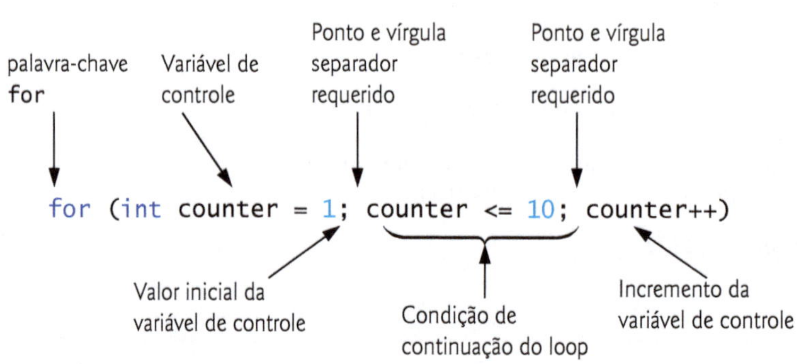

Figura 5.3 | Componentes de cabeçalho de instrução `for`.

Formato geral de uma instrução `for`

O formato geral da instrução `for` é

```
for (inicialização; condiçãoDeContinuaçãoDoLoop; incremento)
   instrução
```

onde a expressão *inicialização* nomeia a variável de controle do loop e *opcionalmente* fornece seu valor inicial, *condiçãoDeContinuaçãoDoLoop* é a condição que determina se o loop deve continuar executando e *incremento* modifica o valor da variável de controle, para que a condição de continuação do loop por fim torne-se falsa. Os dois pontos e vírgulas no cabeçalho `for` são necessários. Se a condição de continuação do loop for inicialmente `false`, o programa *não* executará o corpo da instrução `for`. Em vez disso, a execução prossegue com a instrução seguinte ao `for`.

Representando uma instrução `for` *com uma instrução* `while` *equivalente*

A instrução `for` muitas vezes pode ser representada com uma `while` equivalente desta maneira:

```
inicialização;
while (condiçãoDeContinuaçãoDoLoop)
{
   instrução
   incremento;
}
```

Na Seção 5.8, mostramos um caso em que uma instrução `for` não pode ser representada com uma instrução `while` equivalente. Em geral, as instruções `for` são utilizadas para repetição controlada por contador, e as instruções `while`, para repetição controlada por sentinela. Entretanto, `while` e `for` podem ser utilizados para qualquer tipo de repetição.

Escopo de uma variável de controle da instrução `for`

Se a expressão *inicialização* no cabeçalho `for` declara a variável de controle (isto é, o tipo da variável de controle é especificado antes do nome variável, como na Figura 5.2), a variável de controle pode ser utilizada *somente* nessa instrução `for` — ela não existirá fora dela. Esse uso restrito é conhecido como **escopo** da variável. O escopo de uma variável define onde ele pode ser utilizado em um programa. Por exemplo, uma *variável local somente* pode ser utilizada no método que a declara e *somente* a partir do ponto de declaração até o fim do método. O escopo é discutido em detalhes no Capítulo 6, "Métodos: um exame mais profundo".

Erro comum de programação 5.3

Quando uma variável de controle de uma instrução `for` *for declarada na seção de inicialização do cabeçalho de* `for`*, utilizar a variável de controle depois do corpo de* `for` *é um erro de compilação.*

As expressões no cabeçalho de uma instrução `for` *são opcionais*

Todas as três expressões em um cabeçalho `for` são opcionais. Se a *condiçãoDeContinuaçãoDoLoop* for omitida, o Java assume que ela é *sempre verdadeira*, criando assim um *loop infinito*. Você poderia omitir a expressão *inicialização* se o programa inicializar a variável de controle *antes* do loop. Você poderia omitir a expressão *incremento* se o programa calcular o incremento com instruções no corpo do loop ou se nenhum incremento for necessário. A expressão incremento em uma instrução `for` atua como se ela fosse uma instrução independente no fim do corpo de `for`. Portanto,

```
counter = counter + 1
counter += 1
++counter
counter++
```

são expressões de incremento equivalentes em uma instrução `for`. Muitos programadores preferem `counter++` porque ele é conciso e porque um loop `for` avalia sua expressão de incremento *após o* corpo ser executado, assim a forma incremento pós-fixada parece mais natural. Nesse caso, a variável sendo incrementada não aparece em uma expressão maior, então pré-incrementar e pós-incrementar realmente têm o *mesmo* efeito.

Erro comum de programação 5.4

Colocar um ponto e vírgula imediatamente à direita do parêntese direito de um cabeçalho `for` *torna o corpo desse* `for` *uma instrução vazia. Normalmente, esse é um erro de lógica.*

> **Dica de prevenção de erro 5.4**
> *Os loops infinitos ocorrem quando a condição de continuação do loop em uma instrução de repetição nunca se torna* `false`. *Para evitar essa situação em um loop controlado por contador, assegure que a variável de controle seja modificada durante cada iteração do loop a fim de que a condição de continuação do loop acabe por se tornar* `false`. *Em um loop controlado por sentinela, certifique-se de que o valor da sentinela é capaz de ser inserido.*

Colocando expressões aritméticas no cabeçalho de uma instrução `for`

A inicialização, condição de continuação de loop e partes de incremento de uma estrutura `for`, pode conter expressões aritméticas. Por exemplo, assuma que `x = 2` e `y = 10`. Se `x` e `y` não forem modificados no corpo do loop, a instrução

```
for (int j = x; j <= 4 * x * y; j += y / x)
```

é equivalente à instrução

```
for (int j = 2; j <= 80; j += 5)
```

O incremento de uma instrução `for` também pode ser *negativo*, caso em que ele é realmente um **decremento** e o loop conta *para baixo*.

Usando uma variável de controle da instrução `for` *no corpo da instrução*

Os programas costumam exibir o valor de variável de controle ou utilizá-lo em cálculos no corpo do loop, mas essa utilização *não* é necessária. A variável de controle é comumente utilizada para controlar a repetição *sem ser* mencionada no corpo da `for`.

> **Dica de prevenção de erro 5.5**
> *Embora o valor da variável de controle possa ser alterado no corpo de um loop* `for`, *evite fazê-lo assim porque essa prática pode levar a erros sutis.*

Diagrama de atividades UML para a instrução `for`

O diagrama de atividades UML da instrução `for` é semelhante ao da instrução `while` (Figura 4.6). A Figura 5.4 mostra o diagrama de atividades da instrução `for` na Figura 5.2. O diagrama deixa bem claro que a inicialização ocorre *uma vez* antes que o teste de continuação do loop seja avaliado pela primeira vez, e que o incremento ocorre a *cada* passagem pelo loop *depois* que a instrução do corpo executa.

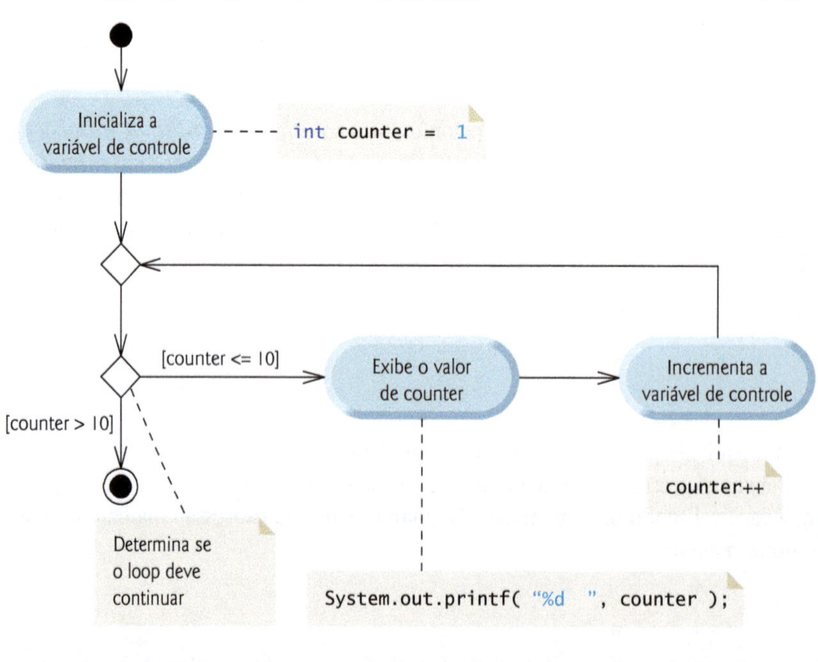

Figura 5.4 | Diagrama de atividades UML para a instrução `for` na Figura 5.2.

5.4 Exemplos com a estrutura for

Os próximos exemplos mostram técnicas de variar a variável de controle em uma instrução `for`. Em cada caso, escrevemos *apenas* o cabeçalho `for` apropriado. Observe a alteração no operador relacional para os loops que *decrementam* a variável de controle.

a) Varie a variável de controle de `1` a `100` em incrementos de `1`.

```
for (int i = 1; i <= 100; i++)
```

b) Varie a variável de controle de `100` a `1` em *decrementos* de `1`.

```
for (int i = 100; i >= 1; i--)
```

c) Varie a variável de controle de `7` a `77` em incrementos de `7`.

```
for (int i = 7; i <= 77; i += 7)
```

d) Varie a variável de controle de `20` a `2` em *decrementos* de `2`.

```
for (int i = 20; i >= 2; i -= 2)
```

e) Varie a variável de controle em relação aos valores `2, 5, 8, 11, 14, 17, 20`.

```
for (int i = 2; i <= 20; i += 3)
```

f) Varie a variável de controle em relação aos valores `99, 88, 77, 66, 55, 44, 33, 22, 11, 0`.

```
for (int i = 99; i >= 0; i -= 11)
```

Erro comum de programação 5.5

Utilizar um operador relacional incorreto na condição de continuação de um loop que conta para baixo (por exemplo, utilizar `i <= 1` em vez de `i >= 1` em uma contagem de loop para baixo até 1) normalmente é um erro de lógica.

Erro comum de programação 5.6

Não use operadores de igualdade (`!=` ou `==`) em uma condição de continuação de loop se a variável de controle do loop é incrementada ou decrementada por mais que 1. Por exemplo, considere o cabeçalho da instrução `for (int counter = 1; counter != 10; counter += 2)`. O teste de continuação de loop `counter != 10` nunca torna-se falso (resultando em um loop infinito) *porque `counter` é incrementado por 2 após cada iteração.*

Aplicativo: somando os inteiros pares de 2 a 20

Agora consideramos dois aplicativos de exemplo que demonstram as utilizações simples de `for`. O aplicativo na Figura 5.5 utiliza uma instrução `for` para somar os inteiros pares de 2 a 20 e armazenar o resultado em uma variável `int` chamada `total`.

```java
// Figura 5.5: Sum.java
// Somando inteiros com a instrução for.

public class Sum
{
   public static void main(String[] args)
   {
      int total = 0;

      // total de inteiros pares de 2 a 20
      for (int number = 2; number <= 20; number += 2)
         total += number;

      System.out.printf("Sum is %d%n", total);
   }
} // fim da classe Sum
```

```
Sum is 110
```

Figura 5.5 | Somando inteiros com a instrução `for`.

As expressões *inicialização* e *incremento* podem ser listas separadas por vírgulas de expressões que permitem utilizar múltiplas expressões de inicialização ou múltiplas expressões de incremento. Por exemplo, ***embora isso não seja recomendado,*** você pode mesclar o corpo da instrução `for` nas linhas 11 e 12 da Figura 5.5 na parte de incremento do cabeçalho `for` usando uma vírgula da seguinte forma:

```
for (int number = 2; number <= 20; total += number, number += 2)
    ; // estrutura vazia
```

Boa prática de programação 5.1

Para melhor legibilidade, limite o tamanho de cabeçalhos da instrução de controle a uma única linha se possível.

Aplicativo: cálculos de juros compostos

Utilizaremos a instrução `for` para calcular juros compostos. Considere o seguinte problema:

> *Uma pessoa investe US$ 1.000 em uma conta-poupança que rende juros de 5% ao ano. Supondo que todo o juro seja aplicado, calcule e imprima a quantia de dinheiro na conta no fim de cada ano por 10 anos. Utilize a seguinte fórmula para determinar as quantidades:*
>
> $$a = p\,(1 + r)^n$$
>
> *onde*
>
> *p é a quantia original investida (isto é, o principal)*
> *r é a taxa de juros anual (por exemplo, utilize 0,05 para 5%)*
> *n é o número de anos*
> *a é a quantia em depósito no fim do n-ésimo ano.*

A solução para esse problema (Figura 5.6) envolve um loop que realiza o cálculo indicado para cada um dos 10 anos que o dinheiro permanece em depósito. As linhas 8 a 10 no método `main` declaram as variáveis `double` `amount`, `principal` e `rate`, e inicializam `principal` em `1000.0` e `rate` em `0.05`. O Java trata as constantes de ponto flutuante como `1000,0` e `0,05` como tipo `double`. De maneira semelhante, o Java trata as constantes de número inteiro como `7` e `-22` como tipo `int`.

```
1  // Figura 5.6: Interest.java
2  // Cálculos de juros compostos com for.
3
4  public class Interest
5  {
6     public static void main(String[] args)
7     {
8        double amount; // quantia em depósito ao fim de cada ano
9        double principal = 1000.0; // quantidade inicial antes dos juros
10       double rate = 0.05; // taxa de juros
11
12       // exibe cabeçalhos
13       System.out.printf("%s%20s %n", "Year", "Amount on deposit");
14
15       // calcula quantidade de depósito para cada um dos dez anos
16       for (int year = 1; year <= 10; ++year)
17       {
18          // calcula nova quantidade durante ano especificado
19          amount = principal * Math.pow(1.0 + rate, year);
20
21          // exibe o ano e a quantidade
22          System.out.printf("%4d%,20.2f%n", year, amount);
23       }
24    }
25 } // fim da classe Interest
```

continua

continuação

```
Year   Amount on deposit
   1            1,050.00
   2            1,102.50
   3            1,157.63
   4            1,215.51
   5            1,276.28
   6            1,340.10
   7            1,407.10
   8            1,477.46
   9            1,551.33
  10            1,628.89
```

Figura 5.6 | Cálculos de juros compostos com `for`.

Formatando strings com tamanhos de campo e alinhamento

A linha 13 gera os cabeçalhos para duas colunas da saída. A primeira coluna exibe o ano e a segunda, a quantia em depósito no fim desse ano. Usamos o especificador `%20s` para gerar a `String "Amount on Deposit"`. O inteiro `20` entre o `%` e o caractere de conversão `s` indica que a saída de valor deve ser exibida com um **tamanho de campo** de 20 — isto é, `printf` exibe o valor com pelo menos 20 posições de caractere. Se o valor enviado para a saída for menor que 20 posições de caractere (17 caracteres neste exemplo), ele é **alinhado à direita** no campo por padrão. Se o valor `year` enviado para a saída tivesse largura maior do que quatro posições de caractere, o tamanho de campo seria estendido à direita para acomodar o valor inteiro — isso empurraria o campo `amount` para a direita, desalinhando as colunas de nossa saída tabular. Para gerar a saída dos valores **alinhados à esquerda**, simplesmente preceda o tamanho de campo com o **flag de formatação de sinal de subtração (-)** (por exemplo, `%-20s`).

Realizando os cálculos de juros com o método `static` `pow` da classe `Math`

A instrução `for` (linhas 16 a 23) executa o seu corpo 10 vezes, variando a variável de controle `year` de 1 a 10 em incrementos de 1. Esse loop termina quando `year` torna-se 11. (A variável `year` representa *n* na definição do problema.)

As classes fornecem métodos que executam tarefas comuns em objetos. De fato, a maioria dos métodos deve ser chamada em um objeto específico. Por exemplo, para gerar saída de texto na Figura 5.6, a linha 13 chama o método `printf` no objeto `System.out`. Algumas classes também fornecem métodos que realizam tarefas comuns e *não* requerem que você primeiro crie objetos dessas classes. Eles são chamados de métodos `static`. Por exemplo, o Java não inclui um operador de exponenciação, então os engenheiros da classe `Math` do Java definiram o método `static` `pow` para elevar um valor a uma potência. Você pode chamar um método `static` especificando o *nome da classe* seguido por um ponto (`.`) e o nome de método, assim

NomeDaClasse`.`*nomeDoMétodo*`(`*argumentos*`)`

No Capítulo 6, você aprenderá a implementar métodos `static` em suas próprias classes.

Utilizamos o método `static` **`pow`** da classe **`Math`** para realizar o cálculo de juros compostos na Figura 5.6. `Math.pow(`*x*`,` *y*`)` calcula o valor de *x* elevado à *y*-ésima potência. O método recebe dois argumentos `double` e retorna um valor `double`. A linha 19 realiza o cálculo $a = p\ (1 + r)^n$, onde *a* é `amount`, *p* é `principal`, *r* é `rate` e *n* é `year`. A classe `Math` é definida no pacote `java.lang`, assim você *não* precisa importar a classe `Math` para usá-la.

O corpo da instrução `for` contém o cálculo `1.0 + rate`, que aparece como um argumento para o método `Math.pow`. De fato, esse cálculo produz o *mesmo* resultado toda vez pelo loop, então repeti-lo em cada iteração do loop é perda de tempo.

> **Dica de desempenho 5.1**
>
> *Em loops, evite cálculos para os quais o resultado nunca muda — esses cálculos em geral devem ser colocados antes do loop. Muitos compiladores de otimização sofisticados de hoje colocarão esses cálculos fora de loops no código compilado.*

Formatando números de ponto flutuante

Depois de cada cálculo, a linha 22 envia para a saída o ano e a quantia em depósito no fim desse ano. O ano é enviado para a saída na largura de um campo de quatro caracteres (como especificado por `%4d`). A quantidade enviada para a saída é como um número de ponto flutuante com o especificador de formato `%,20.2f`. O **flag de formatação vírgula (`,`)** indica que o valor de ponto flutuante deve ser enviado para a saída com um **separador de agrupamento**. O separador real utilizado é específico à localidade do usuário (isto é, país). Por exemplo, nos Estados Unidos, o número será enviado para a saída utilizando vírgulas para separar cada três dígitos e um ponto de fração decimal para separar a parte fracionária do número, como em 1,234.45. O número `20` na especificação de formato indica que o valor deve ser enviado para a saída alinhado à direita em um *campo* do tamanho de 20 caracteres. O `.2` especifica a *precisão* do número formatado — nesse caso, o número é *arredondado* para o centésimo mais próximo e enviado para saída com dois dígitos à direita do ponto de fração decimal.

Um aviso em relação à exibição de valores arredondados

Declaramos as variáveis `amount`, `principal` e `rate` como sendo do tipo `double` nesse exemplo. Lidaremos com partes fracionárias de valores monetários e, portanto, precisamos de um tipo que permita pontos de fração decimal em seus valores. Infelizmente, os números de ponto flutuante podem causar problemas. Eis uma explicação simples do que pode dar errado ao utilizar `double` (ou `float`) para representar quantias monetárias (supondo que elas são exibidas com dois dígitos à direita do ponto decimal): duas quantidades de dólar `double` armazenadas na máquina poderiam ser 14.234 (que normalmente seria arredondado para 14.23 para propósitos de exibição) e 18.673 (que normalmente seria arredondado para 18.67 para propósitos de exibição). Quando essas quantidades são somadas, produz-se a soma interna 32.907, que normalmente seria arredondada para 32.91 para propósitos de exibição. Portanto, sua saída poderia aparecer como

```
  14.23
+ 18.67
-------
  32.91
```

mas uma pessoa que adiciona os números individuais como exibido esperaria que a soma fosse 32.90. Você foi avisado!

Dica de prevenção de erro 5.6

Não utilizar variáveis de tipo `double` (ou `float`) para realizar cálculos monetários precisos. A imprecisão dos números de ponto flutuante pode resultar em erros. Nos exercícios, você aprenderá a usar inteiros para realizar cálculos monetários precisos — o Java também fornece a classe `java.math.BigDecimal` para esse propósito, que demonstramos na Figura 8.16.

5.5 Instrução de repetição do...while

A **instrução de repetição do...while** é semelhante à instrução `while`. Na instrução `while`, o programa testa a condição de continuação do loop no *início* do loop, *antes* de executar o corpo do loop; se a condição for *falsa*, o corpo *nunca* será executado. A instrução `do...while` testa a condição de continuação do loop *depois* de executar o corpo do loop; portanto, *o corpo sempre executa pelo menos uma vez*. Quando uma instrução `do...while` termina, a execução continua com a próxima instrução na sequência. A Figura 5.7 usa uma `while` para gerar os números 1 a 10.

A linha 8 declara e inicializa a variável de controle `counter`. Ao entrar na instrução `do...while`, a linha 12 gera a saída do valor de `counter` e a linha 13 incrementa `counter`. Então, o programa avalia o teste de continuação do loop na *parte inferior* do loop (linha 14). Se a condição for *verdadeira*, o loop continua na primeira instrução do corpo (linha 12). Se a condição for *falsa*, o loop termina e o programa continua na próxima instrução depois do loop.

```
1  // Figura 5.7: DoWhileTest.java
2  // instrução de repetição do...while.
3
4  public class DoWhileTest
5  {
6     public static void main(String[] args)
7     {
8        int counter = 1;
9
10       do
11       {
12          System.out.printf("%d  ", counter);
13          ++counter;
14       } while (counter <= 10); // fim da instrução do...while
15
16       System.out.println();
17    }
18 } // fim da classe DoWhileTest
```

```
1 2 3 4 5 6 7 8 9 10
```

Figura 5.7 | Instrução de repetição do...while.

Diagrama de atividades UML para a instrução de repetição `do...while`

A Figura 5.8 contém o diagrama de atividades UML para a instrução `do...while`. Esse diagrama deixa bem claro que a condição de continuação do loop só é avaliada *depois* que o loop executa o estado de ação *pelo menos uma vez*. Compare esse diagrama de atividades com aquele da instrução `while` (Figura 4.6).

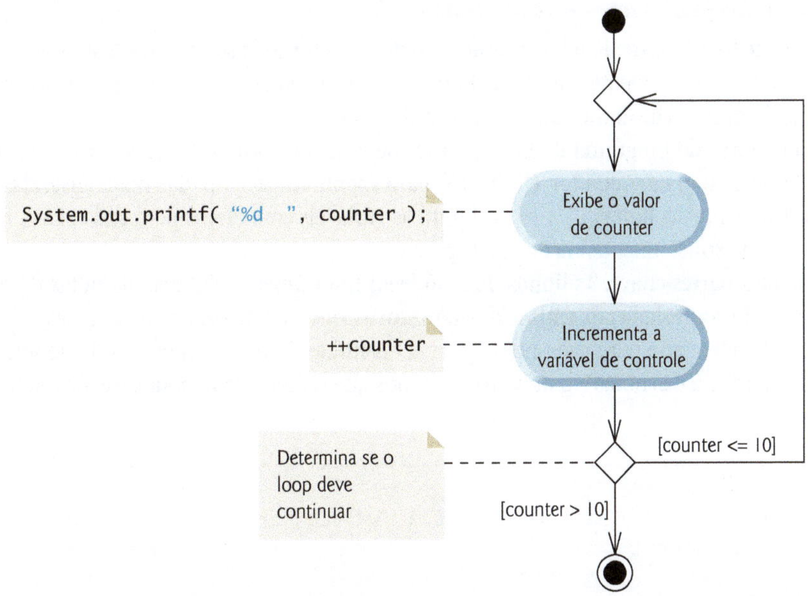

Figura 5.8 | Diagrama de atividades UML para a instrução de repetição `do...while`.

Chaves em uma instrução de repetição `do...while`

Não é necessário utilizar chaves na instrução de repetição `do...while` se houver apenas uma instrução no corpo. Entretanto, muitos programadores incluem as chaves, para evitar confusão entre as instruções `while` e `do...while`. Por exemplo,

```
while (condição)
```

normalmente é a primeira linha de uma instrução `while`. Uma instrução `do...while` sem chaves em torno de um corpo de uma única instrução aparece como:

```
do
   instrução
while (condição);
```

que pode ser confuso. Um leitor pode interpretar erroneamente a última linha — `while(condição);` — como uma instrução `while` contendo uma instrução vazia (o ponto e vírgula sozinho). Portanto, a instrução `do...while` com o corpo de uma instrução é normalmente escrita com chaves assim:

```
do
{
   instrução
} while (condição);
```

Boa prática de programação 5.2

Sempre inclua chaves em uma instrução `do...while`*. Isso ajuda a eliminar ambiguidade entre a instrução* `while` *e uma instrução* `do...while` *que contém apenas uma instrução.*

5.6 A estrutura de seleção múltipla switch

O Capítulo 4 discutiu a instrução de seleção única `if` e a instrução de seleção dupla `if...else`. A **instrução de seleção múltipla `switch`** realiza diferentes ações com base nos possíveis valores de uma **expressão integral constante** do tipo `byte`, `short`, `int` ou `char`. A partir do Java SE 7, a expressão também pode ser uma `String`, que discutiremos na Seção 5.7.

Usando uma instrução `switch` para contar notas A, B, C, D e F

A Figura 5.9 calcula a média da classe de um conjunto de notas numéricas inseridas pelo usuário, e usa uma instrução `switch` para determinar se cada nota é o equivalente a A, B, C, D ou F e para incrementar o contador das notas apropriadas. O programa também exibe um resumo do número de alunos que recebeu cada nota.

Como nas versões anteriores do programa da média da classe, o método `main` da classe `LetterGrades` (Figura 5.9) declara variáveis locais `total` (linha 9) e `gradeCounter` (linha 10) para monitorar a soma das notas inseridas pelo usuário e o número de notas inseridas, respectivamente. As linhas 11 a 15 declaram as variáveis contadoras para cada categoria de nota. Observe que as variáveis nas linhas 9 a 15 são explicitamente inicializadas para `0`.

O método `main` tem duas partes-chave. As linhas 26 a 56 leem um número arbitrário de notas de números inteiros inseridas pelo usuário usando a repetição controlada por sentinela, atualizam as variáveis de instância `total` e `gradeCounter` e incrementam um contador de letra de nota adequado para cada nota inserida. As linhas 59 a 80 geram a saída de um relatório contendo o total de todas as notas inseridas, a média das notas e o número de alunos que recebeu cada nota baseada em letra. Vamos examinar essas partes em mais detalhes.

```
1  // Figura 5.9: LetterGrades.java
2  // A classe LetterGrades utiliza a instrução switch para contar as letras das notas escolares.
3  import java.util.Scanner;
4
5  public class LetterGrades
6  {
7     public static void main(String[] args)
8     {
9        int total = 0; // soma das notas
10       int gradeCounter = 0; // número de notas inseridas
11       int aCount = 0; // contagem de notas A
12       int bCount = 0; // contagem de notas B
13       int cCount = 0; // contagem de notas C
14       int dCount = 0; // contagem de notas D
15       int fCount = 0; // contagem de notas F
16
17       Scanner input = new Scanner(System.in);
18
19       System.out.printf("%s%n%s%n   %s%n   %s%n",
20          "Enter the integer grades in the range 0-100.",
21          "Type the end-of-file indicator to terminate input:",
22          "On UNIX/Linux/Mac OS X type <Ctrl> d then press Enter",
23          "On Windows type <Ctrl> z then press Enter");
24
25       // faz loop até o usuário inserir o indicador de fim do arquivo
26       while (input.hasNext())
27       {
28          int grade = input.nextInt(); // lê a nota
29          total += grade; // adiciona nota a total
30          ++gradeCounter; // incrementa o número de notas
31
32          // incrementa o contador de letras de nota adequado
33          switch (grade / 10)
34          {
35             case 9:  // a nota estava entre 90
36             case 10: // e 100, inclusivo
37                ++aCount;
38                break; // sai do switch
39
40             case 8: // nota estava entre 80 e 89
41                ++bCount;
42                break; // sai do switch
43
```

continua

continuação

```
            case 7: // nota estava entre 70 e 79
               ++cCount;
               break; // sai do switch

            case 6: // nota estava entre 60 e 69
               ++dCount;
               break; // sai do switch

            default: // a nota era menor que 60
               ++fCount;
               break; // opcional; fecha switch de qualquer maneira
         } // fim do switch
      } // fim do while

      // exibe o relatório da nota
      System.out.printf("%nGrade Report:%n");

      // se usuário inseriu pelo menos uma nota...
      if (gradeCounter != 0)
      {
         // calcula a média de todas as notas inseridas
         double average = (double) total / gradeCounter;

         // gera a saída de resumo de resultados
         System.out.printf("Total of the %d grades entered is %d%n",
            gradeCounter, total);
         System.out.printf("Class average is %.2f%n", average);
         System.out.printf("%n%s%n%s%d%n%s%d%n%s%d%n%s%d%n%s%d%n",
            "Number of students who received each grade:",
            "A: ", aCount,   // exibe número de notas A
            "B: ", bCount,   // exibe número de notas B
            "C: ", cCount,   // exibe número de notas C
            "D: ", dCount,   // exibe número de notas D
            "F: ", fCount); // exibe número de notas F
      } // fim do if
      else // nenhuma nota foi inserida, assim gera a saída da mensagem apropriada
         System.out.println("No grades were entered");
   } // fim de main
} // finaliza a classe LetterGrades
```

```
Enter the integer grades in the range 0-100.
Type the end-of-file indicator to terminate input:
   On UNIX/Linux/Mac OS X type <Ctrl> d then press Enter
   On Windows type <Ctrl> z then press Enter
99
92
45
57
63
71
76
85
90
100
^Z

Grade Report:
Total of the 10 grades entered is 778
Class average is 77.80
Number of students who received each grade:

A: 4
B: 1
C: 2
D: 1
F: 2
```

Figura 5.9 | A classe `LetterGrades` utiliza a instrução `switch` para contar as letras das notas escolares.

Lendo as notas do usuário

As linhas 19 a 23 solicitam que o usuário insira as notas integrais e digite o indicador de fim do arquivo para terminar a entrada. O **indicador de fim do arquivo** é uma combinação de pressionamentos de tecla dependente de sistema que o usuário insere a fim de indicar que *não há mais dados a serem inseridos*. No Capítulo 15, "Arquivos, fluxos e serialização de objeto", veremos como o indicador de fim do arquivo é utilizado quando um programa lê sua entrada a partir de um arquivo.

Nos sistemas UNIX/Linux/Mac OS X, o fim do arquivo é inserido digitando a sequência

<Ctrl> d

em uma linha isolada. Essa notação significa pressionar simultaneamente a tecla *Ctrl* e a tecla *d*. Em sistemas Windows, o fim do arquivo pode ser inserido digitando

<Ctrl> z

[*Observação:* em alguns sistemas, você deve pressionar *Enter* depois de digitar a sequência de teclas de fim do arquivo. Além disso, o Windows normalmente exibe os caracteres `^Z` na tela quando o indicador de fim do arquivo é digitado, como é mostrado na saída da Figura 5.9.]

Dica de portabilidade 5.1

As combinações de teclas pressionadas para inserir o fim do arquivo são dependentes do sistema.

A instrução `while` (linhas 26 a 56) obtém a entrada de usuário. A condição na linha 26 chama o método `Scanner` **`hasNext`** para determinar se há mais entrada de dados. Esse método retorna o valor `boolean` `true` se houver mais dados; do contrário, ele retorna `false`. O valor retornado é então utilizado como o valor da condição na instrução `while`. O método `hasNext` retorna `false`, uma vez que o usuário digita o indicador de fim de arquivo.

A linha 28 insere um valor de nota do usuário. A linha 29 adiciona `grade` a `total`. A linha 30 incrementa `gradeCounter`. Essas variáveis são utilizadas para calcular a média das notas. As linhas 33 a 55 usam uma instrução `switch` para incrementar o contador de notas adequado com base na nota numérica inserida.

Processando as notas

A instrução `switch` (linhas 33 a 55) determina qual contador incrementar. Supomos que o usuário insere uma nota válida no intervalo 0 a 100. Uma nota no intervalo 90 a 100 representa A, 80 a 89, B, 70 a 79, C, 60 a 69, D e 0 a 59, F. A instrução `switch` consiste em um bloco que contém uma sequência de **rótulos `case`** e um **caso `default`** opcional. Essas sequências são utilizadas nesse exemplo para determinar qual contador incrementar com base na nota.

Quando o fluxo de controle alcançar o `switch`, o programa avalia a expressão nos parênteses (`grade / 10`) que se segue à palavra-chave `switch`. Essa é a **expressão de controle** do `switch`. O programa compara o valor dessa expressão (que deve ser avaliada como um valor integral do tipo `byte`, `char`, `short` ou `int`, ou como uma `String`) com cada rótulo `case`. A expressão controladora na linha 33 realiza a divisão de inteiro, que *trunca a parte fracionária* do resultado. Portanto, ao dividirmos um valor de 0 a 100 por 10, o resultado é sempre um valor de 0 a 10. Utilizamos vários desses valores em nossos rótulos `case`. Por exemplo, se o usuário inserir o inteiro `85`, a expressão controladora é avaliada como 8. A `switch` compara o `8` com cada rótulo `case`. Se ocorrer uma correspondência (`case 8:` na linha 40), o programa executa essas instruções de `case`. Para o número inteiro `8`, a linha 41 incrementa `bCount`, porque uma nota nos 80 é um B. A **instrução `break`** (linha 42) faz com que o controle do programa avance para a primeira instrução após `switch` — nesse programa, alcançamos o final do loop `while`, assim o controle retorna para a condição de continuação de loop na linha 26 para determinar se o loop deve continuar executando.

Os `cases` no nosso `switch` testam explicitamente quanto aos valores `10`, `9`, `8`, `7` e `6`. Observe os casos nas linhas 35 e 36 que testam quanto aos valores `9` e `10` (ambos representam a nota A). Listar os casos consecutivamente dessa maneira sem instruções entre eles permite que executem o mesmo conjunto de instruções — quando a expressão controladora é avaliada como `9` ou `10`, as instruções nas linhas 37 e 38 serão executadas. A instrução `switch` *não* fornece um mecanismo para testar *séries* de valores, então *todo* valor que você precisa testar deve ser listado em um rótulo `case` separado. Cada `case` pode ter múltiplas instruções. A instrução `switch` difere de outras instruções de controle porque *não* exige que as múltiplas instruções em um `case` estejam entre chaves.

`case` sem uma instrução `break`

Sem as instruções `break`, toda vez que ocorre uma correspondência nas instruções `switch`, as instruções para esse caso e casos subsequentes são executadas até que uma instrução `break` ou o fim do `switch` seja encontrado. Isso costuma ser referido como "*falling through*", que é o processo em que a instrução percorre sucessivamente os `cases` subsequentes. (Esse recurso é perfeito para escrever um programa conciso que exibe a canção iterativa "The Twelve Days of Christmas" no Exercício 5.29.)

Erro comum de programação 5.7

Esquecer uma instrução `break` quando esta for necessária em um `switch` é um erro de lógica.

O caso `default`

Se não ocorrer nenhuma correspondência entre o valor da expressão controladora e um rótulo `case`, o caso `default` (linhas 52 a 54) é executado. Utilizamos o caso `default` nesse exemplo para processar todos os valores da expressão controladora que são menores que `6` — isto é, todas as notas que reprovam. Se não ocorrer nenhuma correspondência e o `switch` não contiver um caso `default`, o controle de programa simplesmente continua com a primeira instrução depois do `switch`.

Dica de prevenção de erro 5.7

Em uma instrução `switch`, certifique-se de testar todos os valores possíveis da expressão de controle.

Exibindo o relatório de notas

As linhas 59 a 80 geram um relatório com base nas notas inseridas (como mostrado na janela de entrada/saída na Figura 5.9). A linha 62 determina se o usuário inseriu pelo menos uma nota — isso ajuda a evitar a divisão por zero. Se tiver inserido, a linha 65 calcula a média das notas. As linhas 68 a 77 então geram a saída do total de todas as notas, a média da classe e o número de alunos que recebeu cada nota de letra. Se nenhuma nota foi inserida, a linha 80 gera a saída de uma mensagem apropriada. A saída na Figura 5.9 mostra um relatório de nota de exemplo baseado em 10 notas.

Diagrama de atividades UML para a instrução `switch`

A Figura 5.10 mostra o diagrama de atividades UML para a instrução `switch` geral. A maioria das instruções `switch` utiliza `break` em cada `case` a fim de terminar a instrução `switch` depois de processar um `case`. A Figura 5.10 enfatiza isso incluindo instruções `break` no diagrama de atividade. O diagrama torna claro que a instrução `break` no fim de um `case` faz com que o controle saia imediatamente da instrução `switch`.

A instrução `break` *não* é necessária para o último `case` da `switch` (ou o caso `default` opcional, quando ele aparece por último), porque a execução continua com a próxima instrução depois da `switch`.

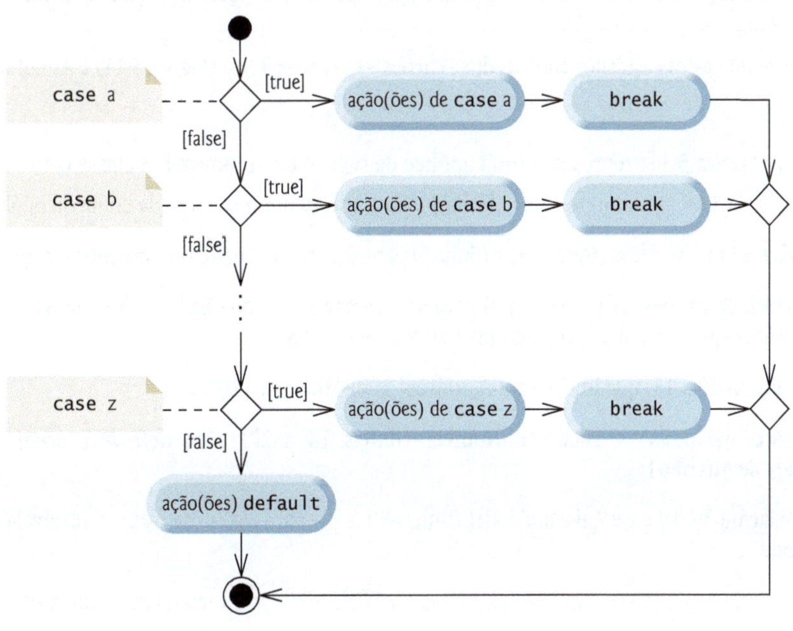

Figura 5.10 | Diagrama de atividades UML de instrução de seleção múltipla `switch` com instruções `break`.

Dica de prevenção de erro 5.8

Forneça um case `default` *nas instruções* `switch`*. Isso faz com que você se concentre na necessidade de processar condições excepcionais.*

Boa prática de programação 5.3

Embora cada `case` *e o caso* `default` *em uma* `switch` *possam ocorrer em qualquer ordem, coloque o caso* `default` *por último. Quando o caso* `default` *é listado por último, o* `break` *para esse caso não é necessário.*

Notas sobre a expressão em cada `case` *de uma* `switch`

Ao utilizar a instrução `switch`, lembre-se de que cada `case` deve conter uma expressão integral constante — isto é, qualquer combinação de constantes integrais que é avaliada como um valor integral constante (por exemplo, –7, 0 ou 221) — ou uma `String`. Uma constante de inteiro é simplesmente um valor de inteiro. Além disso, você pode usar **constantes de caracteres** específicos entre aspas simples, como `'A'`, `'7'` ou `'$'` — que representam os valores inteiros de caracteres e constantes `enum` (introduzidos na Seção 6.10). (O Apêndice B mostra os valores integrais dos caracteres no conjunto de caracteres ASCII, que é um subconjunto do conjunto de caracteres Unicode® utilizado pelo Java.)

A expressão em cada `case` também pode ser uma **variável constante** — uma variável que contém um valor que não muda no programa inteiro. Essa variável é declarada com a palavra-chave `final` (discutida no Capítulo 6). O Java tem um recurso chamado tipos `enum`, que também apresentamos no Capítulo 6 — constantes de tipo `enum` também podem ser usadas em rótulos `case`.

No Capítulo 10, "Programação orientada a objetos: polimorfismo e interfaces", apresentamos uma maneira mais elegante de implementar a lógica `switch` — utilizamos uma técnica chamada de *polimorfismo* para criar programas que são frequentemente mais claros, mais fáceis de manter e mais fáceis de estender do que os programas que utilizam a lógica `switch`.

5.7 Estudo de caso da classe `AutoPolicy`: `Strings` em instruções `switch`

`Strings` podem ser usadas como expressões de controle em instruções `switch` e literais `String` podem ser usados em rótulos `case`. Para demonstrar que `Strings` podem ser usadas como expressões de controle em instruções `switch` e que literais `String` podem ser usados em rótulos `case`, implementaremos um aplicativo que atende os seguintes requisitos:

> *Você foi contratado por uma companhia de seguros de automóvel que atende estes estados do nordeste dos Estados Unidos — Connecticut, Maine, Massachusetts, New Hampshire, Nova Jersey, Nova York, Pensilvânia, Rhode Island e Vermont. A empresa quer que você crie um programa que produz um relatório indicando para cada uma das apólices de seguro de automóvel se a apólice é válida em um estado com seguro de automóvel "sem culpa" (modalidade de seguro em que o segurado é indenizado independentemente de sua responsabilidade no sinistro) — Massachusetts, Nova Jersey, Nova York e Pensilvânia.*

O aplicativo Java que atende esses requisitos contém duas classes — `AutoPolicy` (Figura 5.11) e `AutoPolicyTest` (Figura 5.12).

Classe `AutoPolicy`

A classe `AutoPolicy` (Figura 5.11) representa uma apólice de seguro de automóvel. A classe contém:

- A variável de instância `int accountNumber` (linha 5) para armazenar o número da conta da apólice.
- A variável de instância `String` de `makeAndModel` (linha 6) para armazenar a marca e o modelo do carro (como um `"Toyota Camry"`).
- A variável de instância `String` de `state` (linha 7) para armazenar a sigla do estado de dois caracteres que representa o estado em que a apólice é válida (por exemplo, `"MA"` significando Massachusetts).
- Um construtor (linhas 10 a 15) que inicializa as variáveis de instância da classe.
- Os métodos setAccountNumber e getAccountNumber (linhas 18 a 27) para *definir* e *obter* uma variável de instância `accountNumber` de `AutoPolicy`.
- Os métodos setMakeAndModel e getMakeAndModel (linhas 30 a 39) para *definir* e *obter* a variável de instância `AutoPolicy` de um `makeAndModel`.
- Os métodos `setState` e `getState` (linhas 42 a 51) para *definir* e *obter* a variável de instância `AutoPolicy` de um `state`.
- O método `isNoFaultState` (linhas 54 a 70) para retornar um valor `boolean` que indica se a apólice é válida em um estado de seguros de automóvel "sem culpa"; observe o nome do método — a convenção de nomeação para um método *get* que retorna um valor `boolean` é começar o nome com `"is"` em vez de `"get"` (esse método é comumente chamado de *método de predicado*).

No método `isNoFaultState`, a expressão de controle da instrução `switch` (linha 59) é a `String` retornada por método `getState` de `AutoPolicy`. A instrução `switch` compara o valor da expressão de controle com os rótulos `case` (linha 61) para determinar se a apólice é válida em Massachusetts, Nova Jersey, Nova York ou Pensilvânia (os estados "sem culpa"). Se houver uma correspondência, então a linha 62 configura a variável local `noFaultState` como `true` e a instrução `switch` termina; caso contrário, o caso `default` define `noFaultState` como `false` (linha 65). Então, o método `isNoFaultState` retorna o valor da variável local `noFaultState`.

Para simplificar, não validamos os dados de `AutoPolicy` no construtor ou nos métodos *set*, e supomos que as abreviaturas dos estados sempre têm duas letras maiúsculas. Além disso, uma classe `AutoPolicy` real provavelmente conteria muitas outras variáveis de instância e métodos para dados como o nome, endereço do titular da conta etc. No Exercício 5.30, você será solicitado a aprimorar a classe `AutoPolicy` validando a abreviação do estado utilizando as técnicas que você aprenderá na Seção 5.9.

```
1  // Figura 5.11: AutoPolicy.java
2  // Classe que representa uma apólice de seguro de automóvel.
3  public class AutoPolicy
4  {
5     private int accountNumber; // número da conta da apólice
6     private String makeAndModel; // carro ao qual a apólice é aplicada
7     private String state; // abreviatura do estado com duas letras
8
9     // construtor
10    public AutoPolicy(int accountNumber, String makeAndModel, String state)
11    {
12       this.accountNumber = accountNumber;
13       this.makeAndModel = makeAndModel;
14       this.state = state;
15    }
16
17    // define o accountNumber
18    public void setAccountNumber(int accountNumber)
19    {
20       this.accountNumber = accountNumber;
21    }
22
23    // retorna o accountNumber
24    public int getAccountNumber()
25    {
26       return accountNumber;
27    }
28
29    // configura o makeAndModel
30    public void setMakeAndModel(String makeAndModel)
31    {
32       this.makeAndModel = makeAndModel;
33    }
34
35    // retorna o makeAndModel
36    public String getMakeAndModel()
37    {
38       return makeAndModel;
39    }
40
41    // define o estado
42    public void setState(String state)
43    {
44       this.state = state;
45    }
46
47    // retorna o estado
48    public String getState()
49    {
50       return state;
51    }
52
53    // método predicado é retornado se o estado tem seguros "sem culpa"
54    public boolean isNoFaultState()
55    {
56       boolean noFaultState;
57
```

continua

continuação

```
      // determina se o estado tem seguros de automóvel "sem culpa"
      switch (getState()) // obtém a abreviatura do estado do objeto AutoPolicy
      {
         case "MA": case "NJ": case "NY": case "PA":
            noFaultState = true;
            break;
         default:
            noFaultState = false;
            break;
      }

      return noFaultState;
   }
} // fim da classe AutoPolicy
```

Figura 5.11 | A classe que representa uma apólice de seguro de automóvel.

Classe `AutoPolicyTest`

A classe `AutoPolicyTest` (Figura 5.12) cria dois objetos `AutoPolicy` (linhas 8 a 11 no `main`). As linhas 14 e 15 passam cada objeto para o método `static` (linhas 20 a 28), que usa os métodos `policyInNoFaultState` para determinar e exibir se o objeto que ele recebe representa uma apólice em um estado com seguro de automóvel "sem culpa".

```
1  // Figura 5.12: AutoPolicyTest.java
2  // Demonstrando Strings em um switch.
3  public class AutoPolicyTest
4  {
5     public static void main(String[] args)
6     {
7        // cria dois objetos AutoPolicy
8        AutoPolicy policy1 =
9           new AutoPolicy(11111111, "Toyota Camry", "NJ");
10       AutoPolicy policy2 =
11          new AutoPolicy(22222222, "Ford Fusion", "ME");
12
13       // exibe se cada apólice está em um estado "sem culpa"
14       policyInNoFaultState(policy1);
15       policyInNoFaultState(policy2);
16    }
17
18    // método que mostra se um AutoPolicy
19    // está em um estado com seguro de automóvel "sem culpa"
20    public static void policyInNoFaultState(AutoPolicy policy)
21    {
22       System.out.println("The auto policy:");
23       System.out.printf(
24          "Account #: %d; Car: %s; State %s %s a no-fault state%n%n",
25          policy.getAccountNumber(), policy.getMakeAndModel(),
26          policy.getState(),
27          (policy.isNoFaultState() ? "is": "is not"));
28    }
29 } // fim da classe AutoPolicyTest
```

```
The auto policy:
Account #: 11111111; Car: Toyota Camry;
State NJ is a no-fault state

The auto policy:
Account #: 22222222; Car: Ford Fusion;
State ME is not a no-fault state
```

Figura 5.12 | Demonstrando `Strings` em um `switch`.

5.8 Instruções break e continue

Além das instruções de seleção e repetição, o Java fornece instruções `break` (que discutimos no âmbito da instrução `switch`) e `continue` (apresentada nesta seção e no Apêndice L, em inglês, no Site de Apoio do livro) para alterar o fluxo de controle. A seção precedente mostrou como `break` pode ser utilizado para terminar a execução de uma instrução `switch`. Esta seção discute como utilizar `break` em instruções de repetição.

Instrução break

A instrução `break`, quando executada em um `while`, `for`, `do...while` ou `switch`, ocasiona a saída *imediata* dessa instrução. A execução continua com a primeira instrução depois da instrução de controle. Utilizações comuns da instrução `break` são escapar no começo de um loop ou pular o restante de uma instrução `switch` (como na Figura 5.9). A Figura 5.13 demonstra uma instrução `break` saindo de um `for`.

Quando a instrução `if` aninhada nas linhas 11 e 12 da instrução `for` (linhas 9 a 15) detecta que `count` é `5`, a instrução `break` na linha 12 é executada. Isso termina a instrução `for` e o programa prossegue para a linha 17 (imediatamente depois da instrução `for`), que exibe uma mensagem que indica o valor da variável de controle quando o loop terminar. O loop executa completamente o seu corpo somente quatro vezes em vez de 10.

```
1  // Figura 5.13: BreakTest.java
2  // a instrução break sai de uma instrução for.
3  public class BreakTest
4  {
5     public static void main(String[] args)
6     {
7        int count; // variável de controle também utilizada depois que loop termina
8
9        for (count = 1; count <= 10; count++) // faz o loop 10 vezes
10       {
11          if (count == 5)
12             break; // termina o loop se a contagem for 5
13
14          System.out.printf("%d ", count);
15       }
16
17       System.out.printf("%nBroke out of loop at count = %d%n", count);
18    }
19 } // fim da classe BreakTest
```

```
1 2 3 4
Broke out of loop at count = 5
```

Figura 5.13 | Instrução `break` saindo de uma instrução `for`.

Instrução continue

A instrução `continue`, quando executada em um `while`, `for` ou `do...while`, pula as instruções restantes no corpo do loop e prossegue com a *próxima iteração* do loop. Nas instruções `while` e `do...while`, o programa avalia o teste de continuação do loop imediatamente depois que a instrução `continue` é executada. Em uma instrução `for`, a expressão incremento é executada, então o programa avalia o teste de continuação do loop.

A Figura 5.14 utiliza `continue` (linha 10) para pular para a instrução na linha 12 quando o `if` aninhado determina que o valor de `count` é `5`. Quando a instrução `continue` executa, o controle de programa continua com o incremento da variável de controle na instrução `for` (linha 7).

Na Seção 5.3, declaramos que `while` poderia ser utilizado na maioria dos casos no lugar de `for`. Isso *não* é verdade quando a expressão de incremento no `while` segue-se a uma instrução `continue`. Nesse caso, o incremento *não* executa antes de o programa avaliar a condição de continuação da repetição, então o `while` não é executado da mesma maneira que o `for`.

Observação de engenharia de software 5.2

Alguns programadores acham que `break` *e* `continue` *violam a programação estruturada. Como os mesmos efeitos são alcançáveis com as técnicas de programação estruturada, esses programadores não utilizam* `break` *ou* `continue`*.*

```java
// Figura 5.14: ContinueTest.java
// Instrução continue que termina uma iteração de uma instrução for.
public class ContinueTest
{
   public static void main(String[] args)
   {
      for (int count = 1; count <= 10; count++) // faz o loop 10 vezes
      {
         if (count == 5)
            continue; // pula o código restante no corpo do loop se a contagem for 5

         System.out.printf("%d ", count);
      }

      System.out.printf("%nUsed continue to skip printing 5%n");
   }
} // fim da classe ContinueTest
```

```
1 2 3 4 6 7 8 9 10
Used continue to skip printing 5
```

Figura 5.14 | Instrução `continue` terminando uma iteração de uma instrução `for`.

Observação de engenharia de software 5.3

Há uma tensão entre alcançar engenharia de software de qualidade e alcançar o software de melhor desempenho. Às vezes, um desses objetivos é alcançado à custa do outro. Para todas as situações, exceto as de desempenho muito alto, aplique a seguinte regra geral: primeiro, faça seu código simples e correto; então, torne-o rápido e pequeno, mas apenas se necessário.

5.9 Operadores lógicos

As instruções `if`, `if...else`, `while`, `do...while` e `for` requerem uma *condição* para determinar como continuar o fluxo de um programa de controle. Até agora, só estudamos condições simples, como `count <= 10`, `number != sentinelValue` e `total> 1000`. As condições simples são expressas em termos dos operadores relacionais `>`, `<`, `>=` e `<=` e os operadores de igualdade `==` e `!=`, e cada expressão testa apenas uma condição. Para testar *múltiplas* condições no processo de tomada de uma decisão, realizamos esses testes em instruções separadas ou em instruções `if` ou `if...else` aninhadas. Às vezes, as instruções de controle requerem condições mais complexas para determinar o fluxo de controle de um programa.

Os **operadores lógicos** do Java permitem formar condições mais complexas *combinando* condições simples. Os operadores lógicos são `&&` (E condicional), `||` (OU condicional), `&` (E lógico booleano), `|` (OU inclusivo lógico booleano), `^` (OU exclusivo lógico booleano) e `!` (NÃO lógico). [*Observação:* os operadores `&`, `|` e `^` também são operadores de bits quando eles são aplicados a operandos de números inteiros. Discutimos os operadores de bit no Apêndice K, em inglês, no Site de Apoio do livro.]

Operador E condicional (&&)

Suponha que queiramos assegurar em algum ponto de um programa que duas condições sejam, *ambas*, `true` antes de escolher um certo caminho de execução. Nesse caso, podemos utilizar o operador **&&** (**E condicional**), como segue:

```java
if (gender == FEMALE && age >= 65)
   ++seniorFemales;
```

Essa instrução `if` contém duas condições simples. A condição `gender == FEMALE` compara a variável `gender` à constante `FEMALE` para determinar se uma pessoa é do sexo feminino. A condição `age >= 65` poderia ser avaliada para determinar se uma pessoa é um idoso. A instrução `if` considera a condição combinada

```java
gender == FEMALE && age >= 65
```

que é verdadeira se e somente se *ambas* as condições simples forem verdadeiras. Nesse caso, o corpo da instrução `if` incrementa `seniorFemales` por 1. Se qualquer uma ou ambas as condições simples forem falsas, o programa pula o incremento. Alguns programadores acham que o preceder condição combinada é mais legível quando parênteses *redundantes* são adicionados, como em:

```java
(gender == FEMALE) && (age >= 65)
```

A tabela na Figura 5.15 resume o operador &&. A tabela mostra todas as quatro possíveis combinações de valores `false` e `true` para *expressão1* e *expressão2*. Essas tabelas são chamadas de **tabelas-verdade**. O Java avalia todas as expressões `false` ou `true` que incluem operadores relacionais, operadores de igualdade ou operadores lógicos.

expressão1	expressão2	expressão1 && expressão2
false	false	false
false	true	false
true	false	false
true	true	true

Figura 5.15 | Tabela-verdade do operador && (E condicional).

Operador OU condicional (||)

Agora suponha que queiramos assegurar que qualquer *uma ou ambas* as condições sejam verdadeiras antes de escolhermos certo caminho de execução. Nesse caso, utilizamos o operador `||` (**OU condicional**), como no seguinte segmento de programa:

```
if ((semesterAverage >= 90) || (finalExam >= 90))
   System.out.println ("Student grade is A");
```

Essa instrução também contém duas condições simples. A condição `semesterAverage >= 90` é avaliada para determinar se o aluno merece um A no curso por causa de um desempenho estável por todo o semestre. A condição `finalExam >= 90` é avaliada para determinar se o aluno merece um A no curso por conta de um desempenho destacado no exame final. A instrução `if` então considera a condição combinada

```
(semesterAverage >= 90) || (finalExam >= 90)
```

e premia o aluno com um A se qualquer *uma ou ambas* as condições simples forem verdadeiras. A única vez em que a mensagem `"Student grade is A"` *não* é impressa é quando *ambas* as condições simples forem *falsas*. A Figura 5.16 é uma tabela-verdade para o operador condicional OU (`||`). O operador && tem uma precedência mais alta do que operador `||`. Ambos os operadores associam-se da esquerda para a direta.

expressão1	expressão2	expressão1 || expressão2
false	false	false
false	true	true
true	false	true
true	true	true

Figura 5.16 | Tabela-verdade do operador || (OU condicional).

Avaliação de curto-circuito de condições complexas

As partes de uma expressão contendo os operadores && ou `||` *somente* são avaliadas até que se saiba se a condição é verdadeira ou falsa. Portanto, avaliação da expressão

```
(gender == FEMALE) && (age >= 65)
```

para imediatamente se `gender` *não* for igual a `FEMALE` (isto é, a expressão inteira for `false`) e continua se `gender` *for* igual a `FEMALE` (isto é, a expressão inteira poderia ainda ser `true` se a condição `age >= 65` fosse `true`). Esse recurso das expressões E condicional e OU condicional chama-se **avaliação em curto-circuito**.

Erro comum de programação 5.8

Em expressões que utilizam o operador &&, uma condição — que chamaremos de condição dependente *— pode exigir que outra condição seja verdadeira para que a avaliação da condição dependente tenha significado. Nesse caso, a condição dependente deve ser colocada* após *o operador && para evitar erros. Considere a expressão* `(i != 0) && (10 / i == 2)`*. A condição dependente* `(10 / i == 2)` *deve aparecer* após *o operador && para evitar a possibilidade de divisão por zero.*

Operadores E lógico booleano (&) e OU inclusivo lógico booleano (|)

Os operadores **E lógicos booleanos (&)** e **OU inclusivos lógicos booleanos (|)** são idênticos aos operadores && e ||, exceto que os operadores & e | *sempre* avaliam *ambos* os operandos (isto é, eles *não* realizam a avaliação em curto-circuito). Assim, a expressão

```
(gender == 1) & (age >= 65)
```

avalia `age >= 65` *independentemente* de `gender` ser ou não igual a `1`. Isso é útil se o operando direito tem um **efeito colateral** exigido — uma modificação no valor de uma variável. Por exemplo, a expressão

```
(birthday == true) | (++age >= 65)
```

garante que a condição `++age >= 65` será avaliada. Portanto, a variável `age` é incrementada, quer a expressão geral seja `true` ou `false`.

Dica de prevenção de erro 5.9

Para clareza, evite expressões com efeitos colaterais (como atribuições) em condições. Elas podem tornar o código mais difícil de entender e levar a erros de lógica sutis.

Dica de prevenção de erro 5.10

Expressões de atribuição (=) geralmente não *devem ser utilizadas em condições. Cada condição* deve *resultar em um valor* `boolean`*; do contrário, ocorrerá um erro de compilação. Em uma condição, uma atribuição só irá compilar se uma expressão* `boolean` *for atribuída a uma variável* `boolean`.

OU exclusivo lógico booleano (^)

Uma condição simples que contém o operador **OU exclusivo lógico booleano (^)** é `true` *se e somente se um de seus operandos for* `true` *e o outro for* `false`. Se ambos forem `true` ou ambos forem `false`, a condição inteira é `false`. A Figura 5.17 é uma tabela-verdade para o operador OU exclusivo lógico booleano (^). É garantido que esse operador avaliará *ambos* os operandos.

expressão1	expressão2	expressão1 ^ expressão2
false	false	false
false	true	true
true	false	true
true	true	false

Figura 5.17 | Tabela-verdade do operador ^ (OU exclusivo lógico booleano).

Operador de negação lógica (!)

O operador **!** (**NÃO lógico**, também chamado de **negação lógica** ou **complemento lógico**) "inverte" o significado de uma condição. Diferentemente dos operadores lógicos &&, ||, &, | e ^, que são operadores ***binários*** que combinam duas condições, o operador de negação lógica é um operador *unário* que tem apenas uma única condição como um operando. O operador lógico de negação é colocado *antes* de uma condição para escolher um caminho de execução se a condição original (sem o operador lógico de negação) for `false`, como no segmento de programa:

```
if (! (grade == sentinelValue))
   System.out.printf("The next grade is %d%n", grade);
```

que executa a chamada `printf` somente se `grade` *não* for igual a `sentinelValue`. Os parênteses em torno da condição `grade == sentinelValue` são necessários, uma vez que o operador lógico de negação tem uma precedência *mais alta* que o operador de igualdade.

Na maioria dos casos, você pode evitar a utilização da negação lógica expressando a condição diferentemente com um operador relacional ou de igualdade apropriado. Por exemplo, a instrução precedente também pode ser escrita como segue:

```
if (grade != sentinelValue)
   System.out.printf("The next grade is %d%n", grade);
```

Essa flexibilidade pode ajudar a expressar uma condição de uma maneira mais conveniente. A Figura 5.18 é uma tabela-verdade para o operador lógico de negação.

expressão	!expressão
`false`	`true`
`true`	`false`

Figura 5.18 | Tabela-verdade do operador ! (NÃO lógico).

Exemplo de operadores lógicos

A Figura 5.19 utiliza operadores lógicos para produzir as tabelas-verdade discutidas nesta seção. A saída mostra a expressão `boolean` que foi avaliada e seu resultado. Utilizamos o **especificador de formato %b** para exibir a palavra "true" ou a palavra "false" com base em um valor `boolean` da expressão. As linhas 9 a 13 produzem a tabela-verdade para `&&`; as linhas 16 a 20, para `||`; as linhas 23 a 27, para `&`; as linhas 30 a 35, para `|`; as linhas 38 a 43, para `^`; as linhas 46 e 47, para `!`.

```
1  // Figura 5.19: LogicalOperators.java
2  // Operadores lógicos.
3
4  public class LogicalOperators
5  {
6     public static void main(String[] args)
7     {
8        // cria a tabela-verdade para o operador && (E condicional)
9        System.out.printf("%s%n%s: %b%n%s: %b%n%s: %b%n%s: %b%n%n",
10          "Conditional AND (&&)", "false && false", (false && false),
11          "false && true", (false && true),
12          "true && false", (true && false),
13          "true && true", (true && true));
14
15       // cria a tabela-verdade para o operador || (OU condicional)
16       System.out.printf("%s%n%s: %b%n%s: %b%n%s: %b%n%s: %b%n%n",
17          "Conditional OR (||)", "false || false", (false || false),
18          "false || true", (false || true),
19          "true || false", (true || false),
20          "true || true", (true || true));
21
22       // cria a tabela-verdade para o operador & (E lógico booleano)
23       System.out.printf("%s%n%s: %b%n%s: %b%n%s: %b%n%s: %b%n%n",
24          "Boolean logical AND (&)", "false & false", (false & false),
25          "false & true", (false & true),
26          "true & false", (true & false),
27          "true & true", (true & true));
28
29       // cria a tabela-verdade para o operador | (OU inclusivo lógico booleano)
30       System.out.printf("%s%n%s: %b%n%s: %b%n%s: %b%n%s: %b%n%n",
31          "Boolean logical inclusive OR (|)",
32          "false | false", (false | false),
33          "false | true", (false | true),
34          "true | false", (true | false),
35          "true | true", (true | true));
36
37       // cria a tabela-verdade para o operador ^ (OU exclusivo lógico booleano)
38       System.out.printf("%s%n%s: %b%n%s: %b%n%s: %b%n%s: %b%n%n",
39          "Boolean logical exclusive OR (^)",
40          "false ^ false", (false ^ false),
41          "false ^ true", (false ^ true),
42          "true ^ false", (true ^ false),
43          "true ^ true", (true ^ true));
44
45       // cria a tabela-verdade para o operador ! (negação lógica)
46       System.out.printf("%s%n%s: %b%n%s: %b%n", "Logical NOT (!)",
47          "!false", (!false), "!true", (!true));
48    }
49 } // fim da classe LogicalOperators
```

continua

continuação

```
Conditional AND (&&)
false && false: false
false && true: false
true && false: false
true && true: true

Conditional OR (||)
false || false: false
false || true: true
true || false: true
true || true: true

Boolean logical AND (&)
false & false: false
false & true: false
true & false: false
true & true: true

Boolean logical inclusive OR (|)
false | false: false
false | true: true
true | false: true
true | true: true

Boolean logical exclusive OR (^)
false ^ false: false
false ^ true: true
true ^ false: true
true ^ true: false

Logical NOT (!)
!false: true
!true: false
```

Figura 5.19 | Operadores lógicos.

Os operadores de precedência e associatividade apresentados até agora

A Figura 5.20 mostra a precedência e associatividade dos operadores Java introduzidos até agora. Os operadores são mostrados de cima para baixo em ordem decrescente de precedência.

Operadores	Associatividade	Tipo
`++ --`	da direita para a esquerda	unário pós-fixo
`++ -- + - !` *(tipo)*	da direita para a esquerda	unário pré-fixo
`* / %`	da esquerda para a direita	multiplicativo
`+ -`	da esquerda para a direita	aditivo
`< <= > >=`	da esquerda para a direita	relacional
`== !=`	da esquerda para a direita	igualdade
`&`	da esquerda para a direita	E lógico booleano
`^`	da esquerda para a direita	OU exclusivo lógico booleano
`|`	da esquerda para a direita	OU inclusivo lógico booleano
`&&`	da esquerda para a direita	E condicional
`||`	da esquerda para a direita	OU condicional
`?:`	da direita para a esquerda	ternário condicional
`= += -= *= /= %=`	da direita para a esquerda	atribuição

Figura 5.20 | Precedência/associatividade dos operadores discutidos até agora.

5.10 Resumo de programação estruturada

Da mesma forma como os arquitetos projetam edifícios empregando o conhecimento coletivo de sua profissão, assim também os programadores devem projetar programas. Nosso campo é muito mais jovem que a arquitetura e nossa sabedoria coletiva é consideravelmente mais esparsa. Aprendemos que a programação estruturada produz programas que são mais fáceis de entender, testar, depurar, modificar e até demonstrar como corretos em um sentido matemático do que os programas não estruturados.

Instruções de controle Java são de entrada única/saída única

A Figura 5.21 utiliza diagramas de atividade UML para resumir instruções de controle do Java. Os estados iniciais e finais indicam o *único ponto de entrada* e o *único ponto de saída* de cada instrução de controle. Conectar símbolos individuais arbitrariamente em um diagrama de atividade pode levar a programas não estruturados. Portanto, escolheu-se um conjunto limitado de instruções de controle que só pode ser combinado de duas maneiras simples para criar programas estruturados.

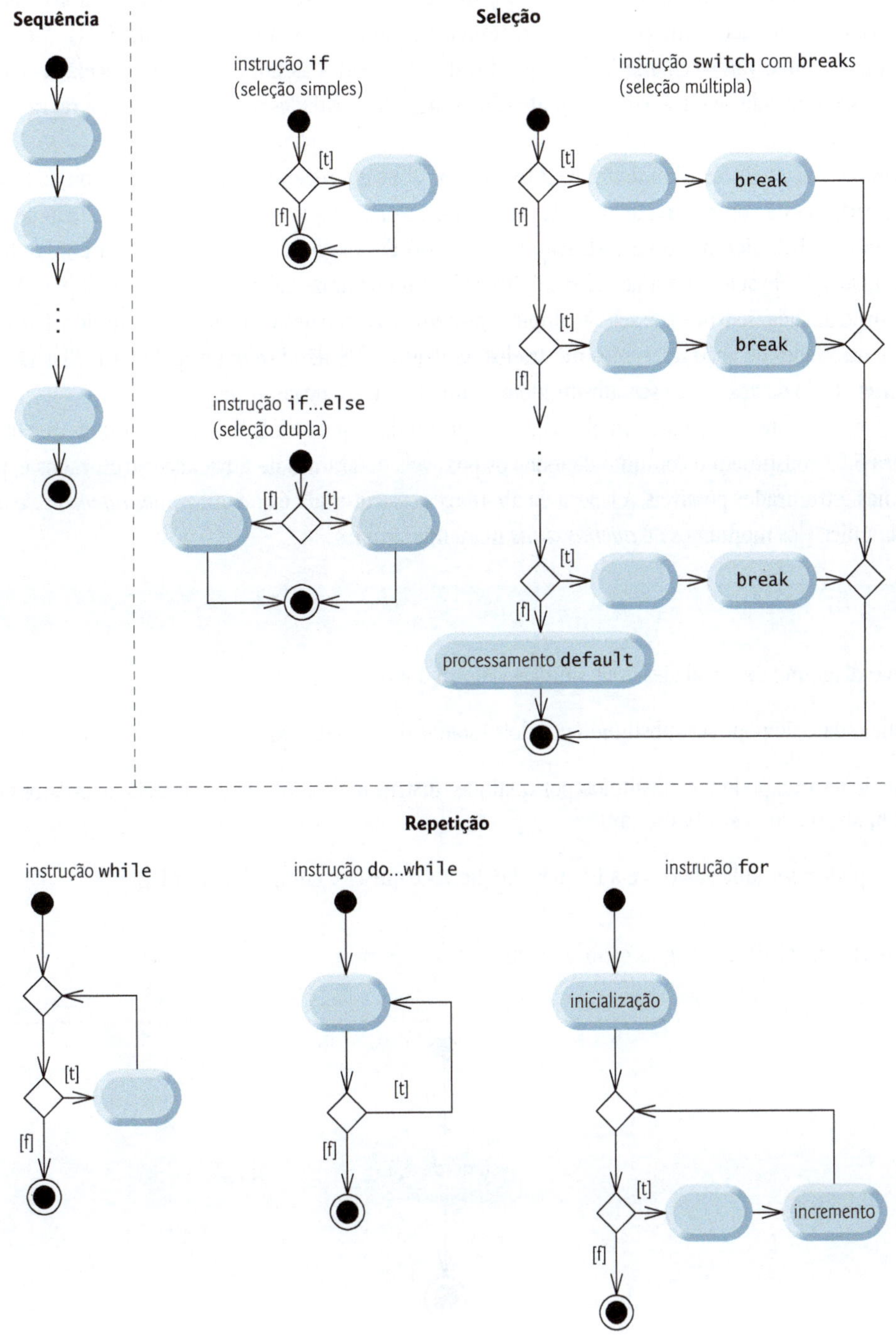

Figura 5.21 | As instruções de sequência de entrada única/saída única, seleção e repetição do Java.

Por simplicidade, o Java inclui apenas instruções de controle de *entrada única/saída única* — há somente uma maneira de entrar e uma de sair de cada instrução de controle. É simples conectar instruções de controle em sequência para formar programas estruturados. O estado final de uma instrução de controle é conectado ao estado inicial da próxima — isto é, as instruções de controle são colocadas uma depois da outra em um programa em sequência. Chamamos isso de ***empilhamento de instruções de controle***. As regras para formar programas estruturados também permitem que instruções de controle sejam *aninhadas*.

Regras para formar programas estruturados

A Figura 5.22 mostra as regras para formar adequadamente programas estruturados. As regras supõem que os estados de ação podem ser utilizados para indicar *qualquer* ação. As regras também supõem que iniciamos com o diagrama de atividade simples (Figura 5.23) consistindo somente em um estado inicial, um estado de ação, um estado final e setas de transição.

Aplicar as regras mostradas na Figura 5.22 sempre resulta em um diagrama de atividade adequadamente estruturado com uma apresentação elegante de blocos de construção. Por exemplo, aplicar a regra 2 repetidamente ao diagrama de atividade mais simples resulta em um diagrama de atividade que contém muitos estados de ação em sequência (Figura 5.24). A regra 2 gera uma *pilha* de instruções de controle, então vamos chamá-la de **regra de empilhamento**. As linhas verticais tracejadas na Figura 5.24 não são parte da UML — elas são utilizadas para separar os quatro diagramas de atividades que demonstram a regra 2 da Figura 5.22 sendo aplicada.

A regra 3 é chamada **regra de aninhamento**. Se a regra 3 for aplicada repetidamente ao diagrama de atividades mais simples o resultado é com instruções de controle perfeitamente *aninhadas*. Por exemplo, na Figura 5.25, o estado de ação no diagrama de atividade mais simples é substituído por uma instrução (`if...else`) de seleção dupla. Então, a regra 3 é aplicada novamente aos estados de ação na instrução de seleção dupla, substituindo cada um por uma instrução de seleção dupla. O símbolo de estado de ação tracejado em torno de cada instrução de seleção dupla representa o estado de ação que foi substituído. [*Observação:* os símbolos de setas tracejadas e de estados de ação tracejados mostrados na Figura 5.25 não fazem parte da UML. Eles são utilizados aqui para ilustrar que *qualquer* estado de ação pode ser substituído por uma instrução de controle.]

A regra 4 gera estruturas maiores, mais complexas e mais profundamente aninhadas. Os diagramas que emergem da aplicação das regras na Figura 5.22 constituem o conjunto de todos os possíveis diagramas de atividade estruturados e, portanto, o conjunto de todos os programas estruturados possíveis. A beleza da abordagem estruturada é que utilizamos *apenas sete* instruções simples de entrada única/saída única e os montamos de *apenas duas* maneiras simples.

Regras para formar programas estruturados

1. Comece com o diagrama de atividades mais simples (Figura 5.23).
2. Qualquer estado da ação pode ser substituído por dois estados da ação na sequência.
3. Qualquer estado de ação pode ser substituído por qualquer instrução de controle (sequência de estados de ação, `if`, `if...else`, `switch`, `while`, `do...while` ou `for`).
4. As regras 2 e 3 podem ser aplicadas com a frequência que você quiser e em qualquer ordem.

Figura 5.22 | Regras para formar programas estruturados.

Figura 5.23 | Diagrama de atividade mais simples.

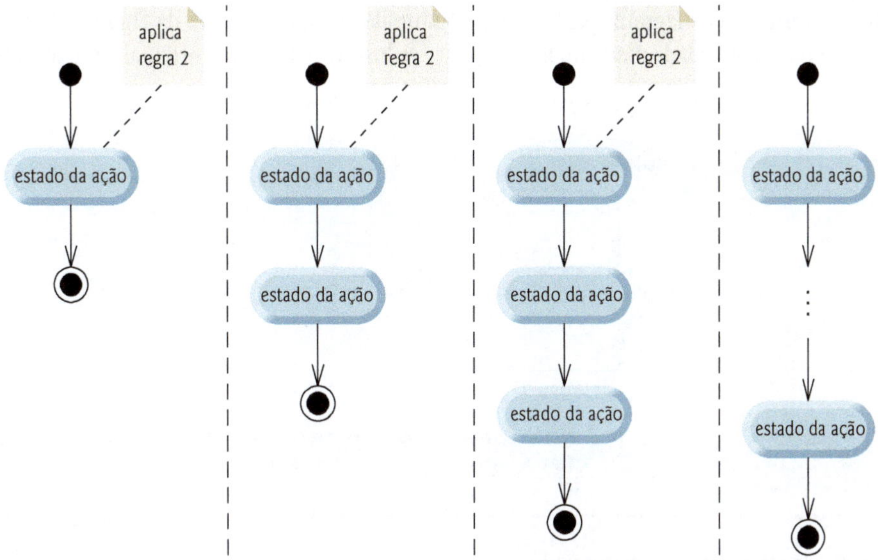

Figura 5.24 | Aplicando repetidamente a regra 2 da Figura 5.22 ao diagrama mais simples.

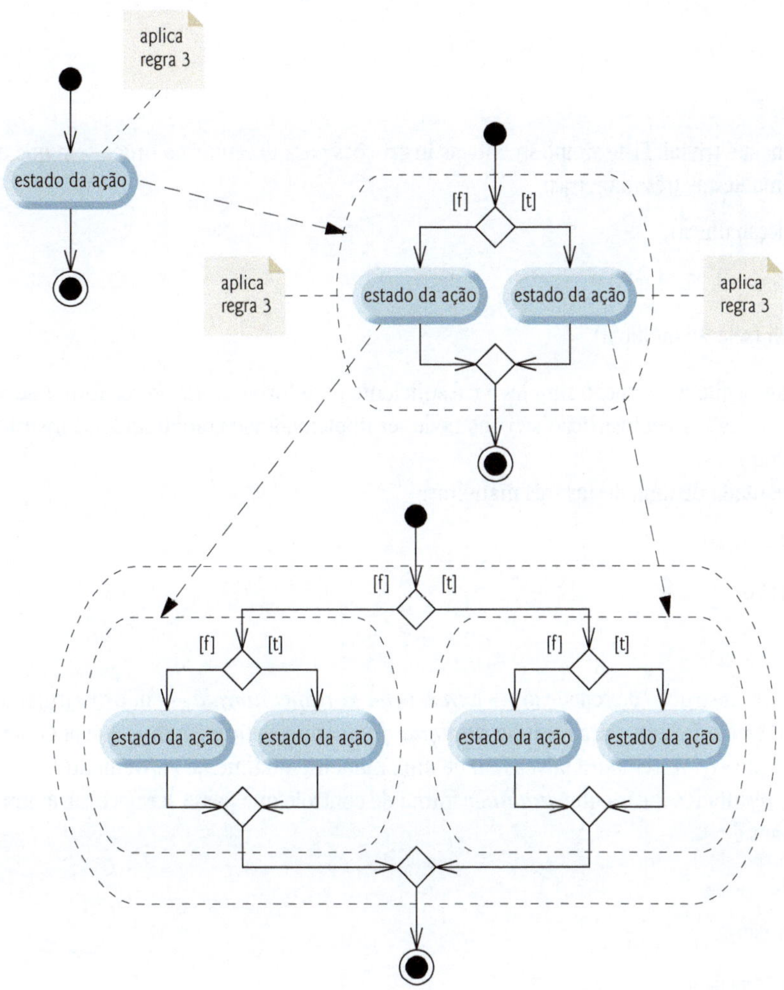

Figura 5.25 | Aplicando repetidamente a regra 3 da Figura 5.22 ao diagrama mais simples.

Se as regras na Figura 5.22 forem seguidas, um diagrama de atividade "não estruturado" (como o da Figura 5.26) não pode ser criado. Se você não tiver certeza se um diagrama particular é estruturado, aplique as regras da Figura 5.21 na ordem inversa para reduzir o diagrama ao diagrama de atividade mais simples. Se puder reduzi-lo, o diagrama original é estruturado; caso contrário, não.

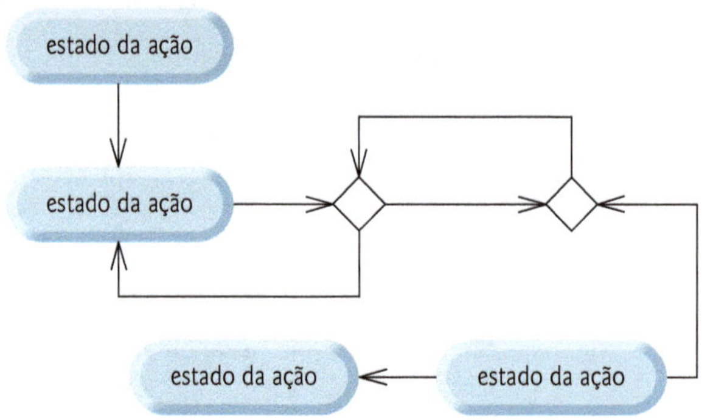

Figura 5.26 | Diagrama de atividade "não estruturado".

Três formas de controle

A programação estruturada promove a simplicidade. São necessárias apenas três formas de controle para implementar um algoritmo:

- sequência
- seleção
- repetição

A estrutura de sequência é trivial. Liste simplesmente as instruções para executar na ordem em que elas devem executar. A seleção é implementada de uma destas três maneiras:

- instrução `if` (seleção única)
- instrução `if...else` (seleção dupla)
- instrução `switch` (seleção múltipla)

De fato, é simples provar que a instrução simples `if` é suficiente para fornecer *qualquer* forma de seleção — tudo o que pode ser feito com a instrução `if...else` e a instrução `switch` pode ser implementado combinando-se instruções `if` (embora talvez não de modo tão claro e eficiente).

A repetição é implementada de uma destas três maneiras:

- instrução `while`
- instrução `do...while`
- instrução `for`

[*Observação*: há uma quarta instrução de repetição — a *instrução `for` aprimorada* — que discutiremos na Seção 7.7.] É simples provar que a instrução `while` é suficiente para fornecer *qualquer* forma de repetição. Tudo o que pode ser feito com `do...while` e `for` pode ser feito com a instrução `while` (embora talvez não de uma maneira igualmente conveniente).

A combinação desses resultados ilustra que *qualquer* forma de controle que possa ser necessária um dia em um programa Java pode ser expressa em termos de

- sequência
- instrução `se` (seleção)
- instrução `while` (repetição)

e que podem ser combinadas apenas de duas maneiras — *empilhamento* e *aninhamento*. De fato, a programação estruturada é a essência da simplicidade.

5.11 (Opcional) Estudo de caso de GUIs e imagens gráficas: desenhando retângulos e ovais

Esta seção demonstra como desenhar retângulos e ovais utilizando os métodos `Graphics` **`drawRect`** e **`drawOval`**, respectivamente. Esses métodos são demonstrados na Figura 5.27.

A linha 6 começa a declaração de classe para `Shapes` que estende `JPanel`. A variável de instância `choice` determina se `paintComponent` deve desenhar retângulos ou ovais. O construtor `Shapes` inicializa `choice` com o valor passado no parâmetro `userChoice`.

O método `paintComponent` realiza o desenho real. Lembre-se de que a primeira instrução em cada método `paintComponent` deve ser uma chamada a `super.paintComponent`, como na linha 19. As linhas 21 a 35 repetem-se 10 vezes para desenhar 10 formas. A instrução `switch` *aninhada* (linhas 24 a 34) escolhe entre desenhar retângulos e desenhar ovais.

Se `choice` for 1, então o programa desenha retângulos. As linhas 27 e 28 chamam o método `Graphics drawRect`. O método `drawRect` requer quatro argumentos. As duas primeiras representam as coordenadas *x* e *y* do canto superior esquerdo do retângulo; as duas seguintes representam a largura e altura do retângulo. Nesse exemplo, iniciamos em uma posição de 10 pixels para baixo e 10 pixels à direita do canto superior esquerdo e cada iteração do loop move o canto superior esquerdo outros 10 pixels para baixo e para a direita. A largura e a altura do retângulo iniciam a 50 pixels e aumentam 10 pixels a cada iteração.

Se `choice` for 2, o programa desenha ovais. Ele cria um retângulo imaginário chamado **retângulo delimitador** e posiciona dentro dele uma oval que toca os pontos centrais dos quatro lados. O método `drawOval` (linhas 31 e 32) requer os mesmos quatro argumentos como método `drawRect`. Os argumentos especificam a posição e tamanho do retângulo para a oval. Os valores passados para `drawOval` nesse exemplo são exatamente os mesmos que aqueles passados para `drawRect` nas linhas 27 e 28. Visto que a largura e a altura do retângulo delimitador são idênticas nesse exemplo, as linhas 27 e 28 desenham um *círculo*. Como exercício, tente modificar o programa para desenhar tanto retângulos como ovais para ver como `drawOval` e `drawRect` estão relacionados.

```java
1  // Figura 5.27: Shapes.java
2  // Desenhando uma cascata de formas com base na escolha do usuário.
3  import java.awt.Graphics;
4  import javax.swing.JPanel;
5
6  public class Shapes extends JPanel
7  {
8     private int choice; // escolha do usuário de qual forma desenhar
9
10    // construtor configura a escolha do usuário
11    public Shapes(int userChoice)
12    {
13       choice = userChoice;
14    }
15
16    // desenha uma cascata de formas que iniciam do canto superior esquerdo
17    public void paintComponent(Graphics g)
18    {
19       super.paintComponent(g);
20
21       for (int i = 0; i < 10; i++)
22       {
23          // seleciona a forma com base na escolha do usuário
24          switch (choice)
25          {
26             case 1: // desenha retângulos
27                g.drawRect(10 + i * 10, 10 + i * 10,
28                   50 + i * 10, 50 + i * 10);
29                break;
30             case 2: // desenha ovais
31                g.drawOval(10 + i * 10, 10 + i * 10,
32                   50 + i * 10, 50 + i * 10);
33                break;
34          }
35       }
36    }
37 } // fim da classe Shapes
```

Figura 5.27 | Desenhando uma cascata de formas com base na escolha do usuário.

Classe ShapesTest

A Figura 5.28 é responsável por tratar a entrada do usuário e criar uma janela para exibir o desenho adequado com base na resposta do usuário. A linha 3 importa `JFrame` para tratar a exibição, e a linha 4 importa `JOptionPane` para tratar a entrada. As linhas 11 a 13 exibem um prompt para o usuário na forma de um diálogo de entrada e armazenam a resposta do usuário na variável `input`. Observe que, ao exibir múltiplas linhas de texto em um prompt em um `JOptionPane`, você deve usar `\n` para começar uma nova linha de texto, em vez de `%n`. A linha 15 utiliza o método `parseInt` de `Integer` para converter a `String` inserida pelo usuário em um `int` e armazenar o resultado na variável `choice`. A linha 18 cria um objeto `Shapes` e passa a escolha do usuário para o construtor. As linhas 20 a 25 realizam as operações padrão que criam e configuram uma janela nesse estudo de caso — criam um *quadro*, configuram-no para encerrar o aplicativo quando fechado, adicionam o desenho ao quadro, configuram o tamanho dele e o tornam visível.

```
1   // Figura 5.28: ShapesTest.java
2   // Obtendo a entrada de usuário e criando um JFrame para exibir Shapes.
3   import javax.swing.JFrame; // manipula a exibição
4   import javax.swing.JOptionPane;
5
6   public class ShapesTest
7   {
8      public static void main(String[] args)
9      {
10        // obtém a escolha do usuário
11        String input = JOptionPane.showInputDialog(
12           "Enter 1 to draw rectangles\n " +
13           "Enter 2 to draw ovals");
14
15        int choice = Integer.parseInt(input); // converte a entrada em int
16
17        // cria o painel com a entrada do usuário
18        Shapes panel = new Shapes(choice);
19
20        JFrame application = new JFrame(); // cria um novo JFrame
21
22        application.setDefaultCloseOperation(JFrame.EXIT_ON_CLOSE);
23        application.add(panel);
24        application.setSize(300, 300);
25        application.setVisible(true);
26     }
27  } // fim da classe ShapesTest
```

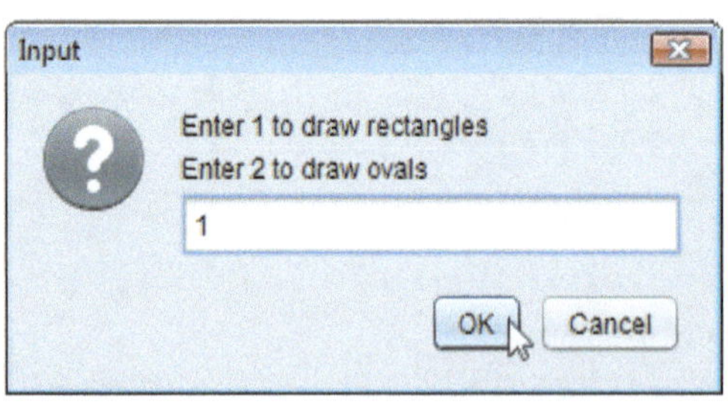

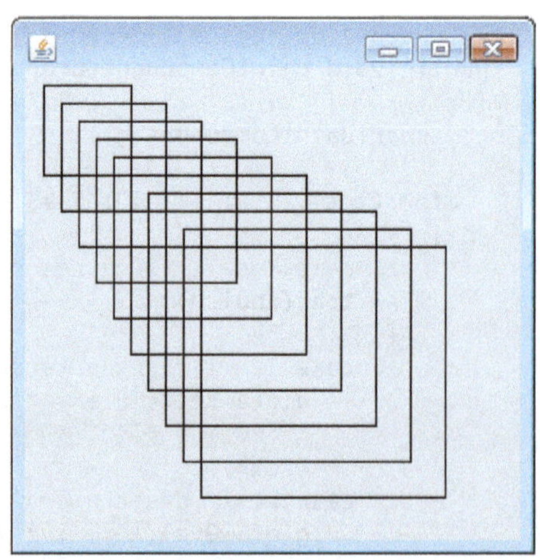

continua

continuação

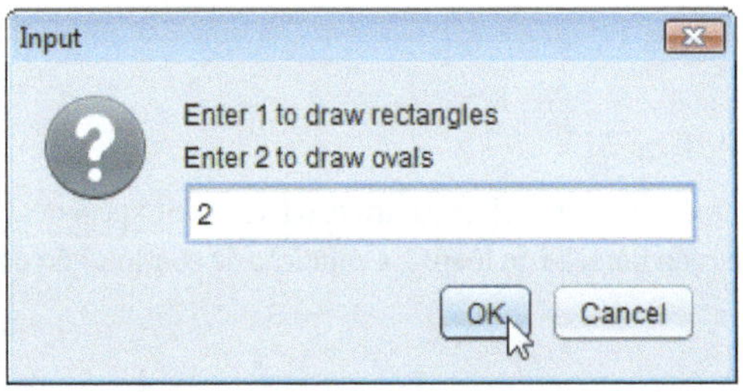

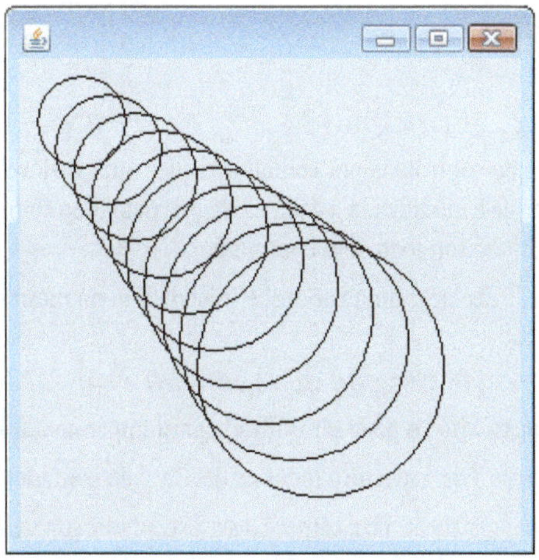

Figura 5.28 | Obtendo a entrada de usuário e criando um `JFrame` para exibir `Shapes`.

Exercícios do estudo de caso sobre GUIs e imagens gráficas

5.1 Desenhe 12 círculos concêntricos no centro de um `JPanel` (Figura 5.29). O círculo mais interno deve ter um raio de 10 pixels e cada círculo sucessivo deve ter um raio de 10 pixels maior que o anterior. Comece localizando o centro do `JPanel`. Para obter o canto superior esquerdo de um círculo, mova-se um raio para cima e um raio para a esquerda a partir do centro. A largura e a altura do retângulo delimitador têm o mesmo diâmetro do círculo (isto é, duas vezes o raio).

5.2 Modifique a Questão 5.16 no final dos exercícios do capítulo para ler a entrada utilizando diálogos e exibir o gráfico de barras usando retângulos de comprimentos variados.

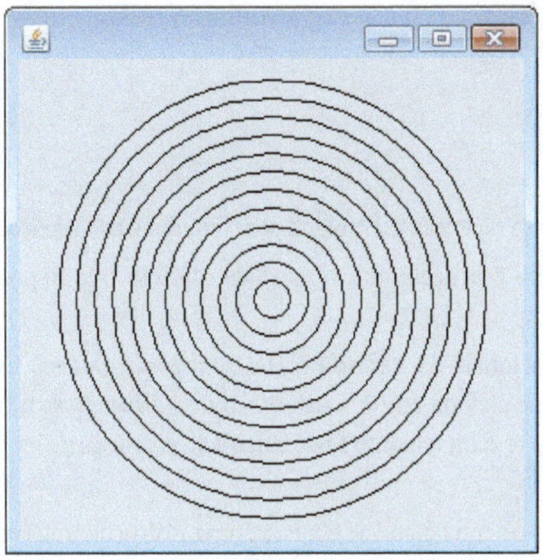

Figura 5.29 | Desenhando círculos concêntricos.

5.12 Conclusão

Neste capítulo, completamos nossa introdução às instruções de controle, que lhe permitem controlar o fluxo de execução em métodos. O Capítulo 4 discutiu `if`, `if...else` e `while`. Este capítulo demonstrou `for`, `do...while` e `switch`. Mostramos que qualquer algoritmo pode ser desenvolvido utilizando combinações da estrutura de sequência, os três tipos das instruções de seleção — `if`, `if...else` e `switch` — e os três tipos de instrução de repetição — `while`, `do...while` e `for`. Neste capítulo e no Capítulo 4, discutimos como você pode combinar esses blocos de construção para utilizar as comprovadas técnicas de construção de programa e solução de problemas. Você usou a instrução `break` para fechar uma instrução `switch` e terminar imediatamente um loop, e utilizou uma instrução `continue` para terminar a iteração atual do loop e passar para a próxima iteração do loop. Este capítulo também introduziu operadores lógicos do Java, que permitem utilizar expressões condicionais mais complexas em instruções de controle. No Capítulo 6, examinamos os métodos em maior profundidade.

Resumo

Seção 5.2 Princípios básicos de repetição controlada por contador

- A repetição controlada por contador requer uma variável de controle, o valor inicial da variável de controle, o incremento pelo qual a variável de controle é modificada a cada passagem pelo loop (também conhecido como cada iteração do loop) e a condição de continuação do loop, que determina se um loop deve continuar.
- Você pode declarar uma variável e inicializá-la na mesma instrução.

Seção 5.3 Instrução de repetição `for`

- A instrução `while` pode ser utilizada para implementar qualquer loop controlado por contador.
- A instrução `for` especifica todos os detalhes do contador — repetição controlada no cabeçalho.
- Quando a instrução `for` começa a ser executada, sua variável de controle é declarada e inicializada. Se inicialmente a condição de continuação do loop for verdadeira, o corpo será executado. Depois de executar o corpo do loop, a expressão de incremento é executada. Então, o teste de continuação do loop é realizado novamente para determinar se o programa deve continuar com a próxima iteração do loop.
- O formato geral da instrução `for` é

```
for (inicialização; condiçãoDeContinuaçãoDoLoop; incremento)
   instrução
```

  onde a expressão *inicialização* nomeia a variável de controle do loop e fornece seu valor inicial, *condiçãoDeContinuaçãoDoLoop* é a condição que determina se o loop deve continuar executando e *incremento* modifica o valor da variável de controle, para que a condição de continuação do loop por fim se torne falsa. Os dois pontos e vírgulas no cabeçalho `for` são necessários.
- A maioria das instruções `for` pode ser representada com instruções `while` equivalentes como a seguir:

```
inicialização;

while (condiçãoDeContinuaçãoDoLoop)
{
   instrução
   incremento;
}
```

- Em geral, as instruções `for` são utilizadas para repetição controlada por contador e as instruções `while`, para repetição controlada por sentinela.
- Se a expressão de *inicialização* no cabeçalho `for` declarar a variável de controle, esta só poderá ser utilizada nessa instrução `for` — ela não existirá fora da instrução `for`.
- As expressões em um cabeçalho `for` são opcionais. Se a *condiçãoDeContinuaçãoDoLoop* for omitida, o Java irá supor que ela sempre é verdadeira, criando assim um loop infinito. Você poderia omitir a expressão *inicialização* se a variável de controle for inicializada antes do loop. Você poderia omitir a expressão *incremento* se o incremento fosse calculado com instruções no corpo do loop ou se nenhum incremento fosse necessário.
- A expressão incremento em uma instrução `for` atua como se ela fosse uma instrução independente no fim do corpo de `for`.
- Uma instrução `for` pode contar para baixo utilizando um incremento negativo — isto é, um decremento. Se a condição de continuação do loop for inicialmente `false`, o corpo da instrução `for` não executa.

Seção 5.4 Exemplos com a estrutura `for`

- O Java trata as constantes de ponto flutuante como `1000.0` e `0.05` como tipo `double`. De maneira semelhante, o Java trata as constantes de número inteiro como `7` e `-22` como tipo `int`.
- O especificador de formato `%4s` gera saída para uma `String` em um tamanho de campo de 4 — isto é, `printf` exibe o valor com pelo menos 4 posições de caractere. Se o valor a ser enviado para a saída for menor do que a largura de 4 posições de caractere, o valor é alinhado à direita no campo por padrão. Se a largura tiver um valor maior do que 4 posições de caractere, o tamanho do campo é expandido para acomodar o número apropriado de caracteres. Para alinhar o valor à esquerda, utilize um número inteiro negativo para especificar o tamanho do campo.
- `Math.pow(`*x*`,` *y*`)` calcula o valor de *x* elevado à *y*-ésima potência. O método recebe dois argumentos `double` e retorna um valor `double`.
- O flag de formatação vírgula (`,`) em especificador de formato indica que um valor de ponto flutuante deve ser gerado com um separador de agrupamento. O separador real utilizado é específico à localidade do usuário (isto é, país). Nos Estados Unidos, o número terá vírgulas que separam cada três dígitos e um ponto decimal que separa a parte fracionária do número, como em 1,234.45.
- O `.` em um especificador de formato indica que o número inteiro à direita é a precisão do número.

Seção 5.5 Instrução de repetição do...`while`

- A instrução `do...while` é semelhante à instrução `while`. No `while`, o programa testa a condição de continuação do loop no início do loop, antes de executar seu corpo; se a condição for falsa, o corpo nunca será executado. A instrução `do...while` testa a condição de continuação do loop *depois* de executar o corpo do loop; portanto, o corpo sempre executa pelo menos uma vez.

Seção 5.6 A estrutura de seleção múltipla `switch`

- A instrução `switch` realiza diferentes ações com base nos valores possíveis de uma expressão integral (um valor constante do tipo `byte`, `short`, `int` ou `char`, mas não `long`) ou uma `String`.
- O indicador de fim de arquivo é uma combinação de pressionamento de tecla dependente do sistema que termina a entrada de usuário. Nos sistemas UNIX/Linux/Mac OS X, o fim de arquivo é inserido digitando a sequência *<Ctrl> d* em uma linha separada. Essa notação significa pressionar simultaneamente a tecla *Ctrl* e a tecla *d*. Nos sistemas Windows, insira o fim de arquivo digitando *<Ctrl> z*.
- O método `Scanner` determina se há mais dados a inserir. Esse método retorna o valor `boolean` `true` se houver mais dados; do contrário, ele retorna `false`. Enquanto o indicador de fim do arquivo não tiver sido digitado, o método `hasNext` retornará `true`.
- A instrução `switch` consiste em um bloco que contém uma sequência de rótulos `case` e um caso `default` opcional. Em um `switch`, o programa avalia a expressão de controle e compara seu valor com cada rótulo `case`. Se ocorrer uma correspondência, o programa executará as instruções para esse `case`.
- Listar casos consecutivamente sem instruções entre eles permite aos casos executar o mesmo conjunto de instruções.
- Cada valor que você deseja testar em um `switch` deve ser listado em um rótulo `case` separado.
- Cada `case` pode ter múltiplas instruções, e essas não precisam ser colocadas entre chaves.
- As instruções de um `case` geralmente terminam com uma instrução `break` que termina a execução do `switch`.
- Sem as instruções `break`, toda vez que ocorre uma correspondência nas instruções `switch`, as instruções para esse caso e casos subsequentes são executadas até que uma instrução `break` ou o fim do `switch` seja encontrado.
- Se não ocorrer nenhuma correspondência entre o valor da expressão controladora e um rótulo `case`, o caso `default` opcional é executado. Se não ocorrer nenhuma correspondência e o `switch` não contiver um caso `default`, o controle de programa simplesmente continua com a primeira instrução depois do `switch`.

Seção 5.7 Estudo de caso da classe `AutoPolicy`: `String`s em instruções `switch`

- `String`s podem ser usadas na expressão de controle da instrução `switch` e rótulos `case`.

Seção 5.8 Instruções `break` e `continue`

- A instrução `break`, quando executada em um `while`, `for`, `do...while` ou `switch`, ocasiona a saída imediata dessa instrução.
- A instrução `continue`, quando executada em `while`, `for` ou `do...while`, pula as instruções do corpo remanescentes do loop e passa para a próxima iteração. Nas instruções `while` e `do...while`, o programa avalia o teste de continuação do loop imediatamente. Em uma instrução `for`, a expressão incremento é executada, então o programa avalia o teste de continuação do loop.

Seção 5.9 Operadores lógicos

- As condições simples são expressas em termos dos operadores relacionais >, <, >= e <= e os operadores de igualdade == e !=, e cada expressão testa apenas uma condição.
- Os operadores lógicos permitem-lhe formar condições complexas combinando condições simples. Os operadores lógicos são && (E condicional), || (OU condicional), & (E lógico booleano), | (OU inclusivo lógico booleano), ^ (OU exclusivo lógico booleano) e ! (NÃO lógico).
- Para assegurar que duas condições são verdadeiras, utilize o operador && (E condicional). Se uma ou as duas condições simples forem falsas, a expressão inteira será falsa.
- Para assegurar que uma das duas *ou* ambas as condições são verdadeiras, utilize o operador || (OU condicional), que é avaliado como verdadeiro se uma das ou ambas as condições simples forem verdadeiras.
- Uma condição que usa os operadores && ou || utiliza a avaliação em curto-circuito — elas só são avaliadas até que se conheça se a condição é verdadeira ou é falsa.
- Os operadores & e | funcionam de forma idêntica aos operadores && e ||, mas sempre avaliam ambos os operandos.
- Uma condição simples que contém o operador OU exclusivo lógico booleano (^) é `true` *se e somente se um de seus operandos for* `true` *e o outro for* `false`. Se os dois operandos forem `true` ou ambos forem `false`, a condição inteira é `false`. Também é garantido que esse operador avaliará seus dois operandos.
- O operador unário ! (NÃO lógico) "inverte" o valor de uma condição.

Exercícios de revisão

5.1 Preencha as lacunas em cada uma das seguintes afirmações:

a) Em geral, as instruções ________ são utilizadas para repetição controlada por contador e as instruções ________ são utilizadas para repetição controlada por sentinela.

b) A instrução `do...while` testa a condição de continuação do loop ________ de executar o corpo do loop; portanto, o corpo sempre executa pelo menos uma vez.

c) A instrução ________ seleciona entre múltiplas ações com base nos possíveis valores de uma variável ou expressão, ou uma `String`.

d) A instrução ________, quando executada em uma instrução de repetição, pula as instruções restantes no corpo do loop e prossegue com a próxima iteração do loop.

e) O operador ________ pode ser utilizado para assegurar que duas condições são *ambas* verdadeiras antes de escolher certo caminho de execução.

f) Se a condição de continuação do loop em um cabeçalho `for` for inicialmente ________, o programa não executará o corpo da instrução `for`.

g) Os métodos que realizam as tarefas comuns e não exigem os objetos são chamados de métodos ________.

5.2 Determine se cada uma das seguintes alternativas é *verdadeira* ou *falsa*. Se *falsa*, explique por quê.

a) O caso `default` é requerido na instrução de seleção `switch`.

b) A instrução `break` é requerida no último caso de uma instrução de seleção `switch`.

c) A expressão `((x > y) && (a < b))` é verdadeira se `x > y` for verdadeiro ou `a < b` for verdadeira.

d) Uma expressão contendo o operador `||` é verdadeira se um ou ambos de seus operandos forem verdadeiros.

e) O flag de formatação vírgula (`,`) em um especificador de formato (por exemplo, `%,20.2f`) indica que um valor deve ser enviado para a saída com um separador de milhares.

f) Para testar para uma série de valores em uma instrução `switch`, utilize um hífen (`-`) entre os valores inicial e final da série em um rótulo `case`.

g) Listar casos consecutivamente sem instruções entre eles permite aos casos executar o mesmo conjunto de instruções.

5.3 Escreva uma instrução Java ou um conjunto de instruções Java para realizar cada uma das seguintes tarefas:

a) Some os inteiros ímpares entre 1 e 99 utilizando uma instrução `for`. Assuma que as variáveis de inteiro `sum` e `count` foram declaradas.

b) Calcule o valor de `2.5` elevado à potência de `3`, utilizando o método `pow`.

c) Imprima os inteiros de 1 a 20, utilizando um loop `while` e a variável contadora `i`. Assuma que a variável `i` foi declarada, mas não foi inicializada. Imprima apenas cinco inteiros por linha. [*Dica:* utilize o cálculo `i % 5`. Quando o valor dessa expressão for 0, imprima um caractere de nova linha; caso contrário, imprima um caractere de tabulação. Assuma que esse código é um aplicativo. Utilize o método `System.out.println()` para imprimir o caractere de nova linha, e utilize o método `System.out.print('\t')` para imprimir o caractere de tabulação.]

d) Repita a parte (c) utilizando uma instrução `for`.

5.4 Localize o erro em cada um dos seguintes segmentos de código e explique como corrigi-los:

a)
```
i = 1;
while (i <= 10);
   ++i;
}
```

b)
```
for (k = 0.1; k != 1.0; k += 0.1)
   System.out.println(k);
```

c)
```
switch (n)
{
   case 1:
      System.out.println("The number is 1");
   case 2:
      System.out.println("The number is 2");
      break;
   default:
      System.out.println("The number is not 1 or 2");
      break;
}
```

d) O seguinte código deve imprimir os valores 1 a 10:
```
n = 1;
while (n < 10)
   System.out.println(n++);
```

Respostas dos exercícios de revisão

5.1 a) `for`, `while`. b) depois. c) `switch`. d) `continue`. e) && (E condicional). f) `false`. g) `static`.

5.2 a) Falso. O caso `default` é opcional. Se nenhuma ação padrão for necessária, então não há necessidade de um caso `default`. b) Falso. A instrução `break` é utilizada para sair da instrução `switch`. A instrução `break` não é necessária para o último caso em uma instrução `switch`. c) Falso. *Ambas* as expressões relacionais devem ser verdadeiras para a expressão inteira ser verdadeira ao utilizar o operador &&. d) Verdadeiro. e) Verdadeiro. f) Falso. A instrução `switch` não fornece um mecanismo para testar intervalos de valores, então cada valor que deve ser testado deve ser listado em um rótulo `case` separado. g) Verdadeiro.

5.3 a)
```
sum = 0;
for (count = 1; count <= 99; count += 2)
    sum += count;
```
b)
```
double result = Math.pow(2.5, 3);
```
c)
```
i = 1;

while (i <= 20)
{
   System.out.print(i);

   if (i % 5 == 0)
      System.out.println();
   else
      System.out.print('\t');

   ++i;
}
```
d)
```
for (i = 1; i <= 20; i++)
{
   System.out.print(i);

   if (i % 5 == 0)
      System.out.println();
   else
      System.out.print('\t');
}
```

5.4 a) Erro: o ponto e vírgula depois do cabeçalho `while` causa um loop infinito, e há uma chave esquerda ausente.
Correção: substitua o ponto e vírgula por uma { ou remova o ; e a }.

b) Erro: utilizar um número de ponto flutuante para controlar uma instrução `for` pode não funcionar, porque os números de ponto flutuante só são representados aproximadamente pela maioria dos computadores.
Correção: utilize um inteiro e realize o cálculo adequado a fim de obter os valores que você deseja:

```
for (k = 1; k != 10; k++)
   System.out.println((double) k / 10);
```

c) Erro: o código ausente é a instrução `break` nas instruções para o primeiro `case`.
Correção: adicione uma instrução `break` ao fim das instruções para o primeiro `case`. Esta omissão não é necessariamente um erro se você quiser que a instrução `case 2:` execute cada vez que a instrução `case 1:` executar.

d) Erro: um operador relacional inadequado é utilizado na condição de continuação de `while`.
Correção: utilize <= em vez de < ou altere `10` para `11`.

Questões

5.5 Descreva os quatro elementos básicos de repetição controlada por contador.

5.6 Compare e contraste as instruções de repetição `while` e `for`.

5.7 Discuta uma situação em que seria mais adequado utilizar uma instrução `do...while` do que uma instrução `while`. Explique por quê.

5.8 Compare e contraste as instruções `break` e `continue`.

5.9 Localize e corrija o(s) erro(s) em cada um dos seguintes segmentos de código:

a)
```
For (i = 100, i >= 1, i++)
   System.out.println(i);
```

b) O seguinte código deve imprimir se o inteiro `value` for par ou ímpar:

```
switch (value % 2)
{
   case 0:
      System.out.println("Even integer");
```

```
        case 1:
            System.out.println("Odd integer");
    }
```

c) O código a seguir deve dar saída dos inteiros ímpares de 19 a 1:

```
for (i = 19; i >= 1; i += 2)
    System.out.println(i);
```

d) O código seguinte deve dar saída dos inteiros pares de 2 a 100:

```
counter = 2;

do
{
    System.out.println(counter);
    counter += 2;
} While (counter < 100);
```

5.10 O que o seguinte programa faz?

```
// Exercício 5.10: Printing.java
public class Printing
{
    public static void main(String[] args)
    {
        for (int i = 1; i <= 10; i++)
        {
            for (int j = 1; j <= 5; j++)
                System.out.print('@');

            System.out.println();
        }
    }
} // fim da classe Printing
```

5.11 ***(Localize o menor valor)*** Escreva um aplicativo que localiza o menor de vários números inteiros. Suponha que o primeiro valor lido especifica o número de valores a serem inseridos pelo usuário.

5.12 ***(Calculando o produto de números inteiros ímpares)*** Escreva um aplicativo que calcula o produto dos números inteiros ímpares de 1 a 15.

5.13 ***(Fatoriais)*** *Fatoriais* costumam ser utilizados em problemas de probabilidade. O fatorial de um inteiro positivo *n* (escrito como *n*! e pronunciado como "fatorial de *n*") é igual ao produto dos números inteiros positivos de 1 a *n*. Escreva um aplicativo que calcula os fatoriais de 1 a 20. Utilize o tipo `long`. Exiba os resultados em formato tabular. Que dificuldade poderia impedir você de calcular o fatorial de 100?

5.14 ***(Programa de juros compostos modificado)*** Modifique o aplicativo de juros compostos da Figura 5.6 para repetir os passos para taxas de juros de 5%, 6%, 7%, 8%, 9% e 10%. Utilize um loop `for` para variar a taxa de juros.

5.15 ***(Programa para impressão de triângulos)*** Escreva um aplicativo que exibe os seguintes padrões separadamente, um embaixo do outro. Utilize loops `for` para gerar os padrões. Todos os asteriscos (*) devem ser impressos por uma única instrução na forma `System.out.print('*');` o que faz com que os asteriscos sejam impressos lado a lado. Uma instrução na forma `System.out.println();` pode ser utilizada para mover-se para a próxima linha. Uma instrução na forma `System.out.print(' ');` pode ser utilizada para exibir um espaço para os últimos dois padrões. Não deve haver outras instruções de saída no programa. [*Dica:* os dois últimos padrões requerem que cada linha inicie com um número adequado de espaços em branco.]

```
(a)           (b)           (c)           (d)
*             **********    **********             *
**            *********      *********            **
***           ********        ********           ***
****          *******          *******          ****
*****         ******            ******         *****
******        *****              *****        ******
*******       ****                ****       *******
********      ***                  ***      ********
*********     **                    **     *********
**********                           *    **********
```

5.16 ***(Gráfico de barras do programa de impressão)*** Uma aplicação interessante dos computadores é exibir diagramas e gráficos de barras. Escreva um aplicativo que leia cinco números entre 1 e 30. Para cada número que é lido, seu programa deve exibir o mesmo número de asteriscos adjacentes. Por exemplo, se seu programa lê o número 7, ele deve exibir `*******`. Exiba as barras dos asteriscos depois *de* ler os cinco números.

5.17 ***(Calculando vendas)*** Um varejista on-line vende cinco produtos cujos preços no varejo são como a seguir: produto 1, US$ 2,98; produto 2, US$ 4,50; produto 3, US$ 9,98; produto 4, US$ 4,49 e produto 5, US$ 6,87. Escreva um aplicativo que leia uma série de pares de números como segue:

a) número de produto

b) quantidade vendida

Seu programa deve utilizar uma instrução `switch` para determinar o preço de varejo de cada produto. Você deve calcular e exibir o valor de varejo total de todos os produtos vendidos. Utilize um loop controlado por sentinela para determinar quando o programa deve parar o loop e exibir os resultados finais.

5.18 ***(Programa de juros compostos modificado)*** Modifique o aplicativo na Figura 5.6 para utilizar apenas inteiros para calcular os juros compostos. [*Dica:* trate todas as quantidades monetárias como números inteiros em centavos. Então, divida o resultado em suas partes dólar e centavos utilizando as operações divisão e resto, respectivamente. Insira uma vírgula entre as partes dólar e centavos.]

5.19 Suponha que `i = 1`, `j = 2`, `k = 3` e `m = 2`. O que cada uma das seguintes instruções imprime?

a) `System.out.println(i == 1);`

b) `System.out.println(j == 3);`

c) `System.out.println((i >= 1) && (j < 4));`

d) `System.out.println((m <= 99) & (k < m));`

e) `System.out.println((j >= i) || (k == m));`

f) `System.out.println((k + m < j) | (3 - j >= k));`

g) `System.out.println(!(k > m));`

5.20 ***(Calculando o valor de π)*** Calcule o valor de π a partir de uma série infinita

$$\pi = 4 - \frac{4}{3} + \frac{4}{5} - \frac{4}{7} + \frac{4}{9} - \frac{4}{11} + \cdots$$

Imprima uma tabela que mostre o valor aproximado de π calculando os 200.000 primeiros termos dessa série. Quantos termos você tem de utilizar antes de primeiro obter um valor que começa com 3,14159?

5.21 ***(Triplos de Pitágoras)*** Um triângulo retângulo pode ter lados cujos comprimentos são todos inteiros. O conjunto de três valores inteiros para os comprimentos dos lados de um triângulo retângulo é chamado de triplo de Pitágoras. Os comprimentos dos três lados devem satisfazer a relação de que a soma dos quadrados de dois dos lados é igual ao quadrado da hipotenusa. Escreva um aplicativo para exibir uma tabela dos triplos de Pitágoras para `side1`, `side2` e `hypotenuse`, todos não maiores que 500. Utilize um loop `for` triplamente aninhado que tenta todas as possibilidades. Esse é um método de computação de "força bruta". Você aprenderá nos cursos de ciência da computação mais avançados que para muitos problemas interessantes não há uma abordagem algorítmica conhecida além do uso de força bruta absoluta.

5.22 ***(Programa de impressão de triângulos modificado)*** Modifique a Questão 5.15 para combinar seu código dos quatro triângulos de asteriscos separados, de modo que todos os quatro padrões sejam impressos lado a lado. [*Dica:* faça uso inteligente de loops `for` aninhados.]

5.23 ***(Leis de De Morgan)*** Neste capítulo, discutimos os operadores lógicos `&&`, `&`, `||`, `|`, `^` e `!`. As leis de De Morgan às vezes podem tornar mais convenientes para expressar uma expressão lógica. Essas leis afirmam que a expressão `!(`*condição1* `&&` *condição2*`)` é logicamente equivalente à expressão `(!`*condição1* `||` `!`*condição2*`)`. Além disso, a expressão `!(`*condição1* `||` *condição2*`)` é logicamente equivalente à expressão `(!`*condição1*`&&` `!`*condição2*`)`. Utilize as leis de De Morgan para escrever expressões equivalentes para cada uma das expressões a seguir, então escreva um aplicativo para mostrar que tanto a expressão original como a nova expressão em cada caso produzem o mesmo valor:

a) `!(x < 5) && !(y >= 7)`

b) `!(a == b) || !(g != 5)`

c) `!((x <= 8) && (y > 4))`

d) `!((i > 4) || (j <= 6))`

5.24 ***(Programa de impressão de losangos)*** Escreva um aplicativo que imprime a seguinte forma de um losango. Você pode utilizar instruções de saída que imprimem um único asterisco (`*`), um único espaço ou um único caractere de nova linha. Maximize sua utilização de repetição (com instruções `for` aninhadas) e minimize o número de instruções de saída.

```
    *
   ***
  *****
 *******
*********
 *******
  *****
   ***
    *
```

5.25 (***Programa de impressão de losangos modificado***) Modifique o aplicativo que você escreveu na Questão 5.24 para ler um número ímpar no intervalo 1 a 19 para especificar o número de linhas no losango. Seu programa então deve exibir um losango do tamanho apropriado.

5.26 Uma crítica à instrução `break` e à instrução `continue` é que cada uma é desestruturada. Na verdade, essas instruções sempre podem ser substituídas por instruções estruturadas, embora fazer isso possa ser difícil. Descreva de maneira geral como você removeria qualquer instrução `break` de um loop em um programa e a substituiria por alguma equivalente estruturada. [*Dica:* a instrução `break` sai de um loop do corpo do loop. A outra maneira de sair de um loop é falhando no teste de continuação do loop. Considere a possibilidade de utilizar no teste de continuação do loop um segundo teste que indica "saída prévia por causa de uma condição 'break' ".] Utilize a técnica que você desenvolve aqui para remover a instrução `break` do aplicativo na Figura 5.13.

5.27 O que o seguinte segmento de programa faz?

```
for (i = 1; i <= 5; i++)
{
   for (j = 1; j <= 3; j++)
   {
      for (k = 1; k <= 4; k++)
         System.out.print('*');

      System.out.println();
   } // fim do for interno

   System.out.println();
} // fim do for externo
```

5.28 Descreva de maneira geral como você removeria qualquer instrução `continue` de um loop em um programa e a substituiria por alguma equivalente estruturada. Utilize a técnica que você desenvolve aqui para remover a instrução `continue` do programa na Figura 5.14.

5.29 (***A canção "The Twelve Days of Christmas"***) Escreva um aplicativo que utiliza instruções de repetição e `switch` para imprimir a canção "The Twelve Days of Christmas". Uma instrução `switch` deve ser utilizada para imprimir o dia ("primeiro", "segundo" etc.). Uma instrução `switch` separada deve ser utilizada para imprimir o restante de cada verso. Visite o site `en.wikipedia.org/wiki/The_Twelve_Days_of_Christmas_(song)` para obter a letra da música.

5.30 (***Classe `AutoPolicy` modificada***) Modifique a classe `AutoPolicy` na Figura 5.11 para validar os códigos de estado de duas letras para os estados do nordeste dos EUA. Os códigos são: CT para Connecticut, MA para Massachusetts, ME para Maine, NH para New Hampshire, NJ para New Jersey, NY para Nova York, PA para Pensilvânia e VT para Vermont. No método `AutoPolicy setState` use o operador lógico OU (`||`) (Seção 5.9) para criar uma condição composta em uma instrução `if...else` que compara o argumento do método com cada código de duas letras. Se o código estiver incorreto, a parte `else` da instrução `if...else` deve exibir uma mensagem de erro. Nos próximos capítulos, você aprenderá a usar o tratamento de exceções para indicar que um método recebeu um valor inválido.

Fazendo a diferença

5.31 (***Perguntas sobre fatos do aquecimento global***) A controversa questão do aquecimento global foi amplamente divulgada no filme "Uma verdade inconveniente," apresentando o ex-vice-presidente Al Gore. Gore e uma rede de cientistas da ONU, o Grupo Intergovernamental sobre Alterações Climáticas, dividiu o Prêmio Nobel da Paz de 2007 em reconhecimento aos "seus esforços para fomentar e disseminar melhor conhecimento sobre as mudanças climáticas feitas pelo homem". Pesquise on-line os dois lados da questão em relação ao aquecimento global (é recomendável pesquisar frases como "global warming skeptics" ["céticos do aquecimento global"]). Crie um questionário de múltipla escolha com cinco perguntas sobre o aquecimento global, cada uma tendo quatro possíveis respostas (numeradas 1 a 4). Seja objetivo e tente representar de uma maneira justa ambos os lados da questão. Em seguida, escreva um aplicativo que administre o questionário, calcule o número de respostas corretas (zero a cinco) e retorne uma mensagem ao usuário. Se o usuário responder corretamente cinco perguntas, imprima "Excelente"; se responder quatro, imprima "Muito bom"; se responder três ou menos, imprima "É o momento de aprimorar seu conhecimento sobre o aquecimento global" e inclua uma lista de alguns sites onde você encontrou os fatos.

5.32 (***Alternativas para o planejamento tributário; o "Imposto justo"***) Há muitas propostas para tornar a tributação mais justa. Verifique a iniciativa FairTax norte-americana em `www.fairtax.org`. Pesquise como o FairTax proposto funciona. Uma sugestão é eliminar impostos de renda e a maioria dos outros impostos a favor de um imposto de consumo de 23% sobre todos os produtos e serviços que você compra. Alguns oponentes do FairTax questionam o percentual de 23% e afirmam que, por causa da maneira como o imposto é calculado, seria mais exato dizer que a taxa é 30% — verifique isso cuidadosamente. Escreva um programa que peça ao usuário para inserir despesas nas várias categorias de despesas que ele tem (por exemplo, moradia, alimentação, vestuário, transporte, educação, assistência médica e férias) e então imprima o FairTax estimado que a pessoa pagaria.

5.33 (***Crescimento da base de usuários do Facebook***) De acordo com o CNNMoney.com, o Facebook alcançou um bilhão de usuários em outubro de 2012. Usando a técnica de crescimento composto que você aprendeu na Figura 5.6 e supondo que a base de usuários cresça a uma taxa de 4% ao mês, quantos meses levarão para que o Facebook aumente sua base de usuários para 1,5 bilhão? Quantos meses serão necessários para que o Facebook expanda sua base de usuários para dois bilhões?

Métodos: um exame mais profundo

6

A forma nunca segue a função.
— Louis Henri Sullivan

E pluribus unum. (Um composto de muitos.)
— Virgílio

Chama o dia de ontem, faze que o tempo atrás retorne.
— William Shakespeare

Responda-me em uma palavra.
— William Shakespeare

Há um ponto em que os métodos se autodevoram.
— Frantz Fanon

Objetivos

Neste capítulo, você aprenderá:

- Como métodos e campos `static` se associam a classes em vez de objetos.
- Como o mecanismo de chamada/retorno de método é suportado pela pilha de chamadas de método.
- Sobre promoção e coerção de argumentos.
- Como pacotes agrupam classes relacionadas.
- Como utilizar a geração de números aleatórios seguros para implementar aplicativos de jogos de azar.
- Como a visibilidade das declarações é limitada a regiões específicas dos programas.
- O que é a sobrecarga de método e como criar métodos sobrecarregados.

Sumário

6.1 Introdução

A experiência mostrou que a melhor maneira de desenvolver e manter um programa grande é construí-lo a partir de pequenos e simples pedaços, ou **módulos**. Essa técnica é chamada **dividir para conquistar**. Os métodos, que introduzimos no Capítulo 3, irão ajudá-lo a modularizar programas. Neste capítulo, estudamos os métodos em maior profundidade.

Você aprenderá mais sobre métodos `static` que podem ser chamados sem que um objeto da classe precise existir, e também como o Java é capaz de monitorar qual método está atualmente em execução, como variáveis locais dos métodos são mantidas na memória e como um método sabe para onde retornar depois de completar a execução.

Faremos uma breve digressão para examinar as técnicas de simulação com a geração de números aleatórios e desenvolveremos uma versão do jogo de dados de cassino chamado de craps, que utiliza a maioria das técnicas de programação usadas até agora neste livro. Além disso, você aprenderá a declarar constantes nos seus programas.

Boa parte das classes que você utilizará ou criará ao desenvolver aplicativos terá mais de um método com o mesmo nome. Essa técnica, chamada de *sobrecarregamento*, é utilizada para implementar os métodos que realizam tarefas semelhantes para argumentos de tipos diferentes ou para diferentes números de argumentos.

Continuaremos nossa discussão de métodos no Capítulo 18, "Recursão". A recursão fornece um modo intrigante de pensar nos métodos e algoritmos.

6.2 Módulos de programa em Java

Você escreve programas Java combinando novos métodos e classes com aqueles predefinidos disponíveis na **Java Application Programming Interface** (também chamada **Java API** ou **biblioteca de classes Java**) e em várias outras bibliotecas de classes. Classes relacionadas são agrupadas em *pacotes* de modo que possam ser *importadas* nos programas e *reutilizadas*. Você aprenderá a agrupar suas próprias classes em pacotes na Seção 21.4.10. A Java API fornece uma rica coleção de classes predefinidas que contém métodos para realizar cálculos matemáticos comuns, manipulações de string, manipulações de caractere, operações de entrada/saída, operações de banco de dados, operações de rede, processamento de arquivo, verificação de erros etc.

Observação de engenharia de software 6.1

Familiarize-se com a rica coleção de classes e métodos fornecidos pela Java API (`http://docs.oracle.com/javase/7/docs/api/`). A Seção 6.8 fornece uma visão geral dos vários pacotes comuns. O Apêndice, em inglês, no Site de Apoio do livro, explica como navegar pela documentação da API. Não reinvente a roda. Quando possível, reutilize as classes e métodos na Java API. Isso reduz o tempo de desenvolvimento de programas e evita a introdução de erros.

Dividir para conquistar com classes e métodos

Classes e métodos ajudam a modularizar um programa separando suas tarefas em unidades autocontidas. As instruções no corpo dos métodos são escritas apenas uma vez, permanecem ocultas de outros métodos e podem ser reutilizadas a partir de várias localizações em um programa.

Uma motivação para modularizar um programa em métodos e classes é a abordagem *dividir para conquistar*, que torna o desenvolvimento de programas mais gerenciável, construindo programas a partir de peças mais simples e menores. Outra é a **capacidade de reutilização de software** — o uso de classes e métodos existentes como blocos de construção para criar novos programas.

Frequentemente, você pode criar programas sobretudo a partir de classes e métodos existentes em vez de construir um código personalizado. Por exemplo, nos programas anteriores, não definimos como ler os dados a partir do teclado — o Java fornece essas capacidades nos métodos da classe `Scanner`. Uma terceira motivação é *evitar a repetição de código*. Dividir um programa em métodos e classes significativos torna o programa mais fácil de ser depurado e mantido.

Observação de engenharia de software 6.2

Para promover a capacidade de reutilização de software, todos os métodos devem estar limitados à realização de uma única tarefa bem definida, e o nome do método deve expressar essa tarefa efetivamente.

Dica de prevenção de erro 6.1

Um método que realiza uma única tarefa é mais fácil de testar e depurar do que aquele que realiza muitas tarefas.

Observação de engenharia de software 6.3

Se não puder escolher um nome conciso que expresse a tarefa de um método, seu método talvez tente realizar tarefas em demasia. Divida esse método em vários menores.

Relação hierárquica entre chamadas de método

Como você sabe, um método é invocado por uma chamada de método, e quando o método chamado termina sua tarefa, ele retorna o controle e possivelmente um resultado para o chamador. Uma analogia a essa estrutura de programa é a forma hierárquica de gerenciamento (Figura 6.1). Um chefe (o chamador) solicita que um trabalhador (o método chamado) realize uma tarefa e informe (retorne) os resultados depois de completar a tarefa. O método chefe não tem conhecimento sobre como o método trabalhador realiza suas tarefas designadas. O trabalhador também pode chamar outros métodos trabalhadores, sem que o chefe saiba. Esse "ocultamento" dos detalhes de implementação promove a boa engenharia de software. A Figura 6.1 mostra o método `chefe` se comunicando com vários métodos trabalhadores de uma maneira hierárquica. O método `chefe` divide as responsabilidades entre os vários métodos `trabalhadores`. Aqui, `trabalhador1` atua como um "método chefe" para `trabalhador4` e `trabalhador5`.

Dica de prevenção de erro 6.2

Ao chamar um método que retorna um valor que indica se o método realizou sua tarefa com sucesso, certifique-se de verificar o valor de retorno desse método e, se esse método não foi bem-sucedido, lide com a questão de forma adequada.

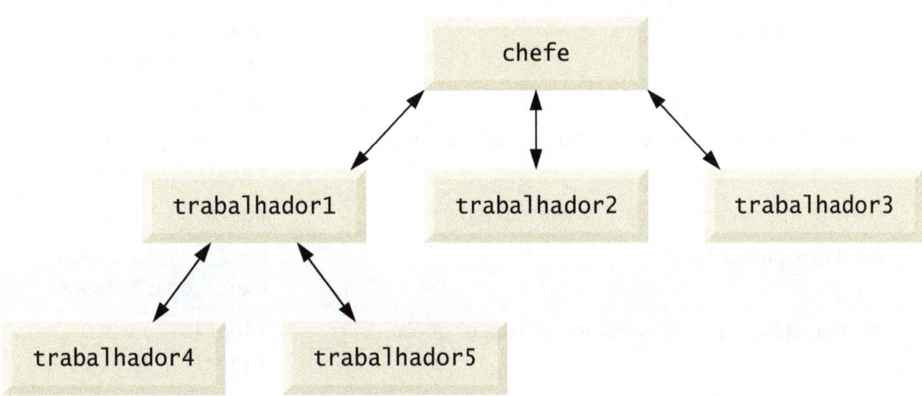

Figura 6.1 | Relacionamento hierárquico de método trabalhador/método chefe.

6.3 Métodos static, campos static e classe Math

Embora a maioria dos métodos seja executada em resposta a chamadas de método *em objetos específicos*, esse nem sempre é o caso. Às vezes, um método realiza uma tarefa que não depende de um objeto. Esse método se aplica à classe em que é declarado como um todo e é conhecido como método `static` ou **método de classe**.

É comum que as classes contenham métodos `static` convenientes para realizar tarefas corriqueiras. Por exemplo, lembre-se de que utilizamos o método `static` `pow` da classe `Math` para elevar um valor a uma potência na Figura 5.6. Para declarar um método como `static`, coloque a palavra-chave `static` antes do tipo de retorno na declaração do método. Para qualquer classe importada para seu programa, você pode chamar métodos `static` da classe especificando o nome da classe na qual o método é declarado, seguido por um ponto (`.`) e nome do método, como em

NomeDaClasse`.`*nomeDoMétodo*`(`*argumentos*`)`

Os métodos da classe Math

Aqui, utilizamos vários métodos da classe `Math` para apresentar o conceito sobre os métodos `static`. A classe `Math` fornece uma coleção de métodos que permite realizar cálculos matemáticos comuns. Por exemplo, você pode calcular a raiz quadrada de `900.0` com a chamada do método `static`

```
Math.sqrt(900.0)
```

Essa expressão é avaliada como `30.0`. O método `sqrt` aceita um argumento do tipo `double` e retorna um resultado do tipo `double`. Para gerar a saída do valor da chamada do método anterior na janela de comando, você poderia escrever a instrução

```
System.out.println(Math.sqrt(900.0));
```

Nessa instrução, o valor que `sqrt` retorna torna-se o argumento ao método `println`. Não houve necessidade de criar um objeto `Math` antes de chamar o método `sqrt`. Além disso, *todos* os métodos da classe `Math` são `static` — portanto, cada um é chamado precedendo seu nome com o nome da classe `Math` e o ponto (`.`) separador.

Observação de engenharia de software 6.4

A classe `Math` *faz parte do pacote* `java.lang`*, que é implicitamente importado pelo compilador, assim não é necessário importar a classe* `Math` *para utilizar seus métodos.*

Os argumentos de método podem ser constantes, variáveis ou expressões. Se `c = 13.0`, `d = 3.0` e `f = 4.0`, então a instrução

```
System.out.println(Math.sqrt(c + d * f));
```

calcula e imprime a raiz quadrada de `13.0 + 3.0 * 4.0 = 25.0` — a saber `5.0`. A Figura 6.2 resume vários métodos da classe `Math`. Na figura, *x* e *y* são do tipo `double`.

Método	Descrição	Exemplo

`abs(`*x*`)`	valor absoluto de *x*	`abs(23.7)` é `23.7`
		`abs(0.0)` é `0.0`
		`abs(-23.7)` é `23.7`

`ceil(`*x*`)`	arredonda *x* para o menor inteiro não menor que *x*	`ceil(9.2)` é `10.0` `ceil(-9.8)` é `-9.0`
`cos(`*x*`)`	cosseno trigonométrico de *x* (*x* em radianos)	`cos(0.0)` é `1.0`
`exp(`*x*`)`	método exponencial e^x	`exp(1.0)` é `2.71828` `exp(2.0)` é `7.38906`
`floor(`*x*`)`	arredonda *x* para o maior inteiro não maior que *x*	`floor(9.2)` é `9.0` `floor(-9.8)` é `-10.0`
`log(`*x*`)`	logaritmo natural de *x* (base *e*)	`log(Math.E)` é `1.0` `log(Math.E* Math.E)` é `2.0`
`max(`*x*`,`*y*`)`	maior valor de *x* e *y*	`max(2.3, 12.7)` é `12.7` `max(-2.3, -12.7)` é `-2.3`

continua

continuação

Método	Descrição	Exemplo
`min(x,y)`	menor valor de *x* e *y*	`min(2.3, 12.7)` é `2.3` `min(-2.3, -12.7)` é `-12.7`
`pow(x,y)`	*x* elevado à potência de *y* (isto é, x^y)	`pow(2.0, 7.0)` é `128.0` `pow(9.0, 0.5)` é `3.0`
`sin(x)`	seno trigonométrico de *x* (*x* em radianos)	`sin(0.0)` é `0.0`
`sqrt(x)`	raiz quadrada de *x*	`sqrt(900.0)` é `30.0`
`tan(x)`	tangente trigonométrica de *x* (*x* em radianos)	`tan(0.0)` é `0.0`

Figura 6.2 | Métodos da classe `Math`.

Variáveis `static`

Lembre-se da Seção 3.2: cada objeto de uma classe mantém sua *própria* cópia de cada variável de instância da classe. Existem variáveis para as quais cada objeto de uma classe *não* precisa de sua própria cópia separada (como veremos mais adiante). Essas variáveis são declaradas `static`, também conhecidas como **variáveis de classe**. Quando os objetos de uma classe que contém variáveis `static` são criados, todos os objetos dessa classe compartilham *uma* cópia dessas variáveis. Juntas, variáveis `static` de uma classe e variáveis de instância são conhecidas como **campos**. Examinaremos outros detalhes sobre os campos `static` na Seção 8.11.

Constantes `PI` *e* `E` *da classe* `Math` `static`

A classe `Math` declara duas constantes, `Math.PI` e `Math.E`, que representam *aproximações de alta precisão* a constantes matemáticas comumente usadas. `Math.PI` (3,141592653589793) é a relação entre a circunferência de um círculo e seu diâmetro. `Math.E` (2,718281828459045) é o valor da base para logaritmos naturais (calculados com o método `static Math log`). Essas constantes são declaradas na classe `Math` com os modificadores `public`, `final` e `static`. Torná-los `public` permite que você os use em suas próprias classes. Qualquer campo declarado com a palavra-chave `final` é *constante* — seu valor não pode ser alterado depois que o campo é inicializado. Tornar esses campos `static` permite que eles sejam acessados pelo nome da classe `Math` e um ponto (`.`) separador, como ocorre com os métodos da classe `Math`.

Por que o método `main` *é declarado* `static`*?*

Ao executar a Java Virtual Machine (JVM) com o comando `java`, a JVM tenta invocar o método `main` da classe que você especifica — neste ponto, quando nenhum objeto da classe tiver sido criado. Declarar `main` como `static` permite que a JVM invoque `main` sem criar uma instância da classe. Ao executar seu aplicativo, você especifica o nome da classe como um argumento para o comando `java`, como em

`java` *NomeDaClasse argumento1 argumento2* ...

A JVM carrega a classe especificada pelo *NomeDaClasse* e utiliza esse nome para invocar o método `main`. No comando anterior, *NomeDaClasse* é um **argumento de linha de comando** para a JVM que informa qual classe executar. Depois do *NomeDaClasse*, você também pode especificar uma lista de `Strings` (separadas por espaços) como argumentos de linha de comando que a JVM passará para seu aplicativo. Esses argumentos poderiam ser utilizados para especificar opções (por exemplo, um nome de arquivo) a fim de executar o aplicativo. Como aprenderá no Capítulo 7, "Arrays e `ArrayLists`", seu aplicativo pode acessar esses argumentos de linha de comando e utilizá-los para personalizar o aplicativo.

6.4 Declarando métodos com múltiplos parâmetros

Os métodos costumam exigir mais de uma informação para realizar suas tarefas. Agora, iremos considerar como escrever seus próprios métodos com *múltiplos* parâmetros.

A Figura 6.3 utiliza um método chamado `maximum` para determinar e retornar o maior dos três valores `double`. No `main`, as linhas 14 a 18 solicitam que o usuário insira três valores `double`, então os lê a partir do usuário. A linha 21 chama o método `maximum` (declarado nas linhas 28 a 41) para determinar o maior dos três valores que recebe como argumentos. Quando o método `maximum` retorna o resultado para a linha 21, o programa atribui o valor de retorno de `maximum` à variável local `result`. Em seguida, a linha 24 gera a saída do valor máximo. No final desta seção, discutiremos o uso do operador + na linha 24.

```
1 // Figura 6.3: MaximumFinder.java
2 // Método maximum declarado pelo programador com três parâmetros double.
3 import java.util.Scanner;
4
```

continua

continuação

```
5  public class MaximumFinder
6  {
7     // obtém três valores de ponto flutuante e localiza o valor máximo
8     public static void main(String[] args)
9     {
10       // cria Scanner para entrada a partir da janela de comando
11       Scanner input = new Scanner(System.in);
12
13       // solicita e insere três valores de ponto flutuante
14       System.out.print(
15          "Enter three floating-point values separated by spaces: ");
16       double number1 = input.nextDouble(); // lê o primeiro double
17       double number2 = input.nextDouble(); // lê o segundo double
18       double number3 = input.nextDouble(); // lê o terceiro double
19
20       // determina o valor máximo
21       double result = maximum(number1, number2, number3);
22
23       // exibe o valor máximo
24       System.out.println("Maximum is: " + result);
25    }
26
27    // retorna o máximo dos seus três parâmetros de double
28    public static double maximum(double x, double y, double z)
29    {
30       double maximumValue = x; // supõe que x é o maior valor inicial
31
32       // determina se y é maior que maximumValue
33       if (y > maximumValue)
34          maximumValue = y;
35
36       // determina se z é maior que maximumValue
37       if (z > maximumValue)
38          maximumValue = z;
39
40       return maximumValue;
41    }
42 } // fim da classe MaximumFinder
```

```
Enter three floating-point values separated by spaces: 9.35 2.74 5.1
Maximum is: 9.35
```

```
Enter three floating-point values separated by spaces: 5.8 12.45 8.32
Maximum is: 12.45
```

```
Enter three floating-point values separated by spaces: 6.46 4.12 10.54
Maximum is: 10.54
```

Figura 6.3 | O método declarado pelo programador `maximum` com três parâmetros `double`.

As palavras-chave `public` *e* `static`

A declaração do método `maximum` começa com palavra-chave `public` para indicar que o método está "disponível ao público" — ela pode ser chamada a partir dos métodos das outras classes. A palavra-chave `static` permite que o método `main` (outro método `static`) chame `maximum` como mostrado na linha 21 sem qualificar o nome do método com o nome da classe `MaximumFinder` — métodos `static` na mesma classe podem chamar uns aos outros diretamente. Qualquer outra classe que usa `maximum` deve qualificar totalmente o nome do método com o nome da classe.

Método `maximum`

Considere a declaração de `maximum` (linhas 28 a 41). A linha 28 indica que ele retorna um valor `double`, que o nome do método é `maximum` e que o método requer três parâmetros `double` (`x`, `y` e `z`) para realizar sua tarefa. Vários parâmetros são especificados como uma lista separada por vírgulas. Quando `maximum` é chamado a partir da linha 21, os parâmetros `x`, `y` e `z` são inicializados com cópias dos valores de argumentos `number1`, `number2` e `number3`, respectivamente. Deve haver um argumento na chamada de método para cada parâmetro na declaração do método. Além disso, cada argumento deve ser *consistente* com o tipo do parâmetro correspondente. Por exemplo, um parâmetro do tipo `double` pode receber valores como 7.35, 22 ou –0.03456, mas não `Strings` como `"hello"` nem valores `boolean` `true` ou `false`. A Seção 6.7 discute os tipos de argumento que podem ser fornecidos em uma chamada de método para cada parâmetro de um tipo primitivo.

Para determinar o valor máximo, começamos com a suposição de que o parâmetro `x` contém o maior valor, assim a linha 30 declara a variável local `maximumValue` e a inicializa com o valor do parâmetro `x`. Naturalmente, é possível que o parâmetro `y` ou `z` contenham o maior valor real, portanto devemos comparar cada um desses valores com `maximumValue`. A instrução `if` nas linhas 33 e 34 determina se `y` é maior que `maximumValue`. Se for, a linha 34 atribui `y` a `maximumValue`. A instrução `if` nas linhas 37 e 38 determina se `z` é maior que `maximumValue`. Se for, a linha 38 atribui `z` a `maximumValue`. Nesse ponto, o maior dos três valores reside em `maximumValue`, de modo que a linha 40 retorna esse valor à linha 21. Quando o controle de programa retornar ao ponto no programa em que `maximum` foi chamado, os parâmetros de `maximum` `x`, `y` e `z` não existirão mais na memória.

Observação de engenharia de software 6.5

Métodos podem retornar no máximo um valor, mas o valor retornado poderia ser uma referência a um objeto que contém muitos valores.

Observação de engenharia de software 6.6

Variáveis devem ser declaradas como campos da classe somente se forem utilizadas em mais de um método da classe ou se o programa deve salvar seus valores entre chamadas aos métodos da classe.

Erro comum de programação 6.1

Declarar parâmetros de método do mesmo tipo como `float x, y` em vez de `float x, float y` é um erro de sintaxe — um tipo é requerido para cada parâmetro na lista de parâmetros.

Implementando o método `maximum` reutilizando o método `Math.max`

O corpo inteiro do nosso método maximum também poderia ser implementado com duas chamadas a `Math.max`, como a seguir:

```
return Math.max(x, Math.max(y, z));
```

A primeira chamada para `Math.max` especifica os argumentos `x` e `Math.max(y, z)`. *Antes* de qualquer chamada de método, seus argumentos devem ser avaliados para determinar seus valores. Se um argumento for uma chamada de método, a chamada de método deve ser realizada para determinar seu valor de retorno. Portanto, na instrução anterior, `Math.max(y, z)` é avaliada para determinar o valor máximo de `y` e `z`. O resultado é então passado como o segundo argumento para a outra chamada a `Math.max`, que retorna o maior dos seus dois argumentos. Esse é um bom exemplo da *reutilização de software* — encontramos o maior dos três valores reutilizando `Math.max`, que encontra o maior dos dois valores. Observe a concisão desse código comparado com as linhas 30 a 38 da Figura 6.3.

Montando strings com a concatenação de strings

O Java permite montar objetos `String` em strings maiores utilizando os operadores + ou +=. Isso é conhecido como **concatenação de strings**. Quando ambos os operandos do operador + são objetos `String`, o operador + cria um novo objeto `String` em que os caracteres do operando direito são colocados no fim daqueles no operando esquerdo — por exemplo, a expressão `"hello" + "there"` cria a `String` `"hello there"`.

Na linha 24 da Figura 6.3, a expressão `"Maximum is: " +` utiliza o operador `result` + com os operandos dos tipos `String` e `double`. *Cada objeto e valor primitivo no Java podem ser representados como uma `String`.* Se um dos operandos do operador + for uma `String`, o outro é convertido em uma `String` e então os dois são *concatenados*. Na linha 24, o valor de `double` é convertido na sua representação `String` e colocado no final da `String` `"Maximum is: "`. Um ou mais *zeros no final* de um valor `double` são *descartados* quando o número é convertido em uma `String` — por exemplo, 9.3500 seria representado como 9.35.

Valores primitivos usados na concatenação de `String` são convertidos em `Strings`. Um `boolean` concatenado com uma `String` é convertido na `String` `"true"` ou `"false"`. *Todos os objetos têm um método `toString` que retorna uma representação `String` do objeto.* (Discutimos `toString` em mais detalhes em capítulos subsequentes.) Quando um objeto é concatenado com uma `String`, o método `toString` do objeto é chamado implicitamente para obter a representação de `String` do objeto. O método `toString` também pode ser chamado explicitamente.

Você pode dividir literais de `String` grandes em várias `Strings` menores e colocá-las em múltiplas linhas do código a fim de facilitar a leitura. Nesse caso, as `Strings` podem ser montadas utilizando a concatenação. Discutiremos os detalhes das `Strings` no Capítulo 14.

Erro comum de programação 6.2

É um erro de sintaxe dividir um literal de `String` *em linhas. Se necessário, você pode dividir uma* `String` *em unidades menores e utilizar concatenação para formar a* `String` *desejada.*

Erro comum de programação 6.3

Confundir o operador `+` *utilizado para concatenação de string com o operador* `+` *utilizado para adição pode levar a resultados estranhos. O Java avalia os operandos de um operador da esquerda para a direita. Por exemplo, suponha que a variável inteira* `y` *tem o valor* `5`*, a expressão* `"y + 2 = " + y + 2` *resulta na string* `"y + 2 = 52"`*, não em* `"y + 2 = 7"`*, porque o primeiro valor de* `y` *(5) é concatenado para a string* `"y + 2 = "`*, em seguida o valor* `2` *é concatenado para a nova e maior string* `"y + 2 = 5"`*. A expressão* `"y + 2 = " + (y + 2)` *produz o resultado desejado* `"y + 2 = 7"`*.*

6.5 Notas sobre a declaração e utilização de métodos

Há três maneiras de chamar um método:

1. Usando o próprio nome de método para chamar outro método da *mesma* classe, como maximum (`number1, number2, number3`) na linha 21 da Figura 6.3.
2. Utilizar uma variável que contém uma referência a um objeto, seguido por um ponto (`.`) e o nome do método para chamar um método não `static` do objeto referenciado — tal como a chamada de método na linha 16 da Figura 3.2, `myAccount.getName()`, que chama um método da classe `Account` a partir do método `main` de `AccountTest`. Métodos não `static` são normalmente chamados **métodos de instância**.
3. Utilizar o nome de classe e um ponto (`.`) para chamar um método `static` de uma classe — como `Math.sqrt(900.0)` na Seção 6.3.

Um método `static` pode chamar outros métodos `static` da mesma classe diretamente (isto é, usando o próprio nome do método) e manipular variáveis `static` na mesma classe diretamente. Para acessar os métodos de instância e as variáveis de instância da classe, um método `static` deve usar uma referência a um objeto da classe. Os métodos de instância podem acessar todos os campos (variáveis de instância e variáveis `static`) e métodos da classe.

Lembre-se de que métodos `static` relacionam-se com uma classe como um todo, enquanto métodos de instância estão associados a uma instância específica (objeto) da classe e podem manipular as variáveis de instância desse objeto. Muitos objetos de uma classe, cada um com *suas* próprias cópias das variáveis de instância, podem existir ao mesmo tempo. Suponha que um método `static` deva invocar um método de instância diretamente. Como o método `static` saberia quais variáveis de instância do objeto devem ser manipuladas? O que aconteceria se *nenhum* objeto da classe existisse no momento em que o método de instância fosse invocado? Assim, o Java *não* permite que um método `static` acesse diretamente as variáveis de instância e os métodos de instância da mesma classe.

Há três maneiras de retornar o controle à instrução que chama um método. Se o método não retornar um resultado, o controle retornará quando o fluxo do programa alcançar a chave direita de fechamento do método ou quando a instrução

```
return;
```

for executada. Se o método retornar um resultado, a instrução

```
return expressão;
```

avalia a *expressão* e então retorna o resultado ao chamador.

Erro comum de programação 6.4

Declarar um método fora do corpo de uma declaração de classe ou dentro do corpo de um outro método é um erro de sintaxe.

Erro comum de programação 6.5

Redeclarar um parâmetro como uma variável local no corpo do método é um erro de compilação.

Erro comum de programação 6.6

Esquecer de retornar um valor em um método que deve retornar um valor é um erro de compilação. Se um tipo de retorno além de `void` *for especificado, o método* deve *conter uma instrução* `return`*, que retorna um valor consistente com o tipo de retorno do método. Retornar um valor de um método cujo tipo de retorno foi declarado como* `void` *é um erro de compilação.*

6.6 Pilhas de chamadas de método e quadros de pilha

Para entender como o Java realiza chamadas de método, precisamos primeiro considerar uma estrutura de dados (isto é, a coleção de itens de dados relacionados) conhecida como **pilha**. Você pode pensar em uma pilha como análoga a uma pilha de pratos. Quando um prato é colocado na pilha, normalmente ele é colocado na parte superior (conhecido como **inserir** o prato na pilha). De maneira semelhante, quando um prato é removido da pilha, ele é normalmente removido da parte superior (conhecido como **retirar** o prato da pilha). As pilhas são conhecidas como estruturas de dados do tipo **último a entrar, primeiro a sair** (*last-in, first-out* — **LIFO**) — o *último* item inserido na pilha é o *primeiro* item que é removido da pilha.

Quando um programa *chama* um método, o método chamado deve saber *retornar* ao seu chamador, então o *endereço de retorno* do método chamador é *inserido* na **pilha de execução do método**. Se uma série de chamadas de método ocorre, os sucessivos endereços de retorno são empilhados na ordem último a entrar, primeiro a sair, de modo que cada método possa retornar para seu chamador.

A pilha de chamadas de método também contém a memória para as *variáveis locais* (incluindo os parâmetros de método) utilizadas em cada invocação de um método durante a execução de um programa. Esses dados, armazenados como parte da pilha das chamadas de método, são conhecidos como **quadro de pilha** (ou **registro de ativação**) da chamada de método. Quando uma chamada de método é feita, o quadro de pilha para essa chamada de método é *colocado* na pilha de chamadas de método. Quando o método retorna ao seu chamador, o quadro (ou registro de ativação) dessa chamada de método é *retirado* da pilha e essas variáveis locais não são mais conhecidas para o programa. Se uma variável local que contém uma referência a um objeto for a única variável no programa com uma referência a esse objeto, então, quando o quadro de pilha que contém essa variável local é removido da pilha, o objeto não pode mais ser acessado pelo programa e acabará por ser excluído da memória pela JVM durante a *coleta de lixo,* que discutiremos na Seção 8.10.

É claro que a memória de um computador é finita, portanto, apenas certa quantidade pode ser usada para armazenar quadros de pilha na pilha de chamadas de método. Se mais chamadas de método forem feitas do que o quadro de pilha pode armazenar, ocorre um erro conhecido como **estouro de pilha** — discutiremos isso com mais detalhes no Capítulo 11, "Tratamento de exceção: um exame mais profundo".

6.7 Promoção e coerção de argumentos

Um outro recurso importante das chamadas de método é a **promoção de argumentos** — converter um *valor do argumento*, se possível, no tipo que o método espera receber no seu *parâmetro* correspondente. Por exemplo, um programa pode chamar `sqrt` do método `Math` com um argumento `int`, embora um argumento `double` seja esperado. A instrução

```
System.out.println(Math.sqrt(4));
```

avalia corretamente `Math.sqrt(4)` e imprime o valor `2.0`. A lista de parâmetros da declaração de método faz com que o Java converta o valor `int 4` no valor `double 4.0` *antes* de passar o valor para o método `sqrt`. Essas conversões podem levar a erros de compilação se as **regras de promoção** do Java não forem satisfeitas. As regras especificam quais conversões são autorizadas — isto é, quais conversões podem ser realizadas *sem perda de dados*. No exemplo `sqrt` anterior, um `int` é convertido em um `double` sem alterar o seu valor. Entretanto, converter um `double` em um `int` *trunca* a parte fracionária do valor `double` — portanto, parte do valor é perdida. Converter tipos inteiros grandes em tipos inteiros pequenos (por exemplo, `long` em `int`, ou `int` em `short`) também pode resultar em valores alterados.

As regras de promoção se aplicam a expressões que contêm valores de dois ou mais tipos primitivos e a valores de tipo primitivo passados como argumentos para os métodos. Cada valor é promovido para o tipo "mais alto" na expressão. Na verdade, a expressão utiliza uma *cópia temporária* de cada valor — os tipos dos valores originais permanecem inalterados. A Figura 6.4 lista os tipos primitivos e os tipos para os quais cada um pode ser promovido. As promoções válidas para um dado tipo sempre são para um tipo mais alto na tabela. Por exemplo, um `int` pode ser promovido aos tipos `long`, `float` e `double` mais altos.

Converter valores em tipos mais baixos na tabela da Figura 6.4 resultará em diferentes valores se o tipo mais baixo não puder representar o valor do tipo mais alto (por exemplo, o valor `int` 2000000 não pode ser representado como um `short` e qualquer número de ponto flutuante com dígitos depois do seu ponto de fração decimal não pode ser representado em um tipo inteiro como `long`, `int` ou `short`). Portanto, nos casos em que as informações podem ser perdidas por causa da conversão, o compilador Java requer que você utilize um *operador de coerção* (introduzido na Seção 4.10) para forçar explicitamente que a conversão ocorra — do contrário, ocorre um erro de compilação. Isso permite que você "assuma o controle" do compilador. Você essencialmente diz, "Sei que essa conversão poderia causar perda das informações, mas, aqui, para meus propósitos, isso não é um problema". Suponha que o método `square` calcule o quadrado de um inteiro e assim requeira um argumento `int`. Para chamarmos `square` com um argumento `double` chamado `doubleValue`, deveríamos escrever a chamada de método como

```
square((int) doubleValue)
```

Essa chamada de método faz uma coerção explícita (converte) do valor de `doubleValue` em um inteiro temporário para uso no método `square`. Assim, se o valor do `doubleValue` for `4.5`, o método receberá o valor `4` e retornará `16`, não `20.25`.

Erro comum de programação 6.7

Converter um valor de tipo primitivo em um outro tipo primitivo pode alterar o valor se o novo tipo não for uma promoção válida. Por exemplo, converter um valor de ponto flutuante em um valor inteiro pode introduzir erros de truncamento (perda da parte fracionária) no resultado.

Tipo	Promoções válidas
`double`	None
`float`	`Double`
`long`	`float` ou `double`
`int`	`long`, `float` ou `double`
`char`	`int`, `long`, `float` ou `double`
`short`	`int`, `long`, `float` ou `double` (mas não `char`)
`byte`	`short`, `int`, `long`, `float` ou `double` (mas não `char`)
`boolean`	Nenhuma (os valores `boolean` não são considerados números em Java)

Figura 6.4 | Promoções permitidas para tipos primitivos.

6.8 Pacotes de Java API

Como vimos, o Java contém muitas classes *predefinidas* que são agrupadas em categorias de classes relacionadas chamadas de *pacotes*. Em conjunto, eles são conhecidos como a Java API (Java Application Programming Interface) ou a biblioteca de classes Java. Uma grande capacidade do Java são as milhares de classes da Java API. Alguns pacotes-chave da Java API que usamos neste livro estão descritos na Figura 6.5, que representam apenas uma pequena parte dos *componentes reutilizáveis* na Java API.

Pacote	Descrição
`java.awt.event`	O **Java Abstract Window Toolkit Event Package** contém classes e interfaces que permitem tratamento de evento para componentes GUI em nos pacotes `java.awt` e `javax.swing` (Veja o Capítulo 12, "Componentes GUI: parte 1", e o Capítulo 22, "Componentes GUI: parte 2".)
`java.awt.geom`	O **Java 2D Shapes Package** contém classes e interfaces para trabalhar com as avançadas capacidades gráficas bidimensionais do Java. (Veja o Capítulo 13, "Imagens gráficas e Java 2D".)
`java.io`	O **Java Input/Output Package** contém classes e interfaces que permitem aos programas gerar entrada e saída de dados. (Veja o Capítulo 15, "Arquivos, fluxos e serialização de objetos".)
`java.lang`	O **Java Language Package** contém classes e interfaces (discutidas por todo este texto) que são exigidas por muitos programas Java. Esse pacote é importado pelo compilador em todos os programas.

continua

continuação

Pacote	Descrição
`java.net`	O **Java Networking Package** contém classes e interfaces que permitem aos programas comunicar-se via redes de computadores, como a internet. (Veja o Capítulo 28, em inglês, no Site de Apoio do livro.)
`java.security`	O **Java Security Package** contém classes e interfaces para melhorar a segurança do aplicativo.
`java.sql`	O **JDBC Package** contém classes e interfaces para trabalhar com bancos de dados. (Veja o Capítulo 24, "Acesso a bancos de dados com JDBC".)
`java.util`	O **Java Utilities Package** contém classes e interfaces utilitárias que permitem armazenar e processar grandes quantidades de dados. Muitas dessas classes e interfaces foram atualizadas para suportar novos recursos lambda do Java SE 8. (Veja o Capítulo 16, "Coleções genéricas".)
`java.util.concurrent`	O **Java Concurrency Package** contém classes utilitárias e interfaces para implementar programas que podem realizar múltiplas tarefas paralelamente. (Veja o Capítulo 23, "Concorrência".)
`javax.swing`	O **Java Swing GUI Components Package** contém classes e interfaces para componentes GUI Swing do Java que fornecem suporte para GUIs portáveis. Esse pacote ainda usa alguns elementos do pacote `java.awt` mais antigo. (Veja o Capítulo 12, "Componentes GUI: parte 1" e o Capítulo 22, "Componentes GUI: parte 2".)
`javax.swing.event`	O **Java Swing Event Package** contém classes e interfaces que permitem o tratamento de eventos (por exemplo, responder a cliques de botão) para componentes GUI do pacote `javax.swing`. (Veja o Capítulo 12, "Componentes GUI: parte 1" e o Capítulo 22, "Componentes GUI: parte 2".)
`javax.xml.ws`	O **JAX-WS Package** contém classes e interfaces para trabalhar com serviços da web no Java. (Consulte o Capítulo 32, em inglês, no Site de Apoio.)
pacotes `javafx`	JavaFX é a tecnologia da GUI preferida para o futuro. Discutiremos esses pacotes no Capítulo 25, "GUI do JavaFX: parte 1" e nos capítulos "JavaFX GUI" e "Multimídia", em inglês, no Site de Apoio.
Alguns pacotes Java SE 8 usados neste livro	
`java.time`	O novo **pacote** Java SE 8 **Date/Time API** contém classes e interfaces para trabalhar com datas e horas. Esses recursos são projetados para substituir as capacidades de data e hora mais antigas do pacote `java.util`. (Veja o Capítulo 23, "Concorrência".)
`java.util.function` e `java.util.stream`	Esses pacotes contêm classes e interfaces para trabalhar com as capacidades de programação funcional do Java SE 8. (Veja o Capítulo 17, "Lambdas e fluxos Java SE 8".)

Figura 6.5 | Pacotes da Java API (um subconjunto).

O conjunto de pacotes disponíveis no Java é bem grande. Além daqueles resumidos na Figura 6.5, o Java inclui pacotes para elementos gráficos complexos, interfaces de usuário gráficas avançadas, impressão, rede avançada, segurança, processamento de dados, multimídia, acessibilidade (para pessoas com deficiências), programação concorrente, criptografia, processamento XML e muitas outras capacidades. Para uma visão geral dos pacotes no Java, visite

```
http://docs.oracle.com/javase/7/docs/api/overview-summary.html
http://download.java.net/jdk8/docs/api/
```

Você pode localizar informações adicionais sobre os métodos de uma classe Java predefinida na documentação da Java API em

```
http://docs.oracle.com/javase/7/docs/api/
```

Ao visitar esse site, clique no link Index para ver uma listagem alfabética de todas as classes e métodos na Java API. Localize o nome da classe e clique no seu link para ver a descrição on-line dessa classe. Clique no link METHOD para ver uma tabela dos métodos da classe. Cada método `static` será listado com a palavra `static` antes do seu tipo de retorno.

6.9 Estudo de caso: geração segura de números aleatórios

Agora faremos uma divertida digressão para discutir um tipo popular de aplicativo de programação — simulação de jogos. Nesta seção, e na seção a seguir, desenvolveremos um programa bem estruturado de jogos com múltiplos métodos. Esse programa utiliza a maioria das instruções de controle apresentadas até aqui neste livro e introduz vários novos conceitos de programação.

O **elemento de acaso** pode ser introduzido em um programa por meio de um objeto da classe **`SecureRandom`** (pacote `java.security`). Esses objetos podem produzir valores aleatórios `boolean`, `byte`, `float`, `double`, `int`, `long` e gaussianos. Nos próximos vários exemplos, utilizaremos objetos da classe `SecureRandom` para produzir valores aleatórios.

Evoluindo para números aleatórios seguros

As edições mais recentes deste livro usavam a classe `Random` do Java para obter valores "aleatórios". Essa classe produzia valores *determinísticos* que poderiam ser *previstos* por programadores mal-intencionados. Objetos `SecureRandom` produzem **números aleatórios não determinísticos** que *não podem* ser previstos.

Números aleatórios determinísticos foram a fonte de muitas falhas de segurança de software. A maioria das linguagens de programação agora tem recursos de biblioteca semelhantes à classe `SecureRandom` do Java para gerar números aleatórios não determinísticos a fim de ajudar a evitar esses problemas. Desse ponto em diante no livro, quando nos referimos a "números aleatórios", queremos dizer "manter números aleatórios seguros".

Criando um objeto `SecureRandom`

Um novo objeto gerador seguro de números aleatórios pode ser criado como a seguir:

```
SecureRandom randomNumbers = new SecureRandom();
```

Ele pode então ser utilizado para gerar valores aleatórios — discutimos apenas valores `int` aleatórios aqui. Para obter mais informações sobre a classe `SecureRandom`, consulte `docs.oracle.com/javase/7/docs/api/java/security/SecureRandom.html`.

Obtendo um valor aleatório `int`

Considere a seguinte instrução:

```
int randomValue = randomNumbers.nextInt();
```

O método `SecureRandom` **`nextInt`** gera um valor aleatório `int`. Se ele realmente produzir valores *aleatoriamente*, então cada valor no intervalo deve ter uma *chance igual* (ou probabilidade) de ser escolhido toda vez que `nextInt` é chamado.

Alterando o intervalo de valores produzido por `nextInt`

O intervalo de valores produzido diretamente pelo método `nextInt` geralmente difere do intervalo de valores requerido em um aplicativo Java particular. Por exemplo, um programa que simula lançamento de moeda talvez requeira somente 0 para "caras" e 1 para "coroas". Um programa que simula o lançamento de um dado de seis faces exigiria inteiros aleatórios no intervalo 1 a 6. Um programa que prevê aleatoriamente o próximo tipo de espaçonave (entre quatro possibilidades) que voará pelo horizonte em um videogame exigiria inteiros aleatórios no intervalo 1 a 4. Para esses casos, a classe `SecureRandom` fornece uma outra versão do método `nextInt` que recebe um argumento `int` e retorna um valor a partir de 0, mas sem incluí-lo, até o valor do argumento. Por exemplo, para o lançamento de moedas, a seguinte instrução retorna 0 ou 1.

```
int randomValue = randomNumbers.nextInt(2);
```

Lançando um dado de seis faces

Para demonstrar números aleatórios, vamos desenvolver um programa que simula 20 lançamentos de um dado de seis faces e exibe o valor de cada lançamento. Iniciamos utilizando `nextInt` para produzir os valores aleatórios no intervalo de 0 a 5, como a seguir:

```
int face = randomNumbers.nextInt(6);
```

O argumento `6` — chamado de **fator de escalonamento** — representa o número de valores únicos que `nextInt` deve produzir (nesse caso, seis — 0, 1, 2, 3, 4 e 5). Essa manipulação é chamada **escalonar** o intervalo de valores produzido pelo método `SecureRandom nextInt`.

Um dado de seis lados tem os números 1 a 6 nas faces, não 0 a 5. Portanto, **deslocamos** o intervalo de números produzidos adicionando um **valor de deslocamento** — nesse caso, 1 — ao nosso resultado anterior, como em

```
int face = 1 + randomNumbers.nextInt(6);
```

O valor de deslocamento (`1`) especifica o *primeiro* valor no conjunto desejado de inteiros aleatórios. A instrução anterior atribui `face` a um inteiro aleatório no intervalo de 1 a 6.

Lançando um dado de seis faces 20 vezes

A Figura 6.6 mostra duas saídas de exemplo que confirmam o fato de que os resultados do cálculo anterior são inteiros no intervalo de 1 a 6, e que cada execução do programa pode produzir uma sequência *diferente* de números aleatórios. A linha 3 importa a classe `SecureRandom` do pacote `java.security`. A linha 10 cria o objeto `SecureRandom randomNumbers` para produzir valores aleatórios. A linha 16 executa 20 vezes em um loop para lançar o dado. A instrução `if` (linhas 21 e 22) no loop inicia uma nova linha de saída depois de cada cinco números para criar um formato de cinco colunas perfeito.

```java
// Figura 6.6: RandomIntegers.java
// Inteiros aleatórios deslocados e escalonados.
import java.security.SecureRandom; // o programa usa a classe SecureRandom

public class RandomIntegers
{
   public static void main(String[] args)
   {
      // o objeto randomNumbers produzirá números aleatórios seguros
      SecureRandom randomNumbers = new SecureRandom();

      // faz o loop 20 vezes
      for (int counter = 1; counter <= 20; counter++)
      {
         // seleciona o inteiro aleatório entre 1 e 6
         int face = 1 + randomNumbers.nextInt(6);

         System.out.printf("%d  ", face); // exibe o valor gerado

         // se o contador for divisível por 5, inicia uma nova linha de saída
         if (counter % 5 == 0)
            System.out.println();
      }
   }
} // fim da classe RandomIntegers
```

```
1  5  3  6  2
5  2  6  5  2
4  4  4  2  6
3  1  6  2  2
```

```
6  5  4  2  6
1  2  5  1  3
6  3  2  2  1
6  4  2  6  4
```

Figura 6.6 | Inteiros aleatórios deslocados e escalonados.

Lançando um dado de seis faces 6.000.000 vezes

Para mostrar que os números produzidos por `nextInt` ocorrem com probabilidade aproximadamente igual, vamos simular 6.000.000 lançamentos de um dado com o aplicativo da Figura 6.7. Todo número inteiro de 1 a 6 deve aparecer cerca de 1.000.000 vezes.

```java
// Figura 6.7: RollDie.java
// Rola um dado de seis lados 6.000.000 vezes.
import java.security.SecureRandom;

public class RollDie
{
   public static void main(String[] args)
   {
      // o objeto randomNumbers produzirá números aleatórios seguros
      SecureRandom randomNumbers = new SecureRandom();

      int frequency1 = 0; // contagem de 1s lançados
      int frequency2 = 0; // contagem de 2s lançados
      int frequency3 = 0; // contagem de 3s lançados
      int frequency4 = 0; // contagem de 4s lançados
      int frequency5 = 0; // contagem de 5s lançados
      int frequency6 = 0; // contagem de 6s lançados

```

continua

continuação

```
19        // soma 6.000.000 lançamentos de um dado
20        for (int roll = 1; roll <= 6000000; roll++)
21        {
22           int face = 1 + randomNumbers.nextInt(6); // número entre 1 e 6
23
24           // usa o valor 1-6 para as faces a fim de determinar qual contador incrementar
25           switch (face)
26           {
27              case 1:
28                 ++frequency1; // incrementa o contador de 1s
29                 break;
30              case 2:
31                 ++frequency2; // incrementa o contador de 2s
32                 break;
33              case 3:
34                 ++frequency3; // incrementa o contador de 3s
35                 break;
36              case 4:
37                 ++frequency4; // incrementa o contador de 4s
38                 break;
39              case 5:
40                 ++frequency5; // incrementa o contador de 5s
41                 break;
42              case 6:
43                 ++frequency6; // incrementa o contador de 6s
44                 break;
45           }
46        }
47
48        System.out.println("Face\tFrequency"); // cabeçalhos de saída
49        System.out.printf("1\t%d%n2\t%d%n3\t%d%n4\t%d%n5\t%d%n6\t%d%n",
50           frequency1, frequency2, frequency3, frequency4,
51           frequency5, frequency6);
52     }
53  } // fim da classe RollDie
```

```
Face  Frequency
1     999501
2     1000412
3     998262
4     1000820
5     1002245
6     998760
```

```
Face  Frequency
1     999647
2     999557
3     999571
4     1000376
5     1000701
6     1000148
```

Figura 6.7 | Rolando um dado de seis lados 6.000.000 vezes.

Como as saídas de exemplo mostram, escalonar e deslocar os valores produzidos pelo método `nextInt` permite que o programa simule de modo realista o lançamento de um dado de seis faces. O aplicativo utiliza as instruções de controle aninhadas (o `switch` é aninhado dentro do `for`) para determinar o número de vezes que a face do dado ocorreu. A instrução `for` (linhas 20 a 46) itera 6.000.000 vezes. Durante cada iteração, a linha 22 produz um valor aleatório de 1 a 6. Esse valor é então utilizado como a expressão de controle (linha 25) da instrução `switch` (linhas 25 a 45). Com base no valor de `face`, a instrução `switch` incrementa uma das seis variáveis de contador durante cada iteração do loop. Essa instrução `switch` não tem nenhum caso `default` porque há um `case` para cada valor possível do dado que a expressão na linha 22 pode produzir. Execute o programa e observe os resultados. Como você verá, toda vez que executar esse programa, ele produzirá resultados *diferentes*.

Ao estudar arrays no Capítulo 7, mostraremos uma maneira elegante de substituir toda a instrução `switch` nesse programa por uma *única* instrução. Então, quando estudarmos as novas capacidades de programação funcional do Java SE 8 no Capítulo 17, mostraremos como substituir o loop que lança os dados, a instrução `switch` *e* a instrução que exibe os resultados com uma *única* instrução!

Escalonamento e deslocamento generalizados de números aleatórios

Anteriormente, simulamos o lançamento de um dado de seis lados com a instrução

```
int face = 1 + randomNumbers.nextInt(6);
```

Essa instrução sempre atribui à variável `face` um inteiro no intervalo `1 ≤ face ≤ 6`. A *largura* desse intervalo (isto é, o número de inteiros consecutivos no intervalo) é `6` e o *número inicial* no intervalo é `1`. Na instrução anterior, a largura do intervalo é determinada pelo número `6`, que é passado como um argumento para o método `nextInt SecureRandom`, e o número inicial do intervalo é o número `1`, que é adicionado a `randomNumbers.nextInt(6)`. Podemos generalizar esse resultado como

```
int number = valorDeDeslocamento + randomNumbers.nextInt(fatorDeEscalonamento);
```

onde *valorDeDeslocamento* especifica o *primeiro número* no intervalo desejado de inteiros consecutivos e *fatorDeEscalonamento* especifica *quantos números* estão no intervalo.

Também é possível escolher inteiros aleatoriamente a partir de conjuntos de valores além dos intervalos de inteiros consecutivos. Por exemplo, para obter um valor aleatório na sequência 2, 5, 8, 11 e 14, você poderia utilizar a instrução

```
int number = 2 + 3 * randomNumbers.nextInt(5);
```

Nesse caso, `randomNumbers.nextInt(5)` produz os valores do intervalo de 0 a 4. Cada valor produzido é multiplicado por 3 para produzir um número na sequência 0, 3, 6, 9 e 12. Adicionamos 2 a esse valor para *deslocar* o intervalo de valores e obter um valor da sequência 2, 5, 8, 11 e 14. Podemos generalizar esse resultado como

```
int number = valorDeDeslocamento +
   diferençaEntreValores * randomNumbers.nextInt(fatorDeEscalonamento);
```

onde *valorDeDeslocamento* especifica o primeiro número no intervalo desejado de valores, *diferençaEntreValores* representa a *diferença constante* entre números consecutivos na sequência e *fatorDeEscalonamento* especifica quantos números estão no intervalo.

Uma nota sobre o desempenho

Usar `SecureRandom` em vez de `Random` para alcançar níveis mais altos de segurança causa uma penalidade de desempenho significativa. Para aplicativos "casuais", você pode querer usar a classe `Random` do pacote `java.util` — simplesmente substitua `SecureRandom` por `Random`.

6.10 Estudo de caso: um jogo de azar; apresentando tipos enum

Um jogo popular de azar é um jogo de dados conhecido como craps, que é jogado em cassinos e nas ruas de todo o mundo. As regras do jogo são simples e diretas:

> *Você lança dois dados. Cada dado tem seis faces que contêm um, dois, três, quatro, cinco e seis pontos, respectivamente. Depois que os dados param de rolar, a soma dos pontos nas faces viradas para cima é calculada. Se a soma for 7 ou 11 no primeiro lance, você ganha. Se a soma for 2, 3 ou 12 no primeiro lance (chamado "craps"), você perde (isto é, a "casa" ganha). Se a soma for 4, 5, 6, 8, 9 ou 10 no primeiro lance, essa soma torna-se sua "pontuação". Para ganhar, você deve continuar a rolar os dados até "fazer sua pontuação" (isto é, obter um valor igual à sua pontuação). Você perde se obtiver um 7 antes de fazer sua pontuação.*

A Figura 6.8 simula o jogo de dados, utilizando métodos para implementar a lógica do jogo. O método `main` (linhas 21 a 65) chama o método `rollDice` (linhas 68 a 81) como necessário para lançar os dados e calcular a soma deles. As saídas de exemplo demonstram a vitória e a derrota na primeira rolagem, e em uma rolagem subsequente.

```
1  // Figura 6.8: Craps.java
2  // A classe Craps simula o jogo de dados craps.
3  import java.security.SecureRandom;
4
5  public class Craps
6  {
7     // cria um gerador seguro de números aleatórios para uso no método rollDice
8     private static final SecureRandom randomNumbers = new SecureRandom();
```

continua

continuação

```java

   // tipo enum com constantes que representam o estado do jogo
   private enum Status { CONTINUE, WON, LOST };

   // constantes que representam lançamentos comuns dos dados
   private static final int SNAKE_EYES = 2;
   private static final int TREY = 3;
   private static final int SEVEN = 7;
   private static final int YO_LEVEN = 11;
   private static final int BOX_CARS = 12 ;

   // joga uma partida de craps
   public static void main(String[] args)
   {
      int myPoint = 0; // pontos se não ganhar ou perder na 1ª rolagem
      Status gameStatus; // pode conter CONTINUE, WON ou LOST

      int sumOfDice = rollDice(); // primeira rolagem dos dados

      // determina o estado do jogo e a pontuação com base no primeiro lançamento
      switch (sumOfDice)
      {
         case SEVEN: // ganha com 7 no primeiro lançamento
         case YO_LEVEN: // ganha com 11 no primeiro lançamento
            gameStatus = Status.WON;
            break;
         case SNAKE_EYES: // perde com 2 no primeiro lançamento
         case TREY: // perde com 3 no primeiro lançamento
         case BOX_CARS: // perde com 12 no primeiro lançamento
            gameStatus = Status.LOST;
            break;
         default: // não ganhou nem perdeu, portanto registra a pontuação
            gameStatus = Status.CONTINUE; // jogo não terminou
            myPoint = sumOfDice; // informa a pontuação
            System.out.printf("Point is %d%n", myPoint);
            break;
      }

      // enquanto o jogo não estiver completo
      while (gameStatus == Status.CONTINUE) // nem WON nem LOST
      {
         sumOfDice = rollDice(); // lança os dados novamente

         // determina o estado do jogo
         if (sumOfDice == myPoint) // vitória por pontuação
            gameStatus = Status.WON;
         else
            if (sumOfDice == SEVEN) // perde obtendo 7 antes de atingir a pontuação
               gameStatus = Status.LOST;
      }

      // exibe uma mensagem ganhou ou perdeu
      if (gameStatus == Status.WON)
         System.out.println("Player wins");
      else
         System.out.println("Player loses");
   }

   // lança os dados, calcula a soma e exibe os resultados
   public static int rollDice()
   {
      // seleciona valores aleatórios do dado
      int die1 = 1 + randomNumbers.nextInt(6); // primeiro lançamento do dado
      int die2 = 1 + randomNumbers.nextInt(6); // segundo lançamento do dado

      int sum = die1 + die2; // soma dos valores dos dados
```

continua

continuação

```
75
76          // exibe os resultados desse lançamento
77          System.out.printf("Player rolled %d + %d = %d%n",
78             die1, die2, sum);
79
80          return sum;
81       }
82    } // fim da classe Craps
```

```
Player rolled 5 + 6 = 11
Player wins
```

```
Player rolled 5 + 4 = 9
Point is 9
Player rolled 4 + 2 = 6
Player rolled 3 + 6 = 9
Player wins
```

```
Player rolled 1 + 2 = 3
Player loses
```

```
Player rolled 2 + 6 = 8
Point is 8
Player rolled 5 + 1 = 6
Player rolled 2 + 1 = 3
Player rolled 1 + 6 = 7
Player loses
```

Figura 6.8 | A classe `Craps` simula o jogo de dados craps.

Método `rollDice`

Nas regras do jogo, o jogador deve rolar *dois* dados na primeira e em todas as jogadas subsequentes. Declaramos o método `rollDice` (linhas 68 a 81) para lançar o dado, calcular e imprimir sua soma. O método `rollDice` é declarado uma vez, mas é chamado a partir de dois lugares (linhas 26 e 50) no método `main`, que contém a lógica para um jogo de *craps* completo. O método `rollDice` não recebe nenhum argumento, então tem uma lista vazia de parâmetro. Toda vez que é chamado, `rollDice` retorna a soma dos dados, assim o tipo de retorno `int` é indicado no cabeçalho do método (linha 68). Embora as linhas 71 e 72 pareçam idênticas (exceto quanto aos nomes dos dados), elas não necessariamente produzem o mesmo resultado. Cada uma dessas instruções produz um valor *aleatório* no intervalo de 1 a 6. A variável `randomNumbers` (utilizada nas linhas 71 e 72) *não* é declarada no método. Em vez disso, é declarada como uma variável `private static final` da classe e inicializada na linha 8. Isso permite criar um objeto `SecureRandom` que é reutilizado em cada chamada para `rollDice`. Se houvesse um programa que contivesse múltiplas instâncias da classe `Craps`, todas elas compartilhariam esse objeto `SecureRandom`.

Variáveis locais do método `main`

O jogo é razoavelmente complexo. O jogador pode ganhar ou perder na primeira rolagem ou ganhar ou perder em qualquer rolagem subsequente. O método `main` (linhas 21 a 65) utiliza a variável local `myPoint` (linha 23) para armazenar a "pontuação" se o jogador não ganhar nem perder no primeiro lançamento, a variável local `gameStatus` (linha 24) para monitorar o status geral do jogo e a variável local `sumOfDice` (linha 26) para manter a soma dos dados para o lançamento mais recente. A variável `myPoint` é inicializada como `0` para assegurar que o aplicativo irá compilar. Se você não inicializar `myPoint`, o compilador emite um erro, porque `myPoint` não recebe um valor em *cada* `case` da instrução `switch`, e assim o programa pode tentar utilizar `myPoint` antes de receber um valor. Por outro lado, `gameStatus` *recebe* um valor em *cada* `case` da instrução `switch` (incluindo o caso `default`) — portanto, garante-se que ele é inicializado antes de ser utilizado. Por isso, não precisamos inicializá-lo na linha 24.

Tipo enum `Status`

A variável local `gameStatus` (linha 24) é declarada como um novo tipo chamado `Status` (declarada na linha 11). O tipo `Status` é um membro `private` da classe `Craps`, porque `Status` será utilizado somente nessa classe. `Status` é um tipo chamado **tipo `enum`**, que, em sua forma mais simples, declara um conjunto de constantes representadas por identificadores. Um tipo `enum` é um tipo especial de classe que é introduzido pela palavra-chave `enum` e um nome de tipo (nesse caso, `Status`). Como com as classes, as chaves delimitam o corpo de uma declaração `enum`. Entre as chaves há uma lista de **constantes `enum`** separadas por vírgulas, cada uma representando um valor único. Os identificadores em uma `enum` devem ser *únicos*. Você aprenderá mais sobre tipos `enum` no Capítulo 8.

Boa prática de programação 6.1

Use somente letras maiúsculas nos nomes das constantes `enum` para fazer com que eles se destaquem e o lembrem de que elas não são variáveis.

Variáveis do tipo `Status` podem receber somente as três constantes declaradas na enumeração (linha 11) ou ocorrerá um erro de compilação. Quando se ganha o jogo, o programa configura a variável local `gameStatus` como `Status.WON` (linhas 33 e 54). Quando se perde o jogo, o programa configura a variável local `gameStatus` como `Status.LOST` (linhas 38 e 57). Do contrário, o programa define a variável local `gameStatus` como `Status.CONTINUE` (linha 41) para indicar que o jogo ainda não acabou e os dados devem ser rolados novamente.

Boa prática de programação 6.2

Usar constantes `enum` (como `Status.WON`, `Status.LOST` e `Status.CONTINUE`) em vez dos valores literais (como 0, 1 e 2) torna os programas mais fáceis de ler e manter.

Lógica do método `main`

A linha 26 no `main` chama `rollDice`, que seleciona dois valores aleatórios de 1 a 6, exibe os valores do primeiro dado, do segundo dado e a soma, e retorna a soma. Em seguida, o método `main` insere a instrução `switch` (linhas 29 a 45), que utiliza o valor `sumOfDice` na linha 26 para determinar se o jogo foi ganho ou perdido, ou se deve continuar com um outro lançamento. Os valores que resultam em uma vitória ou derrota na primeira jogada são declarados como constantes `private static final int` nas linhas 14 a 18. Os nomes do identificador usam jargão de cassino para essas somas. Essas constantes, como ocorre com constantes `enum`, são declaradas, por convenção, com todas as letras maiúsculas, fazendo-as se destacar no programa. As linhas 31 a 34 determinam se o jogador ganhou no primeiro lançamento com `SEVEN` (7) ou `YO_LEVEN` (11). As linhas 35 a 39 determinam se o jogador perdeu no primeiro lançamento com `SNAKE_EYES` (2), `TREY` (3) ou `BOX_CARS` (12). Depois do primeiro lançamento, se o jogo não tiver acabado, a opção `default` (linhas 40 a 44) configura `gameStatus` como `Status.CONTINUE`, salva `sumOfDice` em `myPoint` e exibe a pontuação.

Se ainda estivermos tentando "fazer nossa melhor pontuação" (isto é, o jogo continua a partir de um lançamento anterior), as linhas 48 a 58 são executadas. A linha 50 lança os dados novamente. Se `sumOfDice` coincidir com `myPoint` (linha 53), a linha 54 configura `gameStatus` como `Status.WON`, o loop termina porque o jogo está completo. Se `sumOfDice` for `SEVEN` (linha 56), a linha 57 configura `gameStatus` como `Status.LOST`, e o loop termina porque o jogo está completo. Quando o jogo é concluído, as linhas 61 a 64 exibem uma mensagem que indica se o jogador ganhou ou perdeu e o programa termina.

O programa utiliza vários mecanismos de controle de programa que discutimos. A classe `Craps` usa dois métodos — `main` e `rollDice` (chamado duas vezes a partir de `main` — e as instruções de controle `switch`, `while`, `if...else` e `if` aninhada. Observe também o uso de múltiplos rótulos `case` na instrução `switch` para executar as mesmas instruções para somas de `SEVEN` e `YO_LEVEN` (linhas 31 e 32) e para somas de `SNAKE_EYES`, `TREY` e `BOX_CARS` (linhas 35 a 37).

Por que algumas constantes não são definidas como constantes `enum`

Você poderia estar questionando por que declaramos as somas dos dados como constantes `private static final int` em vez de constantes `enum`. A razão é que o programa tem de comparar a variável `int sumOfDice` (linha 26) com essas constantes para determinar o resultado de cada jogada. Suponha que declaramos `enum Sum` contendo constantes (por exemplo, `Sum.SNAKE_EYES`) que representam as cinco somas utilizadas no jogo e, então, usamos essas constantes na instrução `switch` (linhas 29 a 45). Fazer isso evitaria a utilização de `sumOfDice` como a expressão de controle da instrução, `switch` — porque o Java *não* permite que um `int` seja comparado com uma constante de enumeração. Para conseguir a mesma funcionalidade do programa atual, teríamos de utilizar uma variável `currentSum` do tipo `Sum` como a expressão de controle do `switch`. Infelizmente, o Java não fornece uma maneira fácil de converter um valor `int` em uma constante `enum` particular. Isso pode ser feito com uma instrução `switch` separada. Isso seria complicado e não melhoraria a legibilidade do programa (destruindo assim o propósito do uso de um `enum`).

6.11 Escopo das declarações

Você viu declarações de várias entidades Java como classes, métodos, variáveis e parâmetros. As declarações introduzem nomes que podem ser utilizados para referenciar essas entidades Java. O **escopo** de uma declaração é a parte do programa que pode referenciar a entidade declarada pelo seu nome. Diz-se que essa entidade está "no escopo" para essa parte do programa. Esta seção introduz várias questões importantes de escopo.

As regras básicas de escopo são estas:

1. O escopo de uma declaração de parâmetro é o corpo do método em que a declaração aparece.
2. O escopo de uma declaração de variável local é do ponto em que a declaração aparece até o final desse bloco.
3. O escopo de uma declaração de variável local que aparece na seção de inicialização do cabeçalho de uma instrução `for` é o corpo da instrução `for` e as outras expressões no cabeçalho.
4. O escopo de um método ou campo é o corpo inteiro da classe. Isso permite que os métodos de instância de uma classe usem os campos e outros métodos da classe.

Qualquer bloco pode conter declarações de variável. Se uma variável local ou um parâmetro em um método tiver o mesmo nome de um campo da classe, o campo permanece *oculto* até que o bloco termine a execução — isso é chamado de **sombreamento**. Para acessar um campo sombreado em um bloco:

- Se o campo é uma variável de instância, preceda o nome com a palavra-chave `this` e um ponto (`.`), como em `this.x`.
- Se o campo é uma variável de classe `static`, preceda o nome com o nome da classe e um ponto (`.`), como em *NomeDaClasse*`.x`.

A Figura 6.9 demonstra os problemas de escopo com campos e variáveis locais. A linha 7 declara e inicializa o campo `x` para `1`. Esse campo permanece *sombreado* (oculto) em qualquer bloco (ou método) que declara uma variável local chamada `x`. O método `main` (linhas 11 a 23) declara uma variável local `x` (linha 13) e a inicializa para `5`. O valor dessa variável local é gerado para mostrar que o campo `x` (cujo valor é `1`) permanece *sombreado* no método `main`. O programa declara outros dois métodos — `useLocalVariable` (linhas 26 a 35) e `useField` (linhas 38 a 45) — que não recebem argumentos e não retornam resultados. O método `main` chama cada método duas vezes (linhas 17 a 20). O método `useLocalVariable` declara a variável local `x` (linha 28). Quando `useLocalVariable` é chamado pela primeira vez (linha 17), ele cria a variável local `x` e a inicializa como `25` (linha 28), gera a saída do valor de `x` (linhas 30 e 31), incrementa `x` (linha 32) e gera a saída do valor de `x` novamente (linhas 33 e 34). Quando `uselLocalVariable` é chamado uma segunda vez (linha 19), ele *recria* a variável local `x` e a *reinicializa* como `25`, assim a saída de cada chamada a `useLocalVariable` é idêntica.

```
 1  // Figura 6.9: Scope.java
 2  // A classe Scope demonstra os escopos de campo e de variável local.
 3
 4  public class Scope
 5  {
 6     // campo acessível para todos os métodos dessa classe
 7     private static int x = 1;
 8
 9     // O método main cria e inicializa a variável local x
10     // e chama os métodos useLocalVariable e useField
11     public static void main(String[] args)
12     {
13        int x = 5; // variável local x do método sombreia o campo x
14
15        System.out.printf("local x in main is %d%n", x);
16
17        useLocalVariable(); // useLocalVariable tem uma variável local x
18        useField(); // useField utiliza o campo x da classe Scope
19        useLocalVariable(); // useLocalVariable reinicializa a variável local x
20        useField(); // campo x da classe Scope retém seu valor
21
22        System.out.printf("%nlocal x in main is %d%n", x);
23     }
24
25     // cria e inicializa a variável local x durante cada chamada
26     public static void useLocalVariable()
27     {
28        int x = 25; // inicializada toda vez que useLocalVariable é chamado
29
```

continua

continuação

```
30          System.out.printf(
31             "%nlocal x on entering method useLocalVariable is %d%n", x);
32          ++x; // modifica a variável local x desse método
33          System.out.printf(
34             "local x before exiting method useLocalVariable is %d%n", x);
35       }
36
37       // modifica o campo x da classe Scope durante cada chamada
38       public static void useField()
39       {
40          System.out.printf(
41             "%nfield x on entering method useField is %d%n", x);
42          x *= 10; // modifica o campo x da classe Scope
43          System.out.printf(
44             "field x before exiting method useField is %d%n", x);
45       }
46    } // fim da classe Scope
```

```
local x in main is 5

local x on entering method useLocalVariable is 25
local x before exiting method useLocalVariable is 26

field x on entering method useField is 1
field x before exiting method useField is 10

local x on entering method useLocalVariable is 25
local x before exiting method useLocalVariable is 26

field x on entering method useField is 10
field x before exiting method useField is 100

local x in main is 5
```

Figura 6.9 | A classe `Scope` demonstra escopos de campo e de variável local.

O método `useField` não declara nenhuma variável local. Portanto, quando ele se refere a `x`, é o campo `x` (linha 7) da classe que é utilizado. Ao ser chamado pela primeira vez (linha 18), o método `useField` gera saída do valor (`1`) do campo `x` (linhas 40 e 41), multiplica o campo `x` por `10` (linha 42) e gera a saída do valor (`10`) do campo `x` novamente (linhas 43 e 44) antes de retornar. A próxima vez que o método `useField` é chamado (linha 20), o campo contém seu valor modificado (`10`), assim o método gera saída de `10` e então `100`. Por fim, no método `main`, o programa gera saída do valor da variável local `x` novamente (linha 22) para mostrar que nenhum método chama a variável local `x` do `main` modificado, pois todos os métodos se referiram às variáveis identificadas como `x` nos outros escopos.

Princípio do menor privilégio

Em um sentido geral, "coisas" devem ter as capacidades de que precisamos para fazer o trabalho, mas não mais. Um exemplo é o escopo de uma variável. Uma variável não deve ser visível quando ela não é necessária.

Boa prática de programação 6.3

Declare as variáveis o mais próximo possível de onde elas foram usadas pela primeira vez.

6.12 Sobrecarga de método

Os métodos com o *mesmo* nome podem ser declarados na mesma classe, contanto que tenham *diferentes* conjuntos de parâmetros (determinados pelo número, tipos e ordem dos parâmetros) — isso é chamado de **sobrecarga de métodos**. Quando um método sobrecarregado é chamado, o compilador Java seleciona o método adequado examinando o número, os tipos e a ordem dos argumentos na chamada. A sobrecarga de métodos é comumente utilizada para criar vários métodos com o *mesmo* nome que realizam as *mesmas* tarefas, ou tarefas *semelhantes*, mas sobre tipos *diferentes* ou números *diferentes* de argumentos. Por exemplo, os métodos `Math abs`, `min` e `max` (resumidos na Seção 6.3) são sobrecarregados com quatro versões:

1. Uma com dois parâmetros `double`.
2. Uma com dois parâmetros `float`.
3. Uma com dois parâmetros `int`.
4. Uma com dois parâmetros `long`.

Nosso próximo exemplo demonstra como declarar e invocar métodos sobrecarregados. Demonstraremos construtores sobrecarregados no Capítulo 8.

Declarando métodos sobrecarregados

A classe `MethodOverload` (Figura 6.10) inclui duas versões sobrecarregadas do método `square` — uma que calcula o quadrado de um `int` (e retorna um `int`) e uma que calcula o quadrado de um `double` (e retorna um `double`). Embora esses métodos tenham o mesmo nome e listas e corpos semelhantes de parâmetros, você pode pensar neles simplesmente como *diferentes* métodos. Talvez ajude pensar nos nomes dos métodos como "`square` de `int`" e "`square` de `double`", respectivamente.

A linha 9 invoca o método `square` com o argumento `7`. Valores literais inteiros são tratados como um tipo `int`, assim a chamada de método na linha 9 invoca a versão de `square` nas linhas 14 a 19, que especifica um parâmetro `int`. De maneira semelhante, a linha 10 invoca o método `square` com o argumento `7.5`. Valores de ponto flutuante literais são tratados como um tipo `double`, dessa forma a chamada de método na linha 10 invoca a versão de `square` nas linhas 22 a 27, que especifica um parâmetro `double`. Cada método primeiro gera a saída de uma linha de texto para provar que o método adequado foi chamado em cada caso. Os valores nas linhas 10 e 24 são exibidos com o especificador de formato `%f`. Não especificamos uma precisão em nenhum dos casos. Por padrão, valores de ponto flutuante são exibidos com seis dígitos de precisão se a precisão *não* for especificada no especificador de formato.

```
 1  // Figura 6.10: MethodOverload.java
 2  // Declarações de métodos sobrecarregados.
 3
 4  public class MethodOverload
 5  {
 6     // teste de métodos square sobrecarregados
 7     public static void main(String[] args)
 8     {
 9        System.out.printf("Square of integer 7 is %d%n", square(7));
10        System.out.printf("Square of double 7.5 is %f%n", square(7.5));
11     }
12
13     // método square com argumento de int
14     public static int square(int intValue)
15     {
16        System.out.printf("%nCalled square with int argument: %d%n",
17           intValue);
18        return intValue * intValue;
19     }
20
21     // método square com argumento double
22     public static double square(double doubleValue)
23     {
24        System.out.printf("%nCalled square with double argument: %f%n",
25           doubleValue);
26        return doubleValue * doubleValue;
27     }
28  } // fim da classe MethodOverload
```

```
Called square with int argument: 7
Square of integer 7 is 49

Called square with double argument: 7.500000
Square of double 7.5 is 56.250000
```

Figura 6.10 | Declarações de métodos sobrecarregados.

Distinguindo entre métodos sobrecarregados

O compilador distingue os métodos sobrecarregados pelas suas **assinaturas** — uma combinação do *nome* e o *número* do método, *tipos* e *ordens* de seus parâmetros, mas *não* de seu tipo de retorno. Se o compilador examinasse somente os nomes do método durante a compilação, o código na Figura 6.10 seria ambíguo — o compilador não saberia distinguir entre os dois métodos `square` (linhas 14 a 19 e 22 a 27). Internamente, o compilador utiliza nomes de método mais longos, que incluem o nome original do método, os tipos de cada parâmetro e a ordem exata dos parâmetros para determinar se os métodos em uma classe são *únicos* nela.

Por exemplo, na Figura 6.10, o compilador utilizaria (internamente) o nome lógico "`square` de `int`" para o método `square` que especifica um parâmetro `int` e "`square` de `double`" para o método `square` que especifica um parâmetro `double` (os nomes reais que o compilador utiliza são mais confusos). Se a declaração do `method1` iniciar como

```
void method1(int a, float b)
```

o compilador então poderia utilizar o nome lógico "`method1` de `int` e `float`". Se os parâmetros forem especificados como

```
void method1(float a, int b)
```

o compilador então poderia utilizar o nome lógico "`method1` de `float` e `int`". A *ordem* dos tipos de parâmetros é importante — o compilador considera os dois cabeçalhos do `method1` anterior como sendo *distintos*.

Tipos de retorno dos métodos sobrecarregados

Na discussão sobre os nomes lógicos dos métodos utilizados pelo compilador, não mencionamos os tipos de retorno dos métodos. *As chamadas de método não podem ser distinguidas pelo tipo de retorno.* Se você tivesse sobrecarregado métodos que se diferenciassem *apenas* por seus tipos de retorno e chamasse um dos métodos em uma instrução autônoma como em:

```
square(2);
```

o compilador *não* seria capaz de determinar a versão do método a chamar, porque o valor de retorno é *ignorado*. Quando dois métodos têm a *mesma* assinatura e retornam tipos *diferentes*, o compilador emite uma mensagem de erro indicando que o método já está definido na classe. Métodos sobrecarregados *podem* ter *diferentes* tipos de retorno se os métodos tiverem *diferentes* listas de parâmetro. Além disso, métodos sobrecarregados *não* precisam ter o mesmo número de parâmetros.

Erro comum de programação 6.8

Declarar métodos sobrecarregados com listas de parâmetros idênticas é um erro de compilação independentemente de os tipos de retorno serem diferentes.

6.13 (Opcional) Estudo de caso de GUIs e imagens gráficas: cores e formas preenchidas

Embora você possa criar muitos designs interessantes apenas com linhas e formas básicas, a classe `Graphics` fornece várias outras capacidades. Os próximos dois recursos que introduzimos são cores e formas preenchidas. Acrescentar cor enriquece os desenhos que um usuário vê na tela do computador. As formas podem ser preenchidas com cores sólidas.

As cores exibidas na tela dos computadores são definidas pelos componentes *vermelho*, *verde* e *azul* (chamados de **valores RGB**) que têm valores inteiros de 0 a 255. Quanto mais alto o valor de uma cor componente, mais rica será a tonalidade na cor final. O Java usa a classe **`Color`** (pacote `java.awt`) para representar as cores utilizando valores RGB. Por conveniência, a classe `Color` contém vários objetos `static Color` predefinidos — `BLACK`, `BLUE`, `CYAN`, `DARK_GRAY`, `GRAY`, `GREEN`, `LIGHT_GRAY`, `MAGENTA`, `ORANGE`, `PINK`, `RED`, `WHITE` e `YELLOW`. Cada objeto pode ser acessado por meio do nome da classe e um ponto (`.`) como em `Color.RED`. Você pode criar cores personalizadas passando os valores dos componentes de vermelho, verde e azul para construtor da classe `Color`:

```
public Color(int r, int g, int b)
```

Os métodos **`fillRect`** e **`fillOval`** da classe `Graphics` desenham ovais e retângulos preenchidos, respectivamente. Esses métodos têm os mesmos parâmetros que `drawRect` e `drawOval`; os dois primeiros são as coordenadas do *canto superior esquerdo* da forma, enquanto os dois seguintes determinam a *largura* e a *altura*. O exemplo nas figuras 6.11 e 6.12 demonstra cores e formas preenchidas desenhando e exibindo um rosto amarelo sorridente na tela.

```
1   // Figura 6.11: DrawSmiley.java
2   // Desenhando um rosto sorridente com cores e formas preenchidas.
3   import java.awt.Color;
4   import java.awt.Graphics;
5   import javax.swing.JPanel;
6
7   public class DrawSmiley extends JPanel
8   {
9      public void paintComponent(Graphics g)
10     {
11        super.paintComponent(g);
12
13        // desenha o rosto
14        g.setColor(Color.YELLOW);
15        g.fillOval(10, 10, 200, 200);
16
17        // desenha os olhos
18        g.setColor(Color.BLACK);
19        g.fillOval(55, 65, 30, 30);
20        g.fillOval(135, 65, 30, 30);
21
22        // desenha a boca
23        g.fillOval(50, 110, 120, 60);
24
25        // "retoca" a boca para criar um sorriso
26        g.setColor(Color.YELLOW);
27        g.fillRect(50, 110, 120, 30);
28        g.fillOval(50, 120, 120, 40);
29     }
30  } // fim da classe DrawSmiley
```

Figura 6.11 | Desenhando um rosto sorridente com cores e formas preenchidas.

As instruções `import` nas linhas 3 a 5 da Figura 6.11 importam as classes `Color`, `Graphics` e `JPanel`. A classe `DrawSmiley` (linhas 7 a 30) utiliza a classe `Color` para especificar as cores do desenho, e utiliza a classe `Graphics` para desenhar.

Mais uma vez, a classe `JPanel` fornece a área em que desenhamos. A linha 14 no método `paintComponent` usa o método **`setColor`** de `Graphics` para definir a cor atual do desenho como `Color.YELLOW`. O método `setColor` requer um argumento `Color` para configurar a cor de desenho. Nesse caso, utilizamos o objeto predefinido `Color.YELLOW`.

A linha 15 desenha um círculo com um diâmetro de 200 para representar o rosto — se os argumentos de largura e altura forem idênticos, o método `fillOval` desenhará um círculo. Em seguida, a linha 18 configura a cor como `Color.Black` e as linhas 19 e 20 desenham os olhos. A linha 23 desenha a boca como uma oval, mas isso não é bem o que queremos.

Para criar um rosto feliz, vamos retocar a boca. A linha 26 configura a cor como `Color.YELLOW`, portanto quaisquer formas que desenhamos serão combinadas com o rosto. A linha 27 desenha um retângulo com metade da altura da boca. Isso apaga a metade superior da boca, deixando somente a metade inferior. Para criar um sorriso melhor, a linha 28 desenha uma outra oval para cobrir levemente a parte superior da boca. A classe `DrawSmileyTest` (Figura 6.12) cria e exibe um `JFrame` contendo o desenho. Quando o `JFrame` é exibido, o sistema chama o método `paintComponent` para desenhar o rosto sorridente.

```
// Figura 6.12: DrawSmileyTest.java
// Aplicativo de teste que exibe um rosto sorridente.
import javax.swing.JFrame;

public class DrawSmileyTest
{
   public static void main(String[] args)
   {
      DrawSmiley panel = new DrawSmiley();
      JFrame application = new JFrame();

      application.setDefaultCloseOperation(JFrame.EXIT_ON_CLOSE);
      application.add(panel);
      application.setSize(230, 250);
      application.setVisible(true);
   }
} // fim da classe DrawSmileyTest
```

continua

continuação

Figura 6.12 | Aplicativo de teste que exibe um rosto sorridente.

Exercícios do estudo de caso sobre GUIs e imagens gráficas

6.1 Utilizando o método `fillOval`, desenhe um alvo que alterna entre duas cores aleatórias, como na Figura 6.13. Utilize o construtor `Color(int r, int g, int b)` com argumentos aleatórios para gerar cores aleatórias.

6.2 Crie um programa que desenhe 10 formas preenchidas aleatórias com cores aleatórias, posições e tamanhos (Figura 6.14). `Method paintComponent` deve conter um loop que itera 10 vezes. Em cada iteração, o loop deve determinar se deve ser desenhado um retângulo ou uma oval preenchida, criar uma cor aleatória e escolher as coordenadas e dimensões aleatoriamente. As coordenadas devem ser escolhidas com base na largura e altura do painel. O comprimento dos lados deve estar limitado à metade da largura ou altura da janela.

Figura 6.13 | Um alvo com duas cores aleatórias alternativas.

Figura 6.14 | Formas geradas aleatoriamente.

6.14 Conclusão

Neste capítulo, você aprendeu mais sobre declarações de método. Você também aprendeu a diferença entre métodos de instâncias e os métodos `static` e como chamar métodos `static` precedendo o nome do método com o nome da classe em que ele aparece e um ponto (`.`) separador. Aprendeu a utilizar os operadores `+` e `+=` para realizar concatenações de string. Discutimos como a pilha de chamadas de método e os registros de ativação monitoram os métodos que foram chamados e para onde cada método deve retornar quando ele completa a sua tarefa. Também discutimos as regras de promoção do Java para converter implicitamente entre tipos primitivos e como realizar conversões explícitas com operadores de coerção. Em seguida, você aprendeu sobre alguns dos pacotes mais utilizados na Java API.

Você aprendeu a declarar constantes identificadas utilizando tanto tipos `enum` como variáveis `private static final`. Você utilizou a classe `SecureRandom` para gerar números aleatórios para simulações. Você também aprendeu o escopo dos campos e variáveis locais em uma classe. Por fim, você aprendeu que múltiplos métodos em uma classe podem ser sobrecarregados fornecendo ao método o mesmo nome e assinaturas diferentes. Esses métodos podem ser utilizados para realizar as mesmas tarefas, ou tarefas semelhantes, utilizando tipos diferentes ou números distintos de parâmetros.

No Capítulo 7, você aprenderá a manter listas e tabelas de dados em arrays. Veremos uma implementação mais elegante do aplicativo que rola um dado 6.000.000 vezes. Apresentaremos duas versões de um estudo de caso `GradeBook` que armazena conjuntos das notas de alunos em um objeto `GradeBook`. Você também aprenderá a acessar os argumentos de linha de comando de um aplicativo que são passados para o método `main` quando um aplicativo começa a execução.

Resumo

Seção 6.1 Introdução

- A experiência mostrou que a melhor maneira de desenvolver e manter um programa grande é construí-lo a partir de pequenos e simples pedaços, ou módulos. Essa técnica é chamada dividir para conquistar.

Seção 6.2 Módulos de programa em Java

- Os métodos são declarados dentro de classes. Em geral, as classes são agrupadas em pacotes para que possam ser importadas e reutilizadas.
- Os métodos permitem modularizar um programa separando suas tarefas em unidades autocontidas. As instruções em um método são escritas somente uma vez e permanecem ocultas de outros métodos.
- Usar os métodos existentes como blocos de construção para criar novos programas é uma forma de reutilização de software que permite evitar repetição de código dentro de um programa.

Seção 6.3 Métodos `static`, campos `static` e classe `Math`

- Uma chamada de método especifica o nome do método a ser chamado e fornece os argumentos que o método chamado requer para realizar sua tarefa. Quando a chamada de método é concluída, o método retorna um resultado, ou simplesmente o controle, ao seu chamador.
- Uma classe pode conter métodos `static` para realizar tarefas comuns que não exigem um objeto da classe. Quaisquer dados que um método `static` poderia requerer para realizar suas tarefas podem ser enviados ao método como argumentos em uma chamada de método. Um método `static` é chamado especificando o nome da classe em que o método é declarado seguido por um ponto (`.`) e pelo nome do método, como em

  NomeDaClasse.*nomeDoMétodo*(*argumentos*)
- A classe `Math` fornece os métodos `static` para realizar cálculos matemáticos comuns.
- A constante `Math.PI` (3,141592653589793) é a relação entre a circunferência de um círculo e seu diâmetro. A constante `Math.E` (2,718281828459045) é o valor base para logaritmos naturais (calculados com o método `static Math log`).
- `Math.PI` e `Math.E` são declaradas com os modificadores `public`, `final` e `static`. Torná-los `public` permite que você use esses campos nas suas próprias classes. Um campo declarado com a palavra-chave `final` é constante — seu valor não pode ser alterado depois de ele ser inicializado. Tanto `PI` como `E` são declarados `final` porque seus valores nunca mudam. Tornar esses campos `static` permite que eles sejam acessados pelo nome da classe `Math` e um ponto (`.`) separador, como ocorre com os métodos da classe `Math`.
- Todos os objetos de uma classe compartilham uma cópia dos campos `static` da classe. As variáveis de classe e as variáveis de instância representam os campos de uma classe.
- Quando você executa a Java Virtual Machine (JVM) com o comando `java`, a JVM carrega a classe especificada e utiliza esse nome de classe para invocar o método `main`. É possível especificar argumentos de linha de comando adicionais que a JVM passará para o seu aplicativo.
- Você pode colocar um método `main` em cada classe que declara — somente o método `main` na classe que você utiliza para executar o aplicativo será chamado pelo comando `java`.

Seção 6.4 Declarando métodos com múltiplos parâmetros

- Quando um método é chamado, o programa faz uma cópia dos valores de argumento do método e os atribui aos parâmetros correspondentes do método. Quando o controle do programa retorna ao ponto em que método foi chamado, os parâmetros do método são removidos da memória.
- Um método pode retornar no máximo um valor, mas o valor retornado poderia ser uma referência a um objeto que contém muitos valores.
- Variáveis devem ser declaradas como campos de uma classe somente se forem utilizadas em mais de um método da classe ou se o programa deve salvar seus valores entre chamadas aos métodos da classe.
- Se um método tiver mais de um parâmetro, os parâmetros serão especificados como uma lista separada por vírgulas. Deve haver um argumento na chamada de método para cada parâmetro na declaração do método. Além disso, cada argumento deve ser consistente com o tipo do parâmetro correspondente. Se um método não aceitar argumentos, a lista de parâmetros ficará vazia.
- `Strings` podem ser concatenadas com o operador `+`, o que posiciona os caracteres do operando direito no final daqueles no operando esquerdo.
- Cada objeto e valor primitivos no Java podem ser representados como uma `String`. Quando um objeto é concatenado com uma `String`, ele é convertido em uma `String` e então as duas `Strings` são concatenadas.
- Se um `boolean` for concatenado com uma `String`, a palavra `"true"` ou `"false"` é utilizada para representar o valor `boolean`.
- Todos os objetos em Java têm um método especial chamado `toString` que retorna uma representação `String` do conteúdo do objeto. Quando um objeto é concatenado com uma `String`, a JVM chama implicitamente o método `toString` do objeto a fim de obter a representação string do objeto.
- Pode-se dividir grandes literais `String` em várias `Strings` menores e colocá-las em múltiplas linhas de código para melhorar a legibilidade, depois remontar as `Strings` utilizando concatenação.

Seção 6.5 Notas sobre a declaração e utilização de métodos

- Há três maneiras de chamar um método — utilizar o próprio nome de um método para chamar um outro método da mesma classe; utilizar uma variável que contém uma referência a um objeto, seguido por um ponto (`.`) e o nome do método para chamar um método do objeto referenciado; e utilizar o nome da classe e um ponto (`.`) para chamar um método `static` de uma classe.
- Há três maneiras de retornar o controle a uma instrução que chama um método. Se o método não retornar um resultado, o controle retornará quando o fluxo do programa alcançar a chave direita de fechamento do método ou quando a instrução

```
return;
```

for executada. Se o método retornar um resultado, a instrução

```
return expressão;
```

avalia a *expressão* e então imediatamente retorna o valor resultante ao chamador.

Seção 6.6 Pilhas de chamadas de método e quadros de pilha

- As pilhas são conhecidas como estruturas de dados do tipo último a entrar, primeiro a sair (*last-in, first-out* — LIFO) — o último item inserido na pilha é o primeiro item que é removido dela.
- Um método chamado deve saber como retornar ao seu chamador, portanto o endereço de retorno do método de chamada é colocado na pilha de chamadas de método quando o método for chamado. Se uma série de chamadas de método ocorrer, os sucessivos endereços de retorno são empilhados na ordem "último a entrar, primeiro a sair", de modo que o último método a executar será o primeiro a retornar ao seu chamador.
- A pilha de chamadas de método contém a memória para as variáveis locais utilizadas em cada invocação de um método durante a execução de um programa. Esses dados são conhecidos como registro de ativação ou quadro de pilha da chamada de método. Quando uma chamada de método é feita, o quadro de pilha para ela é colocado na pilha de chamadas de método. Quando o método retorna ao seu chamador, a sua chamada do registro de ativação é retirada da pilha e as variáveis locais não são mais conhecidas para o programa.
- Se mais chamadas de método forem feitas do que o quadro de pilha pode armazenar na pilha de chamadas de método, ocorre um erro conhecido como estouro de pilha. O aplicativo compilará corretamente, mas sua execução causa um estouro de pilha.

Seção 6.7 Promoção e coerção de argumentos

- A promoção de argumentos converte o valor de um argumento para o tipo que o método espera receber no parâmetro correspondente.
- Regras de promoção se aplicam a expressões que contêm valores de dois ou mais tipos primitivos e a valores de tipo primitivo passados como argumentos para os métodos. Cada valor é promovido para o tipo "mais alto" na expressão. Em casos em que as informações podem ser perdidas por causa da conversão, o compilador Java exige que se utilize um operador de coerção para forçar explicitamente que a conversão ocorra.

Seção 6.9 Estudo de caso: geração segura de números aleatórios

- Objetos da classe `SecureRandom` (pacote `java.security`) podem produzir valores aleatórios não determinísticos.
- O método `nextInt` `SecureRandom` gera um valor aleatório.

- A classe `SecureRandom` fornece uma outra versão do método `nextInt` que recebe um argumento `int` e retorna um valor a partir de 0, mas sem incluí-lo, até o valor do argumento.
- Números aleatórios em um intervalo podem ser gerados com

```
int number = valorDeDeslocamento + randomNumbers.nextInt(fatorDeEscalonamento);
```

onde *valorDeDeslocamento* especifica o primeiro número no intervalo desejado de inteiros consecutivos e *fatorDeEscalonamento* especifica quantos números estão no intervalo.

- Os números aleatórios podem ser escolhidos a partir de intervalos de inteiro não consecutivos, como em

```
int number = valorDeDeslocamento +
   diferençaEntreValores * randomNumbers.nextInt(fatorDeEscalonamento);
```

onde *valorDeDeslocamento* especifica o primeiro número no intervalo de valores, *diferençaEntreValores* representa a diferença entre números consecutivos na sequência e *fatorDeEscalonamento* especifica quantos números estão no intervalo.

Seção 6.10 Estudo de caso: um jogo de azar; apresentando tipos `enum`

- Um tipo `enum` é introduzido pela palavra-chave `enum` e um nome de tipo. Como com qualquer classe, as chaves (`{` e `}`) delimitam o corpo de uma declaração `enum`. Entre as chaves há uma lista de constantes `enum`, cada uma representando um valor único separado por vírgula. Os identificadores em uma `enum` devem ser únicos. Pode-se atribuir variáveis de um tipo `enum` somente a constantes do tipo `enum`.
- Constantes também podem ser declaradas como variáveis `private static final`. Essas constantes, por convenção, são declaradas com todas as letras maiúsculas fazendo com que elas se destaquem no programa.

Seção 6.11 Escopo das declarações

- O escopo é a parte do programa em que uma entidade, como uma variável ou um método, pode ser referida pelo seu nome. Diz-se que essa entidade está "no escopo" para essa parte do programa.
- O escopo de uma declaração de parâmetro é o corpo do método em que a declaração aparece.
- O escopo de uma declaração de variável local é do ponto em que a declaração aparece até o final desse bloco.
- O escopo de uma declaração de variável local que aparece na seção de inicialização do cabeçalho de uma instrução `for` é o corpo da instrução `for` e as outras expressões no cabeçalho.
- O escopo de um método ou campo de uma classe é o corpo inteiro da classe. Isso permite que os métodos da classe utilizem nomes simples para chamar os outros métodos da classe e acessem os campos da classe.
- Qualquer bloco pode conter declarações de variável. Se uma variável local ou um parâmetro em um método tiver o mesmo nome de um campo, este permanece sombreado até que o bloco termine a execução.

Seção 6.12 Sobrecarga de método

- O Java permite métodos sobrecarregados em uma classe, desde que os métodos tenham diferentes conjuntos de parâmetros (determinados pelo número, ordem e tipo de parâmetros).
- Métodos sobrecarregados são distinguidos por suas assinaturas — combinações dos nomes e número, tipos e ordem dos parâmetros dos métodos, mas não pelos tipos de retorno.

Exercícios de revisão

6.1 Preencha as lacunas em cada uma das seguintes afirmações:

a) Um método é invocado com um(a) ________.

b) Uma variável conhecida somente dentro do método em que é declarada chama-se ________.

c) A instrução ________ em um método chamado pode ser utilizada para passar o valor de uma expressão de volta para o método de chamada.

d) A palavra-chave ________ indica que um método não retorna um valor.

e) Os dados podem ser adicionados ou removidos somente do(a) ________ de uma pilha.

f) As pilhas são conhecidas como estruturas de dados ________; o último item colocado (inserido) na pilha é o primeiro item retirado (removido) da pilha.

g) As três maneiras de retornar o controle de um método chamado a um chamador são ________, ________ e ________.

h) Um objeto da classe ________ produz números verdadeiramente aleatórios.

i) A pilha de execução de programas contém a memória criada para variáveis locais a cada invocação de método durante a execução de um programa. Esses dados, armazenados como parte da pilha de chamadas de método, são conhecidos como ________ ou ________ da chamada de método.

j) Se houver mais chamadas de método do que pode ser armazenado na pilha de execução do programa, um erro conhecido como _________ ocorrerá.

k) O _________ de uma declaração é a parte de um programa que pode referenciar a entidade na declaração pelo nome.

l) É possível ter diversos métodos com o mesmo nome que operam, separadamente, sobre diferentes tipos ou números de argumentos. Esse recurso é chamado de _________.

6.2 Para a classe `Craps` na Figura 6.8, declare o escopo de cada uma das seguintes entidades:

a) a variável `randomNumbers`.

b) a variável `die1`.

c) o método `rollDice`.

d) o método `main`.

e) a variável `sumOfDice`.

6.3 Escreva um aplicativo que teste se os exemplos de chamadas de método da classe `Math` mostrada na Figura 6.2 realmente produzem os resultados indicados.

6.4 Forneça o cabeçalho de método para cada um dos seguintes métodos.

a) O método `hypotenuse`, que aceita dois argumentos de ponto flutuante de precisão dupla `side1` e `side2` e retorna um resultado de ponto flutuante de dupla precisão.

b) O método `smallest`, que recebe três inteiros `x`, `y` e `z` e retorna um inteiro.

c) O método `instructions`, que não aceita nenhum argumento e não retorna um valor. [*Observação:* esses métodos são comumente utilizados para exibição de instruções para o usuário.]

d) O método `intToFloat`, que recebe um argumento `number` do tipo inteiro e retorna um `float`.

6.5 Encontre o erro em cada um dos seguintes segmentos de programa. Explique como corrigir o erro.

a)
```
void g()
{
        System.out.println("Inside method g");

        void h()
        {
           System.out.println("Inside method h");
        }
}
```

b)
```
int sum(int x, int y)
{
        int result;
        result = x + y;
}
```

c)
```
void f(float a);
{
        float a;
        System.out.println(a);
}
```

d)
```
void product()
{
        int a = 6, b = 5, c = 4, result;
        result = a * b * c;
        System.out.printf("Result is %d%n", result);
        return result;
}
```

6.6 Declare o método `sphereVolume` para calcular e retornar o volume da esfera. Utilize a seguinte instrução para calcular o volume:

```
double volume = (4.0 / 3.0) * Math.PI * Math.pow(radius, 3)
```

Escreva um aplicativo Java que solicita ao usuário o raio do tipo `double` de uma esfera, chama `sphereVolume` para calcular o volume e exibe o resultado.

Respostas dos exercícios de revisão

6.1 a) chamada de método. b) variável local. c) `return`. d) `void`. e) parte superior. f) último a entrar, primeiro a sair (LIFO). g) `return;` ou `return` *expressão*; ou encontre a chave direita de fechamento de um método. h) `SecureRandom`. i) registro de ativação, quadro de pilha. j) estouro de pilha. k) escopo. l) sobrecarga de método.

6.2 a) corpo de classe. b) bloco que define o corpo do método `rollDice`. c) corpo de classe. d) corpo de classe. e) bloco que define o corpo do método `main`.

6.3 A seguinte solução demonstra os métodos da classe `Math` na Figura 6.2:

```
// Exercício 6.3: MathTest.java
// Testando os métodos da classe Math
public class MathTest
{
   public static void main(String[] args)
   {
         System.out.printf("Math.abs(23.7) = %f%n", Math.abs(23.7));
      System.out.printf("Math.abs(0.0) = %f%n", Math.abs(0.0));
      System.out.printf("Math.abs(-23.7) = %f%n", Math.abs(-23.7));
      System.out.printf("Math.ceil(9.2) = %f%n", Math.ceil(9.2));
      System.out.printf("Math.ceil(-9.8) = %f%n", Math.ceil(-9.8));
      System.out.printf("Math.cos(0.0) = %f%n", Math.cos(0.0));
      System.out.printf("Math.exp(1.0) = %f%n", Math.exp(1.0));
      System.out.printf("Math.exp(2.0) = %f%n", Math.exp(2.0));
      System.out.printf("Math.floor(9.2) = %f%n", Math.floor(9.2));
      System.out.printf("Math.floor(-9.8) = %f%n", Math.floor(-9.8));
      System.out.printf("Math.log(Math.E) = %f%n", Math.log(Math.E));
      System.out.printf("Math.log(Math.E * Math.E) = %f%n",
         Math.log(Math.E * Math.E));
      System.out.printf("Math.max(2.3, 12.7) = %f%n", Math.max(2.3, 12.7));
      System.out.printf("Math.max(-2.3, -12.7) = %f%n",
         Math.max(-2.3, -12.7));
      System.out.printf("Math.min(2.3, 12.7) = %f%n", Math.min(2.3, 12.7));
      System.out.printf("Math.min(-2.3, -12.7) = %f%n",
         Math.min(-2.3, -12.7));
      System.out.printf("Math.pow(2.0, 7.0) = %f%n", Math.pow(2.0, 7.0));
      System.out.printf("Math.pow(9.0, 0.5) = %f%n", Math.pow(9.0, 0.5));
      System.out.printf("Math.sin(0.0) = %f%n", Math.sin(0.0));
      System.out.printf("Math.sqrt(900.0) = %f%n", Math.sqrt(900.0));
      System.out.printf("Math.tan(0.0) = %f%n", Math.tan(0.0));
   } // fim de main
} // fim da classe MathTest
```

```
Math.abs(23.7) = 23.700000
Math.abs(0.0) = 0.000000
Math.abs(-23.7) = 23.700000
Math.ceil(9.2) = 10.000000
Math.ceil(-9.8) = -9.000000
Math.cos(0.0) = 1.000000
Math.exp(1.0) = 2.718282
Math.exp(2.0) = 7.389056
Math.floor(9.2) = 9.000000
Math.floor(-9.8) = -10.000000
Math.log(Math.E) = 1.000000
Math.log(Math.E * Math.E) = 2.000000
Math.max(2.3, 12.7) = 12.700000
Math.max(-2.3, -12.7) = -2.300000
Math.min(2.3, 12.7) = 2.300000
Math.min(-2.3, -12.7) = -12.700000
Math.pow(2.0, 7.0) = 128.000000
Math.pow(9.0, 0.5) = 3.000000
Math.sin(0.0) = 0.000000
Math.sqrt(900.0) = 30.000000
Math.tan(0.0) = 0.000000
```

6.4 a) `double hypotenuse(double side1, double side2)`

b) `int smallest(int x, int y, int z)`

c) `void instructions()`

d) `float intToFloat(int number)`

6.5 a) Erro: o método `h` é declarado dentro do método `g`.
Correção: mova a declaração de `h` para fora da declaração de `g`.

b) Erro: o método supostamente deve retornar um inteiro, mas não o faz.
Correção: exclua a variável `result` e coloque a instrução

```
return x + y;
```

no método ou adicione a seguinte instrução no fim do corpo de método:

```
return result;
```

c) Erro: ponto e vírgula após o parêntese direito da lista de parâmetros está incorreto e o parâmetro a não deve ser redeclarado no método. Correção: exclua o ponto e vírgula após o parêntese direito da lista de parâmetros e exclua a declaração `float a;`.

d) Erro: o método retorna um valor quando supostamente não deveria. Correção: altere o tipo de retorno de `void` para `int`.

6.6 A solução a seguir calcula o volume de uma esfera, utilizando o raio inserido pelo usuário:

```
// Exercício 6.6: Sphere.java
// Calcula o volume de uma esfera.
import java.util.Scanner;

public class Sphere
{
   // obtém o raio a partir do usuário e exibe o volume da esfera
   public static void main(String[] args)
   {
      Scanner input = new Scanner(System.in);

      System.out.print("Enter radius of sphere: ");
      double radius = input.nextDouble();

      System.out.printf("Volume is %f%n", sphereVolume(radius));
   } // fim do método determineSphereVolume

   // calcula e retorna volume de esfera
   public static double sphereVolume(double radius)
   {
      double volume = (4.0 / 3.0) * Math.PI * Math.pow(radius, 3);
      return volume;
   } // fim do método sphereVolume
} // fim da classe Sphere
```

```
Enter radius of sphere: 4
Volume is 268.082573
```

Questões

6.7 Qual é o valor de x depois que cada uma das seguintes instruções é executada?

a) `x = Math.abs(7.5);`

b) `x = Math.floor(7.5);`

c) `x = Math.abs(0.0);`

d) `x = Math.ceil(0.0);`

e) `x = Math.abs(-6.4);`

f) `x = Math.ceil(-6.4);`

g) `x = Math.ceil(-Math.abs(-8 + Math.floor(-5.5)));`

6.8 ***(Taxas de estacionamento)*** Um estacionamento cobra uma tarifa mínima de R$ 2,00 para estacionar por até três horas. Um adicional de R$ 0,50 por hora *não necessariamente inteira* é cobrado após as três primeiras horas. A tarifa máxima para qualquer dado período de 24 horas é R$ 10,00. Suponha que nenhum carro fique estacionado por mais de 24 horas por vez. Escreva um aplicativo que calcule e exiba as tarifas de estacionamento para cada cliente que estacionou nessa garagem ontem. Você deve inserir as horas de estacionamento para cada cliente. O programa deve exibir a cobrança para o cliente atual e calcular e exibir o total dos recibos de ontem. Ele deve utilizar o método `calculateCharges` para determinar a tarifa para cada cliente.

6.9 ***(Arredondando números)*** `Math.floor` pode ser utilizado para arredondar valores ao número inteiro mais próximo — por exemplo,

```
y = Math.floor(x + 0.5);
```

arredondará o número x para o inteiro mais próximo e atribuirá o resultado a `y`. Escreva um aplicativo que lê valores `double` e utiliza a instrução anterior para arredondar cada um dos números para o inteiro mais próximo. Para cada número processado, exiba ambos os números, o original e o arredondado.

6.10 ***(Arredondando números)*** Para arredondar números em casas decimais específicas, utilize uma instrução como

```
y = Math.floor(x * 10 + 0.5) / 10;
```

que arredonda `x` para a casa decimal (isto é, a primeira posição à direita do ponto de fração decimal), ou

```
y = Math.floor(x * 100 + 0.5) / 100;
```

que arredonda `x` para a casa centesimal (isto é, a segunda posição à direita do ponto de fração decimal). Escreva um aplicativo que defina quatro métodos para arredondar um número `x` de várias maneiras:

a) `roundToInteger(number)`

b) `roundToTenths(number)`

c) `roundToHundredths(number)`

d) `roundToThousandths(number)`

Para cada leitura de valor, seu programa deve exibir o valor original, o número arredondado para o inteiro mais próximo, o número arredondado para o décimo mais próximo, o número arredondado para o centésimo mais próximo e o número arredondado para o milésimo mais próximo.

6.11 Responda cada uma das seguintes perguntas:

a) O que significa escolher números "aleatoriamente"?

b) Por que o método `nextInt` da classe `SecureRandom` é útil para simular jogos de azar?

c) Por que frequentemente é necessário escalonar ou deslocar os valores produzidos por um objeto `SecureRandom`?

d) Por que a simulação computadorizada de situações do mundo real é uma técnica útil?

6.12 Escreva instruções que atribuem inteiros aleatórios à variável n nos seguintes intervalos:

a) $1 \leq n \leq 2$.

b) $1 \leq n \leq 100$.

c) $0 \leq n \leq 9$.

d) $1000 \leq n \leq 1112$.

e) $-1 \leq n \leq 1$.

f) $-3 \leq n \leq 11$.

6.13 Escreva instruções que exibirão um número aleatório de cada um dos seguintes conjuntos:

a) 2, 4, 6, 8, 10.

b) 3, 5, 7, 9, 11.

c) 6, 10, 14, 18, 22.

6.14 ***(Exponenciação)*** Escreva um método `integerPower(base, exponent)` que retorne o valor de

$$base^{exponente}$$

Por exemplo, `integerPower(3, 4)` calcula 3^4 (ou `3 * 3 * 3 * 3`). Suponha que `exponent` seja um inteiro não zero, positivo, e `base`, um inteiro. Use uma instrução `for` ou `while` para controlar o cálculo. Não utilize métodos da classe `Math`. Incorpore esse método a um aplicativo que lê os valores inteiros para `base` e `exponent` e realiza o cálculo com o método `integerPower`.

6.15 ***(Cálculos de hipotenusa)*** Defina um método `hypotenuse` que calcula a hipotenusa de um triângulo retângulo quando são dados os comprimentos dos outros dois lados. O método deve tomar dois argumentos do tipo `double` e retornar a hipotenusa como um `double`. Incorpore esse método a um aplicativo que lê valores para `side1` e `side2` e realiza o cálculo com o método `hypotenuse`. Utilize os métodos `Math` `pow` e `sqrt` para determinar o tamanho da hipotenusa de cada um dos triângulos na Figura 6.15. [*Observação:* a classe `Math` também fornece o método `hypot` para realizar esse cálculo.]

Triângulo	Lado 1	Lado 2
1	3.0	4.0
2	5.0	12.0
3	8.0	15.0

Figura 6.15 | Valores para os lados dos triângulos na Questão 6.15.

6.16 ***(Múltiplos)*** Escreva um método `isMultiple` que determina um par de inteiros se o segundo inteiro for um múltiplo do primeiro. O método deve aceitar dois argumentos inteiros e retornar `true` se o segundo for um múltiplo do primeiro e `false` caso contrário. [*Dica:* utilize o operador de módulo.] Incorpore esse método a um aplicativo que insere uma série de pares inteiros (um par por vez) e determina se o segundo valor em cada par é um múltiplo do primeiro.

6.17 ***(Par ou ímpar)*** Escreva um método `isEven` que utiliza o operador de resto (%) para determinar se um inteiro é par. O método deve levar um argumento inteiro e retornar `true` se o número inteiro for par, e `false`, caso contrário. Incorpore esse método a um aplicativo que insere uma sequência de inteiros (um por vez) e determina se cada um é par ou ímpar.

6.18 ***(Exibindo um quadrado de asteriscos)*** Escreva um método `squareOfAsterisks` que exibe um quadrado sólido (o mesmo número de linhas e colunas) de asteriscos cujo lado é especificado no parâmetro inteiro `side`. Por exemplo, se `side` for 4, o método deverá exibir

```
****
****
****
****
```

Incorpore esse método a um aplicativo que lê um valor inteiro para `side` a partir da entrada fornecida pelo usuário e gera saída dos asteriscos com o método `squareOfAsterisks`.

6.19 ***(Exibindo um quadrado de qualquer caractere)*** Modifique o método criado no Exercício 6.18 para receber um segundo parâmetro do tipo `char` chamado `fillCharacter`. Forme o quadrado utilizando o `char` fornecido como um argumento. Portanto, se `side` for 5 e `fillCharacter` for #, o método deve exibir

```
#####
#####
#####
#####
#####
```

Utilize a seguinte instrução (em que `input` é um objeto `Scanner`) para ler um caractere do usuário no teclado:

```java
char fill = input.next().charAt(0);
```

6.20 ***(Área de círculo)*** Escreva um aplicativo que solicita ao usuário o raio de um círculo e utiliza um método chamado `circleArea` para calcular a área do círculo.

6.21 ***(Separando dígitos)*** Escreva métodos que realizam cada uma das seguintes tarefas:

a) Calcule a parte inteiro do quociente quando o inteiro `a` é dividido pelo inteiro `b`.

b) Calcule o resto inteiro quando o inteiro `a` é dividido por inteiro `b`.

c) Utilize métodos desenvolvidos nas partes (a) e (b) para escrever um método `displayDigits` que recebe um inteiro entre `1` e `99999` e o exibe como uma sequência de dígitos, separando cada par de dígitos por dois espaços. Por exemplo, o inteiro `4562` deve aparecer como

```
4  5  6  2
```

Incorpore os métodos em um aplicativo que insere um número inteiro e chama `displayDigits` passando para o método o número inteiro inserido. Exiba os resultados.

6.22 ***(Conversões de temperatura)*** Implemente os seguintes métodos inteiros:

a) O método `celsius` retorna o equivalente em Celsius de uma temperatura em Fahrenheit utilizando o cálculo

```java
celsius = 5.0 / 9.0 * (fahrenheit - 32);
```

b) O método `fahrenheit` retorna o equivalente em Fahrenheit de uma temperatura em Celsius utilizando o cálculo

```java
fahrenheit = 9.0 / 5.0 * celsius + 32;
```

c) Utilize os métodos nas partes (a) e (b) para escrever um aplicativo que permite ao usuário inserir uma temperatura em Fahrenheit e exibir o equivalente em Celsius ou inserir uma temperatura em Celsius e exibir o equivalente em Fahrenheit.

6.23 ***(Localize o mínimo)*** Escreva um método `minimum3` que retorna o menor dos três números de ponto flutuante. Utilize o método `Math.min` para implementar `minimum3`. Incorpore o método a um aplicativo que lê três valores do usuário, determina o menor valor e exibe o resultado.

6.24 ***(Números perfeitos)*** Dizemos que um número inteiro é um *número perfeito* se a soma de seus fatores, incluindo 1 (mas não o próprio número), for igual ao número. Por exemplo, 6 é um número perfeito porque 6 = 1 + 2 + 3. Escreva um método `isPerfect` que determina se parâmetro `number` é um número perfeito. Utilize esse método em um applet que determina e exibe todos os números perfeitos entre 1 e 1.000. Exiba os fatores de cada número perfeito confirmando que ele é de fato perfeito. Desafie o poder de computação do seu computador testando números bem maiores que 1.000. Exiba os resultados.

6.25 ***(Números primos)*** Um número inteiro positivo é *primo* se for divisível apenas por 1 e por ele mesmo. Por exemplo, 2, 3, 5 e 7 são primos, mas 4, 6, 8 e 9 não são. O número 1, por definição, não é primo.

a) Escreva um método que determina se um número é primo.

b) Utilize esse método em um aplicativo que determina e exibe todos os números primos menores que 10.000. Quantos números até 10.000 você precisa testar a fim de assegurar que encontrou todos os primos?

c) Inicialmente, você poderia pensar que $n/2$ é o limite superior que deve ser testado para ver se um número é primo, mas você precisa ir apenas até a raiz quadrada de n. Reescreva o programa e execute-o de ambas as maneiras.

6.26 ***(Invertendo dígitos)*** Escreva um método que recebe um valor inteiro e retorna o número com seus dígitos invertidos. Por exemplo, dado o número 7.631, o método deve retornar 1.367. Incorpore o método a um aplicativo que lê um valor a partir da entrada fornecida pelo usuário e exibe o resultado.

6.27 ***(Máximo divisor comum)*** O *máximo divisor comum (MDC)* de dois inteiros é o maior inteiro que é divisível por cada um dos dois números. Escreva um método `mdc` que retorna o máximo divisor comum de dois inteiros. [*Dica:* você poderia querer utilizar o algoritmo de Euclides. Você pode encontrar informações sobre isso em `en.wikipedia.org/wiki/Euclidean_algorithm`.] Incorpore o método a um aplicativo que lê dois valores do usuário e exibe o resultado.

6.28 Escreva um método `qualityPoints` que insere a média de um aluno e retorna 4 se for 90 a 100, 3 se 80 a 89, 2 se 70 a 79, 1 se 60 a 69 e 0 se menor que 60. Incorpore o método a um aplicativo que lê um valor a partir do usuário e exibe o resultado.

6.29 ***(Cara ou coroa)*** Escreva um aplicativo que simula o jogo de cara ou coroa. Deixe o programa lançar uma moeda toda vez que o usuário escolher a opção `"Toss Coin"` no menu. Conte o número de vezes que cada lado da moeda aparece. Exiba os resultados. O programa deve chamar um método `flip` separado que não aceita argumentos e retorna um valor a partir de um `Coin enum` (`HEADS` e `TAILS`). [*Observação*: se o programa simular de modo realista o arremesso de moeda, cada lado da moeda deve aparecer aproximadamente metade das vezes.]

6.30 ***(Adivinhe o número)*** Escreva um aplicativo que execute "adivinhe o número" como mostrado a seguir: seu programa escolhe o número a ser adivinhado selecionando um inteiro aleatório no intervalo de 1 a 1.000. O aplicativo exibe o prompt `Guess a number between 1 and 1000 [adivinhe um número entre 1 e 1000]`. O jogador insere uma primeira suposição. Se o palpite do jogador estiver incorreto, seu programa deve exibir `Too high. Try again [Muito alto. Tente novamente]` ou `Too low. Try again [Muito baixo. Tente novamente]` para ajudar o jogador a alcançar a resposta correta. O programa deve solicitar ao usuário o próximo palpite. Quando o usuário insere a resposta correta, exibe `Congratulations. You guessed the number. [Parabéns, você adivinhou o número!]` e permite que o usuário escolha se quer jogar novamente. [*Observação*: a técnica de adivinhação empregada nesse problema é semelhante a uma pesquisa binária, discutida no Capítulo 19, "Pesquisa, classificação e Big O".]

6.31 ***(Adivinhe a modificação de número)*** Modifique o programa do Exercício 6.30 para contar o número de adivinhações que o jogador faz. Se o número for 10 ou menos, exibe `Either you know the secret or you got lucky! [Você sabe o segredo ou tem muita sorte!]`; se o jogador adivinhar o número em 10 tentativas, exiba `Aha! You know the secret! [Aha! Você sabe o segredo!]`; se o jogador fizer mais que 10 adivinhações, exiba `You should be able to do better! [Você deve ser capaz de fazer melhor]`. Por que esse jogo não deve precisar de mais que 10 suposições? Bem, com cada "boa adivinhação" o jogador deve ser capaz de eliminar a metade dos números, depois a metade dos números restantes, e assim por diante.

6.32 ***(Distância entre pontos)*** Escreva um método `distance` para calcular a distância entre dois pontos ($x1,y1$) e ($x2,y2$). Todos os números e valores de retorno devem ser do tipo `double`. Incorpore esse método a um aplicativo que permite que o usuário insira as coordenadas de pontos.

6.33 ***(Modificação do jogo Craps)*** Modifique o programa de jogo de dados craps da Figura 6.8 para permitir apostas. Inicialize a variável `bankBalance` como 1.000 dólares. Peça ao jogador que insira um `wager`. Verifique se `wager` é menor ou igual a `bankBalance` e, se não for, faça o usuário reinserir `wager` até um `wager` válido ser inserido. Então, execute um jogo de dados. Se o jogador ganhar, aumente `bankBalance` por `wager` e exiba o novo `bankBalance`. Se o jogador perder, diminua `bankBalance` por `wager`, exiba o novo `bankBalance`, verifique se `bankBalance` tornou-se zero e, se isso tiver ocorrido, exiba a mensagem `"Sorry. You busted!" ["Desculpe, mas você faliu!"]`. À medida que o jogo se desenvolve, exiba várias mensagens para criar uma "conversa", como `"Oh, you're going for broke, huh?" ["Oh, parece que você vai quebrar, hein?"]` ou `"Aw c'mon, take a chance!" ["Ah, vamos lá, dê uma chance para sua sorte"]` ou `"You're up big. Now's the time to cash in your chips!" [Você está montado na grana. Agora é hora de trocar essas fichas e embolsar o dinheiro!"]`. Implemente a "conversa" como um método separado que escolhe aleatoriamente a string a ser exibida.

6.34 ***(Tabela de números binários, octais e hexadecimais)*** Escreva um aplicativo que exibe uma tabela de equivalentes binários, octais e hexadecimais dos números decimais no intervalo de 1 a 256. Se você não estiver familiarizado com esses sistemas de números, leia primeiro o Apêndice J, em inglês, no Site de Apoio do Livro.

Fazendo a diferença

À medida que o preço dos computadores cai, torna-se viável para cada estudante, apesar da circunstância econômica, ter um computador e utilizá-lo na escola. Isso cria grandes oportunidades para aprimorar a experiência educativa de todos os estudantes em todo o mundo, conforme sugerido pelos cinco exercícios a seguir. [*Observação*: verifique iniciativas como One Laptop Per Child Project (`www.laptop.org`). Pesquise também laptops "verdes" — quais são as principais características amigáveis ao meio ambiente desses dispositivos? Consulte a Electronic Product Environmental Assessment Tool (`www.epeat.net`), que pode ajudar a avaliar o grau de responsabilidade ambiental "greenness" de computadores desktop, notebooks e monitores para ajudar a decidir que produtos comprar.]

6.35 ***(Instrução assistida por computador)*** O uso de computadores na educação é chamado *instrução assistida por computador* (CAI). Escreva um programa que ajudará um aluno da escola elementar a aprender multiplicação. Utilize um objeto `SecureRandom` para produzir dois inteiros positivos de um algarismo. O programa deve então fazer ao usuário uma pergunta, como

```
Quanto é 6 vezes 7?
```

O aluno insere então a resposta. Em seguida, o programa verifica a resposta do aluno. Se estiver correta, exiba a mensagem `"Muito bem!"` e faça uma outra pergunta de multiplicação. Se a resposta estiver errada, exiba a mensagem `"Não. Por favor, tente de novo."` e deixe que o aluno tente a mesma pergunta várias vezes até que por fim ele acerte. Um método separado deve ser utilizado para gerar cada nova pergunta. Esse método deve ser chamado uma vez quando a aplicação inicia a execução e toda vez que o usuário responde a pergunta corretamente.

6.36 ***(Instrução auxiliada por computador: reduzindo a fadiga do aluno)*** Um problema em ambientes CAI é a fadiga do aluno. Isso pode ser reduzido variando-se as respostas do computador para prender a atenção do aluno. Modifique o programa da Questão 6.35 para que vários comentários sejam exibidos para cada resposta como mostrado a seguir:

Possibilidades para uma resposta correta:

```
Muito bom!
Excelente!
Bom trabalho!
Mantenha um bom trabalho!
```

Possibilidades para uma resposta incorreta:

```
Não. Por favor, tente de novo.
Errado. Tente mais uma vez.
Não desista!
Não. Continue tentando.
```

Utilize a geração de números aleatórios para escolher um número de 1 a 4 que será utilizado para selecionar uma de quatro respostas adequadas a cada resposta correta ou incorreta. Utilize uma instrução `switch` para emitir as respostas.

6.37 ***(Instrução auxiliada por computador: monitorando o desempenho do aluno)*** Sistemas mais sofisticados de instruções auxiliadas por computador monitoram o desempenho do aluno durante um período de tempo. A decisão sobre um novo tópico frequentemente é baseada no sucesso do aluno com tópicos prévios. Modifique o programa de Exercício 6.36 para contar o número de respostas corretas e incorretas digitadas pelo aluno. Depois que o aluno digitar 10 respostas, seu programa deve calcular a porcentagem das que estão corretas. Se a porcentagem for menor que 75%, exiba `"Peça ajuda extra ao seu professor."` e, então, reinicialize o programa para que outro estudante possa tentá-lo. Se a porcentagem for 75% ou maior, exiba `"Parabéns, você está pronto para avançar para o próximo nível!"` e, então, reinicialize o programa para que outro estudante possa tentá-lo.

6.38 ***(Instrução auxiliada por computador: níveis de dificuldade)*** As questões 6.35 a 6.37 desenvolveram um programa de instrução assistida por computador a fim de ajudar a ensinar multiplicação para um aluno do ensino fundamental. Modifique o programa para permitir que o usuário insira um nível de dificuldade. Em um nível de dificuldade 1, o programa deve utilizar apenas números de um único dígito nos problemas; em um nível de dificuldade 2, os números com dois dígitos, e assim por diante.

6.39 ***(Instrução auxiliada por computador: variando os tipos de problema)*** Modifique o programa da Questão 6.38 a fim de permitir ao usuário selecionar um tipo de problema de aritmética a ser estudado. Uma opção de `1` significa apenas problemas de adição, `2` significa apenas problemas de subtração, `3`, de multiplicação, `4`, de divisão e `5`, uma combinação aleatória de problemas de todos esses tipos.

Arrays e ArrayLists

7

Comece pelo começo ... e vá até ao fim: então, pare.

— Lewis Carroll

Ir além do limite é tão incerto quanto não alcançar o objetivo.

— Confúcio

Objetivos

Neste capítulo, você irá:

- Entender o que são arrays.
- Utilizar arrays para armazenar dados e recuperá-los de listas e tabelas de valores.
- Declarar arrays, inicializar arrays e referenciar elementos individuais dos arrays.
- Iterar por arrays com a instrução `for` aprimorada.
- Passar arrays para métodos.
- Declarar e manipular arrays multidimensionais.
- Utilizar listas de argumentos de comprimento variável.
- Ler argumentos da linha de comando em um programa.
- Construir uma classe gradebook orientada a objetos para instrutores.
- Realizar manipulações de array comuns com os métodos da classe `Arrays`.
- Usar a classe `ArrayList` para manipular uma estrutura de dados do tipo array dinamicamente redimensionável.

Sumário

7.1 Introdução

Este capítulo apresenta **estruturas de dados** — coleções dos itens de dados relacionados. Objetos **array** são estruturas de dados consistindo em itens de dados do mesmo tipo relacionados. Arrays tornam conveniente processar grupos relacionados de valores. O comprimento de arrays permanece o mesmo depois que são criados. Estudaremos estruturas de dados em profundidade nos capítulos 16 a 21.

Depois de discutir como arrays são declarados, criados e inicializados, apresentamos exemplos práticos que demonstram manipulações de array comuns. Introduzimos o mecanismo de *tratamento de exceção* do Java e o usamos para permitir que um programa continue a executar quando ele tenta acessar um elemento de array que não existe. Também apresentamos um estudo de caso que analisa como arrays podem ajudar a simular o embaralhamento e a distribuição de cartas de um jogo em uma aplicação de um jogo de cartas. Introduzimos a *instrução `for` aprimorada* do Java, que permite a um programa acessar os dados em um array mais facilmente que a instrução `for` controlada por contador apresentada na Seção 5.3. Construímos duas versões de um estudo de caso `GradeBook` para o instrutor que usa arrays a fim de manter conjuntos das notas de alunos *na memória* e analisar as notas dos alunos. Mostramos como usar *listas de argumentos de comprimento variável* para criar métodos que podem ser chamados com diferentes números de argumentos, e demonstramos como processar *argumentos de linha de comando* no método `main`. A seguir, apresentamos algumas manipulações de array comuns com métodos `static` da classe `Arrays` do pacote `java.util`.

Embora comumente usados, os arrays têm capacidades limitadas. Por exemplo, deve-se especificar o tamanho de um array e, se em tempo de execução deseja modificá-lo, deve-se fazer isso criando um novo array. No final deste capítulo, introduzimos uma das estruturas de dados pré-construídas do Java a partir das *classes de coleção* da API Java. Elas oferecem capacidades melhores do que arrays tradicionais. São reutilizáveis, seguras, poderosas e eficientes. Focalizamos a coleção `ArrayList`. `ArrayLists` são semelhantes a arrays, mas oferecem funcionalidades adicionais, como **redimensionamento dinâmico**, conforme necessário para acomodar mais ou menos elementos.

Java SE 8

Depois de ler o Capítulo 17, "Lambdas e fluxos Java SE 8", você conseguirá reimplementar muitos dos exemplos do Capítulo 7 de uma forma mais concisa e elegante, e de uma maneira que torna mais fácil paralelizar para melhorar o desempenho dos atuais sistemas multiprocessados.

7.2 Arrays

Um array é um grupo de variáveis (chamados **elementos** ou **componentes**) que contém valores todos do *mesmo* tipo. Os arrays são objetos; portanto, são considerados *tipos por referência*. Como você logo verá, o que em geral consideramos um array é, na verdade, uma *referência* a um objeto array na memória. Os *elementos* de um array podem ser *tipos primitivos* ou *tipos por referência* (inclusive arrays, como veremos na Seção 7.11). Para referenciar um elemento particular em um array, especificamos o *nome* da referência para o array e o *número de posição* do elemento no array. O número de posição do elemento é chamado de **índice** ou **subscrito**.

Representação lógica de array

A Figura 7.1 mostra uma representação lógica de um array de inteiro chamado `c`. Esse array contém 12 *elementos*. Um programa refere-se a qualquer um desses elementos com uma **expressão de acesso ao array** que inclui o *nome* do array seguido pelo *índice* do elemento particular entre **colchetes (`[]`)**. O primeiro elemento em cada array tem **índice zero** e às vezes é chamado de **zero-ésimo elemento**. Assim, os elementos de array `c` são `c[0]`, `c[1]`, `c[2]` etc. O índice mais alto no array `c` é 11, que é 1 menor que 12 — o número de elementos no array. Nomes de array seguem as mesmas convenções que outros nomes de variável.

Um índice deve ser um *inteiro não negativo*. Um programa pode utilizar uma expressão como um índice. Por exemplo, se supomos que variável `a` é `5` e a variável `b`, `6`, então a instrução

```
c[a + b] += 2;
```

adiciona `2` ao elemento do array `c[11]`. Um nome de array indexado é uma *expressão de acesso a arrays,* que pode ser usada à esquerda de uma atribuição para colocar um novo valor em um elemento de array.

Erro comum de programação 7.1

Um índice deve ser um valor `int` ou um valor de um tipo que pode ser promovido para `int` — ou seja, `byte`, `short` ou `char`, mas não `long`; caso contrário, ocorrerá um erro de compilação.

Vamos examinar o array `c` na Figura 7.1 mais atentamente. O **nome** do array é `c`. Cada objeto array conhece seu comprimento e armazena-o em uma **variável de instância `length`**. A expressão `c.length` retorna o comprimento do array `c`. Embora a variável de instância `length` de um array seja `public`, ela não pode ser alterada porque é uma variável `final`. Os 12 elementos desse array são chamados `c[0]`, `c[1]`, `c[2]`, ..., `c[11]`. O valor de `c[0]` é `-45`, o de `c[1]` é `6`, o de `c[2]` é `0`, o de `c[7]` é `62` e o de `c[11]` é `78`. Para calcular a soma dos valores contidos nos primeiros três elementos de array `c` e armazenar o resultado na variável `sum`, escreveríamos

```
sum = c[0] + c[1] + c[2];
```

Para dividir o valor de `c[6]` por `2` e atribuir o resultado à variável `x`, escreveríamos

```
x = c[6] / 2;
```

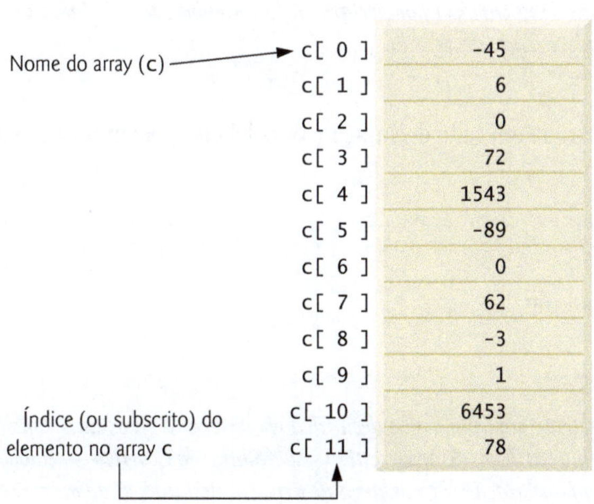

Figura 7.1 | Um array de 12 elementos.

7.3 Declarando e criando arrays

Os objetos array ocupam espaço na memória. Como outros objetos, arrays são criados com a palavra-chave `new`. Para um objeto array, especifique o tipo dos elementos do array e o número de elementos como parte de uma **expressão de criação de array** que utiliza a palavra-chave `new`. Tal expressão retorna uma *referência* que pode ser armazenada em uma variável de array. A declaração e a expressão de criação de arrays a seguir criam um objeto array que contém 12 elementos `int` e armazenam a referência do array na variável `c` do array:

```
int[] c = new int[12];
```

Essa expressão pode ser utilizada para criar o array na Figura 7.1. Quando um array é criado, cada um de seus elementos recebe um valor padrão — zero para os elementos de tipo primitivo numéricos, `false` para elementos `boolean` e `null` para referências. Como veremos mais adiante, pode-se fornecer valores não padrão de elementos ao criar um array.

Criar o array na Figura 7.1 também pode ser realizado em dois passos, como a seguir:

```
int[] c; // declara a variável de array
c = new int[12]; // cria o array; atribui à variável de array
```

Na declaração, os *colchetes* que seguem o tipo indicam que `c` é uma variável que referenciará um array (isto é, a variável armazenará uma *referência* de array). Na instrução de atribuição, a variável de array `c` recebe a referência para um novo array de 12 elementos `int`.

Erro comum de programação 7.2

Em uma declaração de array, especificar o número de elementos entre os colchetes da declaração (por exemplo, `int[12] c;`*) é um erro de sintaxe.*

Um programa pode criar vários arrays em uma única declaração. A declaração seguinte reserva 100 elementos para `b` e 27 elementos para `x`:

```
String[] b = new String[100], x = new String[27];
```

Quando o tipo de array e os colchetes são combinados no início da declaração, todos os identificadores na declaração são variáveis de array. Nesse caso, as variáveis `b` e `x` referem-se ao arrays `String`. Para maior legibilidade, preferimos declarar apenas *uma* variável por declaração. A declaração anterior é equivalente a:

```
String[] b = new String[100]; // cria array b
String[] x = new String[27]; // cria array x
```

Boa prática de programação 7.1

Para legibilidade, declare apenas uma variável por declaração. Mantenha cada declaração em uma linha separada e inclua um comentário que descreva a variável sendo declarada.

Quando apenas uma variável é declarada em cada declaração, os colchetes podem ser colocados após o tipo ou após o nome da variável de array, como em:

```
String b[] = new String[100]; // cria array b
String x[] = new String[27]; // cria array x
```

mas é preferível colocar os colchetes depois do tipo.

Erro comum de programação 7.3

Declarar múltiplas variáveis de array em uma única declaração pode levar a erros sutis. Considere a declaração `int[] a, b, c;`*. Se* `a`*,* `b` *e* `c` *devem ser declarados como variáveis de array, então essa declaração é correta — colocar os colchetes logo depois do tipo indica que todos os identificadores na declaração são variáveis de array. Entretanto, se apenas* `a` *destina-se a ser uma variável de array, e* `b` *e* `c` *variáveis* `int` *individuais, então essa declaração é incorreta — a declaração* `int a[], b, c;` *alcançaria o resultado desejado.*

Um programa pode declarar arrays de qualquer tipo. Cada elemento de um array do tipo primitivo contém um valor do tipo de elemento declarado do array. De maneira semelhante, em um array de um tipo por referência, todo elemento é uma referência a um objeto do tipo de elemento declarado do array. Por exemplo, todo elemento de um array `int` é um valor `int` e todo elemento de um array `String` é uma referência a um objeto `String`.

7.4 Exemplos que utilizam arrays

Esta seção apresenta vários exemplos que demonstram a declaração, criação e inicialização de arrays e a manipulação de elementos de array.

7.4.1 Criando e inicializando um array

O aplicativo da Figura 7.2 utiliza a palavra-chave `new` para criar um array de 10 elementos `int`, que são inicialmente zero (o padrão para variáveis `int`). A linha 9 declara `array` — uma referência capaz de se referir a um array dos elementos `int` —, então inicializa a variável com uma referência a um objeto array contendo 10 elementos `int`. A linha 11 gera saída dos títulos de coluna. A primeira coluna contém o índice (0 a 9) de cada elemento de array, e a segunda, o valor inicial padrão (0) de cada elemento de array.

A instrução `for` nas linhas 14 e 15 gera saída do índice (representado por `counter`) e valor de cada elemento de array (representado por `array[counter]`). A variável de controle `counter` é inicialmente `0` — valores de índice começam em 0, portanto usar **contagem baseada em zero** permite que o loop acesse cada elemento do array. A condição de continuação do loop `for` utiliza a expressão `array.length` (linha 14) para determinar o comprimento do array. Nesse exemplo, o comprimento do array é 10, assim o loop continua a executar enquanto o valor da variável de controle `counter` for menor que 10. O valor de índice mais alto de um array de 10 elementos é 9, portanto, usar o operador "menor que" na condição de continuação do loop garante que o loop não tente acessar um elemento *além* do fim do array (isto é, durante a iteração final do loop, `counter` é `9`). Logo veremos o que o Java faz quando ele encontra esse *índice fora do intervalo* no tempo de execução.

```
1  // Figura 7.2: InitArray.java
2  // Inicializando os elementos de um array como valores padrão de zero.
3
4  public class InitArray
5  {
6     public static void main(String[] args)
7     {
8        // declara array variável e o inicializa com um objeto array
9        int[] array = new int[10]; // cria o objeto array
10
11       System.out.printf("%s%8s%n", "Index", "Value"); // títulos de coluna
12
13       // gera saída do valor de cada elemento do array
14       for (int counter = 0; counter < array.length; counter++)
15          System.out.printf("%5d%8d%n", counter, array[counter]);
16    }
17 } // fim da classe InitArray
```

```
Index   Value
    0       0
    1       0
    2       0
    3       0
    4       0
    5       0
    6       0
    7       0
    8       0
    9       0
```

Figura 7.2 | Inicializando os elementos de um array como valores padrão zero.

7.4.2 Utilizando um inicializador de array

Você pode criar um array e inicializar seus elementos com um **inicializador de array** — uma lista separada por vírgulas (chamada **lista de inicializador**) das expressões entre chaves. Nesse caso, o comprimento do array é determinado pelo número de elementos na lista inicializadora. Por exemplo,

```
int[] n = { 10, 20, 30, 40, 50 };
```

cria um array de *cinco* elementos com valores de índice de 0 a 4. O elemento n[0] é inicializado como 10, n[1] é inicializado como 20 etc. Quando o compilador encontrar uma declaração de array que inclua uma lista de inicializador, ele *conta* o número de inicializadores na lista para determinar o tamanho do array, depois configura a operação new apropriada "nos bastidores".

O aplicativo na Figura 7.3 inicializa um array de inteiros com 10 valores (linha 9) e exibe o array em formato tabular. O código para exibir os elementos do array (linhas 14 e 15) é idêntico ao que aparece na Figura 7.2 (linhas 15 e 16).

```
1    // Figura 7.3: InitArray.java
2    // Inicializando os elementos de um array com um inicializador de array.
3
4    public class InitArray
5    {
6       public static void main(String[] args)
7       {
8          // A lista de inicializador especifica o valor inicial de cada elemento
9          int[] array = { 32, 27, 64, 18, 95, 14, 90, 70, 60, 37 };
10
11         System.out.printf("%s%8s%n", "Index", "Value"); // títulos de coluna
12
13         // gera saída do valor de cada elemento do array
14         for (int counter = 0; counter < array.length; counter++)
15            System.out.printf("%5d%8d%n", counter, array[counter]);
16
17   } // fim da classe InitArray
```

```
Index   Value
    0      32
    1      27
    2      64
    3      18
    4      95
    5      14
    6      90
    7      70
    8      60
    9      37
```

Figura 7.3 | Inicializando os elementos de um array com um inicializador de array.

7.4.3 Calculando os valores para armazenar em um array

O aplicativo na Figura 7.4 cria um array de 10 elementos e atribui a cada elemento um dos inteiros pares de 2 a 20 (2, 4, 6, ..., 20). Em seguida, o aplicativo exibe o array em formato tabular. A instrução for nas linhas 12 e 13 calcula o valor de um elemento do array multiplicando o valor atual da variável de controle counter por 2 e adicionando 2.

```
1    // Figura 7.4: InitArray.java
2    // Calculando os valores a serem colocados nos elementos de um array.
3
4    public class InitArray
5    {
6       public static void main(String[] args)
7       {
8          final int ARRAY_LENGTH = 10; // declara constante
9          int[] array = new int[ARRAY_LENGTH]; // cria o array
10
11         // calcula valor de cada elemento do array
12         for (int counter = 0; counter < array.length; counter++)
13            array[counter] = 2 + 2 * counter;
14
15         System.out.printf("%s%8s%n", "Index", "Value"); // títulos de coluna
16
17         // gera saída do valor de cada elemento do array
```

continua

continuação

```
18        for (int counter = 0; counter < array.length; counter++)
19           System.out.printf("%5d%8d%n", counter, array[counter]);
20     }
21  } // fim da classe InitArray
```

```
Index   Value
    0       2
    1       4
    2       6
    3       8
    4      10
    5      12
    6      14
    7      16
    8      18
    9      20
```

Figura 7.4 | Calculando os valores a serem colocados nos elementos de um array.

A linha 8 utiliza o modificador `final` para declarar a variável constante `ARRAY_LENGTH`, com o valor `10`. Variáveis constantes devem ser inicializadas *antes* de serem utilizadas e *não podem* ser modificadas depois. Se você tentar *modificar* uma variável `final` depois que ela é inicializada na declaração, o compilador emite uma mensagem de erro como

`cannot assign a value to final variable` *nomeDaVariável*

Boa prática de programação 7.2

Variáveis constantes também são chamadas ***constantes nomeadas****. Frequentemente, elas tornam os programas mais legíveis que os programas que utilizam valores literais (por exemplo,* `10`*) — uma constante identificada como* `ARRAY_LENGTH` *indica claramente seu propósito, enquanto um valor literal poderia ter diferentes significados com base em seu contexto.*

Boa prática de programação 7.3

Cada palavra das constantes nomeadas que contêm múltiplas palavras deve ser separada da seguinte por um sublinhado (_) como em `ARRAY_LENGTH`*.*

Erro comum de programação 7.4

Atribuir um valor a uma variável `final` *depois de ela ter sido inicializada é um erro de compilação. Da mesma forma, a tentativa de acessar o valor de uma variável* `final` *antes de ela ser inicializada resulta em um erro de compilação como "*`variable` *nomeDaVariável* `might not have been initialized`*".*

7.4.4 Somando os elementos de um array

Frequentemente, os elementos de um array representam uma série de valores a ser utilizados em um cálculo. Se, por exemplo, elas representam notas de exames, o professor pode querer somar os elementos do array e usar essa soma para calcular a média da turma para o exame. Os exemplos de `GradeBook` nas figuras 7.14 e 7.18 usam essa técnica.

A Figura 7.5 soma os valores contidos em um array de número inteiro de 10 elementos. O programa declara, cria e inicializa o array na linha 8. A instrução `for` realiza os cálculos. [*Observação*: os valores fornecidos como inicializadores de array costumam ser lidos em um programa em vez de especificados em uma lista de inicializador. Por exemplo, um aplicativo poderia inserir os valores de um usuário ou de um arquivo em disco (como discutido no Capítulo 15, "Arquivos, fluxos e serialização de objetos"). Extrair os dados de um programa (em vez de "codificá-los manualmente" no programa) o torna mais reutilizável, porque ele pode ser utilizado com *diferentes* conjuntos de dados.]

```
1  // Figura 7.5: SumArray.java
2  // Calculando a soma dos elementos de um array.
3
4  public class SumArray
```

continua

continuação

```
{
   public static void main(String[] args)
   {
      int[] array = { 87, 68, 94, 100, 83, 78, 85, 91, 76, 87 };
      int total = 0;

      // adiciona o valor de cada elemento ao total
      for (int counter = 0; counter < array.length; counter++)
         total += array[counter];

      System.out.printf("Total of array elements: %d%n", total);
   }
} // fim da classe SumArray
```

```
Total of array elements: 849
```

Figura 7.5 | Calculando a soma dos elementos de um array.

7.4.5 Utilizando gráficos de barras para exibir dados de array graficamente

Muitos programas apresentam dados graficamente aos usuários. Por exemplo, os valores numéricos são frequentemente exibidos como barras em um gráfico de barras. Nesse gráfico, as barras mais longas representam os valores numéricos proporcionalmente maiores. Uma maneira simples de exibir os dados numéricos graficamente é utilizar um gráfico de barras que mostra cada valor numérico como uma barra de asteriscos (*).

Os professores frequentemente gostam de examinar a distribuição de notas de um exame. Um professor poderia representar em gráficos o número de notas em cada uma de várias categorias para visualizar a distribuição de notas. Suponha que as notas em um exame foram 87, 68, 94, 100, 83, 78, 85, 91, 76 e 87. Elas incluem uma nota 100, duas notas no intervalo 90, quatro notas no intervalo 80, duas no intervalo 70, uma no intervalo 60 e nenhuma abaixo de 60. Nosso próximo aplicativo (Figura 7.6) armazena esses dados de distribuição de notas em um array de 11 elementos, cada um correspondendo a uma categoria de notas. Por exemplo, `array[0]` indica o número de notas no intervalo 0 a 9, `array[7]` o número de notas no intervalo 70 a 79 e `array[10]` o número de notas 100. As classes `GradeBook` mais adiante no capítulo (figuras 7.14 e 7.18) contêm o código que calcula essas frequências de notas com base em um conjunto de notas. Por enquanto, criaremos manualmente o array com as frequências dadas das notas.

```
// Figura 7.6: BarChart.java
// programa de impressão de gráfico de barras.

public class BarChart
{
   public static void main(String[] args)
   {
      int[] array = { 0, 0, 0, 0, 0, 0, 1, 2, 4, 2, 1 };

      System.out.println("Grade distribution:");

      // para cada elemento de array, gera saída de uma barra do gráfico
      for (int counter = 0; counter < array.length; counter++)
      {
         // gera saída do rótulo de barra ( "00-09: ", ..., "90-99: ", "100: ")
         if (counter == 10)
            System.out.printf("%5d: ", 100);
         else
            System.out.printf("%02d-%02d: ",
               counter * 10, counter * 10 + 9);

         // imprime a barra de asteriscos
         for (int stars = 0; stars < array[counter]; stars++)
            System.out.print("*");

         System.out.println();
      }
   }
} // fim da classe BarChart
```

continua

continuação

```
Grade distribution:
00-09:
10-19:
20-29:
30-39:
40-49:
50-59:
60-69: *
70-79: **
80-89: ****
90-99: **
  100: *
```

Figura 7.6 | Programa de impressão de gráfico de barras.

O aplicativo lê os números a partir do array e representa as informações graficamente como um gráfico de barras. Ele exibe cada intervalo de notas seguido por uma barra de asteriscos indicando o número de notas nesse intervalo. Para rotular cada barra, as linhas 16 a 20 geram saída de um intervalo de notas (por exemplo, `"70-79: "`) com base no valor atual de `counter`. Quando `counter` for `10`, a linha 17 gera saída de `100` com uma largura de campo de 5, seguida por dois-pontos e um espaço, para alinhar o rótulo `"100: "` com os outros rótulos de barra. A instrução `for` aninhada (linhas 23 e 24) gera saída das barras. Observe a condição de continuação do loop na linha 23 (`stars < array[counter]`). Toda vez que o programa alcançar o `for` interno, o loop conta de `0` até `array[counter]`, utilizando assim um valor em `array` para determinar o número de asteriscos a serem exibidos. Nesse exemplo, *nenhum* estudante recebeu uma nota abaixo de 60, assim `array[0]`–`array[5]` contêm zeros, e *nenhum* asterisco é exibido ao lado dos primeiros seis intervalos de notas. Na linha 19, o especificador de formato `%02d` indica que um valor `int` deve ser formatado como um campo de dois dígitos. O **flag 0** no especificador de formato exibe um `0` à esquerda para os valores com menos dígitos do que a largura do campo (`2`).

7.4.6 Utilizando os elementos de um array como contadores

Às vezes, os programas utilizam as variáveis de contador para resumir dados, como os resultados de uma pesquisa. Na Figura 6.7, utilizamos os contadores separados em nosso programa de lançamento de dados para monitorar o número de ocorrências de cada face de um dado de seis faces quando o programa lançou o dado 6.000.000 vezes. Uma versão de array desse aplicativo é mostrada na Figura 7.7.

```java
// Figura 7.7: RollDie.java
// Programa de jogo de dados utilizando arrays em vez de switch.
import java.security.SecureRandom;

public class RollDie
{
   public static void main(String[] args)
   {
      SecureRandom randomNumbers = new SecureRandom();
      int[] frequency = new int[7]; // array de contadores de frequência

      // lança o dado 6.000.000 vezes; usa o valor do dado como índice de frequência
      for (int roll = 1; roll <= 6000000; roll++)
         ++frequency[1 + randomNumbers.nextInt(6)];

      System.out.printf("%s%10s%n", "Face", "Frequency");

      // gera saída do valor de cada elemento do array
      for (int face = 1; face < frequency.length; face++)
         System.out.printf("%4d%10d%n", face, frequency[face]);
   }
} // fim da classe RollDie
```

continua

continuação

```
Face Frequency
   1    999690
   2    999512
   3   1000575
   4    999815
   5    999781
   6   1000627
```

Figura 7.7 | Programa de jogo de dados utilizando arrays em vez de `switch`.

A Figura 7.7 utiliza o array `frequency` (linha 10) para contar as ocorrências de cada face do dado. *A única instrução na linha 14 desse programa substitui as linhas 22 a 45 da Figura 6.7.* A linha 14 utiliza o valor aleatório para determinar qual elemento `frequency` incrementar durante cada iteração do loop. O cálculo na linha 14 produz números aleatórios de 1 a 6, então o array `frequency` deve ser grande o bastante para armazenar seis contadores. Mas usamos um array de sete elementos em que ignoramos `frequency[0]` — é mais lógico fazer o valor nominal incrementar `frequency[1]` do que `frequency[0]`. Portanto, o valor de cada face é utilizado como um índice do array `frequency`. Na linha 14, o cálculo entre os colchetes é avaliado primeiro para determinar qual elemento do array incrementar, então o operador ++ adiciona um a esse elemento. Também substituímos as linhas 49 a 51 da Figura 6.7 fazendo loop pelo array `frequency` para gerar saída dos resultados (linhas 19 e 20). Ao analisar as novas capacidades da programação funcional do Java SE 8 no Capítulo 17, mostraremos como substituir as linhas 13 e 14 e 19 e 20 por uma *única* instrução!

7.4.7 Utilizando os arrays para analisar resultados de pesquisas

Nosso próximo exemplo usa arrays para resumir os dados coletados em uma pesquisa. Considere a seguinte declaração do problema:

> *Vinte estudantes foram solicitados a classificar em uma escala de 1 a 5 a qualidade da comida no refeitório estudantil, com 1 sendo "horrível" e 5 sendo "excelente". Coloque as 20 respostas em um array de inteiros e determine a frequência de cada classificação.*

Este é um típico aplicativo de processamento de array (veja a Figura 7.8). Queremos resumir o número das respostas de cada tipo (isto é, 1 a 5). O array `responses` (linhas 9 e 10) é um array de inteiros de 20 elementos contendo as respostas à pesquisa dadas pelos alunos. O último valor no array *é* uma resposta *intencionalmente* incorreta `(14)`. Quando um programa Java é executado, a validade nos índices de elemento do array é verificada — todos os índices devem ser maiores ou iguais a 0 e menores que o comprimento do array. Qualquer tentativa de acessar um elemento fora desse intervalo dos índices resulta em um erro em tempo de execução que é conhecido como `ArrayIndexOutOfBoundsException`. No final desta seção, discutiremos o valor de uma resposta inválida, demonstraremos a **verificação dos limites** do array e introduziremos o mecanismo de *tratamento de exceção* do Java, que pode ser usado para detectar e tratar `ArrayIndexOutOfBoundsException`.

```
1  // Figura 7.8: StudentPoll.java
2  // Programa de análise de enquete.
3
4  public class StudentPoll
5  {
6     public static void main(String[] args)
7     {
8        // array das respostas dos alunos (mais tipicamente, inserido em tempo de execução)
9        int[] responses = { 1, 2, 5, 4, 3, 5, 2, 1, 3, 3, 1, 4, 3, 3, 3,
10          2, 3, 3, 2, 14 };
11       int[] frequency = new int[6]; // array de contadores de frequência
12
13       // para cada resposta, seleciona elemento de respostas e utiliza esse valor
14       // como índice de frequência para determinar elemento a incrementar
15       for (int answer = 0; answer < responses.length; answer++)
16       {
17          try
18          {
19             ++frequency[responses[answer]];
20          }
21          catch (ArrayIndexOutOfBoundsException e)
22          {
23             System.out.println(e); // invoca o método toString
24             System.out.printf("   responses[%d] = %d%n%n",
25                answer, responses[answer]);
```

continua

continuação

```
26         }
27      }
28
29      System.out.printf("%s%10s%n", "Rating", "Frequency");
30
31      // gera saída do valor de cada elemento do array
32      for (int rating = 1; rating < frequency.length; rating++)
33         System.out.printf("%6d%10d%n", rating, frequency[rating]);
34   }
35 } // fim da classe StudentPoll
```

```
java.lang.ArrayIndexOutOfBoundsException: 14
   responses[19] = 14

Rating Frequency
     1         3
     2         4
     3         8
     4         2
     5         2
```

Figura 7.8 | Programa de análise de enquete.

O array `frequency`

Utilizamos um array de *seis elementos* `frequency` (linha 11) para contar o número de ocorrências de cada resposta. Cada elemento é usado como um *contador* para um dos tipos possíveis das respostas à pesquisa — `frequency[1]` conta o número de alunos que classificaram a comida como 1, `frequency [2]` conta o número de alunos que classificaram a comida como 2 etc.

Resumindo os resultados

A instrução `for` (linhas 15 a 27) lê as respostas a partir do array `responses`, uma de cada vez, e incrementa um dos contadores de `frequency[1]` até `frequency[5]`; ignoramos `frequency[0]` porque as respostas à pesquisa limitam-se ao intervalo 1 a 5. A instrução-chave no loop aparece na linha 19. Essa instrução incrementa o contador `frequency` apropriado como determinado pelo valor de `responses[answer]`.

Analisaremos as primeiras iterações da instrução `for`:

- Quando o contador `answer` é `0`, `responses[answer]` é o valor de `responses[0]` (isto é, 1 — ver linha 9). Nesse caso, a `frequency[responses[answer]]` é interpretada como `frequency[1]`, e o contador `frequency[1]` é incrementado por um. Para avaliar a expressão, começamos com o valor no conjunto *mais interno* de parênteses (`answer`, atualmente `0`). O valor de `answer` é anexado à expressão, e o próximo conjunto de parênteses (`responses[answer]`) é avaliado. Esse valor é utilizado como o índice para o array `frequency[1]` a fim de determinar qual contador incrementar (nesse caso, `frequency[1]`).

- Na próxima iteração do loop, o valor de `answer` é `1`, `responses[answer]` é o valor de `responses[1]` (isto é, `2` — ver linha 9), de modo que `frequency[responses[answer]]` é interpretado como `frequency[2]`, fazendo com que `frequency[2]` seja incrementado.

- Quando `answer` é `2`, `responses[answer]` é o valor de `responses[2]` (isto é, `5` — ver linha 9), assim `frequency[responses[answer]]` é interpretado como `frequency[5]`, fazendo com que `frequency[5]` seja incrementado etc.

Independentemente do número de respostas processadas, apenas um array de seis elementos (em que ignoramos o elemento zero) é necessário para resumir os resultados, porque todos os valores das respostas corretas são valores de 1 a 5, e os valores de índice para um array de seis elementos são 0 a 5. Na saída do programa, a coluna `Frequency` resume apenas 19 dos 20 valores no array `responses` — o último elemento do array `responses` contém uma resposta (intencionalmente) incorreta que não foi contada. A Seção 7.5 discute o que acontece quando o programa na Figura 7.8 encontra a resposta inválida (`14`) no último elemento do array `responses`.

7.5 Tratamento de exceções: processando a resposta incorreta

Uma **exceção** indica um problema que ocorre quando um programa é executado. O nome "exceção" sugere que o problema ocorre com pouca frequência — se a "regra" é que uma instrução normalmente executa corretamente, então o problema representa a "exceção à regra". O **tratamento de exceção** ajuda a criar **programas tolerantes a falhas** que podem resolver (ou tratar) exceções. Em muitos casos, isso permite que um programa continue a executar como se nenhum problema fosse encontrado. Por exemplo, o aplicativo `StudentPoll` ainda exibe resultados (Figura 7.8), embora uma das respostas estivesse fora do intervalo. Problemas mais graves podem evitar que um programa continue executando normalmente, exigindo que ele notifique o usuário sobre o problema e, então, termine. Quando a Java Virtual Machine ou um método detecta um problema, como um índice de array inválido ou um argumento de método inválido, ele **lança** uma exceção, isto é, ocorre uma exceção. Os métodos nas suas classes também podem lançar exceções, como veremos no Capítulo 8.

7.5.1 A instrução `try`

Para lidar com uma exceção, coloque qualquer código que possa lançar uma exceção em uma **instrução `try`** (linhas 17 a 26). O **bloco `try`** (linhas 17 a 20) contém o código que pode *lançar* uma exceção, e o **bloco `catch`** (linhas 21 a 26) contém o código que *trata* a exceção se uma ocorrer. Podem haver *muitos* blocos `catch` para tratar com diferentes *tipos* de exceções que podem ser lançadas no bloco `try` correspondente. Quando a linha 19 incrementa corretamente um elemento do array `frequency`, as linhas 21 a 26 são ignoradas. As chaves que delimitam o corpo dos blocos `try` e `catch` são obrigatórias.

7.5.2 Executando o bloco `catch`

Quando o programa encontra o valor inválido `14` no array `responses`, ele tenta adicionar `1` a `frequency[14]`, que está *fora* dos limites do array — o array `frequency` tem apenas seis elementos (com índices de 0 a 5). Como a verificação dos limites de array é executada em tempo de execução, a JVM gera uma *exceção* — especificamente a linha 19 lança **`ArrayIndexOutOfBoundsException`** para notificar o programa sobre esse problema. Nesse ponto, o bloco `try` termina e o bloco `catch` começa a executar — se você declarou quaisquer variáveis locais no bloco `try`, agora elas estarão *fora do escopo* (e não mais existirão), assim elas não estarão acessíveis no bloco `catch`.

O bloco `catch` declara um parâmetro de exceção (`e`) do tipo `IndexOutOfRangeException`. O bloco `catch` pode lidar com exceções do tipo especificado. Dentro do bloco `catch`, você pode usar o identificador do parâmetro para interagir com um objeto que capturou a exceção.

Dica de prevenção de erro 7.1

Ao escrever o código para acessar um elemento do array, certifique-se de que o índice de array permanece maior ou igual a 0 e menor que o comprimento do array. Isso evitaria `ArrayIndexOutOfBoundsException`s se seu programa estiver correto.

Observação de engenharia de software 7.1

É provável que sistemas na indústria que foram submetidos a testes extensivos ainda contenham erros. Nossa preferência por sistemas de produção robustos é capturar e tratar exceções em tempo de execução, como `ArrayIndexOutOfBoundsException`s, para garantir que um sistema continue funcionando ou falhe de maneira "elegante" e informar os desenvolvedores do sistema sobre o problema.

7.5.3 O método `toString` do parâmetro de exceção

Quando as linhas 21 a 26 *capturam* a exceção, o programa exibe uma mensagem indicando o problema que ocorreu. A linha 23 chama *implicitamente* o método `toString` do objeto de exceção para obter a mensagem de erro que está implicitamente armazenada no objeto de exceção e exibi-la. Depois que a mensagem é exibida nesse exemplo, a exceção é considerada *tratada* e o programa continua com a instrução seguinte após as chaves de fechamento do bloco `catch`. Nesse exemplo, o fim da instrução é alcançado (linha 27), assim o programa continua com o incremento da variável de controle na linha 15. Discutiremos o tratamento de exceção novamente no Capítulo 8, e mais profundamente no Capítulo 11.

7.6 Estudo de caso: simulação de embaralhamento e distribuição de cartas

Os exemplos no capítulo até aqui utilizaram arrays contendo elementos de tipos primitivos. A partir da discussão da Seção 7.2, lembre-se de que os elementos de um array podem ser tipos primitivos ou tipos por referência. Esta seção utiliza a geração de números aleatórios e um array de elementos de tipo por referência, isto é, objetos que representam cartas de baralho, para desenvolver uma classe que simula o embaralhamento e distribuição das cartas. Esta classe pode então ser utilizada na implementação de aplicativos para jogos de cartas específicos. Os exercícios no fim do capítulo utilizam as classes desenvolvidas aqui para construir um aplicativo de pôquer simples.

Inicialmente, desenvolvemos a classe `Card` (Figura 7.9), que representa uma carta de baralho que tem uma face (por exemplo, `"Ace"`, `"Deuce"`, `"Three"`, ..., `"Jack"`, `"Queen"`, `"King"`) e um naipe (por exemplo, `"Hearts"`, `"Diamonds"`, `"Clubs"`, `"Spades"`). Em seguida, desenvolvemos a classe `DeckOfCards` (Figura 7.10), que cria um baralho de 52 cartas em que cada elemento é um objeto `Card`. Então, criamos um aplicativo de teste (Figura 7.11) que demonstra as capacidades de embaralhamento e distribuição de cartas da classe `DeckOfCards`.

Classe Card

A classe `Card` (Figura 7.9) contém duas variáveis de instância `String` — `face` e `suit` — que são utilizadas para armazenar referências ao nome da face (ou valor) e o nome do naipe de uma carta (`Card`) específica. O construtor da classe (linhas 10 a 14) recebe duas `Strings` que ele utiliza para inicializar `face` e `suit`. O método `toString` (linhas 17 a 20) cria uma `String` que consiste na `face` da `card`, a `String` `" of "` e o `suit` (naipe) da carta. O método `toString` de `Card` pode ser invocado *explicitamente* para obter uma representação de string de um objeto `Card` (por exemplo, `"Ace of Spades"`). O método `toString` de um objeto é chamado *implicitamente* quando o objeto é utilizado onde uma `String` é esperada (por exemplo, quando `printf` gera saída do objeto como uma `String` utilizando o especificador de formato `%s` ou quando o objeto é concatenado para uma `String` utilizando o operador +). Para que esse comportamento ocorra, `toString` deve ser declarada com o cabeçalho mostrado na Figura 7.9.

```
1   // Figura 7.9: Card.java
2   // Classe Card representa uma carta de baralho.
3
4   public class Card
5   {
6      private final String face; // face da carta ("Ace", "Deuce", ...)
7      private final String suit; // naipe da carta ("Hearts", "Diamonds", ...)
8
9      // construtor de dois argumentos inicializa face e naipe da carta
10     public Card(String cardFace, String cardSuit)
11     {
12        this.face = cardFace; // inicializa face da carta
13        this.suit = cardSuit; // inicializa naipe da carta
14     }
15
16     // retorna representação String de Card
17     public String toString()
18     {
19        return face + " of " + suit;
20     }
21  } // fim da classe Card
```

Figura 7.9 | A classe `Card` representa uma carta de baralho.

Classe DeckOfCards

A classe `DeckOfCards` (Figura 7.10) declara como variável de instância um array `Card` chamado `deck` (linha 7). Um array de um tipo por *referência* é declarado como qualquer outro array. A classe `DeckOfCards` também declara uma variável de instância do tipo inteiro `currentCard` (linha 8) representando o número sequencial (0 a 51) da próxima `Card` a ser distribuída a partir do array `deck`, e uma constante identificada `NUMBER_OF_CARDS` (linha 9) para indicar o número de `Cards` no baralho (52).

```
1   // Figura 7.10: DeckOfCards.java
2   // classe DeckOfCards representa um baralho.
3   import java.security.SecureRandom;
4
5   public class DeckOfCards
6   {
7      private Card[] deck; // array de objetos Card
8      private int currentCard; // índice da próxima Card a ser distribuída (0-51)
9      private static final int NUMBER_OF_CARDS = 52; // número constante de Cards
10     // gerador de número aleatório
11     private static final SecureRandom randomNumbers = new SecureRandom();
12
13     // construtor preenche baralho de cartas
14     public DeckOfCards()
15     {
16        String[] faces = { "Ace", "Deuce", "Three", "Four", "Five", "Six",
17           "Seven", "Eight", "Nine", "Ten", "Jack", "Queen", "King" };
18        String[] suits = { "Hearts", "Diamonds", "Clubs", "Spades" };
19
```

continua

continuação

```
20         deck = new Card[NUMBER_OF_CARDS]; // cria array de objetos Card
21         currentCard = 0; // a primeira Card distribuída será o deck[0]
22 
23         // preenche baralho com objetos Card
24         for (int count = 0; count < deck.length; count++)
25            deck[count] =
26               new Card(faces[count % 13], suits[count / 13]);
27      }
28 
29      // embaralha as cartas com um algoritmo de uma passagem
30      public void shuffle()
31      {
32         // a próxima chamada para o método dealCard deve começar no deck[0] novamente
33         currentCard = 0;
34 
35         // para cada Card, seleciona outra Card aleatória (0-51) e as compara
36         for (int first = 0; first < deck.length; first++)
37         {
38            // seleciona um número aleatório entre 0 e 51
39            int second = randomNumbers.nextInt(NUMBER_OF_CARDS);
40 
41            // compara Card atual com Card aleatoriamente selecionada
42            Card temp = deck[first];
43            deck[first] = deck[second];
44            deck[second] = temp;
45         }
46      }
47 
48      // distribui uma Card
49      public Card dealCard()
50      {
51         // determina se ainda há Cards a serem distribuídas
52         if (currentCard < deck.length)
53            return deck[currentCard++]; // retorna Card atual no array
54         else
55            return null; // retorna nulo para indicar que todos as Cards foram distribuídas
56      }
57   } // fim da classe DeckOfCards
```

Figura 7.10 | A classe `DeckOfCards` representa um baralho de cartas.

Construtor DeckOfCards

O construtor da classe instancia o array `deck` (linha 20) com elementos `NUMBER_OF_CARDS` (52). Os elementos de `deck` são `null` por padrão, assim o construtor usa uma instrução `for` (linhas 24 a 26) para preencher o `deck` com `Cards`. O loop inicializa a variável de controle `count` para `0` e faz um loop enquanto `count` é menor do que `deck.length`, fazendo com que `count` suponha cada valor de inteiro de 0 a 51 (os índices do array `deck`). Cada `Card` é instanciada e inicializada com duas `Strings` — uma do array `faces` (que contém as `Strings` de `"Ace"` a `"King"`) e uma do array `suits` (que contém as `Strings` `"Hearts"`, `"Diamonds"`, `"Clubs"` e `"Spades"`). O cálculo `count % 13` sempre resulta em um valor de 0 a 12 (os 13 índices do array `faces` nas linhas 16 e 17) e o cálculo `count / 13` sempre resulta em um valor de 0 a 3 (os quatro índices do array `suits` na linha 18). Quando o array `deck` é inicializado, ele contém as `Cards` com as faces `"Ace"` a `"King"` na ordem para cada naipe (todos os 13 `"Hearts"`, então todos os `"Diamonds"`, então os `"Clubs"` e então os `"Spades"`). Usamos arrays de `Strings` para representar as faces e os naipes nesse exemplo. Na Questão 7.34, pedimos que você modifique esse exemplo usando arrays de constantes `enum` a fim de representar as faces e os naipes.

Método DeckOfCards shuffle

O método `shuffle` (linhas 30 a 46) embaralha as `Cards` no baralho. O método faz um loop por todas as 52 `Cards` (índices de array 0 a 51). Para cada `Card`, um número entre 0 e 51 é escolhido aleatoriamente para selecionar outra `Card`. Em seguida, o objeto `Card` atual e o objeto `Card` aleatoriamente selecionado são trocados no array. Essa troca é realizada pelas três atribuições nas linhas 42 a 44. A variável extra `temp` armazena temporariamente um dos dois objetos `Card` sendo comparados. A comparação não pode ser realizada apenas com as duas instruções

```
deck[first] = deck[second];
deck[second] = deck[first];
```

Se `deck[first]` for `"Ace"` de `"Spades"` e `deck[second]` for `"Queen"` de `"Hearts"`, depois da primeira atribuição, ambos os elementos do array conterão `"Queen"` de `"Hearts"`, e o `"Ace"` de `"Spades"` será perdido — daí a variável extra `temp` ser necessária. Depois de o loop `for` terminar, os objetos `Card` são ordenados aleatoriamente. Um total de apenas 52 trocas é feito em uma única passagem pelo array inteiro e o array dos objetos `Card` é embaralhado!

[*Observação*: é recomendável usar um algoritmo de embaralhamento *imparcial* para jogos reais de cartas. Esse algoritmo assegura a probabilidade de que todas as sequências possíveis das cartas embaralhadas ocorram. A Questão 7.35 solicita que se pesquise o algoritmo de embaralhamento imparcial popular Fisher-Yates e use-o para reimplementar o método `shuffle` `DeckOfCards`.]

Método DeckOfCards dealCard

O método `dealCard` (linhas 49 a 56) distribui um `Card` no array. Lembre-se de que `currentCard` indica o índice da próxima `Card` a ser distribuída (isto é, a `Card` na *parte superior* do baralho). Portanto, a linha 52 compara `currentCard` com o comprimento do array `deck`. Se `deck` não estiver vazio (isto é, `currentCard` for menor que 52), a linha 53 retorna `Card` na parte superior e incrementa `currentCard` para preparar-se para a próxima chamada a `dealCard` — caso contrário, `null` é retornado. A partir da discussão do Capítulo 3, lembre-se de que `null` representa uma "referência a nada".

Embaralhando e distribuindo cartas

A Figura 7.11 demonstra a classe `DeckOfCards`. A linha 9 cria um objeto `DeckOfCards` chamado `myDeckOfCards`. O construtor `DeckOfCards` cria o baralho com 52 objetos `Card` na ordem por naipe e face. A linha 10 invoca método `shuffle` de `myDeckOfCards` para reorganizar os objetos `Card`. As linhas 13 a 20 distribuem todas as 52 `Cards` e as imprime em quatro colunas de 13 `Cards`. A linha 16 distribui um objeto `Card` invocando o método `dealCard` de `myDeckOfCards`, então exibe a `Card` justificada à esquerda em um campo de 19 caracteres. Quando uma `Card` é gerada como uma `String`, o método `toString` de `Card` (linhas 17 a 20 da Figura 7.9) é invocado implicitamente. As linhas 18 e 19 iniciam uma nova linha depois de cada quatro `Cards`.

```
1   // Figura 7.11: DeckOfCardsTest.java
2   // Embaralhando e distribuindo cartas.
3
4   public class DeckOfCardsTest
5   {
6      // executa o aplicativo
7      public static void main(String[] args)
8      {
9         DeckOfCards myDeckOfCards = new DeckOfCards();
10        myDeckOfCards.shuffle(); // coloca Cards em ordem aleatória
11
12        // imprime todas as 52 cartas na ordem em que elas são distribuídas
13        for (int i = 1; i <= 52; i++)
14        {
15           // distribui e exibe uma Card
16           System.out.printf("%-19s", myDeckOfCards.dealCard());
17
18           if (i % 4 == 0) // gera uma nova linha após cada quarta carta
19              System.out.println();
20        }
21     }
22  } // fim da classe DeckOfCardsTest
```

```
Six of Spades      Eight of Spades        Six of Clubs       Nine of Hearts
Queen of Hearts    Seven of Clubs     Nine of Spades     King of Hearts
Three of Diamonds  Deuce of Clubs     Ace of Hearts      Ten of Spades
Four of Spades     Ace of Clubs       Seven of Diamonds  Four of Hearts
Three of Clubs     Deuce of Hearts        Five of Spades     Jack of Diamonds
King of Clubs      Ten of Hearts      Three of Hearts        Six of Diamonds
Queen of Clubs     Eight of Diamonds  Deuce of Diamonds  Ten of Diamonds
Three of Spades    King of Diamonds   Nine of Clubs      Six of Hearts
Ace of Spades      Four of Diamonds   Seven of Hearts        Eight of Clubs
Deuce of Spades    Eight of Hearts        Five of Hearts     Queen of Spades
Jack of Hearts     Seven of Spades        Four of Clubs      Nine of Diamonds
Ace of Diamonds    Queen of Diamonds  Five of Clubs      King of Spades
Five of Diamonds   Ten of Clubs       Jack of Spades     Jack of Clubs
```

Figura 7.11 | Embaralhando e distribuindo cartas.

Evitando NullPointerExceptions

Na Figura 7.10, criamos um array `deck` de 52 referências de `Card` — cada elemento de todo array de tipos por referência criados com `new` é inicializado como `null` por padrão. Variáveis de tipo por referência que são campos de uma classe também são inicializadas como `null` por padrão. Uma `NullPointerException` ocorre ao tentar chamar um método em uma referência `null`. Em um código de produção robusto, garantir que as referências não são `null` antes de usá-las para chamar métodos evita `NullPointerExceptions`.

7.7 A instrução for aprimorada

A **instrução for aprimorada** itera pelos elementos de um array *sem* usar um contador, evitando assim a possibilidade de "pisar fora" do array. Mostramos como usar a instrução `for` aprimorada com estruturas de dados pré-construídas da API Java (chamadas coleções) na Seção 7.16. A sintaxe de uma instrução `for` aprimorada é:

```
for (parâmetro : nomeDoArray)
   instrução
```

onde *parâmetro* tem duas partes — um *tipo* e um *identificador* (por exemplo, `int number`) e *nomeDoArray* é o array pelo qual iterar. O tipo do parâmetro deve ser *consistente* com o tipo de elementos no array. Como ilustrado no próximo exemplo, o identificador representa valores de elementos sucessivos do array nas sucessivas iterações do loop.

A Figura 7.12 utiliza a instrução `for` aprimorada (linhas 12 e 13) para somar os números inteiros em um array de notas de alunos. O parâmetro do `for` aprimorado é do tipo `int`, porque `array` contém valores `int` — o loop seleciona um valor `int` a partir do array durante cada iteração. A instrução `for` aprimorada itera por valores sucessivos do array um a um. O cabeçalho da instrução pode ser lido como "para cada iteração, atribui o próximo elemento de `array` à variável `int number`, depois executa a seguinte instrução". Portanto, para cada iteração, o identificador `number` representa um valor `int` no `array`. As linhas 12 e 13 são equivalentes à seguinte repetição controlada por contador utilizada nas linhas 12 e 13 da Figura 7.5 para somar os números inteiros em `array`, exceto que `counter` *não pode ser acessado* na instrução `for` aprimorada:

```
for (int counter = 0; counter < array.length; counter++)
   total += array[counter];
```

A instrução `for` aprimorada *só pode* ser utilizada para obter elementos de array — ela *não pode* ser usada para *modificar* elementos. Se seu programa precisar modificar elementos, utilize a tradicional instrução `for` controlada por contador.

A instrução `for` aprimorada pode ser utilizada no lugar da instrução `for` controlada por contador sempre que o loop de código por um array *não* exigir acesso ao contador que indica o índice do elemento do array atual. Por exemplo, somar os inteiros em um array exige acesso apenas aos valores de elemento — o índice de cada elemento é irrelevante. Entretanto, se um programa precisar utilizar um contador por alguma razão diferente de simplesmente fazer loop por um array (por exemplo, imprimir um número de índice ao lado do valor de cada elemento do array, como nos primeiros exemplos deste capítulo), utilize a instrução `for` controlada por contador.

```
1  // Figura 7.12: EnhancedForTest.java
2  // Utilizando a instrução for aprimorada para somar inteiros em um array.
3
4  public class EnhancedForTest
5  {
6     public static void main(String[] args)
7     {
8        int[] array = { 87, 68, 94, 100, 83, 78, 85, 91, 76, 87 };
9        int total = 0;
10
11       // adiciona o valor de cada elemento ao total
12       for (int number : array)
13          total += number;
14
15       System.out.printf("Total of array elements: %d%n", total);
16    }
17 } // fim da classe EnhancedForTest
```

```
Total of array elements: 849
```

Figura 7.12 | Utilizando a instrução `for` aprimorada para somar inteiros em um array.

Dica de prevenção de erro 7.2

A instrução `for` aprimorada simplifica o código iterando por um conjunto tornando o código mais legível e eliminando várias possibilidades de erro, como especificação inadequada do valor inicial da variável de controle, o teste de continuação de loop e a expressão de incremento.

Java SE 8

A instrução `for` e a instrução `for` aprimorada iteram sequencialmente de um valor inicial para um valor final. No Capítulo 17, "Lambdas e fluxos Java SE 8", veremos a classe `Stream` e seu método `forEach`. Funcionando em conjunto, eles fornecem um meio elegante, mais conciso e menos propenso a erro para iterar por coleções para que algumas das iterações possam ocorrer em paralelo com outras para alcançar melhor desempenho do sistema multiprocessado.

7.8 Passando arrays para métodos

Esta seção demonstra como passar arrays e elementos individuais de array como argumentos para métodos. Para passar um argumento de array para um método, especifique o nome do array *sem nenhum colchete*. Por exemplo, se o array `hourlyTemperatures` for declarado como

```
double[] hourlyTemperatures = new double[24];
```

então, a chamada de método

```
modifyArray(hourlyTemperatures);
```

passa a referência do array `hourlyTemperatures` para o método `modifyArray`. Cada objeto array "conhece" seu próprio comprimento. Portanto, quando passamos a referência de um objeto array em um método, não precisamos passar o comprimento de array como um argumento adicional.

Para um método receber uma referência de array por uma chamada de método, a lista de parâmetros do método deve especificar um *parâmetro de array*. Por exemplo, o cabeçalho de um método `modifyArray` poderia ser escrito como

```
void modifyArray(double[] b)
```

indicando que `modifyArray` recebe a referência de um array `double` no parâmetro `b`. A chamada de método passa a referência do array `hourlyTemperature`, então quando o método chamado utiliza a variável de array `b`, ele *referencia* o mesmo objeto array que `hourlyTemperatures` no chamador.

Quando um argumento para um método for um array inteiro ou um elemento de array individual de um tipo por referência, o método chamado recebe uma *cópia* da referência. Entretanto, quando um argumento para um método for um elemento de array individual de um tipo primitivo, o método chamado recebe uma cópia do *valor* do elemento. Esses valores primitivos são chamados **escalares** ou **quantidades escalares**. Para passar um elemento individual de array para um método, utilize o nome indexado do array como um argumento na chamada de método.

A Figura 7.13 demonstra a diferença entre passar um array inteiro e passar um elemento do array do tipo primitivo para um método. Observe que `main` invoca os métodos `static` `modifyArray` (linha 19) e `modifyElement` (linha 30) diretamente. Lembre-se, a partir do que foi visto na Seção 6.4, de que um método `static` de uma classe pode chamar outros métodos `static` da mesma classe diretamente.

A instrução `for` aprimorada nas linhas 16 e 17 gera os elementos do `array`. A linha 19 invoca o método `modifyArray`, passando `array` como um argumento. O método (linhas 36 a 40) recebe uma cópia da referência de `array` e utiliza essa referência para multiplicar cada um dos elementos do `array` por 2. Para provar que os elementos do `array` foram modificados, as linhas 23 e 24 geram saída dos cinco elementos do `array` novamente. Quando a saída é exibida, o método `modifyArray` duplica o valor de cada elemento. *Não* podemos utilizar a instrução `for` aprimorada nas linhas 38 e 39 porque estamos modificando os elementos do array.

```
1  // Figura 7.13: PassArray.java
2  // Passando arrays e elementos do arrays individuais aos métodos.
3
4  public class PassArray
5  {
6     // main cria array e chama modifyArray e modifyElement
7     public static void main(String[] args)
8     {
9        int[] array = { 1, 2, 3, 4, 5 };
10
```

continua

continuação

```
11         System.out.printf(
12            "Effects of passing reference to entire array:%n" +
13            "The values of the original array are:%n");
14
15         // gera saída de elementos do array original
16         for (int value : array)
17            System.out.printf("   %d", value);
18
19         modifyArray(array); // passa a referência do array
20         System.out.printf("%n%nThe values of the modified array are:%n");
21
22         // gera saída de elementos do array modificado
23         for (int value : array)
24            System.out.printf("   %d", value);
25
26         System.out.printf(
27            "%n%nEffects of passing array element value:%n" +
28            "array[3] before modifyElement: %d%n", array[3]);
29
30         modifyElement(array[3]); // tenta modificar o array[3]
31         System.out.printf(
32            "array[3] after modifyElement: %d%n", array[3]);
33      }
34
35      // multiplica cada elemento de um array por 2
36      public static void modifyArray(int[] array2)
37      {
38         for (int counter = 0; counter < array2.length; counter++)
39            array2[counter] *= 2;
40      }
41
42      // multiplica argumento por 2
43      public static void modifyElement(int element)
44      {
45         element *= 2;
46         System.out.printf(
47            "Value of element in modifyElement: %d%n", element);
48      }
49   } // fim da classe PassArray
```

```
Effects of passing reference to entire array:
The values of the original array are:
   1   2   3   4   5

The values of the modified array are:
   2   4   6   8   10

Effects of passing array element value:
array[3] before modifyElement: 8
Value of element in modifyElement: 16
array[3] after modifyElement: 8
```

Figura 7.13 | Passando arrays e elementos de array individuais para métodos.

A Figura 7.13 a seguir demonstra que, quando uma cópia de um elemento de array individual do tipo primitivo é passada para um método, modificar a *cópia* no método chamado *não* afeta o valor original desse elemento no array do método chamador. As linhas 26 a 28 geram o valor do `array[3]` *antes de* invocar o método `modifyElement`. Lembre-se de que o valor desse elemento é agora 8 depois que ele foi modificado na chamada para `modifyArray`. A linha 30 chama o método `modifyElement` e passa `array[3]` como um argumento. Lembre-se de que `array[3]` é, de fato, um valor `int` (8) em `array`. Portanto, o programa passa uma cópia do valor de `array[3]`. O método `modifyElement` (linhas 43 a 48) multiplica o valor recebido como um argumento por 2, armazena o resultado em seu parâmetro `element` e gera saída do valor de `element` (16). Visto que os parâmetros de método, como as variáveis locais, deixam de existir quando o método em que eles são declarados conclui a execução, o parâmetro de método `element` é destruído quando o método `modifyElement` termina. Quando o programa retorna o controle para `main`, as linhas 31 e 32 geram saída do valor *não modificado* de `array[3]` (isto é, 8).

7.9 Passagem por valor *versus* passagem por referência

O exemplo anterior demonstrou como arrays e elementos de array do tipo primitivo são passados como argumentos para métodos. Agora examinamos mais atentamente como os argumentos em geral são passados para os métodos. Duas maneiras de passar argumentos em chamadas de método em muitas linguagens de programação são **passagem por valor** e **passagem por referência** (às vezes denominadas **chamada por valor** e **chamada por referência**). Quando um argumento é passado por valor, uma *cópia* do *valor* do argumento é passada para o método chamado. O método chamado funciona exclusivamente com a cópia. As alterações na cópia do método chamado *não* afetam o valor da variável original no chamador.

Quando um argumento é passado por referência, o método chamado pode acessar o valor do argumento no chamador diretamente e modificar esses dados, se necessário. Passar por referência aprimora desempenho eliminando a necessidade de copiar quantidades de dados possivelmente grandes.

Ao contrário de algumas outras linguagens, o Java *não* permite escolher passagem por valor ou passagem por referência — *todos os argumentos são passados por valor*. Uma chamada de método pode passar dois tipos de valores para um método — cópias de valores primitivos (por exemplo, valores de tipo `int` e `double`) e cópias de referências para objetos. Os objetos em si não podem ser passados para os métodos. Quando um método modifica um parâmetro do tipo primitivo, as alterações no parâmetro não têm nenhum efeito no valor original do argumento no método chamador. Por exemplo, quando a linha 30 em `main` da Figura 7.13 passa `array[3]` para o método `modifyElement`, a instrução na linha 45 que duplica o valor do parâmetro `element` *não* tem nenhum efeito no valor de `array[3]` em `main`. Isso também é verdadeiro para os parâmetros de tipo por referência. Se você modificar um parâmetro de tipo por referência para que ele se refira a outro objeto, apenas o parâmetro refere-se ao novo objeto — a referência armazenada na variável do chamador ainda se refere ao objeto original.

Embora uma referência do objeto seja passada por valor, um método ainda pode interagir com o objeto referenciado chamando seus métodos `public` que utilizam a cópia da referência do objeto. Visto que a referência armazenada no parâmetro é uma cópia da referência que foi passada como um argumento, o parâmetro no método chamado e o argumento no método chamador referenciam o *mesmo* objeto na memória. Por exemplo, na Figura 7.13, tanto o parâmetro `array2` no método `modifyArray` como a variável `array` em `main` referenciam o *mesmo* objeto array na memória. Quaisquer alterações feitas usando o parâmetro `array2` são realizadas no objeto que `array` referencia no método de chamada. Na Figura 7.13, as alterações feitas em `modifyArray` utilizando `array2` afetam o conteúdo do objeto array referenciado por `array` em `main`. Portanto, com uma referência para um objeto, o método chamado *pode* manipular o objeto do chamador diretamente.

Dica de desempenho 7.1

Passar referências para arrays, em vez dos próprios objetos array, faz sentido por razões de desempenho. Como tudo em Java é passado por valor, se objetos array foram passados, uma cópia de cada elemento seria passada. Para arrays grandes, isso seria perda de tempo e consumiria armazenamento considerável para as cópias dos elementos.

7.10 Estudo de caso: classe GradeBook utilizando um array para armazenar notas

Apresentamos agora a primeira parte do nosso estudo de caso sobre como desenvolver uma classe `GradeBook` que os instrutores podem usar para manter as notas dos alunos em um exame e exibir um relatório de notas que inclui as notas, média da turma, nota mais baixa, nota mais alta e um gráfico de barras da distribuição das notas. A versão da classe `GradeBook` apresentada nesta seção armazena as notas para um exame em um array unidimensional. Na Seção 7.12, apresentamos uma versão de classe `GradeBook` que utiliza um array bidimensional para armazenar as notas dos alunos para *vários* exames.

Armazenando notas de aluno em um array na classe GradeBook

A classe `GradeBook` (Figura 7.14) usa um array de `int`s para armazenar notas de vários alunos em um único exame. O array `grades` é declarado como uma variável de instância (linha 7), cada objeto `GradeBook` mantém seu *próprio* conjunto de notas. O construtor da classe (linhas 10 a 14) tem dois parâmetros — o nome do curso e um array de notas. Quando um aplicativo (por exemplo, a classe `GradeBookTest` na Figura 7.15) cria um objeto `GradeBook`, o aplicativo passa um array `int` existente para o construtor, que atribui a referência do array à variável de instância `grades` (linha 13). O *tamanho* do array `grades` é determinado pela variável de instância `length` do parâmetro de array do construtor. Portanto, um objeto `GradeBook` pode processar um número *variável* de notas. Os valores das notas no argumento poderiam ter sido inseridos a partir de um usuário, lidos a partir de um arquivo no disco (como discutido no Capítulo 15) ou vindos de uma variedade de outras fontes. Na classe `GradeBookTest`, inicializamos um array com um conjunto de valores de nota (Figura 7.15, linha 10). Depois que as notas são armazenadas na *variável de instância* `grades` da classe `GradeBook`, todos os métodos da classe podem acessar os elementos de `grades`.

```java
// Figura 7.14: GradeBook.java
// classe GradeBook utilizando um array para armazenar notas de teste.

public class GradeBook
{
   private String courseName; // nome do curso que essa GradeBook representa
   private int[] grades; // array de notas de aluno

   // construtor
   public GradeBook(String courseName, int[] grades)
   {
      this.courseName = courseName;
      this.grades = grades;
   }

   // método para configurar o nome do curso
   public void setCourseName(String courseName)
   {
      this.courseName = courseName;
   }

   // método para recuperar o nome do curso
   public String getCourseName()
   {
      return courseName;
   }

   // realiza várias operações nos dados
   public void processGrades()
   {
      // gera saída de array de notas
      outputGrades();

      // chama método getAverage para calcular a nota média
      System.out.printf("%nClass average is %.2f%n", getAverage());

      // chama métodos getMinimum e getMaximum
      System.out.printf("Lowest grade is %d%nHighest grade is %d%n%n",
         getMinimum(),getMaximum());

      // chama outputBarChart para imprimir gráfico de distribuição de nota
      outputBarChart();
   }

   // localiza nota mínima
   public int getMinimum()
   {
      int lowGrade = grades[0]; // supõe que grades[0] é a menor nota

      // faz um loop pelo array de notas
      for (int grade : grades)
      {
         // se nota for mais baixa que lowGrade, atribui essa nota a lowGrade
         if (grade < lowGrade)
            lowGrade = grade; // nova nota mais baixa
      }

      return lowGrade;
   }

   // localiza nota máxima
   public int getMaximum()
   {
      int highGrade = grades[0]; // supõe que grades[0] é a maior nota

      // faz um loop pelo array de notas
```

continua

continuação

```
      for (int grade : grades)
      {
         // se a nota for maior que highGrade, atribui essa nota a highGrade
         if (grade > highGrade)
            highGrade = grade; // nova nota mais alta
      }

      return highGrade;
   }

   // determina média para o teste
   public double getAverage()
   {
      int total = 0;

      // soma notas de um aluno
      for (int grade : grades)
         total += grade;

      // retorna média de notas
      return (double) total / grades.length;
   }

   // gera a saída do gráfico de barras exibindo distribuição de notas
   public void outputBarChart()
   {
      System.out.println("Grade distribution:");

      // armazena frequência de notas em cada intervalo de 10 notas
      int[] frequency = new int[11];

      // para cada nota, incrementa a frequência apropriada
      for (int grade : grades)
         ++frequency[grade / 10];

      // para cada frequência de nota, imprime barra no gráfico
      for (int count = 0; count < frequency.length; count++)
      {
         // gera saída do rótulo de barra ( "00-09: ", ..., "90-99: ", "100: ")
         if (count == 10)
            System.out.printf("%5d: ", 100);
         else
            System.out.printf("%02d-%02d: ",
               count * 10, count * 10 + 9);

         // imprime a barra de asteriscos
         for (int stars = 0; stars < frequency[count]; stars++)
            System.out.print("*");

         System.out.println();
      }
   }

   // gera a saída do conteúdo do array de notas
   public void outputGrades()
   {
      System.out.printf("The grades are:%n%n");

      // gera a saída da nota de cada aluno
      for (int student = 0; student < grades.length; student++)
         System.out.printf("Student %2d: %3d%n",
            student + 1, grades[student]);
   }
} // fim da classe GradeBook
```

Figura 7.14 | Classe GradeBook utilizando um array para armazenar notas de teste.

O método `processGrades` (linhas 29 a 43) contém uma série de chamadas de método que geram um relatório que resume as notas. A linha 32 chama o método `outputGrades` para imprimir o conteúdo do array `grades`. As linhas 126 a 128 no método `outputGrades` gera as notas dos alunos. Uma instrução `for` controlada por contador *deve* ser utilizada nesse caso, porque as linhas 127 e 128 utilizam o valor da variável contadora `student` para gerar saída de cada nota ao lado de um número de aluno particular (ver a saída na Figura 7.15). Embora os índices de array iniciem em 0, em geral, um professor numeraria os alunos iniciando em 1. Portanto, as linhas 127 e 128 geram saída de `student + 1` como o número de aluno para produzir rótulos de nota `"Student 1: "`, `"Student 2: "` e assim por diante.

O método `processGrades` seguinte chama o método `getAverage` (linha 35) para obter a média das notas no array. O método `getAverage` (linhas 78 a 88) utiliza uma instrução `for` aprimorada para somar os valores no array `grades` antes de calcular a média. O parâmetro no cabeçalho `for` aprimorado (por exemplo, `int grade`) indica que, para cada iteração, a variável `int grade` supõe um valor no array `grades`. O cálculo da média na linha 87 usa `grades.length` para determinar o número de notas médias.

As linhas 38 e 39 no método `processGrades` chamam os métodos `getMinimum` e `getMaximum` para determinar as notas mais baixas e mais altas de qualquer aluno no exame, respectivamente. Cada um desses métodos utiliza uma instrução `for` aprimorada para fazer loop pelo array `grades`. As linhas 51 a 56 no método `getMinimum` fazem um loop pelo array. As linhas 54 e 55 comparam cada nota com `lowGrade`; se uma nota for menor que `lowGrade`, `lowGrade` é definido como essa nota. Quando a linha 58 executar, `lowGrade` contém a nota mais baixa no array. O método `getMaximum` (linhas 62 a 75) funciona de forma semelhante ao método `getMinimum`.

Por fim, a linha 42 no método `processGrades` chama `outputBarChart` para imprimir um gráfico de distribuição das notas utilizando uma técnica semelhante àquela na Figura 7.6. Nesse exemplo, calculamos manualmente o número de notas em cada categoria (isto é, 0 a 9, 10 a 19, ..., 90 a 99 e 100) simplesmente analisando um conjunto de notas. Aqui, as linhas 99 e 100 utilizam uma técnica semelhante àquela nas figuras 7.7 e 7.8 para calcular a frequência das notas em cada categoria. A linha 96 declara e cria o array `frequency` de 11 `int`s para armazenar a frequência de notas em cada categoria de nota. Para cada `grade` no array `grades`, as linhas 99 e 100 incrementam o elemento do array `frequency` adequado. Para determinar qual incrementar, a linha 100 divide a `grade` atual por 10 usando a *divisão de inteiros* — por exemplo, se `grade` é `85`, a linha 100 incrementa `frequency[8]` para atualizar a contagem das notas no intervalo de 80 a 89. As linhas 103 a 117 imprimem o gráfico de barras (como mostrado na Figura 7.15) com base nos valores no array `frequency`. Como as linhas 23 e 24 da Figura 7.6, as linhas 113 a 116 da Figura 7.14 utilizam um valor no array `frequency` para determinar o número de asteriscos a exibir em cada barra.

A classe GradeBookTest que demonstra a classe GradeBook

O aplicativo da Figura 7.15 cria um objeto da classe `GradeBook` (Figura 7.14) utilizando o array `int gradesArray` (declarado e inicializado na linha 10). As linhas 12 e 13 passam um nome de curso e o `gradesArray` para o construtor `GradeBook`. As linhas 14 e 15 exibem uma mensagem de boas-vindas que inclui o nome do curso armazenado no objeto `GradeBook`. A linha 16 invoca o método `processGrades` do objeto `GradeBook`. A saída resume as 10 notas em `myGradeBook`.

Observação de engenharia de software 7.2

Um arreio de teste (ou aplicativo de teste) é responsável por criar um objeto da classe sendo testado e fornecer-lhe dados. Esses dados poderiam vir de qualquer uma das várias fontes. Os dados de teste podem ser colocados diretamente em um array com um inicializa-dor de array, que pode vir do usuário no teclado, de um arquivo (como veremos no Capítulo 15), de um banco de dados (discutido no Capítulo 24) ou de uma rede (como será visto no Capítulo 28, em inglês, no Site de Apoio). Depois de passar esses dados para o construtor da classe para instanciar o objeto, o arreio de teste deve chamar o objeto para testar seus métodos e manipular seus dados. Coletar dados em um ambiente de teste como esse permite que a classe seja mais reutilizável, capaz de manipular dados de várias fontes.

```
1  // Figura 7.15: GradeBookTest.java
2  // GradeBookTest cria um objeto GradeBook utilizando um array de notas,
3  // e, então, invoca o método processGrades para analisá-las.
4  public class GradeBookTest
5  {
6     // método main inicia a execução de programa
7     public static void main(String[] args)
8     {
9        // array de notas de aluno
10       int[] gradesArray = { 87, 68, 94, 100, 83, 78, 85, 91, 76, 87 };
11
12       GradeBook myGradeBook = new GradeBook(
13          "CS101 Introduction to Java Programming", gradesArray);
14       System.out.printf("Welcome to the grade book for%n%s%n%n",
15          myGradeBook.getCourseName());
16       myGradeBook.processGrades();
17    }
18 } // fim da classe GradeBookTest
```

continua

continuação

```
Welcome to the grade book for
CS101 Introduction to Java Programming

The grades are:

Student  1:  87
Student  2:  68
Student  3:  94
Student  4: 100
Student  5:  83
Student  6:  78
Student  7:  85
Student  8:  91
Student  9:  76
Student 10:  87

Class average is 84.90
Lowest grade is 68
Highest grade is 100

Grade distribution:
00-09:
10-19:
20-29:
30-39:
40-49:
50-59:
60-69: *
70-79: **
80-89: ****
90-99: **
  100: *
```

Figura 7.15 | `GradeBookTest` cria um objeto `GradeBook` utilizando um array de notas, então invoca método `processGrades` para analisá-las.

Java SE 8

No Capítulo 17, "Lambdas e fluxos Java SE 8", o exemplo da Figura 17.5 usa os métodos de fluxo `min`, `max`, `count` e `average` para processar os elementos de um array `int` de maneira elegante e concisa sem ter de escrever instruções de repetição. No Capítulo 23, "Concorrência", o exemplo da Figura 23.29 usa o método de fluxo `summaryStatistics` para executar todas essas operações em uma única chamada de método.

7.11 Arrays multidimensionais

Arrays multidimensionais com duas dimensões muitas vezes são utilizados para representar *tabelas* de valores com os dados organizados em *linhas* e *colunas*. Para identificar um determinado elemento de tabela, você especifica *dois* índices. *Por convenção*, o primeiro identifica a linha do elemento e o segundo, sua coluna. Os arrays que requerem dois índices para identificar cada elemento particular são chamados **arrays bidimensionais**. (Os arrays multidimensionais podem ter mais de duas dimensões.) O Java não suporta arrays multidimensionais diretamente, mas permite especificar arrays unidimensionais cujos elementos também são arrays unidimensionais, alcançando assim o mesmo efeito. A Figura 7.16 ilustra um array bidimensional chamado a que contém três linhas e quatro colunas (isto é, um array três por quatro). Em geral, um array com *m* linhas e *n* colunas é chamado de **array *m* por *n***.

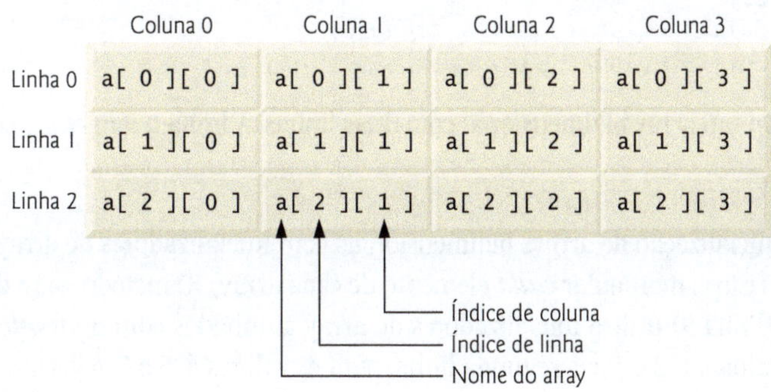

Figura 7.16 | O array bidimensional com três linhas e quatro colunas.

Cada elemento no array a é identificado na Figura 7.16 por uma *expressão de acesso de array* na forma de `a[`*linha*`][`*coluna*`]`; a é o nome do array, e *linha* e *coluna* são os índices que identificam de maneira única cada elemento por índice de linha e coluna. Os nomes dos elementos na *linha* 0 têm um *primeiro* índice de `0` e todos os nomes dos elementos na *coluna* 3 têm um *segundo* índice de `3`.

Arrays de arrays unidimensionais

Como os arrays unidimensionais, os arrays multidimensionais podem ser inicializados com inicializadores de array em declarações. Um array bidimensional `b` com duas linhas e duas colunas poderia ser declarado e inicializado com **inicializadores de array aninhados** como a seguir:

```
int[][] b = {{1, 2}, {3, 4}};
```

Os valores iniciais são *agrupados por linha* entre chaves. Então, `1` e `2` inicializam `b[0][0]` e `b[0][1]`, respectivamente, e `3` e `4` inicializam `b[1][0]` e `b[1][1]`, respectivamente. O compilador conta o número de inicializadores de array aninhados (representado por conjuntos de chaves dentro das chaves externas) para determinar o número de *linhas* no array `b`. O compilador conta os valores inicializadores no inicializador aninhado de array para uma linha determinar o número de *colunas* nessa linha. Como veremos em breve, isso significa que as *linhas podem ter diferentes comprimentos*.

Os arrays multidimensionais são mantidos como *arrays de arrays unidimensionais*. Portanto, o array `b` na declaração anterior é na realidade composto de dois arrays unidimensionais separados — um que contém o valor na primeira lista de inicializadores aninhados `{1, 2}` e outro que contém o valor na segunda lista de inicializadores aninhados `{3, 4}`. Portanto, o próprio array `b` é um array de dois elementos, cada um desses elementos é um array unidimensional de valores `int`.

Arrays bidimensionais com linhas de diferentes comprimentos

A maneira como os arrays multidimensionais são representados os torna bem flexíveis. De fato, os comprimentos das linhas no array `b` *não* precisam ser os mesmos. Por exemplo,

```
int[][] b = {{1, 2}, {3, 4, 5}};
```

cria array de inteiros `b` com dois elementos (determinados pelo número de inicializadores de array aninhados) que representam as linhas do array bidimensional. Cada elemento de `b` é uma *referência* a um array unidimensional de variáveis `int`. O array `int` da linha `0` é um array unidimensional com *dois* elementos (`1` e `2`), e o array `int` da linha `1` é um array unidimensional com *três* elementos (`3`, `4` e `5`).

Criando arrays bidimensionais com expressões de criação de arrays

Um array multidimensional com o *mesmo* número de colunas em cada linha pode ser criado com uma expressão de criação de array. Por exemplo, as linhas a seguir declaram o array `b` e atribuem a ele uma referência para um array três por quatro:

```
int[][] b = new int[3][4];
```

Nesse caso, utilizamos os valores literais `3` e `4` para especificar o número de linhas e o número de colunas, respectivamente, mas isso *não* é necessário. Programas também podem utilizar variáveis para especificar as dimensões do array, porque *`new` cria arrays em tempo de execução, não em tempo de compilação.* Os elementos de um array multidimensional são inicializados quando o objeto array é criado.

Pode-se criar um array multidimensional em que cada linha tem um número *diferente* de colunas, como mostrado a seguir:

```
int[][] b = new int[2][];   // cria 2 linhas
b[0] = new int[5]; // cria 5 colunas para a linha 0
b[1] = new int[3]; // cria 3 colunas para a linha 1
```

As instruções anteriores criam um array bidimensional com duas linhas. A linha `0` tem *cinco* colunas, e a linha `1`, *três* colunas.

Exemplo de array bidimensional: exibindo valores de elemento

A Figura 7.17 demonstra a inicialização de arrays bidimensionais com inicializadores de array e a utilização de loops `for` aninhados para **percorrer** os arrays (isto é, manipular *cada* elemento de cada array). O método `main` da classe `InitArray` declara dois arrays. A declaração de `array1` (linha 9) utiliza inicializadores de array aninhados com o *mesmo* comprimento para inicializar a primeira linha do array para os valores 1, 2 e 3; e a segunda linha, para os valores 4, 5 e 6. A declaração de `array2` (linha 10) utiliza inicializadores aninhados de *diferentes* comprimentos. Nesse caso, a primeira linha é inicializada para dois elementos com os valores 1 e 2, respectivamente. A segunda linha é inicializada para um elemento com o valor 3. A terceira linha é inicializada para três elementos com os valores 4, 5 e 6, respectivamente.

```
1  // Figura 7.17: InitArray.java
2  // Inicializando arrays bidimensionais.
3
4  public class InitArray
5  {
6     // cria e gera saída de arrays bidimensionais
7     public static void main(String[] args)
8     {
9        int[][] array1 = {{1, 2, 3}, {4, 5, 6}};
10       int[][] array2 = {{1, 2}, {3}, {4, 5, 6}};
11
12       System.out.println("Values in array1 by row are");
13       outputArray(array1); // exibe array1 por linha
14
15       System.out.printf("%nValues in array2 by row are%n");
16       outputArray(array2); // exibe array2 por linha
17    }
18
19    // gera saída de linhas e colunas de um array bidimensional
20    public static void outputArray(int[][] array)
21    {
22       // faz um loop pelas linhas do array
23       for (int row = 0; row < array.length; row++)
24       {
25          // faz um loop pelas colunas da linha atual
26          for (int column = 0; column < array[row].length; column++)
27             System.out.printf("%d  ", array[row][column]);
28
29          System.out.println();
30       }
31    }
32 } // fim da classe InitArray
```

```
Values in array1 by row are
1  2  3
4  5  6

Values in array2 by row are
1  2
3
4  5  6
```

Figura 7.17 | Inicializando arrays bidimensionais.

As linhas 13 e 16 chamam o método `outputArray` (linhas 20 a 31) para gerar saída dos elementos de `array1` e `array2`, respectivamente. O parâmetro do método `outputArray` — `int[][]array` — indica que o método recebe um array bidimensional. A instrução `for` (linhas 23 a 30) gera saída das linhas de um array bidimensional. Na condição de continuação do loop da instrução `for` externa, a expressão `array.length` determina o número de linhas no array. Na instrução `for` interna, a expressão `array[row].length` determina o número de colunas na linha atual do array. A condição interna da instrução `for` permite que o loop determine o número exato de colunas em cada linha. Demonstramos instruções `for` aprimoradas aninhadas na Figura 7.18.

Manipulações de arrays multidimensionais comuns realizadas com as instruções `for`

Muitas manipulações de array comuns utilizam as instruções `for`. Como um exemplo, a seguinte instrução `for` configura todos os elementos na linha `2` do array `a` na Figura 7.16 como zero:

```
for (int column = 0; column < a[2].length; column++)
   a[2][column] = 0;
```

Especificamos a linha `2`; portanto, sabemos que o *primeiro* índice é sempre `2` (`0` é a primeira linha e `1`, a segunda). Esse loop `for` varia somente o *segundo* índice (isto é, o índice de coluna). Se a linha `2` do array `a` contém quatro elementos, então a instrução `for` anterior é equivalente às instruções de atribuição

```
a[2][0] = 0;
a[2][1] = 0;
a[2][2] = 0;
a[2][3] = 0;
```

A seguinte instrução `for` aninhada soma os valores de todos os elementos no array a:

```
int total = 0;

for (int row = 0; row < a.length; row++)
{
   for (int column = 0; column < a[row].length; column++)
      total += a[row][column];
}
```

Essas instruções `for` aninhadas somam os elementos do array *uma linha por vez*. A instrução `for` externa começa configurando o índice `row` como `0` para que os elementos da primeira linha possam ser somados pela instrução `for` interna. O `for` externo então incrementa `row` a `1` para que a segunda linha possa ser somada. Então, o `for` externo incrementa `row` para `2`, de modo que a terceira linha possa ser somada. A variável `total` pode ser exibida quando a instrução `for` externa terminar. No próximo exemplo, mostramos como processar um array bidimensional de maneira semelhante utilizando instruções `for` aprimoradas aninhadas.

7.12 Estudo de caso: classe GradeBook utilizando um array bidimensional

Na Seção 7.10, apresentamos a classe `GradeBook` (Figura 7.14), que utilizou um array unidimensional para armazenar notas de aluno de uma única prova. Na maioria dos semestres, os alunos fazem vários exames. É provável que os professores queiram analisar as notas do semestre inteiro, de um único aluno e de toda a classe.

Armazenando notas de aluno em um array bidimensional na classe GradeBook

A Figura 7.18 contém uma classe `GradeBook` que utiliza um array `grades` bidimensional para armazenar as notas de *vários* estudantes em *múltiplos* exames. Cada *linha* do array representa as notas de um *único* aluno para todo o curso, e cada *coluna* representa as notas de *todos* os alunos que fizeram um exame específico. A classe `GradeBookTest` (Figura 7.19) passa o array como um argumento para o construtor `GradeBook`. Nesse exemplo, utilizamos um array dez por três para as notas de três exames de dez alunos. Cinco métodos realizam as manipulações de array para processar as notas. Cada método é semelhante à sua contraparte na versão anterior de um array unidimensional de classe `GradeBook` (Figura 7.14). O método `getMinimum` (linha 46 a 62) determina a nota mais baixa de qualquer aluno no semestre. O método `getMaximum` (linhas 65 a 83) determina a nota mais alta de qualquer aluno no semestre. O método `getAverage` (linhas 86 a 96) determina a média semestral de um aluno particular. O método `outputBarChart` (linhas 99 a 129) gera um gráfico de barras para as notas dos alunos durante todo o semestre. O método `outputGrades` (linhas 132 a 156) gera saída do array em um formato tabular, junto com a média semestral de cada aluno.

```
1   // Figura 7.18: GradeBook.java
2   // classe GradeBook utilizando um array bidimensional para armazenar notas.
3
4   public class GradeBook
5   {
6      private String courseName; // nome de curso que este livro de nota representa
7      private int[][] grades; // array bidimensional de notas de aluno
8
9      // construtor de dois argumentos inicializa courseName e array de notas
10     public GradeBook(String courseName, int[][] grades)
11     {
12        this.courseName = courseName;
13        this.grades = grades;
14     }
15
16     // método para configurar o nome do curso
17     public void setCourseName(String courseName)
18     {
19        this.courseName = courseName;
20     }
21
22     // método para recuperar o nome do curso
23     public String getCourseName()
24     {
25        return courseName;
26     }
27
28     // realiza várias operações nos dados
```

continua

continuação

```
   public void processGrades()
   {
      // gera saída de array de notas
      outputGrades();

      // chama métodos getMinimum e getMaximum
      System.out.printf("%n%s %d%n%s %d%n%n",
         "Lowest grade in the grade book is", getMinimum(),
         "Highest grade in the grade book is", getMaximum());

      // gera a saída de gráfico de distribuição de notas de todas as notas em todos os testes
      outputBarChart();
   }

   // localiza nota mínima
   public int getMinimum()
   {
      // supõe que o primeiro elemento de array de notas é o menor
      int lowGrade = grades[0][0];

      // faz um loop pelas linhas do array de notas
      for (int[] studentGrades : grades)
      {
         // faz um loop pelas colunas da linha atual
         for (int grade : studentGrades)
         {
            // se a nota for menor que lowGrade, atribui a nota a lowGrade
            if (grade < lowGrade)
               lowGrade = grade;
         }
      }

      return lowGrade;
   }

   // localiza nota máxima
   public int getMaximum()
   {
      // supõe que o primeiro elemento de array de notas é o maior
      int highGrade = grades[0][0];

      // faz um loop pelas linhas do array de notas
      for (int[] studentGrades : grades)
      {
         // faz um loop pelas colunas da linha atual
         for (int grade : studentGrades)
         {
            // se a nota for maior que highGrade, atribui essa nota a highGrade
            if (grade > highGrade)
               highGrade = grade;
         }
      }

      return highGrade;
   }

   // determina a média do conjunto particular de notas
   public double getAverage(int[] setOfGrades)
   {
      int total = 0;

      // soma notas de um aluno
      for (int grade : setOfGrades)
         total += grade;

      // retorna média de notas
```

continua

continuação

```
      return (double) total / setOfGrades.length;
   }

   // gera a saída do gráfico de barras para exibir distribuição total de notas
   public void outputBarChart()
   {
      System.out.println("Overall grade distribution:");

      // armazena frequência de notas em cada intervalo de 10 notas
      int[] frequency = new int[11];

      // para cada nota em GradeBook, incrementa a frequência apropriada
      for (int[] studentGrades : grades)
      {
         for (int grade : studentGrades)
            ++frequency[grade / 10];
      }

      // para cada frequência de nota, imprime barra no gráfico
      for (int count = 0; count < frequency.length; count++)
      {
         // gera saída do rótulo de barra ("00-09: ", ..., "90-99: ", "100: ")
         if (count == 10)
            System.out.printf("%5d: ", 100);
         else
            System.out.printf("%02d-%02d: ",
               count * 10, count * 10 + 9);

         // imprime a barra de asteriscos
         for (int stars = 0; stars < frequency[count]; stars++)
            System.out.print("*");

         System.out.println();
      }
   }

   // gera a saída do conteúdo do array de notas
   public void outputGrades()
   {
      System.out.printf("The grades are:%n%n");
      System.out.print("            "); // alinha títulos de coluna

      // cria um título de coluna para cada um dos testes
      for (int test = 0; test < grades[0].length; test++)
         System.out.printf("Test %d  ", test + 1);

      System.out.println("Average"); // título da coluna de média do aluno

      // cria linhas/colunas de texto que representam notas de array
      for (int student = 0; student < grades.length; student++)
      {
         System.out.printf("Student %2d", student + 1);

         for (int test : grades[student]) // gera saída de notas do aluno
            System.out.printf("%8d", test);

         // chama método getAverage para calcular a média do aluno;
         // passa linha de notas como o argumento para getAverage
         double average = getAverage(grades[student]);
         System.out.printf("%9.2f%n", average);
      }
   }
} // fim da classe GradeBook
```

Figura 7.18 | Classe GradeBook utilizando um array bidimensional para armazenar notas.

Métodos `getMinimum` e `getMaximum`

Os métodos `getMinimum`, `getMaximum`, `outputBarChart` e `outputGrades` fazem loop pelo array `grades` utilizando instruções `for` aninhadas — por exemplo, a instrução `for` aprimorada aninhada a partir da declaração de método `getMinimum` (linhas 50 a 59). A instrução `for` aprimorada externa itera pelo array bidimensional `grades`, atribuindo linhas sucessivas ao parâmetro `studentGrades` em sucessivas iterações. Os colchetes que se seguem ao nome do parâmetro indicam que `studentGrades` referencia o array `int` unidimensional, isto é, uma linha no array `grades` que contém a nota de um aluno. Para localizar a nota geral mais baixa, a instrução `for` interna compara os elementos do array unidimensional `studentGrades` atual com a variável `lowGrade`. Por exemplo, na primeira iteração do `for` externo, a linha 0 de `grades` é atribuída ao parâmetro `studentGrades`. A instrução `for` aprimorada interna então faz um loop por `studentGrades` e compara cada valor `grade` com `lowGrade`. Se uma nota for menor que `lowGrade`, este é configurado como essa nota. Na segunda iteração da instrução `for` aprimorada externa, a linha 1 de `grades` é atribuída a `studentGrades` e os elementos dessa linha são comparados com a variável `lowGrade`. Isso se repete até que todas as linhas de `grades` tenham sido percorridas. Quando a execução da instrução aninhada é concluída, `lowGrade` contém a nota mais baixa no array bidimensional. O método `getMaximum` funciona de maneira semelhante ao método `getMinimum`.

Método `outputBarChart`

O método `outputBarChart` na Figura 7.18 é quase idêntico ao da Figura 7.14. Mas para gerar a distribuição geral das notas para todo um semestre, o método aqui usa instruções `for` aprimoradas aninhadas (linhas 107 a 111) para criar o array unidimensional `frequency` com base em todas as notas no array bidimensional. O resto do código em cada um dos dois métodos `outputBarChart` que exibe o gráfico é idêntico.

Método `outputGrades`

O método `outputGrades` (linhas 132 a 156) utiliza instruções `for` aninhadas para gerar saída de valores do array `grades` e a média semestral de cada aluno. A saída (Figura 7.19) mostra o resultado, que é semelhante ao formato tabular de um livro de notas de um professor de física. As linhas 138 e 139 imprimem os títulos de coluna para cada teste. Utilizamos uma instrução `for` controlada por contador aqui para que possamos identificar cada teste com um número. De maneira semelhante, a instrução `for` nas linhas 144 a 155 gera primeiro a saída de um rótulo de linha utilizando uma variável contadora para identificar cada aluno (linha 146). Embora os índices de array iniciem em 0, as linhas 139 e 146 geram saída de `test + 1` e `student + 1`, respectivamente, para produzir números de teste e de aluno que iniciam em 1 (ver a saída na Figura 7.19). A instrução `for` interna (linhas 148 e 149) utiliza a variável contadora `student` da instrução `for` externa para fazer um loop por uma linha específica do array `grades` e gerar saída da nota de teste de cada aluno. Uma instrução `for` aprimorada pode ser aninhada em uma instrução `for` controlada por contador e vice-versa. Por fim, a linha 153 obtém a média de semestre de cada aluno passando a linha atual de `grades` (isto é, `grades[student]`) para o método `getAverage`.

Método `getAverage`

O método `getAverage` (linhas 86 a 96) aceita um argumento — um array unidimensional dos resultados de teste de um aluno particular. Quando a linha 153 chama `getAverage`, o argumento é `grades[student]`, que especifica que uma linha particular do array bidimensional `grades` deve ser passada para `getAverage`. Por exemplo, com base no array criado na Figura 7.19, o argumento `grades[1]` representa os três valores (um array unidimensional de notas) armazenados na linha `1` do array bidimensional `grades`. Lembre-se de que um array bidimensional é um array cujos elementos são arrays unidimensionais. O método `getAverage` calcula a soma dos elementos do array, divide o total pelo número de resultados do teste e retorna o resultado de ponto flutuante como um valor `double` (linha 95).

A classe `GradeBookTest` que demonstra a classe `GradeBook`

A Figura 7.19 cria um objeto da classe `GradeBook` (Figura 7.18) utilizando o array bidimensional de `int`s chamado `gradesArray` (declarado e inicializado nas linhas 10 a 19). As linhas 21 e 22 passam um nome de curso e o `gradesArray` para o construtor `GradeBook`. As linhas 23 e 24 exibem uma mensagem de boas-vindas contendo o nome do curso, então a linha 25 invoca o método `processGrades` de `myGradeBook` para exibir um relatório resumindo as notas dos estudantes para o semestre.

```
1  // Figura 7.19: GradeBookTest.java
2  // GradeBookTest cria o objeto GradeBook utilizando um array bidimensional
3  // das notas e, então, invoca o método processGrades para analisá-las.
4  public class GradeBookTest
5  {
6     // método main inicia a execução de programa
7     public static void main(String[] args)
8     {
9        // array bidimensional de notas de aluno
10       int[][] gradesArray = {{87, 96, 70},
11                              {68, 87, 90},
```

continua

continuação

```java
                        {94, 100, 90},
                        {100, 81, 82},
                        {83, 65, 85},
                        {78, 87, 65},
                        {85, 75, 83},
                        {91, 94, 100},
                        {76, 72, 84},
                        {87, 93, 73}};

      GradeBook myGradeBook = new GradeBook(
         "CS101 Introduction to Java Programming", gradesArray);
      System.out.printf("Welcome to the grade book for%n%s%n%n",
         myGradeBook.getCourseName());
      myGradeBook.processGrades();
   }
} // fim da classe GradeBookTest
```

```
Welcome to the grade book for
CS101 Introduction to Java Programming

The grades are:

             Test 1  Test 2  Test 3  Average
Student  1     87      96      70     84.33
Student  2     68      87      90     81.67
Student  3     94     100      90     94.67
Student  4    100      81      82     87.67
Student  5     83      65      85     77.67
Student  6     78      87      65     76.67
Student  7     85      75      83     81.00
Student  8     91      94     100     95.00
Student  9     76      72      84     77.33
Student 10     87      93      73     84.33

Lowest grade in the grade book is 65
Highest grade in the grade book is 100

Overall grade distribution:
00-09:
10-19:
20-29:
30-39:
40-49:
50-59:
60-69: ***
70-79: ******
80-89: ***********
90-99: *******
  100: ***
```

Figura 7.19 | `GradeBookTest` cria o objeto `GradeBook` utilizando um array bidimensional de notas e invoca o método `processGrades` para analisá-las.

7.13 Listas de argumentos de comprimento variável

Com **listas de argumentos de comprimento variável**, você pode criar métodos que recebem um número não especificado de argumentos. Um tipo seguido por **reticências (...)** na lista de parâmetros de um método indica que o método recebe um número variável de argumentos desse tipo particular. Esse uso de reticências só pode ocorrer *uma vez* em uma lista de parâmetros, e a elipse, junto com seu tipo e o nome de parâmetro, deve ser colocada no *fim* da lista de parâmetros. Embora você possa utilizar sobrecarga de método e passagem de array para realizar grande parte do que é realizado com listas de argumentos de comprimento variável, é mais conciso utilizar as reticências na lista de parâmetros de um método.

A Figura 7.20 demonstra o método `average` (linhas 7 a 16), que recebe uma sequência de comprimento variável de `double`s. O Java trata a lista de argumentos de comprimento variável como um array cujos elementos são todos do mesmo tipo. Portanto, o corpo de método pode manipular o parâmetro `numbers` como um array de `double`s. As linhas 12 e 13 utilizam o loop `for` aprimorado para percorrer o array e calcular o total dos `double`s no array. A linha 15 acessa `numbers.length` para obter o tamanho do array `numbers` para utilização no cálculo da média. As linhas 29, 31 e 33 em `main` chamam o método `average` com dois, três e quatro argumentos, respectivamente. O método `average` tem uma lista de argumentos de comprimento variável (linha 7), então ele pode calcular a média de quantos argumentos `double` o chamador passar. A saída mostra que cada chamada ao método `average` retorna o valor correto.

Erro comum de programação 7.5

Inserir reticências indicando uma lista de argumentos de comprimento variável no meio de uma lista de parâmetros é um erro de sintaxe. As reticências só podem ser colocadas no fim da lista de parâmetros.

```java
// Figura 7.20: VarargsTest.java
// Utilizando listas de argumentos de comprimento variável.

public class VarargsTest
{
   // calcula a média
   public static double average(double... numbers)
   {
      double total = 0.0;

      // calcula total utilizando a instrução for aprimorada
      for (double d : numbers)
         total += d;

      return total / numbers.length;
   }

   public static void main(String[] args)
   {
      double d1 = 10.0;
      double d2 = 20.0;
      double d3 = 30.0;
      double d4 = 40.0;

      System.out.printf("d1 = %.1f%nd2 = %.1f%nd3 = %.1f%nd4 = %.1f%n%n",
         d1, d2, d3, d4);

      System.out.printf("Average of d1 and d2 is %.1f%n",
         average(d1, d2));
      System.out.printf("Average of d1, d2 and d3 is %.1f%n",
         average(d1, d2, d3));
      System.out.printf("Average of d1, d2, d3 and d4 is %.1f%n",
         average(d1, d2, d3, d4));
   }
} // fim da classe VarargsTest
```

```
d1 = 10.0
d2 = 20.0
d3 = 30.0
d4 = 40.0

Average of d1 and d2 is 15.0
Average of d1, d2 and d3 is 20.0
Average of d1, d2, d3 and d4 is 25.0
```

Figura 7.20 | Utilizando listas de argumentos de comprimento variável.

7.14 Utilizando argumentos de linha de comando

É possível passar argumentos da linha de comando para um aplicativo por meio do parâmetro `String[]`do método `main`, que recebe um array de `Strings`. Por convenção, esse parâmetro é chamado `args`. Quando um aplicativo é executado utilizando o comando `java`, o Java passa os **argumentos de linha de comando** que aparecem depois do nome de classe no comando `java` para o método `main` do aplicativo como `Strings` no array `args`. O número de argumentos de linha de comando é obtido acessando o atributo `length` do array. Os usos mais comuns de argumentos de linha de comando incluem passar opções e nomes de arquivos para aplicativos.

Nosso próximo exemplo usa argumentos de linha de comando para determinar o tamanho de um array, o valor de seu primeiro elemento e o incremento utilizado para calcular os valores dos elementos remanescentes do array. O comando

```
java InitArray 5 0 4
```

passa três argumentos, `5`, `0` e `4` ao aplicativo `InitArray`. Os argumentos de linha de comando são separados por um espaço em branco, *não* vírgula. Quando esse comando executa, o método `main` de `InitArray` recebe o array de três elementos `args` (isto é, `args.length` é `3`) em que `args[0]` contém a `String "5"`, `args[1]` contém a `String "0"` e `args[2]` contém a `String "4"`. O programa determina como usar esses argumentos — na Figura 7.21 convertemos os três argumentos de linha de comando em valores `int` e os usamos para inicializar um array. Quando o programa executa, se `args.length` não for `3`, o programa imprimirá uma mensagem de erro e terminará (linhas 9 a 12). Caso contrário, as linhas 14 a 32 inicializam e exibem o array com base nos valores dos argumentos de linha de comando.

A linha 16 obtém `args[0]` — uma `String` que especifica o tamanho do array — e a converte em um valor `int` que o programa utiliza para criar o array da linha 17. O método `static parseInt` da classe `Integer` converte seu argumento `String` em um `int`.

As linhas 20 e 21 convertem os argumentos de linha de comando `args[1]` e `args[2]` em valores `int` e os armazena em `initialValue` e `increment`, respectivamente. As linhas 24 e 25 calculam o valor de cada elemento do array.

```
1    // Figura 7.21: InitArray.java
2    // Inicializando um array com argumentos de linha de comando.
3
4    public class InitArray
5    {
6       public static void main(String[] args)
7       {
8          // verifica número de argumentos de linha de comando
9          if (args.length != 3)
10            System.out.printf(
11               "Error: Please re-enter the entire command, including%n" +
12               "an array size, initial value and increment.%n");
13         else
14         {
15            // obtém o tamanho do array a partir do primeiro argumento de linha de comando
16            int arrayLength = Integer.parseInt(args[0]);
17            int[] array = new int[arrayLength];
18
19            // obtém o valor inicial e o incrementa a partir dos argumentos de linha de comando
20            int initialValue = Integer.parseInt(args[1]);
21            int increment = Integer.parseInt(args[2]);
22
23            // calcula valor de cada elemento do array
24            for (int counter = 0; counter < array.length; counter++)
25               array[counter] = initialValue + increment * counter;
26
27            System.out.printf("%s%8s%n", "Index", "Value");
28
29            // exibe o valor e o índice de array
30            for (int counter = 0; counter < array.length; counter++)
31               System.out.printf("%5d%8d%n", counter, array[counter]);
32         }
33      }
34   } // fim da classe InitArray
```

```
java InitArray
Error: Please re-enter the entire command, including
an array size, initial value and increment.
```

```
java InitArray 5 0 4
Index   Value
    0       0
    1       4
    2       8
    3      12
    4      16
```

```
java InitArray 8 1 2
Index   Value
    0       1
    1       3
    2       5
    3       7
    4       9
    5      11
    6      13
    7      15
```

Figura 7.21 | Inicializando um array com argumentos de linha de comando.

A saída da primeira execução mostra que o aplicativo recebeu um número insuficiente de argumentos de linha de comando. A segunda execução utiliza os argumentos de linha de comando 5, 0 e 4 para especificar o tamanho do array (5), o valor do primeiro elemento (0) e o incremento de cada valor do array (4), respectivamente. A saída correspondente mostra que esses valores criam um array contendo os inteiros 0, 4, 8, 12 e 16. A saída da terceira execução mostra que os argumentos de linha de comando 8, 1 e 2 produzem um array cujos 8 elementos são os inteiros ímpares não negativos de 1 a 15.

7.15 Classe Arrays

A classe `Arrays` ajuda a evitar reinventar a roda fornecendo métodos `static` para manipulações de array comuns. Esses métodos incluem `sort` para *classificar* um array (isto é, organizar os elementos em ordem crescente), `binarySearch` para *procurar* um array *classificado* (isto é, determinar se um array contém um valor específico e, se contiver, onde o valor está localizado), `equals` para *comparar* arrays e `fill` para *inserir valores em um array*. Esses métodos são sobrecarregados para arrays de tipo primitivo e arrays de objetos. Nosso foco nesta seção é como usar as capacidades internas fornecidas pela API Java. O Capítulo 19, "Pesquisa, classificação e Big O", mostra como implementar seus próprios algoritmos de classificação e pesquisa, um assunto de grande interesse para estudantes e pesquisadores de ciência da computação.

A Figura 7.22 utiliza métodos `Arrays` `sort`, `binarySearch`, `equals` e `fill` e mostra como *copiar* arrays com método `static` `arraycopy` da classe `System`. No `main`, a linha 11 classifica os elementos do array `doubleArray`. O método `static` `sort` da classe `Arrays` ordena os elementos do array na ordem *crescente* por padrão. Discutimos mais adiante neste capítulo como classificar em ordem *decrescente*. Versões sobrecarregadas de `sort` permitem classificar um intervalo específico dos elementos dentro do array. As linhas 12 a 15 geram o array classificado.

```
1  // Figura 7.22: ArrayManipulations.java
2  // Métodos da classe Arrays e System.arraycopy.
3  import java.util.Arrays;
4
5  public class ArrayManipulations
6  {
7     public static void main(String[] args)
8     {
9        // classifica doubleArray em ordem crescente
10       double[] doubleArray = { 8.4, 9.3, 0.2, 7.9, 3.4 };
11       Arrays.sort(doubleArray);
12       System.out.printf("%ndoubleArray: ");
13
14       for (double value : doubleArray)
15          System.out.printf("%.1f ", value);
16
17       // preenche o array de 10 elementos com 7s
18       int[] filledIntArray = new int[10];
19       Arrays.fill(filledIntArray, 7);
20       displayArray(filledIntArray, "filledIntArray");
21
22       // copia array intArray em array intArrayCopy
23       int[] intArray = { 1, 2, 3, 4, 5, 6 };
24       int[] intArrayCopy = new int[intArray.length];
25       System.arraycopy(intArray, 0, intArrayCopy, 0, intArray.length);
26       displayArray(intArray, "intArray");
27       displayArray(intArrayCopy, "intArrayCopy");
28
29       // verifica a igualdade de intArray e intArrayCopy
30       boolean b = Arrays.equals(intArray, intArrayCopy);
31       System.out.printf("%n%nintArray %s intArrayCopy%n",
32          (b ? "==" : "!="));
33
34       // verifica a igualdade de intArray e filledIntArray
35       b = Arrays.equals(intArray, filledIntArray);
36       System.out.printf("intArray %s filledIntArray%n",
37          (b ? "==" : "!="));
38
39       // pesquisa o valor 5 em intArray
40       int location = Arrays.binarySearch(intArray, 5);
41
42       if (location >= 0)
43          System.out.printf(
```

continua

continuação

```
44                 "Found 5 at element %d in intArray%n", location);
45          else
46             System.out.println("5 not found in intArray");
47
48          // pesquisa o valor 8763 em intArray
49          location = Arrays.binarySearch(intArray, 8763);
50
51          if (location >= 0)
52             System.out.printf(
53                "Found 8763 at element %d in intArray%n", location);
54          else
55             System.out.println("8763 not found in intArray");
56       }
57
58       // gera saída de valores em cada array
59       public static void displayArray(int[] array, String description)
60       {
61          System.out.printf("%n%s: ", description);
62
63          for (int value : array)
64             System.out.printf("%d ", value);
65       }
66    } // fim da classe ArrayManipulations
```

```
doubleArray: 0.2 3.4 7.9 8.4 9.3
filledIntArray: 7 7 7 7 7 7 7 7 7 7
intArray: 1 2 3 4 5 6
intArrayCopy: 1 2 3 4 5 6

intArray == intArrayCopy
intArray != filledIntArray
Found 5 at element 4 in intArray
8763 not found in intArray
```

Figura 7.22 | Métodos da classe `Arrays` e `System.arraycopy`.

A linha 19 chama o método `static fill` da classe `Arrays` para preencher todos os 10 elementos de `filledIntArray` com 7s. Versões sobrecarregadas de `fill` permitem preencher um intervalo específico de elementos com o mesmo valor. A linha 20 chama o método `displayArray` da nossa classe (declarada nas linhas 59 a 65) para gerar o conteúdo de `filledIntArray`.

A linha 25 copia os elementos de `intArray` para `intArrayCopy`. O primeiro argumento (`intArray`) passado para o método `System arraycopy` é o array a partir do qual os elementos são copiados. O segundo argumento (`0`) é o índice que especifica o *ponto inicial* no intervalo de elementos a copiar a partir do array. Esse valor pode ser qualquer índice de array válido. O terceiro argumento (`intArrayCopy`) especifica o *array de destino* que armazenará a cópia. O quarto argumento (`0`) especifica o índice no array de destino *em que o primeiro elemento copiado deve ser armazenado*. O último argumento especifica o *número de elementos a ser copiado* a partir do array no primeiro argumento. Nesse caso, copiamos todos os elementos no array.

As linhas 30 e 35 chamam o método `static equals` da classe `Arrays` para determinar se todos os elementos de dois arrays são equivalentes. Se os arrays contiverem os mesmos elementos na mesma ordem, o método retorna `true`; caso contrário, retorna `false`.

Dica de prevenção de erro 7.3

Ao comparar o conteúdo do array, sempre use `Arrays.equals(array1, array2)`, que compara o conteúdo dos dois arrays, em vez de `array1.equals(array2)`, que compara se `array1` e `array2` se referem ao mesmo objeto array.

As linhas 40 e 49 chamam o método `static binarySearch` da classe `Arrays` para realizar uma pesquisa binária em `intArray`, usando o segundo argumento (`5` e `8763`, respectivamente) como a chave. Se `value` for encontrado, `binarySearch` retorna o índice do elemento; caso contrário, `binarySearch` retorna um valor negativo. O valor negativo retornado é baseado no *ponto de inserção* da chave de pesquisa — o índice em que a chave seria inserida no array se fôssemos realizar uma operação de inserção. Depois de `binarySearch` determinar o ponto de inserção, ele muda seu sinal para negativo e subtrai `1` para obter o valor de retorno. Por exemplo, na Figura 7.22, o ponto de inserção para o valor `8763` é o elemento com índice `6` no array. O método `binarySearch` muda o ponto de inserção para `-6`, subtrai `1` dele e retorna o valor `-7`. Subtrair 1 do ponto de inserção garante que o método `binarySearch` retorna valores positivos (>=0) se e somente se a chave for encontrada. Esse valor de retorno é útil para inserir elementos em um array classificado. O Capítulo 19 discute pesquisa binária em detalhes.

Erro comum de programação 7.6

Passar um array não classificado para binarySearch *é um erro de lógica — o valor retornado é indefinido.*

Java SE 8 — Método parallelSort *da classe* Arrays

A classe Arrays agora tem vários novos métodos "paralelos" que tiram vantagem do hardware multiprocessado. O método parallelSort de Arrays pode classificar arrays grandes de forma mais eficiente em sistemas multiprocessados. Na Seção 23.12, criaremos um array muito grande e usaremos os recursos da Date/Time API do Java SE 8 para comparar quanto tempo leva para classificar o array com os métodos sort e parallelSort.

7.16 Introdução a coleções e classe ArrayList

A Java API fornece várias estruturas de dados predefinidas, chamadas **coleções**, usadas para armazenar grupos de objetos relacionados na memória. Essas classes fornecem métodos eficientes que organizam, armazenam e recuperam seus dados *sem a* necessidade de conhecer como os dados são *armazenados*. Isso reduz o tempo de desenvolvimento de aplicativos.

Você já usou arrays para armazenar sequências de objetos. Arrays não mudam automaticamente o tamanho em tempo de execução para acomodar elementos adicionais. A classe de coleção **ArrayList<T>** (pacote java.util) fornece uma solução conveniente para esse problema — ela pode alterar *dinamicamente* seu tamanho para acomodar mais elementos. O T (por convenção) é um *espaço reservado* — ao declarar um novo ArrayList, substitua-o pelo tipo dos elementos que você deseja que o ArrayList armazene. Por exemplo,

```
ArrayList<String> list;
```

declara list como uma coleção ArrayList que só pode armazenar Strings. Classes com esse tipo de espaço reservado que podem ser usadas com qualquer tipo são chamadas **classes genéricas**. *Somente tipos não primitivos podem ser usados para declarar variáveis e criar objetos das classes genéricas.* Mas o Java fornece um mecanismo conhecido como *boxing*, que permite que valores primitivos sejam empacotados como objetos para uso com classes genéricas. Assim, por exemplo,

```
ArrayList<Integer> integers;
```

declara integers como um ArrayList que só pode armazenar Integers. Ao inserir um valor int em um ArrayList<Integer>, o valor int é *empacotado* como um objeto Integer, e quando você obtém um objeto Integer de um ArrayList<Integer>, e então atribui o objeto a uma variável int, o valor int dentro do objeto é *desempacotado*.

Coleção e classes genéricas adicionais são discutidas nos capítulos 16 e 20, respectivamente. A Figura 7.23 mostra alguns métodos comuns da classe ArrayList<T>.

Método	Descrição
add	Adiciona um elemento ao *final* do ArrayList.
clear	Remove todos os elementos do ArrayList.
contains	Retorna true se o ArrayList contém o elemento especificado; caso contrário, retorna false.
get	Retorna o elemento no índice especificado.
indexOf	Retorna o índice da primeira ocorrência do elemento especificado no ArrayList.
remove	Sobrecarregado. Remove a primeira ocorrência do valor especificado ou o elemento no índice especificado.
Size	Retorna o número de elementos armazenados em ArrayList.
trimToSize	Corta a capacidade do ArrayList para o número atual de elementos.

Figura 7.23 | Alguns métodos e propriedades da classe ArrayList<T>.

Demonstrando um ArrayList <String>

A Figura 7.24 demonstra algumas capacidades `ArrayList` comuns. A linha 10 cria um novo `ArrayList` vazio de `Strings` com uma capacidade inicial padrão de 10 elementos. A capacidade indica quantos itens o `ArrayList` pode armazenar *sem crescer*. `ArrayList` é implementado usando um array convencional nos bastidores. Quando o `ArrayList` cresce, ele deve criar um array interno maior e *copiar* cada elemento para o novo array. Isso é uma operação demorada. Seria ineficiente o `ArrayList` crescer sempre que um elemento fosse adicionado. Em vez disso, ele só cresce quando um elemento for adicionado *e* o número dos elementos for igual à capacidade, isto é, não há espaço para o novo elemento.

```
1   // Figura 7.24: ArrayListCollection.java
2   // Demonstração da coleção ArrayList<T> genérica.
3   import java.util.ArrayList;
4
5   public class ArrayListCollection
6   {
7      public static void main(String[] args)
8      {
9         // cria um novo ArrayList de strings com uma capacidade inicial de 10
10        ArrayList<String> items = new ArrayList<String>();
11
12        items.add("red"); // anexa um item à lista
13        items.add(0, "yellow"); // insere "yellow" no índice 0
14
15        // cabeçalho
16        System.out.print(
17           "Display list contents with counter-controlled loop:");
18
19        // exibe as cores na lista
20        for (int i = 0; i < items.size(); i++)
21           System.out.printf(" %s", items.get(i));
22
23        // exibe as cores usando for aprimorada no método display
24        display(items,
25           "%nDisplay list contents with enhanced for statement:");
26
27        items.add("green"); // adiciona "green" ao fim da lista
28        items.add("yellow"); // adiciona "yellow" ao fim da lista
29        display(items, "List with two new elements:");
30
31        items.remove("yellow"); // remove o primeiro "yellow"
32        display(items, "Remove first instance of yellow:");
33
34        items.remove(1); // remove o item no índice 1
35        display(items, "Remove second list element (green):");
36
37        // verifica se um valor está na List
38        System.out.printf("\"red\" is %sin the list%n",
39           items.contains("red") ? "": "not ");
40
41        // exibe o número de elementos na List
42        System.out.printf("Size: %s%n", items.size());
43     }
44
45     // exibe elementos do ArrayList no console
46     public static void display(ArrayList<String> items, String header)
47     {
48        System.out.printf(header); // exibe o cabeçalho
49
50        // exibe cada elemento em itens
51        for (String item : items)
52           System.out.printf(" %s", item);
53
54        System.out.println();
55     }
56  } // fim da classe ArrayListCollection
```

continua

continuação

```
Display list contents with counter-controlled loop: yellow red
Display list contents with enhanced for statement: yellow red
List with two new elements: yellow red green yellow
Remove first instance of yellow: red green yellow
Remove second list element (green): red yellow
"red" is in the list
Size: 2
```

Figura 7.24 | Demonstração da coleção ArrayList<T> genérica.

O método **add** adiciona elementos a ArrayList (linhas 12 e 13). O método add com *um* argumento *anexa* o argumento ao *fim* do ArrayList. O método add com *dois* argumentos *insere* um novo elemento na *posição* especificada. O primeiro argumento é um índice. Como acontece com arrays, índices de coleção começam em zero. O segundo argumento é o *valor* a inserir nesse *índice*. Os índices de todos os elementos subsequentes são incrementados por um. Inserir um elemento geralmente demora mais do que adicionar um elemento ao final do ArrayList.

As linhas 20 e 21 exibem os itens no ArrayList. O método **size** retorna o número de elementos atualmente no ArrayList. O método **get** (linha 21) obtém o elemento em um índice especificado. As linhas 24 e 25 exibem os elementos novamente invocando o método display (definido nas linhas 46 a 55). As linhas 27 e 28 adicionam mais dois elementos ao ArrayList, então a linha 29 exibe os elementos novamente para confirmar que os dois elementos foram adicionados ao *final* da coleção.

O método **remove** é utilizado para remover um elemento com um valor específico (linha 31). Ele remove apenas o primeiro elemento. Se nenhum elemento está no ArrayList, remove não faz nada. Uma versão sobrecarregada do método remove o elemento no índice especificado (linha 34). Quando um elemento é removido, os índices de quaisquer elementos depois do elemento removido são reduzidos por um.

A linha 39 usa o método **contains** para verificar se um item está no ArrayList. O método contains retorna true se o elemento é encontrado no ArrayList e, do contrário, false. O método compara seu argumento com cada elemento do ArrayList na ordem, portanto, usar contains em um ArrayList grande pode ser *ineficiente*. A linha 42 mostra o tamanho do ArrayList.

Java SE 7 — Notação de losango (<>) para criar um objeto de uma classe genérica

Considere a linha 10 da Figura 7.24:

```
ArrayList<String> items = new ArrayList<String>();
```

Observe que ArrayList<String> aparece na declaração de variável *e* na expressão de criação da instância de classe. O Java SE 7 introduziu a **notação de losango (<>)** para simplificar declarações como essa. Usar <> em uma expressão de criação de instância da classe para um objeto de uma classe *genérica* informa o compilador para determinar o que pertence aos colchetes angulares. No Java SE 7 e versão superior, a instrução anterior pode ser escrita como:

```
ArrayList<String> items = new ArrayList<>();
```

Quando o compilador encontra o losango (<>) na expressão de criação de instância da classe, ele usa a declaração da variável items para determinar o tipo de elemento do ArrayList (String) — isso é conhecido como *inferir o tipo de elemento*.

7.17 (Opcional) Estudo de caso de GUIs e imagens gráficas: desenhando arcos

Utilizando os recursos de imagens gráficas do Java, pode-se criar desenhos complexos que seriam mais tediosos de codificar linha por linha. Nas figuras 7.25 e7.26, utilizamos os arrays e instruções de repetição para desenhar um arco-íris utilizando o método Graphics fillArc. Desenhar arcos no Java é semelhante a desenhar ovais — um arco é simplesmente uma fatia de uma oval.

Na Figura 7.25, as linhas 10 e 11 declaram e criam duas novas constantes cor — VIOLET e INDIGO. Como você pode saber, as cores de um arco-íris são vermelho, laranja, amarelo, azul, verde, índigo e violeta. O Java tem constantes predefinidas apenas para as cinco primeiras cores. As linhas 15 a 17 inicializam um array com as cores do arco-íris, iniciando primeiro com os arcos mais internos. O array inicia com dois elementos Color.WHITE, que, como você logo verá, serão para desenhar os arcos vazios no centro do arco-íris. As variáveis de instância podem ser inicializadas quando elas são declaradas, como mostrado nas linhas 10 a 17. O construtor (linhas 20 a 23) contém uma única instrução que chama o método **setBackground** (que é herdado da classe JPanel) com o parâmetro Color.WHITE. O método setBackground aceita um único argumento Color e configura o fundo do componente com essa cor.

```
1  // Figura 7.25: DrawRainbow.java
2  // Desenhando um arco-íris com arcos e um array de cores.
3  import java.awt.Color;
4  import java.awt.Graphics;
```

continua

continuação

```
5   import javax.swing.JPanel;
6
7   public class DrawRainbow extends JPanel
8   {
9      // define as cores índigo e violeta
10     private final static Color VIOLET = new Color(128, 0, 128);
11     private final static Color INDIGO = new Color(75, 0, 130);
12
13     // Cores a utilizar no arco-íris, iniciando da parte mais interna
14     // As duas entradas em branco resultam em um arco vazio no centro
15     private Color[] colors =
16        { Color.WHITE, Color.WHITE, VIOLET, INDIGO, Color.BLUE,
17          Color.GREEN, Color.YELLOW, Color.ORANGE, Color.RED };
18
19     // construtor
20     public DrawRainbow()
21     {
22        setBackground(Color.WHITE); // configura o fundo como branco
23     }
24
25     // desenha um arco-íris utilizando arcos concêntricos
26     public void paintComponent(Graphics g)
27     {
28        super.paintComponent(g);
29
30        int radius = 20; // raio de um arco
31
32        // desenha o arco-íris perto da parte central inferior
33        int centerX = getWidth() / 2;
34        int centerY = getHeight() - 10;
35
36        // desenha arcos preenchidos com o mais externo
37        for (int counter = colors.length; counter > 0; counter--)
38        {
39           // configura a cor para o arco atual
40           g.setColor(colors[counter - 1]);
41
42           // preenche o arco de 0 a 180 graus
43           g.fillArc(centerX - counter * radius,
44              centerY - counter * radius,
45              counter * radius * 2, counter * radius * 2, 0, 180);
46        }
47     }
48  } // fim da classe DrawRainbow
```

Figura 7.25 | Desenhando um arco-íris com arcos e um array de cores.

A linha 30 em `paintComponent` declara a variável local `radius`, que determina o raio de cada arco. As variáveis locais `centerX` e `centerY` (linhas 33 e 34) determinam a localização do ponto intermediário na base do arco-íris. O loop nas linhas 37 a 46 utiliza a variável de controle `counter` para contar para trás a partir do fim do array, desenhando primeiro os arcos maiores e colocando cada arco menor sucessivo por cima do arco anterior. A linha 40 configura a cor para desenhar o arco atual do array. A razão de termos entradas `Color.WHITE` no começo do array é criar o arco vazio no centro. Caso contrário, o centro do arco-íris seria apenas um semicírculo violeta sólido. Você pode alterar as cores individuais e o número de entradas no array para criar novos desenhos.

A chamada de método **`fillArc`** nas linhas 43 a 45 desenha um semicírculo preenchido. O método `fillArc` requer seis parâmetros. Os quatro primeiros parâmetros representam o retângulo delimitador em que o arco será desenhado. Os dois primeiros deles especificam as coordenadas do *canto superior* esquerdo do retângulo delimitador e os dois seguintes especificam sua largura e altura. O quinto parâmetro é o ângulo inicial na oval e o sexto especifica a **varredura**, ou a quantidade de arco a cobrir. O ângulo inicial e a varredura são medidos em graus, com zero grau apontando para a direita. Uma varredura *positiva* desenha o arco *anti-horário*, enquanto uma *negativa* desenha o arco no *sentido horário*. Um método semelhante a `fillArc` é **`drawArc`** — ele requer os mesmos parâmetros que `fillArc`, mas desenha a borda do arco em vez de preenchê-lo.

A classe `DrawRainbowTest` (Figura 7.26) cria e configura um `JFrame` para exibir o arco-íris. Uma vez que o programa torna o `JFrame` visível, o sistema chama o método `paintComponent` na classe `DrawRainbow` para desenhar o arco-íris na tela.

```java
// Figura 7.26: DrawRainbowTest.java
// Aplicativo de teste para exibir um arco-íris.
import javax.swing.JFrame;

public class DrawRainbowTest
{
   public static void main(String[] args)
   {
      DrawRainbow panel = new DrawRainbow();
      JFrame application = new JFrame();

      application.setDefaultCloseOperation(JFrame.EXIT_ON_CLOSE);
      application.add(panel);
      application.setSize(400, 250);
      application.setVisible(true);
   }
} // fim da classe DrawRainbowTest
```

Figura 7.26 | Aplicativo de teste para exibir um arco-íris.

Exercício do estudo de caso GUI e imagens gráficas

7.1 ***(Desenhando espirais)*** Neste exercício, você desenhará espirais com os métodos `drawLine` e `drawArc`.

a) Desenhe uma espiral com a forma quadrada (como na captura de tela esquerda da Figura 7.27), centralizada no painel, utilizando o método `drawLine`. Uma técnica é utilizar um loop que aumenta o comprimento da linha depois de desenhar cada duas linhas. A direção na qual desenhar a próxima linha deve seguir um padrão distinto, por exemplo, para baixo, para a esquerda, para cima, para a direita.

b) Desenhe uma espiral circular (como na captura de tela à direita da Figura 7.27), utilizando o método `drawArc` para desenhar um semicírculo por vez. Cada semicírculo sucessivo deve ter um raio maior (conforme especificado pela largura do retângulo delimitador) e deve continuar a desenhar onde o semicírculo anterior concluir.

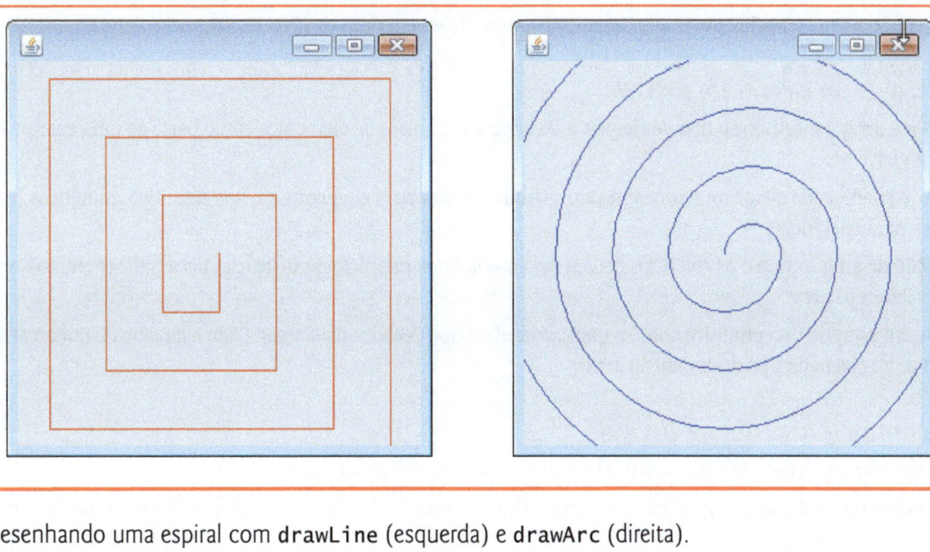

Figura 7.27 | Desenhando uma espiral com `drawLine` (esquerda) e `drawArc` (direita).

7.18 Conclusão

Este capítulo iniciou nossa introdução às estruturas de dados, explorando o uso de arrays para armazenar e recuperar dados de listas e tabelas de valores. Os exemplos do capítulo demonstraram como declarar, inicializar e referenciar elementos individuais de um array. O capítulo introduziu a instrução `for` aprimorada para iterar por arrays. Usamos o tratamento de exceção para testar `ArrayIndexOutOfBoundsException`s que ocorrem quando um programa tenta acessar um elemento de array fora dos limites de um array. Também ilustramos como passar arrays para métodos e declarar e manipular arrays multidimensionais. Por fim, o capítulo mostrou como escrever os métodos que utilizam a lista de argumentos de comprimento variável e como ler argumentos passados para um programa a partir da linha de comando.

Introduzimos a coleção `ArrayList<T>` genérica, que oferece toda a funcionalidade e desempenho dos arrays, juntamente a outras capacidades úteis, como redimensionamento dinâmico. Utilizamos os métodos `add` para adicionar novos itens ao final de um `ArrayList` e para inserir itens em um `ArrayList`. O método `remove` foi usado para remover a primeira ocorrência de um item especificado, e uma versão sobrecarregada de `remove`, para remover um item em um índice especificado. Utilizamos o método `size` para obter o número de itens no `ArrayList`.

Continuamos nossa cobertura das estruturas de dados no Capítulo 16, "Coleções genéricas". O Capítulo 16 introduz o Java Collections Framework, que utiliza genéricos para permitir especificar os tipos de objetos exatos que uma estrutura de dados particular armazenará. O Capítulo 16 também introduz outras estruturas de dados predefinidas do Java. O Capítulo 16 abrange métodos adicionais da classe `Arrays`. Você será capaz de utilizar alguns dos métodos `Arrays` discutidos no Capítulo 16 depois de ler o capítulo atual, mas alguns dos métodos `Arrays` requerem conhecimento de conceitos apresentados mais adiante no livro. O Capítulo 20 discute genéricos, que permitem criar modelos gerais de métodos e classes que podem ser declarados uma vez, mas usados com muitos diferentes tipos de dados. O Capítulo 21, "Estruturas de dados genéricas personalizadas", mostra como construir estruturas de dados dinâmicas, como listas, filas, pilhas e árvores, que podem aumentar e diminuir à medida que os programas forem executados.

Agora introduzimos os conceitos básicos de classes, objetos, instruções de controle, métodos, arrays e coleções. No Capítulo 8, faremos um exame mais aprofundado de classes e objetos.

Resumo

Seção 7.1 Introdução

- Arrays são estruturas de dados de comprimento fixo que consistem em itens de dados relacionados do mesmo tipo.

Seção 7.2 Arrays

- Um array é um grupo de variáveis (chamadas elementos ou componentes) que contêm valores todos do mesmo tipo. Os arrays são objetos; portanto, são considerados tipos por referência.
- Um programa referencia qualquer um dos elementos de um array com uma expressão de acesso ao array que inclui o nome do array seguido pelo índice do elemento particular em colchetes (`[]`).
- O primeiro elemento em cada array tem índice zero e às vezes é chamado de zero-ésimo elemento.
- Um índice deve ser um inteiro não negativo. Um programa pode utilizar uma expressão como um índice.
- Um objeto array conhece seu comprimento e armazena essas informações em uma variável de instância `length`.

Seção 7.3 Declarando e criando arrays

- Para criar um objeto array, especifique o tipo de elemento do array e o número de elementos como parte de uma expressão de criação de array que usa a palavra-chave `new`.
- Quando um array é criado, cada elemento recebe um valor padrão — zero para elementos de tipo primitivo numéricos, `false` para elementos booleanos e `null` para referências.
- Em uma declaração de array, o tipo e os colchetes podem ser combinados no início da instrução para indicar que todos os identificadores na declaração são variáveis de array.
- Todo elemento de um array do tipo primitivo contém uma variável do tipo declarado do array. Cada elemento de um array de tipo por referência é uma referência a um objeto do tipo declarado do array.

Seção 7.4 Exemplos que utilizam arrays

- Um programa pode criar um array e inicializar seus elementos com um inicializador de array.
- As variáveis constantes são declaradas com a palavra-chave `final`, devem ser inicializadas antes de serem utilizadas e não podem ser modificadas depois.

Seção 7.5 Tratamento de exceções: processando a resposta incorreta

- Uma exceção indica um problema que ocorre quando um programa é executado. O nome "exceção" sugere que o problema ocorre com pouca frequência — se a "regra" é que uma instrução em geral executa corretamente, então o problema representa a "exceção à regra".
- O tratamento de exceção permite criar programas tolerantes a falhas.
- Quando um programa Java é executado, a JVM verifica os índices de array para assegurar que eles são maiores ou iguais a 0 e menores do que o comprimento do array. Se um programa usar um índice inválido, o Java gera uma exceção para indicar que ocorreu um erro no programa em tempo de execução.
- Para lidar com uma exceção, coloque qualquer código que pode lançar uma exceção em uma instrução `try`.
- O bloco `try` contém o código que pode lançar uma exceção, e o bloco `catch` contém o código que manipula a exceção se uma ocorrer.
- Pode haver muitos blocos `catch` para tratar com diferentes tipos de exceções que podem ser lançadas no bloco `try` correspondente.
- Quando um bloco `try` termina, todas as variáveis declaradas no bloco `try` saem de escopo.
- Um bloco `catch` declara um tipo e um parâmetro de exceção. Dentro do bloco `catch`, você pode usar o identificador do parâmetro para interagir com um objeto que capturou a exceção.
- Quando um programa é executado, a validade dos índices dos elementos de array é verificada — todos os índices devem ser maiores ou iguais a 0 e menores do que o comprimento do array. Se for feita uma tentativa de utilizar um índice inválido para acessar um elemento, ocorrerá uma exceção `ArrayIndexOutOfRangeException`.
- O método `toString` de um objeto de exceção retorna uma mensagem de erro da exceção.

Seção 7.6 Estudo de caso: simulação de embaralhamento e distribuição de cartas

- O método `toString` de um objeto é chamado implicitamente quando o objeto é utilizado onde uma `String` é esperada (por exemplo, quando `printf` gera saída do objeto como uma `String` utilizando o especificador de formato `%s` ou quando o objeto é concatenado para uma `String` utilizando o operador +).

Seção 7.7 A instrução `for` aprimorada

- A instrução `for` aprimorada permite iterar pelos elementos de um array ou uma coleção sem utilizar um contador. A sintaxe de uma instrução `for` aprimorada é:

  `for (`*parâmetro* `:` *nomeDoArray*`)`
  instrução

  onde *parâmetro* tem um tipo e um identificador (por exemplo, `int number`) e *nomeDoArray* é o array pelo qual iterar.
- A instrução `for` aprimorada não pode ser utilizada para modificar elementos em um array. Se um programa precisar modificar elementos, utilize a tradicional instrução `for` controlada por contador.

Seção 7.8 Passando arrays para métodos

- Quando um argumento é passado por valor, uma cópia do valor do argumento é feita e passada para o método chamador. O método chamado funciona exclusivamente com a cópia.

Seção 7.9 Passagem por valor versus *passagem por referência*

- Quando um argumento é passado por referência, o método chamado pode acessar o valor do argumento no chamador diretamente e, talvez, modificá-lo.
- Todos os argumentos no Java são passados por valor. Uma chamada de método pode passar dois tipos de valores para um método — cópias dos valores primitivos e cópias das referências a objetos. Embora uma referência do objeto seja passada por valor, um método ainda pode interagir com o objeto referenciado chamando seus métodos `public` que utilizam a cópia da referência do objeto.
- Para passar uma referência de objeto para um método, simplesmente especifique na chamada de método o nome da variável que referencia o objeto.
- Quando você passa um array ou um elemento de array individual de um tipo por referência para um método, o método chamado recebe uma cópia do array ou uma referência do elemento. Ao passar um elemento individual de um tipo primitivo, o método chamado recebe uma cópia do valor do elemento.
- Para passar um elemento de array individual para um método, use o nome indexado do array.

Seção 7.11 Arrays multidimensionais

- Os arrays multidimensionais com duas dimensões costumam ser utilizados para representar tabelas de valores consistindo em informações organizadas em linhas e colunas.
- Um array bidimensional com *m* linhas e *n* colunas é chamado array *m* por *n*. Esse array pode ser inicializado com um inicializador de array na forma de

```
tipoDeArray[][] nomeDoArray = {{inicializador linha1}, {inicializador linha2}, ...};
```

- Os arrays multidimensionais são mantidos como arrays de arrays unidimensionais separados. Como resultado, não é necessário que os comprimentos das linhas em um array bidimensional sejam os mesmos.
- Um array multidimensional com o mesmo número de colunas em cada linha pode ser criado com uma expressão de criação de array na forma

```
tipoDeArray[][] nomeDoArray = new tipoDeArray[numDeLinhas][numDeColunas];
```

Seção 7.13 Listas de argumentos de comprimento variável

- Um tipo de argumento seguido por reticências (`...`) na lista de parâmetros de um método indica que o método recebe um número variável de argumentos desse tipo particular. As reticências só podem ocorrer uma vez na lista de parâmetros de um método. Elas devem estar no final da lista de parâmetros.
- Uma lista de argumentos de comprimento variável é tratada como um array dentro do corpo do método. O número de argumentos no array pode ser obtido utilizando o campo `length` do array.

Seção 7.14 Utilizando argumentos de linha de comando

- A passagem de argumentos de linha de comando para `main` é alcançada incluindo um parâmetro de tipo `String[]` na lista de parâmetros de `main`. Por convenção, o parâmetro de `main` é chamado `args`.
- O Java passa os argumentos da linha de comando que aparecem depois do nome de classe no comando `java` para o método `main` do aplicativo como `Strings` no array `args`.

Seção 7.15 Classe `Arrays`

- A classe `Arrays` fornece métodos `static` que realizam manipulações de array comuns, incluindo a `sort` para classificar um array, `binarySearch` para pesquisar um array classificado, `equals` para comparar arrays e `fill` para inserir itens em um array.
- O método `arraycopy` da classe `System` permite copiar os elementos de um array para outro.

Seção 7.16 Introdução a coleções e classe `ArrayList`

- As classes da coleção da API Java fornecem métodos eficientes que organizam, armazenam e recuperam dados sem a necessidade de conhecer como os dados são armazenados.
- Um `ArrayList<T>` é semelhante a um array, mas pode ser redimensionado dinamicamente.
- O método `add` com um argumento adiciona um elemento ao final de um `ArrayList`.
- O método `add` com dois argumentos insere um novo elemento em uma posição especificada em um `ArrayList`.
- O método `size` retorna o número dos elementos atualmente em um `ArrayList`.
- O método `remove` com uma referência a um objeto como um argumento remove o primeiro elemento que corresponde ao valor do argumento.
- O método `remove` com um argumento de inteiros remove o elemento no índice especificado, e todos os elementos acima desse índice são deslocados para baixo por um.
- O método `contains` retorna `true` se o elemento é encontrado no `ArrayList` e, do contrário, `false`.

Exercícios de revisão

7.1 Preencha a(s) lacuna(s) em cada uma das seguintes instruções:

a) Listas e tabelas de valores podem ser armazenadas em ________ e ________.

b) Um array é um grupo de ________ (chamadas elementos ou componentes) com valores que contêm todos o mesmo ________.

c) A ________ permite iterar pelos elementos de um array sem usar um contador.

d) O número utilizado para referenciar um elemento particular de array é chamado ________ do elemento.

e) Um array que utiliza dois índices é referido como um array ________.

f) Utilize a instrução `for` aprimorada ________ para percorrer array `double numbers`.

g) Argumentos de linha de comando são armazenados em ________.

h) Utilize a expressão ________ para receber o número total de argumentos em uma linha de comando. Suponha que os argumentos da linha de comando sejam armazenados em `String[] args`.

i) Dado o comando `java MyClass test`, o primeiro argumento de linha de comando é ________.

j) ________ na lista de parâmetro de um método indicam que o método pode receber um número variável de argumentos.

7.2 Determine se cada um dos seguintes é *verdadeiro* ou *falso*. Se *falso*, explique por quê.

a) Um array pode armazenar muitos tipos de valores diferentes.

b) Um índice de array deve ser normalmente do tipo `float`.

c) Um elemento individual de um array que é passado para um método e modificado nesse método conterá o valor modificado quando o método chamado completar sua execução.

d) Argumentos de linha de comando são separados por vírgulas.

7.3 Realize as seguintes tarefas para um array chamado `fractions`:

a) Declare uma constante `ARRAY_SIZE` que é inicializada como 10.

b) Declare um array com `ARRAY_SIZE` elementos do tipo `double` e os inicialize como `0`.

c) Referencie o elemento 4 do array.

d) Atribua o valor `1.667` ao elemento 9 do array.

e) Atribua o valor `3.333` ao elemento 6 do array.

f) Some todos os elementos do array, utilizando uma instrução `for`. Declare a variável inteira `x` como uma variável de controle para o loop.

7.4 Realize as seguintes tarefas para um array chamado `table`:

a) Declare e crie o array como um array de inteiros que tem três linhas e três colunas. Suponha que a constante `ARRAY_SIZE` foi declarada como `3`.

b) Quantos elementos o array contém?

c) Utilize uma instrução `for` para inicializar cada elemento do array com a soma de seus índices. Suponha que as variáveis inteiras `x` e `y` sejam declaradas como variáveis de controle.

7.5 Localize e corrija o erro em cada um dos seguintes segmentos de programa:

a)
```
final int ARRAY_SIZE = 5;
ARRAY_SIZE = 10;
```

b) Suponha
```
int[] b = new int[10];
for (int i = 0; i <= b.length; i++)
    b[i] = 1;
```

c) Suponha
```
int[][] a = {{1, 2}, {3, 4}};
    a[1, 1] = 5;
```

Respostas dos exercícios de revisão

7.1 a) arrays, coleções. b) variáveis, tipo. c) instrução `for` aprimorada. d) índice (ou subscrito ou número da posição). e) bidimensional. f) `for (double d : numbers)`. g) um array de `Strings`, normalmente chamado `args` por convenção. h) `args.length`. i) `test`. j) reticências (`...`).

7.2 a) Falso. Um array pode armazenar apenas valores do mesmo tipo.

b) Falso. Um índice de array deve ser um inteiro ou uma expressão do tipo inteiro.

c) Para elementos individuais do tipo primitivo de um array: Falso. Um método chamado recebe e manipula uma cópia do valor desse elemento, então as modificações não afetam o valor original. Mas se a referência de um array for passada para um método, as modificações nos elementos do array feitas no método chamado são de fato refletidas no original. Para elementos individuais de um tipo por referência: Verdadeiro. Um método chamado recebe uma cópia da referência desse elemento e as mudanças no objeto referenciado serão refletidas no elemento do array original.

d) Falso. Os argumentos de linha de comando são separados por um espaço em branco.

7.3 a) `final int ARRAY_SIZE = 10;`

b) `double[] fractions = new double[ARRAY_SIZE];`

c) `fractions[4]`

d) `fractions[9] = 1.667;`

e) `fractions[6] = 3.333;`

f)
```
double total = 0.0;
for (int x = 0; x < fractions.length; x++)
    total += fractions[x];
```

7.4 a) `int[][] table = new int[ARRAY_SIZE][ARRAY_SIZE];`

b) Nove.

c)
```
for (int x = 0; x < table.length; x++)
    for (int y = 0; y < table[x].length; y++)
        table[x][y] = x + y;
```

7.5 a) Erro: atribuindo um valor a uma constante depois de ela ter sido inicializada.
Correção: atribua o valor correto à constante em uma declaração `final int ARRAY_SIZE` ou crie outra variável.

b) Erro: referenciando um elemento de array além dos limites do array (`b[10]`).
Correção: altere o operador <= para <.

c) Erro: a indexação do array é realizada incorretamente.
Correção: altere a instrução para `a[1][1] = 5;`.

Questões

7.6 Preencha as lacunas em cada uma das seguintes afirmações:

a) O array unidimensional `p` contém quatro elementos. Os nomes desses elementos são ________, ________, ________ e ________.

b) Nomear um array, declarar seu tipo e especificar o número de dimensões no array é chamado de ________ array.

c) Em um array bidimensional, o primeiro índice identifica o ________ de um elemento e o segundo índice identifica o ________ de um elemento.

d) Um array *m* por *n* contém ________ linhas, ________ colunas e ________ elementos.

e) O nome do elemento na linha 3 e na coluna 5 do array `d` é ________.

7.7 Determine se cada um dos seguintes é *verdadeiro* ou *falso*. Se *falso*, explique por quê.

a) Para referir-se a uma localização particular ou elemento dentro de um array, especificamos o nome do array e o valor do elemento particular.

b) Uma declaração de array reserva espaço para o array.

c) Para indicar que 100 localizações devem ser reservadas para o array de inteiros `p`, o programador escreve a declaração
```
p[100];
```

d) Um aplicativo que inicializa os elementos de um array de 15 elementos como zero deve conter pelo menos uma instrução `for`.

e) Um aplicativo que soma os elementos de um array bidimensional deve conter instruções `for` aninhadas.

7.8 Escreva instruções Java para realizar cada uma das seguintes tarefas:

a) Exiba o valor do elemento 6 do array `f`.

b) Inicialize cada um dos cinco elementos de array de inteiros unidimensional `g` como `8`.

c) Some os 100 elementos do array de ponto flutuante `c`.

d) Copie o array `a` de 11 elementos para a primeira parte de array `b`, que contém 34 elementos.

e) Determine e exiba os maiores e menores valores contidos no array de ponto flutuante `w` de 99 elementos.

7.9 Considere um array de inteiros dois por três `t`.

a) Escreva uma instrução que declara e cria `t`.

b) Quantas linhas tem `t`?

c) Quantas colunas tem `t`?

d) Quantos elementos tem `t`?

e) Escreva expressões de acesso para todos os elementos na linha 1 de `t`.

f) Escreva expressões de acesso para todos os elementos na coluna 2 de `t`.

g) Escreva uma única instrução que configura o elemento de `t` na linha 0 e na coluna 1 como zero.

h) Escreva instruções individuais para inicializar cada elemento de `t` para zero.

i) Escreva uma instrução `for` aninhada que inicializa cada elemento de `t` como zero.

j) Escreva uma instrução `for` aninhada que insere os valores para os elementos de `t` a partir do usuário.

k) Escreva uma série de instruções que determina e exibe o valor menor em `t`.

l) Escreva uma única instrução `printf` que exibe os elementos da primeira linha de `t`.

m) Escreva uma instrução que soma os elementos da terceira coluna de `t`. Não utilize repetição.

n) Escreva uma série de instruções que exibe o conteúdo de `t` no formato tabular. Liste os índices de coluna como títulos na parte superior e liste os índices de linha à esquerda de cada linha.

7.10 ***(Comissões de vendas)*** Utilize um array unidimensional para resolver o seguinte problema: uma empresa paga seu pessoal de vendas por comissão. O pessoal de vendas recebe R$ 200 por semana mais 9% de suas vendas brutas durante essa semana. Por exemplo, um vendedor que vende R$ 5.000 brutos em uma semana recebe R$ 200 mais 9% de R$ 5.000 ou um total de R$ 650. Escreva um aplicativo (utilizando um array de contadores) que determina quanto o pessoal de vendas ganhou em cada um dos seguintes intervalos (suponha que o salário de cada vendedor foi truncado para uma quantia inteira):

a) $200–299
b) $300–399
c) $400–499
d) $500–599
e) $600–699
f) $700–799
g) $800–899
h) $900–999
i) R$ 1.000 e acima

Resuma os resultados em formato tabular.

7.11 Escreva instruções que realizam as seguintes operações de um array unidimensional:

a) Configure os 10 elementos do array de inteiros `counts` como zeros.
b) Adicione um a cada um dos 15 elementos do array de inteiros `bonus`.
c) Exiba os cinco valores de array de inteiros `bestScores` em formato de coluna.

7.12 ***(Eliminação de duplicatas)*** Utilize um array unidimensional para resolver o seguinte problema: escreva um aplicativo que insere cinco números, cada um entre 10 e 100, inclusive. Enquanto cada número é lido, exiba-o somente se ele não tiver uma duplicata de um número já lido. Cuide de tratar o "pior caso", em que todos os cinco números são diferentes. Utilize o menor array possível para resolver esse problema. Exiba o conjunto completo de valores únicos inseridos depois que o usuário inserir cada valor novo.

7.13 Rotule os elementos do array bidimensional três por cinco `sales` para indicar a ordem em que eles são configurados como zero pelo seguinte segmento de programa:

```
for (int row = 0; row < sales.length; row++)
{
   for (int col = 0; col < sales[row].length; col++)
   {
      sales[row][col] = 0;
   }
}
```

7.14 ***(Lista de argumento de comprimento variável)*** Escreva um aplicativo que calcula o produto de uma série de inteiros que são passados para método `product` utilizando uma lista de argumentos de comprimento variável. Teste seu método com várias chamadas, cada uma com um número diferente de argumentos.

7.15 ***(Argumentos de linha de comando)*** Reescreva a Figura 7.2 para que o tamanho do array seja especificado pelo primeiro argumento de linha de comando. Se nenhum argumento de linha de comando for fornecido, utilize 10 como o tamanho padrão do array.

7.16 ***(Usando a instrução `for` aprimorada)*** Escreva um aplicativo que usa uma instrução `for` aprimorada para somar os valores `double` passados pelos argumentos de linha de comando. [*Dica:* utilize o método `static` `parseDouble` da classe `Double` para converter uma `String` em um valor `double`.]

7.17 ***(Jogo de dados)*** Escreva um aplicativo para simular o lançamento de dois dados. O aplicativo deve utilizar um objeto de classe `Random`, uma vez para lançar o primeiro dado e novamente para lançar o segundo dado. A soma dos dois valores deve então ser calculada. Cada dado pode mostrar um valor inteiro de 1 a 6, portanto a soma dos valores irá variar de 2 a 12, com 7 sendo a soma mais frequente e 2 e 12, as somas menos frequentes. A Figura 7.28 mostra as 36 possíveis combinações de dois dados. Seu aplicativo deve lançar o dado 36.000.000 vezes. Utilize um array unidimensional para contar o número de vezes que cada possível soma aparece. Exiba os resultados em formato tabular.

	1	2	3	4	5	6
1	2	3	4	5	6	7
2	3	4	5	6	7	8
3	4	5	6	7	8	9
4	5	6	7	8	9	10
5	6	7	8	9	10	11
6	7	8	9	10	11	12

Figura 7.28 | As 36 possíveis somas de dois dados.

7.18 ***(Jogo de dados Craps)*** Escreva um aplicativo que executa 1.000.000 de partidas do jogo de dados *craps* (Figura 6.8) e responda às seguintes perguntas:

a) Quantos jogos são ganhos na primeira rolagem, segunda rolagem, ..., vigésima rolagem e depois da vigésima rolagem?

b) Quantos jogos são perdidos na primeira rolagem, segunda rolagem, ..., vigésima rolagem e depois da vigésima rolagem?

c) Quais são as chances de ganhar no jogo de dados? [*Observação*: você deve descobrir que o craps é um dos jogos mais comuns de cassino. O que você supõe que isso significa?]

d) Qual é a duração média de um jogo de dados craps?

e) As chances de ganhar aumentam com a duração do jogo?

7.19 ***(Sistema de reservas de passagens aéreas)*** Uma pequena companhia aérea acabou de comprar um computador para seu novo sistema automatizado de reservas. Você foi solicitado a desenvolver o novo sistema. Você escreverá um aplicativo para atribuir assentos em cada voo da companhia aérea (capacidade: 10 assentos).

Seu aplicativo deve exibir as seguintes alternativas: `Please type 1 for First Class` e `Please type 2 for Economy`. `[Por favor digite 1 para Primeira Classe` e `digite 2 para Classe Econômica]`. Se o usuário digitar `1`, seu aplicativo deve atribuir assentos na primeira classe (poltronas 1 a 5). Se o usuário digitar `2`, seu aplicativo deve atribuir um assento na classe econômica (poltronas 6 a 10). Seu aplicativo deve exibir um cartão de embarque indicando o número da poltrona da pessoa e se ela está na primeira classe ou na classe econômica.

Utilize um array unidimensional do tipo primitivo `boolean` para representar o gráfico de assentos do avião. Inicialize todos os elementos do array como `false` para indicar que todas as poltronas estão desocupadas. À medida que cada assento é atribuído, configure o elemento correspondente do array como `true` para indicar que o assento não está mais disponível.

Seu aplicativo nunca deve atribuir uma poltrona que já foi reservada. Quando a classe econômica estiver lotada, seu aplicativo deve perguntar à pessoa se ela aceita ficar na primeira classe (e vice-versa). Se sim, faça a atribuição apropriada de assento. Se não, exiba a mensagem `"Next flight leaves in 3 hours" [O próximo voo parte em 3 horas]`.

7.20 ***(Vendas totais)*** Utilize um array bidimensional para resolver o seguinte problema: uma empresa tem quatro equipes de vendas (1 a 4) que vendem cinco produtos diferentes (1 a 5). Uma vez por dia, cada vendedor passa uma nota de cada tipo de produto diferente vendido. Cada nota contém o seguinte:

a) O número do vendedor

b) O número do produto

c) O valor total em reais desse produto vendido nesse dia

Portanto, cada vendedor passa entre 0 e 5 notas de vendas por dia. Suponha que as informações a partir de todas as notas durante o último mês estejam disponíveis. Escreva um aplicativo que leia todas essas informações sobre as vendas do último mês e resuma as vendas totais por vendedor e por produto. Todos os totais devem ser armazenados no array bidimensional `sales`. Depois de processar todas as informações do último mês, exiba os resultados em formato tabular, com cada coluna representando um vendedor particular e cada linha representando um produto particular. Some cada linha para obter o total das vendas de cada produto no último mês. Some cada coluna para obter o total de vendas por vendedor no último mês. Sua saída tabular deve incluir esses totais cruzados à direita das linhas totalizadas e na parte inferior das colunas totalizadas.

7.21 ***(Gráficos de tartaruga)*** A linguagem Logo tornou famoso o conceito de *gráficos de tartaruga*. Imagine uma tartaruga mecânica que caminha no lugar sob o controle de um aplicativo Java. A tartaruga segura uma caneta em uma de duas posições, para cima ou para baixo. Enquanto a caneta estiver para baixo, a tartaruga desenha formas à medida que se move, e enquanto estiver para cima, a tartaruga move-se quase livremente sem escrever nada. Neste problema, você simulará a operação da tartaruga e criará um bloco de rascunho computadorizado.

Utilize um array de 20 por 20 `floor` que é inicializado como zeros. Leia comandos a partir de um array que contenha esses comandos. Monitore a posição atual da tartaruga todas as vezes e se a caneta está atualmente para cima ou para baixo. Suponha que a tartaruga sempre inicie na posição (0, 0) do chão com sua caneta para cima. O conjunto de comandos de tartaruga que seu aplicativo deve processar é mostrado na Figura 7.29.

Comando	Significado
`1`	Caneta para cima
`2`	Caneta para baixo
`3`	Vira para a direita
`4`	Vira para a esquerda
`5,10`	Avance 10 espaços (substitua 10 por um número diferente de espaços)
`6`	Exiba o array 20 por 20
`9`	Fim dos dados (sentinela)

Figura 7.29 | Comandos dos gráficos de tartaruga.

Suponha que a tartaruga esteja em algum lugar próximo ao centro do chão. O "programa" seguinte desenharia e exibiria um quadrado de 12 por 12 deixando a caneta na posição levantada:

```
2
5,12
3
5,12
3
5,12
3
5,12
1
6
9
```

À medida que a tartaruga se move com a caneta por baixo, configure os elementos apropriados do array `floor` como `1`s. Quando o comando `6` (exibir o array) for dado, onde quer que haja um `1` no array, exiba um asterisco ou o caractere que você escolher. Onde quer que haja um `0`, exiba um espaço em branco.

Escreva um aplicativo para implementar as capacidades dos gráficos de tartaruga discutidas aqui. Escreva vários programas de gráfico de tartaruga para desenhar formas interessantes. Adicione outros comandos para aumentar as capacidades de sua linguagem de gráfico de tartaruga.

7.22 ***(Passeio do cavalo)*** Um problema interessante para os fãs de xadrez é o problema do Passeio do Cavalo, originalmente proposto pelo matemático Euler. A peça do cavalo pode mover-se em um tabuleiro vazio e tocar cada um dos 64 quadrados somente uma única vez? Aqui, estudamos esse intrigante problema em profundidade.

O cavalo só faz movimentos em forma de L (dois espaços em uma direção e um outro em uma direção perpendicular). Portanto, como mostrado na Figura 7.30, partindo de um quadrado próximo do centro de um tabuleiro de xadrez vazio, o cavalo (rotulado K) pode fazer oito movimentos diferentes (numerados de 0 a 7).

a) Desenhe um tabuleiro de xadrez oito por oito em uma folha de papel e tente o Passeio do Cavalo manualmente. Coloque um `1` no quadrado inicial, um `2` no segundo quadrado, um `3` no terceiro e assim por diante. Antes de iniciar o passeio, estime até onde você chegará, lembrando que um passeio completo consiste em 64 movimentos. Até onde você foi? Isso foi próximo de sua estimativa?

b) Agora vamos desenvolver um aplicativo que moverá o cavalo pelo tabuleiro. O tabuleiro é representado por um array bidimensional oito por oito `board`. Cada quadrado é inicializado como zero. Descrevemos cada um dos oito possíveis movimentos em termos de seus componentes vertical e horizontal. Por exemplo, um movimento do tipo 0, como mostrado na Figura 7.30, consiste em mover dois quadrados horizontalmente para a direita e um quadrado verticalmente para cima. Um movimento do tipo 2 consiste em mover um quadrado horizontalmente para a esquerda e dois quadrados verticalmente para cima. Movimentos horizontais para a esquerda e movimentos verticais para cima são indicados com números negativos. Os oitos movimentos podem ser descritos por dois arrays unidimensionais, `horizontal` e `vertical`, como segue:

```
horizontal[0] = 2        vertical[0] = -1
horizontal[1] = 1        vertical[1] = -2
horizontal[2] = -1       vertical[2] = -2
horizontal[3] = -2       vertical[3] = -1
horizontal[4] = -2       vertical[4] = 1
horizontal[5] = -1       vertical[5] = 2
horizontal[6] = 1        vertical[6] = 2
horizontal[7] = 2        vertical[7] = 1
```

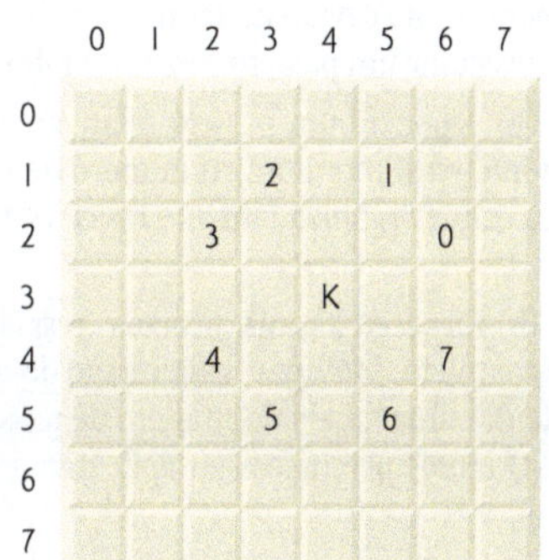

Figura 7.30 | Os oito possíveis movimentos do cavalo.

Faça com que as variáveis `currentRow` e `currentColumn` indiquem, respectivamente, a linha e a coluna da posição atual do cavalo. Para fazer um movimento do tipo `moveNumber`, em que `moveNumber` está entre 0 e 7, seu aplicativo deve utilizar as instruções

```
currentRow += vertical[moveNumber];
currentColumn += horizontal[moveNumber];
```

Escreva um aplicativo para mover o cavalo pelo tabuleiro. Mantenha um contador que varia de `1` a `64`. Registre a última contagem em cada quadrado para o qual o cavalo se move. Teste cada movimento potencial para ver se o cavalo já visitou esse quadrado. Teste cada movimento potencial para assegurar que o cavalo não saia fora do tabuleiro. Execute o aplicativo. Quantos movimentos o cavalo fez?

c) Depois de tentar escrever e executar um aplicativo para o Passeio do Cavalo, você provavelmente desenvolveu algumas ideias valiosas. Usaremos essas informações para desenvolver uma *heurística* (isto é, uma regra de senso comum) para mover o cavalo. A heurística não garante sucesso, mas ela, cuidadosamente desenvolvida, aprimora significativamente a chance de sucesso. Você pode ter observado que os quadrados externos são mais incômodos que os quadrados próximos do centro do tabuleiro. De fato, os quadrados mais problemáticos ou inacessíveis são os quatro cantos.

A intuição pode sugerir que você deva tentar mover o cavalo para os quadrados mais problemáticos primeiro e deixar abertos aqueles que são fáceis de alcançar, de modo que, quando o tabuleiro ficar congestionado próximo do fim do passeio, haja maior chance de sucesso.

Poderíamos desenvolver uma "acessibilidade heurística" classificando cada um dos quadrados de acordo com seu grau de acessibilidade e sempre movendo os cavalos (utilizando os movimentos em forma de L) para o quadrado mais inacessível. Rotulamos um array bidimensional `accessibility` com números indicando a partir de quantos quadrados cada quadrado particular é acessível. Em um tabuleiro vazio, cada um dos 16 quadrados mais próximos do centro é avaliado como `8`, o quadrado de cada canto é avaliado como `2` e os outros quadrados têm números de acessibilidade de `3`, `4` ou `6` como segue:

```
2 3 4 4 4 4 3 2
3 4 6 6 6 6 4 3
4 6 8 8 8 8 6 4
4 6 8 8 8 8 6 4
4 6 8 8 8 8 6 4
4 6 8 8 8 8 6 4
3 4 6 6 6 6 4 3
2 3 4 4 4 4 3 2
```

Escreva uma versão do Passeio do Cavalo utilizando a heurística de acessibilidade. O cavalo sempre deve se mover para o quadrado com o número de acessibilidade mais baixo. Em caso de um impasse, o cavalo pode mover-se para qualquer quadrado já visitado. Portanto, o passeio pode iniciar em qualquer um dos quatro cantos. [*Observação*: à medida que o cavalo se move pelo tabuleiro de xadrez, seu aplicativo deve reduzir os números de acessibilidade, uma vez que mais quadrados tornam-se ocupados. Dessa maneira, em qualquer dado tempo durante o passeio, o número de acessibilidade de cada quadrado disponível permanecerá precisamente igual ao número de quadrados a partir dos quais esse quadrado pode ser alcançado.] Execute essa versão do aplicativo. Você obteve um passeio completo? Modifique o aplicativo para executar 64 passeios, iniciando a partir de cada quadrado do tabuleiro de xadrez. Quantos passeios completos você obteve?

d) Escreva uma versão do aplicativo Passeio do Cavalo que, diante de um impasse entre dois ou mais quadrados, decide qual escolher vislumbrando os quadrados alcançáveis a partir daqueles geradores do impasse. Seu aplicativo deve mover para o quadrado empatado para o qual o próximo movimento chegaria a um quadrado com o número de acessibilidade mais baixo.

7.23 ***(Passeio do Cavalo: abordagens de força bruta)*** Na parte (c) da Questão 7.22, desenvolvemos uma solução para o problema do Passeio do Cavalo. A abordagem utilizada, chamada "acessibilidade heurística", gera muitas soluções e executa eficientemente.

À medida que os computadores continuam crescendo em potência, seremos capazes de resolver cada vez mais problemas com a pura capacidade do computador e algoritmos relativamente simples. Vamos chamar essa abordagem de solução de problemas de abordagem de "força bruta".

a) Utilize geração de números aleatórios para permitir ao cavalo andar no tabuleiro de xadrez (em seus movimentos válidos em forma de L) de maneira aleatória. Seu aplicativo deve executar um passeio e exibir o tabuleiro final. Até onde o cavalo chegou?

b) Muito provavelmente, o aplicativo na parte (a) produziu um passeio relativamente curto. Agora modifique seu aplicativo para tentar 1.000 passeios. Utilize um array unidimensional para monitorar o número de passeios de cada comprimento. Quando seu aplicativo terminar de tentar os 1.000 passeios, ele deve exibir organizadamente essas informações em formato tabular. Qual foi o melhor resultado?

c) Muito provavelmente, o aplicativo na parte (b) forneceu alguns passeios "respeitáveis", mas nenhum completo. Agora deixe seu aplicativo executar até que produza um passeio completo. [*Atenção*: essa versão do aplicativo poderia ser executada durante horas em um computador poderoso.] Mais uma vez, mantenha uma tabela do número de passeios de cada comprimento e exiba essa tabela quando o primeiro passeio completo for localizado. Quantos percursos seu aplicativo tenta antes de produzir um passeio completo? Quanto tempo ele levou?

d) Compare a versão de força bruta do Passeio do Cavalo com a versão de acessibilidade heurística. Qual exigiu um estudo mais cuidadoso do problema? Qual algoritmo foi mais difícil de desenvolver? Qual exigiu mais capacidade do computador? Poderíamos ter certeza (com antecedência) de obter um passeio completo com a abordagem de acessibilidade heurística? Poderíamos ter certeza (com antecedência) de obter um passeio completo com a abordagem de força bruta? Argumente as vantagens e desvantagens de resolver problemas de força bruta em geral.

7.24 ***(Oito Rainhas)*** Outro problema difícil para fãs de xadrez é o problema das Oitos Rainhas, que pede o seguinte: é possível colocar oito rainhas em um tabuleiro de xadrez vazio, de modo que nenhuma esteja “atacando” qualquer outra (isto é, sem que duas rainhas estejam na mesma linha, na mesma coluna ou na mesma diagonal)? Utilize a consideração desenvolvida na Questão 7.22 a fim de formular uma heurística para resolver o problema das Oito Rainhas. Execute seu aplicativo. [*Dica:* é possível atribuir um valor para cada quadrado do tabuleiro de xadrez a fim de indicar quantos quadrados de um tabuleiro de xadrez vazio “são eliminados” se uma rainha for colocada nesse quadrado. Cada um dos cantos receberia o valor 22, como demonstrado pela Figura 7.31. Depois que esses “números de eliminação” forem inseridos em todos os 64 quadrados, uma heurística adequada pode ser a seguinte: coloque a próxima rainha no quadrado com o menor número de eliminação. Por que essa estratégia é intuitivamente atraente?]

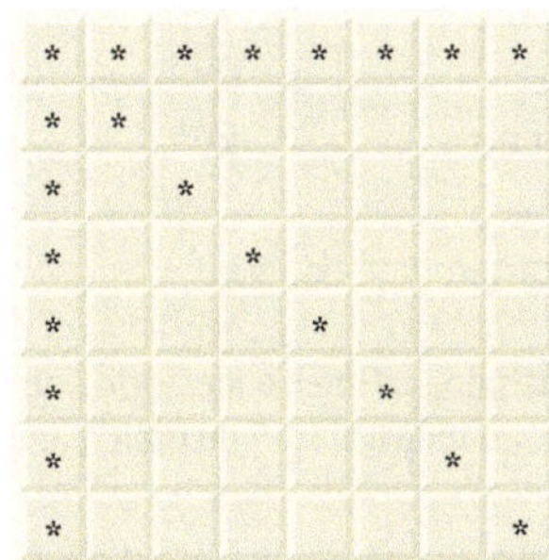

Figura 7.31 | Os 22 quadrados eliminados posicionando uma rainha no canto esquerdo superior.

7.25 ***(Oito Rainhas: abordagens de força bruta)*** Neste exercício você desenvolverá várias abordagens de força bruta para resolver o problema das Oito Rainhas introduzido na Questão 7.24.

a) Utilize a técnica da força bruta aleatória desenvolvida na Questão 7.23 para resolver o problema das Oitos Rainhas.

b) Utilize uma técnica exaustiva (isto é, tentar todas as combinações possíveis de oito rainhas no tabuleiro) para resolver esse problema.

c) Por que a abordagem de força bruta exaustiva poderia não ser apropriada para resolver o problema de Passeio do Cavalo?

d) Compare e contraste as abordagens de força bruta aleatória e da força bruta exaustiva.

7.26 ***(Passeio do Cavalo: teste do passeio fechado)*** No Passeio do Cavalo (Questão 7.22), um passeio completo ocorre quando o cavalo move-se tocando cada um dos 64 quadrados do tabuleiro de xadrez somente uma única vez. Um passeio fechado ocorre quando o 64º movimento cai no quadrado em que o cavalo iniciou o passeio. Modifique o aplicativo escrito na Questão 7.22 para testar o caso de um passeio fechado se um passeio completo tiver ocorrido.

7.27 ***(Crivo de Eratóstenes)*** Um número primo é qualquer número inteiro maior que 1, que é uniformemente divisível apenas por ele mesmo e por 1. O Crivo de Eratóstenes é um método para encontrar números primos. Ele opera como segue:

a) Crie um array `boolean` de tipo primitivo com todos os elementos inicializados como `true`. Os elementos do array com índices primos permanecerão `true`. Todos os outros elementos do array por fim são configurados como `false`.

b) Iniciando com o índice de array 2, determine se um dado elemento é `true`. Se for, faça um loop pelo restante do array e configure como `false` cada elemento cujo índice é um múltiplo do índice para o elemento com valor `true`. Então, continue o processo com o próximo elemento com valor `true`. Para o índice de array 2, todos os elementos além do elemento 2 no array que tiverem índices que são múltiplos de 2 (índices 4, 6, 8, 10 etc.) serão configurados como `false`; para o índice de array 3, todos os elementos além do elemento 3 no array que tiverem índices que são múltiplos de 3 (índices 6, 9, 12, 15 etc.) serão configurados como `false`; e assim por diante.

Quando esse processo for concluído, os elementos de array que ainda forem `true` indicam que o índice é um número primo. Esses índices podem ser exibidos. Escreva um aplicativo que utiliza um array de 1.000 elementos para determinar e exibir os números primos entre 2 e 999. Ignore elementos de array 0 e 1.

7.28 ***(Simulação: a tartaruga e a lebre)*** Neste problema, você recriará a clássica corrida da tartaruga e da lebre. Você utilizará geração de números aleatórios para desenvolver uma simulação desse evento memorável.

Nossos competidores começam a corrida no quadrado 1 de 70 quadrados. Cada um representa uma possível posição ao longo do percurso da competição. A linha de chegada está no quadrado 70. O primeiro competidor a alcançar ou passar o quadrado 70 é recompensado com um cesto de cenouras frescas e alface. O percurso envolve subir uma montanha escorregadia, por isso, ocasionalmente os competidores perdem terreno.

Um relógio emite um tique por segundo. A cada tique-taque do relógio, seu aplicativo deve ajustar a posição dos animais de acordo com as regras na Figura 7.32. Use variáveis para monitorar as posições dos animais (isto é, os números de posição são 1 a 70). Inicie cada animal na posição 1 (a "largada"). Se um animal escorregar para a esquerda do quadrado 1, mova-o novamente para o quadrado 1.

Animal	Tipo de movimento	Porcentagem do tempo	Movimento real
Tartaruga	Caminhada rápida	50%	3 quadrados à direita
	Escorregão	20%	6 quadrados à esquerda
	Caminhada lenta	30%	1 quadrado à direita
Lebre	Dormir	20%	Sem nenhum movimento
	Salto grande	20%	9 quadrados à direita
	Escorregão grande	10%	12 quadrados à esquerda
	Salto pequeno	30%	1 quadrado à direita
	Escorregão pequeno	20%	2 quadrados à esquerda

Figura 7.32 | Regras para ajustar as posições da tartaruga e da lebre.

Gere as porcentagens na Figura 7.32 produzindo um inteiro aleatório i no intervalo $1 \leq i \leq 10$. Para a tartaruga, realize uma "caminhada rápida" quando $1 \leq i \leq 5$, um "escorregão" quando $6 \leq i \leq 7$ ou uma "caminhada lenta" quando $8 \leq i \leq 10$. Utilize uma técnica semelhante para mover a lebre.

Comece a corrida exibindo

```
BANG !!!!!
E LÁ VÃO ELES !!!!!
```

Então, para cada tique do relógio (isto é, para cada repetição de um loop), exiba uma linha de 70 posições mostrando a letra `T` na posição da tartaruga e a letra `H` na posição da lebre. Ocasionalmente, os competidores ocuparão o mesmo quadrado. Nesse caso, a tartaruga morde a lebre e seu aplicativo deve exibir `AI!!!` começando nessa posição. Todas as outras posições da saída diferentes de `T`, `H` ou `AI!!!` (no caso de um empate) devem estar em branco.

Depois de cada linha ser exibida, teste se o animal alcançou ou passou o quadrado 70. Se tiver alcançado, exiba o vencedor e termine a simulação. Se a tartaruga ganhar, exiba `A TARTARUGA VENCEU!!! ÊH!!!` Se a lebre ganhar, exiba `A LEBRE GANHOU. OH.` Se os dois ganharem na mesma hora, você pode querer favorecer a tartaruga (a "coitadinha") ou exibir `OCORREU UM EMPATE`. Se nenhum animal ganhar, realize o loop novamente para simular o próximo tique do relógio. Quando você estiver pronto para executar seu aplicativo, monte um grupo de fãs para observar a corrida. Você se surpreenderá com a empolgação da sua audiência!

Mais adiante no livro, introduziremos várias capacidades do Java, como gráficos, imagens, animação, som e multithreading. À medida que estudar esses recursos, você pode se divertir aprimorando sua simulação da competição entre a lebre e a tartaruga.

7.29 ***(Série de Fibonacci)*** A série de Fibonacci

0, 1, 1, 2, 3, 5, 8, 13, 21, ...

inicia-se com os termos 0 e 1 e tem a propriedade de que cada termo sucessivo é a soma dos dois termos precedentes.

a) Escreva um método `fibonacci(n)` que calcule o *enésimo* número de Fibonacci. Incorpore esse método a um aplicativo que permita ao usuário inserir o valor de `n`.

b) Determine o maior número de Fibonacci que pode ser exibido em seu sistema.

c) Modifique o aplicativo que você escreveu na parte (a) para utilizar `double` em vez de `int` para calcular e retornar números de Fibonacci e utilizar esse aplicativo modificado para repetir a parte (b).

Os exercícios 7.30 a 7.34 são razoavelmente desafiadores. Depois de concluir esses exercícios, você deve ser capaz de implementar facilmente os jogos de cartas mais populares.

7.30 ***(Embaralhamento e distribuição)*** Modifique o aplicativo da Figura 7.11 para distribuir uma mão de cinco cartas de pôquer. Então, modifique a classe `DeckOfCards` da Figura 7.10 para incluir métodos que determinam se uma mão contém

a) um par

b) dois pares

c) trinca (por exemplo, três valetes)

d) quadra (por exemplo, quatro ases)

e) flush (isto é, cinco cartas do mesmo naipe)

f) straight (isto é, cinco cartas de valores consecutivos)

g) full house (isto é, duas cartas de um valor e três cartas de outro valor)

[*Dica:* adicione os métodos `getFace` e `getSuit` à classe `Card` da Figura 7.9.]

7.31 ***(Embaralhamento e distribuição de carta)*** Utilize os métodos desenvolvidos na Questão 7.30 para escrever um aplicativo que distribui duas mãos de pôquer de cinco cartas, avalia cada mão e determina qual é a melhor.

7.32 (***Projeto: embaralhamento e distribuição de cartas***) Modifique o aplicativo desenvolvido na Questão 7.31 para que ele possa simular o carteador. A mão de cinco cartas do carteador é distribuída "no escuro" para que o jogador não possa vê-la. O programa deve então avaliar a mão do carteador e, com base na qualidade da mão, o carteador deve distribuir uma, duas ou três mais cartas para substituir o número correspondente de cartas desnecessárias na mão original. O aplicativo deve então reavaliar a mão do carteador. [*Atenção*: esse é um problema difícil!]

7.33 (***Projeto: embaralhamento e distribuição de cartas***) Modifique o aplicativo desenvolvido na Questão 7.32 para que ele possa tratar a mão do carteador automaticamente, mas o jogador tenha permissão de decidir que cartas ele quer substituir. O aplicativo deve então avaliar ambas as mãos e determinar quem ganha. Agora utilize esse novo aplicativo para disputar 20 jogos contra o computador. Quem ganha mais jogos, você ou o computador? Peça para um amigo jogar 20 jogos contra o computador. Quem ganha mais jogos? Com base nos resultados desses jogos, refine seu aplicativo de pôquer. (Esse também é um problema difícil.) Dispute mais 20 jogos. Seu aplicativo modificado joga melhor?

7.34 (***Projeto: embaralhamento e distribuição de cartas***) Modifique o aplicativo das figuras 7.9 a 7.11 para usar tipos `enum Face` e `Suit` a fim de representar as faces e naipes das cartas. Declare cada um desses tipos `enum` como um tipo `public` no seu arquivo de código-fonte. Cada `Card` deve ter uma variável de instância `Face` e `Suit`. Esses devem ser inicializados pelo construtor `Card`. Na classe `DeckOfCards`, crie um array de `Faces` que é inicializado com os nomes das constantes no tipo `enum Face` e um array de `Suits` que é inicializado com os nomes das constantes no tipo `enum Suit`. [*Observação*: ao gerar uma constante `enum` como uma `String`, o nome da constante é exibido.]

7.35 (***Algoritmo de embaralhamento de Fisher-Yates***) Pesquise o algoritmo de embaralhamento de Fisher-Yates on-line e, então, use-o para reimplementar o método `shuffle` na Figura 7.10.

Seção especial: construindo seu próprio computador

Nos próximos problemas, faremos um desvio temporário do mundo da linguagem de programação de alto nível para "abrir" um computador e examinar sua estrutura interna. Introduzimos programação de linguagem de máquina e escrevemos vários programas de linguagem de máquina. Para tornar essa experiência especialmente valiosa, nós então construímos um computador (pela técnica de *simulação* baseada em software) no qual é possível executar seus programas de linguagem de máquina.

7.36 (***Programação em linguagem de máquina***) Vamos criar um computador chamado Simpletron. Como seu nome sugere, é uma máquina simples, mas poderosa. O Simpletron executa programas escritos na única linguagem que ele entende diretamente: Simpletron Machine Language (SML).

O Simpletron contém um *acumulador* — um registrador especial em que as informações são colocadas antes de o Simpletron utilizar essas informações em cálculos ou examiná-las de várias maneiras. Todas as informações no Simpletron são tratadas em termos de *palavras*. Uma palavra é um número decimal, de quatro dígitos com sinal, como `+3364`, `-1293`, `+0007` e `-0001`. O Simpletron é equipado com uma memória de 100 palavras e elas são referenciadas por seus números posicionais `00`, `01`, ..., `99`.

Antes de executar um programa de SML, devemos *carregar*, ou colocar, o programa na memória. A primeira instrução (ou expressão) de cada programa de SML sempre é colocada na posição `00`. O simulador começará a executar nessa posição.

Cada instrução escrita em SML ocupa uma palavra da memória do Simpletron (motivo pelo qual as instruções são números decimais de quatro dígitos com sinal). Suporemos que o sinal de uma instrução de SML é sempre mais, mas o sinal de uma palavra de dados pode ser mais ou menos. Cada localização na memória de Simpletron pode conter uma instrução, um valor de dados utilizado por um programa ou uma área de memória não utilizada (e portanto indefinida). Os primeiros dois dígitos de cada instrução do SML são os *códigos de operação* que especificam a operação a ser realizada. Os códigos de operação de SML são resumidos na Figura 7.33.

Os últimos dois dígitos de uma instrução de SML são os *operandos* — o endereço da posição da memória contendo a palavra à qual a operação se aplica. Vamos considerar vários programas simples de SML.

Código de operação	Significado
Operações de entrada/saída:	
`final int READ = 10;`	Lê uma palavra do teclado para uma posição específica da memória.
`final int WRITE = 11;`	Escreve na tela uma palavra de uma posição específica da memória.
Operações de carregamento/armazenamento:	
`final int LOAD = 20;`	Carrega uma palavra de uma posição específica na memória para o acumulador.
`final int STORE = 21;`	Armazena uma palavra do acumulador para uma posição específica na memória.
Operações aritméticas:	
`final int ADD = 30;`	Adiciona uma palavra de uma posição específica na memória à palavra no acumulador (deixa o resultado no acumulador).
`final int SUBTRACT = 31;`	Subtrai uma palavra de uma posição específica na memória da palavra no acumulador (deixa o resultado no acumulador).

continua

continuação

Código de operação	Significado
`final int DIVIDE = 32;`	Divide uma palavra de uma posição específica na memória da palavra no acumulador (deixa o resultado no acumulador).
`final int MULTIPLY = 33;`	Multiplica uma palavra de uma posição específica na memória pela palavra no acumulador (deixa o resultado no acumulador).
Operações de transferência de controle:	
`final int BRANCH = 40;`	Desvia para uma posição específica na memória.
`final int BRANCHNEG = 41;`	Desvia para uma posição específica na memória se o acumulador for negativo.
`final int BRANCHZERO = 42;`	Desvia para uma posição específica na memória se o acumulador for zero.
`final int HALT = 43;`	Pare. O programa completou sua tarefa.

Figura 7.33 | Códigos de operação de Simpletron Machine Language (SML).

O primeiro programa SML (Figura 7.34) lê dois números do teclado, calcula e exibe sua soma. A instrução `+1007` lê o primeiro número do teclado e o coloca na posição `07` (que foi inicializada como 0). Então, a instrução `+1008` lê o próximo número na posição `08`. A instrução *load*, `+2007`, coloca o primeiro número no acumulador e a instrução *add*, `+3008`, adiciona o segundo número ao número no acumulador. *Todas as instruções aritméticas da SML deixam seus resultados no acumulador.* A instrução *store*, `+2109`, coloca o resultado de volta na posição `09` da memória, da qual a instrução *write*, `+1109`, pega o número e exibe (como um número decimal de quatro dígitos com sinal). A instrução *halt*, `+4300`, termina a execução.

O segundo programa SML (Figura 7.35) lê dois números do teclado, determina e exibe o valor maior. Note o uso da instrução `+4107` como uma transferência condicional de controle, muito parecida com a instrução `if` do Java.

Posição	Número	Instrução
00	+1007	(Read A)
01	+1008	(Read B)
02	+2007	(Load A)
03	+3008	(Add B)
04	+2109	(Store C)
05	+1109	(Write C)
06	+4300	(Halt)
07	+0000	(Variable A)
08	+0000	(Variable B)
09	+0000	(Result C)

Figura 7.34 | O programa SML que lê dois inteiros e calcula sua soma.

Posição	Número	Instrução
00	+1009	(Read A)
01	+1010	(Read B)
02	+2009	(Load A)
03	+3110	(Subtract B)
04	+4107	(Branch negative to 07)
05	+1109	(Write A)
06	+4300	(Halt)
07	+1110	(Write B)
08	+4300	(Halt)
09	+0000	(Variable A)
10	+0000	(Variable B)

Figura 7.35 | Programa SML que lê dois inteiros e determina o maior.

Agora escreva programas de SML para realizar cada uma das seguintes tarefas:

a) Utilize um loop controlado por sentinela para ler 10 números positivos. Calcule e exiba sua soma.

b) Utilize um loop controlado por contador para ler sete números, alguns negativos e alguns positivos, e compute e exiba sua média.

c) Leia uma série de números, e determine e exiba o maior. A primeiro número lido indica quantos devem ser processados.

7.37 ***(Simulador de computador)*** Nesse problema, você vai construir o seu próprio computador. Não, você não irá soldar componentes. Mais precisamente, você utilizará a poderosa técnica de *simulação baseada em software* para criar um *modelo de software* orientado a objetos do Simpletron da Questão 7.36. Seu simulador de Simpletron transformará o computador que você está utilizando em um Simpletron e você realmente será capaz de executar, testar e depurar os programas de SML escritos na Questão 7.36.

Quando você executa seu simulador de Simpletron, ele deve começar exibindo:

```
*** Welcome to Simpletron! ***
*** Please enter your program one instruction    ***
*** (or data word) at a time. I will display     ***
*** the location number and a question mark (?). ***
*** You then type the word for that location.    ***
*** Type -99999 to stop entering your program.   ***
```

Seu aplicativo deve simular a memória do Simpletron com um array unidimensional `memory` que tem 100 elementos. Agora suponha que o simulador está executando e vamos examinar o diálogo ao entrarmos no programa da Figura 7.35 (Exercício 7.36):

```
00 ? +1009
01 ? +1010
02 ? +2009
03 ? +3110
04 ? +4107
05 ? +1109
06 ? +4300
07 ? +1110
08 ? +4300
09 ? +0000
10 ? +0000
11 ? -99999
```

Seu programa deve exibir a posição da memória seguida por um ponto de interrogação. Cada valor à direita de um ponto de interrogação é inserido pelo usuário. Quando o valor de sentinela `-99999` for inserido, o programa deve exibir o seguinte:

```
*** Program loading completed ***
*** Program execution begins  ***
```

O programa de SML agora foi colocado (ou carregado) no array `memory`. Agora o Simpletron executa o programa SML. A execução inicia com a instrução na posição 00 e, como o Java, continua sequencialmente, a menos que dirigido para alguma outra parte do programa por uma transferência de controle.

Utilize a variável `accumulator` para representar o registrador do acumulador. Use a variável `instructionCounter` para monitorar a posição na memória que contém a instrução sendo realizada. Utilize a variável `operationCode` para indicar a operação que está sendo atualmente realizada (isto é, os dois dígitos esquerdos da palavra de instrução). Utilize a variável `operand` para indicar a posição da memória em que a instrução atual opera. Portanto, `operand` são os dois dígitos mais à direita da instrução sendo atualmente realizada. Não execute instruções diretamente de memória. Mais precisamente, transfira a próxima instrução que será realizada da memória para uma variável chamada `instructionRegister`. Então, pegue os dois dígitos esquerdos e os coloque em `operationCode` e pegue os dois dígitos direitos e os coloque no `operand`. Quando o Simpletron começa a executar, os registradores especiais são todos inicializados como zero.

Agora vamos percorrer a execução da primeira instrução de SML, `+1009` na posição de memória `00`. Esse procedimento é chamado de *ciclo de execução da instrução.*

O `instructionCounter` informa a posição da próxima instrução que será realizada. Realizamos uma *busca* (fetch) do conteúdo dessa posição a partir de `memory` utilizando a instrução Java

```
instructionRegister = memory[instructionCounter];
```

O código de operação e o operando são extraídos do registrador de instrução pelas instruções

```
operationCode = instructionRegister / 100;
operand = instructionRegister % 100;
```

Agora o Simpletron deve determinar que o código de operação é realmente *read* (*versus* um *write*, um *load* e assim por diante). Um `switch` diferencia entre as 12 operações de SML. Na instrução `switch`, o comportamento das várias instruções SML é simulado como mostrado na Figura 7.36. Discutimos instruções de desvio mais adiante e deixaremos as outras para você.

Quando o programa de SML completar a execução, o nome e o conteúdo de cada registrador e o conteúdo completo de memória devem ser exibidos. Esse tipo de saída costuma ser chamado de dump de computador. Para ajudá-lo a programar seu método dump, um formato dump é mostrado na Figura 7.37. Um dump depois de executar um programa Simpletron mostraria os valores reais das instruções e dos valores de dados no momento em que a execução terminou.

Instrução	Descrição
read:	Exiba o prompt "`Enter an integer`", então insira o número inteiro e armazene-o no local `memory[operand]`.
load:	`accumulator = memory[operand];`
add:	`accumulator += memory[operand];`
halt:	Esta instrução exibe a mensagem `*** Simpletron execution terminated ***`

Figura 7.36 | O comportamento de várias instruções de SML no Simpletron.

```
REGISTERS:
accumulator          +0000
instructionCounter      00
instructionRegister  +0000
operationCode           00
operand                 00
MEMORY:
       0     1     2     3     4     5     6     7     8     9
 0 +0000 +0000 +0000 +0000 +0000 +0000 +0000 +0000 +0000 +0000
10 +0000 +0000 +0000 +0000 +0000 +0000 +0000 +0000 +0000 +0000
20 +0000 +0000 +0000 +0000 +0000 +0000 +0000 +0000 +0000 +0000
30 +0000 +0000 +0000 +0000 +0000 +0000 +0000 +0000 +0000 +0000
40 +0000 +0000 +0000 +0000 +0000 +0000 +0000 +0000 +0000 +0000
50 +0000 +0000 +0000 +0000 +0000 +0000 +0000 +0000 +0000 +0000
60 +0000 +0000 +0000 +0000 +0000 +0000 +0000 +0000 +0000 +0000
70 +0000 +0000 +0000 +0000 +0000 +0000 +0000 +0000 +0000 +0000
80 +0000 +0000 +0000 +0000 +0000 +0000 +0000 +0000 +0000 +0000
90 +0000 +0000 +0000 +0000 +0000 +0000 +0000 +0000 +0000 +0000
```

Figura 7.37 | Um dump de exemplo.

Vamos prosseguir com a execução da primeira instrução de nosso programa — a saber o `+1009` na posição `00`. Como indicamos, a instrução `switch` simula essa tarefa pedindo ao usuário para inserir um valor, lendo-o e armazenando-o na posição da memória `memory[operand]`. O valor então é lido na posição `09`.

Nesse ponto, a simulação da primeira instrução é concluída. Tudo que resta é preparar o Simpletron para executar a próxima instrução. Como a instrução recém-realizada não foi uma transferência de controle, precisamos meramente incrementar o registro do contador de instruções como segue:

```
instructionCounter++;
```

Essa ação completa a execução simulada da primeira instrução. O processo inteiro (isto é, o ciclo de execução da instrução) começa de novo com a busca da próxima instrução a ser executada.

Agora vamos considerar como as instruções de desvio — as transferências de controle — são simuladas. Tudo o que precisamos fazer é ajustar o valor no contador de instrução apropriadamente. Portanto, a instrução de desvio incondicional (`40`) é simulada dentro do `switch` como

```
instructionCounter = operand;
```

A instrução "desvie se o acumulador for zero" condicional é simulada como

```
if (accumulator == 0)
   instructionCounter = operand;
```

Nesse ponto, você deve implementar seu simulador de Simpletron e executar cada um dos programas de SML que escreveu na Questão 7.36. Se quiser, você pode decorar o SML com recursos adicionais e oferecer esses recursos no seu simulador.

Seu simulador deve verificar vários tipos de erros. Durante a fase de carregamento do programa, por exemplo, cada número que o usuário digita na `memory` do Simpletron deve estar no intervalo `-9999` a `+9999`. O seu simulador deve testar se cada número inserido está nesse intervalo e, se não estiver, continuar solicitando ao usuário que reinsira o número até que ele insira um número correto.

Durante a fase de execução, seu simulador deve verificar vários erros sérios, como tentativas de divisão por zero, tentativas de execução de códigos de operação inválidos e estouros de acumulador (isto é, operações aritméticas resultando em valores maiores que `+9999` ou menores que `-9999`). Os erros sérios são chamados *erros fatais*. Quando um erro fatal é detectado, seu simulador deve exibir uma mensagem de erro como:

```
*** Attempt to divide by zero ***
*** Simpletron execution abnormally terminated ***
```

e deve exibir um dump de computador completo no formato que discutimos previamente. Esse tratamento ajudará o usuário a localizar o erro no programa.

7.38 ***(Modificações no simulador Simpletron)*** Na Questão 7.37, você escreveu uma simulação de software de um computador que executa programas escritos em Simpletron Machine Language (SML). Nesse exercício, são propostas várias modificações e aprimoramentos para o Simulador de Simpletron. Nos exercícios do Capítulo 21, propomos a construção de um compilador que converte programas escritos em uma linguagem de programação de alto nível (uma variação do Basic) para a Simpletron Machine Language. Algumas das seguintes modificações e melhorias podem ser necessárias para executar os programas produzidos pelo compilador:

a) Estender a memória do Simpletron Simulator para conter 1.000 posições da memória a fim de permitir que o Simpletron trate programas maiores.

b) Permitir que o simulador realize os cálculos restantes. Essa modificação requer uma instrução SML adicional.

c) Permitir que o simulador realize cálculos de exponenciação. Essa modificação requer uma instrução SML adicional.

d) Modificar o simulador para utilizar valores hexadecimais em vez de valores inteiros para representar as instruções SML.

e) Modificar o simulador para permitir saída de uma nova linha. Essa modificação requer uma instrução SML adicional.

f) Modificar o simulador para processar valores de ponto flutuante além de valores inteiros.

g) Modificar o simulador para tratar entrada de string. [*Dica:* cada palavra do Simpletron pode ser dividida em dois grupos, cada uma armazenando um inteiro de dois dígitos. Cada inteiro de dois dígitos representa o equivalente decimal ASCII (veja o Apêndice B) de um caractere. Adicione uma instrução de linguagem de máquina que irá inserir uma string e armazená-la, iniciando em uma posição da memória específica do Simpletron. A primeira metade da palavra nessa posição será uma contagem do número de caracteres na string (isto é, o comprimento da string). Cada sucessiva meia palavra contém um caractere ASCII como dois dígitos decimais expressos. A instrução de linguagem de máquina converte cada caractere em seu equivalente ASCII e atribui a ele uma meia palavra.]

h) Modificar o simulador para tratar saída de strings armazenadas no formato da parte (g). [*Dica:* adicione uma instrução de linguagem de máquina que exiba uma string inicial em certa posição da memória de Simpletron. A primeira metade da palavra nessa posição é uma contagem do número de caracteres na string (isto é, o comprimento da string). Cada sucessiva meia palavra contém um caractere ASCII como dois dígitos decimais expressos. A instrução de linguagem de máquina verifica o comprimento e exibe a string traduzindo cada número de dois dígitos em seu caractere equivalente.]

7.39 ***(`GradeBook` avançada)*** Modifique a classe `GradeBook` da Figura 7.18 para que o construtor aceite como parâmetros o número de alunos e o número de exames e, então, construa um array bidimensional de tamanho adequado, em vez de receber um array bidimensional pré-inicializado como ele faz agora. Defina cada elemento do novo array bidimensional como `-1` para indicar que nenhuma nota foi inserida para esse elemento. Adicione um método `setGrade` que defina uma nota para um aluno específico em um exame particular. Modifique a classe `GradeBookTest` da Figura 7.19 para inserir o número de alunos e o número de exames para `GradeBook` e para permitir que o instrutor insira uma nota de cada vez.

Fazendo a diferença

7.40 ***(Enquete)*** A internet e a web estão permitindo que mais pessoas trabalhem em rede, juntem-se a uma causa, expressem opiniões etc. Candidatos presidenciais recentes utilizaram a internet intensivamente para divulgar suas mensagens e levantar fundos para suas campanhas. Nesse exercício, você escreverá um programa de enquete simples que permite que os usuários classifiquem cinco questões da consciência social de 1 (menos importante) a 10 (mais importante). Escolha cinco causas que são importantes para você (por exemplo, questões políticas, questões ambientais globais). Use um array unidimensional `topics` (do tipo `String`) para armazenar as cinco causas. Para resumir as respostas à pesquisa, use um array bidimensional `responses` com 5 linhas e 10 colunas (do tipo `int`), cada linha correspondendo a um elemento no array `topics`. Quando o programa é executado, ele deve solicitar que o usuário avalie cada questão. Peça que seus amigos e família respondam à pesquisa. Então, faça o programa exibir um resumo dos resultados, incluindo:

a) Um relatório tabular com os cinco temas no lado esquerdo inferior e as 10 classificações ao longo da parte superior, listando em cada coluna o número de classificações recebidas para cada tema.

b) À direita de cada linha, mostre a média das classificações para essa questão.

c) Qual questão recebeu o maior número de pontos? Exiba tanto a questão quanto o total de pontos.

d) Qual tema recebeu o menor total de pontos? Exiba tanto a questão quanto o total de pontos.

Classes e objetos: um exame mais profundo

8

Este é um mundo para esconder virtudes?
— William Shakespeare

Mas o que, para servir nossos propósitos particulares, proíbe trapacear nossos amigos?
— Charles Churchill

Mas, sobretudo, sê a ti próprio fiel.
— William Shakespeare

Objetivos

Neste capítulo, você irá:

- Usar a instrução `throw` para indicar que ocorreu um problema.
- Utilizar a palavra-chave `this` em um construtor para chamar outro construtor na mesma classe.
- Usar variáveis e métodos `static`.
- Importar membros `static` de uma classe.
- Usar o tipo `enum` para criar conjuntos de constantes com identificadores únicos.
- Declarar constantes `enum` com parâmetros.
- Utilizar `BigDecimal` para cálculos monetários precisos.

Sumário

8.1 Introdução

Agora faremos uma análise mais profunda da construção de classes, controle de acesso a membros de uma classe e criação de construtores. Mostraremos como usar `throw` para lançar uma exceção a fim de indicar que ocorreu um problema (a Seção 7.5 discutiu exceções `catch`) e a palavra-chave `this` para permitir que um construtor chame convenientemente outro construtor da mesma classe. Discutiremos a ***composição*** — uma capacidade que permite a uma classe conter referências a objetos de outras classes como membros. Reexaminaremos a utilização dos métodos *set* e *get*. Lembre-se de que a Seção 6.10 introduziu o tipo `enum` básico para declarar um conjunto de constantes, neste capítulo, discutiremos o relacionamento entre tipos e classes `enum`, demonstrando que um tipo `enum`, como ocorre com uma classe, pode ser declarado no seu próprio arquivo com construtores, métodos e campos. O capítulo também discute os membros da classe `static` e variáveis de instância `final` em detalhes. Mostramos uma relação especial entre as classes no mesmo pacote. Por fim, demonstramos como usar a classe `BigDecimal` para realizar cálculos monetários precisos. Dois outros tipos de classes — classes interiores anônimas e classes aninhadas — são discutidos no Capítulo 12.

8.2 Estudo de caso da classe `Time`

Nosso primeiro exemplo consiste em duas classes — `Time1` (Figura 8.1) e `Time1Test` (Figura 8.2). A classe `Time1` representa a hora do dia. O método `main` da classe `Time1Test` cria um objeto da classe `Time1` e chama seus métodos. A saída desse programa é mostrada na Figura 8.2.

Declaração da classe `Time1`

As variáveis de instância `private int hour`, `minute` e `second` da classe `Time1` (linhas 6 a 8) representam a hora no formato de data/hora universal (formato de relógio de 24 horas em que as horas estão no intervalo de 0 a 23, e minutos e segundos estão no intervalo 0 a 59). `Time1` contém os métodos `public setTime` (linhas 12 a 25), `toUniversalString` (linhas 28 a 31) e `toString` (linhas 34 a 39). Esses métodos também são chamados de **serviços `public`** ou **interface `public`** que a classe fornece para seus clientes.

```
1  // Figura 8.1: Time1.java
2  // Declaração de classe Time1 mantém a data/hora no formato de 24 horas.
3
4  public class Time1
5  {
6     private int hour; // 0 - 23
7     private int minute; // 0 - 59
8     private int second; // 0 - 59
9
10    // configura um novo valor de tempo usando hora universal; lança uma
11    // exceção se a hora, minuto ou segundo for inválido
12    public void setTime(int hour, int minute, int second)
13    {
14       // valida hora, minuto e segundo
15       if (hour < 0 || hour >= 24 || minute < 0 || minute >= 60 ||
16          second < 0 || second >= 60)
```

continua

continuação

```
17        {
18           throw new IllegalArgumentException(
19              "hour, minute and/or second was out of range");
20        }
21
22        this.hour = hour;
23        this.minute = minute;
24        this.second = second;
25     }
26
27     // converte em String no formato de data/hora universal (HH:MM:SS)
28     public String toUniversalString()
29     {
30        return String.format("%02d:%02d:%02d", hour, minute, second);
31     }
32
33     // converte em String no formato padrão de data/hora (H:MM:SS AM ou PM)
34     public String toString()
35     {
36        return String.format("%d:%02d:%02d %s",
37           ((hour == 0 || hour == 12) ? 12 : hour % 12),
38           minute, second, (hour < 12 ? "AM" : "PM"));
39     }
40  } // fim da classe Time1
```

Figura 8.1 | Declaração da classe `Time1` mantém a data/hora no formato de 24 horas.

Construtor padrão

Nesse exemplo, a classe `Time1` *não* declara um construtor, assim o compilador fornece um construtor padrão. Cada variável de instância recebe implicitamente o valor `int` padrão. As variáveis de instância também podem ser inicializadas quando declaradas no corpo da classe, utilizando-se a mesma sintaxe de inicialização de uma variável local.

Método `setTime` e lançamento de exceções

O método `setTime` (linhas 12 a 25) é um método `public` que declara três parâmetros `int` e os utiliza para configurar a data/hora. As linhas 15 e 16 testam cada argumento para determinar se o valor está fora do intervalo adequado. O valor `hour` deve ser maior ou igual a `0` e menor que `24`, porque o formato de data/hora universal representa as horas como números inteiros de 0 a 23 (por exemplo, 1 PM é 13 horas e 11 PM é 23 horas; meia-noite é 0 hora e meio-dia é 12 horas). Do mesmo modo, os valores `minute` e `second` devem ser maiores ou iguais a `0` e menor que `60`. Para valores fora desses intervalos, `setTime` **lança uma exceção** do tipo **`IllegalArgumentException`** (linhas 18 e 19), que notifica o código do cliente que um argumento inválido foi passado para o método. Como vimos na Seção 7.5, você pode usar `try...catch` para capturar exceções e tentar recuperar a partir delas, o que faremos na Figura 8.2. A expressão de criação de instância de classe na **instrução `throw`** (Figura 8.1, linha 18) cria um novo objeto do tipo `IllegalArgumentException`. Os parênteses após o nome da classe indicam uma chamada para o construtor `IllegalArgumentException`. Nesse caso, chamamos o construtor que permite especificar uma mensagem de erro personalizada. Depois que o objeto de exceção é criado, a instrução `throw` termina imediatamente o método `setTime` e a exceção é retornada para o método chamador que tentou definir a data/hora. Se todos os valores de argumento são válidos, as linhas 22 a 24 os atribuem às variáveis de instância `hour`, `minute` e `second`.

Observação de engenharia de software 8.1

Para um método como `setTime` na Figura 8.1, valide todos os argumentos do método antes de usá-los para definir os valores das variáveis de instância a fim de garantir que os dados do objeto só sejam modificados se todos os argumentos forem válidos.

Método `toUniversalString`

O método `toUniversalString` (linhas 28 a 31) não recebe nenhum argumento e retorna uma `String` no *formato de data/hora universal*, cada um consistindo em dois dígitos para hora, minuto e segundo — lembre-se de que você pode usar o flag `0` em uma especificação de formato `printf` (por exemplo, `"%02d"`) para exibir zeros à esquerda para um valor que não usa todas as posições de caracteres na largura especificada de campo. Por exemplo, se a data/hora fosse 1:30:07 PM, o método retornaria `13:30:07`. A linha 30 utiliza o método `static` **`format`** da classe `String` para retornar uma `String` que contém os valores `hour`, `minute` e `second` formatados, cada um com dois dígitos e possivelmente um `0` à esquerda (especificado com o flag `0`). O método `format` é semelhante ao método `System.out.printf`, exceto que `format` *retorna* uma `String` formatada em vez de exibi-la em uma janela de comando. A `String` formatada é retornada pelo método `toUniversalString`.

Método toString

O método `toString` (linhas 34 a 39) não recebe argumentos e retorna uma `String` em *formato de data/hora padrão*, que consiste nos valores `hour`, `minute` e `second` separados por dois-pontos e seguidos por AM ou PM (por exemplo, `11:30:17 AM` ou `1:27:06 PM`). Como o método `toUniversalString`, o método `toString` utiliza o método `static String format` para formatar os valores `minute` e `second` como valores de dois dígitos com zeros à esquerda, se necessário. A linha 37 utiliza um operador condicional (`?:`) para determinar o valor para `hour` na `String` — se `hour` for `0` ou `12` (AM ou PM), ele aparece como 12; caso contrário, ele aparece como um valor entre 1 e 11. O operador condicional na linha 30 determina se AM ou PM será retornado como parte da `String`.

Lembre-se de que todos os objetos em Java têm um método `toString` que retorna uma representação `String` do objeto. Escolhemos retornar uma `String` que contém a data/hora no formato de data/hora padrão. O método `toString` é chamado *implicitamente* sempre que um objeto `Time1` aparece no código em que uma `String` é necessária, como o valor para gerar a saída com um especificador de formato `%s` em uma chamada para `System.out.printf`. Você também pode chamar `toString` para obter *explicitamente* uma representação de `String` de um objeto `Time`.

Utilizando a classe Time1

A classe `Time1Test` (Figura 8.2) usa a classe `Time1`. A linha 9 declara e cria um objeto `Time1`. O operador `new` invoca implicitamente o construtor padrão da classe `Time1`, porque `Time1` não declara nenhum construtor. Para confirmar que o objeto `Time1` foi inicializado adequadamente, a linha 12 chama o método `displayTime private` (linhas 35 a 39) que, por sua vez, chama os métodos `toUniversalString` e `toString` do objeto `Time1` para gerar a data/hora no formato de data/hora universal e no formato de data/hora padrão, respectivamente. Note que `toString` poderia ter sido chamado implicitamente aqui em vez de explicitamente. Em seguida, a linha 16 invoca o método `setTime` do objeto `time` sem mudar a data/hora. Então, a linha 17 chama o `displayTime` novamente para gerar a data/hora em ambos os formatos a fim de confirmar que ela foi configurada corretamente.

> **Observação de engenharia de software 8.2**
>
> *Lembre-se do que foi discutido no Capítulo 3, de que os métodos declarados com o modificador de acesso `private` só podem ser chamados por outros métodos da classe em que os métodos `private` são declarados. Esses métodos são comumente chamados de **métodos utilitários** ou **métodos auxiliares** porque eles são tipicamente utilizados para suportar a operação dos outros métodos da classe.*

```
1   // Figura 8.2: Time1Test.java
2   // objeto Time1 utilizado em um aplicativo.
3
4   public class Time1Test
5   {
6      public static void main(String[] args)
7      {
8         // cria e inicializa um objeto Time1
9         Time1 time = new Time1(); // invoca o construtor Time1
10
11        // gera saída de representações de string da data/hora
12        displayTime("After time object is created", time);
13        System.out.println();
14
15        // altera a data/hora e gera saída da data/hora atualizada
16        time.setTime(13, 27, 6);
17        displayTime("After calling setTime", time);
18        System.out.println();
19
20        // tenta definir data/hora com valores inválidos
21        try
22        {
23           time.setTime(99, 99, 99); // todos os valores fora do intervalo
24        }
25        catch (IllegalArgumentException e)
26        {
27           System.out.printf("Exception: %s%n%n", e.getMessage());
28        }
```

continua

continuação

```
29
30          // exibe a data/hora após uma tentativa de definir valores inválidos
31          displayTime("After calling setTime with invalid values", time);
32       }
33
34       // exibe um objeto Time1 nos formatos de 24 horas e 12 horas
35       private static void displayTime(String header, Time1 t)
36       {
37          System.out.printf("%s%nUniversal time: %s%nStandard time: %s%n",
38             header, t.toUniversalString(),t.toString());
39       }
40    } // fim da classe Time1Test
```

```
After time object is created
Universal time: 00:00:00
Standard time: 12:00:00 AM

After calling setTime
Universal time: 13:27:06
Standard time: 1:27:06 PM

Exception: hour, minute and/or second was out of range

After calling setTime with invalid values
Universal time: 13:27:06
Standard time: 1:27:06 PM
```

Figura 8.2 | Objeto `Time1` utilizado em um aplicativo.

Chamando o método `Time1` `setTime` com valores inválidos

Para ilustrar que o método `setTime` *valida* seus argumentos, a linha 23 chama o método `setTime` com argumentos *inválidos* de `99` para `hour`, `minute` e `second`. Essa instrução é colocada em um bloco `try` (linhas 21 a 24) se `setTime` lançar uma `IllegalArgumentException`, o que fará, uma vez que todos os argumentos são inválidos. Quando isso ocorre, a exceção é capturada nas linhas 25 a 28, e a linha 27 exibe a mensagem de erro da exceção chamando o método `getMessage`. A linha 31 gera a data/hora mais uma vez nos dois formatos para confirmar que `setTime` *não* alterou a data/hora quando argumentos inválidos forem fornecidos.

Engenharia de software da declaração da classe `Time1`

Considere as várias questões de projeto classe com relação à classe `Time1`. As variáveis de instância `hour`, `minute` e `second` são declaradas `private`. A representação real dos dados utilizada dentro da classe não diz respeito aos clientes da classe. Por exemplo, seria perfeitamente razoável para `Time1` representar a data/hora internamente como o número de segundos a partir da meia-noite ou o número de minutos e segundos a partir da meia-noite. Os clientes poderiam utilizar os mesmos métodos `public` e obter os mesmos resultados sem estarem cientes disso. (O Exercício 8.5 pede para você representar a data/hora na classe `Time2` da Figura 8.5 como o número de segundos a partir da meia-noite e mostrar que de fato nenhuma alteração está visível aos clientes da classe.)

Observação de engenharia de software 8.3

Classes simplificam a programação porque o cliente só pode utilizar os métodos `public` de uma classe. Normalmente, esses métodos são direcionados aos clientes em vez de à implementação. Os clientes não estão cientes de, nem envolvidos em, uma implementação da classe. Eles geralmente se preocupam com o que *a classe faz, mas não* como *a classe faz isso.*

Observação de engenharia de software 8.4

As interfaces mudam com menos frequência que as implementações. Quando uma implementação muda, o código dependente de implementação deve alterar correspondentemente. Ocultar a implementação reduz a possibilidade de que outras partes do programa irão se tornar dependentes dos detalhes sobre a implementação da classe.

Java SE 8 — Date/Time API

O exemplo desta seção e os vários exemplos mais adiante neste capítulo demonstram vários conceitos de implementação de classe daquelas que representam datas e horas. No desenvolvimento Java profissional, em vez de construir suas próprias classes de data e hora, você normalmente reutiliza aquelas fornecidas pela API Java. Embora o Java sempre tenha tido classes para manipular datas e horas, o Java SE 8 introduz uma nova **Date/Time API** — definida pelas classes no pacote `java.time` — aplicativos construídos com o Java SE 8 devem usar as capacidades da Date/Time API, em vez das versões anteriores do Java. A nova API corrige vários problemas com as classes mais antigas e fornece capacidades mais robustas, mais fáceis de usar para manipular datas, horas, fusos horários, calendários e mais. Usamos alguns dos recursos da Date/Time API no Capítulo 23. Você pode aprender mais sobre as classes da Date/Time API em:

```
download.java.net/jdk8/docs/api/
```

8.3 Controlando o acesso a membros

Os modificadores de acesso `public` e `private` controlam o acesso a variáveis e métodos de uma classe. No Capítulo 9, introduziremos o modificador de acesso adicional `protected`. O principal objetivo dos métodos `public` é apresentar aos clientes da classe uma visualização dos serviços que a classe fornece (isto é, a interface `public` dela). Os clientes não precisam se preocupar com a forma como a classe realiza suas tarefas. Por essa razão, as variáveis `private` e os métodos `private` da classe (isto é, seus *detalhes de implementação*) *não* são acessíveis aos clientes.

A Figura 8.3 demonstra que os membros da classe `private` *não* são acessíveis fora da classe. As linhas 9 a 11 tentam acessar diretamente as variáveis de instância `hour`, `minute` e `second` de `private` da `time` do objeto `Time1`. Quando esse programa é compilado, o compilador gera mensagens de erro de que esses membros `private` não são acessíveis. Esse programa supõe que a classe `Time1` da Figura 8.1 é utilizada.

```
1  // Figura 8.3: MemberAccessTest.java
2  // Membros privados da classe Time1 não são acessíveis.
3  public class MemberAccessTest
4  {
5     public static void main(String[] args)
6     {
7        Time1 time = new Time1(); // cria e inicializa o objeto Time1
8  
9        time.hour = 7; // erro: hour tem acesso privado em Time1
10       time.minute = 15; // erro: minute tem acesso privado em Time1
11       time.second = 30; // erro: second tem acesso privado em Time1
12    }
13 } // fim da classe MemberAccessTest
```

```
MemberAccessTest.java:9: hour tem acesso privado em Time1
      time.hour = 7; // erro: hour tem acesso privado em Time1
          ^
MemberAccessTest.java:10: minute tem acesso privado em Time1
      time.minute = 15; // erro: minute tem acesso privado em Time1
          ^
MemberAccessTest.java:11: second tem acesso privado em Time1
      time.second = 30; // erro: second tem acesso privado em Time1
          ^
3 errors
```

Figura 8.3 | Membros privados da classe `Time1` não são acessíveis.

Erro comum de programação 8.1

Uma tentativa por um método que não é membro de uma classe de acessar um membro `private` *dessa classe é um erro de compilação.*

8.4 Referenciando membros do objeto atual com a referência `this`

Cada objeto pode acessar uma *referência a si próprio* com a palavra-chave `this` (às vezes chamada de **referência `this`**). Quando um método de instância é chamado para um objeto particular, o corpo do método utiliza *implicitamente* a palavra-chave `this` para referenciar as variáveis de instância do objeto e outros métodos. Isso permite que o código da classe saiba qual objeto deve ser manipulado. Como veremos na Figura 8.4, você também pode usar a palavra-chave `this` *explicitamente* no corpo do método de uma instância. A Seção 8.5 mostra uma outra utilização interessante de palavra-chave `this`. A Seção 8.11 explica por que a palavra-chave `this` não pode ser utilizada em um método `static`.

Agora demonstraremos o uso implícito e explícito da referência `this` (Figura 8.4). Esse exemplo é o primeiro em que declaramos *duas* classes em um único arquivo — a classe `ThisTest` é declarada nas linhas 4 a 11 e a classe `SimpleTime`, nas linhas 14 a 47. Fizemos isso para demonstrar que, quando você compila um arquivo `.java` contendo mais de uma classe, o compilador produz um arquivo separado da classe com a extensão `.class` para cada classe compilada. Nesse caso, dois arquivos separados são produzidos — `SimpleTime.class` e `ThisTest.class`. Quando um arquivo de código-fonte (`.java`) contém múltiplas declarações de classe, o compilador insere ambos os arquivos de classe para essas classes no *mesmo* diretório. Observe também na Figura 8.4 que só a classe `ThisTest` é declarada `public`. Um arquivo de código-fonte pode conter somente *uma* classe `public` — caso contrário, um erro de compilação ocorre. *As classes não `public` só podem ser utilizadas por outras classes no mesmo pacote.* Assim, nesse exemplo, a classe `SimpleTime` só pode ser usada pela classe `ThisTest`.

```
1  // Figura 8.4: ThisTest.java
2  // this utilizado implícita e explicitamente para referência a membros de um objeto.
3
4  public class ThisTest
5  {
6     public static void main(String[] args)
7     {
8        SimpleTime time = new SimpleTime(15, 30, 19);
9        System.out.println(time.buildString());
10    }
11 } // fim da classe ThisTest
12
13 // classe SimpleTime demonstra a referência "this"
14 class SimpleTime
15 {
16    private int hour; // 0-23
17    private int minute; // 0-59
18    private int second; // 0-59
19
20    // se o construtor utilizar nomes de parâmetro idênticos a
21    // nomes de variáveis de instância a referência "this" será
22    // exigida para distinguir entre os nomes
23    public SimpleTime(int hour, int minute, int second)
24    {
25       this.hour = hour; // configura a hora do objeto "this"
26       this.minute = minute; // configura o minuto do objeto "this"
27       this.second = second; // configura o segundo do objeto "this"
28    }
29
30    // utilizam "this" explícito e implícito para chamar toUniversalString
31    public String buildString()
32    {
33       return String.format("%24s: %s%n%24s: %s",
34          "this.toUniversalString()",this.toUniversalString(),
35          "toUniversalString()",toUniversalString());
36    }
37
38    // converte em String no formato de data/hora universal (HH:MM:SS)
39    public String toUniversalString()
40    {
41       // "this" não é requerido aqui para acessar variáveis de instância,
42       // porque o método não tem variáveis locais com os mesmos
43       // nomes das variáveis de instância
44       return String.format("%02d:%02d:%02d",
45          this.hour, this.minute, this.second);
46    }
47 } // fim da classe SimpleTime
```

```
this.toUniversalString(): 15:30:19
     toUniversalString(): 15:30:19
```

Figura 8.4 | `this` utilizado implícita e explicitamente como uma referência a membros de um objeto.

A classe `SimpleTime` (linhas 14 a 47) declara três variáveis de instância `private` — `hour`, `minute` e `second` (linhas 16 a 18). O construtor da classe (linha 23 a 28) recebe três argumentos `int` para inicializar um objeto `SimpleTime`. Mais uma vez, utilizamos nomes de parâmetro para o construtor (linha 23) que são *idênticos* aos nomes das variáveis de instância da classe (linhas 16 a 18), assim usamos a referência `this` para nos referirmos às variáveis de instância nas linhas 25 a 27.

Dica de prevenção de erro 8.1

A maioria dos IDEs emitirá um alerta se você afirmar `x = x;` *em vez de* `this.x = x;`. *A instrução* `x = x;` *é muitas vezes chamada no-op (no operation).*

O método `buildString` (linhas 31 a 36) retorna uma `String` criada por uma instrução que utiliza a referência `this` explícita e implicitamente. A linha 34 usa-a *explicitamente* para chamar o método `toUniversalString`. A linha 35 utiliza-a *implicitamente* para chamar o mesmo método. Ambas as linhas realizam a mesma tarefa. Em geral, você não utilizará `this` explicitamente para referenciar outros métodos dentro do objeto atual. Além disso, a linha 45 no método `toUniversalString` utiliza explicitamente a referência `this` para acessar cada variável de instância. Isso *não* é necessário aqui, porque o método *não* tem variáveis locais que sombreiam as variáveis de instância da classe.

Dica de desempenho 8.1

O Java conserva armazenamento mantendo somente uma cópia de cada método por classe — esse método é invocado por cada objeto dessa classe. Cada objeto, por outro lado, tem sua própria cópia das variáveis de instância da classe. Cada método da classe utiliza implicitamente `this` *para determinar o objeto específico da classe a manipular.*

O método `main` (linhas 6 a 10) da classe `ThisTest` demonstra a classe `SimpleTime`. A linha 8 cria uma instância da classe `SimpleTime` e invoca seu construtor. A linha 9 invoca o método `buildString` do objeto e então exibe os resultados.

8.5 Estudo de caso da classe `Time`: construtores sobrecarregados

Como você sabe, é possível declarar seu próprio construtor a fim de especificar como objetos de uma classe devem ser inicializados. A seguir, demonstraremos uma classe com vários **construtores sobrecarregados** que permitem que objetos dessa classe sejam inicializados de diferentes maneiras. Para sobrecarregar construtores, simplesmente forneça múltiplas declarações de construtor com assinaturas diferentes.

Classe `Time2` com construtores sobrecarregados

O construtor padrão da classe `Time1` na Figura 8.1 inicializou `hour`, `minute` e `second` para seus valores `0` padrão (isto é, meia-noite na data/hora universal). O construtor padrão não permite que clientes da classe inicializem a data/hora com valores não zero específicos. A classe `Time2` (Figura 8.5) contém cinco construtores sobrecarregados que fornecem maneiras convenientes de inicializar objetos. Nesse programa, quatro dos construtores invocam um quinto, o qual, por sua vez, garante que o valor fornecido para `hour` está no intervalo de 0 a 23, e os valores para `minute` e `second` estão, cada um, no intervalo de 0 a 59. O compilador invoca o construtor apropriado correspondendo o número, tipos e a ordem dos tipos dos argumentos especificados na chamada do construtor com o número, tipos e a ordem dos tipos dos parâmetros especificados em cada declaração de construtor. A classe `Time2` também fornece os métodos *set* e *get* para cada variável de instância.

```
// Figura 8.5: Time2.java
// declaração da classe Time2 com construtores sobrecarregados.

public class Time2
{
   private int hour; // 0 - 23
   private int minute; // 0 - 59
   private int second; // 0 - 59

   // construtor sem argumento Time2:
   // inicializa cada variável de instância para zero
   public Time2()
   {
      this(0, 0, 0); // invoca o construtor com três argumentos
   }

```

continua

continuação

```
   // Construtor Time2: hora fornecida, minuto e segundo padronizados para 0
   public Time2(int hour)
   {
      this(hour, 0, 0); // invoca o construtor com três argumentos
   }

   // Construtor Time2: hora e minuto fornecidos, segundo padronizado para 0
   public Time2(int hour, int minute)
   {
      this(hour, minute, 0); // invoca o construtor com três argumentos
   }

   // Construtor Time2: hour, minute e second fornecidos
   public Time2(int hour, int minute, int second)
   {
      if (hour < 0 || hour >= 24)
         throw new IllegalArgumentException("hour must be 0-23");

      if (minute < 0 || minute >= 60)
         throw new IllegalArgumentException("minute must be 0-59");

      if (second < 0 || second >= 60)
         throw new IllegalArgumentException("second must be 0-59");

      this.hour = hour;
      this.minute = minute;
      this.second = second;
   }

   // Construtor Time2: outro objeto Time2 fornecido
   public Time2(Time2 time)
   {
      // invoca o construtor com três argumentos
      this(time.getHour(), time.getMinute(), time.getSecond());
   }

   // Métodos set
   // Configura um novo valor de tempo usando hora universal;
   // valida os dados
   public void setTime(int hour, int minute, int second)
   {
      if (hour < 0 || hour >= 24)
         throw new IllegalArgumentException("hour must be 0-23");

      if (minute < 0 || minute >= 60)
         throw new IllegalArgumentException("minute must be 0-59");

      if (second < 0 || second >= 60)
         throw new IllegalArgumentException("second must be 0-59");

      this.hour = hour;
      this.minute = minute;
      this.second = second;
   }

   // valida e configura a hora
   public void setHour(int hour)
   {
      if (hour < 0 || hour >= 24)
         throw new IllegalArgumentException("hour must be 0-23");

      this.hour = hour;
   }

   // valida e configura os minutos
   public void setMinute(int minute)
   {
```

continua

continuação

```
84          if (minute < 0 || minute >= 60)
85             throw new IllegalArgumentException("minute must be 0-59");
86 
87          this.minute = minute;
88       }
89 
90       // valida e configura os segundos
91       public void setSecond(int second)
92       {
93          if (second < 0 || second >= 60)
94             throw new IllegalArgumentException("second must be 0-59");
95 
96          this.second = second;
97       }
98 
99       // Métodos get
100      // obtém valor da hora
101      public int getHour()
102      {
103         return hour;
104      }
105
106      // obtém valor dos minutos
107      public int getMinute()
108      {
109         return minute;
110      }
111
112      // obtém valor dos segundos
113      public int getSecond()
114      {
115         return second;
116      }
117
118      // converte em String no formato de data/hora universal (HH:MM:SS)
119      public String toUniversalString()
120      {
121         return String.format(
122            "%02d:%02d:%02d", getHour(), getMinute(), getSecond());
123      }
124
125      // converte em String no formato padrão de data/hora (H:MM:SS AM ou PM)
126      public String toString()
127      {
128         return String.format("%d:%02d:%02d %s",
129            ((getHour() == 0 || getHour() == 12) ? 12 : getHour() % 12),
130            getMinute(), getSecond(), (getHour() < 12 ? "AM" : "PM"));
131      }
132   } // fim da classe Time2
```

Figura 8.5 | Classe `Time2` com construtores sobrecarregados.

Construtores da classe `Time2` — chamando um construtor a partir de outro via `this`

As linhas 12 a 15 declaram um assim chamado **construtor sem argumento** que é invocado sem argumentos. Depois de você declarar quaisquer construtores em uma classe, o compilador *não* fornecerá um *construtor padrão*. Esse construtor sem argumento garante que os clientes da classe `Time2` podem criar objetos `Time2` com valores padrão. Esse construtor simplesmente inicializa o objeto como especificado no corpo do construtor. No corpo, introduzimos um uso da referência `this` que só é permitido como a *primeira* instrução no corpo de um construtor. A linha 14 usa `this` na sintaxe de chamada de método para invocar o construtor `Time2` que recebe três parâmetros (linhas 30 a 44) com valores de 0 para `hour`, `minute` e `second`. Utilizar a referência `this` como mostrado aqui é uma maneira popular de *reutilizar* código de inicialização fornecido por outro dos construtores da classe em vez de definir um código semelhante no corpo do construtor sem argumentos. Utilizamos essa sintaxe em quatro dos cinco construtores

`Time2` para tornar a classe mais fácil de manter e modificar. Se for necessário alterar a maneira como objetos da classe `Time2` são inicializados, somente o construtor que os outros construtores da classe chamam precisará ser modificado.

Erro comum de programação 8.2

É um erro de compilação se `this` for utilizado no corpo de um construtor para chamar outros construtores da mesma classe se essa chamada não for a primeira instrução do construtor. Também é um erro de compilação se um método tentar invocar um construtor diretamente via `this`.

As linhas 18 a 21 declaram um construtor `Time2` com um parâmetro `int` único que representa a `hour` que é passada com 0 em `minute` e `second` para o construtor nas linhas 30 a 44. As linhas 24 a 27 declaram um construtor `Time2` que recebe dois parâmetros `int` que representam a `hour` e `minute`, passados com 0 de `second` para o construtor nas linhas 30 a 44. Como ocorre com o construtor sem argumentos, cada um desses construtores invoca o construtor nas linhas 30 a 44 para minimizar a duplicação de código. As linhas 30 a 44 declaram o construtor `Time2`, que recebe três parâmetros `int` que representam `hour`, `minute` e `second`. Esse construtor valida e inicializa as variáveis de instância.

As linhas 47 a 51 declaram um construtor `Time2` que recebe uma referência para outro objeto `Time2`. Os valores do argumento `Time2` são passados para o construtor de três argumentos nas linhas 30 a 44 para inicializar `hour`, `minute` e `second`. A linha 50 poderia ter acessado diretamente os valores de `hour`, `minute` e `second` do argumento `time` com as expressões `time.hour`, `time.minute` e `time.second` — mesmo que `hour`, `minute` e `second` sejam declarados como variáveis `private` da classe `Time2`. Isso se deve a um relacionamento especial entre objetos da mesma classe. Veremos mais adiante por que é preferível usar os métodos *get*.

Observação de engenharia de software 8.5

Quando um objeto de uma classe contém uma referência a um outro objeto da mesma classe, o primeiro objeto pode acessar todos *os dados e métodos do segundo objeto (incluindo aqueles que são `private`).*

O método `setTime` da classe `Time2`

O método `setTime` (linhas 56 a 70) lança uma `IllegalArgumentException` (linhas 59, 62 e 65) se quaisquer argumentos do método estão fora do intervalo. Do contrário, ele define as variáveis de instância de `Time2` como os valores de argumento (linhas 67 a 69).

Notas com relação aos construtores e métodos set e get da classe `Time2`

Os métodos *get* de `Time2` são chamados ao longo de toda a classe. Em particular, os métodos `toUniversalString` e `toString` chamam os métodos `getHour`, `getMinute` e `getSecond` na linha 122 e nas linhas 129 e 130, respectivamente. Em cada caso, esses métodos poderiam ter acessado os dados privados da classe diretamente sem chamar os métodos *get*. Mas considere a possibilidade de alterar a representação da hora de três valores `int` (requerendo 12 bytes de memória) para um único valor `int` a fim de representar o número total de segundos que se passou desde a meia-noite (requerendo 4 bytes de memória). Se esse tipo de alteração fosse feito, apenas os corpos dos métodos que acessam os dados `private` diretamente precisariam ser alterados — especialmente, o construtor de três argumentos, o método `setTime` e os métodos *set* e *get* individuais para `hour`, `minute` e `second`. Não haveria necessidade de modificar o corpo dos métodos `toUniversalString` ou `toString` porque eles *não* acessam os dados diretamente. Projetar a classe dessa maneira reduz a probabilidade de erros de programação ao alterar a implementação da classe.

Da mesma forma, cada construtor `Time2` pode incluir uma cópia das instruções adequadas a partir do construtor de três argumentos. Fazer isso pode ser um pouco mais eficiente, porque as chamadas extras do construtor são eliminadas. Mas *duplicar* instruções torna mais difícil alterar a representação interna dos dados da classe. Fazer com que os construtores `Time2` chamem o construtor com três argumentos exige que quaisquer alterações na implementação do construtor de três argumentos sejam feitas apenas uma vez. Além disso, o compilador pode otimizar os programas removendo as chamadas para os métodos simples e substituindo-as pelo código expandido das suas declarações — uma técnica conhecida como **colocar o código em linha**, o que melhora o desempenho do programa.

Utilizando construtores sobrecarregados da classe `Time2`

A classe `Time2Test` (Figura 8.6) invoca os construtores `Time2` sobrecarregados (linhas 8 a 12 e 24). A linha 8 invoca o construtor `Time2` sem argumento. As linhas 9 a 12 demonstram como passar argumentos para os outros construtores `Time2`. A linha 9 invoca o construtor de argumento único que recebe um `int` nas linhas 18 a 21 da Figura 8.5. A linha 10 invoca o construtor de dois argumentos nas linhas 24 a 27 da Figura 8.5. A linha 11 invoca o construtor de três argumentos nas linhas 30 a 44 da Figura 8.5. A linha 12 invoca o construtor de argumento único que recebe um `Time2` nas linhas 47 a 51 da Figura 8.5. Então, o aplicativo exibe as representações `String` de cada objeto `Time2` para confirmar que ele foi inicializado adequadamente (linhas 15 a 19). A linha 24 tenta inicializar `t6` criando um novo objeto `Time2` e passando três valores *inválidos* para o construtor. Quando o construtor tenta usar o valor de hora inválido para inicializar `hour` do objeto, ocorre uma `IllegalArgumentException`. Capturamos essa exceção na linha 26 e exibimos a mensagem de erro, o que resulta na última linha da saída.

```
1  // Figura 8.6: Time2Test.java
2  // Construtores sobrecarregados utilizados para inicializar objetos Time2.
3
4  public class Time2Test
5  {
6     public static void main(String[] args)
7     {
8        Time2 t1 = new Time2(); // 00:00:00
9        Time2 t2 = new Time2(2); // 02:00:00
10       Time2 t3 = new Time2(21, 34); // 21:34:00
11       Time2 t4 = new Time2(12, 25, 42); // 12:25:42
12       Time2 t5 = new Time2(t4); // 12:25:42
13
14       System.out.println("Constructed with:");
15       displayTime("t1: all default arguments", t1);
16       displayTime("t2: hour specified; default minute and second", t2);
17       displayTime("t3: hour and minute specified; default second", t3);
18       displayTime("t4: hour, minute and second specified", t4);
19       displayTime("t5: Time2 object t4 specified", t5);
20
21       // tenta inicializar t6 com valores inválidos
22       try
23       {
24          Time2 t6 = new Time2(27, 74, 99); // valores inválidos
25       }
26       catch (IllegalArgumentException e)
27       {
28          System.out.printf("%nException while initializing t6: %s%n",
29             e.getMessage());
30       }
31    }
32
33    // exibe um objeto Time2 nos formatos de 24 horas e 12 horas
34    private static void displayTime(String header, Time2 t)
35    {
36       System.out.printf("%s%n   %s%n   %s%n",
37          header, t.toUniversalString(), t.toString());
38    }
39 } // fim da classe Time2Test
```

```
Constructed with:
t1: all default arguments
   00:00:00
   12:00:00 AM
t2: hour specified; default minute and second
   02:00:00
   2:00:00 AM
t3: hour and minute specified; default second
   21:34:00
   9:34:00 PM
t4: hour, minute and second specified
   12:25:42
   12:25:42 PM
t5: Time2 object t4 specified
   12:25:42
   12:25:42 PM
Exception while initializing t6: hour must be 0-23
```

Figura 8.6 | Construtores sobrecarregados utilizados para inicializar objetos `Time2`.

8.6 Construtores padrão e sem argumentos

Cada classe *deve* ter pelo menos *um* construtor. Se você não fornecer nenhuma declaração em uma classe, o compilador cria um *construtor padrão* que *não* recebe nenhum argumento quando é invocado. O construtor padrão inicializa as variáveis de instância com os valores iniciais especificados nas suas declarações ou com seus valores padrão (zero para tipos numéricos primitivos, `false` para valores `boolean` e `null` para referências). Na Seção 9.4.1, veremos que o construtor padrão também realiza outra tarefa.

Lembre-se de que, se a sua classe declarar construtores, o compilador *não* criará um construtor padrão. Nesse caso, você deve declarar um construtor sem argumento se uma inicialização padrão for necessária. Como ocorre com um construtor padrão, um construtor sem argumentos é invocado com parênteses vazios. O construtor `Time2` sem argumentos (linhas 12 a 15 da Figura 8.5) inicializa explicitamente um objeto `Time2` passando ao construtor de três argumentos 0 para cada parâmetro. Uma vez que 0 é o valor padrão para variáveis de instância `int`, nesse exemplo o construtor sem argumentos na verdade poderia ser declarado com um corpo vazio. Nesse caso, cada variável de instância receberia seu valor padrão quando o construtor sem argumentos fosse chamado. Se omitíssemos o construtor sem argumentos, clientes dessa classe não seriam capazes de criar um objeto `Time2` com a expressão `new Time2()`.

Dica de prevenção de erro 8.2

Certifique-se de que você não inclui um tipo de retorno na definição de um construtor. O Java permite que outros métodos da classe além dos seus construtores tenham o mesmo nome da classe e especifiquem tipos de retorno. Esses métodos não *são construtores e* não *serão chamados quando um objeto da classe for instanciado.*

Erro comum de programação 8.3

Um erro de compilação ocorre se um programa tenta inicializar um objeto de uma classe passando o número ou tipo errado de argumentos para o construtor da classe.

8.7 Notas sobre os métodos *Set* e *Get*

Como você sabe, os campos de uma classe `private` *só* podem ser manipulados pelos seus métodos. Uma manipulação típica talvez seja o ajuste do saldo bancário de um cliente (por exemplo, uma variável de instância `private` de uma classe `BankAccount`) por um método `computeInterest`. Métodos *set* também são comumente chamados **métodos modificadores**, porque eles geralmente *mudam* o estado de um objeto — isto é, *modificam* os valores das variáveis de instância. Os métodos *get* também são comumente chamados de **métodos de acesso** ou **métodos de consulta**.

Métodos set *e* get *versus dados* `public`

Parece que fornecer as capacidades de *set* e *get* é essencialmente o mesmo que tornar `public` as variáveis de instância da classe. Essa é uma das sutilezas que torna o Java tão desejável para a engenharia de software. Uma variável de instância `public` pode ser lida ou gravada por qualquer método que tem uma referência que contém a variável. Se uma variável de instância for declarada `private`, um método *get* `public` certamente permitirá que outros métodos a acessem, mas o método *get* pode *controlar* como o cliente pode acessá-la. Por exemplo, um método *get* poderia controlar o formato dos dados que ele retorna, e assim proteger o código do cliente na representação dos dados real. Um método *set* `public` pode, e deve, examinar cuidadosamente tentativas de modificar o valor da variável e lançar uma exceção, se necessário. Por exemplo, tentativas para definir o dia do mês como 37 ou peso de uma pessoa como um valor negativo devem ser rejeitadas. Portanto, embora os métodos *set* e *get* possam fornecer acesso a dados `private`, o acesso é restrito pela implementação dos métodos. Isso ajuda a promover uma boa engenharia de software.

Observação de engenharia de software 8.6

Classes nunca devem ter dados `public` *não constantes, mas declarar dados* `public static final` *permite disponibilizar as constantes para os clientes da sua classe. Por exemplo, a classe* `Math` *oferece as constantes* `final Math.E` *e* `Math.PI public static final`.

Dica de prevenção de erro 8.3

Não forneça constantes `public static final` *se é provável que os valores das constantes mudem nas versões futuras do seu software.*

Teste de validade em métodos set

Os benefícios da integridade de dados não são automaticamente simples porque as variáveis de instância são declaradas `private` — você deve fornecer a verificação de validade. Métodos *set* de uma classe poderiam determinar que foram feitas tentativas de atribuir dados inválidos a objetos da classe. Normalmente métodos *set* têm um tipo de retorno `void` e usam o tratamento de exceção para indicar tentativas de atribuir dados inválidos. Discutiremos o tratamento de exceção em detalhes no Capítulo 11.

Observação de engenharia de software 8.7

Se apropriado, forneça métodos `public` para alterar e recuperar os valores de variáveis de instância `private`. Essa arquitetura ajuda a ocultar a implementação de uma classe dos seus clientes, o que aprimora a modificabilidade do programa.

Dica de prevenção de erro 8.4

Usar métodos set *e* get *ajuda a criar classes que são mais fáceis de depurar e manter. Se apenas um método realizar uma tarefa particular, como configurar uma instância de variável em um objeto, é mais fácil depurar e manter a classe. Se a variável de instância não for configurada corretamente, o código que na verdade modifica a variável de instância estará localizado em um único método* set. *Seus esforços de depuração podem focalizar esse único método.*

Métodos predicados

Uma outra utilização comum para métodos de acesso é testar se uma condição é *verdadeira* ou *falsa* — esses métodos costumam ser chamados de **métodos predicados**. Um exemplo seria o método `isEmpty` da classe `ArrayList`, que retorna `true` se a `ArrayList` estiver vazia e `false` caso contrário. Um programa pode testar `isEmpty` antes de tentar ler outro item de uma `ArrayList`.

8.8 Composição

Uma classe pode ter referências a objetos de outras classes como membros. Isso é chamado **composição** e, às vezes, é referido como um **relacionamento *tem um***. Por exemplo, um objeto `AlarmClock` precisa saber a data/hora atual *e* a data/hora em que ele supostamente deve soar o alarme, por isso é razoável incluir *duas* referências a objetos `Time` em um objeto `AlarmClock`. Um carro *tem um* volante, um pedal de freio e um pedal de acelerador.

Classe `Date`

Esse exemplo de composição contém as classes `Date` (Figura 8.7), `Employee` (Figura 8.8) e `EmployeeTest` (Figura 8.9). A classe `Date` (Figura 8.7) declara as variáveis de instância `month`, `day` e `year` (linhas 6 a 8) para representar uma data. O construtor recebe três parâmetros `int`. As linhas 17 a 19 validam o `month` — se ele estiver fora do intervalo, as linhas 18 e 19 lançam uma exceção. As linhas 22 a 25 validam o `day`. Se o dia estiver incorreto com base no número de dias no `month` particular (exceto 29 de fevereiro, que exige testes especiais para anos bissextos), as linhas 24 e 25 lançam uma exceção. As linhas 28 a 31 realizam o teste de ano bissexto para fevereiro. Se o mês é fevereiro e o dia é 29 e o `year` não é um ano bissexto, as linhas 30 e 31 lançam uma exceção. Se nenhuma exceção for lançada, então as linhas 33 a 35 inicializam as variáveis de instância de Date e as linhas 37 e 38 geram a referência `this` como uma `String`. Como `this` é uma referência ao objeto `Date` atual, o método `toString` do objeto (linhas 42 a 45) é chamado *implicitamente* para obter a representação `String` do objeto. Nesse exemplo, vamos supor que o valor para `year` está correto — uma classe `Date` de força industrial também deve validar o ano.

```
1   // Figura 8.7: Date.java
2   // Declaração da classe Date.
3
4   public class Date
5   {
6      private int month; // 1-12
7      private int day; // 1-31 conforme o mês
8      private int year; // qualquer ano
9
10     private static final int[] daysPerMonth =
11        { 0, 31, 28, 31, 30, 31, 30, 31, 31, 30, 31, 30, 31 };
12
13     // construtor: confirma o valor adequado para o mês e dia dado o ano
14     public Date(int month, int day, int year)
15     {
```

continua

continuação

```
      // verifica se mês está no intervalo
      if (month <= 0 || month > 12)
         throw new IllegalArgumentException(
            "month (" + month + ") must be 1-12");

      // verifica se day está no intervalo para month
      if (day <= 0 ||
         (day > daysPerMonth[month] && !(month == 2 && day == 29)))
         throw new IllegalArgumentException("day (" + day +
            ") out-of-range for the specified month and year");

      // verifique no ano bissexto se o mês é 2 e o dia é 29
      if (month == 2 && day == 29 && !(year % 400 == 0 ||
         (year % 4 == 0 && year % 100 != 0)))
         throw new IllegalArgumentException("day (" + day +
            ") out-of-range for the specified month and year");

      this.month = month;
      this.day = day;
      this.year = year;

      System.out.printf(
         "Date object constructor for date %s%n", this);
   }

   // retorna uma String no formato mês/dia/ano
   public String toString()
   {
      return String.format("%d/%d/%d", month, day, year);
   }
} // fim da classe Date
```

Figura 8.7 | Declaração de classe `Date`.

Classe `Employee`

A classe `Employee` (Figura 8.8) contém variáveis de instância `firstName`, `lastName`, `birthDate` e `hireDate`. Os membros `firstName` e `lastName` são referências a objetos `String`. Os membros `birthDate` e `hireDate` são referências a objetos `String`. Isso demonstra que uma classe pode conter como variáveis de instância referências a objetos de outras classes. O construtor `Employee` (linhas 12 a 19) recebe quatro parâmetros que representam o primeiro nome, sobrenome, data de nascimento e data de contratação. Os objetos referenciados pelos parâmetros são atribuídos às variáveis de instância do objeto `Employee`. Quando o método `toString` da classe `Employee` é chamado, ele retorna uma `String` contendo o nome do empregado e as representações de `String` dos dois objetos `Date`. Cada uma dessas `Strings` é obtida com uma chamada *implícita* ao método `toString` da classe `Date`.

```
1  // Figura 8.8: Employee.java
2  // Classe Employee com referência a outros objetos.
3
4  public class Employee
5  {
6     private String firstName;
7     private String lastName;
8     private Date birthDate;
9     private Date hireDate;
10
11    // construtor para inicializar nome, data de nascimento e data de contratação
12    public Employee(String firstName, String lastName, Date birthDate,
13       Date hireDate)
14    {
15       this.firstName = firstName;
16       this.lastName = lastName;
17       this.birthDate = birthDate;
18       this.hireDate = hireDate;
```

continua

continuação

```
    }

    // converte Employee em formato de String
    public String toString()
    {
       return String.format("%s, %s  Hired: %s  Birthday: %s",
          lastName, firstName, hireDate, birthDate);
    }
 } // fim da classe Employee
```

Figura 8.8 | A classe `Employee` com referência a outros objetos.

Classe EmployeeTest

A classe `EmployeeTest` (Figura 8.9) cria dois objetos `Date` para representar o aniversário e a data de contratação, respectivamente, de um `Employee`. A linha 10 cria um `Employee` e inicializa suas variáveis de instância passando para o construtor duas `Strings` (representando o primeiro e último nomes do `Employee`) e dois objetos `Date` (representando o aniversário e a data de contratação). A linha 12 invoca *implicitamente* o método `toString` de `Employee` para exibir os valores das suas variáveis de instância e demonstrar que o objeto foi inicializado adequadamente.

```
1   // Figura 8.9: EmployeeTest.java
2   // Demonstração de composição.
3
4   public class EmployeeTest
5   {
6      public static void main(String[] args)
7      {
8         Date birth = new Date(7, 24, 1949);
9         Date hire = new Date(3, 12, 1988);
10        Employee employee = new Employee("Bob", "Blue", birth, hire);
11
12        System.out.println(employee);
13     }
14  } // fim da classe EmployeeTest
```

```
Date object constructor for date 7/24/1949
Date object constructor for date 3/12/1988
Blue, Bob  Hired: 3/12/1988  Birthday: 7/24/1949
```

Figura 8.9 | A demonstração de composição.

8.9 Tipos enum

Na Figura 6.8, apresentamos o tipo `enum` básico que define um conjunto de constantes representadas como identificadores únicos. Nesse programa, as constantes `enum` representaram o status do jogo. Nesta seção, discutimos o relacionamento entre tipos e classes `enum`. Como classes, todos os tipos `enum` são tipos *por referência*. Um tipo `enum` é declarado com uma **declaração `enum`**, uma lista separada por vírgulas de *constantes `enum`* — a declaração pode opcionalmente incluir outros componentes das classes tradicionais como construtores, campos e métodos (como você verá em breve). Cada declaração `enum` declara uma classe `enum` com as seguintes restrições:

1. constantes `enum` são *implicitamente* `final`.
2. constantes `enum` são *implicitamente* `static`.
3. Qualquer tentativa de criar um objeto de um tipo `enum` com um operador `new` resulta em um erro de compilação.

As constantes `enum` podem ser utilizadas em qualquer lugar em que constantes podem ser utilizadas, como nos rótulos `case` das instruções `switch` e para controlar instruções `for` aprimoradas.

Declarando variáveis de instância, um construtor e métodos em um tipo enum

A Figura 8.10 demonstra variáveis de instância, um construtor e métodos em um tipo `enum`. A declaração `enum` (linhas 5 a 37) contém duas partes — as constantes `enum` e os outros membros do tipo `enum`. A primeira parte (linhas 8 a 13) declara seis constantes.

Cada uma delas é opcionalmente seguida por argumentos que são passados para o **construtor enum** (linhas 20 a 24). Como os construtores que você viu nas classes, um construtor `enum` pode especificar qualquer número de parâmetros e pode ser sobrecarregado. Nesse exemplo, o construtor `enum` requer dois parâmetros `String`. Para inicializar adequadamente cada constante `enum`, ela é colocada entre parênteses contendo dois argumentos `String`. A segunda parte (linhas 16 a 36) declara os outros membros do tipo `enum` — duas variáveis de instância (linhas 16 e 17), um construtor (linhas 20 a 24) e dois métodos (linhas 27 a 30 e 33 a 36).

As linhas 16 e 17 declaram as variáveis de instância `title` e `copyrightYear`. Cada constante `enum` no tipo `Book` é na verdade um objeto do tipo `Book enum` que tem sua própria cópia das variáveis de instância `title` e `copyrightYear`. O construtor (linhas 20 a 24) recebe dois parâmetros `String`, um que especifica o título do livro e outro que especifica o ano dos direitos autorais. As linhas 22 e 23 atribuem esses parâmetros às variáveis de instância. As linhas 27 a 36 declaram dois métodos, que retornam o título de livro e o ano dos direitos autorais, respectivamente.

```
1  // Figura 8.10: Book.java
2  // Declarando um tipo enum com um construtor e campos de instância explícitos
3  // e métodos de acesso para esses campos
4
5  public enum Book
6  {
7     // declara constantes do tipo enum
8     JHTP("Java How to Program", "2015"),
9     CHTP("C How to Program", "2013"),
10    IW3HTP("Internet & World Wide Web How to Program", "2012"),
11    CPPHTP("C++ How to Program", "2014"),
12    VBHTP("Visual Basic How to Program", "2014"),
13    CSHARPHTP("Visual C# How to Program", "2014");
14
15    // campos de instância
16    private final String title; // título de livro
17    private final String copyrightYear; // ano dos direitos autorais
18
19    // construtor enum
20    Book(String title, String copyrightYear)
21    {
22       this.title = title;
23       this.copyrightYear = copyrightYear;
24    }
25
26    // acessor para título de campo
27    public String getTitle()
28    {
29       return title;
30    }
31
32    // acessor para o campo copyrightYear
33    public String getCopyrightYear()
34    {
35       return copyrightYear;
36    }
37 } // fim do enum Book
```

Figura 8.10 | Declarando um tipo `enum` com um construtor, campos de instância explícita e métodos acessores para esses campos.

Usando tipo enum Book

A Figura 8.11 testa o tipo `enum Book` e ilustra como iterar por um intervalo de constantes `enum`. Para cada `enum`, o compilador gera um método `static` chamado **values** (chamado na linha 12) que retorna um array das constantes do `enum` na ordem em que elas foram declaradas. As linhas 12 a 14 utilizam a instrução `for` aprimorada para exibir todas as constantes declaradas em `enum Book`. A linha 14 invoca os métodos `getTitle` e `getCopyrightYear` de `enum Book` para obter o título e o ano dos direitos autorais associado com a constante. Quando uma constante `enum` é convertida em uma `String` (por exemplo, `book` na linha 13), o identificador da constante é utilizado como a representação de `String` (por exemplo, `JHTP` para a primeira constante `enum`).

```java
1  // Figura 8.11: EnumTest.java
2  // Testando o tipo enum Book.
3  import java.util.EnumSet;
4
5  public class EnumTest
6  {
7     public static void main(String[] args)
8     {
9        System.out.println("All books:");
10
11       // imprime todos os livros em enum Book
12       for (Book book : Book.values())
13          System.out.printf("%-10s%-45s%s%n", book,
14              book.getTitle(),book.getCopyrightYear());
15
16       System.out.printf("%nDisplay a range of enum constants:%n");
17
18       // imprime os primeiros quatro livros
19       for (Book book : EnumSet.range(Book.JHTP, Book.CPPHTP))
20          System.out.printf("%-10s%-45s%s%n", book,
21              book.getTitle(),book.getCopyrightYear());
22    }
23 } // fim da classe EnumTest
```

```
All books:
JHTP      Java How to Program                          2015
CHTP      C How to Program                             2013
IW3HTP    Internet & World Wide Web How to Program     2012
CPPHTP    C++ How to Program                           2014
VBHTP     Visual Basic How to Program                  2014
CSHARPHTP Visual C# How to Program                     2014

Display a range of enum constants:
JHTP      Java How to Program                          2015
CHTP      C How to Program                             2013
IW3HTP    Internet & World Wide Web How to Program     2012
CPPHTP    C++ How to Program                           2014
```

Figura 8.11 | Testando o tipo `enum Book`.

As linhas 19 a 21 utilizam o método `static` **range** da classe **EnumSet** (declarado no pacote `java.util`) para exibir um intervalo das constantes do `enum Book`. O método `range` recebe dois parâmetros — as primeiras e as últimas constantes `enum` no intervalo — e retorna um `EnumSet` que contém todas as constantes entre essas duas constantes, inclusive. Por exemplo, a expressão `EnumSet.range(Book.JHTP, Book.CPPHTP)` retorna um `EnumSet` que contém `Book.JHTP`, `Book.CHTP`, `Book.IW3HTP` e `Book.CPPHTP`. A instrução `for` aprimorada pode ser utilizada com um `EnumSet`, assim como com um array, portanto as linhas 12 a 14 utilizam-na para exibir o título e o ano dos direitos autorais de cada livro na `EnumSet`. A classe `EnumSet` fornece vários outros métodos `static` para criar conjuntos de constantes `enum` do mesmo tipo `enum`.

Erro comum de programação 8.4

Em uma declaração `enum`, é um erro de sintaxe declarar constantes `enum` após construtores, campos e métodos do tipo `enum`.

8.10 Coleta de lixo

Cada objeto utiliza recursos do sistema, como memória. Precisamos de uma maneira disciplinada de retornar os recursos ao sistema quando eles não são mais necessários; caso contrário, podem ocorrer "vazamentos de recursos" que evitariam que eles fossem reutilizados pelo seu programa ou possivelmente por outros programas. A JVM executa **coleta de lixo** automática para recuperar a *memória* ocupada por objetos que não são mais usados. Quando *não* há *mais referências* a um objeto, o objeto é *marcado* para coleta de lixo. A coleta normalmente ocorre quando a JVM executa o **coletor de lixo**, o que pode não acontecer por um tempo, ou até mesmo absolutamente antes de um programa terminar. Assim, vazamentos de memória que são comuns em outras linguagens como C e C++ (porque a memória *não* é automaticamente reivindicada nessas linguagens) são *menos* prováveis em Java, mas alguns ainda podem acontecer de maneiras sutis. Vazamentos de recursos além de vazamentos de memória também podem ocorrer. Por exemplo, um aplicativo pode abrir um arquivo no disco para modificar seu conteúdo — se o aplicativo não fechar o arquivo, ele deve terminar antes que qualquer outro aplicativo possa usar o arquivo.

Uma nota sobre o método `finalize` da classe `Object`

Toda classe no Java contém os métodos da classe `Object` (pacote `java.lang`), um dos quais é o método **`finalize`**. (Você aprenderá mais sobre a classe `Object` no Capítulo 9.) Você *nunca* deve usar o método `finalize`, porque ele pode causar muitos problemas e não há certeza se ele *alguma vez* será chamado antes de um programa terminar.

A intenção original de `finalize` era permitir que o coletor de lixo executasse a **faxina de término** em um objeto um pouco antes de reivindicar a memória do objeto. Agora, é considerada uma boa prática que qualquer classe que usa os recursos do sistema, como arquivos em disco, forneça um método que os programadores possam chamar para liberar os recursos quando eles não são mais necessários em um programa. Objetos `AutoClosable` reduzem a probabilidade de vazamentos de recursos ao usá-los com a instrução `try` com recursos. Como o próprio nome indica, um objeto `AutoClosable` é fechado automaticamente, depois que uma instrução `try` com recursos termina de usar o objeto. Discutiremos isso em mais detalhes na Seção 11.12.

Observação de engenharia de software 8.8

Muitas classes Java API (por exemplo, a classe `Scanner` e classes que leem arquivos ou gravam arquivos em disco) fornecem o método `close` ou `dispose`, que os programadores podem chamar para liberar os recursos quando eles não são mais necessários em um programa.

8.11 Membros da classe `static`

Cada objeto tem sua própria cópia de todas as variáveis de instância da classe. Em certos casos, apenas uma cópia de uma variável particular deve ser *compartilhada* por todos os objetos de uma classe. Um **campo `static`** — chamado **variável de classe** — é utilizado nesses casos. Uma variável `static` representa **informações de escopo de classe** — todos os objetos da classe compartilham os *mesmos* dados. A declaração de uma variável `static` inicia com a palavra-chave `static`.

Motivando `static`

Vamos motivar a necessidade de dados `static` dados com um exemplo. Suponha que tivéssemos um videogame com `Martians` e outras criaturas do espaço. Cada `Martian` tende a ser corajoso e disposto a atacar outras criaturas espaciais quando o `Martian` está ciente de que pelo menos cinco `Martians` estão presentes. Se menos de cinco `Martians` estiverem presentes, cada um deles torna-se covarde. Assim, cada `Martian` precisa conhecer o `martianCount`. Poderíamos dotar a classe `Martian` com `martianCount` como uma *variável de instância*. Se fizermos isso, então cada `Martian` terá *uma cópia separada* da variável de instância, e toda vez que criarmos um novo `Martian`, teremos de atualizar a variável de instância `martianCount` em cada objeto `Martian`. Isso desperdiça espaço com as cópias redundantes, desperdiça tempo com a atualização das cópias separadas e é propenso a erros. Em vez disso, declaramos `martianCount` como `static`, tornando `martianCount` dados de escopo de classe. Cada `Martian` pode ver o `martianCount` como se ele fosse uma variável de instância da classe `Martian`, mas somente *uma* cópia do `static martianCount` é mantida. Isso economiza espaço. Poupamos tempo fazendo com que o construtor `Martian` incremente o `static martianCount` — há somente uma cópia, assim não temos de incrementar cópias separadas de `martianCount` para cada objeto `Martian`.

Observação de engenharia de software 8.9

Utilize uma variável `static` quando todos os objetos de uma classe precisarem utilizar a mesma cópia da variável.

Escopo de classe

Variáveis estáticas têm *escopo de classe* — elas podem ser usadas em todos os métodos da classe. Podemos acessar membros `public static` de uma classe por meio de uma referência a qualquer objeto da classe ou qualificando o nome de membro com o nome de classe e um ponto (`.`), como em `Math.random()`. Membros da classe `private static` de uma classe podem ser acessados pelo código do cliente somente por métodos da classe. Realmente, *os membros da classe `static` existem mesmo quando não há nenhum objeto da classe* — eles estão disponíveis logo que a classe é carregada na memória em tempo de execução. Para acessar um membro `public static` quando não há nenhum objeto da classe (e mesmo se houver), prefixe o nome da classe e acrescente um ponto (`.`) ao membro `static`, como em `Math.PI`. Para acessar um membro `private static` quando não existem objetos da classe, forneça um método `public static` e chame-o qualificando seu nome com o nome da classe e um ponto.

Observação de engenharia de software 8.10

Variáveis e métodos de classe static existem e podem ser utilizados, mesmo se nenhum objeto dessa classe tiver sido instanciado.

Métodos `static` não podem acessar diretamente variáveis de instância e métodos de instância

Um método `static` *não pode* acessar as variáveis de instância e os métodos de instância de uma classe, porque um método `static` pode ser chamado mesmo quando nenhum objeto da classe foi instanciado. Pela mesma razão, a referência `this` *não pode* ser utilizada em um método `static`. A referência `this` deve se referir a um objeto específico da classe e, quando um método `static` é chamado, talvez não haja nenhum objeto da sua classe na memória.

Erro comum de programação 8.5

Um erro de compilação ocorre se um método `static` chamar um método de instância na mesma classe utilizando apenas o nome do método. De maneira semelhante, um erro de compilação ocorre se um método `static` tentar acessar uma variável de instância na mesma classe utilizando apenas o nome da variável.

Erro comum de programação 8.6

Referenciar `this` em um método `static` é um erro de compilação.

Monitorando o número de objetos Employee que foram criados

Nosso próximo programa declara duas classes — `Employee` (Figura 8.12) e `EmployeeTest` (Figura 8.13). A classe `Employee` declara uma variável `private static count` (Figura 8.12, linha 7) e o método `getCount public static` (linhas 36 a 39). A variável `count static` mantém uma contagem do número de objetos da classe `Employee` que foram criados até agora. A classe variável é inicializada como zero na linha 7. Se uma variável `static` *não* for inicializada, o compilador atribuirá um valor padrão — nesse caso `0`, o valor padrão para o tipo `int`.

```
1  // Figura 8.12: Employee.java
2  // Variável static utilizada para manter uma contagem do número de
3  // objetos Employee na memória.
4
5  public class Employee
6  {
7     private static int count = 0; // número de Employees criados
8     private String firstName;
9     private String lastName;
10
11    // inicializa Employee, adiciona 1 a static count e
12    // gera a saída de String indicando que o construtor foi chamado
13    public Employee(String firstName, String lastName)
14    {
15       this.firstName = firstName;
16       this.lastName = lastName;
17
18       ++count;  // incrementa contagem estática de empregados
19       System.out.printf("Employee constructor: %s %s; count = %d%n",
20          firstName, lastName, count);
21    }
22
23    // obtém o primeiro nome
24    public String getFirstName()
25    {
26       return firstName;
27    }
28
29    // obtém o último nome
```

continua

continuação

```
30     public String getLastName()
31     {
32        return lastName;
33     }
34
35     // método estático para obter valor de contagem de estática
36     public static int getCount()
37     {
38        return count;
39     }
40  } // fim da classe Employee
```

Figura 8.12 | Variável `static` utilizada para manter uma contagem do número de objetos `Employee` na memória.

Quando existem objetos `Employee`, a variável `count` pode ser usada em qualquer método de um objeto `Employee` — esse exemplo incrementa `count` no construtor (linha 18). O método `getCount public static` (linhas 36 a 39) retorna o número de objetos `Employee` que foram criados até agora. Quando não existem objetos da classe `Employee`, o código do cliente pode acessar a variável `count` chamando o método `getCount` pelo nome da classe, como em `Employee.getCount()`. Quando existem objetos, o método `getCount` também pode ser chamado por qualquer referência a um objeto `Employee`.

Boa prática de programação 8.1

Invoque cada método `static` utilizando o nome de classe e um ponto (.) para enfatizar que o método sendo chamado é um método `static`.

Classe `EmployeeTest`

O método `EmployeeTest main` (Figura 8.13) instancia dois objetos `Employee` (linhas 13 e 14). Quando cada construtor do objeto `Employee` é invocado, as linhas 15 e 16 da Figura 8.12 atribuem o primeiro nome e o sobrenome de `Employee` às variáveis de instância `firstName` e `lastName`. Essas duas instruções *não* criam cópias dos argumentos `String` originais. Na verdade, objetos `String` em Java são **imutáveis** — eles não podem ser modificados depois de criados. Portanto, é seguro ter *muitas* referências a um objeto `String`. Isso normalmente não é o caso para objetos da maioria das outras classes em Java. Se objetos `String` são imutáveis, você talvez se pergunte por que somos capazes de utilizar operadores + e += para concatenar objetos `String`. Na verdade, a concatenação de string resulta em um *novo* objeto `String` contendo os valores concatenados. Os objetos `String` originais *não* são modificados.

```
1  // Figura 8.13: EmployeeTest.java
2  // Demonstração do membro static.
3
4  public class EmployeeTest
5  {
6     public static void main(String[] args)
7     {
8        // mostra que a contagem é 0 antes de criar Employees
9        System.out.printf("Employees before instantiation: %d%n",
10          Employee.getCount());
11
12       // cria dois Employees; a contagem deve ser 2
13       Employee e1 = new Employee("Susan", "Baker");
14       Employee e2 = new Employee("Bob", "Blue");
15
16       // mostra que a contagem é 2 depois de criar dois Employees
17       System.out.printf("%nEmployees after instantiation:%n");
18       System.out.printf("via e1.getCount(): %d%n", e1.getCount());
19       System.out.printf("via e2.getCount(): %d%n", e2.getCount());
20       System.out.printf("via Employee.getCount(): %d%n",
21          Employee.getCount());
22
23       // obtém nomes de Employees
24       System.out.printf("%nEmployee 1: %s %s%nEmployee 2: %s %s%n",
```

continua

continuação

```
25            e1.getFirstName(), e1.getLastName(),
26            e2.getFirstName(), e2.getLastName());
27      }
28   } // fim da classe EmployeeTest
```

```
Employees before instantiation: 0
Employee constructor: Susan Baker; count = 1
Employee constructor: Bob Blue; count = 2
Employees after instantiation:
via e1.getCount(): 2
via e2.getCount(): 2
via Employee.getCount(): 2

Employee 1: Susan Baker
Employee 2: Bob Blue
```

Figura 8.13 | A demonstração do membro `static`.

Quando `main` termina, as variáveis `e1` e `e2` locais são descartadas — lembre-se de que uma variável local *só* existe até que o bloco em que ela é declarada conclui a execução. Como `e1` e `e2` eram as únicas referências aos objetos `Employee` criados nas linhas 13 e 14 (Figura 8.13), esses objetos são "marcados para a coleta de lixo" quando `main` termina.

Em um aplicativo típico, o coletor de lixo *pode* eventualmente reivindicar a memória para todos os objetos que são marcados para a coleta de lixo. Se quaisquer objetos não forem reivindicados antes de o programa terminar, o sistema operacional irá reivindicar a memória usada pelo programa. A JVM *não* garante quando, ou mesmo se, o coletor de lixo será executado. Quando ela garante, é possível que nenhum objeto ou apenas um subconjunto dos objetos marcados serão coletados.

8.12 Importação `static`

Na Seção 6.3, vimos os campos e métodos `static` da classe `Math`. Acessamos campos e *métodos* `static` da classe `Math` e precedendo cada um com o nome da classe `Math` e um ponto (`.`). A declaração de **importação `static`** permite importar os membros `static` de uma interface ou classe para que você possa acessá-los por meio dos *nomes não qualificados* na sua classe — isto é, um ponto (`.`) e o nome da classe *não* são necessários ao usar um membro `static` importado.

Importando formulários `static`

Uma declaração de importação `static` tem duas formas — uma que importa um membro `static` particular (conhecido como **importação `static` simples**) e outra que importa *todos* os membros `static` de uma classe (conhecido como **importação `static` por demanda**). A sintaxe a seguir importa um membro `static` particular:

`import static` *nomeDoPacote*.*NomeDaClasse*.*nomeDoMembroStatic*;

onde *nomeDoPacote* é o pacote da classe (por exemplo, `java.lang`), *NomeDaClasse* é o nome da classe (por exemplo, `Math`) e *nomeDoMembroStatic* é o nome do campo ou método `static` (por exemplo, `PI` ou `abs`). A sintaxe a seguir importa *todos* os membros `static` de uma classe:

`import static` *nomeDoPacote.NomeDaClasse*.*;

O asterisco (*) indica que *todos* os membros `static` da classe especificada devem estar disponíveis para uso no arquivo. Declarações de importação `static` importam *somente* os membros da classe `static`. Instruções `import` regulares devem ser utilizadas para especificar as classes utilizadas em um programa.

Demonstrando importação `static`

A Figura 8.14 demonstra uma importação `static`. A linha 3 é uma declaração de importação `static` que importa *todos* os campos e métodos `static` da classe `Math` no pacote `java.lang`. As linhas 9 a 12 acessam os campos `E` (linha 11) e `PI` (linha 12) `static` da classe `Math` e os métodos `sqrt` (linha 9) e `ceil` (linha 10) `static` *sem* preceder os nomes de campo ou nomes de método com um ponto e o nome da classe `Math`.

Erro comum de programação 8.7

Um erro de compilação ocorre se um programa tentar importar métodos `static` que têm a mesma assinatura ou campos `static` que têm o mesmo nome proveniente de duas ou mais classes.

```java
// Figura 8.14: StaticImportTest.java
// Importação static dos métodos da classe Math.
import static java.lang.Math.*;

public class StaticImportTest
{
   public static void main(String[] args)
   {
      System.out.printf("sqrt(900.0) = %.1f%n", sqrt(900.0));
      System.out.printf("ceil(-9.8) = %.1f%n", ceil(-9.8));
      System.out.printf("E = %f%n", E);
      System.out.printf("PI = %f%n", PI);
   }
} // fim da classe StaticImportTest
```

```
sqrt(900.0) = 30.0
ceil(-9.8) = -9.0
E = 2.718282
PI = 3.141593
```

Figura 8.14 | Importação `static` dos métodos da classe `Math`.

8.13 Variáveis de instância `final`

O **princípio do menor privilégio** é fundamental para uma boa engenharia de software. No contexto de um aplicativo, ele declara que deve ser concedido ao código somente a quantidade de privilégio e acesso que ele precisa para realizar sua tarefa designada, mas não mais que isso. Isso torna seus programas mais robustos evitando que o código modifique acidentalmente (ou maliciosamente) os valores das variáveis e chame métodos que *não* deveriam estar acessíveis.

Veremos como esse princípio se aplica a variáveis de instância. Algumas delas precisam ser *modificáveis* e algumas não. Você pode utilizar a palavra-chave `final` para especificar o fato de que uma variável *não* é modificável (isto é, é uma *constante*) e que qualquer tentativa de modificá-la é um erro. Por exemplo,

```java
private final int INCREMENT;
```

declara uma variável de instância `final` `INCREMENT` (constante) do tipo `int`. Essas variáveis podem ser inicializadas quando elas são declaradas. Se não forem, elas *devem* ser inicializadas em cada construtor da classe. Inicializar constantes em construtores permite que cada objeto da classe tenha um valor diferente para a constante. Se uma variável `final` *não* é inicializada na sua declaração ou em cada construtor, ocorre um erro de compilação.

Observação de engenharia de software 8.11

Declarar uma variável de instância como `final` ajuda a impor o princípio do menor privilégio. Se uma variável de instância não deve ser modificada, declare-a como `final` para evitar modificação. Por exemplo, na Figura 8.8, as variáveis de instância `firstName`, `lastName`, `birthDate` e `hireDate` nunca são modificadas depois que elas são inicializadas, então elas devem ser declaradas `final`. Vamos aplicar essa prática em todos os programas daqui para a frente. Veremos os benefícios adicionais de `final` no Capítulo 23, "Concorrência".

Erro comum de programação 8.8

Tentar modificar uma variável de instância `final` depois que é ela inicializada é um erro de compilação.

Dica de prevenção de erro 8.5

Tentativas de modificar uma variável de instância `final` são capturadas em tempo de compilação em vez de causarem erros em tempo de execução. Sempre é preferível retirar bugs em tempo de compilação, se possível, em vez de permitir que passem para o tempo de execução (onde experiências descobriram que o reparo é frequentemente muito mais caro).

Observação de engenharia de software 8.12

Um campo `final` também deve ser declarado `static` se ele for inicializado na sua declaração para um valor que é o mesmo para todos os objetos da classe. Após essa inicialização, seu valor nunca pode mudar. Portanto, não precisamos de uma cópia separada do campo para cada objeto da classe. Criar o campo `static` permite que todos os objetos da classe compartilhem o campo `final`.

8.14 Acesso de pacote

Se nenhum modificador de acesso (`public`, `protected` ou `private` — `protected` será discutido no Capítulo 9) for especificado para um método ou variável quando esse método ou variável é declarado em uma classe, o método ou variável será considerado como tendo **acesso de pacote**. Em um programa que consiste em uma declaração de classe, isso não tem nenhum efeito específico. Entretanto, se um programa utilizar *múltiplas* classes no *mesmo* pacote (isto é, um grupo de classes relacionadas), essas classes poderão acessar diretamente os membros de acesso de pacote de outras classes por meio de referências a objetos das classes apropriadas, ou no caso de membros `static`, por meio do nome de classe. O acesso de pacote é raramente usado.

A Figura 8.15 demonstra o acesso de pacote. O aplicativo contém duas classes em um arquivo de código-fonte — a classe `PackageDataTest`, que contém `main` (linhas 5 a 21), e a classe `PackageData` (linhas 24 a 41). As classes no mesmo arquivo fonte são parte do mesmo pacote. Consequentemente, a classe `PackageDataTest` pode modificar os dados de acesso de pacote dos objetos `PackageData`. Ao compilar esse programa, o compilador produz dois arquivos `.class` separados — `PackageDataTest.class` e `PackageData.class`. O compilador coloca os dois arquivos `.class` no mesmo diretório. Você também pode colocar a classe `PackageData` (linhas 24 a 41) em um arquivo de código-fonte separado.

Na declaração da classe `PackageData`, as linhas 26 e 27 declaram as variáveis de instância `number` e `string` sem modificadores de acesso — portanto, elas são variáveis de instância de acesso de pacote. O método `main` da classe `PackageDataTest` cria uma instância da classe `PackageData` (linha 9) para demonstrar a capacidade de modificar as variáveis de instância `PackageData` diretamente (como mostrado nas linhas 15 e 16). Os resultados da modificação podem ser vistos na janela de saída.

```
1  // Figura 8.15: PackageDataTest.java
2  // Membros de acesso de pacote de uma classe permanecem acessíveis a outras classes
3  // no mesmo pacote.
4
5  public class PackageDataTest
6  {
7     public static void main(String[] args)
8     {
9        PackageData packageData = new PackageData();
10
11       // gera saída da representação String de packageData
12       System.out.printf("After instantiation:%n%s%n", packageData);
13
14       // muda os dados de acesso de pacote no objeto packageData
15       packageData.number = 77;
16       packageData.string = "Goodbye";
17
18       // gera saída da representação String de packageData
19       System.out.printf("%nAfter changing values:%n%s%n", packageData);
20    }
21 } // fim da classe PackageDataTest
22
23 // classe com variáveis de instância de acesso de pacote
24 class PackageData
25 {
26    int number; // variável de instância de acesso de pacote
27    String string; // variável de instância de acesso de pacote
28
29    // construtor
30    public PackageData()
31    {
32       number = 0;
33       string = "Hello";
34    }
35
36    // retorna a representação String do objeto PackageData
37    public String toString()
38    {
39       return String.format("number: %d; string: %s", number, string);
40    }
41 } // fim da classe PackageData
```

continua

continuação

```
After instantiation:
number: 0; string: Hello

After changing values:
number: 77; string: Goodbye
```

Figura 8.15 | Os membros de acesso de pacote de uma classe permanecem acessíveis a outras classes no mesmo pacote.

8.15 Usando BigDecimal para cálculos monetários precisos

Nos capítulos anteriores, demonstramos cálculos monetários utilizando valores do tipo `double`. No Capítulo 5, discutimos o fato de que alguns valores `double` são representados *aproximadamente*. Qualquer aplicação que requer cálculos precisos de ponto flutuante — como aplicações financeiras — deve usar a classe `BigDecimal` (do pacote `java.math`).

Cálculos de juros usando BigDecimal

A Figura 8.16 reimplementa o exemplo de cálculo de juros da Figura 5.6 usando objetos da classe `BigDecimal` para realizar os cálculos. Também introduzimos a classe `NumberFormat` (pacote `java.text`) para formatar valores numéricos como `Strings` *específicas de localidade*, por exemplo, na localidade dos EUA, o valor 1.234,56, seria formatado como `"1,234.56"`, enquanto em muitas localidades europeias (ou brasileiras) ele seria formatado como "`1.234,56`".

```java
// Interest.java
// Cálculos de juros compostos com BigDecimal.
import java.math.BigDecimal;
import java.text.NumberFormat;

public class Interest
{
   public static void main(String args[])
   {
      // quantidade principal inicial antes dos juros
      BigDecimal principal = BigDecimal.valueOf(1000.0);
      BigDecimal rate = BigDecimal.valueOf(0.05); // taxa de juros

      // exibe cabeçalhos
      System.out.printf("%s%20s%n", "Year", "Amount on deposit");

      // calcula quantidade de depósito para cada um dos dez anos
      for (int year = 1; year <= 10; year++)
      {
         // calcula nova quantidade durante ano especificado
         BigDecimal amount =
            principal.multiply(rate.add(BigDecimal.ONE).pow(year));

         // exibe o ano e a quantidade
         System.out.printf("%4d%20s%n", year,
            NumberFormat.getCurrencyInstance().format(amount));
      }
   }
} // fim da classe Interest
```

```
Year   Amount on deposit
   1           $1,050.00
   2           $1,102.50
   3           $1,157.62
   4           $1,215.51
   5           $1,276.28
   6           $1,340.10
   7           $1,407.10
   8           $1,477.46
   9           $1,551.33
  10           $1,628.89
```

Figura 8.16 | Cálculos de juros compostos com `BigDecimal`.

Criando objetos `BigDecimal`

As linhas 11 e 12 declaram e inicializam variáveis `BigDecimal` `rate` e `principal` e usam o método `BigDecimal` `static` `valueOf`, que recebe um argumento `double` e retorna um objeto `BigDecimal` que representa o valor *exato* especificado.

Realizando os cálculos de juros com `BigDecimal`

As linhas 21 e 22 realizam o cálculo de juros utilizando métodos `BigDecimal` `multiply`, `add` e `pow`. A expressão na linha 22 é avaliada desta maneira:

1. Primeiro, a expressão `rate.add(BigDecimal.ONE)` adiciona `1` a `rate` para produzir um `BigDecimal` contendo `1.05` — isso é equivalente a `1.0 + rate` na linha 19 da Figura 5.6. A constante `ONE` `BigDecimal` representa o valor `1`. A classe `BigDecimal` também fornece as constantes `ZERO` (`0`) e `TEN` (`10`) comumente utilizadas.
2. Então, o método `BigDecimal` `pow` é chamado no resultado anterior para elevar `1.05` à potência `year` — isso é equivalente a passar `1.0 + rate` e `year` para o método `Math.pow` na linha 19 da Figura 5.6.
3. Por fim, chamamos o método `BigDecimal` `multiply` no objeto `principal` passando o resultado anterior como o argumento. Isso retorna um `BigDecimal` que representa o valor no depósito no final do `year` especificado.

Como a expressão `rate.add(BigDecimal.ONE)` produz o mesmo valor em cada iteração do loop, poderíamos simplesmente inicializar a taxa para `1.05` na linha 12; mas optamos por simular os cálculos precisos que utilizamos na linha 19 da Figura 5.6.

Formatando valores de moeda com `NumberFormat`

Durante cada iteração do loop, a linha 26

```
NumberFormat.getCurrencyInstance().format(amount)
```

é avaliada como a seguir:

1. Primeiro, a expressão usa o método `getCurrencyInstance` `static` de `NumberFormat` para obter um `NumberFormat` que é pré-configurado para formatar valores numéricos como `Strings` de moedas específicas da localidade, por exemplo, na localidade nos EUA, o valor numérico 1.628,89 é formatado como $ 1,628.89. Formatação específica da localidade é uma parte importante da **internacionalização** — o processo de personalização dos seus aplicativos para várias localidades e idiomas falados dos usuários.
2. Então, a expressão invoca o método `NumberFormat` `format` (no objeto retornado por `getCurrencyInstance`) para realizar a formatação do valor `amount`. O método `format` então retorna a representação `String` específica da localidade, arredondada para dois dígitos à direita do ponto decimal.

Arredondando valores `BigDecimal`

Além de cálculos precisos, `BigDecimal` também lhe dá controle sobre como os valores são arredondados — por padrão, todos os cálculos são exatos e *nenhum* arredondamento ocorre. Se você não especificar como arredondar valores `BigDecimal` e um determinado valor não pode ser representado exatamente — como o resultado de 1 dividido por 3, que é 0,3333333... — ocorre uma `ArithmeticException`.

Embora não façamos isso nesse exemplo, você pode especificar o *modo de arredondamento* para `BigDecimal` fornecendo um objeto `MathContext` (pacote `java.math`) para o construtor da classe `BigDecimal` ao criar um `BigDecimal`. Você também pode fornecer um `MathContext` para vários métodos `BigDecimal` que realizam os cálculos. A classe `MathContext` contém vários objetos `MathContext` pré-configurados, os quais podem ser vistos em

```
http://docs.oracle.com/javase/7/docs/api/java/math/MathContext.html
```

Por padrão, cada `MathContext` pré-configurado usa o chamado "arredondamento contábil" como explicado para a constante `HALF_EVEN` `RoundingMode` em:

```
http://docs.oracle.com/javase/7/docs/api/java/math/RoundingMode.html#HALF_EVEN
```

Escalonando valores `BigDecimal`

O escalonamento de um `BigDecimal` é o número de dígitos à direita do ponto decimal. Se você precisa de um `BigDecimal` arredondado para um dígito específico, chame o método `BigDecimal` `setScale`. Por exemplo, a seguinte expressão retorna um `BigDecimal` com dois dígitos à direita do ponto decimal e usa arredondamento contábil:

```
amount.setScale(2, RoundingMode.HALF_EVEN)
```

8.16 (Opcional) Estudo de caso de GUIs e imagens gráficas: utilizando objetos com imagens gráficas

A maioria dos elementos gráficos que você viu até agora não varia com cada execução do programa. O Exercício 6.2 da Seção 6.13 solicitou que você criasse um programa que gerasse formas e cores aleatoriamente. Naquele exercício, o desenho foi alterado sempre que o sistema chamou `paintComponent`. Para criar um desenho mais consistente que permaneça idêntico todas as vezes que é desenhado, devemos armazenar informações sobre as formas exibidas, de modo que possamos reproduzi-las toda vez que o sistema chamar `paintComponent`. Para fazer isso, criaremos um conjunto de classes de forma que armazene informações sobre cada forma. Tornaremos essas classes "inteligentes", permitindo que os objetos dessas classes desenhem eles mesmos usando um objeto `Graphics`.

Classe `MyLine`

A Figura 8.17 declara a classe `MyLine`, que tem todas essas capacidades. A classe `MyLine` importa as classes `Color` e `Graphics` (linhas 3 a 4). As linhas 8 a 11 declaram as variáveis de instância para as coordenadas das extremidades necessárias para desenhar uma linha, e a linha 12 declara a variável de instância que armazena a cor da linha. O construtor nas linhas 15 a 22 recebe cinco parâmetros, um para cada variável de instância que ele inicializa. O método `draw` nas linhas 25 a 29 requer um objeto `Graphics` e o utiliza para desenhar a linha na cor apropriada e nos pontos finais.

```
1  // Figura 8.17: MyLine.java
2  // A classe MyLine representa uma linha.
3  import java.awt.Color;
4  import java.awt.Graphics;
5
6  public class MyLine
7  {
8     private int x1; // coordenada x da primeira extremidade final
9     private int y1; // coordenada y da primeira extremidade final
10    private int x2; // coordenada x da segunda extremidade final
11    private int y2; // coordenada y da segunda extremidade final
12    private Color color; // atribui uma cor a essa linha
13
14    // construtor com valores de entrada
15    public MyLine(int x1, int y1, int x2, int y2, Color color)
16    {
17       this.x1 = x1;
18       this.y1 = y1;
19       this.x2 = x2;
20       this.y2 = y2;
21       this.color = color;
22    }
23
24    // Desenha a linha na cor especificada
25    public void draw(Graphics g)
26    {
27       g.setColor(color);
28       g.drawLine(x1, y1, x2, y2);
29    }
30 } // fim da classe MyLine
```

Figura 8.17 | Classe `MyLine` representa uma linha.

Classe `DrawPanel`

Na Figura 8.18, declaramos a classe `DrawPanel`, que irá gerar objetos aleatórios da classe `MyLine`. A linha 12 declara o array `lines` de `MyLine` para armazenar as linhas a desenhar. Dentro do construtor (linhas 15 a 37), a linha 17 configura a cor de segundo plano como `Color.WHITE`. A linha 19 cria o array com um comprimento aleatório entre 5 e 9. O loop nas linhas 22 a 36 cria um novo `MyLine` para cada elemento no array. As linhas 25 a 28 geram coordenadas aleatórias para as extremidades finais da linha, e as linhas 31 e 32 geram uma cor aleatória para a linha. A linha 35 cria um novo objeto `MyLine` com os valores aleatoriamente gerados e o armazena no array. O método `paintComponent` itera pelos objetos `MyLine` no array `lines` utilizando uma instrução `for` aprimorada (linhas 45 e 46). Cada iteração chama o método `draw` do objeto `MyLine` atual e passa para ele o objeto `Graphics` para desenhar no painel.

```java
// Figura 8.18: DrawPanel.java
// Programa que utiliza a classe MyLine
// para desenhar linhas aleatórias.
import java.awt.Color;
import java.awt.Graphics;
import java.security.SecureRandom;
import javax.swing.JPanel;

public class DrawPanel extends JPanel
{
   private SecureRandom randomNumbers = new SecureRandom();
   private MyLine[] lines; // array de linhas

   // construtor, cria um painel com formas aleatórias
   public DrawPanel()
   {
      setBackground(Color.WHITE);

      lines = new MyLine[5 + randomNumbers.nextInt(5)];

      // cria linhas
      for (int count = 0; count < lines.length; count++)
      {
         // gera coordenadas aleatórias
         int x1 = randomNumbers.nextInt(300);
         int y1 = randomNumbers.nextInt(300);
         int x2 = randomNumbers.nextInt(300);
         int y2 = randomNumbers.nextInt(300);

         // gera uma cor aleatória
         Color color = new Color(randomNumbers.nextInt(256),
            randomNumbers.nextInt(256), randomNumbers.nextInt(256));

         // adiciona a linha à lista de linhas a ser exibida
         lines[count] = new MyLine(x1, y1, x2, y2, color);
      }
   }

   // para cada array de forma, desenha as formas individuais
   public void paintComponent(Graphics g)
   {
      super.paintComponent(g);

      // desenha as linhas
      for (MyLine line : lines)
         line.draw(g);
   }
} // fim da classe DrawPanel
```

Figura 8.18 | O programa que usa a classe `MyLine` para desenhar linhas aleatórias.

Classe TestDraw

A classe `TestDraw` na Figura 8.19 configura uma nova janela para exibir nosso desenho. Como estamos configurando as coordenadas para as linhas somente uma vez no construtor, o desenho não muda se `paintComponent` for chamado para atualizar o desenho na tela.

```java
// Figura 8.19: TestDraw.java
// Criando um JFrame para exibir um DrawPanel.
import javax.swing.JFrame;

public class TestDraw
{
```

continua

continuação

```
    public static void main(String[] args)
    {
       DrawPanel panel = new DrawPanel();
       JFrame app = new JFrame();

       app.setDefaultCloseOperation(JFrame.EXIT_ON_CLOSE);
       app.add(panel);
       app.setSize(300, 300);
       app.setVisible(true);
    }
} // fim da classe TestDraw
```

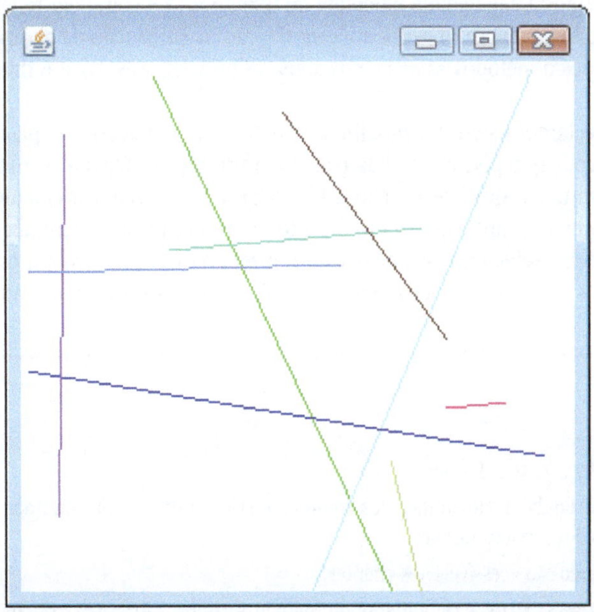

Figura 8.19 | Criando um `JFrame` para exibir um `DrawPanel`.

Exercício do estudo de caso GUI e imagens gráficas

8.1 Estenda o programa das figuras 8.17 a 8.19 para desenhar aleatoriamente retângulos e ovais. Crie as classes `MyRectangle` e `MyOval`. Essas duas classes devem incluir as coordenadas $x1, y1, x2, y2$, uma cor e um flag `boolean` para determinar se a forma é preenchida. Declare um construtor em cada classe com argumentos para inicializar todas as variáveis de instância. Para ajudar a desenhar retângulos e ovais, cada classe deve fornecer os métodos `getUpperLeftX`, `getUpperLeftY`, `getWidth` e `getHeight`, que calculam a coordenada *x* superior esquerda, a coordenada *y* superior esquerda e a largura e altura, respectivamente. A coordenada *x* superior esquerda é a menor dos dois valores da coordenada *x*, a coordenada *y* superior esquerda é a menor dos valores dois da coordenada *y*, a largura é o valor absoluto da diferença entre os dois valores da coordenada *x* e a altura é o valor absoluto da diferença entre os dois valores das coordenadas *y*.

A classe `DrawPanel`, que estende `JPanel` e trata a criação das formas, deve declarar três arrays, um para cada tipo de forma. O comprimento de cada array deve ser um número aleatório entre 1 e 5. O construtor da classe `DrawPanel` preencherá cada um dos arrays com formas de posição aleatória, tamanho, cor e preenchimento.

Além disso, modifique todas as três classes de forma a incluir o seguinte:

a) Um construtor sem argumentos que configura as coordenadas da forma como 0, a cor da forma como `Color.BLACK` e a propriedade preenchida como `false` (`MyRectangle` e `MyOval` somente).

b) Métodos *set* para as variáveis de instância em cada classe. Os métodos que configuram um valor de coordenada devem verificar se o argumento é maior ou igual a zero antes de configurar a coordenada — se não for, devem configurar a coordenada como zero. O construtor deve chamar os métodos *set* em vez de inicializar as variáveis locais diretamente.

c) Os métodos *get* para as variáveis de instância em cada classe. O método `draw` deve referenciar as coordenadas pelos métodos *get* em vez de acessá-los diretamente.

8.17 Conclusão

Neste capítulo, apresentamos conceitos adicionais sobre classes. O estudo de caso da classe `Time` mostrou uma declaração de classe completa que consiste em dados `private`, construtores `public` sobrecarregados para flexibilidade da inicialização, métodos *set* e *get* para manipular os dados da classe e métodos que retornaram representações de `String` de um objeto `Time` em duas formas diferentes. Você também aprendeu que cada classe pode declarar um método `toString` que retorna uma representação `String` de um objeto da classe e que o método `toString` pode ser chamado implicitamente sempre que um objeto de uma classe aparece no código onde se espera uma `String`. Mostramos como usar `throw` para lançar uma exceção a fim de indicar que um problema ocorreu.

Você aprendeu que a referência `this` é usada implicitamente nos métodos de instância de uma classe para acessar as variáveis de instância e outros métodos de instância da classe. Você também viu utilizações explícitas da referência `this` para acessar os membros da classe (incluindo campos sombreados) e como utilizar a palavra-chave `this` em um construtor para chamar um outro construtor da classe.

Discutimos as diferenças entre construtores padrão fornecidos pelo compilador e construtores sem argumentos fornecidos pelo programador. Você aprendeu que uma classe pode ter referências a objetos de outras classes como membros — um conceito conhecido como composição. Você aprendeu mais sobre tipos `enum` e como eles podem ser utilizados para criar um conjunto de constantes para uso em um programa. Discutimos a capacidade da coleta de lixo do Java e como ela reivindica (inesperadamente) a memória de objetos que não são mais utilizados. O capítulo explicou a motivação da utilização de campos `static` em uma classe e demonstrou como declarar e utilizar campos e métodos `static` nas suas próprias classes. Você também aprendeu a declarar e inicializar variáveis `final`.

Você aprendeu que campos declarados sem um modificador de acesso têm acesso de pacote por padrão. Você viu o relacionamento entre classes no mesmo pacote, que permite a cada classe em um pacote acessar os membros de acesso de pacote de outras classes no pacote. Por fim, demonstramos como usar a classe `BigDecimal` para realizar cálculos monetários precisos.

No próximo capítulo, você aprenderá um aspecto importante da programação orientada a objetos em Java — a herança. Veremos que todas as classes em Java são relacionadas por herança, direta ou indiretamente à classe chamada `Object`. Você também entenderá como os relacionamentos entre classes permitem construir aplicativos mais poderosos.

Resumo

Seção 8.2 Estudo de caso da classe `Time`

- Os métodos `public` de uma classe também são conhecidos como os serviços `public` ou interface `public` da classe. Eles apresentam aos clientes da classe uma visualização dos serviços fornecidos.
- Membros `private` de uma classe não são acessíveis aos clientes.
- O método `static format` da classe `String` é semelhante ao método `System.out.printf`, exceto que `format` retorna uma `String` formatada em vez de exibi-la em uma janela de comando.
- Todos os objetos em Java têm um método `toString` que retorna uma representação `String` do objeto. O método `toString` é chamado implicitamente quando um objeto aparece no código onde uma `String` é necessária.

Seção 8.3 Controlando o acesso a membros

- Os modificadores de acesso `public` e `private` controlam o acesso às variáveis e métodos de uma classe.
- O principal propósito dos métodos `public` é apresentar para os clientes da classe uma visualização dos serviços fornecidos. Os clientes não precisam se preocupar com a forma como a classe realiza suas tarefas.
- Variáveis `private` e métodos `private` de uma classe (isto é, os detalhes de implementação) não são acessíveis aos clientes.

Seção 8.4 Referenciando membros do objeto atual com a referência `this`

- Um método de instância de um objeto utiliza implicitamente a palavra-chave `this` para referenciar variáveis de instância e outros métodos do objeto. A palavra-chave `this` também pode ser utilizada explicitamente.
- O compilador produz um arquivo separado com a extensão `.class` para cada classe compilada.
- Se uma variável local tiver o mesmo nome que o campo de uma classe, a variável local sombreia o campo. Você pode utilizar a referência `this` para referenciar o campo sombreado explicitamente.

Seção 8.5 Estudo de caso da classe `Time`: construtores sobrecarregados

- Construtores sobrecarregados permitem que objetos de uma classe sejam inicializados de diferentes maneiras. O compilador diferencia os construtores sobrecarregados por suas assinaturas.
- Para chamar um construtor de uma classe a partir de outro da mesma classe, use a palavra-chave `this` seguida por parênteses contendo os argumentos do construtor. Se utilizado, essa chamada de construtor deve aparecer como a primeira instrução no corpo do construtor.

Seção 8.6 Construtores padrão e sem argumentos

- Se nenhum construtor for fornecido em uma classe, o compilador cria um construtor padrão.
- Se uma classe declarar construtores, o compilador não criará um construtor padrão. Nesse caso, você deve declarar um construtor sem argumento se a inicialização padrão for necessária.

Seção 8.7 Notas sobre os métodos Set e Get

- Os métodos *set* são comumente chamados de métodos modificadores porque geralmente alteram um valor. Métodos get são comumente chamados métodos acessores ou métodos de consulta. Um método predicado testa se uma condição é verdadeira ou falsa.

Seção 8.8 Composição

- Uma classe pode ter referências a objetos de outras classes como membros. Isso é chamado composição e, às vezes, é referido como um relacionamento *tem um*.

Seção 8.9 Tipos `enum`

- Todos os tipos `enum` são tipos por referência. Um tipo `enum` é declarado com uma declaração `enum`, que é uma lista separada por vírgulas de constantes `enum`. A declaração pode incluir opcionalmente outros componentes das classes tradicionais, como construtores, campos e métodos.
- Constantes `enum` são implicitamente `final`, porque declaram constantes que não devem ser modificadas.
- Constantes `enum` são implicitamente `static`.
- Qualquer tentativa de criar um objeto de um tipo `enum` com um operador `new` resulta em um erro de compilação.
- Constantes `enum` podem ser utilizadas em qualquer lugar em que constantes podem ser usadas, como nos rótulos `case` das instruções `switch` e para controlar instruções `for` aprimoradas.
- Cada constante `enum` em uma declaração `enum` é opcionalmente seguida por argumentos que são passados para o construtor `enum`.
- Para cada `enum`, o compilador gera um método `static` chamado `values` que retorna um array das constantes do `enum` na ordem em que elas foram declaradas.
- O método `EnumSet` `static` `range` recebe as primeiras e últimas constantes `enum` em um intervalo e retorna um `EnumSet` que contém todas as constantes entre essas duas constantes, inclusive.

Seção 8.10 Coleta de lixo

- A Java Virtual Machine (JVM) realiza a coleta de lixo automaticamente para reivindicar a memória ocupada pelos objetos que não estão mais em uso. Quando não há mais referências a um objeto, ele é marcado para coleta de lixo. A memória desse objeto pode ser reivindicada quando a JVM executa seu coletor de lixo.

Seção 8.11 Membros da classe `static`

- Uma variável `static` representa informações por toda a classe, que são compartilhadas entre os objetos da classe.
- Variáveis `static` têm escopo de classe. Os membros `public static` de uma classe podem ser acessados por meio de uma referência a qualquer objeto da classe ou qualificando o nome de membro com o nome de classe e um ponto (`.`). O código cliente só pode acessar os membros da classe `static` de uma classe `private` por meio dos métodos da classe.
- Membros da classe `static` existem assim que a classe é carregada na memória.
- Um método declarado `static` não pode acessar as variáveis de instância e os métodos de instância da classe, porque um método `static` pode ser chamado mesmo quando nenhum objeto da classe foi instanciado.
- A referência `this` não pode ser utilizada em um método `static`.

Seção 8.12 Importação `static`

- Uma declaração de importação `static` permite referenciar membros `static` importados sem o nome de classe e um ponto (`.`). Uma única declaração de importação `static` importa um membro `static` e uma importação `static` por demanda importa todos os membros `static` de uma classe.

Seção 8.13 Variáveis de instância `final`

- No contexto de um aplicativo, o princípio do menor privilégio afirma que deve ser concedida ao código somente a quantidade de privilégio e acesso que ele precisa para realizar sua tarefa designada.
- A palavra-chave `final` especifica que uma variável não é modificável. Essas variáveis devem ser inicializadas quando são declaradas ou por cada um dos construtores de uma classe.

Seção 8.14 Acesso de pacote

- Se nenhum modificador de acesso for especificado para um método ou variável quando esse método ou variável é declarado em uma classe, o método ou variável é considerado como tendo acesso de pacote.

Seção 8.15 Usando `BigDecimal` para cálculos monetários precisos

- Qualquer aplicativo que requer cálculos precisos de número de ponto flutuante sem erros de arredondamento — como aqueles em aplicações financeiras — deve usar a classe `BigDecimal` (pacote `java.math`).

- O método `BigDecimal static valueOf` com um argumento `double` retorna um `BigDecimal` que representa o valor exato especificado.
- O método `BigDecimal add` adiciona o argumento `BigDecimal` ao `BigDecimal` em que o método é chamado e retorna o resultado.
- `BigDecimal` fornece as constantes `ONE` (`1`), `ZERO` (`0`) e `TEN` (`10`).
- O método `BigDecimal pow` levanta seu primeiro argumento à potência especificada em seu segundo argumento.
- O método `BigDecimal multiply` multiplica o argumento `BigDecimal` pelo `BigDecimal` em que o método é chamado e retorna o resultado.
- A classe `NumberFormat` (pacote `java.text`) fornece as capacidades para formatar valores numéricos como `Strings` específicas de localidade. O método `getCurrencyInstance` da classe `static` retorna um `NumberFormat` pré-configurado para valores de moedas específicos da localidade. O método `NumberFormat` realiza a formatação.
- Formatação específica da localidade é uma parte importante da internacionalização — o processo de personalização dos seus aplicativos para várias localidades e idiomas falados dos usuários.
- `BigDecimal` permite controlar como os valores são arredondados — por padrão, todos os cálculos são exatos e nenhum arredondamento ocorre. Se você não especifica como arredondar valores `BigDecimal` e um determinado valor não pode ser representado exatamente ocorre uma `ArithmeticException`.
- Você pode especificar o modo de arredondamento para `BigDecimal` fornecendo um objeto `MathContext` (pacote `java.math`) para o construtor da classe `BigDecimal` ao criar um `BigDecimal`. Você também pode fornecer um `MathContext` para vários métodos `BigDecimal` que realizam os cálculos. Por padrão, cada `MathContext` pré-configurado usa o assim chamado "arredondamento contábil".
- O escalonamento de um `BigDecimal` é o número de dígitos à direita do ponto decimal. Se você precisa de um `BigDecimal` arredondado para um dígito específico, chame o método `BigDecimal setScale`.

Exercício de revisão

8.1 Preencha as lacunas em cada uma das seguintes afirmações:

a) Um(a) ________ importa todos os membros `static` de uma classe.

b) O método `static` da classe `String` ________ é semelhante ao método `System.out.printf`, mas retorna uma `String` formatada em vez de exibir uma `String` em uma janela de comando.

c) Se um método contiver uma variável local com o mesmo nome de um dos campos da sua classe, a variável local ________ o campo no escopo desse método.

d) Os métodos `public` de uma classe também são conhecidos como ________ ou ________ da classe.

e) Uma declaração de ________ especifica uma classe a ser importada.

f) Se uma classe declarar construtores, o compilador não criará um(a) ________.

g) O método ________ de um objeto é chamado implicitamente quando um objeto aparece no código em que uma `String` é necessária.

h) Métodos *get* são comumente chamados de ________ ou ________.

i) Um método ________ testa se uma condição é verdadeira ou falsa.

j) Para cada `enum`, o compilador gera um método `static` chamado ________, que retorna um array das constantes do `enum` na ordem em que elas foram declaradas.

k) A composição às vezes é referida como um relacionamento ________.

l) Uma declaração de ________contém uma lista separada por vírgulas de constantes.

m) Uma variável ________ representa as informações de escopo de classe que são compartilhadas por todos os objetos da classe.

n) Uma declaração ________ importa um membro `static`.

o) O ________ declara que só deve ser concedida ao código a quantidade de privilégio e acesso que ele precisa para realizar sua tarefa designada.

p) A palavra-chave ________ especifica que uma variável não é modificável depois da inicialização em uma declaração ou em um construtor.

q) Uma declaração ________ importa somente as classes que o programa utiliza em um pacote em particular.

r) Métodos *set* são comumente chamados ________ porque eles geralmente alteram um valor.

s) Use a classe ________ para realizar cálculos monetários precisos.

t) Use a instrução ________ para indicar que ocorreu um problema.

Respostas do exercício de revisão

8.1 a) importação `static` sob demanda. b) `format`. c) espelha. d) serviços `public`, interface `public`. e) importação de tipo único. f) construtor padrão. g) `toString`. h) métodos acessores, métodos de consulta. i) predicado. j) `values`. k) *tem um*. l) `enum`. m) `static`. n) importação `static` única. o) princípio do menor privilégio. p) `final`. q) sob demanda. r) métodos modificadores. s) `BigDecimal`. t) `throw`.

Questões

8.2 (*Com base na Seção 8.14*) Explique a noção de acesso a pacotes no Java. Explique os aspectos negativos do acesso de pacote.

8.3 O que acontece quando um tipo de retorno, mesmo `void`, é especificado para um construtor?

8.4 (*Classe `Rectangle`*) Crie uma classe `Rectangle` com os atributos `length` e `width`, cada um dos quais assume o padrão de 1. Forneça os métodos que calculam o perímetro e a área do retângulo. A classe tem métodos *set* e *get* para o comprimento (`length`) e a largura (`width`). Os métodos *set* devem verificar se `length` e `width` são, cada um, números de ponto flutuante maiores que 0,0 e menores que 20,0. Escreva um programa para testar a classe `Rectangle`.

8.5 (*Modificando a representação interna de dados de uma classe*) Seria perfeitamente razoável que a classe `Time2` da Figura 8.5 represente a data/hora internamente como o número de segundos a partir da meia-noite em vez dos três valores inteiros `hour`, `minute` e `second`. Os clientes poderiam utilizar os mesmos métodos `public` e obter os mesmos resultados. Modifique a classe `Time2` da Figura 8.5 para implementar `Time2` como o número de segundos desde a meia-noite e mostrar que não há alteração visível para os clientes da classe.

8.6 (*Classe `Savings Account`*) Crie uma classe `SavingsAccount`. Utilize uma variável `static annualInterestRate` para armazenar a taxa de juros anual para todos os correntistas. Cada objeto da classe contém uma variável de instância `private savingsBalance` para indicar a quantidade que o poupador atualmente tem em depósito. Forneça o método `calculateMonthlyInterest` para calcular os juros mensais multiplicando o `savingsBalance` por `annualInterestRate` dividido por 12 — esses juros devem ser adicionados ao `savingsBalance`. Forneça um método `static modifyInterestRate` que configure o `annualInterestRate` com um novo valor. Escreva um programa para testar a classe `SavingsAccount`. Instancie dois objetos `savingsAccount`, `saver1` e `saver2`, com saldos de R$ 2.000,00 e R$ 3.000,00, respectivamente. Configure `annualInterestRate` como 4% e então calcule o juro mensal de cada um dos 12 meses e imprima os novos saldos para os dois poupadores. Em seguida, configure `annualInterestRate` para 5%, calcule a taxa do próximo mês e imprima os novos saldos para os dois poupadores.

8.7 (*Aprimorando a classe `Time2`*) Modifique a classe `Time2` da Figura 8.5 para incluir um método `tick` que incrementa a data/hora armazenada em um objeto `Time2` em um segundo. Forneça um método `incrementMinute` para incrementar o minuto por um e o método `incrementHour` para incrementar a hora por uma. Escreva um programa que testa o método `tick`, o método `incrementMinute` e o método `incrementHour` para assegurar que eles funcionam corretamente. Certifique-se de testar os seguintes casos:

a) incrementar para o próximo minuto,

b) incrementar para a próxima hora e

c) incrementar para o próximo dia (isto é, 11:59:59 PM para 12:00:00 AM).

8.8 (*Aprimorando a classe `Date`*) Modifique a classe `Date` da Figura 8.7 para realizar uma verificação de erros nos valores inicializadores das variáveis de instância `month`, `day` e `year` (atualmente ela valida somente o mês e dia). Forneça um método `nextDay` para incrementar o dia por um. Escreva um programa que testa o método `nextDay` em um loop que imprime a data durante cada iteração para ilustrar que o método funciona corretamente. Teste os seguintes casos:

a) incrementar para o próximo mês e

b) incrementar para o próximo ano.

8.9 Reescreva o código na Figura 8.14 para utilizar uma declaração de importação separada para cada membro `static` da classe `Math` que é utilizado no exemplo.

8.10 Escreva um tipo `enum TrafficLight`, cuja constante (`RED`, `GREEN`, `YELLOW`) aceite um parâmetro — a duração da luz. Escreva um programa para testar o `enum TrafficLight` de modo que ele exiba a constante `enum` e suas durações.

8.11 (*Números complexos*) Crie uma classe chamada `Complex` para realizar aritmética com números complexos. Os números complexos têm a forma

parteReal + *parteImaginária* * *i*

onde *i* é

$$\sqrt{-1}$$

Escreva um programa para testar sua classe. Utilize variáveis de ponto flutuante para representar os dados `private` da classe. Forneça um construtor que permita que um objeto dessa classe seja inicializado quando ele for declarado. Forneça um construtor sem argumento com valores padrão caso nenhum inicializador seja fornecido. Forneça métodos `public` que realizam as seguintes operações:

a) Somar dois números `Complex`: as partes reais são somadas de um lado e as partes imaginárias, de outro.

b) Subtrair dois números `Complex`: a parte real do operando direito é subtraída da parte real do operando esquerdo e a parte imaginária do operando direito é subtraída da parte imaginária do operando esquerdo.

c) Imprima números `Complex` na forma (*parteReal*, *parteImaginária*).

8.12 (*Classe `DateAndTime`*) Crie uma classe `DateAndTime` que combina a classe `Time2` modificada do Exercício 8.7 e a classe `Date` modificada do Exercício 8.8. Modifique o método `incrementHour` para chamar o método `nextDay` se a data/hora for incrementada para o próximo dia. Modifique métodos `toString` e `toUniversalString` para gerar uma saída da data além da hora. Escreva um programa para testar a nova classe `DateAndTime`. Especificamente, teste o incremento de tempo para o próximo dia.

8.13 ***(Conjunto de inteiros)*** Crie a classe `IntegerSet`. Cada objeto `IntegerSet` pode armazenar inteiros no intervalo de 0 a 100. O conjunto é representado por um array de `booleans`. O elemento do array `a[i]` é `true` se o inteiro *i* estiver no conjunto. O elemento do array `a[j]` é `false` se o inteiro *j* não estiver no conjunto. O construtor sem argumento inicializa o array como um "conjunto vazio" (isto é, todos os valores `false`).

Forneça os seguintes métodos: o método `static union` cria um conjunto que é a união teórica de dois conjuntos existentes (isto é, um elemento do array do novo conjunto é configurado como `true` se esse elemento for `true` em qualquer um dos conjuntos existentes ou em ambos — caso contrário, o elemento do novo conjunto é configurado como `false`). O método `static intersection` cria um conjunto que é a interseção teórica de dois conjuntos existentes (isto é, um elemento do array do novo conjunto é configurado como `false` se esse elemento for `false` em qualquer um ou em ambos os conjuntos existentes — caso contrário, o elemento do novo conjunto é configurado como `true`). O método `insertElement` insere um novo inteiro *k* em um conjunto (configurando `a[k]` como `true`). O método `deleteElement` exclui o inteiro *m* (configurando `a[m]` como `false`). O método `toString` retorna uma `String` contendo um conjunto como uma lista de números separados por espaços. Inclua somente os elementos que estão presentes no conjunto. Utilize `---` para representar um conjunto vazio. O método `isEqualTo` determina se dois conjuntos são iguais. Escreva um programa para testar a classe `IntegerSet`. Instancie vários objetos `IntegerSet`. Teste se todos os seus métodos funcionam adequadamente.

8.14 ***(Classe `Data`)*** Crie uma classe `Date` com as seguintes capacidades:

a) Gerar saída da data em múltiplos formatos, como

```
MM/DD/YYYY
June 14, 1992
DDD YYYY
```

b) Utilizar construtores sobrecarregados para criar objetos `Date` inicializados com datas dos formatos na parte (a). No primeiro caso, o construtor deve receber três valores inteiros. No segundo caso, deve receber uma `String` e dois valores inteiros. No terceiro caso, deve receber dois valores inteiros, o primeiro representando o número de dias no ano. [*Dica:* para converter a representação de `String` do mês em um valor numérico, compare as `Strings` utilizando o método `equals`. Por exemplo, se `s1` e `s2` forem `strings`, a chamada de método `s1.equals(s2)` retornará `true` se as `strings` forem idênticas, caso contrário retornará `false`.]

8.15 ***(Números racionais)*** Crie uma classe chamada `Rational` para realizar aritmética com frações. Escreva um programa para testar sua classe. Use variáveis de inteiros para representar as variáveis de instância `private` da classe — o `numerator` e o `denominator`. Forneça um construtor que permita que um objeto dessa classe seja inicializado quando ele for declarado. O construtor deve armazenar a fração em uma forma reduzida. A fração

```
2/4
```

é equivalente a `1/2` e seria armazenada no objeto como 1 no `numerator` e 2 no `denominator`. Forneça um construtor sem argumento com valores padrão caso nenhum inicializador seja fornecido. Forneça métodos `public` que realizam cada uma das operações a seguir:

a) Somar dois números `Rational`: o resultado da adição deve ser armazenado na forma reduzida. Implemente isso como um método `static`.

b) Subtrair dois números `Rational`: o resultado da subtração deve ser armazenado na forma reduzida. Implemente isso como um método `static`.

c) Multiplicar dois números `Rational`: o resultado da multiplicação deve ser armazenado na forma reduzida. Implemente isso como um método `static`.

d) Dividir dois números `Rational`: o resultado da divisão deve ser armazenado na forma reduzida. Implemente isso como um método `static`.

e) Retorne uma representação `String` de um número `Rational` na forma `a/b`, onde `a` é o `numerator` e `b` é o `denominator`.

f) Retorne uma representação `String` de um número `Rational` no formato de ponto flutuante. (Considere a possibilidade de fornecer capacidades de formatação que permitam que o usuário da classe especifique o número de dígitos de precisão à direita do ponto de fração decimal.)

8.16 ***(Classe Huge `Integer`)*** Crie uma classe `HugeInteger` que utiliza um array de 40 elementos de dígitos para armazenar inteiros com até 40 dígitos. Forneça os métodos `parse`, `toString`, `add` e `subtract`. O método `parse` deve receber uma `String`, extrair cada dígito usando o método `charAt` e colocar o valor inteiro equivalente de cada dígito no array de inteiros. Para comparar objetos `HugeInteger`, forneça os métodos a seguir: `isEqualTo`, `isNotEqualTo`, `isGreaterThan`, `isLessThan`, `isGreaterThanOrEqualTo` e `isLessThanOrEqualTo`. Cada um destes é um método predicado que retorna `true` se o relacionamento estiver contido entre os dois objetos `HugeInteger` e retorna `false` se o relacionamento não estiver contido. Forneça um método predicado `isZero`. Se você se sentir ambicioso, forneça também os métodos `multiply`, `divide` e `remainder`. [*Observação:* valores `boolean` primitivos podem ser gerados como as palavras "true" ou "false" com o especificador de formato `%b`.]

8.17 ***(Jogo da velha)*** Crie uma classe `TicTacToe` que permitirá escrever um programa para reproduzir o jogo da velha. A classe contém um array bidimensional privado 3 por 3. Use um tipo `enum` para representar o valor em cada célula do array. As constantes `enum` devem ser nomeadas `X`, `O` e `EMPTY` (para uma posição que não contém `X` ou `O`). O construtor deve inicializar os elementos do tabuleiro para `EMPTY`. Permita dois jogadores humanos. Para onde quer que o primeiro jogador se mova, coloque um `X` no quadrado especificado; coloque um `O` no local para o qual o segundo jogador se mover. Todo movimento deve ocorrer em um quadrado vazio. Depois de cada jogada, determine se o jogo foi ganho e se aconteceu um empate. Se você se sentir motivado, modifique seu programa de modo que o computador faça o movimento para um dos jogadores. Além disso, permita que o jogador especifique se quer ser o primeiro ou o segundo. Se você se sentir excepcionalmente motivado, desenvolva um programa que jogue o Tic-Tac-Toe tridimensional em uma grade 4 por 4 por 4. [*Observação:* isso é um projeto extremamente desafiador!]

8.18 ***(Classe `Account` com saldo `BigDecimal`)*** Reescreva a classe `Account` da Seção 3.5 para armazenar o `balance` como um objeto `BigDecimal` e para realizar todos os cálculos usando `BigDecimals`.

Fazendo a diferença

8.19 ***(Projeto: classe de resposta a emergência)*** O serviço de resposta de emergência norte-americano, 9-1-1, conecta os autores da chamada a um serviço de resposta de serviço público (Public Service Answering Point, PSAP) *local*. Tradicionalmente, o PSAP solicitaria ao chamador informações de identificação — incluindo o endereço, número de telefone e a natureza da emergência do autor da chamada, então enviaria os socorristas de emergência apropriados (como a polícia, uma ambulância ou o corpo de bombeiros). O *Enhanced 9-1-1 (ou E*9-1-1*)* usa computadores e bancos de dados para determinar o endereço físico do autor da chamada, direciona a chamada para o PSAP mais próximo e exibe o número de telefone e o endereço do autor da chamada para quem a recebe. O *Wireless Enhanced 9-1-1* fornece a quem recebe a chamada informações de identificação para chamadas sem fio. Implementado em duas fases, a primeira exigiu que operadoras fornecessem o número de telefone sem fio e a localização do local do celular ou estação base que transmite a chamada. A segunda exigiu que as operadoras fornecessem a localização do autor da chamada (utilizando tecnologias como GPS). Para saber mais sobre 9-1-1, visite `http://www.fcc.gov/pshs/services/911-services/Welcome.html` e `http://people.howstuffworks.com/9-1-1.htm`.

Uma parte importante da criação de uma classe é determinar os atributos dela (variáveis de instância). Para este exercício de design de classe, pesquise serviços 9-1-1 na internet. Então, crie uma classe chamada `Emergency` que pode ser usada em um sistema de resposta de emergência 9-1-1 orientado a objetos. Liste os atributos que um objeto dessa classe pode usar para representar a emergência. Por exemplo, a classe pode incluir informações sobre quem relatou a emergência (incluindo o número de telefone), o local da emergência, a data/hora do relatório, a natureza da emergência, o tipo e o status da resposta. Os atributos da classe devem descrever completamente a natureza do problema e o que acontece para resolvê-lo.

Programação orientada a objetos: herança

9

Nunca diga que você conhece completamente uma pessoa, até dividir uma herança com ela.

— Johann Kasper Lavater

Esse método é para definir o número de uma classe como a classe de todas as classes similares a ela.

— Bertrand Russell

Objetivos

Neste capítulo, você irá:

- Entender o que é herança e como usá-la para desenvolver novas classes com base nas existentes.
- Aprender noções de superclasses e subclasses, além do relacionamento entre elas.
- Utilizar a palavra-chave `extends` para criar uma classe que herda atributos e comportamentos de outra classe.
- Empregar o modificador de acesso `protected` em uma superclasse para dar a métodos de subclasse acesso aos membros desta superclasse.
- Acessar membros da superclasse com `super` a partir de uma subclasse.
- Entender como os construtores são usados em hierarquias de herança.
- Aprender os métodos da classe `Object`, a superclasse direta ou indireta de todas as classes.

Sumário

9.1 Introdução

Este capítulo continua nossa discussão sobre a programação orientada a objetos (OOP) introduzindo **herança**, em que uma nova classe é criada adquirindo os membros de uma classe existente e, possivelmente, aprimorando-os com capacidades novas ou modificadas. Com a herança, você economiza tempo durante o desenvolvimento de programas baseando novas classes existentes em software testado, depurado e de alta qualidade. Isso também aumenta a probabilidade de que um sistema seja implementado e mantido efetivamente.

Ao criar uma classe, em vez de declarar membros completamente novos, você pode designar que a nova classe, chamada de **subclasse**, deva *herdar* membros de uma classe existente, que é chamada de **superclasse**. (A linguagem de programação C++ refere-se à superclasse como a **classe básica** e a subclasse como a **classe derivada**.) Uma subclasse pode tornar-se uma superclasse para futuras subclasses.

Uma subclasse pode adicionar seus próprios campos e métodos. Portanto, ela é *mais específica* que sua superclasse e representa um grupo especializado de objetos. A subclasse exibe os comportamentos da superclasse e pode modificá-los de modo que eles operem adequadamente para a subclasse. É por isso que a herança é às vezes chamada **especialização**.

A **superclasse direta** é aquela a partir da qual a subclasse herda explicitamente. Uma **superclasse indireta** é qualquer classe acima da superclasse direta na **hierarquia de classes**, que define os relacionamentos de herança entre classes — como veremos na Seção 9.2, diagramas ajudam a entender esses relacionamentos. No Java, a hierarquia de classes inicia com a classe `Object` (no pacote `java.lang`), da qual *toda* classe em Java direta ou indiretamente **estende** (ou "herda de"). A Seção 9.6 lista os métodos da classe `Object` que são herdados por todas as outras classes Java. O Java só suporta **herança única**, na qual cada classe é derivada exatamente de *uma* superclasse direta. Ao contrário de C++, o Java *não* suporta herança múltipla, que ocorre quando uma classe é derivada de mais de uma superclasse direta. O Capítulo 10, "Programação orientada a objetos: polimorfismo e interfaces", explica como usar *interfaces* para obter muitos dos benefícios da herança múltipla e, ao mesmo tempo, evitar os problemas associados.

Distinguimos entre o **relacionamento *é um*** e o **relacionamento *tem um***, em que *é um* representa a herança; em um relacionamento *é um, um objeto de uma subclasse também pode ser tratado como um objeto da superclasse* — por exemplo, um carro *é um* veículo; por contraste, *tem um* indica a composição (veja o Capítulo 8); em um relacionamento *tem um*, *um objeto contém referências como membros a outros objetos* — por exemplo, um carro *tem um* volante (um objeto carro tem uma referência a um objeto volante).

Novas classes podem herdar de classes em **bibliotecas de classe**. As organizações desenvolvem suas próprias bibliotecas de classe e tiram proveito de outras disponíveis no mundo. Algum dia, a maioria dos softwares novos provavelmente será produzida a partir de **componentes reutilizáveis padronizados**, assim como automóveis e a maior parte dos hardwares de computadores são feitos hoje. Isso facilitará o desenvolvimento rápido de softwares mais poderosos, em maior número e mais baratos.

9.2 Superclasses e subclasses

Frequentemente, um objeto de uma classe também *é um* objeto de outra classe. Por exemplo, um `CarLoan` *é um* `Loan`, assim como `HomeImprovementLoans` e `MortgageLoans`. Assim, em Java, pode-se dizer que a classe `CarLoan` é herdada da classe `Loan`. Nesse contexto, a classe `Loan` é uma superclasse e a classe `CarLoan` é uma subclasse. Uma `CarLoan` *é um* tipo específico de `Loan`, mas é incorreto afirmar que cada `Loan` *é um* `CarLoan` — o `Loan` pode ser qualquer tipo de empréstimo. A Figura 9.1 lista vários exemplos simples de superclasses e subclasses — observe que as superclasses tendem a ser "mais gerais" e as subclasses, "mais específicas".

Superclasse	Subclasses
`Student`	`GraduateStudent`, `UndergraduateStudent`
`Shape`	`Circle`, `Triangle`, `Rectangle`, `Sphere`, `Cube`
`Loan`	`CarLoan`, `HomeImprovementLoan`, `MortgageLoan`
`Employee`	`Faculty`, `Staff`
`BankAccount`	`CheckingAccount`, `SavingsAccount`

Figura 9.1 | Exemplos de herança.

Como cada objeto de subclasse *é um* objeto de sua superclasse, e uma superclasse pode ter muitas subclasses, o conjunto de objetos representado por uma superclasse é, em geral, maior que o conjunto de objetos representado por qualquer uma de suas subclasses. Por exemplo, a superclasse `Vehicle` representa *todos* os veículos, incluindo carros, caminhões, barcos, bicicletas e assim por diante. Por contraste, a subclasse `Car` representa um subconjunto de veículos menor e mais específico.

Hierarquia de membros de uma comunidade universitária

Relacionamentos de herança formam estruturas *hierárquicas* na forma de árvores. Uma superclasse existe em um relacionamento hierárquico com suas subclasses. Vamos desenvolver um exemplo de uma hierarquia de classe (Figura 9.2), também chamada de **hierarquia de herança**. Uma comunidade universitária tem milhares de membros, incluindo empregados, alunos e graduados. Os empregados incluem o corpo docente e os funcionários operacionais. Os membros da faculdade são administradores (como diretores e chefes de departamento) ou professores. A hierarquia pode conter muitas outras classes. Por exemplo, alunos podem ser graduados ou graduandos. Os graduandos podem ser primeiranistas, segundanistas, terceiranistas ou quartanistas.

Cada seta na hierarquia representa um relacionamento *é um*. À medida que seguimos as setas para cima nessa hierarquia de classe, podemos declarar, por exemplo, que "um `Employee` *é um* `CommunityMember`" e "um `Teacher` *é um* membro do `Faculty`". `CommunityMember` é a superclasse direta de `Employee`, `Student` e `Alumnus` e é uma superclasse indireta de todas as outras classes no diagrama. A partir da parte inferior, você pode seguir as setas e aplicar o relacionamento *é um* até a superclasse de nível superior. Por exemplo, um `Administrator` *é um* membro de `Faculty`, *é um* `Employee`, *é um* `CommunityMember` e, naturalmente, *é um* `Object`.

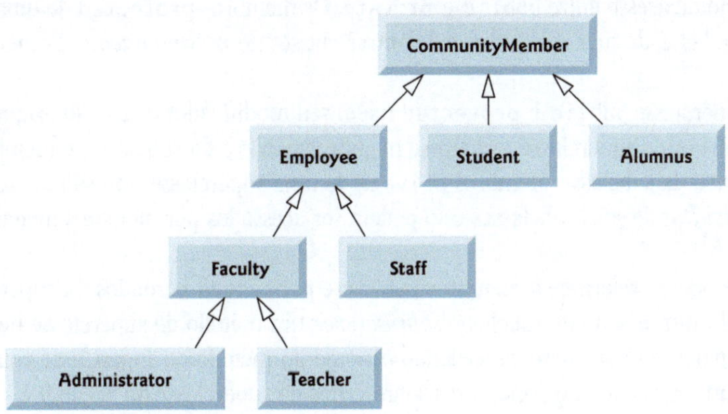

Figura 9.2 | Diagrama de classes UML da hierarquia de herança para `CommunityMembers` universitários.

Hierarquia de formas

Agora considere a hierarquia de herança `Shape` na Figura 9.3. Essa hierarquia começa com a superclasse `Shape`, que é estendida pelas subclasses `TwoDimensionalShape` e `ThreeDimensionalShape` — `Shapes` são tanto `TwoDimensionalShapes` como `ThreeDimensionalShapes`. O terceiro nível dessa hierarquia contém tipos *específicos* de `TwoDimensionalShapes` e `ThreeDimensionalShapes`. Como na Figura 9.2, podemos seguir as setas da parte inferior do diagrama para a superclasse de nível superior nessa hierarquia de classes para identificar vários relacionamentos do tipo *é um*. Por exemplo, um `Triangle` *é um* `TwoDimensionalShape` e *é um* `Shape`, enquanto um `Sphere` *é um* `ThreeDimensionalShape` e *é um* `Shape`. Essa hierarquia pode conter muitas outras classes. Por exemplo, elipses e trapezoides também são `TwoDimensionalShapes`.

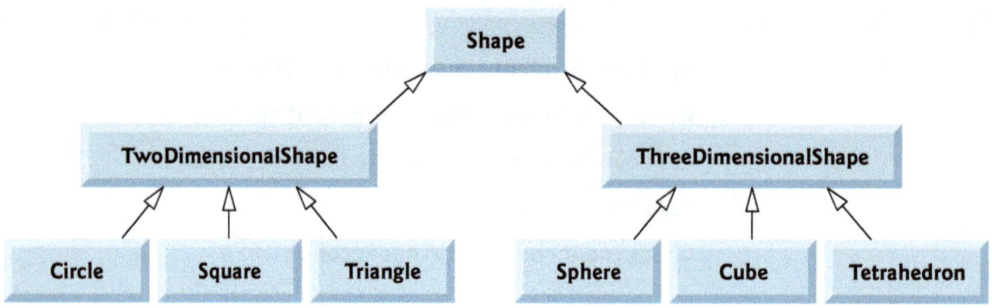

Figura 9.3 | Diagrama de classes UML da hierarquia de herança para `Shapes`.

Nem todo relacionamento de classe é de herança. No Capítulo 8, discutimos o relacionamento *tem um*, em que as classes têm membros que são referências a objetos de outras classes. Esses relacionamentos criam classes por meio da *composição* das classes existentes. Por exemplo, dadas as classes `Employee`, `BirthDate` e `TelephoneNumber`, é impróprio dizer que um `Employee` *é um* `BirthDate` ou que um `Employee` *é um* `TelephoneNumber`. Entretanto, um `Employee` *tem um* `BirthDate` e um `Employee` *tem um* `TelephoneNumber`.

É possível tratar objetos de superclasse e objetos de subclasse de maneira semelhante — seus aspectos comuns são expressos nos membros da superclasse. Os objetos de todas as classes que ampliam uma superclasse comum podem ser tratados como objetos dessa superclasse — esses objetos têm um relacionamento *é um* com a superclasse. Mais adiante, neste capítulo e no Capítulo 10, consideraremos muitos exemplos que tiram proveito do relacionamento *é um*.

Uma subclasse pode customizar os métodos que ela herda da superclasse. Para fazer isso, a subclasse **sobrescreve** (*redefine*) o método da superclasse com uma implementação apropriada, como veremos nos exemplos de código do capítulo.

9.3 Membros protected

O Capítulo 8 discutiu modificadores de acesso `public` e `private`. Os membros `public` de uma classe são acessíveis onde quer que o programa tenha uma *referência* a um *objeto* dessa classe ou a uma de suas *subclasses*. Os membros `private` de uma classe só são acessíveis dentro da própria classe. Nesta seção, introduziremos o modificador de acesso **`protected`**. Utilizar acesso `protected` oferece um nível intermediário de acesso entre `public` e `private`. Os membros `protected` de uma superclasse podem ser acessados por membros dessa superclasse, de suas subclasses e de outras classes no *mesmo pacote* — membros `protected` também têm *acesso de pacote*.

Todos os membros de superclasse `public` e `protected` retêm seu modificador de acesso original quando se tornam membros da subclasse — membros `public` da superclasse tornam-se membros `public` da subclasse, e membros `protected` da superclasse tornam-se membros `protected` da subclasse. Membros `private` de uma superclasse *não* são acessíveis fora da própria classe. Em vez disso, eles permanecem *ocultos* de suas subclasses e só podem ser acessados por meio dos métodos `public` ou `protected` herdados da superclasse.

Os métodos de subclasse podem referir-se a membros `public` e `protected` herdados da superclasse simplesmente utilizando os nomes de membro. Quando um método de subclasse *sobrescrever* um método de superclasse herdado, a versão *superclasse* do método pode ser acessada a partir da *subclasse*, precedendo o nome do método de superclasse com a palavra-chave **`super`** e um separador de ponto (`.`). Discutiremos o acesso a membros sobrescritos da superclasse na Seção 9.4.

Observação de engenharia de software 9.1

Os métodos de uma subclasse não conseguem acessar diretamente os membros `private` *de sua superclasse. Uma subclasse pode alterar o estado de variáveis de instância* `private` *da superclasse somente por meio de métodos não* `private` *fornecidos na superclasse e herdados pela subclasse.*

Observação de engenharia de software 9.2

Declarar variáveis de instância `private` *ajuda você a testar, depurar e modificar sistemas corretamente. Se uma subclasse pudesse acessar variáveis de instância* `private` *da sua superclasse, classes que herdam dessa subclasse também poderiam acessar as variáveis de instância. Isso propagaria acesso ao que devem ser variáveis de instância* `private`*, e os benefícios do ocultamento de informações seriam perdidos.*

9.4 Relacionamento entre superclasses e subclasses

Agora utilizaremos uma hierarquia de herança que contém tipos de *empregados* no aplicativo de folha de pagamento de uma empresa para discutir o relacionamento entre uma superclasse e sua subclasse. Nessa empresa, os *empregados comissionados* (que serão representados como objetos de uma superclasse) recebem uma porcentagem de suas vendas, enquanto *empregados comissionados com salário-base* (que serão representados como objetos de uma subclasse) recebem um salário-base *mais* uma porcentagem de suas vendas.

Dividiremos nossa discussão sobre o relacionamento entre essas classes em cinco exemplos. O primeiro declara a classe `CommissionEmployee`, que herda diretamente da classe `Object` e declara como variáveis de instância `private`: nome, sobrenome, número de seguro social, taxa de comissão e quantidade de vendas brutas (isto é, o total).

O segundo exemplo declara a classe `BasePlusCommissionEmployee`, que também herda diretamente da classe `Object` e declara como variáveis de instância `private`: nome, sobrenome, número de seguro social, taxa de comissão, quantidade bruta de vendas *e* salário-base. Criamos essa classe *escrevendo cada linha do código* que a classe requer — em breve veremos que é muito mais eficiente criá-la herdando da classe `CommissionEmployee`.

O terceiro exemplo declara uma nova classe `BasePlusCommissionEmployee` que *amplia* a classe `CommissionEmployee` (isto é, uma `BasePlusCommissionEmployee` *é uma* `CommissionEmployee` que também tem um salário-base). Essa *reutilização de software permite escrever muito menos código* ao desenvolver a nova subclasse. Neste exemplo, a classe `BasePlusCommissionEmployee` tenta acessar os membros `private` da classe `CommissionEmployee` — isso resulta em erros de compilação, porque a subclasse *não pode* acessar as variáveis de instância `private` da superclasse.

O quarto exemplo mostra que, se as variáveis de instância `CommissionEmployee` são declaradas como `protected`, a subclasse `BasePlusCommissionEmployee` *pode* acessar os dados diretamente. Ambas as classes `BasePlusCommissionEmployee` contêm funcionalidades idênticas, mas mostraremos como a versão herdada é mais fácil de criar e gerenciar.

Depois de discutirmos a conveniência de utilizar as variáveis de instância `protected`, criaremos o quinto exemplo, que configura as variáveis de instância `CommissionEmployee` novamente como `private` para impor boa engenharia de software. Então, mostraremos como a subclasse `BasePlusCommissionEmployee` pode usar os métodos `public` da `CommissionEmployee` para manipular (de maneira controlada) as variáveis de instância `private` herdadas de `CommissionEmployee`.

9.4.1 Criando e utilizando uma classe CommissionEmployee

Começaremos declarando a classe `CommissionEmployee` (Figura 9.4). A linha 4 inicia a declaração de classe e indica que a `CommissionEmployee` amplia ("`extends`", isto é, *herda*) a `Object` (do pacote `java.lang`). Isso faz com que a classe `CommissionEmployee` herde os métodos da classe `Object` — a classe `Object` não tem nenhum campo. Se você não especificar explicitamente qual classe uma nova classe amplia, ela aumentará `Object` implicitamente. Por essa razão, em geral você não incluirá "`extends Object`" em seu código — fazemos isso nesse exemplo somente para propósitos de demonstração.

Visão geral dos métodos e das variáveis de instância da classe CommissionEmployee

Os serviços `public` da classe `CommissionEmployee` incluem um construtor (linhas 13 a 34), além dos métodos `earnings` (linhas 87 a 90) e `toString` (linhas 93 a 101). As linhas 37 a 52 declaram métodos *get* `public` para as variáveis de instância `firstName`, `lastName` e `socialSecurityNumber` da classe `final` (declaradas nas linhas 6 a 8). Essas três variáveis de instância são declaradas `final` porque não precisam ser modificadas após serem inicializadas — é por isso que também não fornecemos métodos *set* correspondentes. As linhas 55 a 84 declaram os métodos *set* e *get* `public` para as variáveis de instância `grossSales` e `commissionRate` da classe (declaradas nas linhas 9 e 10). A classe declara suas variáveis de instância como `private`, então os objetos de outras classes não podem acessar essas variáveis diretamente.

```
1  // Figura 9.4: CommissionEmployee.java
2  // A classe CommissionEmployee representa um empregado que recebeu um
3  // percentual das vendas brutas.
4  public class CommissionEmployee extends Object
5  {
6     private final String firstName;
7     private final String lastName;
8     private final String socialSecurityNumber;
9     private double grossSales; // vendas brutas semanais
10    private double commissionRate; // percentagem da comissão
11
12    // construtor de cinco argumentos
13    public CommissionEmployee(String firstName, String lastName,
14       String socialSecurityNumber, double grossSales,
15       double commissionRate)
16    {
17       // a chamada implícita para o construtor padrão de Object ocorre aqui
```

continua

continuação

```

      // se grossSales é inválido, lança uma exceção
      if (grossSales < 0.0)
         throw new IllegalArgumentException(
            "Gross sales must be >= 0.0");

      // se commissionRate é inválido, lança uma exceção
      if (commissionRate <= 0.0 || commissionRate >= 1.0)
         throw new IllegalArgumentException(
            "Commission rate must be > 0.0 and < 1.0");

      this.firstName = firstName;
      this.lastName = lastName;
      this.socialSecurityNumber = socialSecurityNumber;
      this.grossSales = grossSales;
      this.commissionRate = commissionRate;
   } // fim do construtor

   // retorna o nome
   public String getFirstName()
   {
      return firstName;
   }

   // retorna o sobrenome
   public String getLastName()
   {
      return lastName;
   }

   // retorna o número de seguro social
   public String getSocialSecurityNumber()
   {
      return socialSecurityNumber;
   }

   // configura a quantidade de vendas brutas
   public void setGrossSales(double grossSales)
   {
      if (grossSales < 0.0)
         throw new IllegalArgumentException(
            "Gross sales must be >= 0.0");

      this.grossSales = grossSales;
   }

   // retorna a quantidade de vendas brutas
   public double getGrossSales()
   {
      return grossSales;
   }

   // configura a taxa de comissão
   public void setCommissionRate(double commissionRate)
   {
      if (commissionRate <= 0.0 || commissionRate >= 1.0)
         throw new IllegalArgumentException(
            "Commission rate must be > 0.0 and < 1.0");

      this.commissionRate = commissionRate;
   }

   // retorna a taxa de comissão
   public double getCommissionRate()
   {
      return commissionRate;
   }
```

continua

continuação

```
85
86       // calcula os lucros
87       public double earnings()
88       {
89          return commissionRate * grossSales;
90       }
91
92       // retorna a representação String do objeto CommissionEmployee
93       @Override // indica que esse método substitui um método da superclasse
94       public String toString()
95       {
96          return String.format("%s: %s %s%n%s: %s%n%s: %.2f%n%s: %.2f",
97             "commission employee", firstName, lastName,
98             "social security number", socialSecurityNumber,
99             "gross sales", grossSales,
100            "commission rate", commissionRate);
101      }
102   } // fim da classe CommissionEmployee
```

Figura 9.4 | A classe `CommissionEmployee` representa um empregado pago com uma percentagem das vendas brutas.

Construtor da classe `CommissionEmployee`

Os construtores *não* são herdados, então a classe `CommissionEmployee` não herda o construtor da classe `Object`. Mas os construtores de uma superclasse continuam disponíveis para serem chamados pelas subclasses. De fato, o Java requer que *a primeira tarefa de qualquer construtor de subclasse seja chamar o construtor de sua superclasse direta*, explícita ou implicitamente (se nenhuma chamada de construtor for especificada), para assegurar que as variáveis de instância herdadas da superclasse inicializem adequadamente. A sintaxe para chamar um construtor da superclasse explicitamente é discutida na Seção 9.4.3. Nesse exemplo, o construtor de classe chama a classe `CommissionEmployee` do construtor de `Object` implicitamente. Se o código não inclui uma chamada explícita para o construtor da superclasse, o Java chama *implicitamente* o construtor padrão ou *sem argumentos* da superclasse. O comentário na linha 17 da Figura 9.4 indica onde a chamada implícita para o construtor padrão da superclasse `Object` é feita (você *não* escreve o código dessa chamada). O construtor padrão de `Object` não faz nada. Mesmo se uma classe não tiver construtores, o construtor padrão que o compilador declara implicitamente para ela chamará o construtor padrão ou sem argumento da superclasse.

Após a chamada implícita para o construtor de `Object`, as linhas 20 a 22 e 25 a 27 validam os argumentos `grossSales` e `commissionRate`. Se esses argumentos são válidos (ou seja, se o construtor não lançar uma `IllegalArgumentException`), as linhas 29 a 33 atribuem os argumentos do construtor às variáveis de instância da classe.

Não validamos os valores dos argumentos `firstName`, `lastName` e `socialSecurityNumber` antes de atribuí-los às variáveis de instância correspondentes. Poderíamos validar o nome e o sobrenome — talvez para assegurar que eles tenham uma extensão razoável. De maneira semelhante, um número de seguro social poderia ser validado com expressões regulares (Seção 14.7) para assegurar que ele contenha nove dígitos, com ou sem traços (por exemplo, `123-45-6789` ou `123456789`).

O método `earnings` da classe `CommissionEmployee`

O método `earnings` (linhas 87 a 90) calcula os vencimentos de uma `CommissionEmployee`. A linha 89 multiplica `commissionRate` pelo `grossSales` e retorna o resultado.

Anotação `@Override` e o método `toString` da classe `CommissionEmployee`

O `toString` (linhas 93 a 101) é especial — é um dos métodos que *toda* classe herda direta ou indiretamente da classe `Object` (resumida na Seção 9.6). O método `toString` retorna uma `String` que representa um objeto. Este método é chamado implicitamente sempre que um objeto deve ser convertido em uma representação `String`, como quando um objeto é impresso pelo método `printf` ou por método `String format` via o especificador de formato `%`. O método `toString` da classe `Object` retorna uma `String` que inclui o nome da classe do objeto. Este método é principalmente um marcador de lugar que pode ser *sobrescrito* por uma subclasse para especificar uma adequada representação `String` dos dados em um objeto de subclasse. O método `toString` da classe `CommissionEmployee` sobrescreve (redefine) o método `toString` da classe `Object`. Quando invocado, o método `toString` de `CommissionEmployee` utiliza o método `String format` para retornar uma `String` que contém informações sobre o `CommissionEmployee`. Para sobrescrever um método de superclasse, uma subclasse deve declarar um método com a *mesma assinatura* (nome de método, número de parâmetros, tipos de parâmetro e ordem dos tipos de parâmetro), como o método de superclasse — o método `toString` de `Object` não aceita nenhum parâmetro, então `CommissionEmployee` declara `toString` sem parâmetros.

A linha 93 usa a **anotação @Override** opcional para indicar que a seguinte declaração (isto é, `toString`) deve *sobrescrever* um método da superclasse *existente*. Essa anotação ajuda o compilador a capturar alguns erros comuns. Por exemplo, nesse caso, você pretende sobrescrever o método `toString` da superclasse, que é escrito com um "`t`" minúsculo e um "`S`" maiúsculo. Se você usar inadvertidamente um "`s`" minúsculo, o compilador o sinalizará como um erro, porque a superclasse não contém um método chamado `toString`. Se você não usar a anotação `@Override`, `toString` seria um método inteiramente diferente que *não* seria chamado se `CommissionEmployee` fosse usada onde uma `String` fosse necessária.

Outro erro comum de sobrescrição é declarar o número ou tipos errados na lista de parâmetros. Isso cria uma *sobrecarga não intencional* do método da superclasse, em vez de sobrescrever o método existente. Se você tentar chamar o método (com número e tipos de parâmetros corretos) em um objeto de subclasse, a versão da superclasse é invocada — levando potencialmente a erros de lógica sutis. Quando o compilador encontra um método declarado com `@Override`, ele compara a assinatura desse método com as assinaturas dos métodos da superclasse. Se não houver uma correspondência exata, o compilador emite uma mensagem de erro, como "*method does not override or implement a method from a supertype*" ("método não sobrescreve ou implementa um método a partir de um supertipo"). Você então corrigiria a assinatura do método para que correspondesse a um na superclasse.

Dica de prevenção de erro 9.1

Embora seja opcional, declare métodos sobrescritos com `@Override` *para assegurar em tempo de compilação que suas assinaturas foram definidas corretamente. Sempre é melhor encontrar erros em tempo de compilação em vez de em tempo de execução. Por essa razão, os métodos* `toString`, *na Figura 7.9 e nos exemplos do Capítulo 8, deveriam ter sido declarados com* `@Override`.

Erro comum de programação 9.1

É um erro de compilação sobrescrever um método com um modificador de acesso restrito — um método `public` *da superclasse não pode mais tornar-se* `protected` *ou* `private` *da subclasse; um método* `protected` *da superclasse não pode tornar-se* `private` *da subclasse. Fazer isso violaria o relacionamento* é um, *que exige que todos os objetos da subclasse sejam capazes de responder a chamadas de método feitas para métodos* `public` *declarados na superclasse. Se um método* `public` *pudesse ser sobrescrito como* `protected` *ou* `private`, *os objetos de subclasse não seriam capazes de responder às mesmas chamadas de método como objetos de superclasse. Uma vez que um método é declarado* `public` *em uma superclasse, ele permanece* `public` *para todas as subclasses diretas e indiretas da classe.*

Classe CommissionEmployeeTest

A Figura 9.5 testa a classe `CommissionEmployee`. As linhas 9 e 10 instanciam um objeto `CommissionEmployee` e invocam o construtor de `CommissionEmployee` (linhas 13 a 34 da Figura 9.4) para inicializá-lo com `"Sue"` como o primeiro nome, `"Jones"` como o sobrenome, `"222-22-2222"` como o número de seguro social, `10000` como o valor bruto de vendas (US$ 10.000) e `.06` como a taxa de comissão (isto é, 6%). As linhas 15 a 24 utilizam métodos *get* de `CommissionEmployee` para recuperar os valores de variável de instância do objeto para saída. As linhas 26 e 27 invocam os métodos `setGrossSales` e `setCommissionRate` do objeto para alterar os valores de variáveis de instância `grossSales` e `commissionRate`. As linhas 29 e 30 geram a representação `String` do `CommissionEmployee` atualizado. Quando um objeto é enviado para a saída utilizando o especificador de formato `%s`, o método `toString` do objeto é invocado implicitamente para obter a representação da `String` do objeto. [*Observação*: neste capítulo, não usamos o método `earnings` em cada classe, mas ele é usado extensivamente no Capítulo 10.]

```
1  // Figura 9.5: CommissionEmployeeTest.java
2  // Programa de teste da classe CommissionEmployee.
3
4  public class CommissionEmployeeTest
5  {
6     public static void main(String[] args)
7     {
8        // instancia o objeto CommissionEmployee
9        CommissionEmployee employee = new CommissionEmployee(
10          "Sue", "Jones", "222-22-2222", 10000, .06);
11
12       // obtém os dados de empregado comissionado
13       System.out.println(
14          "Employee information obtained by get methods:");
15       System.out.printf("%n%s %s%n", "First name is",
16          employee.getFirstName());
17       System.out.printf("%s %s%n", "Last name is",
18          employee.getLastName());
```

continua

continuação

```
      System.out.printf("%s %s%n", "Social security number is",
         employee.getSocialSecurityNumber());
      System.out.printf("%s %.2f%n", "Gross sales is",
         employee.getGrossSales());
      System.out.printf("%s %.2f%n", "Commission rate is",
         employee.getCommissionRate());

      employee.setGrossSales(5000);
      employee.setCommissionRate(.1);

      System.out.printf("%n%s:%n%n%s%n",
         "Updated employee information obtained by toString", employee);
   } // fim de main
} // fim da classe CommissionEmployeeTest
```

```
Employee information obtained by get methods:

First name is Sue
Last name is Jones
Social security number is 222-22-2222
Gross sales is 10000.00
Commission rate is 0.06

Updated employee information obtained by toString:

commission employee: Sue Jones
social security number: 222-22-2222
gross sales: 5000.00
commission rate: 0.10
```

Figura 9.5 | Programa de teste da classe `CommissionEmployee`.

9.4.2 Criando e utilizando uma classe `BasePlusCommissionEmployee`

Agora discutiremos a segunda parte de nossa introdução à herança, declarando e testando a classe `BasePlusCommissionEmployee` (uma completamente nova e independente) (Figura 9.6), que contém nome, sobrenome, número de seguro social, quantidade de vendas brutas, taxa de comissão *e* salário-base. Serviços `public` da classe `BasePlusCommissionEmployee` incluem um construtor `BasePlusCommissionEmployee` (linhas 15 a 42), além de métodos `earnings` (linhas 111 a 114) e `toString` (linhas 117 a 126). As linhas 45 a 108 declaram os métodos `public` *get* e *set* para as variáveis de instância `private` (declaradas nas linhas 7 a 12) `firstName`, `lastName`, `socialSecurityNumber`, `grossSales`, `commissionRate` e `baseSalary` da classe. Essas variáveis e esses métodos encapsulam todos os recursos necessários de um empregado comissionado com salário-base. Observe a *semelhança* entre essa classe e a `CommissionEmployee` (Figura 9.4) — nesse exemplo ainda não exploraremos essa semelhança.

```
1  // Figura 9.6: BasePlusCommissionEmployee.java
2  // A classe BasePlusCommissionEmployee representa um empregado que recebe
3  // um salário-base além da comissão.
4
5  public class BasePlusCommissionEmployee
6  {
7     private final String firstName;
8     private final String lastName;
9     private final String socialSecurityNumber;
10    private double grossSales; // vendas brutas semanais
11    private double commissionRate; // porcentagem da comissão
12    private double baseSalary; // salário-base por semana
13
14    // construtor de seis argumentos
15    public BasePlusCommissionEmployee(String firstName, String lastName,
16       String socialSecurityNumber, double grossSales,
17       double commissionRate, double baseSalary)
18    {
19       // a chamada implícita para o construtor padrão de Object ocorre aqui
20
21       // se grossSales é inválido, lança uma exceção
22       if (grossSales < 0.0)
```

continua

continuação

```
         throw new IllegalArgumentException(
            "Gross sales must be >= 0.0");

      // se commissionRate é inválido, lança uma exceção
      if (commissionRate <= 0.0 || commissionRate >= 1.0)
         throw new IllegalArgumentException(
            "Commission rate must be > 0.0 and < 1.0");

      // se baseSalary é inválido, lança uma exceção
      if (baseSalary < 0.0)
         throw new IllegalArgumentException(
            "Base salary must be >= 0.0");

      this.firstName = firstName;
      this.lastName = lastName;
      this.socialSecurityNumber = socialSecurityNumber;
      this.grossSales = grossSales;
      this.commissionRate = commissionRate;
      this.baseSalary = baseSalary;
   } // fim do construtor

   // retorna o nome
   public String getFirstName()
   {
      return firstName;
   }

   // retorna o sobrenome
   public String getLastName()
   {
      return lastName;
   }

   // retorna o número de seguro social
   public String getSocialSecurityNumber()
   {
      return socialSecurityNumber;
   }

   // configura a quantidade de vendas brutas
   public void setGrossSales(double grossSales)
   {
      if (grossSales < 0.0)
         throw new IllegalArgumentException(
            "Gross sales must be >= 0.0");

      this.grossSales = grossSales;
   }

   // retorna a quantidade de vendas brutas
   public double getGrossSales()
   {
      return grossSales;
   }

   // configura a taxa de comissão
   public void setCommissionRate(double commissionRate)
   {
      if (commissionRate <= 0.0 || commissionRate >= 1.0)
         throw new IllegalArgumentException(
            "Commission rate must be > 0.0 and < 1.0");

      this.commissionRate = commissionRate;
   }

   // retorna a taxa de comissão
   public double getCommissionRate()
   {
```

continua

continuação

```
91          return commissionRate;
92       }
93 
94       // configura o salário-base
95       public void setBaseSalary(double baseSalary)
96       {
97          if (baseSalary < 0.0)
98             throw new IllegalArgumentException(
99                "Base salary must be >= 0.0");
100 
101         this.baseSalary = baseSalary;
102      }
103 
104      // retorna o salário-base
105      public double getBaseSalary()
106      {
107         return baseSalary;
108      }
109 
110      // calcula os lucros
111      public double earnings()
112      {
113         return baseSalary + (commissionRate * grossSales);
114      }
115 
116      // retorna a representação de String de BasePlusCommissionEmployee
117      @Override
118      public String toString()
119      {
120         return String.format(
121            "%s: %s %s%n%s: %s%n%s: %.2f%n%s: %.2f%n%s: %.2f",
122            "base-salaried commission employee", firstName, lastName,
123            "social security number", socialSecurityNumber,
124            "gross sales", grossSales, "commission rate", commissionRate,
125            "base salary", baseSalary);
126      }
127   } // fim da classe BasePlusCommissionEmployee
```

Figura 9.6 | A classe `BasePlusCommissionEmployee` representa um empregado que recebe um salário-base além de uma comissão.

A classe `BasePlusCommissionEmployee` *não* especifica "`extends Object`" na linha 5, assim a classe amplia *implicitamente* `Object`. Além disso, como o construtor da classe `CommissionEmployee` (linhas 13 a 34 da Figura 9.4), o construtor da classe `BasePlusCommissionEmployee` invoca o construtor padrão da classe `Object` *implicitamente*, como observado no comentário da linha 19.

O método `earnings` da classe `BasePlusCommissionEmployee` (linhas 111 a 114) retorna o resultado da adição do salário-base `BasePlusCommissionEmployee` para o resultado da taxa de comissão e as vendas brutas do empregado.

A classe `BasePlusCommissionEmployee` sobrescreve o método `Object` `toString` para retornar uma `String` contendo informações de `BasePlusCommissionEmployee`. Mais uma vez, utilizamos o especificador de formato `%.2f` para formatar as vendas brutas, a taxa de comissão e o salário-base com dois dígitos de precisão à direita do separador decimal (linha 121).

Testando a classe `BasePlusCommissionEmployee`

A Figura 9.7 testa a classe `BasePlusCommissionEmployee`. As linhas 9 a 11 instanciam um objeto `BasePlusCommissionEmployee` e passam para o construtor `"Bob"`, `"Lewis"`, `"333-33-3333"`, `5000`, `.04` e `300` como nome, sobrenome, número de seguro social, vendas brutas, taxa de comissão e salário-base, respectivamente. As linhas 16 a 27 utilizam os métodos *get* `BasePlusCommissionEmployee` para recuperar os valores das variáveis de instância do objeto para saída. A linha 29 invoca o método `setBaseSalary` do objeto para alterar o salário-base. O método `setBaseSalary` (Figura 9.6, linhas 95 a 102) garante que a variável de instância `baseSalary` não receba um valor negativo. A linha 33 da Figura 9.7 invoca o método `toString` *explicitamente* para obter a representação `String` do objeto.

```
1   // Figura 9.7: BasePlusCommissionEmployeeTest.java
2   // Programa de teste BasePlusCommissionEmployee.
3 
```

continua

continuação

```java
public class BasePlusCommissionEmployeeTest
{
   public static void main(String[] args)
   {
      // instancia o objeto BasePlusCommissionEmployee
      BasePlusCommissionEmployee employee =
         new BasePlusCommissionEmployee(
         "Bob", "Lewis", "333-33-3333", 5000, .04, 300);

      // obtém os dados do empregado comissionado com salário-base
      System.out.println(
         "Employee information obtained by get methods:%n");
      System.out.printf("%s %s%n", "First name is",
         employee.getFirstName());
      System.out.printf("%s %s%n", "Last name is",
         employee.getLastName());
      System.out.printf("%s %s%n", "Social security number is",
         employee.getSocialSecurityNumber());
      System.out.printf("%s %.2f%n", "Gross sales is",
         employee.getGrossSales());
      System.out.printf("%s %.2f%n", "Commission rate is",
         employee.getCommissionRate());
      System.out.printf("%s %.2f%n", "Base salary is",
         employee.getBaseSalary());

      employee.setBaseSalary(1000);

      System.out.printf("%n%s:%n%n%s%n",
         "Updated employee information obtained by toString",
          employee.toString());
   } // fim de main
} // fim da classe BasePlusCommissionEmployeeTest
```

```
Employee information obtained by get methods:

First name is Bob
Last name is Lewis
Social security number is 333-33-3333
Gross sales is 5000.00
Commission rate is 0.04
Base salary is 300.00

Updated employee information obtained by toString:

base-salaried commission employee: Bob Lewis
social security number: 333-33-3333
gross sales: 5000.00
commission rate: 0.04
base salary: 1000.00
```

Figura 9.7 | Programa de teste `BasePlusCommissionEmployee`.

Notas sobre a classe `BasePlusCommissionEmployee`

Boa parte do código da classe `BasePlusCommissionEmployee` (Figura 9.6) é *semelhante,* ou *idêntica,* ao da classe `CommissionEmployee` (Figura 9.4). Por exemplo, as variáveis de instância `private firstName` e `lastName` e os métodos `setFirstName`, `getFirstName`, `setLastName` e `getLastName` são idênticos àqueles da classe `CommissionEmployee`. As classes também contêm as variáveis de instância `private socialSecurityNumber`, `commissionRate` e `grossSales`, e os métodos *get* e *set* correspondentes. Além disso, o construtor `BasePlusCommissionEmployee` é *quase* idêntico àquele da classe `CommissionEmployee`, exceto que o construtor de `BasePlusCommissionEmployee` também configura o `baseSalary`. As outras adições à classe `BasePlusCommissionEmployee` são a variável de instância `private baseSalary` e os métodos `setBaseSalary` e `getBaseSalary`. O método `toString` da classe `BasePlusCommissionEmployee` é *quase* idêntico àquele da classe `CommissionEmployee`, exceto que também gera saída da variável de instância `baseSalary` com dois dígitos de precisão à direita do separador decimal.

Copiamos literalmente o código da classe `CommissionEmployee` e o *colamos* na classe `BasePlusCommissionEmployee`; então, modificamos a classe `BasePlusCommissionEmployee` para incluir um salário-base e métodos que o manipulam. Essa *abor-*

dagem "copiar e colar" é frequentemente propensa a erros e consome tempo. Pior ainda, ela espalha cópias do mesmo código por todo o sistema, criando problemas de manutenção do código — alterações no código teriam de ser feitas em múltiplas classes. Há alguma maneira de "adquirir" as variáveis de instância e os métodos de uma classe de modo a torná-los parte de outras classes *sem duplicar código*? Em seguida, responderemos a essa pergunta usando uma abordagem mais elegante para construção de classes que enfatiza os benefícios da herança.

Observação de engenharia de software 9.3

Com a herança, os métodos e as variáveis de instância que são os mesmos para todas as classes na hierarquia são declarados em uma superclasse. As alterações feitas nesses recursos comuns na superclasse são herdadas pela subclasse. Sem a herança, as alterações precisariam ser feitas em todos os arquivos de código-fonte que contêm uma cópia do código em questão.

9.4.3 Criando uma hierarquia de herança `CommissionEmployee`–`BasePlusCommissionEmployee`

Agora, declaramos a classe `BasePlusCommissionEmployee` (Figura 9.8), que *amplia* a classe `CommissionEmployee` (Figura 9.4). Um objeto `BasePlusCommissionEmployee` *é um* `CommissionEmployee`, porque a herança transmite as capacidades da classe `CommissionEmployee`. `BasePlusCommissionEmployee` também tem a variável de instância `baseSalary` (Figura 9.8, linha 6). A palavra-chave `extends` (linha 4) indica a herança. `BasePlusCommissionEmployee` *herda as* variáveis de instância e os métodos de `CommissionEmployee`.

Observação de engenharia de software 9.4

Na etapa do design de um sistema orientado a objetos, você com frequência descobrirá que certas classes estão intimamente relacionadas. Você deve "fatorar" as variáveis de instância e os métodos comuns e colocá-los em uma superclasse. Então, deve utilizar a herança para desenvolver subclasses, especializando-as com capacidades além daquelas herdadas da superclasse.

Observação de engenharia de software 9.5

Declarar uma subclasse não afeta o código-fonte da sua superclasse. A herança preserva a integridade da superclasse.

Somente os membros `public` e `protected` de `CommissionEmployee` são diretamente acessíveis na subclasse. O construtor `CommissionEmployee` *não* é herdado. Assim, os serviços `public` `BasePlusCommissionEmployee` incluem seu construtor (linhas 9 a 23), métodos `public` herdados de `CommissionEmployee` e os métodos `setBaseSalary` (linhas 26 a 33), `getBaseSalary` (linhas 36 a 39), `earnings` (linhas 42 a 47) e `toString` (linhas 50 a 60). Os métodos `earnings` e `toString` *sobrescrevem* os métodos correspondentes na classe `CommissionEmployee`, porque suas versões da superclasse não calculam corretamente os ganhos de um `BasePlusCommissionEmployee` ou retornam uma representação `String` apropriada, respectivamente.

```
1  // Figura 9.8: BaseplusCommissionEmployee.java
2  // Membros private da superclasse não podem ser acessados em uma subclasse.
3
4  public class BasePlusCommissionEmployee extends CommissionEmployee
5  {
6     private double baseSalary; // salário-base por semana
7
8     // construtor de seis argumentos
9     public BasePlusCommissionEmployee(String firstName, String lastName,
10       String socialSecurityNumber, double grossSales,
11       double commissionRate, double baseSalary)
12    {
13       // chamada explícita para o construtor CommissionEmployee da superclasse
14       super(firstName, lastName, socialSecurityNumber,
15          grossSales, commissionRate);
16
17       // se baseSalary é inválido, lança uma exceção
18       if (baseSalary < 0.0)
19          throw new IllegalArgumentException(
20             "Base salary must be >= 0.0");
21
```

continua

continuação

```java
            this.baseSalary = baseSalary;
        }

        // configura o salário-base
        public void setBaseSalary(double baseSalary)
        {
            if (baseSalary < 0.0)
                throw new IllegalArgumentException(
                    "Base salary must be >= 0.0");

            this.baseSalary = baseSalary;
        }

        // retorna o salário-base
        public double getBaseSalary()
        {
            return baseSalary;
        }

        // calcula os lucros
        @Override
        public double earnings()
        {
            // não permitido: commissionRate e grossSales privado em superclasse
            return baseSalary + (commissionRate * grossSales);
        }

        // retorna a representação de String de BasePlusCommissionEmployee
        @Override
        public String toString()
        {
            // não permitido: tenta acessar membros private da superclasse
            return String.format(
            "%s: %s %s%n%s: %s%n%s: %.2f%n%s: %.2f%n%s: %.2f",
            "base-salaried commission employee", firstName, lastName,
                "social security number", socialSecurityNumber,
                "gross sales", grossSales, "commission rate", commissionRate,
                "base salary", baseSalary);
        }
    } // fim da classe BasePlusCommissionEmployee
```

```
BasePlusCommissionEmployee.java:46: error: commissionRate has private access in CommissionEmployee
     return baseSalary + (commissionRate * grossSales);
                          ^
BasePlusCommissionEmployee.java:46: error: grossSales has private access in CommissionEmployee
     return baseSalary + (commissionRate * grossSales);
                                           ^
BasePlusCommissionEmployee.java:56: error: firstName has private access in CommissionEmployee
       "base-salaried commission employee", firstName, lastName,
                                            ^

BasePlusCommissionEmployee.java:56: error: lastName has private access in CommissionEmployee
       "base-salaried commission employee", firstName, lastName,
                                                       ^
BasePlusCommissionEmployee.java:57: error: socialSecurityNumber has private access in
CommissionEmployee
       "social security number", socialSecurityNumber,
                                 ^
BasePlusCommissionEmployee.java:58: error: grossSales has private access in CommissionEmployee
       "gross sales", grossSales, "commission rate", commissionRate,
                      ^
BasePlusCommissionEmployee.java:58: error: commissionRate has private access inCommissionEmployee
       "gross sales", grossSales, "commission rate", commissionRate,
                                                     ^
```

Figura 9.8 | Os membros `private` da superclasse não podem ser acessados em uma subclasse.

O construtor de uma subclasse deve chamar o construtor da sua superclasse

Cada construtor de subclasse deve, implícita ou explicitamente, chamar um dos construtores da superclasse para inicializar as variáveis de instância herdadas da superclasse. As linhas 14 e 15 no construtor de seis argumentos de `BasePlusCommissionEmployee` (linhas 9 a 23) chamam explicitamente o construtor de cincos argumentos da classe `CommissionEmployee` (declarado nas linhas 13 a 34 da Figura 9.4) para iniciar a parte de superclasse de um objeto `BasePlusCommissionEmployee` (isto é, as variáveis `firstName`, `lastName`, `socialSecurityNumber`, `grossSales` e `commissionRate`). Fazemos isso usando a **sintaxe de chamada de construtor de superclasse** — a palavra-chave `super` é seguida por um conjunto de parênteses que contém os argumentos do construtor da superclasse, que são usados para inicializar as variáveis de instância `firstName`, `lastName`, `socialSecurityNumber`, `grossSales` e `commissionRate` da superclasse, respectivamente. Se o construtor de `BasePlusCommissionEmployee` não invocou o construtor da superclasse de maneira explícita, o compilador tentará inserir uma chamada para o construtor sem argumentos ou padrão da superclasse. A classe `CommissionEmployee` não tem esse construtor, assim o compilador emitirá um erro. A chamada de construtor de superclasse explícita nas linhas 14 e 15 da Figura 9.8 deve ser a *primeira* instrução no corpo do construtor. Quando uma superclasse contiver um construtor sem argumento, pode-se utilizar `super()` para chamá-lo de modo explícito, mas isso raramente é feito.

Observação de engenharia de software 9.6

Vimos anteriormente que você não deve chamar os métodos de instância de uma classe a partir dos construtores — discutiremos a razão disso no Capítulo 10. Chamar um construtor de superclasse a partir de um construtor de subclasse não contradiz esse conselho.

Métodos `BasePlusCommissionEmployee`, `Earnings` e `toString`

O compilador gera erros para a linha 46 (Figura 9.8) porque as variáveis de instância `commissionRate` e `grossSales` de `CommissionEmployee` são `private` — os métodos da subclasse `BasePlusCommissionEmployee` *não* têm permissão para acessar as variáveis de instância `private` da superclasse `CommissionEmployee`. Usamos texto em vermelho na Figura 9.8 para indicar o código errôneo. O compilador emite erros adicionais nas linhas 56 a 58 do método `toString` de `BasePlusCommissionEmployee` pela mesma razão. Os erros em `BasePlusCommissionEmployee` poderiam ter sido evitados utilizando os métodos *get* herdados da classe `CommissionEmployee`. Por exemplo, a linha 46 poderia ter chamado `getCommissionRate` e `getGrossSales` para acessar as variáveis de instância `private` `commissionRate` e `grossSales` de `CommissionEmployee`, respectivamente. As linhas 56 a 58 também poderiam ter utilizado os métodos *get* adequados para recuperar os valores das variáveis de instância da superclasse.

9.4.4 Hierarquia de herança `CommissionEmployee-BasePlusCommissionEmployee` utilizando variáveis de instância `protected`

Para permitir que a classe `BasePlusCommissionEmployee` acesse diretamente as variáveis de instância de superclasse `firstName`, `lastName`, `socialSecurityNumber`, `grossSales` e `commissionRate`, podemos declarar esses membros como `protected` na superclasse. Como discutimos na Seção 9.3, os membros `protected` de uma superclasse são acessíveis por todas as subclasses dessa superclasse. Na nova classe `CommissionEmployee`, modificamos apenas as linhas 6 a 10 da Figura 9.4 para declarar as variáveis de instância com o modificador de acesso `protected` da seguinte forma:

```
protected final String firstName;
protected final String lastName;
protected final String socialSecurityNumber;
protected double grossSales; // vendas brutas semanais
protected double commissionRate; // percentagem da comissão
```

O restante da declaração da classe (que não é mostrado aqui) é idêntico ao da Figura 9.4.

Poderíamos ter declarado as variáveis de instância `public` de `CommissionEmployee` para permitir que a subclasse `BasePlusCommissionEmployee` as acesse. Entretanto, declarar as variáveis de instância `public` é uma prática de engenharia de software insuficiente, porque permite acesso irrestrito a essas variáveis a partir de qualquer classe, aumentando significativamente a chance de erros. Com as variáveis de instância `protected`, a subclasse tem acesso às variáveis de instância, mas as classes que não são subclasses e aquelas que não estão no mesmo pacote não podem acessar essas variáveis diretamente — lembre-se de que membros `protected` da classe também são visíveis para outras classes no mesmo pacote.

Classe `BasePlusCommissionEmployee`

A classe `BasePlusCommissionEmployee` (Figura 9.9) amplia a nova versão da classe `CommissionEmployee` com as variáveis de instância `protected`. Os objetos `BasePlusCommissionEmployee` herdam as variáveis de instância `protected` `firstName`, `lastName`, `socialSecurityNumber`, `grossSales` e `commissionRate` de `CommissionEmployee` — todas essas variáveis são então membros `protected` da `BasePlusCommissionEmployee`. Como resultado, o compilador não gera erros ao compilar a linha 45 do método `earnings` e as linhas 54 a 56 do método `toString`. Se outra classe ampliar essa versão da classe `BasePlusCommissionEmployee`, a nova subclasse também poderá acessar os membros `protected`.

```
1  // Figura 9.9: BasePlusCommissionEmployee.java
2  // BasePlusCommissionEmployee herda variáveis de instância protected de
3  // CommissionEmployee.
4
5  public class BasePlusCommissionEmployee extends CommissionEmployee
6  {
7     private double baseSalary; // salário-base por semana
8
9     // construtor de seis argumentos
10    public BasePlusCommissionEmployee(String firstName, String lastName,
11       String socialSecurityNumber, double grossSales,
12       double commissionRate, double baseSalary)
13    {
14       super(firstName, lastName, socialSecurityNumber,
15          grossSales, commissionRate);
16
17       // se baseSalary é inválido, lança uma exceção
18       if (baseSalary < 0.0)
19          throw new IllegalArgumentException(
20             "Base salary must be >= 0.0");
21
22       this.baseSalary = baseSalary;
23    }
24
25    // configura o salário-base
26    public void setBaseSalary(double baseSalary)
27    {
28       if (baseSalary < 0.0)
29          throw new IllegalArgumentException(
30             "Base salary must be >= 0.0");
31
32       this.baseSalary = baseSalary;
33    }
34
35    // retorna o salário-base
36    public double getBaseSalary()
37    {
38       return baseSalary;
39    }
40
41    // calcula os lucros
42    @Override // indica que esse método substitui um método da superclasse
43    public double earnings()
44    {
45       return baseSalary + (commissionRate * grossSales);
46    }
47
48    // retorna a representação de String de BasePlusCommissionEmployee
49    @Override
50    public String toString()
51    {
52       return String.format(
53          "%s: %s %s%n%s: %s%n%s: %.2f%n%s: %.2f%n%s: %.2f",
54          "base-salaried commission employee", firstName, lastName,
55          "social security number", socialSecurityNumber,
56          "gross sales", grossSales, "commission rate", commissionRate,
57          "base salary", baseSalary);
58    }
59 } // fim da classe BasePlusCommissionEmployee
```

Figura 9.9 | `BasePlusCommissionEmployee` herda as variáveis de instância `protected` de `CommissionEmployee`.

Um objeto de subclasse contém as variáveis de instância de todas as suas superclasses

Quando você cria um objeto `BasePlusCommissionEmployee`, este contém todas as variáveis de instância declaradas na hierarquia de classes até esse ponto — isto é, aquelas das classes `Object` (que não tem variáveis de instância), `CommissionEmployee` e `BasePlusCommissionEmployee`. A classe `BasePlusCommissionEmployee` *não* herda o construtor de cinco argumentos de `CommissionEmployee`, mas o *invoca explicitamente* (linhas 14 e 15) para inicializar as variáveis de instância que ela herdou da segunda. Da mesma forma, o construtor de `CommissionEmployee` chama *implicitamente* o construtor da classe `Object`. O construtor `BasePlusCommissionEmployee` deve chamar *explicitamente* o construtor de `CommissionEmployee`, porque esta *não* tem um construtor sem argumentos que possa ser chamado implicitamente.

Testando a classe `BasePlusCommissionEmployee`

A classe `BasePlusCommissionEmployeeTest` para esse exemplo é idêntica àquela da Figura 9.7 e produz a mesma saída; assim, ela não é mostrada aqui. Embora a versão da classe `BasePlusCommissionEmployee` na Figura 9.6 não use a herança e a versão da Figura 9.9, as duas classes fornecem a *mesma* funcionalidade. O código-fonte na Figura 9.9 (59 linhas) é consideravelmente menor do que aquele na Figura 9.6 (127 linhas), porque a maior parte da funcionalidade da classe é, então, herdada de `CommissionEmployee` — agora há somente uma cópia da funcionalidade de `CommissionEmployee`. Isso facilita a manutenção, modificação e depuração do código, porque o código relacionado a `CommissionEmployee` existe apenas nessa classe.

Observações sobre a utilização de variáveis de instância `protected`

Neste exemplo, declaramos as variáveis de instância de superclasse como `protected` para que as subclasses pudessem acessá-las. Herdar as variáveis de instância `protected` permite acesso direto a elas por meio de subclasses. Na maioria dos casos, porém, é melhor usar as variáveis de instância `private` para incentivar a engenharia de software adequada. Seu código será mais fácil de manter, modificar e depurar.

Utilizar variáveis de instância `protected` cria vários problemas potenciais. Primeiro, o objeto de subclasse pode configurar o valor de uma variável herdada diretamente sem utilizar um método *set*. Portanto, um objeto de subclasse pode atribuir um valor inválido à variável, o que possivelmente deixa esse objeto em um estado inconsistente. Por exemplo, se fôssemos declarar a variável de instância de `CommissionEmployee` `grossSales` como `protected`, um objeto de subclasse (por exemplo, `BasePlusCommissionEmployee`) então poderia atribuir um valor negativo a `grossSales`. Outro problema em utilizar as variáveis de instância `protected` é que é mais provável que os métodos de subclasse sejam escritos para depender da implementação de dados da superclasse. Na prática, as subclasses devem depender somente dos serviços de superclasse (isto é, métodos não `private`), e não da implementação de dados de superclasse. Com as variáveis de instância `protected` na superclasse, talvez precisemos modificar todas as subclasses da superclasse se a implementação desta mudar. Por exemplo, se por alguma razão tivéssemos de mudar os nomes de variáveis de instância `firstName` e `lastName` para `first` e `last`, depois teríamos de fazer isso em todas as ocorrências em que uma subclasse referencia diretamente as variáveis de instância de superclasse `firstName` e `lastName`. Diz-se que essa classe é **frágil** ou **quebradiça**, porque uma pequena alteração na superclasse pode "quebrar" a implementação da subclasse. Você deve ser capaz de alterar a implementação de superclasse ao mesmo tempo que ainda fornece os mesmos serviços às subclasses. Naturalmente, se os serviços de superclasse mudam, devemos reimplementar nossas subclasses. Um terceiro problema é que os membros `protected` de uma classe são visíveis a todas aquelas no mesmo pacote da que contém os membros `protected` — isso nem sempre é desejável.

Observação de engenharia de software 9.7

Utilize o modificador de acesso `protected` quando uma superclasse precisar fornecer um método somente para suas subclasses e outras classes no mesmo pacote, mas não para outros clientes.

Observação de engenharia de software 9.8

Declarar as variáveis de instância da superclasse `private` (em oposição a `protected`) permite a implementação de superclasse dessas variáveis de instância para alteração sem afetar as implementações de subclasse.

Dica de prevenção de erro 9.2

Quando possível, não inclua variáveis de instância `protected` em uma superclasse. Em vez disso, inclua métodos não `private` que acessam as variáveis de instância `private`. Isso ajudará a assegurar que os objetos da classe mantenham estados consistentes.

9.4.5 Hierarquia de herança CommissionEmployee-BasePlusCommissionEmployee utilizando variáveis de instância private

Reexaminaremos nossa hierarquia de novo, desta vez usando as boas práticas de engenharia de software.

Classe CommissionEmployee

A classe `CommissionEmployee` (Figura 9.10) declara as variáveis de instância `firstName`, `lastName`, `socialSecurityNumber`, `grossSales` e `commissionRate` como *private* (linhas 6 a 10), além de fornecer os métodos `public` `getFirstName`, `getLastName`, `getSocialSecurityNumber`, `setGrossSales`, `getGrossSales`, `setCommissionRate`, `getCommissionRate`, `earnings` e `toString` para manipular esses valores. Os métodos `earnings` (linhas 87 a 90) e `toString` (linhas 93 a 101) utilizam os métodos *get* da classe para obter os valores de suas variáveis de instância. Se decidirmos alterar os nomes de variável de instância, as declarações `earnings` e `toString` *não* exigirão modificação — somente os corpos dos métodos *get* e *set* que manipulam diretamente as variáveis de instância precisarão mudar. Essas alterações ocorrem exclusivamente dentro da superclasse — nenhuma alteração é necessária na subclasse. *Localizar os efeitos de alterações* como essa é uma boa prática de engenharia de software.

```java
1  // Figura 9.10: CommissionEmployee.java
2  // A classe CommissionEmployee usa métodos para manipular suas
3  // variáveis de instância private.
4  public class CommissionEmployee
5  {
6     private final String firstName;
7     private final String lastName;
8     private final String socialSecurityNumber;
9     private double grossSales; // vendas brutas semanais
10    private double commissionRate; // porcentagem da comissão
11
12    // construtor de cinco argumentos
13    public CommissionEmployee(String firstName, String lastName,
14       String socialSecurityNumber, double grossSales,
15       double commissionRate)
16    {
17       // chamada implícita para o construtor Object ocorre aqui
18
19       // se grossSales é inválido, lança uma exceção
20       if (grossSales < 0.0)
21          throw new IllegalArgumentException(
22             "Gross sales must be >= 0.0");
23
24       // se commissionRate é inválido, lança uma exceção
25       if (commissionRate <= 0.0 || commissionRate >= 1.0)
26          throw new IllegalArgumentException(
27             "Commission rate must be > 0.0 and < 1.0");
28
29       this.firstName = firstName;
30       this.lastName = lastName;
31       this.socialSecurityNumber = socialSecurityNumber;
32       this.grossSales = grossSales;
33       this.commissionRate = commissionRate;
34    } // fim do construtor
35
36    // retorna o nome
37    public String getFirstName()
38    {
39       return firstName;
40    }
41
42    // retorna o sobrenome
43    public String getLastName()
44    {
45       return lastName;
46    }
47
48    // retorna o número de seguro social
49    public String getSocialSecurityNumber()
```

continua

continuação

```java
      {
         return socialSecurityNumber;
      }

      // configura a quantidade de vendas brutas
      public void setGrossSales(double grossSales)
      {
         if (grossSales < 0.0)
            throw new IllegalArgumentException(
               "Gross sales must be >= 0.0");

         this.grossSales = grossSales;
      }

      // retorna a quantidade de vendas brutas
      public double getGrossSales()
      {
         return grossSales;
      }

      // configura a taxa de comissão
      public void setCommissionRate(double commissionRate)
      {
         if (commissionRate <= 0.0 || commissionRate >= 1.0)
            throw new IllegalArgumentException(
               "Commission rate must be > 0.0 and < 1.0");

         this.commissionRate = commissionRate;
      }

      // retorna a taxa de comissão
      public double getCommissionRate()
      {
         return commissionRate;
      }

      // calcula os lucros
      public double earnings()
      {
         return getCommissionRate() * getGrossSales();
      }

      // retorna a representação String do objeto CommissionEmployee
      @Override
      public String toString()
      {
         return String.format("%s: %s %s%n%s: %s%n%s: %.2f%n%s: %.2f",
            "commission employee", getFirstName(),getLastName(),
            "social security number", getSocialSecurityNumber(),
            "gross sales", getGrossSales(),
            "commission rate", getCommissionRate());
      }
   } // fim da classe CommissionEmployee
```

Figura 9.10 | A classe `CommissionEmployee` utiliza métodos para manipular suas variáveis de instância `private`.

Classe BasePlusCommissionEmployee

A subclasse `BasePlusCommissionEmployee` (Figura 9.11) herda os métodos não `private` de `CommissionEmployee` e pode acessar (de uma maneira controlada) os membros `private` da superclasse via esses métodos. A classe `BasePlusCommissionEmployee` tem várias alterações que a distinguem da Figura 9.9. Os métodos `earnings` (linhas 43 a 47) e `toString` (linhas 50 a 55) chamam, individualmente, o método `getBaseSalary` para obter o valor do salário-base, em vez de acessar `baseSalary` diretamente. Se decidirmos renomear a variável de instância `baseSalary`, somente os corpos do método `setBaseSalary` e `getBaseSalary` precisarão mudar.

```
1 // Figura 9.11: BasePlusCommissionEmployee.java
2 // A classe BasePlusCommissionEmployee é herdada de CommissionEmployee
3 // e acessa os dados private da superclasse via
4 // métodos public herdados.
5
6 public class BasePlusCommissionEmployee extends CommissionEmployee
7 {
8    private double baseSalary; // salário-base por semana
9
10   // construtor de seis argumentos
11   public BasePlusCommissionEmployee(String firstName, String lastName,
12      String socialSecurityNumber, double grossSales,
13      double commissionRate, double baseSalary)
14   {
15      super(firstName, lastName, socialSecurityNumber,
16         grossSales, commissionRate);
17
18      // se baseSalary é inválido, lança uma exceção
19      if (baseSalary < 0.0)
20         throw new IllegalArgumentException(
21            "Base salary must be >= 0.0");
22
23      this.baseSalary = baseSalary;
24   }
25
26   // configura o salário-base
27   public void setBaseSalary(double baseSalary)
28   {
29      if (baseSalary < 0.0)
30         throw new IllegalArgumentException(
31            "Base salary must be >= 0.0");
32
33      this.baseSalary = baseSalary;
34   }
35
36   // retorna o salário-base
37   public double getBaseSalary()
38   {
39      return baseSalary;
40   }
41
42   // calcula os lucros
43   @Override
44   public double earnings()
45   {
46      return getBaseSalary() + super.earnings();
47   }
48
49   // retorna a representação de String de BasePlusCommissionEmployee
50   @Override
51   public String toString()
52   {
53      return String.format("%s %s%n%s: %.2f", "base-salaried",
54         super.toString(), "base salary", getBaseSalary());
55   }
56 } // fim da classe BasePlusCommissionEmployee
```

Figura 9.11 | A classe `BasePlusCommissionEmployee` herda de `CommissionEmployee` e acessa os dados `private` da superclasse via os métodos `public` herdados.

Método earnings da classe BasePlusCommissionEmployee

O método `earnings` (linhas 43 a 47) sobrescreve o método `earnings` da classe `CommissionEmployee` (Figura 9.10, linhas 87 a 90) para calcular os rendimentos de um funcionário que tem salário-base e ganha comissão por produção. A nova versão obtém a parte dos rendimentos com base apenas nas comissões chamando o método `earnings` de `CommissionEmployee` com `super.earnings()` (linha 46), e então adiciona o salário-base a esse valor para calcular o total dos rendimentos. Note a sintaxe utilizada para invocar um método de *sobrescrever* superclasse a partir de uma subclasse — coloque a palavra-chave `super` e um ponto separador (`.`) antes do nome de método de superclasse. Essa invocação de método é uma boa prática de engenharia de software — se um método realiza todas ou algumas das ações necessárias por outro método, chame esse método em vez de duplicar o código. Fazendo o método `earnings` de `BasePlusCommissionEmployee` invocar o método `earnings` de `CommissionEmployee` para calcular parte dos ganhos de um objeto `BasePlusCommissionEmployee`, *evitamos duplicar o código* e *reduzimos problemas de manutenção de código*.

Erro comum de programação 9.2

Quando um método de superclasse é sobrescrito em uma subclasse, a versão de subclasse frequentemente chama a versão de superclasse para fazer uma parte do trabalho. Não prefixar o nome do método da superclasse com a palavra-chave `super` *e um ponto (*`.`*) separador ao chamá-lo faz o método da subclasse chamar a ele mesmo, criando potencialmente um erro chamado recursão infinita, que mais à frente provocaria um estouro na pilha de métodos — um erro fatal em tempo de execução. A recursão, utilizada corretamente, é uma capacidade poderosa discutida no Capítulo 18.*

O método `toString` da classe `BasePlusCommissionEmployee`

De maneira semelhante, o método `toString` de `BasePlusCommissionEmployee` (Figura 9.11, linhas 50 a 55) sobrescreve o método `toString` da classe `CommissionEmployee` (Figura 9.10, linhas 93 a 101) para retornar uma representação de `String` que é adequada ao empregado comissionado com salário-base. A nova versão cria parte de uma representação de `String` do objeto `BasePlusCommissionEmployee` (isto é, a `String "commission employee"` e os valores das variáveis de instância `private` da classe `CommissionEmployee`) chamando o método `toString` de `CommissionEmployee` com a expressão `super.toString()` (Figura 9.11, linha 54). O método `toString` de `BasePlusCommissionEmployee` então completa o restante da representação de `String` de um objeto `BasePlusCommissionEmployee` (isto é, o valor do salário-base da classe `BasePlusCommissionEmployee`).

Testando a classe `BasePlusCommissionEmployee`

A classe `BasePlusCommissionEmployeeTest` realiza as mesmas manipulações sobre um objeto `BasePlusCommissionEmployee` feitas na Figura 9.7 e produz a mesma saída, assim não mostraremos novamente. Embora cada classe `BasePlusCommissionEmployee` vista até agora se comporte de maneira idêntica, a versão na Figura 9.11 representa uma melhor prática de engenharia. Utilizando a herança e chamando os métodos que ocultam os dados e asseguram a consistência, criamos eficiente e efetivamente uma classe bem projetada.

9.5 Construtores em subclasses

Como explicamos, instanciar um objeto de uma subclasse inicia uma cadeia de chamadas do construtor na qual ele, antes de realizar suas tarefas, usa explicitamente `super` para chamar um dos construtores em sua superclasse direta, ou então para chamar implicitamente o construtor padrão ou sem argumentos da superclasse. De maneira semelhante, se a superclasse é derivada de outra classe — o que é verdade para todas as classes exceto `Object` —, o construtor de superclasse invoca o construtor da próxima classe no topo da hierarquia, e assim por diante. O último construtor chamado na cadeia *sempre* é o construtor de `Object`. O corpo do construtor de subclasse original termina a execução por *último*. O construtor de cada superclasse manipula as variáveis de instância de superclasse que o objeto de subclasse herda. Por exemplo, considere de novo a hierarquia `CommissionEmployee-BasePlusCommissionEmployee` das figuras 9.10 e 9.11. Quando um aplicativo cria um objeto `BasePlusCommissionEmployee`, seu construtor é chamado. Esse construtor chama o construtor de `CommissionEmployee`, que por sua vez chama o construtor de `Object`. O construtor da classe `Object` tem um *corpo vazio*, então ele retorna imediatamente o controle para o construtor de `CommissionEmployee`, que inicializa as variáveis de instância `CommissionEmployee` que são parte do objeto `BasePlusCommissionEmployee`. Quando o construtor de `CommissionEmployee` completar a execução, ele retornará o controle para o construtor de `BasePlusCommissionEmployee`, que inicializa o `baseSalary`.

Observação de engenharia de software 9.9

O Java assegura que, mesmo que um construtor não atribua um valor a uma variável de instância, ela ainda será inicializada como seu valor padrão (por exemplo, `0` *para tipos numéricos primitivos,* `false` *para* `boolean`*s,* `null` *para referências).*

9.6 Classe Object

Como discutimos anteriormente neste capítulo, todas as classes em Java herdam direta ou indiretamente da classe `Object` (pacote `java.lang`), então seus 11 métodos (alguns sobrecarregados) são herdados por todas as outras classes. A Figura 9.12 resume os métodos de `Object`. Discutimos vários métodos `Object` ao longo deste livro (como indicado na Figura 9.12).

Método	Descrição
`equals`	Esse método compara dois objetos quanto à igualdade e retorna `true` se eles forem iguais; caso contrário, retorna `false`. O método aceita qualquer `Object` como um argumento. Quando os objetos de uma classe particular precisarem ser comparados em relação à igualdade, a classe deve sobrescrever o método `equals` a fim de comparar o *conteúdo* dos dois objetos. Para os requisitos da implementação desse método (que incluem também o método de sobrescrição `hashCode`), consulte a documentação dele em `docs.oracle.com/javase/7/docs/api/java/lang/Object.html#equals(java.lang.Object)`. A implementação `equals` padrão utiliza o operador == para determinar se duas referências *referenciam o mesmo objeto* na memória. A Seção 14.3.3 demonstra o método `equals` da classe `String` e diferencia entre comparar objetos `String` com == e com `equals`.
`hashCode`	Hashcodes são valores `int` utilizados para armazenamento e recuperação de alta velocidade das informações mantidas em uma estrutura de dados que é conhecida como tabela de hash (veja a Seção 16.11). Esse método também é chamado como parte da implementação padrão do método `toString` de `Object`.
`toString`	Esse método (introduzido na Seção 9.4.1) retorna uma representação `String` de um objeto. A implementação padrão desse método retorna o nome do pacote e o nome da classe do objeto tipicamente seguido por uma representação hexadecimal do valor retornado pelo método `hashCode` do objeto.
`wait`, `notify`, `notifyAll`	Os métodos `notify` e `notifyAll` e as três versões sobrecarregadas de `wait` estão relacionados com multithreading, o que será discutido no Capítulo 23.
`getClass`	Todo objeto no Java conhece seu próprio tipo em tempo de execução. O método `getClass` (utilizado na Seção 10.5 e Seção 12.5) retorna um objeto de classe `Class` (pacote `java.lang`) que contém as informações sobre o tipo de objeto, como seu nome de classe (retornado pelo método `Class getName`).
`finalize`	O método `protected` é chamado pelo coletor de lixo para realizar limpeza de terminação sobre um objeto um pouco antes desse coletor reivindicar a memória do objeto. Lembre-se da Seção 8.10 que não fica claro se, ou quando, `finalize` será chamado. Por essa razão, a maioria dos programadores deve evitar o método `finalize`.
`clone`	Esse método `protected`, que não aceita nenhum argumento e retorna uma referência `Object`, faz uma cópia do objeto em que é chamado. A implementação padrão realiza a chamada **cópia superficial** — os valores da variável de instância em um objeto são copiados em outro objeto do mesmo tipo. Para tipos por referência, apenas as referências são copiadas. Uma típica implementação do método `clone` sobrescrito realizaria uma **cópia em profundidade** que cria um novo objeto para cada variável de instância de tipo por referência. *É difícil implementar* `clone` *corretamente. Por essa razão, seu uso não é recomendado.* Alguns especialistas da indústria sugerem que, em vez disso, deve ser usada a serialização de objetos. Discutiremos a serialização de objetos no Capítulo 15. Lembre-se, a partir do que foi discutido no Capítulo 7, de que arrays são objetos. Como resultado, como todos os outros objetos, os arrays herdam os membros da classe `Object`. Cada array tem um método `clone` sobrescrito que o copia. Mas, se o array armazenar referências a objetos, estes não serão copiados — uma cópia superficial é realizada.

Figura 9.12 | Métodos `Object`.

9.7 (Opcional) Estudo de caso de GUI e imagens gráficas: exibindo texto e imagens utilizando rótulos

Os programas frequentemente utilizam rótulos quando precisam exibir informações ou instruções para o usuário em uma interface gráfica com ele. **Rótulos** são uma maneira conveniente de identificar componentes GUI na tela e manter o usuário informado sobre o estado atual do programa. Em Java, um objeto da classe **`JLabel`** (do pacote `javax.swing`) pode exibir texto, imagem ou ambos. O exemplo na Figura 9.13 demonstra vários recursos `JLabel`, incluindo um rótulo de texto simples, um rótulo de imagem e um rótulo com texto e uma imagem.

```java
// Figura 9.13: LabelDemo.java
// Demonstra o uso de rótulos.
import java.awt.BorderLayout;
import javax.swing.ImageIcon;
import javax.swing.JLabel;
import javax.swing.JFrame;

public class LabelDemo
{
    public static void main(String[] args)
    {
        // Cria um rótulo com texto simples
        JLabel northLabel = new JLabel("North");

        // cria um ícone de uma imagem para podermos colocar em um JLabel
        ImageIcon labelIcon = new ImageIcon("GUItip.gif");

        // cria um rótulo com um Icon em vez de texto
        JLabel centerLabel = new JLabel(labelIcon);

        // cria outro rótulo com um Icon
        JLabel southLabel = new JLabel(labelIcon);

        // configura o rótulo para exibir texto (bem como um ícone)
        southLabel.setText("South");

        // cria um quadro para armazenar os rótulos
        JFrame application = new JFrame();

        application.setDefaultCloseOperation(JFrame.EXIT_ON_CLOSE);

        // adiciona os rótulos ao frame; o segundo argumento especifica
        // onde adicionar o rótulo no frame
        application.add(northLabel, BorderLayout.NORTH);
        application.add(centerLabel, BorderLayout.CENTER);
        application.add(southLabel, BorderLayout.SOUTH);

        application.setSize(300, 300);
        application.setVisible(true);
    } // fim de main
} // fim da classe LabelDemo
```

Figura 9.13 | `JLabel` com texto e imagens.

As linhas 3 a 6 importam as classes necessárias para exibir `JLabels`. `BorderLayout` do pacote `java.awt` contém constantes que especificam onde podemos colocar componentes GUI no `JFrame`. A classe **`ImageIcon`** representa uma imagem que pode ser exibida em um `JLabel`, e a classe `JFrame`, a janela que conterá todos os rótulos.

A linha 13 cria um `JLabel` que exibe seu argumento de construtor — a string `"North"`. A linha 16 declara a variável local `labelIcon` e atribui a ela um novo `ImageIcon`. O construtor para `ImageIcon` recebe uma `String` que especifica o caminho para a imagem. Visto que especificamos somente um nome de arquivo, o Java assume que ele está no mesmo diretório que a classe `LabelDemo`. `ImageIcon` pode carregar imagens em formatos GIF, JPEG e PNG. A linha 19 declara e inicializa a variável local `centerLabel` com um `JLabel` que exibe o `labelIcon`. A linha 22 declara e inicializa a variável local `southLabel` com um `JLabel` semelhante ao que aparece na linha 19. Entretanto, a linha 25 chama o método **`setText`** para alterar o texto que o rótulo exibe. O método `setText` pode ser chamado em qualquer `JLabel` para alterar seu texto. Esse `JLabel` exibe tanto o ícone como o texto.

A linha 28 cria o `JFrame` que exibe os `JLabels`, e a linha 30 indica que o programa deve terminar quando o `JFrame` for fechado. Anexamos os rótulos ao `JFrame` nas linhas 34 a 36 chamando uma versão sobrecarregada do método `add` que aceita dois parâmetros. O primeiro parâmetro é o componente que queremos anexar, e o segundo é a região em que ele deve ser colocado. Todo `JFrame` tem um **layout** associado que ajuda o `JFrame` a posicionar os componentes GUI que são anexados a ele. O layout padrão do `JFrame` é conhecido como um **`BorderLayout`** e tem cinco regiões — `NORTH` (parte superior), `SOUTH` (parte inferior), `EAST` (lado direito), `WEST` (lado esquerdo) e `CENTER`. Cada uma dessas regiões é declarada como uma constante na classe `BorderLayout`. Ao chamar o método `add` com um argumento, o `JFrame` coloca o componente automaticamente no `CENTER`. Se uma posição já contém um componente, então o novo ocupa seu lugar. As linhas 38 e 39 configuram o tamanho do `JFrame` e o tornam visível na tela.

Exercício de estudo de caso GUI e imagens gráficas

9.1 Modifique o Exercício 8.1 do estudo de caso sobre GUIs e imagens gráficas para incluir um `JLabel` como uma barra de status que exibe contagens a fim de representar o número de cada forma exibida. A classe `DrawPanel` deve declarar um método que retorna uma `String` que contém o texto de status. Em `main`, crie primeiro o `DrawPanel`, depois o `JLabel` com o texto de status como um argumento para o construtor de `JLabel`. Anexe o `JLabel` à região `SOUTH` do `JFrame`, como mostrado na Figura 9.14.

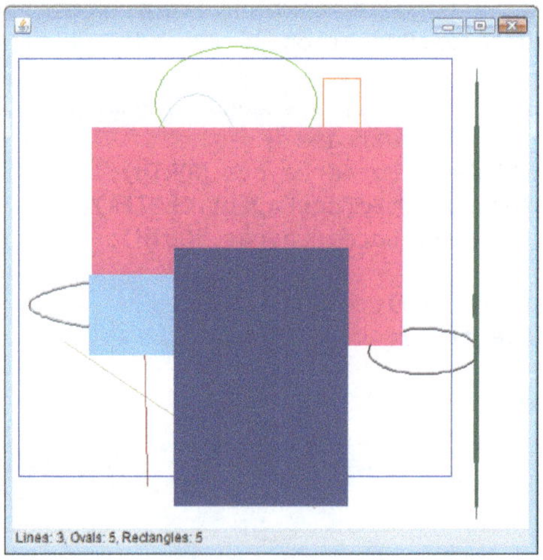

Figura 9.14 | `JLabel` exibindo as estatísticas de forma.

9.8 Conclusão

Este capítulo introduziu herança — a capacidade de criar classes adquirindo os membros de uma classe existente (sem copiar e colar o código) e de embelezá-las com novas capacidades. Você aprendeu as noções de superclasses e subclasses e utilizou a palavra-chave `extends` para criar uma subclasse que herda os membros de uma superclasse. Mostramos como usar a anotação `@Override` para evitar sobrecarga não intencional indicando que um método sobrescreve um método da superclasse. Introduzimos o modificador de acesso `protected`; os métodos de subclasse podem acessar diretamente os membros da superclasse `protected`. Você aprendeu a usar `super` para acessar membros sobrescritos da superclasse. Você também viu como os construtores são utilizados em hierarquias de herança. Por fim, você aprendeu sobre o método de classe `Object`, a superclasse direta ou indireta de todas as classes no Java.

No Capítulo 10, "Programação orientada a objetos: polimorfismo e interfaces", avançaremos nossa discussão de herança introduzindo *polimorfismo* — um conceito orientado a objetos que permite escrever programas que lidam convenientemente, de uma maneira mais geral, com objetos de uma ampla variedade de classes relacionadas por herança. Depois de estudar o Capítulo 10, você estará familiarizado com classes, objetos, encapsulamento, herança e polimorfismo — as principais tecnologias de programação orientada a objetos.

Resumo

Seção 9.1 Introdução

- A herança reduz o tempo de desenvolvimento de programas.
- A superclasse direta de uma subclasse é aquela a partir da qual a subclasse é herdada. A superclasse indireta de uma subclasse está dois ou mais níveis acima da hierarquia de classe dessa subclasse.
- Na herança única, uma classe deriva de uma superclasse. Na herança múltipla, uma classe é derivada de mais de uma superclasse direta. O Java não suporta herança múltipla.
- Uma subclasse é mais específica que sua superclasse e representa um grupo menor de objetos.
- Cada objeto de uma subclasse também é um objeto da superclasse dessa classe. Entretanto, um objeto de superclasse não é um objeto de subclasses de sua classe.
- Um relacionamento *é um* representa a herança. Em um relacionamento *é um*, um objeto de uma subclasse também pode ser tratado como um objeto de sua superclasse.
- Um relacionamento *tem um* representa composição. Em um relacionamento *tem um*, um objeto de classe contém referências a objetos de outras classes.

Seção 9.2 Superclasses e subclasses

- Os relacionamentos de herança simples formam estruturas hierárquicas do tipo árvore — há uma superclasse em um relacionamento hierárquico com suas subclasses.

Seção 9.3 Membros `protected`

- Os membros `public` de uma superclasse são acessíveis onde quer que o programa tenha uma referência a um objeto dessa superclasse ou de suas subclasses.
- Os membros `private` de uma superclasse só podem ser acessados diretamente em uma declaração da superclasse.
- Os membros `protected` de uma superclasse têm um nível intermediário de proteção entre acesso `public` e `private`. Eles podem ser acessados por membros da superclasse, de suas subclasses e de outras classes no mesmo pacote.
- Os membros `private` de uma superclasse permanecem ocultos em suas subclasses e só podem ser acessados por meio dos métodos `public` ou `protected` herdados da superclasse.
- Um método sobrescrito da superclasse pode ser acessado de uma subclasse se o nome do método da superclasse for precedido por `super` e um ponto (`.`) separador.

Seção 9.4 Relacionamento entre superclasses e subclasses

- Uma subclasse não pode acessar os membros `private` de sua superclasse, mas pode acessar os membros não `private`.
- Uma subclasse pode chamar um construtor de sua superclasse usando a palavra-chave `super` seguida por um conjunto de parênteses que contém os argumentos do construtor da superclasse. Isso deve aparecer como a primeira instrução no corpo do construtor da subclasse.
- Um método de superclasse pode ser sobrescrito em uma subclasse para declarar uma implementação apropriada para a subclasse.
- A anotação `@Override` indica que um método deve sobrescrever um método da superclasse. Quando o compilador encontra um método declarado com `@Override`, ele compara a assinatura do método com as assinaturas dos métodos da superclasse. Se não houver uma correspondência exata, o compilador emite uma mensagem de erro, como "*method does not override or implement a method from a supertype*" ("método não sobrescreve ou implementa um método a partir de um supertipo").
- O método `toString` não aceita nenhum argumento e retorna uma `String`. O método `toString` da classe `Object` normalmente é sobrescrito por uma subclasse.
- Quando um objeto é enviado para a saída utilizando o especificador de formato `%s`, o método `toString` do objeto é chamado implicitamente para obter sua representação de `String`.

Seção 9.5 Construtores em subclasses

- A primeira tarefa de um construtor de subclasse é chamar o construtor de sua superclasse direta para garantir que as variáveis de instância herdadas da superclasse sejam inicializadas.

Seção 9.6 Classe `Object`

- Consulte a tabela dos métodos da classe `Object` na Figura 9.12.

Exercícios de revisão

9.1 Preencha as lacunas em cada uma das seguintes afirmações:

a) ________ é uma forma de reutilização de software em que novas classes adquirem os membros de classes existentes e as aprimoram com novas capacidades.

b) Os membros ________ de uma superclasse podem ser acessados na declaração de superclasse *e nas* declarações de subclasse.

c) Em um relacionamento ________, um objeto de uma subclasse também pode ser tratado como um objeto de sua superclasse.

d) Em um relacionamento ________, um objeto de classe tem referências a objetos de outras classes como membros.

e) Na herança simples, há uma classe em um relacionamento ________ com suas subclasses.

f) Os membros de uma superclasse ________ são acessíveis em qualquer lugar no qual o programa tem uma referência para um objeto daquela superclasse ou para um objeto de uma de suas subclasses.

g) Quando um objeto de uma subclasse é instanciado, um ________ é chamado de uma superclasse implícita ou explicitamente.

h) Os construtores de subclasse podem chamar construtores de superclasse via a palavra-chave ________.

9.2 Determine se cada uma das seguintes afirmações é *verdadeira* ou *falsa*. Se uma instrução for *falsa*, explique por quê.

a) Os construtores de superclasse não são herdados por subclasses.

b) Um relacionamento *tem um* é implementado via herança.

c) Uma classe `Car` tem um relacionamento *é um* com as classes `SteeringWheel` e `Brakes`.

d) Quando uma subclasse redefinir um método de superclasse utilizando a mesma assinatura, diz-se que a subclasse sobrecarrega esse método de superclasse.

Respostas dos exercícios de revisão

9.1 a) Herança. b) `public` e `protected`. c) *é um* ou herança. d) *tem um* ou composição. e) hierárquico. f) `public`. g) construtor. h) `super`.

9.2 a) Verdadeira. b) Falsa. Um relacionamento *tem um* é implementado via composição. Um relacionamento *é um* é implementado via herança. c) Falsa. Esse é um exemplo de um relacionamento *tem um*. A classe `Car` tem um relacionamento *é um* com a classe `Vehicle`. d) Falsa. Isso é conhecido como sobrescrição, não sobrecarga — um método sobrecarregado tem o mesmo nome, mas uma assinatura diferente.

Questões

9.3 ***(Uso de composição em vez de herança)*** Muitos programas escritos com herança podem ser escritos com composição, e vice-versa. Reescreva a classe `BasePlusCommissionEmployee` (Figura 9.11) da hierarquia `CommissionEmployee–BasePlusCommissionEmployee` para utilizar composição em vez de herança.

9.4 ***(Reutilização de software)*** Discuta de que maneira a herança promove a reutilização de software, economiza tempo durante o desenvolvimento de programa e ajuda a evitar erros.

9.5 ***(Hierarquia de herança `Student`)*** Desenhe uma hierarquia de herança para os estudantes em uma universidade semelhante à hierarquia mostrada na Figura 9.2. Use `Student` como a superclasse da hierarquia, então estenda `Student` com as classes `UndergraduateStudent` e `GraduateStudent`. Continue a estender a hierarquia o mais profundamente (isto é, com muitos níveis) possível. Por exemplo, `Freshman`, `Sophomore`, `Junior` e `Senior` poderiam estender `UndergraduateStudent`, e `DoctoralStudent` e `MastersStudent` poderiam ser subclasses de `GraduateStudent`. Depois de desenhar a hierarquia, discuta os relacionamentos entre as classes. [*Observação*: você não precisa escrever nenhum código para este exercício.]

9.6 ***(Hierarquia de herança `Shape`)*** O mundo das formas é muito mais rico do que aquelas incluídas na hierarquia de herança da Figura 9.3. Anote todas as formas que você puder imaginar — bidimensionais e tridimensionais — e transforme-as em uma hierarquia `Shape` mais completa com o maior número possível de níveis. Sua hierarquia deve ter a classe `Shape` na parte superior. As classes `TwoDimensionalShape` e `ThreeDimensionalShape` devem ampliar `Shape`. Acrescente subclasses adicionais, como `Quadrilateral` e `Sphere`, em suas localizações corretas na hierarquia conforme necessário.

9.7 ***(`protected` versus `private`)*** Alguns programadores preferem não utilizar acesso `protected`, porque acreditam que ele quebra o encapsulamento da superclasse. Discuta os méritos relativos de usar acesso `protected` *versus* acesso `private` em superclasses.

9.8 ***(Hierarquia de herança `Quadrilateral`)*** Escreva uma hierarquia de herança para as classes `Quadrilateral`, `Trapezoid`, `Parallelogram`, `Rectangle` e `Square`. Utilize `Quadrilateral` como a superclasse da hierarquia. Crie e use uma classe `Point` para representar os pontos em cada forma. Faça a hierarquia o mais profunda possível (isto é, com muitos níveis). Especifique as variáveis de instância e os métodos para cada classe. As variáveis de instância `private` de `Quadrilateral` devem ser os pares de coordenadas *x-y* para os quatro pontos que delimitam o `Quadrilateral`. Escreva um programa que instancia objetos de suas classes e gera saída da área de cada objeto (exceto `Quadrilateral`).

9.9 ***(O que cada trecho de código faz?)***

a) Suponha que a seguinte chamada de método esteja localizada em um método `earnings` sobrescrito em uma subclasse:

```
super.earnings()
```

b) Suponha que a seguinte linha de código apareça antes de uma declaração de método:

```
@Override
```

c) Suponha que a seguinte linha de código apareça como a primeira instrução no corpo de um construtor:

```
super(firstArgument, secondArgument);
```

9.10 ***(Escreva uma linha do código)*** Escreva uma linha do código que realiza cada uma das seguintes tarefas:

a) Especifique que a classe `PieceWorker` é herdada da classe `Employee`.

b) Chame o método `toString` da superclasse `Employee` a partir do método `toString` da subclasse `PieceWorker`.

c) Chame o construtor da superclasse `Employee` a partir do construtor da subclasse `PieceWorker` — suponha que o construtor da superclasse receba três `Strings` que representam o primeiro nome, o sobrenome e o número de seguro social.

9.11 ***(Usando super no corpo de um construtor)*** Explique por que você usaria `super` na primeira instrução do corpo de um construtor de uma subclasse.

9.12 ***(Usando super no corpo de um método de instância)*** Explique por que você usaria `super` no corpo de um método de instância de uma subclasse.

9.13 ***(Chamando métodos* get *no corpo de uma classe)*** Nas figuras 9.10 e 9.11, os métodos `earnings` e `toString` chamam vários métodos *get* dentro da mesma classe. Explique os benefícios de chamar esses métodos *get* dentro das classes.

9.14 ***(Hierarquia `Employee`)*** Neste capítulo, você estudou uma hierarquia de herança em que a classe `BasePlusCommissionEmployee` é herdada da classe `CommissionEmployee`. Mas nem todos os tipos de empregados são `CommissionEmployees`. Neste exercício, você criará uma superclasse `Employee` mais geral para *calcular* os atributos e comportamentos na classe `CommissionEmployee` que são comuns a todos os `Employees`. Os atributos e comportamentos comuns a todos os `Employees` são `firstName`, `lastName`, `socialSecurityNumber`, `getFirstName`, `getLastName`, `getSocialSecurityNumber` e uma parte do método `toString`. Crie uma nova superclasse `Employee` que contenha esses métodos e variáveis de instância, além de um construtor. Então, reescreva a classe `CommissionEmployee` da Seção 9.4.5 como uma subclasse de `Employee`. A classe `CommissionEmployee` só deve conter os métodos e as variáveis de instância que não são declarados na superclasse `Employee`. O construtor da classe `CommissionEmployee` deve chamar o construtor da classe `Employee`, e o método `toString` de `CommissionEmployee` deve invocar o método `toString` de `Employee`. Depois de concluir essas modificações, execute os aplicativos `CommissionEmployeeTest` e `BasePlusCommissionEmployeeTest` com essas novas classes para garantir que os aplicativos continuem a exibir os mesmos resultados para um objeto `CommissionEmployee` e um objeto `BasePlusCommissionEmployee`, respectivamente.

9.15 ***(Criando uma nova subclasse de `Employee`)*** Outros tipos de `Employees` podem incluir `SalariedEmployees`, que recebem um salário semanal fixo; `PieceWorkers`, que são pagos pelo número de peças que produzem; ou `HourlyEmployees`, que recebem um valor 50% maior para as horas extras.

Crie uma classe `HourlyEmployee`, que é herdada da classe `Employee` (Exercício 9.14), e tem variáveis de instância `hours` (um `double`), que representa as horas trabalhadas, e `wage` (um `double`), que representa os salários por hora, além de um construtor que recebe como argumentos primeiro nome, sobrenome, número de seguro social, salário por hora e número de horas trabalhadas, métodos *set* e *get* para manipular `hours` e `wage`, um método `earnings` para calcular os rendimentos de um `HourlyEmployee` com base nas horas trabalhadas e um método `toString` que retorna a representação `String` de `HourlyEmployee`. O método `setWage` deve assegurar que `wage` não seja negativo, e `setHours`, que o valor das horas esteja entre 0 e 168 (o número total de horas em uma semana). Use a classe `HourlyEmployee` em um programa de teste, semelhante ao da Figura 9.5.

Programação orientada a objetos: polimorfismo e interfaces

10

Propostas genéricas não decidem casos concretos.

— Oliver Wendell Holmes

Um filósofo de estatura imponente não pensa em um vazio. Mesmo suas ideias mais abstratas são, em alguma medida, condicionadas pelo que é ou não conhecido na época em que ele vive.

— Alfred North Whitehead

Objetivos

Neste capítulo, você irá:

- Aprender o conceito de polimorfismo.
- Usar métodos sobrescritos para impactar o polimorfismo.
- Distinguir entre classes abstratas e concretas.
- Declarar métodos abstratos para criar classes abstratas.
- Aprender como o polimorfismo torna sistemas extensíveis e sustentáveis.
- Determinar um tipo de objeto em tempo de execução.
- Declarar e implementar interfaces e conhecer os aprimoramentos na interface Java SE 8.

Sumário

10.1 Introdução

Continuaremos nosso estudo de programação orientada a objetos explicando e demonstrando o **polimorfismo** com hierarquias de herança. O polimorfismo permite "programar no *geral*" em vez de "programar no *específico*". Em particular, o polimorfismo permite escrever programas que processam objetos que compartilham a mesma superclasse, direta ou indiretamente, como se todos fossem objetos da superclasse; isso pode simplificar a programação.

Considere o exemplo de polimorfismo a seguir. Suponha que criamos um programa que simula o movimento de vários tipos de animais para um estudo biológico. As classes `Peixe`, `Anfíbio` e `Pássaro` representam os três tipos de animais sob investigação. Imagine que cada classe estende a superclasse `Animal`, que contém um método `mover` e mantém a localização atual de um animal como coordenadas *x-y*. Cada subclasse implementa o método `mover`. Nosso programa mantém um array `Animal` que contém referências a objetos das várias subclasses `Animal`. Para simular os movimentos dos animais, o programa envia a *mesma* mensagem a cada objeto uma vez por segundo — a saber, `mover`. Cada tipo específico de `Animal` responde a uma mensagem `mover` de uma maneira única — um `Peixe` poderia nadar um metro, um `Anfíbio` poderia pular um metro e meio e um `Pássaro` poderia voar três metros. Cada objeto sabe como modificar suas coordenadas *x-y* de forma adequada para seu tipo *específico* de movimento. Contar com o fato de que cada objeto sabe "fazer a coisa certa" (isto é, faz o que é apropriado a esse tipo de objeto) em resposta à *mesma* chamada de método é o conceito-chave do polimorfismo. A *mesma* mensagem (nesse caso, `mover`) enviada a uma *variedade* de objetos tem *muitas formas* de resultados — daí o termo polimorfismo.

Implementando para extensibilidade

Com o polimorfismo, podemos projetar e implementar sistemas que são facilmente *extensíveis* — novas classes podem ser adicionadas com pouca ou nenhuma modificação a partes gerais do programa, contanto que as novas classes façam parte da hierarquia de herança que o programa processa genericamente. As novas classes simplesmente se "encaixam". As únicas partes de um programa que devem ser alteradas são aquelas que exigem conhecimento direto das novas classes que adicionamos à hierarquia. Por exemplo, se estendermos a classe `Animal` para criar a classe `Tartaruga` (que poderia responder a uma mensagem `mover` deslizando uma polegada), precisaremos escrever somente a classe `Tartaruga` e a parte da simulação que instancia um objeto `Tartaruga`. As partes da simulação que dizem para que cada `Animal` se mova genericamente podem permanecer as mesmas.

Visão geral do capítulo

Primeiro, discutiremos os exemplos comuns do polimorfismo. Então, fornecemos um exemplo simples que demonstra o comportamento polimórfico. Usamos referências de superclasse para manipular *tanto* objetos de superclasse como objetos de subclasse polimorficamente.

Em seguida, apresentaremos um estudo de caso que revisita a hierarquia de funcionários da Seção 9.4.5. Desenvolveremos um aplicativo simples de folha de pagamento que calcula polimorficamente o salário semanal de diferentes funcionários utilizando o método `earnings` de cada funcionário. Embora os vencimentos de cada tipo de funcionário sejam calculados de uma maneira *específica*, o polimorfismo permite processar os funcionários "no *geral*". No estudo de caso, expandimos a hierarquia para incluir duas novas classes — `SalariedEmployee` (para pessoas que recebem um salário semanal fixo) e `HourlyEmployee` (para pessoas que recebem um salário por hora e horas extras com um valor 50% maior). Declaramos um conjunto comum de funcionalidades para todas as classes na hierarquia atualizada em uma classe "abstrata", `Employee`, da qual as classes "concretas" `SalariedEmployee`, `HourlyEmployee` e `CommissionEmployee` herdam diretamente e a classe "concreta" `BasePlusCommissionEmployee` que herda indiretamente. Como você verá mais adiante, *quando invocamos o método `earnings` de cada funcionário a partir de uma referência à superclasse `Employee` (independentemente do tipo de empregado), o cálculo correto dos vencimentos da subclasse é realizado* por conta das capacidades polimórficas do Java.

Programando no específico

Ocasionalmente, ao realizar o processamento polimórfico, precisamos programar "no *específico*". Nosso estudo de caso de `Employee` demonstra que um programa pode determinar o *tipo* de um objeto em *tempo de execução* e atuar sobre esse objeto de maneira correspondente. No estudo de caso, decidimos que `BasePlusCommissionEmployee` deve receber 10% de aumento no salário-base. Assim, usamos essas capacidades para determinar se um objeto empregado particular *é um* `BasePlusCommissionEmployee`. Se for, aumentamos o salário-base desse funcionário em 10%.

Interfaces

O capítulo continua com uma introdução a *interfaces* Java, que são particularmente úteis para atribuir funcionalidade *comum* a classes possivelmente *não relacionadas*. Isso permite que objetos de classes não relacionadas sejam processados polimorficamente — objetos de classes que **implementam** a *mesma* interface podem responder às mesmas chamadas de método de interface. Para demonstrar a criação e uso de interfaces, modificaremos nosso aplicativo de folha de pagamento para criar um aplicativo geral de contas a pagar que pode calcular pagamentos em razão dos funcionários da empresa *e* as quantias das faturas a serem cobradas por mercadorias adquiridas.

10.2 Exemplos de polimorfismo

Consideraremos vários exemplos adicionais de polimorfismo.

Quadriláteros

Se a classe `Retângulo` é derivada da classe `Quadrilátero`, então um objeto `Retângulo` *é uma* versão mais *específica* de um objeto `Quadrilátero`. Qualquer operação (por exemplo, calcular o perímetro ou a área) que pode ser realizada em um objeto `Quadrilátero` também pode ser realizada em um objeto `Retângulo`. Essas operações podem ser realizadas em outros `Quadriláteros`, como `Quadrados`, `Paralelogramos` e `Trapezoides`. O polimorfismo ocorre quando um programa invoca um método por meio de uma variável de superclasse `Quadrilátero` — em tempo de execução, a versão correta da subclasse do método é chamada com base no tipo de referência armazenado na variável da superclasse. Veremos um exemplo simples do código que ilustra esse processo na Seção 10.3.

Objetos espaciais em um videogame

Suponha que projetamos um videogame que manipula os objetos das classes `Marciano`, `Venusiano`, `Plutoniano`, `NaveEspacial` e `CanhãoDeLaser`. Imagine que cada classe é herdada da superclasse `ObjetoEspacial`, que contém o método `desenhar`. Cada subclasse implementa esse método. Um programa de gerenciamento de tela mantém uma coleção (por exemplo, um array `ObjetoEspacial`) de referências a objetos das várias classes. Para atualizar a tela, o gerenciador de tela envia periodicamente a *mesma* mensagem a cada objeto — a saber, `desenhar`. Mas cada objeto responde de uma *maneira própria* com base em sua classe. Por exemplo, um objeto `Marciano` desenharia a si mesmo em vermelho com olhos verdes e o número apropriado de antenas. Um objeto `NaveEspacial` desenharia a si mesmo como disco voador brilhante prateado. Um objeto `CanhãoDeLaser` poderia se desenhar como um feixe vermelho brilhante através da tela. Mais uma vez, a *mesma* mensagem (nesse caso, `desenhar`) enviada a uma *variedade* de objetos tem "muitas formas" de resultados.

Um gerenciador de tela poderia utilizar o polimorfismo para facilitar a adição de novas classes a um sistema com modificações mínimas no código do sistema. Suponha que queremos adicionar objetos `Mercurianos` ao nosso videogame. Para fazer isso, construiríamos uma classe `Mercuriano` que estende `ObjetoEspacial` e fornece sua própria implementação do método `desenhar`. Quando objetos `Mercurianos` aparecem na coleção `ObjetoEspacial`, o código do gerenciador de tela *invoca o método `desenhar`, exatamente como faz para um ou outro objeto na coleção, independentemente do seu tipo*. Assim, os novos objetos `Mercurianos` são simplesmente "conectados" sem nenhuma modificação no código do gerenciador de tela pelo programador. Portanto, sem modificar o sistema (além de construir novas classes e modificar o código que cria novos objetos), você pode utilizar o polimorfismo para incluir convenientemente tipos adicionais que não foram considerados quando o sistema foi criado.

Observação de engenharia de software 10.1

O polimorfismo permite-lhe tratar as generalidades e deixar que o ambiente de tempo de execução trate as especificidades. Você pode instruir objetos a se comportarem de maneiras apropriadas para esses objetos, sem nem mesmo conhecer seus tipos específicos, contanto que os objetos pertençam à mesma hierarquia de herança.

Observação de engenharia de software 10.2

O polimorfismo promove a extensibilidade: o software que invoca o comportamento polimórfico é independente dos tipos de objeto para os quais as mensagens são enviadas. Novos tipos de objeto que podem responder a chamadas de método existentes podem ser incorporados a um sistema sem modificar o sistema básico. Somente o código de cliente que instancia os novos objetos deve ser modificado para acomodar os novos tipos.

10.3 Demonstrando um comportamento polimórfico

A Seção 9.4 criou uma hierarquia de classes, em que a classe `BasePlusCommissionEmployee` é herdada de `CommissionEmployee`. Os exemplos nesta seção manipularam os objetos `CommissionEmployee` e `BasePlusCommissionEmployee` usando referências a eles para chamar seus métodos — nosso objetivo são as variáveis nos objetos de superclasse e as variáveis de subclasse nos objetos de subclasse. Essas atribuições são naturais, simples e diretas — variáveis de superclasse são *concebidas* para referenciar objetos de superclasse e variáveis de subclasse, para referenciar objetos de subclasse. Entretanto, como você verá mais adiante, outras atribuições são possíveis.

No próximo exemplo, temos por alvo uma referência de *superclasse* em um objeto de *subclasse*. Mostramos então como invocar um método em um objeto de subclasse por uma referência de superclasse que invoca a funcionalidade da *subclasse* — o tipo de *objeto referenciado*, *não* o tipo de variável, determina qual método é chamado. Esse exemplo demonstra que *um objeto de uma subclasse pode ser tratado como um objeto da sua superclasse,* permitindo várias manipulações interessantes. Um programa pode criar um array de variáveis de superclasse que referencia objetos de muitos tipos de subclasse. Isso é permitido porque cada objeto de subclasse *é um* objeto da sua superclasse. Por exemplo, podemos atribuir a referência de um objeto `BasePlusCommissionEmployee` a uma variável `CommissionEmployee` de superclasse, porque uma `BasePlusCommissionEmployee` *é uma* `CommissionEmployee` — então podemos tratar uma `BasePlusCommissionEmployee` como uma `CommissionEmployee`.

Como veremos mais tarde neste capítulo, você *não pode tratar um objeto de superclasse como um objeto de subclasse*, porque um objeto de superclasse não é um objeto de quaisquer das suas subclasses. Por exemplo, não podemos atribuir a referência de um objeto `CommissionEmployee` à variável `BasePlusCommissionEmployee` de uma subclasse, porque uma `CommissionEmployee` *não* é uma `BasePlusCommissionEmployee` — uma `CommissionEmployee` *não* tem uma variável de instância `baseSalary` e *não* tem métodos `setBaseSalary` e `getBaseSalary`. O relacionamento *é um* é aplicado somente a partir da parte superior *da hierarquia* de uma subclasse às suas superclasses diretas (e indiretas), e *não* vice-versa (isto é, não da parte inferior da hierarquia de uma superclasse às suas subclasses ou subclasses indiretas).

O compilador Java *não* permite a atribuição de uma referência de superclasse a uma variável de subclasse se a referência da superclasse for *convertida* explicitamente para o tipo da subclasse. Por que iríamos querer realizar essa atribuição? Uma referência de superclasse *somente* pode ser utilizada para invocar os métodos declarados na superclasse — tentativas de invocar métodos *somente de subclasse* por meio de uma referência de superclasse resultam em erros de compilação. Se um programa precisar realizar uma operação específica na subclasse em um objeto de subclasse referenciado por uma variável de superclasse, o programa deverá primeiro fazer uma coerção (cast) da referência de superclasse para uma referência de subclasse por meio de uma técnica conhecida como ***downcasting***. Isso permite ao programa invocar métodos de subclasse que *não* estão na superclasse. Demonstramos a mecânica do *downcasting* na Seção 10.5.

Observação de engenharia de software 10.3

Embora seja permitido, você geralmente deve evitar o downcasting.

O exemplo na Figura 10.1 demonstra três maneiras de utilizar variáveis de superclasse e subclasse para armazenar referências a objetos de superclasse e subclasse. As duas primeiras são simples e diretas — como na Seção 9.4, atribuímos uma referência de superclasse a uma variável de superclasse, e uma referência de subclasse a uma variável de subclasse. Demonstraremos então o relacionamento entre subclasses e superclasses (isto é, o relacionamento *é um*), atribuindo uma referência de subclasse a uma variável de superclasse. Esse programa utiliza as classes `CommissionEmployee` e `BasePlusCommissionEmployee` da Figura 9.10 e da Figura 9.11, respectivamente.

```java
// Figura 10.1: PolymorphismTest.java
// Atribuindo referências de superclasse e subclasse a variáveis de superclasse e
// de subclasse.

public class PolymorphismTest
{
   public static void main(String[] args)
   {
      // atribui uma referência de superclasse à variável de superclasse
      CommissionEmployee commissionEmployee = new CommissionEmployee(
         "Sue", "Jones", "222-22-2222", 10000, .06);

      // atribui uma referência de subclasse à variável de subclasse
      BasePlusCommissionEmployee basePlusCommissionEmployee =
         new BasePlusCommissionEmployee(
         "Bob", "Lewis", "333-33-3333", 5000, .04, 300);

      // invoca toString no objeto de superclasse utilizando a variável de superclasse
      System.out.printf("%s %s:%n%n%s%n%n",
         "Call CommissionEmployee's toString with superclass reference ",
         "to superclass object", commissionEmployee.toString());

      // invoca toString no objeto de subclasse utilizando a variável de subclasse
      System.out.printf("%s %s:%n%n%s%n%n",
         "Call BasePlusCommissionEmployee's toString with subclass",
         "reference to subclass object",
         basePlusCommissionEmployee.toString());

      // invoca toString no objeto de subclasse utilizando a variável de superclasse
      CommissionEmployee commissionEmployee2 =
         basePlusCommissionEmployee;
      System.out.printf("%s %s:%n%n%s%n",
         "Call BasePlusCommissionEmployee's toString with superclass",
         "reference to subclass object", commissionEmployee2.toString());
   } // fim de main
} // fim da classe PolymorphismTest
```

```
Call CommissionEmployee's toString with superclass reference to superclass object:
commission employee: Sue Jones

social security number: 222-22-2222
gross sales: 10000.00
commission rate: 0.06

Call BasePlusCommissionEmployee's toString with subclass reference to subclass object:

base-salaried commission employee: Bob Lewis
social security number: 333-33-3333
gross sales: 5000.00
commission rate: 0.04
base salary: 300.00

Call BasePlusCommissionEmployee's toString with superclass reference to subclass object:

base-salaried commission employee: Bob Lewis
social security number: 333-33-3333
gross sales: 5000.00
commission rate: 0.04
base salary: 300.00
```

Figura 10.1 | Atribuindo referências de superclasse e subclasse a variáveis de superclasse e subclasse.

Na Figura 10.1, as linhas 10 e 11 criam um objeto `CommissionEmployee` e atribuem sua referência a uma variável `CommissionEmployee`. As linhas 14 a 16 criam um objeto `BasePlusCommissionEmployee` e atribuem sua referência a uma variável `BasePlusCommissionEmployee`. Essas atribuições são naturais — por exemplo, o principal propósito de uma variável `CommissionEmployee` é armazenar uma referência a um objeto `CommissionEmployee`. As linhas 19 a 21 utilizam a `commissionEmployee` para invocar `toString` *explicitamente*. Como `commissionEmployee` referencia um objeto `CommissionEmployee`, a versão de `toString` da superclasse `CommissionEmployee` é chamada. De maneira semelhante, as linhas 24 a 27 utilizam `basePlusCommissionEmployee` para invocar `toString` *explicitamente* no objeto `BasePlusCommissionEmployee`. Isso invoca a versão de `toString` da subclasse `BasePlusCommissionEmployee`.

As linhas 30 e 31 atribuem então a referência ao objeto de subclasse `basePlusCommissionEmployee` a uma variável `CommissionEmployee` da superclasse, que as linhas 32 a 34 utilizam para invocar o método `toString`. *Quando uma variável de superclasse contém uma referência a um objeto de subclasse, e essa referência é utilizada para chamar um método, a versão da subclasse do método é chamada.* Daí, `commissionEmployee2.toString()` na linha 34 na verdade chama o método `toString` da classe `BasePlusCommissionEmployee`. O compilador Java permite esse "cruzamento" porque um objeto de uma subclasse *é um* objeto da sua superclasse (mas *não* vice-versa). Quando o compilador encontra uma chamada de método feita por meio de uma variável, ele determina se o método pode ser chamado verificando o tipo de classe da variável. Se essa classe contém a declaração adequada de método (ou herda um), a chamada é compilada. Em tempo de execução, o tipo do objeto que a variável referencia determina o método real a utilizar. Esse processo, chamado *vinculação dinâmica*, é discutido em detalhes na Sessão 10.5.

10.4 Classes e métodos abstratos

Quando pensamos em um tipo de classe, supomos que os programas criam objetos desse tipo. Às vezes é útil declarar as classes — chamadas **classes abstratas** — para as quais você *nunca* pretende criar objetos. Como elas só são utilizadas como superclasses em hierarquias de herança, são chamadas **superclasses abstratas**. Essas classes não podem ser utilizadas para instanciar objetos, porque, como veremos mais adiante, classes abstratas são *incompletas*. As subclasses devem declarar as "partes ausentes" para que se tornem classes "concretas", a partir das quais você pode instanciar objetos. Do contrário, essas subclasses também serão abstratas. Demonstraremos as classes abstratas na Seção 10.5.

Finalidade das classes abstratas

O propósito de uma classe abstrata é fornecer uma superclasse apropriada a partir da qual outras classes podem herdar e assim compartilhar um design comum. Na hierarquia `Forma` da Figura 9.3, por exemplo, as subclasses herdam a noção do que seria uma `Forma` — talvez atributos comuns como `localização`, `cor` e `espessuraDaBorda` e comportamentos como `desenhar`, `mover`, `redimensionar` e `mudarDeCor`. As classes que podem ser utilizadas para instanciar objetos são chamadas **classes concretas**. Essas classes fornecem implementações de *cada* método que elas declaram (algumas implementações podem ser herdadas). Por exemplo, poderíamos derivar as classes concretas `Círculo`, `Quadrado` e `Triângulo` da superclasse abstrata `TwoDimensionalShape`. Da mesma forma, podemos derivar as classes concretas `Esfera`, `Cubo` e `Tetraedro` da superclasse abstrata `ThreeDimensionalShape`. Superclasses abstratas são *excessivamente gerais* para criar objetos reais — elas só especificam o que é comum entre subclasses. Precisamos ser mais *específicos* antes de criar objetos. Por exemplo, se você enviar a mensagem `draw` para a classe abstrata `TwoDimensionalShape`, a classe sabe que formas bidimensionais devem ser *desenháveis*, mas não sabe qual forma *específica* desenhar, assim ela não pode implementar um método `draw` real. As classes concretas fornecem os aspectos específicos que tornam razoável instanciar objetos.

Nem todas as hierarquias contêm classes abstratas. Entretanto, programadores costumam escrever o código de cliente que utiliza apenas tipos abstratos de superclasse para reduzir dependências do código de cliente em um intervalo de tipos de subclasse. Por exemplo, você pode escrever um método com o parâmetro de um tipo de superclasse abstrata. Quando chamado, esse método pode receber um objeto de *qualquer* classe concreta que direta ou indiretamente estende a superclasse especificada como o tipo do parâmetro.

As classes abstratas às vezes constituem vários níveis da hierarquia. Por exemplo, a hierarquia `Forma` da Figura 9.3 inicia com a classe abstrata `Forma`. No próximo nível da hierarquia estão as classes *abstratas* `TwoDimensionalShape` e `ThreeDimensionalShape`. O próximo nível da hierarquia declara classes *concretas* para `TwoDimensionalShape` (`Círculo`, `Quadrado` e `Triângulo`) e para `ThreeDimensionalShape` (`Esfera`, `Cubo` e `Tetraedro`).

Declarando uma classe abstrata e métodos abstratos

Você cria uma classe abstrata declarando-a com a palavra-chave **`abstract`**. Uma classe abstrata normalmente contém um ou mais **métodos abstratos**. Um método abstrato é um *método de instância* com a palavra-chave `abstract` na sua declaração, como em

```
public abstract void draw(); // método abstrato
```

Métodos abstratos *não* fornecem implementações. Uma classe que contém *quaisquer* métodos abstratos deve ser expressamente declarada `abstract`, mesmo que ela contenha alguns métodos concretos (não abstratos). Cada subclasse concreta de uma superclasse abstrata também deve fornecer implementações concretas de cada um dos métodos abstratos da superclasse. Os construtores e métodos `static` não podem ser declarados `abstract`. Os construtores *não* são herdados, portanto um construtor `abstract` nunca seria implementado. Embora métodos não `private static` sejam herdados, eles não podem ser sobrescritos. Como os métodos `abstract` devem ser sobrescritos para que possam processar objetos com base em seus tipos, não faria sentido declarar um método `static` como `abstract`.

Observação de engenharia de software 10.4

Uma classe abstrata declara atributos e comportamentos comuns (ambos abstratos e concretos) das várias classes em uma hierarquia de classes. Em geral, uma classe abstrata contém um ou mais métodos abstratos que as subclasses devem sobrescrever se elas precisarem ser concretas. Variáveis de instância e métodos concretos de uma classe abstrata estão sujeitos às regras normais da herança.

Erro comum de programação 10.1

Tentar instanciar um objeto de uma classe abstrata é um erro de compilação.

Erro comum de programação 10.2

Falha para implementar os métodos abstratos de uma superclasse em uma subclasse é um erro de compilação, a menos que a subclasse também seja declarada `abstract`.

Usando classes abstratas para declarar variáveis

Embora não seja possível instanciar objetos de superclasses abstratas, você verá mais adiante que é *possível* utilizar superclasses abstratas para declarar variáveis que podem conter referências a objetos de *qualquer* classe concreta *derivados dessas* superclasses abstratas. Utilizaremos essas variáveis para manipular objetos da subclasse *polimorficamente.* Você também pode utilizar nomes abstratos de superclasse para invocar métodos `static` declarados nessas superclasses abstratas.

Considere uma outra aplicação do polimorfismo. Um programa de desenho precisa exibir muitas formas, incluindo tipos de novas formas que você *adicionará* ao sistema *depois* de escrever o programa de desenho. O programa de desenho talvez precise exibir formas, como `Círculos`, `Triângulos`, `Retângulos`, ou outros, que derivam da classe abstrata `Forma`. O programa de desenho utiliza variáveis `Forma` para gerenciar os objetos que são exibidos. Para desenhar qualquer objeto nessa hierarquia de herança, o programa de desenho utiliza uma variável da superclasse `Forma` contendo uma referência ao objeto da subclasse para invocar o método `desenhar` do objeto. Esse método é declarado `abstract` na superclasse `Forma`, assim cada subclasse concreta *deve* implementar o método `desenhar` de uma maneira específica para essa forma — cada objeto na hierarquia de herança `Forma` *sabe como desenhar a si mesmo.* O programa de desenho não precisa se preocupar com o tipo de cada objeto ou se o programa encontrou objetos desse tipo.

Sistemas de softwares em camadas

O polimorfismo é particularmente eficaz para implementar os chamados *sistemas de software em camadas*. Em sistemas operacionais, por exemplo, cada tipo de dispositivo físico poderia operar diferentemente dos outros. Mesmo assim, os comandos para ler (read) ou gravar (write) os dados de e a partir de dispositivos poderiam ter certa uniformidade. Para cada dispositivo, o sistema operacional utiliza um software chamado *driver de dispositivo* para controlar toda a comunicação entre o sistema e o dispositivo. A mensagem write enviada a um driver de dispositivo precisa ser interpretada especificamente no contexto desse driver e como ela manipula dispositivos de um tipo específico. Entretanto, a própria chamada de write não é realmente diferente de gravar em qualquer outro dispositivo no sistema — transfira um número de bytes da memória para esse dispositivo. Um sistema operacional orientado a objetos talvez utilize uma superclasse abstrata para fornecer uma "interface" apropriada para todos os drivers de dispositivo. Então, por meio da herança a partir dessa superclasse abstrata, todas as subclasses são formadas com um comportamento semelhante. Os métodos do driver de dispositivo são declarados como métodos abstratos na superclasse abstrata. As implementações desses métodos abstratos são fornecidas nas subclasses concretas que correspondem com os tipos de drivers de dispositivo específicos. Novos dispositivos são continuamente desenvolvidos, muitas vezes bem depois que o sistema operacional foi distribuído. Ao comprar um novo dispositivo, ele vem com um driver de dispositivo do fornecedor. O dispositivo torna-se imediatamente operacional depois que você conecta e instala o driver no seu computador. Esse é um outro exemplo elegante de como o polimorfismo torna sistemas *extensíveis*.

10.5 Estudo de caso: sistema de folha de pagamento utilizando polimorfismo

Esta seção reexamina a hierarquia `CommissionEmployee-BasePlusCommissionEmployee` que exploramos integralmente na Seção 9.4. Agora usamos um método abstrato e o polimorfismo para realizar cálculos da folha de pagamento com base em uma hierarquia aprimorada de herança de funcionários que atende aos seguintes requisitos:

> *Uma empresa paga seus funcionários semanalmente. Os funcionários são de quatro tipos: funcionários assalariados recebem salários fixos semanais independentemente do número de horas trabalhadas, funcionários que trabalham por hora são pagos da mesma forma e recebem horas extras (isto é, 1,5 vez sua taxa de salário por hora) por todas as horas trabalhadas além das 40 horas normais, funcionários comissionados recebem uma porcentagem sobre suas vendas e funcionários assalariados/comissionados recebem um salário-base mais uma porcentagem sobre suas vendas. Para o período salarial atual, a empresa decidiu recompensar os funcionários assalariados/comissionados adicionando 10% aos seus salários-base. A empresa quer que você escreva um aplicativo que realiza os cálculos da folha de pagamento polimorficamente.*

Utilizamos a classe `abstract Employee` para representar o conceito geral de um funcionário. As classes que estendem `Employee` são `SalariedEmployee`, `CommissionEmployee` e `HourlyEmployee`. A classe `BasePlusCommissionEmployee` — que estende `CommissionEmployee` — representa o último tipo de funcionário. O diagrama de classes UML na Figura 10.2 mostra a hierarquia de herança do nosso aplicativo polimórfico de folha de pagamento de funcionários. O nome da classe abstrata `Employee` está em itálico — uma convenção da UML.

A superclasse abstrata `Employee` declara a "interface" para a hierarquia — isto é, o conjunto de métodos que um programa pode invocar em todos os objetos `Employee`. Aqui, utilizamos o termo "interface" em um sentido *geral* para nos referirmos às várias maneiras como os programas se comunicam com objetos de *qualquer* subclasse `Employee`. Cuidado para não confundir a noção geral de uma "interface" com a noção formal de uma interface Java, o tema da Seção 10.9. Cada funcionário, independentemente de como seus vencimentos são calculados, tem um nome, sobrenome e um número de seguro social, portanto variáveis de instância `private firstName`, `lastName` e `socialSecurityNumber` aparecem na superclasse abstrata `Employee`.

O diagrama na Figura 10.3 mostra cada uma das cinco classes na hierarquia no canto inferior esquerdo e os métodos `earnings` e `toString` na parte superior. Para cada classe, o diagrama mostra os resultados desejados de cada método. Não listamos os métodos *get* da superclasse `Employee` porque eles *não* são sobrescritos em nenhuma das subclasses — cada um desses métodos é herdado e utilizado "como é" por cada subclasse.

As seções a seguir implementam a hierarquia da classe `Employee` da Figura 10.2. A primeira seção implementa a *superclasse abstrata* `Employee`. As próximas quatro seções implementam uma das classes *concretas*. A última seção implementa um programa de teste que constrói objetos de todas essas classes e os processa polimorficamente.

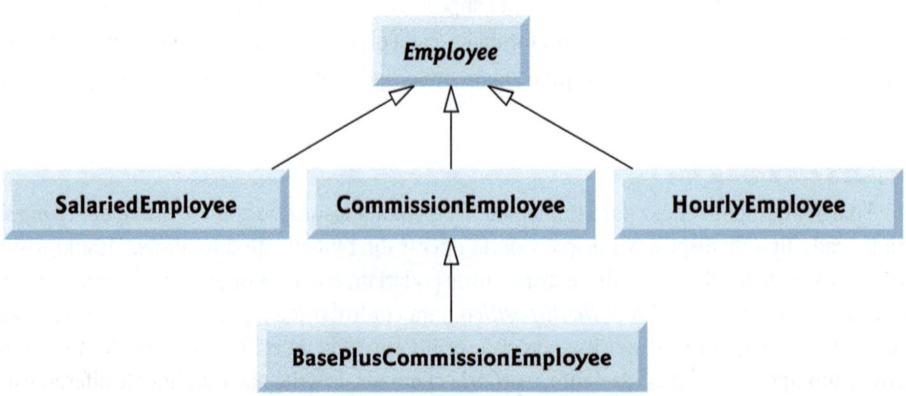

Figura 10.2 | Diagrama de classes da UML da hierarquia `Employee`.

	earnings	toString
Employee	`abstract`	*firstName lastName* `social security number:` *SSN*
Salaried- Employee	`weeklySalary`	`salaried employee:` *firstName lastName* `social security number:` *SSN* `weekly salary:` *weeklySalary*

Hourly-
Employee
	`if (hours <= 40)`
	  `wage * hours`
	`else if (hours > 40)`
	`{`
	  `40 * wage +`
	  `( hours - 40 ) *`
	  `wage * 1.5`
	`}`
		`hourly employee:` *firstName lastName*
		`social security number:` *SSN*
		`hourly wage:` *wage*`; hours worked:` *hours*

Commission- Employee	`commissionRate *` `grossSales`	`commission employee:` *firstName lastName* `social security number:` *SSN* `gross sales:` *grossSales*`;` `commission rate:` *commissionRate*

BasePlus-
Commission-
Employee
	`(commissionRate *`
	`grossSales) +`
	`baseSalary`
		`base salaried commission employee:`
		  firstName lastName
		`social security number:` *SSN*
		`gross sales:` *grossSales*`;`
		`commission rate:` *commissionRate*`;`
		`base salary:` *baseSalary*

Figura 10.3 | Interface polimórfica para as classes na hierarquia `Employee`.

10.5.1 Superclasse abstrata `Employee`

A classe `Employee` (Figura 10.4) fornece os métodos `earnings` e `toString`, além dos métodos *get* que retornam os valores das variáveis de instância `Employee`. Um método `earnings` certamente se aplica *genericamente* a todos os funcionários. Mas cada cálculo dos vencimentos depende da classe específica do funcionário. Assim, declaramos `earnings` como `abstract` na superclasse `Employee`, porque uma implementação padrão *específica* não faz sentido para esse método — não há informações suficientes para determinar o valor monetário que `earnings` deve retornar.

Cada subclasse sobrescreve `earnings` com uma implementação apropriada. Para calcular os vencimentos de um funcionário, o programa atribui uma referência ao objeto do funcionário a uma variável da superclasse `Employee` e, então, invoca o método `earnings` nessa variável. Mantemos um array de variáveis `Employee`, cada uma contendo uma referência a um objeto `Employee`. Você *não pode* usar a classe `Employee` diretamente para criar *objetos* `Employee`, porque `Employee` é uma classe *abstrata*. Por causa da herança, porém, todos os objetos de todas as subclasses `Employee` podem ser pensados como objetos `Employee`. O programa irá iterar pelo array e chamar o método `earnings` para cada objeto `Employee`. O Java processa essas chamadas de método *polimorficamente*. Declarar `earnings` como um método `abstract` em `Employee` permite que as chamadas para `earnings` por meio das variáveis `Employee` sejam compiladas e força cada subclasse *concreta* direta de `Employee` a *sobrescrever* `earnings`.

O método `toString` na classe `Employee` retorna uma `String` que contém o nome, o sobrenome e o número do seguro social do funcionário. Como veremos, cada subclasse de `Employee` *sobrescreve* o método `toString` para criar uma representação `String` de um objeto dessa classe que contém o tipo do funcionário (por exemplo, `"salaried employee:"`), seguida pelas demais informações do funcionário.

Vamos considerar a declaração da classe `Employee` (Figura 10.4). A classe inclui um construtor que recebe nome, sobrenome e número do seguro social (linhas 11 a 17); os métodos *get* que retornam nome, sobrenome e número do seguro social (linhas 20 a 23, 26 a 29 e 32 a 35, respectivamente); o método `toString` (linhas 38 a 43), que retorna a representação `String` de um `Employee`; e o método `abstract earnings` (linha 46), que será implementado por cada uma das subclasses *concretas*. O construtor `Employee` *não* valida seus parâmetros nesse exemplo; normalmente, essa validação deve ser fornecida.

```java
// Figura 10.4: Employee.java
// Superclasse abstrata Employee.

public abstract class Employee
{
   private final String firstName;
   private final String lastName;
   private final String socialSecurityNumber;

   // construtor
   public Employee(String firstName, String lastName,
      String socialSecurityNumber)
   {
      this.firstName = firstName;
      this.lastName = lastName;
      this.socialSecurityNumber = socialSecurityNumber;
   }

   // retorna o nome
   public String getFirstName()
   {
      return firstName;
   }

   // retorna o sobrenome
   public String getLastName()
   {
      return lastName;
   }

   // retorna o número do seguro social
   public String getSocialSecurityNumber()
   {
      return socialSecurityNumber;
   }

   // retorna a representação de String do objeto Employee
   @Override
   public String toString()
   {
      return String.format("%s %s%nsocial security number: %s",
         getFirstName(), getLastName(), getSocialSecurityNumber());
   }

   // O método abstract deve ser sobrescrito pelas subclasses concretas
   public abstract double earnings(); // nenhuma implementação aqui
} // fim da classe abstrata Employee
```

Figura 10.4 | Superclasse abstrata `Employee`.

Por que decidimos declarar `earnings` como um método `abstract`? Simplesmente não faz sentido fornecer uma implementação *específica* desse método na classe `Employee`. Não podemos calcular os vencimentos para um `Employee` *geral* — primeiro precisamos conhecer o tipo de `Employee` *específico* para determinar o cálculo apropriado dos vencimentos. Declarando esse método `abstract`, indicamos que cada subclasse concreta *deve* fornecer uma implementação de `earnings` apropriada e que um programa será capaz de utilizar as variáveis da superclasse `Employee` para invocar o método `earnings` *polimorficamente* para qualquer tipo de `Employee`.

10.5.2 Subclasse concreta `SalariedEmployee`

A classe `SalariedEmployee` (Figura 10.5) estende a classe `Employee` (linha 4) e sobrescreve o método *abstrato* `earnings` (linhas 38 a 42), o que torna `SalariedEmployee` uma classe *concreta*. A classe inclui um construtor (linhas 9 a 19) que recebe um nome, um sobrenome, um número do seguro social e um salário semanal; um método *set* para atribuir um novo valor não negativo à variável de instância `weeklySalary` (linhas 22 a 29); um método *get* para retornar o valor de `weeklySalary` (linhas 32 a 35); um método `earnings` (linhas 38 a 42) para calcular os vencimentos de `SalariedEmployee`; e um método `toString` (linhas 45 a 50), que retorna uma `String` incluindo `"salaried employee: "` seguida pelas informações específicas ao funcionário produzidas pelo método `toString` da superclasse `Employee` e pelo método `getWeeklySalary` da `SalariedEmployee`. O construtor da classe

`SalariedEmployee` passa nome, sobrenome e número de seguro social para o construtor `Employee` (linha 12) a fim de inicializar as variáveis de instância `private` da superclasse. Mais uma vez, duplicamos o código de validação de `weeklySalary` no construtor e o método `setWeeklySalary`. Lembre-se de que uma validação mais complexa pode ser inserida em um método de classe `static` que é chamado de construtor e o método *set*.

Dica de prevenção de erro 10.1

Dissemos que você não deve chamar os métodos de instância de uma classe a partir dos construtores — você pode chamar os métodos da classe `static` *e fazer a chamada necessária para um dos construtores da superclasse. Se seguir esse conselho, você evitará o problema de chamar os métodos que podem ser sobrescritos direta ou indiretamente na classe, o que pode levar a erros em tempo de execução.*

```
1  // Figura 10.5: SalariedEmployee.java
2  // A classe concreta SalariedEmployee estende a classe abstrata Employee.
3
4  public class SalariedEmployee extends Employee
5  {
6     private double weeklySalary;
7
8     // construtor
9     public SalariedEmployee(String firstName, String lastName,
10       String socialSecurityNumber, double weeklySalary)
11    {
12       super(firstName, lastName, socialSecurityNumber);
13
14       if (weeklySalary < 0.0)
15          throw new IllegalArgumentException(
16             "Weekly salary must be >= 0.0");
17
18       this.weeklySalary = weeklySalary;
19    }
20
21    // configura o salário
22    public void setWeeklySalary(double weeklySalary)
23    {
24       if (weeklySalary < 0.0)
25          throw new IllegalArgumentException(
26             "Weekly salary must be >= 0.0");
27
28       this.weeklySalary = weeklySalary;
29    }
30
31    // retorna o salário
32    public double getWeeklySalary()
33    {
34       return weeklySalary;
35    }
36
37    // calcula os rendimentos; sobrescreve o método earnings em Employee
38    @Override
39    public double earnings()
40    {
41       return getWeeklySalary();
42    }
43
44    // retorna a representação String do objeto SalariedEmployee
45    @Override
46    public String toString()
47    {
48       return String.format("salaried employee: %s%n%s: $%,.2f",
49          super.toString(), "weekly salary", getWeeklySalary());
50    }
51 } // fim da classe SalariedEmployee
```

Figura 10.5 | A classe concreta `SalariedEmployee` estende a classe `abstract Employee`.

O método `earnings` sobrescreve o método *abstrato* `earnings` da `Employee` para fornecer uma implementação *concreta* que retorna o salário semanal da `SalariedEmployee`. Se não implementamos `earnings`, a classe `SalariedEmployee` deve ser declarada `abstract` — do contrário, a classe `SalariedEmployee` não compilará. Claro, queremos que `SalariedEmployee` seja uma classe *concreta* nesse exemplo.

O método `toString` (linhas 45 a 50) sobrescreve o método `toString Employee.` Se a classe `SalariedEmployee` *não* sobrescreveu `toString`, `SalariedEmployee` teria herdado a versão `Employee` do `toString`. Nesse caso, o método `toString` da `SalariedEmployee` simplesmente retornaria o nome completo e número do seguro social do funcionário, o que *não* representa adequadamente uma `SalariedEmployee`. Para produzir uma representação completa de `String` de uma `SalariedEmployee`, o método `toString` da subclasse retorna `"salaried employee: "` seguido pelas informações específicas da superclasse `Employee` (isto é, nome, sobrenome e número do seguro social) obtidas invocando o método `Employee` da *superclasse* (linha 49) — esse é um exemplo elegante de *reutilização de código*. A representação de `String` de uma `SalariedEmployee` também contém o salário semanal do funcionário obtido invocando o método `getWeeklySalary` da classe.

10.5.3 Subclasse concreta `HourlyEmployee`

A classe `HourlyEmployee` (Figura 10.6) também estende `Employee` (linha 4). Essa classe inclui um construtor (linhas 10 a 25) que recebe como argumentos um nome, sobrenome, número do seguro social, um salário por hora e o número de horas trabalhadas. As linhas 28 a 35 e 44 a 51 declaram os métodos *set* que atribuem novos valores às variáveis de instância `wage` e `hours`, respectivamente. O método `setWage` (linhas 28 a 35) assegura que `wage` é *não negativo,* e o método `setHours` (linhas 44 a 51) assegura que o valor de `hours` está entre 0 e 168 (o número total de horas em uma semana) inclusive. A classe `HourlyEmployee` também inclui os métodos *get* (linhas 38 a 41 e 54 a 57) para retornar os valores de `wage` e `hours`, respectivamente; um método `earnings` (linhas 60 a 67) para calcular os vencimentos de `HourlyEmployee`; e um método `toString` (linhas 70 a 76), que retorna o tipo de funcionário, que contém `String` (`"hourly employee: "`) e as informações específicas dele. O construtor `HourlyEmployee`, como o construtor `SalariedEmployee`, passa o nome, sobrenome e número de seguro social para o construtor da superclasse `Employee` (linha 13) a fim de inicializar as variáveis de instância `private`. Além disso, o método `toString` chama o método `toString` da *superclasse* (linha 74) para obter informações específicas de `Employee` (isto é, nome, sobrenome e número do seguro social) — esse é um outro exemplo elegante de *reutilização de código*.

```
1  // Figura 10.6: HourlyEmployee.java
2  // Classe HourlyEmployee estende Employee.
3
4  public class HourlyEmployee extends Employee
5  {
6     private double wage; // salário por hora
7     private double hours; // horas trabalhadas durante a semana
8
9     // construtor
10    public HourlyEmployee(String firstName, String lastName,
11       String socialSecurityNumber, double wage, double hours)
12    {
13       super(firstName, lastName, socialSecurityNumber);
14
15       if (wage < 0.0) // valida remuneração
16          throw new IllegalArgumentException(
17             "Hourly wage must be >= 0.0");
18
19       if ((hours < 0.0) || (hours > 168.0)) // valida horas
20          throw new IllegalArgumentException(
21             "Hours worked must be >= 0.0 and <= 168.0");
22
23       this.wage = wage;
24       this.hours = hours;
25    }
26
27    // configura a remuneração
28    public void setWage(double wage)
29    {
30       if (wage < 0.0) // valida remuneração
31          throw new IllegalArgumentException(
32             "Hourly wage must be >= 0.0");
```

continua

continuação

```java

      this.wage = wage;
   }

   // retorna a remuneração
   public double getWage()
   {
      return wage;
   }

   // configura as horas trabalhadas
   public void setHours(double hours)
   {
      if ((hours < 0.0) || (hours > 168.0)) // valida horas
         throw new IllegalArgumentException(
            "Hours worked must be >= 0.0 and <= 168.0");

      this.hours = hours;
   }

   // retorna as horas trabalhadas
   public double getHours()
   {
      return hours;
   }

   // calcula os rendimentos; sobrescreve o método earnings em Employee
   @Override
   public double earnings()
   {
      if (getHours() <= 40) // nenhuma hora extra
         return getWage() * getHours();
      else
         return 40 * getWage() + (getHours() - 40) * getWage() * 1.5;
   }

   // retorna a representação de String do objeto HourlyEmployee
   @Override
   public String toString()
   {
      return String.format("hourly employee: %s%n%s: $%,.2f; %s: %,.2f",
         super.toString(), "hourly wage", getWage(),
         "hours worked", getHours());
   }
} // fim da classe HourlyEmployee
```

Figura 10.6 | `HourlyEmployee` estende a classe `Employee`.

10.5.4 Subclasse concreta `CommissionEmployee`

A classe `CommissionEmployee` (Figura 10.7) estende a classe `Employee` (linha 4). A classe inclui um construtor (linhas 10 a 25) que recebe um nome, um sobrenome, um número do seguro social, uma quantia de vendas e uma taxa de comissão; os métodos *set* (linhas 28 a 34 e 43 a 50) atribuem os novos valores válidos às variáveis de instância `commissionRate` e `grossSales`, respectivamente; os métodos *get* (linhas 37 a 40 e 53 a 56) que recuperam os valores dessas variáveis de instância; o método `earnings` (linhas 59 a 63) para calcular os vencimentos de `CommissionEmployee`; e o método `toString` (linhas 66 a 73), que retorna o tipo de funcionário, a saber, `"commission employee: "`, e as informações específicas dele. O construtor também passa o nome, sobrenome e número do seguro social para o construtor da *superclasse* `Employee` (linha 14) a fim de inicializar as variáveis de instância `private` da `Employee`. O método `toString` chama o método `toString` da *superclasse* (linha 70) para obter as informações específicas da `Employee` (isto é, nome, sobrenome e número do seguro social).

```java
// Figura 10.7: CommissionEmployee.java
// Classe CommissionEmployee estende Employee.

public class CommissionEmployee extends Employee
{
   private double grossSales; // vendas brutas semanais
   private double commissionRate; // porcentagem da comissão

   // construtor
   public CommissionEmployee(String firstName, String lastName,
      String socialSecurityNumber, double grossSales,
      double commissionRate)
   {
      super(firstName, lastName, socialSecurityNumber);

      if (commissionRate <= 0.0 || commissionRate >= 1.0) // valida
         throw new IllegalArgumentException(
            "Commission rate must be > 0.0 and < 1.0");

      if (grossSales < 0.0) // valida
         throw new IllegalArgumentException("Gross sales must be >= 0.0");

      this.grossSales = grossSales;
      this.commissionRate = commissionRate;
   }

   // configura a quantidade de vendas brutas
   public void setGrossSales(double grossSales)
   {
      if (grossSales < 0.0) // valida
         throw new IllegalArgumentException("Gross sales must be >= 0.0");

      this.grossSales = grossSales;
   }

   // retorna a quantidade de vendas brutas
   public double getGrossSales()
   {
      return grossSales;
   }

   // configura a taxa de comissão
   public void setCommissionRate(double commissionRate)
   {
      if (commissionRate <= 0.0 || commissionRate >= 1.0) // valida
         throw new IllegalArgumentException(
            "Commission rate must be > 0.0 and < 1.0");

      this.commissionRate = commissionRate;
   }

   // retorna a taxa de comissão
   public double getCommissionRate()
   {
      return commissionRate;
   }

   // calcula os rendimentos; sobrescreve o método earnings em Employee
   @Override
   public double earnings()
   {
      return getCommissionRate() * getGrossSales();
   }

   // retorna a representação String do objeto CommissionEmployee
   @Override
```

continua

continuação

```
   public String toString()
   {
      return String.format("%s: %s%n%s: $%,.2f; %s: %.2f",
         "commission employee", super.toString(),
         "gross sales", getGrossSales(),
         "commission rate", getCommissionRate());
   }
} // fim da classe CommissionEmployee
```

Figura 10.7 | `CommissionEmployee` estende a classe `Employee`.

10.5.5 Subclasse concreta indireta `BasePlusCommissionEmployee`

A classe `BasePlusCommissionEmployee` (Figura 10.8) estende a classe `CommissionEmployee` (linha 4) e, portanto, é uma subclasse *indireta* da classe `Employee`. A classe `BasePlusCommissionEmployee` tem um construtor (linhas 9 a 20) que recebe um nome, sobrenome, número do seguro social, um valor de vendas, uma taxa de comissão e um salário-base. Então, passa todos eles, exceto o salário-base, para o construtor `CommissionEmployee` (linhas 13 e 14) a fim de inicializar as variáveis de instância da superclasse. `BasePlusCommissionEmployee` também contém um método *set* (linhas 23 a 29) para atribuir um novo valor à variável de instância `baseSalary` e um método *get* (linhas 32 a 35) para retornar o valor de `baseSalary`. O método `earnings` (linhas 38 a 42) calcula os vencimentos de uma `BasePlusCommissionEmployee`. A linha 41 no método `earnings` chama o método `earnings` da *superclasse* `CommissionEmployee` para calcular a parte baseada em comissão do salário do empregado — isso é outro bom exemplo da *reutilização* de *código*. O método `toString` da `BasePlusCommissionEmployee` (linhas 45 a 51) cria uma representação de `String` de uma `BasePlusCommissionEmployee`, que contém `"base-salaried"`, seguida da `String` obtida invocando o método `toString` da *superclasse* `CommissionEmployee` (linha 49), e então o salário-base. O resultado é uma `String` que começa com `"base-salaried commission employee"` seguida pelas demais informações de `BasePlusCommissionEmployee`. Lembre-se de que o `toString` de `CommissionEmployee` obtém o nome do funcionário, sobrenome e número do seguro social invocando o método `toString` da sua *superclasse* (isto é, `Employee`) — um outro exemplo de *reutilização de código*. O `toString` de `BasePlusCommissionEmployee` inicia uma *cadeia de chamadas de método* que se distribuem por todos os três níveis da hierarquia `Employee`.

```
1  // Figura 10.8: BaseplusCommissionEmployee.java
2  // Classe BasePlusCommissionEmployee estende a CommissionEmployee.
3
4  public class BasePlusCommissionEmployee extends CommissionEmployee
5  {
6     private double baseSalary; // salário de base por semana
7
8     // construtor
9     public BasePlusCommissionEmployee(String firstName, String lastName,
10       String socialSecurityNumber, double grossSales,
11       double commissionRate, double baseSalary)
12    {
13       super(firstName, lastName, socialSecurityNumber,
14          grossSales, commissionRate);
15
16       if (baseSalary < 0.0) // valida baseSalary
17          throw new IllegalArgumentException("Base salary must be >= 0.0");
18
19       this.baseSalary = baseSalary;
20    }
21
22    // configura o salário-base
23    public void setBaseSalary(double baseSalary)
24    {
25       if (baseSalary < 0.0) // valida baseSalary
26          throw new IllegalArgumentException("Base salary must be >= 0.0");
27
28       this.baseSalary = baseSalary;
29    }
30
31    // retorna o salário-base
```

continua

continuação

```
    public double getBaseSalary()
    {
       return baseSalary;
    }

    // calcula os vencimentos; sobrescreve o método earnings em CommissionEmployee
    @Override
    public double earnings()
    {
       return getBaseSalary() + super.earnings();
    }

    // retorna a representação String do objeto BasePlusCommissionEmployee
    @Override
    public String toString()
    {
       return String.format("%s %s; %s: $%,.2f",
          "base-salaried", super.toString(),
          "base salary", getBaseSalary());
    }
 } // fim da classe BasePlusCommissionEmployee
```

Figura 10.8 | `BasePlusCommissionEmployee` estende a classe `CommissionEmployee`.

10.5.6 Processamento polimórfico, operador `instanceof` e downcasting

Para testar nossa hierarquia `Employee`, o aplicativo na Figura 10.9 cria um objeto de cada uma das quatro classes *concretas* `SalariedEmployee`, `HourlyEmployee`, `CommissionEmployee` e `BasePlusCommissionEmployee`. O programa manipula esses objetos *não polimorficamente*, por meio das variáveis do próprio tipo de cada objeto e, então, *polimorficamente*, utilizando um array de variáveis `Employee`. Ao processar os objetos polimorficamente, o programa aumenta o salário-base de cada `BasePlusCommissionEmployee` em 10% — isso requer *determinar o tipo de objeto em tempo de execução*. Por fim, o programa determina polimorficamente e gera a saída do *tipo* de cada objeto no array `Employee`. As linhas 9 a 18 criam objetos de cada uma das quatro subclasses `Employee` concretas. As linhas 22 a 30 geram a saída da representação de `String` e vencimentos de cada um desses objetos *não polimorficamente*. O método `toString` de cada objeto é chamado *implicitamente* por `printf`, quando é gerada a saída do objeto como uma `String` com o especificador de formato `%s`.

```
1  // Figura 10.9: PayrollSystemTest.java
2  // Programa de teste da hierarquia Employee.
3
4  public class PayrollSystemTest
5  {
6     public static void main(String[] args)
7     {
8        // cria objetos de subclasse
9        SalariedEmployee salariedEmployee =
10          new SalariedEmployee("John", "Smith", "111-11-1111", 800.00);
11       HourlyEmployee hourlyEmployee =
12          new HourlyEmployee("Karen", "Price", "222-22-2222", 16.75, 40);
13       CommissionEmployee commissionEmployee =
14          new CommissionEmployee(
15          "Sue", "Jones", "333-33-3333", 10000, .06);
16       BasePlusCommissionEmployee basePlusCommissionEmployee =
17          new BasePlusCommissionEmployee(
18          "Bob", "Lewis", "444-44-4444", 5000, .04, 300);
19
20       System.out.println("Employees processed individually:");
21
22       System.out.printf("%n%s%n%s: $%,.2f%n%n",
23          salariedEmployee, "earned", salariedEmployee.earnings());
24       System.out.printf("%s%n%s: $%,.2f%n%n",
25          hourlyEmployee, "earned", hourlyEmployee.earnings());
```

continua

continuação

```
      System.out.printf("%s%n%s: $%,.2f%n%n",
         commissionEmployee, "earned", commissionEmployee.earnings());
      System.out.printf("%s%n%s: $%,.2f%n%n",
         basePlusCommissionEmployee,
         "earned", basePlusCommissionEmployee.earnings());

      // cria um array Employee de quatro elementos
      Employee[] employees = new Employee[4];

      // inicializa o array com Employees
      employees[0] = salariedEmployee;
      employees[1] = hourlyEmployee;
      employees[2] = commissionEmployee;
      employees[3] = basePlusCommissionEmployee;

      System.out.printf("Employees processed polymorphically:%n%n");

      // processa genericamente cada elemento no employees
      for (Employee currentEmployee : employees)
      {
         System.out.println(currentEmployee); // invoca toString

         // determina se elemento é um BasePlusCommissionEmployee
         if currentEmployee instanceof BasePlusCommissionEmployee ()
         {
            // downcast da referência de Employee para
            // referência a BasePlusCommissionEmployee
            BasePlusCommissionEmployee employee =
               (BasePlusCommissionEmployee) currentEmployee;

            employee.setBaseSalary(1.10 * employee.getBaseSalary());

            System.out.printf(
               "new base salary with 10%% increase is: $%,.2f%n",
               employee.getBaseSalary());
         } // fim do if

         System.out.printf(
            "earned $%,.2f%n%n", currentEmployee.earnings());
      } // for final

      // obtém o nome do tipo de cada objeto no array employees
      for (int j = 0; j < employees.length; j++)
         System.out.printf("Employee %d is a %s%n", j,
            employees[j].getClass().getName());
   } // fim de main
} // fim da classe PayrollSystemTest
```

```
Employees processed individually:

salaried employee: John Smith
social security number: 111-11-1111
weekly salary: $800.00
earned: $800.00

hourly employee: Karen Price
social security number: 222-22-2222
hourly wage: $16.75; hours worked: 40.00
earned: $670.00

commission employee: Sue Jones
social security number: 333-33-3333
gross sales: $10,000.00; commission rate: 0.06
earned: $600.00
```

continua

continuação

```
base-salaried commission employee: Bob Lewis
social security number: 444-44-4444
gross sales: $5,000.00; commission rate: 0.04; base salary: $300.00
earned: $500.00

Employees processed polymorphically:

salaried employee: John Smith
social security number: 111-11-1111
weekly salary: $800.00
earned $800.00

hourly employee: Karen Price
social security number: 222-22-2222
hourly wage: $16.75; hours worked: 40.00
earned $670.00

commission employee: Sue Jones
social security number: 333-33-3333
gross sales: $10,000.00; commission rate: 0.06
earned $600.00


base-salaried commission employee: Bob Lewis
social security number: 444-44-4444
gross sales: $5,000.00; commission rate: 0.04; base salary: $300.00
new base salary with 10% increase is: $330.00
earned $530.00

Employee 0 is a SalariedEmployee
Employee 1 is a HourlyEmployee
Employee 2 is a CommissionEmployee
Employee 3 is a BasePlusCommissionEmployee
```

Figura 10.9 | Programa de teste da hierarquia `Employee`.

Criando o array de `Employees`

A linha 33 declara `employees` e lhe atribui um array de quatro variáveis `Employee`. A linha 36 atribui a `employees[0]` uma referência a um objeto `SalariedEmployee`. A linha 37 atribui a `employees[1]` uma referência a um objeto `HourlyEmployee`. A linha 38 atribui a `employees[2]` uma referência a um objeto `CommissionEmployee`. A linha 39 atribui a `employee[3]` uma referência a um objeto `BasePlusCommissionEmployee`. Essas atribuições são permitidas, porque uma `SalariedEmployee` *é uma* `Employee`, uma `HourlyEmployee` *é uma* `Employee`, uma `CommissionEmployee` *é uma* `Employee` e uma `BasePlusCommissionEmployee` *é uma* `Employee`. Portanto, podemos atribuir as referências de `SalariedEmployee`, `HourlyEmployee`, `CommissionEmployee` e objetos `BasePlusCommissionEmployee` a variáveis da *superclasse* `Employee`, *mesmo que `Employee` seja uma classe abstrata*.

Processando `Employees` polimorficamente

As linhas 44 a 65 iteram pelo array `employees` e invocam os métodos `toString` e `earnings` com a variável `Employee` `currentEmployee`, cuja referência é atribuída a uma diferente `Employee` no array em cada iteração. A saída ilustra que os métodos específicos para cada classe foram de fato invocados. Todas as chamadas ao método `toString` e `earnings` são resolvidas em tempo de *execução*, com base no *tipo* do objeto que `currentEmployee` referencia. Esse processo é conhecido como **vinculação dinâmica** ou **vinculação tardia**. Por exemplo, a linha 46 invoca *implicitamente* o método `toString` do objeto ao qual `currentEmployee` se refere. Como resultado da *vinculação dinâmica*, o Java decide qual método `toString` da classe é chamado *em tempo de execução em vez de em tempo de compilação*. Apenas os métodos da classe `Employee` podem ser chamados por meio de uma variável `Employee` (e `Employee`, naturalmente, incluindo os métodos da classe `Object`). A referência de superclasse só pode ser usada para invocar os métodos da *superclasse* — as implementações do método de *subclasse* são invocadas *polimorficamente*.

Executando operações do tipo específico em `BasePlusCommissionEmployees`

Realizamos um processamento especial nos objetos `BasePlusCommissionEmployee` — à medida que encontramos esses objetos em tempo de execução, aumentamos seu salário-base em 10%. Ao processar objetos *polimorficamente*, em geral não precisamos nos preocupar com as *especificidades*, mas, para ajustar o salário-base, temos de determinar o tipo *específico* de objeto `Employee` em *tempo de execução*. A linha 49 utiliza o operador **`instanceof`** para determinar se um tipo particular do objeto `Employee` é `BasePlusCommissionEmployee`. A condição na linha 49 é *verdadeira* se o objeto referenciado por `currentEmployee` *é uma* `BasePlusCommissionEmployee`. Isso também seria *verdadeiro* para qualquer objeto de uma subclasse

BasePlusCommissionEmployee, por causa do relacionamento *é um* que uma subclasse tem com sua superclasse. As linhas 53 e 54 fazem *downcast* em currentEmployee do tipo Employee para o tipo BasePlusCommissionEmployee — essa coerção é permitida somente se o objeto tiver um relacionamento *é um* com BasePlusCommissionEmployee. A condição na linha 49 assegura que esse seja o caso. Essa coerção é requerida se invocarmos os métodos getBaseSalary e setBaseSalary da subclasse BasePlusCommissionEmployee no objeto Employee atual — como você verá mais adiante, *tentar invocar um método apenas de subclasse diretamente em uma referência de superclasse é um erro de compilação.*

Erro comum de programação 10.3

Atribuir uma variável de superclasse a uma variável de subclasse é um erro de compilação.

Erro comum de programação 10.4

Ao fazer o downcast de uma referência, uma ClassCastException *ocorre se em tempo de execução o objeto reverenciado não tiver um relacionamento* é um *com o tipo especificado no operador de coerção.*

Se a expressão instanceof na linha 49 for true, as linhas 53 a 60 realizam o processamento especial requerido pelo objeto BasePlusCommissionEmployee. Utilizando a variável BasePlusCommissionEmployee employee, a linha 56 invoca os métodos getBaseSalary e setBaseSalary somente da subclasse para recuperar e atualizar o salário-base do funcionário com um aumento de 10%.

Chamando earnings *polimorficamente*

As linhas 63 e 64 invocam o método earnings em currentEmployee, que chama polimorficamente o método earnings apropriado do objeto da subclasse. Obter os vencimentos de SalariedEmployee, HourlyEmployee e CommissionEmployee polimorficamente nas linhas 63 e 64 produz o mesmo resultado de obter os vencimentos desses funcionários individualmente nas linhas 22 a 27. A quantia dos vencimentos obtidos para a BasePlusCommissionEmployee nas linhas 63 e 64 é maior do que o obtido nas linhas 28 a 30, em razão do aumento de 10% no seu salário-base.

Obtendo o nome da classe de cada Employee

As linhas 68 a 70 exibem o tipo de cada funcionário como uma String. Cada objeto *conhece sua própria classe* e pode acessar essas informações por meio do método **getClass**, que todas as classes herdam da classe Object. O método getClass retorna um objeto do tipo **Class** (do pacote java.lang), que contém as informações sobre o tipo do objeto, incluindo seu nome de classe. A linha 70 invoca getClass no objeto atual para obter sua classe. O resultado da chamada getClass é usado para invocar **getName** a fim de obter o nome de classe do objeto.

Evitando erros de compilação com downcasting

No exemplo anterior, evitamos vários erros de compilação fazendo um *downcasting* de uma variável Employee para uma variável BasePlusCommissionEmployee nas linhas 53 e 54. Se você remover o operador de coerção (BasePlusCommissionEmployee) da linha 54 e tentar atribuir a variável Employee currentEmployee diretamente à variável BasePlusCommissionEmployee employee, receberia um erro de compilação "incompatible types". Esse erro indica que a tentativa de atribuir a referência de objeto de superclasse currentEmployee à variável de subclasse employee *não* é permitida. O compilador evita essa atribuição porque uma CommissionEmployee *não* é uma BasePlusCommissionEmployee — *o relacionamento* é um *só se aplica entre a subclasse e suas superclasses, não vice-versa.*

Da mesma forma, se as linhas 56 e 60 utilizassem a variável currentEmployee da superclasse para chamar os métodos "somente de subclasse" getBaseSalary e setBaseSalary, receberíamos erros de compilação "cannot find symbol" nessas linhas. *Não* é permitido tentar invocar métodos "somente de subclasse" por meio de uma variável de superclasse, embora as linhas 56 e 60 só sejam executadas se a instanceof na linha 49 retornar true para indicar que currentEmployee contém uma referência a um objeto BasePlusCommissionEmployee. Utilizando uma variável da superclasse Employee, podemos invocar somente os métodos localizados na classe Employee — earnings, toString e os métodos *set* e *get* da Employee.

Observação de engenharia de software 10.5

Embora o método real que é chamado dependa do tipo em tempo de execução do objeto que a variável referencia, uma variável só pode ser usada para chamar os métodos que são membros do tipo dessa variável, o que o compilador verifica.

10.6 Atribuições permitidas entre variáveis de superclasse e subclasse

Agora que você viu um aplicativo completo que processa diversos objetos de subclasse *polimorficamente*, resumiremos o que você pode e o que não pode fazer com objetos e variáveis de superclasse e de subclasse. Embora um objeto de subclasse também seja um objeto de superclasse, as duas classes são, contudo, diferentes. Como discutido anteriormente, objetos de subclasse podem ser tratados como objetos de sua superclasse. Mas, como a subclasse pode ter membros adicionais somente da subclasse, atribuir uma referência de superclasse a uma variável de subclasse não é permitido sem uma *coerção explícita* — essa atribuição deixaria os membros da subclasse indefinidos para o objeto da superclasse.

Discutimos três maneiras adequadas para atribuir referências de superclasse e subclasse a variáveis dos tipos superclasse e subclasse:

1. Atribuir uma referência de superclasse a uma variável de superclasse é simples e direto.
2. Atribuir uma referência de subclasse a uma variável de subclasse é simples e direto.
3. Atribuir uma referência de subclasse a uma variável de superclasse é seguro, porque o objeto de subclasse *é um* objeto de sua superclasse. A variável da superclasse, porém, pode ser utilizada para referenciar *apenas* membros da superclasse. Se esse código referencia membros somente da subclasse por meio da variável de superclasse, o compilador informa erros.

10.7 Métodos e classes `final`

Vimos nas seções 6.3 e 6.10 que as variáveis podem ser declaradas `final` para indicar que não podem ser modificadas *depois de serem* inicializadas — essas variáveis representam valores constantes. Também é possível declarar métodos, parâmetros de métodos e classes com o modificador `final`.

Os métodos `final` não podem ser sobrescritos

Um **método `final`** em uma superclasse *não pode* ser sobrescrito como uma subclasse — isso garante que a implementação do método `final` será usada por todas as subclasses diretas e indiretas na hierarquia. Métodos que são declarados `private` são implicitamente `final`, porque não é possível sobrescrevê-los como uma subclasse. Métodos que são declarados `static` também são implicitamente `final`. Uma declaração do método `final` nunca pode mudar, assim todas as subclasses utilizam a mesma implementação do método; e chamadas a métodos `final` são resolvidas em tempo de compilação — isso é conhecido como **vinculação estática**.

Classes `final` não podem ser superclasses

Uma **classe `final`** não pode ser estendida para criar uma subclasse. Todos os métodos em uma classe `final` são implicitamente `final`. A classe `String` é um exemplo de uma classe `final`. Se você puder criar uma subclasse de `String`, os objetos dessa subclasse podem ser usados sempre que `Strings` forem esperadas. Como a classe `String` não pode ser estendida, os programas que utilizam `Strings` podem contar com a funcionalidade dos objetos `String`, conforme especificado na Java API. Tornar a classe `final` também impede que programadores criem subclasses que poderiam driblar as restrições de segurança.

Agora que discutimos como declarar variáveis, métodos e classes `final`, devemos enfatizar que, se algo *pode* ser `final`, ele *deve* ser `final`. Compiladores podem executar várias otimizações quando sabem que algo é `final`. Ao estudar a concorrência no Capítulo 23, você verá que as variáveis `final` tornam muito mais fácil paralelizar seus programas para uso nos atuais processadores multiprocessados. Para obter mais informações sobre a utilização de `final`, visite

```
http://docs.oracle.com/javase/tutorial/java/IandI/final.html
```

Erro comum de programação 10.5

Tentar declarar uma subclasse de uma classe `final` é um erro de compilação.

Observação de engenharia de software 10.6

Na Java API, a ampla maioria das classes não é declarada `final`. Isso permite herança e polimorfismo. Entretanto, em alguns casos, é importante declarar classes `final` — em geral por questões de segurança. Além disso, a menos que você projete cuidadosamente uma classe para extensão, declare a classe como `final` para evitar erros (geralmente sutis).

10.8 Uma explicação mais profunda das questões com chamada de métodos a partir de construtores

Não chame métodos que podem ser sobrescritos a partir de construtores. Ao criar um objeto de *subclasse,* isso pode fazer com que um método sobrescrito seja chamado antes de o objeto de *subclasse* ser totalmente inicializado.

Lembre-se de que ao construir um objeto de *subclasse,* o construtor primeiro chama um dos construtores *da superclasse* direta. Se o construtor da *superclasse* chamar um método que pode ser sobrescrito, a versão da *subclasse* desse método será chamada pelo construtor da *superclasse,* antes de o corpo do construtor da *subclasse* ter a chance de executar. Isso pode levar a erros sutis difíceis de detectar se o método da *subclasse* que foi chamado depender de inicialização que ainda não foi realizada no corpo do construtor da *subclasse.*

É aceitável chamar um método `static` a partir de um construtor. Por exemplo, um construtor e um método *set* muitas vezes fazem a mesma validação para uma variável de instância particular. Se o código de validação for curto, é aceitável duplicá-lo no construtor e no método *set.* Se uma validação mais longa for necessária, defina um método de validação `static` (normalmente um método auxiliar `private`) e, então, o chame do construtor e método *set.* Também é aceitável que um construtor chame um método de instância `final`, desde que o método não chame direta ou indiretamente um método de instância que pode ser sobrescrito.

10.9 Criando e utilizando interfaces

[*Observação: esta seção e seu exemplo de código aplicam-se até o Java SE 7. Melhorias na interface do Java SE 8 são introduzidas na Seção 10.10 e discutidas em mais detalhes no Capítulo 17.*]

Nosso próximo exemplo (figuras 10.11 a 10.15), reexaminamos o sistema de folha de pagamento da Seção 10.5. Suponha que a empresa nesse exemplo deseje realizar várias operações de contabilidade em um único aplicativo de contas a pagar — além de calcular os vencimentos que devem ser pagos para cada funcionário, a empresa também deve calcular o pagamento devido de cada uma de várias faturas (isto é, contas de mercadorias adquiridas). Embora aplicadas a coisas *não relacionadas* (isto é, funcionários e faturas), as duas operações têm a ver com a obtenção de algum tipo de quantia de pagamento. Para um funcionário, o pagamento se refere aos vencimentos do funcionário. Para uma fatura, o pagamento se refere ao custo total das mercadorias listadas. Poderíamos calcular coisas tão *diferentes* como os pagamentos devidos a funcionários e faturas em um *único* aplicativo *polimorficamente*? O Java oferece uma capacidade que exige que classes *não relacionadas* implementem um conjunto de métodos *comuns* (por exemplo, um método que calcula a quantia de um pagamento)? As **interfaces** do Java oferecem exatamente essa capacidade.

Padronizando interações

Interfaces definem e padronizam como coisas, pessoas e sistemas podem interagir entre si. Por exemplo, os controles em um rádio servem como uma interface entre os usuários do rádio e os componentes internos do rádio. Os controles permitem que os usuários realizem somente uma série limitada de operações (por exemplo, mudar de estação, ajustar o volume, escolher entre AM e FM) e diferentes rádios podem implementar os controles de diferentes maneiras (por exemplo, uso de botões, sintonizadores, comandos de voz). A interface especifica *quais* operações um rádio deve permitir que os usuários realizem, mas não especifica *como* essas operações são realizadas.

Objetos de software se comunicam por meio de interfaces

Objetos de software também se comunicam por interfaces. Uma interface Java descreve um conjunto de métodos que pode ser chamado em um objeto para instruí-lo, por exemplo, a realizar alguma tarefa ou retornar algumas informações. O exemplo a seguir apresenta uma interface chamada `Payable` para descrever a funcionalidade de qualquer objeto, que deve ser capaz de ser pago e assim oferecer um método para determinar a quantia de pagamento devida apropriada. Uma **declaração de interface** inicia com a palavra-chave **`interface`** e contém *somente* constantes e métodos `abstract`. Diferentemente das classes, todos os membros de interface *devem* ser `public` e as *interfaces não podem especificar nenhum detalhe de implementação,* como declarações de método concretas e variáveis de instância. Todos os métodos declarados em uma interface são implicitamente métodos `public abstract`, e todos os campos são implicitamente `public`, `static` e `final`.

> **Boa prática de programação 10.1**
>
> *De acordo com a* especificação da linguagem Java, *o estilo adequado é declarar métodos* `abstract` *de uma interface sem as palavras-chave* `public` *e* `abstract`*, porque elas são redundantes nas declarações de método da interface. De maneira semelhante, as constantes da interface devem ser declaradas sem as palavras-chave* `public`, `static` *e* `final`*, porque elas também são redundantes.*

Usando uma interface

Para utilizar uma interface, uma classe concreta deve especificar que ela **implementa** a interface e declarar cada método na interface com a assinatura especificada na declaração de interface. Para especificar que uma classe implementa uma interface, adicione a palavra-chave `implements` e o nome da interface ao final da primeira linha da declaração de classe. Uma classe que não implementa *todos* os métodos da interface é uma *classe abstrata* e deve ser declarada `abstract`. Implementar uma interface é como assinar um *contrato* com o compilador que afirma, "Irei declarar todos os métodos especificados pela interface ou irei declarar minha classe `abstract`".

Erro comum de programação 10.6

Falhar em implementar qualquer método de uma interface em uma classe concreta que `implementa` *a interface resulta em um erro de compilação indicando que a classe deve ser declarada* `abstract`.

Relacionando tipos distintos

Uma interface é muitas vezes usada quando classes *distintas* — isto é, classes que não estão relacionadas por uma hierarquia de classes — precisam compartilhar métodos e constantes comuns. Isso permite que objetos de classes *não relacionadas* sejam processados *polimorficamente* — objetos de classes que implementam a *mesma* interface podem responder às *mesmas* chamadas de método. Você pode criar uma interface que descreve a funcionalidade desejada e então implementar essa interface em quaisquer classes que requerem essa funcionalidade. Por exemplo, no aplicativo de contas a pagar desenvolvido nesta seção, implementamos a interface `Payable` em qualquer classe capaz de calcular uma quantia de pagamento (por exemplo, `Employee`, `Invoice`).

Interfaces versus *classes abstratas*

Uma interface costuma ser utilizada no lugar de uma classe `abstract` quando *não há nenhuma implementação padrão a herdar* — isto é, nenhum campo e nenhuma implementação padrão de método. Como as classes `public abstract`, interfaces são tipicamente tipos `public`. Assim como uma classe `public`, uma interface `public` deve ser declarada em um arquivo com o mesmo nome que o da interface e a extensão de arquivo `.java`.

Observação de engenharia de software 10.7

Muitos desenvolvedores acham que interfaces são uma tecnologia de modelagem ainda mais importante do que classes, especialmente com as novas melhorias na interface Java SE 8 (ver Seção 10.10).

Interfaces de marcação

Veremos no Capítulo 15, "Arquivos, fluxos e serialização de objetos", a noção de *interfaces de tags* (também chamadas de *interfaces de marcação*) — interfaces vazias que *não* têm métodos ou valores constantes. Elas são utilizadas para adicionar relacionamentos *é um* a classes. Por exemplo, no Capítulo 15, discutiremos um mecanismo chamado *serialização de objetos,* que pode converter objetos em representações de bytes e reconverter essas representações de bytes em objetos. Para que esse mecanismo funcione com seus objetos, você simplesmente tem de marcá-los como `Serializable` adicionando `implements Serializable` ao final da primeira linha da declaração da sua classe. Então, todos os objetos de sua classe terão um relacionamento *é um* com `Serializable`.

10.9.1 Desenvolvendo uma hierarquia `Payable`

Para construir um aplicativo que pode determinar os pagamentos para funcionários e também faturas, primeiro criamos a interface `Payable`, que contém o método `getPaymentAmount` que retorna um valor `double` que deve ser pago para um objeto de qualquer classe que implementa a interface. O método `getPaymentAmount` é uma versão de uso geral do método `earnings` da hierarquia `Employee` — o método `earnings` calcula especificamente um valor de pagamento para uma `Employee`, enquanto `getPaymentAmount` poder ser aplicado a um amplo intervalo de possíveis objetos não relacionados. Após declarar a interface `Payable`, introduzimos a classe `Invoice`, que `implementa` a interface `Payable`. Então, modificamos a classe `Employee` para também implementar a interface `Payable`. Por fim, atualizamos a subclasse `SalariedEmployee` de `Employee` para que se "encaixe" na hierarquia `Payable` `SalariedEmployee` renomeando o método `earnings` de `SalariedEmployee` como `getPaymentAmount`.

Boa prática de programação 10.2

Ao declarar um método em uma interface, escolha um nome de método que descreva o propósito do método de uma maneira geral, *pois o método pode ser implementado por muitas classes* não relacionadas.

As classes `Invoice` e `Employee` representam aspectos para os quais a empresa deve ser capaz de calcular um valor de pagamento. As duas classes implementam a interface `Payable`, assim um programa pode invocar o método `getPaymentAmount` em objetos `Invoice` e objetos `Employee` semelhantes. Como veremos a seguir, isso permite o processamento *polimórfico* de `Invoices` e `Employees` necessárias ao nosso aplicativo de contas a pagar da empresa.

O diagrama de classes da UML na Figura 10.10 mostra a interface e a hierarquia de classes utilizadas no nosso aplicativo de contas a pagar. A hierarquia inicia com a interface `Payable`. A UML separa uma interface de outras classes colocando a palavra "interface" entre o símbolo de aspas francesas (« e ») acima do nome da interface. A UML expressa o relacionamento entre uma classe e uma interface por meio de um relacionamento conhecido como **realização**. Diz-se que uma classe *realiza*, ou *implementa*, os métodos de uma interface. Um diagrama de classe modela uma realização como uma seta tracejada com uma ponta oca apontando da implementação da classe para a interface. O diagrama na Figura 10.10 indica que as classes `Invoice` e `Employee` realizam a interface `Payable`. Como no diagrama de classe da Figura 10.2, a classe `Employee` aparece em *itálico*, indicando que é uma *classe abstrata*. A classe *concreta* `SalariedEmployee` estende `Employee` *herdando seu relacionamento de realização da superclasse* com a interface `Payable`.

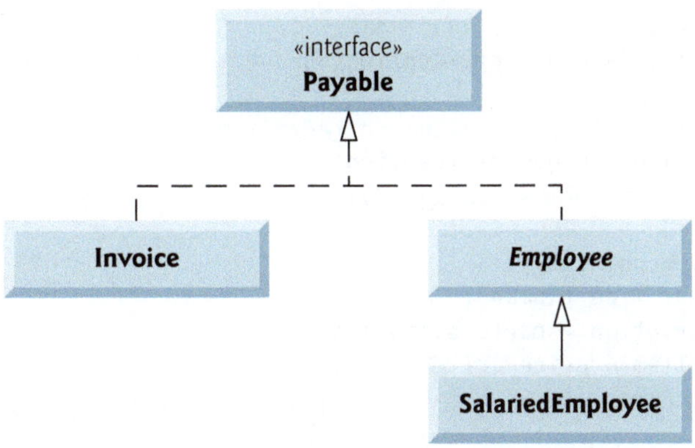

Figura 10.10 | Diagrama de classes da UML da hierarquia da interface `Payable`.

10.9.2 Interface `Payable`

A declaração da interface `Payable` inicia na Figura 10.11 na linha 4. A interface `Payable` contém o método `getPaymentAmount` `public abstract`. Métodos de interface sempre são `public` e `abstract`, de modo que não é necessário declará-los como tais. A interface `Payable` contém apenas um método, mas as interfaces podem conter um número *qualquer* de métodos. Além disso, o método `getPaymentAmount` não tem nenhum parâmetro, mas métodos de interface *podem* ter parâmetros. Interfaces também podem conter constantes `final static`.

```
1  // Figura 10.11: Payable.java
2  // Declaração da interface Payable.
3
4  public interface Payable
5  {
6     double getPaymentAmount(); // calcula pagamento; nenhuma implementação
7  }
```

Figura 10.11 | Declaração da interface `Payable`.

10.9.3 Classe `Invoice`

Agora, criaremos a classe `Invoice` (Figura 10.12) para representar uma fatura simples que contém informações de cobrança para somente um tipo de peça. A classe declara como `private` as variáveis de instância `partNumber`, `partDescription`, `quantity` e `pricePerItem` (nas linhas 6 a 9) que indica o número da peça, uma descrição da peça, a quantidade de peças pedida e o preço por item. A classe `Invoice` também contém um construtor (linhas 12 a 26) e métodos *get* e *set* (linhas 29 a 69) que manipulam as variáveis de instância da classe e um método `toString` (linhas 72 a 78) que retorna uma representação `String` de um objeto `Invoice`. Os métodos `setQuantity` (linhas 41 a 47) e `setPricePerItem` (linhas 56 a 63) garantem que `quantity` e `pricePerItem` recebem apenas valores não negativos.

```java
// Figura 10.12: Invoice.java
// Classe Invoice que implementa Payable.

public class Invoice implements Payable
{
   private final String partNumber;
   private final String partDescription;
   private int quantity;
   private double pricePerItem;

   // construtor
   public Invoice(String partNumber, String partDescription, int quantity,
      double pricePerItem)
   {
      if (quantity < 0) // valida quantidade
         throw new IllegalArgumentException("Quantity must be >= 0");

      if (pricePerItem < 0.0) // valida pricePerItem
         throw new IllegalArgumentException(
            "Price per item must be >= 0");

      this.quantity = quantity;
      this.partNumber = partNumber;
      this.partDescription = partDescription;
      this.pricePerItem = pricePerItem;
   } // fim do construtor

   // obtém o número da peça
   public String getPartNumber()
   {
      return partNumber; // deve validar
   }

   // obtém a descrição
   public String getPartDescription()
   {
      return partDescription;
   }

   // configura a quantidade
   public void setQuantity(int quantity)
   {
      if (quantity < 0) // valida quantidade
         throw new IllegalArgumentException("Quantity must be >= 0");

      this.quantity = quantity;
   }

   // obtém quantidade
   public int getQuantity()
   {
      return quantity;
   }

   // configura preço por item
   public void setPricePerItem(double pricePerItem)
   {
      if (pricePerItem < 0.0) // valida pricePerItem
         throw new IllegalArgumentException(
            "Price per item must be >= 0");

      this.pricePerItem = pricePerItem;
```

continua

continuação

```
63       }
64
65       // obtém preço por item
66       public double getPricePerItem()
67       {
68          return pricePerItem;
69       }
70
71       // retorno da representação de String do objeto Invoice
72       @Override
73       public String toString()
74       {
75          return String.format("%s: %n%s: %s (%s) %n%s: %d %n%s: $%,.2f",
76             "invoice", "part number", getPartNumber(), getPartDescription(),
77             "quantity", getQuantity(), "price per item", getPricePerItem());
78       }
79
80       // método requerido para executar o contrato com a interface Payable
81       @Override
82       public double getPaymentAmount()
83       {
84          return getQuantity() * getPricePerItem(); // calcula custo total
85       }
86    } // fim da classe Invoice
```

Figura 10.12 | Classe `Invoice` que implementa `Payable`.

Uma classe só pode estender outra classe, mas pode implementar várias interfaces

A linha 4 indica que a classe `Invoice` implementa a interface `Payable`. Como ocorre com todas as classes, a classe `Invoice` também estende *implicitamente* `Object`. O Java não permite que subclasses sejam herdadas de mais de uma superclasse, mas permite que uma classe seja *herdada* de uma *superclasse* e *implemente* as *interfaces* de que ele precisa. Para implementar mais de uma interface, utilize uma lista separada por vírgulas de nomes de interfaces depois da palavra-chave `implements` na declaração de classe, como em:

```
public class NomeDaClasse extends NomeDaSuperClasse implements PrimeiraInterface, SegundaInterface, ...
```

> **Observação de engenharia de software 10.8**
> *Todos os objetos de uma classe que implementam múltiplas interfaces têm o relacionamento* é um *com cada tipo de interface implementado.*

A classe `Invoice` implementa um método `abstract` na interface `Payable` — o método `getPaymentAmount` é declarado nas linhas 81 a 85. O método calcula o pagamento total necessário para pagar a fatura. O método multiplica os valores de `quantity` e `pricePerItem` (obtidos por meio dos métodos *get* apropriados) e retorna o resultado. Esse método satisfaz o requisito de implementação para esse método na interface `Payable` — *cumprimos* o *contrato de interface* com o compilador.

10.9.4 Modificando a classe `Employee` para implementar a interface `Payable`

Agora, modificaremos a classe `Employee` para que ela implemente a interface `Payable`. A Figura 10.13 contém a classe modificada, que é idêntica à da Figura 10.4 com duas exceções. Primeiro, a linha 4 da Figura 10.13 indica que a classe `Employee` agora `implementa` a interface `Payable`. Para esse exemplo, renomeamos o método `earnings` para `getPaymentAmount` por toda a hierarquia `Employee`. Mas como acontece com o método `earnings` na versão da classe `Employee` na Figura 10.4, não faz sentido *implementar* o método `getPaymentAmount` na classe `Employee` porque não podemos calcular os rendimentos devidos a uma `Employee` *geral* — primeiro devemos conhecer o tipo *específico* de `Employee`. Na Figura 10.4, declaramos o método `earnings` como `abstract` por essa razão, assim a classe `Employee` teve de ser declarada `abstract`. Isso forçou cada subclasse *concreta* `Employee` a *sobrescrever* `earnings` com uma implementação.

```java
1  // Figura 10.13: Employee.java
2  // Superclasse abstrata Employee que implementa Payable.
3
4  public abstract class Employee implements Payable
5  {
6     private final String firstName;
7     private final String lastName;
8     private final String socialSecurityNumber;
9
10    // construtor
11    public Employee(String firstName, String lastName,
12       String socialSecurityNumber)
13    {
14       this.firstName = firstName;
15       this.lastName = lastName;
16       this.socialSecurityNumber = socialSecurityNumber;
17    }
18
19    // retorna o nome
20    public String getFirstName()
21    {
22       return firstName;
23    }
24
25    // retorna o sobrenome
26    public String getLastName()
27    {
28       return lastName;
29    }
30
31    // retorna o número de seguro social
32    public String getSocialSecurityNumber()
33    {
34       return socialSecurityNumber;
35    }
36
37    // retorna a representação de String do objeto Employee
38    @Override
39    public String toString()
40    {
41       return String.format("%s %s%nsocial security number: %s",
42          getFirstName(), getLastName(), getSocialSecurityNumber());
43    }
44
45    // Observação: não implementamos o método getPaymentAmount de Payable aqui, assim
46    // essa classe deve ser declarada abstrata para evitar um erro de compilação.
47 } // fim da classe abstrata Employee
```

Figura 10.13 | A superclasse `Employee` `abstract` que implementa `Payable`.

Na Figura 10.13, tratamos essa situação de uma maneira diferente. Lembre-se de que, quando uma classe implementa uma interface, a classe faz um *contrato* com o compilador afirmando que a classe implementará *cada* método na interface ou a classe será declarada `abstract`. Como a classe `Employee` não fornece um método `getPaymentAmount`, a classe deve ser declarada `abstract`. Qualquer subclasse concreta da classe `abstract` *deve* implementar os métodos de interface para cumprir o contrato da superclasse com o compilador. Se a subclasse *não* fizer isso, ela também *deverá* ser declarada `abstract`. Como indicado pelos comentários nas linhas 45 e 46, a classe `Employee` da Figura 10.13 *não* implementa o método `getPaymentAmount`, portanto a classe é declarada `abstract`. Cada subclasse `Employee` direta *herda o contrato da superclasse* para implementar o método `getPaymentAmount` e assim deve implementar esse método para tornar-se uma classe concreta na qual os objetos podem ser instanciados. Uma classe que estende uma das subclasses concretas de `Employee` herdará uma implementação de `getPaymentAmount` e assim também será uma classe concreta.

10.9.5 Modificando a classe `SalariedEmployee` para uso na hierarquia `Payable`

A Figura 10.14 contém uma classe `SalariedEmployee` modificada que estende `Employee` e cumpre o contrato da superclasse `Employee` para implementar o método `getPaymentAmount` de `Payable`. Essa versão de `SalariedEmployee` é idêntica à da Figura 10.5, mas substitui o método `earnings` pelo método `getPaymentAmount` (linhas 39 a 43). Lembre-se de que a versão do método `Payable` tem um nome mais *geral* que poderia ser aplicado a classes *díspares*. (Se incluíssemos as demais subclasses `Employee` da Seção 10.5 — `HourlyEmployee`, `CommissionEmployee` e `BasePlusCommissionEmployee` — nesse exemplo, os métodos `earnings` também deveriam ser renomeados `getPaymentAmount`. Deixamos essas modificações para a Questão 10.15 e utilizaremos apenas `SalariedEmployee` no nosso programa de teste aqui. A Questão 10.16 solicita que você implemente a interface `Payable` em toda a hierarquia da classe `Employee` das figuras 10.4 a 10.9 *sem* modificar as subclasses `Employee`.)

Quando uma classe implementa uma interface, o mesmo relacionamento *é um* fornecido por herança se aplica. A classe `Employee` implementa `Payable`, assim podemos dizer que um `Employee` *é uma* `Payable`. De fato, objetos de quaisquer classes que estendem `Employee` também são objetos `Payable`. Objetos `SalariedEmployee`, por exemplo, são objetos `Payable`. Os objetos de quaisquer subclasses da classe que `implementa` a interface também podem ser pensados como objetos do tipo de interface. Portanto, assim como podemos atribuir a referência de um objeto `SalariedEmployee` a uma variável da superclasse `Employee`, também podemos atribuir a referência de um objeto `SalariedEmployee` a uma variável da interface `Payable`. `Invoice implementa Payable`, portanto um objeto `Invoice` também *é um* objeto `Payable`, e podemos atribuir a referência de um objeto `Invoice` a uma variável `Payable`.

```java
// Figura 10.14: SalariedEmployee.java
// A classe SalariedEmployee que implementa o método getPaymentAmount
// da interface Payable.
public class SalariedEmployee extends Employee
{
   private double weeklySalary;

   // construtor
   public SalariedEmployee(String firstName, String lastName,
      String socialSecurityNumber, double weeklySalary)
   {
      super(firstName, lastName, socialSecurityNumber);

      if (weeklySalary < 0.0)
         throw new IllegalArgumentException(
            "Weekly salary must be >= 0.0");

      this.weeklySalary = weeklySalary;
   }

   // configura o salário
   public void setWeeklySalary(double weeklySalary)
   {
      if (weeklySalary < 0.0)
         throw new IllegalArgumentException(
            "Weekly salary must be >= 0.0");

      this.weeklySalary = weeklySalary;
   }

   // retorna o salário
   public double getWeeklySalary()
   {
      return weeklySalary;
   }

   // calcula vencimentos; implementa o método Payable da interface
   // que era abstrata na superclasse Employee
   @Override
   public double getPaymentAmount()
   {
      return getWeeklySalary();
   }

   // retorna a representação String do objeto SalariedEmployee
   @Override
   public String toString()
   {
      return String.format("salaried employee: %s%n%s: $%,.2f",
         super.toString(), "weekly salary", getWeeklySalary());
   }
} // fim da classe SalariedEmployee
```

Figura 10.14 | A classe `SalariedEmployee` que implementa método `getPaymentAmount` da interface `Payable`.

Observação de engenharia de software 10.9

Quando um parâmetro de método é declarado com uma superclasse ou tipo de interface, o método processa o objeto passado polimorficamente como um argumento.

Observação de engenharia de software 10.10

Utilizando uma referência de superclasse, podemos invocar polimorficamente qualquer método declarado na superclasse e suas superclasses (por exemplo, a classe `Object`). Utilizando uma referência de interface, podemos invocar polimorficamente qualquer método declarado na interface, em suas superinterfaces (uma interface pode estender outra) e na classe `Object` — a variável de um tipo de interface deve referenciar um objeto para chamar métodos, e todos os objetos têm os métodos da classe `Object`.

10.9.6 Utilizando a interface `Payable` para processar `Invoice` e `Employee` polimorficamente

`PayableInterfaceTest` (Figura 10.15) demonstra que a interface `Payable` pode ser utilizada para processar um conjunto de classes `Invoice` e `Employee` *polimorficamente* em um único aplicativo. A linha 9 declara `payableObjects` e atribui um array de quatro variáveis `Payable`. As linhas 12 e 13 atribuem as referências de objetos `Invoice` aos dois primeiros elementos de `payableObjects`. As linhas 14 a 17 atribuem então as referências de objetos `SalariedEmployee` aos dois elementos de `payableObjects` remanescentes. Essas atribuições são permitidas porque uma `Invoice` *é um* `Payable`, um `SalariedEmployee` *é um* `Employee` e um `Employee` *é um* `Payable`. As linhas 23 a 29 utilizam a instrução `for` aprimorada para processar *polimorficamente* cada objeto `Payable` em `payableObjects`, imprimindo o objeto como uma `String` juntamente com o valor de pagamento devido. A linha 27 invoca o método `toString` por uma interface de referência `Payable`, mesmo que `toString` não seja declarado na interface `Payable` — *todas as referências (incluindo aquelas dos tipos de interface) referenciam objetos que estendem `Object` e, portanto, contêm um método `toString`.* (O método `toString` também pode ser chamado *implicitamente* aqui.) A linha 28 invoca o método `Payable` `getPaymentAmount` para obter a quantia de pagamento para cada objeto em `payableObjects`, *independentemente* do tipo real do objeto. A saída revela que cada chamada de método nas linhas 27 e 28 invoca a implementação de classe apropriada dos métodos `toString` e `getPaymentAmount`. Por exemplo, quando `currentPayable` referencia uma `Invoice` durante a primeira iteração do loop `for`, os métodos `toString` e `getPaymentAmount` da classe `Invoice` são executados.

```
1  // Figura 10.15: PayableInterfaceTest.java
2  // Programa de teste da interface Payable que processa Invoices e
3  // Employees polimorficamente.
4  public class PayableInterfaceTest
5  {
6     public static void main(String[] args)
7     {
8        // cria array Payable de quatro elementos
9        Payable[] payableObjects = new Payable[4];
10
11       // preenche o array com objetos que implementam Payable
12       payableObjects[0] = new Invoice("01234", "seat", 2, 375.00);
13       payableObjects[1] = new Invoice("56789", "tire", 4, 79.95);
14       payableObjects[2] =
15          new SalariedEmployee("John", "Smith", "111-11-1111", 800.00);
16       payableObjects[3] =
17          new SalariedEmployee("Lisa", "Barnes", "888-88-8888", 1200.00);
18
19       System.out.println(
20          "Invoices and Employees processed polymorphically:");
21
22       // processa genericamente cada elemento no array payableObjects
23       for (Payable currentPayable : payableObjects)
24       {
25          // gera saída de currentPayable e sua quantia de pagamento apropriado
26          System.out.printf("%n%s %n%s: $%,.2f%n",
27             currentPayable.toString(), // poderia invocar implicitamente
```

continua

continuação

```
                "payment due", currentPayable.getPaymentAmount());
        }
    } // fim de main
} // fim da classe PayableInterfaceTest
```

```
Invoices and Employees processed polymorphically:

invoice:
part number: 01234 (seat)
quantity: 2
price per item: $375.00
payment due: $750.00

invoice:
part number: 56789 (tire)
quantity: 4
price per item: $79.95
payment due: $319.80

salaried employee: John Smith
social security number: 111-11-1111
weekly salary: $800.00
payment due: $800.00

salaried employee: Lisa Barnes
social security number: 888-88-8888
weekly salary: $1,200.00
payment due: $1,200.00
```

Figura 10.15 | Programa de teste da interface `Payable` que processa as classes `Invoice` e `Employee` polimorficamente.

10.9.7 Algumas interfaces comuns da Java API

Você usará interfaces extensivamente ao desenvolver aplicativos Java. A Java API contém inúmeras interfaces, e muitos dos métodos da Java API recebem argumentos de interface e retornam valores de interface. A Figura 10.16 resume algumas das interfaces mais populares da Java API que usamos nos capítulos posteriores.

Interface	Descrição
`Comparable`	O Java contém vários operadores de comparação (por exemplo, <, <=, >, >=, ==, !=) que permitem comparar valores primitivos. Mas esses operadores *não podem* ser utilizados para comparar objetos. A interface `Comparable` é utilizada para permitir que objetos de uma classe que `implementam` a interface sejam comparados entre si. A interface `Comparable` é comumente utilizada para ordenar objetos em uma coleção, como um array. Usamos `Comparable` no Capítulo 16, "Coleções genéricas", e no Capítulo 20, "Classes e métodos genéricos".
`Serializable`	Uma interface utilizada para identificar classes cujos objetos podem ser gravados em (isto é, serializados) ou lidos de (isto é, desserializados) algum tipo de armazenamento (por exemplo, arquivo em disco, campo de banco de dados) ou transmitidos por uma rede. Utilizamos `Serializable` no Capítulo 15, "Arquivos, fluxos e serialização de objetos", e no Capítulo 28, em inglês, na Sala Virtual.
`Runnable`	Implementada por qualquer classe que representa uma tarefa a realizar. Objetos dessa classe são muitas vezes executados em paralelo usando uma técnica chamada *multithreading* (discutida no Capítulo 23, "Concorrência"). A interface contém um método, `run`, que especifica o comportamento de um objeto quando executado.

continua

continuação

Interface	Descrição
Interfaces ouvintes de eventos com GUIs	Você utiliza interfaces gráficas com o usuário (GUIs) todos os dias. No navegador, digite o endereço de um site, ou clique em um botão para retornar a um site anterior. O navegador responde à sua interação e realiza a tarefa desejada. Sua interação é conhecida como um *evento* e o código que o navegador utiliza para responder a um evento é conhecido como uma ***rotina de tratamento de eventos***. No Capítulo 12, "Componentes GUI: parte 1", e no Capítulo 22, "Componentes GUI": parte 2, você aprenderá a construir GUIs e rotinas de tratamento de evento que respondem às interações do usuário. Rotinas de tratamento de eventos são declaradas em classes que implementam uma ***interface ouvinte de eventos*** apropriada. Cada interface ouvinte de eventos especifica um ou mais métodos que devem ser implementados para responder a interações de usuário.
`AutoCloseable`	Implementado por classes que podem ser usadas por meio da instrução `try` com recursos (Capítulo 11, "Tratamento de exceção: um exame mais profundo") para ajudar a evitar vazamentos de recursos.

Figura 10.16 | Interfaces comuns da Java API.

10.10 Melhorias na interface Java SE 8

Esta seção apresenta os novos recursos da interface do Java SE 8. Discutimos esses recursos em mais detalhes nos capítulos posteriores.

10.10.1 Métodos de interface `default`

Antes do Java SE 8, os métodos de interface *só* poderiam ser `public abstract`. Isso significava que uma interface especificava *quais* operações uma classe de implementação deveria realizar, mas não *como* a classe deveria realizá-las.

No Java SE 8, interfaces também podem conter **métodos `default`** `public` com implementações padrão *concretas* que especificam *como* as operações são realizadas quando uma classe de implementação não sobrescreve os métodos. Se uma classe implementar uma interface desse tipo, a classe também recebe as implementações `default` da interface (se houver alguma). Para declarar um método `default`, insira a palavra-chave `default` antes do tipo de retorno do método e forneça uma implementação concreta de método.

Adicionando métodos a interfaces existentes

Antes do Java SE 8, adicionar métodos a uma interface violaria quaisquer classes de implementação que não implementasse os novos métodos. Lembre-se de que se você não implementasse cada um dos métodos de uma interface, você tinha de declarar sua classe `abstract`.

Qualquer classe que implementa a interface original *não* irá violá-la quando um método `default` é adicionado — a classe simplesmente recebe o novo método `default`. Quando uma classe implementa uma interface Java SE 8, a classe "assina um contrato" com o compilador que diz, "Declaro que todos os métodos *`abstract`* especificados pela interface ou declaro minha classe `abstract`" — a classe de implementação não precisa sobrescrever os métodos `default` da interface, mas pode fazer isso se necessário.

Observação de engenharia de software 10.11

Os métodos `default` do Java SE 8 permitem expandir as interfaces existentes adicionando novos métodos a essas interfaces sem quebrar o código que as usa.

Interfaces versus *classes* `abstract`

Antes do Java SE 8, uma interface era tipicamente usada (em vez de uma classe `abstract`) quando não havia detalhes de implementação a herdar — nenhuma implementação de campos e métodos. Com os métodos `default`, em vez disso você pode declarar implementações comuns de método nas interfaces, o que lhe dá mais flexibilidade para projetar suas classes.

10.10.2 Métodos de interface `static`

Antes do Java SE 8, era comum associar a uma interface uma classe contendo métodos auxiliares `static` para trabalhar com os objetos que implementavam a interface. No Capítulo 16, veremos a classe `Collections` que contém muitos métodos auxiliares `static` para trabalhar com objetos que implementam as interfaces `Collection`, `List`, `Set` e mais. Por exemplo, o método `sort` `Collections` pode classificar os objetos de *qualquer* classe que implementa a interface `List`. Com métodos de interface `static`, esses métodos auxiliares podem agora ser declarados diretamente nas interfaces em vez de em classes separadas.

10.10.3 Interfaces funcionais

A partir do SE 8 Java, qualquer interface que contém apenas um método `abstract` é conhecida como **interface funcional**. Há muitas dessas interfaces ao longo das APIs do Java SE 7, e muitas novas no Java SE 8. Algumas interfaces funcionais que você utilizará neste livro incluem:

- `ActionListener` (Capítulo 12) — você implementará essa interface para definir um método que é chamado quando o usuário clica em um botão.
- `Comparator` (Capítulo 16) — você implementará essa interface para definir um método que pode comparar dois objetos de um determinado tipo para determinar se o primeiro objeto é menor, igual ou maior que o segundo.
- `Runnable` (Capítulo 23) — você implementará essa interface para definir uma tarefa que pode ser executada em paralelo com outras partes do seu programa.

Interfaces funcionais são usadas extensivamente com novas capacidades lambda do Java SE 8 que apresentamos no Capítulo 17. No Capítulo 12, muitas vezes você implementará uma interface criando uma classe interna anônima que implementa o(s) método(s) da interface. No Java SE 8, lambdas fornecem uma notação abreviada para criar *métodos anônimos* que o compilador converte automaticamente em classes interiores anônimas para você.

10.11 (Opcional) Estudo de caso de GUIs e imagens gráficas: desenhando com polimorfismo

Você deve ter observado no programa de desenho criado no estudo de caso de GUIs e imagens gráficas no Exercício 8.1 (e modificado no estudo de caso de GUIs e imagens gráficas no Exercício 9.1) que as classes shape têm muitas semelhanças. Com a herança, podemos "dividir" os recursos comuns de todas as três classes e colocá-los em uma única *superclasse* de forma. Então, utilizando variáveis do tipo de superclasse, podemos manipular objetos shape *polimorficamente*. Remover o código redundante resultará em um programa menor, mais flexível e mais fácil de manter.

Exercícios do estudo de caso sobre GUIs e imagens gráficas

10.1 Modifique as classes `MyLine`, `MyOval` e `MyRectangle` do estudo de caso de GUIs e elementos gráficos no Exercício 8.1 e Exercício 9.1 para criar a hierarquia de classes na Figura 10.17. Classes da hierarquia `MyShape` devem ser classes de formas "inteligentes" que sabem como desenhar-se (se for fornecida com um objeto `Graphics` que informa onde desenhar). Depois que o programa cria um objeto a partir dessa hierarquia, ele pode manipulá-lo *polimorficamente* para o restante do seu tempo de vida como um `MyShape`.

Na sua solução, classe `MyShape` na Figura 10.17 *deve* ser `abstract`. Como `MyShape` representa qualquer forma em geral, você não pode implementar um método `desenhar` sem saber *especificamente* qual é a forma. Os dados que representam as coordenadas e a cor das formas na hierarquia devem ser declarados como membros `private` da classe `MyShape`. Além dos dados comuns, a classe `MyShape` deve declarar os métodos a seguir:

a) Um *construtor sem argumento* que configura todas as coordenadas da forma como `0` e a cor como `Cor.PRETO`.

b) Um construtor que inicializa as coordenadas e cores com os valores dos argumentos fornecidos.

c) Métodos *set* para as coordenadas e cores individuais que permitem ao programador configurar quaisquer dados para uma forma na hierarquia de maneira independente.

d) Métodos *get* para as coordenadas e cores individuais que permitem ao programador recuperar quaisquer dados para uma forma na hierarquia de maneira independente.

e) O método `abstract`

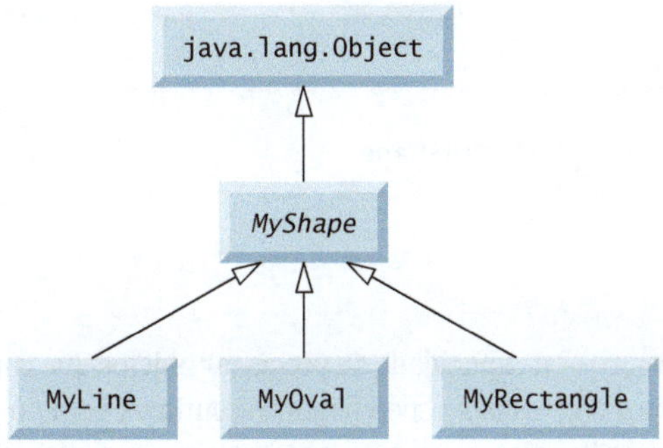

Figura 10.17 | Hierarquia de `MyShape`.

```
public abstract void draw(Graphics g);
```

que o método `paintComponent` do programa chamará para desenhar uma forma na tela.

Para assegurar um encapsulamento adequado, todos os dados na classe `MyShape` devem ser `private`. Isso exige declarar métodos *set* e *get* adequados para manipular os dados. A classe `MyLine` deve fornecer um construtor sem argumentos e um construtor com argumentos para as coordenadas e cores. As classes `MyOval` e `MyRectangle` devem fornecer um construtor sem argumentos e um construtor com argumentos para as coordenadas e as cores e determinar se a forma será preenchida. O construtor sem argumentos deve, além de configurar os valores padrão, configurar a forma como uma forma não preenchida.

Você pode desenhar linhas, retângulos e ovais se conhecer dois pontos no espaço. As linhas exigem as coordenadas *x1*, *y1*, *x2* e *y2*. O método `drawLine` da classe `Graphics` ligará os dois pontos fornecidos com uma linha. Se você tiver os mesmos quatro valores de coordenadas (*x1*, *y1*, *x2* e *y2*) para ovais e retângulos, você pode calcular os quatro argumentos necessários para desenhá-los. Cada uma requer um valor da coordenada *x* superior esquerda (o menor dos dois valores da coordenada *x*), um valor da coordenada *y* superior esquerda (o menor dos dois valores da coordenada *y*), uma *largura* (o valor absoluto da diferença entre os dois valores da coordenada *x*) e uma *altura* (o valor absoluto da diferença entre os dois valores da coordenada *y*). Retângulos e ovais também devem ter um flag `filled` que determina se a forma deve ser desenhada como uma forma preenchida.

Não haverá variáveis `MyLine`, `MyOval` ou `MyRectangle` no programa — somente variáveis `MyShape` que contêm referências aos objetos `MyLine`, `MyOval` e `MyRectangle`. O programa deve gerar formas aleatórias e armazená-las em uma array do tipo `MyShape`. O método `paintComponent` deve percorrer o array `MyShape` e desenhar cada forma chamando polimorficamente o método `desenhar` de cada uma.

Permita que o usuário especifique (por um diálogo de entrada) o número de formas a gerar. O programa então irá gerar e exibir as formas juntamente com uma barra de status que informa o usuário quantas de cada forma foram criadas.

10.2 ***(Modificação do aplicativo de desenho)*** No exercício anterior, você criou uma hierarquia `MyShape` em que as classes `MyLine`, `MyOval` e `MyRectangle` estendem `MyShape` diretamente. Se sua hierarquia foi projetada adequadamente, você deve ser capaz de ver as semelhanças entre as classes `MyOval` e `MyRectangle`. Reprojete e reimplemente o código para as classes `MyOval` e `MyRectangle` para "fatorar" os recursos comuns na classe abstrata `MyBoundedShape` a fim de produzir a hierarquia na Figura 10.18.

A classe `MyBoundedShape` deve declarar dois construtores que simulam os construtores da classe `MyShape`, somente com um parâmetro adicionado para especificar se a forma é preenchida. A classe `MyBoundedShape` também deve declarar os métodos *get* e *set* para manipular o flag preenchido e os métodos que calculam a coordenada *x* superior esquerda, coordenada *y* superior esquerda, largura e altura. Lembre-se de que os valores necessários para desenhar uma oval ou um retângulo podem ser calculados a partir de duas coordenadas *(x,y)*. Se você projetou adequadamente, as novas classes `MyOval` e `MyRectangle` devem cada uma ter dois construtores e um método `desenhar`.

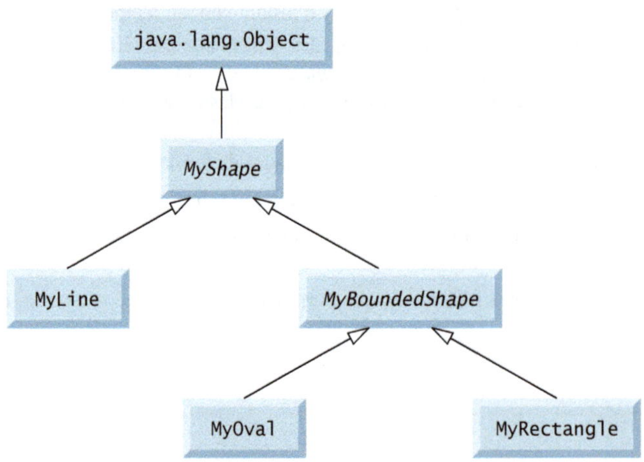

Figura 10.18 | A hierarquia `MyShape` com `MyBoundedShape`.

10.12 Conclusão

Este capítulo introduziu o polimorfismo — a capacidade de processar objetos que compartilham a mesma superclasse em uma hierarquia de classes como se todos fossem objetos das superclasses. Discutimos como o polimorfismo torna sistemas extensíveis e sustentáveis e como utilizar métodos sobrescritos para executar o comportamento polimórfico. Introduzimos as classes abstratas, que permitem fornecer uma superclasse apropriada a partir das quais outras classes podem herdar. Aprendeu que uma classe abstrata pode declarar métodos abstratos que cada subclasse deve implementar para tornar-se uma classe concreta e que um programa pode utilizar variáveis de uma classe abstrata para invocar implementações das subclasses de métodos abstratos polimorficamente. Você também aprendeu a determinar um tipo de objeto em tempo de execução. Explicamos as noções dos métodos e das classes `final`.

Por fim, o capítulo discutiu como declarar e implementar uma interface como uma maneira de classes possivelmente díspares para implementar a funcionalidade comum, permitindo que os objetos dessas classes sejam processados polimorficamente.

Você agora deve conhecer classes, objetos, encapsulamento, herança, interfaces e polimorfismo — os aspectos mais essenciais da programação orientada a objetos.

No próximo capítulo, você aprenderá sobre as exceções, úteis para tratamento de erros durante a execução de um programa. O tratamento de exceção fornece programas mais robustos.

Resumo

Seção 10.1 Introdução

- O polimorfismo permite escrever programas que processam objetos que compartilham a mesma superclasse como se todos fossem objetos da superclasse; isso pode simplificar a programação.
- Com polimorfismo, podemos projetar e implementar sistemas que são facilmente extensíveis. As únicas partes de um programa que devem ser alteradas para acomodar as novas classes são aquelas que exigem conhecimento direto das novas classes que você adiciona à hierarquia.

Seção 10.3 Demonstrando um comportamento polimórfico

- Quando o compilador encontra uma chamada de método feita por meio de uma variável, ele determina se o método pode ser chamado verificando o tipo de classe da variável. Se essa classe contém a declaração adequada de método (ou herda um), a chamada é compilada. Em tempo de execução, o tipo do objeto que a variável referencia determina o método real a utilizar.

Seção 10.4 Classes e métodos abstratos

- Classes abstratas não podem ser usadas para instanciar objetos, porque elas são incompletas.
- O propósito principal de uma classe abstrata é fornecer uma superclasse apropriada a partir da qual outras classes podem herdar e, assim, compartilhar um design comum.
- As classes que podem ser utilizadas para instanciar objetos são chamadas classes concretas. Essas classes fornecem implementações de cada método que elas declaram (algumas implementações podem ser herdadas).
- Programadores costumam escrever código do cliente que usa apenas superclasses abstratas para reduzir as dependências do código do cliente para tipos específicos de subclasse.
- As classes abstratas às vezes constituem vários níveis da hierarquia.
- Uma classe abstrata normalmente contém um ou mais métodos abstratos.
- Métodos abstratos não fornecem implementações.
- Uma classe que contém métodos abstratos deve ser declarada como uma classe `abstract`. Cada subclasse concreta deve fornecer implementações de cada um dos métodos abstratos da superclasse.
- Os construtores e métodos `static` não podem ser declarados `abstract`.
- Variáveis abstratas da superclasse podem conter referências a objetos de qualquer classe concreta derivada da superclasse. Os programas em geral utilizam essas variáveis para manipular objetos de subclasse polimorficamente.
- O polimorfismo é particularmente eficaz para implementar sistemas em camadas de software.

Seção 10.5 Estudo de caso: sistema de folha de pagamento utilizando polimorfismo

- Um designer de hierarquia pode exigir que cada subclasse concreta forneça uma implementação adequada dos métodos incluindo um método `abstract` em uma superclasse.
- A maioria das chamadas de método é resolvida em tempo de execução, com base no tipo de objeto que está sendo manipulado. Esse processo é conhecido como vinculação dinâmica ou vinculação tardia.
- Uma variável de superclasse pode ser usada para chamar apenas os métodos declarados na superclasse.
- O operador `instanceof` determina se um objeto tem o relacionamento *é um* com um tipo específico.
- Cada objeto no Java conhece sua própria classe e pode acessá-la pelo método `Object`, que retorna um objeto do tipo `Class` (pacote `java.lang`).
- O relacionamento *é um* se aplica apenas entre a subclasse e suas superclasses, não vice-versa.

Seção 10.7 Métodos e classes `final`

- Um método que é declarado `final` em uma superclasse não pode ser sobrescrito em uma subclasse.
- Métodos declarados `private` são implicitamente `final`, porque você não pode sobrescrevê-los em uma subclasse.
- Métodos que são declarados `static` são implicitamente `final`.

- Uma declaração do método `final` nunca pode mudar, assim todas as subclasses utilizam a mesma implementação do método; e chamadas a métodos `final` são resolvidas em tempo de compilação — isso é conhecido como vinculação estática.
- O compilador pode otimizar os programas removendo as chamadas para os métodos `final` e colocando seu código expandido em linha em cada local de chamada do método.
- Uma classe que é declarada `final` não pode ser estendida.
- Todos os métodos em uma classe `final` são implicitamente `final`.

Seção 10.9 Criando e utilizando interfaces

- Uma interface especifica *quais* operações são permitidas, mas não *como* elas são realizadas.
- A interface Java descreve um conjunto de métodos que podem ser chamados em um objeto.
- Uma declaração de interface começa com a palavra-chave `interface`.
- Todos os membros de interface devem ser `public` e as interfaces não podem especificar nenhum detalhe de implementação, como declarações de método concreto e variáveis de instância.
- Todos os métodos declarados em uma interface são implicitamente métodos `public abstract` e todos os campos são implicitamente `public`, `static` e `final`.
- Para utilizar uma interface, uma classe concreta deve especificar que ela `implementa` a interface e deve declarar cada método de interface com a assinatura especificada na declaração de interface. Uma classe que não implementa todos os métodos da interface deve ser declarada `abstract`.
- Implementar uma interface é como assinar um contrato com o compilador que afirma: "Irei declarar todos os métodos especificados pela interface" ou "irei declarar minha classe `abstract`".
- Em geral, uma interface é utilizada quando classes díspares (isto é, não relacionadas) precisam compartilhar métodos e constantes comuns. Isso permite que objetos de classes não relacionadas sejam processados polimorficamente — objetos de classes que implementam a *mesma* interface podem responder às mesmas chamadas de método.
- Você pode criar uma interface que descreve a funcionalidade desejada e, então, implementar a interface em quaisquer classes que requerem essa funcionalidade.
- Uma interface é geralmente utilizada em lugar de uma classe `abstract` quando não há implementação padrão a herdar — isto é, nenhuma variável de instância e nenhuma implementação de método padrão.
- Como ocorre com classes `public abstract`, interfaces são, em geral, tipos `public`, portanto, normalmente são declaradas em arquivos próprios com o mesmo nome da interface e com a extensão `.java` no nome do arquivo.
- O Java não permite que subclasses herdem de mais de uma superclasse, mas permitem que uma classe herde de uma superclasse e implemente mais de uma interface.
- Todos os objetos de uma classe que implementam múltiplas interfaces têm o relacionamento *é um* com cada tipo de interface implementado.
- Uma interface pode declarar constantes. As constantes são implicitamente `public`, `static` e `final`.

Seção 10.10 Melhorias na interface Java SE 8

- No Java SE 8, uma interface pode declarar métodos `default` — isto é, métodos `public` com implementações concretas que especificam como uma operação deve ser realizada.
- Quando uma classe implementa uma interface, a classe recebe as implementações concretas `default` da interface se ela não sobrescrevê-las.
- Para declarar um método `default` em uma interface, simplesmente coloque a palavra-chave `default` antes do tipo de retorno do método e forneça um corpo de método completo.
- Ao melhorar uma interface existente com métodos `default` — quaisquer classes que implementaram a interface original não irão violá-la — ela simplesmente receberá as implementações do método padrão.
- Com métodos padrão, você pode declarar implementações comuns de métodos nas interfaces (em vez de classes `abstract`), o que lhe dá mais flexibilidade para projetar suas classes.
- A partir do Java SE 8, as interfaces agora podem incluir métodos `public static`.
- A partir do Java SE 8, qualquer interface que contém um único método é conhecida como interface funcional. Há muitas dessas interfaces ao longo de todas as APIs Java.
- Interfaces funcionais são usadas extensivamente com novas capacidades lambda do Java SE 8. Como veremos, lambdas fornecem uma notação abreviada para criar métodos anônimos.

Exercícios de revisão

10.1 Preencha as lacunas em cada uma das seguintes afirmações:

a) Se uma classe contiver pelo menos um método abstrato, ela será uma classe ________.

b) As classes a partir das quais os objetos podem ser instanciados são chamadas ________.

c) ________ envolve a utilização de uma variável de superclasse para invocar métodos nos objetos de superclasse e de subclasse, permitindo que você "programe no geral".

d) Os métodos que não são métodos de interface e que não fornecem implementações devem ser declarados com a palavra-chave ________.

e) Fazer uma coerção em uma referência armazenada em uma variável da superclasse para um tipo de subclasse é chamado ________.

10.2 Determine se cada uma das instruções a seguir é *verdadeira* ou *falsa*. Se *falsa*, explique por quê.

a) Todos os métodos em uma classe `abstract` devem ser declarados como métodos `abstract`.

b) Não é permitido invocar um método "somente de subclasse" por meio de uma variável de subclasse.

c) Se uma superclasse declarar um método como `abstract`, uma subclasse deverá implementar esse método.

d) Um objeto de uma classe que implementa uma interface pode ser pensado como um objeto desse tipo de interface.

10.3 ***(Interfaces Java SE 8)*** Preencha os espaços em branco em cada uma das seguintes instruções:

a) No Java SE 8, uma interface pode declarar ________, isto é, métodos `public` com implementações concretas que especificam como uma operação deve ser realizada.

b) A partir do Java SE 8, as interfaces agora podem incluir métodos auxiliares ________.

c) A partir do Java SE 8, qualquer interface que contém um único método é conhecida como ________.

Respostas dos exercícios de revisão

10.1 a) abstrata. b) concretas. c) Polimorfismo. d) `abstract.` e) *downcasting*.

10.2 a) Falso. Uma classe abstrata pode incluir métodos com implementações e métodos `abstract`. b) Falsa. Tentar invocar um método somente de subclasse com uma variável de superclasse não é permitido. c) Falsa. Somente uma subclasse concreta deve implementar o método. d) Verdadeira.

10.3 a) métodos `default`. b) `static`. c) interface funcional.

Questões

10.4 Como o polimorfismo permite programar "no geral" em vez de "no específico"? Discuta as vantagens cruciais da programação "no geral".

10.5 O que são métodos abstratos? Descreva as circunstâncias em que um método abstrato seria apropriado.

10.6 Como o polimorfismo promove extensibilidade?

10.7 Discuta três maneiras como você pode atribuir referências de superclasse e de subclasse a variáveis de superclasse e a tipos de subclasse.

10.8 Compare e contraste classes abstratas e interfaces. Por que você utilizaria uma classe abstrata? Por que você utilizaria uma interface?

10.9 ***(Interfaces Java SE 8)*** Explique como métodos `default` permitem adicionar novos métodos a uma interface existente sem violar as classes que implementaram a interface original.

10.10 ***(Interfaces Java SE 8)*** O que é uma interface funcional?

10.11 ***(Interfaces Java SE 8)*** Por que é útil ser capaz de adicionar métodos `static` a interfaces?

10.12 ***(Modificação do sistema de folha de pagamento)*** Modifique o sistema de folha de pagamento das figuras 10.4 a 10.9 para incluir a variável de instância `private birthDate` na classe `Employee`. Utilize a classe `Date` da Figura 8.7 para representar o aniversário de um funcionário. Adicione métodos *get* à classe `Date.` Suponha que a folha de pagamento seja processada uma vez por mês. Crie um array de variáveis `Employee` para armazenar referências aos vários objetos de funcionário. Em um loop, calcule a folha de pagamento para cada `Employee` (polimorficamente) e adicione um bônus de US$ 100.00 à quantia da folha de pagamento do funcionário se o mês atual for aquele em que ocorre o aniversário do `Employee`.

10.13 ***(Projeto: hierarquia Shape)*** Implemente a hierarquia `Shape` mostrada na Figura 9.3. Cada `TwoDimensionalShape` deve conter o método `getArea` para calcular a área da forma bidimensional. Cada `ThreeDimensionalShape` deve ter métodos `getArea` e `getVolume` para calcular a área do volume e superfície, respectivamente, da forma tridimensional. Crie um programa que utiliza um array de referências `Shape` para objetos de cada classe concreta na hierarquia. O programa deve imprimir uma descrição de texto do objeto ao qual cada elemento no array se refere. Além disso, no loop que processa todas as formas no array, determine se cada forma é uma `TwoDimensionalShape` ou uma `ThreeDimensionalShape`. Se for uma `TwoDimensionalShape`, exiba sua área. Se for uma `ThreeDimensionalShape`, exiba sua área e volume.

10.14 ***(Modificação do sistema de folha de pagamento)*** Modifique o sistema de folha de pagamento das figuras 10.4 a 10.9 para incluir uma subclasse `PieceWorker` adicional de `Employee` que representa um funcionário cujo pagamento está baseado no número de peças de mercadorias produzido. A classe `PieceWorker` deve conter variáveis de instância `wage private` (para armazenar o salário do funcionário por peça) e `pieces` (para armazenar o número de peças produzido). Forneça uma implementação concreta do método `earnings` na classe `PieceWorker` que calcula os vencimentos do funcionário multiplicando o número de peças produzido pelo salário por peças. Crie um array de variáveis `Employee` para armazenar referências a objetos de cada classe concreta na nova hierarquia `Employee`. Para cada `Employee`, exiba sua representação de `String` e vencimentos.

10.15 ***(Modificação do sistema de contas a pagar)*** Neste exercício, modificamos o aplicativo de contas a pagar das figuras 10.11 a 10.15 a fim de incluir a funcionalidade completa do aplicativo de folha de pagamento das figuras 10.4 a 10.9. O aplicativo ainda deve processar dois objetos `Invoice`, mas agora deve processar um objeto de cada uma das quatro subclasses `Employee`. Se o objeto atualmente processado for uma `BasePlusCommissionEmployee`, o aplicativo deverá aumentar o salário-base de `BasePlusCommissionEmployee` em 10%. Por fim, o aplicativo deve gerar a saída da quantia de pagamento para cada objeto. Complete os seguintes passos para criar o novo aplicativo:

a) Modifique as classes `HourlyEmployee` (Figura 10.6) e `CommissionEmployee` (Figura 10.7) para colocá-las na hierarquia `Payable` como subclasses da versão de `Employee` (Figura 10.13) que implementa `Payable`. [*Dica:* altere o nome do método `earnings` para `getPaymentAmount` em cada subclasse, de modo que a classe satisfaça seu contrato herdado com a interface `Payable`.]

b) Modifique a classe `BasePlusCommissionEmployee` (Figura 10.8) para que ela estenda a versão da classe `CommissionEmployee` criada na parte (a).

c) Modifique `PayableInterfaceTest` (Figura 10.15) para processar polimorficamente duas `Invoice`, uma `SalariedEmployee`, uma `HourlyEmployee`, uma `CommissionEmployee` e uma `BasePlusCommissionEmployee`. Primeiro gere uma representação `String` de cada objeto `Payable`. Em seguida, se um objeto for uma `BasePlusCommissionEmployee`, aumente seu salário-base em 10%. Por fim, gere a saída da quantia de pagamento para cada objeto `Payable`.

10.16 ***(Modificação no sistema Contas a Pagar)*** É possível incluir a funcionalidade do aplicativo de folha de pagamento (figuras 10.4 a 10.9) no aplicativo contas a pagar sem modificar as subclasses `Employee` `SalariedEmployee`, `HourlyEmployee`, `CommissionEmployee` ou `BasePlusCommissionEmployee`. Para fazer isso, modifique a classe `Employee` (Figura 10.4) para implementar a interface `Payable` e declare o método `getPaymentAmount` para invocar o método `earnings`. O método `getPaymentAmount` passaria então a ser herdado pelas subclasses na hierarquia `Employee`. Quando `getPaymentAmount` é chamado para um objeto de subclasse particular, ele invoca polimorficamente o método de `earnings` adequado para a subclasse. Reimplemente a Questão 10.15 usando a hierarquia `Employee` original a partir do aplicativo de folha de pagamento das figuras 10.4 a 10.9. Modifique a classe `Employee` como descrito nesta questão, e *não* modifique nenhuma das subclasses da classe `Employee`.

Fazendo a diferença

10.17 ***(Interface `CarbonFootprint`: polimorfismo)*** Usando as interfaces, como aprendeu neste capítulo, você pode especificar comportamentos semelhantes para as classes possivelmente díspares. Governos e empresas em todo o mundo estão cada vez mais preocupados com as pegadas de carbono (liberações anuais de dióxido de carbono na atmosfera) a partir de edifícios que queimam vários tipos de combustíveis para aquecimento, veículos que queimam combustíveis para obter energia etc. Muitos cientistas culpam esses gases do efeito estufa pelo fenômeno chamado de aquecimento global. Crie três classes pequenas não relacionadas por meio de herança — as classes `Building`, `Car` e `Bicycle`. Dê a cada classe alguns atributos e comportamentos adequados únicos que ela não tem em comum com outras classes. Escreva uma interface de `CarbonFootprint` com um método `getCarbonFootprint`. Faça com que cada uma das suas classes implemente essa interface para que o método `getCarbonFootprint` calcule uma pegada de carbono adequada para essa classe (confira alguns sites que explicam como calcular pegadas de carbono). Escreva um aplicativo que cria objetos de cada uma das três classes, insere referências a esses objetos em `ArrayList<CarbonFootprint>`, então itera pelo `ArrayList` polimorficamente invocando o método `getCarbonFootprint` de cada objeto. Para cada objeto, imprima algumas informações de identificação e a pegada de carbono do objeto.

Tratamento de exceção: um exame mais profundo

11

É do senso comum capturar um método e experimentá-lo. Se ele falhar, admita isso com franqueza e experimente outro. Mas acima de tudo, tente algo.

— Franklin Delano Roosevelt

Jogai fora a metade que não presta, para com a outra parte serdes puro.

— William Shakespeare

Se eles estiverem correndo e não olharem para onde estão indo, tenho de sair de algum lugar e capturá-los.

— Jerome David Salinger

Objetivos

Neste capítulo, você irá:

- Entender o que são exceções e como elas são tratadas.
- Aprender quando usar o tratamento de exceção.
- Usar blocos `try` para delimitar o código em que podem ocorrer exceções.
- Usar `throw` para indicar um problema.
- Usar blocos `catch` para especificar rotinas de tratamento de exceção.
- Usar o bloco `finally` para liberar recursos.
- Compreender a hierarquia de classes de exceção.
- Criar exceções definidas pelo usuário.

Sumário

11.1 Introdução

Como vimos no Capítulo 7, uma exceção é uma indicação de um problema que ocorre durante a execução de um programa. O tratamento de exceção permite criar aplicativos que podem resolver (ou tratar) exceções. Em muitos casos, o tratamento de uma exceção permite que um programa continue executando como se nenhum problema tivesse sido encontrado. As características apresentadas neste capítulo ajudam a escrever programas *robustos* e *tolerantes a falhas* que podem lidar com os problemas e continuar a executar ou *encerrar elegantemente*. O tratamento de exceção do Java baseia-se em parte no trabalho de Andrew Koenig e Bjarne Stroustrup.[1]

Primeiro, demonstramos as técnicas básicas do tratamento de exceção manuseando uma exceção que ocorre quando um método tenta dividir um número inteiro por zero. Logo depois introduzimos várias classes no topo da hierarquia de classe para tratamento de exceção do Java. Como você verá, somente as classes que estendem `Throwable` (pacote `java.lang`) direta ou indiretamente podem ser utilizadas com o tratamento de exceção. Então, mostramos como usar *exceções encadeadas* — ao chamar um método que indica uma exceção, você pode lançar outra exceção e encadear o original com o novo. Isso permite adicionar informações específicas do aplicativo à exceção original. Em seguida, apresentamos *pré-condições* e *pós-condições,* que devem ser verdadeiras quando seus métodos são chamados e quando eles retornam, respectivamente. Apresentamos as *assertivas* que podem ser utilizadas em tempo de desenvolvimento para ajudar a depurar o seu código. Discutimos também dois recursos do tratamento de exceção que foram introduzidos no Java SE 7, que captura várias exceções com uma rotina de tratamento catch e a nova `try` com recursos, que libera automaticamente um recurso depois que é usado no bloco `try`.

Este capítulo focaliza os conceitos do tratamento de exceção e apresenta vários exemplos mecânicos que demonstram diferentes recursos. Como veremos nos capítulos mais adiante, muitos métodos das APIs Java lançam exceções que tratamos no nosso código. A Figura 11.1 mostra alguns dos tipos de exceção que você já viu e outros que aprenderá.

Capítulo	Exemplo das exceções utilizadas
Capítulo 7	`ArrayIndexOutOfBoundsException`
Capítulos 8 a 10	`IllegalArgumentException`
Capítulo 11	`ArithmeticException`, `InputMismatchException`
Capítulo 15	`SecurityException`, `FileNotFoundException`, `IOException`, `ClassNotFoundException`, `IllegalStateException`, `FormatterClosedException`, `NoSuchElementException`
Capítulo 16	`ClassCastException`, `UnsupportedOperationException`, `NullPointerException`, tipos de exceção personalizados
Capítulo 20	`ClassCastException`, tipos de exceção personalizados
Capítulo 21	`IllegalArgumentException`, tipos de exceção personalizados
Capítulo 23	`InterruptedException`, `IllegalMonitorStateException`, `ExecutionException`, `CancellationException`

continua

[1] Koenig, A.; e Stroustrup, B. "Exception Handling for C++ (revised)", *Proceedings of the Usenix C++ Conference*, pp. 149–176, São Francisco, abril de 1990.

continuação

Capítulo	Exemplo das exceções utilizadas
Capítulo 28	MalformedURLException, EOFException, SocketException, InterruptedException, UnknownHostException
Capítulo 24	SQLException, IllegalStateException, PatternSyntaxException
Capítulo 31	SQLException

Figura 11.1 | Vários tipos de exceção que você verá ao longo deste livro.

11.2 Exemplo: divisão por zero sem tratamento de exceção

Primeiro demonstramos o que acontece quando surgem erros em um aplicativo que não utiliza tratamento de exceção. A Figura 11.2 solicita ao usuário dois inteiros e os passa para o método `quotient`, que calcula o quociente inteiro e retorna um resultado `int`. Nesse exemplo, veremos que as exceções são **lançadas** (isto é, a exceção ocorre) quando um método detecta um problema e é incapaz de tratá-lo.

```
// Figura 11.2: DivideByZeroNoExceptionHandling.java
// Divisão de inteiro sem tratamento de exceção.
import java.util.Scanner;

public class DivideByZeroNoExceptionHandling
{
   // demonstra o lançamento de uma exceção quando ocorre uma divisão por zero
   public static int quotient(int numerator, int denominator)
   {
      return numerator / denominator; // possível divisão por zero
   }

   public static void main(String[] args)
   {
      Scanner scanner = new Scanner(System.in);

      System.out.print("Please enter an integer numerator: ");
      int numerator = scanner.nextInt();
      System.out.print("Please enter an integer denominator: ");
      int denominator = scanner.nextInt();

      int result = quotient(numerator, denominator);
      System.out.printf(
         "%nResult: %d / %d = %d%n", numerator, denominator, result);
   }
} // fim da classe DivideByZeroNoExceptionHandling
```

```
Please enter an integer numerator: 100
Please enter an integer denominator: 7

Result: 100 / 7 = 14
```

```
Please enter an integer numerator: 100
Please enter an integer denominator: 0
Exception in thread "main" java.lang.ArithmeticException: / by zero
      at DivideByZeroNoExceptionHandling.quotient(
         DivideByZeroNoExceptionHandling.java:10)
      at DivideByZeroNoExceptionHandling.main(
         DivideByZeroNoExceptionHandling.java:22)
```

continua

continuação

```
Please enter an integer numerator: 100
Please enter an integer denominator: hello
Exception in thread "main" java.util.InputMismatchException
        at java.util.Scanner.throwFor(Unknown Source)
        at java.util.Scanner.next(Unknown Source)
        at java.util.Scanner.nextInt(Unknown Source)
        at java.util.Scanner.nextInt(Unknown Source)
        at DivideByZeroNoExceptionHandling.main(
           DivideByZeroNoExceptionHandling.java:20)
```

Figura 11.2 | Divisão de inteiro sem tratamento de exceção.

Rastreamento de pilha

A primeira execução de exemplo na Figura 11.2 mostra uma divisão bem-sucedida. Na segunda execução, o usuário insere o valor `0` como o denominador. Várias linhas de informação são exibidas em resposta a essa entrada inválida. Essas informações são conhecidas como **rastreamento de pilha**, que incluem o nome da exceção (`java.lang.ArithmeticException`) em uma mensagem descritiva que indica o problema que ocorreu e a pilha de chamadas de método (isto é, a cadeia de chamadas) no momento em que ela ocorreu. O rastreamento de pilha inclui o caminho de execução que resultou na exceção método por método. Isso ajuda a depurar o programa.

Rastreamento de pilha para uma `ArithmeticException`

A primeira linha especifica a ocorrência de uma `ArithmeticException`. O texto depois do nome da exceção ("`/by zero`") indica que essa exceção ocorreu como resultado de uma tentativa de dividir por zero. O Java não permite divisão por zero na aritmética de inteiros. Quando isso ocorre, o Java lança uma **`ArithmeticException`**. `ArithmeticExceptions` podem surgir a partir de alguns diferentes problemas, assim os dados adicionais ("`/by zero`") fornecem informações mais específicas. O Java *realmente* permite a divisão por zero com valores de ponto flutuante. Um cálculo como esse resulta no valor positivo ou negativo infinito, que é representado em Java como um valor de ponto flutuante (mas aparece como a string `Infinity` ou `-Infinity`). Se 0.0 for dividido por 0.0, o resultado é `NaN` (não um número), que também é representado no Java como um valor de ponto flutuante (mas é exibido como `NaN`). Se você precisa comparar um valor de ponto flutuante com `NaN`, use o método `isNaN` de classe `Float` (para obter valores `Float`) ou a classe `Double` (para obter valores `Double`). As classes `Float` e `Double` estão no pacote `java.lang`.

Iniciando da última linha do rastreamento de pilha, vemos que a exceção foi detectada na linha 22 do método `main`. Cada linha do rastreamento de pilha contém o nome de classe e o método (por exemplo, `DivideByZeroNoExceptionHandling.main`) seguido pelo nome de arquivo e número da linha (por exemplo, `DivideByZeroNoExceptionHandling.java:22`). Subindo o rastreamento de pilha, vemos que a exceção ocorre na linha 10, no método `quotient`. A linha superior da cadeia de chamadas indica o **ponto de lançamento** — o ponto inicial em que a exceção ocorreu. O ponto de lançamento dessa exceção está na linha 10 do método `quotient`.

Rastreamento de pilha para uma `InputMismatchException`

Na terceira execução, o usuário insere a string `"hello"` como o denominador. Observe novamente que um rastreamento de pilha é exibido. Isso informa a ocorrência de uma `InputMismatchException` (pacote `java.util`). Nossos exemplos anteriores que inseriram os valores numéricos supunham que o usuário inseriria um valor inteiro adequado. Entretanto, às vezes, os usuários cometem erros e inserem valores não inteiros. Uma **`InputMismatchException`** ocorre quando o método `Scanner nextInt` recebe uma `string` que não representa um inteiro válido. Iniciando do fim do rastreamento de pilha, vemos que a exceção foi detectada na linha 20 do método `main`. Subindo o rastreamento de pilha, vemos que a exceção ocorreu no método `nextInt`. Observe que no lugar do nome de arquivo e número da linha, o texto `Unknown Source` é fornecido. Isso significa que os chamados *símbolos de depuração* que fornecem informações sobre o nome de arquivo e número de linha para a classe desse método não estavam disponíveis para a JVM — esse é tipicamente o caso para as classes da API Java. Muitos IDEs têm acesso ao código-fonte da API Java e exibirão os nomes de arquivo e números de linha em rastreamentos de pilha.

Término do programa

Nas execuções de exemplo da Figura 11.2, quando exceções ocorrem e rastreamentos de pilha são exibidos, o programa também se *fecha*. Isso nem sempre ocorre no Java. Às vezes um programa pode continuar mesmo que uma exceção tenha ocorrido e um rastreamento de pilha tenha sido impresso. Nesses casos, o aplicativo pode produzir resultados inesperados. Por exemplo, um aplicativo com interface gráfica do usuário (GUI) muitas vezes continuará a executar. Na Figura 11.2 os dois tipos de exceção foram detectados no método `main`. No próximo exemplo, veremos como *tratar* essas exceções de modo que você possa permitir que o programa conclua sua execução normalmente.

11.3 Exemplo: tratando `ArithmeticExceptions` e `InputMismatchExceptions`

O aplicativo na Figura 11.3, que é baseado na Figura 11.2, utiliza o *tratamento de exceção* para processar quaisquer `ArithmeticExceptions` e `InputMistmatchExceptions` que surgirem. O aplicativo ainda solicita ao usuário dois inteiros e os passa para o método `quotient`, que calcula o quociente e retorna um resultado `int`. Essa versão do aplicativo utiliza tratamento de exceção, de modo que se o usuário cometer um erro, o programa captura e trata (isto é, lida com) a exceção — nesse caso, permitindo ao usuário tentar inserir a entrada novamente.

```java
// Figura 11.3: DivideByZeroWithExceptionHandling.java
// Tratando ArithmeticExceptions e InputMismatchExceptions.
import java.util.InputMismatchException;
import java.util.Scanner;

public class DivideByZeroWithExceptionHandling
{
   // demonstra o lançamento de uma exceção quando ocorre uma divisão por zero
   public static int quotient(int numerator, int denominator)
      throws ArithmeticException
   {
      return numerator / denominator; // possível divisão por zero
   }

   public static void main(String[] args)
   {
      Scanner scanner = new Scanner(System.in);
      boolean continueLoop = true; // determina se mais entradas são necessárias

      do
      {
         try // lê dois números e calcula o quociente
         {
            System.out.print("Please enter an integer numerator: ");
            int numerator = scanner.nextInt();
            System.out.print("Please enter an integer denominator: ");
            int denominator = scanner.nextInt();

            int result = quotient(numerator, denominator);
            System.out.printf("%nResult: %d / %d = %d%n", numerator,
               denominator, result);
            continueLoop = false; // entrada bem-sucedida; fim do loop
         }
         catch (InputMismatchException inputMismatchException)
         {
            System.err.printf("%nException: %s%n",
               inputMismatchException);
            scanner.nextLine(); // descarta entrada para o usuário tentar de novo
            System.out.printf(
               "You must enter integers. Please try again.%n%n");
         }
         catch (ArithmeticException arithmeticException)
         {
            System.err.printf("%nException: %s%n", arithmeticException);
            System.out.printf(
               "Zero is an invalid denominator. Please try again.%n%n");
         }
      } while (continueLoop);
   }
} // fim da classe DivideByZeroWithExceptionHandling
```

```
Please enter an integer numerator: 100
Please enter an integer denominator: 7

Result: 100 / 7 = 14

Please enter an integer numerator: 100
Please enter an integer denominator: 0

Exception: java.lang.ArithmeticException: / by zero
Zero is an invalid denominator. Please try again.
```

continua

continuação

```
Please enter an integer numerator: 100
Please enter an integer denominator: 7

Result: 100 / 7 = 14
```

```
Please enter an integer numerator: 100
Please enter an integer denominator: hello

Exception: java.util.InputMismatchException
You must enter integers. Please try again.

Please enter an integer numerator: 100
Please enter an integer denominator: 7

Result: 100 / 7 = 14
```

Figura 11.3 | Tratando `ArithmeticExceptions` e `InputMismatchExceptions`.

A primeira execução de exemplo na Figura 11.3 *não* encontra nenhum problema. Na segunda execução, o usuário insere um *denominador zero* e uma exceção `ArithmeticException` ocorre. Na terceira execução, o usuário insere a string `"hello"` como o denominador e uma `InputMismatchException` ocorre. Para cada exceção, o usuário é informado do erro e é solicitado a tentar novamente, então um prompt pede para inserir dois novos inteiros. Em cada execução de exemplo, o programa termina a execução com sucesso.

A classe `InputMismatchException` é importada na linha 3. A classe `ArithmeticException` não precisa ser importada porque está no pacote `java.lang`. A linha 18 cria a variável `boolean continueLoop`, que é `true` se o usuário ainda *não* inseriu uma entrada válida. As linhas 20 a 48 solicitam repetidamente aos usuários uma entrada até que uma entrada *válida* seja recebida.

Incluindo código em um bloco `try`

As linhas 22 a 33 contêm um **bloco `try`**, que inclui o código que *pode* lançar (`throw`) uma exceção e o código que *não* deve ser executado se ocorrer uma exceção (isto é, se ocorrer uma exceção, o código restante no bloco `try` será pulado). Um bloco `try` consiste na palavra-chave `try` seguida por um bloco de código entre chaves (`{}`). [*Observação:* o termo "bloco `try`" às vezes só se refere ao bloco de código que segue a palavra-chave `try` (não incluindo a própria palavra-chave `try`). Para simplificar, utilizamos o termo "bloco `try`" para nos referirmos ao bloco de código que se segue à palavra-chave `try`, bem como a palavra-chave `try`.] Todas as instruções que leem os inteiros a partir do teclado (linhas 25 e 27) utilizam o método `nextInt` para ler um valor `int`. O método `nextInt` lança uma `InputMismatchException` se o valor lido *não* for um número inteiro.

A divisão pode fazer com que uma `ArithmeticException` não seja realizada no bloco `try`. Em vez disso, a chamada para o método `quotient` (linha 29) invoca o código que tenta a divisão (linha 12); a JVM *lança* um objeto `ArithmeticException` quando o denominador for zero.

Observação de engenharia de software 11.1

As exceções emergem pelo código explicitamente mencionado em um bloco `try`, por chamadas de método profundamente aninhadas iniciado pelo código em um bloco `try` ou a partir da Java Virtual Machine à medida que ela executa os bytecodes do Java.

Capturando exceções

O bloco `try` nesse exemplo é seguido por dois blocos `catch` — um que trata uma `InputMismatchException` (linhas 34 a 41) e um que trata uma `ArithmeticException` (linhas 42 a 47). Um **bloco `catch`** (também chamado de **cláusula `catch`** ou **rotina de tratamento de exceção**) *captura* (isto é, recebe) e *trata* uma exceção. Um bloco `catch` inicia com a palavra-chave `catch` seguido por um parâmetro entre parênteses (chamado *parâmetro de exceção*, discutido em breve) e um bloco de código entre chaves. [*Observação:* o termo "cláusula `catch`" é às vezes utilizado para referir-se à palavra-chave `catch` seguida por um bloco de código, em que o termo "bloco `catch`" refere-se apenas ao bloco de código que se segue à palavra-chave `catch`, mas que não a inclui. Para simplificar, utilizamos o termo "bloco `catch`" para nos referirmos ao bloco de código que se segue à palavra-chave `catch`, bem como à própria palavra-chave.]

Pelo menos um bloco `catch` ou um **bloco `finally`** (discutidos na Seção 11.6) *deve* se seguir imediatamente ao bloco `try`. Cada bloco `catch` especifica entre parênteses um **parâmetro de exceção** que identifica o tipo de exceção que a rotina de tratamento pode processar. Quando ocorrer uma exceção em um bloco `try`, o bloco `catch` que é executado é o *primeiro* cujo tipo corresponde ao tipo da exceção que ocorreu (isto é, o tipo no bloco `catch` corresponde exatamente ao tipo de exceção lançado ou é uma superclasse direta ou indireta dele). O nome do parâmetro de exceção permite ao bloco `catch` interagir com um objeto de exceção capturado —

por exemplo, invocar implicitamente o método `toString` da exceção capturada (como nas linhas 37 e 44), que exibe informações básicas sobre a exceção. Observe que usamos o **objeto `System.err` (fluxo de erros padrão)** para gerar mensagens de erro. Por padrão, os métodos de impressão de `System.err`, como aqueles de `System.out`, exibem dados para o *prompt de comando*.

A linha 38 do primeiro bloco `catch` chama o método `Scanner nextLine`. Como ocorreu uma `InputMismatchException`, a chamada ao método `nextInt` nunca é lida com sucesso nos dados do usuário — então lemos essa entrada com uma chamada ao método `nextLine`. Nesse ponto, não fazemos nada com a entrada, porque sabemos que ela é *inválida*. Todo bloco `catch` exibe uma mensagem de erro e pede ao usuário para tentar novamente. Depois que qualquer bloco `catch` termina, o usuário recebe um prompt solicitando entrada. Logo, examinaremos mais profundamente como esse fluxo de controle funciona no tratamento de exceção.

Erro comum de programação 11.1

É um erro de sintaxe colocar código entre um bloco `try` e seus blocos `catch` correspondentes.

Multi-catch

É relativamente comum que um bloco `try` seja seguido por vários blocos `catch` para tratar vários tipos de exceção. Se os corpos dos vários blocos `catch` forem idênticos, use o recurso **multi-`catch`** (introduzido no Java SE 7) para capturar esses tipos de exceção em uma *única rotina de tratamento* `catch` e realizar a mesma tarefa. A sintaxe para um *multi-`catch`* é:

```
catch (Tipo1 | Tipo2 | Tipo3 e)
```

Cada tipo de exceção é separado do seguinte por uma barra vertical (`|`). A linha anterior do código indica que *qualquer um* dos tipos (ou suas subclasses) pode ser capturado na rotina de tratamento de exceção. Quaisquer tipos `Throwable` podem ser especificados em um multi-`catch`.

Exceções não capturadas

Uma **exceção não capturada** é uma exceção para a qual não existem blocos `catch` correspondentes. Vimos exceções não capturadas na segunda e terceira saídas da Figura 11.2. Lembre-se de que quando ocorreram exceções nesse exemplo, o aplicativo terminou precocemente (após exibir o *rastreamento de pilha* da exceção). Isso nem sempre ocorre como um resultado de exceções não capturadas. O Java usa um modelo "multiencadeado" (ou *multithreaded*) de execução de programas — cada **thread** é uma *atividade concorrente*. Um programa pode ter muitas threads. Se um programa tiver apenas *uma* thread, uma exceção não capturada fará com que ele seja encerrado. Se um programa tiver *múltiplas* threads, uma exceção não capturada encerrará *apenas* a thread em que ocorreu a exceção. Nesses programas, porém, certas threads podem contar com outras e se uma thread for encerrada por causa de uma exceção não capturada, pode haver efeitos adversos no restante do programa. O Capítulo 23, "Concorrência", discute essas questões em profundidade.

Modelo de terminação do tratamento de exceção

Se ocorrer uma exceção em um bloco `try` (como uma `InputMismatchException` sendo lançada como resultado do código na linha 25 da Figura 11.3), o bloco `try` *termina* imediatamente e o controle do programa é transferido para o *primeiro* dos blocos `catch` seguintes em que o tipo do parâmetro de exceção corresponde ao tipo da exceção lançada. Na Figura 11.3, o primeiro bloco `catch` captura `InputMismatchExceptions` (que ocorrem se uma entrada inválida for fornecida), e o segundo bloco `catch` captura `ArithmeticExceptions` (que ocorrem se houver uma tentativa de dividir por zero). Depois que a exceção é tratada, o controle do programa *não retorna* ao ponto de lançamento, porque o bloco `try` *expirou* (e suas *variáveis locais* foram *perdidas*). Em vez disso, o controle retoma depois do último bloco `catch`. Isso é conhecido como o **modelo de terminação do tratamento de exceção**. Algumas linguagens utilizam o **modelo de retomada do tratamento de exceção**, em que, após uma exceção ser tratada, o controle é retomado logo depois do *ponto de lançamento*.

Observe que nomeamos nossos parâmetros de exceção (`inputMismatchException` e `arithmeticException`) com base em seu tipo. Os programadores Java costumam simplesmente utilizar a letra `e` como o nome de parâmetros de exceção.

Depois de executar um bloco `catch`, o fluxo de controle desse programa prossegue para a primeira instrução depois do último bloco `catch` (linha 48 nesse caso). A condição na instrução `do...while` é `true` (a variável `continueLoop` contém seu valor inicial de `true`), então o controle retorna ao começo do loop e uma entrada é novamente solicitada ao usuário. Essa instrução de controle fará loop até que a entrada *válida* seja inserida. Nesse ponto, o controle de programa alcança a linha 32, que atribui `false` à variável `continueLoop`. O bloco `try` então *termina*. Se nenhuma exceção for lançada no bloco `try`, os blocos `catch` são *ignorados* e o controle continua com a primeira instrução depois dos blocos `catch` (veremos outra possibilidade ao discutir o bloco `finally` na Seção 11.6). Agora a condição para o loop `do...while` é `false` e o método `main` é encerrado.

O bloco `try` e seus blocos `catch` e/ou `finally` correspondentes formam uma **instrução `try`**. Não confunda os termos "bloco `try`" e "instrução `try`" — a última inclui o bloco `try`, bem como os seguintes blocos `catch` e/ou bloco `finally`.

Como acontece com qualquer outro bloco de código, quando um bloco `try` termina, *as variáveis locais* declaradas no bloco *saem de escopo* e não estão mais acessíveis; assim, as variáveis locais de um bloco `try` não são acessíveis nos blocos `catch` correspondentes. Quando um bloco `catch` *termina*, as *variáveis locais* declaradas dentro do bloco `catch` (incluindo o parâmetro de exceção desse bloco `catch`) também *saem de escopo* e são *destruídas*. Quaisquer blocos `catch` restantes na instrução `try` são *ignorados*, e a execução é retomada na primeira linha de código depois da sequência `try...catch` — essa será um bloco `finally`, se houver um presente.

Utilizando a cláusula `throws`

No método `quotient` (Figura 11.3, linhas 9 a 13), a linha 10 é conhecida como **cláusula `throws`**. Ela especifica as exceções que o método *pode* lançar se ocorrerem problemas. Essa cláusula, que deve aparecer após a lista de parâmetros e antes do corpo do método, contém uma lista separada por vírgulas dos tipos de exceção. Essas exceções podem ser lançadas por instruções no corpo do método ou por métodos chamados a partir daí. Adicionamos a cláusula `throws` a esse aplicativo para indicar que o método pode lançar uma `ArithmeticException`. Os chamadores do método `quotient` são assim informados de que o método pode lançar uma `ArithmeticException`. Alguns tipos de exceção, como `ArithmeticException`, não precisam ser listados na cláusula `throws`. Para aqueles que precisam, o método pode lançar exceções que têm o relacionamento *é um* com as classes listadas na cláusula `throws`. Você aprenderá mais sobre isso na Seção 11.5.

Dica de prevenção de erro 11.1

Leia a documentação on-line da API para obter informações sobre um método antes de utilizá-lo em um programa. A documentação especifica as exceções lançadas pelo método (se houver alguma) e indica as razões pelas quais tais exceções podem ocorrer. Em seguida, leia na documentação da API on-line as classes de exceção especificadas. A documentação para uma classe de exceção normalmente contém razões potenciais por que essas exceções ocorrem. Por fim, forneça o tratamento para essas exceções em seu programa.

Quando a linha 12 executar, se o `denominator` for zero, a JVM lança um objeto `ArithmeticException`. Esse objeto será capturado pelo bloco `catch` nas linhas 42 a 47, que exibe informações básicas sobre a exceção invocando *implicitamente* o método `toString` da exceção, e depois pede ao usuário que tente novamente.

Se o `denominator` não for zero, o método `quotient` realiza a divisão e retorna o resultado ao ponto de invocação do método `quotient` no bloco `try` (linha 29). As linhas 30 e 31 exibem o resultado do cálculo e a linha 32 configura `continueLoop` como `false`. Nesse caso, o bloco `try` completa com sucesso, então o programa pula os blocos `catch` e falha na condição da linha 48, e o método `main` completa a execução normalmente.

Quando `quotient` lança uma `ArithmeticException`, `quotient` *termina* e *não* retorna um valor, e as *variáveis locais de* `quotient` *saem de escopo* (e são destruídas). Se `quotient` contivesse variáveis locais que fossem referências a objetos e não houvesse nenhuma outra referência a eles, os objetos seriam marcados para a *coleta de lixo*. Além disso, quando ocorre uma exceção, o bloco `try` a partir do qual `quotient` foi chamado *termina* antes que as linhas 30 a 32 possam executar. Aqui, também, se variáveis locais fossem criadas no bloco `try` antes de a exceção ser lançada, essas variáveis sairiam de escopo.

Se uma `InputMismatchException` é gerada pelas linhas 25 ou 27, o bloco `try` *termina* e a execução *continua* com o bloco `catch` nas linhas 34 a 41. Nesse caso, o método `quotient` não é chamado. Então, o método `main` continua depois do último bloco `catch` (linha 48).

11.4 Quando utilizar o tratamento de exceção

O tratamento de exceção é projetado para processar **erros síncronos**, que ocorrem quando uma instrução executa. Os exemplos mais comuns que veremos ao longo do livro são *índices de array fora dos limites, estouro aritmético* (isto é, um valor fora do intervalo representável dos valores), *divisão por zero, parâmetros de método inválidos* e *interrupção de thread* (como veremos no Capítulo 23). O tratamento de exceção não é projetado para processar problemas associados com os **eventos assíncronos** (por exemplo, conclusões de E/S de disco, chegadas de mensagem de rede, cliques de mouse e pressionamentos de tecla), que ocorrem paralelamente com fluxo de controle do programa e *independentemente* dele.

Observação de engenharia de software 11.2

Incorpore seu tratamento de exceção e a estratégia de recuperação de erro a seu sistema desde o início do processo de projeto — incluí-las depois que um sistema foi implementado pode ser difícil.

Observação de engenharia de software 11.3

O tratamento de exceção fornece uma técnica única e uniforme para documentar, detectar e recuperar-se de erros. Isso ajuda os programadores que trabalham em grandes projetos a entender o código de processamento de erro uns dos outros.

Observação de engenharia de software 11.4

Há uma grande variedade de situações que geram exceções — algumas exceções são mais fáceis de recuperar do que outras.

11.5 Hierarquia de exceção Java

Todas as classes de exceção do Java herdam direta ou indiretamente da classe `Exception`, formando uma *hierarquia de herança*. Você pode estender essa hierarquia com suas próprias classes de exceção.

A Figura 11.4 mostra uma pequena parte da hierarquia de herança da classe `Throwable` (uma subclasse de `Object`), que é a superclasse da classe `Exception`. Somente objetos `Throwable` podem ser utilizados com o mecanismo de tratamento de exceção. A classe `Throwable` tem duas subclasses diretas: `Exception` e `Error`. A classe `Exception` e suas subclasses — por exemplo, `RuntimeException` (pacote `java.lang`) e `IOException` (pacote `java.io`) — representam situações excepcionais que podem ocorrer em um programa Java e que podem ser capturadas pelo aplicativo. A classe `Error` e suas subclasses representam *situações anormais* que acontecem na JVM. A maioria dos *`Error`s acontece com pouca frequência e não deve ser capturada pelos aplicativos — geralmente os aplicativos não podem se recuperar de `Error`s.*

A hierarquia de exceções do Java contém centenas de classes. As informações sobre classes de exceção do Java podem ser localizadas por toda a Java API. Você pode visualizar a documentação `Throwable` em `docs.oracle.com/javase/7/docs/api/java/lang/Throwable.html`. A partir daí, você pode examinar as subclasses dessa classe para obter informações adicionais sobre `Exception`s e `Error`s do Java.

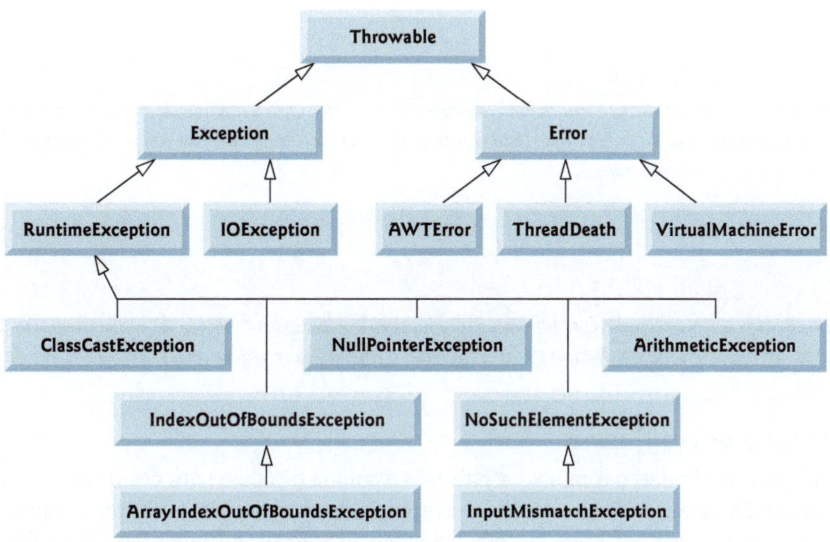

Figura 11.4 | Parte da hierarquia de herança da classe `Throwable`.

Exceções verificadas versus *não verificadas*

O Java distingue entre exceções verificadas e exceções não verificadas. Essa distinção é importante porque o compilador Java impõe requisitos especiais para exceções *verificadas* (discutidas mais adiante). O tipo de uma exceção determina se a exceção é verificada ou não.

`RuntimeException`s são exceções não verificadas

Todos os tipos de exceção que são subclasses diretas ou indiretas da classe `RuntimeException` (pacote `java.lang`) são exceções *não verificadas*. Elas geralmente são causadas por defeitos no código do seu programa. Exemplos de exceção não verificada incluem:

- `ArrayIndexOutOfBoundsExceptions` (discutidas no Capítulo 7) — você pode evitá-las assegurando que seus índices de array sempre são maiores do que ou igual a 0 e menores do que o `length` do array.

- `ArithmeticExceptions` (mostradas na Figura 11.3) — você pode evitar a `ArithmeticException` que ocorre ao dividir por zero verificando o denominador para determinar se ele é 0 *antes* de realizar o cálculo.

As classes que são herdadas direta ou indiretamente da classe `Error` (Figura 11.4) são *não verificadas*, porque `Errors` são problemas tão sérios que seu programa não deve nem mesmo tentar lidar com eles.

Exceções verificadas

Todas as classes que são herdadas da classe `Exception`, mas *não* direta ou indiretamente da classe `RuntimeException`, são consideradas exceções *verificadas*. Essas exceções geralmente são causadas por condições que não estão sob o controle do programa — por exemplo, no processamento de arquivos, o programa não pode abrir um arquivo se ele não existir.

O compilador e as exceções verificadas

O compilador verifica cada chamada de método e declaração de método para determinar se ele lança uma exceção verificada. Se sim, o compilador checa se a exceção verificada é *capturada* ou é *declarada* em uma cláusula `throws` — isso é conhecido como **requisito "capture ou declare" (catch-or-declare)**. Mostramos como capturar ou declarar exceções verificadas nos próximos exemplos. A partir da discussão da Seção 11.3, lembre-se de que a cláusula `throws` especifica as exceções que um método lança. Tais exceções não são capturadas no corpo do método. Para satisfazer a parte *capture* do *requisito capture ou declare*, o código que gera a exceção deve ser empacotado em um bloco `try` e fornecer uma rotina de tratamento `catch` para o tipo de exceção verificada (ou uma de suas superclasses). Para satisfazer a parte *declare* do requisito *capture ou declare*, o método contendo o código que gera a exceção deve fornecer uma cláusula `throws` contendo o tipo de exceção verificada depois de sua lista de parâmetros e antes do corpo do método. Se o requisito "capture ou declare" não for atendido, o compilador emitirá uma mensagem de erro. Isso força a pensar nos problemas que podem ocorrer quando um método que lança exceções verificadas for chamado.

Dica de prevenção de erro 11.2

Você deve lidar com exceções verificadas. Isso resulta em código mais robusto do que aquele que seria criado se você fosse capaz de simplesmente ignorar as exceções.

Erro comum de programação 11.2

Se um método de subclasse sobrescreve um método de superclasse, é um erro o método de subclasse listar mais exceções em sua cláusula `throws` do que o método da superclasse lista. Entretanto, a cláusula `throws` de uma subclasse pode conter um subconjunto da cláusula `throws` de uma superclasse.

Observação de engenharia de software 11.5

Se seu método chamar outros métodos que lançam exceções verificadas, essas exceções devem ser capturadas ou declaradas. Se uma exceção pode ser significativamente tratada em um método, o método deve capturar a exceção em vez de declará-la.

O compilador e exceções não verificadas

Ao contrário das exceções verificadas, o compilador Java *não* examina o código para determinar se uma exceção não verificada é capturada ou declarada. Em geral, pode-se *impedir* a ocorrência de exceções não verificadas com codificação adequada. Por exemplo, a `ArithmeticException` não verificada lançada pelo método `quotient` (linhas 9 a 13) na Figura 11.3 pode ser evitada se o método assegurar que o denominador não é zero *antes* de realizar a divisão. Não é necessário que as exceções *não* verificadas sejam listadas na cláusula `throws` de um método — mesmo se forem, essas exceções *não* precisam ser capturadas por um aplicativo.

Observação de engenharia de software 11.6

Embora o compilador não imponha o requisito capture ou declare para as exceções não verificadas, ele fornece o código de tratamento de exceção adequado quando se sabe que tais exceções são possíveis. Por exemplo, um programa deve processar a `NumberFormatException` do método `Integer parseInt`, mesmo que `NumberFormatException` seja uma subclasse indireta de `RuntimeException` (e, portanto, um tipo de exceção não verificada). Isso torna os programas mais robustos.

Capturando exceções de subclasse

Se uma rotina de tratamento `catch` for escrita para capturar objetos de exceção de *superclasse*, ele também pode capturar todos os objetos de *subclasses* dessa classe. Isso permite que `catch` trate exceções relacionadas *polimorficamente*. Você pode capturar cada subclasse individualmente se essas exceções exigirem processamento diferente.

Apenas a primeira `catch` que corresponde é executada

Se *múltiplos* blocos `catch` correspondem a um tipo particular de exceção, somente o *primeiro* bloco `catch` correspondente executará na ocorrência de uma exceção desse tipo. É um erro de compilação capturar *exatamente* o *mesmo tipo* em dois blocos `catch` diferentes associados com um bloco `try` particular. Entretanto, pode haver vários blocos `catch` que correspondam a uma exceção — isto é, vários blocos `catch` cujos tipos forem os mesmos que o tipo de exceção ou uma superclasse desse tipo. Por exemplo, poderíamos seguir um bloco `catch` para o tipo `ArithmeticException` com um bloco `catch` para o tipo `Exception` — ambos corresponderiam às `ArithmeticExceptions`, mas somente o primeiro bloco `catch` correspondente executaria.

Erro comum de programação 11.3

Colocar um bloco `catch` para um tipo de exceção de superclasse antes de outros blocos `catch` que capturam tipos de exceção de subclasse impediria que esses blocos executem, então ocorre um erro de compilação.

Dica de prevenção de erro 11.3

A captura de tipos de subclasse individualmente está sujeita a erro se você se esquecer de testar um ou mais dos tipos de subclasse explicitamente; capturar a superclasse garante que os objetos de todas as subclasses serão capturados. Posicionar um bloco `catch` para o tipo de superclasse depois de todos os outros blocos `catch` de subclasse garante que todas as exceções de subclasses são por fim capturadas.

Observação de engenharia de software 11.7

Na indústria, lançar ou capturar o tipo `Exception` é desencorajado — nós o utilizamos aqui simplesmente para demonstrar a mecânica do tratamento de exceção. Nos capítulos seguintes, geralmente lançamos e capturamos tipos de exceção mais específicos.

11.6 Bloco `finally`

Programas que obtêm certos recursos devem retorná-los ao sistema para evitar os assim chamados **vazamentos de recurso**. Em linguagens de programação como C e C++, o tipo mais comum de vazamento de recurso é um *vazamento de memória*. O Java realiza *coleta automática de lixo* de memória não mais utilizada por programas, evitando assim a maioria dos vazamentos de memória. Entretanto, outros tipos de vazamentos de recurso podem ocorrer. Por exemplo, arquivos, conexões de banco de dados e conexões de rede que não são fechadas adequadamente depois que não são mais necessárias talvez não estejam disponíveis para uso em outros programas.

Dica de prevenção de erro 11.4

Uma questão sutil é que o Java não elimina inteiramente os vazamentos de memória. O Java não efetuará coleta de lixo de um objeto até que não haja nenhuma referência a ele. Portanto, se você mantiver erroneamente referências a objetos indesejáveis, vazamentos de memória podem ocorrer.

O bloco `finally` (que consiste na palavra-chave `finally`, seguida pelo código entre chaves), às vezes referido como a **cláusula `finally`**, é opcional. Se estiver presente, ele é colocado depois do último bloco `catch`. Se não houver blocos `catch`, o bloco `finally`, se presente, segue imediatamente o bloco `try`.

Quando o bloco `finally` é executado

O `finally` será executado se uma exceção *for ou não* lançada no bloco `try` correspondente. O bloco `finally` também será executado se um bloco `try` for fechado usando uma instrução `return`, `break` ou `continue` ou simplesmente quando alcança a chave de fechamento direita. O caso em que o bloco `finally` *não* executará é se o aplicativo *sair precocemente* do bloco `try` chamando o método `System.exit`. Esse método, que demonstraremos no Capítulo 15, termina *imediatamente* um aplicativo.

Se uma exceção que ocorre em um bloco `try` não puder ser capturada por rotinas de tratamento `catch` desse bloco `try`, o programa pula o restante do bloco `try` e o controle prossegue para o bloco `finally`. Então, o programa passa a exceção para o próximo bloco `try` externo — normalmente no método chamador — onde um bloco `catch` associado pode capturá-lo. Esse processo pode ocorrer pelos muitos níveis de blocos `try`. Além disso, a exceção talvez *não seja capturada* (como discutido na Seção 11.3).

Se um bloco `catch` lançar uma exceção, o bloco `finally` ainda executará. Então, a exceção é passada para o próximo bloco `try` externo — novamente, em geral no método chamador.

Liberando recursos em um bloco `finally`

Como um bloco `finally` sempre é executado, ele normalmente contém *código de liberação do recurso*. Suponha que um recurso é alocado em um bloco `try`. Se nenhuma exceção ocorrer, os blocos `catch` são *ignorados* e o controle passa para o bloco `finally`, que libera o recurso. O controle então prossegue à primeira instrução depois do bloco `finally`. Se ocorrer uma exceção no bloco `try`, este *termina*. Se o programa capturar a exceção em um dos blocos `catch`, ele processa a exceção, depois o bloco `finally` *libera o recurso* e o controle prossegue para a primeira instrução depois do bloco `finally`. Se o programa não capturar a exceção, o bloco `finally` *ainda* libera o recurso e é feita uma tentativa de capturar a exceção em um método de chamada.

Dica de prevenção de erro 11.5

O bloco `finally` é um lugar ideal para liberar os recursos adquiridos em um bloco `try` (como arquivos abertos), o que ajuda a eliminar vazamentos de recurso.

Dica de desempenho 11.1

Sempre libere um recurso explicitamente e logo que ele não for mais necessário. Isso faz com que os recursos disponíveis possam ser reutilizados o mais rápido possível, melhorando assim a utilização dos recursos e o desempenho do programa.

Demonstrando o bloco `finally`

A Figura 11.5 demonstra que o bloco `finally` é executado mesmo se uma exceção *não* for lançada no bloco `try` correspondente. O programa contém métodos `static main` (linhas 6 a 18), `throwException` (linhas 21 a 44) e `doesNotThrowException` (linhas 47 a 64). Os métodos `throwException` e `doesNotThrowException` são declarados `static`, de modo que `main` possa chamá-los diretamente sem instanciar um objeto `UsingExceptions`.

```
1  // Figura 11.5: UsingExceptions.java
2  // mecanismo de tratamento de exceção try...catch...finally.
3
4  public class UsingExceptions
5  {
6     public static void main(String[] args)
7     {
8        try
9        {
10          throwException();
11       }
12       catch (Exception exception) // exceção lançada por throwException
13       {
14          System.err.println("Exception handled in main");
15       }
16
17       doesNotThrowException();
18    }
19
20    // demonstra try...catch...finally
21    public static void throwException() throws Exception
22    {
23       try // lança uma exceção e imediatamente a captura
24       {
25          System.out.println("Method throwException");
26          throw new Exception(); // gera a exceção
27       }
28       catch (Exception exception) // captura exceção lançada em try
29       {
30          System.err.println(
31             "Exception handled in method throwException");
32          throw exception; // lança novamente para processamento adicional
33
34         // o código aqui não seria alcançado; poderia causar erros de compilação
35
36       }
```

continua

continuação

```
37          finally // executa independentemente do que ocorre em try...catch
38          {
39             System.err.println("Finally executed in throwException");
40          }
41
42          // o código aqui não seria alcançado; poderia causar erros de compilação
43
44       }
45
46       // demonstra finally quando nenhuma exceção ocorrer
47       public static void doesNotThrowException()
48       {
49          try // bloco try não lança uma exceção
50          {
51             System.out.println("Method doesNotThrowException");
52          }
53          catch (Exception exception) // não executa
54          {
55             System.err.println(exception);
56          }
57          finally // executa independentemente do que ocorre em try...catch
58          {
59             System.err.println(
60                "Finally executed in doesNotThrowException");
61          }
62
63          System.out.println("End of method doesNotThrowException");
64       }
65    } // fim da classe UsingExceptions
```

```
Method throwException
Exception handled in method throwException
Finally executed in throwException
Exception handled in main
Method doesNotThrowException
Finally executed in doesNotThrowException
End of method doesNotThrowException
```

Figura 11.5 | Mecanismo de tratamento de exceção `try...catch...finally`.

`System.out` e `System.err` são **fluxos** — sequências de bytes. Enquanto `System.out` (conhecido como **fluxo de saída padrão**) exibe a saída de um programa, `System.err` (conhecido como **fluxo de erro padrão**) exibe os erros de um programa. A saída desses fluxos pode ser *redirecionada* (isto é, enviada para algum outro lugar diferente do *prompt de comando*, como um *arquivo*). Utilizar dois fluxos diferentes permite *separar* facilmente mensagens de erro de outra saída. Por exemplo, a saída de dados de `System.err` poderia ser enviada para um arquivo de log, enquanto a saída de dados de `System.out` pode ser exibida na tela. Para simplificar, este capítulo *não* redirecionará a saída de `System.err`, mas exibirá essas mensagens no *prompt de comando*. Você aprenderá mais sobre fluxos no Capítulo 15.

Lançando exceções com a instrução `throw`

O método `main` (Figura 11.5) começa a executar, entra em seu bloco `try` e imediatamente chama o método `throwException` (linha 10). O método `throwException` lança uma `Exception`. A instrução na linha 26 é conhecida como uma **instrução `throw`** — ela é executada para indicar uma exceção que ocorreu. Até agora, você só capturou exceções lançadas por métodos chamados. Você mesmo pode lançar exceções usando a instrução `throw`. Assim como com as exceções lançadas pelos métodos da Java API, isso indica para os aplicativos clientes que ocorreu um erro. Uma instrução `throw` especifica um objeto a ser lançado. O operando de um `throw` pode ser de qualquer classe derivada da classe `Throwable`.

Observação de engenharia de software 11.8

Quando `toString` é invocada em qualquer objeto `Throwable`, sua `string` resultante inclui a `String` descritiva que foi fornecida para o construtor, ou simplesmente o nome de classe se nenhuma `String` foi fornecida.

Observação de engenharia de software 11.9

Uma exceção pode ser lançada sem conter informações sobre o problema que ocorreu. Nesse caso, simplesmente saber que uma exceção de um tipo particular ocorreu pode fornecer informações suficientes para a rotina de tratamento processar o problema corretamente.

Observação de engenharia de software 11.10

Lance exceções de construtores para indicar que os parâmetros de construtor não são válidos — isso evita que um objeto seja criado em um estado inválido.

Relançando exceções

A linha 32 da Figura 11.5 **relança a exceção**. As exceções são relançadas quando um bloco `catch`, ao receber uma exceção, decide que não pode processar essa exceção ou que só pode processá-la parcialmente. Relançar uma exceção adia o tratamento de exceção (ou talvez uma parte dele) para outro bloco `catch` associado com uma instrução `try` externa. Uma exceção é relançada utilizando-se a **palavra-chave `throw`**, seguida por uma referência ao objeto de exceção que acabou de ser capturado. Exceções não podem ser relançadas de um bloco `finally`, uma vez que o parâmetro de exceção (uma variável local) do bloco `catch` não existe mais.

Quando ocorre um relançamento, o *próximo bloco `try` circundante* detecta a exceção relançada e os blocos `catch` desse bloco `try` tentam tratá-la. Nesse caso, o próximo bloco `try` circundante é localizado nas linhas 8 a 11 do método `main`. Antes, porém, de a exceção relançada ser tratada, o bloco `finally` (linhas 37 a 40) executa. Então, o método `main` detecta a exceção relançada no bloco `try` e a trata no bloco `catch` (linhas 12 a 15).

Em seguida, `main` chama o método `doesNotThrowException` (linha 17). Nenhuma exceção é lançada no bloco `try` de `doesNotThrowException` (linhas 49 a 52), então o programa pula o bloco `catch` (linhas 53 a 56), mas, apesar disso, o bloco `finally` (linhas 57 a 61) executa. O controle prossegue para a instrução depois do bloco `finally` (linha 63). Então, o controle retorna a `main` e o programa é encerrado.

Erro comum de programação 11.4

Se uma exceção não tiver sido capturada quando o controle entrar em um bloco `finally` e esse bloco lançar uma exceção que não será capturada por ele, a primeira exceção será perdida e a exceção do bloco será retornada ao método chamador.

Dica de prevenção de erro 11.6

Evite inserir em um bloco `finally` código que pode usar `throw` para lançar uma exceção. Se esse código for necessário, inclua o código em um `try...catch` dentro do bloco `finally`.

Erro comum de programação 11.5

Supor que uma exceção lançada de um bloco `catch` será processada por esse bloco `catch` ou qualquer outro bloco `catch` associado com a mesma instrução `try` pode resultar em erros de lógica.

Boa prática de programação 11.1

O tratamento de exceção remove o código de processamento de erro da linha principal do código de um programa para melhorar a clareza do programa. Não coloque `try...catch... finally` em torno de toda instrução que possa lançar uma exceção. Isso diminui a legibilidade. Em vez disso, coloque um bloco `try` em torno de uma parte significativa do código. Esse bloco `try` deve ser seguido por blocos `catch` que tratam cada possível exceção e os blocos `catch` devem ser seguidos por um único bloco `finally` (se algum for necessário).

11.7 Liberando a pilha e obtendo informações de um objeto de exceção

Quando uma exceção é lançada mas *não capturada* em um escopo em particular, a pilha de chamada de método é "desempilhada" e é feita uma tentativa de capturar (`catch`) a exceção no próximo bloco `try` externo. Esse processo é chamado **desempilhamento de pilha**. Desempilhar a pilha de chamada de método significa que o método em que a exceção não foi capturada é *encerrado*, todas as variáveis locais nesse método *saem de escopo* e o controle retorna à instrução que originalmente invocou esse método. Se um bloco `try` incluir essa instrução, uma tentativa de capturar a exceção com `catch` é feita. Se um bloco `try` não encerrar essa instrução ou se a exceção não for capturada, mais uma vez ocorre desempilhamento de pilha. A Figura 11.6 demonstra o desempilhamento de pilha, e a rotina de tratamento de exceção em `main` mostra como acessar os dados em um objeto de exceção.

Desempilhamento de pilha

Em `main`, o bloco `try` (linhas 8 a 11) chama `method1` (declarado nas linhas 35 a 38), que por sua vez chama `method2` (declarado nas linhas 41 a 44), que então chama `method3` (declarado nas linhas 47 a 50). A linha 49 de `method3` lança um objeto `Exception` — esse é o *ponto de lançamento*. Como a instrução `throw` na linha 49 *não* está incluída em um bloco `try`, o *desempilhamento* ocorre — `method3` termina na linha 49, então o controle retorna à instrução em `method2` que invocou `method3` (isto é, linha 43). Como *nenhum* bloco `try` inclui a linha 43, o *desempilhamento* ocorre novamente — `method2` termina na linha 43 e controle retorna à instrução em `method1` que invocou `method2` (isto é, linha 37). Como *nenhum* bloco `try` inclui a linha 37, o *desempilhamento* ocorre mais uma vez — `method1` termina na linha 37 e o controle retorna à instrução em `main` que invocou `method1` (isto é, linha 10). O `try` bloco nas linhas 8 a 11 inclui essa instrução. A exceção não foi tratada, então o bloco `try` termina e o primeiro bloco `catch` correspondente (linhas 12 a 31) captura e processa a exceção. Se não houvesse blocos `catch` correspondentes, e a exceção *não* for *declarada* em cada método que a lança, pode ocorrer um erro de compilação. Lembre-se de que esse nem sempre é o caso — para exceções *não verificadas*, o aplicativo compilará, mas executará com resultados inesperados.

```
1  // Figura 11.6: UsingExceptions.java
2  // Desempilhando e obtendo dados a partir de um objeto de exceção.
3
4  public class UsingExceptions
5  {
6     public static void main(String[] args)
7     {
8        try
9        {
10          method1();
11       }
12       catch (Exception exception) // captura a exceção lançada em method1
13       {
14          System.err.printf("%s%n%n", exception.getMessage());
15          exception.printStackTrace();
16
17          // obtém informações de rastreamento de pilha
18          StackTraceElement[] traceElements = exception.getStackTrace();
19
20          System.out.printf("%nStack trace from getStackTrace:%n");
21          System.out.println("Class\t\tFile\t\t\tLine\tMethod");
22
23          // faz um loop por traceElements para obter a descrição da exceção
24          for (StackTraceElement element : traceElements)
25          {
26             System.out.printf("%s\t", element.getClassName());
27             System.out.printf("%s\t", element.getFileName());
28             System.out.printf("%s\t", element.getLineNumber());
29             System.out.printf("%s%n", element.getMethodName());
30          }
31       }
32    } // fim de main
33
34    // chama method2; lança exceções de volta para main
35    public static void method1()throws Exception
36    {
37       method2();
38    }
39
40    // chama method3; lança exceções de volta para method1
```

continua

continuação

```
41     public static void method2()throws Exception
42     {
43        method3();
44     }
45
46     // lança Exception de volta para method2
47     public static void method3()throws Exception
48     {
49        throw new Exception("Exception thrown in method3");
50     }
51  } // fim da classe UsingExceptions
```

```
Exception thrown in method3

java.lang.Exception: Exception thrown in method3
        at UsingExceptions.method3(UsingExceptions.java:49)
        at UsingExceptions.method2(UsingExceptions.java:43)
        at UsingExceptions.method1(UsingExceptions.java:37)
        at UsingExceptions.main(UsingExceptions.java:10)

Stack trace from getStackTrace:
Class           File                   Line    Method
UsingExceptions UsingExceptions.java   49      method3
UsingExceptions UsingExceptions.java   43      method2
UsingExceptions UsingExceptions.java   37      method1
UsingExceptions UsingExceptions.java   10      main
```

Figura 11.6 | Desempilhando e obtendo dados de um objeto de exceção.

Obtendo dados de um objeto de exceção

Todas as exceções derivam da classe `Throwable`, que tem um método **`printStackTrace`** que envia para o fluxo de erros padrão o *rastreamento de pilha* (discutido na Seção 11.2). Frequentemente isso é útil no processo de teste e depuração. A classe `Throwable` também fornece um método **`getStackTrace`** que recupera as informações sobre o rastreamento de pilha que podem ser impressas por `printStackTrace`. O método **`getMessage`** da classe `Throwable` retorna a string descritiva armazenada em uma exceção.

Dica de prevenção de erro 11.7

Uma exceção que não é capturada em um aplicativo faz com que a rotina de tratamento de exceção padrão do Java execute. Isso exibe o nome da exceção, uma mensagem descritiva que indica o problema que ocorreu e um completo rastreamento da pilha de execução. Em um aplicativo com uma única thread de execução, o aplicativo termina. Em um aplicativo com várias threads, a thread que causou a exceção termina. Discutimos multithreading no Capítulo 23.

Dica de prevenção de erro 11.8

O método `Throwable` `toString` (herdado por todas as subclasses `Throwable`) retorna uma `string` contendo o nome da classe da exceção e uma mensagem descritiva.

A rotina de tratamento `catch` na Figura 11.6 (linhas 12 a 31) demonstra `getMessage`, `printStackTrace` e `getStackTrace`. Se quiséssemos gerar as informações de rastreamento de pilha para fluxos além do fluxo de erros padrão, poderíamos usar as informações retornadas de `getStackTrace` e enviá-las para outro fluxo ou usar uma das versões sobrecarregadas do método `printStackTrace`. O envio de dados para outros fluxos é discutido no Capítulo 15.

A linha 14 invoca o método `getMessage` da exceção para obter a *descrição de exceção*. A linha 15 invoca o método `printStackTrace` da exceção para gerar saída do *rastreamento de pilha*, que indica onde ocorreu a exceção. A linha 18 invoca o método `getStackTrace` da exceção para obter as informações de rastreamento de pilha como um array de objetos **`StackTraceElement`**. As linhas 24 a 30 obtêm cada `StackTraceElement` no array e invocam seus métodos **`getClassName`**, **`getFileName`**, **`getLineNumber`** e **`getMethodName`** para obter o nome da classe, o nome do arquivo, o número da linha e o nome de método, respectivamente, para esse `StackTraceElement`. Todo `StackTraceElement` representa *uma* chamada de método na *pilha de chamadas de método*.

A saída do programa mostra que a saída de `printStackTrace` segue o padrão: *nomeDaClasse.nomeDoMétodo* (*nomeDoArquivo:númeroDaLinha*), em que *nomeDaClasse*, *nomeDoMétodo* e *nomeDoArquivo* indicam o nome da classe, do método e do arquivo em que a exceção ocorreu, respectivamente, e *númeroDaLinha* indica onde no arquivo ocorreu a exceção. Vimos isso na saída para a Figura 11.2. O método `getStackTrace` permite processamento personalizado das informações sobre a exceção. Compare a saída de `printStackTrace` com a saída criada a partir de `StackTraceElements` para ver que ambas contêm as mesmas informações de rastreamento de pilha.

Observação de engenharia de software 11.11

Ocasionalmente, talvez você queira ignorar uma exceção escrevendo uma rotina de tratamento `catch` com um corpo vazio. Antes de fazer isso, certifique-se de que a exceção não indica uma condição que o código mais acima na pilha pode querer reconhecer ou do qual pode querer se recuperar.

11.8 Exceções encadeadas

Às vezes, um método responde a uma exceção lançando um tipo de exceção diferente que é específico para o aplicativo atual. Se um bloco `catch` lançar uma nova exceção, as informações e o rastreamento de pilha da exceção original são *perdidos*. As primeiras versões do Java não forneciam nenhum mecanismo para empacotar as informações da exceção original com as informações da nova exceção a fim de fornecer um rastreamento de pilha completo que mostre onde o problema original ocorreu. Isso torna a depuração desses problemas particularmente difícil. **Exceções encadeadas** permitem que um objeto de exceção mantenha informações completas do rastreamento de pilha da exceção original. A Figura 11.7 demonstra exceções encadeadas.

```java
// Figura 11.7: UsingChainedExceptions.java
// Exceções encadeadas.

public class UsingChainedExceptions
{
   public static void main(String[] args)
   {
      try
      {
         method1();
      }
      catch (Exception exception) // exceções lançadas de method1
      {
         exception.printStackTrace();
      }
   }

   // chama method2; lança exceções de volta para main
   public static void method1()throws Exception
   {
      try
      {
         method2();
      } // fim do try
      catch (Exception exception) // exceção lançada de method2
      {
         throw new Exception("Exception thrown in method1", exception);
      }
   }

   // chama method3; lança exceções de volta para method1
   public static void method2()throws Exception
   {
      try
      {
         method3();
      }
      catch (Exception exception) // exceção lançada de method3
      {
         throw new Exception("Exception thrown in method2", exception);
      }
   }

```

continua

continuação

```
44    // lança Exception de volta para method2
45    public static void method3() throws Exception
46    {
47       throw new Exception("Exception thrown in method3");
48    }
49 } // fim da classe UsingChainedExceptions
```

```
java.lang.Exception: Exception thrown in method1
        at UsingChainedExceptions.method1(UsingChainedExceptions.java:27)
        at UsingChainedExceptions.main(UsingChainedExceptions.java:10)
Caused by: java.lang.Exception: Exception thrown in method2
        at UsingChainedExceptions.method2(UsingChainedExceptions.java:40)
        at UsingChainedExceptions.method1(UsingChainedExceptions.java:23)
        ... 1 more
Caused by: java.lang.Exception: Exception thrown in method3
        at UsingChainedExceptions.method3(UsingChainedExceptions.java:47)
        at UsingChainedExceptions.method2(UsingChainedExceptions.java:36)
        ... 2 more
```

Figura 11.7 | Exceções encadeadas.

Fluxo do programa de controle

O programa consiste em quatro métodos — `main` (linhas 6 a 16), `method1` (linhas 19 a 29), `method2` (linhas 32 a 42) e `method3` (linhas 45 a 48). A linha 10 no bloco `try` do método `main` chama `method1`. A linha 23 no bloco `try` do `method1` chama `method2`. A linha 36 no bloco `try` do `method2` chama `method3`. Em `method3`, a linha 47 lança uma nova `Exception`. Como essa instrução não está em um bloco `try`, `method3` termina e a exceção é retornada ao método chamador (`method2`) na linha 36. Essa instrução *está* em um bloco `try`; portanto, o bloco `try` termina e a exceção é capturada nas linhas 38 a 41. A linha 40 no bloco `catch` lança uma nova exceção. Nesse caso, o construtor `Exception` com *dois* argumentos é chamado. O segundo argumento representa a exceção que era a causa original do problema. Nesse programa, essa exceção ocorreu na linha 47. Como uma exceção é lançada a partir do bloco `catch`, `method2` termina e retorna a nova exceção ao método chamador (`method1`) na linha 23. Mais uma vez, essa instrução está em um bloco `try`, então o bloco `try` termina e a exceção é capturada nas linhas 25 a 28. A linha 27 no bloco `catch` lança uma nova exceção e utiliza a exceção que foi capturada como o segundo argumento para o construtor `Exception`. Como uma exceção é lançada a partir do bloco `catch`, `method1` termina e retorna a nova exceção ao método chamador (`main`) na linha 10. O bloco `try` em `main` termina e a exceção é capturada nas linhas 12 a 15. A linha 14 imprime um rastreamento de pilha.

Saída do programa

Note na saída do programa que as três primeiras linhas mostram a exceção mais recente que foi lançada (isto é, aquela de `method1` na linha 27). As próximas quatro linhas indicam a exceção que foi lançada a partir de `method2` na linha 40. Por fim, as quatro últimas linhas representam a exceção que foi lançada de `method3` na linha 47. Note também que, se você ler a saída no sentido inverso, ela mostra quantas exceções encadeadas restam.

11.9 Declarando novos tipos de exceção

A maioria dos programadores em Java utiliza as classes *existentes* da Java API, fornecedores independentes e bibliotecas de classe livremente disponíveis (normalmente descarregáveis a partir da internet) para construir aplicativos Java. Em geral, os métodos dessas classes são declarados para lançar exceções apropriadas se ocorrer algum problema. Você escreve código que processa essas exceções existentes para tornar seus programas mais robustos.

Se você construir classes que outros programadores utilizarão, muitas vezes é apropriado declarar suas próprias classes de exceção que são específicas para os problemas que podem ocorrer quando outro programador usa suas classes reutilizáveis.

Um novo tipo de exceção deve estender uma existente

Uma nova classe de exceção deve estender uma classe de exceção existente para assegurar que a classe pode ser utilizada com o mecanismo de tratamento de exceção. Uma classe de exceção é como qualquer outra; mas uma nova classe de exceção típica contém apenas quatro construtores:

- um que não recebe argumentos e passa uma mensagem de erro padrão `String` para o construtor da superclasse
- um que recebe uma mensagem de erro personalizada de exceção como uma `String` e a passa para o construtor da superclasse

- um que recebe uma mensagem de erro personalizada como uma `String` e uma `Throwable` (para encadear exceções) e passa ambas para o construtor da superclasse
- um que recebe uma `Throwable` (para encadear exceções) e a passa para o construtor da superclasse.

Boa prática de programação 11.2

Associar cada tipo de malfuncionamento sério em tempo de execução com uma classe `Exception` *apropriadamente identificada aprimora a clareza do programa.*

Observação de engenharia de software 11.12

Ao definir seu próprio tipo de exceção, estude as classes de exceção existentes na Java API e tente estender uma classe de exceção relacionada. Por exemplo, se estiver criando uma nova classe para representar quando um método tenta uma divisão por zero, você poderia estender a classe `ArithmeticException`*, porque a divisão por zero ocorre durante a aritmética. Se as classes existentes não forem superclasses apropriadas para sua nova classe de exceção, decida se a nova classe deve ser uma classe de exceção verificada ou não verificada. Caso se exija que os clientes tratem a exceção, a nova classe de exceção deve ser uma exceção verificada (isto é, estender* `Exception`*, mas não* `RuntimeException`*). A aplicação cliente deve ser razoavelmente capaz de se recuperar de tal exceção. Se o código do cliente deve ser capaz de ignorar a exceção (isto é, a exceção é não verificada), a nova classe de exceção deve estender* `RuntimeException`*.*

Exemplo de uma classe de exceção personalizada

No Capítulo 21, "Estruturas de dados genéricas personalizadas", fornecemos um exemplo de uma classe de exceção *personalizada*. Declaramos uma classe reutilizável chamada `List`, que é capaz de armazenar uma lista de referências a objetos. Algumas operações normalmente realizadas em uma `List` não são permitidas se a `List` estiver vazia, como remover um item do início ou do fim da lista. Por essa razão, alguns métodos `List` lançam exceções da classe de exceções `EmptyListException`.

Boa prática de programação 11.3

Por convenção, todos os nomes de classe de exceções devem terminar com a palavra `Exception`*.*

11.10 Pré-condições e pós-condições

Programadores gastam muito tempo mantendo e depurando código. Para facilitar essas tarefas e aprimorar todo o design, você pode especificar os estados esperados antes e depois da execução de um método. Esses estados são chamados pré-condições e pós-condições, respectivamente.

Pré-condições

Uma **pré-condição** deve ser verdadeira quando um método é *invocado*. Pré-condições descrevem restrições nos parâmetros do método e quaisquer outras expectativas que o método tem sobre o estado atual de um programa *antes de começar a executar*. Se as pré-condições *não* forem atendidas, então o comportamento do método é *indefinido* — ele pode *lançar uma exceção*, *prosseguir com um valor ilegal* ou *tentar recuperar-se* do erro. Você não deve esperar um comportamento consistente se as pré-condições não forem atendidas.

Pós-condições

Uma **pós-condição** é verdadeira *depois que o método retorna com sucesso*. As pós-condições descrevem *as restrições sobre o valor de retorno e quaisquer outros efeitos colaterais* que o método possa apresentar. Ao definir um método, você deve documentar todas as pós-condições para que outros saibam o que esperar ao chamar seu método, e você deve se certificar de que seu método honra todas as pós-condições se as pré-condições forem realmente atendidas.

Lançando exceções quando pré-condições ou pós-condições não são atendidas

Quando as pré-condições ou pós-condições não são atendidas, métodos tipicamente lançam exceções. Como um exemplo, examine o método `String` `charAt`, que tem um parâmetro `int` — um índice na `String`. Para uma pré-condição, o método `charAt` supõe que `index` é maior ou igual a zero e menor que o comprimento da `String`. Se a pré-condição é atendida, a pós-condição declara que o método retornará o caractere à posição da `String` especificada pelo parâmetro `index`. Caso contrário, o método lança uma `IndexOutOfBoundsException`. Confiamos que o método `charAt` satisfaz sua pós-condição, desde que atendamos à pré-condição. Não precisamos nos preocupar com os detalhes de como o método realmente recupera o caractere no índice.

Normalmente, as pré-condições e pós-condições de um método são descritas como parte da especificação dele. Ao projetar seus próprios métodos, você deve declarar as pré-condições e pós-condições em um comentário antes de escrever um método.

11.11 Assertivas

Ao implementar e depurar uma classe, às vezes é útil declarar as condições que devem ser verdadeiras em um ponto particular de um método. Essas condições, chamadas de **assertivas**, ajudam a assegurar a validade de um programa capturando bugs potenciais e identificando possíveis erros de lógica durante o desenvolvimento. As pré-condições e as pós-condições são dois tipos de assertivas. As pré-condições são assertivas sobre o estado de um programa quando um método é invocado, e as pós-condições são assertivas sobre o estado depois do encerramento de um método.

Embora as assertivas possam ser declaradas como comentários para orientar durante o desenvolvimento, o Java inclui duas versões da instrução **`assert`** para validar as assertivas programaticamente. A instrução `assert` avalia uma expressão `boolean` e, se `false`, lança um **`AssertionError`** (uma subclasse de `Error`). A primeira forma da instrução `assert` é

`assert` *expressão*;

o que lança um `AssertionError` se *a expressão* for `false`. A segunda forma é

`assert` *expressão1* : *expressão2*;

que avalia *expressão1* e lança um `AssertionError` com *expressão2* como a mensagem de erro se a *expressão1* for `false`.

Você pode utilizar assertivas para implementar programaticamente as *pré-condições* e *pós-condições* ou verificar qualquer outro estado *intermediário* que ajude a assegurar que o código está funcionando corretamente. A Figura 11.8 demonstra a instrução `assert`. A linha 11 apresenta um prompt pedindo ao usuário que insira um número entre 0 e 10 e, então, a linha 12 lê o número. A linha 15 determina se o usuário inseriu um número dentro do intervalo válido. Se o número estiver fora do intervalo, a instrução `assert` informa um erro; caso contrário, o programa prossegue normalmente.

```
1  // Figura 11.8: AssertTest.java
2  // Verificando com assert se um valor está dentro do intervalo
3  import java.util.Scanner;
4
5  public class AssertTest
6  {
7     public static void main(String[] args)
8     {
9        Scanner input = new Scanner(System.in);
10
11       System.out.print("Enter a number between 0 and 10: ");
12       int number = input.nextInt();
13
14       // afirma que o valor é >= 0 e <= 10
15       assert (number >= 0 && number <= 10) : "bad number: " + number;
16
17       System.out.printf("You entered %d%n", number);
18    }
19 } // fim da classe AssertTest
```

```
Enter a number between 0 and 10: 5
You entered 5
```

```
Enter a number between 0 and 10: 50
Exception in thread "main" java.lang.AssertionError: bad number: 50
        at AssertTest.main(AssertTest.java:15)
```

Figura 11.8 | Verificando com `assert` se um valor está dentro do intervalo.

Use instruções principalmente para depurar e identificar erros de lógica em um aplicativo. Você deve ativar explicitamente as assertivas ao executar um programa, porque elas reduzem o desempenho e são desnecessárias ao usuário do programa. Para fazer isso, utilize a opção de linha de comando `-ea` do comando `java`, como em

```
java -ea AssertTest
```

Observação de engenharia de software 11.13

Os usuários não devem encontrar `AssertionErrors` *— eles devem ser usados somente durante o desenvolvimento do programa. Por essa razão, você não deve capturar* `AssertionErrors`*. Em vez disso, permita que o programa termine, assim você pode ver a mensagem de erro e então localizar e corrigir a fonte do problema. Não use* `assert` *para indicar problemas em tempo de execução no código de produção (como fizemos na Figura 11.8 para propósitos de demonstração) — use o mecanismo de exceção para essa finalidade.*

11.12 try com recursos: desalocação automática de recursos

Normalmente, o *código de liberação de recurso* deve ser colocado em um bloco `finally` para garantir que um recurso é liberado, independentemente de haver exceções quando o recurso foi usado no bloco `try` correspondente. Uma notação alternativa — a instrução **try com recursos** (introduzida no Java SE 7) — simplifica escrever código em que você obtém um ou mais recursos, usa-os em um bloco `try` e libera-os em um bloco `finally` correspondente. Por exemplo, um aplicativo de processamento de arquivo pode processar um arquivo utilizando uma instrução `try` com recursos para garantir que o arquivo é fechado adequadamente quando ele não mais é necessário — demonstramos isso no Capítulo 15. Cada recurso deve ser um objeto de uma classe que implementa a interface **`AutoCloseable`** e, portanto, fornece um método `close`. A forma geral de uma instrução `try` com recursos é

```
try (NomeDaClasse theObject = new NomeDaClasse())
{
   // usa theObject aqui
}
catch (Exception e)
{
   // captura exceções que ocorrem durante o uso do recurso
}
```

onde *NomeDaClasse* é uma classe que implementa a interface `AutoCloseable`. Esse código cria um objeto do tipo *NomeDaClasse* e o usa no bloco `try`, depois chama o método `close` para liberar quaisquer recursos usados pelo objeto. A instrução `try` com recursos chama *implicitamente* o método `close` de `theObject` *no final do bloco* `try`. Você pode atribuir vários recursos nos parênteses depois de `try` separando-os com um ponto e vírgula (`;`). Veremos exemplos da instrução `try` com recursos nos capítulos 15 e 24.

11.13 Conclusão

Neste capítulo, você aprendeu a utilizar o tratamento de exceção para lidar com erros. Aprendeu que o tratamento de exceção permite remover código de tratamento de erro a partir da "linha principal" da execução do programa. Mostramos como utilizar blocos `try` para incluir código que pode lançar uma exceção e como utilizar blocos `catch` para lidar com possíveis exceções.

Você aprendeu sobre o modelo de terminação de tratamento de exceção, que determina que depois de uma exceção ser tratada, o controle de programa não retorna ao ponto de lançamento. Discutimos exceções verificadas *versus* não verificadas e como especificar com a cláusula `throws` as exceções que um método pode lançar.

Você aprendeu como utilizar o bloco `finally` para liberar recursos, se ocorrer uma exceção ou não. Também aprendeu como lançar e relançar exceções. Mostramos como obter informações sobre uma exceção usando os métodos `printStackTrace`, `getStackTrace` e `getMessage`. Então, apresentamos exceções encadeadas, que permitem empacotar informações da exceção original com novas informações de exceção. Então, mostramos como criar suas próprias classes de exceção.

Introduzimos as pré-condições e pós-condições para ajudar os programadores que utilizam seus métodos a entender as condições que devem ser verdadeiras quando o método é chamado e quando ele retorna, respectivamente. Quando pré-condições e pós-condições não são atendidas, os métodos geralmente lançam exceções. Discutimos a instrução `assert` e como ela pode ser utilizada para ajudar a depurar programas. Em particular, `assert` pode ser usado para garantir que as pré-condições e pós-condições são atendidas.

Também introduzimos multi-`catch` para processar vários tipos de exceção na mesma rotina de tratamento `catch` e a instrução `try` com recursos para desalocar automaticamente um recurso depois que ele é usado no bloco `try`. No próximo capítulo, faremos um exame mais detalhado das interfaces gráficas com o usuário (GUIs).

Resumo

Seção 11.1 Introdução

- Uma exceção é uma indicação de um problema que ocorre durante a execução de um programa.
- O tratamento de exceção permite aos programadores criar aplicativos que podem resolver exceções.

Seção 11.2 Exemplo: divisão por zero sem tratamento de exceção

- As exceções são lançadas quando um método detecta um problema e é incapaz de tratá-lo.
- O rastreamento de pilha de uma exceção inclui o nome da exceção em uma mensagem que indica o tipo de problema que ocorreu e a pilha completa de chamadas de método no momento em que a exceção ocorreu.
- O ponto no programa em que uma exceção ocorre é chamado de ponto de lançamento.

Seção 11.3 Exemplo: tratando `ArithmeticExceptions` e `InputMismatchExceptions`

- Um bloco `try` inclui o código que talvez lance (`throw`) uma exceção e o código que não deve executar se essa exceção ocorrer.
- As exceções podem emergir por meio de código explicitamente mencionado em um bloco `try`, por chamadas para outros métodos ou até mesmo pelas chamadas de método profundamente aninhadas iniciadas pelo código no bloco `try`.
- Um bloco `catch` inicia com a palavra-chave `catch` e um parâmetro de exceção seguido por um bloco de código que trata a exceção. Esse código executa quando o bloco `try` detecta a exceção.
- Pelo menos um bloco `catch` ou `finally` deve seguir imediatamente o bloco `try`.
- Um bloco `catch` especifica entre parênteses um parâmetro de exceção identificando o tipo de exceção a tratar. O nome do parâmetro de exceção permite ao bloco `catch` interagir com um objeto de exceção capturado.
- Uma exceção não capturada é uma exceção que ocorre para a qual não há nenhum bloco `catch` correspondente. Uma exceção não capturada fará com que um programa termine antes da hora se esse programa contiver somente uma thread. Caso contrário, somente a thread em que a exceção ocorreu terminará. O restante do programa será executado, mas possivelmente com resultados adversos.
- Multi-`catch` permite capturar vários tipos de exceção em uma única rotina de tratamento `catch` e realizar a mesma tarefa para cada tipo de exceção. A sintaxe para uma multi-`catch` é:

```
catch (Tipo1 | Tipo2 | Tipo3 e)
```

- Cada tipo de exceção é separado do seguinte por uma barra vertical (`|`).
- Se ocorrer uma exceção em um bloco `try`, o bloco `try` termina imediatamente e o programa transfere o controle ao primeiro bloco `catch` com um tipo de parâmetro que corresponde ao tipo de exceção lançada.
- Depois que uma exceção é tratada, o controle de programa não retorna ao ponto de lançamento, porque o bloco `try` expirou. Isso é conhecido como modelo de terminação do tratamento de exceção.
- Se houver múltiplos blocos `catch` correspondentes quando uma exceção ocorrer, somente o primeiro é executado.
- A cláusula `throws` especifica uma lista separada por vírgula das exceções que o método pode lançar, e aparece após a lista de parâmetros do método e antes do corpo do método.

Seção 11.4 Quando utilizar o tratamento de exceção

- O tratamento de exceção processa erros síncronos, que ocorrem quando uma instrução é executada.
- O tratamento de exceção não é projetado para processar problemas associados com eventos assíncronos, que ocorrem paralelamente com o fluxo do programa de controle e independentemente dele.

Seção 11.5 Hierarquia de exceção Java

- Todas as classes de exceção do Java herdam direta ou indiretamente da classe `Exception`.
- Programadores podem estender a hierarquia de exceções Java com suas próprias classes de exceção.
- A classe `Throwable` é a superclasse de classe `Exception` e, portanto, também é a superclasse de todas as exceções. Somente objetos `Throwable` podem ser utilizados com o mecanismo de tratamento de exceção.
- A classe `Throwable` tem duas subclasses: `Exception` e `Error`.
- A classe `Exception` e suas subclasses representam problemas que poderiam ocorrer em um programa Java e ser capturados pelo aplicativo.
- A classe `Error` e suas subclasses representam problemas que poderiam acontecer no sistema de tempo de execução do Java. `Errors` raramente acontecem e, em geral, não devem ser capturados por um aplicativo.
- O Java distingue duas categorias de exceção: verificadas e não verificadas.
- O compilador Java não verifica se uma exceção não verificada é capturada ou declarada. Em geral, pode-se impedir a ocorrência de exceções não verificadas com codificação adequada.

- Subclasses de `RuntimeException` representam exceções não verificadas. Todos os tipos de exceção que herdam da classe `Exception`, mas não da `RuntimeException`, são exceções verificadas.
- Se um bloco `catch` é escrito para capturar objetos de exceção de um tipo de superclasse, ele também pode capturar todos os objetos das subclasses dessa classe. Isso permite processamento polimórfico de exceções relacionadas.

Seção 11.6 Bloco `finally`

- Os programas que obtêm certos tipos de recursos devem retorná-los ao sistema para evitar os supostos vazamentos de recursos. O código de liberação de recurso é geralmente colocado em um bloco `finally`.
- O bloco `finally` é opcional. Se estiver presente, ele é colocado depois do último bloco `catch`.
- O bloco `finally` executará se uma exceção for lançada no bloco `try` correspondente ou em qualquer um de seus blocos `catch` correspondentes.
- Se uma exceção não puder ser capturada por uma das rotinas de tratamento `try` associadas ao bloco `catch`, o controle passa para o bloco `finally`. Então, a exceção é passada para o próximo bloco `try` externo.
- Se um bloco `catch` lançar uma exceção, o bloco `finally` ainda executará. Então, a exceção é passada para o próximo bloco `try` externo.
- A instrução `throw` pode lançar qualquer objeto `Throwable`.
- As exceções são relançadas quando um bloco `catch`, ao receber uma exceção, decide que não pode processar essa exceção ou que só pode processá-la parcialmente. Relançar uma exceção adia o tratamento de exceção (ou talvez uma parte dele) para outro bloco `catch`.
- Quando ocorre um relançamento, o próximo bloco `try` circundante detecta a exceção relançada e os blocos `catch` desse bloco `try` tentam tratá-la.

Seção 11.7 Liberando a pilha e obtendo informações de um objeto de exceção

- Quando uma exceção é lançada mas não é capturada em um escopo particular, a pilha de chamadas de método é desempilhada e uma tentativa de capturar (`catch`) a exceção é feita na próxima instrução `try` externa.
- A classe `Throwable` oferece um método `printStackTrace` que imprime a pilha de chamadas de método. Frequentemente, isso é útil no processo de teste e depuração.
- A classe `Throwable` também fornece um método `getStackTrace` que obtém as mesmas informações de rastreamento de pilha que são impressas por `printStackTrace`.
- O método `getMessage` da classe `Throwable` retorna a string descritiva armazenada em uma exceção.
- O método `getStackTrace` obtém as informações de rastreamento de pilha como um array de objetos `StackTraceElement`. Todo `StackTraceElement` representa uma chamada de método na pilha de chamadas de método.
- Os métodos `StackTraceElement` `getClassName`, `getFileName`, `getLineNumber` e `getMethodName` obtêm o nome de classe, o nome de arquivo, o número da linha e o nome do método, respectivamente.

Seção 11.8 Exceções encadeadas

- As exceções encadeadas permitem que um objeto de exceção mantenha as informações do rastreamento de pilha completo, incluindo as informações sobre exceções anteriores que causaram a exceção atual.

Seção 11.9 Declarando novos tipos de exceção

- Uma nova classe de exceção deve estender uma classe de exceção existente para assegurar que a classe pode ser utilizada com o mecanismo de tratamento de exceção.

Seção 11.10 Pré-condições e pós-condições

- A pré-condição de um método deve ser verdadeira quando o método é chamado.
- A pós-condição de um método é verdadeira após o método retornar com sucesso.
- Ao projetar seus próprios métodos, você deve declarar as pré-condições e pós-condições em um comentário antes da declaração de método.

Seção 11.11 Assertivas

- Assertivas ajudam a capturar potenciais bugs e identificar possíveis erros de lógica.
- A instrução `assert` permite validar as afirmações de forma programática.
- Para permitir assertivas em tempo de execução, utilize a switch `-ea` ao executar o comando `java`.

Seção 11.12 `try` com recursos: desalocação automática de recursos

- A instrução `try` com recursos simplifica escrever código em que você obtêm um recurso, usa-o em um bloco `try` e libera o recurso em um bloco `finally` correspondente. Em vez disso, coloque o recurso entre parênteses após a palavra-chave `try` e use o recurso no bloco `try`; então, a instrução chama implicitamente o método `close` do recurso no final do bloco `try`.
- Cada recurso deve ser um objeto de uma classe que implementa a interface `AutoCloseable` — essa classe tem um método `close`.
- Você pode atribuir vários recursos nos parênteses depois de `try` separando-os com um ponto e vírgula (`;`).

Exercícios de revisão

11.1 Liste cinco exemplos de exceções comuns.

11.2 Por que as exceções são particularmente adequadas para lidar com erros produzidos por métodos de classes na Java API?

11.3 O que é um "vazamento de recurso"?

11.4 Se nenhuma exceção é lançada em um bloco `try`, onde o controle prossegue quando o bloco `try` completa a execução?

11.5 Dê uma vantagem fundamental de utilizar `catch(Exception` *nomeDaExceção*`)`.

11.6 Um aplicativo convencional deve capturar objetos `Error`? Explique.

11.7 O que acontece se nenhuma rotina de tratamento `catch` corresponder ao tipo de um objeto lançado?

11.8 O que acontece se vários blocos `catch` correspondem ao tipo do objeto lançado?

11.9 Por que um programador especificaria um tipo de superclasse como o tipo em um bloco `catch`?

11.10 Qual é a razão chave para utilizar blocos `finally`?

11.11 O que acontece quando um bloco `catch` lança uma `Exception`?

11.12 O que a instrução `throw` *referênciaDaExceção* faz em um bloco `catch`?

11.13 O que acontece com uma referência local em um bloco `try` quando esse bloco lança uma `Exception`?

Respostas dos exercícios de revisão

11.1 Esgotamento de memória, índice de array fora dos limites, estouro aritmético, divisão por zero, parâmetros de método inválidos.

11.2 É improvável que os métodos de classes na Java API possam realizar processamento de erro que atenda às necessidades particulares de todos os usuários.

11.3 Um "vazamento de recurso" ocorre quando um programa em execução não libera adequadamente um recurso quando ele não é mais necessário.

11.4 Os blocos `catch` para essa instrução `try` são pulados e o programa retoma a execução depois do último bloco `catch`. Se houver um bloco `finally`, ele será executado primeiro; então o programa retomará a execução depois do bloco `finally`.

11.5 A forma `catch(Exception` *nomeDaExceção*) captura qualquer tipo de exceção lançada em um bloco `try`. Uma vantagem é que nenhuma `Exception` lançada pode passar sem ser capturada. Você pode tratar a exceção ou relançá-la.

11.6 `Errors` são problemas normalmente sérios com o sistema Java subjacente; a maioria dos programas não quer capturar `Errors` porque não serão capazes de se recuperar deles.

11.7 Isso faz com que a pesquisa por uma correspondência continue na próxima instrução `try` circundante. Se houver um bloco `finally`, ele será executado antes de a exceção ir para a próxima instrução `try` circundante. Se não houver nenhuma instrução `try` circundante para a qual existem blocos `catch` correspondentes, e as exceções forem declaradas (ou não verificadas), um rastreamento de pilha é impresso e a thread atual termina antes. Se as exceções são verificadas, mas não capturadas ou declaradas, ocorrem erros de compilação.

11.8 O primeiro bloco `catch` correspondente depois do bloco `try` é executado.

11.9 Isso permite que um programa capture tipos de exceções relacionadas e os processe de maneira uniforme. Entretanto, costuma ser útil processar os tipos de subclasse individualmente para obter um tratamento de exceção mais preciso.

11.10 O bloco `finally` é o meio preferido de liberar recursos para impedir vazamentos de recurso.

11.11 Primeiro, o controle passa para o bloco `finally` se houver algum. Em seguida, a exceção será processada por um bloco `catch` (se houver algum) associado com um bloco `try` envolvente (se houver algum).

11.12 Ele relança a exceção para o processamento por uma rotina de tratamento de exceção de uma instrução `try` envolvente, depois de o bloco `finally` da instrução `try` atual executar.

11.13 A referência sai de escopo. Se o objeto referenciado torna-se inacessível, o objeto pode passar por coleta de lixo.

Questões

11.14 ***(Condições excepcionais)*** Liste as várias condições excepcionais que ocorreram em programas por todo este livro até agora. Liste o maior número de condições excepcionais adicionais que você puder. Para cada uma delas, descreva brevemente como um programa normalmente trataria a exceção usando as técnicas de tratamento de exceção discutidas neste capítulo. Exceções típicas incluem divisão por zero e índice de array fora dos limites.

11.15 ***(Exceções e falha de construtor)*** Até este capítulo, descobrimos que lidar com erros detectados por construtores é um pouco complicado. Explique por que o tratamento de exceção é um meio eficaz de lidar com falha de construtor.

11.16 ***(Capturando exceções com superclasses)*** Utilize herança para criar uma superclasse de exceção (chamada `ExceptionA`) e subclasses de exceção `ExceptionB` e `ExceptionC`, em que `ExceptionB` herda de `ExceptionA` e `ExceptionC` herda de `ExceptionB`. Escreva um programa para demonstrar que o bloco `catch` para tipo `ExceptionA` captura exceções de tipos `ExceptionB` e `ExceptionC`.

11.17 ***(Capturando exceções com a classe `Exception`)*** Escreva um programa que demonstra como várias exceções são capturadas com

```
catch (Exception exception)
```

Desta vez, defina as classes `ExceptionA` (que herda da classe `Exception`) e `ExceptionB` (que herda da classe `ExceptionA`). Em seu programa, crie blocos `try` que lançam exceções de tipos `ExceptionA`, `ExceptionB`, `NullPointerException` e `IOException`. Todas as exceções devem ser capturadas com blocos `catch` para especificar o tipo `Exception`.

11.18 ***(Ordenando blocos `catch`)*** Escreva um programa que demonstre que a ordem dos blocos `catch` é importante. Se você tentar capturar um tipo de exceção de superclasse antes de um tipo de subclasse, o compilador deve gerar erros.

11.19 ***(Falha de construtor)*** Escreva um programa que mostra um construtor que passa informações sobre a falha do construtor para uma rotina de exceção. Defina a classe `SomeClass`, que lança um `Exception` no construtor. O seu programa deve tentar criar um objeto do tipo `SomeClass` e capturar a exceção que é lançada do construtor.

11.20 ***(Relançando exceções)*** Escreva um programa que ilustra o relançamento de uma exceção. Defina os métodos `someMethod` e `someMethod2`. O método `someMethod2` deve lançar inicialmente uma exceção. O método `someMethod` deve chamar `someMethod2`, capturar a exceção e relançá-la. Chame `someMethod` a partir do método `main` e capture a exceção relançada. Imprima o rastreamento de pilha dessa exceção.

11.21 ***(Capturando exceções com escopos externos)*** Escreva um programa que mostra que um método com seu próprio bloco `try` não precisa capturar todo possível erro gerado dentro do `try`. Algumas exceções podem escorregar para, e serem tratadas em, outros escopos.

Componentes GUI: parte 1

12

Você acha que posso ouvir essas coisas o dia todo?

— Lewis Carroll

Mesmo um pequeno evento na vida de uma criança é um evento no mundo da criança e, portanto, um evento do mundo.

— Gaston Bachelard

Você paga e faz a sua escolha.

— *Punch*

Objetivos

Neste capítulo, você irá:

- Entender como usar a aparência e o comportamento Nimbus.
- Construir GUIs e tratar eventos gerados por interações de usuário com GUIs.
- Entender os pacotes que contêm componentes GUI, interfaces e classes de tratamento de evento.
- Criar e manipular botões, rótulos, listas, campos de texto e painéis.
- Lidar com eventos de mouse e eventos de teclado.
- Usar gerenciadores de layout para organizar componentes GUI.

Sumário

12.1 Introdução

Uma **interface gráfica com usuário** (*graphical user interface* — **GUI**) apresenta um mecanismo amigável ao usuário para interagir com um aplicativo. Uma GUI dá ao aplicativo uma "aparência e comportamento" distintos. As GUIs são construídas a partir de **componentes GUI**. Eles às vezes são chamados de *controles* ou *widgets* — abreviação para *window gadgets* (controles de janela). Um componente GUI é um objeto com que o usuário interage por meio do mouse, do teclado ou de outro formulário de entrada, como reconhecimento de voz. Neste capítulo e no Capítulo 22, Componentes GUI: parte 2, você aprenderá sobre muitos dos chamados **componentes GUI Swing** do Java do pacote `javax.swing`. Abrangemos outros componentes GUI conforme necessário ao longo do livro. No Capítulo 25 e no Site de Apoio, você aprenderá sobre o JavaFX — as APIs mais recentes do Java para GUIs, elementos gráficos e multimídia.

Observação sobre a aparência e comportamento 12.1

Fornecer aos diferentes aplicativos componentes de interface com o usuário consistentes e intuitivos permite que os usuários se familiarizem com um novo aplicativo, para que possam aprendê-lo e utilizá-lo mais rápida e produtivamente.

Suporte do IDE para o design de GUI

Muitos IDEs fornecem ferramentas de design de GUI com as quais você pode especificar *tamanho, localização* e outros atributos de um componente de uma forma visual usando o mouse, o teclado e arrastar e soltar. Os IDEs geram o código GUI para você. Isso simplifica muito a criação de GUIs, mas cada IDE gera esse código de maneira diferente. Por essa razão, escrevemos o código GUI manualmente, como você verá nos arquivos de código-fonte para os exemplos deste capítulo. Encorajamos você a construir cada GUI visualmente usando seu(s) IDE(s) preferido(s).

GUI de exemplo: o aplicativo de demonstração SwingSet3

Como um exemplo de uma GUI, considere a Figura 12.1, que mostra o aplicativo de demonstração SwingSet3 a partir do download de demos e exemplos do JDK em <`http://www.oracle.com/technetwork/java/javase/downloads/index.html`>. Esse aplicativo é uma boa maneira de navegar pelos vários componentes GUI fornecidos pelas APIs da GUI Swing do Java. Simplesmente clique em um nome de componente (por exemplo, `JFrame`, `JTabbedPane` etc.) na área GUI Components à esquerda da janela para ver uma demonstração do componente GUI à direita da janela. O código-fonte para cada demo é mostrado na área de texto na parte inferior da janela. Rotulamos alguns dos componentes GUI no aplicativo. Na parte superior da janela há uma **barra de título** que contém o título da janela. Abaixo dele há uma **barra de menu** que contém **menus** (File e View). Na região superior direita da janela há um conjunto de **botões** — tipicamente, os usuários clicam em botões para realizar tarefas. Na área GUI Components da janela há uma **caixa de combinação**; o usuário pode clicar na seta para baixo à direita da caixa para selecionar a partir de uma lista de itens. Os menus, botões e caixa de combinação fazem parte da GUI do aplicativo. Eles permitem interagir com o aplicativo.

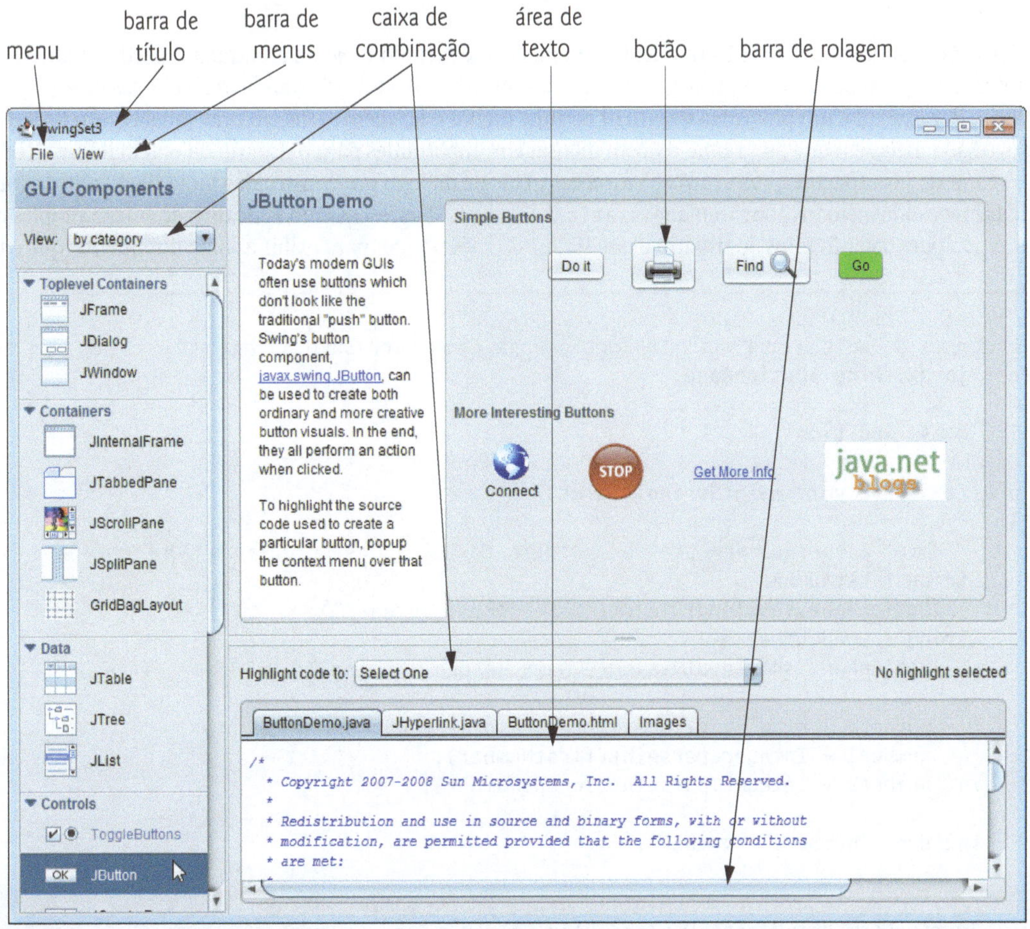

Figura 12.1 | O aplicativo **SwingSet3** demonstra muitos dos componentes GUI Swing do Java.

12.2 A nova aparência e comportamento do Java Nimbus

A aparência de uma GUI consiste nos aspectos visuais, como cores e fontes, e o comportamento, nos componentes que você usa para interagir com a GUI, como botões e menus. Juntos, esses são conhecidos como a aparência e o comportamento da GUI. O Swing tem uma aparência e comportamento multiplataforma conhecidos como **Nimbus.** Para capturas de tela da GUI como a Figura 12.1, configuramos nossos sistemas para usar o Nimbus como a aparência e o comportamento padrão. Há três maneiras de usar o Nimbus:

1. Defini-lo como padrão para todos os aplicativos Java executados no seu computador.
2. Defini-lo como a aparência e o comportamento no momento em que você inicia um aplicativo passando um argumento de linha de comando para o comando `java`.
3. Defini-lo programaticamente como a aparência e o comportamento no seu aplicativo (ver Seção 22.6).

Para configurar o Nimbus como o padrão para todos os aplicativos Java, você precisa criar um arquivo de texto chamado de `swing.properties` na pasta `lib` tanto da sua pasta de instalação do JDK como da sua pasta de instalação do JRE. Insira a seguinte linha do código no arquivo:

```
swing.defaultlaf=com.sun.java.swing.plaf.nimbus.NimbusLookAndFeel
```

Além do JRE autônomo, há um JRE aninhado na pasta de instalação do seu JDK. Se estiver utilizando um IDE que depende do JDK, talvez você também precise inserir o arquivo `swing.properties` na pasta `lib` aninhada na pasta `jre`.

Se você preferir selecionar o Nimbus com base em cada aplicativo, insira o seguinte argumento de linha de comando após o comando `java` e antes do nome do aplicativo ao executá-lo:

```
-Dswing.defaultlaf=com.sun.java.swing.plaf.nimbus.NimbusLookAndFeel
```

12.3 Entrada/saída baseada em GUI simples com JOptionPane

Os aplicativos nos capítulos 2 a 10 exibem o texto na janela de comando e obtêm a entrada a partir da janela de comando. A maioria dos aplicativos que você usa diariamente utiliza janelas ou **caixas de diálogo** (também chamadas de **diálogos**) para interagir com o usuário. Por exemplo, um programa de e-mail permite digitar e ler mensagens em uma janela que o programa fornece. As caixas de diálogo são janelas em que programas exibem mensagens importantes para o usuário ou obtêm informações do usuário. A classe `JOptionPane` do Java (pacote `javax.swing`) fornece caixas de diálogo pré-construídas tanto para entrada como para saída. Elas são exibidas invocando métodos `JOptionPane static`. A Figura 12.2 apresenta um aplicativo de adição simples que utiliza dois **diálogos de entrada** para obter inteiros do usuário e um **diálogo de mensagem** para exibir a soma dos inteiros que o usuário insere.

```
1   // Figura 12.2: Addition.java
2   // Programa de adição que utiliza JOptionPane para entrada e saída.
3   import javax.swing.JOptionPane;
4
5   public class Addition
6   {
7      public static void main(String[] args)
8      {
9         // obtém a entrada de usuário a partir dos diálogos de entrada JOptionPane
10        String firstNumber =
11           JOptionPane.showInputDialog("Enter first integer");
12        String secondNumber =
13           JOptionPane.showInputDialog("Enter second integer");
14
15        // converte String em valores int para utilização em um cálculo
16        int number1 = Integer.parseInt(firstNumber);
17        int number2 = Integer.parseInt(secondNumber);
18
19        int sum = number1 + number2;
20
21        // exibe o resultado em um diálogo de mensagem JOptionPane
22        JOptionPane.showMessageDialog(null, "The sum is " + sum,
23           "Sum of Two Integers", JOptionPane.PLAIN_MESSAGE);
24     }
25  } // fim da classe Addition
```

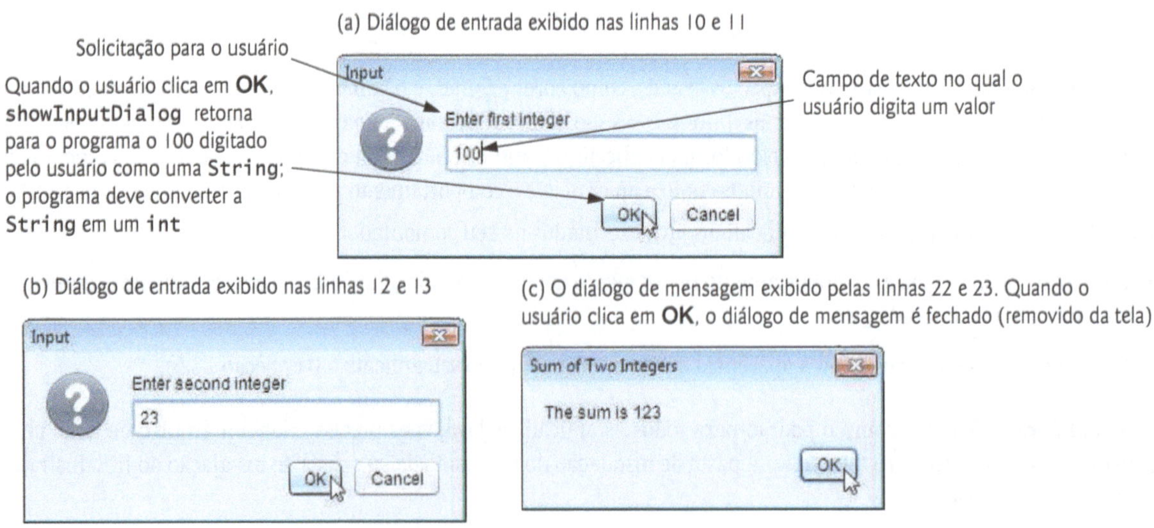

Figura 12.2 | Programa de adição que utiliza `JOptionPane` para entrada e saída.

Diálogos de entrada

A linha 3 importa a classe `JOptionPane`. As linhas 10 e 11 declaram a variável `String` local `firstNumber` e atribuem a ela o resultado da chamada ao método `JOptionPane static` **showInputDialog**. Esse método exibe um diálogo de entrada [ver a captura de tela na Figura 12.2(a)], utilizando o argumento `String` do método (`"Enter first integer"`) como um prompt.

> **Observação sobre a aparência e comportamento 12.2**
>
> *Em geral, o prompt em um diálogo de entrada emprega **maiúsculas e minúsculas no estilo de frases** — um estilo que emprega a maiúscula inicial apenas na primeira palavra da frase a menos que a palavra seja um nome próprio (por exemplo, Jones).*

O usuário digita caracteres no campo de texto, depois clica em OK ou pressiona a tecla *Enter* para enviar a `String` para o programa. Clicar em OK também **fecha (oculta) o diálogo**. [*Observação:* se você digitar no campo de texto e não aparecer nada, ative o campo de texto clicando nele com o mouse.] Ao contrário de `Scanner`, que pode ser utilizado para inserir valores de *vários* tipos do usuário no teclado, *um diálogo de entrada pode inserir somente* `Strings`. Isso é comum na maioria dos componentes GUI. O usuário pode digitar *quaisquer* caracteres no campo de texto da caixa de diálogo de entrada. Nosso programa supõe que o usuário insere um inteiro *válido*. Se o usuário clicar em Cancel, `showInputDialog` retornará `null`. Se o usuário digitar tipos de valor não inteiros ou clicar no botão Cancel na caixa de diálogo de entrada, ocorrerá uma exceção e o programa não funcionará corretamente. As linhas 12 e 13 exibem outro diálogo de entrada que pede que o usuário insira o segundo inteiro. Cada caixa de diálogo `JOptionPane` exibida é uma **caixa de diálogo modal** — enquanto a caixa de diálogo está na tela, o usuário *não pode* interagir com o restante do aplicativo.

> **Observação sobre a aparência e comportamento 12.3**
>
> *Não abuse de caixas de diálogo modais, uma vez que elas podem reduzir a usabilidade dos seus aplicativos. Use uma caixa de diálogo modal* apenas *quando for necessário, para evitar que os usuários interajam com o restante de um aplicativo até que eles fechem a caixa de diálogo.*

Convertendo `Strings` em valores `int`

Para realizar o cálculo, convertemos as `Strings` que o usuário inseriu em valores `int`. Lembre-se de que o método `parseInt` da classe `Integer static` converte seu argumento `String` em um valor `int` e pode lançar uma `NumberFormatException`. As linhas 16 e 17 atribuem os valores convertidos às variáveis locais `number1` e `number2`, e a linha 19 soma esses valores.

Caixas de diálogo de mensagem

As linhas 22 e 23 utilizam método `static JOptionPane` **showMessageDialog** para exibir um diálogo de mensagem (a última tela da Figura 12.2) que contém a soma. O primeiro argumento ajuda o aplicativo Java a determinar onde *posicionar* a caixa de diálogo. Um diálogo é tipicamente exibido a partir de um aplicativo GUI em uma janela própria. O primeiro argumento referencia essa janela (conhecida como *janela pai*) e faz com que a caixa de diálogo seja exibida no centro em relação ao pai (como foi feito na Seção 12.9). Se o primeiro argumento for `null`, a caixa de diálogo será exibida no *centro* da tela. O segundo argumento é a *mensagem* a exibir — nesse caso, o resultado da concatenação de `String "The sum is"` e do valor de `sum`. O terceiro argumento — `"Sum of Two Integers"` — é a `String` que deve aparecer na *barra de título* na parte superior da caixa de diálogo. O quarto argumento — **`JOptionPane.PLAIN_MESSAGE`** — é o *tipo de caixa de diálogo de mensagem a exibir.* O diálogo `PLAIN_MESSAGE` *não* exibe um *ícone* à esquerda da mensagem. A classe `JOptionPane` fornece várias versões sobrecarregadas dos métodos `showInputDialog` e `showMessageDialog`, bem como os métodos que exibem outros tipos de diálogo. Para informações completas, visite `<http://docs.oracle.com/javase/7/docs/api/javax/swing/JOptionPane.html>`.

> **Observação sobre a aparência e comportamento 12.4**
>
> *Em geral, a barra de título de uma janela usa letras **maiúsculas e minúsculas de título de livro** — um estilo que emprega a inicial maiúscula em cada palavra significativa no texto e não termina com pontuação (por exemplo, Uso de Letras Maiúsculas e Minúsculas no Título de um Livro).*

Constantes de diálogo de mensagem `JOptionPane`

As constantes que representam os tipos de diálogo de mensagem são mostradas na Figura 12.3. Todos os tipos de diálogo de mensagem exceto `PLAIN_MESSAGE` exibem um ícone à *esquerda* da mensagem. Esses ícones fornecem uma indicação visual da importância da mensagem para o usuário. Um ícone `QUESTION_MESSAGE` é o *ícone padrão* para uma caixa de diálogo de entrada (ver Figura 12.2).

Tipo de diálogo de mensagem	Ícone	Descrição
`ERROR_MESSAGE`		Indica um erro.
`INFORMATION_MESSAGE`		Indica uma mensagem informativa.
`WARNING_MESSAGE`		Alerta de um potencial problema.
`QUESTION_MESSAGE`		Faz uma pergunta. Normalmente, esse diálogo exige uma resposta, como clicar em um botão Yes ou No.
`PLAIN_MESSAGE`	Sem ícone	Um diálogo que contém uma mensagem, mas nenhum ícone.

Figura 12.3 | Constantes `JOptionPane static` para diálogo de mensagem.

12.4 Visão geral de componentes Swing

Embora seja possível realizar entrada e saída usando os diálogos `JOptionPane`, a maioria dos aplicativos GUI exige interfaces com o usuário mais elaboradas. O restante deste capítulo discute muitos componentes GUI que permitem aos desenvolvedores de aplicações criar GUIs robustas. A Figura 12.4 lista vários componentes básicos da GUI Swing que discutimos.

Componente	Descrição
`JLabel`	Exibe *texto* e/ou ícones *não editáveis*.
`JTextField`	Normalmente *recebe entrada* do usuário.
`JButton`	Dispara um evento quando o usuário clicar nele com o mouse.
`JCheckBox`	Especifica uma opção que pode *ser* ou *não selecionada*.
`JComboBox`	Uma *lista drop-down dos itens* a partir dos quais o *usuário* pode fazer uma *seleção*.
`JList`	Uma *lista dos itens* a partir dos quais o usuário pode fazer uma *seleção clicando* em *qualquer um* deles. *Múltiplos* elementos *podem* ser selecionados.
`JPanel`	Uma área em que os *componentes* podem ser *colocados* e *organizados*.

Figura 12.4 | Alguns componentes GUI Swing básicos.

Swing versus *AWT*

Há realmente *dois* conjuntos de componentes GUI no Java. Nas versões anteriores do Java, GUIs eram construídas com componentes do **Abstract Window Toolkit (AWT)** no pacote `java.awt`. Eles se pareciam com os componentes GUI nativos da plataforma em que um programa Java executa. Por exemplo, um objeto `Button` exibido em um programa Java em execução no Microsoft Windows se parece com aqueles em outros aplicativos do *Windows*. No Apple Mac OS X, o `Button` se parece com aqueles de outros aplicativos do *Mac*. Às vezes, até a maneira como um usuário pode interagir com um componente AWT *difere entre plataformas*. A aparência do componente e a maneira como o usuário interage com ele são conhecidas como sua **aparência e comportamento** (*look-and-feel*).

Observação sobre a aparência e comportamento 12.5

Os componentes GUI Swing permitem especificar uniformemente a aparência e comportamento para o aplicativo em todas as plataformas ou utilizar a aparência e comportamento personalizados de cada plataforma. Um aplicativo pode até mesmo alterá-los durante a execução para permitir aos usuários escolher a aparência e comportamento preferidos.

Componentes GUI leves versus *pesados*

A maioria dos componentes Swing são **componentes leves** — eles são escritos, manipulados e exibidos completamente no Java. Componentes AWT são **componentes pesados**, porque eles contam com **sistema de janelas** da plataforma local para determinar sua funcionalidade e sua aparência e comportamento. Vários componentes Swing são componentes *pesados*.

Superclasses de componentes GUI leves do Swing

O diagrama de classe UML da Figura 12.5 mostra uma *hierarquia de herança* que contém classes a partir das quais os componentes Swing leves herdam seus atributos e comportamento comuns.

A classe **`Component`** (pacote `java.awt`) é uma superclasse que declara os recursos comuns dos componentes GUI nos pacotes `java.awt` e `javax.swing`. Qualquer objeto que *é um* **`Container`** (pacote `java.awt`) pode ser usado para organizar `Components` *anexando* os `Components` ao `Container`. `Containers` podem ser colocados em outros `Containers` para organizar uma GUI.

A classe **`JComponent`** (pacote `javax.swing`) é uma subclasse de `Container`. `JComponent` é a superclasse de todos os componentes *leves* Swing e declara seus atributos e comportamentos comuns. Como `JComponent` é uma subclasse de `Container`, todos os componentes Swing leves também são `Containers`. Alguns recursos comuns suportados por `JComponent` incluem:

1. Uma **aparência e comportamento plugáveis** para *personalizar* a aparência dos componentes (por exemplo, para uso em plataformas específicas). Você verá um exemplo disso na Seção 22.6.
2. Teclas de atalho (chamadas **mnemônicos**) para acesso direto a componentes GUI pelo teclado. Você verá um exemplo disso na Seção 22.4.
3. Breves descrições do propósito de um componente GUI (chamadas **dicas de ferramenta**) que são exibidas quando o *cursor de mouse é posicionado sobre o componente* por um breve instante. Você verá um exemplo disso na próxima seção.
4. Suporte para a *acessibilidade*, como leitores de tela em braile para deficientes visuais.
5. Suporte para **localização** de interface com o usuário — isto é, personalizar a interface com o usuário para exibir em diferentes linguagens e utilização de convenções culturais locais.

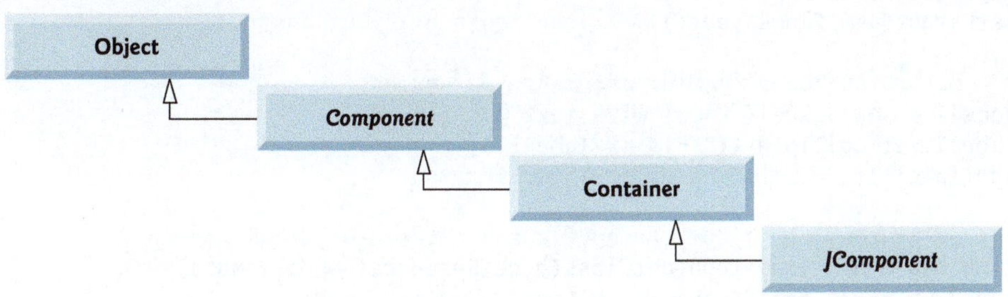

Figura 12.5 | Superclasses comuns dos componentes Swing leves.

12.5 Exibição de texto e imagens em uma janela

Nosso próximo exemplo introduz um framework para construir aplicativos GUI. Vários conceitos nessa estrutura aparecerão em muitos dos nossos aplicativos GUI. Esse é nosso primeiro exemplo em que o aplicativo aparece na própria janela. A maioria das janelas que você criará que podem conter componentes GUI Swing são instâncias da classe `JFrame` ou uma subclasse de `JFrame`. `JFrame` é uma subclasse *indireta* da classe `java.awt.Window` que fornece os atributos e comportamentos de uma janela — uma *barra de título* no topo e *botões* para *minimizar*, *maximizar* e *fechar* a janela. Visto que, em geral, a GUI de um aplicativo é específica ao aplicativo, a maioria dos nossos exemplos consistirá em *duas* classes — uma subclasse de `JFrame` que ajuda a demonstrar novos conceitos das GUIs e uma classe de aplicativo em que `main` cria e exibe a principal janela do aplicativo.

Rotulando componentes GUI

Uma GUI típica consiste em muitos componentes. Designers de GUI muitas vezes fornecem texto indicando a finalidade de cada um. Esse texto é conhecido como **rótulo** e é criado com um **`JLabel`** — uma subclasse de `JComponent`. Um `JLabel` exibe texto somente de leitura, uma imagem, ou tanto texto como imagem. Os aplicativos raramente alteram o conteúdo de um rótulo depois de criá-lo.

Observação sobre a aparência e comportamento 12.6

Normalmente, o texto em um `JLabel` *emprega maiúsculas e minúsculas no estilo de frases.*

O aplicativo das figuras 12.6 e 12.7 demonstra vários recursos `JLabel` e apresenta o framework que utilizamos na maioria de nossos exemplos de GUIs. *Não* destacamos o código nesse exemplo, visto que a maior parte dele é nova. [*Observação:* há muito mais recursos para cada componente GUI que podemos abranger em nossos exemplos. Para aprender os detalhes completos de cada componente GUI, visite sua página na documentação on-line. Para a classe `JLabel`, visite `<docs.oracle.com/javase/7/docs/api/javax/swing/Jlabel.html>`.]

```java
// Figura 12.6: LabelFrame.java
// JLabels com texto e ícones.
import java.awt.FlowLayout; // especifica como os componentes são organizados
import javax.swing.JFrame; // fornece recursos básicos de janela
import javax.swing.JLabel; // exibe texto e imagens
import javax.swing.SwingConstants; // constantes comuns utilizadas com Swing
import javax.swing.Icon; // interface utilizada para manipular imagens
import javax.swing.ImageIcon; // carrega imagens

public class LabelFrame extends JFrame
{
   private final JLabel label1; // JLabel apenas com texto
   private final JLabel label2; // JLabel construído com texto e ícone
   private final JLabel label3; // JLabel com texto e ícone adicionados

   // construtor LabelFrame adiciona JLabels a JFrame
   public LabelFrame()
   {
      super("Testing JLabel");
      setLayout(new FlowLayout()); // configura o layout de frame

      // Construtor JLabel com um argumento de string
      label1 = new JLabel("Label with text");
      label1.setToolTipText("This is label1");
      add(label1); // adiciona o label1 ao JFrame

      // construtor JLabel com string, Icon e argumentos de alinhamento
      Icon bug = new ImageIcon(getClass().getResource( "bug1.png"));
      label2 = new JLabel("Label with text and icon", bug,
         SwingConstants.LEFT);
      label2.setToolTipText("This is label2");
      add(label2); // adiciona label2 ao JFrame

      label3 = new JLabel(); // Construtor JLabel sem argumentos
      label3.setText("Label with icon and text at bottom");
      label3.setIcon(bug); // adiciona o ícone ao JLabel
      label3.setHorizontalTextPosition(SwingConstants.CENTER);
      label3.setVerticalTextPosition(SwingConstants.BOTTOM);
      label3.setToolTipText("This is label3");
      add(label3); // adiciona label3 ao JFrame
   }
} // fim da classe LabelFrame
```

Figura 12.6 | `JLabels` com texto e ícones.

```java
// Figura 12.7: LabelTest.java
// Testando LabelFrame.
import javax.swing.JFrame;

public class LabelTest
```

continua

continuação

```
{
   public static void main(String[] args)
   {
      LabelFrame labelFrame = new LabelFrame();
      labelFrame.setDefaultCloseOperation(JFrame.EXIT_ON_CLOSE);
      labelFrame.setSize(260, 180);
      labelFrame.setVisible(true);
   }
} // fim da classe LabelTest
```

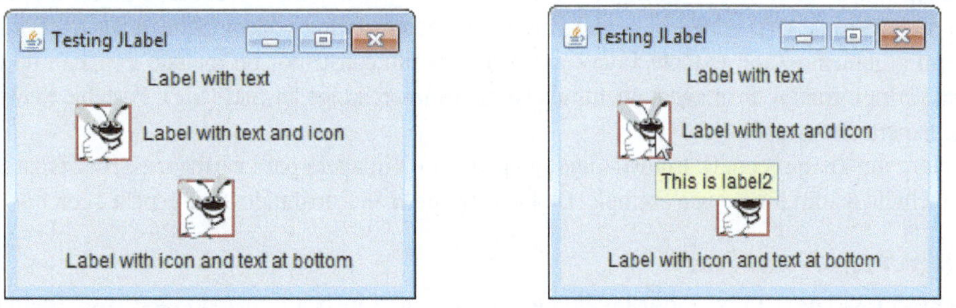

Figura 12.7 | Testando `LabelFrame`.

A classe `LabelFrame` (Figura 12.6) estende `JFrame` para herdar os recursos de uma janela. Utilizaremos uma instância da classe `LabelFrame` para exibir uma janela contendo três `JLabel`s. As linhas 12 a 14 declaram as três variáveis de instância `JLabel` que são instanciadas no construtor `LabelFrame` (linhas 17 a 41). Em geral, o construtor `JFrame` da subclasse constrói a GUI que é exibida na janela quando o aplicativo executa. A linha 19 invoca o construtor da superclasse `JFrame` com o argumento `"Testing JLabel"`. O construtor de `JFrame` utiliza essa `String` como o texto na barra de título da janela.

Especificando o layout

Ao construir uma GUI, você deve anexar cada componente GUI a um contêiner, como uma janela criada com um `JFrame`. Além disso, você normalmente tem de decidir onde *posicionar* cada componente GUI — conhecido como *especificar o layout.* O Java fornece vários **gerenciadores de layout** que podem ajudá-lo a posicionar componentes, como veremos mais adiante neste capítulo e no Capítulo 22.

Muitos IDEs fornecem ferramentas de design de GUI em que você pode especificar visualmente o *tamanho* e *localização* exata de um componente utilizando o mouse; então, o IDE gerará o código GUI para você. Esses IDEs podem simplificar significativamente a criação de GUI.

Para garantir que nossas GUIs podem ser usadas com *qualquer* IDE, *não* utilizamos um IDE para criar o código da GUI. Usamos gerenciadores de layout do Java para *dimensionar* e *posicionar* os componentes. Com o gerenciador de layout **`FlowLayout`**, os componentes são posicionados em um *contêiner* da esquerda para a direita na ordem em que eles são adicionados. Quando componentes não cabem na linha atual, eles continuam a ser exibidos da esquerda para a direita na linha seguinte. Se o contêiner for *redimensionado,* um `FlowLayout` *reorganiza* os componentes, possivelmente com mais ou menos linhas com base na nova largura do contêiner. Cada contêiner tem um *layout padrão,* que alteramos de `LabelFrame` para um `FlowLayout` (linha 20). O método **`setLayout`** é herdado na classe `LabelFrame` indiretamente da classe `Container`. O argumento para o método deve ser um objeto de uma classe que implementa a interface `LayoutManager` (por exemplo, `FlowLayout`). A linha 20 cria um novo objeto `FlowLayout` e passa sua referência como o argumento para `setLayout`.

Criando e anexando `label1`

Agora que especificamos o layout da janela, podemos começar a criar e anexar componentes GUI à janela. A linha 23 cria um objeto `JLabel` e passa a `"Label with text"` para o construtor. O `JLabel` exibe esse texto na tela. A linha 24 utiliza o método **`setToolTipText`** (herdado por `JLabel` de `JComponent`) para especificar a dica de ferramenta que é exibida quando o usuário posiciona o cursor de mouse sobre o `JLabel` na GUI. Você pode ver uma dica de ferramenta de exemplo na segunda captura de tela da Figura 12.7. Ao executar esse aplicativo, passe o ponteiro do mouse sobre cada `JLabel` para ver a dica de ferramenta. A linha 25 (Figura 12.6) anexa `label1` ao `LabelFrame` passando `label1` para o método **`add`**, que é herdado indiretamente da classe `Container`.

Erro comum de programação 12.1

Se você não adicionar explicitamente *um componente GUI a um contêiner, o componente GUI não será exibido quando o contêiner aparecer na tela.*

Observação sobre a aparência e comportamento 12.7

Utilize as dicas de ferramenta para adicionar texto descritivo aos componentes GUI. Esse texto ajuda o usuário a determinar o propósito do componente GUI na interface com o usuário.

A interface `Icon` e a classe `ImageIcon`

Os ícones são uma maneira popular de aprimorar a aparência e comportamento de um aplicativo e também são comumente utilizados para indicar funcionalidade. Por exemplo, o mesmo ícone é usado para reproduzir a maioria dos tipos de mídia atuais em dispositivos como leitores de DVD e MP3 players. Vários componentes Swing podem exibir imagens. Um ícone normalmente é especificado com um argumento `Icon` (pacote `javax.swing`) para um construtor ou método `setIcon` do componente. A classe `ImageIcon` suporta vários formatos de imagem, incluindo Graphics Interchange Format (GIF), Portable Network Graphics (PNG) e Joint Photographic Experts Group (JPEG).

A linha 28 declara um `ImageIcon`. O arquivo `bug1.png` contém a imagem para carregar e armazenar no objeto `ImageIcon`. Essa imagem está incluída no diretório desse exemplo. O objeto `ImageIcon` é atribuído à referência `Icon bug`.

Carregando um recurso de imagem

Na linha 28, a expressão `getClass().getResource("bug1.png")` invoca o método `getClass` (herdado indiretamente da classe `Object`) para recuperar uma referência ao objeto `Class` que representa a declaração da classe `LabelFrame`. Essa referência é então utilizada para invocar o método `Class` `getResource`, que retorna a localização da imagem como um URL. O construtor `ImageIcon` utiliza o URL para localizar a imagem e, em seguida, carrega essa imagem na memória. Como discutimos no Capítulo 1, a JVM carrega as declarações de classe na memória, utilizando um carregador de classe. O carregador de classe sabe onde está cada classe que ele carrega no disco. O método `getResource` utiliza o carregador de classe do objeto `Class` para determinar a *localização* de um recurso, como um arquivo de imagem. Nesse exemplo, o arquivo de imagem é armazenado na mesma localização que o arquivo `LabelFrame.class`. As técnicas descritas aqui permitem que um aplicativo carregue arquivos de imagem a partir de locais que são relativos à localização do arquivo de classe.

Criando e anexando `label2`

As linhas 29 e 30 utilizam outro construtor `JLabel` para criar um `JLabel` que exibe o texto `"Label with text and icon"` e o `Icon bug` criado na linha 28. O último argumento do construtor indica que o conteúdo do rótulo está justificado à esquerda ou alinhado à esquerda (isto é, o ícone e texto estão à esquerda da área do rótulo na tela). A interface `SwingConstants` (pacote `javax.swing`) declara um conjunto de constantes de inteiro comuns (como `SwingConstants.LEFT`, `SwingConstants.CENTER` e `SwingConstants.RIGHT`) que são utilizadas com muitos componentes Swing. Por padrão, o texto aparece à direita da imagem quando um rótulo contém tanto texto como imagem. Observe que os alinhamentos horizontal e vertical de um `JLabel` podem ser configurados com os métodos `setHorizontalAlignment` e `setVerticalAlignment`, respectivamente. A linha 31 especifica o texto de dica de tela para `label2` e a linha 32 adiciona `label2` ao `JFrame`.

Criando e anexando `label3`

A classe `JLabel` fornece métodos para alterar a aparência do `JLabel` depois de ele ter sido instanciado. A linha 34 cria um `JLabel` vazio com o construtor sem argumento. A linha 35 utiliza o método `JLabel` `setText` para configurar o texto exibido no rótulo. O método `getText` pode ser usado para recuperar o texto atual do `JLabel`. A linha 36 usa o método `JLabel` `setIcon` para especificar o `Icon` a exibir. O método `getIcon` pode ser usado para recuperar o `Icon` atual exibido em um rótulo. As linhas 37 e 38 utilizam os métodos `JLabel` `setHorizontalTextPosition` e `setVerticalTextPosition` para especificar a posição de texto no rótulo. Nesse caso, o texto será centralizado *horizontalmente* e aparecerá na *parte inferior* do rótulo. Portanto, o `Icon` aparecerá *acima* do texto. As constantes de posição horizontal em `SwingConstants` são `LEFT`, `CENTER` e `RIGHT` (Figura 12.8). As constantes de posição vertical em `SwingConstants` são `TOP`, `CENTER` e `BOTTOM` (Figura 12.8). A linha 39 (Figura 12.6) define o texto das dicas de ferramenta para `label3`. A linha 40 adiciona o `label3` a `JFrame`.

Constante	Descrição	Constante	Descrição
Constantes de posição horizontal		*Constantes de posição vertical*	
`LEFT`	Coloca o texto à esquerda	`TOP`	Coloca o texto na parte superior
`CENTER`	Coloca o texto no centro	`CENTER`	Coloca o texto no centro
`RIGHT`	Coloca o texto à direita	`BOTTOM`	Coloca o texto na parte inferior

Figura 12.8 | Constantes de posição (membros `static` da Interface `SwingConstants`).

Criando e exibindo uma janela `LabelFrame`

A classe `LabelTest` (Figura 12.7) cria um objeto de classe `LabelFrame` (linha 9) e, em seguida, especifica a operação de fechamento padrão da janela. Por padrão, fechar uma janela simplesmente a *oculta*. Entretanto, quando o usuário fechar a janela `LabelFrame`, queremos que o aplicativo *termine*. A linha 10 invoca o método **`setDefaultCloseOperation`** de `LabelFrame` (herdado de classe `JFrame`) com a constante **`JFrame.EXIT_ON_CLOSE`** como o argumento para indicar que o programa deve *terminar* quando a janela for fechada pelo usuário. Essa linha é importante. Sem essa linha o aplicativo *não* terminará quando o usuário fechar a janela. Em seguida, as linhas 11 invocam o método **`setSize`** de `LabelFrame` para especificar a *largura* e *altura* em *pixels*. Por fim, a linha 12 invoca o método **`setVisible`** de `LabelFrame` com o argumento `true` para exibir a janela na tela. Tente redimensionar a janela para ver como o `FlowLayout` altera as posições `JLabel` à medida que a largura de janela muda.

12.6 Campos de texto e uma introdução ao tratamento de eventos com classes aninhadas

Normalmente, um usuário interage com uma GUI do aplicativo para indicar as tarefas que o aplicativo deve realizar. Por exemplo, ao escrever um e-mail em um aplicativo de e-mail, clicar no botão `Send` instrui o aplicativo a enviar o e-mail para os endereços de e-mail especificados. As GUIs são **baseadas em evento**. Quando o usuário interage com um componente GUI, a interação — conhecida como um **evento** — guia o programa para realizar uma tarefa. Algumas interações de usuário comuns que fazem com que um aplicativo realize uma tarefa incluem *clicar* em um botão, *digitar* em um campo de texto, *selecionar* o item de um menu, *fechar* uma janela e *mover* o mouse. O código que realiza uma tarefa em resposta a um evento é chamado de **rotina de tratamento de evento** e o processo total de responder a eventos é conhecido como **tratamento de evento**.

Vamos considerar dois outros componentes GUI que podem gerar eventos — **`JTextFields`** e **`JPasswordFields`** (pacote `javax.swing`). A classe `JTextField` estende a classe **`JTextComponent`** (pacote `javax.swing.text`), que fornece muitos recursos comuns aos componentes baseados em texto do Swing. A classe `JPasswordField` estende `JTextField` e adiciona métodos que são específicos ao processamento de senhas. Cada um desses componentes é uma área de uma única linha em que o usuário pode inserir texto pelo teclado. Os aplicativos também podem exibir texto em um `JTextField` (ver a saída da Figura 12.10). Um `JPasswordField` mostra que os caracteres estão sendo digitados à medida que o usuário os insere, mas oculta os caracteres reais com um **caractere de eco**, supondo que eles representam uma senha que só deve ser conhecida pelo usuário.

Quando o usuário digita em um `JTextField` ou `JPasswordField`, e depois pressiona *Enter*, um *evento* ocorre. Nosso próximo exemplo demonstra como um programa pode executar uma tarefa *em resposta* a esse evento. Todas as técnicas mostradas aqui são aplicáveis a componentes GUI que geram eventos.

A aplicação das figuras 12.9 e 12.10 utiliza as classes `JTextField` e `JPasswordField` para criar e manipular quatro campos de texto. Quando o usuário digitar em um dos campos de texto, e depois pressionar *Enter*, o aplicativo exibirá uma caixa de diálogo de mensagem que contém o texto que ele digitou. Você pode digitar somente no campo de texto que estiver "em **foco**". Ao *clicar* em um componente, ele *recebe o foco*. Isso é importante, pois o campo de texto com o foco é o campo que gera um evento quando você pressiona *Enter*. Neste exemplo, quando você pressionar *Enter* no `JPasswordField`, a senha é revelada. Começamos discutindo a configuração da GUI, e depois discutimos o código de tratamento de evento.

```java
// Figura 12.9: TextFieldFrame.java
// JTextField e JPasswordField.
import java.awt.FlowLayout;
import java.awt.event.ActionListener;
import java.awt.event.ActionEvent;
import javax.swing.JFrame;
import javax.swing.JTextField;
import javax.swing.JPasswordField;
import javax.swing.JOptionPane;

public class TextFieldFrame extends JFrame
{
   private final JTextField textField1; // campo de texto com tamanho configurado
   private final JTextField textField2; // campo de texto com texto
   private final JTextField textField3; // campo de texto com texto e tamanho
   private final JPasswordField passwordField; // campo de senha com texto

   // construtor TextFieldFrame adiciona JTextFields a JFrame
   public TextFieldFrame()
   {
      super("Testing JTextField and JPasswordField");
      setLayout(new FlowLayout());

```

continua

continuação

```
24        // cria campo de texto com 10 colunas
25        textField1 = new JTextField(10);
26        add(textField1); // adiciona textField1 ao JFrame
27
28        // cria campo de texto com texto padrão
29        textField2 = new JTextField("Enter text here");
30        add(textField2); // adiciona textField2 ao JFrame
31
32        // cria campo de texto com texto padrão e 21 colunas
33        textField3 = new JTextField("Uneditable text field", 21);
34        textField3.setEditable(false); // desativa a edição
35        add(textField3); // adiciona textField3 ao JFrame
36
37        // cria campo de senha com texto padrão
38        passwordField = new JPasswordField("Hidden text");
39        add(passwordField); // adiciona passwordField ao JFrame
40
41        // rotinas de tratamento de evento registradoras
42        TextFieldHandler handler = new TextFieldHandler();
43        textField1.addActionListener(handler);
44        textField2.addActionListener(handler);
45        textField3.addActionListener(handler);
46        passwordField.addActionListener(handler);
47     }
48
49     // classe interna private para tratamento de evento
50     private class TextFieldHandler implements ActionListener
51     {
52        // processa eventos de campo de texto
53        @Override
54        public void actionPerformed(ActionEvent event)
55        {
56           String string = "";
57
58           // usuário pressionou Enter no JTextField textField1
59           if (event.getSource() == textField1)
60              string = String.format("textField1: %s",
61                 event.getActionCommand());
62
63           // usuário pressionou Enter no JTextField textField2
64           else if (event.getSource() == textField2)
65              string = String.format("textField2: %s",
66                 event.getActionCommand());
67
68           // usuário pressionou Enter no JTextField textField3
69           else if (event.getSource() == textField3)
70              string = String.format("textField3: %s",
71                 event.getActionCommand());
72
73           // usuário pressionou Enter no JTextField passwordField
74           else if (event.getSource() == passwordField)
75              string = String.format("passwordField: %s",
76                 event.getActionCommand());
77
78           // exibe o conteúdo de JTextField
79           JOptionPane.showMessageDialog(null, string);
80        }
81     } // fim da classe TextFieldHandler interna private
82  } // fim da classe TextFieldFrame
```

Figura 12.9 | `JTextFields` e `JPasswordFields`.

A classe `TextFieldFrame` estende `JFrame` e declara três variáveis `JTextField` e uma variável `JPasswordField` (linhas 13 a 16). Cada um dos campos de texto correspondentes é instanciado e anexado ao `TextFieldFrame` no construtor (linhas 19 a 47).

Criando a GUI

A linha 22 define o layout do `TextFieldFrame` como `FlowLayout`. A linha 25 cria `textField1` com `10` colunas de texto. A largura em *pixels* de uma coluna de texto é determinada pela largura média de um caractere na fonte atual do campo de texto. Quando o texto é exibido em um campo de texto e ele for mais largo que o próprio campo de texto, uma parte do texto à direita não é visível. Se você digitar em um campo de texto e o cursor alcançar a borda direita, o texto na borda esquerda é empurrado para fora do lado esquerdo do campo e não mais é visível. Usuários podem utilizar as teclas de seta para a esquerda e para a direita a fim de percorrer todo o texto. A linha 26 adiciona o `textField1` a `JFrame`.

A linha 29 cria `textField2` com o texto inicial `"Enter text here"` para exibir no campo de texto. A largura do campo é determinada pela largura do texto padrão especificado no construtor. A linha 30 adiciona o `textField2` a `JFrame`.

A linha 33 cria `textField3` e chama o construtor `JTextField` com dois argumentos — o texto padrão `"Uneditable text field"` a ser exibido e a largura dos campos de texto em número de colunas (`21`). A linha 34 utiliza o método **`setEditable`** (herdado por `JTextField` da classe `JTextComponent`) para tornar o campo de texto *não editável* — isto é, o usuário não pode modificar o texto no campo. A linha 35 adiciona o `textField3` a `JFrame`.

A linha 38 cria `passwordField` com o texto `"Hidden text"` a ser exibido no campo de texto. A largura do campo é determinada pela largura do texto padrão. Ao executar o aplicativo, note que o texto é exibido como uma string de asteriscos. A linha 39 adiciona o `passwordField` a `JFrame`.

Passos necessários para configurar o tratamento de evento para um componente GUI

Esse exemplo deve exibir um diálogo de mensagem que contém o texto de um campo de texto quando o usuário pressionar Enter nesse campo de texto. Antes que um aplicativo possa responder a um evento para um determinado componente GUI, você deve:

1. Criar uma classe que representa a rotina de tratamento de evento e implementa uma interface apropriada — conhecida como **interface ouvinte de evento**.
2. Indicar que um objeto da classe do Passo 1 deve ser notificado quando o evento ocorre — conhecido como **registrar a rotina de tratamento de evento**.

Utilizando uma classe aninhada para implementar uma rotina de tratamento de evento

Todas as classes discutidas até agora foram chamadas de **classes de primeiro nível** — isto é, elas não *foram* declaradas *dentro* de outra classe. O Java permite declarar classes *dentro* de outras classes — elas são chamadas de **classes aninhadas**. As classes aninhadas podem ser `static` ou não `static`. As classes não `static` aninhadas são chamadas **classes internas** e são frequentemente utilizadas para implementar *rotina de tratamento de evento*.

Um objeto da classe interna deve ser criado por um objeto da classe de primeiro nível que contém a classe interna. Cada objeto da classe interna tem *implicitamente* uma referência a um objeto da classe de primeiro nível. O objeto da classe interna pode usar essa referência implícita para acessar diretamente todas as variáveis e métodos da classe de primeiro nível. Uma classe aninhada que é `static` não exige um objeto de sua classe de primeiro nível e não tem implicitamente uma referência a um objeto da classe de primeiro nível. Como veremos no Capítulo 13, "Imagens gráficas e Java 2D", a API dos elementos gráficos Java 2D usa as classes aninhadas `static` extensivamente.

Classe interna `TextFieldHandler`

O tratamento de evento nesse exemplo é realizado por um objeto da *classe interna* `private TextFieldHandler` (linhas 50 a 81). Essa classe é `private` porque será utilizada apenas para criar rotina de tratamento de evento para os campos de texto na classe de primeiro nível `TextFieldFrame`. Tal como acontece com outros membros de classe, as *classes internas* podem ser declaradas `public`, `protected` ou `private`. Como rotinas de tratamento de evento tendem a ser específicas para o aplicativo em que elas são definidas, muitas vezes elas são implementadas como classes internas `private` ou como *classes internas anônimas* (Seção 12.11).

Componentes GUI podem gerar muitos eventos em resposta às interações do usuário. Cada evento é representado por uma classe e pode ser processado apenas pelo tipo de rotina de tratamento de evento apropriado. Normalmente, eventos suportados por um componente estão descritos na documentação da API Java para a classe e superclasses desse componente. Quando o usuário pressiona *Enter* em um `JTextField` ou `JPasswordField`, ocorre um **`ActionEvent`** (pacote `java.awt.event`). Um evento assim é processado por um objeto que implementa a interface **`ActionListener`** (pacote `java.awt.event`). As informações discutidas aqui são disponíveis na documentação de Java API das classes `JTextField` e `ActionEvent`. Visto que `JPasswordField` é uma subclasse de `JTextField`, `JPasswordField` suporta os mesmos eventos.

A fim de se preparar para tratar os eventos nesse exemplo, a classe interna `TextFieldHandler` implementa a interface `ActionListener` e declara o único método nessa interface — `actionPerformed` (linhas 53 a 80). Esse método especifica as tarefas a serem realizadas quando ocorrer um `ActionEvent`. Assim, a classe interna `TextFieldHandler` satisfaz o *Passo 1* listado anteriormente nesta seção. Discutiremos os detalhes do método `actionPerformed` em breve.

Registrando a rotina de tratamento de evento para cada campo de texto

No construtor `TextFieldFrame`, a linha 42 cria um objeto `TextFieldHandler` e o atribui à variável `handler`. O método `actionPerformed` desse objeto será chamado automaticamente quando o usuário pressionar *Enter* em qualquer um dos campos de texto da GUI. Entretanto, antes que isso possa ocorrer, o programa deve registrar esse objeto como a rotina de tratamento de evento de cada campo de texto. As linhas 43 a 46 são as instruções de *registro de evento* que especificam `handler` como a rotina de tratamento de evento para os três `JTextFields` e o `JPasswordField`. O aplicativo chama o método `JTextField` **`addActionListener`** para registrar a rotina de tratamento de evento para cada componente. Esse método recebe como seu argumento um objeto `ActionListener`, que pode ser um objeto de qualquer classe que implemente `ActionListener`. O objeto `handler` *é um* `ActionListener`, porque a classe `TextFieldHandler` implementa `ActionListener`. Depois que as linhas 43 a 46 são executadas, o objeto `handler` **ouve eventos**. Agora, quando o usuário pressiona *Enter* em qualquer desses quatro campos de texto, o método `actionPerformed` (linhas 53 a 80) na classe `TextFieldHandler` é chamado para tratar o evento. Se uma rotina de tratamento de evento *não* é registrada para um campo de texto particular, o evento que ocorre quando o usuário pressiona *Enter* nesse campo de texto é **consumido** — isto é, é simplesmente *ignorado* pelo aplicativo.

Observação de engenharia de software 12.1

O ouvinte de evento para um evento deve implementar a interface ouvinte de evento apropriada.

Erro comum de programação 12.2

Se você esquecer de registrar um objeto tratador de eventos para um tipo de evento de um componente GUI particular, eventos desse tipo serão ignorados.

Detalhes do método `actionPerformed` da classe `TextFieldHandler`

Nesse exemplo, usamos um método `actionPerformed` do objeto de tratamento de evento (linhas 53 a 80) para lidar com os eventos gerados pelos quatro campos de texto. Visto que gostaríamos de gerar saída do nome de variável de instância de cada campo de texto para propósitos de demonstração, devemos determinar *qual* campo de texto gerou o evento toda vez que `actionPerformed` for chamado. A **origem do evento** é o componente com o qual o usuário interage. Quando o usuário pressionar *Enter* enquanto um campo de texto ou de senha *tiver o foco*, o sistema cria um objeto `ActionEvent` único que contém informações sobre o evento que acabou de ocorrer, como a origem de evento e o texto no campo de texto. O sistema passa esse objeto `ActionEvent` para o método `actionPerformed` do ouvinte de evento. A linha 56 declara a `String` que será exibida. A variável é inicializada com a **string vazia** — uma `String` que não contém nenhum caractere. O compilador requer que a variável seja inicializada caso nenhuma das ramificações da instrução `if` aninhada nas linhas 59 a 76 seja executada.

Um método `ActionEvent` `getSource` (chamado nas linhas 59, 64, 69 e 74) retorna uma referência à fonte do evento. A condição na linha 59 pergunta, "`textField1` é a origem de evento?" Essa condição compara referências com o operador == para determinar se elas referenciam o mesmo objeto. Se *ambas* referenciarem `textField1`, o usuário pressionou *Enter* em `textField1`. Então, as linhas 60 e 61 criam uma `String` contendo a mensagem que a linha 79 exibe em uma caixa de diálogo de mensagem. A linha 61 utiliza o método **`getActionCommand`** de `ActionEvent` para obter o texto que o usuário digitou no campo de texto que gerou o evento.

Nesse exemplo, exibimos o texto da senha no `JPasswordField` quando o usuário pressiona *Enter* nesse campo. Às vezes é necessário processar programaticamente os caracteres em uma senha. A classe `JPasswordField` do método **`getPassword`** retorna os caracteres da senha como um array do tipo `char`.

Classe `TextFieldTest`

A classe `TextFieldTest` (Figura 12.10) contém o método `main`, que executa esse aplicativo e exibe um objeto da classe `TextFieldFrame`. Ao executar o aplicativo, mesmo o `JTextField` não editável (`textField3`) pode gerar um `ActionEvent`. Para testar isso, clique no campo de texto para colocá-lo em foco, depois pressione *Enter*. Também, o texto real da senha é exibido quando você pressionar *Enter* no `JPasswordField`. Naturalmente, você em geral não exibiria a senha!

```
// Figura 12.10: TextFieldTest.java
// Testando TextFieldFrame.
import javax.swing.JFrame;

public class TextFieldTest
{
```

continua

continuação

```
    public static void main(String[] args)
    {
       TextFieldFrame textFieldFrame = new TextFieldFrame();
       textFieldFrame.setDefaultCloseOperation(JFrame.EXIT_ON_CLOSE);
       textFieldFrame.setSize(350, 100);
       textFieldFrame.setVisible(true);
    }
 } // fim da classe TextFieldTest
```

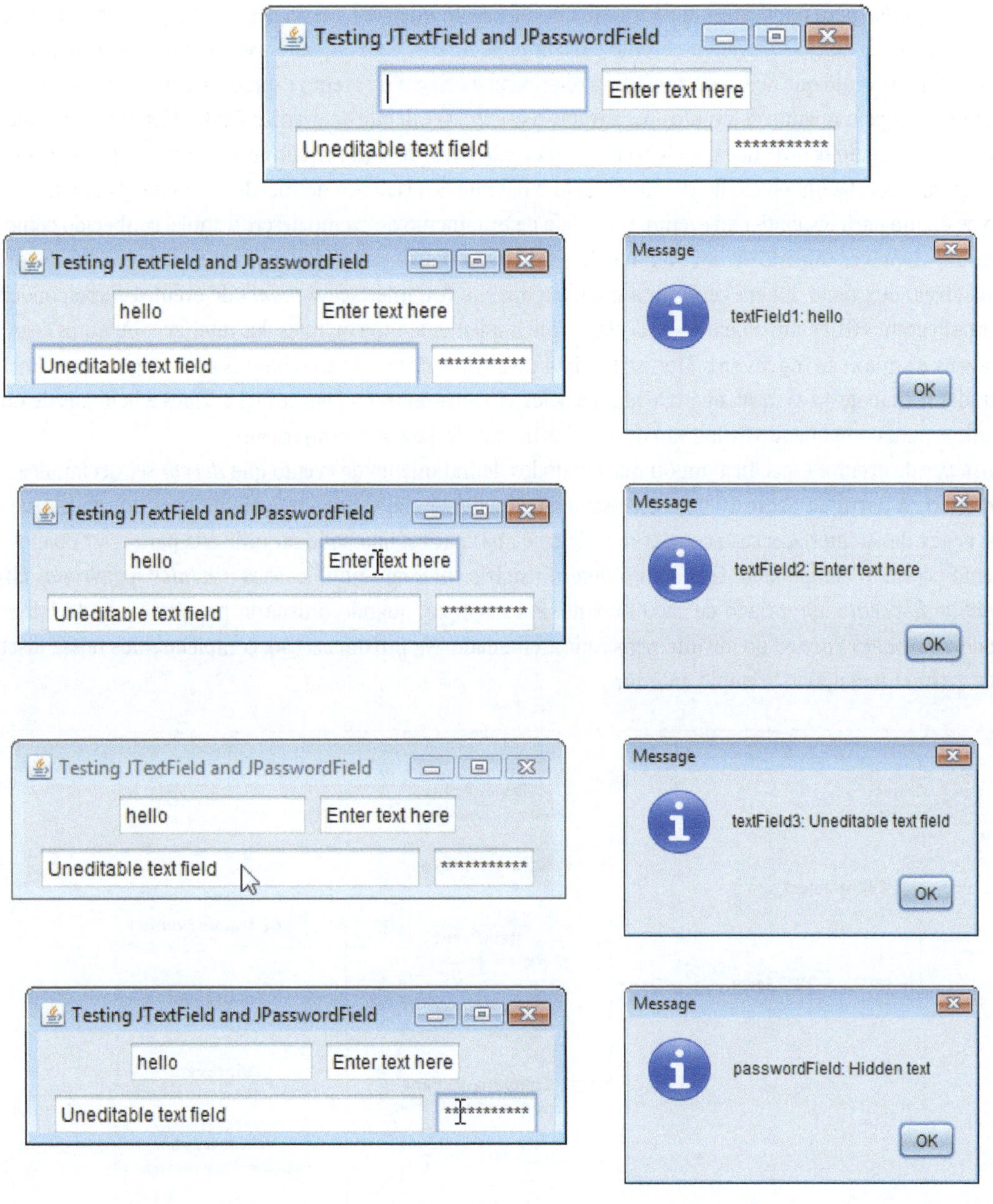

Figura 12.10 | Testando `TextFieldFrame`.

Esse aplicativo utilizou um único objeto de classe `TextFieldHandler` como o ouvinte, ou *listener*, de eventos para quatro campos de texto. Iniciando na Seção 12.10, você verá que é possível declarar vários objetos ouvintes de evento do mesmo tipo e registrar cada objeto para o evento de um componente GUI separado. Essa técnica permite eliminar a lógica `if...else` utilizada na rotina de tratamento de evento desse exemplo fornecendo rotinas de tratamento de evento separadas para os eventos de cada componente.

Java SE 8: implementando ouvintes de evento com lambdas

Lembre-se de que interfaces como `ActionListener` que têm um único método `abstract` são interfaces funcionais no Java SE 8. Na Seção 17.9, mostramos uma maneira mais concisa de implementar essas interfaces ouvinte de evento com lambdas Java SE 8.

12.7 Tipos comuns de eventos GUI e interfaces ouvintes

Na Seção 12.6, você aprendeu que as informações sobre o evento que ocorre quando o usuário pressiona *Enter* em um campo de texto são armazenadas em um objeto `ActionEvent`. Muitos tipos diferentes de evento podem ocorrer quando o usuário interage com uma GUI. As informações do evento são armazenadas em um objeto de uma classe que estende `AWTEvent` (do pacote `java.awt`). A Figura 12.11 ilustra uma hierarquia que contém muitas classes de evento do pacote `java.awt.event`. Alguns deles são discutidos neste capítulo e no Capítulo 22. Esses tipos de evento são utilizados tanto com componentes AWT como com Swing. Tipos adicionais de evento que são específicos dos componentes Swing GUI são declarados no pacote `javax.swing.event`.

Vamos resumir as três partes para o mecanismo de tratamento de evento que você viu na Seção 12.6 — a *origem do evento*, o *objeto do evento* e o *ouvinte de eventos*. A origem do evento é o componente GUI com o qual o usuário interage. O objeto do evento encapsula informações sobre o evento que ocorreu, como uma referência à origem do evento e quaisquer informações específicas do evento que podem ser exigidas pelo ouvinte de eventos para tratar o evento. O ouvinte de eventos é um objeto que é notificado pela origem de evento quando um evento ocorre; de fato, ele "ouve" um evento e um de seus métodos executa em resposta ao evento. Um método do ouvinte de eventos recebe um objeto do evento quando o ouvinte de eventos é notificado do evento. O ouvinte de eventos então utiliza o objeto de evento para responder ao evento. O modelo de tratamento de evento descrito aqui é conhecido como **modelo de delegação de evento** — o processamento de um evento é delegado a um objeto particular (o ouvinte de eventos) no aplicativo.

Para cada tipo de objeto de evento, há em geral uma interface ouvinte (ou interface *listener*) de eventos correspondentes. Um ouvinte de evento para um evento GUI é um objeto de uma classe que implementa uma ou mais das interfaces ouvintes de evento dos pacotes `java.awt.event` e `javax.swing.event`. Muitos dos tipos de ouvinte de evento são comuns aos componentes Swing e AWT. Esses tipos são declarados no pacote `java.awt.event` e alguns deles são mostrados na Figura 12.12. Tipos adicionais de ouvinte de evento que são específicos para componentes Swing são declarados no pacote `javax.swing.event`.

Cada interface *listener* de eventos especifica um ou mais métodos de tratamento de evento que *devem* ser declarados na classe que implementa a interface. A partir da Seção 10.9, lembre-se de que qualquer classe que implementa uma interface deve declarar *todos* os métodos `abstract` dessa interface; caso contrário, a classe é `abstract` e não pode ser utilizada para criar objetos.

Quando um evento ocorre, o componente GUI com o qual o usuário interagiu notifica seus *ouvintes registrados* chamando o *método de tratamento de evento* apropriado de cada ouvinte. Por exemplo, quando o usuário pressiona a tecla *Enter* em um `JTextField`, o método `actionPerformed` do ouvinte registrado é chamado. Na próxima seção, completaremos nossa discussão de como o tratamento de evento funciona no exemplo anterior.

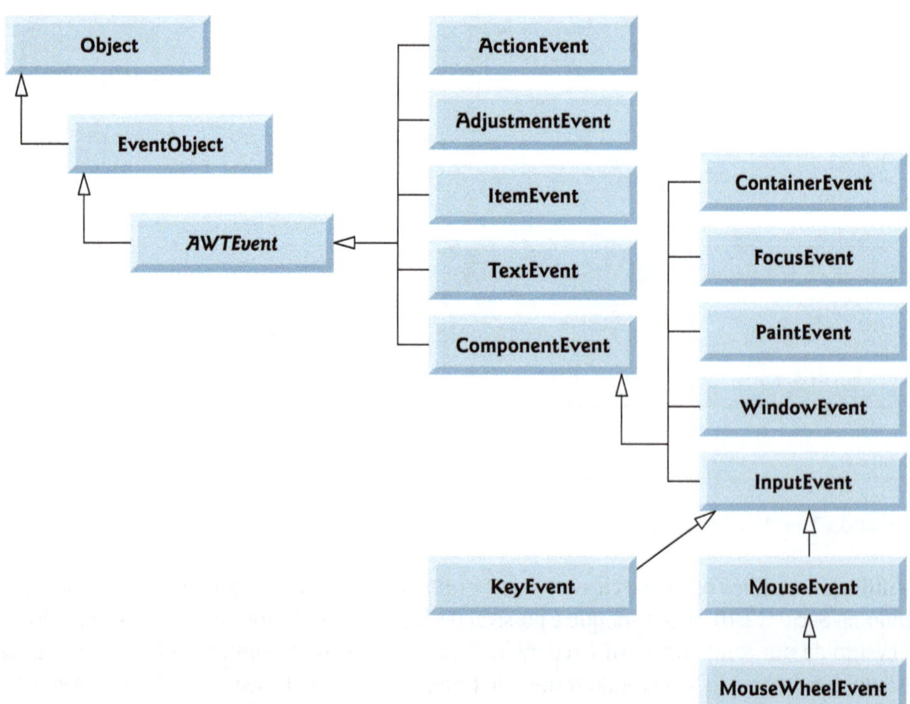

Figura 12.11 | Algumas classes de evento do pacote `java.awt.event`.

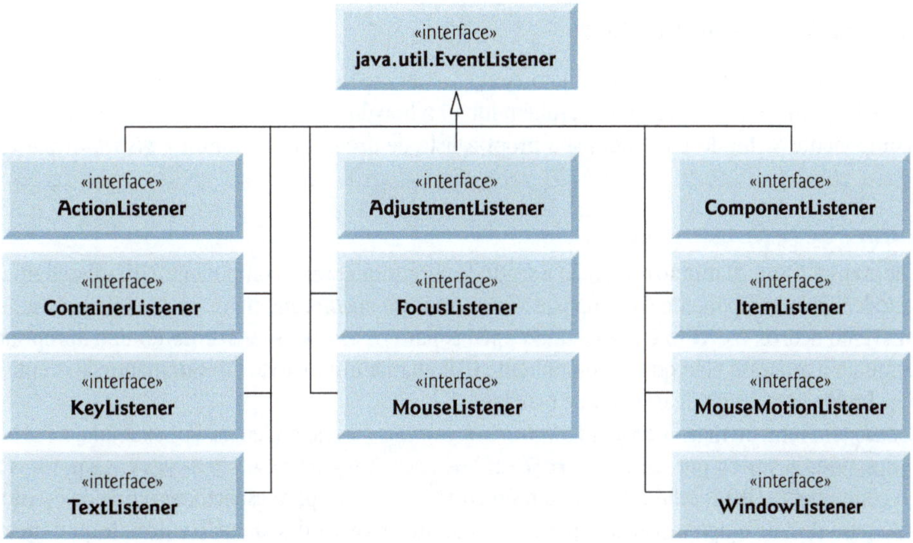

Figura 12.12 | Algumas interfaces listener de eventos comuns do pacote `java.awt.event`.

12.8 Como o tratamento de evento funciona

Ilustraremos como o mecanismo de tratamento de evento funciona, usando `textField1` do exemplo da Figura 12.9. Temos duas perguntas abertas remanescentes da Seção 12.7:

1. Como *a rotina de tratamento de evento* é *registrada*?
2. Como o componente GUI sabe chamar `actionPerformed` em vez de algum outro método de tratamento de evento?

A primeira pergunta é respondida pelo registro de evento realizado nas linhas 43 a 46 da Figura 12.9. A Figura 12.13 diagrama a variável `textField1` de `JTextField`, a variável `handler` de `TextFieldHandler` e os objetos que elas referenciam.

Registrando eventos

Cada `JComponent` tem uma variável de instância chamada `listenerList` que referencia um objeto da classe **`EventListenerList`** (pacote `javax.swing.event`). Cada objeto de uma subclasse `JComponent` mantém referências a seus *ouvintes* (listeners) *registrados* na `listenerList`. Para simplificar, diagramamos `listenerList` como um array abaixo do objeto `JTextField` na Figura 12.13.

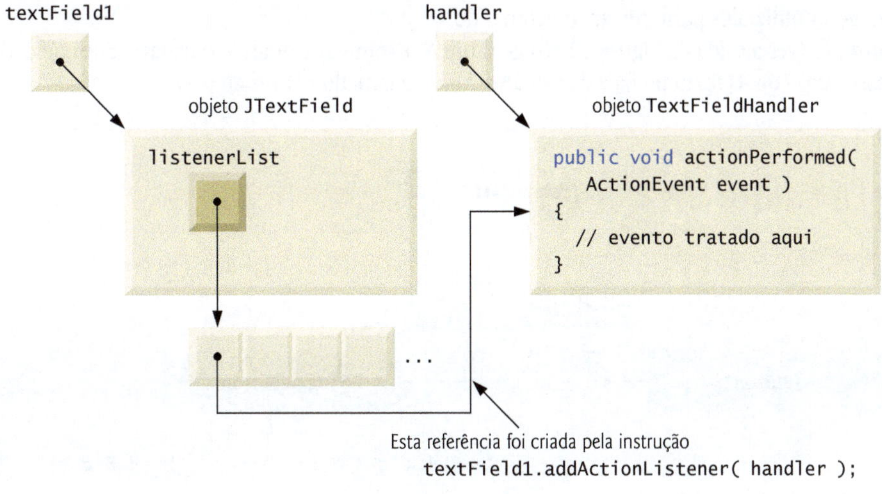

Figura 12.13 | Registro de evento para `JTextField textField1`.

Quando a seguinte instrução (linha 43 da Figura 12.9) é executada

```
textField1.addActionListener(handler);
```

uma nova entrada que contém uma referência ao objeto `TextFieldHandler` é colocada em `listenerList` de `textField1`. Embora não mostrado no diagrama, essa nova entrada também inclui o tipo do listener (nesse caso, `ActionListener`). Utilizando esse mecanismo, cada componente Swing leve mantém sua própria lista de *ouvintes* que foram *registrados* para *tratar* os *eventos* do componente.

Invocação de rotinas de tratamento de evento

O tipo ouvinte de eventos é importante ao responder a segunda pergunta: como o componente GUI sabe chamar `actionPerformed` em vez de outro método? Cada componente GUI suporta vários *tipos de evento*, inclusive **eventos de mouse**, **eventos de teclado** e outros. Quando um evento ocorre, o evento é **despachado** apenas para os *ouvintes de evento* do tipo apropriado. O despacho (*dispatching*) é simplesmente o processo pelo qual o componente GUI chama um método de tratamento de evento em cada um de seus ouvintes que são registrados para o tipo de evento que ocorreu.

Cada *tipo de evento* tem uma ou mais *interfaces ouvintes de eventos* correspondentes. Por exemplo, `ActionEvents` são tratados por `ActionListeners`, **`MouseEvents`** por **`MouseListeners`**, **`MouseMotionListeners`** e **`KeyEvents`** por **`KeyListeners`**. Quando ocorre um evento, o componente GUI recebe (de JVM) um único ***ID de evento*** para especificar o tipo de evento. O componente GUI utiliza o ID de evento para decidir o tipo de ouvinte para o evento que deve ser despachado e decidir qual método chamar em cada objeto *listener*. Para um `ActionEvent`, o evento é despachado para o método `ActionListener` de *cada* `actionPerformed` registrado (o único método na interface `ActionListener`). Para um `MouseEvent`, o evento é despachado para *cada* `MouseListener` ou `MouseMotionListener` registrado, dependendo do evento de mouse que ocorre. O ID de evento do `MouseEvent` determina quais dos vários métodos de tratamento de evento de mouse são chamados. Todas essas decisões são tratadas para você pelos componentes GUI. Tudo que você precisa fazer é registrar uma rotina de tratamento de evento para o tipo particular de evento que seu aplicativo exige e o componente GUI assegurará que o método apropriado da rotina de tratamento de evento é chamado quando o evento ocorre. Discutimos outros tipos de evento e interfaces ouvintes de evento à medida que eles se tornarem necessários com cada novo componente que apresentarmos.

Dica de desempenho 12.1

GUIs sempre devem permanecer responsivas ao usuário. Realizar uma tarefa de longa duração em uma rotina de tratamento de evento evita que o usuário interaja com a GUI até que a tarefa seja concluída. A Seção 23.11 demonstra as técnicas para evitar esses problemas.

12.9 JButton

Um **botão** é um componente em que o usuário clica para acionar uma ação específica. Um aplicativo Java pode utilizar vários tipos de botão, incluindo **botões de comando**, **caixas de seleção**, **botões de alternação** e **botões de opção**. A Figura 12.14 mostra a hierarquia de herança dos botões do Swing que abordaremos neste capítulo. Como você pode ver, todos os tipos de botão são subclasses de **`AbstractButton`** (pacote `javax.swing`), que declara os recursos comuns de botões Swing. Nesta seção, nos concentramos nos botões que são em geral utilizados para iniciar um comando.

Um *botão de comando* (ver a saída da Figura 12.16) gera um `ActionEvent` quando o usuário clica nele. Os botões de comando são criados com a classe **`JButton`**. O texto na face de um `JButton` é chamado **rótulo de botão**.

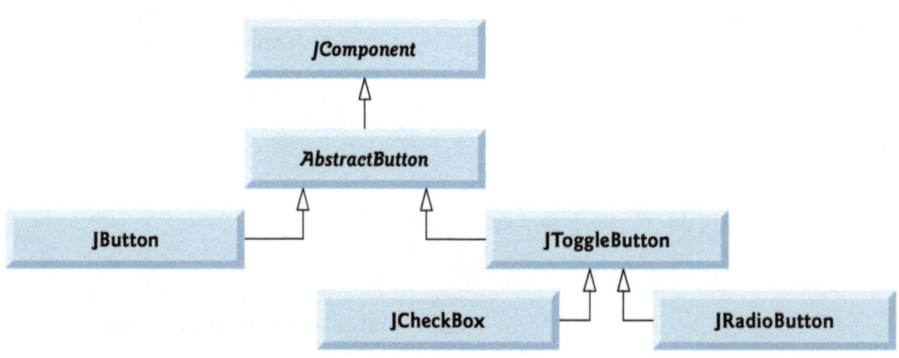

Figura 12.14 | Hierarquia do botão Swing.

Observação sobre a aparência e comportamento 12.8

O texto nos botões geralmente usa letras maiúsculas e minúsculas no estilo título de livro.

Observação sobre a aparência e comportamento 12.9

Uma GUI pode ter muitos `JButtons`*, mas, em geral, cada rótulo de botão deve ser único na parte da GUI que é atualmente exibida. Ter mais de um* `JButton` *com o mesmo rótulo torna os* `JButtons` *ambíguos para o usuário.*

O aplicativo das figuras 12.15 e 12.16 cria dois `JButtons` e demonstra que `JButtons` podem exibir `Icons`. O tratamento de evento para os botões é realizado por uma única instância da *classe interna* `ButtonHandler` (Figura 12.15, linhas 39 a 48).

```
1  // Figura 12.15: ButtonFrame.java
2  // Botões de comando e eventos de ação.
3  import java.awt.FlowLayout;
4  import java.awt.event.ActionListener;
5  import java.awt.event.ActionEvent;
6  import javax.swing.JFrame;
7  import javax.swing.JButton;
8  import javax.swing.Icon;
9  import javax.swing.ImageIcon;
10 import javax.swing.JOptionPane;
11
12 public class ButtonFrame extends JFrame
13 {
14    private final JButton plainJButton; // botão apenas com texto
15    private final JButton fancyJButton; // botão com ícones
16
17    // ButtonFrame adiciona JButtons ao JFrame
18    public ButtonFrame()
19    {
20       super("Testing Buttons");
21       setLayout(new FlowLayout());
22
23       plainJButton = new JButton("Plain Button"); // botão com texto
24       add(plainJButton); // adiciona plainJButton ao JFrame
25
26       Icon bug1 = new ImageIcon(getClass().getResource("bug1.gif"));
27       Icon bug2 = new ImageIcon(getClass().getResource("bug2.gif"));
28       fancyJButton = new JButton("Fancy Button", bug1); // configura imagem
29       fancyJButton.setRolloverIcon(bug2); // configura imagem de rollover
30       add(fancyJButton); // adiciona fancyJButton ao JFrame
31
32       // cria novo ButtonHandler de tratamento para tratamento de evento de botão
33       ButtonHandler handler = new ButtonHandler();
34       fancyJButton.addActionListener(handler);
35       plainJButton.addActionListener(handler);
36    }
37
38    // classe interna para tratamento de evento de botão
39    private class ButtonHandler implements ActionListener
40    {
41       // trata evento de botão
42       @Override
43       public void actionPerformed(ActionEvent event)
44       {
45          JOptionPane.showMessageDialog(ButtonFrame.this, String.format(
46             "You pressed: %s", event.getActionCommand()));
47       }
48    }
49 } // fim da classe ButtonFrame
```

Figura 12.15 | Botões de comando e eventos de ação.

```java
// Figura 12.16: ButtonTest.java
// Testando ButtonFrame.
import javax.swing.JFrame;

public class ButtonTest
{
   public static void main(String[] args)
   {
      ButtonFrame buttonFrame = new ButtonFrame();
      buttonFrame.setDefaultCloseOperation(JFrame.EXIT_ON_CLOSE);
      buttonFrame.setSize(275, 110);
      buttonFrame.setVisible(true);
   }
} // fim da classe ButtonTest
```

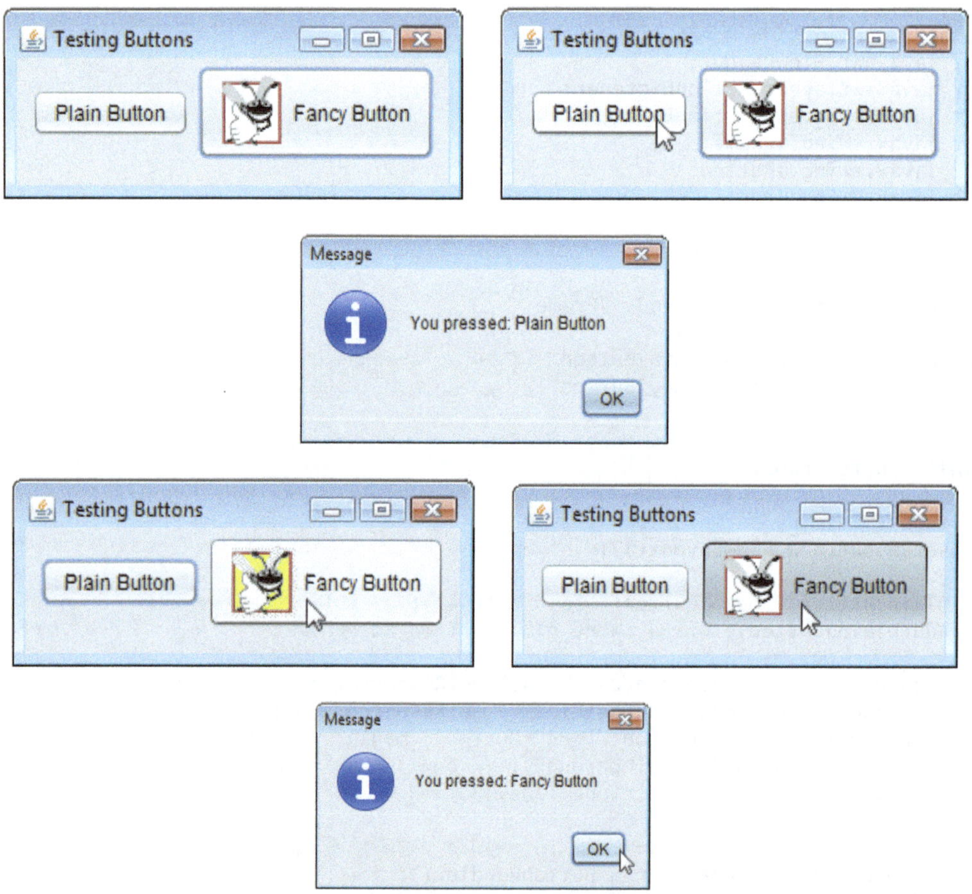

Figura 12.16 | Testando `ButtonFrame`.

As linhas 14 e 15 declaram as variáveis `JButton plainJButton` e `fancyJButton`. Os objetos correspondentes são instanciados no construtor. A linha 23 cria `plainJButton` com o rótulo de botão `"Plain Button"`. A linha 24 adiciona o `JButton` ao `JFrame`.

Um `JButton` pode exibir um `Icon`. Para fornecer ao usuário um nível extra de interação visual com a GUI, um `JButton` também pode ter um **`Icon` rollover** — um `Icon` que é exibido quando o usuário posiciona o mouse sobre `JButton`. O ícone em `JButton` altera-se quando o mouse move-se para dentro e para fora da área de `JButton` na tela. As linhas 26 e 27 criam dois objetos `ImageIcon` que representam o `Icon` padrão e o `Icon` rollover para o `JButton` criado na linha 28. As duas declarações supõem que os arquivos de imagem estão armazenados no *mesmo* diretório do aplicativo. As imagens são normalmente inseridas no *mesmo* diretório que o do aplicativo ou em um subdiretório como `images`. Esses arquivos de imagem foram fornecidos para você com o exemplo.

A linha 28 cria `fancyButton` com o texto `"Fancy Button"` e o ícone `bug1`. Por padrão, o texto é exibido à *direita* do ícone. A linha 29 utiliza **`setRolloverIcon`** (herdado da classe `AbstractButton`) para especificar a imagem exibida em `JButton` quando o usuário posiciona o mouse sobre ele. A linha 30 adiciona o `JButton` ao `JFrame`.

Observação sobre a aparência e comportamento 12.10

Como a classe `AbstractButton` *suporta exibição de texto e imagens em um botão, todas as subclasses de* `AbstractButton` *também suportam exibição de texto e imagens.*

Observação sobre a aparência e comportamento 12.11

Ícones de rollover fornecem feedback visual indicando que uma ação ocorrerá quando um `JButton` *é clicado.*

`JButtons`, assim como `JTextFields` geram `ActionEvents` que podem ser processados por qualquer objeto `ActionListener`. As linhas 33 a 35 criam um objeto de *classe interna* `private ButtonHandler` e utilizam `addActionListener` para *registrá-lo* como a *rotina de tratamento de evento* para cada `JButton`. A classe `ButtonHandler` (linhas 39 a 48) declara `actionPerformed` para exibir uma caixa de diálogo de mensagem que contém o rótulo do botão que o usuário pressionou. Para um evento `JButton`, o método `getActionCommand` de `ActionEvent` retorna o rótulo no `JButton`.

Acessando a referência `this` em um objeto de uma classe de primeiro nível a partir de uma classe interna

Ao executar esse aplicativo e clicar em um de seus botões, note que o diálogo de mensagem que aparece é centralizado na janela do aplicativo. Isso ocorre porque a chamada para o método `JOptionPane showMessageDialog` (linhas 45 e 46) usa `ButtonFrame.this`, em vez de `null`, como o primeiro argumento. Quando esse argumento não for `null`, ele representa o *componente GUI pai* do diálogo de mensagem (nesse caso a janela de aplicativo é o componente pai) e permite ao diálogo estar centralizado sobre esse componente quando o diálogo for exibido. `ButtonFrame.this` representa a referência `this` do objeto de classe de primeiro nível `ButtonFrame`.

Observação de engenharia de software 12.2

Quando utilizada em uma classe interna, a palavra-chave `this` *referencia o objeto de classe interna atual sendo manipulado. Um método de classe interna pode utilizar* `this` *do seu objeto de classe externa precedendo* `this` *com o nome de classe externa e um ponto (.) separador, como em* `ButtonFrame.this`*.*

12.10 Botões que mantêm o estado

Os componentes Swing GUI contêm três tipos de **botões de estado** — **`JToggleButton`**, **`JCheckBox`** e **`JRadioButton`** — que têm valores ativado/desativado ou verdadeiro/falso. As classes `JCheckBox` e `JRadioButton` são subclasses de `JToggleButton` (Figura 12.14). Um `JRadioButton` é diferente de um `JCheckBox` pelo fato de que, normalmente, vários `JRadioButtons` são agrupados e são *mutuamente exclusivos* — um único no grupo pode ser selecionado a qualquer momento, assim como os botões do rádio de um carro. Primeiro discutiremos a classe `JCheckBox`.

12.10.1 JCheckBox

O aplicativo das figuras 12.17 e 12.18 utiliza dois `JCheckBoxes` para selecionar o estilo desejado de fonte do texto exibido em um `JTextField`. Quando selecionado, um aplica o estilo negrito e o outro, o estilo itálico. Se *ambos* forem selecionados, o estilo é negrito *e* itálico. Quando o aplicativo é inicialmente executado, nenhuma `JCheckBox` está marcada (isto é, as duas são `false`), então a fonte é simples. A classe `CheckBoxTest` (Figura 12.18) contém o método `main` que executa esse aplicativo.

```
// Figura 12.17: CheckBoxFrame.java
// JCheckBoxes e eventos de item.
import java.awt.FlowLayout;
import java.awt.Font;
import java.awt.event.ItemListener;
import java.awt.event.ItemEvent;
import javax.swing.JFrame;
import javax.swing.JTextField;
import javax.swing.JCheckBox;

public class CheckBoxFrame extends JFrame
{
```

continua

continuação

```
   private final JTextField textField; // exibe o texto na alteração de fontes
   private final JCheckBox boldJCheckBox; // para marcar/desmarcar estilo negrito
   private final JCheckBox italicJCheckBox; // para marcar/desmarcar estilo itálico

   // construtor CheckBoxFrame adiciona JCheckBoxes ao JFrame
   public CheckBoxFrame()
   {
      super("JCheckBox Test");
      setLayout(new FlowLayout());

      // configura JTextField e sua fonte
      textField = new JTextField("Watch the font style change", 20);
      textField.setFont(new Font("Serif", Font.PLAIN, 14));
      add(textField); // adiciona textField ao JFrame

      boldJCheckBox = new JCheckBox("Bold");
      italicJCheckBox = new JCheckBox("Italic");
      add(boldJCheckBox); // adiciona caixa de seleção de estilo negrito ao JFrame
      add(italicJCheckBox); // adiciona caixa de seleção de itálico ao JFrame

      // listeners registradores para JCheckBoxes
      CheckBoxHandler handler = new CheckBoxHandler();
      boldJCheckBox.addItemListener(handler);
      italicJCheckBox.addItemListener(handler);
   }

   // classe interna private para tratamento de evento ItemListener
   private class CheckBoxHandler implements ItemListener
   {
      // responde aos eventos de caixa de seleção
      @Override
      public void itemStateChanged(ItemEvent event)
      {
         Font font = null; // armazena a nova Font

         // determina quais CheckBoxes estão marcadas e cria Font
         if (boldJCheckBox.isSelected() && italicJCheckBox.isSelected())
            font = new Font("Serif", Font.BOLD + Font.ITALIC, 14);
         else if (boldJCheckBox.isSelected())
            font = new Font("Serif", Font.BOLD, 14);
         else if (italicJCheckBox.isSelected())
            font = new Font("Serif", Font.ITALIC, 14);
         else
            font = new Font("Serif", Font.PLAIN, 14);

         textField.setFont(font);
      }
   }
} // fim da classe CheckBoxFrame
```

Figura 12.17 | JCheckBoxes e eventos de item.

```
// Figura 12.18: CheckBoxTest.java
// Testando CheckBoxFrame.
import javax.swing.JFrame;

public class CheckBoxTest
{
   public static void main(String[] args)
   {
      CheckBoxFrame checkBoxFrame = new CheckBoxFrame();
      checkBoxFrame.setDefaultCloseOperation(JFrame.EXIT_ON_CLOSE);
```

continua

continuação

```
      checkBoxFrame.setSize(275, 100);
      checkBoxFrame.setVisible(true);
   }
} // fim da classe CheckBoxTest
```

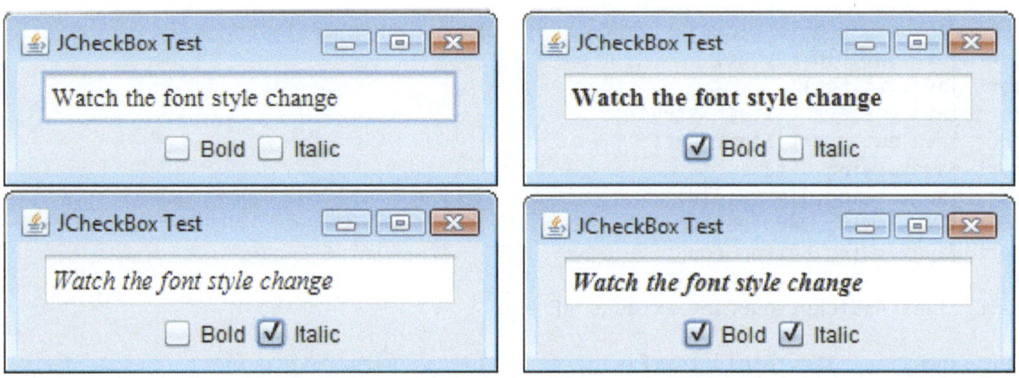

Figura 12.18 | Testando `CheckBoxFrame`.

Depois de o `JTextField` ser criado e inicializado (Figura 12.17, linha 24), a linha 25 utiliza o método **`setFont`** (herdado por `JTextField` indiretamente da classe `Component`) para configurar a fonte do `JTextField` como um novo objeto de classe **`Font`** (pacote `java.awt`). A nova `Font` é inicializada com `"Serif"` (um nome de fonte para representar uma fonte genérica como Times e suportada em todas as plataformas do Java), estilo `Font.PLAIN` e corpo `14`. Em seguida, as linhas 28 e 29 criam dois objetos `JCheckBox`. A `String` passada para o construtor `JCheckBox` é o **rótulo de caixa de seleção** que aparece à direita da `JCheckBox` por padrão.

Quando o usuário clicar em uma `JCheckBox`, um **`ItemEvent`** ocorre. Esse evento pode ser tratado por um objeto **`ItemListener`**, que *deve* implementar o método **`itemStateChanged`**. Nesse exemplo, o tratamento de evento é realizado por uma instância da *classe interna* `private CheckBoxHandler` (linhas 40 a 60). As linhas 34 a 36 criam uma instância de classe `CheckBoxHandler` e a registram com o método **`addItemListener`** como o ouvinte de ambos os objetos `JCheckBox`.

O método `itemStateChanged` de `CheckBoxHandler` (linhas 43 a 59) é chamado quando o usuário clica em `italicJCheckBox` ou `boldJCheckBox`. Nesse exemplo, não determinamos qual `JCheckBox` foi clicada — usamos ambos os estados para determinar a fonte a exibir. A linha 49 usa o método `JCheckBox` **`isSelected`** para determinar se as duas `JCheckBoxes` estão selecionadas. Se estiverem, a linha 50 cria uma fonte em negrito e itálico adicionando as constantes `Font` `Font.BOLD` e `Font.ITALIC` ao argumento do estilo de fonte do construtor `Font`. A linha 51 determina se a `boldJCheckBox` está selecionada e, se estiver, a linha 52 cria uma fonte em negrito. A linha 53 determina se a `italicJCheckBox` está selecionada e, se estiver, a linha 54 cria uma fonte em itálico. Se nenhuma das condições anteriores for verdadeira, a linha 56 cria uma fonte simples usando a constante `Font` `Font.PLAIN`. Por fim, a linha 58 configura uma nova fonte de `textField`, o que altera a fonte no `JTextField` na tela.

Relacionamento entre uma classe interna e sua classe de primeiro nível

A classe `CheckBoxHandler` utilizou as variáveis `boldJCheckBox` (linhas 49 e 51), `italicJCheckBox` (linhas 49 e 53) e `textField` (linha 58), embora elas *não* sejam declaradas na classe interna. Lembre-se de que uma *classe interna* tem um relacionamento especial com a *classe de nível superior* — ela pode acessar *todas* as variáveis e métodos da classe de nível superior. O método `CheckBoxHandler` `itemStateChanged` (linhas 43 a 59) utiliza esse relacionamento para determinar quais `JCheckBoxes` estão marcadas e definir a fonte no `JTextField`. Observe que nenhum código na classe interna `CheckBoxHandler` exige uma referência explícita ao objeto de primeiro nível de classe.

12.10.2 `JRadioButton`

Botões de opção (declarados com a classe `JRadioButton`) são semelhantes a caixas de seleção pelo fato de ter dois estados — *selecionados* e *não selecionados* (também chamados *desmarcados*). Entretanto, os botões de opção normalmente aparecem como um **grupo** em que apenas *um* botão pode ser selecionado por vez (ver a saída da Figura 12.20). Os botões de opção são utilizados para representar **opções mutuamente exclusivas** (isto é, não é *possível* selecionar múltiplas opções no grupo ao mesmo tempo). O relacionamento lógico entre botões de opção é mantido por um objeto **`ButtonGroup`** (pacote `javax.swing`), que em si *não* é um componente GUI. Um objeto `ButtonGroup` organiza um grupo de botões e ele mesmo *não* é exibido em uma interface com o usuário. Em seu lugar, os objetos individuais `JRadioButton` do grupo são exibidos na GUI.

O aplicativo das figuras 12.19 e 12.20 é semelhante ao das figuras 12.17 e 12.18. O usuário pode alterar o estilo da fonte do texto de um `JTextField`. O aplicativo utiliza botões de opção que permitem que apenas um único estilo de fonte no grupo seja selecionado de cada vez. A classe `RadioButtonTest` (Figura 12.20) contém o método `main`, que executa esse aplicativo.

```java
// Figura 12.19: RadioButtonFrame.java
// Criando botões de opção utilizando ButtonGroup e JRadioButton.
import java.awt.FlowLayout;
import java.awt.Font;
import java.awt.event.ItemListener;
import java.awt.event.ItemEvent;
import javax.swing.JFrame;
import javax.swing.JTextField;
import javax.swing.JRadioButton;
import javax.swing.ButtonGroup;

public class RadioButtonFrame extends JFrame
{
   private final JTextField textField; // utilizado para exibir alterações de fonte
   private final Font plainFont; // fonte para texto simples
   private final Font boldFont; // fonte para texto em negrito
   private final Font italicFont; // fonte para texto em itálico
   private final Font boldItalicFont; // fonte para texto em negrito e itálico
   private final JRadioButton plainJRadioButton; // seleciona texto simples
   private final JRadioButton boldJRadioButton; // seleciona texto em negrito
   private final JRadioButton italicJRadioButton; // seleciona texto em itálico
   private final JRadioButton boldItalicJRadioButton; // negrito e itálico
   private final ButtonGroup radioGroup; // contém botões de opção

   // construtor RadioButtonFrame adiciona JRadioButtons ao JFrame
   public RadioButtonFrame()
   {
      super("RadioButton Test");
      setLayout(new FlowLayout());

      textField = new JTextField("Watch the font style change", 25);
      add(textField); // adiciona textField ao JFrame

      // cria botões de opção
      plainJRadioButton = new JRadioButton("Plain", true);
      boldJRadioButton = new JRadioButton("Bold", false);
      italicJRadioButton = new JRadioButton("Italic", false);
      boldItalicJRadioButton = new JRadioButton("Bold/Italic", false);
      add(plainJRadioButton); // adiciona botão no estilo simples ao JFrame
      add(boldJRadioButton); // adiciona botão de negrito ao JFrame
      add(italicJRadioButton); // adiciona botão de itálico ao JFrame
      add(boldItalicJRadioButton); // adiciona botão de negrito e itálico

      // cria relacionamento lógico entre JRadioButtons
      radioGroup = new ButtonGroup(); // cria ButtonGroup
      radioGroup.add(plainJRadioButton); // adiciona texto simples ao grupo
      radioGroup.add(boldJRadioButton); // adiciona negrito ao grupo
      radioGroup.add(italicJRadioButton); // adiciona itálico ao grupo
      radioGroup.add(boldItalicJRadioButton); // adiciona negrito e itálico

      // cria fonte objetos
      plainFont = new Font("Serif", Font.PLAIN, 14);
      boldFont = new Font("Serif", Font.BOLD, 14);
      italicFont = new Font("Serif", Font.ITALIC, 14);
      boldItalicFont = new Font("Serif", Font.BOLD + Font.ITALIC, 14);
      textField.setFont(plainFont);

      // registra eventos para JRadioButtons
      plainJRadioButton.addItemListener(
         new RadioButtonHandler(plainFont));
      boldJRadioButton.addItemListener(
```

continua

continuação

```
62           new RadioButtonHandler(boldFont));
63        italicJRadioButton.addItemListener(
64           new RadioButtonHandler(italicFont));
65        boldItalicJRadioButton.addItemListener(
66           new RadioButtonHandler(boldItalicFont));
67     }
68
69     // classe interna private para tratar eventos de botão de opção
70     private class RadioButtonHandler implements ItemListener
71     {
72        private Font font; // fonte associada com esse listener
73
74        public RadioButtonHandler(Font f)
75        {
76           font = f;
77        }
78
79        // trata eventos de botão de opção
80        @Override
81        public void itemStateChanged(ItemEvent event)
82        {
83           textField.setFont(font);
84        }
85     }
86  } // fim da classe RadioButtonFrame
```

Figura 12.19 | Criando botões de opção com `ButtonGroup` e `JRadioButton`.

```
// Figura 12.20: RadioButtonTest.java
// Testando RadioButtonFrame.
import javax.swing.JFrame;

public class RadioButtonTest
{
   public static void main(String[] args)
   {
      RadioButtonFrame radioButtonFrame = new RadioButtonFrame();
      radioButtonFrame.setDefaultCloseOperation(JFrame.EXIT_ON_CLOSE);
      radioButtonFrame.setSize(300, 100);
      radioButtonFrame.setVisible(true);
   }
} // fim da classe RadioButtonTest
```

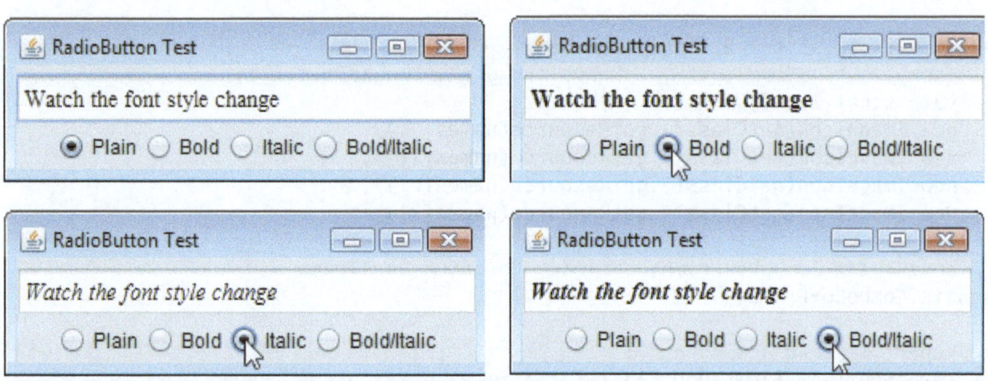

Figura 12.20 | Testando `RadioButtonFrame`.

As linhas 35 a 42 (Figura 12.19) no construtor criam quatro objetos `JRadioButton` e os adicionam ao `JFrame`. Cada `JRadioButton` é criado com uma chamada de construtor como aquela na linha 35. Esse construtor especifica o rótulo que aparece à direita do `JRadioButton` por padrão e o estado inicial do `JRadioButton`. Um segundo argumento `true` indica que o `JRadioButton` deve aparecer *selecionado* quando for exibido.

A linha 45 instancia objeto `ButtonGroup radioGroup`. Esse objeto é a "cola" que forma o relacionamento lógico entre os quatro objetos `JRadioButton` e permite que somente um dos quatro seja selecionado por vez. É possível que nenhum `JRadioButton` em um `ButtonGroup` seja selecionado, mas isso pode ocorrer *somente* se *nenhum* `JRadioButton` pré-selecionado for adicionado ao `ButtonGroup` e o usuário ainda *não* tiver selecionado um `JRadioButton`. As linhas 46 a 49 utilizam o método `ButtonGroup` **add** para associar cada um dos `JRadioButtons` com `radioGroup`. Se mais de um objeto `JRadioButton` selecionado for adicionado ao grupo, aquele que tiver sido adicionado *primeiro* será selecionado quando a GUI for exibida.

`JRadioButtons`, como `JCheckBoxes`, geram `ItemEvents` quando são *clicados*. As linhas 59 a 66 criam quatro instâncias de classe interna `RadioButtonHandler` (declaradas nas linhas 70 a 85). Nesse exemplo, cada objeto ouvinte de eventos é registrado para tratar o `ItemEvent` gerado quando o usuário clica em um `JRadioButton` particular. Note que todo objeto `RadioButtonHandler` é inicializado com um objeto `Font` particular (criado nas linhas 52 a 55).

A classe `RadioButtonHandler` (linhas 70 a 85) implementa a interface `ItemListener` para que ela possa tratar `ItemEvents` gerados por `JRadioButtons`. O construtor armazena o objeto `Font` que ele recebe como um argumento na variável de instância `font` do objeto ouvinte de eventos (declarada na linha 72). Quando o usuário clica em um `JRadioButton`, `radioGroup` desliga o `JRadioButton` anteriormente selecionado e o método `itemStateChanged` (linhas 80 a 84) configura o `JTextField` como a `Font` armazenada no objeto ouvinte de eventos correspondente do `JRadioButton`. Note que a linha 83 da classe interna `RadioButtonHandler` utiliza a variável de instância `textField` da classe de primeiro nível para configurar a fonte.

12.11 JComboBox e uso de uma classe interna anônima para tratamento de eventos

A caixa de combinação (às vezes chamada **lista drop-down**) permite que o usuário selecione *um* item de uma lista (Figura 12.22). Caixas de combinação são implementadas com a classe **`JComboBox`** que estende a classe `JComponent`. `JComboBox` é uma classe genérica, como a classe `ArrayList` (Capítulo 7). Ao criar um `JComboBox`, você especifica o tipo dos objetos que ele gerencia — a `JComboBox` então exibe uma representação `String` de cada objeto.

```java
// Figura 12.21: ComboBoxFrame.java
// JComboBox que exibe uma lista de nomes de imagem.
import java.awt.FlowLayout;
import java.awt.event.ItemListener;
import java.awt.event.ItemEvent;
import javax.swing.JFrame;
import javax.swing.JLabel;
import javax.swing.JComboBox;
import javax.swing.Icon;
import javax.swing.ImageIcon;

public class ComboBoxFrame extends JFrame
{
   private final JComboBox<String> imagesJComboBox; // contém nomes de ícones
   private final JLabel label; // exibe o ícone selecionado

   private static final String[] names =
      {"bug1.gif", "bug2.gif",  "travelbug.gif", "buganim.gif"};
   private final Icon[] icons = {
      new ImageIcon(getClass().getResource(names[0])),
      new ImageIcon(getClass().getResource(names[1])),
      new ImageIcon(getClass().getResource(names[2])),
      new ImageIcon(getClass().getResource(names[3]))};

   // construtor ComboBoxFrame adiciona JComboBox ao JFrame
   public ComboBoxFrame()
   {
      super("Testing JComboBox");
      setLayout(new FlowLayout()); // configura o layout de frame

      imagesJComboBox = new JComboBox<String>(names); // configura JComboBox
      imagesJComboBox.setMaximumRowCount(3); // exibe três linhas

      imagesJComboBox.addItemListener(
         new ItemListener() // classe interna anônima
         {
            // trata evento JComboBox
```

continua

continuação

```
            @Override
            public void itemStateChanged(ItemEvent event)
            {
               // determina se o item está selecionado
               if (event.getStateChange() == ItemEvent.SELECTED)
                  label.setIcon(icons[
                     imagesJComboBox.getSelectedIndex()]);
            }
         } // fim da classe interna anônima
      ); // fim da chamada para addItemListener

      add(imagesJComboBox); // adiciona caixa de combinação ao JFrame
      label = new JLabel(icons[0]); // exibe primeiro ícone
      add(label); // adiciona rótulo ao JFrame
   }
} // fim da classe ComboBoxFrame
```

Figura 12.21 | `JComboBox` que exibe uma lista de nomes de imagem.

```
// Figura 12.22: ComboBoxTest.java
// Testando ComboBoxFrame.
import javax.swing.JFrame;

public class ComboBoxTest
{
   public static void main(String[] args)
   {
      ComboBoxFrame comboBoxFrame = new ComboBoxFrame();
      comboBoxFrame.setDefaultCloseOperation(JFrame.EXIT_ON_CLOSE);
      comboBoxFrame.setSize(350, 150);
      comboBoxFrame.setVisible(true);
   }
} // fim da classe ComboBoxTest
```

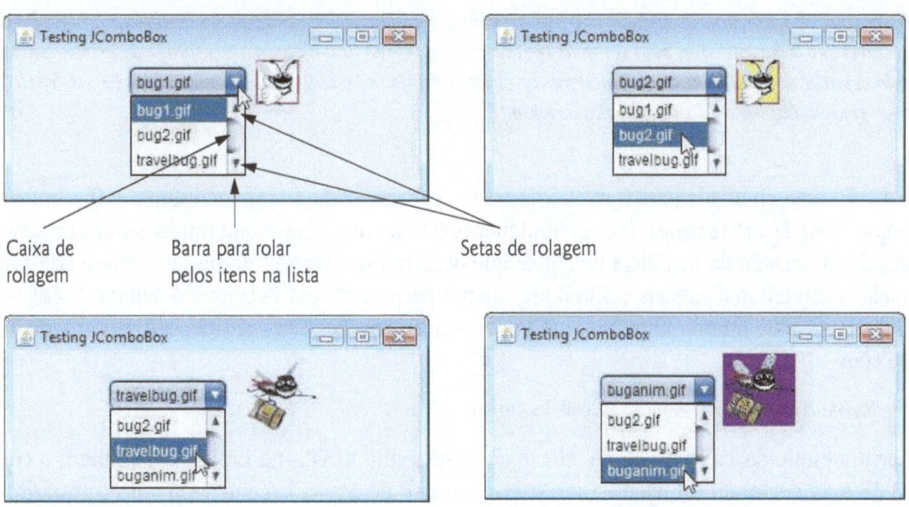

Figura 12.22 | Testando `ComboBoxFrame`.

`JComboBox`es geram `ItemEvent`s assim como `JCheckBox`es e `JRadioButton`s fazem. Esse exemplo também demonstra uma forma especial da classe interna que é usada com frequência no tratamento de evento. O aplicativo (figuras 12.21 e 12.22) utiliza uma `JComboBox` para fornecer uma lista de quatro nomes de arquivo de imagem a partir da qual o usuário pode selecionar uma imagem para ser exibida. Quando o usuário seleciona um nome, o aplicativo exibe a imagem correspondente como um `Icon` em um `JLabel`. A classe `ComboBoxTest` (Figura 12.22) contém o método `main` que executa esse aplicativo. As capturas de tela para esse aplicativo mostram a lista `JComboBox` depois que a seleção foi feita para ilustrar qual nome de arquivo de imagem foi selecionado.

As linhas 19 a 23 (Figura 12.21) declaram e inicializam o array icons com quatro novos objetos ImageIcon. O array String names (linhas 17 e 18) contém os nomes dos quatro arquivos de imagem que estão armazenados no mesmo diretório do aplicativo.

Na linha 31, o construtor inicializa um objeto JComboBox, utilizando Strings no array names como os elementos na lista. Todo item na lista tem um **índice**. O primeiro item é adicionado no índice 0, o próximo no índice 1 etc. O primeiro item adicionado a uma JComboBox aparece como o item atualmente selecionado quando a JComboBox é exibida. Outros itens são selecionados clicando no JComboBox, então selecionando um item da lista que aparece.

A linha 32 utiliza o método JComboBox **setMaximumRowCount** para configurar o número máximo de elementos que é exibido quando o usuário clica em JComboBox. Se houver itens adicionais, a JComboBox fornece uma **barra de rolagem** (ver a primeira tela) que permite que o usuário role por todos os elementos na lista. O usuário pode clicar nas **setas de rolagem** na parte superior e inferior da barra de rolagem para mover-se para cima e para baixo pela lista um elemento por vez ou então arrastar a **caixa de rolagem** no meio da barra de rolagem para cima e para baixo. Para arrastar a caixa de rolagem, posicione o cursor de mouse sobre ela, segure o botão do mouse e mova-o. Nesse exemplo, a lista drop-down é muito curta para arrastar a caixa de rolagem, assim clique nas setas para cima e para baixo ou use a roda do mouse para rolar pelos quatro itens na lista. A linha 49 anexa a JComboBox ao FlowLayout (configurado na linha 29) do ComboBoxFrame. A linha 50 cria o JLabel que exibe ImageIcons e inicializa-o com o primeiro ImageIcon no array icons. A linha 51 anexa o JLabel ao FlowLayout do ComboBoxFrame.

Observação sobre a aparência e comportamento 12.12

Configure a contagem máxima de linha para uma JComboBox *como um número de linhas que impede a lista de expandir para fora dos limites da janela em que ela é utilizada.*

Utilizando uma classe interna anônima para tratamento de evento

As linhas 34 a 46 são uma instrução que declara a classe do ouvinte de evento, cria um objeto dessa classe e o registra como o ouvinte ItemEvent de imagesJComboBox. Esse objeto ouvinte de evento é uma instância de uma **classe interna anônima** — uma classe que é declarada sem um nome e que normalmente aparece dentro de uma declaração de método. *Como com outras classes internas, uma classe interna anônima pode acessar os membros de sua classe de primeiro nível.* Mas uma classe interna anônima tem acesso limitado às variáveis locais do método em que é declarada. Como uma classe interna anônima não tem nomes, deve-se criar um objeto da classe interna anônima no ponto em que a classe é declarada (iniciando na linha 35).

Observação de engenharia de software 12.3

Uma classe interna anônima declarada em um método pode acessar as variáveis de instância e métodos do objeto de classe de primeiro nível que a declararam, bem como as variáveis locais final *do método, mas não pode acessar variáveis locais não* final *do método. A partir do Java SE 8, classes internas anônimas também podem acessar as variáveis locais "efetivamente"* final *de um método — veja no Capítulo 17 informações adicionais.*

As linhas 34 a 47 são uma chamada para o método addItemListener da imagesJComboBox. O argumento para esse método deve ser um objeto que *é um* ItemListener (isto é, qualquer objeto de uma classe que implementa ItemListener). As linhas 35 a 46 são uma expressão de criação da instância de classe que declara uma classe interna anônima e cria um objeto dessa classe. Uma referência àquele objeto então é passada como o argumento para addItemListener. A sintaxe ItemListener() depois new inicia a declaração de uma classe interna anônima que implementa a interface ItemListener. Isso é semelhante a começar uma declaração de classe com

```
public class MyHandler implements ItemListener
```

A chave de abertura esquerda na linha 36 e a chave de fechamento direita na linha 46 delimitam o corpo da classe interna anônima. As linhas 38 a 45 declaram o método itemStateChanged de ItemListener. Quando o usuário fizer uma seleção de imagesJComboBox, esse método configura Icon do label. O Icon é selecionado a partir do array icons determinando o índice do item selecionado na JComboBox com o método **getSelectedIndex** na linha 44. Para cada item selecionado de um JComboBox, a seleção de outro item é primeiro removida — então ocorrem dois ItemEvents quando um item é selecionado. Pretendemos exibir apenas o ícone do item que o usuário acabou de selecionar. Por essa razão, a linha 42 determina se o método ItemEvent **getStateChange** retorna ItemEvent.SELECTED. Se retornar, as linhas 43 e 44 configuram o ícone de label.

Observação de engenharia de software 12.4

Como qualquer outra classe, quando uma classe interna anônima implementa uma interface, a classe deve implementar cada método abstract *na interface.*

A sintaxe mostrada nas linhas 35 a 46 para criar uma rotina de tratamento de evento com uma classe interna anônima é semelhante ao código que seria gerado por um ambiente de desenvolvimento integrado Java (*integrated development environment* — IDE). Em geral, um IDE permite projetar uma GUI visualmente; então, ele gera o código que implementa a GUI. Simplesmente insira instruções nos métodos de tratamento de evento que declaram a maneira como tratar cada evento.

Java SE 8: implementando classes internas anônimas com lambdas

Na Seção 17.9, mostraremos como usar lambdas Java SE 8 para criar rotinas de tratamento de evento. Como veremos, o compilador converte um lambda em um objeto de uma classe interna anônima.

12.12 `JList`

Uma lista exibe uma série de itens a partir da qual o usuário pode *selecionar um ou mais deles* (ver a saída da Figura 12.24). Listas são criadas com a classe `JList`, que estende diretamente a classe `JComponent`. A classe `JList` — que como `JComboBox` é uma classe genérica — suporta **listas de seleção única** (que permitem que apenas um item seja selecionado de cada vez) e **listas de seleção múltipla** (que permitem que quaisquer itens sejam selecionados). Nesta seção, discutimos listas de uma única seleção.

O aplicativo das figuras 12.23 e 12.24 cria uma `JList` contendo 13 nomes de cores. Ao clicar em um nome de cor na `JList`, um `ListSelectionEvent` ocorre e o aplicativo muda a cor de fundo da janela de aplicativo para a cor selecionada. A classe `ListTest` (Figura 12.24) contém o método `main` que executa esse aplicativo.

```java
// Figura 12.23: ListFrame.java
// JList que exibe uma lista de cores.
import java.awt.FlowLayout;
import java.awt.Color;
import javax.swing.JFrame;
import javax.swing.JList;
import javax.swing.JScrollPane;
import javax.swing.event.ListSelectionListener;
import javax.swing.event.ListSelectionEvent;
import javax.swing.ListSelectionModel;

public class ListFrame extends JFrame
{
   private final JList<String> colorJList; // lista para exibir cores
   private static final String[] colorNames = {"Black", "Blue", "Cyan",
      "Dark Gray", "Gray", "Green", "Light Gray", "Magenta",
      "Orange", "Pink", "Red", "White", "Yellow"};
   private static final Color[] colors = {Color.BLACK, Color.BLUE,
      Color.CYAN, Color.DARK_GRAY, Color.GRAY, Color.GREEN,
      Color.LIGHT_GRAY, Color.MAGENTA, Color.ORANGE, Color.PINK,
      Color.RED, Color.WHITE, Color.YELLOW};

   // construtor ListFrame adiciona JScrollPane que contém JList ao JFrame
   public ListFrame()
   {
      super("List Test");
      setLayout(new FlowLayout());

      colorJList = new JList<String>(colorNames); // lista de colorNames
      colorJList.setVisibleRowCount(5); // exibe cinco linhas de uma vez

      // não permite múltiplas seleções
      colorJList.setSelectionMode(ListSelectionModel.SINGLE_SELECTION);

      // adiciona um JScrollPane que contém JList ao frame
      add(new JScrollPane(colorJList));

      colorJList.addListSelectionListener(
         new ListSelectionListener() // classe interna anônima
         {
            // trata eventos de seleção de lista
            @Override
            public void valueChanged(ListSelectionEvent event)
            {
```

continua

continuação

```
45                 getContentPane().setBackground(
46                    colors[colorJList.getSelectedIndex()]);
47              }
48           }
49        );
50     }
51  } // fim da classe ListFrame
```

Figura 12.23 | `JList` que exibe uma lista de cores.

```
// Figura 12.24: ListTest.java
// Selecionando as cores de uma JList.
import javax.swing.JFrame;

public class ListTest
{
   public static void main(String[] args)
   {
      ListFrame listFrame = new ListFrame(); // cria ListFrame
      listFrame.setDefaultCloseOperation(JFrame.EXIT_ON_CLOSE);
      listFrame.setSize(350, 150);
      listFrame.setVisible(true);
   }
} // fim da classe ListTest
```

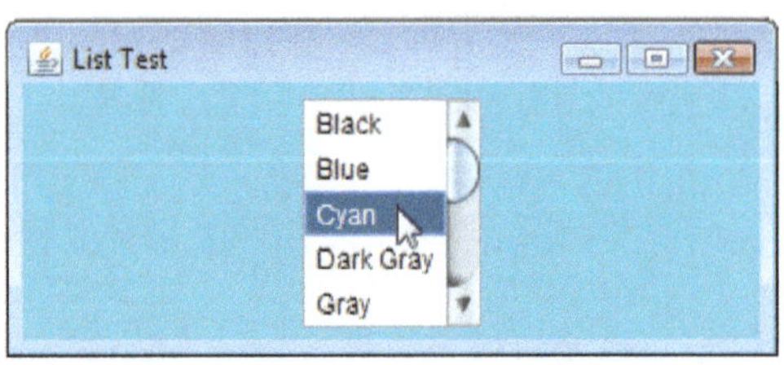

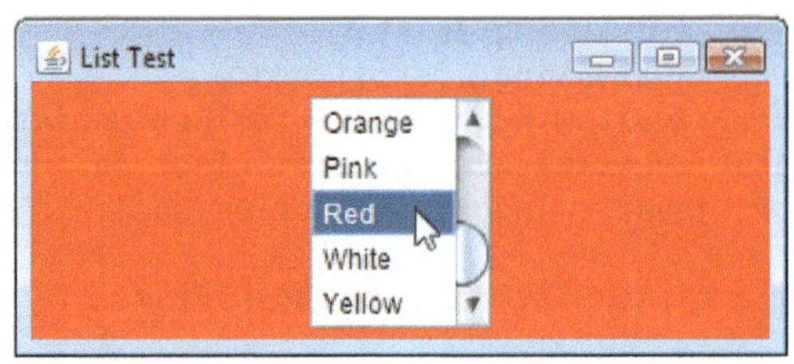

Figura 12.24 | Selecionando cores de uma `JList`.

A linha 29 (Figura 12.23) cria o objeto `JList colorJList`. O argumento para o construtor `JList` é o array de `Objects` (nesse caso `Strings`) para exibir na lista. A linha 30 utiliza o método `JList` **`setVisibleRowCount`** para determinar o número de itens *visíveis* na lista.

A linha 33 utiliza o método `JList` **`setSelectionMode`** para especificar o **modo de seleção** da lista. A classe **`ListSelectionModel`** (do pacote `javax.swing`) declara três constantes que especificam o modo de seleção de uma `JList` — **`SINGLE_SELECTION`** (que permite que apenas um item seja selecionado por vez), **`SINGLE_INTERVAL_SELECTION`** (para uma lista de seleção múltipla que permite a seleção de vários itens contíguos) e **`MULTIPLE_INTERVAL_SELECTION`** (para uma lista de seleção múltipla que não restringe os itens que podem ser selecionados).

Ao contrário de uma `JComboBox`, uma `JList` *não fornece uma barra de rolagem* se houver mais itens na lista do que o número de linhas visíveis. Nesse caso, um objeto **`JScrollPane`** é utilizado para fornecer a capacidade de rolagem. A linha 36 adiciona uma nova instância da classe `JScrollPane` ao `JFrame`. O construtor `JScrollPane` recebe como seu argumento o `JComponent` que precisa de funcionalidades de rolagem (nesse caso, `colorJList`). Observe nas capturas de tela que uma barra de rolagem criada pelo `JScrollPane` aparece no lado direito da `JList`. Por padrão, a barra de rolagem só aparece quando o número de itens na `JList` excede o número de itens visíveis.

As linhas 38 a 49 utilizam o método `JList` **`addListSelectionListener`** para registrar um objeto que implementa **`ListSelectionListener`** (pacote `javax.swing.event`) como o listener para os eventos de seleção de `JList`. Mais uma vez, utilizamos uma instância de uma classe interna anônima (linhas 39 a 48) como o listener. Nesse exemplo, quando o usuário faz uma seleção de `colorJList`, o método **`valueChanged`** (linhas 42 a 47) deve mudar a cor de fundo do `ListFrame` para a cor selecionada. Isso é realizado nas linhas 45 e 46. Observe o uso do método `JFrame` **`getContentPane`** na linha 45. Todo `JFrame` realmente consiste em *três camadas* — o *fundo*, o *painel de conteúdo* e o *painel transparente*. O painel de conteúdo aparece na frente do fundo, e é onde os componentes GUI no `JFrame` são exibidos. O painel transparente é utilizado para exibir dicas de ferramenta e outros itens que devem aparecer na frente dos componentes GUI na tela. O painel de conteúdo oculta completamente o fundo do `JFrame`; portanto, para mudar a cor de fundo por trás dos componentes GUI, você deve mudar a cor de fundo do painel de conteúdo. O método `getContentPane` retorna uma referência ao painel de conteúdo do `JFrame` (um objeto da classe `Container`). Na linha 45, utilizamos depois essa referência para chamar o método `setBackground`, que configura a cor de fundo do painel de conteúdo como um elemento no array `colors`. A cor é selecionada a partir do array utilizando-se o índice do item selecionado. O método `JList` `getSelectedIndex` retorna o índice do item selecionado. Como com arrays e `JComboBoxes`, a indexação de `JList` é baseada em zero.

12.13 Listas de seleção múltipla

Uma **lista de seleção múltipla** permite ao usuário selecionar muitos itens de uma `JList` (ver a saída da Figura 12.26). Uma lista `SINGLE_INTERVAL_SELECTION` permite selecionar um intervalo contíguo de itens. Para fazer isso, clique no primeiro item, então pressione e mantenha a tecla *Shift* pressionada ao clicar no último item no intervalo. Uma lista `MULTIPLE_INTERVAL_SELECTION` (o padrão) permite seleção de intervalo contínuo como descrito para uma lista `SINGLE_INTERVAL_SELECTION`. Essa lista também permite que diversos itens sejam selecionados pressionando e segurando a tecla *Ctrl* ao clicar em cada item a selecionar. Para *remover a seleção* de um item, pressione e segure a tecla *Ctrl* ao clicar no item uma segunda vez.

O aplicativo das figuras 12.25 e 12.26 utiliza listas de seleção múltiplas para copiar itens de um `JList` para outro. Uma lista é `MULTIPLE_INTERVAL_SELECTION` e a outra é `SINGLE_INTERVAL_SELECTION`. Ao executar o aplicativo, tente utilizar as técnicas de seleção descritas anteriormente para selecionar itens das duas listas.

```java
// Figura 12.25: MultipleSelectionFrame.java
// JList que permite múltiplas seleções.
import java.awt.FlowLayout;
import java.awt.event.ActionListener;
import java.awt.event.ActionEvent;
import javax.swing.JFrame;
import javax.swing.JList;
import javax.swing.JButton;
import javax.swing.JScrollPane;
import javax.swing.ListSelectionModel;

public class MultipleSelectionFrame extends JFrame
{
   private final JList<String> colorJList; // lista para armazenar nomes de cor
   private final JList<String> copyJList; // lista para armazenar nomes copiados
   private JButton copyJButton; // botão para copiar nomes selecionados
   private static final String[] colorNames = {"Black", "Blue", "Cyan",
      "Dark Gray", "Gray", "Green", "Light Gray", "Magenta", "Orange",
      "Pink", "Red", "White", "Yellow"};

   // construtor MultipleSelectionFrame
   public MultipleSelectionFrame()
   {
      super("Multiple Selection Lists");
      setLayout(new FlowLayout());

      colorJList = new JList<String>(colorNames); // lista dos nomes de cores
      colorJList.setVisibleRowCount(5); // mostra cinco linhas
      colorJList.setSelectionMode(
         ListSelectionModel.MULTIPLE_INTERVAL_SELECTION);
      add(new JScrollPane(colorJList)); // adiciona lista com scrollpane

      copyJButton = new JButton("Copy >>>");
      copyJButton.addActionListener(
         new ActionListener() // classe interna anônima
         {
            // trata evento de botão
            @Override
            public void actionPerformed(ActionEvent event)
            {
               // coloca valores selecionados na copyJList
               copyJList.setListData(
                  colorJList.getSelectedValuesList().toArray(
                     new String[0]));
            }
         }
      );
```

continua

continuação

```
48
49        add(copyJButton); // adiciona botão de cópia ao JFrame
50
51        copyJList = new JList<String>(); // lista para armazenar nomes copiados
52        copyJList.setVisibleRowCount(5); // mostra 5 linhas
53        copyJList.setFixedCellWidth(100); // configura a largura
54        copyJList.setFixedCellHeight(15); // configura a altura
55        copyJList.setSelectionMode(
56           ListSelectionModel.SINGLE_INTERVAL_SELECTION);
57        add(new JScrollPane(copyJList)); // adiciona lista com scrollpane
58     }
59  } // fim da classe MultipleSelectionFrame
```

Figura 12.25 | `JList` que permite múltiplas seleções.

```
// Figura 12.26: MultipleSelectionTest.java
// Testando MultipleSelectionFrame.
import javax.swing.JFrame;

public class MultipleSelectionTest
{
   public static void main(String[] args)
   {
      MultipleSelectionFrame multipleSelectionFrame =
         new MultipleSelectionFrame();
      multipleSelectionFrame.setDefaultCloseOperation(
         JFrame.EXIT_ON_CLOSE);
      multipleSelectionFrame.setSize(350, 150);
      multipleSelectionFrame.setVisible(true);
   }
} // fim da classe MultipleSelectionTest
```

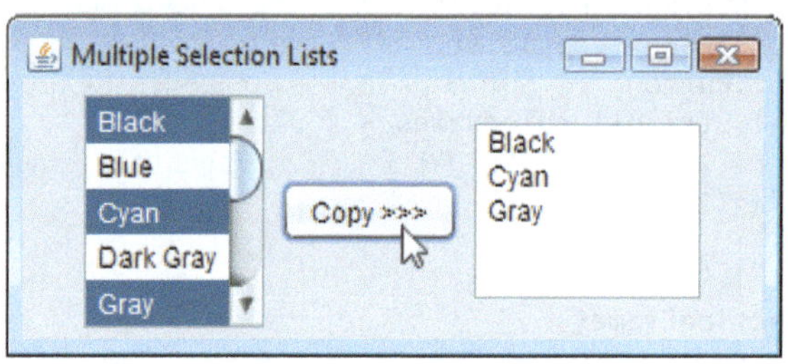

Figura 12.26 | Testando `MultipleSelectionFrame`.

A linha 27 da Figura 12.25 cria a `JList` `colorJList` e a inicializa com as `Strings` no array `colorNames`. A linha 28 configura o número de linhas visíveis em `colorJList` como `5`. As linhas 29 e 30 especificam que `colorJList` é uma lista `MULTIPLE_INTERVAL_SELECTION`. A linha 31 adiciona um novo `JScrollPane` contendo `colorJList` ao `JFrame`. As linhas 51 a 57 realizam tarefas semelhantes para `copyJList`, que é declarada como uma lista `SINGLE_INTERVAL_SELECTION`. Se uma `JList` não contiver itens, ela não será exibida em um `FlowLayout`. Por essa razão, as linhas 53 e 54 utilizam os métodos `JList` **`setFixedCellWidth`** e **`setFixedCellHeight`** para definir a largura da `copyJList` como 100 pixels e a altura de cada item na `JList` como 15 pixels, respectivamente.

Normalmente, um evento gerado por outro componente GUI (conhecido como um **evento externo**) especifica quando as múltiplas seleções em uma `JList` devem ser processadas. Nesse exemplo, o usuário clica no `JButton` chamado `copyJButton` para disparar o evento que copia os itens selecionados em `colorJList` para `copyJList`.

As linhas 34 a 47 declaram, criam e registram um `ActionListener` para o `copyJButton`. Quando o usuário clica em `copyJButton`, o método `actionPerformed` (linhas 38 a 45) utiliza o método `JList` **`setListData`** para configurar os itens exibidos em `copyJList`. As linhas 43 e 44 chamam o método **`getSelectedValuesList`** de `colorJList`, que retorna uma `List<String>` (porque a `JList` foi criada como uma `JList<String>`) representando os itens selecionados em `colorJList`. Chamamos o método `toArray` de `List<String>` para converter isso em um array de `Strings` que pode ser passado como o argumento para o método `setListData` de `copyJList`. O método `toArray` de `List` recebe como argumento um array que representa o tipo de array que o método retornará. Você vai aprender mais sobre `List` e `toArray` no Capítulo 16.

Talvez você esteja se perguntando por que `copyJList` pode ser usada na linha 42, embora o aplicativo só crie o objeto ao qual ele se refere depois da linha 49. Lembre-se de que o método `actionPerformed` (linhas 38 a 45) não executa até que o usuário pressione o `copyJButton`, o que só pode ocorrer depois que o construtor foi executado e o aplicativo exibe a GUI. Nesse ponto na execução do aplicativo, `copyJList` já é inicializado com um novo objeto `JList`.

12.14 Tratamento de evento de mouse

Esta seção apresenta as interfaces ouvintes de evento **`MouseListener`** e **`MouseMotionListener`** para tratar **eventos de mouse**. Eventos de mouse podem ser processados por qualquer componente GUI que deriva de `java.awt.Component`. Os métodos de interfaces `MouseListener` e `MouseMotionListener` são resumidos na Figura 12.27. O pacote `javax.swing.event` contém a interface **`MouseInputListener`**, que estende as interfaces `MouseListener` e `MouseMotionListener` para criar uma única interface que contém todos os métodos `MouseListener` e `MouseMotionListener`. Os métodos `MouseListener` e `MouseMotionListener` são chamados quando o mouse interage com um `Component` se objetos listeners de evento apropriados forem registrados para esse `Component`.

Cada um dos métodos de tratamento de evento de mouse recebe como argumento um objeto **`MouseEvent`** que contém informações sobre o evento de mouse que ocorreu, incluindo as coordenadas x e y da sua localização. Essas coordenadas são medidas do *canto superior esquerdo* do componente GUI em que o evento ocorreu. As coordenadas x iniciam em 0 e *aumentam da esquerda para a direita*. As coordenadas y iniciam em 0 e *aumentam de cima para baixo*. Os métodos e as constantes de classe **`InputEvent`** (superclasse de `MouseEvent`) permitem determinar o botão do mouse em que o usuário clicou.

Métodos de interface `MouseListener` e `MouseMotionListener`.

Métodos da interface `MouseListener`

`public void mousePressed(MouseEvent event)`

Chamado quando um botão do mouse é *pressionado* enquanto o cursor de mouse estiver sobre um componente.

`public void mouseClicked(MouseEvent event)`

Chamado quando um botão do mouse é *pressionado e liberado* enquanto o cursor do mouse pairar sobre um componente. Sempre precedido por uma chamada a `mousePressed` e `mouseReleased`.

`public void mouseReleased(MouseEvent event)`

Chamado quando um botão do mouse é *liberado depois de ser pressionado*. Sempre precedido por uma chamada a `mousePressed` e uma ou mais chamadas a `mouseDragged`.

`public void mouseEntered(MouseEvent event)`

Chamado quando o cursor do mouse *entra* nos limites de um componente.

`public void mouseExited(MouseEvent event)`

Chamado quando o cursor do mouse *deixa* os limites de um componente.

Métodos da interface `MouseMotionListener`

`public void mouseDragged(MouseEvent event)`

Chamado quando o botão do mouse é *pressionado* enquanto o cursor de mouse estiver sobre um componente e o mouse é *movido* enquanto o botão do mouse *permanecer pressionado*. Sempre precedido por uma chamada a `mousePressed`. Todos os eventos de arrastar são enviados para o componente em que o usuário começou a arrastar o mouse.

`public void mouseMoved(MouseEvent event)`

Chamado quando o mouse é *movido* (sem botões do mouse pressionados) quando o cursor do mouse está sobre um componente. Todos os eventos de movimento são enviados para o componente sobre o qual o mouse atualmente está posicionado.

Figura 12.27 | Métodos de interface `MouseListener` e `MouseMotionListener`.

Observação de engenharia de software 12.5

As chamadas a `mouseDragged` são enviadas para o `MouseMotionListener` do `Component` em que a operação de arrastar iniciou. De maneira semelhante, a chamada `mouseReleased` no fim de uma operação de arrastar é enviada para o `MouseListener` de `Component` em que a operação de arrastar iniciou.

O Java também fornece a interface `MouseWheelListener` para permitir que aplicativos respondam à *rotação da roda de um mouse*. Essa interface declara o método `mouseWheelMoved`, que recebe um `MouseWheelEvent` como seu argumento. A classe `MouseWheelEvent` (uma subclasse de `MouseEvent`) contém métodos que permitem que a rotina de tratamento de evento obtenha as informações sobre a quantidade de rotação de roda.

Monitorando eventos de mouse em um `JPanel`

O aplicativo `MouseTracker` (figuras 12.28 e 12.29) demonstra os métodos de interface `MouseListener` e `MouseMotionListener`. A classe da rotina de tratamento de evento (linhas 36 a 97 da Figura 12.28) implementa as duas interfaces. Você *deve* declarar todos os sete métodos dessas duas interfaces quando sua classe implementa as duas. Cada evento de mouse nesse exemplo exibe uma `String` no `JLabel` chamada `statusBar`, que é anexada à parte inferior da janela.

```
1  // Figura 12.28: MouseTrackerFrame.java
2  // Tratamento de evento de mouse.
3  import java.awt.Color;
4  import java.awt.BorderLayout;
5  import java.awt.event.MouseListener;
6  import java.awt.event.MouseMotionListener;
7  import java.awt.event.MouseEvent;
8  import javax.swing.JFrame;
9  import javax.swing.JLabel;
10 import javax.swing.JPanel;
11
12 public class MouseTrackerFrame extends JFrame
13 {
14    private final JPanel mousePanel; // painel em que os eventos de mouse ocorrem
15    private final JLabel statusBar; // exibe informações do evento
16
17    // construtor MouseTrackerFrame configura GUI e
18    // registra rotinas de tratamento de evento de mouse
19    public MouseTrackerFrame()
20    {
21       super("Demonstrating Mouse Events");
22
23       mousePanel = new JPanel();
24       mousePanel.setBackground(Color.WHITE);
25       add(mousePanel, BorderLayout.CENTER); // adiciona painel ao JFrame
26
27       statusBar = new JLabel("Mouse outside JPanel");
28       add(statusBar, BorderLayout.SOUTH); // adiciona rótulo ao JFrame
29
30       // cria e registra listener para mouse e eventos de movimento de mouse
31       MouseHandler handler = new MouseHandler();
32       mousePanel.addMouseListener(handler);
33       mousePanel.addMouseMotionListener(handler);
34    }
35
36    private class MouseHandler implements MouseListener,
37       MouseMotionListener
38    {
39       // rotinas de tratamento de evento MouseListener
40       // trata evento quando o mouse é liberado imediatamente depois de ter sido pressionado
41       @Override
42       public void mouseClicked(MouseEvent event)'
43       {
44          statusBar.setText(String.format("Clicked at [%d, %d]",
45             event.getX(),event.getY()));
46       }
47
48       // trata evento quando mouse é pressionado
49       @Override
50       public void mousePressed(MouseEvent event)
51       {
52          statusBar.setText(String.format("Pressed at [%d, %d]",
53             event.getX(),event.getY()));
```

continua

continuação

```java
      }

      // trata o evento quando o mouse é liberado
      @Override
      public void mouseReleased(MouseEvent event)
      {
         statusBar.setText(String.format("Released at [%d, %d]",
            event.getX(),event.getY()));
      }

      // trata evento quando mouse entra na área
      @Override
      public void mouseEntered(MouseEvent event)
      {
         statusBar.setText(String.format("Mouse entered at [%d, %d]",
            event.getX(),event.getY()));
         mousePanel.setBackground(Color.GREEN);
      }

      // trata evento quando mouse sai da área
      @Override
      public void mouseExited(MouseEvent event)
      {
         statusBar.setText("Mouse outside JPanel");
         mousePanel.setBackground(Color.WHITE);
      }

      // rotinas de tratamento de evento MouseMotionListener
      // trata o evento quando o usuário arrasta o mouse com o botão pressionado
      @Override
      public void mouseDragged(MouseEvent event)
      {
         statusBar.setText(String.format("Dragged at [%d, %d]",
            event.getX(),event.getY()));
      }

      // trata evento quando usuário move o mouse
      @Override
      public void mouseMoved(MouseEvent event)
      {
         statusBar.setText(String.format("Moved at [%d, %d]",
            event.getX(),event.getY()));
      }
   } // fim da classe interna MouseHandler
} // fim da classe MouseTrackerFrame
```

Figura 12.28 | Tratamento de evento de mouse.

```java
// Figura 12.29: MouseTrackerFrame.java
// Testando MouseTrackerFrame.
import javax.swing.JFrame;

public class MouseTracker
{
   public static void main(String[] args)
   {
      MouseTrackerFrame mouseTrackerFrame = new MouseTrackerFrame();
      mouseTrackerFrame.setDefaultCloseOperation(JFrame.EXIT_ON_CLOSE);
      mouseTrackerFrame.setSize(300, 100);
      mouseTrackerFrame.setVisible(true);
   }
} // fim da classe MouseTracker
```

continua

continuação

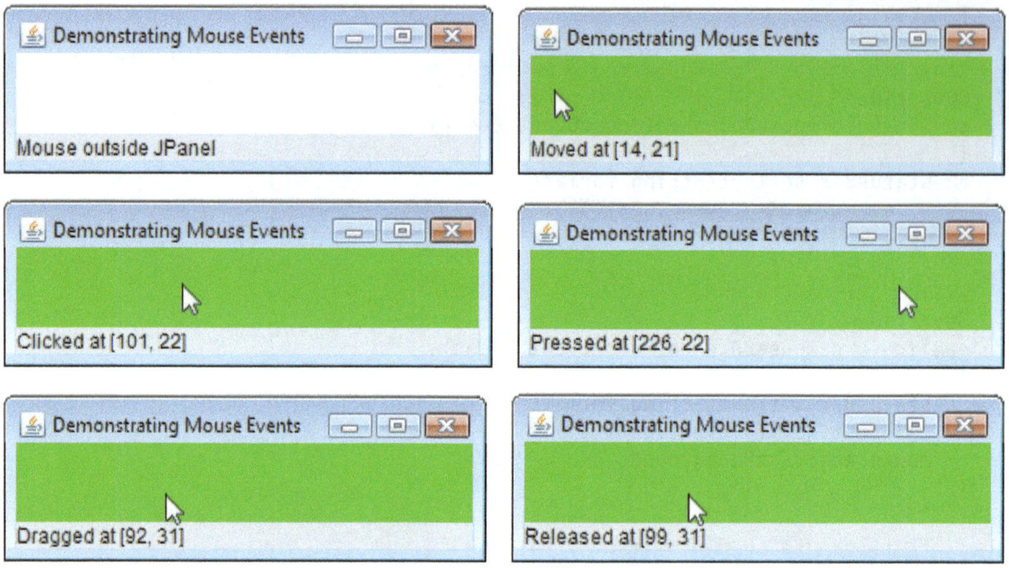

Figura 12.29 | Testando `MouseTrackerFrame`.

A linha 23 cria `JPanel mousePanel`. Os eventos de mouse desse `JPanel` são monitorados pelo aplicativo. A linha 24 configura a cor de fundo `mousePanel` como branco. Quando o usuário mover o mouse no `mousePanel`, o aplicativo irá mudar a cor de fundo do `mousePanel` para verde. Quando o usuário move o mouse para fora do `mousePanel`, o aplicativo muda a cor de fundo para branco. A linha 25 anexa o `mousePanel` ao `JFrame`. Como vimos, você normalmente tem de especificar o layout dos componentes GUI em um `JFrame`. Nessa seção, introduzimos o gerenciador de layout `FlowLayout`. Aqui usamos o layout padrão do painel de conteúdo de um `JFrame` — **`BorderLayout`**, que organiza as regiões **NORTH**, **SOUTH**, **EAST**, **WEST** e **CENTER** do componente. `NORTH` corresponde ao topo do contêiner. Esse exemplo utiliza as regiões `CENTER` e `SOUTH`. A linha 25 utiliza uma versão de dois argumentos do método `add` para colocar `mousePanel` na região `CENTER`. O `BorderLayout` dimensiona o componente no `CENTER` automaticamente para utilizar todo o espaço em `JFrame` que não é ocupado pelos componentes nas outras regiões. A Seção 12.18.2 discute `BorderLayout` em mais detalhes.

As linhas 27 e 28 no construtor declaram `JLabel statusBar` e o anexam à região `SOUTH` de `JFrame`. Esse `JLabel` ocupa a largura do `JFrame`. A altura da região é determinada pelo `JLabel`.

A linha 31 cria uma instância da classe interna `MouseHandler` (linhas 36 a 97) chamada `handler`, que responde aos eventos de mouse. As linhas 32 e 33 registram `handler` como o ouvinte de eventos de mouse do `mousePanel`. Os métodos **`addMouseListener`** e **`addMouseMotionListener`** são herdados indiretamente da classe `Component` e podem ser utilizados para registrar `MouseListeners` e `MouseMotionListeners`, respectivamente. Um objeto `MouseHandler` *é um* `MouseListener` e *é um* `MouseMotionListener` porque a classe implementa *as duas* interfaces. Optamos por implementar ambas as interfaces aqui para demonstrar uma classe que implementa mais de uma interface, mas em vez disso poderíamos ter implementado a interface `MouseInputListener`.

Quando o mouse entrar e sair da área de `mousePanel`, os métodos `mouseEntered` (linhas 65 a 71) e `mouseExited` (linhas 74 a 79) são chamados, respectivamente. O método `mouseEntered` exibe uma mensagem no `statusBar` que indica que o mouse entrou em `JPanel` e muda a cor de fundo para verde. O método `mouseExited` exibe uma mensagem no `statusBar` que indica que o mouse está fora do `JPanel` (ver a primeira janela de saída de exemplo) e muda a cor de fundo para branco.

Os outros cinco eventos exibem uma sequência na `statusBar` que inclui o evento e as coordenadas em que ele ocorreu. Os métodos `MouseEvent` **`getX`** e **`getY`** retornam as coordenadas *x* e *y*, respectivamente, do mouse no momento em que o evento ocorreu.

12.15 Classes de adaptadores

Muitas interfaces ouvintes de evento, como `MouseListener` e `MouseMotionListener`, contêm múltiplos métodos. Não é sempre desejável declarar cada método em uma interface ouvinte de evento. Por exemplo, um aplicativo pode precisar somente da rotina de tratamento `mouseClicked` de `MouseListener` ou da rotina de tratamento `mouseDragged` de `MouseMotionListener`. A interface `WindowListener` especifica sete métodos de tratamento de evento de janela. Para muitas dessas interfaces ouvintes que têm múltiplos métodos, os pacotes `java.awt.event` e `javax.swing.event` fornecem classes de adaptadores de ouvinte de evento. Uma **classe de adaptadores** implementa uma interface e fornece uma implementação padrão (com o corpo de um método vazio) de cada método na interface. A Figura 12.30 mostra várias classes de adaptadores `java.awt.event` e as interfaces que elas implementam. Você pode estender uma classe de adaptadores para herdar a implementação padrão de cada método e, subsequentemente, sobrescrever somente o(s) método(s) necessário(s) para o tratamento de evento.

Classe de adaptadores de evento em java.awt.event	Implementa a interface
ComponentAdapter	ComponentListener
ContainerAdapter	ContainerListener
FocusAdapter	FocusListener
KeyAdapter	KeyListener
MouseAdapter	MouseListener
MouseMotionAdapter	MouseMotionListener
WindowAdapter	WindowListener

Figura 12.30 | As classes de adaptadores de evento e as interfaces que elas implementam.

Observação de engenharia de software 12.6

Quando uma classe implementar uma interface, a classe tem um relacionamento é um *com essa interface. Todas as subclasses diretas e indiretas dessa classe herdam essa interface. Portanto, um objeto de uma classe que estende uma classe de adaptadores de evento é um objeto do tipo ouvinte de eventos correspondente (por exemplo, um objeto de uma subclasse de* `MouseAdapter` *é um* `MouseListener`*).*

Estendendo MouseAdapter

O aplicativo das figuras 12.31 e 12.32 demonstra como determinar o número de cliques de mouse (isto é, a contagem de cliques) e como distinguir entre os diferentes botões do mouse. O ouvinte de eventos nesse aplicativo é um objeto da classe interna `MouseClickHandler` (Figura 12.31, linhas 25 a 46) que estende `MouseAdapter`, então podemos declarar somente o método `mouseClicked` de que precisamos nesse exemplo.

```
1  // Figura 12.31: MouseDetailsFrame.java
2  // Demonstrando cliques de mouse e distinguindo entre botões do mouse.
3  import java.awt.BorderLayout;
4  import java.awt.event.MouseAdapter;
5  import java.awt.event.MouseEvent;
6  import javax.swing.JFrame;
7  import javax.swing.JLabel;
8
9  public class MouseDetailsFrame extends JFrame
10 {
11    private String details; // String exibida na statusBar
12    private final JLabel statusBar; // JLabel na parte inferior da janela
13
14    // construtor configura String de barra de título e registra o listener de mouse
15    public MouseDetailsFrame()
16    {
17       super("Mouse clicks and buttons");
18
19       statusBar = new JLabel("Click the mouse");
20       add(statusBar, BorderLayout.SOUTH);
21       addMouseListener(new MouseClickHandler()); // adiciona tratamento de evento
22    }
23
24    // classe interna para tratar eventos de mouse
25    private class MouseClickHandler extends MouseAdapter
26    {
27       // trata evento de clique de mouse e determina qual botão foi pressionado
28       @Override
29       public void mouseClicked(MouseEvent event)
30       {
31          int xPos = event.getX(); // obtém a posição x do mouse
32          int yPos = event.getY(); // obtém a posição y do mouse
33
```

continua

continuação

```
            details = String.format("Clicked %d time(s)",
               event.getClickCount());

            if (event.isMetaDown()) // botão direito do mouse
               details += " with right mouse button";
            else if (event.isAltDown()) // botão do meio do mouse
               details += " with center mouse button";
            else // botão esquerdo do mouse
               details += " with left mouse button";

            statusBar.setText(details); // exibe mensagem em statusBar
         }
      }
   } // fim da classe MouseDetailsFrame
```

Figura 12.31 | Demonstrando cliques de mouse e distinguindo entre botões do mouse.

```
// Figura 12.32: MouseDetails.java
// Testando MouseDetailsFrame.
import javax.swing.JFrame;

public class MouseDetails
{
   public static void main(String[] args)
   {
      MouseDetailsFrame mouseDetailsFrame = new MouseDetailsFrame();
      mouseDetailsFrame.setDefaultCloseOperation(JFrame.EXIT_ON_CLOSE);
      mouseDetailsFrame.setSize(400, 150);
      mouseDetailsFrame.setVisible(true);
   }
} // fim da classe MouseDetails
```

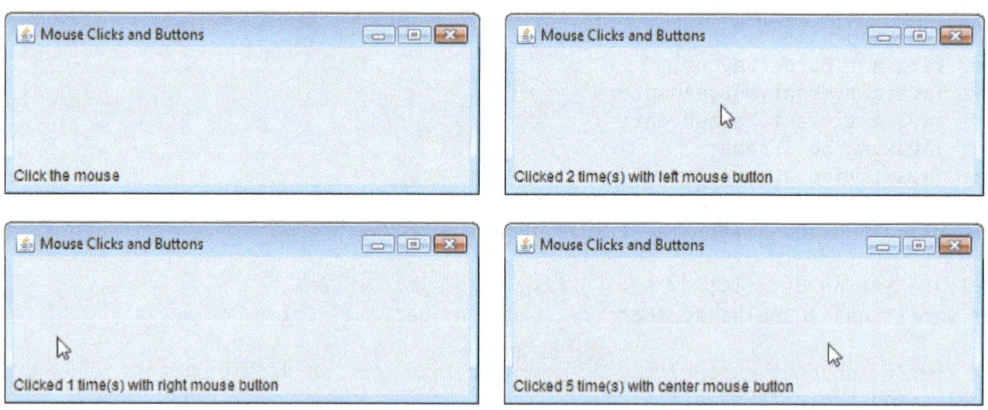

Figura 12.32 | Testando `MouseDetailsFrame`.

Erro comum de programação 12.3

Se você estender uma classe de adaptadores e digitar incorretamente o nome do método que está sendo sobrescrito, e se o método `@Override` *não for declarado, seu método simplesmente se tornará outro método na classe. Esse é um erro de lógica difícil de ser detectado, visto que o programa chamará a versão vazia do método herdado da classe de adaptadores.*

Um usuário de um programa Java pode estar em um sistema com um, dois ou três botões do mouse. A classe `MouseEvent` herda vários métodos da classe `InputEvent` que podem distinguir entre o botão do mouse em um mouse de múltiplos botões ou simular um mouse de múltiplos botões com uma combinação de um clique do teclado e um clique de botão do mouse. A Figura 12.33 mostra os métodos `InputEvent` utilizados para distinguir os cliques do botão do mouse. O Java assume que cada mouse contém um botão esquerdo. Portanto, é simples testar um clique com o botão esquerdo do mouse. Entretanto, os usuários com mouse de um ou dois

Método `InputEvent`	Descrição
`isMetaDown()`	Retorna `true` quando o usuário clica no *botão direito do mouse* em um mouse com dois ou três botões. Para simular um clique de botão direito com um mouse de um botão, o usuário pode manter pressionada a tecla *Meta* no teclado e clicar no botão do mouse.
`isAltDown()`	Retorna `true` quando o usuário clica no *botão do meio do mouse* em um mouse com três botões. Para simular um clique com o botão do meio do mouse em um mouse com um ou dois botões, o usuário pode pressionar a tecla *Alt* e clicar no único botão ou no botão esquerdo do mouse, respectivamente.

Figura 12.33 | Métodos `InputEvent` que ajudam a determinar se o botão direito ou central do mouse foi pressionado.

botões devem utilizar uma combinação de pressionamentos de tecla e cliques do botão do mouse para simular os botões ausentes no mouse. No caso de um mouse com um ou dois botões, um aplicativo Java assume que o botão do centro do mouse é clicado se o usuário mantém pressionada a tecla *Alt* e clica no botão esquerdo do mouse em um mouse de dois botões ou com botão único em um mouse de um botão. No caso de um mouse de um botão, um aplicativo Java supõe que o botão direito do mouse é clicado se o usuário mantiver pressionada a tecla *Meta* (às vezes chamada tecla *Command* ou tecla "Apple" em um Mac) e clicar com o botão do mouse.

A linha 21 da Figura 12.31 registra um `MouseListener` para o `MouseDetailsFrame`. O ouvinte de eventos é um objeto da classe `MouseClickHandler`, que estende `MouseAdapter`. Isso permite declarar apenas o método `mouseClicked` (linhas 28 a 45). Esse método primeiro captura as coordenadas em que o evento ocorreu e as armazena nas variáveis locais `xPos` e `yPos` (linhas 31 e 32). As linhas 34 e 35 criam uma `String` chamada `details` contendo o número de cliques consecutivos de mouse, que é retornado pelo método `MouseEvent` **`getClickCount`** na linha 35. As linhas 37 a 42 utilizam os métodos **`isMetaDown`** e **`isAltDown`** para determinar o botão do mouse em que o usuário clicou e acrescentar uma `String` adequada aos `details` em cada caso. A `String` resultante é exibida em `statusBar`. A classe `MouseDetails` (Figura 12.32) contém o método `main` que executa o aplicativo. Tente clicar repetidamente com cada um dos botões do mouse para ver o incremento de contagem de cliques.

12.16 Subclasse `JPanel` para desenhar com o mouse

A Seção 12.14 mostrou como monitorar eventos de mouse em um `JPanel`. Nesta seção, utilizamos um `JPanel` como uma **área dedicada de desenho** em que o usuário pode desenhar arrastando o mouse. Além disso, esta seção demonstra um ouvinte de eventos que estende uma classe de adaptadores.

Método `paintComponent`

Os componentes Swing leves que estendem a classe `JComponent` (como `JPanel`) contêm o método **`paintComponent`**, que é chamado quando um componente Swing leve é exibido. Por sobrescrever esse método, você pode especificar como desenhar formas utilizando capacidades gráficas do Java. Ao personalizar um `JPanel` para utilização como uma área dedicada de desenho, a subclasse deve sobrescrever o método `paintComponent` e chamar a versão de superclasse de `paintComponent` como a primeira instrução no corpo do método sobrescrito para assegurar que o componente será exibido corretamente. A razão é que subclasses de `JComponent` suportam **transparência.** Para exibir um componente corretamente, o programa deve determinar se o componente é transparente. O código que determina isso está na implementação `paintComponent` da superclasse `JComponent`. Quando um componente for transparente, `paintComponent` não limpará seu fundo quando o programa exibir o componente. Quando um componente for **opaco**, `paintComponent` limpará o fundo do componente antes de o componente ser exibido. A transparência de um componente Swing leve pode ser configurada com o método **`setOpaque`** (um argumento `false` indica que o componente é transparente).

Dica de prevenção de erro 12.1

No método `paintComponent` de uma subclasse `JComponent`, a primeira instrução deve sempre chamar o método da superclasse `paintComponent` a fim de assegurar que um objeto da subclasse seja exibido corretamente.

Erro comum de programação 12.4

Se um método `paintComponent` sobrescrito não chamar a versão da superclasse, o componente de subclasse pode não ser exibido adequadamente. Se um método `paintComponent` sobrescrito chamar a versão da superclasse depois que outro desenho for realizado, o desenho será apagado.

Definindo a área personalizada de desenho

O aplicativo `Painter` das figuras 12.34 e 12.35 demonstra uma subclasse personalizada de `JPanel` que é usada para criar uma área de desenho dedicada. O aplicativo utiliza a rotina de tratamento de evento `mouseDragged` para criar um aplicativo de desenho simples. O usuário pode desenhar figuras arrastando o mouse sobre o `JPanel`. Esse exemplo não usa o método `mouseMoved`, assim nossa *classe ouvinte de evento* (a *classe interna anônima* nas linhas 20 a 29 da Figura 12.34) estende `MouseMotionAdapter`. Visto que essa classe já declara tanto `mouseMoved` como `mouseDragged`, podemos simplesmente sobrescrever `mouseDragged` para fornecer o tratamento de evento requerido por esse aplicativo.

```
1   // Figura 12.34: PaintPanel.java
2   // Classe de adaptadores utilizada para implementar rotinas de tratamento de evento.
3   import java.awt.Point;
4   import java.awt.Graphics;
5   import java.awt.event.MouseEvent;
6   import java.awt.event.MouseMotionAdapter;
7   import java.util.ArrayList;
8   import javax.swing.JPanel;
9
10  public class PaintPanel extends JPanel
11  {
12     // lista das referências Point
13     private final ArrayList<Point> points = new ArrayList<>();
14
15     // configura GUI e registra rotinas de tratamento de evento de mouse
16     public PaintPanel()
17     {
18        // trata evento de movimento de mouse do frame
19        addMouseMotionListener(
20           new MouseMotionAdapter() // classe interna anônima
21           {
22              // armazena coordenadas da ação de arrastar e repinta
23              @Override
24              public void mouseDragged(MouseEvent event)
25              {
26                 points.add(event.getPoint());
27                 repaint(); // repinta JFrame
28              }
29           }
30        );
31     }
32
33     // desenha ovais em um quadro delimitador de 4 x 4 nas localizações especificadas na janela
34     @Override
35     public void paintComponent(Graphics g)
36     {
37        super.paintComponent(g); // limpa a área de desenho
38
39        // desenha todos os pontos
40        for (Point point : points)
41           g.fillOval(point.x, point.y, 4, 4);
42     }
43  } // fim da classe PaintPanel
```

Figura 12.34 | Classe de adaptadores utilizada para implementar rotinas de tratamento de evento.

A classe `PaintPanel` (Figura 12.34) estende `JPanel` para criar a área dedicada de desenho. A classe **`Point`** (pacote `java.awt`) representa uma coordenada *x-y*. Utilizamos objetos dessa classe para armazenar as coordenadas de cada evento de arrastar com o mouse. A classe **`Graphics`** é utilizada para desenhar. Nesse exemplo, utilizamos um `ArrayList` de `Points` (linha 13) para armazenar a localização em que cada evento de arrastar com o mouse ocorre. Como você verá, o método `paintComponent` utiliza esses `Points` para desenhar.

As linhas 19 a 30 registram um `MouseMotionListener` para ouvir os eventos de movimento do mouse `PaintPanel`. As linhas 20 a 29 criam um objeto de uma classe interna anônima que estende a classe de adaptadores `MouseMotionAdapter`. Lembre-se de que `MouseMotionAdapter` implementa `MouseMotionListener`, portanto, o objeto *anônimo de classe interna* é um

`MouseMotionListener`. A classe interna anônima herda as implementações `mouseMoved` e `mouseDragged` padrão, assim ela já implementa todos os métodos da interface. Mas as implementações padrão não fazem nada quando são chamadas. Portanto, sobrescrevemos o método `mouseDragged` nas linhas 23 a 28 para capturar as coordenadas de um evento de arrastar com o mouse e as armazenamos como um objeto `Point`. A linha 26 invoca o método **`getPoint`** de `MouseEvent` para obter o `Point` onde o evento ocorreu e o armazena na `ArrayList`. A linha 27 chama o método **`repaint`** (herdado indiretamente da classe `Component`) para indicar que o `PaintPanel` deve ser atualizado na tela o mais rápido possível com uma chamada para o método `paintComponent` de `PaintPanel`.

O método `paintComponent` (linhas 34 a 42), que recebe um parâmetro `Graphics`, é chamado automaticamente a qualquer hora que `PaintPanel` precisar ser exibido na tela — como quando a GUI é inicialmente exibida — ou atualizado na tela — como quando o método `repaint` é chamado ou quando o componente GUI foi *oculto* por outra janela na tela e subsequentemente se torna visível novamente.

Observação sobre a aparência e comportamento 12.13

Chamar `repaint` para um componente Swing GUI indica que o componente deve ser atualizado na tela o mais rápido possível. O fundo do componente só é apagado se o componente for opaco. O método `setOpaque` `JComponent` pode receber um argumento `boolean` indicando se o componente é opaco (`true`) ou transparente (`false`).

A linha 37 invoca a versão de superclasse de `paintComponent` para limpar o fundo de `PaintPanel` (`JPanel`s são opacos por padrão). As linhas 40 e 41 desenham uma oval no local especificado por cada `Point` na `ArrayList`. O método **`fillOval`** `Graphics` desenha uma oval sólida. Os quatro parâmetros do método representam uma área retangular (chamada de *quadro delimitador*) em que a oval é exibida. Os dois primeiros parâmetros são a coordenada *x* superior esquerda e a coordenada *y* superior esquerda da área retangular. As duas últimas coordenadas representam a largura e altura da área retangular. O método `fillOval` desenha a oval de tal modo que ela toque no meio de cada lado da área retangular. Na linha 41, os dois primeiros argumentos são especificados utilizando as duas variáveis de instância `public` da classe `Point` — `x` e `y`. Você aprenderá mais sobre os recursos `Graphics` no Capítulo 13.

Observação sobre a aparência e comportamento 12.14

O desenho em qualquer componente GUI é realizado com as coordenadas que são medidas a partir do canto superior esquerdo (0, 0) desse componente GUI, não o canto superior esquerdo da tela.

Utilizando o `JPanel` personalizado em um aplicativo

A classe `Painter` (Figura 12.35) contém o método `main` que executa esse aplicativo. A linha 14 cria um objeto `PaintPanel` em que o usuário pode arrastar o mouse para desenhar. A linha 15 anexa o `PaintPanel` ao `JFrame`.

```
1  // Figura 12.35: Painter.java
2  // Testando o PaintPanel.
3  import java.awt.BorderLayout;
4  import javax.swing.JFrame;
5  import javax.swing.JLabel;
6
7  public class Painter
8  {
9     public static void main(String[] args)
10    {
11       // cria o JFrame
12       JFrame application = new JFrame("A simple paint program");
13
14       PaintPanel paintPanel = new PaintPanel();
15       application.add(paintPanel, BorderLayout.CENTER);
16
17       // cria um rótulo e o coloca em SOUTH do BorderLayout
18       application.add(new JLabel("Drag the mouse to draw"),
19          BorderLayout.SOUTH);
20
21       application.setDefaultCloseOperation(JFrame.EXIT_ON_CLOSE);
22       application.setSize(400, 200);
23       application.setVisible(true);
```

continua

continuação

```
    }
} // fim da classe Painter
```

Figura 12.35 | Testando `PaintPanel`.

12.17 Tratamento de eventos de teclado

Esta seção apresenta a interface `KeyListener` para tratar **eventos de teclado**, que são gerados quando as teclas no teclado são pressionadas e liberadas. Uma classe que implementa `KeyListener` deve fornecer declarações para métodos **`keyPressed`**, **`keyReleased`** e **`keyTyped`**, cada um dos quais recebe um `KeyEvent` como seu argumento. A classe `KeyEvent` é uma subclasse de `InputEvent`. O método `keyPressed` é chamado em resposta ao pressionamento de qualquer tecla. O método `keyTyped` é chamado em resposta ao pressionamento de qualquer tecla que não seja uma **tecla de ação**. (As teclas de ação são qualquer seta, *Home, End, Page Up, Page Down*, qualquer tecla de função etc.) O método `keyReleased` é chamado quando a tecla é liberada após qualquer evento `keyPressed` ou `keyTyped`.

O aplicativo das figuras 12.36 e 12.37 demonstra os métodos `KeyListener`. A classe `KeyDemoFrame` implementa a interface `KeyListener`, então todos os três métodos são definidos no aplicativo. O construtor (Figura 12.36, linhas 17 a 28) registra o aplicativo para tratar seus próprios eventos de teclado utilizando o método **`addKeyListener`** na linha 27. O método `addKeyListener` é declarado na classe `Component`, então cada subclasse de `Component` pode notificar objetos `KeyListener` de eventos de teclado desse `Component`.

```
1  // Figura 12.36: KeyDemoFrame.java
2  // Tratamento de evento de teclado.
3  import java.awt.Color;
4  import java.awt.event.KeyListener;
5  import java.awt.event.KeyEvent;
6  import javax.swing.JFrame;
7  import javax.swing.JTextArea;
8
9  public class KeyDemoFrame extends JFrame implements KeyListener
10 {
11    private final String line1 = ""; // primeira linha da área de texto
12    private final String line2 = ""; // segunda linha da área de texto
13    private final String line3 = ""; // terceira linha da área de texto
14    private final JTextArea textArea; // área de texto para exibir a saída
15
16    // construtor KeyDemoFrame
17    public KeyDemoFrame()
18    {
19       super("Demonstrating Keystroke Events");
20
21       textArea = new JTextArea(10, 15); // configura JTextArea
22       textArea.setText("Press any key on the keyboard...");
23       textArea.setEnabled(false);
24       textArea.setDisabledTextColor(Color.BLACK);
25       add(textArea); // adiciona área de texto ao JFrame
26
27       addKeyListener(this); // permite que o frame processe os eventos de teclado
28    }
29
30    // trata pressionamento de qualquer tecla
```

continua

continuação

```
31      @Override
32      public void keyPressed(KeyEvent event)
33      {
34         line1 = String.format("Key pressed: %s",
35            KeyEvent.getKeyText(event.getKeyCode())); // mostra a tecla pressionada
36         setLines2and3(event); // configura a saída das linhas dois e três
37      }
38
39      // trata liberação de qualquer tecla
40      @Override
41      public void keyReleased(KeyEvent event)
42      {
43         line1 = String.format("Key released: %s",
44            KeyEvent.getKeyText(event.getKeyCode())); // mostra a tecla liberada
45         setLines2and3(event); // configura a saída das linhas dois e três
46      }
47
48      // trata pressionamento de uma tecla de ação
49      @Override
50      public void keyTyped(KeyEvent event)
51      {
52         line1 = String.format("Key typed: %s", event.getKeyChar());
53         setLines2and3(event); // configura a saída das linhas dois e três
54      }
55
56      // configura segunda e terceira linhas de saída
57      private void setLines2and3(KeyEvent event)
58      {
59         line2 = String.format("This key is %san action key",
60            (event.isActionKey() ? "" : "not "));
61
62         String temp = KeyEvent.getKeyModifiersText(event.getModifiers());
63
64         line3 = String.format("Modifier keys pressed: %s",
65            (temp.equals("") ? "none" : temp)); // modificadores de saída
66
67         textArea.setText(String.format("%s\n%s\n%s\n",
68            line1, line2, line3)); // gera saída de três linhas de texto
69      }
70   } // fim da classe KeyDemoFrame
```

Figura 12.36 | Tratamento de evento de teclado.

Na linha 25, o construtor adiciona `JTextArea textArea` (onde a saída do aplicativo é exibida) ao `JFrame`. Uma `JTextArea` é uma ***área multilinha*** em que você pode exibir texto. (Discutimos `JTextAreas` em mais detalhes na Seção 12.20.) Note nas capturas de tela que `textArea` ocupa a ***janela inteira***. Isso ocorre por causa da `BorderLayout` padrão do `JFrame` (discutida na Seção 12.18.2 e demonstrada na Figura 12.41). Quando um único `Component` é adicionado a um `BorderLayout`, o `Component` ocupa o `Container` ***inteiro***. A linha 23 desativa a `JTextArea` para que o usuário não possa digitar nela. Isso faz com que o texto na `JTextArea` torne-se cinza. A linha 24 utiliza o método **`setDisabledTextColor`** para mudar a cor do texto na `JTextArea` para preto a fim de facilitar a legibilidade.

Os métodos `keyPressed` (linhas 31 a 37) e `keyReleased` (linhas 40 a 46) utilizam o método `KeyEvent` **`getKeyCode`** para obter o **código de tecla virtual** da tecla pressionada. A classe `KeyEvent` contém constantes de código de tecla virtual que representam cada tecla no teclado. Essas constantes podem ser comparadas com o valor de retorno de `getKeyCode` para testar as teclas individuais no teclado. O valor retornado por `getKeyCode` é passado para o método `static KeyEvent` **`getKeyText`**, que retorna uma string contendo o nome da tecla que foi pressionada. Para obter uma lista completa das constantes de tecla virtual, consulte na documentação on-line a classe `KeyEvent` (pacote `java.awt.event`). O método `keyTyped` (linhas 49 a 54) utiliza o método `KeyEvent` **`getKeyChar`** (que retorna um `char`) para obter o valor Unicode do caractere digitado.

Todos os três métodos de tratamento de evento terminam chamando o método `setLines2and3` (linhas 57 a 69) e passando para ele o objeto `KeyEvent`. Esse método utiliza o método `KeyEvent` **`isActionKey`** (linha 60) para determinar se a tecla no evento é uma tecla de ação. Além disso, o método `InputEvent` **`getModifiers`** é chamado (linha 62) para determinar se alguma tecla modificadora (como *Shift*, *Alt* e *Ctrl*) foi pressionada quando o evento de teclado ocorreu. O resultado desse método é passado para o método `static KeyEvent` **`getKeyModifiersText`**, que produz uma `String` contendo os nomes das teclas modificadoras pressionadas.

```java
// Figura 12.37: KeyDemo.java
// Testando KeyDemoFrame.
import javax.swing.JFrame;

public class KeyDemo
{
   public static void main(String[] args)
   {
      KeyDemoFrame keyDemoFrame = new KeyDemoFrame();
      keyDemoFrame.setDefaultCloseOperation(JFrame.EXIT_ON_CLOSE);
      keyDemoFrame.setSize(350, 100);
      keyDemoFrame.setVisible(true);
   }
} // fim da classe KeyDemo
```

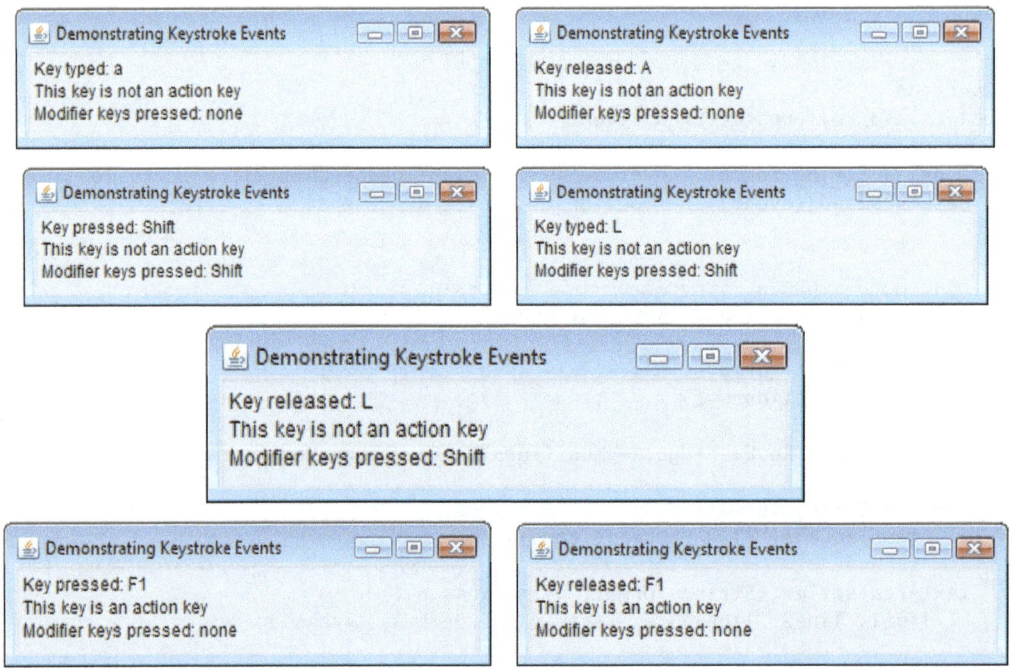

Figura 12.37 | Testando `KeyDemoFrame`.

[*Observação:* se você precisar testar uma tecla específica no teclado, a classe `KeyEvent` fornece uma **tecla constante** para cada uma delas. Essas constantes podem ser utilizadas a partir das rotinas de tratamento de evento de teclado para determinar se uma tecla particular foi pressionada. Além disso, para determinar se as teclas *Alt*, *Ctrl*, *Meta* e *Shift* são pressionadas individualmente, os métodos `InputEvent` **`isAltDown`**, **`isControlDown`**, **`isMetaDown`** e **`isShiftDown`** retornam um `boolean` indicando se a tecla particular foi pressionada durante o evento de teclado.]

12.18 Introdução a gerenciadores de layout

Os **gerenciadores de layout** *organizam* componentes GUI em um contêiner para propósitos de apresentação. Utilize os gerenciadores de layout para obter capacidades básicas de layout, em vez de determinar a posição e o tamanho exatos de cada componente GUI. Essa funcionalidade permite que você se concentre na aparência e comportamento básicos e deixa os gerenciadores de layout processarem a maioria dos detalhes de layout. Todos os gerenciadores de layout implementam a interface **`LayoutManager`** (no pacote `java.awt`). O método `setLayout` da classe `Container` aceita um objeto que implementa a interface `LayoutManager` como um argumento. Há basicamente três maneiras de organizar componentes em uma GUI:

1. *Posicionamento absoluto:* ele fornece o maior nível de controle sobre a aparência de uma GUI. Configurando o layout de um `Container` como `null`, você pode especificar a *posição absoluta de cada componente GUI* em relação ao canto superior esquerdo do `Container` usando métodos `Component` `setSize` e `setLocation` ou `setBounds`. Se fizer isso, você também deve especificar o tamanho de cada componente GUI. A programação de uma GUI com posicionamento absoluto pode ser tediosa, a menos que você tenha um ambiente de desenvolvimento integrado (IDE) que pode gerar o código para você.

2. *Gerenciadores de layout:* usar gerenciadores de layout para posicionar elementos pode ser mais simples e mais rápido do que criar uma GUI com posicionamento absoluto, e torna suas GUIs mais redimensionáveis, mas você perde parte do controle em relação ao tamanho e posicionamento precisos de cada componente.
3. *Programação visual em um IDE:* os IDEs fornecem ferramentas que facilitam a criação de GUIs. Em geral, todo IDE fornece uma **ferramenta de desenho GUI** que permite arrastar e soltar componentes GUI de uma caixa de ferramenta em uma área de desenho. Você então pode posicionar, dimensionar e alinhar componentes GUI como quiser. O IDE gera o código Java que cria a GUI. Além disso, em geral, você pode adicionar o código de tratamento de evento de um componente particular dando um clique duplo no componente. Algumas ferramentas de desenho também permitem utilizar os gerenciadores de layout descritos neste capítulo e no Capítulo 22.

Observação sobre a aparência e comportamento 12.15

A maioria dos IDEs Java fornece ferramentas de design de GUI para projetar visualmente uma GUI; as ferramentas então escrevem o código Java que cria a GUI. Essas ferramentas costumam fornecer maior controle sobre o tamanho, posição e alinhamento de componentes GUI do que os gerenciadores de layouts integrados.

Observação sobre a aparência e comportamento 12.16

É possível configurar o layout de um `Container` *como* `null`*, que indica que nenhum gerenciador de layout deve ser utilizado. Em um* `Container` *sem gerenciador de layout, você deve posicionar e dimensionar os componentes e tomar cuidado no sentido de que, em eventos de redimensionamento, todos os componentes sejam reposicionados conforme necessário. Os eventos de redimensionamento de um componente podem ser processados por um* `ComponentListener`.

A Figura 12.38 resume os gerenciadores de layout apresentados neste capítulo. Alguns gerenciadores de layout adicionais serão discutidos no Capítulo 22.

Gerenciador de layout	Descrição
`FlowLayout`	Padrão para `javax.swing.JPanel`. Coloca os componentes *sequencialmente, da esquerda para a direita*, na ordem em que foram adicionados. Também é possível especificar a ordem dos componentes utilizando o método `add` de `Container`, que aceita um `Component` e uma posição de índice do tipo inteiro como argumentos.
`BorderLayout`	Padrão para `JFrames` (e outras janelas). Organiza os componentes em cinco áreas: `NORTH`, `SOUTH`, `EAST`, `WEST` e `CENTER`.
`GridLayout`	Organiza os componentes nas linhas e colunas.

Figura 12.38 | Os gerenciadores de layout.

12.18.1 FlowLayout

`FlowLayout` é o gerenciador de layout mais *simples*. Os componentes GUI são colocados em um contêiner da esquerda para a direita na ordem em que são adicionados ao contêiner. Quando a borda do contêiner for alcançada, os componentes continuarão a ser exibidos na próxima linha. A classe `FlowLayout` permite aos componentes GUI ser *alinhados à esquerda*, *centralizados* (o padrão) e *alinhados à direita*.

O aplicativo das figuras 12.39 e 12.40 cria três objetos `JButton` e os adiciona ao aplicativo, utilizando um `FlowLayout`. Os componentes são centralizados por padrão. Quando o usuário clica em **Left**, o alinhamento do `FlowLayout` é alterado para alinhado à esquerda. Quando o usuário clica em **Right**, o alinhamento do `FlowLayout` é alterado para alinhado à direita. Quando o usuário clica em **Center**, o alinhamento do `FlowLayout` é alterado para alinhado no centro. As janelas de saída de exemplo mostram cada alinhamento. O último exemplo de saída mostra o alinhamento centralizado depois que a janela foi redimensionada para uma largura menor de modo que o botão **Right** flua em uma nova linha.

Como visto anteriormente, um layout do contêiner é configurado com o método `setLayout` da classe `Container`. A linha 25 (Figura 12.39) configura o gerenciador de layout como o `FlowLayout` declarado na linha 23. Normalmente, o layout é configurado antes de qualquer componente GUI ser adicionado a um contêiner.

Observação sobre a aparência e comportamento 12.17

Cada contêiner individual só pode ter um gerenciador de layout, mas múltiplos contêineres no mesmo aplicativo podem usar diferentes gerenciadores de layout.

```
// Figura 12.39: FlowLayoutFrame.java
// FlowLayout permite que os componentes fluam ao longo de múltiplas linhas.
import java.awt.FlowLayout;
import java.awt.Container;
import java.awt.event.ActionListener;
import java.awt.event.ActionEvent;
import javax.swing.JFrame;
import javax.swing.JButton;

public class FlowLayoutFrame extends JFrame
{
   private final JButton leftJButton; // botão para configurar alinhamento à esquerda
   private final JButton centerJButton; // botão para configurar alinhamento centralizado
   private final JButton rightJButton; // botão para configurar alinhamento à direita
   private final FlowLayout layout; // objeto de layout
   private final Container container; // contêiner para configurar layout

   // configura GUI e registra listeners de botão
   public FlowLayoutFrame()
   {
      super("FlowLayout Demo");

      layout = new FlowLayout();
      container = getContentPane(); // obtém contêiner para layout
      setLayout(layout);

      // configura leftJButton e registra listener
      leftJButton = new JButton("Left");
      add(leftJButton); // adiciona o botão Left ao frame
      leftJButton.addActionListener(
         new ActionListener() // classe interna anônima
         {
            // processa o evento leftJButton
            @Override
            public void actionPerformed(ActionEvent event)
            {
               layout.setAlignment(FlowLayout.LEFT);

               // realinha os componentes anexados
               layout.layoutContainer(container);
            }
         }
      );

      // configura centerJButton e registra o listener
      centerJButton = new JButton("Center");
      add(centerJButton); // adiciona botão Center ao frame
      centerJButton.addActionListener(
         new ActionListener() // classe interna anônima
         {
            // processa evento centerJButton
            @Override
            public void actionPerformed(ActionEvent event)
            {
               layout.setAlignment(FlowLayout.CENTER);

               // realinha os componentes anexados
               layout.layoutContainer(container);
            }
```

continua

continuação

```
60          }
61       );
62
63       // configura rightJButton e registra o listener
64       rightJButton = new JButton("Right");
65       add(rightJButton); // adiciona botão Right ao frame
66       rightJButton.addActionListener(
67          new ActionListener() // classe interna anônima
68          {
69             // processa evento rightJButton
70             @Override
71             public void actionPerformed(ActionEvent event)
72             {
73                layout.setAlignment(FlowLayout.RIGHT);
74
75                // realinha os componentes anexados
76                layout.layoutContainer(container);
77             }
78          }
79       );
80    } // fim do construtor FlowLayoutFrame
81 } // fim da classe FlowLayoutFrame
```

Figura 12.39 | `FlowLayout` permite que os componentes fluam sobre múltiplas linhas.

```
// Figura 12.40: FlowLayoutDemo.java
// Testando FlowLayoutFrame.
import javax.swing.JFrame;

public class FlowLayoutDemo
{
   public static void main(String[] args)
   {
      FlowLayoutFrame flowLayoutFrame = new FlowLayoutFrame();
      flowLayoutFrame.setDefaultCloseOperation(JFrame.EXIT_ON_CLOSE);
      flowLayoutFrame.setSize(300, 75);
      flowLayoutFrame.setVisible(true);
   }
} // fim da classe FlowLayoutDemo
```

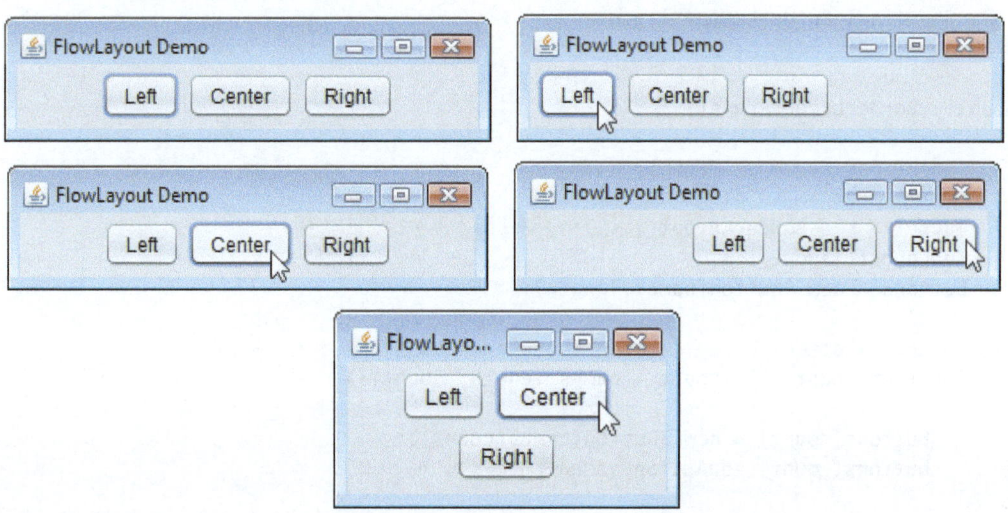

Figura 12.40 | Testando `FlowLayoutFrame`.

A rotina de tratamento de evento de cada botão é especificada com um objeto da classe interna anônima separada (linhas 30 a 43, 48 a 61 e 66 a 79, respectivamente), e o método `actionPerformed` em cada caso executa duas instruções. Por exemplo, a linha 37 na rotina de tratamento de eventos para `leftJButton` utiliza o método `FlowLayout` **`setAlignment`** para mudar o alinhamento do `FlowLayout` para um `FlowLayout` alinhado à esquerda (**`FlowLayout.LEFT`**). A linha 40 utiliza o método **`layoutContainer`** (que é herdado por todos os gerenciadores de layout) da interface `LayoutManager` para especificar que o `JFrame` deve ser reorganizado com base no layout ajustado. Dependendo do botão clicado, o método `actionPerformed` de cada botão configura o alinhamento de `FlowLayout` como `FlowLayout.LEFT` (linha 37), **`FlowLayout.CENTER`** (linha 55) ou **`FlowLayout.RIGHT`** (linha 73).

12.18.2 BorderLayout

O gerenciador de layout `BorderLayout` (o gerenciador de layout padrão de um `JFrame`) organiza componentes em cinco regiões: `NORTH`, `SOUTH`, `EAST`, `WEST` e `CENTER`. `NORTH` corresponde à parte superior do contêiner. A classe `BorderLayout` estende `Object` e implementa a interface **`LayoutManager2`** (uma subinterface de `LayoutManager` que adiciona vários métodos para obter um processamento de layout aprimorado).

Um `BorderLayout` limita um `Container` a conter *no máximo cinco componentes* — um em cada região. O componente colocado em cada região pode ser um contêiner ao qual os outros componentes são anexados. Os componentes colocados nas regiões `NORTH` e `SOUTH` estendem-se horizontalmente para os lados do contêiner e têm a mesma altura que o componente mais alto colocado nessas regiões. As regiões `EAST` e `WEST` expandem verticalmente entre as regiões `NORTH` e `SOUTH` e são tão largas quanto os componentes colocados nessas regiões. O componente colocado na região `CENTER` *expande para preencher todo o espaço restante no layout* (que é a razão de `JTextArea` na Figura 12.37 ocupar a janela inteira). Se todas as cinco regiões são ocupadas, o espaço do contêiner inteiro é coberto por componentes GUI. Se a região `NORTH` ou `SOUTH` não for ocupada, os componentes GUI nas regiões `EAST`, `CENTER` e `WEST` expandem verticalmente para preencher o espaço restante. Se a região `EAST` ou `WEST` não for ocupada, o componente GUI na região `CENTER` *expande horizontalmente para preencher o espaço restante*. Se a região `CENTER` não for ocupada, a área é deixada *vazia* — os outros componentes GUI *não* se expandem para preencher o espaço restante. O aplicativo das figuras 12.41 e 12.42 demonstra o gerenciador de layout `BorderLayout` utilizando cinco `JButtons`.

```java
// Figura 12.41: BorderLayoutFrame.java
// BorderLayout contendo cinco botões.
import java.awt.BorderLayout;
import java.awt.event.ActionListener;
import java.awt.event.ActionEvent;
import javax.swing.JFrame;
import javax.swing.JButton;

public class BorderLayoutFrame extends JFrame implements ActionListener
{
   private final JButton[] buttons; // array de botões para ocultar partes
   private static final String[] names = {"Hide North", "Hide South",
      "Hide East", "Hide West", "Hide Center"};
   private final BorderLayout layout;

   // configura GUI e tratamento de evento
   public BorderLayoutFrame()
   {
      super("BorderLayout Demo");

      layout = new BorderLayout(5, 5); // espaços de 5 pixels
      setLayout(layout);
      buttons = new JButton[names.length];

      // cria JButtons e registra ouvintes para eles
      for (int count = 0; count < names.length; count++)
      {
         buttons[count] = new JButton(names[count]);
         buttons[count].addActionListener(this);
      }

      add(buttons[0], BorderLayout.NORTH);
      add(buttons[1], BorderLayout.SOUTH);
      add(buttons[2], BorderLayout.EAST);
      add(buttons[3], BorderLayout.WEST);
      add(buttons[4], BorderLayout.CENTER);
```

continua

continuação

```
37       }
38
39       // trata os eventos de botão
40       @Override
41       public void actionPerformed(ActionEvent event)
42       {
43          // verifica a origem de evento e o painel de conteúdo de layout de acordo
44          for (JButton button : buttons)
45          {
46             if (event.getSource() == button)
47                button.setVisible(false); // oculta o botão que foi clicado
48             else
49                button.setVisible(true); // mostra outros botões
50          }
51
52          layout.layoutContainer(getContentPane()); // define o layout do painel de conteúdo
53       }
54    } // fim da classe BorderLayoutFrame
```

Figura 12.41 | `BorderLayout` que contém cinco botões.

A linha 21 da Figura 12.41 cria um `BorderLayout`. Os argumentos de construtor especificam o número de pixels entre componentes que estão organizados horizontalmente (**espaçamento horizontal**) e entre componentes que são organizados verticalmente (**espaçamento vertical**), respectivamente. O padrão tem horizontal e verticalmente um pixel de espaçamento. A linha 22 usa o método `setLayout` para definir o layout do painel de conteúdo como `layout`.

Adicionamos `Components` a um `BorderLayout` com outra versão do método `Container` `add` que aceita dois argumentos — o `Component` para adicionar e a região em que o `Component` deva aparecer. Por exemplo, a linha 32 especifica que `buttons[0]` deve aparecer na região `NORTH`. Os componentes podem ser adicionados em *qualquer* ordem, mas apenas *um* componente deve ser adicionado a cada região.

Observação sobre a aparência e comportamento 12.18

Se nenhuma região for especificada ao se adicionar um `Component` a um `BorderLayout`, o gerenciador de layout supõe que o `Component` deve ser adicionado à região `BorderLayout.CENTER`.

Erro comum de programação 12.5

Quando mais de um componente for adicionado a uma região em um `BorderLayout`, somente o último componente adicionado a essa região será exibido. Não há nenhum erro que indica esse problema.

A classe `BorderLayoutFrame` implementa `ActionListener` diretamente nesse exemplo, então `BorderLayoutFrame` tratará os eventos de `JButtons`. Por essa razão, a linha 29 passa a referência `this` para o método `addActionListener` de cada `JButton`. Quando o usuário clica em um `JButton` específico no layout, o método `actionPerformed` (linhas 40 a 53) é executado. A instrução `for` aprimorada nas linhas 44 a 50 utiliza um `if...else` para ocultar o `JButton` particular que gerou o evento. O método **`setVisible`** (herdado em `JButton` da classe `Component`) é chamado com um argumento `false` (linha 47) para ocultar `JButton`. Se o `JButton` atual no array não é o que gerou o evento, o método `setVisible` é chamado com um argumento `true` (linha 49) para assegurar que o `JButton` é exibido na tela. A linha 52 utiliza o método `LayoutManager` `layoutContainer` para recalcular o layout do painel de conteúdo. Note nas capturas de tela da Figura 12.42 que certas regiões no `BorderLayout` alteram a forma quando os `JButtons` são *ocultados* e exibidos em outras regiões. Tente redimensionar a janela do aplicativo para ver como as várias regiões se redimensionam com base na largura e altura da janela. *Para layouts mais complexos, agrupe componentes em `JPanels`, cada um com um gerenciador de layout separado.* Coloque os `JPanels` no `JFrame` utilizando `BorderLayout` padrão ou algum outro layout.

```
// Figura 12.42: BorderLayoutDemo.java
// Testando BorderLayoutFrame.
import javax.swing.JFrame;

public class BorderLayoutDemo
```

continua

continuação

```
{
   public static void main(String[] args)
   {
      BorderLayoutFrame borderLayoutFrame = new BorderLayoutFrame();
      borderLayoutFrame.setDefaultCloseOperation(JFrame.EXIT_ON_CLOSE);
      borderLayoutFrame.setSize(300, 200);
      borderLayoutFrame.setVisible(true);
   }
} // fim da classe BorderLayoutDemo
```

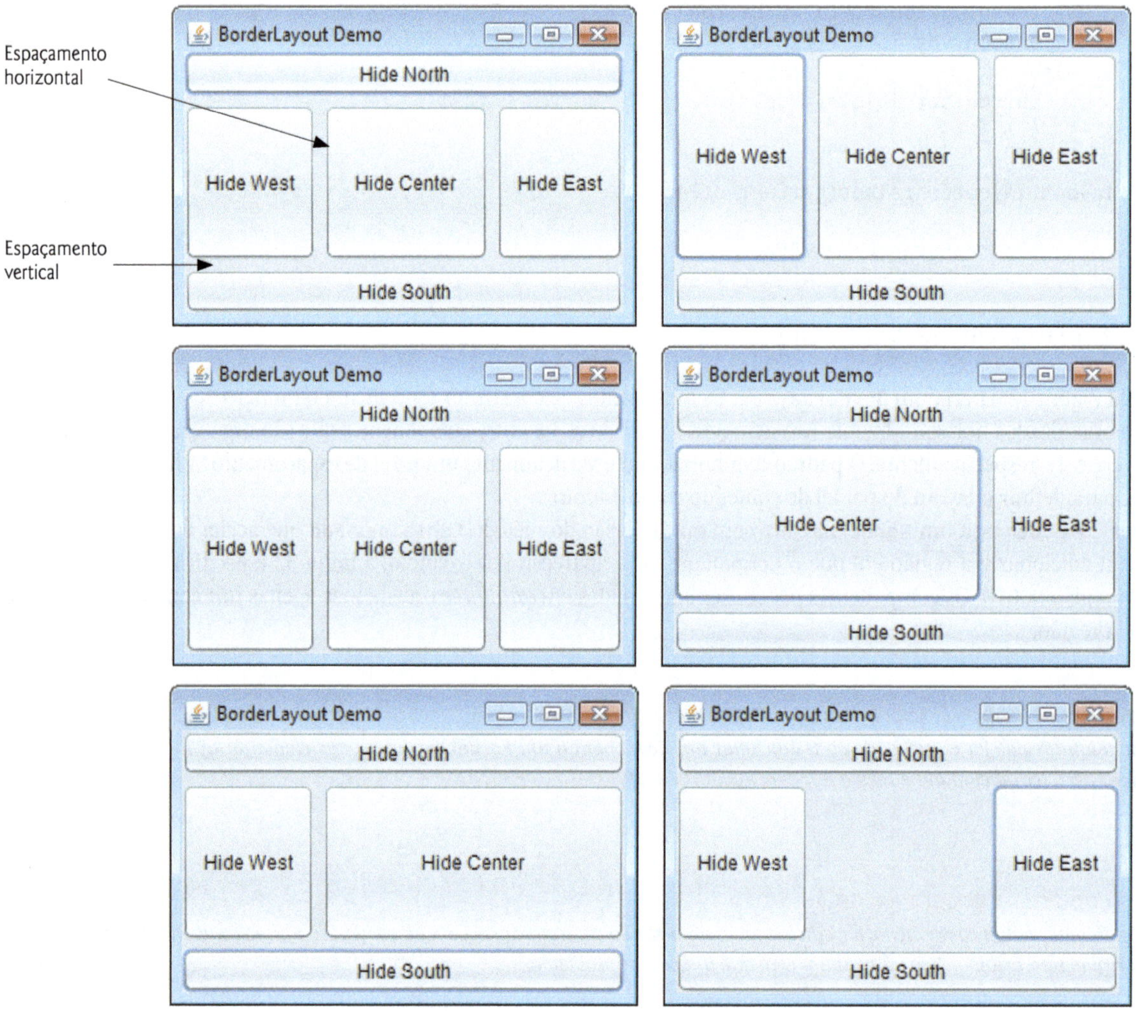

Figura 12.42 | Testando `BorderLayoutFrame`.

12.18.3 GridLayout

O gerenciador de layout `GridLayout` divide o contêiner em uma *grade* de modo que os componentes podem ser colocados nas *linhas* e *colunas*. A classe `GridLayout` herda diretamente da classe `Object` e implementa a interface `LayoutManager`. Cada `Component` em um `GridLayout` tem a *mesma* largura e altura. Os componentes são adicionados a um `GridLayout` iniciando a célula na parte superior esquerda da grade e prosseguindo da esquerda para a direita até a linha estar cheia. Então, o processo continua da esquerda para a direita na próxima linha da grade e assim por diante. O aplicativo das figuras 12.43 e 12.44 demonstra o gerenciador de layout `GridLayout` utilizando seis `JButtons`.

```
// Figura 12.43: GridLayoutFrame.java
// GridLayout contendo seis botões.
import java.awt.GridLayout;
import java.awt.Container;
```

continua

continuação

```
import java.awt.event.ActionListener;
import java.awt.event.ActionEvent;
import javax.swing.JFrame;
import javax.swing.JButton;

public class GridLayoutFrame extends JFrame implements ActionListener
{
   private final JButton[] buttons; // array de botões
   private static final String[] names =
      { "one", "two", "three", "four", "five", "six" };
   private boolean toggle = true; // alterna entre dois layouts
   private final Container container; // contêiner do frame
   private final GridLayout gridLayout1; // primeiro gridlayout
   private final GridLayout gridLayout2; // segundo gridlayout

   // construtor sem argumento
   public GridLayoutFrame()
   {
      super("GridLayout Demo");
      gridLayout1 = new GridLayout(2, 3, 5, 5); // 2 por 3; lacunas de 5
      gridLayout2 = new GridLayout(3, 2); // 3 por 2; nenhuma lacuna
      container = getContentPane();
      setLayout(gridLayout1);
      buttons = new JButton[names.length];

      for (int count = 0; count < names.length; count++)
      {
         buttons[count] = new JButton(names[count]);
         buttons[count].addActionListener(this); // ouvinte registrado
         add(buttons[count]); // adiciona o botão ao JFrame
      }
   }

   // trata eventos de botão alternando entre layouts
   @Override
   public void actionPerformed(ActionEvent event)
   {
      if (toggle) // define layout com base nos botões de alternação
         container.setLayout(gridLayout2);
      else
         container.setLayout(gridLayout1);

      toggle = !toggle;
      container.validate(); // refaz o layout do contêiner
   }
} // fim da classe GridLayoutFrame
```

Figura 12.43 | `GridLayout` que contém seis botões.

```
// Figura 12.44: GridLayoutDemo.java
// Testando GridLayoutFrame.
import javax.swing.JFrame;

public class GridLayoutDemo
{
   public static void main(String[] args)
   {
      GridLayoutFrame gridLayoutFrame = new GridLayoutFrame();
      gridLayoutFrame.setDefaultCloseOperation(JFrame.EXIT_ON_CLOSE);
      gridLayoutFrame.setSize(300, 200);
      gridLayoutFrame.setVisible(true);
```

continua

continuação

```java
   }
} // fim da classe GridLayoutDemo
```

Figura 12.44 | Testando `GridLayoutFrame`.

As linhas 24 e 25 (Figura 12.43) criam dois objetos `GridLayout`. O construtor `GridLayout` utilizado na linha 24 especifica um `GridLayout` com `2` linhas, `3` colunas, `5` pixels de espaçamento horizontal entre os `Components` na grade e `5` pixels de espaçamento vertical entre `Components` na grade. O construtor `GridLayout` utilizado na linha 25 especifica um `GridLayout` com `3` linhas e `2` colunas que utiliza o espaçamento padrão (1 pixel).

Os objetos `JButton` nesse exemplo são inicialmente organizados utilizando-se `gridLayout1` (configura para o painel de conteúdo na linha 27 com o método `setLayout`). O primeiro componente é adicionado à primeira coluna da primeira linha. O próximo componente é adicionado à segunda coluna da primeira linha e assim por diante. Quando um `JButton` é pressionado, o método `actionPerformed` (linhas 39 a 49) é chamado. Toda chamada para `actionPerformed` alterna o layout entre `gridLayout2` e `gridLayout1`, utilizando a variável `boolean toggle` para determinar o próximo layout a ser configurado.

A linha 48 mostra outra maneira de reformatar um contêiner cujo layout foi alterado. O método `Container` `validate` recalcula o layout do contêiner com base no gerenciador de layout atual para o `Container` e o conjunto atual de componentes GUI exibidos.

12.19 Utilizando painéis para gerenciar layouts mais complexos

GUIs complexas (como a Figura 12.1) frequentemente exigem que cada componente seja colocado em uma localização exata. Elas frequentemente consistem em múltiplos painéis, com os componentes de cada painel organizados em um layout específico. A classe `JPanel` estende `JComponent` e `JComponent` estende a classe `Container`, assim todo `JPanel` é um `Container`. Portanto, cada `JPanel` pode ter componentes, inclusive outros painéis, anexados a ele com o método `Container` `add`. O aplicativo das figuras 12.45 e 12.46 demonstra como um `JPanel` pode ser utilizado para criar um layout mais complexo em que vários `JButtons` são colocados na região `SOUTH` de um `BorderLayout`.

```java
// Figura 12.45: PanelFrame.java
// Utilizando um JPanel para ajudar a fazer o layout dos componentes.
import java.awt.GridLayout;
import java.awt.BorderLayout;
import javax.swing.JFrame;
import javax.swing.JPanel;
import javax.swing.JButton;

public class PanelFrame extends JFrame
{
   private final JPanel buttonJPanel; // painel para armazenar botões
   private final JButton[] buttons;

   // construtor sem argumento
   public PanelFrame()
   {
      super("Panel Demo");
      buttons = new JButton[5];
      buttonJPanel = new JPanel();
      buttonJPanel.setLayout(new GridLayout(1, buttons.length));

      // cria e adiciona botões
      for (int count = 0; count < buttons.length; count++)
      {
         buttons[count] = new JButton("Button " + (count + 1));
         buttonJPanel.add(buttons[count]); // adiciona botão ao painel
```

continua

continuação

```
27          }
28
29          add(buttonJPanel, BorderLayout.SOUTH); // adiciona painel ao JFrame
30       }
31    } // fim da classe PanelFrame
```

Figura 12.45 | `JPanel` com cinco `JButtons` em um `GridLayout` anexado à região `SOUTH` de um `BorderLayout`.

```
// Figura 12.46: PanelDemo.java
// Testando PanelFrame.
import javax.swing.JFrame;

public class PanelDemo extends JFrame
{
   public static void main(String[] args)
   {
      PanelFrame panelFrame = new PanelFrame();
      panelFrame.setDefaultCloseOperation(JFrame.EXIT_ON_CLOSE);
      panelFrame.setSize(450, 200);
      panelFrame.setVisible(true);
   }
} // fim da classe PanelDemo
```

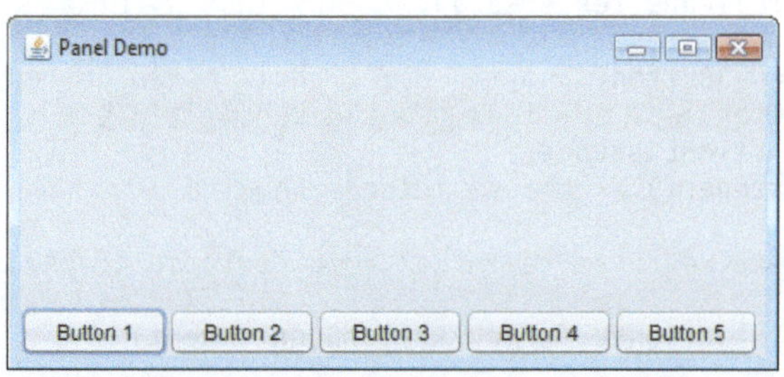

Figura 12.46 | Testando `PanelFrame`.

Depois de o `JPanel buttonJPanel` ser declarado (linha 11 da Figura 12.45) e criado (linha 19), a linha 20 configura o layout de `buttonJPanel` como um `GridLayout` de uma linha e cinco colunas (há cinco `JButtons` no array `buttons`). As linhas 23 a 27 adicionam o `JButtons` no array ao `JPanel`. A linha 26 adiciona os botões diretamente ao `JPanel` — a classe `JPanel` não tem um painel de conteúdo, ao contrário de um `JFrame`. A linha 29 usa `BorderLayout` padrão do `JFrame` para adicionar `buttonJPanel` à região `SOUTH`. A região `SOUTH` tem a mesma altura que os botões no `buttonJPanel`. Um `JPanel` é dimensionado aos componentes que ele contém. À medida que mais componentes são adicionados, o `JPanel` *cresce* (de acordo com as restrições de seu gerenciador de layout) para acomodar os componentes. Redimensione a janela para ver como o gerenciador de layout afeta o tamanho dos `JButtons`.

12.20 JTextArea

`JTextArea` fornece uma área para *manipular múltiplas linhas de texto*. Assim como a classe `JTextField`, `JTextArea` é uma subclasse de `JTextComponent` que declara os métodos comuns para `JTextFields`, `JTextAreas` e vários outros componentes GUI baseados em texto.

O aplicativo nas figuras 12.47 e 12.48 demonstra as `JTextAreas`. Uma `JTextArea` exibe texto que o usuário pode selecionar. A outra não é editável pelo usuário e é usada para exibir o texto que o usuário selecionou na primeira `JTextArea`. Ao contrário de `JTextFields`, `JTextAreas` não têm eventos de ação — ao pressionar *Enter* enquanto digita em uma `JTextArea`, o cursor simplesmente move-se para a próxima linha. Como com `JLists` de seleção múltipla (Seção 12.13), um evento externo de outro componente GUI indica quando processar o texto em uma `JTextArea`. Por exemplo, ao digitar uma mensagem de correio eletrônico, você normalmente clica em um botão **Send** para enviar o texto da mensagem para o destinatário. De maneira semelhante, ao editar um documento em um processador de texto, você normalmente salva o arquivo selecionando um item de menu **Save** ou **Save As...** Nesse programa, o botão **Copy >>>** gera o evento externo que copia o texto selecionado em `JTextArea` à esquerda e o exibe em `JTextArea` à direita.

```java
// Figura 12.47: TextAreaFrame.java
// Copiando texto selecionado de uma área de JText para outra.
import java.awt.event.ActionListener;
import java.awt.event.ActionEvent;
import javax.swing.Box;
import javax.swing.JFrame;
import javax.swing.JTextArea;
import javax.swing.JButton;
import javax.swing.JScrollPane;

public class TextAreaFrame extends JFrame
{
   private final JTextArea textArea1; // exibe a string demo
   private final JTextArea textArea2; // texto destacado é copiado aqui
   private final JButton copyJButton; // começa a copiar o texto

   // construtor sem argumento
   public TextAreaFrame()
   {
      super("TextArea Demo");
      Box box = Box.createHorizontalBox(); // cria box
      String demo = "This is a demo string to\n" +
         "illustrate copying text\nfrom one textarea to \n" +
         "another textarea using an\nexternal event\n";

      textArea1 = new JTextArea(demo, 10, 15);
      box.add(new JScrollPane(textArea1)); // adiciona scrollpane

      copyJButton = new JButton("Copy >>>"); // cria botão de cópia
      box.add(copyJButton); // adiciona o botão de cópia à box
      copyJButton.addActionListener(
         new ActionListener() // classe interna anônima
         {
            // configura texto em textArea2 como texto selecionado de textArea1
            @Override
            public void actionPerformed(ActionEvent event)
            {
               textArea2.setText(textArea1.getSelectedText());
            }
         }
      );

      textArea2 = new JTextArea(10, 15);
      textArea2.setEditable(false);
      box.add(new JScrollPane(textArea2)); // adiciona scrollpane

      add(box); // adiciona box ao frame
   }
} // fim da classe TextAreaFrame
```

Figura 12.47 | Copiando texto selecionado de uma `JTextArea` para outra.

```java
// Figura 12.48: TextAreaDemo.java
// Testando TextAreaFrame.
import javax.swing.JFrame;

public class TextAreaDemo
{
   public static void main(String[] args)
   {
      TextAreaFrame textAreaFrame = new TextAreaFrame();
      textAreaFrame.setDefaultCloseOperation(JFrame.EXIT_ON_CLOSE);
      textAreaFrame.setSize(425, 200);
      textAreaFrame.setVisible(true);
   }
} // fim da classe TextAreaDemo
```

continua

continuação

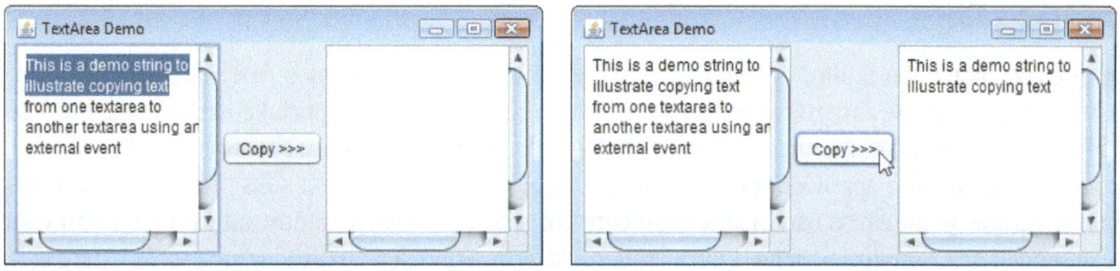

Figura 12.48 | Testando `TextAreaFrame`.

No construtor (linhas 18 a 48), a linha 21 cria um contêiner **Box** (pacote `javax.swing`) para organizar os componentes GUI. `Box` é uma subclasse de `Container` que usa um gerenciador de layout **BoxLayout** (discutido em detalhes na Seção 22.9) para organizar os componentes GUI horizontal ou verticalmente. O método `static` **createHorizontalBox** de `Box` cria uma `Box` que organiza componentes da esquerda para a direita na ordem que eles são anexados.

As linhas 26 e 43 criam `JTextAreas` `textArea1` e `textArea2`. A linha 26 utiliza o construtor de três argumentos de `JTextArea`, que aceita uma `String` que representa o texto inicial e dois `ints` para especificar que a `JTextArea` tem `10` linhas e `15` colunas. A linha 43 utiliza o construtor de dois argumentos da `JTextArea`, especificando que a `JTextArea` tem `10` linhas e `15` colunas. A linha 26 especifica que `demo` deve ser exibido como o conteúdo `JTextArea` padrão. Uma `JTextArea` não fornece barras de rolagem se não puder exibir seu conteúdo completo. Assim, a linha 27 cria um objeto `JScrollPane`, inicializa-o com `textArea1` e o atribui ao contêiner `box`. Por padrão, as barras de rolagem horizontais e verticais aparecem conforme necessário em um `JscrollPane`.

As linhas 29 a 41 criam objeto `JButton` `copyJButton` com o rótulo `"Copy >>>"`, adicionam `copyJButton` ao contêiner `box` e registram a rotina de tratamento de evento ao `ActionEvent` de `copyJButton`. Esse botão fornece o evento externo que determina quando o programa deve copiar o texto selecionado na `textArea1` para `textArea2`. Quando o usuário clica em `copyJButton`, a linha 38 em `actionPerformed` indica que o método **getSelectedText** (herdado em `JTextArea` de `JTextComponent`) deve retornar o texto selecionado a partir de `textArea1`. O usuário seleciona texto arrastando o mouse sobre o texto desejado para destacá-lo. O método `setText` altera o texto em `textArea2` para a string retornada por `getSelectedText`.

As linhas 43 a 45 criam `textArea2`, configuram sua propriedade editável como `false` e adicionam essa propriedade ao contêiner `box`. A linha 47 adiciona o `box` a `JFrame`. Lembre-se, a partir do foi falado na Seção 12.18.2, de que o layout padrão de um `JFrame` é uma `BorderLayout` e que o método `add` por padrão anexa seu argumento ao `CENTER` da `BorderLayout`.

Quando o texto alcança a borda direita de uma `JTextArea`, ele pode recorrer para a próxima linha. Isso é referido como **mudança de linha automática**. Por padrão, `JTextArea` *não* muda de linha automaticamente.

Observação sobre a aparência e comportamento 12.19

*Para fornecer a funcionalidade de mudança de linha automática para uma `JTextArea`, invoque o método `JTextArea` **setLineWrap** com um argumento `true`.*

Diretivas de barra de rolagem `JScrollPane`

Esse exemplo utiliza um `JScrollPane` para fornecer rolagem para uma `JTextArea`. Por padrão, `JScrollPane` *só* exibe barras de rolagem se elas forem necessárias. Você pode definir as **diretivas da barra de rolagem** horizontal e vertical de um `JScrollPane` quando ele é construído. Se um programa tem uma referência a um `JScrollPane`, ele pode usar os métodos `JScrollPane` **setHorizontalScrollBarPolicy** e **setVerticalScrollBarPolicy** para alterar as diretivas da barra de rolagem a qualquer momento. A classe `JScrollPane` declara as constantes

```
JScrollPane.VERTICAL_SCROLLBAR_ALWAYS
JScrollPane.HORIZONTAL_SCROLLBAR_ALWAYS
```

para indicar que *uma barra de rolagem sempre deve aparecer*, e as constantes

```
JScrollPane.VERTICAL_SCROLLBAR_AS_NEEDED
JScrollPane.HORIZONTAL_SCROLLBAR_AS_NEEDED
```

para indicar que *uma barra de rolagem deve aparecer somente se necessário* (os padrões) e as constantes

```
JScrollPane.VERTICAL_SCROLLBAR_NEVER
JScrollPane.HORIZONTAL_SCROLLBAR_NEVER
```

para indicar que *uma barra de rolagem nunca deve aparecer*. Se a diretiva de barra de rolagem horizontal for configurada como `JScrollPane.HORIZONTAL_SCROLLBAR_NEVER`, uma `JTextArea` anexada ao `JScrollPane` mudará automaticamente de linhas.

12.21 Conclusão

Neste capítulo, você aprendeu muitos componentes GUI e como tratar seus eventos. Você também aprendeu sobre as classes aninhadas, classes internas e classes internas anônimas. Você viu o relacionamento especial entre um objeto de classe interna e um objeto de sua classe de primeiro nível. Aprendeu a utilizar diálogos de `JOptionPane` para obter entrada de texto do usuário e a exibir mensagens para ele. Você também aprendeu a criar aplicativos que são executados em suas próprias janelas. Discutimos a classe `JFrame` e componentes que permitem ao usuário interagir com um aplicativo. Também mostramos como exibir texto e imagens para o usuário. Você aprendeu a personalizar `JPanels` para criar áreas de desenho personalizadas, que serão extensamente utilizadas no próximo capítulo. Você viu como organizar componentes em uma janela utilizando gerenciadores de layout e como criar GUIs mais complexas utilizando `JPanels` para organizar componentes. Por fim, aprendeu sobre o componente `JTextArea` em que um usuário pode inserir texto e um aplicativo pode exibir texto. No Capítulo 22, você aprenderá sobre os componentes GUI mais avançados, como controles deslizantes, menus e gerenciadores de layout mais complexos. No próximo capítulo, você aprenderá a adicionar imagens gráficas ao aplicativo GUI. Os recursos gráficos permitem desenhar formas e texto com cores e estilos.

Resumo

Seção 12.1 Introdução

- Uma interface gráfica com usuário (*graphical user interface* — GUI) apresenta um mecanismo amigável ao usuário para interagir com um aplicativo. Uma GUI dá a um aplicativo uma aparência e um comportamento distintos.
- Fornecer a diferentes aplicativos componentes de interface intuitivos e consistentes dá aos usuários uma sensação de familiaridade com um novo aplicativo, assim eles podem entendê-lo mais rapidamente.
- As GUIs são construídas a partir de componentes GUI — às vezes chamados controles ou widgets.

Seção 12.2 A nova aparência e comportamento do Java Nimbus

- A partir da atualização 10 do Java SE 6, o Java é distribuído com uma interface nova, elegante e compatível com várias plataformas conhecida como Nimbus.
- Para definir Nimbus como o padrão para todos os aplicativos Java, crie um arquivo de texto `swing.properties` na pasta `lib` das pastas de instalação do JDK e JRE. Insira a seguinte linha do código no arquivo:

```
swing.defaultlaf=com.sun.java.swing.plaf.nimbus.NimbusLookAndFeel
```

- Para selecionar Nimbus em uma base aplicativo por aplicativo, coloque o seguinte argumento de linha de comando após o comando Java e antes do nome do aplicativo quando você o executa:

```
-Dswing.defaultlaf=com.sun.java.swing.plaf.nimbus.NimbusLookAndFeel
```

Seção 12.3 Entrada/saída baseada em GUI simples com `JOptionPane`

- A maioria dos aplicativos usa janelas ou caixas de diálogo para interagir com o usuário.
- A classe `JOptionPane` do pacote `javax.swing` fornece caixas de diálogo pré-construídas tanto para entrada como saída. O método `JOptionPane static showInputDialog` exibe um diálogo de entrada.
- Em geral, um prompt utiliza maiúsculas e minúsculas no estilo de frases — empregando a maiúscula inicial apenas na primeira palavra da frase a menos que a palavra seja um nome próprio.
- Um diálogo de entrada só pode inserir `Strings` de entrada. Isso é típico da maioria dos componentes GUI.
- O método `JOptionPane static showMessageDialog` exibe um diálogo de mensagem.

Seção 12.4 Visão geral de componentes Swing

- A maioria dos componentes GUI Swing está localizada no pacote `javax.swing`.
- Juntas, a aparência e a maneira como o usuário interage com o aplicativo são conhecidas como a aparência e comportamento desse aplicativo. Os componentes GUI Swing permitem especificar uniformemente a aparência e comportamento para o aplicativo em todas as plataformas ou utilizar a aparência e comportamento personalizados de cada plataforma.
- Os componentes Swing leves não são amarrados aos componentes GUI reais suportados pela plataforma subjacente em que um aplicativo é executado.
- Vários componentes Swing são componentes pesados que exigem interação direta com o sistema de janela local, que pode restringir sua aparência e funcionalidades.
- A classe `Component` do pacote `java.awt` declara muitos dos atributos e comportamentos comuns para os componentes GUI nos pacotes `java.awt` e `javax.swing`.

- A classe `Container` do pacote `java.awt` é uma subclasse de `Component`. `Components` são anexados a `Containers`; desse modo, os `Components` podem ser organizados e exibidos na tela.
- A classe `JComponent` do pacote `javax.swing` é uma subclasse de `Container`. `JComponent` é a superclasse de todos os componentes Swing leves e declara seus atributos e comportamentos comuns.
- Alguns recursos `JComponent` comuns incluem uma aparência e um comportamento plugáveis, teclas de atalho chamadas mnemônicos, dicas de ferramentas, suporte para tecnologias auxiliares e suporte para "localização" (tradução) da interface com o usuário.

Seção 12.5 Exibição de texto e imagens em uma janela

- A classe `JFrame` fornece os atributos e comportamentos básicos de uma janela.
- Um `JLabel` exibe somente texto de leitura, uma imagem, ou texto e uma imagem. Normalmente, o texto em um `JLabel` emprega maiúsculas e minúsculas no estilo de frases.
- Cada componente GUI deve ser anexado a um contêiner, como uma janela criada com um `JFrame`.
- Muitos IDEs fornecem ferramentas de design de GUI em que você pode especificar o tamanho e localização exata de um componente utilizando o mouse; então, o IDE gerará o código GUI para você.
- O método `setToolTipText JComponent` especifica a dica de ferramenta que é exibida quando o usuário posiciona o cursor do mouse sobre um componente leve.
- O método `Container add` anexa um componente GUI a um `Container`.
- A classe `ImageIcon` suporta vários formatos de imagem, incluindo GIF, PNG e JPEG.
- O método `getClass` da classe `Object` recupera uma referência ao objeto `Class`, que representa a declaração de classe do objeto em que o método é chamado.
- O método `Class getResource` retorna a localização de seu argumento como um URL. O método `getResource` utiliza o carregador de classe do objeto `Class` para determinar a localização do recurso.
- Os alinhamentos horizontais e verticais de um `JLabel` podem ser definidos com os métodos `setHorizontalAlignment` e `setVerticalAlignment`, respectivamente.
- Os métodos `setText` e `getText` de `JLabel` definem e exibem o texto em um rótulo.
- Os métodos `setIcon` e `getIcon JLabel` definem e obtêm o `Icon` em um rótulo.
- Os métodos `setHorizontalTextPosition` e `setVerticalTextPosition` de `JLabel` especificam a posição do texto no rótulo.
- O método `JFrame setDefaultCloseOperation` com a constante `JFrame.EXIT_ON_CLOSE` como o argumento indica o que o programa deve terminar quando a janela é fechada pelo usuário.
- O método `Component setSize` especifica a largura e altura de um componente.
- O método `Component setVisible` com o argumento `true` exibe um `JFrame` na tela.

Seção 12.6 Campos de texto e uma introdução ao tratamento de eventos com classes aninhadas

- As GUIs são baseadas em evento — quando o usuário interage com um componente GUI, os eventos guiam o programa para realizar tarefas.
- Uma rotina de tratamento de evento realiza uma tarefa em resposta a um evento.
- A classe `JTextField` estende `JTextComponent` do pacote `javax.swing.text`, que fornece recursos comuns de componentes baseados em texto. A classe `JPasswordField` estende `JTextField` e adiciona vários métodos que são específicos ao processamento de senhas.
- Um `JPasswordField` mostra que os caracteres estão sendo digitados à medida que o usuário os insere, mas oculta os caracteres reais com caracteres eco.
- Um componente recebe o foco quando o usuário clica no componente.
- O método `JTextComponent setEditable` pode ser utilizado para tornar um campo de texto não editável.
- Para responder a um evento para um componente GUI específico, você deve criar uma classe que representa a rotina de tratamento de evento e implementar uma interface ouvinte de evento apropriada, e então registrar um objeto da classe de tratamento de evento como a rotina de tratamento de evento.
- As classes não `static` aninhadas são chamadas de classes internas e são frequentemente utilizadas para tratamento de evento.
- Um objeto de uma classe interna não `static` deve ser criado por um objeto da classe de nível superior que contém a classe interna.
- Um objeto de classe interna pode acessar diretamente as variáveis de instância e métodos de sua classe de primeiro nível.
- Uma classe aninhada que é `static` não exige um objeto de sua classe de primeiro nível e não tem implicitamente uma referência a um objeto da classe de primeiro nível.
- Pressionar *Enter* em um `JTextField` ou `JPasswordField` gera um `ActionEvent` que pode ser manipulado por um `ActionListener` do pacote `java.awt.event`.
- O método `addActionListener JTextField` registra uma rotina de tratamento de evento para um `ActionEvent` de um campo de texto.
- O componente GUI com o qual o usuário interage é a origem de evento.
- Um objeto `ActionEvent` contém informações sobre o evento que acabou de ocorrer, como a origem de evento e o texto no campo de texto.

- O método ActionEvent getSource retorna uma referência à origem de evento. O método ActionEvent getActionCommand retorna o texto que o usuário digitou em um campo de texto ou o rótulo em um JButton.
- O método JPasswordField getPassword retorna a senha que o usuário digitou.

Seção 12.7 Tipos comuns de eventos GUI e interfaces ouvintes

- Cada tipo de objeto de evento normalmente tem uma interface ouvinte de evento correspondente que especifica um ou mais métodos da rotina de tratamento de evento, que devem ser declarados na classe que implementa a interface.

Seção 12.8 Como o tratamento de evento funciona

- Quando um evento ocorre, o componente GUI com o qual o usuário interagiu notifica seus ouvintes registrados chamando o método de tratamento de evento apropriado de cada ouvinte.
- Cada componente GUI suporta vários tipos de evento. Quando um evento ocorre, ele é despachado apenas para os ouvintes de evento do tipo apropriado.

Seção 12.9 JButton

- Um botão é um componente em que o usuário clica para acionar uma ação. Todos os tipos de botão são subclasses de AbstractButton (pacote javax.swing). Rótulos de botão normalmente usam letras maiúsculas.
- Botões de comando são criados com a classe JButton.
- Um JButton pode exibir um Icon. Um JButton também pode ter um Icon de rollover — um Icon que é exibido quando o usuário posiciona o mouse sobre o botão.
- O método setRolloverIcon da classe AbstractButton especifica a imagem exibida em um botão quando o usuário posiciona o mouse sobre ele.

Seção 12.10 Botões que mantêm o estado

- Existem três tipos Swing de estado de botão — JToggleButton, JCheckBox e JRadioButton.
- As classes JCheckBox e JRadioButton são subclasses de JToggleButton.
- O método setFont Component define a fonte do componente como um novo objeto Font do pacote java.awt.
- Clicar em um JCheckBox causa um ItemEvent que pode ser tratado por um ItemListener que define o método itemStateChanged. O método addItemListener registra o ouvinte para o ItemEvent de um objeto JCheckBox ou JRadioButton.
- O método JCheckBox isSelected determina se uma JCheckBox está selecionada.
- JRadioButtons têm dois estados — selecionado e não selecionado. Os botões de rádio normalmente aparecem como um grupo em que um único botão pode ser selecionado de cada vez.
- JRadioButtons são usados para representar opções mutuamente exclusivas.
- A relação lógica entre JRadioButtons é mantida por um objeto ButtonGroup.
- O método add ButtonGroup associa cada JRadioButton a um ButtonGroup. Se mais de um objeto JRadioButton selecionado for adicionado a um grupo, aquele selecionado que foi adicionado primeiro será selecionado quando a GUI for exibida.
- JRadioButtons geram ItemEvents quando são clicados.

Seção 12.11 JComboBox e uso de uma classe interna anônima para tratamento de eventos

- Uma JComboBox fornece uma lista de itens em que o usuário pode fazer uma única seleção. JComboBoxes geram ItemEvents.
- Cada item em um JComboBox tem um índice. O primeiro item adicionado a uma JComboBox aparece como o item atualmente selecionado quando a JComboBox é exibida.
- O método JComboBox setMaximumRowCount configura o número máximo de elementos que é exibido quando o usuário clica na JComboBox.
- Uma classe interna anônima é uma classe sem um nome e normalmente aparece dentro de uma declaração de método. Um objeto da classe interna anônima deve ser criado quando a classe é declarada.
- O método JComboBox getSelectedIndex retorna o índice do item selecionado.

Seção 12.12 JList

- Uma JList exibe uma série de itens da qual o usuário pode selecionar um ou mais itens. A classe JList suporta listas de uma única seleção e listas de seleção múltipla.
- Quando o usuário clica em um item em uma JList, ocorre um ListSelectionEvent. O método addListSelectionListener JList registra um ListSelectionListener para os eventos de seleção de uma JList. Um ListSelectionListener do pacote javax.swing.event deve implementar o método valueChanged.
- O método setVisibleRowCount JList especifica o número de itens visíveis na lista.

- O método `setSelectionMode` `JList` especifica o modo de seleção de uma lista.
- Uma `JList` pode ser anexada a um `JScrollPane` para fornecer uma barra de rolagem para a `JList`.
- O método `JFrame` `getContentPane` retorna uma referência ao painel de conteúdo de `JFrame` em que os componentes GUI são exibidos.
- O método `getSelectedIndex` `JList` retorna o índice do item selecionado.

Seção 12.13 Listas de seleção múltipla

- Uma lista de seleção múltipla permite ao usuário selecionar muitos itens de uma `JList`.
- O método `JList` `setFixedCellWidth` configura a largura de uma `JList`. O método `setFixedCellHeight` configura a altura de cada item em uma `JList`.
- Normalmente, um evento externo gerado por outro componente GUI (como um `JButton`) especifica quando as múltiplas seleções em uma `JList` devem ser processadas.
- O método `JList` `setListData` configura os itens exibidos em uma `JList`. O método `JList` `getSelectedValues` retorna um array de `Objects` para representar os itens selecionados em uma `JList`.

Seção 12.14 Tratamento de evento de mouse

- As interfaces ouvintes de eventos `MouseListener` e `MouseMotionListener` são usadas para tratar eventos de mouse. Os eventos de mouse podem ser interrompidos por qualquer componente GUI que estenda `Component`.
- A interface `MouseInputListener` do pacote `javax.swing.event` estende interfaces `MouseListener` e `MouseMotionListener` para criar uma interface simples que contém todos os seus métodos.
- Cada método de tratamento de evento de mouse recebe um objeto `MouseEvent` que contém informações sobre o evento, incluindo as coordenadas *x* e *y* em que o evento ocorreu. As coordenadas são medidas a partir do canto superior esquerdo do componente GUI em que o evento ocorreu.
- Os métodos e as constantes de classe `InputEvent` (superclasse de `MouseEvent`) permitem que um aplicativo determine o botão do mouse em que o usuário clicou.
- A interface `MouseWheelListener` permite que os aplicativos respondam a eventos de roda do mouse.

Seção 12.15 Classes de adaptadores

- Uma classe de adaptadores implementa uma interface e fornece implementações padrão dos seus métodos. Ao estender uma classe de adaptadores, é possível sobrescrever apenas o(s) método(s) de que você precisa.
- O método `MouseEvent` `getClickCount` retorna o número de cliques consecutivos de botão do mouse. Os métodos `isMetaDown` e `isAltDown` determinam qual botão foi clicado.

Seção 12.16 Subclasse `JPanel` para desenhar com o mouse

- O método `paintComponent` `JComponents` é chamado quando um componente Swing leve é exibido. Sobrescreva esse método para especificar como desenhar formas usando as capacidades gráficas do Java.
- Ao sobrescrever `paintComponent`, chame a versão da superclasse como a primeira instrução no corpo.
- As subclasses de `JComponent` suportam transparência. Quando um componente é opaco, `paintComponent` limpa o fundo antes de o componente ser exibido.
- A transparência de um componente Swing leve pode ser configurada com o método `setOpaque` (um argumento `false` indica que o componente é transparente).
- A classe `Point` do pacote `java.awt` representa uma coordenada *x-y*.
- A classe `Graphics` é usada para desenhar.
- O método `MouseEvent` `getPoint` obtém o `Point` em que ocorreu um evento de mouse.
- O método `repaint`, herdado indiretamente de classe `Component`, indica que um componente deve ser atualizado na tela o mais rápido possível.
- O método `paintComponent` recebe um parâmetro `Graphics` e é chamado automaticamente sempre que um componente leve precisar ser exibido na tela.
- O método `fillOval` `Graphics` desenha uma oval sólida. Os dois primeiros argumentos são a coordenada *x* e *y* do canto superior esquerdo da caixa delimitadora, e os dois últimos são a largura e a altura da caixa delimitadora.

Seção 12.17 Tratamento de eventos de teclado

- A interface `KeyListener` é usada para tratar eventos de teclado que são gerados quando as teclas do teclado são pressionadas e liberadas. O método `addKeyListener` da classe `Component` registra um `KeyListener`.
- O método `getKeyCode` `KeyEvent` obtém o código das teclas virtuais da tecla pressionada. A classe `KeyEvent` contém constantes de código de tecla virtual que representam cada tecla no teclado.

- O método `getKeyText KeyEvent` retorna uma string contendo o nome da tecla pressionada.
- O método `KeyEvent getKeyChar` obtém o valor Unicode do caractere digitado.
- O método `isActionKey KeyEvent` determina se a tecla em um evento era uma tecla de ação.
- O método `InputEvent getModifiers` determina se alguma tecla modificadora (como *Shift*, *Alt* e *Ctrl*) foi pressionada quando o evento de teclado ocorreu.
- O método `getKeyModifiersText KeyEvent` retorna uma string contendo as teclas modificadoras pressionadas.

Seção 12.18 Introdução a gerenciadores de layout

- Os gerenciadores de layout organizam componentes GUI em um contêiner para propósitos de apresentação.
- Todos os gerenciadores de layout implementam a interface `LayoutManager` do pacote `java.awt`.
- O método `Container setLayout` especifica o layout de um contêiner.
- `FlowLayout` posiciona os componentes da esquerda para a direita na ordem em que eles são adicionados ao contêiner. Quando a borda do contêiner é alcançada, os componentes continuam sendo exibidos na próxima linha. `FlowLayout` permite que componentes GUI sejam alinhados à esquerda, centralizados (o padrão) e alinhados à direita.
- O método `setAlignment FlowLayout` muda o alinhamento para um `FlowLayout`.
- `BorderLayout`, o padrão para um `JFrame`, organiza os componentes em cinco regiões: `NORTH`, `SOUTH`, `EAST`, `WEST` e `CENTER`. `NORTH` corresponde à parte superior do contêiner.
- Um `BorderLayout` limita um `Container` a conter no máximo cinco componentes — um em cada região.
- `GridLayout` divide um contêiner em uma grade de linhas e colunas.
- O método `Container validate` recalcula o layout de um contêiner com base no gerenciador de layout atual para o `Container` e para o conjunto atual de componentes GUI exibidos.

Seção 12.19 Utilizando painéis para gerenciar layouts mais complexos

- GUIs complexas geralmente consistem em múltiplos painéis com diferentes layouts. Cada `JPanel` pode ter componentes, inclusive outros painéis, anexados a ele com o método `Container add`.

Seção 12.20 `JTextArea`

- Uma `JTextArea` — uma subclasse de `JTextComponent` — pode conter múltiplas linhas de texto.
- A classe `Box` é uma subclasse de `Container` que utiliza um gerenciador de layout `BoxLayout` para organizar os componentes GUI horizontal ou verticalmente.
- O método `Box static createHorizontalBox` cria um `Box` que organiza componentes da esquerda para a direita na ordem em que eles são anexados.
- O método `getSelectedText` retorna o texto selecionado a partir de uma `JTextArea`.
- Você pode definir as diretivas da barra de rolagem horizontal e vertical de um `JScrollPane` quando ele é construído. Os métodos `setHorizontalScrollBarPolicy` e `setVerticalScrollBarPolicy JScrollPane` podem ser usados para alterar as diretrizes da barra de rolagem a qualquer momento.

Exercícios de revisão

12.1 Preencha as lacunas em cada uma das seguintes afirmações:

a) O método ________ é chamado quando o mouse é movido sem pressionamento de botões e um ouvinte de eventos é registrado para tratar o evento.

b) O texto que não pode ser modificado pelo usuário é chamado de texto ________.

c) Um(a) ________ organiza os componentes GUI em um `Container`.

d) O método `add` para anexar componentes GUI é um método da classe ________.

e) GUI é um acrônimo de ________.

f) O método ________ é utilizado para especificar o gerenciador de layout para um contêiner.

g) Uma chamada de método `mouseDragged` é precedida por uma chamada de método ________ e seguida por uma chamada de método ________.

h) A classe ________ contém métodos que exibem diálogos de mensagem e diálogos de entrada.

i) Um diálogo de entrada capaz de receber entrada do usuário é exibido com o método ________ da classe ________.

j) Um diálogo capaz de exibir uma mensagem para o usuário é exibido com o método ________ da classe ________.

k) Tanto `JTextFields` como `JTextAreas` estendem diretamente a classe ________.

12.2 Determine se cada sentença é *verdadeira* ou *falsa*. Se *falsa*, explique por quê.

a) `BorderLayout` é o gerenciador de layout padrão do painel de conteúdo de um `JFrame`.

b) Quando o cursor do mouse é movido nos limites de um componente GUI, o método `mouseOver` é chamado.

c) Um `JPanel` não pode ser adicionado a outro `JPanel`.

d) Em um `BorderLayout`, dois botões adicionados à região `NORTH` serão colocados lado a lado.

e) No máximo cinco componentes podem ser adicionados a um `BorderLayout`.

f) As classes internas não têm permissão de acessar os membros da classe que os envolve.

g) Um texto da `JTextArea` é sempre de leitura (*read-only*).

h) A classe `JTextArea` é uma subclasse direta da classe `Component`.

12.3 Localize o(s) erro(s) em cada uma das seguintes instruções e explique como corrigi-lo(s).

a) `buttonName = JButton("Caption");`

b) `JLabel aLabel, JLabel;`

c) `txtField = new JTextField(50, "Default Text");`

d)
```
setLayout(new BorderLayout());
button1 = new JButton("North Star");
button2 = new JButton("South Pole");
add(button1);
add(button2);
```

Respostas dos exercícios de revisão

12.1 a) `mouseMoved`. b) não editável (de leitura). c) gerenciador de layout. d) `Container`. e) interface gráfica com o usuário. f) `setLayout`. g) `mousePressed`, `mouseReleased`. h) `JOptionPane`. i) `showInputDialog`, `JOptionPane`. j) `showMessageDialog`, `JOptionPane`. k) `JTextComponent`.

12.2 a) Verdadeiro.

b) Falso. O método `mouseEntered` é chamado.

c) Falso. Um `JPanel` pode ser adicionado a outro `JPanel`, porque `JPanel` é uma subclasse indireta de `Component`. Assim, um `JPanel` é um `Component`. Qualquer `Component` pode ser adicionado a um `Container`.

d) Falso. Apenas o último botão adicionado será exibido. Lembre-se de que apenas um componente deve ser adicionado a cada região em um `BorderLayout`.

e) Verdadeiro. [*Observação:* painéis contendo múltiplos componentes podem ser adicionados a cada região.]

f) Falso. As classes internas têm acesso a todos os membros da declaração de classe que os envolve.

g) Falso. `JTextAreas` são editáveis por padrão.

h) Falso. `JTextArea` deriva da classe `JTextComponent`.

12.3 a) `new` é necessário para criar um objeto.

b) `JLabel` é um nome de classe e não pode ser utilizado como um nome de variável.

c) Os argumentos passados para o construtor estão invertidos. A `String` deve ser passada primeiro.

d) `BorderLayout` foi configurado e os componentes que estão sendo adicionados sem especificar a região são ambos adicionados à região centro. As instruções `add` adequadas podem ser
```
add(button1, BorderLayout.NORTH);
add(button2, BorderLayout.SOUTH);
```

Questões

12.4 Preencha as lacunas em cada uma das seguintes afirmações:

a) A classe `JTextField` estende diretamente a classe ________.

b) O método `Container` ________ anexa um componente GUI a um contêiner.

c) O método ________ é chamado quando um botão de mouse é liberado (sem mover o mouse).

d) A classe ________ é utilizada para criar um grupo de `JRadioButtons`.

12.5 Determine se cada sentença é *verdadeira* ou *falsa*. Se *falsa*, explique por quê.

a) Apenas um gerenciador de layout pode ser utilizado por `Container`.

b) Os componentes GUI podem ser adicionados a um `Container` em qualquer ordem em um `BorderLayout`.

c) `JRadioButtons` fornecem uma série de opções mutuamente exclusivas (isto é, apenas um pode ser `true` por vez).

d) O método `Graphics setFont` é utilizado para configurar a fonte para campos de texto.

e) Uma `JList` exibe uma barra de rolagem se houver mais itens na lista do que podem ser exibidos.

f) Um objeto `Mouse` tem um método chamado `mouseDragged`.

12.6 Determine se cada sentença é *verdadeira* ou *falsa*. Se *falsa*, explique por quê.

a) Um `JPanel` é um `JComponent`.

b) Um `JPanel` é um `Component`.

c) Um `JLabel` é um `Container`.

d) Um `JList` é um `JPanel`.

e) Um `AbstractButton` é um `JButton`.

f) Um `JTextField` é um `Object`.

g) `ButtonGroup` é uma subclasse de `JComponent`.

12.7 Localize qualquer erro em cada uma das seguintes linhas de código e explique como corrigi-los.

a) `import javax.swing.JFrame`

b) `panelObject.GridLayout(8, 8);`

c) `container.setLayout(new FlowLayout(FlowLayout.DEFAULT));`

d) `container.add(eastButton, EAST);` face

12.8 Crie a seguinte GUI. Você não precisa fornecer funcionalidades.

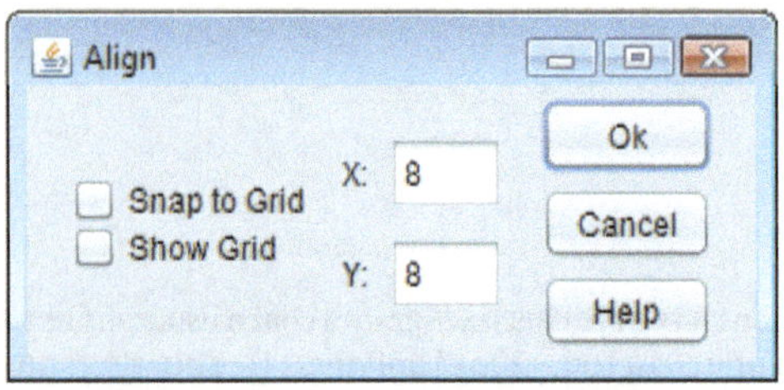

12.9 Crie a seguinte GUI. Você não precisa fornecer funcionalidades.

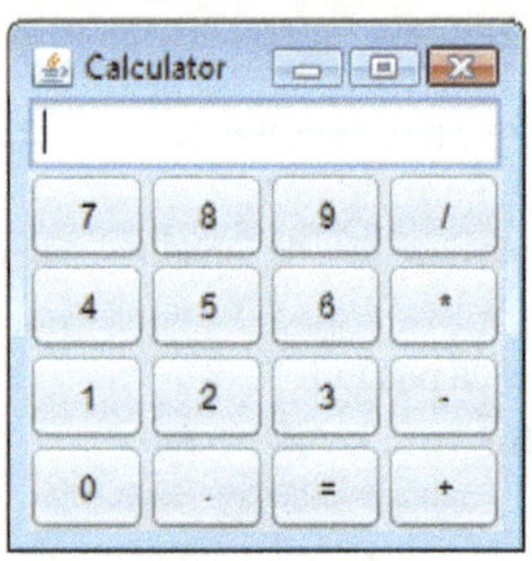

12.10 Crie a seguinte GUI. Você não precisa fornecer funcionalidades.

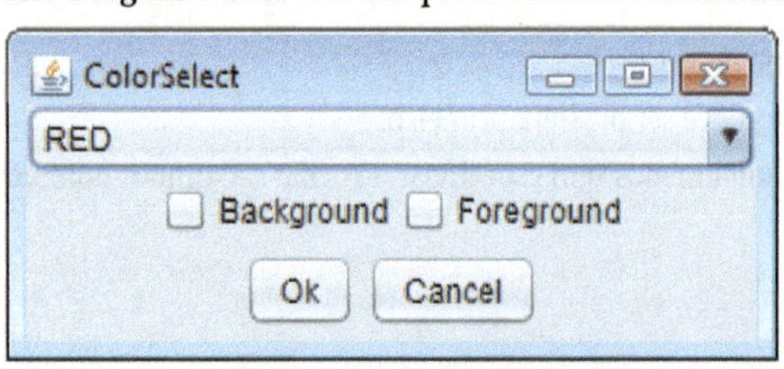

12.11 Crie a seguinte GUI. Você não precisa fornecer funcionalidades.

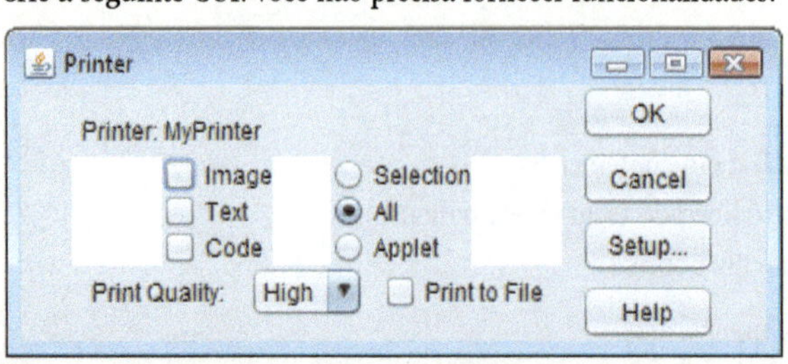

12.12 ***(Conversão de temperatura)*** Escreva um aplicativo de conversão de temperatura que converte de Fahrenheit em Celsius. A temperatura em Fahrenheit deve ser inserida pelo teclado (por um `JTextField`). Um `JLabel` deve ser utilizado para exibir a temperatura convertida. Utilize a seguinte fórmula para a conversão:

$$Celsius = \frac{5}{9} \times (Fahrenheit - 32)$$

12.13 ***(Modificação de conversão de temperatura)*** Aprimore o aplicativo de conversão de temperatura da Questão 12.12 adicionando a escala de temperatura Kelvin. O aplicativo também deve permitir ao usuário fazer conversões entre quaisquer duas escalas. Utilize a seguinte fórmula para a conversão entre Kelvin e Celsius (além da fórmula na Questão 12.12) :

$$Kelvin = Celsius + 273{,}15$$

12.14 ***(Adivinhe o número)*** Escreva um aplicativo que execute "adivinhe o número" como mostrado a seguir: Seu aplicativo escolhe o número a ser adivinhado selecionando um inteiro aleatoriamente no intervalo 1–1000. O aplicativo então exibe o seguinte em um rótulo:

```
I have a number between 1 and 1000. Can you guess my number?
Please enter your first guess.
```

Um `JTextField` deve ser utilizado para entrar a suposição. Conforme cada suposição é inserida, a cor de fundo deve mudar para vermelho ou azul. Vermelho indica que o usuário está ficando mais "quente", e azul, "mais frio". Um `JLabel` deve exibir `"Too High"` ou `"Too Low"` para ajudar a encontrar a resposta correta. Quando o usuário obtém a resposta correta, `"Correct!"` deve ser exibido, e o `JTextField` usado para entrada deve ser alterado para não ser editável. Um `JButton` deve ser fornecido para permitir ao usuário jogar de novo. Quando o `JButton` for clicado, um novo número aleatório deverá ser gerado e a entrada `JTextField` deve ser alterada para o estado editável.

12.15 ***(Exibindo eventos)*** Frequentemente, é útil exibir os eventos que ocorrem durante a execução de um aplicativo. Isso pode ajudá-lo a entender quando os eventos ocorrem e como eles são gerados. Escreva um aplicativo que permita ao usuário gerar e processar cada evento discutido neste capítulo. O aplicativo deve fornecer os métodos das interfaces `ActionListener`, `ItemListener`, `ListSelectionListener`, `MouseListener`, `MouseMotionListener` e `KeyListener` para exibir as mensagens quando os eventos ocorrem. Utilize o método `toString` para converter os objetos de evento recebidos em cada rotina de tratamento de evento para `Strings` que possam ser exibidas. O método `toString` cria uma `String` contendo todas as informações no objeto de evento.

12.16 ***(Jogo de dados baseado em GUI)*** Modifique o aplicativo da Seção 6.10 para fornecer uma GUI que permite ao usuário clicar em um `JButton` para lançar os dados. O aplicativo também deve exibir quatro `JLabels` e quatro `JTextFields`, com um `JLabel` para cada `JTextField`. Os `JTextFields` devem ser utilizados para exibir os valores de cada dado e a soma dos dados depois de cada lançamento. O ponto deve ser exibido no quarto `JTextField` quando o usuário não ganhar ou perder no primeiro lançamento e deve continuar a ser exibido até que o jogo seja perdido.

(Opcional) Exercício de estudo de caso de GUI e imagens gráficas: expandindo a interface

12.17 ***(Aplicativo de desenho interativo)*** Neste exercício, você implementará um aplicativo GUI que usa a hierarquia `MyShape` do Exercício de estudo de caso de GUIs e imagens gráficas 10.2 para criar um aplicativo de desenho interativo. Você criará duas classes para a GUI e fornecerá uma classe de teste que carrega o aplicativo. As classes da hierarquia `MyShape` não exigem nenhuma alteração adicional.

A primeira classe a ser criada é uma subclasse de `JPanel` chamada `DrawPanel`, que representa a área em que o usuário desenha as formas. A classe `DrawPanel` deve ter as seguintes variáveis de instância:

a) Um array `shapes` do tipo `MyShape` que armazenará todas as formas que o usuário desenhar.

b) Um inteiro `shapeCount` que conta o número de formas no array.

c) Um inteiro `shapeType` que determina o tipo de forma a ser desenhada.

d) Um `MyShape currentShape` que representa a forma atual que o usuário está desenhando.

e) Um `Color currentColor` que representa a cor atual de desenho.

f) Um booleano `filledShape` que determina se deve-se desenhar ou não uma forma preenchida.

g) Um `JLabel statusLabel` que representa a barra de status. A barra de status exibirá as coordenadas da posição atual do mouse.

A classe `DrawPanel` também deve declarar os seguintes métodos:

a) Método `paintComponent` sobrescrito que desenha as formas no array. Utilize a variável de instância `shapeCount` para determinar quantas formas desenhar. O método `paintComponent` também deve chamar método `draw` de `currentShape`, desde que `currentShape` não seja `null`.

b) Configure os métodos para o `shapeType`, `currentColor` e `filledShape`.

c) O método `clearLastShape` deve eliminar a última forma desenhada decrementando a variável de instância `shapeCount`. Assegure que `shapeCount` nunca é menor que zero.

d) O método `clearDrawing` deve remover todas as formas no desenho atual configurando `shapeCount` como zero.

Os métodos `clearLastShape` e `clearDrawing` devem chamar o método `repaint` (herdado de `JPanel`) para atualizar o desenho no `DrawPanel` indicando que o sistema deve chamar o método `paintComponent`.

A classe `DrawPanel` também deve fornecer tratamento de evento para permitir ao usuário desenhar com o mouse. Crie uma única classe interna que tanto estende `MouseAdapter` como implementa `MouseMotionListener` para tratar todos os eventos de mouse em uma classe.

Na classe interna, sobrescreva o método `mousePressed` para que ele atribua a `shapeType` uma nova forma do tipo especificado por `currentShape` e inicialize ambos os pontos como a posição do mouse. Em seguida, sobrescreva o método `mouseReleased` para terminar de desenhar a forma atual e colocá-la no array. Configure o segundo ponto de `currentShape` como a posição atual do mouse e adicione `currentShape` ao array. A variável de instância `shapeCount` determina o índice de inserção. Configure `currentShape` como `null` e chame o método `repaint` para atualizar o desenho com a nova forma.

Sobrescreva o método `mouseMoved` para configurar o texto do `statusLabel` de modo que ele exiba as coordenadas de mouse — isso atualizará o rótulo com as coordenadas toda vez que o usuário mover (mas não arrastar) o mouse dentro do `DrawPanel`. Em seguida, sobrescreva o método `mouseDragged` de modo que ele configure o segundo ponto do `currentShape` como a posição de mouse atual e chame o método `repaint`. Isso permitirá ao usuário ver a forma ao arrastar o mouse. Além disso, atualize o `JLabel` em `mouseDragged` com a posição atual do mouse.

Crie um construtor para `DrawPanel` que tem um único parâmetro `JLabel`. No construtor, inicialize `statusLabel` com o valor passado para o parâmetro. Também inicialize o array `shapes` com 100 entradas, `shapeCount` como 0, `shapeType` como o valor que representa uma linha, `currentShape` como `null` e `currentColor` como `Color.BLACK`. O construtor então deve configurar a cor de fundo do `DrawPanel` como `Color.WHITE` e registrar o `MouseListener` e `MouseMotionListener` para que o `JPanel` trate adequadamente os eventos de mouse.

Em seguida, crie uma subclasse `JFrame` chamada `DrawFrame` que forneça uma GUI para permitir ao usuário controlar vários aspectos de desenho. Para o layout do `DrawFrame`, recomendamos um `BorderLayout`, com os componentes na região `NORTH`, o principal painel de desenho na região `CENTER` e uma barra de status na região `SOUTH`, como na Figura 12.49. No painel superior, crie os componentes listados a seguir. A rotina de tratamento de evento de cada componente deve chamar o método adequado na classe `DrawPanel`.

a) Um botão para desfazer a última forma desenhada.

b) Um botão para eliminar todas as formas do desenho.

c) Uma caixa de combinação para selecionar a partir das 13 cores predefinidas.

d) Uma caixa de combinação para selecionar a forma a desenhar.

e) Uma caixa de seleção que especifica se uma forma deve ou não ter preenchimento.

Declare e crie os componentes de interface no construtor de `DrawFrame`. Você precisará criar a barra de status `JLabel` antes de criar o `DrawPanel`, para que possa passar o `JLabel` como um argumento para o construtor do `DrawPanel`. Por fim, crie uma classe de teste que inicialize e exiba o `DrawFrame` para executar o aplicativo.

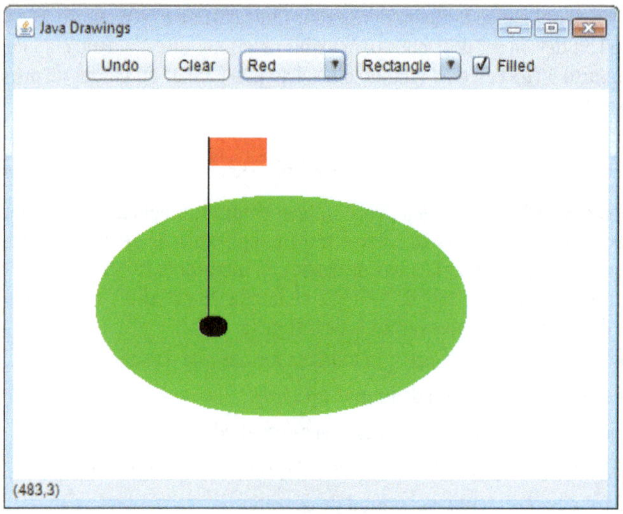

Figura 12.49 | Interface para desenhar formas.

12.18 ***(Versão baseada em GUI do estudo de caso ATM)*** Reimplemente o estudo de caso opcional ATM dos capítulos 33 e 34 (em inglês, no Site de Apoio do livro) como um aplicativo baseado em GUI. Use componentes GUI para criar a interface ATM com o usuário mostrada na Figura 33.1. Para o terminal de saque e depósito use `JButtons` rotulados **RemoveCash** e **Insert Envelope**. Isso irá permitir que o aplicativo receba eventos que indicam quando o usuário pega o dinheiro e insere um envelope de depósito, respectivamente.

Fazendo a diferença

12.19 ***(Ecofont)*** Ecofont (`www.ecofont.eu/ecofont_en.html`) — desenvolvida pela Spranq (uma empresa com sede na Holanda) — é uma fonte gratuita de computador de código aberto projetada para reduzir em até 20% a quantidade de tinta usada para impressão, reduzindo assim também o número de cartuchos de tinta usados e o impacto ambiental dos processos de produção e remessa (usando menos energia, menos combustível para o transporte etc.). A fonte, baseada em Verdana sem serifa, tem pequenos "furos" circulares nas letras que não são visíveis em tamanhos menores — como a fonte de 9 ou 10 pontos frequentemente utilizada. Baixe a Ecofont, então instale o arquivo de fonte `Spranq_eco_sans_regular.ttf` usando as instruções do site da Ecofont. Em seguida, desenvolva um programa baseado em GUI que permite inserir uma string de texto a ser exibida na Ecofont. Crie botões **Increase Font Size** e **Decrease Font Size** que permitem aumentar ou reduzir a fonte em um ponto de cada vez. Comece com um tamanho de fonte padrão de 9 pontos. À medida que aumenta o tamanho da fonte, você será capaz de ver os furos nas letras mais claramente. À medida que reduz o tamanho da fonte, os furos serão menos visíveis. Qual é o menor tamanho da fonte em que você começa a perceber os furos?

12.20 ***(Professor de digitação: aprimorando uma habilidade crucial na era da informática)*** Digitar rápida e corretamente é uma habilidade essencial para trabalhar de forma eficaz com computadores e a internet. Neste exercício, você construirá um aplicativo GUI que pode ajudar os usuários a aprender a digitar corretamente sem olhar para o teclado. O aplicativo deve exibir um *teclado virtual* (Figura 12.50) e permitir que o usuário veja o que ele está digitando na tela sem olhar para o *teclado real*. Use `JButtons` para representar as teclas. À medida que o usuário pressiona cada tecla, o aplicativo destaca o `JButton` correspondente na GUI e adiciona o caractere a uma `JTextArea` que mostra o que o usuário digitou até agora. [*Dica:* para destacar um `JButton`, use o método `setBackground` para mudar a cor de fundo. Quando a tecla é liberada, redefina a cor original do fundo. Você pode obter a cor original de fundo do `JButton` com o método `getBackground` antes de mudar a cor.]

Você pode testar seu programa digitando um pangrama — uma frase que contém todas as letras do alfabeto pelo menos uma vez — como "*The quick brown fox jumps over a lazy dog*" ou, em português, "Um pequeno jabuti xereta viu dez cegonhas felizes". Você pode encontrar outros pangramas na web.

Para tornar o programa mais interessante, monitore a precisão do usuário. Você pode fazer com que o usuário digite frases específicas que você pré-armazenou no seu programa e que você exibe na tela acima do teclado virtual. Pode-se monitorar quantos pressionamentos de tecla o usuário digita corretamente e quantos são digitados incorretamente. Pode-se também monitorar com quais teclas o usuário tem dificuldade e exibir um relatório mostrando essas teclas.

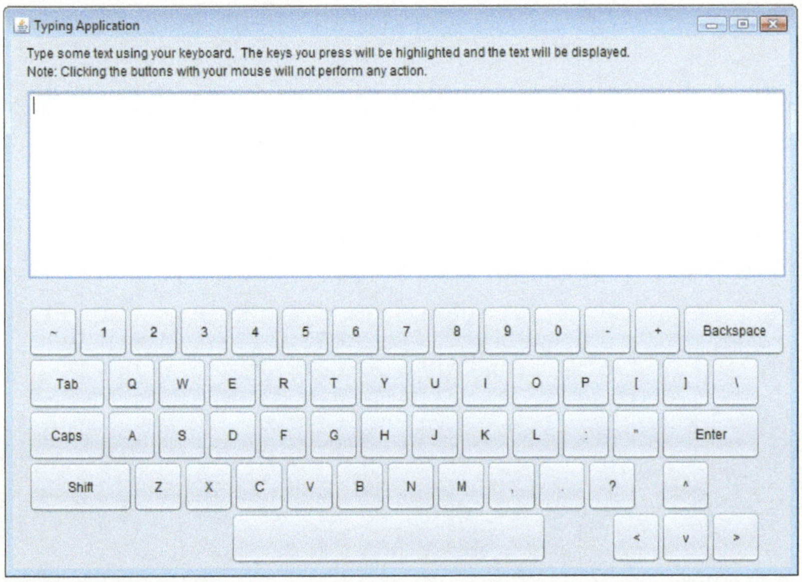

Figura 12.50 | Professor de digitação.

Imagens gráficas e Java 2D

13

Trate a natureza em termos de cilindros, esferas, cones, tudo em perspectiva.

— Paul Cézanne

As cores, como a expressão facial, mudam conforme as emoções.

— Pablo Picasso

Nada se torna real até ser experimentado — mesmo um provérbio não significa nada para você até sua vida ilustrá-lo.

— John Keats

Objetivos

Neste capítulo, você irá:

- Entender contextos gráficos e objetos gráficos.
- Manipular cores e fontes.
- Usar métodos da classe `Graphics` para desenhar várias formas.
- Usar métodos da classe `Graphics2D` da API `Java 2D` para desenhar várias formas.
- Especificar as características de `Paint` e `Stroke` das formas exibidas com `Graphics2D`.

Sumário

13.1 Introdução

Neste capítulo, oferecemos uma visão geral de várias capacidades do Java para desenhar formas bidimensionais, controlar cores e controlar fontes. Parte do apelo inicial do Java foi seu suporte a imagens gráficas que permitia aos programadores apri-morar visualmente seus aplicativos. O Java contém recursos de desenho mais sofisticados como parte da Java 2D API (apresen-tada neste capítulo) e seu sucessor tecnológico, o JavaFX (apresentado no Capítulo 25 e em dois capítulos no Site de Apoio). Este capítulo começa introduzindo as várias capacidades de desenho originais do Java. Em seguida, apresentamos várias capacidades mais poderosas da Java 2D, como controlar o *estilo* das linhas utilizado para desenhar formas e a maneira como as formas são *preenchidas* com *cores* e *padrões*. As classes que faziam parte das capacidades gráficas originais do Java agora são consideradas como parte da Java 2D API.

A Figura 13.1 mostra uma parte da hierarquia de classes que inclui várias classes gráficas, classes Java 2D API e interfaces abordadas neste capítulo. A classe **`Color`** contém métodos e constantes para manipular cores. A classe `JComponent` contém o método `paintComponent`, que é usado para desenhar elementos gráficos em um componente. A classe **`Font`** contém métodos e constantes para manipular fontes. A classe **`FontMetrics`** contém métodos para obter informações sobre *fontes*. A classe **`Graphics`** contém métodos para desenhar strings, linhas, retângulos e outras formas. A classe **`Graphics2D`**, que estende a classe `Graphics`, é utilizada para desenhar com a Java 2D API. A classe **`Polygon`** contém métodos para criar *polígonos*. A metade inferior da figura lista várias classes e interfaces da Java 2D API. A classe **`BasicStroke`** ajuda a especificar as características do desenho de *linhas*. As classes **`GradientPaint`** e **`TexturePaint`** ajudam a especificar as características para preencher *formas* com *cores* ou *padrões*. As classes `GeneralPath`, `Line2D`, `Arc2D`, `Ellipse2D`, `Rectangle2D` e `RoundRectangle2D` representam várias formas Java 2D.

Para começar a desenhar em Java, devemos primeiro entender o **sistema de coordenadas** do Java (Figura 13.2), que é um esquema para identificar cada *ponto* na tela. Por padrão, o *canto superior esquerdo* de um componente GUI (por exemplo, uma janela) tem as coordenadas (0, 0). Um par de coordenadas é composto de uma **coordenada *x*** (a **coordenada horizontal**) e uma **coordenada *y*** (a **coordenada vertical**). A coordenada *x* é a distância horizontal que vai do lado *direito* até a borda esquerda da tela. A coordenada *y* é a distância vertical de *baixo* para *cima* da tela. O **eixo *x*** descreve cada coordenada horizontal e o **eixo *y***, cada coordenada vertical. As coordenadas são utilizadas para indicar onde as imagens gráficas devem ser exibidas em uma tela. As unidades de coordenada são medidas em **pixels** (que significa "elementos de imagem"). Um pixel é a *menor unidade de* exibição de *resolução* do monitor.

Dica de portabilidade 13.1

Monitores diferentes têm resoluções diferentes (isto é, a densidade dos pixels varia). Isso pode fazer as imagens gráficas aparecerem com tamanhos distintos em diferentes monitores ou no mesmo monitor com configurações distintas.

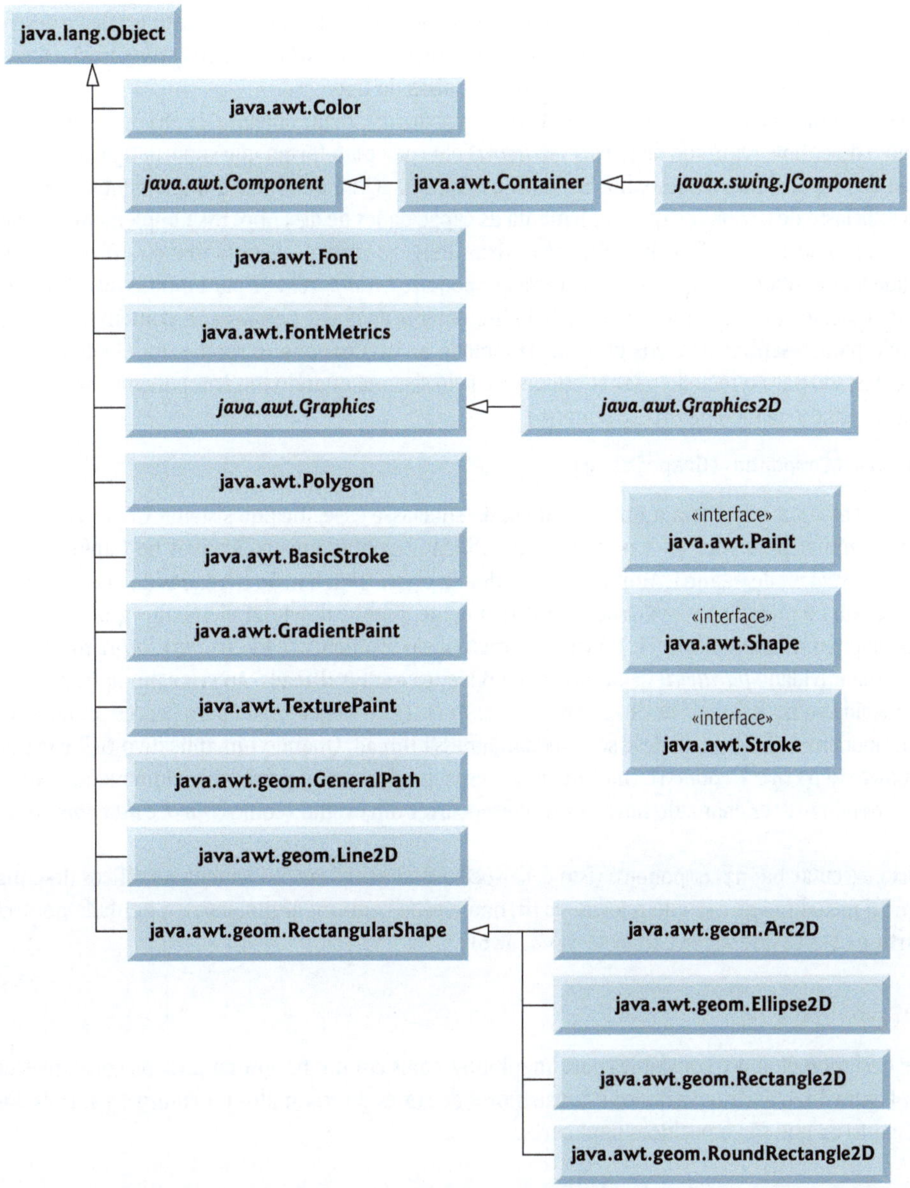

Figura 13.1 | As classes e interfaces utilizadas neste capítulo são provenientes das capacidades gráficas originais do Java e da Java 2D API.

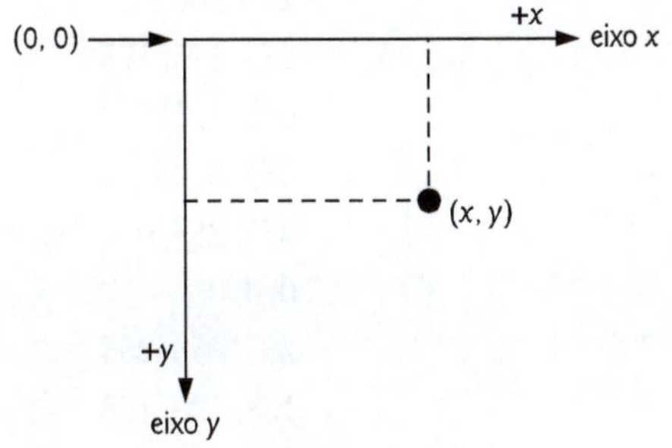

Figura 13.2 | Sistema de coordenadas Java. As unidades são medidas em pixels.

13.2 Contextos gráficos e objetos gráficos

Um **contexto gráfico** permite desenhar na tela. Um objeto `Graphics` gerencia um contexto gráfico e desenha pixels na tela que representam *texto* e outros objetos gráficos (por exemplo, *linhas*, *ovais*, *retângulos* e outros *polígonos*). Objetos `Graphics` contêm métodos para *desenhar*, *manipular fontes*, *manipular cores* e coisas do tipo.

A classe `Graphics` é uma classe `abstract` (isto é, você não pode instanciar objetos `Graphics`). Isso contribui para a portabilidade do Java. Como o desenho é realizado de *várias maneiras* em cada plataforma que suporta o Java, não poderia haver somente uma implementação das capacidades de desenho em todos os sistemas. Quando o Java é implementado em uma plataforma particular, é criada uma subclasse de `Graphics` que implementa as capacidades de desenho. Essa implementação permanece oculta pela classe `Graphics`, a qual fornece a interface que permite utilizar imagens gráficas de uma maneira *independente de plataforma*.

Lembre-se do que foi discutido no Capítulo 12: a classe `Component` é a *superclasse* para muitas das classes no pacote `java.awt`. A classe `JComponent` (pacote `javax.swing`), que herda indiretamente da classe `Component`, contém um método `paintComponent` que pode ser utilizado para desenhar imagens gráficas. O método `paintComponent` recebe um objeto `Graphics` como um argumento. Esse objeto é passado para o método `paintComponent` pelo sistema quando um componente Swing, de peso leve, precisa ser repintado. O cabeçalho para o método `paintComponent` é

```
public void paintComponent(Graphics g)
```

O parâmetro `g` recebe uma referência a uma instância da subclasse específica de sistema `Graphics`. O cabeçalho do método anterior deve parecer familiar para você — é o mesmo que utilizamos em alguns aplicativos no Capítulo 12. Na verdade, a classe `JComponent` é uma *superclasse* de `JPanel`. Muitas capacidades da classe `JPanel` são herdadas da classe `JComponent`.

Você raramente chama o método `paintComponent` diretamente, porque desenhar elementos gráficos é um processo *orientado a eventos*. Como mencionamos no Capítulo 11, o Java usa um modelo multiencadeado (ou *multithreaded*) de execução de programas. Cada thread é uma atividade *paralela*. Cada programa pode ter muitas threads. Ao criar um aplicativo baseado em GUI, uma dessas threads é conhecida como a **thread de despacho de evento (EDT)** — ela é usada para processar todos os eventos GUI. Toda a manipulação dos componentes GUI na tela deve ser executada nessa thread. Quando um aplicativo GUI é executado, o contêiner de aplicativo chama o método `paintComponent` (na thread de despacho de evento) para cada componente leve à medida que a GUI é exibida. Para `paintComponent` ser chamado novamente, deve ocorrer um evento (como *cobrir* e *descobrir* o componente com uma outra janela).

Se for necessário executar `paintComponent` (isto é, se você quiser atualizar os elementos gráficos desenhados em um componente Swing), chame o método **`repaint`** que retorna `void`, não recebe nenhum argumento e é herdado por todos os `JComponents` indiretamente a partir da classe `Component` (pacote `java.awt`).

13.3 Controle de cor

A classe `Color` declara métodos e constantes para manipular cores em um programa Java. As constantes de cor pré-declaradas estão resumidas na Figura 13.3, e vários métodos e construtores de cor estão resumidos na Figura 13.4. Dois dos métodos na Figura 13.4 são métodos `Graphics` que são específicos para cores.

Constante de cor	Valor RGB
`public static final Color RED`	255, 0, 0
`public static final Color GREEN`	0, 255, 0
`public static final Color BLUE`	0, 0, 255
`public static final Color ORANGE`	255, 200, 0
`public static final Color PINK`	255, 175, 175
`public static final Color CYAN`	0, 255, 255
`public static final Color MAGENTA`	255, 0, 255
`public static final Color YELLOW`	255, 255, 0
`public static final Color BLACK`	0, 0, 0
`public static final Color WHITE`	255, 255, 255
`public static final Color GRAY`	128, 128, 128
`public static final Color LIGHT_GRAY`	192, 192, 192
`public static final Color DARK_GRAY`	64, 64, 64

Figura 13.3 | Constantes `Color` e seus valores de RGB.

Método	Descrição
Construtores e métodos `Color`	
`public Color(int r, int g, int b)`	
	Cria uma cor com base nos componentes azul, verde e vermelho expressos como inteiros de 0,0 a 255.
`public Color(float r, float g, float b)`	
	Cria uma cor com base nos componentes azul, verde e vermelho expressos como valores de ponto flutuante de 0,0 a 1,0.
`public int getRed()`	
	Retorna um valor entre 0 e 255 representando o conteúdo de vermelho.
`public int getGreen()`	
	Retorna um valor entre 0 e 255 representando o conteúdo de verde.
`public int getBlue()`	
	Retorna um valor entre 0 e 255 representando o conteúdo de azul.
Métodos `Graphics` *para manipular* `Colors`	
`public Color getColor()`	
	Retorna o objeto `Color` que representa as cores atuais no contexto gráfico.
`public void setColor(Color c)`	
	Configura a cor atual para desenho com o contexto gráfico.

Figura 13.4 | Métodos `Color` e métodos `Graphics` relacionados com cor.

Cada cor é criada a partir de um valor de vermelho, verde e azul. Juntos, eles são chamados **valores RGB**. Todos os três componentes RGB podem ser inteiros no intervalo de 0 a 255 ou todos os três podem ser valores de ponto flutuante no intervalo de 0,0 a 1,0. O primeiro componente RGB especifica a quantidade de vermelho; o segundo, a quantidade de verde; e o terceiro, a quantidade de azul. Quanto maior o valor, maior a quantidade dessa cor em particular. O Java permite escolher entre 256 × 256 × 256 (aproximadamente 16,7 milhões) de cores. Nem todos os computadores são capazes de exibir todas essas cores. A tela exibirá a cor mais próxima possível.

Dois construtores da classe `Color` são mostrados na Figura 13.4 — um que recebe três argumentos `int` e outro que recebe três argumentos `float`, com cada argumento especificando a quantidade de vermelho, verde e azul. Os valores `int` devem estar no intervalo de 0 a 255 e os valores `float` no intervalo de 0,0 a 1,0. O novo objeto `Color` terá as quantidades especificadas de vermelho, verde e azul. Os métodos **`getRed`**, **`getGreen`** e **`getBlue`** de `Color` retornam valores inteiros de 0 a 255 representando as quantidades de vermelho, verde e azul, respectivamente. O método **`getColor`** de `Graphics` retorna um objeto `Color` representando a cor de desenho atual do objeto `Graphics`. O método **`setColor`** de `Graphics` configura a cor de desenho atual.

Desenhando em cores diferentes

As figuras 13.5 e 13.6 demonstram vários métodos da Figura 13.4 desenhando *retângulos preenchidos* e `Strings` em diversas cores diferentes. Quando o aplicativo inicia a execução, o método `paintComponent` da classe `ColorJPanel` (linhas 10 a 37 da Figura 13.5) é chamado para pintar a janela. A linha 17 utiliza o método `Graphics setColor` para configurar as cores atuais de desenho. O método `setColor` recebe um objeto `Color`. A expressão `new Color(255, 0, 0)` cria um novo objeto `Color` que representa vermelho (valor vermelho `255` e `0` para os valores de azul e verde). A linha 18 utiliza o método `Graphics` **`fillRect`** para desenhar um *retângulo preenchido* com a cor atual. O método `fillRect` desenha um retângulo baseado em seus quatro argumentos. Os dois primeiros valores de inteiro representam a coordenada *x* superior esquerda e a coordenada *y* superior esquerda onde o objeto `Graphics` começa a desenhar o retângulo. O terceiro e quarto argumentos são inteiros não negativos que representam a largura e a altura do retângulo em pixels, respectivamente. Um retângulo desenhado com o método `fillRect` é preenchido pela cor atual do objeto `Graphics`.

```
1  // Figura 13.5: ColorJPanel.java
2  // Alterando cores de desenho.
3  import java.awt.Graphics;
4  import java.awt.Color;
5  import javax.swing.JPanel;
6
7  public class ColorJPanel extends JPanel
```

continua

continuação

```
{
   // desenha retângulos e Strings em cores diferentes
   @Override
   public void paintComponent(Graphics g)
   {
      super.paintComponent(g);
      this.setBackground(Color.WHITE);

      // nova cor de desenho configurada utiliza inteiros
      g.setColor(new Color(255, 0, 0));
      g.fillRect(15, 25, 100, 20);
      g.drawString("Current RGB: " + g.getColor(), 130, 40);

      // nova cor de desenho configurada utiliza floats
      g.setColor(new Color(0.50f, 0.75f, 0.0f));
      g.fillRect(15, 50, 100, 20);
      g.drawString("Current RGB: " + g.getColor(), 130, 65);

      // nova cor de desenho configurada usa objetos Color estáticos
      g.setColor(Color.BLUE);
      g.fillRect(15, 75, 100, 20);
      g.drawString("Current RGB: " + g.getColor(), 130, 90);

      // exibe valores individuais de RGB
      Color color = Color.MAGENTA;
      g.setColor(color);
      g.fillRect(15, 100, 100, 20);
      g.drawString("RGB values: " + color.getRed() + ", " +
         color.getGreen() + ", " + color.getBlue(), 130, 115);
   }
} // fim da classe ColorJPanel
```

Figura 13.5 | Alterando cores de desenho.

```
// Figura 13.6: ShowColors.java
// Demonstrando Colors.
import javax.swing.JFrame;

public class ShowColors
{
   // executa o aplicativo
   public static void main(String[] args)
   {
      // cria o frame para ColorJPanel
      JFrame frame = new JFrame("Using colors");
      frame.setDefaultCloseOperation(JFrame.EXIT_ON_CLOSE);

      ColorJPanel colorJPanel = new ColorJPanel();
      frame.add(colorJPanel);
      frame.setSize(400, 180);
      frame.setVisible(true);
   }
} // fim da classe ShowColors
```

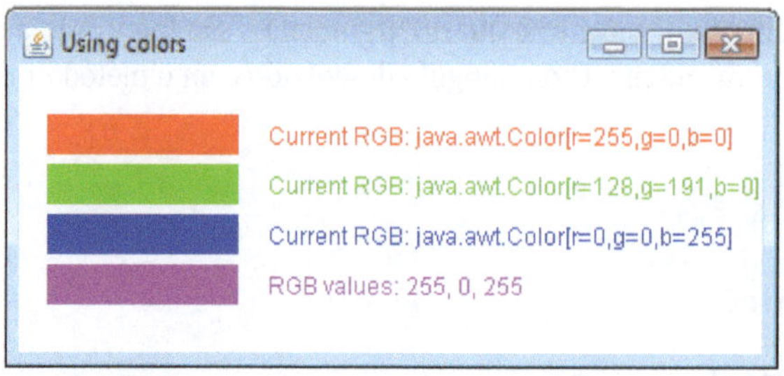

Figura 13.6 | Demonstrando `Colors`.

A linha 19 utiliza o método `Graphics` **`drawString`** para desenhar uma `String` com a cor atual. A expressão `g.getColor()` recupera a cor atual do objeto `Graphics`. Então, concatenamos a `Color` com a string `"Current RGB: "`, resultando em uma chamada *implícita* ao método `toString` da classe `Color`. A representação `String` de um `Color` contém o nome da classe e o pacote (`java.awt.Color`) e os valores de vermelho, verde e azul.

Observação sobre a aparência e comportamento 13.1

As pessoas percebem as cores de maneira diferente. Escolha as cores com cuidado para garantir que seu aplicativo seja legível, tanto para as pessoas que podem perceber as cores como para aquelas que são daltônicas. Tente evitar utilizar várias cores diferentes com valores muito próximos.

As linhas 22 a 24 e 27 a 29 realizam as mesmas tarefas novamente. A linha 22 utiliza o construtor `Color` com três argumentos `float` para criar uma cor verde escura (`0,50f` para vermelho, `0,75f` para verde e `0,0f` para azul). Observe a sintaxe dos valores. A letra `f` acrescentada a um literal de ponto flutuante indica que o literal deve ser tratado como tipo `float`. Lembre-se de que, por padrão, literais de ponto flutuante são tratados como um tipo `double`.

A linha 27 configura a cor atual do desenho como uma das constantes `Color` (`Color.BLUE`) pré-declaradas. As constantes `Color` são `static`, assim elas são criadas quando a classe `Color` é carregada na memória em tempo de execução.

A instrução nas linhas 35 e 36 faz chamadas para os métodos `Color` `getRed`, `getGreen` e `getBlue` na constante `Color.MAGENTA`. O método `main` da classe `ShowColors` (linhas 8 a 18 da Figura 13.6) cria a `JFrame` que conterá um objeto `ColorJPanel` onde as cores serão exibidas.

Observação de engenharia de software 13.1

Para alterar as cores, você deve criar um novo objeto `Color` (ou utilizar uma das constantes `Color` pré-declaradas). Como ocorre com objetos `String`, objetos `Color` são imutáveis (não modificáveis).

O componente **`JColorChooser`** (pacote `javax.swing`) permite que os usuários do aplicativo selecionem as cores. As figuras 13.7 e 13.8 demonstram um diálogo `JColorChooser`. Ao clicar no botão **Change Color**, um diálogo `JColorChooser` aparece. Quando se seleciona uma cor e se pressiona o botão **OK** do diálogo, a cor de fundo da janela do aplicativo muda de cor.

```java
// Figura 13.7: ShowColors2JFrame.Java
// Escolhendo cores com JColorChooser.
import java.awt.BorderLayout;
import java.awt.Color;
import java.awt.event.ActionEvent;
import java.awt.event.ActionListener;
import javax.swing.JButton;
import javax.swing.JFrame;
import javax.swing.JColorChooser;
import javax.swing.JPanel;

public class ShowColors2JFrame extends JFrame
{
   private final JButton changeColorJButton;
   private Color color = Color.LIGHT_GRAY;
   private final JPanel colorJPanel;

   // configura a GUI
   public ShowColors2JFrame()
   {
      super("Using JColorChooser");

      // cria JPanel para exibir as cores
      colorJPanel = new JPanel();
      colorJPanel.setBackground(color);

      // configura changeColorJButton e registra sua rotina de tratamento de evento
      changeColorJButton = new JButton("Change Color");
      changeColorJButton.addActionListener(
         new ActionListener() // classe interna anônima
         {
```

continua

continuação

```
            // exibe JColorChooser quando o usuário clica no botão
            @Override
            public void actionPerformed(ActionEvent event)
            {
               color = JColorChooser.showDialog(
                  ShowColors2JFrame.this, "Choose a color", color);

               // configura a cor padrão, se nenhuma cor for retornada
               if (color == null)
                  color = Color.LIGHT_GRAY;

               // muda a cor de fundo do painel de conteúdo
               colorJPanel.setBackground(color);
            } // fim do método actionPerformed
         } // fim da classe interna anônima
      ); // fim da chamada para addActionListener

      add(colorJPanel, BorderLayout.CENTER);
      add(changeColorJButton, BorderLayout.SOUTH);

      setSize(400, 130);
      setVisible(true);
   } // fim do construtor ShowColor2JFrame
} // fim da classe ShowColors2JFrame
```

Figura 13.7 | Escolhendo cores com `JColorChooser`.

```
// Figura 13.8: ShowColors2.java
// Escolhendo cores com JColorChooser.
import javax.swing.JFrame;

public class ShowColors2
{
   // executa o aplicativo
   public static void main(String[] args)
   {
      ShowColors2JFrame application = new ShowColors2JFrame();
      application.setDefaultCloseOperation(JFrame.EXIT_ON_CLOSE);
   }
} // fim da classe ShowColors2
```

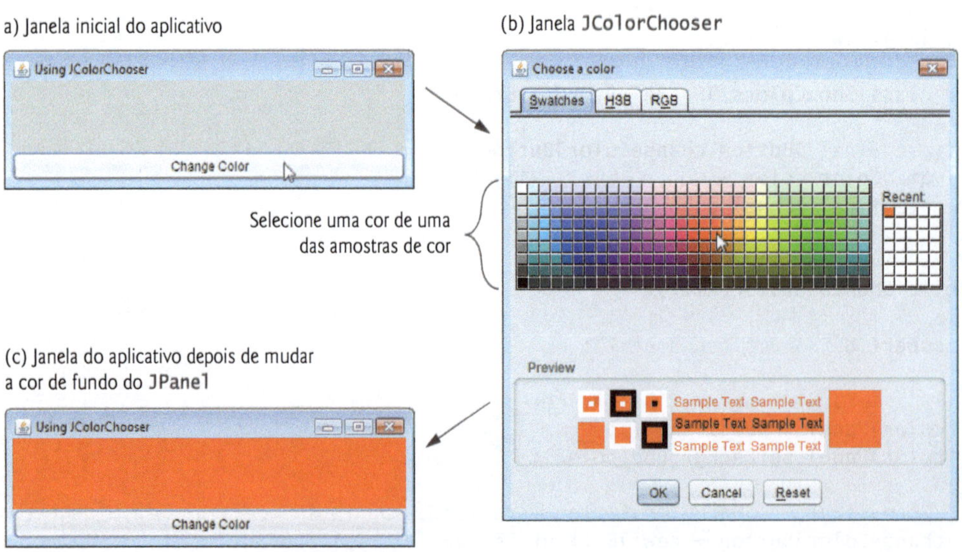

Figura 13.8 | Escolhendo cores com `JColorChooser`.

A classe `JColorChooser` fornece um método `static` **`showDialog`**, que cria um objeto `JColorChooser`, anexa-o a uma caixa de diálogo e exibe o diálogo. As linhas 36 e 37 da Figura 13.7 invocam esse método para exibir o diálogo do seletor de cores. O método `showDialog` retorna o objeto `Color` selecionado ou `null` se o usuário pressionar **Cancel** ou fechar o diálogo sem pressionar **OK**. O método aceita três argumentos — uma referência ao seu `Component` pai, uma `String` para exibir na barra de título do diálogo e a `Color` inicial selecionada para o diálogo. O componente pai é uma referência à janela a partir da qual o diálogo é exibido (nesse caso `JFrame`, com o nome de referência `frame`). O diálogo será centralizado no pai. Se o pai for `null`, o diálogo é centralizado na tela. Enquanto o diálogo de seleção de cor estiver na tela, o usuário não pode interagir com o componente pai até que o diálogo seja liberado. Esse tipo de diálogo é chamado diálogo modal.

Depois que o usuário seleciona uma cor, as linhas 40 e 41 determinam se `color` é `null` e, se for, configura `color` como `Color.LIGHT_GRAY`. A linha 44 invoca o método `setBackground` para mudar a cor de fundo do `JPanel`. O método `setBackground` é um dos muitos métodos `Component` que podem ser utilizados na maioria dos componentes GUI. O usuário pode continuar a utilizar o botão **Change Color** para alterar a cor de fundo do aplicativo. A Figura 13.8 contém o método `main` que executa o programa.

A Figura 13.8(b) mostra o diálogo `JColorChooser` padrão que permite que o usuário selecione uma cor a partir de uma variedade de **amostras de cores**. Há três guias na parte superior do diálogo — **Swatches**, **HSB** e **RGB**. Elas representam três maneiras diferentes de selecionar uma cor. A guia HSB permite selecionar uma cor com base no **tom**, **saturação** e **brilho** — os valores utilizados para definir a quantidade de luz em uma cor. Visite `http://en.wikipedia.org/wiki/HSL_and_HSV` para mais informações sobre HSB. A guia **RGB** permite selecionar uma cor utilizando controles deslizantes para selecionar os componentes verdes, azuis e vermelhos. As guias **HSB** e **RGB** são mostradas na Figura 13.9.

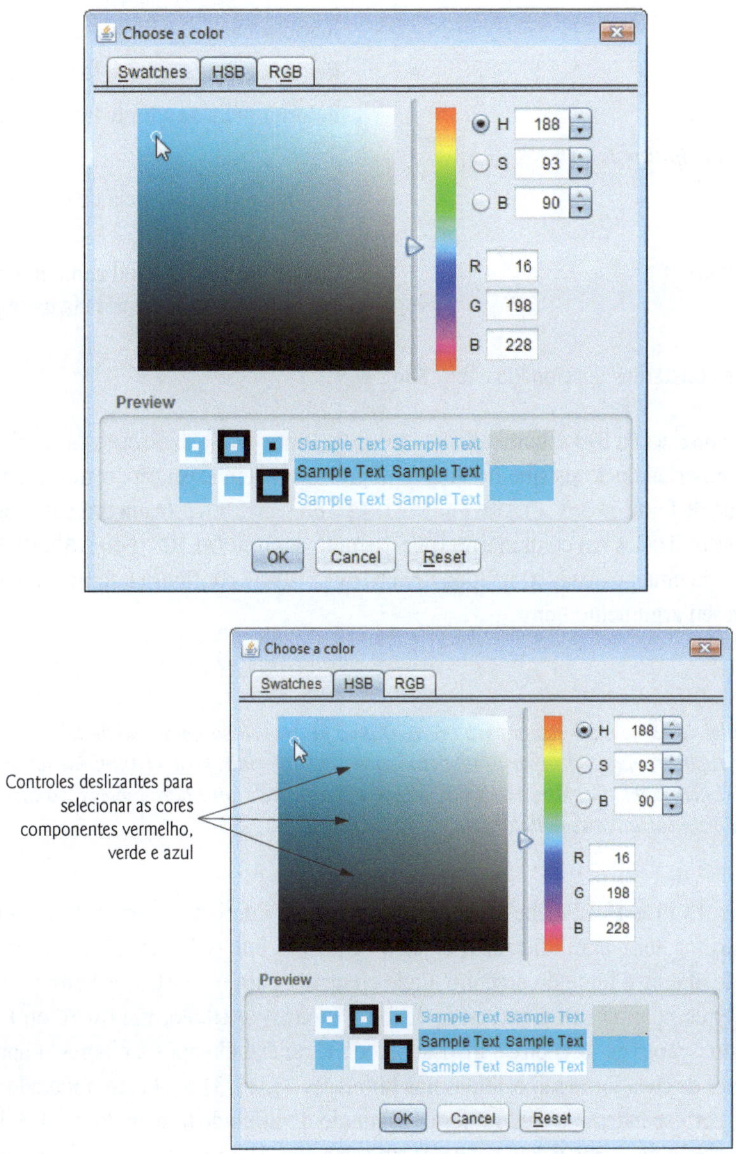

Figura 13.9 | Guias **HSB** e **RGB** do diálogo `JColorChooser`.

13.4 Manipulando fontes

Esta seção introduz métodos e constantes para manipular fontes. A maioria dos métodos de fonte e das constantes de fonte é parte da classe `Font`. Alguns construtores, métodos e constantes da classe `Font` e da classe `Graphics` estão resumidos na Figura 13.10.

Método ou constante	Descrição
Constantes, construtores e métodos de `Font`	
`public static final int PLAIN`	Uma constante representando um estilo de fonte simples.
`public static final int BOLD`	Uma constante representando um estilo de fonte negrito.
`public static final int ITALIC`	Uma constante representando um estilo de fonte itálico.
`public Font(String name, int style, int size)`	Cria um objeto `Font` com o nome, o estilo e o tamanho de fonte especificados.
`public int getStyle()`	Retorna um `int` indicando o estilo da fonte atual.
`public int getSize()`	Retorna um `int` indicando o tamanho da fonte atual.
`public String getName()`	Retorna o nome da fonte atual como uma string.
`public String getFamily()`	Retorna o nome da família de fontes como uma string.
`public boolean isPlain()`	Retorna `true` se a fonte for simples, caso contrário `false`.
`public boolean isBold()`	Retorna `true` se a fonte for negrito, caso contrário `false`.
`public boolean isItalic()`	Retorna `true` se a fonte for itálica, caso contrário `false`.
Métodos `Graphics` *para manipular* `Fonts`	
`public Font getFont()`	Retorna uma referência de objeto `Font` representando a fonte atual.
`public void setFont(Font f)`	Configura a fonte atual como a fonte, o estilo e o tamanho especificados pela referência de objeto `Font f`.

Figura 13.10 | Métodos e constantes relacionados com `Font`.

O construtor da classe `Font` aceita três argumentos — **nome da fonte**, **estilo da fonte** e **tamanho da fonte**. O nome da fonte é qualquer fonte atualmente suportada pelo sistema no qual o programa está em execução, como as fontes Java padrão `Monospaced`, `SansSerif` e `Serif`. O estilo de fonte é **`Font.PLAIN`**, **`Font.ITALIC`** ou **`Font.BOLD`** (cada um é um campo `static` da classe `Font`). Os estilos de fonte podem ser utilizados em combinação (por exemplo, `Font.ITALIC + Font.BOLD`). O tamanho da fonte é medido em pontos. Um **ponto** é 1/72 de uma polegada. O método `Graphics` **`setFont`** configura a fonte atual de desenho — a fonte em que o texto será exibido — com seu argumento `Font`.

Dica de portabilidade 13.2

O número de fontes varia de um sistema para outro. O Java fornece cinco nomes de fonte— `Serif`, `Monospaced`, `SansSerif`, `Dialog` *e* `DialogInput` *— que podem ser usados em todas as plataformas Java. O ambiente de tempo de execução Java (runtime environment – JRE) em cada plataforma mapeia esses nomes lógicos de fonte para fontes reais instaladas na plataforma. As fontes reais utilizadas podem variar entre plataformas.*

O aplicativo das figuras 13.11 e 13.12 exibe texto em quatro fontes diferentes, com cada uma em um tamanho diferente. A Figura 13.11 utiliza o construtor `Font` para inicializar objetos `Font` (nas linhas 17, 21, 25 e 30) que são passados para o método `Graphics setFont` a fim de alterar a fonte do desenho. Cada chamada para o construtor `Font` passa um nome de fonte (`Serif`, `Monospaced` ou `SansSerif`) como uma string, um estilo de fonte (`Font.PLAIN`, `Font.ITALIC` ou `Font.BOLD`) e um tamanho de fonte. Uma vez que o método `Graphics setFont` é invocado, todo texto exibido após a chamada aparecerá na nova fonte até que ela seja alterada. Informações de cada fonte são exibidas nas linhas 18, 22, 26, 31 e 32 com o método `drawString`. As coordenadas passadas para `drawString` correspondem ao canto inferior esquerdo da linha de base da fonte. A linha 29 altera a cor do desenho para vermelho a fim de que a próxima string exibida apareça em vermelho. As linhas 31 e 32 exibem informações sobre o objeto `Font` final. O método **`getFont`** da classe `Graphics` retorna um objeto `Font` para representar a fonte atual. O método **`getName`** retorna o nome atual da fonte como uma string. O método **`getSize`** retorna o tamanho da fonte em pontos.

Observação de engenharia de software 13.2

Para alterar a fonte, você deve criar um novo objeto `Font`*. Objetos* `Font` *são imutáveis — a classe* `Font` *não tem nenhum método* set *para alterar as características da fonte atual.*

A Figura 13.12 contém o método `main` que cria um `JFrame` para exibir um `FontJPanel`. Adicionamos um objeto `FontJPanel` a esse `JFrame` (linha 15), que exibe as imagens gráficas criadas na Figura 13.11.

```
// Figura 13.11: FontJPanel.java
// Exibe strings em diferentes fontes e cores.
import java.awt.Font;
import java.awt.Color;
import java.awt.Graphics;
import javax.swing.JPanel;

public class FontJPanel extends JPanel
{
   // exibe Strings em diferentes fontes e cores
   @Override
   public void paintComponent(Graphics g)
   {
      super.paintComponent(g);

      // configura fonte com Serifa (Times), negrito, 12 pt e desenha uma string
      g.setFont(new Font("Serif", Font.BOLD, 12));
      g.drawString("Serif 12 point bold.", 20, 30);

      // define a fonte como Monospaced (Courier), itálico, 24 pt e desenha uma string
      g.setFont(new Font("Monospaced", Font.ITALIC, 24));
      g.drawString("Monospaced 24 point italic.", 20, 50);

      // define a fonte como SansSerif (Helvetica), simples, 14 pt e desenha uma string
      g.setFont(new Font("SansSerif", Font.PLAIN, 14));
      g.drawString("SansSerif 14 point plain.", 20, 70);

      // configura fonte com Serifa (Times), 18 pt, negrito/itálico e desenha uma string
      g.setColor(Color.RED);
      g.setFont(new Font("Serif", Font.BOLD + Font.ITALIC, 18));
      g.drawString(g.getFont().getName() + " " + g.getFont().getSize() +
         " point bold italic.", 20, 90);
   }
} // fim da classe FontJPanel
```

Figura 13.11 | Exibe strings em diferentes fontes e cores.

```
1  // Figura 13.12: Fonts.java
2  // Utilizando fontes.
3  import javax.swing.JFrame;
4
5  public class Fonts
6  {
7     // executa o aplicativo
8     public static void main(String[] args)
9     {
10       // cria frame para FontJPanel
11       JFrame frame = new JFrame("Using fonts");
12       frame.setDefaultCloseOperation(JFrame.EXIT_ON_CLOSE);
13
14       FontJPanel fontJPanel = new FontJPanel();
15       frame.add(fontJPanel);
16       frame.setSize(420, 150);
17       frame.setVisible(true);
18    }
19 } // fim da classe Fonts
```

continua

continuação

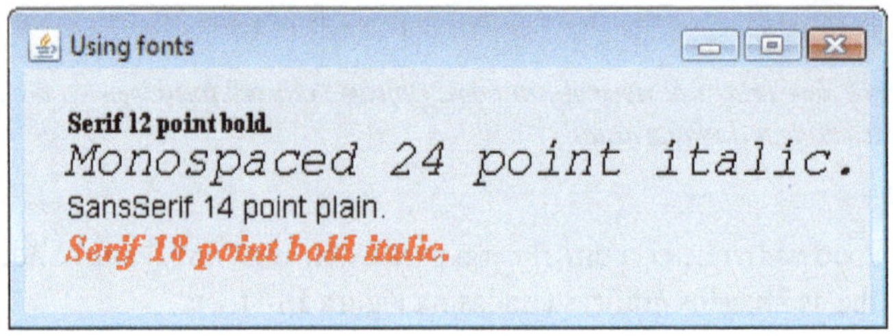

Figura 13.12 | Utilizando fontes.

Métrica de fontes

Às vezes é necessário obter informações sobre a fonte atual do desenho, como seu nome, estilo e tamanho. Vários métodos `Font` utilizados para obter informações sobre as fontes estão resumidos na Figura 13.10. O método `getStyle` retorna um valor inteiro que representa o estilo atual. O valor de inteiro retornado é `Font.PLAIN`, `Font.ITALIC`, `Font.BOLD` ou a combinação de `Font.ITALIC` e `Font.BOLD`. O método `getFamily` retorna o nome da família de fontes a qual a fonte atual pertence. O nome da família de fontes é específico para a plataforma. Os métodos `Font` também estão disponíveis para testar o estilo da fonte atual, e eles também estão resumidos na Figura 13.10. Os métodos `isPlain`, `isBold` e `isItalic` retornam `true` se o estilo da fonte atual for simples, negrito ou itálico, respectivamente.

A Figura 13.13 ilustra alguns casos de **métrica de fonte** comum, que fornecem informações precisas sobre uma fonte, como **altura**, **descendente** (quanto um caractere desce abaixo da linha de base), **ascendente** (quanto um caractere se eleva acima da linha de base) e **entrelinha** (a diferença entre a ascendente de uma linha de texto e a descendente da linha de texto embaixo dela — isto é, o espaçamento entre linhas).

A classe `FontMetrics` declara vários métodos para obter a métrica de fonte. Esses métodos e o método `getFontMetrics` `Graphics` estão resumidos na Figura 13.14. O aplicativo das figuras 13.15 e 13.16 usa os métodos da Figura 13.14 para obter informações sobre a métrica da fonte para duas fontes.

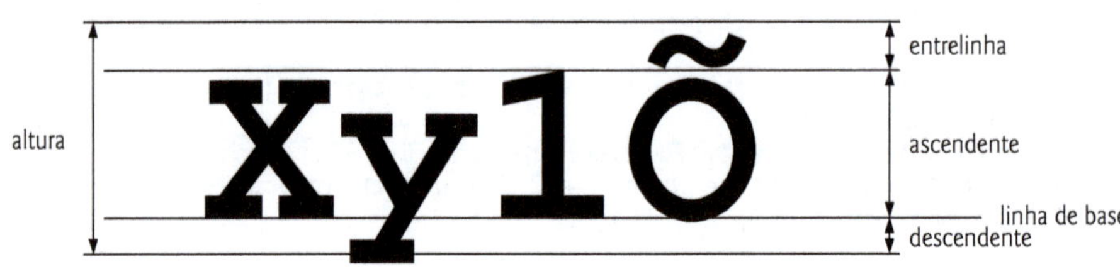

Figura 13.13 | Medidas de fonte.

Método	Descrição
Métodos `FontMetrics`	
`public int getAscent()`	Retorna a ascendente de uma fonte em pontos.
`public int getDescent()`	Retorna a descendente de uma fonte em pontos.
`public int getLeading()`	Retorna a entrelinha de uma fonte em pontos.
`public int getHeight()`	Retorna a altura de uma fonte em pontos.
Métodos `Graphics` *para obter a* `FontMetrics` *de uma* `Font`	
`public FontMetrics getFontMetrics()`	
	Retorna o objeto `FontMetrics` para o argumento `Font` especificado.
`public FontMetrics getFontMetrics(Font f)`	
	Retorna o objeto `FontMetrics` para o argumento `Font` especificado.

Figura 13.14 | Os métodos `FontMetrics` e `Graphics` para obter medidas de fonte.

```java
// Figura 13.15: MetricsJPanel.java
// Métodos FontMetrics e Graphics úteis para obter a métrica de fontes.
import java.awt.Font;
import java.awt.FontMetrics;
import java.awt.Graphics;
import javax.swing.JPanel;

public class MetricsJPanel extends JPanel
{
   // exibe a métrica de fontes.
   @Override
   public void paintComponent(Graphics g)
   {
      super.paintComponent(g);

      g.setFont(new Font("SansSerif", Font.BOLD, 12));
      FontMetrics metrics = g.getFontMetrics();
      g.drawString("Current font: " + g.getFont(), 10, 30);
      g.drawString("Ascent: " + metrics.getAscent(), 10, 45);
      g.drawString("Descent: " + metrics.getDescent(), 10, 60);
      g.drawString("Height: " + metrics.getHeight(), 10, 75);
      g.drawString("Leading: " + metrics.getLeading(), 10, 90);

      Font font = new Font("Serif", Font.ITALIC, 14);
      metrics = g.getFontMetrics(font);
      g.setFont(font);
      g.drawString("Current font: " + font, 10, 120);
      g.drawString("Ascent: " + metrics.getAscent(), 10, 135);
      g.drawString("Descent: " + metrics.getDescent(), 10, 150);
      g.drawString("Height: " + metrics.getHeight(), 10, 165);
      g.drawString("Leading: " + metrics.getLeading(), 10, 180);
   }
} // fim da classe MetricsJPanel
```

Figura 13.15 | Os métodos úteis `FontMetrics` e `Graphics` para obter medidas de fonte.

```java
// Figura 13.16: Metrics.java
// Exibindo a métrica de fonte.
import javax.swing.JFrame;

public class Metrics
{
   // executa o aplicativo
   public static void main(String[] args)
   {
      // cria frame para MetricsJPanel
      JFrame frame = new JFrame("Demonstrating FontMetrics");
      frame.setDefaultCloseOperation(JFrame.EXIT_ON_CLOSE);

      MetricsJPanel metricsJPanel = new MetricsJPanel();
      frame.add(metricsJPanel);
      frame.setSize(510, 240);
      frame.setVisible(true);
   }
} // fim da classe Metrics
```

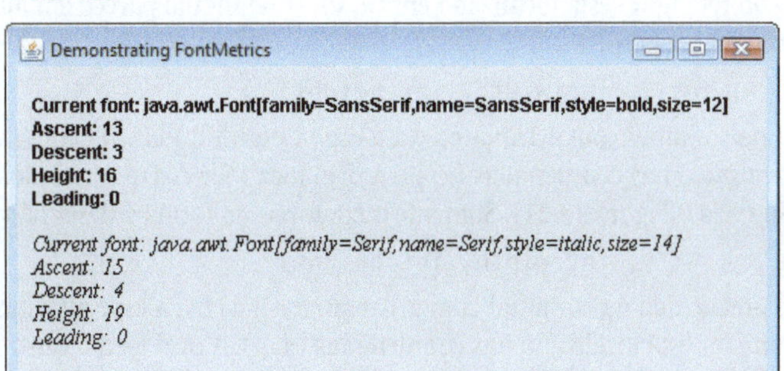

Figura 13.16 | Exibindo a métrica de fonte.

A linha 16 da Figura 13.15 cria e configura a fonte atual do desenho como uma fonte `SansSerif`, negrito, de 12 pontos. A linha 17 utiliza o método `Graphics getFontMetrics` para obter o objeto `FontMetrics` para a fonte atual. A linha 18 gera a saída da representação `String` da `Font` retornada por `g.getFont()`. As linhas 19 a 22 utilizam os métodos `FontMetric` para obter a ascendente, a descendente, a altura e a entrelinha da fonte.

A linha 24 cria uma nova fonte `Serif`, de 14 pontos em itálico. A linha 25 utiliza uma segunda versão do método `Graphics getFontMetrics`, que aceita um argumento `Font` e retorna um objeto `FontMetrics` correspondente. As linhas 28 a 31 obtêm a ascendente, descendente e entrelinha para a fonte. As métricas de fonte são ligeiramente diferentes para as duas fontes.

13.5 Desenhando linhas, retângulos e ovais

Esta seção apresenta os métodos `Graphics` para desenhar linhas, retângulos e ovais. Os métodos e seus parâmetros estão resumidos na Figura 13.17. Para cada método de desenho que exige um parâmetro `width` e `height`, `width` e `height` devem ser valores não negativos. Caso contrário, a forma não será exibida.

Método	Descrição
`public void drawLine(int x1, int y1, int x2, int y2)`	Desenha uma linha entre o ponto (`x1`, `y1`) e o ponto (`x2`, `y2`).
`public void drawRect(int x, int y, int width, int height)`	Desenha um retângulo com a `largura` e a `altura` especificadas. O canto superior esquerdo do retângulo está localizado em (`x`, `y`). Somente o contorno do retângulo é desenhado utilizando a cor do objeto de `Graphics` — o corpo do retângulo não é preenchido com essa cor.
`public void fillRect(int x, int y, int width, int height)`	Desenha um retângulo preenchido na cor atual com a `largura` e a `altura` especificadas. O canto superior esquerdo do retângulo está localizado em (`x`, `y`).
`public void clearRect(int x, int y, int width, int height)`	Desenha um retângulo preenchido com a `largura` e a `altura` especificadas na cor de fundo atual. O canto *superior esquerdo* do retângulo está localizado em (`x`, `y`). Esse método é útil se você quiser remover uma parte de uma imagem.
`public void drawRoundRect(int x, int y, int width, int height, int arcWidth, int arcHeight)`	Desenha um retângulo com cantos arredondados na cor atual com a `largura` e a `altura` especificadas. A `arcWidth` e a `arcHeight` determinam o arredondamento dos cantos (veja a Figura 13.20). Somente o contorno da forma é desenhado.
`public void fillRoundRect(int x, int y, int width, int height, int arcWidth, int arcHeight)`	Desenha um retângulo preenchido na cor atual com cantos arredondados com a `largura` e a `altura` especificadas. A `arcWidth` e a `arcHeight` determinam o arredondamento dos cantos (veja a Figura 13.20).
`public void draw3DRect(int x, int y, int width, int height, boolean b)`	Desenha um retângulo tridimensional na cor atual com a `largura` e a `altura` especificadas. O canto *superior esquerdo* do retângulo está localizado em (`x`, `y`). O retângulo parece em alto relevo quando `b` é verdadeiro e em baixo relevo quando `b` é falso. Somente o contorno da forma é desenhado.
`public void fill3DRect(int x, int y, int width, int height, boolean b)`	Desenha um retângulo tridimensional preenchido na cor atual com a `largura` e a `altura` especificadas. O canto *superior esquerdo* do retângulo está localizado em (`x`, `y`). O retângulo parece em alto relevo quando `b` é verdadeiro e em baixo relevo quando `b` é falso.
`public void drawOval(int x, int y, int width, int height)`	Desenha uma oval na cor atual com a `largura` e a `altura` especificadas. O canto *superior esquerdo* do retângulo delimitador está localizado nas coordenadas (`x`, `y`). A oval toca todos os quatro lados do retângulo associado no centro de cada lado (veja a Figura 13.21). Somente o contorno da forma é desenhado.
`public void fillOval(int x, int y, int width, int height)`	Desenha uma oval preenchida na cor atual com a `largura` e a `altura` especificadas. O canto *superior esquerdo* do retângulo delimitador está localizado nas coordenadas (`x`, `y`). A oval toca o centro de todos os quatro lados do retângulo delimitador (veja a Figura 13.21).

Figura 13.17 | Métodos `Graphics` que desenham linhas, retângulos e ovais.

O aplicativo das figuras 13.18 e 13.19 demonstra o desenho de diversas linhas, retângulos, retângulos tridimensionais, retângulos arredondados e ovais. Na Figura 13.18, a linha 17 desenha uma linha vermelha, a linha 20 desenha um retângulo azul vazio e a linha 21 desenha um retângulo preenchido com azul. Os métodos `fillRoundRect` (linha 24) e `drawRoundRect` (linha 25) desenham retângulos com cantos arredondados. Seus primeiros dois argumentos especificam as coordenadas do canto superior esquerdo do **retângulo delimitador** — a área em que o retângulo arredondado será desenhado. As coordenadas do canto superior esquerdo *não* são a borda do retângulo arredondado, mas as coordenadas em que a borda estaria se o retângulo tivesse cantos quadrados. O terceiro e quartos argumentos especificam a largura e a altura do retângulo. Os dois últimos argumentos determinam os diâmetros horizontais e verticais do arco (isto é, a largura e a altura do arco) utilizados para representar os cantos.

```
1  // Figura 13.18: LinesRectsOvalsJPanel.java
2  // Desenhando linhas, retângulos e ovais.
3  import java.awt.Color;
4  import java.awt.Graphics;
5  import javax.swing.JPanel;
6
7  public class LinesRectsOvalsJPanel extends JPanel
8  {
9     // exibe várias linhas, retângulos e ovais
10    @Override
11    public void paintComponent(Graphics g)
12    {
13       super.paintComponent(g);
14       this.setBackground(Color.WHITE);
15
16       g.setColor(Color.RED);
17       g.drawLine(5, 30, 380, 30);
18
19       g.setColor(Color.BLUE);
20       g.drawRect(5, 40, 90, 55);
21       g.fillRect(100, 40, 90, 55);
22
23       g.setColor(Color.CYAN);
24       g.fillRoundRect(195, 40, 90, 55, 50, 50);
25       g.drawRoundRect(290, 40, 90, 55, 20, 20);
26
27       g.setColor(Color.GREEN);
28       g.draw3DRect(5, 100, 90, 55, true);
29       g.fill3DRect(100, 100, 90, 55, false);
30
31       g.setColor(Color.MAGENTA);
32       g.drawOval(195, 100, 90, 55);
33       g.fillOval(290, 100, 90, 55);
34    }
35 } // fim da classe LinesRectsOvalsJPanel
```

Figura 13.18 | Desenhando linhas, retângulos e ovais.

```
// Figura 13.19: LinesRectsOvals.java
// Testando LinesRectsOvalsJPanel.
import java.awt.Color;
import javax.swing.JFrame;

public class LinesRectsOvals
{
   // executa o aplicativo
   public static void main(String[] args)
   {
      // criar frame para LinesRectsOvalsJPanel
      JFrame frame =
         new JFrame("Drawing lines, rectangles and ovals");
      frame.setDefaultCloseOperation(JFrame.EXIT_ON_CLOSE);

      LinesRectsOvalsJPanel linesRectsOvalsJPanel =
         new LinesRectsOvalsJPanel();
      linesRectsOvalsJPanel.setBackground(Color.WHITE);
      frame.add(linesRectsOvalsJPanel);
```

continua

continuação

```
        frame.setSize(400, 210);
        frame.setVisible(true);
    }
} // fim da classe LinesRectsOvals
```

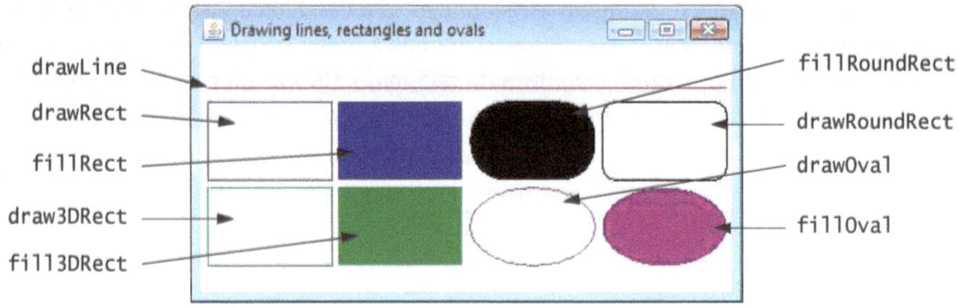

Figura 13.19 | Testando `LinesRectsOvalsJPanel`.

A Figura 13.20 rotula a largura e a altura de um retângulo, e a largura e a altura de um retângulo arredondado. Utilizar o mesmo valor para a largura e a altura do arco produz o quarto de um círculo em cada canto. Se a largura do arco, altura do arco, largura e altura tiverem os mesmos valores, o resultado será um círculo. Se os valores para `largura` e `altura` são os mesmos e os valores de `arcWidth` e `arcHeight` são 0, o resultado é um quadrado.

Os métodos **`draw3DRect`** (Figura 13.18, linha 28) e **`fill3DRect`** (linha 29) aceitam os mesmos argumentos. Os dois primeiros especificam o *canto superior esquerdo* do retângulo. Os próximos dois argumentos especificam a largura e altura do retângulo, respectivamente. O último argumento determina se o retângulo está em **baixo relevo** (`true`) ou **alto relevo** (`false`). O efeito tridimensional de `draw3DRect` aparece como duas bordas do retângulo na cor original e duas bordas em uma cor ligeiramente mais escura. O efeito tridimensional de `fill3DRect` aparece como duas bordas do retângulo na cor de desenho original e o preenche e as outras duas bordas em uma cor ligeiramente mais escura. Retângulos em alto relevo têm a cor de desenho original nas bordas superior e esquerda. Retângulos em baixo relevo têm a cor de desenho original nas bordas inferior e direita. O efeito tridimensional é difícil de ver em algumas cores.

Os métodos **`drawOval`** e **`fillOval`** (linhas 32 e 33) recebem os mesmos quatro argumentos. Os primeiros dois argumentos especificam a coordenada do canto superior esquerdo do retângulo delimitador que contém a oval. Os dois últimos especificam a largura e altura do retângulo delimitador, respectivamente. A Figura 13.21 mostra uma oval delimitada por um retângulo. A oval toca o *centro* de todos os quatro lados do retângulo delimitador. (O retângulo delimitador *não* é exibido na tela.)

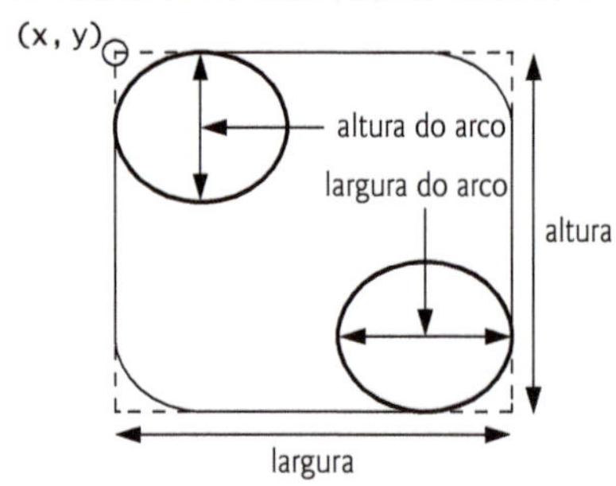

Figura 13.20 | A largura do arco e altura do arco para retângulos arredondados.

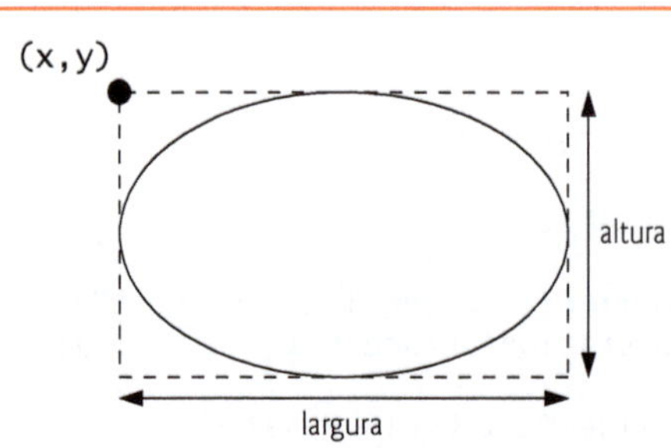

Figura 13.21 | Oval unida por um retângulo.

13.6 Desenhando arcos

Um **arco** é desenhado como uma parte de uma oval. Ângulos de arco são medidos em graus. Os arcos **varrem** (isto é, se movem ao longo de uma curva) a partir de um **ângulo inicial** até o número de graus especificado pelos seus **ângulos de arco**. Os ângulos de arco são medidos em graus. Os arcos varrem a partir de um *ângulo inicial* o número de graus especificado por seu ângulo de arco. A Figura 13.22 ilustra dois arcos. O conjunto esquerdo de eixos mostra uma varredura de arco de zero grau a aproximadamente 110 graus. Os arcos que varrem no *sentido anti-horário* são medidos em **graus positivos**. O conjunto de eixos à direita mostra um arco que varre de zero grau a aproximadamente –110 graus. Os arcos que varrem em *sentido horário* são medidos em **graus negativos**. Observe as caixas tracejadas em torno dos arcos na Figura 13.22. Ao desenhar um arco, especificamos um retângulo delimitador para uma oval. O arco varrerá parte da oval. Os métodos `Graphics` **`drawArc`** e **`fillArc`** para desenhar arcos são resumidos na Figura 13.23.

As figuras 13.24 e 13.25 demonstram os métodos de arco da Figura 13.23. O aplicativo desenha seis arcos (três não preenchidos e três preenchidos). Para ilustrar o retângulo delimitador que ajuda a determinar onde o arco aparece, os primeiros três arcos são exibidos dentro de um retângulo vermelho que tem os mesmos argumentos `x`, `y`, `largura` e `altura` que os arcos.

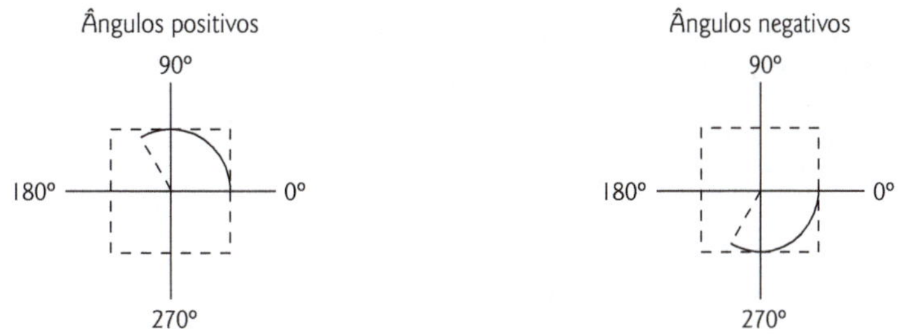

Figura 13.22 | Ângulos de arco positivo e negativo.

Método	Descrição
`public void drawArc(int x, int y, int width, int height, int startAngle, int arcAngle)`	
	Desenha um arco em relação ao canto superior esquerdo do retângulo delimitador e coordenadas `x` e `y` com a `largura` e `altura` especificadas. Os segmentos de arco são desenhados a partir de graus `StartAngle` e varrendo `arcAngle`.
`public void fillArc(int x, int y, int width, int height, int startAngle, int arcAngle)`	
	Desenha um arco preenchido (isto é, um setor) em relação às coordenadas `x` e `y` do canto superior esquerdo do retângulo delimitador com a `largura` e `altura` especificadas. Métodos `Graphics` para desenhar arcos.

Figura 13.23 | Métodos `Graphics` para desenhar arcos.

```java
// Figura 13.24: ArcsJPanel.java
// Arcos exibidos com drawArc e fillArc.
import java.awt.Color;
import java.awt.Graphics;
import javax.swing.JPanel;

public class ArcsJPanel extends JPanel
{
   // desenha retângulos e arcos
   @Override
   public void paintComponent(Graphics g)
   {
      super.paintComponent(g);

      // inicia em 0 e varre 360 graus
      g.setColor(Color.RED);
      g.drawRect(15, 35, 80, 80);
      g.setColor(Color.BLACK);
```

continua

continuação

```
        g.drawArc(15, 35, 80, 80, 0, 360);

        // inicia em 0 e varre 110 graus
        g.setColor(Color.RED);
        g.drawRect(100, 35, 80, 80);
        g.setColor(Color.BLACK);
        g.drawArc(100, 35, 80, 80, 0, 110);

        // inicia em 0 e varre -270 graus
        g.setColor(Color.RED);
        g.drawRect(185, 35, 80, 80);
        g.setColor(Color.BLACK);
        g.drawArc(185, 35, 80, 80, 0, -270);

        // inicia em 0 e varre 360 graus
        g.fillArc(15, 120, 80, 40, 0, 360);

        // inicia em 270 e varre -90 graus
        g.fillArc(100, 120, 80, 40, 270, -90);

        // inicia em 0 e varre -270 graus
        g.fillArc(185, 120, 80, 40, 0, -270);
    }
} // fim da classe ArcsJPanel
```

Figura 13.24 | Arcos exibidos com `drawArc` e `fillArc`.

```
// Figura 13.25: DrawArcs.java
// Desenhando arcos.
import javax.swing.JFrame;

public class DrawArcs
{
    // executa o aplicativo
    public static void main(String[] args)
    {
        // cria frame para ArcsJPanel
        JFrame frame = new JFrame("Drawing Arcs");
        frame.setDefaultCloseOperation(JFrame.EXIT_ON_CLOSE);

        ArcsJPanel arcsJPanel = new ArcsJPanel();
        frame.add(arcsJPanel);
        frame.setSize(300, 210);
        frame.setVisible(true);
    }
} // fim da classe DrawArcs
```

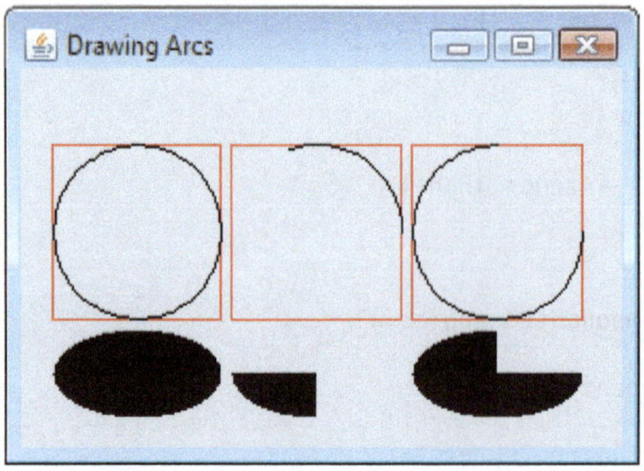

Figura 13.25 | Desenhando arcos.

13.7 Desenhando polígonos e polilinhas

Polígonos são *formas de múltiplos lados* compostas de segmentos de linhas retas. **Polilinhas** são *sequências de pontos conectados*. A Figura 13.26 discute métodos para desenhar polígonos e polilinhas. Alguns métodos exigem um objeto `Polygon` (pacote `java.awt`). Os construtores da classe `Polygon` também são descritos na Figura 13.26. O aplicativo das figuras 13.27 e 13.28 desenha polígonos e polilinhas.

Método	Descrição
Métodos `Graphics` para desenhar polígonos	
`public void drawPolygon(int[] xPoints, int[] yPoints, int points)`	
	Desenha um polígono. A coordenada *x* de cada ponto é especificada no array `xPoints` e a coordenada *y* de cada ponto, no array `yPoints`. O último argumento especifica o número de `points`. Esse método desenha um *polígono fechado*. Se o último ponto for diferente do primeiro, o polígono é *fechado* por uma linha que conecta o último ponto ao primeiro.
`public void drawPolyline(int[] xPoints, int[] yPoints, int points)`	
	Desenha uma sequência de linhas conectadas. A coordenada *x* de cada ponto é especificada no array `xPoints` e a coordenada *y* de cada ponto, no array `yPoints`. O último argumento especifica o número de `points`. Se o último ponto for diferente do primeiro, a polilinha *não* é fechada.
`public void drawPolygon(Polygon p)`	
	Desenha o polígono especificado.
`public void fillPolygon(int[] xPoints, int[] yPoints, int points)`	
	Desenha um polígono *preenchido*. A coordenada *x* de cada ponto é especificada no array `xPoints` e a coordenada *y* de cada ponto, no array `yPoints`. O último argumento especifica o número de `points`. Esse método desenha um *polígono fechado*. Se o último ponto for diferente do primeiro, o polígono é *fechado* por uma linha que conecta o último ponto ao primeiro.
`public void fillPolygon(Polygon p)`	
	Desenha o polígono *preenchido* especificado. O polígono é *fechado*.
Construtores e métodos `Polygon`	
`public Polygon()`	
	Constrói um novo objeto de polígono. O polígono não contém nenhum ponto.
`public Polygon(int[] xValues, int[] yValues, int numberOfPoints)`	
	Constrói um novo objeto de polígono. O polígono tem `numberOfPoints` lados, com cada ponto consistindo em uma coordenada *x* de `xValues` e uma coordenada *y* de `yValues`.
`public void addPoint(int x, int y)`	
	Adiciona pares das coordenadas *x* e *y* ao `Polygon`.

Figura 13.26 | Métodos `Graphics` para polígonos e métodos `Polygon` da classe.

```java
// Figura 13.27: PolygonsJPanel.java
// Desenhando polígonos.
import java.awt.Graphics;
import java.awt.Polygon;
import javax.swing.JPanel;

public class PolygonsJPanel extends JPanel
{
   // desenha polígonos e polilinhas
   @Override
   public void paintComponent(Graphics g)
   {
      super.paintComponent(g);

```

continua

continuação

```
15        // desenha o polígono com objeto Polygon
16        int[] xValues = {20, 40, 50, 30, 20, 15};
17        int[] yValues = {50, 50, 60, 80, 80, 60};
18        Polygon polygon1 = new Polygon(xValues, yValues, 6);
19        g.drawPolygon(polygon1);
20
21        // desenha polilinhas com dois arrays
22        int[] xValues2 = {70, 90, 100, 80, 70, 65, 60};
23        int[] yValues2 = {100, 100, 110, 110, 130, 110, 90};
24        g.drawPolyline(xValues2, yValues2, 7);
25
26        // preenche o polígono com dois arrays
27        int[] xValues3 = {120, 140, 150, 190};
28        int[] yValues3 = {40, 70, 80, 60};
29        g.fillPolygon(xValues3, yValues3, 4);
30
31        // desenha o polígono preenchido com objeto Polygon
32        Polygon polygon2 = new Polygon();
33        polygon2.addPoint(165, 135);
34        polygon2.addPoint(175, 150);
35        polygon2.addPoint(270, 200);
36        polygon2.addPoint(200, 220);
37        polygon2.addPoint(130, 180);
38        g.fillPolygon(polygon2);
39     }
40  } // fim da classe PolygonsJPanel
```

Figura 13.27 | Polígonos exibidos com **drawPolygon** e **fillPolygon**.

```
// Figura 13.28: DrawPolygons.java
// Desenhando polígonos.
import javax.swing.JFrame;

public class DrawPolygons
{
   // executa o aplicativo
   public static void main(String[] args)
   {
      // cria frame para PolygonsJPanel
      JFrame frame = new JFrame("Drawing Polygons");
      frame.setDefaultCloseOperation(JFrame.EXIT_ON_CLOSE);

      PolygonsJPanel polygonsJPanel = new PolygonsJPanel();
      frame.add(polygonsJPanel);
      frame.setSize(280, 270);
      frame.setVisible(true);
   }
} // fim da classe DrawPolygons
```

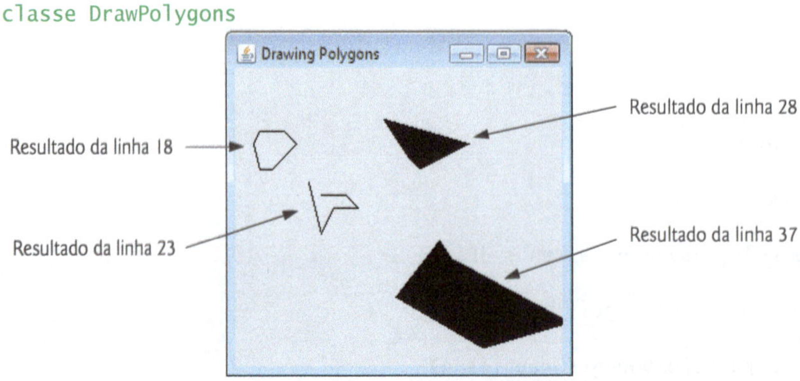

Figura 13.28 | Desenhando polígonos.

As linhas 16 e 17 da Figura 13.27 criam dois arrays `int` e os utilizam para especificar os pontos para `Polygon polygon1`. A chamada do construtor `Polygon` na linha 18 recebe o array `xValues`, que contém a coordenada *x* de cada ponto, o array `yValues`, que contém a coordenada *y* de cada ponto; e 6 (o número de pontos no polígono). A linha 19 exibe `polygon1` passando-o como um argumento para o método `Graphics` **`drawPolygon`**.

As linhas 22 e 23 criam dois arrays `int` e os utilizam para especificar os pontos para uma série de linhas conectadas. O array `xValues2` contém a coordenada *x* de cada ponto e o array `yValues2`, a coordenada *y* de cada ponto. A linha 24 utiliza o método `Graphics` **`drawPolyline`** para exibir uma série de linhas conectadas especificadas com os argumentos `xValues2`, `yValues2` e `7` (o número de pontos).

As linhas 27 e 28 criam dois arrays `int` e os utilizam para especificar os pontos de um polígono. O array `xValues3` contém a coordenada *x* de cada ponto, e o array `yValues3`, a coordenada *y* de cada ponto. A linha 29 exibe um polígono passando para o método `Graphics` **`fillPolygon`** os dois arrays (`xValues3` e `yValues3`) e o número de pontos a desenhar (`4`).

Erro comum de programação 13.1

Uma `ArrayIndexOutOfBoundsException` é lançada se o número de pontos especificado no terceiro argumento para o método `drawPolygon` ou o método `fillPolygon` for maior que o número de elementos nos arrays de coordenadas que especificam o polígono a exibir.

A linha 32 cria o `Polygon polygon2` sem pontos. As linhas 33 a 37 utilizam o método `Polygon` **`addPoint`** para adicionar pares de coordenadas *x* e *y* a `Polygon`. A linha 38 exibe o `Polygon polygon2` passando-o para o método `Graphics fillPolygon`.

13.8 Java 2D API

A **Java2D API** fornece capacidades gráficas bidimensionais avançadas para programadores que requerem manipulações gráficas complexas e detalhadas. A API inclui recursos para processar arte a traço, texto e imagens nos pacotes `java.awt`, `java.awt.image`, `java.awt.color`, `java.awt.font`, `java.awt.geom`, `java.awt.print` e `java.awt.image.renderable`. As capacidades da API são muito amplas para abranger neste texto. Para uma visão geral, visite `http://docs.oracle.com/javase/7/docs/technotes/guides/2d/`. Nesta seção, apresentamos uma visão geral das várias capacidades de Java 2D.

Desenhar com a Java 2D API é realizado com uma referência **`Graphics2D`** (pacote `java.awt`). A `Graphics2D` é uma *subclasse abstrata* da classe `Graphics`, portanto ela contém todas as capacidades gráficas demonstradas anteriormente neste capítulo. De fato, o objeto real utilizado para desenhar em cada método `paintComponent` é uma instância de uma *subclasse* de `Graphics2D` que é passada para método `paintComponent` e acessada via *superclasse* `Graphics`. Para acessar as capacidades de `Graphics2D`, devemos fazer a coerção da referência `Graphics` (`g`) passada a `paintComponent` para uma referência `Graphics2D` com uma instrução como

```
Graphics2D g2d = (Graphics2D) g;
```

Os dois exemplos a seguir utilizam essa técnica.

Linhas, retângulos, retângulos arredondados, arcos e ovais

Esse exemplo demonstra as várias formas de Java 2D no pacote `java.awt.geom`, incluindo **`Line2D.Double`**, **`Rectangle2D.Double`**, **`RoundRectangle2D.Double`**, **`Arc2D.Double`** e **`Ellipse2D.Double`**. Observe a sintaxe do nome de cada classe. Cada classe representa uma forma com as dimensões especificadas como valores `double`. Há uma versão *separada* de cada uma representada com valores `float` (por exemplo, **`Ellipse2D.Float`**). Em cada caso, `Double` é uma classe `public static` aninhada da classe especificada à esquerda do ponto (por exemplo, `Ellipse2D`). Para utilizar a classe `static` aninhada, simplesmente qualificamos seu nome com o nome de classe externa.

Nas figuras 13.29 e 13.30, desenhamos formas de Java 2D e modificamos suas características de desenho, como mudar a espessura de linha, preencher formas com padrões e desenhar linhas tracejadas. Estas são apenas algumas das muitas capacidades fornecidas pelo 2D Java.

A linha 25 da Figura 13.29 faz coerção da referência `Graphics` recebida pelo `paintComponent` para uma referência `Graphics2D` e a atribui a `g2d` a fim de permitir acesso aos recursos do Java 2D.

```
1  // Figura 13.29: ShapesJPanel.java
2  // Demonstrando algumas formas 2D Java.
3  import java.awt.Color;
4  import java.awt.Graphics;
5  import java.awt.BasicStroke;
6  import java.awt.GradientPaint;
7  import java.awt.TexturePaint;
8  import java.awt.Rectangle;
```

continua

continuação

```
import java.awt.Graphics2D;
import java.awt.geom.Ellipse2D;
import java.awt.geom.Rectangle2D;
import java.awt.geom.RoundRectangle2D;
import java.awt.geom.Arc2D;
import java.awt.geom.Line2D;
import java.awt.image.BufferedImage;
import javax.swing.JPanel;

public class ShapesJPanel extends JPanel
{
   // desenha formas com Java 2D API
   @Override
   public void paintComponent(Graphics g)
   {
      super.paintComponent(g);
      Graphics2D g2d = (Graphics2D) g; // faz uma coerção em g para Graphics2D

      // desenha oval 2D preenchida com um gradiente azul-amarelo
      g2d.setPaint(new GradientPaint(5, 30, Color.BLUE, 35, 100,
         Color.YELLOW, true));
      g2d.fill(new Ellipse2D.Double(5, 30, 65, 100));

      // desenha retângulo 2D em vermelho
      g2d.setPaint(Color.RED);
      g2d.setStroke(new BasicStroke(10.0f));
      g2d.draw(new Rectangle2D.Double(80, 30, 65, 100));

      // desenha retâng. arred. 2D com um fundo armazenado em buffer
      BufferedImage buffImage = new BufferedImage(10, 10,
         BufferedImage.TYPE_INT_RGB);

      // obtém Graphics2D de buffImage e desenha nela
      Graphics2D gg = buffImage.createGraphics();
      gg.setColor(Color.YELLOW);
      gg.fillRect(0, 0, 10, 10);
      gg.setColor(Color.BLACK);
      gg.drawRect(1, 1, 6, 6);
      gg.setColor(Color.BLUE);
      gg.fillRect(1, 1, 3, 3);
      gg.setColor(Color.RED);
      gg.fillRect(4, 4, 3, 3); // desenha um retângulo preenchido

      // pinta buffImage sobre o JFrame
      g2d.setPaint(new TexturePaint(buffImage,
         new Rectangle(10, 10)));
      g2d.fill(
         new RoundRectangle2D.Double(155, 30, 75, 100, 50, 50));

      // Desenha arco 2D em forma de torta em branco
      g2d.setPaint(Color.WHITE);
      g2d.setStroke(new BasicStroke(6.0f));
      g2d.draw(
         new Arc2D.Double(240, 30, 75, 100, 0, 270, Arc2D.PIE));

      // Desenha linhas 2D em verde e amarelo
      g2d.setPaint(Color.GREEN);
      g2d.draw(new Line2D.Double(395, 30, 320, 150));

      // desenha uma linha em 2D utilizando traço
      float[] dashes = {10}; // especifica padrão de traço
      g2d.setPaint(Color.YELLOW);
      g2d.setStroke(new BasicStroke(4, BasicStroke.CAP_ROUND,
         BasicStroke.JOIN_ROUND, 10, dashes, 0));
      g2d.draw(new Line2D.Double(320, 30, 395, 150));
   }
} // fim da classe ShapesJPanel
```

Figura 13.29 | Demonstrando algumas formas 2D Java.

```java
// Figura 13.30: Shapes.java
// Testando ShapesJPanel.
import javax.swing.JFrame;

public class Shapes
{
   // executa o aplicativo
   public static void main(String[] args)
   {
      // cria frame para ShapesJPanel
      JFrame frame = new JFrame("Drawing 2D shapes");
      frame.setDefaultCloseOperation(JFrame.EXIT_ON_CLOSE);

      // cria ShapesJPanel
      ShapesJPanel shapesJPanel = new ShapesJPanel();

      frame.add(shapesJPanel);
      frame.setSize(425, 200);
      frame.setVisible(true);
   }
} // fim da classe Shapes
```

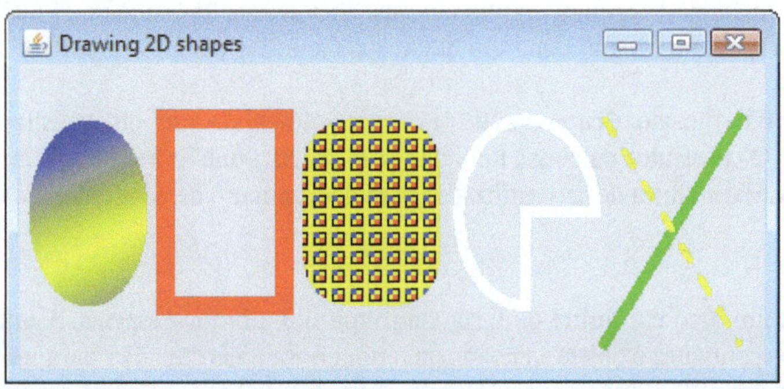

Figura 13.30 | Testando `ShapesJPanel`.

Ovais, preenchimentos gradientes e objetos `Paint`

A primeira forma que desenhamos é uma *oval preenchida com cores que mudam gradualmente*. As linhas 28 e 29 invocam o método `Graphics2D` **`setPaint`** para configurar o objeto **`Paint`** que determina as cores exibidas pela forma. Um objeto `Paint` implementa a interface `java.awt.Paint`. Ele pode ser algo tão simples como um dos objetos `Color` pré-declarados introduzidos na Seção 13.3 (a classe `Color` implementa `Paint`) ou pode ser uma instância das classes `GradientPaint`, **`SystemColor`**, `TexturePaint`, `LinearGradientPaint` ou `RadialGradientPaint` da Java 2D API. Nesse caso, utilizamos um objeto `GradientPaint`.

A classe `GradientPaint` ajuda a desenhar uma forma em *cores que mudam gradualmente* — o que é chamado **gradiente** (ou degradê). O construtor `GradientPaint` utilizado aqui requer sete argumentos. Os dois primeiros especificam a coordenada do gradiente (ou degradê). O terceiro especifica a `Color` inicial do gradiente. Os quarto e o quinto argumentos especificam a coordenada final para o gradiente. O sexto especifica a `Color` de término do gradiente. O último argumento especifica se o gradiente é **cíclico** (`true`) ou **acíclico** (`false`). Os dois conjuntos de coordenadas determinam a direção do gradiente. Como a segunda coordenada (35, 100) está abaixo e à direita da primeira coordenada (5, 30), o gradiente segue para baixo e para a direita em um ângulo. Como esse gradiente é cíclico (`true`), a cor inicia com azul, gradualmente torna-se amarelo, então gradualmente retorna para azul. Se o gradiente fosse acíclico, a transição de cor seria da primeira cor especificada (por exemplo, azul) para a segunda cor (por exemplo, amarelo).

A linha 30 utiliza o método `Graphics2D` **`fill`** para desenhar um objeto **`Shape`** preenchido — um objeto que implementa a interface `Shape` (pacote `java.awt`). Nesse caso, exibimos um objeto `Ellipse2D.Double`. O construtor `Ellipse2D.Double` recebe quatro argumentos que especificam o *retângulo delimitador* para a oval exibir.

Retângulos, Strokes

Em seguida, desenhamos um retângulo vermelho com uma borda grossa. A linha 33 invoca `setPaint` para configurar o objeto `Paint` para `Color.RED`. A linha 34 utiliza o método `Graphics2D` **`setStroke`** para configurar as características da borda do retângulo (ou as linhas para qualquer outra forma). O método `setStroke` requer como seu argumento um objeto que implementa a interface `Stroke` (pacote `java.awt`). Nesse caso, utilizamos uma instância da classe `BasicStroke`. A classe `BasicStroke` fornece diversos construtores para especificar a largura da linha, como as linhas terminam (chamadas **terminações de linha**), como as linhas se juntam (chamadas **junções de linha**) e os atributos de traço da linha (se for uma linha tracejada). O construtor aqui especifica que a linha deve ter 10 pixels de largura.

A linha 35 utiliza o método `Graphics2D` `draw` para desenhar um objeto `Shape` — nesse caso, um `Rectangle2D.Double`. O construtor `Rectangle2D.Double` recebe argumentos que especificam a coordenada *x superior esquerda*, a coordenada *y* superior esquerda, a largura e a altura.

Retângulos arredondados, `BufferedImages` e objetos `TexturePaint`

Em seguida, desenhamos um retângulo arredondado preenchido com um padrão criado em um objeto `BufferedImage` (pacote `java.awt.image`). As linhas 38 e 39 criam o objeto `BufferedImage`. A classe `BufferedImage` pode ser utilizada para criar imagens coloridas e na escala de cinza. Essa `BufferedImage` particular tem 10 pixels de largura e 10 pixels de altura (como especificado pelos dois primeiros argumentos do construtor). O terceiro argumento `BufferedImage.TYPE_INT_RGB` indica que a imagem é armazenada em cores utilizando o esquema de cores RGB.

Para criar o padrão de preenchimento do retângulo arredondado, primeiro precisamos desenhar na `BufferedImage`. A linha 42 cria um objeto `Graphics2D` (chamando o método `BufferedImage` `createGraphics`), que pode ser usado para desenhar na `BufferedImage`. As linhas 43 a 50 usam os métodos `setColor`, `fillRect` e `drawRect` para criar o padrão.

As linhas 53 e 54 configuram o objeto `Paint` como um novo objeto `TexturePaint` (pacote `java.awt`). Um objeto `TexturePaint` utiliza a imagem armazenada na sua `BufferedImage` associada (o primeiro argumento de construtor) como a textura de preenchimento para uma forma preenchida. O segundo argumento especifica a área `Rectangle` da `BufferedImage`, que será replicada à textura. Nesse caso, `Rectangle` tem o mesmo tamanho que o `BufferedImage`. Mas uma parte menor da `BufferedImage` pode ser utilizada.

As linhas 55 e 56 usam o método `Graphics2D` `fill` para desenhar um objeto `Shape` preenchido, neste caso, um `RoundRectangle2D.Double`. O construtor da classe `RoundRectangle2D.Double` recebe seis argumentos que especificam as dimensões do retângulo e a largura e a altura de arco utilizadas para determinar o arredondamento dos cantos.

Arcos

Em seguida, desenhamos um arco em forma de torta com uma linha branca espessa. A linha 59 configura o objeto `Paint` como `Color.WHITE`. A linha 60 configura o objeto `Stroke` como uma nova `BasicStroke` para uma linha de 6 pixels de largura. As linhas 61 e 62 utilizam método `Graphics2D` `draw` para desenhar um objeto `Shape` — nesse caso, um `Arc2D.Double`. Os primeiros quatro argumentos do construtor `Arc2D.Double` especificam a coordenada *x* superior esquerda, a coordenada *y* superior esquerda, a largura e a altura do retângulo delimitador para o arco. O quinto argumento especifica o ângulo inicial. O sexto argumento especifica o ângulo do arco. O último argumento especifica como o arco é *fechado*. A constante `Arc2D.PIE` indica que o arco é *fechado* desenhando duas linhas — uma linha a partir do ponto inicial do arco para o centro do retângulo delimitador e outra a partir do centro do retângulo delimitador para o ponto terminal. A classe `Arc2D` fornece duas outras constantes `static` para especificar como o arco é *fechado*. A constante `Arc2D.CHORD` desenha uma linha do ponto inicial ao ponto final. A constante `Arc2D.OPEN` especifica que o arco *não* deve ser *fechado*.

Linhas

Por fim, desenhamos duas linhas utilizando objetos `Line2D` — uma sólida e uma tracejada. A linha 65 configura o objeto `Paint` como `Color.GREEN`. A linha 66 utiliza o método `Graphics2D` `draw` para desenhar um objeto `Shape` — nesse caso, uma instância da classe `Line2D.Double`. Os argumentos do construtor `Line2D.Double` especificam as coordenadas iniciais e finais da linha.

A linha 69 declara o array `float` de um elemento contendo o valor 10. Esse array descreve os traços na linha tracejada. Nesse caso, cada traço terá 10 pixels de comprimento. Para criar traços de diferentes comprimentos em um padrão, simplesmente forneça o comprimento de cada traço como um elemento no array. A linha 70 configura o objeto `Paint` como `Color.YELLOW`. As linhas 71 e 72 configuram o objeto `Stroke` para um novo `BasicStroke`. A linha terá 4 pixels de largura e terá terminações arredondadas (`BasicStroke.CAP_ROUND`). Se a linhas se juntam (como em um vértice de um retângulo), as linhas de junção serão arredondadas (`BasicStroke.JOIN_ROUND`). O argumento `dashes` especifica o comprimento do traço da linha. O último argumento indica o índice inicial no array `dashes` para o primeiro traço no padrão. A linha 73 então desenha uma linha com o atual `Stroke`.

Criando suas próprias formas com caminhos gerais

Em seguida, apresentaremos um **caminho geral** — uma forma construída a partir de linhas retas e curvas complexas. Um caminho geral é representado com um objeto da classe `GeneralPath` (pacote `java.awt.geom`). O aplicativo das figuras 13.31 e 13.32 demonstra como desenhar um caminho geral na forma de uma estrela de cinco pontas.

```java
// Figura 13.31: Shapes2JPanel.java
// Demonstrando um caminho geral.
import java.awt.Color;
import java.awt.Graphics;
import java.awt.Graphics2D;
import java.awt.geom.GeneralPath;
import java.security.SecureRandom;
import javax.swing.JPanel;

public class Shapes2JPanel extends JPanel
{
   // desenha caminhos gerais
   @Override
   public void paintComponent(Graphics g)
   {
      super.paintComponent(g);
      SecureRandom random = new SecureRandom();

      int[] xPoints = {55, 67, 109, 73, 83, 55, 27, 37, 1, 43};
      int[] yPoints = {0, 36, 36, 54, 96, 72, 96, 54, 36, 36};

      Graphics2D g2d = (Graphics2D) g;
      GeneralPath star = new GeneralPath();

      // configura a coordenada inicial do General Path
      star.moveTo(xPoints[0], yPoints[0]);

      // cria a estrela -- isso não desenha a estrela
      for (int count = 1; count < xPoints.length; count++)
         star.lineTo(xPoints[count], yPoints[count]);

      star.closePath(); // fecha a forma

      g2d.translate(150, 150); // traduz a origem para (150, 150)

      // gira em torno da origem e desenha estrelas em cores aleatórias
      for (int count = 1; count <= 20; count++)
      {
         g2d.rotate(Math.PI / 10.0); // rotaciona o sistema de coordenadas

         // configura cores aleatórias
         g2d.setColor(new Color(random.nextInt(256),
            random.nextInt(256), random.nextInt(256)));

         g2d.fill(star); // desenha estrela preenchida
      }
   }
} // fim da classe Shapes2JPanel
```

Figura 13.31 | Caminhos gerais Java 2D.

```java
// Figura 13.32: Shapes2.java
// Demonstrando um caminho geral.
import java.awt.Color;
import javax.swing.JFrame;

public class Shapes2
{
   // executa o aplicativo
   public static void main(String[] args)
```

continua

continuação

```
    {
        // cria frame para Shapes2JPanel
        JFrame frame = new JFrame("Drawing 2D Shapes");
        frame.setDefaultCloseOperation(JFrame.EXIT_ON_CLOSE);

        Shapes2JPanel shapes2JPanel = new Shapes2JPanel();
        frame.add(shapes2JPanel);
        frame.setBackground(Color.WHITE);
        frame.setSize(315, 330);
        frame.setVisible(true);
    }
} // fim da classe Shapes2
```

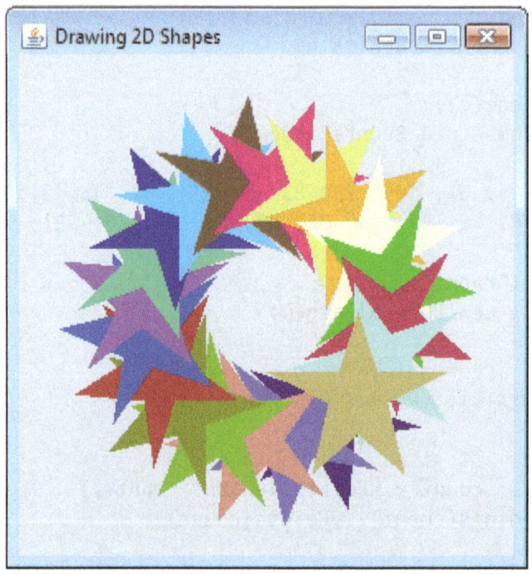

Figura 13.32 | Demonstrando um caminho geral.

As linhas 19 e 20 (Figura 13.31) declaram dois arrays `int` que representam as coordenadas *x* e *y* dos pontos na estrela. A linha 23 cria o objeto `GeneralPath star`. A linha 26 utiliza o método `GeneralPath` **`moveTo`** para especificar o primeiro ponto na `star`. A instrução `for` nas linhas 29 e 30 usa o método `GeneralPath` **`lineTo`** para desenhar uma linha para o próximo ponto na `star`. Cada nova chamada a `lineTo` desenha uma linha desde o ponto anterior até o ponto atual. A linha 32 utiliza o método `GeneralPath` **`closePath`** para desenhar uma linha desde o último ponto até o ponto especificado na última chamada a `moveTo`. Isso completa o caminho geral.

A linha 34 utiliza o método `Graphics2D` **`translate`** para mover a origem do desenho para a posição (150, 150). Todas as operações de desenho agora utilizam a posição (150, 150) como (0, 0).

A instrução `for` nas linhas 37 a 46 desenha a `star` 20 vezes rotacionando-a em torno do novo ponto de origem. A linha 39 utiliza o método `Graphics2D` **`rotate`** para rotacionar a próxima forma exibida. O argumento especifica o ângulo de rotação em radianos (com 360° = 2π radianos). A linha 45 utiliza o método `Graphics2D` `fill` para desenhar uma versão preenchida da `star`.

13.9 Conclusão

Neste capítulo, você aprendeu a utilizar as capacidades gráficas do Java para criar desenhos coloridos. Aprendeu a especificar a posição de um objeto utilizando o sistema de coordenadas do Java e como desenhar em uma janela com o método `paintComponent`. Apresentamos a classe `Color` e você aprendeu como utilizá-la para especificar diferentes cores utilizando seus componentes RGB. Você utilizou o diálogo `JColorChooser` para permitir que usuários selecionem cores em um programa. Você então aprendeu a trabalhar com fontes ao desenhar texto em uma janela. Você aprendeu a criar um objeto `Font` a partir de um nome de fonte, estilo e tamanho e como acessar a métrica de uma fonte. Deste ponto, você aprendeu a desenhar várias formas em uma janela, como retângulos (regulares, arredondados e 3D), ovais e polígonos, bem como linhas e arcos. Você então utilizou a Java 2D API para criar formas mais complexas e para preenchê-las com gradientes ou padrões. Este capítulo foi concluído com uma discussão sobre caminhos gerais utilizados para criar formas com linhas retas e curvas complexas. No próximo capítulo, discutiremos a classe `String` e seus métodos. Introduzimos expressões regulares para correspondência de padrões em strings e demonstramos como validar a entrada do usuário com expressões regulares.

Resumo

Seção 13.1 Introdução

- O sistema de coordenadas do Java é um esquema para identificar cada ponto na tela.
- Um par de coordenadas tem uma coordenada *x* (horizontal) e uma coordenada *y* (vertical).
- As coordenadas são utilizadas para indicar onde as imagens gráficas devem ser exibidas em uma tela.
- As unidades das coordenadas são medidas em pixels. Um pixel é a menor unidade de exibição de resolução do monitor.

Seção 13.2 Contextos gráficos e objetos gráficos

- Um contexto gráfico Java permite desenhar na tela.
- A classe `Graphics` contém métodos para desenhar strings, linhas, retângulos e outras formas. Os métodos também são incluídos para manipulação de fontes e manipulação de cores.
- Um objeto `Graphics` gerencia um contexto gráfico e desenha pixels na tela que representam texto e outros objetos gráficos, por exemplo, linhas, ovais, retângulos e outros polígonos.
- A classe `Graphics` é uma classe `abstract`. Cada implementação Java tem uma subclasse `Graphics` que fornece as capacidades de desenho. Essa implementação permanece oculta pela classe `Graphics`, a qual fornece a interface que permite utilizar imagens gráficas de uma maneira independente de plataforma.
- O método `paintComponent` pode ser usado para desenhar elementos gráficos em qualquer componente `JComponent`.
- O método `paintComponent` recebe um objeto `Graphics` que é passado para o método pelo sistema quando um componente Swing leve precisa ser repintado.
- Quando um aplicativo executa, o contêiner de aplicativo chama o método `paintComponent`. Para `paintComponent` ser chamado novamente, deve ocorrer um evento.
- Quando um `JComponent` é exibido, seu método `paintComponent` é chamado.
- Chamar o método `repaint` em um componente atualiza os elementos gráficos desenhados nesse componente.

Seção 13.3 Controle de cor

- A classe `Color` declara métodos e constantes para manipular cores em um programa Java.
- Cada cor é criada a partir de um componente vermelho, um verde e um azul. Juntos, esses componentes são chamados valores RGB. Os componentes RGB especificam a quantidade de vermelho, verde e azul em uma cor, respectivamente. Quanto maior o valor, maior a quantidade dessa cor em particular.
- Os métodos `Color` `getRed`, `getGreen` e `getBlue` retornam valores `int` de 0 a 255 representando a quantidade de vermelho, verde e azul, respectivamente.
- O método `Graphics` `getColor` retorna um objeto `Color` com a cor atual de desenho.
- O método `Graphics` `setColor` define a cor atual de desenho.
- O método `fillRect` de `Graphics` desenha um retângulo preenchido pela cor atual do objeto `Graphics`.
- O método `drawString` de `Graphics` desenha uma `String` na cor atual.
- O componente GUI `JColorChooser` permite que os usuários do aplicativo selecionem cores.
- O método `JColorChooser` `static` `showDialog` exibe uma caixa de diálogo modal `JColorChooser`.

Seção 13.4 Manipulando fontes

- A classe `Font` contém métodos e constantes para manipular fontes.
- O construtor da classe `Font` aceita três argumentos — nome da fonte, estilo da fonte e tamanho da fonte.
- O estilo de fonte de uma `Font` pode ser `Font.PLAIN`, `Font.ITALIC` ou `Font.BOLD` (cada um é um campo `static` da classe `Font`). Os estilos de fonte podem ser utilizados em combinação (por exemplo, `Font.ITALIC + Font.BOLD`).
- O tamanho da fonte é medido em pontos. Um ponto tem 1/72 de uma polegada.
- O método `Graphics` `setFont` define a fonte de desenho em que o texto será exibido.
- O método `Font` `getSize` retorna o tamanho da fonte em pontos.
- O método `Font` `getName` retorna o nome atual da fonte como uma string.
- O método `Font` `getStyle` retorna um valor de inteiro representando o estilo atual de `Font`.
- O método `Font` `getFamily` retorna o nome da família de fontes a que a fonte atual pertence. O nome da família de fontes é específico da plataforma.
- A classe `FontMetrics` contém métodos para obter informações de fonte.
- Métricas de fonte incluem altura, descendente e entrelinha.

Seção 13.5 Desenhando linhas, retângulos e ovais

- Os métodos `fillRoundRect` e `drawRoundRect` de `Graphics` desenham retângulos com cantos arredondados.
- Os métodos `draw3DRect` e `fill3DRect` de `Graphics` desenham retângulos tridimensionais.
- Os métodos `drawOval` e `fillOval` de `Graphics` desenham ovais.

Seção 13.6 Desenhando arcos

- Um arco é desenhado como uma porção de uma oval.
- Os arcos são formados pelo ângulo inicial mais um número de graus especificados pelo ângulo do arco.
- Os métodos `drawArc` e `fillArc` de `Graphics` são usados para desenhar arcos.

Seção 13.7 Desenhando polígonos e polilinhas

- A classe `Polygon` contém métodos para criar polígonos.
- Polígonos são formas de múltiplos lados compostas de segmentos de linhas retas.
- Polilinhas são sequências de pontos conectados.
- O método `drawPolyline` de `Graphics` exibe uma série de linhas conectadas.
- Os métodos `drawPolygon` e `fillPolygon` de `Graphics` são usados para desenhar polígonos.
- O método `addPoint` de `Polygon` adiciona pares das coordenadas x e y ao `Polygon`.

Seção 13.8 Java 2D API

- A Java 2D API fornece capacidades gráficas bidimensionais avançadas.
- A classe `Graphics2D` — uma subclasse de `Graphics` — é usada para desenhar com a Java 2D API.
- As classes da Java 2D API para desenhar formas incluem `Line2D.Double`, `Rectangle2D.Double`, `RoundRectangle2D.Double`, `Arc2D.Double` e `Ellipse2D.Double`.
- A classe `GradientPaint` ajuda a desenhar uma forma nas cores que mudam gradualmente — chamada gradiente.
- O método `Graphics2D` `fill` chama um objeto preenchido de qualquer tipo que implementa a interface `Shape`.
- A classe `BasicStroke` ajuda a especificar as características de desenho das linhas.
- O método `Graphics2D` `draw` é usado para desenhar um objeto `Shape`.
- As classes `GradientPaint` e `TexturePaint` ajudam a especificar as características para preencher formas com cores ou padrões.
- Um caminho geral é uma forma construída de linhas retas e curvas complexas e é representado com um objeto de classe `GeneralPath`.
- O método `GeneralPath` `moveTo` especifica o primeiro ponto em um caminho geral.
- O método `GeneralPath` `lineTo` desenha uma linha para o próximo ponto no caminho. Cada nova chamada a `lineTo` desenha uma linha desde o ponto anterior até o ponto atual.
- O método `GeneralPath` `closePath` desenha uma linha do último ponto ao ponto especificado na última chamada `moveTo`. Isso completa o caminho geral.
- O método `Graphics2D` `translate` é utilizado para mover a origem do desenho para uma nova posição.
- O método `Graphics2D` `rotate` é utilizado para rotacionar a próxima forma exibida.

Exercícios de revisão

13.1 Preencha as lacunas em cada uma das seguintes afirmações:

a) Em Java 2D, o método ________ da classe ________ configura as características de um traço utilizado para desenhar uma forma.

b) A classe ________ ajuda a especificar o preenchimento para uma forma de tal modo que ele gradualmente mude de uma cor para outra.

c) O método ________ da classe `Graphics` desenha uma linha entre dois pontos.

d) O RGB é acrônimo para ________, ________ e ________.

e) Os tamanhos da fonte são medidos em unidades chamadas ________.

f) A classe ________ ajuda a especificar o preenchimento para uma forma que utiliza um padrão desenhado em uma `BufferedImage`.

13.2 Determine se cada um dos seguintes é *verdadeiro* ou *falso*. Se *falso*, explique por quê.

a) Os primeiros dois argumentos do método `Graphics` `drawOval` especificam a coordenada do centro da oval.

b) No sistema de coordenadas do Java, as coordenadas x aumentam da esquerda para a direita e as coordenadas y, de cima para baixo.

c) O método `Graphics` `fillPolygon` desenha um polígono preenchido na cor atual.

d) O método `Graphics` `drawArc` permite ângulos negativos.

e) O método Graphics getSize retorna o tamanho da fonte atual em centímetros.

f) A coordenada de pixel (0, 0) localiza-se no centro exato do monitor.

13.3 Localize o(s) erro(s) em cada um dos seguintes itens e explique como corrigi-los. Suponha que g é um objeto Graphics.

a) `g.setFont("SansSerif");`

b) `g.erase(x, y, w, h); // limpa o retângulo em (x, y)`

c) `Font f = new Font("Serif", Font.BOLDITALIC, 12);`

d) `g.setColor(255, 255, 0); // muda a cor para amarelo`

Respostas dos exercícios de revisão

13.1 a) setStroke, Graphics2D. b) GradientPaint. c) drawLine. d) Red, Green, Blue. e) pontos. f) TexturePaint.

13.2 a) Falso. Os primeiros dois argumentos especificam o canto superior esquerdo do retângulo delimitador.

b) Verdadeiro.

c) Verdadeiro.

d) Verdadeiro.

e) Falso. Os tamanhos da fonte são medidos em pontos.

f) Falso. A coordenada (0,0) corresponde ao canto superior esquerdo de um componente GUI em que o desenho ocorre.

13.3 a) O método setFont aceita um objeto Font como um argumento — não uma String.

b) A classe Graphics não tem um método erase. O método clearRect deve ser utilizado.

c) Font.BOLDITALIC não é um estilo válido de fonte. Para obter uma fonte em negrito e itálico, utilize Font.BOLD + Font.ITALIC.

d) O método setColor recebe um objeto Color como um argumento, não três inteiros.

Questões

13.4 Preencha as lacunas em cada uma das seguintes afirmações:

a) A classe ________ da Java 2D API é utilizada para desenhar ovais.

b) Os métodos draw e fill da classe Graphics2D exigem um objeto do tipo ________ como seu argumento.

c) As três constantes que especificam o estilo de fonte são ________, ________ e ________.

d) O método Graphics2D ________ configura a cor de pintura para formas Java 2D.

13.5 Determine se cada um dos seguintes itens é *verdadeiro* ou *falso*. Se *falso*, explique por quê.

a) O método Graphics drawPolygon conecta automaticamente os pontos finais do polígono.

b) O método Graphics drawLine desenha uma linha entre dois pontos.

c) O método Graphics fillArc utiliza graus para especificar o ângulo.

d) No sistema de coordenadas Java, os valores no eixo *y* aumentam da esquerda para a direita.

e) Graphics herda diretamente da classe Object.

f) Graphics é uma classe abstract.

g) A classe Font herda diretamente da classe Graphics.

13.6 ***(Círculos concêntricos utilizando o método drawArc)*** Escreva um aplicativo que desenha uma série de oito círculos concêntricos. Os círculos devem ser separados por 10 pixels. Use o método drawArc de Graphics.

13.7 ***(Círculos concêntricos utilizando a classe Ellipse2D.Double)*** Modifique sua solução da Questão 13.6 para desenhar as ovais utilizando a classe Ellipse2D.Double e o método draw da classe Graphics2D.

13.8 ***(Linhas aleatórias usando a classe Line2D.Double)*** Modifique sua solução para a Questão 13.7 a fim de desenhar linhas aleatórias em cores aleatórias e espessuras aleatórias. Utilize a classe Line2D.Double e o método draw da classe Graphics2D para desenhar as linhas.

13.9 ***(Triângulos aleatórios)*** Escreva um aplicativo que exibe triângulos aleatoriamente gerados em diferentes cores. Cada triângulo deve ser preenchido com uma cor diferente. Utilize a classe GeneralPath e o método fill da classe Graphics2D para desenhar os triângulos.

13.10 ***(Caracteres aleatórios)*** Escreva um aplicativo que desenha aleatoriamente caracteres em diferentes fontes, tamanhos e cores.

13.11 ***(Grade utilizando o método drawLine)*** Escreva um aplicativo que desenha uma grade de 8 por 8. Utilize o método Graphics drawLine.

13.12 ***(Grade utilizando a classe Line2D.Double)*** Modifique sua solução da Questão 13.11 para desenhar a grade utilizando instâncias da classe Line2D.Double e o método draw da classe Graphics2D.

13.13 ***(Grade utilizando o método `drawRect`)*** Escreva um aplicativo que desenha uma grade de 10 por 10. Use o método `Graphics` `drawRect`.

13.14 ***(Grade utilizando a classe `Rectangle2D.Double`)*** Modifique sua solução da Questão 13.13 para desenhar a grade utilizando instâncias da classe `Rectangle2D.Double` e o método `draw` da classe `Graphics2D`.

13.15 ***(Desenhando tetraedros)*** Escreva um aplicativo que desenha um tetraedro (uma pirâmide). Use a classe `GeneralPath` e o método `draw` da classe Graphics2D.

13.16 ***(Desenhando cubos)*** Escreva um aplicativo que desenha um cubo. Escreva um programa que desenha um cubo.

13.17 ***(Círculos utilizando a classe `Ellipse2D.Double`)*** Escreva um aplicativo que solicita que o usuário insira o raio de um círculo como um número de ponto flutuante e desenhe o círculo, bem como os valores de diâmetro, circunferência e área do círculo. Utilize o valor 3,14159 para π. [*Observação:* você também pode utilizar a constante `Math.PI` predefinida para o valor de π. Essa constante é mais precisa que o valor 3,14159. A classe `Math` é declarada no pacote `java.lang`, então você não precisa `importá-la`.] Utilize as seguintes fórmulas (r é o raio):

diâmetro = $2r$
circunferência = $2\pi r$
área = πr^2

Também se deve solicitar ao usuário um conjunto de coordenadas além do raio. Então, desenhe o círculo e exiba o diâmetro, circunferência e área, usando um objeto `Ellipse2D.Double` para representar o círculo e o método `draw` da classe `Graphics2D` para exibi-lo.

13.18 ***(Protetor de tela)*** Escreva um aplicativo que simula um protetor de tela. O aplicativo deve desenhar linhas aleatoriamente utilizando o método `drawLine` da classe `Graphics`. Depois de desenhar 100 linhas, ele deve se autorredefinir e começar a desenhar as linhas novamente. Para permitir que o programa desenhe continuamente, coloque uma chamada `repaint` como a última linha no método `paintComponent`. Você notou qualquer problema com isso em seu sistema?

13.19 ***(Protetor de tela utilizando `Timer`)*** O pacote `javax.swing` contém uma classe chamada `Timer` que é capaz de chamar o método `actionPerformed` da interface `ActionListener` em um intervalo fixo de tempo (especificado em milissegundos). Modifique sua solução da Questão 13.18 para remover a chamada `repaint` a partir do método `paintComponent`. Declare sua classe para implementar `ActionListener`. (O método `actionPerformed` deve simplesmente chamar `repaint`.) Declare uma variável de instância do tipo `Timer` chamada `timer` em sua classe. No construtor da sua classe, escreva as seguintes instruções:

```
timer = new Timer(1000, this);
timer.start();
```

Isso cria uma instância de classe `Timer` que chamará o método `actionPerformed` do objeto `this` a cada `1000` milissegundos (isto é, um segundo).

13.20 ***(Protetor de tela para um número aleatório de linhas)*** Modifique sua solução da Questão 13.19 para permitir que o usuário insira o número de linhas aleatórias que deve ser desenhado antes de o aplicativo apagar seu próprio desenho e começar a desenhar linhas novamente. Utilize um `JTextField` para obter o valor. O usuário deve ser capaz de digitar um novo número no `JTextField` em qualquer momento durante a execução do programa. Utilize uma classe interna para realizar o tratamento de evento para o `JTextField`.

13.21 ***(Protetor de tela com formas)*** Modifique sua solução da Questão 13.20 para que ela utilize a geração de números aleatórios a fim de escolher diferentes formas a exibir. Utilize os métodos da classe `Graphics`.

13.22 ***(Protetor de tela utilizando a Java 2D API)*** Modifique sua solução da Questão 13.21 para utilizar as classes e as capacidades de desenho da Java 2D API. Desenhe formas como retângulos e ovais, com gradientes gerados aleatoriamente. Utilize a classe `GradientPaint` para gerar o gradiente.

13.23 ***(Gráficos de tartaruga)*** Modifique sua solução da Questão 7.21 — *Gráficos de tartaruga* — para adicionar uma interface gráfica com o usuário utilizando `JTextFields` e `JButtons`. Desenhe linhas em vez de asteriscos (`*`). Quando o programa gráfico de tartaruga especificar um movimento, traduza o número de posições em um número de pixels na tela multiplicando o número de posições por 10 (ou qualquer valor que você escolher). Implemente o desenho com os recursos da Java 2D API.

13.24 ***(Passeio do Cavalo)*** Crie uma versão gráfica do problema do Passeio do Cavalo (questões 7.22, 7.23 e 7.26). À medida que cada movimento é feito, a célula apropriada do tabuleiro deve ser atualizada com o número adequado do movimento. Se o resultado do programa é um *passeio completo* ou um *passeio fechado*, o programa deve exibir uma mensagem apropriada. Se quiser, utilize a classe `Timer` (veja a Questão 13.19) para ajudar a animar o Passeio do Cavalo.

13.25 ***(Lebre e a tartaruga)*** Produza uma versão gráfica da simulação *da lebre* e *tartaruga* (Questão 7.28). Simule a montanha desenhando um arco que se estende do canto inferior esquerdo da janela ao canto superior direito. A lebre e a tartaruga devem correr subindo a montanha. Implemente a saída gráfica para imprimir a tartaruga e a lebre no arco a cada movimento. [*Dica:* estenda o percurso da corrida de 70 para 300 a fim de permitir uma área gráfica maior.]

13.26 ***(Desenhando espirais)*** Escreva um aplicativo que utiliza o método `Graphics` `drawPolyline` para desenhar uma espiral semelhante àquela mostrada na Figura 13.33.

13.27 ***(Gráfico de pizza)*** Escreva um programa que insere quatro números e mostra-os como um gráfico de pizza. Use a classe `Arc2D.Double` e o método `fill` da classe `Graphics2D` para realizar o desenho. Desenhe cada pedaço da torta em uma cor separada.

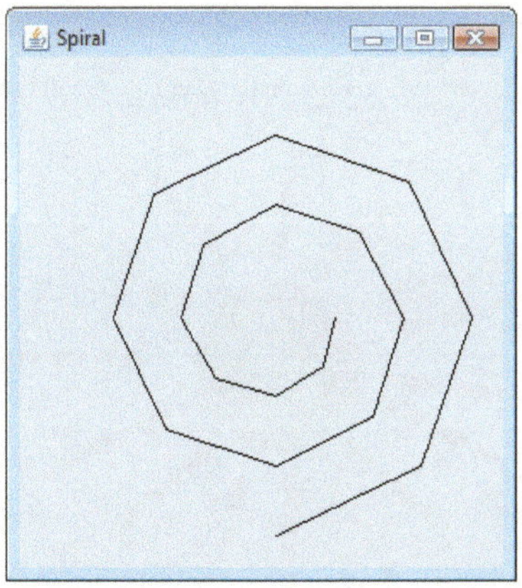

Figura 13.33 | Desenho de espiral utilizando o método `drawPolyline`.

13.28 ***(Selecionando formas)*** Escreva um aplicativo que permite ao usuário selecionar uma forma a partir de uma `JComboBox` e a desenha 20 vezes com posições e dimensões aleatórias no método `paintComponent`. O primeiro item na `JComboBox` deve ser a forma padrão que é exibida na primeira vez que `paintComponent` é chamado.

13.29 ***(Cores aleatórias)*** Modifique a Questão 13.28 para desenhar cada uma das 20 formas com dimensões aleatórias em uma cor selecionada aleatoriamente. Utilize todos os 13 objetos `Color` predefinidos em um array de `Colors`.

13.30 ***(Diálogo `JColorChooser`)*** Modifique a Questão 13.28 para permitir que o usuário selecione a cor em que formas devem ser desenhadas a partir de um diálogo `JColorChooser`.

(Opcional) Exercício de estudo de caso de GUI e imagens gráficas: adicionando Java 2D

13.31 O Java 2D introduz várias novas capacidades para criar imagens gráficas únicas e impressionantes. Adicionaremos um pequeno subconjunto desses recursos ao aplicativo de desenho que você criou na Questão 12.17. Nesta versão, você permitirá que o usuário especifique gradientes para o preenchimento de formas e para alterar as características do traço a fim de desenhar linhas e contornos das formas. O usuário será capaz de escolher as cores que compõem o gradiente e configurar a largura e comprimento do traço da linha tracejada.

Primeiro, você deve atualizar a hierarquia `MyShape` para suportar a funcionalidade do Java 2D. Faça as seguintes alterações na classe `MyShape`:

a) Altere o método `abstract draw` do tipo de parâmetro de `Graphics` para `Graphics2D`.

b) Altere todas as variáveis do tipo `Color` para o tipo `Paint` a fim de permitir suporte a gradientes. [*Observação:* lembre-se de que a classe `Color` implementa a interface `Paint`.]

c) Adicione uma variável de instância do tipo `Stroke` à classe `MyShape` e um parâmetro `Stroke` ao construtor para inicializar a nova variável de instância. O traço padrão deve ser uma instância da classe `BasicStroke`.

Cada uma das classes `MyLine`, `MyBoundedShape`, `MyOval` e `MyRectangle` deve adicionar um parâmetro `Stroke` aos seus construtores. Nos métodos `draw`, cada forma deve configurar `Paint` e `Stroke` antes de desenhar ou preencher uma forma. Como `Graphics2D` é uma subclasse de `Graphics`, você pode continuar a utilizar os métodos `Graphics` `drawLine`, `drawOval`, `fillOval`, e assim por diante para desenhar as formas. Quando esses métodos são chamados, eles desenharão a forma apropriada utilizando as configurações `Paint` e `Stroke` especificadas.

Em seguida, você atualizará a `DrawPanel` para tratar os recursos Java 2D. Altere todas as variáveis `Color` para variáveis `Paint`. Declare uma variável de instância `currentStroke` do tipo `Stroke` e forneça um método *set* para ela. Atualize as chamadas aos construtores individuais da forma para incluir os argumentos `Paint` e `Stroke`. No método `paintComponent`, faça uma coerção da referência a `Graphics` para o tipo `Graphics2D` e utilize a referência `Graphics2D` em cada chamada ao método `MyShape` `draw`.

Em seguida, torne os novos recursos Java 2D acessíveis na GUI. Crie um `JPanel` de componentes GUI para configurar as opções Java 2D. Adicione esses componentes à parte superior de `DrawFrame` abaixo do painel que contém atualmente os controles padrão da forma (veja a Figura 13.34). Esses componentes GUI devem incluir:

a) Uma caixa de seleção para especificar pintura usando um gradiente.

b) Dois `JButtons` que mostram um diálogo `JColorChooser` para permitir que o usuário escolha a primeira e segunda cores no gradiente. (Estes substituirão o `JComboBox` utilizado para escolher a cor na Questão 12.17.)

c) Um campo de texto para inserir a largura de `Stroke`.

d) Um campo de texto para inserir o comprimento do traço da linha tracejada `Stroke`.

e) Uma caixa de seleção para escolher se desenha uma linha tracejada ou sólida.

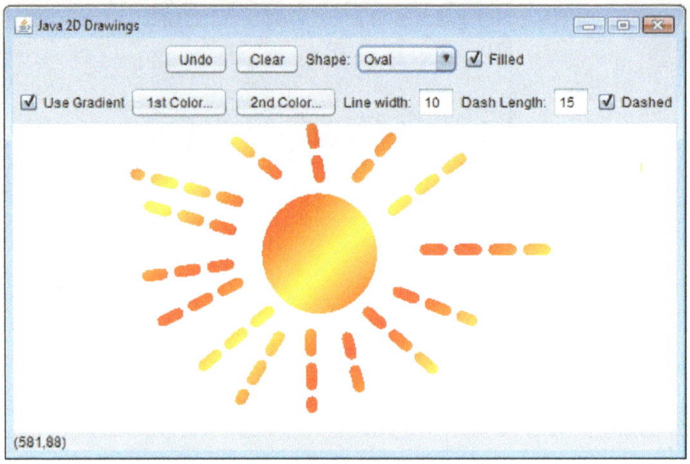

Figura 13.34 | Desenhando com Java 2D.

Se o usuário optar por desenhar com um gradiente, configure `Paint` no `DrawPanel` para ser um gradiente das duas cores escolhidas pelo usuário. A expressão

```
new GradientPaint(0, 0, color1, 50, 50, color2, true))
```

cria um `GradientPaint` que, a cada 50 pixels, vai diagonalmente da parte superior esquerda para a parte inferior direita. As variáveis `color1` e `color2` representam as cores escolhidas pelo usuário. Se o usuário optar por não utilizar um gradiente, simplesmente configure `Paint` em `DrawPanel` como a primeira `Color` escolhida pelo usuário.

Para traços, se o usuário escolher uma linha sólida, crie o `Stroke` com a expressão

```
new BasicStroke(width, BasicStroke.CAP_ROUND, BasicStroke.JOIN_ROUND)
```

onde a variável `largura` é a largura especificada pelo usuário no campo de texto de largura da linha. Se o usuário escolher uma linha tracejada, crie o `Stroke` com a expressão

```
new BasicStroke(width, BasicStroke.CAP_ROUND, BasicStroke.JOIN_ROUND, 10, dashes, 0)
```

onde `largura` é novamente a largura no campo de largura da linha e `dashes` é um array com um elemento cujo valor é o comprimento especificado no campo de comprimento do traço da linha tracejada. Os objetos `Panel` e `Stroke` devem ser passados para o construtor do objeto forma quando a forma é criada em `DrawPanel`.

Fazendo a diferença

13.32 ***(Exibição de fontes maiores para pessoas com problemas de visão)*** A acessibilidade dos computadores e a internet para todas as pessoas, independentemente das deficiências, é cada vez mais importante, uma vez que essas ferramentas desempenham papéis mais fundamentais nas nossas vidas pessoais e profissionais. De acordo com uma estimativa recente da Organização Mundial da Saúde (`www.who.int/mediacentre/factsheets/fs282/en/`), 246 milhões de pessoas no mundo todo têm problemas de visão. Para saber mais sobre problemas de visão, confira a simulação dos problemas de visão baseada em GUI em `www.webaim.org/simulations/lowvision.php`. Pessoas com problemas de visão talvez prefiram escolher uma fonte e/ou um tamanho de fonte maior ao ler documentos eletrônicos e páginas web. O Java tem cinco fontes "lógicas" predefinidas que estão disponíveis em qualquer aplicativo Java, incluindo `Serif`, `SansSerif` e `Monospaced`. Escreva um aplicativo gráfico que fornece uma `JTextArea` em que o usuário pode digitar texto. Permita que o usuário selecione `Serif`, `SansSerif` ou `Monospaced` a partir de uma `JComboBox`. Forneça um `JCheckBox` **Bold** que, se marcado, torna o texto negrito. Inclua os `JButtons` **Increase Font Size** e **Decrease Font Size**, que permitem ao usuário aumentar ou reduzir, respectivamente, o tamanho de fonte em um ponto de cada vez. Comece com um tamanho de fonte de 18 pontos. Para os propósitos deste exercício, defina o tamanho de fonte em `JComboBox`, `JButtons` e `JCheckBox` como 20 pontos, de modo que uma pessoa com problemas de visão seja capaz de ler o texto neles.

Strings, caracteres e expressões regulares

14

O principal defeito do Rei Henrique era mascar pedacinhos de linha.
— Hilaire Belloc

Um texto vigoroso é conciso. Uma frase não deve conter nenhuma palavra desnecessária; um parágrafo, nenhuma frase desnecessária.
— William Strunk, Jr.

Escrevi uma carta mais longa que o normal, porque me falta tempo para fazê-la mais curta.
— Blaise Pascal

Objetivos

Neste capítulo, você irá:

- Criar e manipular objetos imutáveis de string de caractere da classe `String`.
- Criar e manipular objetos mutáveis de string de caractere da classe `StringBuilder`.
- Criar e manipular objetos da classe `Character`.
- Dividir um objeto `String` em tokens usando o método `String split`.
- Utilizar expressões regulares para validar dados `String` inseridos em um aplicativo.

14.1 Introdução

Este capítulo introduz as capacidades de processamento de string e caractere do Java. As técnicas discutidas aqui são apropriadas para validar entrada de programa, exibir informações para usuários e outras manipulações baseadas em texto. Elas também são adequadas para desenvolver editores de texto, processadores de texto, software de layout de página, sistemas de composição computadorizados e outros tipos de software de processamento de texto. Já apresentamos várias capacidades de processamento de string nos capítulos anteriores. Este capítulo discute em detalhes as capacidades das classes `String`, `StringBuilder` e `Character` do pacote `java.lang` — essas classes fornecem a base para a manipulação de strings e caracteres no Java.

O capítulo também discute as expressões regulares que fornecem aos aplicativos a capacidade de validar entrada. A funcionalidade está localizada na classe `String` junto com as classes `Matcher` e `Pattern` que estão no pacote `java.util.regex`.

14.2 Fundamentos de caracteres e strings

Os caracteres são os blocos de construção fundamentais dos programas-fonte do Java. Cada programa é composto de uma sequência de caracteres que, quando agrupadas entre si significativamente, são interpretadas pelo compilador Java como uma série de instruções utilizadas para realizar uma tarefa. Um programa pode conter **literais de caractere**. Um literal de caractere é um valor inteiro representado como caractere entre aspas simples. Por exemplo, `'z'` representa o valor inteiro de z e `'\t'` representa o valor inteiro de caractere de tabulação. O valor de um literal de caractere é o valor inteiro do caractere no **conjunto de caracteres Unicode**. O Apêndice B apresenta os equivalentes inteiros dos caracteres no conjunto de caracteres ASCII, que é um subconjunto de Unicode (discutido no Apêndice H, em inglês, no Site de Apoio do livro).

A partir da discussão da Seção 2.2, lembre-se de que uma string é uma sequência de caracteres tratada como uma única unidade. Uma string pode incluir letras, dígitos e vários **caracteres especiais**, como +,-, *, / e $. Uma string é um objeto de classe `String`. As **literais string** (armazenadas na memória como objetos `String`) são escritas como uma sequência de caracteres entre aspas duplas, como em:

`"John Q. Doe"`	(um nome)
`"9999 Main Street"`	(a rua de um endereço)
`"Waltham, Massachusetts"`	(uma cidade ou estado)
`"(201) 555-1212"`	(um número de telefone)

Uma string pode ser atribuída a uma referência `String`. A declaração

```
String color = "blue";
```

inicializa a variável `String color` para referir-se a um objeto `String` que contém a string `"blue"`.

Dica de desempenho 14.1

Para economizar a memória, o Java trata todos os literais string com o mesmo conteúdo de um único objeto `String` que tem muitas referências a ele.

14.3 Classe String

A classe `String` é utilizada para representar strings em Java. As próximas várias subseções discutem muitas das capacidades da classe `String`.

14.3.1 Construtores String

A classe `String` fornece construtores para inicializar objetos `String` de uma variedade de maneiras. Quatro dos construtores são demonstrados no método `main` da Figura 14.1.

A linha 12 instancia um novo objeto `String` utilizando o construtor sem argumento da classe `String` e atribui sua referência a `s1`. O novo objeto `String` não contém caracteres (isto é, a **string vazia**, que também pode ser representada como `""`) e tem um comprimento de 0. A linha 13 instancia um novo objeto `String` usando o construtor da classe `String` que recebe um objeto `String` como um argumento e atribui sua referência a `s2`. O novo objeto `String` contém a mesma sequência de caracteres do objeto `String` `s` que é passado como um argumento ao construtor.

Dica de desempenho 14.2

Não é necessário copiar um objeto `String` existente. Objetos `String` são imutáveis, porque a classe `String` não fornece métodos que permitem que o conteúdo de um objeto `String` seja modificado depois que ele é criado.

A linha 14 instancia um novo objeto `String` e atribui sua referência à classe `s3`, que utiliza o construtor de `String` que aceita um array `char` como um argumento. O novo objeto `String` contém uma cópia dos caracteres no array.

A linha 15 instancia um novo objeto `String` e atribui sua referência à classe `s4` utilizando o construtor de `String` que aceita um array de `char`s e dois inteiros como argumentos. O segundo argumento especifica a posição inicial (o *deslocamento*) a partir da qual os caracteres no array são acessados. Lembre-se de que o primeiro caractere está na posição `0`. O terceiro argumento especifica o número de caracteres (a contagem) a acessar no array. O novo objeto `String` é formado a partir dos caracteres acessados. Se o deslocamento ou a contagem especificada como um argumento resultar no acesso a um elemento fora dos limites do array de caracteres, uma `StringIndexOutOfBoundsException` é lançada.

```
1   // Figura 14.1: StringConstructors.java
2   // construtores da classe String.
3
4   public class StringConstructors
5   {
6      public static void main(String[] args)
7      {
8         char[] charArray = {'b', 'i', 'r', 't', 'h', ' ', 'd', 'a', 'y'};
9         String s = new String("hello");
10
11        // utiliza os construtores String
12        String s1 = new String();
13        String s2 = new String(s);
14        String s3 = new String(charArray);
15        String s4 = new String(charArray, 6, 3);
16
17        System.out.printf(
18           "s1 = %s%ns2 = %s%ns3 = %s%ns4 = %s%n", s1, s2, s3, s4);
19     }
20  } // fim da classe StringConstructors
```

```
s1 =
s2 = hello
s3 = birth day
s4 = day
```

Figura 14.1 | Construtores da classe `String`.

14.3.2 Métodos String length, charAt e GetChars

Os métodos `length`, `charAt` e `getChars` de `String` retornam o comprimento de uma `String`, obtêm o caractere em uma localização específica em uma `String` e recuperam um conjunto de caracteres de uma `String` como um array `char`, respectivamente. A Figura 14.2 demonstra cada um desses métodos.

A linha 15 utiliza o método `String length` para determinar o número de caracteres em `String s1`. Como os arrays, as strings conhecem seu próprio comprimento. Mas ao contrário de arrays, você acessa o comprimento de uma `String` pelo método `length` da classe `String`.

As linhas 20 e 21 imprimem os caracteres da `String s1` em ordem inversa (e separados por espaços). O método `String charAt` (linha 21) retorna o caractere em uma posição específica na `String`. O método `charAt` recebe um argumento inteiro que é utilizado como índice e retorna o caractere nessa posição. Como os arrays, o primeiro elemento de uma `String` está na posição 0.

A linha 24 utiliza o método `String getChars` para copiar os caracteres de uma `String` em um array de caracteres. O primeiro argumento é o índice inicial a partir do qual os caracteres devem ser copiados. O segundo argumento é o índice que está além do último caractere que será copiado da `String`. O terceiro argumento é o array de caracteres, em que os caracteres devem ser copiados. O último argumento é o índice inicial onde os caracteres copiados são colocados no array de caracteres alvo. Em seguida, as linhas 27 e 28 imprimem o conteúdo do array `char` um caractere por vez.

```
1   // Figura 14.2: StringMiscellaneous.java
2   // Esse aplicativo demonstra os métodos da classe String
3   // length, charAt e getChars.
4
5   public class StringMiscellaneous
6   {
7      public static void main(String[] args)
8      {
9         String s1 = "hello there";
10        char[] charArray = new char[5];
11
12        System.out.printf("s1: %s", s1);
13
14        // testa o método length
15        System.out.printf("%nLength of s1: %d", s1.length());
16
17        // faz loop pelos caracteres em s1 com charAt e os exibe na ordem inversa
18        System.out.printf("%nThe string reversed is: ");
19
20        for (int count = s1.length() - 1; count >= 0; count--)
21           System.out.printf("%c ", s1.charAt(count));
22
23        // copia caracteres a partir de string para charArray
24        s1.getChars(0, 5, charArray, 0);
25        System.out.printf("%nThe character array is: ");
26
27        for (char character : charArray)
28           System.out.print(character);
29
30        System.out.println();
31     }
32  } // fim da classe StringMiscellaneous
```

```
s1: hello there
Length of s1: 11
The string reversed is: e r e h t   o l l e h
The character array is: hello
```

Figura 14.2 | Métodos `String length`, `charAt` e `getChars`.

14.3.3 Comparando Strings

O Capítulo 19 discute a classificação e pesquisa de arrays. Frequentemente, as informações a serem classificadas ou pesquisadas consistem em `Strings` que devem ser comparadas para colocá-las em ordem ou determinar se uma string aparece em um array (ou em outra coleção). A classe `String` fornece vários métodos para *comparar* strings, como os demonstrados nos dois exemplos a seguir.

Para entender o que significa uma string ser "maior que" ou "menor que" outra, considere o processo de alfabetar uma série de sobrenomes. Sem dúvida, você colocaria "Jones" antes de "Smith", pois a primeira letra de "Jones" vem antes da primeira letra de "Smith" no alfabeto. Mas o alfabeto é mais que uma simples lista de 26 letras — é uma lista *ordenada* de caracteres. Cada letra ocorre em uma posição específica dentro da lista. O "z" é mais do que apenas uma letra do alfabeto — ele é especificamente a vigésima sexta letra do alfabeto.

Como o computador sabe que uma letra "vem antes" de outra? Todos os caracteres são representados no computador como códigos numéricos (veja o Apêndice B). Quando o computador compara `Strings`, na verdade ele compara os códigos numéricos dos caracteres nas `Strings`.

A Figura 14.3 demonstra os métodos `String` `equals`, `equalsIgnoreCase`, `compareTo` e `regionMatches` e o uso do operador de igualdade `==` para comparar objetos `String`.

```java
// Figura 14.3: StringCompare.java
// Métodos String equals, equalsIgnoreCase, compareTo e regionMatches.

public class StringCompare
{
   public static void main(String[] args)
   {
      String s1 = new String("hello"); // s1 é uma cópia de "hello"
      String s2 = "goodbye";
      String s3 = "Happy Birthday";
      String s4 = "happy birthday";

      System.out.printf(
         "s1 = %s%ns2 = %s%ns3 = %s%ns4 = %s%n%n", s1, s2, s3, s4);

      // teste para igualdade
      if (s1.equals("hello")) // true
         System.out.println("s1 equals \"hello\"");
      else
         System.out.println("s1 does not equal \"hello\"");

      // testa quanto à igualdade com ==
      if (s1 == "hello") // false; eles não são os mesmos objetos
         System.out.println("s1 is the same object as \"hello\"");
      else
         System.out.println("s1 is not the same object as \"hello\"");

      // testa quanto à igualdade (ignora maiúsculas e minúsculas)
      if (s3.equalsIgnoreCase(s4)) // true
         System.out.printf("%s equals %s with case ignored%n", s3, s4);
      else
         System.out.println("s3 does not equal s4");

      // testa compareTo
      System.out.printf(
         "%ns1.compareTo(s2) is %d", s1.compareTo(s2));
      System.out.printf(
         "%ns2.compareTo(s1) is %d", s2.compareTo(s1));
      System.out.printf(
         "%ns1.compareTo(s1) is %d", s1.compareTo(s1));
      System.out.printf(
         "%ns3.compareTo(s4) is %d", s3.compareTo(s4));
      System.out.printf(
         "%ns4.compareTo(s3) is %d%n%n", s4.compareTo(s3));

      // testa regionMatches (distingue maiúsculas e minúsculas)
      if (s3.regionMatches(0, s4, 0, 5))
         System.out.println("First 5 characters of s3 and s4 match");
      else
         System.out.println(
            "First 5 characters of s3 and s4 do not match");

      // testa regionMatches (ignora maiúsculas e minúsculas)
      if (s3.regionMatches(true, 0, s4, 0, 5))
         System.out.println(
            "First 5 characters of s3 and s4 match with case ignored");
```

continua

continuação

```
57          else
58             System.out.println(
59                "First 5 characters of s3 and s4 do not match");
60       }
61    } // fim da classe StringCompare
```

```
s1 = hello
s2 = goodbye
s3 = Happy Birthday
s4 = happy birthday

s1 equals "hello"
s1 is not the same object as "hello"
Happy Birthday equals happy birthday with case ignored

s1.compareTo(s2) is 1
s2.compareTo(s1) is -1
s1.compareTo(s1) is 0
s3.compareTo(s4) is -32
s4.compareTo(s3) is 32

First 5 characters of s3 and s4 do not match
First 5 characters of s3 and s4 match with case ignored
```

Figura 14.3 | Métodos `String equals`, `equalsIgnoreCase`, `compareTo` e `regionMatches`.

Método `String equals`

A condição na linha 17 utiliza o método `equals` para comparar `String s1` e o literal da `String "hello"` quanto à igualdade. O método `equals` (um método da classe `Object` sobrescrito em `String`) testa dois objetos quaisquer quanto à igualdade — as strings contidas nos dois objetos são *idênticas*. O método retorna `true` se os conteúdos dos objetos forem iguais e `false`, caso contrário. A condição precedente é `true` porque `String s1` foi inicializada com a string literal `"hello"`. O método `equals` utiliza uma **comparação lexicográfica** — compara os valores inteiros Unicode (ver Apêndice H para informações adicionais) que representam cada caractere em cada `String`. Portanto, se a `String "hello"` é comparada com a string `"HELLO"`, o resultado é `false`, pois a representação de inteiro de uma letra minúscula é *diferente* daquela da letra maiúscula correspondente.

Comparando `Strings` com o operador ==

A condição na linha 23 utiliza o operador de igualdade == para comparar a igualdade entre `String s1` e o literal da `String "hello"`. Quando valores de tipo de dados primitivos são comparados com ==, o resultado é `true` se *ambos os valores forem idênticos*. Quando referências são comparadas com ==, o resultado é `true` se *ambas as referências referenciam o mesmo objeto na memória*. Para comparar o conteúdo real (ou informações de estado) de objetos quanto à igualdade, um método deve ser invocado. No caso de `Strings`, esse método é `equals`. A condição anterior é avaliada como `false` na linha 23 porque a referência `s1` foi inicializada com a instrução

```
s1 = new String("hello");
```

que cria um novo objeto `String` com uma cópia de literal da string `"hello"` e atribui o novo objeto à variável `s1`. Se `s1` tivesse sido inicializada com a instrução

```
s1 = "hello";
```

que atribui diretamente o literal de string `"hello"` à variável `s1`, a condição seria `true`. Lembre-se de que o Java trata todos os objetos de literal string com o mesmo conteúdo como um objeto `String` ao qual há muitas referências. Portanto, as linhas 8, 17 e 23 referenciam o mesmo objeto `String "hello"` na memória.

Erro comum de programação 14.1

Comparar referências com == pode levar a erros de lógica, porque == compara as referências a fim de determinar se elas referenciam o mesmo objeto, não se dois objetos têm o mesmo conteúdo. Quando dois objetos separados que contêm os mesmos valores são comparados com ==, o resultado será `false`. Ao comparar objetos para determinar se eles têm o mesmo conteúdo, utilize o método `equals`.

Método `String` *equalsIgnoreCase*

Se estiver classificando `Strings`, você pode compará-las quanto à igualdade com o método `equalsIgnoreCase`, que ignora se as letras em cada `String` são maiúsculas ou minúsculas ao realizar a comparação. Assim, `"hello"` e `"HELLO"` são considerados iguais. A linha 29 usa o método `String` `equalsIgnoreCase` para comparar a `String` `s3` — `Happy Birthday` — quanto à igualdade com `String` `s4` — `happy birthday`. O resultado dessa comparação é `true` porque a comparação ignora os casos.

Método `String` *compareTo*

As linhas 35 a 44 usam o método `compareTo` para comparar `Strings`. O método `compareTo` é declarado na interface `Comparable` e implementado na classe `String`. A linha 36 compara `String` `s1` com `String` `s2`. O método `compareTo` retorna 0 se as `Strings` forem iguais, um número negativo se a `String` que invoca `compareTo` for menor que a `String` que é passada como um argumento e um número positivo se a `String` que invoca `compareTo` for maior que a `String` que é passada como um argumento. O método `compareTo` utiliza uma comparação *lexicográfica* — ele compara os valores numéricos de caracteres correspondentes em cada `String`.

Método `String` *regionMatches*

A condição na linha 47 utiliza a versão do método `String` `regionMatches` para comparar a igualdade entre partes de duas `Strings`. O primeiro argumento para essa versão do método é o índice inicial na `String` que chama o método. O segundo argumento é uma comparação de `String`. O terceiro argumento é o índice inicial na comparação de `String`. O último argumento é o número de caracteres a comparar entre as duas `Strings`. O método retorna `true` apenas se o número especificado de caracteres for lexicograficamente igual.

Por fim, a condição na linha 54 utiliza uma versão de cinco argumentos do método `String` `regionMatches` para comparar a igualdade de partes de duas `Strings`. Quando o primeiro argumento é `true`, o método ignora maiúsculas e minúsculas dos caracteres sendo comparados. Os argumentos restantes são idênticos àqueles descritos para o método de quatro argumentos `regionMatches`.

Métodos `String`*,* `startsWith` *e* `endsWith`

O próximo exemplo (Figura 14.4) demonstra os métodos `String` **`startsWith`** e **`endsWith`**. O método `main` cria o array `strings` que contém `"started"`, `"starting"`, `"ended"` e `"ending"`. O restante do método `main` consiste em três instruções `for` que testam os elementos do array para determinar se eles iniciam ou terminam com um conjunto particular de caracteres.

```java
// Figura 14.4: StringStartEnd.java
// métodos String startsWith e endsWith.

public class StringStartEnd
{
   public static void main(String[] args)
   {
      String[] strings = {"started", "starting", "ended", "ending"};

      // testa o método startsWith
      for (String string : strings)
      {
         if (string.startsWith("st"))
            System.out.printf("\"%s\" starts with \"st\"%n", string);
      }

      System.out.println();

      // testa o método startsWith iniciando da posição 2 de string
      for (String string : strings)
      {
         if (string.startsWith("art", 2))
            System.out.printf(
               "\"%s\" starts with \"art\" at position 2%n", string);
      }

      System.out.println();

      // testa o método endsWith
      for (String string : strings)
      {
         if (string.endsWith("ed"))
            System.out.printf("\"%s\" ends with \"ed\"%n", string);
      }
   }
} // fim da classe StringStartEnd
```

continua

continuação

```
"started" starts with "st"
"starting" starts with "st"

"started" starts with "art" at position 2
"starting" starts with "art" at position 2

"started" ends with "ed"
"ended" ends with "ed"
```

Figura 14.4 | Métodos `String` `startsWith` e `endsWith`.

As linhas 11 a 15 utilizam a versão do método `startsWith`, que recebe um argumento `String`. A condição na instrução `if` (linha 13) determina se cada `String` no array inicia com os caracteres `"st"`. Se iniciar, o método retorna `true` e o aplicativo imprime essa `String`. Caso contrário, o método retorna `false` e nada acontece.

As linhas 20 a 25 utilizam o método `startsWith`, que recebe uma `String` e um inteiro como argumentos. O inteiro especifica o índice em que a comparação deve iniciar na `String`. A condição na instrução `if` (linha 22) determina se cada `String` no array tem os caracteres `"art"` começando com o terceiro caractere em cada `String`. Se tiver, o método retorna `true` e o aplicativo imprime a `String`.

A terceira instrução `for` (linhas 30 a 34) utiliza o método `endsWith`, que aceita um argumento `String`. A condição na linha 32 determina se cada `String` no array termina com os caracteres `"ed"`. Se sim, o método retorna `true` e o aplicativo imprime a `String`.

14.3.4 Localizando caracteres e substrings em strings

Muitas vezes é útil pesquisar em uma string um caractere ou conjunto de caracteres. Por exemplo, se estiver criando seu próprio processador de texto, você poderia querer fornecer a capacidade de pesquisar por documentos. A Figura 14.5 demonstra as muitas versões dos métodos `String` **`indexOf`** e **`lastIndexOf`** que procuram um caractere especificado ou substring em uma `String`.

```java
// Figura 14.5: StringIndexMethods.java
// Métodos de pesquisa de String indexOf e lastIndexOf.

public class StringIndexMethods
{
   public static void main(String[] args)
   {
      String letters = "abcdefghijklmabcdefghijklm";

      // testa indexOf para localizar um caractere em uma string
      System.out.printf(
         "'c' is located at index %d%n", letters.indexOf('c'));
      System.out.printf(
         "'a' is located at index %d%n", letters.indexOf('a', 1));
      System.out.printf(
         "'$' is located at index %d%n%n", letters.indexOf('$'));

      // testa lastIndexOf para localizar um caractere em uma string
      System.out.printf("Last 'c' is located at index %d%n",
         letters.lastIndexOf('c'));
      System.out.printf("Last 'a' is located at index %d%n",
         letters.lastIndexOf('a', 25));
      System.out.printf("Last '$' is located at index %d%n%n",
         letters.lastIndexOf('$'));

      // testa indexOf para localizar uma substring em uma string
      System.out.printf("\"def\" is located at index %d%n",
         letters.indexOf("def"));
      System.out.printf("\"def\" is located at index %d%n",
         letters.indexOf("def", 7));
      System.out.printf("\"hello\" is located at index %d%n%n",
         letters.indexOf("hello"));

      // testa lastIndexOf para localizar uma substring em uma string
      System.out.printf("Last \"def\" is located at index %d%n",
         letters.lastIndexOf("def"));
      System.out.printf("Last \"def\" is located at index %d%n",
         letters.lastIndexOf("def", 25));
      System.out.printf("Last \"hello\" is located at index %d%n",
         letters.lastIndexOf("hello"));
   }
} // fim da classe StringIndexMethods
```

continua

continuação

```
'c' is located at index 2
'a' is located at index 13
'$' is located at index -1

Last 'c' is located at index 15
Last 'a' is located at index 13
Last '$' is located at index -1

"def" is located at index 3
"def" is located at index 16
"hello" is located at index -1

Last "def" is located at index 16
Last "def" is located at index 16
Last "hello" is located at index -1
```

Figura 14.5 | Métodos de pesquisa de string `indexOf` e `lastIndexOf`.

Todas as pesquisas nesse exemplo são realizadas na `String letters` (inicializada com `"abcdefghijklmabcdefghijklm"`). As linhas 11 a 16 utilizam o método `indexOf` para localizar a primeira ocorrência de um caractere em uma `String`. Se o método `String` localizar o caractere, ele retorna o índice do caractere na `String` — caso contrário, retorna `-1`. Há duas versões de `indexOf` que procuram caracteres em uma `String`. A expressão na linha 12 utiliza a versão do método `indexOf` que aceita uma representação de inteiro do caractere a localizar. A expressão na linha 14 utiliza outra versão do método `indexOf`, que aceita dois argumentos inteiros — o caractere e o índice inicial em que a pesquisa da `String` deve iniciar.

As linhas 19 a 24 utilizam o método `lastIndexOf` para localizar a última ocorrência de um caractere em uma `String`. O método pesquisa a partir do final da `String` para o início. Se encontrar o caractere, o método retorna o índice do caractere na `String` — do contrário, retorna –1. Há duas versões do `lastIndexOf` que pesquisam caracteres em uma `String`. A expressão na linha 20 utiliza a versão que aceita a representação de inteiro do caractere. A expressão na linha 22 utiliza a versão que aceita dois argumentos inteiros — a representação de inteiro do caractere e o índice a partir do qual iniciar pesquisa de *trás para a frente*.

As linhas 27 a 40 demonstram as versões dos métodos `indexOf` e `lastIndexOf` que aceitam uma `String` como o primeiro argumento. Essas versões trabalham identicamente àquelas descritas anteriormente, exceto que procuram sequências de caracteres (ou substrings) que são especificadas por seus argumentos `String`. Se a substring for localizada, esses métodos retornam o índice na `String` do primeiro caractere na substring.

14.3.5 Extraindo substrings de strings

A classe `String` fornece dois métodos `substring` para permitir que um novo objeto `String` seja criado copiando parte de um objeto `String` existente. Cada método retorna um novo objeto `String`. Ambos os métodos são demonstrados na Figura 14.6.

```java
// Figura 14.6: SubString.java
// métodos substring da classe String.

public class SubString
{
   public static void main(String[] args)
   {
      String letters = "abcdefghijklmabcdefghijklm";

      // testa métodos substring
      System.out.printf("Substring from index 20 to end is \"%s\"%n",
         letters.substring(20));
      System.out.printf("%s \"%s\"%n",
         "Substring from index 3 up to, but not including 6 is",
         letters.substring(3, 6));
   }
} // fim da classe Substring
```

```
Substring from index 20 to end is "hijklm"
Substring from index 3 up to, but not including 6 is "def"
```

Figura 14.6 | Métodos `substring` da classe `String`.

A expressão `letters.substring(20)` na linha 12 utiliza o método `substring`, que aceita um argumento inteiro. O argumento especifica o índice inicial na `String letters` original a partir da qual os caracteres devem ser copiados. A substring retornada contém uma cópia dos caracteres desde o índice inicial até o final da `String`. Especificar um índice fora dos limites da `String` causa uma `StringIndexOutOfBoundsException`.

A linha 15 utiliza o método `substring`, que recebe dois argumentos de inteiro — o índice inicial a partir do qual copiar os caracteres na `String` original e o índice um além do último caractere a copiar (isto é, copiar até, mas *sem incluir*, esse índice na `String`). A substring retornada contém uma cópia dos caracteres especificados da `String` original. Um índice fora dos limites da `String` causa uma `StringIndexOutOfBoundsException`.

14.3.6 Concatenando strings

O método `String concat` (Figura 14.7) concatena dois objetos `String` (semelhante a usar o operador +) e retorna um novo objeto `String`, que contém os caracteres das duas `Strings` originais. A expressão `s1.concat(s2)`na linha 13 forma uma `String` anexando os caracteres em `s2` àqueles em `S1`. As `Strings` originais que referenciam `s1` e `s2` *não* são *modificadas*.

```
1  // Figura 14.7: StringConcatenation.java
2  // Método string concat.
3
4  public class StringConcatenation
5  {
6     public static void main(String[] args)
7     {
8        String s1 = "Happy ";
9        String s2 = "Birthday";
10
11       System.out.printf("s1 = %s%ns2 = %s%n%n",s1, s2);
12       System.out.printf(
13          "Result of s1.concat(s2) = %s%n", s1.concat(s2));
14       System.out.printf("s1 after concatenation = %s%n", s1);
15    }
16 } // fim da classe StringConcatenation
```

```
s1 = Happy
s2 = Birthday

Result of s1.concat(s2) = Happy Birthday
s1 after concatenation = Happy
```

Figura 14.7 | Método `String concat`.

14.3.7 Métodos de `String` diversos

A classe `String` fornece vários métodos que retornam `Strings` ou arrays de caracteres contendo as cópias do conteúdo de uma `string` original que é então modificado. Esses métodos — nenhum dos quais modifica a `string` em que eles são chamados — são demonstrados na Figura 14.8.

```
// Figura 14.8: StringMiscellaneous2.java
// Métodos String replace, toLowerCase, toUpperCase, trim e toCharArray.

public class StringMiscellaneous2
{
   public static void main(String[] args)
   {
      String s1 = "hello";
      String s2 = "GOODBYE";
      String s3 = "   spaces    ";

      System.out.printf("s1 = %s%ns2 = %s%ns3 = %s%n%n", s1, s2, s3);

      // testa o método replace
      System.out.printf(
```

continua

continuação

```
16            "Replace 'l' with 'L' in s1: %s%n%n", s1.replace('l', 'L'));
17
18         // testa o toLowerCase e toUpperCase
19         System.out.printf("s1.toUpperCase() = %s%n", s1.toUpperCase());
20         System.out.printf("s2.toLowerCase() = %s%n%n", s2.toLowerCase());
21
22         // testa o método trim
23         System.out.printf("s3 after trim = \"%s\"%n%n", s3.trim());
24
25         // testa o método toCharArray
26         char[] charArray = s1.toCharArray();
27         System.out.print("s1 as a character array = ");
28
29         for (char character : charArray)
30            System.out.print(character);
31
32         System.out.println();
33      }
34   } // fim da classe StringMiscellaneous2
```

```
s1 = hello
s2 = GOODBYE
s3 =    spaces

Replace 'l' with 'L' in s1: heLLo

s1.toUpperCase() = HELLO
s2.toLowerCase() = goodbye

s3 after trim = "spaces"

s1 as a character array = hello
```

Figura 14.8 | Métodos `String` `replace`, `toLowerCase`, `toUpperCase`, `trim` e `toCharArray`.

A linha 16 utiliza o método `String` `replace` para retornar um novo objeto `String` em que cada ocorrência na `s1` do caractere `'l'` (letra l minúscula) é substituída pelo caractere `'L'`. O método `replace` deixa a `String` original inalterada. Se não houver ocorrências do primeiro argumento na `String`, o método `replace` retorna a `String` original. Uma versão sobrecarregada do método `replace` permite substituir substrings em vez de caracteres individuais.

A linha 19 utiliza o método `String` **`toUpperCase`** para gerar uma nova `String` com letras maiúsculas onde letras minúsculas correspondentes existem em `s1`. O método retorna um novo objeto `String` contendo a `String` convertida e deixa a `String` original inalterada. Se não houver nenhum caractere a converter, o método `toUpperCase` retorna a `String` original.

A linha 20 utiliza o método `String` **`toLowerCase`** para retornar um novo objeto `String` com letras minúsculas onde há letras maiúsculas correspondentes em `s2`. A `String` original permanece inalterada. Se não houver caracteres na `String` original para converter, `toLowerCase` retorna a `String` original.

A linha 23 utiliza o método `String` **`trim`** para gerar um novo objeto `String` que remove todos os caracteres de espaço em branco que aparecem no início ou no final da `String` em que `trim` opera. O método retorna um novo objeto `String` contendo a `String` sem espaços em branco iniciais ou finais. A `String` original permanece inalterada. Se não houver caracteres de espaço em branco no início e/ou fim, `trim` retorna a `String` original.

A linha 26 utiliza o método `String` **`toCharArray`** para criar um novo array de caractere que contém uma cópia dos caracteres em `s1`. As linhas 29 e 30 geram saída de cada `char` no array.

14.3.8 Método `String` `ValueOf`

Como vimos, cada objeto em Java tem um método `toString` que permite que um programa obtenha a *representação de string* do objeto. Infelizmente, essa técnica não pode ser utilizada com tipos primitivos porque eles não têm métodos. A classe `String` fornece os métodos `static` que aceitam um argumento de qualquer tipo e o convertem em um objeto `String`. A Figura 14.9 demonstra os métodos **`valueOf`** da classe `String`.

A expressão `String.valueOf(charArray)` na linha 18 utiliza o array de caractere `charArray` para criar um novo objeto `String`. A expressão `String.valueOf(charArray, 3, 3)` na linha 20 utiliza uma parte do array de caracteres `charArray` para criar um novo objeto `String`. O segundo argumento especifica o índice inicial a partir do qual os caracteres são utilizados. O terceiro argumento especifica o número de caracteres a ser utilizado.

```
1  // Figura 14.9: StringValueOf.java
2  // Métodos valueOf de String.
3
4  public class StringValueOf
5  {
6     public static void main(String[] args)
7     {
8        char[] charArray = {'a', 'b', 'c', 'd', 'e', 'f'};
9        boolean booleanValue = true;
10       char characterValue = 'Z';
11       int integerValue = 7;
12       long longValue = 10000000000L; // sufixo L indica tipo long
13       float floatValue = 2.5f; // f indica que 2.5 é um tipo float
14       double doubleValue = 33.333; // sem sufixo, tipo double é padrão
15       Object objectRef = "hello"; // atribui string a uma referência Object
16
17       System.out.printf(
18          "char array = %s%n", String.valueOf(charArray));
19       System.out.printf("part of char array = %s%n",
20          String.valueOf(charArray, 3, 3));
21       System.out.printf(
22          "boolean = %s%n", String.valueOf(booleanValue));
23       System.out.printf(
24          "char = %s%n", String.valueOf(characterValue));
25       System.out.printf("int = %s%n", String.valueOf(integerValue));
26       System.out.printf("long = %s%n", String.valueOf(longValue));
27       System.out.printf("float = %s%n", String.valueOf(floatValue));
28       System.out.printf(
29          "double = %s%n", String.valueOf(doubleValue));
30       System.out.printf("Object = %s", String.valueOf(objectRef));
31    }
32 } // fim da classe da StringValueOf
```

```
char array = abcdef
part of char array = def
boolean = true
char = Z
int = 7
long = 10000000000
float = 2.5
double = 33.333
Object = hello
```

Figura 14.9 | Métodos `String valueOf`.

Há sete outras versões do método `valueOf`, que aceita argumentos do tipo `boolean`, `char`, `int`, `long`, `float`, `double` e `Object`, respectivamente. Eles são demonstrados nas linhas 21 a 30. A versão de `valueOf` que aceita um `Object` como um argumento pode fazer isso porque todos os `Objects` podem ser convertidos em `Strings` com o método `toString`.

[*Observação:* as linhas 12 e 13 utilizam os valores literais `10000000000L` e `2.5f` como os valores iniciais da variável `long longValue` e variável `float floatValue`, respectivamente. Por padrão, o Java trata os literais de inteiro como o tipo `int` e os literais de ponto flutuante como o tipo `double`. Acrescentar a letra `L` ao literal `10000000000` e a letra `f` ao literal `2.5` indica para o compilador que `10000000000` deve ser tratado como um `long` e `2.5` como um `float`. Um `L` maiúsculo ou `l` minúsculo pode ser utilizado para denotar uma variável de tipo `long` e um `F` maiúsculo ou `f` minúsculo pode ser utilizado para denotar uma variável de tipo `float`.]

14.4 Classe StringBuilder

Discutimos agora os recursos da classe **`StringBuilder`** para criar e manipular informações de string *dinâmica* — isto é, strings *modificáveis*. Cada `StringBuilder` é capaz de armazenar um número de caracteres especificado pela sua *capacidade*. Se a capacidade de uma `StringBuilder` for excedida, ela é expandida para acomodar os caracteres adicionais.

Dica de desempenho 14.3

O Java pode realizar certas otimizações que envolvem objetos `String` (como referenciar um objeto `String` a partir de múltiplas variáveis) porque ele sabe que esses objetos não se alterarão. `Strings` (não `StringBuilders`) devem ser usadas se os dados não mudarem.

Dica de desempenho 14.4

Em programas que frequentemente executam concatenação de strings, ou outras modificações em strings, costuma ser mais eficiente implementar as modificações com a classe `StringBuilder`.

Observação de engenharia de software 14.1

`StringBuilders` não são seguras a thread. Se múltiplas threads exigem acesso às mesmas informações de string dinâmica, use a classe `StringBuffer` no seu código. As classes `StringBuilder` e `StringBuffer` fornecem capacidades idênticas, mas a classe `StringBuffer` é segura para threads. Para mais detalhes sobre threading, consulte o Capítulo 23.

14.4.1 Construtores `StringBuilder`

A classe `StringBuilder` fornece quatro construtores. Demonstramos três deles na Figura 14.10. A linha 8 utiliza o construtor sem argumento `StringBuilder` para criar um `StringBuilder` sem caracteres e uma capacidade inicial de 16 caracteres (o padrão para um `StringBuilder`). A linha 9 utiliza o construtor `StringBuilder` que aceita um argumento inteiro para criar um `StringBuilder` sem caracteres e a capacidade inicial especificada pelo argumento inteiro (isto é, `10`). A linha 10 utiliza o construtor `StringBuilder`, que aceita um argumento `String` para criar um `StringBuilder` contendo o caractere no argumento `String`. A capacidade inicial é o número de caracteres no argumento `String` mais 16.

As linhas 12 a 14 usam implicitamente o método `toString` da classe `StringBuilder` para gerar `StringBuilders` com o método `printf`. Na Seção 14.4.4, discutiremos como o Java utiliza objetos `StringBuilder` para implementar os operadores + e += para concatenação de string.

```
1  // Figura 14.10: StringBuilderConstructors.java
2  // Construtores StringBuilder.
3
4  public class StringBuilderConstructors
5  {
6     public static void main(String[] args)
7     {
8        StringBuilder buffer1 = new StringBuilder();
9        StringBuilder buffer2 = new StringBuilder(10);
10       StringBuilder buffer3 = new StringBuilder("hello");
11
12       System.out.printf("buffer1 = \"%s\"%n", buffer1);
13       System.out.printf("buffer2 = \"%s\"%n", buffer2);
14       System.out.printf("buffer3 = \"%s\"%n", buffer3);
15    }
16 } // fim da classe StringBuilderConstructors
```

```
buffer1 = ""
buffer2 = ""
buffer3 = "hello"
```

Figura 14.10 | Construtores `StringBuilder`.

14.4.2 Métodos `StringBuilder` `length`, `capacity`, `setLength` e `ensureCapacity`

A classe `StringBuilder` fornece os métodos `length` e `capacity` para retornar o número de caracteres atualmente em um `StringBuilder` e o número de caracteres que pode ser armazenado em um `StringBuilder` sem alocar mais memória, respectivamente. O método `ensureCapacity` garante que um `StringBuilder` tenha pelo menos a capacidade especificada. O método `setLength` aumenta ou diminui o comprimento de uma `StringBuilder`. A Figura 14.11 demonstra esses métodos.

```
1   // Figura 14.11: StringBuilderCapLen.java
2   // Métodos StringBuilder length, setLength, capacity e ensureCapacity.
3
4   public class StringBuilderCapLen
5   {
6      public static void main(String[] args)
7      {
8         StringBuilder buffer = new StringBuilder("Hello, how are you?");
9
10        System.out.printf("buffer = %s%nlength = %d%ncapacity = %d%n%n",
11           buffer.toString(),buffer.length(),buffer.capacity());
12
13        buffer.ensureCapacity(75);
14        System.out.printf("New capacity = %d%n%n", buffer.capacity());
15
16        buffer.setLength(10));
17        System.out.printf("New length = %d%nbuffer = %s%n",
18           buffer.length(), buffer.toString());
19     }
20  } // fim da classe StringBuilderCapLen
```

```
buffer = Hello, how are you?
length = 19
capacity = 35

New capacity = 75

New length = 10
buffer = Hello, how
```

Figura 14.11 | Os métodos `StringBuilder` `length`, `setLength`, `capacity` e `ensureCapacity`.

O aplicativo contém um `StringBuilder` chamado `buffer`. A linha 8 utiliza o construtor `StringBuilder`, que aceita um argumento `String` para inicializar o `StringBuilder` com `"Hello, how are you?"`. As linhas 10 e 11 imprimem o conteúdo, o comprimento e a capacidade do `StringBuilder`. Note na janela de saída que a capacidade do `StringBuilder` é inicialmente 35. Lembre-se de que o construtor `StringBuilder` que aceita um argumento `String` inicializa a capacidade com o comprimento da string passada como um argumento mais 16.

A linha 13 utiliza o método `ensureCapacity` para expandir a capacidade do `StringBuilder` a um mínimo de 75 caracteres. Na verdade, se a capacidade original for menor que o argumento, o método assegura uma capacidade que é o maior número especificado como um argumento e duas vezes a capacidade original mais 2. A capacidade atual do `StringBuilder` permanece inalterada se ela for maior do que a capacidade especificada.

Dica de desempenho 14.5

Aumentar a capacidade de um `StringBuilder` *dinamicamente pode exigir um tempo relativamente longo. Executar um grande número dessas operações pode degradar o desempenho de um aplicativo. Se o tamanho de um* `StringBuilder` *vai aumentar significativamente, possivelmente múltiplas vezes, configurar sua capacidade alta no início aumentará o desempenho.*

A linha 16 utiliza o método `setLength` para configurar o comprimento do `StringBuilder` como 10. Se o comprimento especificado é menor que o número atual de caracteres no `StringBuilder`, seu conteúdo é truncado para o comprimento especificado (isto é, os caracteres na `StringBuilder` depois do comprimento especificado são descartados). Se o comprimento especificado for maior que o número de caracteres atualmente no `StringBuilder`, caracteres nulos (caracteres com a representação numérica 0) são acrescentados até que o número total de caracteres em `StringBuilder` seja igual ao comprimento especificado.

14.4.3 Métodos `StringBuilder` `charAt`, `setCharAt`, `getChars` e `reverse`

A classe `StringBuilder` fornece os métodos **`charAt`**, **`setCharAt`**, **`getChars`** e **`reverse`** para manipular os caracteres em um `StringBuilder` (Figura 14.12). O método `charAt` (linha 12) aceita um argumento inteiro e retorna o caractere no `StringBuilder` nesse índice. O método `getChars` (linha 15) copia caracteres de um `StringBuilder` no array de caractere passado como um argumento. Esse método aceita quatro argumentos — o índice inicial a partir do qual caracteres devem ser copiados no `StringBuilder`, o índice um além do último caractere que será copiado a partir do `StringBuilder`, o array de caracteres em que os caracteres serão copiados e a localização inicial no array de caracteres onde o primeiro caractere deve ser colocado. O método `setCharAt` (linhas 21 e 22) aceita um argumento inteiro e um argumento caractere e configura o caractere na posição especificada no `StringBuilder` como o argumento caractere. O método `reverse` (linha 25) inverte o conteúdo do `StringBuilder`. A tentativa de acessar um caractere que está fora dos limites de um `StringBuilder` resulta em uma `StringIndexOutOfBoundsException`.

```
1   // Figura 14.12: StringBuilderChars.java
2   // Métodos StringBuilder charAt, setCharAt, getChars e reverse.
3
4   public class StringBuilderChars
5   {
6      public static void main(String[] args)
7      {
8         StringBuilder buffer = new StringBuilder("hello there");
9
10        System.out.printf("buffer = %s%n", buffer.toString());
11        System.out.printf("Character at 0: %s%nCharacter at 4: %s%n%n",
12           buffer.charAt(0), buffer.charAt(4));
13
14        char[] charArray = new char[buffer.length()];
15        buffer.getChars(0, buffer.length(), charArray, 0);
16        System.out.print("The characters are: ");
17
18        for (char character : charArray)
19           System.out.print(character);
20
21        buffer.setCharAt(0, 'H');
22        buffer.setCharAt(6, 'T');
23        System.out.printf("%n%nbuffer = %s", buffer.toString());
24
25        buffer.reverse();
26        System.out.printf("%n%nbuffer = %s%n", buffer.toString());
27     }
28  } // fim da classe StringBuilderChars
```

```
buffer = hello there
Character at 0: h
Character at 4: o

The characters are: hello there

buffer = Hello There

buffer = erehT olleH
```

Figura 14.12 | Métodos `StringBuilder` `charAt`, `setCharAt`, `getChars` e `reverse`.

14.4.4 Métodos StringBuilder append

A classe `StringBuilder` fornece os métodos **append** *sobrecarregados* (Figura 14.13) para permitir que valores de vários tipos sejam acrescentados ao final de um `StringBuilder`. São fornecidas versões para cada um dos tipos primitivos e para arrays de caracteres, `Strings`, `Objects` e outros mais. (Lembre-se de que o método `toString` produz uma representação em string de qualquer `Object`.) Cada método recebe seu argumento, converte-o em uma string e a acrescenta a `StringBuilder`.

```
// Figura 14.13: StringBuilderAppend.java
// Métodos append de StringBuilder.

public class StringBuilderAppend
{
   public static void main(String[] args)
   {
      Object objectRef = "hello";
      String string = "goodbye";
      char[] charArray = {'a', 'b', 'c', 'd', 'e', 'f'};
```

continua

continuação

```
      boolean booleanValue = true;
      char characterValue = 'Z';
      int integerValue = 7;
      long longValue = 10000000000L;
      float floatValue = 2.5f;
      double doubleValue = 33.333;

      StringBuilder lastBuffer = new StringBuilder("last buffer");
      StringBuilder buffer = new StringBuilder();

      buffer.append(objectRef)
            .append("%n")
            .append(string)
            .append("%n")
            .append(charArray)
            .append("%n")
            .append(charArray, 0, 3)
            .append("%n")
            .append(booleanValue)
            .append("%n")
            .append(characterValue);
            .append("%n")
            .append(integerValue)
            .append("%n")
            .append(longValue)
            .append("%n")
            .append(floatValue)
            .append("%n")
            .append(doubleValue)
            .append("%n")
            .append(lastBuffer);

      System.out.printf("buffer contains%n%s%n", buffer.toString());
   }
} // fim de stringBuilderAppend
```

```
buffer contains
hello
goodbye
abcdef
abc
true
Z
7
10000000000
2.5
33.333
last buffer
```

Figura 14.13 | Método `StringBuilder` `append`.

O compilador pode usar os métodos `StringBuilder` e `append` para implementar os operadores + e += de concatenação de `String`. Por exemplo, considerando as instruções

```
String string1 = "hello";
String string2 = "BC";
int value = 22;
```

a instrução

```
String s = string1 + string2 + value;
```

concatena `"hello"`, `"BC"` e `22`. A concatenação pode ser realizada como a seguir:

```
String s = new StringBuilder().append("hello").append("BC").
   append(22).toString();
```

Primeiro, a instrução anterior cria um `StringBuilder` *vazio*, então anexa a ele as strings `"hello"`, `"BC"` e o inteiro `22`. Em seguida, o método `toString` de `StringBuilder` converte o `StringBuilder` em um objeto `String` a ser atribuído à `String s`. A instrução

```
s += "!";
```

pode ser realizada como a seguir (isso pode diferir de um compilador para outro):

```
s = new StringBuilder().append(s).append("!").toString();
```

Isso cria um `StringBuilder` vazio, então adiciona a ele o conteúdo atual de `s`, seguido por `"!"`. Em seguida, o método `toString` de `StringBuilder` (que deve ser chamado *explicitamente* aqui) retorna o conteúdo de `StringBuilder` como uma `String` e o resultado é atribuído a `s`.

14.4.5 Métodos de inserção e exclusão de StringBuilder

`StringBuilder` fornece métodos **`insert`** sobrecarregados para inserir valores dos vários tipos em qualquer posição em um `StringBuilder`. As versões são oferecidas para os tipos primitivos e para os arrays de caracteres, `Strings`, `Objects` e `CharSequences`. Cada método recebe seu segundo argumento, e o insere no índice especificado pelo primeiro argumento. Se o primeiro argumento é menor que `0` ou maior que o comprimento do `StringBuilder` ocorre uma `StringIndexOutOfBoundsException`. A classe `StringBuilder` também fornece métodos **`delete`** e **`deleteCharAt`** para excluir caracteres em qualquer posição em um `StringBuilder`. O método `delete` aceita dois argumentos — o índice inicial e o índice um além do fim dos caracteres a excluir. Todos os caracteres que começam no índice inicial, mas *não* incluindo o índice final, são excluídos. O método `deleteCharAt` aceita um argumento — o índice do caractere a excluir. Os índices inválidos fazem com que ambos os métodos lancem uma `StringIndexOutOfBoundsException`. A Figura 14.14 demonstra os métodos `insert`, `delete` e `deleteCharAt`.

```
// Figura 14.14: StringBuilderInsertDelete.java
// Métodos StringBuilder insert, delete e deleteCharAt.

public class StringBuilderInsertDelete
{
   public static void main(String[] args)
   {
      Object objectRef = "hello";
      String string = "goodbye";
      char[] charArray = {'a', 'b', 'c', 'd', 'e', 'f'};
      boolean booleanValue = true;
      char characterValue = 'K';
      int integerValue = 7;
      long longValue = 10000000;
      float floatValue = 2.5f; // o sufixo f indica que 2.5 é um tipo float
      double doubleValue = 33.333;

      StringBuilder buffer = new StringBuilder();

      buffer.insert(0, objectRef);
      buffer.insert(0, "  "); // cada um desses contém dois espaços
      buffer.insert(0, string);
      buffer.insert(0, "  ");
      buffer.insert(0, charArray);
      buffer.insert(0, "  ");
      buffer.insert(0, charArray, 3, 3);
      buffer.insert(0, "  ");
      buffer.insert(0, booleanValue);
      buffer.insert(0, "  ");
      buffer.insert(0, characterValue);
      buffer.insert(0, "  ");
      buffer.insert(0, integerValue);
      buffer.insert(0, "  ");
      buffer.insert(0, longValue);
      buffer.insert(0, "  ");
      buffer.insert(0, floatValue);
      buffer.insert(0, "  ");
      buffer.insert(0, doubleValue);

```

continua

continuação

```
         System.out.printf(
            "buffer after inserts:%n%s%n%n", buffer.toString());

         buffer.deleteCharAt(10); // exclui 5 em 2.5
         buffer.delete(2, 6); // exclui .333 em 33.333

         System.out.printf(
            "buffer after deletes:%n%s%n", buffer.toString());
      }
   } // fim da classe StringBuilderInsertDelete
```

```
buffer after inserts:
33.333  2.5  10000000  7  K  true  def  abcdef  goodbye  hello

buffer after deletes:
33  2.  10000000  7  K  true  def  abcdef  goodbye  hello
```

Figura 14.14 | Métodos `StringBuilder` `insert`, `delete` e `deleteCharAt`.

14.5 Classe Character

O Java fornece oito **classes empacotadoras de tipo** — `Boolean`, `Character`, `Double`, `Float`, `Byte`, `Short`, `Integer` e `Long` — que permitem que valores de tipo primitivo sejam tratados como objetos. Nesta seção, apresentamos a classe `Character` — a classe empacotadora de tipo para o tipo primitivo `char`.

A maioria dos métodos `Character` são métodos `static` projetados por conveniência ao processar valores `char` individuais. Esses métodos aceitam pelo menos um argumento caractere e realizam um teste ou uma manipulação do caractere. A classe `Character` também contém um construtor que recebe um argumento `char` para inicializar um objeto `Character`. A maioria dos métodos da classe `Character` é apresentada nos próximos três exemplos. Para mais informações sobre a classe `Character` (e todas as classes empacotadoras de tipo), veja o pacote `java.lang` na documentação do Java API.

A Figura 14.15 demonstra métodos `static` que testam caracteres para determinar se eles são um tipo específico de caractere e os métodos `static` que realizam as conversões de caracteres em letras maiúsculas/minúsculas. Você pode inserir qualquer caractere e aplicar os métodos a ele.

```
// Figura 14.15: StaticCharMethods.java
// Métodos estáticos Character para testar caracteres e converter entre maiúsculas e minúsculas.
import java.util.Scanner;

public class StaticCharMethods
{
   public static void main(String[] args)
   {
      Scanner scanner = new Scanner(System.in); // cria scanner
      System.out.println("Enter a character and press Enter");
      String input = scanner.next();
      char c = input.charAt(0); // obtém caractere de entrada

      // exibe informações de caractere
      System.out.printf("is defined: %b%n", Character.isDefined(c));
      System.out.printf("is digit: %b%n", Character.isDigit(c));
      System.out.printf("is first character in a Java identifier: %b%n",
         Character.isJavaIdentifierStart(c));
      System.out.printf("is part of a Java identifier: %b%n",
         Character.isJavaIdentifierPart(c));
      System.out.printf("is letter: %b%n", Character.isLetter(c));
      System.out.printf(
         "is letter or digit: %b%n", Character.isLetterOrDigit(c));
      System.out.printf(
         "is lower case: %b%n", Character.isLowerCase(c));
      System.out.printf(
         "is upper case: %b%n", Character.isUpperCase(c));
      System.out.printf(
         "to upper case: %s%n", Character.toUpperCase(c));
      System.out.printf(
```

continua

continuação

```
31             "to lower case: %s%n", Character.toLowerCase(c));
32       }
33   } // fim da classe StaticCharMethods
```

```
Enter a character and press Enter
A
is defined: true
is digit: false
is first character in a Java identifier: true
is part of a Java identifier: true
is letter: true
is letter or digit: true
is lower case: false
is upper case: true
to upper case: A
to lower case: a
```

```
Enter a character and press Enter
8
is defined: true
is digit: true
is first character in a Java identifier: false
is part of a Java identifier: true
is letter: false
is letter or digit: true
is lower case: false
is upper case: false
to upper case: 8
to lower case: 8
```

```
Enter a character and press Enter
$
is defined: true
is digit: false
is first character in a Java identifier: true
is part of a Java identifier: true
is letter: false
is letter or digit: false
is lower case: false
is upper case: false
to upper case: $
to lower case: $
```

Figura 14.15 | Métodos `Character` `static` para testar caracteres e converter maiúsculas e minúsculas.

A linha 15 usa o método `Character` `isDefined` para determinar se o caractere `c` está definido no conjunto de caracteres Unicode. Se estiver, o método retorna `true`; caso contrário, retorna `false`. A linha 16 utiliza o método `Character` `isDigit` para determinar se o caractere `c` é um dígito Unicode definido. Se for, o método retorna `true` e, caso contrário, `false`.

A linha 18 utiliza o método `Character` `isJavaIdentifierStart` para determinar se `c` é um caractere que pode ser o primeiro de um identificador em Java — isto é, uma letra, um sublinhado (_) ou um sinal de cifrão (`$`). Se for, o método retorna `true` e, caso contrário, `false`. A linha 20 utiliza o método `Character` `isJavaIdentifierPart` para determinar se o caractere `c` é um caractere que pode ser usado em um identificador em Java — isto é, um dígito, uma letra, um sublinhado (_) ou um sinal de cifrão (`$`). Se for, o método retorna `true` e, caso contrário, `false`.

A linha 21 utiliza o método `Character` `isLetter` para determinar se o caractere `c` é uma letra. Se for, o método retorna `true` e, caso contrário, `false`. A linha 23 utiliza o método `Character` `isLetterOrDigit` para determinar se o caractere `c` é uma letra ou um dígito. Se for, o método retorna `true` e, caso contrário, `false`.

A linha 25 utiliza o método `Character` `isLowerCase` para determinar se o caractere `c` é uma letra minúscula. Se for, o método retorna `true` e, caso contrário, `false`. A linha 27 utiliza o método `Character` `isUpperCase` para determinar se o caractere `c` é uma letra maiúscula. Se for, o método retorna `true` e, caso contrário, `false`.

A linha 29 utiliza o método `Character` `toUpperCase` para converter o caractere `c` em seu equivalente em letras maiúsculas. O método retorna o caractere convertido se o caractere tiver um equivalente em letras maiúsculas; caso contrário, o método retorna seu argumento original. A linha 31 utiliza o método `Character` `toLowerCase` para converter o caractere `c` em seu equivalente em letras minúsculas. O método retorna o caractere convertido se o caractere tem um equivalente em letras minúsculas e, caso contrário, o método retorna seu argumento original.

A Figura 14.16 demonstra os métodos static `Character` **`digit`** e **`forDigit`**, que convertem os caracteres em dígitos e dígitos em caracteres, respectivamente, em diferentes sistemas de números. Sistemas numéricos comuns incluem decimal (base 10), octal (base 8), hexadecimal (base 16) e binário (base 2). A base de um número também é conhecida como sua **radical**. Para informações adicionais sobre conversões entre sistemas numéricos, consulte o Apêndice J, em inglês, no Site de Apoio do livro.

```java
// Figura 14.16: StaticCharMethods2.java
// Métodos de conversão static da classe Character.
import java.util.Scanner;

public class StaticCharMethods2
{
   // executa o aplicativo
   public static void main(String[] args)
   {
      Scanner scanner = new Scanner(System.in);

      // obtém radical
      System.out.println("Please enter a radix:");
      int radix = scanner.nextInt();

      // obtém escolha de usuário
      System.out.printf("Please choose one:%n1 -- %s%n2 -- %s%n",
         "Convert digit to character", "Convert character to digit");
      int choice = scanner.nextInt();

      // processa solicitação
      switch (choice)
      {
         case 1: // converte dígito em caractere
            System.out.println("Enter a digit:");
            int digit = scanner.nextInt();
            System.out.printf("Convert digit to character: %s%n",
               Character.forDigit(digit, radix));
            break;

         case 2: // converte caractere em dígito
            System.out.println("Enter a character:");
            char character = scanner.next().charAt(0);
            System.out.printf("Convert character to digit: %s%n",
               Character.digit(character, radix));
            break;
      }
   }
} // fim da classe StaticCharMethods2
```

```
Please enter a radix:
16
Please choose one:
1 -- Convert digit to character
2 -- Convert character to digit
2
Enter a character:
A
Convert character to digit: 10
```

```
Please enter a radix:
16
Please choose one:
1 -- Convert digit to character
2 -- Convert character to digit
1
Enter a digit:
13
Convert digit to character: d
```

Figura 14.16 | Métodos de conversão `static` da classe `Character`.

A linha 28 utiliza o método `forDigit` para converter o inteiro `digit` em um caractere no sistema de números especificado pelo inteiro `radix` (a base do número). Por exemplo, o inteiro decimal `13` na base 16 (o `radix`) tem o valor de caractere `'d'`. Letras maiúsculas e minúsculas representam o *mesmo* valor em sistemas numéricos. A linha 35 utiliza o método `digit` para converter a variável `character` em um inteiro no sistema de números especificado pelo inteiro `radix` (a base do número). Por exemplo, o caractere `'A'` é a representação de base 16 (o `radix`) do valor 10 de base 10. O radical deve estar entre 2 e 36, inclusive.

A Figura 14.17 demonstra o construtor e vários métodos de instância da classe `Character` — **`charValue`**, `toString` e `equals`. As linhas 7 e 8 instanciam dois objetos `Character` atribuindo as constantes dos caracteres `'A'` e `'a'`, respectivamente, às variáveis `Character`. O Java converte automaticamente esses literais `char` em objetos `Character` — um processo conhecido como *autoboxing*, discutido em mais detalhes na Seção 16.4. A linha 11 utiliza o método `Character` `charValue` para retornar o valor `char` armazenado no objeto `Character` `c1`. A linha 11 retorna uma representação de string do objeto `Character` `c2` utilizando o método `toString`. A condição na linha 13 utiliza o método `equals` para determinar se o objeto `c1` tem o mesmo conteúdo que o objeto `c2` (isto é, os caracteres dentro de cada objeto são iguais).

```
1  // Figura 14.17: OtherCharMethods.java
2  // Métodos de instância da classe Character.
3  public class OtherCharMethods
4  {
5     public static void main(String[] args)
6     {
7        Character c1 = 'A';
8        Character c2 = 'a';
9
10       System.out.printf(
11          "c1 = %s%nc2 = %s%n%n", c1.charValue(),c2.toString());
12
13       if (c1.equals(c2))
14          System.out.println("c1 and c2 are equal%n");
15       else
16          System.out.println("c1 and c2 are not equal%n");
17    }
18 } // fim da classe OtherCharMethods
```

```
c1 = A
c2 = a

c1 and c2 are not equal
```

Figura 14.17 | Métodos de instância da classe `Character`.

14.6 Tokenização de Strings

Ao ler uma frase, sua mente divide-a em **tokens** — palavras e sinais de pontuação individuais que transmitem o significado para você. Os compiladores também realizam tokenização. Eles dividem instruções em pedaços individuais, como palavras-chave, identificadores, operadores e outros elementos de linguagem de programação. Agora estudaremos o método **`split`** da classe `String`, que divide uma `String` em seus tokens componentes. Os tokens são separados entre si por **delimitadores**, em geral caracteres de espaçamento como espaço, tabulação, nova linha e retorno de carro. Outros caracteres também podem ser utilizados como delimitadores para separar tokens. O aplicativo na Figura 14.18 demonstra o método `split` de `String`.

Quando o usuário pressiona a tecla *Enter*, a frase de entrada é armazenada na variável `sentence`. A linha 17 invoca o método `split` de `String` com o argumento `String " "`, que retorna um array de `Strings`. O caractere de espaço no argumento `String` é o delimitador que o método `split` usa para localizar os tokens em `String`. Como veremos na próxima seção, o argumento para o método `split` pode ser uma expressão regular para tokens mais complexos. A linha 19 exibe o comprimento do array `tokens` — isto é, o número de tokens em `sentence`. As linhas 21 e 22 geram cada token em uma linha separada.

```
1  // Figura 14.18: TokenTest.java
2  // Objeto StringTokenizer usado para tokenizar strings.
3  import java.util.Scanner;
4  import java.util.StringTokenizer;
5
6  public class TokenTest
7  {
8     // executa o aplicativo
```

continua

continuação

```
    public static void main(String[] args)
    {
       // obtém a frase
       Scanner scanner = new Scanner(System.in);
       System.out.println("Enter a sentence and press Enter");
       String sentence = scanner.nextLine();

       // processa a frase do usuário
       String[] tokens = sentence.split(" ");
       System.out.printf("Number of elements: %d%nThe tokens are:%n",
          tokens.length);

       for (String token : tokens)
          System.out.println(token);
    }
 } // fim da classe TokenTest
```

```
Enter a sentence and press Enter
This is a sentence with seven tokens
Number of elements: 7
The tokens are:
This
is
a
sentence
with
seven
tokens
```

Figura 14.18 | O objeto `StringTokenizer` utilizado para tokenizar strings.

14.7 Expressões regulares, classe `Pattern` e classe `Matcher`

Uma **expressão regular** é uma `String` que descreve um *padrão de pesquisa* para *corresponder* caracteres em outras `Strings`. Essas expressões são úteis para *validar a entrada* e garantir que os dados estão em um formato particular. Por exemplo, um CEP deve consistir em cinco dígitos e um sobrenome deve conter somente letras, espaços, apóstrofos e hífens. Um aplicativo de expressões regulares serve para facilitar a construção de um compilador. Frequentemente, uma expressão regular grande e complexa é utilizada para *validar a sintaxe de um programa*. Se o código do programa *não* localizar expressão regular, o compilador sabe que há um erro de sintaxe dentro do código.

A classe `String` fornece vários métodos para realizar operações de expressão regular, das quais a mais simples é a operação de correspondência. O método `String` **`matches`** recebe uma `String` que especifica a expressão regular e localiza o conteúdo do objeto `String` em que ele é chamado na expressão regular. O método retorna um `boolean` indicando se a correspondência foi ou não bem-sucedida.

Uma expressão regular consiste em caracteres literais e símbolos especiais. A Figura 14.19 especifica algumas **classes de caractere predefinidas** que podem ser utilizadas com expressões regulares. Uma classe de caracteres é uma *sequência de escape* que representa um grupo de caracteres. Um dígito é qualquer caractere numérico. Um **caractere de palavra** é qualquer letra (em letras maiúsculas ou minúsculas), qualquer dígito ou o caractere sublinhado. Um caractere de espaço em branco é um espaço, uma tabulação, um retorno de carro, um caractere de nova linha ou um avanço de formulário. Cada classe de caracteres localiza um único caractere na `String` que estamos tentando localizar com a expressão regular.

As expressões regulares não estão limitadas a essas classes predefinidas de caractere. As expressões empregam vários operadores e outras formas de notação para localizar padrões complexos. Examinamos várias dessas técnicas no aplicativo das figuras 14.20 e 14.21, que *valida a entrada de usuário* por meio de expressões regulares. [*Observação:* esse aplicativo não é projetado para localizar todas as possíveis entradas de usuário válidas.]

Caractere	Correspondências	Caractere	Correspondências
`\d`	qualquer dígito	`\D`	qualquer caractere que não seja um dígito
`\w`	qualquer caractere de palavra	`\W`	qualquer caractere que não seja uma palavra
`\s`	qualquer caractere de espaço em branco	`\S`	qualquer caractere que não seja um espaço em branco

Figura 14.19 | Classes predefinidas de caractere.

```java
// Figura 14.20: ValidateInput.java
// Valida informações de usuário utilizando expressões regulares.

public class ValidateInput
{
   // valida nome
   public static boolean validateFirstName(String firstName)
   {
      return firstName.matches("[A-Z][a-zA-Z]*");
   }

   // valida sobrenome
   public static boolean validateLastName(String lastName)
   {
      return lastName.matches("[a-zA-z]+(['-][a-zA-Z]+)*");
   }

   // valida endereço
   public static boolean validateAddress(String address)
   {
      return address.matches(
         "\\d+\\s+([a-zA-Z]+|[a-zA-Z]+\\s[a-zA-Z]+)");
   }

   // valida cidade
   public static boolean validateCity(String city)
   {
      return city.matches("([a-zA-Z]+|[a-zA-Z]+\\s[a-zA-Z]+)");
   }

   // valida estado
   public static boolean validateState(String state)
   {
      return state.matches("([a-zA-Z]+|[a-zA-Z]+\\s[a-zA-Z]+)");
   }

   // valida CEP
   public static boolean validateZip(String zip)
   {
      return zip.matches("\\d{5}");
   }

   // valida telefone
   public static boolean validatePhone(String phone)
   {
      return phone.matches("[1-9]\\d{2}-[1-9]\\d{2}-\\d{4}");
   }
} // fim da classe ValidateInput
```

Figura 14.20 | Validando informações de usuário com expressões regulares.

```java
// Figura 14.21: Validate.java
// Insere e valida os dados do usuário usando a classe ValidateInput.
import java.util.Scanner;

public class Validate
{
   public static void main(String[] args)
   {
      // obtém entrada de usuário
      Scanner scanner = new Scanner(System.in);
      System.out.println("Please enter first name:");
      String firstName = scanner.nextLine();
      System.out.println("Please enter last name:");
      String lastName = scanner.nextLine();
      System.out.println("Please enter address:");
      String address = scanner.nextLine();
```

continua

continuação

```
      System.out.println("Please enter city:");
      String city = scanner.nextLine();
      System.out.println("Please enter state:");
      String state = scanner.nextLine();
      System.out.println("Please enter zip:");
      String zip = scanner.nextLine();
      System.out.println("Please enter phone:");
      String phone = scanner.nextLine();

      // valida a entrada de usuário e exibe mensagem de erro
      System.out.println("%nValidate Result:");

      if (!ValidateInput.validateFirstName(firstName))
         System.out.println("Invalid first name");
      else if (!ValidateInput.validateLastName(lastName))
         System.out.println("Invalid last name");
      else if (!ValidateInput.validateAddress(address))
         System.out.println("Invalid address");
      else if (!ValidateInput.validateCity(city))
         System.out.println("Invalid city");
      else if (!ValidateInput.validateState(state))
         System.out.println("Invalid state");
      else if (!ValidateInput.validateZip(zip))
         System.out.println("Invalid zip code");
      else if (!ValidateInput.validatePhone(phone))
         System.out.println("Invalid phone number");
      else
         System.out.println("Valid input.  Thank you.");
   }
} // fim da classe Validate
```

```
Please enter first name:
Jane
Please enter last name:
Doe
Please enter address:
123 Some Street
Please enter city:
Some City
Please enter state:
SS
Please enter zip:
123
Please enter phone:
123-456-7890

Validate Result:
Invalid zip code
```

```
Please enter first name:
Jane
Please enter last name:
Doe
Please enter address:
123 Some Street
Please enter city:
Some City
Please enter state:
SS
Please enter zip:
12345
Please enter phone:
123-456-7890

Validate Result:
Valid input.  Thank you.
```

Figura 14.21 | Insere e valida dados de usuário utilizando a classe `ValidateInput`.

A Figura 14.20 valida a entrada de usuário. A linha 9 valida o nome. Para localizar um conjunto de caracteres que não tem uma classe de caracteres predefinida, utilize os colchetes, `[]`. Por exemplo, o padrão `"[aeiou]"` localiza um único caractere, que é uma vogal. Os intervalos de caracteres podem ser representados colocando-se um traço (-) entre dois caracteres. No exemplo, `"[A-Z]"` identifica uma única letra maiúscula. Se o primeiro caractere entre colchetes for `"^"`, a expressão aceitará qualquer caractere diferente desses indicados. Mas `"[^Z]"` não é o mesmo que `"[A-Y]"`, que corresponde letras maiúsculas A–Y — `"[^Z]"` corresponde a *qualquer caractere diferente do* Z maiúsculo, incluindo letras minúsculas e não letras como o caractere de nova linha. Os intervalos nas classes de caractere são determinados pelos valores inteiros das letras. Neste exemplo, `"[A-Za-z]"` localiza todas as letras maiúsculas e minúsculas. O intervalo `"[A-z]"` localiza todas as letras e também aqueles caracteres (como [e \) com um valor inteiro entre o Z maiúsculo e o *a* minúsculo (para obter informações adicionais sobre valores inteiros de caracteres consulte o Apêndice B). Como as classes predefinidas de caractere, as classes de caractere delimitadas por colchetes localizam um único caractere no objeto de pesquisa.

Na linha 9, o asterisco depois da segunda classe de caracteres indica que pode haver correspondência com qualquer número de letras. Em geral, quando o operador de expressão regular `"*"` aparece em uma expressão regular, o aplicativo tenta localizar zero ou mais ocorrências da subexpressão imediatamente anterior a `"*"`. O operador `"+"` tenta identificar uma ou mais ocorrências da subexpressão imediatamente anterior `"+"`. Então, tanto `"A*"` como `"A+"` localizarão `"AAA"` ou `"A"`, mas somente `"A*"` localizará uma string vazia.

Se o método `validateFirstName` retorna `true` (linha 29 da Figura 14.21), o aplicativo tenta validar o sobrenome (linha 31) chamando `validateLastName` (linhas 13 a 16 da Figura 14.20). A expressão regular para validar o sobrenome localiza qualquer número de letras separadas por espaços, apóstrofos ou hífens.

A linha 33 da Figura 14.21 chama o método `validateAddress` (linhas 19 a 23 da Figura 14.20) para validar o endereço. A primeira classe de caracteres localiza qualquer dígito uma ou mais vezes (`\\d+`). Os dois caracteres \ são utilizados, pois \ normalmente inicia uma sequência de escape em uma string. Então, `\\d` em uma `String` representa o padrão da expressão regular `\d`. Em seguida, pesquisamos um ou mais caracteres de espaço em branco (`\\s+`). O caractere `"|"` corresponde à expressão à esquerda ou à direita. Por exemplo, `"Hi (John|Jane)"` identifica tanto `"Hi John"` como `"Hi Jane"`. Os parênteses são utilizados para agrupar partes da expressão regular. Neste exemplo, o lado esquerdo de `|` localiza uma única palavra e, o direito, duas palavras separadas por qualquer quantidade de espaço em branco. Assim, o endereço deve conter um número seguido por uma ou duas palavras. Portanto, `"10 Broadway"` e `"10 Main Street"` são ambos endereços válidos neste exemplo. Os métodos city (linhas 26 a 29 da Figura 14.20) e state (linhas 32 a 35 da Figura 14.20) também procuram qualquer palavra de pelo menos um caractere ou, alternativamente, quaisquer duas palavras de pelo menos um caractere se as palavras forem separadas por um único espaço, assim ambos `Waltham` e `West Newton` devem corresponder.

Quantificadores

Os sinais de asterisco (*) e de adição (+) são formalmente chamados de **quantificadores**. A Figura 14.22 lista todos os quantificadores. Já discutimos como os quantificadores de asterisco (*) e sinal de adição (+) funcionam. Todos os quantificadores afetam apenas a subexpressão imediatamente anterior ao quantificador. O ponto de interrogação quantificador (?) localiza zero ou uma ocorrência da expressão que ele quantifica. Um conjunto de chaves contendo um número ({*n*}) localiza exatamente *n* ocorrências da expressão que ele quantifica. Demonstramos esse quantificador para validar o CEP da Figura 14.20 na linha 40. Incluir uma vírgula depois do número incluído entre chaves localiza chaves pelo menos *n* ocorrências da expressão quantificada. O conjunto de chaves que contém dois números ({*n*,*m*}) localiza entre *n* e *m* ocorrências da expressão que ele qualifica. Os quantificadores podem ser aplicados a padrões entre parênteses para criar expressões regulares mais complexas.

Todos os quantificadores são **gananciosos**. Isso significa que eles identificarão quantas ocorrências eles puderem, contanto que a correspondência seja ainda bem-sucedida. Entretanto, se qualquer um desses quantificadores for seguido por um ponto de interrogação (?), o quantificador se tornará **relutante** (às vezes chamado de **preguiçoso**). Então, ele reconhecerá o mínimo de ocorrências possível, contanto que a correspondência ainda seja bem-sucedida.

Quantificador	Correspondências
*	Localiza a zero ou mais ocorrências do padrão.
+	Localiza a uma ou mais ocorrências do padrão.
?	Localiza a zero ou uma ocorrência do padrão.
{*n*}	Localiza exatamente *n* ocorrências.
{*n*,}	Localiza pelo menos *n* ocorrências.
{*n*, *m*}	Localiza entre *n* e *m* (inclusive) ocorrências.

Figura 14.22 | Quantificadores utilizados em expressões regulares.

O CEP (linha 40 na Figura 14.20) localiza cinco vezes um dígito. Essa expressão regular utiliza a classe de caracteres de dígito e um quantificador com o dígito 5 entre chaves. O número de telefone (linha 46 na Figura 14.20) combina com três dígitos (o primeiro não pode ser zero) seguidos por um traço seguido por mais três dígitos (novamente o primeiro não pode ser zero) seguido por mais quatro dígitos.

O método `String matches` verifica se uma string inteira se adapta a uma expressão regular. Por exemplo, queremos aceitar `"Smith"` como um sobrenome, mas não `"9@Smith#"`. Se ao menos uma substring corresponder à expressão regular, o método `matches` retorna `false`.

Substituindo substrings e dividindo strings

Às vezes é útil substituir partes de uma string ou dividir uma string em partes. Para esse propósito, a classe `String` fornece os métodos `replaceAll`, `replaceFirst` e `split`. Esses métodos são demonstrados na Figura 14.23.

```java
// Figura 14.23: RegexSubstitution.Java
// Métodos string replaceFirst, replaceAll e split.
import java.util.Arrays;

public class RegexSubstitution
{
   public static void main(String[] args)
   {
      String firstString = "This sentence ends in 5 stars *****";
      String secondString = "1, 2, 3, 4, 5, 6, 7, 8";

      System.out.printf("Original String 1: %s%n", firstString);

      // substitui '*' por '^'
      firstString = firstString.replaceAll("\\*", "^");

      System.out.printf("^ substituted for *: %s%n", firstString);

      // substitui asteriscos por circunflexos
      firstString = firstString.replaceAll("stars", "carets");

      System.out.printf(
         "\"carets\" substituted for \"stars\": %s%n", firstString);

      // substitui palavras por 'palavra'
      System.out.printf("Every word replaced by \"word\": %s%n%n",
         firstString.replaceAll("\\w+", "word"));

      System.out.printf("Original String 2: %s%n", secondString);

      // substitui os primeiros três dígitos pelo 'dígito'
      for (int i = 0; i < 3; i++)
         secondString = secondString.replaceFirst("\\d", "digit");

      System.out.printf(
         "First 3 digits replaced by \"digit\" : %s%n", secondString);

      System.out.print("String split at commas: ");
      String[] results = secondString.split(",\\s*"); // divide em vírgulas
      System.out.println(Arrays.toString(results));
   }
} // fim da classe RegexSubstitution
```

```
Original String 1: This sentence ends in 5 stars *****
^ substituted for *: This sentence ends in 5 stars ^^^^^
"carets" substituted for "stars": This sentence ends in 5 carets ^^^^^
Every word replaced by "word": word word word word word word ^^^^^

Original String 2: 1, 2, 3, 4, 5, 6, 7, 8
First 3 digits replaced by "digit" : digit, digit, digit, 4, 5, 6, 7, 8
String split at commas: ["digit", "digit", "digit", "4", "5", "6", "7", "8"]
```

Figura 14.23 | Métodos `String replaceFirst`, `replaceAll` e `split`.

O método `replaceAll` substitui texto em uma `String` com texto novo (o segundo argumento) onde quer que a string original localize uma expressão regular (o primeiro argumento). A linha 15 substitui cada instância de `"*"` em `firstString` por `"^"`. A expressão regular `"\\*"` precede o caractere `*` com duas barras invertidas. Normalmente, `*` é um quantificador indicando que uma expressão regular deve corresponder a *qualquer número de ocorrências* de um padrão anterior. Entretanto, na linha 15, queremos combinar todas as ocorrências do caractere literal `*` — para fazer isso, devemos escapar o caractere `*` pelo caractere `\`. "Escapar" (isto é, tratar como literal) um caractere especial de expressão regular com `\` instrui o mecanismo de correspondência a encontrar o caractere real. Visto que a expressão é armazenada em uma `String` Java e `\` é um caractere especial em `Strings` Java, devemos incluir um `\` adicional. Então a `String` `"\\*"` do Java representa o padrão de expressão regular `\*` que identifica um único caractere `*` na string de pesquisa. Na linha 20, cada correspondência da expressão regular `"stars"` em `firstString` é substituída por `"carets"`. A linha 27 usa `replaceAll` para substituir todas as palavras na string por `"word"`.

O método `replaceFirst` (linha 33) substitui a primeira ocorrência de uma correspondência padrão. `Strings` do Java são imutáveis, portanto o método `replaceFirst` retorna uma nova `String` em que os caracteres apropriados foram substituídos. Essa linha recebe a `String` original e a substitui pela `String` retornada por `replaceFirst`. Iterando três vezes substituímos as três primeiras instâncias de um dígito (`\d`) em `secondString` pelo texto `"digit"`.

O método `split` divide uma `String` em várias substrings. A original é dividida em qualquer localização que corresponde a uma expressão regular especificada. O método `split` retorna um array de `Strings` que contém as substrings entre as correspondências da expressão regular. Na linha 39, utilizamos o método `split` para tokenizar uma `String` de inteiros separados por vírgulas. O argumento é a expressão regular que corresponde ao delimitador. Nesse caso, utilizamos a expressão regular `",\\s*"` para separar as substrings onde quer que ocorra uma vírgula. Correspondendo quaisquer caracteres de espaço em branco, eliminamos os espaços extras das substrings resultantes. Os caracteres de vírgula e espaço em branco não são retornados como parte das substrings. Novamente, a `String` Java `",\\s*"` representa a expressão regular `,\s*`. A linha 40 usa o método `Arrays` `toString` para exibir o conteúdo do array `results` entre colchetes e separados por vírgulas.

Classes `Pattern` *e* `Matcher`

Além das capacidades de expressão regular da classe `String`, o Java fornece outras classes no pacote `java.util.regex` que ajudam os desenvolvedores a manipular expressões regulares. A classe **`Pattern`** representa uma expressão regular. A classe **`Matcher`** contém tanto um padrão de expressão regular como uma `CharSequence` na qual procurar o padrão.

`CharSequence` (pacote `java.lang`) é uma *interface* que permite acesso de leitura a uma sequência de caracteres. A interface requer que os métodos `charAt`, `length`, `subSequence` e `toString` sejam declarados. Tanto `String` como `StringBuilder` implementam a interface `CharSequence`, então uma instância de qualquer uma dessas classes pode ser utilizada com a classe `Matcher`.

Erro comum de programação 14.2

Uma expressão regular pode ser testada contra um objeto de qualquer classe que implemente a interface `CharSequence`, mas a expressão regular deve ser uma `String`. Tentar criar uma expressão regular como um `StringBuilder` é um erro.

Se uma expressão regular vai ser utilizada apenas uma vez, o método `static Pattern` **`matches`** pode ser utilizado. Esse método aceita uma `String` que especifica a expressão regular e um `CharSequence` em que realiza a correspondência. Esse método retorna um `boolean` que indica se o objeto de pesquisa (o segundo argumento) *corresponde* à expressão regular.

Se uma expressão regular vai ser utilizada mais de uma vez (em um loop, por exemplo), é mais eficiente utilizar o método `static Pattern` **`compile`** para criar um objeto `Pattern` específico para essa expressão regular. Esse método recebe uma `String` que representa o padrão e retorna um novo objeto `Pattern`, que então pode ser utilizado para chamar o método **`matcher`**. Esse método recebe uma `CharSequence` para pesquisar e retornar um objeto `Matcher`.

`Matcher` fornece o método **matches**, que realiza a mesma tarefa que o método `Pattern matches`, mas não recebe nenhum argumento — o padrão de pesquisa e o objeto de pesquisa são encapsulados no objeto `Matcher`. A classe `Matcher` fornece outros métodos, incluindo **`find`**, **`lookingAt`**, **`replaceFirst`** e **`replaceAll`**.

A Figura 14.24 apresenta um exemplo simples que emprega expressões regulares. Esse programa identifica aniversários em uma expressão regular. A expressão identifica somente aniversários que não ocorram em abril e que pertençam às pessoas cujos nomes iniciam com `"J"`.

```
// Figura 14.24: RegexMatches.java
// Classes Pattern e Matcher.
import java.util.regex.Matcher;
import java.util.regex.Pattern;

public class RegexMatches
{
   public static void main(String[] args)
```

continua

continuação

```
 9      {
10         // cria expressão regular
11         Pattern expression =
12            Pattern.compile("J.*\\d[0-35-9]-\\d\\d-\\d\\d");
13
14         String string1 = "Jane's Birthday is 05-12-75\n" +
15            "Dave's Birthday is 11-04-68\n" +
16            "John's Birthday is 04-28-73\n" +
17            "Joe's Birthday is 12-17-77";
18
19         // corresponde expressão regular à string e imprime as correspondências
20         Matcher matcher = expression.matcher(string1);
21
22         while (matcher.find())
23            System.out.println(matcher.group());
24      }
25   } // fim da classe RegexMatches
```

```
Jane's Birthday is 05-12-75
Joe's Birthday is 12-17-77
```

Figura 14.24 | Classes `Pattern` e `Matcher`.

As linhas 11 e 12 criam um `Pattern` invocando o método `static Pattern compile`. O *caractere de ponto* "." na expressão regular (linha 12) procura qualquer caractere único, exceto um caractere de nova linha. A linha 20 cria o objeto `Matcher` para a expressão regular compilada e a sequência de correspondência (`string1`). As linhas 22 e 23 utilizam um loop `while` para *iterar* pela `String`. A linha 22 utiliza o método `Matcher find` para tentar corresponder uma parte do objeto de pesquisa ao padrão de pesquisa. Cada chamada para esse método inicia no ponto em que a última chamada terminou, então múltiplas correspondências podem ser localizadas. O método `Matcher lookingAt` executa da mesma maneira, exceto que, desde o início do objeto de pesquisa, sempre localizará a *primeira* correspondência, se houver uma.

Erro comum de programação 14.3

O método `matches` (da classe `String`, `Pattern` ou `Matcher`) retornará `true` somente se o objeto de pesquisa inteiro corresponder à expressão regular. Os métodos `find` e `lookingAt` (da classe `Matcher`) retornarão `true` se uma parte do objeto de pesquisa corresponder à expressão regular.

A linha 23 utiliza o método `Matcher` **group**, que retorna a `String` do objeto de pesquisa que corresponde ao padrão de pesquisa. A `String` que é retornada é aquela que correspondeu da última vez a uma chamada `find` ou `lookingAt`. A saída na Figura 14.24 mostra as duas correspondências que foram encontradas em `string1`.

Java SE 8

Como veremos na Seção 17.7, você pode combinar o processamento de expressão regular com lambdas e fluxos Java SE 8 para implementar aplicativos de processamento de `String` e arquivo poderosos.

14.8 Conclusão

Neste capítulo, você aprendeu mais sobre os métodos `String` para selecionar partes de `Strings` e manipular `Strings`. Você também aprendeu sobre a classe `Character` e alguns métodos que ela declara para tratar `chars`. O capítulo também discutiu as capacidades da classe `StringBuilder` de criar `Strings`. O fim do capítulo discutiu as expressões regulares, as quais fornecem uma capacidade poderosa de pesquisar e corresponder partes de `Strings` que se ajustam a um padrão particular. No próximo capítulo, discutiremos o processamento de arquivos, incluindo como dados persistentes são armazenados e recuperados.

Resumo

Seção 14.2 Fundamentos de caracteres e strings

- O valor de um literal de caractere é seu valor inteiro em Unicode. As strings podem incluir letras, dígitos e caracteres especiais como +, -, *, / e $. Uma string no Java é um objeto da classe `String`. Os literais de `String` são frequentemente referidos como objetos e escritos entre aspas duplas em um programa.

Seção 14.3 Classe `String`

- Objetos `String` são imutáveis — depois de criado, o conteúdo dos caracteres não pode ser alterado.
- O método `String` `length` retorna o número de caracteres em uma `String`.
- O método `String` `charAt` retorna o caractere em uma posição específica.
- O método `String` `regionMatches` compara partes de duas strings quanto à igualdade.
- O método `String` `equals` testa quanto à igualdade. O método retorna `true` se o conteúdo de `Strings` for igual e `false`, caso contrário. O método `equals` utiliza uma comparação lexicográfica para `Strings`.
- Quando valores de tipo de dados primitivos são comparados com ==, o resultado é `true` se ambos os valores forem idênticos. Quando as referências são comparadas com ==, o resultado é `true` se ambas referenciarem o mesmo objeto.
- O Java trata todos os literais de string com o mesmo conteúdo como um único objeto `String`.
- O método `String` `equalsIgnoreCase` realiza uma comparação de string que não diferencia maiúsculas e minúsculas.
- O método `String` `compareTo` utiliza uma comparação lexicográfica e retorna 0 se as `Strings` são iguais, um número negativo se a string que chama `compareTo` for menor que o argumento `String` e um número positivo se a string que chama `compareTo` for maior do que o argumento `String`.
- Os métodos `String` `startsWith` e `endsWith` determinam se uma string inicia ou termina com os caracteres especificados, respectivamente.
- O método `String` `indexOf` localiza a primeira ocorrência de um caractere ou uma substring em uma string. O método `String` `lastIndexOf` localiza a última ocorrência de um caractere ou uma substring em uma string.
- O método `String` `substring` copia e retorna parte de um objeto string existente.
- O método de `String` `concat` concatena dois objetos string e retorna um novo objeto string.
- O método `String` `replace` retorna um novo objeto string que substitui cada ocorrência em uma `String` do seu primeiro argumento de caractere pelo seu segundo argumento de caractere.
- `String` `toUpperCase` retorna uma nova string com letras maiúsculas nas posições em que a string original tinha letras minúsculas. O método `String` `toLowerCase` retorna uma nova string com letras minúsculas nas posições em que a string original tinha letras maiúsculas.
- O método `String` `trim` retorna um novo objeto string em que todos os caracteres de espaço em branco (por exemplo, espaços, nova linha e tabulações) foram removidos do início ao fim de uma string.
- O método `String` `toCharArray` retorna um array `char` contendo uma cópia dos caracteres da string.
- O método `static` `valueOf` da classe `String` retorna seu argumento convertido em uma string.

Seção 14.4 Classe `StringBuilder`

- A classe `StringBuilder` fornece construtores que permitem que `StringBuilders` sejam inicializados sem caracteres e tenham uma capacidade inicial de 16 caracteres, sem caracteres e uma capacidade inicial especificada no argumento de inteiro; ou com uma cópia dos caracteres do argumento `String` e uma capacidade inicial que é o número de caracteres no argumento de `String` mais 16.
- O método `StringBuilder` `length` retorna o número de caracteres atualmente armazenados em um `StringBuilder`. O método `StringBuilder` `capacity` retorna o número de caracteres que podem ser armazenados em um `StringBuilder` sem alocar mais memória.
- O método `StringBuilder` `ensureCapacity` garante que um `StringBuilder` tenha pelo menos a capacidade especificada. O método `setLength` aumenta ou diminui o comprimento de um `StringBuilder`.
- O método `StringBuilder` `charAt` retorna o caractere no índice especificado. O método `setCharAt` define o caractere na posição especificada. O método `StringBuilder` `getChars` copia os caracteres no `StringBuilder` para o array de caracteres passado como um argumento.
- Os métodos sobrecarregados `append` de `StringBuilder` adicionam valores de tipo primitivo, array de caracteres, `String`, `Object` ou `CharSequence` ao final de um `StringBuilder`.
- Os métodos `insert` sobrecarregados de `StringBuilder` inserem tipo primitivo, array de caracteres e valores `String`, `Object` ou `CharSequence` em qualquer posição em um `StringBuilder`.

Seção 14.5 Classe `Character`

- O método `Character` `isDefined` determina se um caractere está no conjunto de caracteres Unicode.

- O método `Character isDigit` determina se um caractere é um dígito Unicode definido.
- O método `Character isJavaIdentifierStart` determina se um caractere pode ser usado como o primeiro caractere de um identificador de Java. O método `Character isJavaIdentifierPart` determina se um caractere pode ser utilizado em um identificador.
- O método `Character isLetter` determina se um caractere é uma letra. O método `Character isLetterOrDigit` determina se um caractere é uma letra ou um dígito.
- O método `Character isLowerCase` determina se um caractere é uma letra minúscula. O método `Character isUpperCase` determina se um caractere é uma letra maiúscula.
- O método `Character toUpperCase` converte um caractere em seu equivalente em maiúsculas. O método `Character toLowerCase` converte um caractere em seu equivalente em minúsculas.
- O método `Character digit` converte seu argumento caractere em um inteiro no sistema de números especificado por seu argumento inteiro `radix`. O método `Character forDigit` converte seu argumento inteiro `digit` em um caractere no sistema de números especificado por seu argumento inteiro `radix`.
- O método `Character charValue` retorna o `char` armazenado em um objeto `Character`. O método `Character toString` retorna uma representação `String` de um `Character`.

Seção 14.6 Tokenização de `Strings`

- O método `split` da classe `String` tokeniza uma `String` com base no delimitador especificado como um argumento e retorna um array de `Strings` contendo os tokens.

Seção 14.7 Expressões regulares, classe `Pattern` e classe `Matcher`

- Expressões regulares são sequências de caracteres e símbolos que definem um conjunto de strings. Elas são úteis para validar entrada e assegurar que os dados estão em um formato particular.
- O método `String matches` recebe uma string que especifica a expressão regular e corresponde ao conteúdo do objeto `String` em que é chamado com a expressão regular. O método retorna um `boolean` indicando se a correspondência foi ou não bem-sucedida.
- Uma classe de caracteres é uma sequência de escape que representa um grupo de caracteres. Cada classe de caracteres localiza um único caractere na string que estamos tentando localizar com a expressão regular.
- Um caractere de palavra (`\w`) é qualquer letra (em maiúsculas ou minúsculas), qualquer dígito ou o caractere sublinhado.
- Um caractere de espaço em branco (`\s`) é um espaço, uma tabulação, um retorno de carro, uma nova linha ou um avanço de formulário.
- Um dígito (`\d`) é qualquer caractere numérico.
- Para localizar um conjunto de caracteres que não tem uma classe de caracteres predefinida, utilize os colchetes, `[]`. Os intervalos podem ser representados colocando-se um traço (`-`) entre dois caracteres. Se o primeiro caractere entre colchetes for `"^"`, a expressão aceitará qualquer caractere diferente desses indicados.
- Quando o operador de expressão regular `"*"` aparece em uma expressão regular, o programa tenta combinar zero ou mais ocorrências da subexpressão que imediatamente precedem o `"*"`.
- O operador `"+"` tenta localizar uma ou mais ocorrências da subexpressão que o precede.
- O caractere `"|"` permite uma correspondência da expressão à sua esquerda ou direita.
- Parênteses `( )` são utilizados para agrupar partes da expressão regular.
- Os sinais de asterisco (`*`) e de adição (`+`) são formalmente chamados de quantificadores.
- Um quantificador só afeta a subexpressão imediatamente depois dele.
- O ponto de interrogação quantificador (`?`) localiza zero ou uma ocorrência da expressão que ele quantifica.
- Um conjunto de chaves contendo um número (`{`*n*`}`) localiza exatamente *n* ocorrências da expressão que ele quantifica. Incluir uma vírgula depois do número entre chaves localiza pelo menos *n* ocorrências.
- Um conjunto de chaves que contém dois números (`{`*n*`,`*m*`}`) localiza entre *n* e *m* ocorrências da expressão que ele qualifica.
- Quantificadores são gananciosos — eles incluem o maior número possível de ocorrências que puderem quando a correspondência é bem-sucedida. Se um quantificador for seguido por um ponto de interrogação (`?`), o quantificador torna-se relutante, identificando o menor número de ocorrências possível, contanto que a correspondência seja bem-sucedida.
- O método `String replaceAll` substitui o texto em uma string pelo novo texto (o segundo argumento) onde quer que a string original coincida com uma expressão regular (o primeiro argumento).
- Escapar um caractere especial de expressão regular com uma `\` instrui o mecanismo de correspondência de expressão regular a localizar o caractere real, em oposição ao que ele representa em uma expressão regular.
- O método `String replaceFirst` substitui a primeira ocorrência de uma correspondência de padrão e retorna uma nova string na qual os caracteres apropriados foram substituídos.
- O método `String split` divide uma string em substrings em qualquer local que corresponde com uma expressão regular especificada e retorna um array de substrings.
- A classe `Pattern` representa uma expressão regular.

- A classe `Matcher` contém um padrão de expressão regular e uma `CharSequence` em que pesquisar.
- `CharSequence` é uma interface que permite acesso de leitura a uma sequência de caracteres. Tanto `String` como `StringBuilder` implementam essa interface, assim eles podem ser usados com a classe `Matcher`.
- Se uma expressão regular vai ser utilizada apenas uma vez, o método `Pattern matches` estático aceita uma string que especifica a expressão regular e uma `CharSequence` na qual realiza a correspondência. Esse método retorna um `boolean` que indica se o objeto de pesquisa corresponde à expressão regular.
- Se uma expressão regular vai ser utilizada mais de uma vez, é mais eficiente utilizar o método `Pattern compile` para criar um objeto `Pattern` específico para essa expressão regular. Esse método recebe uma string que representa o padrão e retorna um novo objeto `Pattern`.
- O método `Pattern matcher` recebe uma `CharSequence` a pesquisar e retorna um objeto `Matcher`. O método `Matcher matches` realiza a mesma tarefa que o método `Pattern matches`, mas sem argumentos.
- O método `Matcher find` tenta localizar uma parte do objeto de pesquisa para o padrão de pesquisa. Cada chamada para esse método inicia no ponto em que a última chamada terminou, assim múltiplas correspondências podem ser localizadas.
- O método `Matcher lookingAt` executa o mesmo que o `find`, exceto que sempre começa desde o início do objeto de pesquisa e sempre localizará a primeira correspondência se houver alguma.
- O método `Matcher group` retorna a string do objeto de pesquisa que reconhece o padrão de pesquisa. A string retornada é aquela que correspondeu da última vez a uma chamada `find` ou `lookingAt`.

Exercícios de revisão

14.1 Determine se cada um dos seguintes itens é *verdadeiro* ou *falso*. Se *falso*, explique por quê.

a) Quando os objetos `String` são comparados utilizando ==, o resultado é `true` se as `Strings` contiverem os mesmos valores.

b) Uma `String` pode ser modificada depois de criada.

14.2 Para cada um dos seguintes itens, escreva uma única instrução que realiza a tarefa indicada:

a) Compare a string em `s1` com a string em `s2` quanto à igualdade de conteúdo.

b) Acrescente a string `s2` à string `s1`, utilizando +=.

c) Determine o comprimento da string em `s1`.

Respostas dos exercícios de revisão

14.1 a) Falso. Objetos string são comparados usando o operador == para determinar se eles são o mesmo objeto na memória.

b) Falso. Objetos `String` são imutáveis e não podem ser modificados depois de criados. Objetos `StringBuilder` podem ser modificados depois de criados.

14.2 a) `s1.equals(s2)`

b) `s1 += s2;`

c) `s1.length()`

Questões

14.3 ***(Comparando*** **`Strings`*)*** Elabore um aplicativo que utiliza o método `String compareTo` para comparar duas entradas de strings pelo usuário. Crie uma saída informando se a primeira string é menor que, igual a ou maior que a segunda.

14.4 ***(Comparando partes de*** **`Strings`*)*** Elabore um aplicativo que utiliza o método `String regionMatches` para comparar duas entradas de strings pelo usuário. O aplicativo deve inserir o número de caracteres que será comparado e o índice inicial da comparação. O aplicativo deve declarar se as strings são iguais. Ignore a distinção entre maiúsculas e minúsculas dos caracteres ao realizar a comparação.

14.5 ***(Sentenças aleatórias)*** Elabore um aplicativo que utiliza geração de números aleatórios para criar frases. Utilize quatro arrays de strings chamados `article`, `noun`, `verb` e `preposition`. Crie uma frase selecionando uma palavra aleatoriamente de cada array na seguinte ordem: `article`, `noun`, `verb`, `preposition`, `article` e `noun`. À medida que cada palavra é selecionada, concatene-a às primeiras palavras na frase. As palavras devem ser separadas por espaços. Quando a frase final for enviada para saída, ela deve iniciar com uma letra maiúscula e terminar com um ponto. O aplicativo deve gerar e exibir 20 frases.

O array de artigos deve conter os artigos `"the"`, `"a"`, `"one"`, `"some"` e `"any"`; o array de substantivos deve conter os substantivos `"boy"`, `"girl"`, `"dog"`, `"town"` e `"car"`; o array de verbos deve conter os verbos `"drove"`, `"jumped"`, `"ran"`, `"walked"` e `"skipped"`; o array de preposições deve conter as preposições `"to"`, `"from"`, `"over"`, `"under"` e `"on"`.

14.6 ***(Projeto: Limericks)*** Um limerick é um poema humorístico de cinco versos em que a primeira e a segunda linha rimam com a quinta, e a terceira linha rima com a quarta. Utilizando técnicas semelhantes àquelas desenvolvidas na Questão 14.5, elabore um aplicativo Java que produz limericks aleatórios. Polir esse aplicativo para produzir bons limericks é um problema desafiador, mas o resultado vale o esforço!

14.7 ***(Latim de porco)*** Elabore um aplicativo que codifica frases da língua inglesa em latim de porco. O Pig Latin é uma forma de linguagem codificada. Há muitos métodos diferentes para formar frases em Pig Latin. Para simplificar, utilize o seguinte algoritmo:

Para formar uma frase em latim de porco a partir de uma frase em inglês, tokenize a frase em palavras com o método `String split`. Para traduzir cada palavra inglesa em uma palavra do latim de porco, coloque a primeira letra da palavra inglesa no final da palavra e adicione as letras "ay". Assim, a palavra "jump" torna-se "umpjay", a palavra "the" torna-se "hetay", e a palavra "computer" torna-se "omputercay". Os espaços entre as palavras permanecem iguais. Suponha o seguinte: a frase inglesa consiste em palavras separadas por espaços, não há nenhuma marcação de pontuação e todas as palavras têm duas ou mais letras. O método `printLatinWord` deve exibir cada palavra. Cada token é passado para o método `printLatinWord` a fim de imprimir a palavra latina porco. Permita que o usuário insira a frase. Continue exibindo todas as frases convertidas em uma área de texto.

14.8 ***(Tokenizando números de telefone)*** Elabore um aplicativo que insere um número de telefone como uma string na forma `(555) 555-5555`. O aplicativo deve utilizar o método `String split` para extrair o código de área como um token, os três primeiros dígitos do número de telefone como um segundo token e os últimos quatro dígitos do número de telefone como um terceiro token. Os sete dígitos do número de telefone devem ser concatenados em uma string. O código de área e o número de telefone devem ser impressos. Lembre-se de que você que terá de alterar caracteres delimitadores durante o processo de tokenização.

14.9 ***(Exibindo uma frase com as palavras invertidas)*** Elabore um aplicativo que insere uma linha de texto, tokeniza a linha com o método `String split` e gera os tokens na ordem inversa. Utilize caracteres de espaço em branco como delimitadores.

14.10 ***(Exibindo `String`s em letras maiúsculas e minúsculas)*** Elabore um aplicativo que insere uma linha de texto e gera duas vezes a saída do texto — uma vez em letras maiúsculas e uma vez em letras minúsculas.

14.11 ***(Pesquisando `String`s)*** Elabore um aplicativo que insere uma linha de texto e um caractere de pesquisa e utiliza o método `String indexOf` para determinar o número de ocorrências do caractere no texto.

14.12 ***(Pesquisando `String`s)*** Elabore um aplicativo baseado no aplicativo da Questão 14.11 que insere uma linha de texto e utiliza o método `String indexOf` para determinar o número total de ocorrências de cada letra do alfabeto no texto. As letras minúsculas e maiúsculas devem ser contadas juntas. Armazene os totais para cada letra em um array e imprima os valores em formato tabular depois que os totais foram determinados.

14.13 ***(Tokenizando e comparando `String`s)*** Elabore um aplicativo que lê uma linha de texto, tokeniza essa linha utilizando caracteres de espaço em branco como delimitadores e gera a saída apenas daquelas palavras que iniciam com a letra "`b`".

14.14 ***(Tokenizando e comparando `String`s)*** Elabore um aplicativo que lê uma linha de texto, tokeniza essa linha utilizando caracteres de espaço em branco como delimitadores e gera a saída apenas daquelas palavras que terminem com as letras "`ED`".

14.15 ***(Convertendo valores `int` em caracteres)*** Elabore um aplicativo que insere um código de inteiros para um caractere e exibe o caractere correspondente. Modifique esse aplicativo de modo que ele gere todos os possíveis códigos de três dígitos no intervalo de 000 a 255 e tente imprimir os caracteres correspondentes.

14.16 ***(Definindo seus próprios métodos `String`)*** Elabore suas próprias versões dos métodos de pesquisa `String indexOf` e `lastIndexOf`.

14.17 ***(Criando `String`s com três letras a partir de uma palavra com cinco letras)*** Elabore um aplicativo que lê uma palavra com cinco letras fornecida pelo usuário e produz cada string possível com três letras que podem ser derivadas das letras dessa palavra. Por exemplo, as palavras de três letras produzidas a partir da palavra "bathe" incluem "ate," "bat," "bet," "tab," "hat," "the" e "tea".

Seção especial: exercícios de manipulação avançada de string

Os exercícios precedentes são voltados para o texto e projetados para testar seu entendimento de conceitos fundamentais de manipulação de string. Esta seção inclui uma coleção de exercícios de manipulação de string avançados e intermediários. Você deve achar esses problemas desafiadores, mas divertidos. Os problemas variam consideravelmente em dificuldade. Alguns requerem uma hora ou duas para elaborar e implementar o aplicativo. Outros são úteis para atribuições de laboratório que talvez requeiram duas ou três semanas de estudo e implementação. Alguns são projetos de conclusão de curso desafiadores.

14.18 ***(Análise de texto)*** A disponibilidade de computadores com capacidades de manipulação de string resultou em algumas abordagens bastante interessantes para analisar textos de grandes autores. Muita atenção foi dada à polêmica de que William Shakespeare não teria existido de fato. Alguns acadêmicos acreditam haver evidências substanciais que indicam que Christopher Marlowe realmente escreveu as obras-primas atribuídas a Shakespeare. Os pesquisadores têm utilizado computadores para encontrar semelhanças na escrita desses dois autores. Esse exercício examina três métodos para analisar textos com um computador.

a) Elabore um aplicativo que lê uma linha de texto do teclado e imprime uma tabela que indica o número de ocorrências de cada letra do alfabeto no texto. Por exemplo, a frase

```
To be, or not to be: that is the question:
```

contém um "a," dois "b", nenhum "c," e assim por diante.

b) Elabore um aplicativo que lê uma linha de texto e imprime uma tabela que indique o número de palavras de uma letra, palavras de duas letras, palavras de três letras, e assim por diante, que aparecem no texto. Por exemplo, a Figura 14.25 mostra as contagens para a frase

```
Whether 'tis nobler in the mind to suffer
```

c) Elabore um aplicativo que lê uma linha de texto e imprime uma tabela que indica o número de ocorrências de cada palavra diferente no texto. O aplicativo deve incluir as palavras na tabela na mesma ordem em que elas aparecem no texto. Por exemplo, as linhas

```
To be, or not to be: that is the question:
Whether 'tis nobler in the mind to suffer
```

contêm a palavra "to" três vezes, a palavra "be" duas vezes, a palavra "or" uma vez etc.

Comprimento de palavra	Ocorrências
1	0
2	2
3	1
4	2 (incluindo `'tis`)
5	0
6	2
7	1

Figura 14.25 | Contagens do comprimento das palavras para a string `"Whether 'tis nobler in the mind to suffer"`.

14.19 ***(Imprimindo datas em vários formatos)*** As datas são impressas em vários formatos comuns. Dois dos formatos mais comuns em inglês são

`04/25/1955` e `April 25, 1955`

Elabore um aplicativo que lê uma data no primeiro formato e imprime no segundo formato.

14.20 ***(Proteção de cheque)*** Os computadores frequentemente empregaram em sistemas de verificação de escrita como aplicativos de folha de pagamento e contas a pagar. Ouvimos muitas histórias estranhas relacionadas a cheques de pagamento semanal que são impressos (por engano) com quantias de mais de US$ 1 milhão. Quantidades incorretas são impressas por sistemas computadorizados de preenchimento de cheque por causa de erro humano ou falha de máquina. Os projetistas de sistemas embutem controles em seus sistemas para evitar a emissão desses cheques errados.

Outro problema sério é a alteração intencional do valor de um cheque por alguém que planeja receber um cheque de modo fraudulento. Para evitar que uma quantia monetária seja alterada, alguns sistemas computadorizados de preenchimento de cheque empregam uma técnica chamada proteção de cheque. Cheques projetados para imprimir por computador contêm um número fixo de espaços em que o computador pode imprimir uma quantia. Suponha que um cheque de pagamento contenha oito espaços em branco em que o computador deve imprimir a quantidade de um cheque de pagamento semanal. Se o valor for alto, então todos os oito espaços serão preenchidos. Por exemplo,

```
1,230.60 (valor do cheque)
--------
12345678 (números de posição)
```

Por outro lado, se a quantidade for menor que US$ 1000, então vários dos espaços seriam comumente deixados em branco. Por exemplo,

```
   99.87
--------
12345678
```

contém três espaços em branco. Se um cheque é impresso com espaços em branco, é mais fácil que alguém altere o valor. Para evitar a alteração, muitos sistemas de escrita de cheque inserem *asteriscos à esquerda* para proteger o valor como a seguir:

```
***99.87
--------
12345678
```

Elabore um aplicativo que insere uma quantia monetária que será impressa em um cheque e então imprime o valor em formato de cheque protegido com asteriscos iniciais, se necessário. Suponha que nove espaços estão disponíveis para imprimir o valor.

14.21 ***(Escrevendo o valor de um cheque por extenso)*** Continuando a discussão do Exercício 14.20, reiteramos a importância de se projetar sistemas de preenchimento de cheques para impedir a alteração de valores do cheque. Um método comum de segurança requer que o valor seja escrito em números e "por extenso" também. Mesmo se alguém for capaz de alterar o valor numérico do cheque, é extremamente difícil alterar o valor por extenso. Elabore um aplicativo que insere um valor numérico de cheque menor do que $1.000 e escreve o valor por extenso em inglês. Por exemplo, o valor 112,43 deve ser escrito assim

```
ONE hundred TWELVE and 43/100
```

14.22 ***(Código Morse)*** Talvez o mais famoso de todos os esquemas de codificação seja o código Morse, desenvolvido por Samuel Morse em 1832 para utilização com o sistema de telégrafo. O código Morse atribui uma série de pontos e traços para cada letra do alfabeto, para cada dígito e alguns caracteres especiais (como ponto, vírgula, dois-pontos e ponto e vírgula). Em sistemas orientados para áudio, o ponto representa um som curto e o traço representa um som longo. Outras representações de pontos e traços são utilizadas com sistemas baseados em sinais luminosos e sistemas baseados em sinais de bandeira. A separação entre palavras é indicada por um espaço, ou, simplesmente, a ausência de um ponto ou traço. Em um sistema orientado a som, um espaço é indicado por um tempo curto durante o qual nenhum som é transmitido. A versão internacional do código Morse aparece na Figura 14.26.

Elabore um aplicativo que lê uma frase em inglês e a codifica em código Morse. Elabore também um aplicativo que lê uma frase em código Morse e a converte no equivalente em inglês. Utilize um espaço em branco entre cada letra codificada em Morse e três espaços em branco entre cada palavra codificada em Morse.

Caractere	Código	Caractere	Código	Caractere	Código
A	.-	N	-.	***Dígitos***	
B	-...	O	---	1	.----
C	-.-.	P	.--.	2	..---
D	-..	Q	--.-	3	...--
E	.	R	.-.	4	....-
F	..-.	S	...	5	.....
G	--.	T	-	6	-....
H	....	U	..-	7	--...
I	..	V	...-	8	---..
J	.---	W	.--	9	----.
K	-.-	X	-..-	0	-----
L	.-..	Y	-.--		
M	--	Z	--..		

Figura 14.26 | Letras e dígitos como expressos no código Morse internacional.

14.23 ***(Conversões métricas)*** Elabore um aplicativo que auxiliará o usuário com conversões métricas. Seu aplicativo deve permitir que o usuário especifique os nomes das unidades como strings (isto é, centímetros, litros, gramas etc. para o sistema métrico e polegadas, quartos, libras etc. para o sistema inglês) e deve responder a perguntas simples como

```
"How many inches are in 2 meters?"
"How many liters are in 10 quarts?"
```

Seu aplicativo deve reconhecer conversões inválidas. Por exemplo, a pergunta

```
"How many feet are in 5 kilograms?"
```

não é significativa porque `"feet"` é uma unidade de comprimento, enquanto `"kilograms"` é uma unidade de massa.

Seção especial: projetos de manipulação de string desafiadores

14.24 ***(Projeto: um corretor ortográfico)*** Muitos pacotes populares de software processador de texto têm verificadores ortográficos integrados. Nesse projeto, exige-se que você desenvolva seu próprio utilitário de verificação ortográfica. Fazemos sugestões para ajudar você a começar. Você então deve considerar a adição de mais capacidades. Utilize um dicionário computadorizado (se tiver acesso a um) como uma fonte de palavras.

Por que digitamos tantas palavras com ortografia incorreta? Em alguns casos, isso é porque simplesmente não conhecemos a ortografia correta, então fazemos nossa "melhor suposição". Em alguns casos, é porque transpomos duas letras (por exemplo, "pardão" em vez de "padrão)". Ocasionalmente digitamos duas vezes uma letra acidentalmente (por exemplo, "canssado" em vez de "cansado)". Às vezes, digitamos uma tecla próxima em vez daquela pretendida (por exemplo, "amiverário" em vez de "aniversário") e assim por diante

Projete e implemente um aplicativo de verificador ortográfico em Java. Seu aplicativo deve manter um array `wordList` de strings. Permita que o usuário insira essas strings. [*Observação*: no Capítulo 15, introduzimos processamento de arquivo. Com essa capacidade, você pode obter as palavras para o verificador ortográfico de um dicionário computadorizado armazenado em um arquivo.]

Seu aplicativo deve solicitar que um usuário insira uma palavra. O aplicativo deve então pesquisar essa palavra no array `wordList`. Se a palavra estiver no array, seu aplicativo deve imprimir `"Word is spelled correctly"`. Se a palavra não estiver no array, seu aplicativo deve imprimir `"Word is not spelled correctly"`. Então, o aplicativo deve tentar localizar outras palavras em `wordList` que podem ser a palavra que o usuário pensou em digitar. Por exemplo, você pode tentar todas as transposições possíveis simples de letras adjacentes para descobrir que a palavra "default" é uma correspondência direta com uma palavra na `wordList`. Naturalmente, isso implica que seu aplicativo verificará todas as outras transposições simples, como "edfault", "dfeault", "deafult", "defalut" e "defautl". Quando você encontrar uma nova palavra que localiza uma palavra na `wordList`, imprima-a em uma mensagem, como

```
Did you mean "default"?
```

Implemente outros testes, como substituir cada letra dupla por uma única letra e algum outro teste que você pode desenvolver para aprimorar o valor de seu verificador ortográfico.

14.25 ***(Projeto: um gerador de palavras cruzadas)*** A maioria das pessoas já brincou de palavras cruzadas, mas poucos tentaram gerar um jogo de palavras cruzadas. Gerar um jogo de palavras cruzadas é sugerido aqui como um projeto de manipulação de string que requer bastante sofisticação e esforço.

Há muitas questões que o programador deve resolver para que até mesmo o mais simples aplicativo gerador de palavras cruzadas funcione. Por exemplo, como você representa a grade das palavras cruzadas dentro do computador? Você deve utilizar uma série de strings ou arrays bidimensionais?

O programador precisa de uma fonte de palavras (isto é, um dicionário computadorizado) que possa ser referenciado diretamente pelo aplicativo. De que forma essas palavras devem ser armazenadas para facilitar as complexas manipulações requeridas pelo aplicativo?

Se você for realmente ambicioso, vai querer gerar a parte de pistas do quebra-cabeça, em que breves dicas para palavras na horizontal e na vertical são impressas. Meramente imprimir uma versão da parte em branco do jogo não é um problema simples.

Fazendo a diferença

14.26 ***(Cozinhando com ingredientes mais saudáveis)*** A obesidade na América está aumentando em um ritmo alarmante. Confira o mapa dos Centers for Disease Control and Prevention (CDC) em `www.cdc.gov/obesity/data/databases.html`, que mostra a tendência da obesidade nos Estados Unidos ao longo dos últimos 20 anos. À medida que ela aumenta, também aumentam as ocorrências de problemas relacionados (por exemplo, doença cardíaca, pressão arterial alta, colesterol alto, diabetes tipo 2). Elabore um programa que ajuda os usuários a escolher ingredientes mais saudáveis ao cozinhar, e ajuda aqueles que são alérgicos a determinados alimentos (por exemplo, nozes, glúten) a encontrar substitutos. O programa deve ler uma receita de uma `JTextArea` e sugerir substituições mais saudáveis para alguns dos ingredientes. Para simplificar, o programa deve supor que a receita não tem abreviações para medidas como colheres de chá, xícaras e colheres de sopa, e usa dígitos numéricos para as quantidades (por exemplo, 1 ovo, 2 xícaras) em vez de por extenso (um ovo, duas xícaras). Algumas substituições comuns são mostradas na Figura 14.27. Seu programa deve exibir um aviso como: "Sempre consulte seu médico antes de fazer mudanças significativas em sua dieta".

Seu programa deve levar em consideração o fato de que as substituições nem sempre são uma por uma. Por exemplo, se a receita de um bolo exige três ovos, em vez disso, ela pode, razoavelmente, usar seis claras. Os dados da conversão para as medições e substitutos podem ser obtidos em sites como:

```
chinesefood.about.com/od/recipeconversionfaqs/f/usmetricrecipes.htm
www.pioneerthinking.com/eggsub.html
www.gourmetsleuth.com/conversions.htm
```

Seu programa deve considerar preocupações com a saúde do usuário, como colesterol alto, pressão alta, perda de peso, alergia a glúten etc. Para colesterol elevado, o programa deve sugerir substitutos para ovos e produtos lácteos; se o usuário deseja perder peso, devem ser sugeridos substitutos de baixa caloria para ingredientes como açúcar.

Ingrediente	Substituição
1 xícara de creme de leite	1 xícara de iogurte
1 xícara de leite	1/2 xícara de leite condensado e 1/2 xícara de água
1 colher de chá de suco de limão	1/2 colher de chá de vinagre
1 xícara de açúcar	1/2 xícara de mel, 1 xícara de melaço ou 1/4 de xícara de néctar de agave
1 xícara de manteiga	1 xícara de margarina ou iogurte
1 xícara de farinha de trigo	1 xícara de farinha de arroz ou centeio
1 xícara de maionese	1 xícara de queijo cottage ou 1/8 xícara de maionese e 7/8 xícara de iogurte
1 ovo	2 colheres de sopa de amido de milho, farinha de araruta ou fécula de batata ou 2 claras de ovo ou 1/2 banana grande (amassada)
1 xícara de leite	1 xícara de leite de soja
1/4 xícara de óleo	1/4 xícara de suco de maçã
pão branco	pão integral

Figura 14.27 | Substitutos alimentares comuns.

14.27 ***(Scanner de spam)*** Spam (ou e-mail não solicitado) custa para organizações norte-americanas bilhões de dólares por ano em softwares de prevenção de spam, equipamentos, recursos de rede, largura de banda e perda de produtividade. Pesquise on-line algumas das mensagens e palavras de e-mail mais comuns de spam, e verifique sua pasta de lixo eletrônico. Crie uma lista de 30 palavras e frases comumente encontradas em mensagens de spam. Elabore um aplicativo em que o usuário digita uma mensagem de e-mail em uma `JTextArea`. Então, verifique na mensagem cada uma das 30 palavras-chave ou frases. Para cada ocorrência de uma delas dentro da mensagem, adicione um ponto à "pontuação de spam" da mensagem. Em seguida, classifique a probabilidade de que a mensagem é spam, com base no número de pontos que ela recebeu.

14.28 ***(Linguagem SMS)*** Short Message Service (SMS), ou torpedo, é um serviço de comunicações que permite enviar mensagens de texto de 160 caracteres ou menos entre celulares. Com a proliferação do uso de celulares em todo o mundo, o SMS é usado em muitos países em desenvolvimento para fins políticos (por exemplo, expressar opiniões e oposição), relatar notícias sobre desastres naturais etc. Por exemplo, dê uma olhada em `comunica.org/radio2.0/archives/87`. Como o comprimento das mensagens SMS é limitado, a linguagem SMS — abreviações das palavras e frases comuns em mensagens de texto por celular, e-mails, mensagens instantâneas etc. — é frequentemente utilizada. Por exemplo, "in my opinion" é "imo" na linguagem SMS. Pesquise a linguagem SMS on-line. Elabore um aplicativo gráfico em que o usuário pode digitar uma mensagem utilizando a linguagem SMS, então clica em um botão para traduzi-la para o inglês (ou para seu próprio idioma). Também forneça um mecanismo para traduzir o texto escrito em inglês (ou em seu próprio idioma) para a linguagem SMS. Um problema potencial é que uma abreviação usada no SMS pode ser transformada em uma variedade de frases. Por exemplo, IMO (como usado acima) também pode significar "International Maritime Organization", "in memory of" etc.

Arquivos, fluxos e serialização de objetos

15

A consciência ... em si não aparece dividida em pedaços [bits]. Um "rio" ou um "fluxo" são as metáforas com que ela é mais naturalmente descrita.

— William James

Objetivos

Neste capítulo, você irá:

- Criar, ler, gravar e atualizar arquivos.
- Recuperar informações sobre arquivos e diretórios usando os recursos das NIO.2 APIs.
- Aprender as diferenças entre arquivos de texto e arquivos binários.
- Usar a classe `Formatter` a fim de gerar texto para um arquivo.
- Utilizar a classe `Scanner` para inserir texto de um arquivo.
- Escrever e ler objetos a partir de um arquivo usando serialização de objeto, a interface `Serializable` e as classes `ObjectOutputStream` e `ObjectInputStream`.
- Usar um diálogo `JFileChooser` para permitir que os usuários selecionem arquivos ou diretórios no disco.

Sumário

15.1 Introdução

Dados armazenados em variáveis e arrays são *temporários* — eles são perdidos quando uma variável local "sai do escopo" ou quando o programa termina. Para retenção de longo prazo dos dados, mesmo depois de os programas que os criaram serem fechados, os computadores usam **arquivos**. Você utiliza arquivos diariamente para tarefas como escrever um documento ou criar uma planilha. Computadores armazenam arquivos em **dispositivos de armazenamento secundário**, incluindo discos rígidos, pen-drives, DVDs etc. Os dados mantidos nos arquivos são **dados persistentes** — eles continuam existindo depois da execução do programa. Neste capítulo, explicaremos como programas Java criam, atualizam e processam arquivos.

Começaremos com uma discussão a respeito da arquitetura do Java para lidar com arquivos de maneira programática. Então, explicaremos que os dados podem ser armazenados em *arquivos de texto* e *arquivos binários* — e abrangeremos as diferenças entre eles. Demonstraremos como recuperar informações sobre arquivos e diretórios usando classes `Paths` e `Files` e interfaces `Path` e `DirectoryStream` (todas do pacote `java.nio.file`), depois vamos considerar os mecanismos para gravar e ler dados de arquivos. Mostraremos como criar e manipular arquivos de texto de acesso sequencial. Trabalhar com eles permite que você comece a manipular arquivos rápida e facilmente. Como você aprenderá, porém, é difícil ler dados a partir de arquivos de texto de volta na forma de objetos. Felizmente, várias linguagens orientadas a objetos (incluindo Java) fornecem maneiras de gravá-los e lê-los de arquivos (conhecidas como *serialização* e *desserialização de objetos*). Para ilustrar isso, recriamos alguns de nossos programas de acesso sequencial que utilizaram arquivos de texto, dessa vez armazenando e recuperando objetos de arquivos binários.

15.2 Arquivos e fluxos

O Java vê cada arquivo como um **fluxo de bytes** sequencial (Figura 15.1).[1] Cada sistema operacional fornece um mecanismo para determinar o fim de um arquivo, como um **marcador de fim de arquivo** ou uma contagem dos bytes totais no arquivo que é registrado em uma estrutura de dados administrativa mantida pelo sistema. Um programa Java que processa um fluxo de bytes simplesmente recebe uma indicação do sistema operacional quando ele alcança o fim desse fluxo — o programa *não* precisa saber como a plataforma subjacente representa arquivos ou fluxos. Em alguns casos, a indicação de fim de arquivo ocorre como uma exceção. Em outros, a indicação é um valor de retorno de um método invocado sobre um objeto que processa o fluxo.

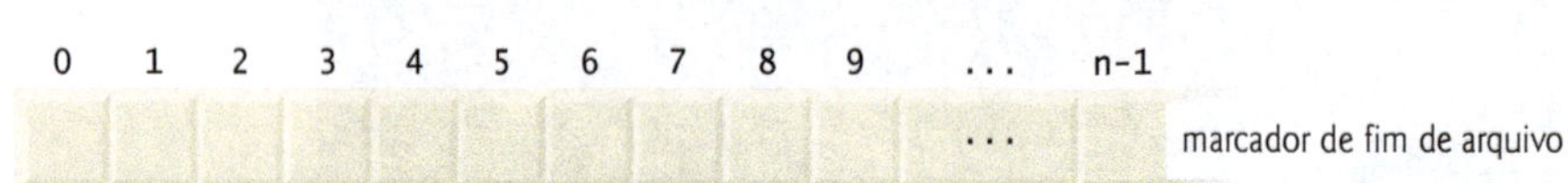

Figura 15.1 | Visualização do Java de um arquivo de *n* bytes.

[1] As APIs NIO do Java incluem também classes e interfaces que implementam a chamada arquitetura baseada em canal para entrada e saída de alto desempenho. Esses temas estão além do escopo deste livro.

Fluxos baseados em caracteres e em bytes

Fluxos de arquivos podem ser utilizados para entrada e saída de dados como bytes ou caracteres.

- **Fluxos baseados em bytes** geram e inserem dados em um formato *binário* — um `char` tem dois bytes, um `int` tem quatro bytes, um `double` tem oito bytes etc.
- **Fluxos baseados em caracteres** geram e inserem dados como uma *sequência de caracteres* na qual cada caractere tem dois bytes — o número de bytes para determinado valor depende do número de caracteres nesse valor. Por exemplo, o valor `2000000000` requer 20 bytes (10 caracteres a dois bytes por caractere), mas o valor `7` só demanda dois bytes (um caractere a dois bytes por caractere).

Arquivos criados com base nos fluxos de bytes são chamados **arquivos binários**, e aqueles criados com base nos fluxos de caracteres são **arquivos de texto**. Estes últimos podem ser lidos por editores de texto, enquanto os primeiros, por programas que entendem o conteúdo específico do arquivo e seu ordenamento. Um valor numérico em um arquivo binário pode ser usado em cálculos, ao passo que o caractere `5` é simplesmente um caractere que pode ser utilizado em uma string de texto, como em `"Sarah Miller is 15 years old"`.

Fluxos de entrada, saída e erro padrão

Um programa Java **abre** um arquivo criando e associando um objeto ao fluxo de bytes ou de caracteres. O construtor do objeto interage com o sistema operacional para *abrir* esse arquivo. O Java também pode associar fluxos a diferentes dispositivos. Quando um programa Java começa a executar, ele cria três objetos de fluxo que estão relacionados com dispositivos — `System.in`, `System.out` e `System.err`. O objeto `System.in` (fluxo de entrada padrão) normalmente permite que um programa insira bytes a partir do teclado. Já o objeto `System.out` (o objeto de fluxo de saída padrão), em geral, possibilita que um programa envie caracteres para a tela. Por fim, o objeto `System.err` (o objeto de fluxo de erro padrão) na maioria das vezes autoriza que um programa gere mensagens de erro baseadas em caracteres e as envie para a tela. Cada fluxo pode ser **redirecionado**. Para `System.in`, essa capacidade libera o programa a fim de ler bytes a partir de uma origem diferente. Para `System.out` e `System.err`, ele permite que a saída seja enviada a um local diferente, como a um arquivo em disco. A classe `System` fornece os métodos **`setIn`**, **`setOut`** e **`setErr`** para redirecionar os fluxos de entrada, saída e erro padrão, respectivamente.

Pacotes `java.io` e `java.nio`

Programas Java executam o processamento baseado em fluxo com classes e interfaces do pacote **`java.io`** e subpacotes do **`java.nio`** — novas APIs de E/S do Java introduzidas pela primeira vez no Java SE 6 e que desde então foram aprimoradas. Há também outros pacotes por todas as APIs Java que contêm classes e interfaces baseadas naquelas dos pacotes `java.io` e `java.nio`.

A entrada e saída baseada em caracteres pode ser realizada com as classes `Scanner` e **`Formatter`**, como veremos na Seção 15.4. Você usou a classe `Scanner` extensivamente para inserir dados a partir do teclado. `Scanner` também pode ler dados de um arquivo. A classe `Formatter` permite que a saída de dados formatados seja enviada para qualquer fluxo baseado em texto de uma maneira semelhante ao método `System.out.printf`. O Apêndice I (em inglês, no Site de Apoio do livro) apresenta os detalhes da saída formatada com `printf`. Todos esses recursos também podem ser utilizados para formatar arquivos de texto. No Capítulo 28 (em inglês, no Site de Apoio do livro), utilizaremos classes de fluxo para implementar aplicativos de rede.

Java SE 8 adiciona outro tipo de fluxo

O Capítulo 17, "Lambdas e fluxos do Java SE 8", introduz um novo tipo de fluxo que é usado para processar coleções de elementos (como arrays e `ArrayLists`), em vez dos fluxos de bytes discutidos nos exemplos de processamento de arquivo deste capítulo.

15.3 Usando classes e interfaces NIO para obter informações de arquivo e diretório

As interfaces `Path` e `DirectoryStream` e as classes `Paths` e `Files` (todas do pacote `java.nio.file`) são úteis para recuperar informações sobre arquivos e diretórios no disco:

- Interface **`Path`** — os objetos das classes que implementam essa interface representam o local de um arquivo ou diretório. Objetos `Path` não abrem arquivos nem fornecem capacidades de processamento deles.
- Classe **`Paths`** — fornece os métodos `static` utilizados para obter um objeto `Path` representando um local de arquivo ou diretório.
- Classe **`Files`** — oferece os métodos `static` para manipulações de arquivos e diretórios comuns, como copiar arquivos; criar e excluir arquivos e diretórios; obter informações sobre arquivos e diretórios; ler o conteúdo dos arquivos; obter objetos que permitem manipular o conteúdo de arquivos e diretórios; e mais.
- Interface **`DirectoryStream`** — os objetos das classes que implementam essa interface possibilitam que um programa itere pelo conteúdo de um diretório.

Criando objetos `Path`

Você usará a classe `static` do método `get` da classe `Paths` para converter uma `String` que representa o local de um arquivo ou diretório em um objeto `Path`. Você pode então usar os métodos da interface `Path` e classe `Files` para determinar informações sobre o arquivo ou diretório especificado. Discutiremos vários desses métodos mais adiante. Para listas completas dos métodos, visite:

```
http://docs.oracle.com/javase/7/docs/api/java/nio/file/Path.html
http://docs.oracle.com/javase/7/docs/api/java/nio/file/Files.html
```

Caminhos absolutos versus *relativos*

Um caminho de arquivo ou diretório especifica sua localização em disco. Ele inclui alguns ou todos os principais diretórios que levam ao arquivo ou diretório. Um **caminho absoluto** contém *todos* os diretórios, desde o **diretório raiz**, que encaminha a um arquivo ou diretório específico. Cada arquivo ou diretório em uma unidade de disco particular tem o *mesmo* diretório-raiz em seu caminho. Um **caminho relativo** é "relativo" a outro diretório; por exemplo, um caminho relativo para o diretório em que o aplicativo começou a executar.

Obtendo objetos `Path` *de URIs*

Uma versão sobrecarregada do método `static Files` usa um objeto `URI` para localizar o arquivo ou diretório. Um **Uniform Resource Identifier (URI)** é uma forma mais geral dos **Uniform Resource Locators (URLs)** que são utilizados para pesquisar sites na web. Por exemplo, o URL <`http://www.deitel.com/`> direciona para o site da Deitel & Associates. Os URIs para encontrar arquivos variam em diferentes sistemas operacionais. Em plataformas Windows, o URI

```
file://C:/data.txt
```

identifica o arquivo `data.txt` armazenado no diretório-raiz da unidade C:. Em plataformas UNIX/Linux, o URI

```
file:/home/student/data.txt
```

identifica o arquivo `data.txt` armazenado no diretório `home` do usuário `student`.

Exemplo: obtendo informações de arquivo e diretório

A Figura 15.2 solicita que o usuário insira um nome de arquivo ou diretório, então usa as classes `Paths`, `Path`, `Files` e `DirectoryStream` para produzir informações sobre esse arquivo ou diretório. O programa começa solicitando ao usuário um arquivo ou diretório (linha 16). A linha 19 insere o nome de arquivo ou diretório e o passa para o método `Paths static get`, que converte a `String` em um `Path`. A linha 21 invoca o método `Files static` **`exists`**, que recebe um `Path` e determina se ele existe (como um arquivo ou como um diretório) no disco. Se o nome não existir, o controle passa para a linha 49, que exibe uma mensagem contendo a representação `String` de `Path` seguida por "`does not exist`". Caso contrário, as linhas 24 a 45 executam:

- O método `Path` **`getFileName`** (linha 24), que recebe o nome `String` do arquivo ou diretório sem nenhuma informação sobre o local.
- O método `Files static` **`isDirectory`** (linha 26), que recebe um `Path` e retorna um `boolean` indicando se esse `Path` representa um diretório no disco.
- O método `Path` **`isAbsolute`** (linha 28), que retorna um `boolean` indicando se esse `Path` representa um caminho absoluto para um arquivo ou diretório.
- O método `Files static` **`getLastModifiedTime`** (linha 30), que recebe um `Path` e retorna um `FileTime` (pacote `java.nio.file.attribute`), indicando quando o arquivo foi modificado pela última vez. O programa gera uma saída da representação `String` padrão de `FileTime`.
- O método `Files static` **`size`** (linha 31), que recebe um `Path` e retorna um `long` representando o número de bytes no arquivo ou diretório. Para diretórios, o valor retornado é específico da plataforma.
- O método `Path` **`toString`** (chamado implicitamente na linha 32), que retorna uma `String` representando o `Path`.
- O método `Path` **`toAbsolutePath`** (linha 33), que converte o `Path` em que ele é chamado para um caminho absoluto.

Se o `Path` representa um diretório (linha 35), as linhas 40 e 41 usam o método `Files static` **`newDirectoryStream`** (linhas 40 e 41) para obter um `DirectoryStream<Path>` contendo os objetos `Path` ao conteúdo do diretório. As linhas 43 e 44 exibem a representação `String` de cada `Path` em `DirectoryStream<Path>`. Observe que `DirectoryStream` é um tipo genérico como `ArrayList` (Seção 7.16).

A primeira saída desse programa demonstra um `Path` para a pasta que contém os exemplos deste capítulo. Já a segunda saída aponta um `Path` para o arquivo de código-fonte desse exemplo. Nos dois casos, especificamos um caminho absoluto.

```java
// Figura 15.2: FileAndDirectoryInfo.java
// A classe File utilizada para obter informações de arquivo e de diretório.
import java.io.IOException;
import java.nio.file.DirectoryStream;
import java.nio.file.Files;
import java.nio.file.Path;
import java.nio.file.Paths;
import java.util.Scanner;

public class FileAndDirectoryInfo
{
   public static void main(String[] args) throws IOException
   {
      Scanner input = new Scanner(System.in);

      System.out.println("Enter file or directory name:");

      // cria o objeto Path com base na entrada de usuário
      Path path = Paths.get(input.nextLine());

      if (Files.exists(path)) // se o caminho existe, gera uma saída das informações sobre ele
      {
         // exibe informações sobre o arquivo (ou diretório)
         System.out.printf("%n%s exists%n", path.getFileName());
         System.out.printf("%s a directory%n",
            Files.isDirectory(path) ? "Is" : "Is not");
         System.out.printf("%s an absolute path%n",
            path.isAbsolute() ? "Is" : "Is not");
         System.out.printf("Last modified: %s%n",
            Files.getLastModifiedTime(path));
         System.out.printf("Size: %s%n", Files.size(path));
         System.out.printf("Path: %s%n", path);
         System.out.printf("Absolute path: %s%n", path.toAbsolutePath());

         if (Files.isDirectory(path)) // listagem de diretório de saída
         {
            System.out.printf("%nDirectory contents:%n");

            // objeto para iteração pelo conteúdo de um diretório
            DirectoryStream<Path> directoryStream =
               Files.newDirectoryStream(path);

            for (Path p : directoryStream)
               System.out.println(p);
         }
      }
      else // se não for arquivo ou diretório, gera saída da mensagem de erro
      {
         System.out.printf("%s does not exist%n", path);
      }
   } // fim de main
} // fim da classe FileAndDirectoryInfo
```

```
Enter file or directory name:
c:\examples\ch15

ch15 exists
Is a directory
Is an absolute path
Last modified: 2013-11-08T19:50:00.838256Z
Size: 4096
Path: c:\examples\ch15
Absolute path: c:\examples\ch15

Directory contents:
C:\examples\ch15\fig15_02
C:\examples\ch15\fig15_12_13
C:\examples\ch15\SerializationApps
C:\examples\ch15\TextFileApps
```

continua

continuação

```
Enter file or directory name:
C:\examples\ch15\fig15_02\FileAndDirectoryInfo.java

FileAndDirectoryInfo.java exists
Is not a directory
Is an absolute path
Last modified: 2013-11-08T19:59:01.848255Z
Size: 2952
Path: C:\examples\ch15\fig15_02\FileAndDirectoryInfo.java
Absolute path: C:\examples\ch15\fig15_02\FileAndDirectoryInfo.java
```

Figura 15.2 | A classe `File` utilizada para obter informações de arquivo e de diretório.

Dica de prevenção de erro 15.1

Depois de confirmar que um `Path` *existe, ainda é possível que os métodos demonstrados na Figura 15.2 lancem* `IOExceptions`*. Por exemplo, o arquivo ou diretório representado pelo* `Path` *pode ser excluído do sistema após a chamada para o método* `Files exists` *e antes que as outras instruções nas linhas 24 a 45 sejam executadas. Programas de produção robustos com processamento de arquivos e diretórios exigem tratamento de exceção extenso para se recuperarem dessas possibilidades.*

Caracteres separadores

Um **caractere separador** é utilizado para separar diretórios e arquivos em um caminho. Em um computador Windows, o *caractere separador* é uma barra invertida (\). Em um sistema Linux ou Mac OS X, é uma barra (/). O Java processa esses dois caracteres de maneira idêntica em um nome de caminho. Por exemplo, se fôssemos utilizar o caminho

```
c:\Program Files\Java\jdk1.6.0_11\demo/jfc
```

que emprega cada caractere separador, ainda assim o Java processaria o caminho adequadamente.

Boa prática de programação 15.1

Ao criar `Strings` *que representam informações de caminho, utilize* `File.separator` *para obter o caractere de separador adequado do computador local, em vez de utilizar explicitamente / ou \. Essa constante é uma* `String` *que consiste em um caractere — o separador apropriado para o sistema.*

Erro comum de programação 15.1

Utilizar \ como um separador de diretório em vez de \\ em uma literal de string é um erro de lógica. Uma \ simples indica que a \ seguida pelo próximo caractere representa uma sequência de escape. Utilize \\ para inserir um \ em uma literal de string.

15.4 Arquivos de texto de acesso sequencial

A seguir, vamos criar e manipular *arquivos de acesso sequencial* em que os registros são armazenados na ordem pelo campo chave de registro. Começamos com *arquivos de texto,* permitindo que o leitor crie e edite arquivos rapidamente legíveis. Discutimos como criar, gravar e ler dados, além de atualizar arquivos de texto de acesso sequencial. Também incluímos um programa de consulta de crédito que recupera dados de um arquivo. Todos os programas nas seções 15.4.1 a 15.4.3 estão no diretório `TextFileApps` do capítulo de modo que possam manipular o mesmo arquivo de texto, que também está armazenado no diretório.

15.4.1 Criando um arquivo de texto de acesso sequencial

O Java não impõe nenhuma estrutura a um arquivo — noções como registros não fazem parte da linguagem Java. Portanto, você deve estruturar os arquivos para atender os requisitos dos seus aplicativos. No exemplo a seguir, veremos como impor uma estrutura de registro *chaveado* a um arquivo.

O programa desta seção cria um arquivo de acesso sequencial simples que pode ser usado em um sistema de contas a receber para monitorar os valores devidos a uma empresa por seus clientes creditícios. Para cada cliente, o programa obtém do usuário um número de conta, o nome e o saldo do cliente (isto é, o valor que o cliente deve à empresa por bens e serviços recebidos). Os dados de cada cliente constituem um "registro" para ele. Esse aplicativo utiliza o número de conta como a *chave de registro* — os registros do arquivo serão criados e mantidos na ordem dos números das contas. O programa assume que o usuário insere os registros em ordem de número de conta. Em um sistema abrangente de contas a receber (baseado em arquivos de acesso sequencial), seria fornecido um recurso de *classificação*, de modo que o usuário pudesse inserir o registro em *qualquer* ordem. Os registros seriam, então, classificados e gravados no arquivo.

Classe CreateTextFile

A classe `CreateTextFile` (Figura 15.3) usa um `Formatter` para gerar `Strings` formatadas utilizando as mesmas capacidades de formatação que as do método `System.out.printf`. Um objeto `Formatter` pode gerar saída para vários locais, como para uma janela de comando ou um arquivo, como fazemos neste exemplo. O objeto `Formatter` é instanciado na linha 26 no método `openFile` (linhas 22 a 38). O construtor utilizado na linha 26 recebe um argumento — uma `String` contendo o nome do arquivo, incluindo seu caminho. Se um caminho não for especificado, como é o caso aqui, a JVM assume que o arquivo está no diretório a partir do qual o programa foi executado. Para arquivos de texto, utilizamos a extensão de arquivo `.txt`. Se o arquivo *não* existir, ele será *criado*. Se um arquivo *existente* estiver aberto, seu conteúdo será **truncado** — todos os dados no arquivo são *descartados*. Se nenhuma exceção ocorrer, o arquivo é aberto para gravação e o objeto `Formatter` resultante pode ser usado a fim de gravar dados no arquivo.

```
1  // Figura 15.3: CreateTextFile.java
2  // Gravando dados em um arquivo de texto sequencial com a classe Formatter.
3  import java.io.FileNotFoundException;
4  import java.lang.SecurityException;
5  import java.util.Formatter;
6  import java.util.FormatterClosedException;
7  import java.util.NoSuchElementException;
8  import java.util.Scanner;
9
10 public class CreateTextFile
11 {
12    private static Formatter output; // envia uma saída de texto para um arquivo
13
14    public static void main(String[] args)
15    {
16       openFile();
17       addRecords();
18       closeFile();
19    }
20
21    // abre o arquivo clients.txt
22    public static void openFile()
23    {
24       try
25       {
26          output = new Formatter("clients.txt"); // abre o arquivo
27       }
28       catch (SecurityException securityException)
29       {
30          System.err.println("Write permission denied. Terminating.");
31          System.exit(1); // termina o programa
32       }
33       catch (FileNotFoundException fileNotFoundException)
34       {
35          System.err.println("Error opening file. Terminating.");
36          System.exit(1); // termina o programa
37       }
38    }
39
40    // adiciona registros ao arquivo
41    public static void addRecords()
42    {
43       Scanner input = new Scanner(System.in);
44       System.out.printf("%s%n%s%n? ",
45          "Enter account number, first name, last name and balance.",
46          "Enter end-of-file indicator to end input.");
47
48       while (input.hasNext()) // faz um loop até o indicador de fim de arquivo
49       {
```

continua

continuação

```
50           try
51           {
52              // gera saída do novo registro para o arquivo; supõe entrada válida
53              output.format("%d %s %s %.2f%n", input.nextInt(),
54                 input.next(), input.next(), input.nextDouble());
55           }
56           catch (FormatterClosedException formatterClosedException)
57           {
58              System.err.println("Error writing to file. Terminating.");
59              break;
60           }
61           catch (NoSuchElementException elementException)
62           {
63              System.err.println("Invalid input. Please try again.");
64              input.nextLine(); // descarta entrada para o usuário tentar de novo
65           }
66
67           System.out.print("? ");
68        } // fim do while
69     } // fim do método addRecords
70
71     // fecha o arquivo
72     public static void closeFile()
73     {
74        if (output != null)
75           output.close();
76     }
77  } // fim da classe CreateTextFile
```

```
Enter account number, first name, last name and balance.
Enter end-of-file indicator to end input.
? 100 Bob Blue 24.98
? 200 Steve Green -345.67
? 300 Pam White 0.00
? 400 Sam Red -42.16
? 500 Sue Yellow 224.62
? ^Z
```

Figura 15.3 | Gravando dados em um arquivo de texto sequencial com a classe `Formatter`.

As linhas 28 a 32 tratam da `SecurityException`, que ocorre se o usuário não tiver permissão para gravar dados no arquivo. As linhas 33 a 37 tratam da `FileNotFoundException`, que ocorre se o arquivo não existir e um novo arquivo não puder ser criado. Essa exceção também pode acontecer se houver um erro ao *abrir* o arquivo. Em ambas as rotinas de tratamento de exceção, chamamos o método `static` de `System.exit` e passamos o valor `1`. Esse método encerra o aplicativo. Um argumento de `0` para o método `exit` indica terminação *bem-sucedida* do programa. Um valor diferente de zero, como `1` neste exemplo, normalmente indica que ocorreu um erro. Esse valor é passado à janela de comando que executou o programa. O argumento é útil se o programa for executado a partir de um **arquivo em lote** em sistemas Windows ou de um **script de shell** nos sistemas UNIX/Linux/Mac OS X. Os arquivos em lote e scripts de shell oferecem uma maneira conveniente para executar vários programas em sequência. Quando o primeiro programa encerra, o próximo inicia a execução. É possível utilizar o argumento para o método `exit` em um arquivo em lote ou script de shell a fim de determinar se outros programas devem ser executados. Para mais informações sobre arquivos em lote ou scripts de shell, veja a documentação do seu sistema operacional.

O método `addRecords` (linhas 41 a 69) pede que o usuário insira os vários campos para cada registro ou a sequência de teclas de fim de arquivo quando a entrada de dados estiver completa. A Figura 15.4 lista as combinações de teclas para inserir o fim de arquivo para vários sistemas de computador.

Sistema operacional	Combinação de teclas
UNIX/linux/Mac OS X	*<Enter> <Ctrl> d*
Windows	*<Ctrl> z*

Figura 15.4 | Combinações de chaves de fim de arquivo.

As linhas 44 a 46 solicitam uma entrada ao usuário. A linha 48 utiliza o método `Scanner` `hasNext` para determinar se a combinação de teclas de fim de arquivo foi inserida. O loop executa até que `hasNext` encontre o fim de arquivo.

As linhas 53 e 54 usam um `Scanner` para ler os dados do usuário, então geram uma saída deles como um registro usando o `Formatter`. Cada método de entrada `Scanner` lança uma `NoSuchElementException` (tratada nas linhas 61 a 65) se os dados estiverem no formato errado (por exemplo, uma `String` quando um `int` é esperado) ou se não houver mais dados para serem inseridos. As informações do registro são enviadas para a saída com o método `format`, que pode realizar uma formatação idêntica à do método `System.out.printf` usado extensivamente nos capítulos anteriores. O método `format` envia uma `String` formatada para o destino da saída do objeto `Formatter` — o arquivo `clients.txt`. A string de formato `"%d %s %s %.2f%n"` indica que o registro atual será armazenado como um inteiro (o número de conta) seguido por uma `String` (o nome), outra `String` (o sobrenome) e um valor de ponto flutuante (o saldo). Cada informação é separada da seguinte por um espaço, e a saída do valor de double (o saldo) é gerada com dois dígitos à direita do ponto de fração decimal (como indicado pelo `.2` em `%.2f`). Os dados no arquivo de texto podem ser visualizados com um editor ou recuperados mais tarde por um programa projetado para ler o arquivo (Seção 15.4.2).

Quando as linhas 66 a 68 são executadas, se o objeto `Formatter` estiver fechado, uma `FormatterClosedException` será lançada. Essa exceção é tratada nas linhas 76 a 80. [*Observação*: você também pode gerar saída de dados para um arquivo de texto utilizando a classe `java.io.PrintWriter`, que fornece os métodos `format` e `printf` para gerar saída de dados formatados.]

As linhas 93 a 97 declaram o método `closeFile`, que fecha o `Formatter` e o arquivo de saída subjacente. A linha 96 fecha o objeto simplesmente chamando o método `close`. Se método `close` não for chamado explicitamente, o sistema operacional em geral fechará o arquivo quando a execução do programa terminar — esse é um exemplo de "faxina" do sistema operacional. Mas você sempre deve fechar explicitamente um arquivo quando ele não mais é necessário.

Saída de exemplo

Os dados de exemplo para esse aplicativo são mostrados na Figura 15.5. Na saída de exemplo, o usuário insere informações para cinco contas, então insere o fim de arquivo a fim de sinalizar que a entrada de dados está concluída. A saída de exemplo não mostra como os registros de dados na verdade aparecem no arquivo. Na próxima seção, para verificar se o arquivo foi criado com sucesso, apresentaremos um programa que lê o arquivo e imprime seu conteúdo. Como esse é um arquivo de texto, você também pode verificar as informações simplesmente abrindo-o em um editor de textos.

Dados de exemplo			
100	Bob	Blue	24.98
200	Steve	Green	-345.67
300	Pam	White	0.00
400	Sam	Red	-42.16
500	Sue	Yellow	224.62

Figura 15.5 | Dados de exemplo para o programa na Figura 15.3.

15.4.2 Lendo dados a partir de um arquivo de texto de acesso sequencial

Os dados são armazenados em arquivos de modo que possam ser recuperados para processamento quando necessário. A Seção 15.4.1 demonstrou como criar um arquivo de acesso sequencial. Esta seção mostrará como ler dados sequencialmente em um arquivo de texto. Demonstramos como a classe `Scanner` pode ser utilizada para inserir dados a partir de um arquivo, em vez de utilizar o teclado. O aplicativo (Figura 15.6) lê os registros a partir do arquivo `"clients.txt"` criado pelo aplicativo da Seção 15.4.1 e exibe o conteúdo. A linha 13 declara um `Scanner` que será usado para recuperar a entrada do arquivo.

```
1   // Figura 15.6: ReadTextFile.java
2   // Esse programa lê um arquivo de texto e exibe cada registro.
3   import java.io.IOException;
4   import java.lang.IllegalStateException;
5   import java.nio.file.Files;
6   import java.nio.file.Path;
7   import java.nio.file.Paths;
8   import java.util.NoSuchElementException;
9   import java.util.Scanner;
10
11  public class ReadTextFile
12  {
```

continua

continuação

```java
    private static Scanner input;

    public static void main(String[] args)
    {
       openFile();
       readRecords();
       closeFile();
    }

    // abre o arquivo clients.txt
    public static void openFile()
    {
       try
       {
          input = new Scanner(Paths.get("clients.txt"));
       }
       catch (IOException ioException)
       {
          System.err.println("Error opening file. Terminating.");
          System.exit(1);
       }
    }

    // lê o registro no arquivo
    public static void readRecords()
    {
       System.out.printf("%-10s%-12s%-12s%10s%n", "Account",
          "First Name", "Last Name", "Balance");

       try
       {
          while (input.hasNext()) // enquanto houver mais para ler
          {
             // exibe o conteúdo de registro
             System.out.printf("%-10d%-12s%-12s%10.2f%n", input.nextInt(),
                input.next(), input.next(), input.nextDouble());
          }
       }
       catch (NoSuchElementException elementException)
       {
          System.err.println("File improperly formed. Terminating.");
       }
       catch (IllegalStateException stateException)
       {
          System.err.println("Error reading from file. Terminating.");
       }
    } // fim do método readRecords

    // fecha o arquivo e termina o aplicativo
    public static void closeFile()
    {
       if (input != null)
          input.close();
    }
 } // fim da classe ReadTextFile
```

```
Account   First Name  Last Name      Balance
100       Bob         Blue             24.98
200       Steve       Green          -345.67
300       Pam         White             0.00
400       Sam         Red             -42.16
500       Sue         Yellow          224.62
```

Figura 15.6 | Leitura de arquivo sequencial utilizando um `Scanner`.

O método `openFile` (linhas 23 a 34) abre o arquivo para leitura instanciando um objeto `Scanner` na linha 27. Passamos um objeto `Path` para o construtor, que especifica que o objeto `Scanner` irá ler a partir do arquivo `"clients.txt"` localizado no diretório em que o aplicativo é executado. Se o arquivo não puder ser localizado, ocorrerá uma `IOException`. O tratamento de exceção ocorre nas linhas 29 a 33.

O método `readRecords` (linhas 37 a 59) lê e exibe os registros do arquivo. As linhas 39 e 40 exibem os cabeçalhos das colunas na saída do aplicativo. As linhas 44 a 49 leem e mostram os dados do arquivo até que o *marcador de fim de arquivo* é alcançado (nesse caso, o método `hasNext` retornará `false` na linha 44). As linhas 47 e 48 utilizam os métodos `Scanner` `nextInt`, `next` e `nextDouble` para inserir um `int` (o número de conta), duas `Strings` (nomes e sobrenomes) e um valor de `double` (o saldo). Cada registro é uma linha de dados no arquivo. Se as informações no arquivo não estão adequadamente formatadas (por exemplo, há um sobrenome onde deveria haver um saldo), ocorre uma `NoSuchElementException` quando o registro é inserido. Essa exceção é tratada nas linhas 51 a 54. Se o `Scanner` for fechado antes de os dados serem inseridos, há uma `IllegalStateException` (tratada nas linhas 55 a 58). Observe na string de formato na linha 47 que o número de conta, nome e sobrenome são alinhados à esquerda, enquanto o saldo é alinhado à direita e enviado para a saída com dois dígitos de precisão. Cada iteração do loop insere uma linha de texto no arquivo de texto, que representa um registro. As linhas 62 a 66 definem o método `closeFile`, que fecha a `Scanner`.

15.4.3 Estudo de caso: um programa de consulta de crédito

Para recuperar sequencialmente dados de um arquivo, os programas começam no início do arquivo e leem *todos* os dados de maneira consecutiva até que as informações desejadas sejam encontradas. Talvez seja necessário processar sequencialmente o arquivo várias vezes (a partir do início dele) durante a execução de um programa. A classe `Scanner` *não* permite reposicionamento para o início do arquivo. Se for preciso ler o arquivo de novo, o programa deverá *fechá-lo* e *reabri-lo*.

O programa nas figuras 15.7 e 15.8 permite que um gerente de crédito obtenha listas de clientes com *saldo zero* (isto é, clientes que não devem nada à empresa), clientes com *saldos credores* (isto é, clientes aos quais a empresa deve dinheiro) e clientes com *saldos devedores* (isto é, clientes que devem à empresa por bens e serviços recebidos). Um saldo credor é um valor monetário *negativo*, e um saldo devedor, um valor *positivo*.

`MenuOption` enum

Começaremos criando um tipo `enum` (Figura 15.7) para definir as diferentes opções de menu que o gerente de crédito terá — isso é necessário se você precisar fornecer valores específicos para as constantes `enum`. As opções e seus valores estão listados nas linhas 7 a 10.

```
1  // Figura 15.7: MenuOption.Java
2  // tipo enum para as opções do programa de consulta de crédito.
3
4  public enum MenuOption
5  {
6     // declara o conteúdo do tipo enum
7     ZERO_BALANCE(1),
8     CREDIT_BALANCE(2),
9     DEBIT_BALANCE(3),
10    END(4);
11
12    private final int value; // opção atual de menu
13
14    // construtor
15    private MenuOption(int value)
16    {
17       this.value = value;
18    }
19 } // fim do enum de MenuOption
```

Figura 15.7 | Tipo `enum` para as opções do menu do programa de consulta de crédito.

Classe `CreditInquiry`

A Figura 15.8 contém a funcionalidade para o programa de consulta de crédito. O programa exibe um menu de texto e permite ao gerente de crédito inserir uma de três opções para obter informações de crédito:

- A opção 1 (`ZERO_BALANCE`) exibe as contas com saldo zero.
- A opção 2 (`CREDIT_BALANCE`) exibe as contas com saldos credores.
- A opção 3 (`DEBIT_BALANCE`) exibe as contas com saldos devedores.
- A opção 4 (`END`) encerra a execução do programa.

```java
// Figura 15.8: CreditInquiry.java
// Esse programa lê um arquivo sequencialmente e exibe o
// conteúdo baseado no tipo de conta que o usuário solicita
// (saldo credor, saldo devedor ou saldo zero).
import java.io.IOException;
import java.lang.IllegalStateException;
import java.nio.file.Paths;
import java.util.NoSuchElementException;
import java.util.Scanner;

public class CreditInquiry
{
   private final static MenuOption[] choices = MenuOption.values();

   public static void main(String[] args)
   {
      // obtém a solicitação do usuário (por exemplo, saldo zero, credor ou devedor)
      MenuOption accountType = getRequest();

      while (accountType != MenuOption.END)
      {
         switch (accountType)
         {
            case ZERO_BALANCE:
               System.out.printf("%nAccounts with zero balances:%n");
               break;
            case CREDIT_BALANCE:
               System.out.printf("%nAccounts with credit balances:%n");
               break;
            case DEBIT_BALANCE:
               System.out.printf("%nAccounts with debit balances:%n");
               break;
         }

         readRecords(accountType);
         accountType = getRequest(); // obtém a solicitação do usuário
      }
   }

   // obtém a solicitação do usuário
   private static MenuOption getRequest()
   {
      int request = 4;

      // exibe opções de solicitação
      System.out.printf("%nEnter request%n%s%n%s%n%s%n%s%n",
         " 1 - List accounts with zero balances",
         " 2 - List accounts with credit balances",
         " 3 - List accounts with debit balances",
         " 4 - Terminate program");

      try
      {
         Scanner input = new Scanner(System.in);

         do // insere a solicitação de usuário
         {
            System.out.printf("%n? ");
            request = input.nextInt();
         } while ((request < 1) || (request > 4));
      }
      catch (NoSuchElementException noSuchElementException)
      {
         System.err.println("Invalid input. Terminating.");
      }

      return choices[request - 1]; // retorna o valor enum da opção
   }

   // lê registros de arquivo e exibe somente os registros do tipo apropriado
```

continua

continuação

```java
   private static void readRecords(MenuOption accountType)
   {
      // abre o arquivo e processa o conteúdo
      try (Scanner input = new Scanner(Paths.get("clients.txt")))
      {
         while (input.hasNext()) // mais dados para ler
         {
            int accountNumber = input.nextInt();
            String firstName = input.next();
            String lastName = input.next();
            double balance = input.nextDouble();

            // se o tipo for a conta adequada, exibe o registro
            if (shouldDisplay(accountType, balance))
               System.out.printf("%-10d%-12s%-12s%10.2f%n", accountNumber,
                  firstName, lastName, balance);
            else
               input.nextLine(); // descarta o restante do registro atual
         }
      }
      catch (NoSuchElementException |
         IllegalStateException | IOException e)
      {
         System.err.println("Error processing file. Terminating.");
         System.exit(1);
      }
   } // fim do método readRecords

   // utiliza o tipo de registro para determinar se registro deve ser exibido
   private static boolean shouldDisplay(
      MenuOption accountType, double balance)
   {
      if ((accountType == MenuOption.CREDIT_BALANCE) && (balance < 0))
         return true;
      else if ((accountType == MenuOption.DEBIT_BALANCE) && (balance > 0))
         return true;
      else if ((accountType == MenuOption.ZERO_BALANCE) && (balance == 0))
         return true;

      return false;
   }
} // fim da classe CreditInquiry
```

```
Enter request
 1 - List accounts with zero balances
 2 - List accounts with credit balances
 3 - List accounts with debit balances
 4 - Terminate program

? 1

Accounts with zero balances:
300       Pam         White             0.00

Enter request
 1 - List accounts with zero balances
 2 - List accounts with credit balances
 3 - List accounts with debit balances
 4 - Terminate program

? 2

Accounts with credit balances:
200       Steve       Green          -345.67
400       Sam         Red             -42.16
```

continua

continuação

```
Enter request
 1 - List accounts with zero balances
 2 - List accounts with credit balances
 3 - List accounts with debit balances
 4 - Terminate program

? 3

Accounts with debit balances:
100       Bob        Blue           24.98
500       Sue        Yellow        224.62

Enter request
 1 - List accounts with zero balances
 2 - List accounts with credit balances
 3 - List accounts with debit balances
 4 - Terminate program

? 4
```

Figura 15.8 | Programa de consulta de crédito.

As informações do registro são coletadas lendo o arquivo e determinando se cada registro atende aos critérios para o tipo de conta selecionado. A linha 18 em `main` chama o método `getRequest` (linhas 41 a 68) para exibir as opções de menu, converte o número digitado pelo usuário em um `MenuOption` e armazena o resultado na variável `MenuOption accountType`. As linhas 20 a 37 fazem um loop até que o usuário especifique que o programa deve encerrar. As linhas 22 a 33 mostram um cabeçalho para o conjunto atual de registros a ser gerado na tela. A linha 35 chama o método `readRecords` (linhas 71 a 97), que faz o loop pelo arquivo e lê cada registro.

O método `readRecords` usa uma instrução `try` com recursos (introduzida na Seção 11.12) para criar um `Scanner` que abre o arquivo para leitura (linha 74) — lembre-se de que `try` com recursos fechará o(s) recurso(s) quando o bloco `try` encerra com sucesso ou por causa de uma exceção. O arquivo será aberto para leitura com um novo objeto `Scanner` sempre que `readRecords` é chamado, assim podemos ler novamente a partir do início do arquivo. As linhas 78 a 81 leem um registro. A linha 84 chama o método `shouldDisplay` (linhas 100 a 111) para determinar se o registro atual satisfaz o tipo de conta solicitado. Se `shouldDisplay` retornar `true`, o programa exibirá as informações de conta. Quando o *marcador de fim de arquivo* é alcançado, o loop termina e a instrução `try` com recursos fecha o `Scanner` e o arquivo. Depois que todos os registros foram lidos, o controle retorna ao `main` e `getRequest` é mais uma vez chamado (linha 36) para recuperar a próxima opção de menu do usuário.

15.4.4 Atualizando arquivos de acesso sequencial

Os dados em muitos arquivos sequenciais não podem ser modificados sem o risco de destruir outros. Por exemplo, se for necessário alterar o nome "`White`" para "`Worthington`", o nome antigo simplesmente não poderá ser sobrescrito, porque o novo nome requer mais espaço. O registro para `White` foi gravado no arquivo como

```
300 Pam White 0.00
```

Se o registro fosse regravado começando no mesmo local no arquivo utilizando o novo nome, ele seria

```
300 Pam Worthington 0.00
```

O novo registro é maior (tem mais caracteres) que o original. "`Worthington`" sobrescreveria o "`0.00`" no registro atual, e os caracteres além do segundo "`o`" nesse nome sobrescreveriam o início do próximo registro sequencial no arquivo. O problema aqui é que os campos em um arquivo de texto — e consequentemente os registros — podem variar de tamanho. Por exemplo, 7, 14, –117, 2074 e 27383 são todos `int`s armazenados no mesmo número de bytes (4) internamente, mas são campos com diferentes tamanhos quando escritos em um arquivo como texto. Portanto, os registros em um arquivo de acesso sequencial em geral não são atualizados no local; em vez disso, todo o arquivo é regravado. Para fazer a alteração no nome anterior, os registros antes de `300 Pam White 0.00` seriam copiados para um novo arquivo, o novo registro (que pode ter um tamanho diferente daquele que ele substitui) seria gravado e os registros depois de `300 Pam White 0.00` seriam copiados para o novo arquivo. Regravar todo o arquivo não é econômico para atualizar um único registro, mas razoável se um número substancial de registros precisar ser atualizado.

15.5 Serialização de objeto

Na Seção 15.4, demonstramos como gravar os campos individuais de um registro em um arquivo como texto, e como ler esses campos. Quando a saída dos dados foi enviada para o disco, algumas informações foram perdidas, como o tipo de cada valor. Por exemplo, se o valor `"3"` for lido a partir de um arquivo, não há como dizer se ele veio de um `int`, uma `String` ou um `double`. Temos apenas dados, não informações de tipo, em um disco.

Às vezes queremos ler ou gravar um objeto em um arquivo ou em uma conexão de rede. O Java fornece a **serialização de objetos** para esse propósito. Um **objeto serializado** é representado como uma sequência de bytes que inclui os dados do objeto, bem como as informações sobre o tipo dele e a natureza dos dados armazenados nele. Depois que um objeto serializado foi gravado em um arquivo, ele pode ser lido a partir do arquivo e **desserializado** — isto é, as informações dos tipos e bytes que representam o objeto e seus dados podem ser utilizadas para recriar o objeto na memória.

Classes `ObjectInputStream` e `ObjectOutputStream`

As classes **`ObjectInputStream`** e **`ObjectOutputStream`** (pacote `java.io`), que, respectivamente, implementam as interfaces **`ObjectInput`** e **`ObjectOutput`**, permitem que objetos inteiros sejam lidos ou gravados em um fluxo (possivelmente um arquivo). Para usar a serialização com arquivos, inicializamos os objetos `ObjectInputStream` e `ObjectOutputStream` com objetos de fluxo que leem e gravam em arquivos. Esse tipo de inicialização de objetos de fluxo com outros objetos de fluxo é chamado, às vezes, de **empacotamento** — o novo objeto de fluxo em processo de criação empacota o objeto de fluxo especificado como um argumento do construtor.

As classes `ObjectInputStream` e `ObjectOutputStream` simplesmente leem e gravam a representação baseada em bytes dos objetos — elas não sabem onde ler os bytes ou gravá-los. O objeto de fluxo passado para o construtor `ObjectInputStream` fornece os bytes que o `ObjectInputStream` converte em objetos. Da mesma forma, o objeto de fluxo passado para o construtor `ObjectOutputStream` recebe a representação baseada em bytes do objeto que o `ObjectOutputStream` produz e grava os bytes no destino especificado (por exemplo, um arquivo, uma conexão de rede etc.).

Interfaces `ObjectOutput` e `ObjectInput`

A interface `ObjectOutput` contém o método **`writeObject`**, que recebe um `Object` como um argumento e grava suas infor-mações em um `OutputStream`. Uma classe que implementa a interface `ObjectOutput` (como `ObjectOutputStream`) declara esse método e garante que o objeto que é gerado trabalha a interface `Serializable` (discutida em breve). Da mesma forma, a interface `ObjectInput` contém o método **`readObject`**, que lê e retorna uma referência a um `Object` a partir de um `InputStream`. Depois que um objeto foi lido, podemos fazer uma coerção da sua referência para o tipo real do objeto. Como você verá no Capítulo 28 (em inglês, no Site de Apoio), aplicativos que se comunicam por uma rede, como a internet, também podem transmitir objetos por ela.

15.5.1 Criando um arquivo de acesso sequencial com a serialização de objeto

Esta seção e a Seção 15.5.2 criam e manipulam arquivos de acesso sequencial usando a serialização de objeto. A serialização de objeto que mostramos aqui é realizada com fluxos baseados em bytes, assim arquivos sequenciais criados e manipulados serão *arqui-vos binários*. Lembre-se de que, em geral, arquivos binários não podem ser visualizados nos editores de texto padrão. Por essa razão, escrevemos um aplicativo separado que sabe ler e exibir objetos serializados. Iniciamos criando e gravando objetos serializados em um arquivo de acesso sequencial. O exemplo é semelhante àquele na Seção 15.4, portanto, focalizaremos apenas os novos recursos.

Definindo a classe `Account`

Começamos definindo a classe `Account` (Figura 15.9), que encapsula as informações sobre o registro do cliente usadas pelos exemplos de serialização. Esses exemplos e a classe `Account` estão localizados no diretório `SerializationApps` com os exemplos do capítulo. Isso permite que a classe `Account` seja utilizada pelos dois exemplos, porque seus arquivos são definidos no mesmo pacote padrão. A classe `Account` contém as variáveis de instância `private account`, `firstName`, `lastName` e `balance` (linhas 7 a 10), além dos métodos *set* e *get* para acessar essas variáveis de instância. Embora os métodos *set* não validem os dados nesse exem-plo, eles devem fazer isso em um sistema de produção robusto. A classe `Account` implementa a interface **`Serializable`** (linha 5), o que permite que objetos dessa classe sejam *serializados* e *desserializados* com `ObjectOutputStreams` e `ObjectInputStreams`, respectivamente. A interface `Serializable` é uma **interface de tags**. Essa interface *não* contém nenhum método. Uma classe que implementa `Serializable` é marcada com *tags* como um objeto `Serializable`. Isso é importante, pois um `ObjectOutputStream` *não* enviará para a saída um objeto, a menos que ele *seja um* objeto `Serializable`, que é o caso para qualquer um de uma classe que implementa `Serializable`.

```
1   // Figura 15.9: Account.java
2   // Classe Account serializável para armazenar registros como objetos.
3   import java.io.Serializable;
4
5   public class Account implements Serializable
6   {
7      private int account;
8      private String firstName;
9      private String lastName;
10     private double balance;
11
12     // inicializa uma Account com valores padrão
```

continua

continuação

```
    public Account()
    {
       this(0, "", "", 0.0); // chama outro construtor
    }

    // inicializa uma Account com os valores fornecidos
    public Account(int account, String firstName,
       String lastName, double balance)
    {
       this.account = account;
       this.firstName = firstName;
       this.lastName = lastName;
       this.balance = balance;
    }

    // configura o número de conta
    public void setAccount(int acct)
    {
       this.account = account;
    }

    // obtém número de conta
    public int getAccount()
    {
       return account;
    }

    // configura o nome
    public void setFirstName(String firstName)
    {
       this.firstName = firstName;
    }

    // obtém o nome
    public String getFirstName()
    {
       return firstName;
    }

    // configura o sobrenome
    public void setLastName(String lastName)
    {
       this.lastName = lastName;
    }

    // obtém o sobrenome
    public String getLastName()
    {
       return lastName;
    }

    // configura saldo
    public void setBalance(double balance)
    {
       this.balance = balance;
    }

    // obtém saldo
    public double getBalance()
    {
       return balance;
    }
 } // fim da classe Account
```

Figura 15.9 | Classe Account para objetos serializáveis.

Em uma classe `Serializable`, cada variável de instância deve ser `Serializable`. Variáveis de instância não `Serializable` devem ser declaradas `transient` para indicar que elas devem ser ignoradas durante o processo de serialização. *Por padrão, todas as variáveis de tipo primitivo são serializáveis.* Para variáveis de tipo por referência, você precisa verificar a documentação da classe (e possivelmente suas superclasses) a fim de garantir que o tipo é `Serializable`. Por exemplo, `Strings` são `Serializable`. Por padrão, os arrays *são* serializáveis; mas em um array de tipos por referência, os objetos referenciados talvez *não* o sejam. A classe `Account` contém os membros de dados `private account`, `firstName`, `lastName` e `balance` — todos eles são `Serializable`. Essa classe também fornece os métodos `public` *get* e *set* para acessar os campos `private`.

Gravando objetos serializados em um arquivo de acesso sequencial

Agora vamos discutir o código que cria o arquivo de acesso sequencial (Figura 15.10). Aqui, nos concentraremos apenas nos novos conceitos. Para abrir o arquivo, a linha 27 chama o método `Files static newOutputStream`, que recebe um `Path` especificando o arquivo a abrir e, se este existir, retorna um `OutputStream` que pode ser usado para gravar no arquivo. Arquivos existentes que são abertos para a saída dessa maneira são *truncados*. Não há nenhuma extensão de nome de arquivo padrão para aqueles que armazenam objetos serializados, portanto, escolhemos `.ser`.

```
1  // Figura 15.10: CreateSequentialFile.java
2  // Gravando objetos sequencialmente em um arquivo com a classe ObjectOutputStream.
3  import java.io.IOException;
4  import java.io.ObjectOutputStream;
5  import java.nio.file.Files;
6  import java.nio.file.Paths;
7  import java.util.NoSuchElementException;
8  import java.util.Scanner;
9
10 public class CreateSequentialFile
11 {
12    private static ObjectOutputStream output; // gera saída dos dados no arquivo
13
14    public static void main(String[] args)
15    {
16       openFile();
17       addRecords();
18       closeFile();
19    }
20
21    // abre o arquivo clients.ser
22    public static void openFile()
23    {
24       try
25       {
26          output = new ObjectOutputStream(
27             Files.newOutputStream(Paths.get("clients.ser")));
28       }
29       catch (IOException ioException)
30       {
31          System.err.println("Error opening file. Terminating.");
32          System.exit(1); // termina o programa
33       }
34    }
35
36    // adiciona registros ao arquivo
37    public static void addRecords()
38    {
39       Scanner input = new Scanner(System.in);
40
41       System.out.printf("%s%n%s%n? ",
42          "Enter account number, first name, last name and balance.",
43          "Enter end-of-file indicator to end input.");
44
45       while (input.hasNext()) // faz um loop até o indicador de fim de arquivo
46       {
47          try
48          {
49             // cria novo registro; esse exemplo supõe uma entrada válida
```

continua

continuação

```
50             Account record = new Account(input.nextInt(),
51                input.next(), input.next(), input.nextDouble());
52 
53             // serializa o objeto de registro em um arquivo
54             output.writeObject(record);
55          }
56          catch (NoSuchElementException elementException)
57          {
58             System.err.println("Invalid input. Please try again.");
59             input.nextLine(); // descarta entrada para o usuário tentar de novo
60          }
61          catch (IOException ioException)
62          {
63             System.err.println("Error writing to file. Terminating.");
64             break;
65          }
66 
67          System.out.print("? ");
68       }
69    }
70 
71    // fecha o arquivo e termina o aplicativo
72    public static void closeFile()
73    {
74       try
75       {
76          if (output != null)
77             output.close();
78       }
79       catch (IOException ioException)
80       {
81          System.err.println("Error closing file. Terminating.");
82       }
83    }
84 } // fim da classe CreateSequentialFile
```

```
Enter account number, first name, last name and balance.
Enter end-of-file indicator to end input.
? 100 Bob Blue 24.98
? 200 Steve Green -345.67
? 300 Pam White 0.00
? 400 Sam Red -42.16
? 500 Sue Yellow 224.62
? ^Z
```

Figura 15.10 | Arquivo sequencial criado com `ObjectOutputStream`.

A classe `OutputStream` fornece os métodos a fim de enviar para a saída os arrays `byte` e os `bytes` individuais, mas queremos gravar *objetos* em um arquivo. Por essa razão, as linhas 26 e 27 passam o `InputStream` para o construtor da classe `ObjectInputStream`, que *empacota* o `OutputStream` em um `ObjectOutputStream`. O objeto `ObjectOutputStream` utiliza o `OutputStream` para gravar no arquivo os bytes que representam objetos inteiros. As linhas 26 e 27 talvez lancem uma `IOException` se um problema ocorrer ao abrir o arquivo (por exemplo, quando um arquivo é aberto para gravação em uma unidade com espaço insuficiente ou quando um arquivo de leitura é aberto para gravação). Se isso ocorrer, o programa exibirá uma mensagem de erro (linhas 29 a 33). Se nenhuma exceção ocorrer, o arquivo é aberto e a variável `output` pode ser utilizada para gravar objetos nele.

Esse programa supõe que os dados foram inseridos corretamente e na ordem de número de registro adequada. O método `addRecords` (linhas 37 a 69) realiza a operação de gravação. As linhas 50 e 51 criam um objeto `Account` a partir dos dados inseridos pelo usuário. A linha 54 chama o método `ObjectOutputStream` `writeObject` para gravar o objeto `record` no arquivo de saída. Apenas uma instrução é necessária para gravar o objeto *inteiro*.

O método `closeFile` (linhas 72 a 83) chama o método `ObjectOutputStream` `close` em `output` para fechar `ObjectOutputStream` *e seu* `OutputStream` subjacente. A chamada para o método `close` está contida em um bloco `try` porque `close` lança uma `IOException` se o arquivo não puder ser fechado adequadamente. Ao utilizar fluxos *empacotados*, fechar o fluxo externo *também* fecha o fluxo empacotado.

Na elaboração de exemplo para o programa na Figura 15.10, inserimos informações para cinco contas — as mesmas informações mostradas na Figura 15.5. O programa não mostra como os registros de dados na verdade aparecem no arquivo. Lembre-se de que agora estamos utilizando *arquivos binários*, que não são humanamente legíveis. Para verificar se o arquivo foi criado com sucesso, a próxima seção apresenta um programa para ler o conteúdo do arquivo.

15.5.2 Lendo e desserializando dados a partir de um arquivo de acesso sequencial

A seção anterior mostrou como criar um arquivo de acesso sequencial utilizando a serialização de objetos. Nesta seção, discutiremos como *ler dados serializados* sequencialmente a partir de um arquivo.

O programa na Figura 15.11 lê registros de um arquivo criado pelo programa na Seção 15.5.1 e exibe o conteúdo. Esse programa abre o arquivo para entrada chamando o método `Files` `static` `newInputStream`, que recebe um `Path` especificando o arquivo a abrir e, se ele existir, retorna um `InputStream` que pode ser usado para ler a partir do arquivo. Na Figura 15.10, os objetos no arquivo foram gravados com um objeto `ObjectOutputStream`. Os dados devem ser lidos do arquivo no mesmo formato em que foram gravados. Portanto, usamos um `ObjectInputStream` para *empacotar* um `InputStream` (linhas 26 e 27). Se nenhuma exceção ocorrer ao abrir o arquivo, a variável `input` pode ser usada para ler objetos dele.

```
1  // Figura 15.11: ReadSequentialFile.java
2  // Lendo um arquivo dos objetos sequencialmente com ObjectInputStream
3  // e exibindo cada registro.
4  import java.io.EOFException;
5  import java.io.IOException;
6  import java.io.ObjectInputStream;
7  import java.nio.file.Files;
8  import java.nio.file.Paths;
9
10 public class ReadSequentialFile
11 {
12    private static ObjectInputStream input;
13
14    public static void main(String[] args)
15    {
16       openFile();
17       readRecords();
18       closeFile();
19    }
20
21    // permite que o usuário selecione o arquivo a abrir
22    public static void openFile()
23    {
24       try // abre o arquivo
25       {
26          input = new ObjectInputStream(
27             Files.newInputStream(Paths.get("clients.ser")));
28       }
29       catch (IOException ioException)
30       {
31          System.err.println("Error opening file.");
32          System.exit(1);
33       }
34    }
35
36    // lê o registro no arquivo
37    public static void readRecords()
38    {
39       System.out.printf("%-10s%-12s%-12s%10s%n", "Account",
40          "First Name", "Last Name", "Balance");
41
42       try
43       {
44          while (true) // faz um loop até ocorrer uma EOFException
45          {
46             Account record = (Account) input.readObject();
47
48             // exibe o conteúdo de registro
```

continua

continuação

```
49             System.out.printf("%-10d%-12s%-12s%10.2f%n",
50                record.getAccount(), record.getFirstName(),
51                record.getLastName(), record.getBalance());
52          }
53       }
54       catch (EOFException endOfFileException)
55       {
56          System.out.printf("%No more records%n");
57       }
58       catch (ClassNotFoundException classNotFoundException)
59       {
60          System.err.println("Invalid object type. Terminating.");
61       }
62       catch (IOException ioException)
63       {
64          System.err.println("Error reading from file. Terminating.");
65       }
66    } // fim do método readRecords
67
68    // fecha o arquivo e termina o aplicativo
69    public static void closeFile()
70    {
71       try
72       {
73          if (input != null)
74             input.close();
75       }
76       catch (IOException ioException)
77       {
78          System.err.println("Error closing file. Terminating.");
79          System.exit(1);
80       }
81    }
82 } // fim da classe ReadSequentialFile
```

```
Account   First Name  Last Name      Balance
100       Bob         Blue             24.98
200       Steve       Green          -345.67
300       Pam         White             0.00
400       Sam         Red             -42.16
500       Sue         Yellow          224.62
No more records
```

Figura 15.11 | Lendo um arquivo de objetos sequencialmente com `ObjectInputStream` e exibindo cada registro.

O programa lê registros do arquivo no método `readRecords` (linhas 37 a 66). A linha 46 chama o método `ObjectInputStream` `readObject` para ler um `Object` do arquivo. Para utilizar os métodos específicos `Account`, fazemos um *downcast* do `Object` retornado para o tipo `Account`. O método `readObject` lança uma **`EOFException`** (processada nas linhas 54 a 57) se ocorrer uma tentativa de leitura além do final do arquivo. O método `readObject` lança uma `ClassNotFoundException` se a classe do objeto que está sendo lido não puder ser localizada. Isso pode acontecer se o arquivo acessado em um computador não tiver essa classe.

Observação de engenharia de software 15.1

Esta seção apresentou a serialização de objetos e demonstrou as técnicas básicas desse processo. A serialização é um tema profundo com muitas complexidades e armadilhas. Antes de implementá-la em aplicativos de produção robustos, leia cuidadosamente a documentação Java on-line sobre a serialização de objetos.

15.6 Abrindo arquivos com `JFileChooser`

A classe **`JFileChooser`** exibe uma caixa de diálogo que permite ao usuário selecionar facilmente arquivos ou diretórios. Para demonstrar `JFileChooser`, aprimoramos o exemplo da Seção 15.3, como mostrado nas figuras 15.12 e 15.13. O exemplo agora contém uma interface gráfica com o usuário, mas continua a exibir os mesmos dados de antes. O construtor chama o método analyzePath na linha 24. Esse método então chama o método getFileOrDirectoryPath na linha 31 para recuperar um objeto Path que representa o arquivo ou diretório selecionado.

O método getFileOrDirectoryPath (linhas 71 a 85 da Figura 15.12) cria um JFileChooser (linha 74). As linhas 75 e 76 chamam o método setFileSelectionMode para especificar o que o usuário pode selecionar no fileChooser. Para esse programa, utilizamos a constante JFileChooser static FILES_AND_DIRECTORIES a fim de indicar que arquivos e diretórios podem ser selecionados. Outras constantes static incluem FILES_ONLY (o padrão) e DIRECTORIES_ONLY.

A linha 77 chama o método showOpenDialog para exibir o diálogo de JFileChooser intitulado **Open**. O argumento this especifica a janela pai do diálogo de JFileChooser, que estabelece a posição do diálogo na tela. Se null for passado, o diálogo será exibido no centro da tela — caso contrário, ele é centralizado na janela do aplicativo (determinado pelo argumento this). Uma caixa de diálogo JFileChooser é uma *caixa de diálogo modal* que não permite que o usuário interaja com qualquer outra janela no programa até que o diálogo seja fechado. O usuário seleciona a unidade, o diretório ou o nome de arquivo e então clica em **Open**. O método showOpenDialog retorna um inteiro especificando em qual botão (**Open** ou **Cancel**) o usuário clicou para fechar o diálogo. A linha 48 testa se o usuário clicou em **Cancel** comparando o resultado com a constante static CANCEL_OPTION. Se forem iguais, o programa termina. A linha 84 chama o método JFileChooser getSelectedFile para recuperar um objeto de File (pacote java.io) que representa o arquivo ou diretório que o usuário selecionou, e então chama o método File toPath para retornar um objeto Path. O programa exibe, portanto, as informações sobre o arquivo ou diretório selecionado.

```
1  // Figura 15.12: JFileChooserDemo.java
2  // Demonstrando JFileChooser.
3  import java.io.IOException;
4  import java.nio.file.DirectoryStream;
5  import java.nio.file.Files;
6  import java.nio.file.Path;
7  import java.nio.file.Paths;
8  import javax.swing.JFileChooser;
9  import javax.swing.JFrame;
10 import javax.swing.JOptionPane;
11 import javax.swing.JScrollPane;
12 import javax.swing.JTextArea;
13
14 public class JFileChooserDemo extends JFrame
15 {
16    private final JTextArea outputArea; // exibe o conteúdo do arquivo
17
18    // configura a GUI
19    public JFileChooserDemo() throws IOException
20    {
21       super("JFileChooser Demo");
22       outputArea = new JTextArea();
23       add(new JScrollPane(outputArea)); // outputArea é rolável
24       analyzePath(); // obtém o Path do usuário e exibe informações
25    }
26
27    // exibe informações sobre o arquivo ou diretório que o usuário especifica
28    public void analyzePath() throws IOException
29    {
30       // obtém o Path para o arquivo ou diretório selecionado pelo usuário
31       Path path = getFileOrDirectoryPath();
32
33       if (path != null && Files.exists(path)) // se existir, exibe as informações
34       {
35          // coleta as informações sobre o arquivo (ou diretório)
36          StringBuilder builder = new StringBuilder();
37          builder.append(String.format("%s:%n", path.getFileName()));
38          builder.append(String.format("%s a directory%n",
39             Files.isDirectory(path) ? "Is" : "Is not"));
40          builder.append(String.format("%s an absolute path%n",
41             path.isAbsolute() ? "Is" : "Is not"));
42          builder.append(String.format("Last modified: %s%n",
43             Files.getLastModifiedTime(path)));
44          builder.append(String.format("Size: %s%n", Files.size(path)));
```

continua

continuação

```
            builder.append(String.format("Path: %s%n", path));
            builder.append(String.format("Absolute path: %s%n",
               path.toAbsolutePath()));

            if (Files.isDirectory(path)) // listagem de diretório de saída
            {
               builder.append(String.format("%nDirectory contents:%n"));

               // objeto para iteração pelo conteúdo de um diretório
               DirectoryStream<Path> directoryStream =
                  Files.newDirectoryStream(path);

               for (Path p : directoryStream)
                  builder.append(String.format("%s%n", p));
            }

            outputArea.setText(builder.toString()); // exibe o conteúdo de String
         }
         else // Path não existe
         {
            JOptionPane.showMessageDialog(this, path.getFileName() +
               " does not exist.", "ERROR", JOptionPane.ERROR_MESSAGE);
         }
      } // fim do método analyzePath

      // permite que o usuário especifique o nome de arquivo ou diretório
      private Path getFileOrDirectoryPath()
      {
         // configura o diálogo permitindo a seleção de um arquivo ou diretório
         JFileChooser fileChooser = new JFileChooser();
         fileChooser.setFileSelectionMode(
            JFileChooser.FILES_AND_DIRECTORIES);
         int result = fileChooser.showOpenDialog(this);

         // se o usuário clicou no botão Cancel no diálogo, retorna
         if (result == JFileChooser.CANCEL_OPTION)
            System.exit(1);

         // retorna o Path representando o arquivo selecionado
         return fileChooser.getSelectedFile().toPath();
      }
   } // fim da classe JFileChooserDemo
```

Figura 15.12 | Demonstrando `JFileChooser`.

```
// Figura 15.13: JFileChooserTest.java
// Testa a classe JFileChooserDemo.
import java.io.IOException;
import javax.swing.JFrame;

public class JFileChooserTest
{
   public static void main(String[] args) throws IOException
   {
      JFileChooserDemo application = new JFileChooserDemo();
      application.setSize(400, 400);
      application.setDefaultCloseOperation(JFrame.EXIT_ON_CLOSE);
      application.setVisible(true);
   }
} // fim da classe JFileChooserTest
```

continua

continuação

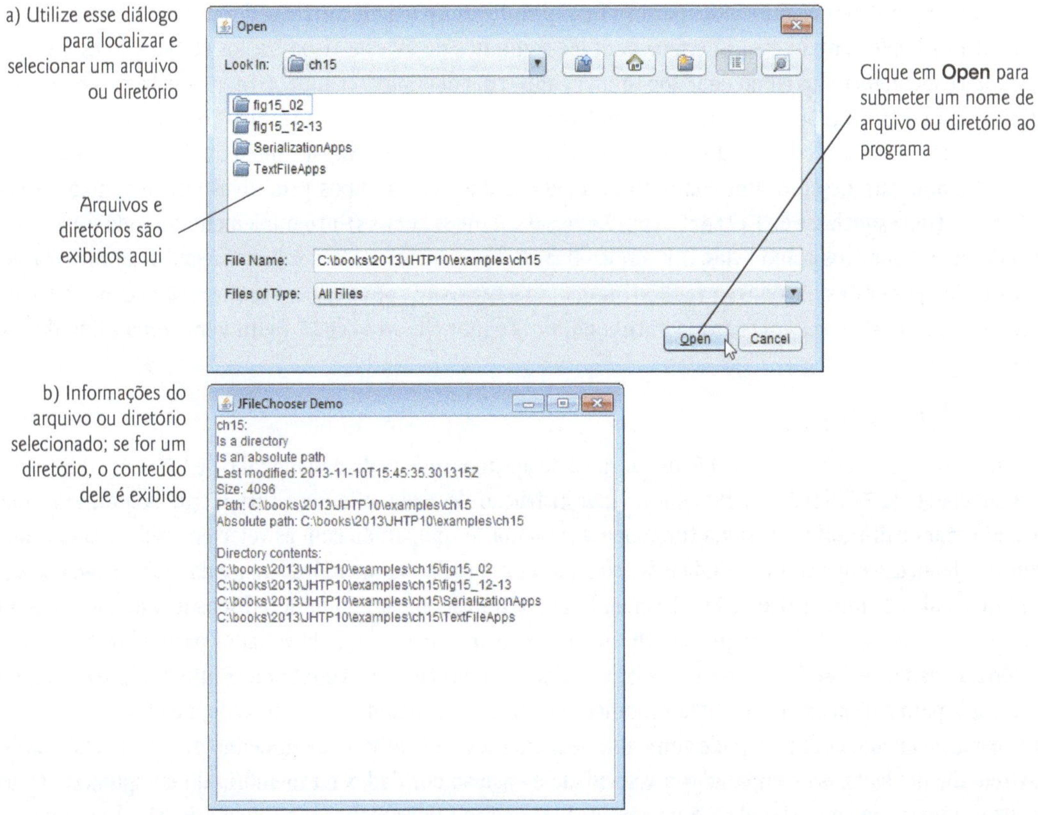

Figura 15.13 | Testando a classe `FileDemonstration`.

15.7 (Opcional) Classes `java.io` adicionais

Esta seção oferece uma visão geral das interfaces e classes (do pacote `java.io`) adicionais.

15.7.1 Interfaces e classes para entrada e saída baseadas em bytes

`InputStream` e `OutputStream` são classes `abstract` que declaram métodos para realizar entrada e saída baseadas em bytes, respectivamente.

Fluxos de pipe

Pipes são canais de comunicação sincronizados entre threads. Discutiremos threads no Capítulo 23. O Java fornece **`PipedOutputStream`** (uma subclasse de `OutputStream`) e **`PipedInputStream`** (uma subclasse de `InputStream`) para estabelecer pipes entre duas threads de um programa. Um thread envia dados a outro gravando em um `PipedOutputStream`. O thread alvo lê informações do pipe por um `PipedInputStream`.

Fluxos de filtro

Um **`FilterInputStream`** filtra um `InputStream`, e um `FilterOutputStream` filtra um `OutputStream`. A **filtragem** significa simplesmente que o fluxo do filtro fornece funcionalidades adicionais, como agregar bytes a unidades de tipos primitivos significativas. `FilterInputStream` e `FilterOutputStream` são em geral usados como superclasses, assim algumas das suas capacidades de filtragem são fornecidas pelas suas subclasses.

Um **`PrintStream`** (uma subclasse de `FilterOutputStream`) realiza a saída de texto para o fluxo especificado. Na verdade, até agora estamos usando a saída `PrintStream` por todo o livro — `System.out` e `System.err` são objetos `PrintStream`.

Fluxos de dados

Ler dados como bytes brutos é rápido, mas rudimentar. Normalmente, os programas leem os dados como agregados de bytes que formam `int`s, `float`s, `double`s e assim por diante. Programas Java podem utilizar várias classes para inserir e gerar saída de dados na forma agregada.

A interface DataInput descreve os métodos para ler tipos primitivos a partir de um fluxo de entrada. As classes **DataInputStream** e RandomAccessFile implementam essa interface para ler conjuntos de bytes e visualizá-los como valores de tipos primitivos. A interface DataInput inclui métodos como readBoolean, readByte, readChar, readDouble, readFloat, readFully (para arrays byte), readInt, readLong, readShort, readUnsignedByte, readUnsignedShort, readUTF (para ler caracteres Unicode codificados pelo Java — discutiremos a codificação UTF no Apêndice H, em inglês, no Site de Apoio do livro) e skipBytes.

A interface DataOutput descreve um conjunto de métodos para gravar tipos primitivos em um fluxo de saída. As classes **DataOutputStream** (uma subclasse de FilterOutputStream) e RandomAccessFile implementam, cada uma, essa interface para gravar valores de tipos primitivos como bytes. A interface DataOutput inclui versões sobrecarregadas do método write (para um byte ou um array de byte) e dos métodos writeBoolean, writeByte, writeBytes, writeChar, writeChars (para Strings Unicode), writeDouble, writeFloat, writeInt, writeLong, writeShort e writeUTF (para gerar uma saída de texto modificado para Unicode).

Fluxos armazenados em buffer

Armazenamento em buffer (*buffering*) é uma técnica de aprimoramento do desempenho de E/S. Com um **BufferedOutputStream** (uma subclasse de FilterOutputStream), cada instrução de saída *não* necessariamente resulta em uma transferência física real de dados para o dispositivo de saída (uma operação lenta se comparada com as velocidades do processador e da memória principal). Em vez disso, cada operação de saída é dirigida para uma região na memória chamada **buffer**, que é grande o suficiente para armazenar os dados de muitas operações de saída. Então, a transferência real para o dispositivo de saída é realizada em uma grande **operação física de saída** toda vez que o buffer se enche. As operações de saída voltadas para o buffer de saída na memória são com frequência chamadas **operações lógicas de saída**. Com um BufferedOutputStream, um buffer parcialmente preenchido pode ser forçado a ir para o dispositivo a qualquer momento invocando o método **flush** do objeto de fluxo.

Utilizar o armazenamento em buffer pode aumentar de maneira significativa o desempenho de um aplicativo. Operações típicas de E/S são extremamente lentas se comparadas à velocidade de acesso aos dados na memória do computador. O armazenamento em buffer reduz o número de operações de E/S ao combinar primeiro saídas menores na memória. O número de operações físicas reais de E/S é pequeno se comparado ao número de solicitações de E/S emitidas pelo programa. Portanto, o programa que utiliza armazenamento em buffer é mais eficiente.

Dica de desempenho 15.1

E/S armazenada em buffer produz melhorias significativas de desempenho em relação a E/S não armazenada em buffer.

Com um **BufferedInputStream** (uma subclasse de FilterInputStream), muitos fragmentos ou trechos "lógicos" de dados de um arquivo são lidos como uma grande **operação física de entrada** em um buffer de memória. À medida que o programa solicita novos fragmentos de dados, eles são selecionados do buffer. (Esse procedimento é às vezes chamado de **operação lógica de entrada**.) Quando o buffer está vazio, a próxima operação física real de entrada do dispositivo de entrada é realizada para ler (*read*) o próximo grupo de trechos "lógicos" de dados. Portanto, o número de operações físicas reais de entrada é pequeno comparado com o número de solicitações de leitura emitido pelo programa.

Fluxos de array de byte baseados na memória

O fluxo de E/S do Java inclui capacidades para entrada e saída de arrays de byte na memória. Um ByteArrayInputStream (uma subclasse de InputStream) lê a partir de um array de byte na memória. Já um ByteArrayOutputStream (uma subclasse de OutputStream) gera saída para um array de byte na memória. Um dos usos de E/S de array de byte é a *validação de dados*. Um programa pode inserir uma linha inteira por vez do fluxo de entrada em um array de byte. Então, uma rotina de validação pode escrutinar o conteúdo do array de byte e corrigir os dados, se necessário. Por fim, o programa pode prosseguir para inserir a partir do array de byte, "sabendo" que os dados de entrada estão no formato adequado. Dar saída para um array de byte é uma boa maneira de tirar proveito das poderosas capacidades de formatação de fluxos de saída do Java. Por exemplo, os dados podem ser armazenados em um array de byte, utilizando a mesma formatação que será exibida em um momento posterior; podemos, assim, gerar a saída do array de byte em um arquivo para preservar a formatação.

Sequenciando entrada a partir de múltiplos fluxos

A SequenceInputStream (uma subclasse de InputStream) concatena logicamente vários InputStreams — o programa vê o grupo como um InputStream contínuo. Quando esse programa atinge o final de um fluxo de entrada, esse fluxo se fecha e o próximo fluxo na sequência se abre.

15.7.2 Interfaces e classes para entrada e saída baseadas em caracteres

Além dos fluxos baseados em bytes, o Java fornece as classes `Reader` e `Writer` `abstract`, que são fluxos baseados em caracteres como aqueles que você usou para processar arquivos de texto na Seção 15.4. A maioria dos fluxos baseados em bytes tem classes `Reader` ou `Writer` correspondentes concretas baseadas em caracteres.

Readers e Writers de buffer baseados em caracteres

As classes `BufferedReader` (uma subclasse de `Reader` `abstract`) e `BufferedWriter` (uma subclasse de `Writer` `abstract`) permitem armazenamento em buffer para fluxos baseados em caracteres. Lembre-se de que fluxos baseados em caracteres utilizam caracteres Unicode — esses fluxos podem processar dados em qualquer idioma que o conjunto de caracteres Unicode representa.

Readers e Writers de array char baseados na memória

As classes `CharArrayReader` e `CharArrayWriter` leem e gravam, respectivamente, um fluxo de caracteres em um array de `char`. Um `LineNumberReader` (uma subclasse de `BufferedReader`) é um fluxo de caracteres armazenado em buffer que monitora o número das linhas lidas — novas linhas, retornos de carro e combinações de retorno de carro incrementam a contagem de linhas. Monitorar os números da linha pode ser útil se o programa precisar informar ao leitor um erro em uma linha específica.

Readers e Writers de arquivos baseados em caracteres, pipe e string

Um `InputStream` pode ser convertido para um `Reader` por meio da classe `InputStreamReader`. Da mesma forma, um `OutputStream` pode ser convertido em um `Writer` por meio da classe `OutputStreamWriter`. A classe `FileReader` (uma subclasse de `InputStreamReader`) e a classe `FileWriter` (uma subclasse de `OutputStreamWriter`) leem e gravam caracteres em um arquivo, respectivamente. A classe `PipedReader` e a `PipedWriter` implementam fluxos de caracteres redirecionados (*piped*) para transferência de dados entre threads. A classe `StringReader` e `StringWriter` leem e gravam caracteres em `Strings`, respectivamente. Um `PrintWriter` grava caracteres em um fluxo.

15.8 Conclusão

Neste capítulo, você aprendeu a manipular dados persistentes. Comparamos fluxos baseados em caracteres e fluxos baseados em bytes, além de introduzirmos várias classes dos pacotes `java.io` e `java.nio.file`. Você usou as classes `Files` e `Paths` e as interfaces `Path` e `DirectoryStream` para recuperar informações sobre arquivos e diretórios. Também empregou o processamento de arquivos de acesso sequencial a fim de manipular registros que são armazenados na ordem pelo campo de chave de registro. Você aprendeu as diferenças entre o processamento de arquivos de texto e a serialização de objetos, e utilizou a serialização para armazenar e recuperar objetos inteiros. O capítulo conclui com um pequeno exemplo de como usar uma caixa de diálogo `JFileChooser` para permitir que os usuários selecionem facilmente arquivos de uma GUI. O próximo capítulo discutirá as classes Java para manipular conjuntos de dados, como a classe `ArrayList`, que apresentamos na Seção 7.16.

Resumo

Seção 15.1 Introdução

- Computadores utilizam arquivos para armazenamento em longo prazo de grandes volumes de dados persistentes, mesmo depois de os programas que criaram os dados terminarem.
- Os computadores guardam arquivos em dispositivos de armazenamento secundários, como discos rígidos.

Seção 15.2 Arquivos e fluxos

- O Java vê cada arquivo como um fluxo sequencial de bytes.
- Cada sistema operacional fornece um mecanismo para determinar o final de um arquivo, como um marcador de fim de arquivo ou uma contagem dos bytes totais nele.
- Fluxos baseados em bytes representam dados no formato binário.
- Fluxos baseados em caracteres representam dados como sequências de caracteres.
- Arquivos criados usando fluxos baseados em bytes são arquivos binários. Arquivos criados usando fluxos baseados em caracteres são arquivos de texto. Os arquivos de texto podem ser lidos por editores de textos, enquanto arquivos binários são lidos por um programa que converte os dados em um formato legível para humanos.
- O Java também pode associar fluxos a diferentes dispositivos. Três objetos de fluxo são relacionados aos dispositivos quando um programa Java inicia a execução — `System.in`, `System.out` e `System.err`.

Seção 15.3 Usando classes e interfaces NIO para obter informações de arquivo e diretório

- Uma `Path` representa o local de um arquivo ou diretório. Objetos Path não abrem arquivos nem oferecem recursos de processamento de arquivo.
- A classe `Paths` é usada para obter um objeto `Path` representando um local de arquivo ou diretório.
- A classe `Files` fornece métodos `static` para manipulações comuns de arquivos e diretórios, incluindo métodos para copiar arquivos; criar e excluir arquivos e diretórios; obter informações sobre arquivos e diretórios; ler o conteúdo dos arquivos; obter objetos que permitem manipular o conteúdo dos arquivos e diretórios; etc.
- Um `DirectoryStream` permite que um programa itere pelo conteúdo de um diretório.
- O método `static get` da classe `Paths` converte uma `String` representando o local de um arquivo ou diretório em um objeto `Path`.
- A entrada e saída baseada em caracteres pode ser realizada com as classes `Scanner` e `Formatter`.
- A classe `Formatter` permite a saída de dados formatados para a tela ou para um arquivo de uma maneira semelhante a `System.out.printf`.
- Um caminho absoluto contém todos os diretórios desde o diretório raiz que levam a um arquivo ou diretório específico. Cada arquivo ou diretório em uma unidade de disco tem o mesmo diretório-raiz em seu caminho.
- Um caminho relativo normalmente inicia a partir do diretório em que o aplicativo começou a execução.
- O método `Files static exists` recebe um `Path` e determina se ele existe (como um arquivo ou como um diretório) no disco.
- O método `Path getFileName` obtém o nome de `String` de um arquivo ou diretório sem nenhuma informação sobre o local.
- O método `Files static isDirectory` recebe um `Path` e retorna um `boolean`, indicando se esse `Path` representa um diretório no disco.
- O método `Path isAbsolute` retorna um `boolean`, indicando se um `Path` representa um caminho absoluto para um arquivo ou diretório.
- O método `Files static getLastModifiedTime` recebe um `Path` e retorna um `FileTime` (pacote `java.nio.file.attribute`), indicando quando o arquivo foi modificado pela última vez.
- O método `Files static size` recebe um `Path` e retorna um `long`, representando o número de bytes no arquivo ou diretório. Para diretórios, o valor retornado é específico da plataforma.
- O método `Path toString` retorna uma representação `String` do `Path`.
- O método `Path toAbsolutePath` converte o `Path` no que é chamado de um caminho absoluto.
- O método `Files static newDirectoryStream` retorna um `DirectoryStream<Path>` contendo os objetos `Path` para o conteúdo de um diretório.
- Um caractere separador é utilizado para separar diretórios e arquivos no caminho.

Seção 15.4 Arquivos de texto de acesso sequencial

- O Java não impõe nenhuma estrutura a um arquivo. Você deve estruturar os arquivos para atender às necessidades do seu aplicativo.
- Para recuperar em sequência dados de um arquivo, os programas em geral começam a partir do início do arquivo e leem todos os dados consecutivamente até que as informações desejadas sejam encontradas.
- Os dados em muitos arquivos sequenciais não podem ser modificados sem o risco de destruir outros no arquivo. Registros em um arquivo de acesso sequencial geralmente são atualizados regravando todo o arquivo.

Seção 15.5 Serialização de objeto

- O Java fornece um mecanismo chamado serialização de objeto, que permite a objetos inteiros serem gravados ou lidos a partir de um fluxo.
- Um objeto serializado é representado como uma sequência de bytes que inclui os dados dele, bem como as informações sobre seu tipo e a natureza dos dados armazenados.
- Depois que um objeto serializado foi gravado em um arquivo, ele pode ser lido a partir desse arquivo e desserializado para recriar o objeto na memória.
- As classes `ObjectInputStream` e `ObjectOutputStream` permitem que objetos inteiros sejam lidos ou gravados em um fluxo (possivelmente um arquivo).
- Somente classes que implementam a interface `Serializable` podem ser serializadas e desserializadas.
- A interface `ObjectOutput` contém o método `writeObject`, que recebe um `Object` como um argumento e grava as informações em um `OutputStream`. Uma classe que implementa essa interface, como `ObjectOutputStream`, garantiria que o `Object` fosse `Serializable`.
- A interface `ObjectInput` contém o método `readObject`, que lê e retorna uma referência a um `Object` a partir de um `InputStream`. Depois que um objeto foi lido, podemos fazer uma coerção da sua referência para o tipo real do objeto.

Seção 15.6 Abrindo arquivos com `JFileChooser`

- A classe `JFileChooser` é utilizada para exibir um diálogo que permite aos usuários de um programa selecionar facilmente arquivos ou diretórios em uma GUI.

Seção 15.7 (Opcional) Classes `java.io` adicionais

- `InputStream` e `OutputStream` são classes `abstract` para realizar E/S baseada em bytes.
- Pipes são canais de comunicação sincronizados entre threads. Uma thread envia dados por meio de um `PipedOutputStream`. O thread alvo lê informações do pipe por um `PipedInputStream`.
- Um fluxo de filtro fornece funcionalidade adicional, como agregar bytes de dados em unidades de tipo primitivo significativas. `FilterInputStream` e `FilterOutputStream` são geralmente estendidos, assim algumas das capacidades de filtragem são fornecidas por suas subclasses concretas.
- Um `PrintStream` realiza a saída de texto. `System.out` e `System.err` são `PrintStreams`.
- A interface `DataInput` descreve os métodos para ler tipos primitivos a partir de um fluxo de entrada. As classes `DataInputStream` e `RandomAccessFile` implementam essa interface.
- A interface `DataOutput` descreve os métodos para gravar tipos primitivos em um fluxo de saída. As classes `DataOutputStream` e `RandomAccessFile` implementam, cada uma, essa interface.
- Armazenamento em buffer (*buffering*) é uma técnica de aprimoramento do desempenho de E/S. Ela reduz o número de operações de E/S combinando saídas menores na memória. O número de operações físicas de E/S é muito menor do que o de solicitações de E/S emitidas pelo programa.
- Com um `BufferedOutputStream`, cada operação de saída é direcionada para um buffer grande o suficiente para conter os dados de muitas operações de saída. A transferência para o dispositivo de saída é realizada em uma grande operação de saída física quando o buffer está cheio. Um buffer parcialmente preenchido pode ser forçado para o dispositivo a qualquer momento, invocando o método `flush` do objeto de fluxo.
- Com um `BufferedInputStream`, muitos fragmentos ou trechos "lógicos" de dados de um arquivo são lidos como uma grande operação física de entrada em um buffer de memória. Quando um programa solicita dados, eles são tirados do buffer. Quando o buffer está vazio, a próxima operação de entrada física real é executada.
- Um `ByteArrayInputStream` lê a partir de um array de `byte` na memória. Um `ByteArrayOutputStream` envia uma saída para um array de `byte` na memória.
- Um `SequenceInputStream` concatena vários `InputStreams`. Quando o programa alcança o final de um fluxo de entrada, este se fecha e o próximo fluxo na sequência se abre.
- As classes `Reader` e `Writer abstract` são fluxos baseados em caracteres Unicode. A maioria dos fluxos baseados em bytes tem classes `Reader` ou `Writer` concretas correspondentes baseadas em caracteres.
- As classes `BufferedReader` e `BufferedWriter` armazenam em buffer os fluxos baseados em caracteres.
- As classes `CharArrayReader` e `CharArrayWriter` manipulam arrays `char`.
- Um `LineNumberReader` é um fluxo de caracteres armazenado em buffer que rastreia o número de linhas lidas.
- As classes `FileReader` e `FileWriter` realizam E/S de arquivos baseados em caracteres.
- A classe `PipedReader` e a `PipedWriter` implementam fluxos de caracteres redirecionados (*piped*) para transferência de dados entre threads.
- As classes `StringReader` e `StringWriter` leem e gravam caracteres em `Strings`, respectivamente. Um `PrintWriter` grava caracteres em um fluxo.

Exercícios de revisão

15.1 Determine se cada uma das sentenças é *verdadeira* ou *falsa*. Se *falsa*, explique por quê.

a) Você deve criar explicitamente os objetos de fluxo `System.in`, `System.out` e `System.err`.

b) Ao ler dados de um arquivo utilizando a classe `Scanner`, se você quiser fazer isso múltiplas vezes, o arquivo deve ser fechado e reaberto para ler a partir do início dele.

c) O método `Files static exists` recebe um `Path` e determina se ele existe (como um arquivo ou um diretório) no disco.

d) Arquivos binários são legíveis em um editor de texto.

e) Um caminho absoluto contém todos os diretórios, desde o diretório-raiz, que levam a um arquivo ou diretório específico.

f) A classe `Formatter` contém o método `printf`, que permite gerar a saída de dados formatados para a tela ou para um arquivo.

15.2 Cumpra as seguintes tarefas, supondo que cada uma se aplica ao mesmo programa:

a) Escreva uma instrução que abre o arquivo `"oldmast.txt"` para entrada — utilize a variável `Scanner inOldMaster`.

b) Escreva uma instrução que abre o arquivo `"trans.txt"` para entrada — utilize a variável `Scanner inTransaction`.

c) Escreva uma instrução que abre arquivo `"newmast.txt"` para saída (e criação) — utilize a variável `formatter outNewMaster`.

d) Escreva as instruções necessárias para ler um registro do arquivo `"oldmast.txt"`. Use os dados para criar um objeto da classe `Account` — utilize a variável `Scanner inOldMaster`. Suponha que essa classe `Account` é idêntica àquela na Figura 15.9.

e) Escreva as instruções necessárias para ler um registro do arquivo `"trans.txt"`. O registro é um objeto da classe `TransactionRecord` — utilize a variável `Scanner inTransaction`. Suponha que essa classe `TransactionRecord` contenha o método `setAccount` (que recebe um `int`) para configurar o número de conta e o método `setAmount` (que recebe um `double`) a fim de estabelecer o valor monetário da transação.

f) Escreva uma instrução que gera a saída de um registro para o arquivo "newmast.txt". O registro é um objeto do tipo Account — utilize a variável Formatter outNewMaster.

15.3 Realize as seguintes tarefas, supondo que cada uma se aplica ao mesmo programa:

a) Escreva uma instrução que abre o arquivo "oldmast.ser" para entrada — utilize a variável ObjectInputStream para empacotar um objeto InputStream.

b) Escreva uma instrução que abre o arquivo "trans.ser" para entrada — utilize a variável ObjectInputStream para empacotar um objeto InputStream.

c) Escreva uma instrução que abre arquivo "newmast.ser" para saída (e criação) — utilize a variável ObjectOutputStream outNewMaster para empacotar um OutputStream.

d) Escreva uma instrução que lê um registro no arquivo "oldmast.ser". O registro é um objeto da classe Account — utilize a variável ObjectInputStream inOldMaster. Assuma que essa classe Account é a mesma que aquela na Figura 15.9.

e) Escreva uma instrução que lê um registro no arquivo "trans.ser". O registro é um objeto da classe TransactionRecord — utilize a variável ObjectInputStream inTransaction.

f) Escreva uma instrução que gera a saída de um registro do tipo Account para o arquivo "newmast.ser" — use a variável ObjectOutputStream outNewMaster.

Respostas dos exercícios de revisão

15.1 a) Falsa. Esses três fluxos são criados para você quando um aplicativo Java começa a executar. b) Verdadeira. c) Verdadeira. d) Falsa. Arquivos de texto são legíveis para seres humanos em um editor de texto. Arquivos binários podem ser legíveis para seres humanos, mas apenas se os bytes no arquivo representam os caracteres ASCII. e) Verdadeira. f) Falsa. A classe Formatter contém o método format, que permite gerar a saída de dados formatados para a tela ou para um arquivo.

15.2 a) `Scanner inOldMaster = new Scanner(Paths.get("oldmast.txt"));`

b) `Scanner inTransaction = new Scanner(Paths.get("trans.txt"));`

c) `Formatter outNewMaster = new Formatter("newmast.txt");`

d)
```
Account account = new Account();
account.setAccount(inOldMaster.nextInt());
account.setFirstName(inOldMaster.next());
account.setLastName(inOldMaster.next());
account.setBalance(inOldMaster.nextDouble());
```

e)
```
TransactionRecord transaction = new Transaction();
transaction.setAccount(inTransaction.nextInt());
transaction.setAmount(inTransaction.nextDouble());
```

f)
```
outNewMaster.format("%d %s %s %.2f%n",
   account.getAccount(), account.getFirstName(),
   account.getLastName(), account.getBalance());
```

15.3 a)
```
ObjectInputStream inOldMaster = new ObjectInputStream(
      Files.newInputStream(Paths.get("oldmast.ser")));
```

b)
```
ObjectInputStream inTransaction = new ObjectInputStream(
   Files.newOutputStream(Paths.get("trans.ser")));
```

c)
```
ObjectOutputStream outNewMaster = new ObjectOutputStream(
   Files.newOutputStream(Paths.get("newmast.ser")));
```

d) `Account = (Account) inOldMaster.readObject();`

e) `transactionRecord = (TransactionRecord) inTransaction.readObject();`

f) `outNewMaster.writeObject(newAccount);`

Questões

15.4 ***(Correspondência de arquivos)*** O Exercício de revisão 15.2 pede que você escreva uma série de instruções únicas. De fato, essas instruções formam o núcleo de um importante tipo de programa processador de arquivo, a saber, um programa de correspondência de arquivo (*file-matching program*). Em processamento de dados comercial, é comum ter vários arquivos em cada sistema de aplicativo. Em um sistema de contas a receber, por exemplo, há em geral um arquivo mestre contendo informações detalhadas sobre cada cliente, como seu nome, endereço, número de telefone, saldo, limite de crédito, termos de desconto, arranjos de contrato e possivelmente um histórico condensado de compras recentes e pagamentos em dinheiro.

À medida que as transações ocorrem (isto é, vendas são feitas e pagamentos chegam pelo correio), as informações sobre elas são inseridas em um arquivo. No fim de cada período de negócios (um mês para algumas empresas, uma semana para outras e um dia em alguns casos), o arquivo de transações (chamado "trans.txt") é aplicado ao arquivo-mestre (chamado "oldmast.txt") para atualizar o registro de compras e pagamentos de cada conta. Durante uma atualização, o arquivo-mestre é regravado como o arquivo "newmast.txt", que é então utilizado no fim do período seguinte de negócios para começar o processo de atualização novamente.

Programas de correspondência de arquivo devem lidar com certos problemas que não surgem em programas de um único arquivo. Por exemplo, nem sempre ocorre uma correspondência. Se um cliente no arquivo-mestre não fez nenhuma compra ou pagamento em dinheiro no período de negócios atual, nenhum registro para esse cliente aparecerá no arquivo de transações. De maneira semelhante, um cliente que fez alguma compra ou pagamento em dinheiro talvez tenha mudado recentemente para essa comunidade e, se foi o caso, a empresa pode não ter tido uma oportunidade de criar um registro-mestre para ele.

Escreva um programa completo de correspondência de arquivos de contas a receber. Utilize o número de conta em cada arquivo como a chave de registro para propósitos de correspondência. Assuma que cada arquivo é um arquivo de texto sequencial com registros armazenados em ordem de número de conta crescente.

a) Defina a classe `TransactionRecord`. Os objetos dessa classe contêm um número de conta e valor monetário para a transação. Forneça métodos para modificar e recuperar esses valores.

b) Modifique a classe `Account` na Figura 15.9 para incluir o método `combine`, que recebe um objeto `TransactionRecord` e combina o saldo de `Account` e o valor monetário de `TransactionRecord`.

c) Escreva um programa para criar dados a fim de testar o programa. Utilize os dados de exemplo da conta nas figuras 15.14 e 15.15. Execute o programa para criar os arquivos `trans.txt` e `oldmast.txt` a serem utilizados por seu programa de correspondência de arquivos.

Número de conta do arquivo-mestre	Nome	Saldo
100	Alan Jones	348.17
300	Mary Smith	27.19
500	Sam Sharp	0.00
700	Suzy Green	-14.22

Figura 15.14 | Dados de exemplo para o arquivo-mestre.

Número de conta do arquivo de transação	Quantia da transação
100	27.14
300	62.11
400	100.56
900	82.17

Figura 15.15 | Dados de exemplo para o arquivo de transações.

d) Crie a classe `FileMatch` para realizar a funcionalidade de correspondência de arquivos. A classe deve conter métodos que leem `oldmast.txt` e `trans.txt`. Quando uma correspondência ocorre (isto é, registros com o mesmo número de conta aparecem tanto no arquivo-mestre como no arquivo de transações), adicione o valor monetário no registro de transação ao saldo atual no registro-mestre e grave o registro em `"newmast.txt"`. (Suponha que compras sejam indicadas por montantes positivos no arquivo de transações, e os pagamentos, por valores monetários negativos.) Caso haja um registro-mestre para uma conta particular, mas nenhum registro de transação correspondente, simplesmente grave o registro-mestre em `"newmast.txt"`. Se houver um registro de transação, mas nenhum registro-mestre correspondente, imprima a mensagem `"Unmatched transaction record for account number..."` `[Registro de transação não correspondente para o número da conta]` em um arquivo de log (preencha o número da conta a partir do registro de transação). O arquivo de log deve ser um arquivo de texto chamado `"log.txt"`.

15.5 ***(Correspondência de arquivos com múltiplas transações)*** É possível (e, na verdade, comum) ter vários registros de transações com a mesma chave de registro. Essa situação ocorre, por exemplo, quando um cliente faz várias compras e pagamentos em dinheiro durante um período de negócios. Reescreva seu programa de correspondência de arquivo de contas a receber a partir da Questão 15.4 para prever a possibilidade de lidar com vários registros de transações com a mesma chave de registro. Modifique os dados de teste de `CreateData.java` a fim de incluir registros de transações adicionais na Figura 15.16.

Número de conta	Quantia em dólar
300	83.89
700	80.78
700	1.53

Figura 15.16 | Registros de transações adicionais.

15.6 **(*Correspondência de arquivos com serialização de objetos*)** Recrie sua solução para a Questão 15.5 utilizando a serialização de objetos. Utilize as instruções do Exercício 15.3 como sua base para esse programa. Talvez você queira criar aplicativos a fim de ler os dados armazenados nos arquivos `.ser` — o código na Seção 15.5.2 pode ser modificado para esse propósito.

15.7 **(*Gerador de palavra de número de telefone*)** Os teclados de telefone padrão contêm os dígitos de zero a nove. Os números 2 a 9 têm três letras associadas a cada um (Figura 15.17). Muitas pessoas acham difícil memorizar números de telefone, então utilizam a correspondência entre dígitos e letras para criar palavras de sete letras que correspondem a seus números de telefone. Por exemplo, uma pessoa cujo número de telefone é 686-2377 talvez adote a correspondência indicada na Figura 15.17 para desenvolver a palavra de sete letras "NUMBERS". Cada palavra de sete letras se associa a exatamente um número de telefone de sete dígitos. Um restaurante que deseja ampliar seu esquema de entregas em domicílio ("takeout", em inglês) seguramente poderia fazer isso com o número 825-3688 (isto é, "TAKEOUT").

Dígito	Letras	Dígito	Letras	Dígito	Letras
2	A B C	5	J K L	8	T U V
3	D E F	6	M N O	9	W X Y
4	G H I	7	P R S		

Figura 15.17 | Dígitos e letras do teclado do telefone.

Cada número de telefone de sete letras corresponde a diversas palavras de sete letras, mas a maioria delas representa justaposições irreconhecíveis das letras. É possível, porém, que o proprietário de uma barbearia ficasse contente em saber que o número de telefone de seu salão, 424-7288, corresponde a "HAIRCUT" (que significa "corte de cabelo"). Um veterinário com o número de telefone 738-2273 ficaria satisfeito em saber que seu número corresponde à palavra de sete letras "PETCARE" (que significa "assistência a animais de estimação"). Um vendedor de automóveis ficaria animado ao saber que o número de telefone de sua loja, 639-2277, corresponde a "NEWCARS" (que significa "carros novos").

Escreva um programa que, dado um número de sete dígitos, utiliza um objeto `PrintStream` para gravar em um arquivo cada possível combinação de palavras de sete letras correspondente a esse número. Há 2.187 (3^7) dessas combinações. Evite números de telefone com os dígitos 0 e 1.

15.8 **(*Pesquisa entre alunos*)** A Figura 7.8 contém um array de respostas a uma pesquisa que é codificado diretamente no programa. Suponha que queremos processar os resultados dessa pesquisa que são armazenados em um arquivo. Este exercício requer dois programas separados. Primeiro, crie um aplicativo que solicita ao usuário respostas à pesquisa e gera a saída de cada resposta para um arquivo. Utilize um `Formatter` para criar um arquivo chamado `numbers.txt`. Cada inteiro deve ser escrito com o método `format`. Então modifique o programa que aparece na Figura 7.8 para ler as respostas à pesquisa a partir de `numbers.txt`. As respostas devem ser lidas do arquivo utilizando um `Scanner`. Use o método `nextInt` para inserir um número inteiro de cada vez a partir do arquivo. O programa precisa continuar a ler respostas até alcançar o fim desse arquivo. A saída dos resultados deve ser gerada no arquivo de texto `"output.txt"`.

15.9 **(*Adicionando serialização de objetos ao aplicativo de desenho MyShape*)** Modifique a Questão 12.17 para permitir ao usuário salvar um desenho em um arquivo ou carregar uma produção anterior usando a serialização de objetos. Adicione botões **Load** (para ler objetos de um arquivo) e **Save** (para gravar objetos em um arquivo). Utilize um `ObjectOutputStream` a fim de gravar no arquivo e um `ObjectInputStream` para ler o arquivo. Escreva o array de objetos `MyShape` utilizando o método `writeObject` (classe `ObjectOutputStream`) e leia o array utilizando o método `readObject` (`ObjectInputStream`). O mecanismo de serialização de objeto pode ler ou gravar arrays inteiros — não é necessário manipular cada elemento do array de objetos `MyShape` individualmente. Simplesmente é exigido que todas as formas sejam `Serializable`. Para os dois botões **Load** e **Save**, use um `JFileChooser` para permitir que o usuário selecione o arquivo em que as formas serão armazenadas ou do qual elas serão lidas. Quando o usuário executa o programa pela primeira vez, nenhuma forma deve aparecer na tela. O usuário pode exibir formas abrindo um arquivo salvo anteriormente ou desenhando novas formas. Uma vez que há formas na tela, os usuários podem salvá-las para um arquivo usando o botão **Save**.

Fazendo a diferença

15.10 **(*Scanner de phishing*)** *Phishing* é uma forma de roubo de identidade pela qual, em um e-mail, um remetente fingindo ser uma fonte confiável tenta adquirir informações privadas, como nomes de usuário, senhas, números de cartões de crédito e número de previdência social. E-mails contendo *phishing* fingindo ser de bancos populares, empresas de cartões de crédito, sites de leilão, redes sociais e serviços de pagamento on-line podem parecer bem legítimos. Essas mensagens fraudulentas geralmente fornecem links para sites falsos nos quais você é solicitado a inserir informações sigilosas.

Faça uma pesquisa on-line sobre golpes de phishing. Verifique também o Anti-Phishing Working Group (<www.antiphishing.org>) e o site Cyber Investigations do FBI (<www.fbi.gov/about-us/investigate/cyber/cyber>), nos quais você encontrará informações sobre os golpes mais recentes e como se proteger.

Crie uma lista de 30 palavras, frases e nomes de empresas comumente encontrados em mensagens de *phishing*. Atribua um ponto a cada uma com base na sua estimativa da probabilidade de estar em uma mensagem desse gênero (por exemplo, um ponto se é pouco provável, dois pontos se moderadamente provável ou três pontos se altamente provável). Elabore um aplicativo que verifica em um arquivo de texto esses termos e frases. Para cada ocorrência de uma palavra-chave ou frase no arquivo de texto, some o ponto atribuído aos totais para essa palavra ou frase. A cada palavra-chave ou frase, gere uma linha com elas, o número de ocorrências e os pontos totais. Então, mostre os pontos totais para a mensagem inteira. Seu programa atribui um total de pontos altos a alguns dos e-mails de *phishing* reais que você recebeu? Ele atribui uma total de pontos altos a alguns e-mails legítimos que você recebeu?

Coleções genéricas

16

Acho que essa é a coleção mais extraordinária de talento e conhecimento humano já reunida na Casa Branca — com a possível exceção de quando Thomas Jefferson jantava sozinho.

— John F. Kennedy

Objetivos

Neste capítulo, você irá:

- Entender o que são coleções.
- Usar a classe `Arrays` para manipular arrays.
- Conhecer as classes empacotadoras de tipo que permitem aos programas processar valores dos dados primitivos como objetos.
- Utilizar estruturas de dados genéricos predefinidas a partir da estrutura coleções.
- Utilizar iteradores para "percorrer" uma coleção.
- Utilizar tabelas de hash persistentes manipuladas com objetos da classe `Properties`.
- Aprender mais sobre empacotadores de sincronização e modificabilidade.

Sumário

16.1 Introdução

Na Seção 7.16, introduzimos a coleção `ArrayList` genérica — uma estrutura de dados dinamicamente redimensionável do tipo array, que armazena referências a objetos de um tipo que você especifica ao criar o `ArrayList`. Neste capítulo, continuaremos nossa discussão do **framework `collection`** do Java, que contém muitas outras *estruturas* de dados genéricos *predefinidas*.

Alguns exemplos de coleções são suas músicas preferidas armazenadas no smartphone ou media player, sua lista de contatos, as cartas que você mantém em um jogo de cartas, os membros do seu time favorito e os cursos que você faz simultaneamente na escola.

Discutimos as interfaces da estrutura das coleções que declaram as capacidades de cada tipo de coleção, várias classes que implementam essas interfaces, métodos que processam objetos da coleção e **iteradores** que "percorrem" coleções.

Java SE 8

Depois de ler o Capítulo 17, "Lambdas e fluxos Java SE 8", você conseguirá reimplementar muitos dos exemplos do Capítulo 16 de uma forma mais concisa e elegante, e de uma maneira que torna mais fácil paralelizar para melhorar o desempenho dos atuais sistemas multiprocessados. No Capítulo 23, "Concorrência", veremos como melhorar o desempenho de sistemas multiprocessados usando operações de *coleções concorrentes* e *fluxo paralelo.*

16.2 Visão geral das coleções

Uma **coleção** é uma estrutura de dados — na realidade, um objeto — que pode armazenar referências a outros objetos. Normalmente, coleções contêm referências a objetos de qualquer tipo que tem o relacionamento *é um* com o tipo armazenado na coleção. As interfaces de estrutura de coleções declaram as operações a ser realizadas genericamente em vários tipos de coleções. A Figura 16.1 lista algumas das interfaces da estrutura das coleções. Várias implementações dessas interfaces são fornecidas dentro da estrutura. Você também pode fornecer suas próprias implementações.

Interface	Descrição
`Collection`	A interface-raiz na hierarquia de coleções a partir da qual as interfaces `Set`, `Queue` e `List` são derivadas.
`Set`	Uma coleção que *não* contém duplicatas.
`List`	Uma coleção ordenada que *pode* conter elementos duplicados.
`Map`	Uma coleção que associa chaves a valores e que *não pode* conter chaves duplicadas. `Map` não deriva de `Collection`.
`Fila`	Em geral, uma coleção *primeiro a entrar, primeiro a sair* que modela uma *fila de espera*; outras ordens podem ser especificadas.

Figura 16.1 | Algumas interfaces da estrutura de coleções.

Coleções baseadas em `Object`

As classes e interfaces da estrutura das coleções são membros do pacote `java.util`. Nas primeiras versões do Java, as classes da estrutura das coleções armazenavam e manipulavam *somente* referências `Object`, permitindo armazenar *qualquer* objeto em uma coleção, porque todas as classes direta ou indiretamente derivam da classe `Object`. Programas normalmente precisam processar tipos *específicos* de objetos. Como resultado, as referências `Object` obtidas de uma coleção em geral precisam sofrer *downcast* em um tipo apropriado para permitirem que o programa processe os objetos corretamente. Como discutido no Capítulo 10, o *downcasting* geralmente deve ser evitado.

Coleções genéricas

Para eliminar esse problema, o framework das coleções foi aprimorado com as capacidades de *genéricos* introduzidas com `ArrayLists` genéricas no Capítulo 7 e será discutido em mais detalhes no Capítulo 20, "Classes e métodos genéricos". Genéricos permitem especificar o *tipo exato* que será armazenado em uma coleção e fornecem os benefícios da *verificação* de *tipo em tempo de compilação* — o compilador emite mensagens de erro se você usar tipos inadequados nas coleções. Depois de especificar o tipo armazenado em uma coleção genérica, qualquer referência que você recupera da coleção terá esse tipo. Isso elimina a necessidade de coerções de tipo explícitas que podem lançar `ClassCastExceptions` se o objeto referenciado *não* for do tipo apropriado. Além disso, as coleções genéricas são *retrocompatíveis* com o código Java que foi escrito antes que genéricos tenham sido introduzidos.

Boa prática de programação 16.1

Evite reinventar a roda — em vez de construir suas próprias estruturas de dados, utilize as interfaces e coleções da estrutura das coleções do Java, que foram cuidadosamente testadas e ajustadas para atender aos requisitos da maioria dos aplicativos.

Escolhendo uma coleção

A documentação para cada coleção discute os requisitos de memória e as características de desempenho dos métodos para operações como adição e remoção de elementos, pesquisa de elementos, classificação de elementos etc. Antes de escolher uma coleção, revise a documentação on-line para a categoria da coleção que você está considerando (`Set`, `List`, `Map`, `Queue` etc.), então selecione a implementação que melhor atende às necessidades de seu aplicativo. O Capítulo 19, "Pesquisa, classificação e Big O", discute um meio para descrever como um algoritmo funciona para realizar sua tarefa — com base no número de itens de dados a ser processado. Depois de ler o Capítulo 19, você entenderá melhor as características do desempenho de cada coleção, como descrito na documentação on-line.

16.3 Classes empacotadoras de tipo

Todo tipo primitivo (listado no Apêndice D) tem uma **classe empacotadora de tipo** correspondente (no pacote `java.lang`). Essas classes chamam-se **`Boolean`**, **`Byte`**, **`Character`**, **`Double`**, **`Float`**, **`Integer`**, **`Long`** e **`Short`**. Elas permitem manipular valores de tipo primitivo como objetos. Isso é importante porque as estruturas de dados que foram reutilizadas ou desenvolvidas nos capítulos 16 a 21 manipulam e compartilham *objetos* — elas não podem manipular variáveis de tipos primitivos. Mas podem manipular objetos das classes empacotadoras de tipo, porque cada classe em última análise deriva de `Object`.

Cada uma das classes empacotadoras de tipo numéricas — `Byte`, `Short`, `Integer`, `Long`, `Float` e `Double` — estende a classe `Number`. Além disso, as classes empacotadoras de tipo são classes `final`, então não é possível estendê-las. Os tipos primitivos não têm métodos, então os métodos relacionados a um tipo primitivo estão localizados na classe empacotadora de tipo correspondente (por exemplo, o método `parseInt`, que converte uma `String` em um valor `int`, está localizado na classe `Integer`).

16.4 Autoboxing e auto-unboxing

O Java fornece conversões *boxing* e *unboxing* que convertem automaticamente entre valores de tipo primitivo e objetos empacotadores de tipo. Uma **conversão boxing** converte um valor de um tipo primitivo em um objeto da classe empacotadora de tipo correspondente. Uma **conversão unboxing** converte um objeto de uma classe empacotadora de tipo em um valor do tipo primitivo correspondente. Essas conversões são executadas automaticamente — o que é chamado de **autoboxing** e **auto-unboxing**. Considere as seguintes instruções:

```
Integer[] integerArray = new Integer[5]; // cria integerArray
integerArray[0] = 10; // atribui Integer 10 a integerArray[0]
int value = integerArray[0]; // obtém valor int de Integer
```

Nesse caso, o autoboxing ocorre ao atribuir-se um valor `int` (`10`) a `integerArray[0]`, porque `integerArray` armazena referências a objetos `Integer`, não valores `int`. O auto-unboxing ocorre ao atribuir-se `integerArray[0]` à variável `int value`, porque a variável `value` armazena um valor `value`, não uma referência a um objeto `Integer`. As conversões *boxing* também ocorrem em condições que podem ser avaliadas para valores `boolean` primitivos ou objetos `Boolean`. Muitos dos exemplos nos capítulos 16 a 21 usam essas conversões para armazenar valores primitivos e recuperá-los a partir das estruturas de dados.

16.5 Interface `Collection` e classe `Collections`

A interface `Collection` contém **operações de volume** (isto é, operações realizadas na coleção *inteira*) para operações como *adicionar*, *limpar* e *comparar* objetos (ou elementos) em uma coleção. Uma `Collection` também poder ser convertida em um array. Além disso, a interface `Collection` fornece um método que retorna um objeto **`Iterator`**, que permite a um programa percorrer a coleção e remover elementos da coleção durante a iteração. Discutimos a classe `Iterator` na Seção 16.6.1. Outros métodos da interface `Collection` permitem a um programa determinar o *tamanho* de uma coleção e se uma coleção está ou não *vazia*.

Observação de engenharia de software 16.1

`Collection` é comumente utilizada como um tipo de parâmetro nos métodos para permitir processamento polimórfico de todos os objetos que implementam a interface `Collection`.

Observação de engenharia de software 16.2

A maioria das implementações de coleção fornece um construtor que aceita um argumento `Collection`, permitindo, assim, que uma nova coleção a ser construída contenha os elementos da coleção especificada.

A classe **`Collections`** fornece métodos `static` que *pesquisam, classificam* e realizam outras operações sobre as coleções. A Seção 16.7 discute mais detalhadamente os métodos `Collections`. Também abordaremos os **métodos empacotadores** de `Collections`, que permitem tratar uma coleção como uma *coleção sincronizada* (Seção 16.13) ou uma *coleção não modificável* (Seção 16.14). Coleções sincronizadas são usadas com *multithreading* (discutido no Capítulo 23), o que permite que programas executem as operações *em paralelo*. Quando duas ou mais threads de um programa *compartilham* uma coleção, podem ocorrer problemas. Como uma analogia, considere um cruzamento de trânsito. Se todos os automóveis pudessem entrar no cruzamento ao mesmo tempo, poderiam ocorrer colisões. Por essa razão, são instalados semáforos para controlar o acesso ao cruzamento. De maneira semelhante, podemos *sincronizar* o acesso a uma coleção para assegurar que apenas *um* thread manipule a coleção por vez. Os métodos empacotadores de sincronização da classe `Collections` retornam as versões sincronizadas de coleções que podem ser compartilhadas entre threads em um programa. Coleções não modificáveis são úteis quando os clientes de uma classe precisam *visualizar* os elementos de uma coleção, mas *não* devem ter permissão para *modificar* a coleção adicionando e removendo elementos.

16.6 Listas

Uma `List` (às vezes chamada de **sequência**) é uma `Collection` *ordenada* que pode conter elementos duplicados. Como os arrays, índices de `List` são baseados em zero (isto é, o índice do primeiro elemento é zero). Além dos métodos herdados de `Collection`, `List` fornece métodos para manipular elementos por meio de seus índices, manipular um intervalo especificado de elementos, procurar elementos e obter um **`ListIterator`** para acessar os elementos.

A interface `List` é implementada por várias classes, inclusive as classes **`ArrayList`**, **`LinkedList`** e **`Vector`**. O autoboxing ocorre quando você adiciona valores de tipo primitivo a objetos dessas classes, porque eles armazenam apenas referências a objetos. As classes `ArrayList` e `Vector` são implementações de arrays redimensionáveis de `List`. Inserir um elemento entre os elementos existentes de um `ArrayList` ou `Vector` é uma operação *ineficiente* — todos os elementos depois do novo devem ser removidos, o que pode ser uma operação cara em uma coleção com um grande número de elementos. Uma `LinkedList` permite a inserção (ou remoção) *eficiente* dos elementos no meio de uma coleção, mas é muito menos eficiente que um `ArrayList` para pular para um elemento específico na coleção. Discutiremos a arquitetura das listas vinculadas no Capítulo 21.

`ArrayList` e `Vector` têm comportamentos praticamente idênticos. Operações em `Vectors` são *sincronizadas* por padrão, enquanto aquelas em `ArrayLists` não o são. Além disso, a classe `Vector` é do Java 1.0, antes de a estrutura de coleções ser adicionada ao Java. Assim, `Vector` tem alguns métodos que não fazem parte da interface `List` e não são implementados na classe `ArrayList`. Por exemplo, os métodos `Vector` `addElement` e `add` acrescentam um elemento a um `Vector`, mas somente o método `add` é especificado na interface `List` e implementado por `ArrayList`. *As coleções não sincronizadas fornecem melhor desempenho que as sincronizadas.* Por essa razão, `ArrayList` em geral é preferida a `Vector` em programas que não compartilham uma coleção entre threads. Separadamente, a API das coleções Java fornece *empacotadores de sincronização* (Seção 16.13) que podem ser usados para adicionar sincronização às coleções não sincronizadas, e várias coleções sincronizadas poderosas estão disponíveis nas APIs de concorrência do Java.

Dica de desempenho 16.1

`ArrayLists` comportam-se como `Vectors` sem sincronização e, portanto, executam mais rápido que `Vectors`, porque `ArrayLists` não têm o overhead de sincronização de thread.

Observação de engenharia de software 16.3

`LinkedLists` podem ser utilizadas para criar pilhas, filas e deques (double-ended queues — filas com dupla terminação). A estrutura de coleções fornece implementações de algumas dessas estruturas de dados.

As três subseções a seguir demonstram as capacidades de `List` e `Collection`. A Seção 16.6.1 remove elementos de um `ArrayList` com um `Iterator`. A Seção 16.6.2 usa `ListIterator` e vários métodos `List` e `LinkedList` específicos.

16.6.1 ArrayList e Iterator

A Figura 16.2 usa uma `ArrayList` (introduzida na Seção 7.16) para demonstrar várias capacidades da interface `Collection`. O programa coloca dois arrays `Color` em `ArrayLists` e utiliza um `Iterator` para remover elementos na segunda coleção `ArrayList` da primeira coleção.

```
// Figura 16.2: CollectionTest.java
// Interface Collection demonstrada por meio de um objeto ArrayList.
import java.util.List;
import java.util.ArrayList;
import java.util.Collection;
import java.util.Iterator;

public class CollectionTest
{
   public static void main(String[] args)
   {
      // adiciona elementos no array colors a listar
      String[] colors = {"MAGENTA", "RED", "WHITE", "BLUE", "CYAN"};
      List<String> list = new ArrayList<String>();

      for (String color : colors)
         list.add(color); // adiciona color ao final da lista

      // adiciona elementos no array removeColors em removeList
      String[] removeColors = {"RED", "WHITE", "BLUE"};
      List<String> removeList = new ArrayList<String>();

      for (String color : removeColors)
         removeList.add(color);

      // gera saída do conteúdo da lista
      System.out.println("ArrayList: ");

      for (int count = 0; count < list.size(); count++)
         System.out.printf("%s ", list.get(count));

      // remove da lista as cores contidas em removeList
      removeColors(list, removeList);

      // gera saída do conteúdo da lista
      System.out.printf("%n%nArrayList after calling removeColors:%n");

      for (String color : list)
         System.out.printf("%s ", color);
   }

   // remove cores especificadas em collection2 a partir de collection1
   private static void removeColors(Collection<String> collection1,
      Collection<String> collection2)
   {
```

continua

continuação

```
46         // obtém o iterador
47         Iterator<String> iterator = collection1.iterator();
48 
49         // loop enquanto a coleção tiver itens
50         while (iterator.hasNext())
51         {
52            if (collection2.contains(iterator.next()))
53               iterator.remove(); // remove o elemento atual
54         }
55     }
56 } // fim da classe CollectionTest
```

```
ArrayList:
MAGENTA RED WHITE BLUE CYAN

ArrayList after calling removeColors:
MAGENTA CYAN
```

Figura 16.2 | Interface `Collection` demonstrada por um objeto `ArrayList`.

As linhas 13 e 20 declaram e inicializam os arrays `String` `colors` e `removeColors`. As linhas 14 e 21 criam objetos `ArrayList<String>` e atribuem suas referências a variáveis `List<String>` `list` e `removeList`, respectivamente. Lembre-se de que `ArrayList` é uma classe *genérica,* assim você pode especificar *o argumento de tipo* (nesse caso, `String`) para indicar o tipo dos elementos em cada lista. Conforme se especifica o tipo a armazenar em uma coleção em tempo de compilação, coleções genéricas fornecem *segurança de tipo* em tempo de compilação, a qual permite que o compilador capture tentativas de usar tipos inválidos. Por exemplo, não se pode armazenar `Employees` em uma coleção de `Strings`.

As linhas 16 e 17 preenchem `list` com `Strings` armazenadas no array `colors`, e as linhas 23 e 24 preenchem `removeList` com `Strings` armazenadas no array `removeColors` usando o **método `List` `add`**. As linhas 29 e 30 geram a saída de cada elemento de `list`. A linha 29 chama o **método `List` `size`** para obter o número de elementos no `ArrayList`. A linha 30 utiliza o **método `List` `get`** para recuperar valores individuais do elemento. As linhas 29 e 30 também poderiam ter usado a instrução `for` aprimorada (que demonstraremos com coleções em outros exemplos).

A linha 33 chama o método `removeColors` (linhas 43 a 55), passando `list` e `removeList` como argumentos. O método `removeColors` exclui as `Strings` em `removeList` das `Strings` na `list`. As linhas 38 e 39 imprimem os elementos de `list` depois que `removeColors` completa sua tarefa.

O método `removeColors` declara dois parâmetros `Collection<String>` (linhas 43 e 44) — quaisquer duas `Collections` contendo `Strings` podem ser passadas como argumentos. O método acessa os elementos da primeira `Collection` (`collection1`) por um `Iterator`. A linha 47 chama o **método `iterator`** de **`Collection`** para obter um `Iterator` para `Collection`. As interfaces `Collection` e `Iterator` são tipos genéricos. A condição de continuação de loop (linha 50) chama o **método `Iterator` `hasNext`** para determinar se existem mais elementos para iterar. O método `hasNext` retorna `true` se outro elemento existe e `false` caso contrário.

A condição `if` na linha 52 chama o **método `Iterator` `next`** para obter uma referência ao próximo elemento e, então, utiliza o método **`contains`** da segunda `Collection` (`collection2`) para determinar se `collection2` contém o elemento retornado por `next`. Se contiver, a linha 53 chama o **método `Iterator` `remove`** para remover o elemento da `Collection` `collection1`.

Erro comum de programação 16.1

Se uma coleção for modificada por um de seus métodos depois de um iterador ser criado para essa coleção, o iterador se torna imediatamente inválido — qualquer operação realizada com o iterador falha imediatamente e lança uma `ConcurrentModificationException`. *Por essa razão, diz-se que os iteradores "falham rápido". Iteradores do tipo fail-fast ("falhe rápido") ajudam a garantir que uma coleção modificável não seja manipulada por duas ou mais threads ao mesmo tempo, o que pode corromper a coleção. No Capítulo 23, "Concorrência", veremos as coleções simultâneas (pacote* `java.util.concurrent`*) que podem ser manipuladas de forma segura por múltiplas threads concorrentes.*

Observação de engenharia de software 16.4

Nós nos referimos a `ArrayLists` *nesse exemplo por meio de variáveis* `List`*. Isso torna nosso código mais flexível e mais fácil de modificar — se mais tarde determinarmos que* `LinkedLists` *seriam mais apropriadas, somente as linhas onde criamos os objetos* `ArrayList` *(linhas 14 e 21) precisariam ser modificadas. Em geral, ao criar um objeto coleção, referencie esse objeto com uma variável do tipo de interface de coleção correspondente.*

Inferência de tipo com a notação <>

As linhas 14 e 21 especificam o tipo armazenado na `ArrayList` (isto é, `String`) à esquerda e à direita das instruções de inicialização. O Java SE 7 introduziu a *inferência de tipo* com a notação `<>` — conhecida como **notação losango** — em instruções que declaram e criam variáveis e objetos de tipo genérico. Por exemplo, a linha 14 pode ser escrita como:

```
List<String> list = new ArrayList<>();
```

Nesse caso, o Java usa o tipo entre colchetes angulares à esquerda da declaração (isto é, `String`) como o tipo armazenado na `ArrayList` criada à direita da instrução. Utilizaremos essa sintaxe para os exemplos restantes neste capítulo.

16.6.2 LinkedList

A Figura 16.3 demonstra várias operações em `LinkedLists`. O programa cria duas `LinkedLists` de `Strings`. Os elementos de uma `List` são adicionados à outra. Então, todas as `Strings` são convertidas em letras maiúsculas e um intervalo de elementos é excluído.

```java
// Figura 16.3: ListTest.java
// Lists, LinkedLists e ListIterators.
import java.util.List;
import java.util.LinkedList;
import java.util.ListIterator;

public class ListTest
{
   public static void main(String[] args)
   {
      // adiciona elementos colors à list1
      String[] colors =
         {"black", "yellow", "green", "blue", "violet", "silver"};
      List<String> list1 = new LinkedList<>();

      for (String color : colors)
         list1.add(color);

      // adiciona elementos colors2 à list2
      String[] colors2 =
         {"gold", "white", "brown", "blue", "gray", "silver"};
      List<String> list2 = new LinkedList<>();

      for (String color : colors2)
         list2.add(color);

      list1.addAll(list2); // concatena as listas
      list2 = null; // libera recursos
      printList(list1); // imprime elementos list1

      convertToUppercaseStrings(list1); // converte em string de letras maiúsculas
      printList(list1); // imprime elementos list1

      System.out.printf("%nDeleting elements 4 to 6...");
      removeItems(list1, 4, 7); // remove itens 4 a 6 da lista
      printList(list1); // imprime elementos list1
      printReversedList(list1); // imprime lista na ordem inversa
   }

   // gera saída do conteúdo de List
   private static void printList(List<String> list)
   {
      System.out.printf("%nlist:%n");

      for (String color : list)
         System.out.printf("%s ", color);

      System.out.println();
   }
```

continua

continuação

```
50
51        // localiza objetos String e converte em letras maiúsculas
52        private static void convertToUppercaseStrings(List<String> list)
53        {
54           ListIterator<String> iterator = list.listIterator();
55
56           while (iterator.hasNext())
57           {
58              String color = iterator.next(); // obtém o item
59              iterator.set(color.toUpperCase()); // converte em letras maiúsculas
60           }
61        }
62
63        // obtém sublista e utiliza método clear para excluir itens da sublista
64        private static void removeItems(List<String> list,
65           int start, int end)
66        {
67           list.subList(start, end).clear(); // remove os itens
68        }
69
70        // imprime lista invertida
71        private static void printReversedList(List<String> list)
72        {
73           ListIterator<String> iterator = list.listIterator(list.size());
74
75           System.out.printf("%nReversed List:%n");
76
77           // imprime lista na ordem inversa
78           while (iterator.hasPrevious())
79              System.out.printf("%s ", iterator.previous());
80        }
81     } // fim da classe ListTest
```

```
list:
black yellow green blue violet silver gold white brown blue gray silver

list:
BLACK YELLOW GREEN BLUE VIOLET SILVER GOLD WHITE BROWN BLUE GRAY SILVER

Deleting elements 4 to 6...
list:
BLACK YELLOW GREEN BLUE WHITE BROWN BLUE GRAY SILVER

Reversed List:
SILVER GRAY BLUE BROWN WHITE BLUE GREEN YELLOW BLACK
```

Figura 16.3 | `Lists`, `LinkedLists` e `ListIterators`.

As linhas 14 e 22 criam `LinkedLists` `list1` e `list2` do tipo `String`. `LinkedList` é uma classe genérica que tem um tipo de parâmetro para o qual especificamos o argumento de tipo `String` nesse exemplo. As linhas 16 e 17 e 24 e 25 chamam o método `List` `add` para *anexar* elementos a partir dos arrays `colors` e `colors2` às *extremidades* da `list1` e `list2`, respectivamente.

A linha 27 chama o **método `List` `addAll`** para *acrescentar todos os elementos* de `list2` ao final de `list1`. A linha 28 configura `list2` como `null`, porque `list2` não mais é necessária. A linha 29 chama o método `printList` (linhas 41 a 49) para gerar saída do conteúdo de `list1`. A linha 31 chama o método `convertToUppercaseStrings` (linhas 52 a 61) para converter cada elemento `String` em letras maiúsculas, então a linha 32 chama novamente `printList` para exibir as `Strings` modificadas. A linha 35 chama o método `removeItems` (linhas 64 a 68) para remover os intervalos de elementos que iniciam no índice `4` até, mas não incluindo, o índice `7` da lista. A linha 37 chama o método `printReversedList` (linhas 71 a 80) para imprimir a lista em ordem inversa.

Método `convertToUppercaseStrings`

O método `convertToUppercaseStrings` (linhas 52 a 61) converte os elementos `String` com letras minúsculas no argumento `List` para `Strings` maiúsculas. A linha 54 chama o **método `List` `listIterator`** para obter o **iterador bidirecional** de `List` (isto é, um que pode percorrer uma `List` *para trás* ou *para a frente*). `ListIterator` também é uma classe genérica. Nesse exemplo, a `ListIterator` faz referência a objetos `String`, porque o método `listIterator` é chamado em uma `List` de `Strings`. A linha 56 chama o método `hasNext` para determinar se a `List` *contém outro elemento*. A linha 58 obtém a próxima `String` na `List`.

A linha 59 chama o **método `String toUpperCase`** para obter uma versão em letras maiúsculas da `String` e chama o **método `ListIterator set`** para substituir a `String` atual que `iterator` referencia pela `String` retornada pelo método `toUpperCase`. Como o método `toUpperCase`, o **método `String toLowerCase`** retorna uma versão em letras minúsculas da `String`.

Método `removeItems`

O método `removeItems` (linhas 64 a 68) *remove um intervalo de itens* da lista. A linha 67 chama o **método `List subList`** para obter uma parte da `List` (chamada de **sublista**). Isso é chamado **método de visualização de intervalo**, que permite ao programa visualizar uma parte da lista. A sublista é simplesmente uma visualização na `List` em que `subList` é chamada. O método `subList` aceita como argumentos o índice inicial e o índice final para a sublista. O índice final *não* faz parte do intervalo da sublista. Nesse exemplo, a linha 35 passa `4` para o índice inicial e `7` para o índice final da `subList`. A sublista retornada é o conjunto de elementos com os índices de `4` a `6`. Em seguida, o programa chama o **método `List clear`** na sublista para remover os elementos da sublista da `List`. Qualquer alteração feita em uma sublista também será feita na `List` original.

Método `printReversedList`

O método `printReversedList` (linhas 71 a 80) imprime a lista de trás para a frente. A linha 73 chama o método `List listIterator` com a posição inicial como um argumento (no nosso caso, o último elemento na lista) a fim de obter um *iterador bidirecional* para a lista. O **método `List size`** retorna o número de itens na `List`. A condição `while` (linha 78) chama o **método `hasPrevious`** de **`ListIterator`** para determinar se há mais elementos ao percorrer a lista *de trás para a frente*. A linha 79 chama o **método `previous`** de **`ListIterator`** para obter o elemento anterior a partir da lista e gerá-lo para o fluxo de saída padrão.

Visualizações em coleções e método `Arrays asList`

A classe `Arrays` fornece o método **`asList`** `static` para *visualizar* um array (às vezes chamado **array de apoio**) como uma coleção **`List`**. Uma visualização `List` permite que você manipule o array como se ele fosse uma lista. Isso é útil para adicionar os elementos em um array a uma coleção e classificar os elementos no array. O próximo exemplo demonstra como criar uma `LinkedList` com uma visualização `List` de um array, porque não podemos passar o array para um construtor `LinkedList`. Demonstramos na Figura 16.7 como classificar elementos de array com uma visualização `List`. Quaisquer modificações feitas por meio da visualização `List` alteram o array, e todas as modificações feitas no array alteram a visualização `List`. A única operação permitida na visualização retornada por `asList` é *set*, o que altera o valor da visualização e o array de apoio. Qualquer outra tentativa de alterar a visualização (como adicionar ou remover elementos) resulta em uma **`UnsupportedOperationException`**.

Visualizando arrays como `Lists` e convertendo `Lists` em arrays

A Figura 16.4 usa o método `Arrays asList` para visualizar um array como uma `List` e usa o **método `List toArray`** para obter um array de uma coleção `LinkedList`. O programa chama o método `asList` para criar uma visualização `List` de um array, que é utilizada para inicializar um objeto `LinkedList`, então adiciona uma série de `Strings` a uma `LinkedList` e chama o método `toArray` para obter um array contendo referências às `Strings`.

```java
// Figura 16.4: UsingToArray.java
// Visualizando arrays como Lists e convertendo Lists em arrays.
import java.util.LinkedList;
import java.util.Arrays;

public class UsingToArray
{
   // cria uma LinkedList, adiciona elementos e converte em array
   public static void main(String[] args)
   {
      String[] colors = {"black", "blue", "yellow"};
      LinkedList<String> links = new LinkedList<>(Arrays.asList(colors));

      links.addLast("red"); // adiciona como o último item
      links.add("pink"); // adiciona ao final
      links.add(3, "green"); // adiciona no terceiro índice
      links.addFirst("cyan"); // adiciona como primeiro item

      // obtém elementos LinkedList como um array
      colors = links.toArray(new String[links.size()]);

      System.out.println("colors: ");

      for (String color : colors)
```

continua

continuação

```
25            System.out.println(color);
26        }
27    } // fim da classe UsingToArray
```

```
colors:
cyan
black
blue
yellow
green
red
pink
```

Figura 16.4 | Visualizando arrays como `Lists` e convertendo `Lists` em arrays.

A linha 12 constrói uma `LinkedList` das `Strings` contendo os elementos do array `colors`. O método `Arrays asList` retorna uma visualização `List` do array, então usa isso para inicializar a `LinkedList` com o construtor que recebe uma `Collection` como um argumento (uma `List` *é uma* `Collection`). A linha 14 chama o **método `LinkedList addLast`** para adicionar `"red"` ao fim de `links`. As linhas 15 e 16 chamam o **método `LinkedList add`** para adicionar `"pink"` como o último elemento e `"green"` como o elemento no índice `3` (isto é, o quarto elemento). O método `addLast` (linha 14) funciona exatamente como o método `add` (linha 15). A linha 17 chama o **método `LinkedList addFirst`** para adicionar `"cyan"` como o novo primeiro item na `LinkedList`. As operações `add` são permitidas porque operam no objeto `LinkedList`, não na visualização retornada por `asList`. [*Observação:* quando `"cyan"` é adicionado como o primeiro elemento, `"green"` torna-se o quinto elemento na `LinkedList`.]

A linha 20 chama o método `toArray` da interface `List` para obter um array `String` de `links`. O array é uma cópia dos elementos da lista — modificar o conteúdo do array *não* modifica a lista. O array passado para o método `toArray` é do mesmo tipo que você gostaria que o método `toArray` retornasse. Se o número de elementos no array for maior ou igual ao número de elementos na `LinkedList`, `toArray` copia os elementos da lista em seu argumento de array e retorna esse array. Se a `LinkedList` tiver mais elementos que o número de elementos no array passado para `toArray`, `toArray` *aloca um novo array* do mesmo tipo que ele recebe como um argumento, *copia* os elementos da lista no novo array e retorna o novo array.

Erro comum de programação 16.2

Passar um array que contém dados para `toArray` *pode causar erros de lógica. Se o número de elementos no array for menor que o número de elementos na lista em que* `toArray` *é chamado, um novo array é alocado para armazenar os elementos da lista* — sem preservar os elementos do argumento de array. *Se o número de elementos no array for maior que o número de elementos na lista, os elementos do array (iniciando no índice zero) serão sobrescritos pelos elementos da lista. Os elementos do array que não são sobrescritos retêm seus valores.*

16.7 Métodos de coleções

A classe `Collections` fornece vários algoritmos de alto desempenho para manipular elementos de coleção. Os algoritmos (Figura 16.5) são implementados como métodos `static`. Os métodos `sort`, `binarySearch`, `reverse`, `shuffle`, `fill` e `copy` operam em `Lists`. Os métodos `min`, `max`, `addAll`, `frequency` e `disjoint` operam em `Collections`.

Método	Descrição
`sort`	Classifica os elementos de uma `List`.
`binarySearch`	Localiza um objeto em uma `List` usando o algoritmo de pesquisa binária de alto desempenho introduzido na Seção 7.15 e discutido em detalhes na Seção 19.4.
`reverse`	Inverte os elementos de uma `List`.
`shuffle`	Ordena aleatoriamente os elementos de uma `List`.
`fill`	Configura todo elemento `List` para referir-se a um objeto especificado.
`copy`	Copia referências de uma `List` em outra.
`min`	Retorna o menor elemento em uma `Collection`.
`max`	Retorna o maior elemento em uma `Collection`.
`addAll`	Acrescenta todos os elementos em um array a uma `Collection`.

continua

continuação

Método	Descrição
`frequency`	Calcula quantos elementos da coleção são iguais ao elemento especificado.
`disjoint`	Determina se duas coleções não têm nenhum elemento em comum.

Figura 16.5 | Métodos `Collections`.

Observação de engenharia de software 16.5

Os métodos da estrutura de coleções são polimórficos. Isto é, cada um deles pode operar em objetos que implementam interfaces específicas, independentemente da implementação subjacente.

16.7.1 Método sort

O **método `sort`** classifica os elementos de uma `List`, que deve implementar a **interface `Comparable`**. A ordem é determinada pela ordem natural do tipo dos elementos como implementado por um método `compareTo`. Por exemplo, a ordem natural para valores numéricos é a crescente, e a ordem natural para Strings baseia-se no ordenamento lexicográfico (Seção 14.3). O método `compareTo` é declarado na interface `Comparable` e, às vezes, é chamado **método natural de comparação**. A chamada `sort` pode especificar como um segundo argumento um objeto **`Comparator`**, que determina uma ordem alternativa dos elementos.

Classificando na ordem crescente

A Figura 16.6 utiliza o método `Collections sort` para ordenar os elementos de uma `List` em ordem *crescente* (linha 17). O método `sort` realiza uma classificação por intercalação iterativa (demonstramos uma classificação por intercalação recursiva na Seção 19.8). A linha 14 cria `list` como uma `List` de `Strings`. As linhas 15 e 18 usam uma chamada *implícita* para o método `toString` de `list` a fim de dar saída do conteúdo da lista no formato mostrado na saída.

```
1  // Figura 16.6: Sort1.java
2  // Método Collections sort.
3  import java.util.List;
4  import java.util.Arrays;
5  import java.util.Collections;
6
7  public class Sort1
8  {
9     public static void main(String[] args)
10    {
11       String[] suits = {"Hearts", "Diamonds", "Clubs", "Spades"};
12
13       // Cria e exibe uma lista contendo os elementos do array naipes
14       List<String> list = Arrays.asList(suits);
15       System.out.printf("Unsorted array elements: %s%n", list);
16
17       Collections.sort(list); // classifica ArrayList
18       System.out.printf("Sorted array elements: %s%n", list);
19    }
20 } // fim da classe Sort1
```

```
Unsorted array elements: [Hearts, Diamonds, Clubs, Spades]
Sorted array elements: [Clubs, Diamonds, Hearts, Spades]
```

Figura 16.6 | Método `Collections sort`.

Classificando em ordem decrescente

A Figura 16.7 classifica a mesma lista das strings utilizadas na Figura 16.6 em ordem *decrescente*. O exemplo introduz a interface `Comparator`, que é utilizada para classificar elementos de uma `Collection` em uma ordem diferente. A linha 18 chama o método `sort` de `Collections` para ordenar a `List` em ordem decrescente. O **método `static Collections reverseOrder`** retorna um objeto `Comparator` que ordena os elementos da coleção na ordem inversa.

```java
// Figura 16.7: Sort2.java
// Utilizando um objeto Comparator com o método sort.
import java.util.List;
import java.util.Arrays;
import java.util.Collections;

public class Sort2
{
   public static void main(String[] args)
   {
      String[] suits = {"Hearts", "Diamonds", "Clubs", "Spades"};

      // Cria e exibe uma lista contendo os elementos do array naipes
      List<String> list = Arrays.asList(suits); // cria List
      System.out.printf("Unsorted array elements: %s%n", list);

      // classifica em ordem decrescente utilizando um comparador
      Collections.sort(list, Collections.reverseOrder());
      System.out.printf("Sorted list elements: %s%n", list);
   }
} // fim da classe Sort2
```

```
Unsorted array elements: [Hearts, Diamonds, Clubs, Spades]
Sorted list elements: [Spades, Hearts, Diamonds, Clubs]
```

Figura 16.7 | Método `Collections` `sort` com um objeto `Comparator`.

Classificando com um `Comparator`

A Figura 16.8 cria uma classe `Comparator` personalizada, chamada `TimeComparator`, que implementa a interface `Comparator` para comparar dois objetos `Time2`. A classe `Time2`, declarada na Figura 8.5, representa o tempo com horas, minutos e segundos.

A classe `TimeComparator` implementa a interface `Comparator`, um tipo genérico que aceita um argumento (nesse caso `Time2`). Uma classe que implementa `Comparator` deve declarar um método `compare` que recebe dois argumentos e retorna um inteiro *negativo* se o primeiro argumento for *menor que* o segundo, 0 se os argumentos forem *iguais* ou um número inteiro *positivo* se o primeiro argumento for *maior que* o segundo. O método `compare` (linhas 7 a 22) realiza comparações entre objetos `Time2`. A linha 10 calcula a diferença entre as horas dos dois objetos `Time2`. Se as horas forem diferentes (linha 12), então retornamos esse valor. Se esse valor for *positivo*, então a primeira hora é maior que a segunda e o primeiro tempo é maior que o segundo. Se esse valor for *negativo*, então a primeira hora é menor que a segunda e o primeiro tempo é menor que o segundo. Se esse valor for zero, as horas são as mesmas e devemos testar os minutos (e talvez os segundos) para determinar que tempo é maior.

```java
1  // Figura 16.8: TimeComparator.java
2  // Classe Comparator personalizada que compara dois objetos Time2.
3  import java.util.Comparator;
4
5  public class TimeComparator implements Comparator<Time2>
6  {
7     @Override
8     public int compare(Time2 time1, Time2 time2)
9     {
10       int hourDifference = time1.getHour() - time2.getHour();
11
12       if (hourDifference != 0) // testa a primeira hora
13          return hourCompare;
14
15       int minuteDifference = time1.getMinute() - time2.getMinute();
16
17       if (minuteDifference != 0) // então testa o minuto
18          return minuteDifference;
19
20       int secondDifference = time1.getSecond() - time2.getSecond();
21       return secondDifference;
22    }
23 } // fim da classe TimeComparator
```

Figura 16.8 | Classe `Comparator` personalizada que compara dois objetos `Time2`.

A Figura 16.9 classifica uma lista que utiliza a classe `Comparator TimeComparator` personalizada. A linha 11 cria um `ArrayList` de objetos `Time2`. Lembre-se de que `ArrayList` e `List` são tipos genéricos e aceitam um argumento de tipo que especifica o tipo de elemento da coleção. As linhas 13 a 17 criam cinco objetos `Time2` e os adicionam a essa lista. A linha 23 chama o método `sort`, passando para ele um objeto de nossa classe `TimeComparator` (Figura 16.8).

```
1  // Figura 16.9: Sort3.java
2  // Método sort de Collections com um objeto Comparator personalizado.
3  import java.util.List;
4  import java.util.ArrayList;
5  import java.util.Collections;
6  
7  public class Sort3
8  {
9     public static void main(String[] args)
10    {
11       List<Time2> list = new ArrayList<>(); // cria List
12 
13       list.add(new Time2(6, 24, 34));
14       list.add(new Time2(18, 14, 58));
15       list.add(new Time2(6, 05, 34));
16       list.add(new Time2(12, 14, 58));
17       list.add(new Time2(6, 24, 22));
18 
19       // gera saída de elementos List
20       System.out.printf("Unsorted array elements:%n%s%n", list);
21 
22       // classifica em ordem utilizando um comparador
23       Collections.sort(list, new TimeComparator());
24 
25       // gera saída de elementos List
26       System.out.printf("Sorted list elements:%n%s%n", list);
27    }
28 } // fim da classe Sort3
```

```
Unsorted array elements:
[6:24:34 AM, 6:14:58 PM, 6:05:34 AM, 12:14:58 PM, 6:24:22 AM]
Sorted list elements:
[6:05:34 AM, 6:24:22 AM, 6:24:34 AM, 12:14:58 PM, 6:14:58 PM]
```

Figura 16.9 | O método `Collections sort` com um objeto `Comparator` personalizado.

16.7.2 Método `shuffle`

O método `shuffle` ordena aleatoriamente os elementos de uma `List`. O Capítulo 7 apresentou uma simulação de embaralhamento e distribuição de cartas que embaralhava as cartas de um baralho com um loop. A Figura 16.10 usa o método `shuffle` para embaralhar um baralho de objetos `Card` que podem ser usados em um simulador de jogo de cartas.

```
// Figura 16.10: DeckOfCards.java
// Embaralhamento e distribuição de cartas com método shuffle de Collections.
import java.util.List;
import java.util.Arrays;
import java.util.Collections;

// classe para representar uma Card de um baralho
class Card
{
   public static enum Face {Ace, Deuce, Three, Four, Five, Six,
      Seven, Eight, Nine, Ten, Jack, Queen, King };
   public static enum Suit {Clubs, Diamonds, Hearts, Spades};

   private final Face face;
   private final Suit suit;
```

continua

continuação

```java

   // construtor
   public Card(Face face, Suit suit)
   {
       this.face = face;
       this.suit = suit;
   }

   // retorna face da carta
   public Face getFace()
   {
      return face;
   }

   // retorna naipe de Card
   public Suit getSuit()
   {
      return suit;
   }

   // retorna representação String de Card
   public String toString()
   {
      return String.format("%s of %s", face, suit);
   }
} // fim da classe Card

// declaração da classe DeckOfCards
public class DeckOfCards
{
   private List<Card> list; // declara List que armazenará Cards

   // configura baralho de Cards e embaralha
   public DeckOfCards()
   {
      Card[] deck = new Card[52];
      int count = 0; // número de cartas

      // preenche baralho com objetos Card
      for (Card.Suit suit: Card.Suit.values())
      {
         for (Card.Face face: Card.Face.values())
         {
            deck[count] = new Card(face, suit);
            ++count;
         }
      }

      list = Arrays.asList(deck); // obtém List
      Collections.shuffle(list);  // embaralha as cartas
   } // fim do construtor DeckOfCards

   // gera saída de baralho
   public void printCards()
   {
      // exibe 52 cartas em duas colunas
      for (int i = 0; i < list.size(); i++)
         System.out.printf("%-19s%s", list.get(i),
            ((i + 1) % 4 == 0) ? "%n" : "");
   }

   public static void main(String[] args)
   {
```

continua

continuação

```
79        DeckOfCards cards = new DeckOfCards();
80        cards.printCards();
81     }
82  } // fim da classe DeckOfCards
```

```
Deuce of Clubs         Six of Spades          Nine of Diamonds       Ten of Hearts
Three of Diamonds      Five of Clubs          Deuce of Diamonds      Seven of Clubs
Three of Spades        Six of Diamonds        King of Clubs          Jack of Hearts
Ten of Spades          King of Diamonds       Eight of Spades        Six of Hearts
Nine of Clubs          Ten of Diamonds        Eight of Diamonds      Eight of Hearts
Ten of Clubs           Five of Hearts         Ace of Clubs           Deuce of Hearts
Queen of Diamonds      Ace of Diamonds        Four of Clubs          Nine of Hearts
Ace of Spades          Deuce of Spades        Ace of Hearts          Jack of Diamonds
Seven of Diamonds      Three of Hearts        Four of Spades         Four of Diamonds
Seven of Spades        King of Hearts         Seven of Hearts        Five of Diamonds
Eight of Clubs         Three of Clubs         Queen of Clubs         Queen of Spades
Six of Clubs           Nine of Spades         Four of Hearts         Jack of Clubs
Five of Spades         King of Spades         Jack of Spades         Queen of Hearts
```

Figura 16.10 | Embaralhamento e distribuição de cartas com o método `Collections shuffle`.

A classe `Card` (linhas 8 a 41) representa uma carta do baralho. Cada `Card` tem uma face e um naipe. As linhas 10 a 12 declaram dois tipos `enum` — `Face` e `Suit` — que representam a face e o naipe da carta, respectivamente. O método `toString` (linhas 37 a 40) retorna uma `String` que contém a face e o naipe da `Card` separados pela string `"of"`. Quando uma constante `enum` for convertida em uma `String`, o identificador da constante é utilizado como a representação de `String`. Normalmente, utilizaríamos todas as letras maiúsculas para constantes `enum`. Nesse exemplo, escolhemos utilizar letras maiúsculas apenas para a letra inicial de cada constante `enum` porque queremos que a carta seja exibida com letras iniciais maiúsculas para a face e naipe (por exemplo, `"Ace of Spades"`).

As linhas 55 a 62 preenchem o array `deck` com cartas que têm combinações únicas de face e de naipe. Tanto `Face` como `Suit` são tipos `public static enum` da classe `Card`. Para utilizar esses tipos `enum` fora da classe `Card`, você deve qualificar o nome de tipo de cada `enum` com o nome da classe em que ele reside (isto é, `Card`) e um ponto (`.`) separador. Por isso, as linhas 55 e 57 utilizam `Card.Suit` e `Card.Face` para declarar as variáveis de controle das instruções `for`. Lembre-se de que o método `values` de um tipo `enum` retorna um array que contém todas as constantes do tipo `enum`. As linhas 55 a 62 utilizam instruções `for` aprimoradas para construir 52 novas `Cards`.

O embaralhamento ocorre na linha 65, que chama o método `static shuffle` da classe `Collections` para embaralhar os elementos do array. O método `shuffle` exige um argumento `List`, assim, devemos obter uma visualização `List` do array antes que possamos embaralhá-lo. A linha 64 invoca o método `static asList` da classe `Arrays` para obter uma visualização `List` do array `deck`.

O método `printCards` (linhas 69 a 75) exibe o baralho de cartas em quatro colunas. Em cada iteração do loop, as linhas 73 e 74 geram saída de uma carta alinhada à esquerda em um campo de 19 caracteres seguido por um caractere de nova linha ou uma string vazia com base no número de cartas enviado para saída até agora. Se o número de cartas for divisível por quatro, uma nova linha é enviada para a saída; caso contrário, a string vazia é enviada para a saída.

16.7.3 Métodos reverse, fill, copy, max e min

A classe `Collections` fornece métodos para *inverter*, *preencher* e *copiar* `Lists`. O **método `Collections reverse`** inverte a ordem dos elementos em uma `List` e o **método `fill`** *sobrescreve* elementos em uma `List` com um valor especificado. A operação `fill` é útil para reinicializar uma `List`. O **método `copy`** recebe dois argumentos — uma `List` de destino e uma `List` de origem. Cada elemento da `List` de origem é copiado para a `List` de destino. A `List` de destino deve ser pelo menos tão longa quanto a `List` de origem; caso contrário, uma `IndexOutOfBoundsException` ocorre. Se a `List` de destino for mais longa, os elementos não sobrescritos permanecem inalterados.

Cada método que vimos até agora opera em `Lists`. Os métodos **`min`** e **`max`** operam em qualquer `Collection`. O método `min` retorna o menor elemento em uma `Collection` e o método `max` retorna o maior elemento em uma `Collection`. Esses dois métodos podem ser chamados com um objeto `Comparator` como um segundo argumento para realizar *comparações personalizadas* dos objetos, como o `TimeComparator` na Figura 16.9. A Figura 16.11 demonstra os métodos `reverse`, `fill`, `copy`, `max` e `min`.

```
// Figura 16.11: Algorithms1.java
// Métodos Collections reverse, fill, copy, max e min.
import java.util.List;
```

continua

continuação

```
4   import java.util.Arrays;
5   import java.util.Collections;
6
7   public class Algorithms1
8   {
9      public static void main(String[] args)
10     {
11        // crie e exibe uma List<Character>
12        Character[] letters = {'P', 'C', 'M'};
13        List<Character> list = Arrays.asList(letters); // obtém List
14        System.out.println("list contains: ");
15        output(list);
16
17        // inverte e exibe uma List<Character>
18        Collections.reverse(list); // inverte a ordem dos elementos
19        System.out.printf("%nAfter calling reverse, list contains:%n");
20        output(list);
21
22        // cria CopyList de um array de 3 caracteres
23        Character[] lettersCopy = new Character[3];
24        List<Character> copyList = Arrays.asList(lettersCopy);
25
26        // copia o conteúdo da lista para CopyList
27        Collections.copy(copyList, list);
28        System.out.printf("%nAfter copying, copyList contains:%n");
29        output(copyList);
30
31        // preenche a lista com Rs
32        Collections.fill(list, 'R');
33        System.out.printf("%nAfter calling fill, list contains:%n");
34        output(list);
35     }
36
37     // envia informações de List para saída
38     private static void output(List<Character> listRef)
39     {
40        System.out.print("The list is: ");
41
42        for (Character element : listRef)
43           System.out.printf("%s ", element);
44
45        System.out.printf("%nMax: %s", Collections.max(listRef));
46        System.out.printf("  Min: %s%n", Collections.min(listRef));
47     }
48  } // fim da classe Algorithms1
```

```
list contains:
The list is: P C M
Max: P   Min: C

After calling reverse, list contains:
The list is: M C P
Max: P   Min: C

After copying, copyList contains:
The list is: M C P
Max: P   Min: C

After calling fill, list contains:
The list is: R R R
Max: R   Min: R
```

Figura 16.11 | Métodos `reverse`, `fill`, `copy`, `max` e `min` de `Collections`.

A linha 13 cria a variável `list` `List<Character>` e a inicializa com a visualização `List` do array `letters` `Character`. As linhas 14 e 15 enviam para a saída o conteúdo atual da `List`. A linha 18 chama o método `Collections` `reverse` para inverter a ordem de `list`. O método `reverse` recebe um argumento `List`. Como `list` é uma visualização `List` do array `letters`, os elementos do array agora estão na ordem inversa. O conteúdo invertido é enviado para a saída nas linhas 19 e 20. A linha 27 usa o método `Collections copy` para copiar os elementos de `list` para `copyList`. As mudanças em `copyList` não alteram `letters`, porque `copyList` é uma `List` separada que não é uma visualização `List` do array `letters`. O método `copy` requer dois argumentos `List` — a `List` de destino e a `List` de origem. A linha 32 chama o método `fill Collections` para inserir o caractere `'R'` em cada elemento da `list`. Como `list` é uma visualização `List` do array `letters`, essa operação muda cada elemento em `letters` para `'R'`. O método `fill` requer uma `List` para o primeiro argumento e um `Object` para o segundo — nesse caso, o `Object` é a versão *boxed* do caractere `'R'`. As linhas 45 e 46 chamam os métodos `Collections max` e `min` para localizar o maior e o menor elemento de uma `Collection`, respectivamente. Lembre-se de que a interface `List` estende a interface `Collection`, de modo que uma `List` *é uma* `Collection`.

16.7.4 Método binarySearch

O algoritmo de pesquisa binária de alta velocidade — que discutimos em detalhes na Seção 19.4 — é incorporado à estrutura das coleções do Java como um **método `static Collections binarySearch`**. Esse método localiza um objeto em uma `List` (por exemplo, uma `LinkedList` ou uma `ArrayList`). Se o objeto for encontrado, seu índice é retornado. Se o objeto não for localizado, `binarySearch` retorna um valor negativo. O método `binarySearch` determina esse valor negativo primeiro calculando o ponto de inserção e tornando seu sinal negativo. Então, `binarySearch` subtrai 1 do ponto de inserção para obter o valor de retorno, que garante que o método `binarySearch` retorna números positivos (>= 0) se e somente se o objeto for localizado. Se múltiplos elementos na lista corresponderem à chave de pesquisa, não é garantido que um será localizado primeiro. A Figura 16.12 utiliza o método `binarySearch` para procurar uma série de strings em uma `ArrayList`.

```java
// Figura 16.12: BinarySearchTest.java
// Método binarySearch de Collections.
import java.util.List;
import java.util.Arrays;
import java.util.Collections;
import java.util.ArrayList;

public class BinarySearchTest
{
   public static void main(String[] args)
   {
      // cria um ArrayList <String> a partir do conteúdo do array colors
      String[] colors = {"red", "white", "blue", "black", "yellow",
         "purple", "tan", "pink"};
      List<String> list =
         new ArrayList<>(Arrays.asList(colors));

      Collections.sort(list); // classifica a ArrayList
      System.out.printf("Sorted ArrayList: %s%n", list);

      // pesquisa vários valores na lista
      printSearchResults(list, "black"); // primeiro item
      printSearchResults(list, "red"); // item do meio
      printSearchResults(list, "pink"); // último item
      printSearchResults(list, "aqua"); // abaixo do mais baixo
      printSearchResults(list, "gray"); // não existe
      printSearchResults(list, "teal"); // não existe
   }

   // realiza pesquisa e exibe o resultado
   private static void printSearchResults(
      List<String> list, String key)
   {
      int result = 0;

      System.out.printf("%nSearching for: %s%n", key);
      result = Collections.binarySearch(list, key);

      if (result >= 0)
         System.out.printf("Found at index %d%n", result);
      else
```

continua

continuação

```
42          System.out.printf("Not Found (%d)%n",result);
43       }
44    } // fim da classe BinarySearchTest
```

```
Sorted ArrayList: [black, blue, pink, purple, red, tan, white, yellow]

Searching for: black
Found at index 0

Searching for: red
Found at index 4

Searching for: pink
Found at index 2

Searching for: aqua
Not Found (-1)

Searching for: gray
Not Found (-3)

Searching for: teal
Not Found (-7)
```

Figura 16.12 | Método `Collections binarySearch`.

As linhas 15 e 16 inicializam `list` com um `ArrayList` contendo uma cópia dos elementos no array `colors`. O método `binarySearch` `Collections` espera que os elementos do argumento `List` sejam classificados em ordem *crescente*, assim a linha 18 usa o método `List` `Collections` para classificar a lista. Se os elementos do argumento `List` *não* estiverem classificados, o resultado do uso de `binarySearch` é *indefinido*. A linha 19 gera saída da lista classificada. As linhas 22 a 27 chamam o método `printSearchResults` (linhas 31 a 43) para realizar pesquisas e enviar os resultados para a saída. A linha 37 chama o método `Collections` `binarySearch` para pesquisar a `key` especificada na `list`. O método `binarySearch` aceita uma `List` como o primeiro argumento e um `Object` como o segundo argumento. As linhas 39 a 42 geram saída dos resultados da pesquisa. Uma versão sobrecarregada de `binarySearch` recebe um objeto `Comparator` como seu terceiro argumento, que especifica como `binarySearch` deve comparar a chave de pesquisa com os elementos da `List`.

16.7.5 Métodos `addAll`, `frequency` e `disjoint`

A classe `Collections` também fornece os métodos `addAll`, `frequency` e `disjoint`. O **método `Collections addAll`** aceita dois argumentos — uma `Collection` na qual *inserir* o(s) novo(s) elemento(s) e um array que fornece elementos a serem inseridos. O **método `frequency`** de **`Collections`** aceita dois argumentos — uma `Collection` a ser pesquisada e um `Object` a ser procurado na coleção. O método `frequency` retorna o número de vezes que o segundo argumento aparece na coleção. O **método `Collections disjoint`** aceita duas `Collections` e retorna `true` se elas não tiverem *nenhum elemento em comum*. A Figura 16.13 demonstra o uso de métodos `addAll`, `frequency` e `disjoint`.

```
// Figura 16.13: Algorithms2.java
// Métodos Collections addAll, frequency e disjoint.
import java.util.ArrayList;
import java.util.List;
import java.util.Arrays;
import java.util.Collections;

public class Algorithms2
{
   public static void main(String[] args)
   {
      // inicializa list1 e list2
      String[] colors = {"red", "white", "yellow", "blue"};
      List<String> list1 = Arrays.asList(colors);
      ArrayList<String> list2 = new ArrayList<>();

      list2.add("black"); // adiciona “black” ao final da list2
      list2.add("red"); // adiciona “red” ao final da list2
      list2.add("green"); // adiciona “green” ao final da list2
```

continua

continuação

```
20
21         System.out.print("Before addAll, list2 contains: ");
22
23         // exibe os elementos em list2
24         for (String s : list2)
25            System.out.printf("%s ", s);
26
27         Collections.addAll(list2, colors); // adiciona Strings colors à list2
28
29         System.out.printf("%nAfter addAll, list2 contains: ");
30
31         // exibe os elementos em list2
32         for (String s : list2)
33            System.out.printf("%s ", s);
34
35         // obtém frequência de "red"
36         int frequency = Collections.frequency(list2, "red");
37         System.out.printf(
38            "%nFrequency of red in list2: %d%n", frequency);
39
40         // verifica se list1 e list2 têm elementos em comum
41         boolean disjoint = Collections.disjoint(list1, list2);
42
43         System.out.printf("list1 and list2 %s elements in common%n",
44            (disjoint ? "do not have" : "have"));
45      }
46   } // fim da classe Algorithms2
```

```
Before addAll, list2 contains: black red green
After addAll, list2 contains: black red green red white yellow blue
Frequency of red in list2: 2
list1 and list2 have elements in common
```

Figura 16.13 | Métodos `addAll`, `frequency` e `disjoint` de `Collections`.

A linha 14 inicializa `list1` com elementos no array `colors`, e as linhas 17 a 19 adicionam as `Strings` `"black"`, `"red"` e `"green"` ao `list2`. A linha 27 invoca o método `addAll` para adicionar elementos no array `colors` para `list2`. A linha 36 obtém a frequência da `String` `"red"` em `list2` utilizando o método `frequency`. A linha 41 invoca o método `disjoint` para testar se `list1` e `list2` de `Collections` têm elementos em comum, o que, nesse exemplo, elas apresentam.

16.8 Classe Stack do pacote java.util

Introduzimos o conceito de *pilha* na Seção 6.6 quando discutimos a pilha de chamadas de método. No Capítulo 21, "Estruturas de dados genéricas personalizadas", aprenderemos como construir estruturas de dados, incluindo *listas encadeadas*, *pilhas*, *filas* e *árvores*. Em um mundo de reutilização de software, em vez de construir estruturas de dados à medida que precisamos delas, costumamos tirar proveito das existentes. Nesta seção, investigamos a classe **Stack** do pacote de utilitários Java (`java.util`).

A classe `Stack` estende a classe `Vector` para implementar uma estrutura de dados de pilha. A Figura 16.14 demonstra vários métodos `Stack`. Para obter detalhes da classe `Stack`, visite `http://docs.oracle.com/javase/7/docs/api/java/util/Stack.html`.

```
// Figura 16.14: StackTest.java
// classe Stack do pacote java.util.
import java.util.Stack;
import java.util.EmptyStackException;

public class StackTest
{
   public static void main(String[] args)
   {
      Stack<Number> stack = new Stack<>(); // cria uma Stack

      // utiliza método push
```

continua

continuação

```java
      stack.push(12L); // insere o valor long 12L
      System.out.println("Pushed 12L");
      printStack(stack);
      stack.push(34567); // insere o valor int 34567
      System.out.println("Pushed 34567");
      printStack(stack);
      stack.push(1.0F); // insere o valor float 1.0F
      System.out.println("Pushed 1.0F");
      printStack(stack);
      stack.push(1234.5678); // insere o valor double 1234.5678
      System.out.println("Pushed 1234.5678 ");
      printStack(stack);

      // remove itens de pilha
      try
      {
         Number removedObject = null;

         // remove elementos da pilha
         while (true)
         {
            removedObject = stack.pop(); // utiliza método pop
            System.out.printf("Popped %s%n", removedObject);
            printStack(stack);
         }
      }
      catch (EmptyStackException emptyStackException)
      {
         emptyStackException.printStackTrace();
      }
   }

   // exibe o conteúdo de Stack
   private static void printStack(Stack<Number> stack)
   {
      if (stack.isEmpty())
         System.out.printf("stack is empty%n%n"); // a pilha está vazia
      else // a pilha não está vazia
         System.out.printf("stack contains: %s (top)%n", stack);
   }
} // fim da classe StackTest
```

```
Pushed 12L
stack contains: [12] (top)
Pushed 34567
stack contains: [12, 34567] (top)
Pushed 1.0F
stack contains: [12, 34567, 1.0] (top)
Pushed 1234.5678
stack contains: [12, 34567, 1.0, 1234.5678] (top)
Popped 1234.5678
stack contains: [12, 34567, 1.0] (top)
Popped 1.0
stack contains: [12, 34567] (top)
Popped 34567
stack contains: [12] (top)
Popped 12
stack is empty

java.util.EmptyStackException
        at java.util.Stack.peek(Unknown Source)
        at java.util.Stack.pop(Unknown Source)
        at StackTest.main(StackTest.java:34)
```

Figura 16.14 | Classe `Stack` do pacote `java.util`.

Dica de prevenção de erro 16.1

Como `Stack` *estende* `Vector`*, todos os métodos* `public Vector` *podem ser chamados em objetos* `Stack`*, mesmo se os métodos não representarem operações de pilha convencionais. Por exemplo, o método* `Vector add` *pode ser utilizado para inserir um elemento em qualquer lugar em uma pilha — uma operação que poderia "corromper" a pilha. Ao manipular uma* `Stack`*, somente os métodos* `push` *e* `pop` *devem ser utilizados para adicionar e remover elementos da* `Stack`*, respectivamente. Na Seção 21.5, criaremos uma classe* `Stack` *usando composição, de modo que a* `Stack` *forneça na sua interface* `public` *apenas as capacidades que devem ser autorizadas por uma* `Stack`*.*

A linha 10 cria uma `Stack` vazia de `Numbers`. A classe `Number` (no pacote `java.lang`) é a superclasse das classes empacotadoras de tipos para os tipos numéricos primitivos (por exemplo, `Integer`, `Double`). Criando uma `Stack` de `Numbers`, os objetos de qualquer classe que estende `Number` podem ser colocados na `Stack`. As linhas 13, 16, 19 e 22 chamam o método `Stack` **`push`** para adicionar um objeto `Number` no *topo* da pilha. Observe os literais `12L` (linha 13) e `1.0F` (linha 19). Qualquer literal inteiro que tenha o **sufixo** `L` é um valor `long`. Um literal de inteiro sem sufixo é um valor `int`. De maneira semelhante, qualquer literal de ponto flutuante que tenha o **sufixo** `F` é um valor `float`. Um literal de ponto flutuante sem sufixo é um valor `double`. Você pode aprender mais sobre os literais numéricos em *Java Language Specification* em `http://docs.oracle.com/javase/specs/jls/se7/html/jls-15.html#jls-15.8.1`.

Um loop infinito (linhas 32 a 37) chama o **método `Stack` `pop`** para remover o elemento no *topo* da pilha. O método retorna uma referência `Number` ao elemento removido. Se não houver nenhum elemento na `Stack`, o método `pop` lança uma **`EmptyStackException`**, que termina o loop. A classe `Stack` também declara o **método `peek`**. Esse método retorna o elemento no *topo* da pilha sem *remover* o elemento da pilha.

O método `printStack` (linhas 46 a 52) exibe o conteúdo da pilha. O *topo* atual da pilha (o último valor adicionado à pilha) é o *primeiro* valor impresso. A linha 48 chama o **método `Stack` `isEmpty`** (herdado por `Stack` da classe `Vector`) para determinar se a pilha está vazia. Se ela estiver vazia, o método retorna `true`; caso contrário, `false`.

16.9 Classe `PriorityQueue` e interface `Queue`

Lembre-se de que uma fila é uma coleção que representa uma fila de espera — normalmente, *inserções* são feitas na parte de trás de uma fila e *exclusões* são feitas a partir da frente. Na Seção 21.6, discutiremos e implementaremos uma estrutura de fila de dados. Nesta seção, investigamos a interface **`Queue`** do Java e a classe **`PriorityQueue`** do pacote `java.util`. A interface `Queue` estende a interface `Collection` e fornece operações adicionais para *inserção, remoção* e *inspeção* de elementos em uma fila. `PriorityQueue`, que implementa a interface `Queue`, ordena elementos por sua ordem natural como especificado pelo método `compareTo` dos elementos `Comparable` ou por um objeto `Comparator` que é fornecido pelo construtor.

A classe `PriorityQueue` fornece funcionalidades que permitem *inserções na ordem de classificação* na estrutura de dados subjacente e *exclusões* a partir da *frente* da estrutura de dados subjacente. Ao adicionar elementos a uma `PriorityQueue`, os elementos são inseridos na ordem de prioridade de tal modo que o *elemento de maior prioridade* (isto é, o maior valor) será o primeiro elemento removido da `PriorityQueue`.

As operações `PriorityQueue` comuns são **`offer`**, para *inserir* um elemento na posição apropriada com base na ordem de prioridade, **`poll`** para *remover* o elemento de mais alta prioridade da fila de prioridade (isto é, a cabeça da fila), **`peek`** para obter uma referência ao elemento de mais alta prioridade da fila de prioridade (sem remover esse elemento), **`clear`** para *remover todos os elementos* da fila de prioridade e **`size`**, para obter o número de elementos da fila de prioridade.

A Figura 16.15 demonstra a classe `PriorityQueue`. A linha 10 cria uma `PriorityQueue` que armazena `Doubles` com uma *capacidade inicial* de `11` elementos e os ordena de acordo com a ordem natural do objeto (os padrões para uma `PriorityQueue`). `PriorityQueue` é uma classe genérica. A linha 10 instancia uma `PriorityQueue` com um argumento do tipo `Double`. A classe `PriorityQueue` fornece cinco construtores adicionais. Um desses construtores aceita um `int` e um objeto `Comparator` para criar uma `PriorityQueue` com a *capacidade inicial* especificada pelo `int` e a *ordem* pelo `Comparator`. As linhas 13 a 15 utilizam o método `offer` para adicionar elementos à fila de prioridade. O método `offer` lança uma `NullPointerException` se o programa tentar adicionar um objeto `null` à fila. O loop nas linhas 20 a 24 utiliza o método `size` para determinar se a fila de prioridade está *vazia* (linha 20). Enquanto houver mais elementos, a linha 22 utiliza o método `PriorityQueue` `peek` para recuperar o *elemento de prioridade mais alta* na fila para saída (*sem* realmente removê-lo da fila). A linha 23 remove o elemento de maior prioridade na fila com o método `poll`, que retorna o elemento removido.

```
1  // Figura 16.15: PriorityQueueTest.java
2  // Programa de teste de PriorityQueue.
3  import java.util.PriorityQueue;
4
5  public class PriorityQueueTest
6  {
```

continua

continuação

```
    public static void main(String[] args)
    {
       // fila de capacidade 11
       PriorityQueue<Double> queue = new PriorityQueue<>();

       // insere elementos na fila
       queue.offer(3.2);
       queue.offer(9.8);
       queue.offer(5.4);

       System.out.print("Polling from queue: ");

       // exibe elementos na fila
       while (queue.size() > 0)
       {
          System.out.printf("%.1f ", queue.peek()); // visualiza o elemento superior
          queue.poll(); // remove o elemento superior
       }
    }
 } // fim da classe PriorityQueueTest
```

```
Polling from queue: 3.2 5.4 9.8
```

Figura 16.15 | Programa de teste `PriorityQueue`.

16.10 Conjuntos

Um `Set` é uma `Collection` *não ordenada* de elementos únicos (isto, *sem duplicatas*). A estrutura de coleções contém diversas implementações de `Set`, incluindo **`HashSet`** e **`TreeSet`**. `HashSet` armazena seus elementos em uma *tabela de hash*; e `TreeSet` armazena seus elementos em uma *árvore*. Tabelas de hash são apresentadas na Seção 16.11. Árvores são discutidas na Seção 21.7.

A Figura 16.16 utiliza um `HashSet` para *remover strings duplicadas* de uma `List`. Lembre-se de que tanto `List` como `Collection` são tipos genéricos; assim, a linha 16 cria uma `List` que contém objetos `String` e a linha 20 passa uma `Collection` de `Strings` para o método `printNonDuplicates`. O método `printNonDuplicates` (linhas 24 a 35) recebe um argumento `Collection`. A linha 27 constrói um `HashSet<String>` a partir do argumento `Collection<String>`. Por definição, `Sets` *não* contêm duplicata, então quando o `HashSet` é construído, ele *remove qualquer duplicata* da `Collection`. As linhas 31 e 32 enviam elementos para a saída no `Set`.

```
1  // Figura 16.16: SetTest.java
2  // HashSet utilizado para remover valores duplicados do array de strings.
3  import java.util.List;
4  import java.util.Arrays;
5  import java.util.HashSet;
6  import java.util.Set;
7  import java.util.Collection;
8
9  public class SetTest
10 {
11    public static void main(String[] args)
12    {
13       // cria e exibe uma List<String>
14       String[] colors = {"red", "white", "blue", "green", "gray",
15          "orange", "tan", "white", "cyan", "peach", "gray", "orange"};
16       List<String> list = Arrays.asList(colors);
17       System.out.printf("List: %s%n", list);
18
19       // elimina duplicatas, então imprime os valores únicos
20       printNonDuplicates(list);
21    }
22
23    // cria um Set de uma coleção para eliminar duplicatas
24    private static void printNonDuplicates(Collection<String> values)
25    {
```

continua

continuação

```
      // cria um HashSet
      Set<String> set = new HashSet<>(values);

      System.out.printf("%nNonduplicates are: ");

      for (String value : set)
         System.out.printf("%s ", value);

      System.out.println();
   }
} // fim da classe SetTest
```

```
List: [red, white, blue, green, gray, orange, tan, white, cyan, peach, gray, orange]
Nonduplicates are: orange green white peach gray cyan red blue tan
```

Figura 16.16 | `HashSet` utilizado para remover valores duplicados de um array de strings.

Conjuntos classificados

A estrutura de coleções também inclui a **interface `SortedSet`** (que estende `Set`) para conjuntos que mantêm seus elementos em ordem *classificada* — a *ordem natural dos elementos* (por exemplo, números estão em ordem *crescente*) ou uma ordem especificada por um `Comparator`. A classe `TreeSet` implementa `SortedSet`. O programa na Figura 16.17 coloca `Strings` em uma `TreeSet`. As `Strings` são classificadas à medida que são adicionadas ao `TreeSet`. Esse exemplo também demonstra métodos de *visualização de intervalo*, que permitem que um programa visualize uma parte de uma coleção.

A linha 14 cria uma `TreeSet<String>` que contém os elementos do array `colors`, então atribui a nova `TreeSet<String>` à variável `tree SortedSet<String>`. A linha 17 gera saída do conjunto inicial de strings utilizando o método `printSet` (linhas 33 a 39), que discutiremos em breve. A linha 31 chama o **método `TreeSet headSet`** para obter um subconjunto do `TreeSet` em que cada elemento é menor que `"orange"`. A visualização retornada de `headSet` é então enviada para saída com `printSet`. Se o subconjunto sofrer alguma alteração, o `TreeSet` original *também* será alterado, pois o subconjunto retornado por `headSet` é uma visualização do `TreeSet`.

A linha 25 chama o **método `TreeSet tailSet`** para obter um subconjunto em que cada elemento é maior ou igual a "`orange`" e, então, gera a saída do resultado. Qualquer alteração feita pela visualização `tailSet` ocorre no `TreeSet` original. As linhas 28 e 29 chamam os **métodos `SortedSet first`** e **`last`** para obter os menores e os maiores elementos do conjunto, respectivamente.

O método `printSet` (linhas 33 a 39) aceita um `SortedSet` como um argumento e o imprime. As linhas 35 e 36 imprimem cada elemento do `SortedSet` utilizando a instrução `for` aprimorada.

```
1  // Figura 16.17: SortedSetTest.java
2  // Usando SortedSets e TreeSets.
3  import java.util.Arrays;
4  import java.util.SortedSet;
5  import java.util.TreeSet;
6
7  public class SortedSetTest
8  {
9     public static void main(String[] args)
10    {
11       // cria TreeSet a partir do array colors
12       String[] colors = {"yellow", "green", "black", "tan", "grey",
13          "white", "orange", "red", "green"};
14       SortedSet<String> tree = new TreeSet<>(Arrays.asList(colors));
15
16       System.out.print("sorted set: ");
17       printSet(tree);
18
19       // obtém headSet com base em "orange"
20       System.out.print("headSet (\"orange\"):  ");
21       printSet(tree.headSet("orange"));
22
23       // obtém tailSet baseado em "orange"
24       System.out.print("tailSet (\"orange\"):  ");
25       printSet(tree.tailSet("orange"));
26
```

continua

continuação

```
      // obtém primeiro e último elementos
      System.out.printf("first: %s%n", tree.first());
      System.out.printf("last : %s%n", tree.last());
   }

   // envia SortedSet para a saída usando a instrução for aprimorada
   private static void printSet(SortedSet<String> set)
   {
      for (String s : set)
         System.out.printf("%s ", s);

      System.out.println();
   }
} // fim da classe SortedSetTest
```

```
sorted set: black green grey orange red tan white yellow
headSet ("orange"):black green grey
tailSet ("orange"):orange red tan white yellow
first: black
last : yellow
```

Figura 16.17 | Utilizando `SortedSet`s e `TreeSet`s.

16.11 Mapas

`Maps` associam *chaves* a *valores*. As chaves em um `Map` devem ser *únicas,* mas os valores associados não precisam ser. Se um `Map` contém chaves únicas e valores únicos, diz-se que implementa um **mapeamento de um para um**. Se somente as chaves são únicas, diz-se que o `Map` implementa um **mapeamento de muitos para um** — muitas chaves podem mapear para um valor.

`Maps` diferem de `Sets` pelo fato de que `Maps` contêm chaves e valores, enquanto `Sets` contêm somente valores. Três das várias classes que implementam a interface `Map` são **`Hashtable`**, **`HashMap`** e **`TreeMap`**. `Hashtables` e `HashMaps` armazenam elementos em tabelas de hash e `TreeMaps` armazenam elementos em árvores. Esta seção discute as tabelas de hash e fornece um exemplo que utiliza um `HashMap` para armazenar pares chave–valor. A **interface `SortedMap`** estende `Map` e mantém suas chaves em ordem *classificada* — na ordem *natural* dos elementos ou em uma ordem especificada por uma implementação `Comparator`. A classe `TreeMap` implementa `SortedMap`.

Implementação `Map` com tabelas de hash

Quando um programa cria objetos, ele pode precisar armazenar e recuperá-los de forma eficiente. Armazenar e recuperar informações com arrays é eficiente se algum aspecto de seus dados corresponder diretamente com o valor numérico e se essas *chaves forem únicas* e fortemente empacotadas. Se você tiver 100 funcionários com números de seguro social de nove dígitos e quiser armazenar e recuperar dados dos funcionários usando o número de seguro social como uma chave, a tarefa exigirá um array com mais de 800 milhões elementos, porque os nove dígitos de seguro social devem começar com 001–899 (excluindo 666), de acordo com o site da Social Security Administration.

`http://www.socialsecurity.gov/employer/randomization.html`

Isso é complicado para praticamente todos os aplicativos que utilizam números do seguro social como chaves. Um programa que tivesse um array tão grande assim poderia alcançar alto desempenho tanto para armazenar como para recuperar registros de empregados simplesmente utilizando o número do seguro social como o índice de array.

Diversos aplicativos têm esse problema, ou seja, as chaves são tanto do tipo errado (por exemplo, inteiros não positivos que correspondem a subscritos de array) como chaves do tipo certo, mas estão *escassamente* espalhadas em um *enorme intervalo*. O que é necessário é um esquema de alta velocidade para converter chaves, como números do seguro social, códigos de produtos em estoque e muitos outros em índices de array únicos. Então, quando um aplicativo precisasse armazenar algo, o esquema poderia converter a chave do aplicativo rapidamente em um índice e o registro poderia ser armazenado nessa posição do array. A recuperação é realizada da mesma maneira: uma vez que o aplicativo tem uma chave pela qual ele quer recuperar um registro de dados, o aplicativo simplesmente aplica a conversão à chave — isso produz o índice de array em que os dados são armazenados e recuperados.

O esquema que descrevemos aqui é a base de uma técnica chamada **hashing**. Por que esse nome? Quando convertemos uma chave em um índice de array, literalmente embaralhamos os bits, formando um tipo de número "confusamente misturado," ou hasheado. O número realmente não tem nenhuma importância real além de sua utilidade em armazenar e recuperar um registro de dados particulares.

Um *glitch* (falha, em geral de pequena gravidade) no esquema é chamado de **colisão** — ela ocorre quando duas chaves diferentes produzem hash para a mesma célula (ou elemento) no array. Não podemos armazenar dois valores no mesmo espaço, então precisamos localizar uma posição alternativa para todos os valores depois do primeiro que produz hash para um índice de array particular. Há muitos esquemas para fazer isso. Um é um "novo hash" (isto é, aplicar a transformação de hashing à chave para fornecer uma próxima célula candidata no array). O processo de hashing é projetado para *distribuir* os valores por toda a tabela; desse modo, a suposição é de que uma célula disponível será localizada com apenas alguns hashes.

Outro esquema utiliza um hash para localizar a primeira célula candidata. Se essa célula estiver ocupada, sucessivas células são pesquisadas em ordem até que uma célula disponível seja localizada. A recuperação funciona da mesma maneira: a chave sofre hash uma vez para determinar a localização inicial e verificar se ela contém os dados desejados. Se ela contiver, a pesquisa é concluída. Se não contiver, células sucessivas são pesquisadas linearmente até que os dados desejados sejam localizados.

A solução mais popular para colisões de tabela de hash é fazer cada célula da tabela ser um "bucket" de hash, em geral uma lista vinculada de todos os pares chave–valor que sofrem hash para essa célula. Essa é a solução que as classes `Hashtable` e `HashMap` do Java (do pacote `java.util`) implementam. `Hashtable` e `HashMap` implementam a interface `Map`. As principais diferenças entre eles são que `HashMap` é *não sincronizado* (múltiplas threads não devem modificar um `HashMap` concorrentemente) e permite chaves `null` e valores `null`.

O **fator de carga** de uma tabela de hash afeta o desempenho de esquemas de hashing. O fator de carga é a relação do número de células ocupadas na tabela de hash com o número total de células na tabela de hash. Quanto mais a proporção se aproxima de 1,0, maior a chance de colisões.

Dica de desempenho 16.2

O fator de carga em uma tabela de hash é um exemplo clássico de uma troca entre espaço de memória e tempo de execução: aumentando o fator de carga, melhoramos a utilização da memória, mas o programa executa mais lentamente por conta do aumento das colisões de hashing. Diminuindo o fator de carga, melhoramos a velocidade do programa, por causa da redução das colisões de hashing, mas fazemos uma fraca utilização da memória porque uma parte maior da tabela de hash permanece vazia.

Os alunos de ciência da computação estudam esquemas de hashing em cursos chamados "Estruturas de dados" e "Algoritmos". As classes `Hashtable` e `HashMap` permitem usar hashes sem ter de implementar mecanismos de tabela de hash — um exemplo clássico da reutilização. Esse conceito é extremamente importante em nosso estudo de programação orientada a objetos. Como discutido nos capítulos anteriores, as classes encapsulam e ocultam a complexidade (isto é, detalhes de implementação) e oferecem interfaces amigáveis ao usuário. Criar adequadamente as classes para exibir esse comportamento é uma das habilidades mais estimadas no campo da programação orientada a objetos. A Figura 16.18 utiliza um `HashMap` para contar o número de ocorrências de cada palavra em uma string.

```
// Figura 16.18: WordTypeCount.java
// O programa conta o número de ocorrências de cada palavra em uma String
import java.util.Map;
import java.util.HashMap;
import java.util.Set;
import java.util.TreeSet;
import java.util.Scanner;

public class WordTypeCount
{
   public static void main(String[] args)
   {
      // cria HashMap para armazenar chaves de Strings e valores Integer
      Map<String, Integer> myMap = new HashMap<>();

      createMap(myMap); // cria mapa com base na entrada do usuário
      displayMap(myMap); // exibe o conteúdo do mapa
   }

   // cria mapa de entrada de usuário
   private static void createMap(Map<String, Integer> map)
   {
      Scanner scanner = new Scanner(System.in); // cria o scanner
      System.out.println("Enter a string:"); // solicita a entrada do usuário
      String input = scanner.nextLine();

      // tokeniza a entrada
      String[] tokens = input.split(" ");

```

continua

continuação

```
30         // processamento de texto de entrada
31         for (String token : tokens)
32         {
33            String word = token.toLowerCase(); // obtém a palavra em letras minúsculas
34
35            // se o mapa contiver a palavra
36            if (map.containsKey(word)) // a palavra está no mapa
37            {
38               int count = map.get(word); // obtém a contagem atual
39               map.put(word, count + 1); // incrementa a contagem
40            }
41            else
42               map.put(word, 1); // adiciona nova palavra com uma contagem de 1 para mapa
43         }
44      }
45
46      // exibe conteúdo do mapa
47      private static void displayMap(Map<String, Integer> map)
48      {
49         Set<String> keys = map.keySet(); // obtém chaves
50
51         // classifica as chaves
52         TreeSet<String> sortedKeys = new TreeSet<>(keys);
53
54         System.out.printf("%nMap contains:%nKey\t\tValue%n");
55
56         // gera saída de cada chave no mapa
57         for (String key : sortedKeys)
58            System.out.printf("%-10s%10s%n", key, map.get(key));
59
60         System.out.printf(
61            "%nsize: %d%nisEmpty: %b%n", map.size(),map.isEmpty());
62      }
63   } // fim da classe WordTypeCount
```

```
Enter a string:
this is a sample sentence with several words this is another sample
sentence with several different words

Map contains:
Key            Value
a                  1
another            1
different          1
is                 2
sample             2
sentence           2
several            2
this               2
with               2
words              2

size: 10
isEmpty: false
```

Figura 16.18 | O programa conta o número de ocorrências de cada palavra em uma `String`.

A linha 14 cria um `HashMap` vazio com uma *capacidade inicial padrão* (16 elementos) e um fator de carga padrão (0,75) — esses padrões são criados na implementação de `HashMap`. Quando o número de slots ocupados no `HashMap` torna-se maior do que a capacidade multiplicada pelo fator de carga, a capacidade é dobrada automaticamente. `HashMap` é uma classe genérica que recebe dois argumentos de tipo — o tipo da chave (isto é, `String`) e o tipo do valor (isto é, `Integer`). Lembre-se de que os argumentos de tipo passados para uma classe genérica devem ser tipos por referência, daí o segundo argumento de tipo ser `Integer`, não `int`.

A linha 16 chama o método `createMap` (linhas 21 a 44), que utiliza um `Map` para armazenar o número de ocorrências de cada palavra na frase. A linha 25 obtém a entrada do usuário, e a linha 28 a tokeniza. As linhas 31 a 43 convertem o próximo token em letras minúsculas (linha 33), então chamam o método **`Map containsKey`** (linha 36) para determinar se a palavra está no mapa (e, portanto, ocorreu anteriormente na string). Se o `Map` *não* contiver a palavra, a linha 42 usa o **método `Map`** para criar uma nova entrada, com a palavra como a chave e um objeto `Integer` contendo `1` como o valor. O autoboxing ocorre quando o programa passa o inteiro `1` para o método `put`, porque o mapa armazena o número de ocorrências como um `Integer`. Se a palavra existir no mapa, a linha 38 utiliza o **método `Map get`** para obter o valor associado (a contagem) da chave no mapa. A linha 39 incrementa esse valor e utiliza `put` para substituir o valor associado da chave. O método `put` retorna o valor anterior associado da chave, ou `null` se a chave não estiver no mapa.

Dica de prevenção de erro 16.2

Sempre use chaves imutáveis com um `Map`. A chave determina onde o valor correspondente é colocado. Se a chave foi alterada desde a operação de inserção, quando você posteriormente tentar recuperar esse valor, talvez ele não seja encontrado. Nos exemplos deste capítulo, usamos `String`s como chaves, e `String`s são imutáveis.

O método `displayMap` (linhas 47 a 62) exibe todas as entradas no mapa. Ele utiliza o **método `HashMap keySet`** (linha 49) para obter um conjunto das chaves. As chaves têm o tipo `String` no `map`, então o método `keySet` retorna um tipo genérico `Set` com o parâmetro de tipo especificado para ser `String`. A linha 52 cria um `TreeSet` das chaves, em que as chaves são classificadas. O loop nas linhas 57 e 58 acessa cada chave e seu valor no mapa. A linha 58 exibe cada chave e seu valor utilizando o especificador de formato `%-10s` para *alinhar à esquerda* cada chave e formatar o especificador `%10s` para *alinhar à direita* de cada valor. As chaves são exibidas em ordem *crescente*. A linha 61 chama o **método `Map size`** para obter o número de pares chave–valor no `Map`. A linha 61 também chama o **método `Map isEmpty`**, que retorna um `boolean` que indica se o `Map` está vazio.

16.12 Classe `Properties`

Um objeto **`Properties`** é uma `Hashtable` *persistente* que normalmente armazena *pares chave–valor* de strings — supondo que você utiliza os métodos **`setProperty`** e **`getProperty`** para manipular a tabela em vez dos métodos `String Hashtable` e `put` herdados. Por "persistente", queremos dizer que o objeto `Properties` pode ser gravado em um fluxo de saída (possivelmente um arquivo) e lido de volta por um fluxo de entrada (input stream). Um uso comum dos objetos `Properties` nas versões anteriores do Java era manter os dados de configuração de aplicativos ou as preferências de usuário para aplicativos. [*Observação:* o propósito da **Preferences API** (pacote **`java.util.prefs`**) é substituir esse uso particular da classe `Properties`, mas isso está além do escopo deste livro. Para aprender mais, visite `http://bit.ly/JavaPreferences`.] A classe `Properties` estende a classe `Hashtable<Object, Object>`. A Figura 16.19 demonstra vários métodos da classe `Properties`.

A linha 13 cria uma `Properties table` vazia sem propriedades padrão. A classe `Properties` também fornece um construtor sobrecarregado que recebe uma referência a um objeto `Properties` que contém os valores de propriedade padrão. As linhas 16 e 17 chamam o método `Properties setProperty` para armazenar um valor para a chave especificada. Se a chave não existir em `table`, `setProperty` retorna `null`; caso contrário, ela retorna o valor anterior dessa chave.

```
1  // Figura 16.19: PropertiesTest.java
2  // Demonstra classe Properties do pacote java.util.
3  import java.io.FileOutputStream;
4  import java.io.FileInputStream;
5  import java.io.IOException;
6  import java.util.Properties;
7  import java.util.Set;
8
9  public class PropertiesTest
10 {
11    public static void main(String[] args)
12    {
13       Properties table = new Properties();
14
15       // configura propriedades
16       table.setProperty("color", "blue");
17       table.setProperty("width", "200");
18
19       System.out.println("After setting properties");
20       listProperties(table);
21
22       // substitui o valor de propriedade
23       table.setProperty("color", "red");
24
25       System.out.println("After replacing properties");
26       listProperties(table);
```

continua

continuação

```java

      saveProperties(table);

      table.clear(); // tabela vazia

      System.out.println("After clearing properties");
      listProperties(table);

      loadProperties(table);

      // obtém valor de cor da propriedade
      Object value = table.getProperty("color");

      // verifica se o valor está na tabela
      if (value != null)
         System.out.printf("Property color's value is %s%n", value);
      else
         System.out.println("Property color is not in table");
   }

   // salva as propriedades em um arquivo
   private static void saveProperties(Properties props)
   {
      // salva o conteúdo de tabela
      try
      {
         FileOutputStream output = new FileOutputStream("props.dat");
         props.store(output, "Sample Properties"); // salva as propriedades
         output.close();
         System.out.println("After saving properties");
         listProperties(props);
      }
      catch (IOException ioException)
      {
         ioException.printStackTrace();
      }
   }

   // carrega as propriedades de um arquivo
   private static void loadProperties(Properties props)
   {
      // carrega o conteúdo de tabela
      try
      {
         FileInputStream input = new FileInputStream("props.dat");
         props.load(input); // carrega propriedades
         input.close();
         System.out.println("After loading properties");
         listProperties(props);
      }
      catch (IOException ioException)
      {
         ioException.printStackTrace();
      }
   }

   // gera saída de valores de propriedade
   private static void listProperties(Properties props)
   {
      Set<Object> keys = props.keySet(); // obtém nomes de propriedade

      // gera saída de pares nome/valor
      for (Object key : keys)
         System.out.printf(
            "%s\t%s%n", key, props.getProperty((String) key));

      System.out.println();
   }
} // fim da classe PropertiesTest
```

continua

continuação

```
After setting properties
color     blue
width     200

After replacing properties
color     red
width     200

After saving properties
color     red
width     200

After clearing properties

After loading properties
color     red
width     200

Property color's value is red
```

Figura 16.19 | A classe `Properties` do pacote `java.util`.

A linha 38 chama o método `Properties` `getProperty` para localizar o valor associado com a chave especificada. Se a chave *não* for localizada nesse objeto `Properties`, `getProperty` retorna `null`. Uma versão sobrecarregada desse método recebe um segundo argumento que especifica o valor padrão a retornar se `getProperty` não puder localizar a chave.

A linha 54 chama o **método `Properties` `store`** para salvar o conteúdo do objeto `Properties` para o `OutputStream` especificado como o primeiro argumento (nesse caso, um `FileOutputStream`). O segundo argumento, uma `String`, é uma descrição escrita no arquivo. O **método `Properties` `list`**, que recebe um argumento `PrintStream`, é útil para exibir a lista das propriedades.

A linha 72 chama o **método `Properties` `load`** para restaurar o conteúdo do objeto `Properties` do `InputStream` especificado como o primeiro argumento (nesse caso, um `FileInputStream`). A linha 86 chama o método `Properties` `keySet` para obter um `Set` dos nomes da propriedade. Como a classe `Properties` armazena o conteúdo como `Objects`, um `Set` de referências `Object` é retornado. A linha 91 obtém o valor de uma propriedade passando uma chave para o método `getProperty`.

16.13 Coleções sincronizadas

No Capítulo 23, discutimos *multithreading*. Exceto para `Vector` e `Hashtable`, as coleções na estrutura das coleções são *dessincronizadas* por padrão, assim elas podem funcionar eficientemente quando *multithreading* não for necessário. Mas como elas são *dessincronizadas,* o acesso concorrente a uma `Collection` por múltiplas threads pode provocar resultados indeterminados ou erros fatais — como demonstrado no Capítulo 23. Para evitar potenciais problemas de threading, **empacotadores de sincronização** são usados para as coleções que podem ser acessadas por múltiplas threads. Um objeto **empacotador** (wrapper) recebe chamadas de método, adiciona sincronização de thread (para evitar acesso simultâneo à coleção) e *delega* as chamadas para o objeto de coleção empacotado. A API `Collections` fornece um conjunto de métodos `static` para empacotar coleções como versões sincronizadas. Os cabeçalhos de método para os empacotadores de sincronização estão listados na Figura 16.20. Os detalhes desses métodos estão disponíveis em `http://docs.oracle.com/javase/7/docs/api/java/util/Collections.html`. Todos esses métodos aceitam um tipo genérico e retornam uma *visualização sincronizada* do tipo genérico. Por exemplo, o seguinte código cria uma `List` sincronizada (`list2`) que armazena objetos `String`:

```
List<String> list1 = new ArrayList<>();
List<String> list2 = Collections.synchronizedList(list1);
```

Cabeçalhos do método `public static`
`<T> Collection<T> synchronizedCollection(Collection<T> c)`
`<T> List<T> synchronizedList(List<T> aList)`
`<T> Set<T> synchronizedSet(Set<T> s)`
`<T> SortedSet<T> synchronizedSortedSet(SortedSet<T> s)`
`<K, V> Map<K, V> synchronizedMap(Map<K, V> m)`
`<K, V> SortedMap<K, V> synchronizedSortedMap(SortedMap<K, V> m)`

Figura 16.20 | Métodos empacotadores de sincronização.

16.14 Coleções não modificáveis

A classe `Collections` fornece um conjunto de métodos `static` que criam **empacotadores não modificáveis** para coleções. Empacotadores não modificáveis lançam `UnsupportedOperationExceptions` se forem feitas tentativas de modificar a coleção. Em uma coleção não modificável, as referências armazenadas na coleção não são modificáveis, mas os objetos que elas referenciam *são modificáveis,* a menos que pertençam a uma classe imutável como `String`. Os cabeçalhos para esses métodos estão listados na Figura 16.21. Os detalhes desses métodos estão disponíveis em `http://docs.oracle.com/javase/7/docs/api/java/util/Collections.html`. Todos esses métodos aceitam um tipo genérico e retornam uma visualização não modificável do tipo genérico. Por exemplo, o seguinte código cria uma `List` (`list2`) não modificável que armazena objetos `String`:

```
List<String> list1 = new ArrayList<>();
List<String> list2 = Collections.unmodifiableList(list1);
```

Observação de engenharia de software 16.6

Você pode utilizar um empacotador não modificável para criar uma coleção que oferece acesso de leitura às outras pessoas enquanto permite o acesso de leitura e gravação a si mesmo. Isso é feito simplesmente dando às outras pessoas uma referência ao empacotador não modificável, ao mesmo tempo em que retém para você uma referência à coleção original.

Cabeçalhos do método `public static`
`<T> Collection<T> unmodifiableCollection(Collection<T> c)`
`<T> List<T> unmodifiableList(List<T> aList)`
`<T> Set<T> unmodifiableSet(Set<T> s)`
`<T> SortedSet<T> unmodifiableSortedSet(SortedSet<T> s)`
`<K, V> Map<K, V> unmodifiableMap(Map<K, V> m)`
`<K, V> SortedMap<K, V> unmodifiableSortedMap(SortedMap<K, V> m)`

Figura 16.21 | Métodos empacotadores não modificáveis.

16.15 Implementações abstratas

A estrutura de coleções fornece várias implementações abstratas de interfaces `Collection` a partir das quais você pode implementar rapidamente aplicativos personalizados completos. Essas implementações abstratas incluem uma implementação magra de `Collection` chamada **`AbstractCollection`**, uma implementação de `List` que permite *acesso do tipo array* a seus elementos chamada **`AbstractList`**, uma implementação de `Map` chamada **`AbstractMap`**, uma implementação de `List` que permite *acesso sequencial* a seus elementos chamada **`AbstractSequentialList`**, uma implementação de `Set` chamada **`AbstractSet`** e uma implementação de `Queue` chamada **`AbstractQueue`**. Você pode aprender mais sobre essas classes em `http://docs.oracle.com/javase/7/docs/api/java/util/package-summary.html`. Para escrever uma implementação *personalizada,* estenda a implementação abstrata que melhor atender suas necessidades, implemente cada um dos métodos `abstract` da classe e sobrescreva os métodos concretos da classe conforme necessário.

16.16 Conclusão

Este capítulo introduziu a estrutura de coleções do Java. Você aprendeu a hierarquia de coleção e a maneira de utilizar as interfaces de estrutura de coleções para programar com coleções polimorficamente. Você usou as classes `ArrayList` e `LinkedList` que implementam a interface `List`. Apresentamos as interfaces e classes embutidas do Java para manipular pilhas e filas. Você usou vários métodos predefinidos para manipular coleções. Você aprendeu a usar a interface `Set` e a classe `HashSet` para manipular uma coleção não ordenada de valores únicos. Continuamos nossa apresentação dos sets com a interface `SortedSet` e a classe `TreeSet` para manipular uma coleção classificada de valores únicos. Então, aprendeu sobre as interfaces e classes do Java para manipular pares de valor/chave — `Map`, `SortedMap`, `Hashtable`, `HashMap` e `TreeMap`. Discutimos a classe `Properties` especializada para manipular pares chave–valor das `Strings` que podem ser armazenadas e recuperadas de um arquivo. Por fim, discutimos os métodos `static` da classe `Collections` para obter visualizações não modificáveis e sincronizadas das coleções. Para obter informações adicionais sobre a estrutura das coleções, visite `http://docs.oracle.com/javase/7/docs/technotes/guides/collections`. No Capítulo 17, "Lambdas e fluxos Java SE 8", você usará as novas capacidades da programação funcional do Java SE 8 para simplificar as operações das coleções. No Capítulo 23, "Concorrência", veremos como melhorar o desempenho de sistemas multiprocessados usando operações de coleções concorrentes e fluxo paralelo.

Resumo

Seção 16.1 Introdução

- A estrutura das coleções do Java fornece métodos e estruturas de dados predefinidos para manipulá-las.

Seção 16.2 Visão geral das coleções

- Uma coleção é um objeto que pode armazenar referências a outros objetos.
- As classes e interfaces da estrutura de coleções estão no pacote `java.util`.

Seção 16.3 Classes empacotadoras de tipo

- As classes empacotadoras de tipo (por exemplo, `Integer`, `Double`, `Boolean`) permitem aos programadores manipular valores de tipo primitivo como objetos. Objetos dessas classes podem ser usados em coleções.

Seção 16.4 Autoboxing e auto-unboxing

- O *boxing* converte um valor primitivo em um objeto da classe empacotadora de tipo correspondente. O *unboxing* converte um objeto empacotador de tipo no valor primitivo correspondente.
- O Java executa automaticamente conversões *boxing* e *unboxing*.

Seção 16.5 Interface `Collection` e classe `Collections`

- As interfaces `Set` e `List` estendem `Collection`, que contém operações para adicionar, limpar, comparar e reter objetos em uma coleção, e o método `iterator` para obter o `Iterator` de uma coleção.
- A classe `Collections` fornece os métodos `static` para manipular coleções.

Seção 16.6 Listas

- Uma `List` é uma `Collection` ordenada que pode conter elementos duplicados.
- A interface `List` é implementada por classes `ArrayList`, `LinkedList` e `Vector`. `ArrayList` é uma implementação de array redimensionável. `LinkedList` é uma implementação linkedlist de uma `List`.
- O Java SE 7 suporta a inferência de tipo com a notação <> nas instruções que declaram e criam variáveis de tipo e objetos genéricos.
- O método `Iterator hasNext` determina se uma `Collection` contém outro elemento. O método `next` retorna uma referência ao próximo objeto na `Collection` e avança o `Iterator`.
- O método `subList` retorna uma visualização em uma `List`. Qualquer alteração feita nessa visualização também ocorrerá na `List`.
- O método `clear` remove elementos de uma `List`.
- O método `toArray` retorna o conteúdo de uma coleção como um array.

Seção 16.7 Métodos de coleções

- Os algoritmos `sort`, `binarySearch`, `reverse`, `shuffle`, `fill`, `copy`, `addAll`, `frequency` e `disjoint` operam em `Lists`. Os algoritmos `min` e `max` operam em `Collections`.
- O algoritmo `addAll` acrescenta todos os elementos de um array a uma coleção, `frequency` calcula quantos elementos da coleção são iguais ao elemento especificado e `disjoint` determina se as duas coleções têm elementos em comum.
- Os algoritmos `min` e `max` localizam os menores e maiores itens em uma coleção.
- A interface `Comparator` fornece um meio de classificar elementos de uma `Collection` em uma ordem diferente de sua ordem natural.
- O método `Collections reverseOrder` retorna um objeto `Comparator` que pode ser utilizado com `sort` para classificar elementos de uma coleção na ordem inversa.
- O algoritmo `shuffle` ordena aleatoriamente os elementos de uma `List`.
- O algoritmo `binarySearch` localiza um `Object` em uma `List` classificada.

Seção 16.8 Classe `Stack` do pacote `java.util`

- A classe `Stack` estende o método `Vector.` `Stack push` adiciona seu argumento ao topo da pilha. O método `pop` remove o elemento do topo da pilha. O método `peek` retorna uma referência ao elemento no topo da pilha sem removê-lo. O método `Stack isEmpty` determina se a pilha está vazia.

Seção 16.9 Classe `PriorityQueue` e interface `Queue`

- A interface `Queue` estende a interface `Collection` e fornece operações adicionais para inserir, remover e inspecionar elementos em uma fila.
- `PriorityQueue` implementa a interface `Queue` e ordena os elementos de acordo com sua ordem natural ou de acordo com um objeto `Comparator` que é fornecido para o construtor.

- O método PriorityQueue offer insere um elemento no local apropriado com base na ordem de prioridade. O método poll remove o elemento com a maior prioridade da fila de prioridades. O método peek (peek) obtém uma referência ao elemento de maior prioridade da fila de prioridades. O método clear remove todos os elementos na fila de prioridades. O método size obtém o número de elementos na fila de prioridades.

Seção 16.10 Conjuntos

- Um Set é uma Collection não ordenada que não contém elementos duplicados. HashSet armazena seus elementos em uma tabela de hash. TreeSet armazena seus elementos em uma árvore.
- A interface SortedSet estende Set e representa um conjunto que mantém seus elementos na ordem de classificação. A classe TreeSet implementa SortedSet.
- O método TreeSet headSet obtém uma visualização TreeSet contendo os elementos que são menores que um elemento especificado. O método tailSet obtém uma visualização TreeSet contendo os elementos que são maiores ou iguais a um elemento especificado. Quaisquer alterações feitas nessas visualizações serão feitas no TreeSet original.

Seção 16.11 Mapas

- Maps armazenam pares de chave–valor e não podem conter chaves duplicadas. HashMaps e Hashtables armazenam elementos em uma tabela de hash, e TreeMaps armazenam elementos em uma árvore.
- HashMap recebe dois argumentos — o tipo da chave e o tipo do valor.
- O método HashMap put adiciona um par chave–valor a um HashMap. O método get localiza o valor associado com a chave especificada. O método isEmpty determina se o mapa está vazio.
- O método HashMap keySet retorna um conjunto de chaves. O método Map size retorna o número de pares chave–valor no Map.
- A interface SortedMap estende Map e representa um mapa que mantém suas chaves em ordem de classificação. A classe TreeMap implementa SortedMap.

Seção 16.12 Classe Properties

- Um objeto Properties é uma subclasse persistente de Hashtable.
- O construtor sem argumentos Properties cria uma tabela Properties vazia. Um construtor sobrecarregado recebe um objeto Properties contendo valores de propriedade padrão.
- O método Properties setProperty especifica o valor associado com seu argumento-chave. O método getProperty localiza o valor da chave especificada como um argumento. O método store salva o conteúdo de um objeto Properties no OutputStream especificado. O método load restaura o conteúdo de um objeto Properties a partir do InputStream especificado.

Seção 16.13 Coleções sincronizadas

- As coleções da estrutura de coleções são não sincronizadas. Os empacotadores de sincronização são oferecidos para coleções que podem ser acessadas por múltiplas threads simultaneamente.

Seção 16.14 Coleções não modificáveis

- Empacotadores de coleção não modificável lançam UnsupportedOperationExceptions se forem feitas tentativas para modificar a coleção.

Seção 16.15 Implementações abstratas

- A estrutura de coleções fornece várias implementações abstratas de interfaces de coleção a partir das quais você pode concretizar rapidamente implementações personalizadas completas.

Exercícios de revisão

16.1 Preencha as lacunas em cada uma das seguintes afirmações:

a) Um(a) ________ é utilizado(a) para iterar por uma coleção e pode remover elementos da coleção durante a iteração.

b) Um elemento em uma List pode ser acessado utilizando o(a) ________ do elemento.

c) Supondo que myArray contém referências aos objetos Double, ________ ocorre quando a instrução "myArray[0] = 1.25;" executa.

d) As classes Java ________ e ________ fornecem as capacidades de estruturas de dados no estilo array que podem redimensionar a si mesmas dinamicamente.

e) Se você não especificar um incremento de capacidade, o sistema irá ________ o tamanho do Vector toda vez que a capacidade adicional for necessária.

f) Você pode utilizar um(a) ________ para criar uma coleção que oferece acesso de leitura para outras pessoas ao mesmo tempo em que permite que você tenha acesso de gravação e leitura.

g) Supondo que `myArray` contém referências aos objetos `Double`, ________ ocorre quando a instrução "`double number = myArray[0];`" executa.

h) O algoritmo `Collections` ________ determina se duas coleções têm elementos em comum.

16.2 Determine se cada sentença é *verdadeira* ou *falsa*. Se *falsa*, explique por quê.

a) Os valores de tipos primitivos podem ser armazenados diretamente em uma coleção.

b) Uma `Set` pode conter valores duplicados.

c) Um `Map` pode conter chaves duplicadas.

d) Uma `LinkedList` pode conter valores duplicados.

e) `Collections` é uma `interface`.

f) `Iterators` podem remover elementos.

g) Com hashing, enquanto o fator de carga aumenta, a chance de colisões diminui.

h) Uma `PriorityQueue` permite elementos `null`.

Respostas dos exercícios de revisão

16.1 a) `Iterator`. b) índice. c) autoboxing. d) `ArrayList`, `Vector`. e) dobrar. f) empacotador não modificável. g) auto-unboxing. h) `disjoint`.

16.2 a) Falso. O autoboxing ocorre ao adicionar um tipo primitivo a uma coleção, o que significa que o tipo primitivo é convertido em sua classe empacotadora de tipo correspondente.

b) Falso. Um `Set` não pode conter valores duplicados.

c) Falso. Um `Map` não pode conter chaves duplicadas.

d) Verdadeiro.

e) Falso. `Collections` é uma `class`; e `Collection` é uma `interface`.

f) Verdadeiro.

g) Falso. À medida que o fator de carga aumenta, menos slots estão disponíveis em relação ao número total de slots, assim a probabilidade de uma colisão aumenta.

h) Falso. A tentativa de inserir um elemento `null` causa uma `NullPointerException`.

Questões

16.3 Defina cada um dos seguintes termos:

a) `Collection`

b) `Collections`

c) `Comparator`

d) `List`

e) fator de carga

f) colisão

g) relação de troca espaço/tempo em hashing

h) `HashMap`

16.4 Explique brevemente a operação de cada um dos seguintes métodos da classe `Vector`:

a) `add`

b) `set`

c) `remove`

d) `removeAllElements`

e) `removeElementAt`

f) `firstElement`

g) `lastElement`

h) `contains`

i) `indexOf`

j) `size`

k) `capacity`

16.5 Explique por que inserir elementos adicionais em um objeto `Vector` cujo tamanho atual é menor que sua capacidade é uma operação relativamente rápida e por que inserir elementos adicionais em um objeto `Vector` cujo tamanho atual está dentro da capacidade é uma operação relativamente lenta.

16.6 Estendendo a classe `Vector`, os projetistas do Java foram capazes de criar a classe `Stack` rapidamente. Quais são os aspectos negativos dessa utilização de herança, particularmente para a classe `Stack`?

16.7 Responda resumidamente às seguintes perguntas:

a) Qual é a principal diferença entre um `Set` e um `Map`?

b) O que acontece quando você adiciona um valor de tipo primitivo (por exemplo, `double`) a uma coleção?

c) Você pode imprimir todos os elementos em uma coleção sem utilizar um `Iterator`? Se puder, como você os imprime?

16.8 Explique a principal operação de cada um dos seguintes métodos relacionados com `Iterator`:

a) `iterator`

b) `hasNext`

c) `next`

16.9 Explique brevemente a operação de cada um dos seguintes métodos da classe `HashMap`:

a) `put`

b) `get`

c) `isEmpty`

d) `containsKey`

e) `keySet`

16.10 Determine se cada uma das sentenças é *verdadeira* ou *falsa*. Se *falsa*, explique por quê.

a) Os elementos em uma `Collection` devem ser classificados em ordem crescente antes que uma `binarySearch` possa ser realizada.

b) O método `first` obtém o primeiro elemento em uma `TreeSet`.

c) Uma `List` criada com o método `Arrays asList` é redimensionável.

16.11 Explique a operação de cada um dos seguintes métodos da classe `Properties`:

a) `load`

b) `store`

c) `getProperty`

d) `list`

16.12 Reescreva as linhas 16 a 25 na Figura 16.3 para que sejam mais concisas utilizando o método `asList` e o construtor `LinkedList`, que aceita um argumento `Collection`.

16.13 ***(Eliminação de duplicatas)*** Escreva um programa que lê em uma série nomes e elimina duplicatas armazenando-os em um `Set`. Permita que o usuário procure um primeiro nome.

16.14 ***(Contando letras)*** Modifique o programa da Figura 16.18 para contar o número de ocorrências de cada letra em vez do número de cada palavra. Por exemplo, a string `"HELLO THERE"` contém dois `H`s, três `E`s, dois `L`s, um `O`, um `T` e um `R`. Exiba os resultados.

16.15 ***(Seletor de cor)*** Utilize uma `HashMap` para criar uma classe reutilizável a fim de escolher uma das 13 cores predefinidas na classe `Color`. Os nomes das cores devem ser utilizados como chaves; e os objetos `Color` predefinidos devem ser utilizados como valores. Coloque essa classe em um pacote que pode ser importado em qualquer programa Java. Utilize sua nova classe em um aplicativo que permite ao usuário selecionar uma cor e desenhar uma forma nessa cor.

16.16 ***(Contando palavras duplicadas)*** Escreva um programa que determina e imprime o número de palavras duplicadas em uma frase. Trate da mesma maneira letras minúsculas e maiúsculas. Ignore a pontuação.

16.17 ***(Inserção de elementos de uma `LinkedList` em uma ordem classificada)*** Escreva um programa que insere 25 inteiros aleatórios de 0 a 100 em ordem em um objeto `LinkedList`. O programa deve classificar os elementos e, então, calcular a soma dos elementos e a média de ponto flutuante deles.

16.18 ***(Copiando e invertendo `LinkedList`)*** Escreva um programa que cria um objeto `LinkedList` de 10 caracteres e, então, cria um segundo objeto `LinkedList` contendo uma cópia da primeira lista, mas na ordem inversa.

16.19 ***(Números primos e fatores primos)*** Escreva um programa que recebe um número inteiro de entrada de um usuário e determina se ele é primo. Se o número não for primo, exiba seus fatores primos únicos. Lembre-se de que os fatores de um número primo são somente 1 e o próprio número primo. Cada número que não é primo tem uma fatoração em primos única. Por exemplo, considere o número 54. Os fatores primos de 54 são 2, 3, 3 e 3. Quando os valores são multiplicados, o resultado é 54. Para o número 54, a saída dos fatores primos deve ser 2 e 3. Utilize `Sets` como parte de sua solução.

16.20 ***(Classificando palavras com um `TreeSet`)*** Escreva um programa que utiliza um método `String split` para tokenizar uma linha de entrada de texto fornecida pelo usuário e coloca cada token em um `TreeSet`. Imprima os elementos do `TreeSet`. [*Observação:* isso deve fazer com que os elementos sejam impressos na ordem de classificação ascendente.]

16.21 ***(Alterando a ordem de classificação de uma `PriorityQueue`)*** A saída da Figura 16.15 mostra que `PriorityQueue` ordena os elementos `Double` em ordem crescente. Reescreva a Figura 16.15 de modo que ela ordene os elementos `Double` em ordem decrescente (isto é, `9.8` deve ser o elemento de maior prioridade em vez de `3.2`).

Lambdas e fluxos Java SE 8

17

Ah, eu poderia fluir como ti,
e tornar teu rio
Meu grande exemplo,
pois ele é meu tema!
— Sir John Denham

Objetivos

Neste capítulo, você irá:

- Aprender o que é programação funcional e como ela complementa a programação orientada a objetos.
- Usar programação funcional para simplificar tarefas de programação que você realizou com outras técnicas.
- Escrever expressões lambda que implementam as interfaces funcionais.
- Saber o que são fluxos e como pipelines de fluxo são formadas a partir de fontes de fluxo, operações intermediárias e operações terminais.
- Realizar operações sobre `IntStreams`, incluindo `forEach`, `count`, `min`, `max`, `sum`, `average`, `reduce`,`filter` e `sorted`.
- Realizar operações em `Streams`, incluindo `filter`, `map`, `sorted`, `collect`,`forEach`, `findFirst`,`distinct`, `mapToDouble` e `reduce`.
- Criar fluxos representando intervalos de valores `int` e valores `int` aleatórios.

Sumário

17.1 Introdução

A maneira como você pensa sobre a programação Java está prestes a mudar profundamente. Antes do Java SE 8, o Java suportava três paradigmas de programação — *programação procedural*, *programação orientada a objetos* e *programação genérica*. O Java SE 8 acrescenta a *programação funcional*. As novas capacidades da linguagem e biblioteca que suportam esse paradigma foram adicionadas ao Java como parte do *Projeto Lambda*:

```
http://openjdk.java.net/projects/lambda
```

Neste capítulo, definiremos a programação funcional e mostraremos como usá-la para escrever programas mais rápidos, mais concisos e com menos erros do que programas escritos com as técnicas anteriores. No Capítulo 23, "Concorrência", veremos que programas funcionais são mais fáceis de *paralelizar* (isto é, executar várias operações simultaneamente) para que seus programas possam tirar proveito das arquiteturas multiprocessadas para melhor desempenho. Antes de ler este capítulo, você deve rever a Seção 10.10, que introduziu os novos recursos de interface do Java SE 8 (a capacidade de incluir métodos `default` e `static`) e discutiu o conceito das interfaces funcionais.

Este capítulo apresenta muitos exemplos da programação funcional, mostrando frequentemente maneiras mais simples de implementar as tarefas que você programou nos capítulos anteriores (Figura 17.1).

Temas pré-Java SE 8	Discussões e exemplos Java SE 8 correspondentes
Capítulo 7, "Arrays e ArrayLists"	As seções 17.3 e 17.4 introduzem capacidades básicas de lambda e fluxos que processam arrays unidimensionais.
Capítulo 10, "Programação orientada a objetos: polimorfismo e interfaces"	A Seção 10.10 apresenta os novos recursos de interface do Java SE 8 (métodos `default`, métodos `static` e o conceito das interfaces funcionais) que suportam a programação funcional.
Capítulo 12, "Componentes GUI: parte 1"	A Seção 17.9 mostra como usar um lambda para implementar uma interface funcional de ouvinte de eventos Swing.

continua

continuação

Temas pré-Java SE 8	Discussões e exemplos Java SE 8 correspondentes
Capítulo 14, "Strings, caracteres e expressões regulares"	A Seção 17.5 mostra como usar lambdas e fluxos para coleções de processo dos objetos `String`.
Capítulo 15, "Arquivos, fluxos e serialização de objetos"	A Seção 17.7 mostra como usar lambdas e fluxos para processar linhas de texto de um arquivo.
Capítulo 22, "Componentes GUI: parte 2"	Discute o uso de lambdas para implementar interfaces funcionais Swing ouvintes de eventos.
Capítulo 23, "Concorrência":	Mostra que programas funcionais são mais fáceis de paralelizar para que possam tirar proveito das arquiteturas multiprocessadas a fim de melhorar o desempenho. Demonstra o processamento paralelo de fluxos. Mostra que o método `parallelSort` de `Arrays` melhora o desempenho em arquiteturas multiprocessadas ao classificar grandes arrays.
Capítulo 25, "GUI do JavaFX: parte 1"	Discute o uso de lambdas para implementar interfaces funcionais JavaFX ouvintes de eventos.

Figura 17.1 | Discussões e exemplos de lambdas e fluxos Java SE 8.

17.2 Visão geral das tecnologias de programação funcional

Nos capítulos anteriores, vimos várias técnicas genéricas de programação processual e orientadas a objetos. Embora frequentemente tenha utilizado interfaces e classes de biblioteca do Java para realizar várias tarefas, você normalmente determina *o que* quer alcançar em uma tarefa, então especifica com precisão *como* alcançar isso. Por exemplo, vamos supor que *o que* você quer alcançar seja a soma dos elementos de um array chamado `values` (a *origem de dados*). Pode-se usar o seguinte código:

```
int sum = 0;
for (int counter = 0; counter < values.length; counter++)
   sum += values[counter];
```

Esse loop especifica *como* queremos adicionar o valor de cada elemento do array a `sum` — com uma instrução de repetição `for` que processa um elemento de cada vez, adicionando o valor de cada elemento à soma. Essa técnica é conhecida como **iteração externa** (porque é você que especifica como iterar, não a biblioteca) e exige acessar os elementos sequencialmente do início ao fim em uma única thread de execução. Para realizar a tarefa anterior, você também cria duas variáveis (`sum` e `counter`) que são *mudadas* repetidamente — isto é, seus valores se alteram — enquanto a tarefa é realizada. Você realizou muitas tarefas semelhantes de array e coleção, como exibir os elementos de um array, resumir as faces de um dado que foi jogado 6.000.000 vezes, calcular a média dos elementos de um array e outras mais.

A iteração externa é propensa a erros

A maioria dos programadores Java sente-se à vontade com a iteração externa. Mas existem várias possibilidades de erros. Por exemplo, você pode inicializar a variável `sum` incorretamente, inicializar a variável de controle `counter` incorretamente, usar a condição de continuação de loop errada, incrementar a variável de controle `counter` de modo incorreto ou adicionar incorretamente cada valor no array a `sum`.

Iteração interna

Na **programação funcional**, você especifica *o que* quer alcançar em uma tarefa, mas *não como* alcançar isso. Como veremos neste capítulo, para somar os elementos de uma origem de dados numéricos (como aqueles em um array ou em uma coleção), você pode usar as novas capacidades de biblioteca do Java SE 8 que permitem dizer: "Eis uma origem de dados, forneça a soma dos seus elementos". Você *não* precisa especificar *como* iterar pelos elementos ou declarar e usar *quaisquer* variáveis mutáveis. Isso é conhecido como **repetição interna**, porque a *biblioteca* determina como acessar todos os elementos para realizar a tarefa. Com a iteração interna, você pode facilmente informar a biblioteca que você deseja realizar essa tarefa com o *processamento paralelo* para tirar proveito da arquitetura multiprocessada do seu computador — isso pode melhorar significativamente o desempenho da tarefa. Como veremos no Capítulo 23, é difícil criar tarefas paralelas que operem de modo correto se essas tarefas modificarem as informações do estado de um programa (isto é, os valores de variável). Assim, as capacidades da programação funcional que serão aprendidas aqui focalizam a **imutabilidade** — não modificar a origem de dados que é processada ou qualquer outro estado do programa.

17.2.1 Interfaces funcionais

A Seção 10.10 introduziu os novos recursos de interface do Java SE 8 — métodos `default` e `static` — e discutiu o conceito de uma *interface funcional* — uma interface que contém exatamente um único método `abstract` (e que também pode conter os métodos `default` e `static`). Essas interfaces também são conhecidas como interfaces de *método abstrato único* (*single abstract method*, SAM). Interfaces funcionais são usadas extensivamente na programação funcional, porque agem como um modelo orientado a objetos para uma função.

Interfaces funcionais no pacote `java.util.function`

O pacote `java.util.function` contém várias interfaces funcionais. A Figura 17.2 mostra as seis interfaces funcionais básicas genéricas. Ao longo da tabela, `T` e `R` são nomes de tipo genérico que representam o tipo do objeto no qual a interface funcional opera e o tipo de retorno de um método, respectivamente. Há muitas outras interfaces funcionais no pacote `java.util.function` que são versões especializadas daquelas na Figura 17.2. A maioria é para uso com valores primitivos `int`, `long` e `double`, mas também há customizações genéricas de `Consumer`, `Function` e `Predicate` para operações binárias, isto é, métodos que recebem dois argumentos.

Interface	Descrição
`BinaryOperator<T>`	Contém o método `apply`, que recebe dois argumentos `T`, realiza uma operação neles (como um cálculo) e retorna um valor do tipo `T`. Veremos vários exemplos de `BinaryOperators` a partir da Seção 17.3.
`Consumer<T>`	Contém o método `accept`, que recebe um argumento `T` e retorna `void`. Realiza uma tarefa com o argumento `T`, como gerar uma saída do objeto, chamar um método do objeto etc. Veremos vários exemplos de `Consumers` a partir da Seção 17.3.
`Function<T,R>`	Contém o método `apply`, que recebe um argumento `T` e retorna um valor do tipo `R`. Chama um método no argumento `T` e retorna o resultado desse método. Veremos vários exemplos de `Functions` a partir da Seção 17.5.
`Predicate<T>`	Contém o método `test`, que recebe um argumento `T` e retorna um `boolean`. Testa se o argumento `T` atende uma condição. Veremos vários exemplos de `Predicates` a partir da Seção 17.3.
`Supplier<T>`	Contém o método `get`, que não recebe argumentos e produz um valor do tipo `T`. Muitas vezes usado para criar um objeto de coleção em que os resultados de uma operação de fluxo são inseridos. Veremos vários exemplos de `Suppliers` a partir da Seção 17.7.
`UnaryOperator<T>`	Contém o método `get` que não recebe argumentos e retorna um valor do tipo `T`. Veremos vários exemplos de `UnaryOperators` a partir da Seção 17.3.

Figura 17.2 | As seis interfaces funcionais genéricas básicas no pacote `java.util.function`.

17.2.2 Expressões lambda

A programação funcional é realizada com expressões lambda. Uma **expressão lambda** representa um *método anônimo* — a notação abreviada para implementar uma interface funcional, semelhante a uma classe interna anônima (Seção 12.11). O tipo de uma expressão lambda é o tipo da interface funcional que a expressão lambda implementa. Expressões lambda podem ser usadas em qualquer lugar em que interfaces funcionais são esperadas. Deste ponto em diante, vamos nos referir a expressões lambda simplesmente como lambdas. Mostramos a sintaxe lambda básica nesta seção e discutimos os recursos lambda adicionais ao usá-los ao longo deste e de capítulos posteriores.

Sintaxe lambda

Uma lambda consiste em uma *lista de parâmetros* seguida pelo **símbolo de seta** (`->`) e um corpo, como em:

```
(listaDeParâmetros) -> {instruções}
```

A seguinte lambda recebe dois `ints` e retorna sua soma:

```
(int x, int y) -> {return x + y;}
```

Nesse caso, o corpo é um *bloco de instrução* que pode conter *uma ou mais* instruções entre chaves. Existem diversas variações dessa sintaxe. Por exemplo, os tipos de parâmetro geralmente podem ser omitidos, como em:

```
(x, y) -> {return x + y;}
```

nesse caso, o compilador determina os tipos parâmetro e retorno pelo contexto da lambda — discutiremos isso em detalhes mais adiante.

Quando o corpo contém uma única expressão, a palavra-chave `return` e as chaves podem ser omitidas, como em:

```
(x, y) -> x + y
```

nesse caso, o valor da expressão é *implicitamente* retornado. Quando a lista de parâmetros contém um único parâmetro, os parênteses podem ser omitidos, como em:

```
value -> System.out.printf("%d ", value)
```

Para definir uma lambda com uma lista de parâmetros vazia, coloque a lista de parâmetros entre parênteses vazios à esquerda do token de seta (->), como em:

```
() -> System.out.println("Welcome to lambdas!")
```

Além disso, para a sintaxe anterior de lambda, existem formas de lambda abreviadas e especializadas que são conhecidas como *referências de método,* que discutiremos na Seção 17.5.1.

17.2.3 Fluxos

O Java SE 8 introduz o conceito de **streams**, que são semelhantes aos iteradores vistos no Capítulo 16. Fluxos são objetos das classes que implementam a interface **Stream** (do pacote `java.util.stream`) ou uma das interfaces de fluxo especializadas para processar coleções de valores `int`, `long` ou `double` (introduzidos na Seção 17.3). Juntamente com lambdas, fluxos permitem realizar tarefas sobre coleções de elementos, muitas vezes a partir de um objeto array ou coleção.

Pipelines de fluxo

Fluxos movem elementos por meio de uma sequência de passos de processamento conhecidos como **pipeline de fluxo** — que começa com uma *origem de dados* (como um array ou coleção), realiza várias *operações intermediárias* sobre os elementos da origem de dados e termina com uma *operação terminal.* Um pipeline de fluxo é formado *encadeando* chamadas de método. Ao contrário de coleções, fluxos *não* têm um armazenamento próprio — depois que o fluxo é processado, ele não pode ser reutilizado, porque não mantém uma cópia da origem de dados original.

Operações terminais e intermediárias

Uma **operação intermediária** especifica as tarefas a realizar sobre os elementos do fluxo e sempre resulta em um novo fluxo. Operações intermediárias são "**preguiçosas**" — elas só são executadas depois que uma operação terminal é invocada. Isso permite que desenvolvedores de biblioteca otimizem o desempenho do processamento de fluxo. Por exemplo, se você tem uma coleção de 1.000.000 objetos `Person` e está procurando o *primeiro* com o sobrenome `"Jones"`, o processamento de fluxo pode terminar assim que o primeiro desses objetos `Person` for encontrado.

A **operação terminal** inicia o processamento das operações intermédias de um pipeline de fluxo e produz um resultado. Operações terminais são "**gulosas**" — elas realizam a operação solicitada quando são chamadas. Discutiremos em mais detalhes as operações preguiçosas e gulosas à medida que as encontrarmos ao longo do capítulo e veremos como operações preguiçosas podem melhorar o desempenho. A Figura 17.3 mostra algumas operações intermediárias comuns. A Figura 17.4 mostra algumas operações terminais comuns.

Operações Stream intermediárias	
`filter`	Resulta em um fluxo contendo apenas os elementos que atendem uma condição.
`distinct`	Resulta em um fluxo que contém somente os elementos únicos.
`limit`	Resulta em um fluxo com o número especificado de elementos a partir do início do fluxo original.
`map`	Resulta em um fluxo em que cada elemento do fluxo original é mapeado para um novo valor (possivelmente de um tipo diferente) — por exemplo, mapear valores numéricos para as raízes quadradas dos valores numéricos. O novo fluxo tem o mesmo número de elementos que o fluxo original.
`sorted`	Resulta em um fluxo em que os elementos estão em ordem classificada. O novo fluxo tem o mesmo número de elementos que o fluxo original.

Figura 17.3 | Operações `Stream` intermediárias comuns.

Operações Stream terminais	
`forEach`	Realiza o processamento em cada elemento em um fluxo (por exemplo, exibir cada elemento).
Operações de redução — *recebem todos os valores no fluxo e retornam um único valor*	
`average`	Calcula a *média* dos elementos em um fluxo numérico.
`count`	Retorna o *número de elementos* no fluxo.
`max`	Localiza o *maior* valor em um fluxo numérico.
`min`	Localiza o *menor* valor em um fluxo numérico.
`reduce`	Reduz os elementos de uma coleção a um *único valor* usando uma função de acumulação associativa (por exemplo, uma lambda que adiciona dois elementos).
Operações de redução mutáveis — *criam um contêiner (como uma coleção ou um `StringBuilder`)*	
`collect`	Cria uma *nova coleção* dos elementos contendo os resultados das operações anteriores do fluxo.
`toArray`	Cria um *array* contendo os resultados das operações anteriores do fluxo.
Operações de pesquisa	
`findFirst`	Localiza o *primeiro* elemento no fluxo com base nas operações intermediárias anteriores; termina imediatamente o processamento do pipeline do fluxo depois que esse elemento é encontrado.
`findAny`	Localiza *qualquer* elemento no fluxo com base nas operações intermediárias anteriores; termina imediatamente o processamento do pipeline do fluxo depois que esse elemento é encontrado.
`anyMatch`	Determina se *quaisquer* elementos no fluxo correspondem a uma condição especificada; termina imediatamente o processamento do pipeline do fluxo se um elemento corresponde.
`allMatch`	Determina se *todos* os elementos no fluxo correspondem a uma condição especificada.

Figura 17.4 | Operações terminais de `Stream` comuns.

Fluxo no processamento de arquivos versus fluxo na programação funcional

Ao longo deste capítulo, usamos o termo *fluxo* no contexto da programação funcional — esse não é o mesmo conceito de fluxos de E/S discutido no Capítulo 15, "Arquivos, fluxos e serialização de objetos", em que um programa lê um fluxo de bytes a partir de um arquivo ou gera um fluxo de bytes para um arquivo. Como veremos na Seção 17.7, você também pode usar a programação funcional para manipular o conteúdo de um arquivo.

17.3 Operações IntStream

[Esta seção demonstra como lambdas e fluxos podem ser usados para simplificar as tarefas de programação aprendidas no Capítulo 7, "Arrays e ArrayLists".]

A Figura 17.5 demonstra as operações em um `IntStream` (pacote `java.util.stream`) — um fluxo especializado para manipular valores `int`. As técnicas mostradas nesse exemplo também se aplicam a `LongStreams` e `DoubleStreams` para valores `long` e `double`, respectivamente.

```
// Figura 17.5: IntStreamOperations.java
// Demonstrando operações IntStream.
import java.util.Arrays;
import java.util.stream.IntStream;

public class IntStreamOperations
{
   public static void main(String[] args)
   {
      int[] values = {3, 10, 6, 1, 4, 8, 2, 5, 9, 7};
```

continua

continuação

```

    // exibe valores originais
    System.out.print("Original values: ");
    IntStream.of(values)
          .forEach(value -> System.out.printf("%d ", value));
    System.out.println();

    // count, min, max, sum e average dos valores
    System.out.printf("%nCount: %d%n", IntStream.of(values).count());
    System.out.printf("Min: %d%n",
      IntStream.of(values).min().getAsInt());
    System.out.printf("Max: %d%n",
      IntStream.of(values).max().getAsInt());
    System.out.printf("Sum: %d%n", IntStream.of(values).sum());
    System.out.printf("Average: %.2f%n",
      IntStream.of(values).average().getAsDouble());

    // soma dos valores com o método reduce
    System.out.printf("%nSum via reduce method: %d%n",
      IntStream.of(values)
            .reduce(0, (x, y) -> x + y));

    // soma das raízes quadradas dos valores com o método reduce
    System.out.printf("Sum of squares via reduce method: %d%n",
      IntStream.of(values)
            .reduce(0, (x, y) -> x + y * y));

    // produto dos valores com o método reduce
    System.out.printf("Product via reduce method: %d%n",
      IntStream.of(values)
            .reduce(1, (x, y) -> x * y));

    // valores pares exibidos em ordem classificada
    System.out.printf("%nEven values displayed in sorted order: ");
    IntStream.of(values)
          .filter(value -> value % 2 == 0)
          .sorted()
          .forEach(value -> System.out.printf("%d ", value));
    System.out.println();

    // valores ímpares multiplicados por 10 e exibidos em ordem classificada
    System.out.printf(
      "Odd values multiplied by 10 displayed in sorted order: ");
    IntStream.of(values)
          .filter(value -> value % 2 != 0)
          .map(value -> value * 10)
          .sorted()
          .forEach(value -> System.out.printf("%d ", value));
    System.out.println();

    // soma o intervalo dos números inteiros de 1 a 10, exclusivo
    System.out.printf("%nSum of integers from 1 to 9: %d%n",
      IntStream.range(1, 10).sum());

    // soma o intervalo dos números inteiros de 1 a 10, inclusive
    System.out.printf("Sum of integers from 1 to 10: %d%n",
      IntStream.rangeClosed(1, 10).sum());
  }
} // fim da classe intStreamOperations
```

continua

continuação

```
Original values: 3 10 6 1 4 8 2 5 9 7

Count: 10
Min: 1
Max: 10
Sum: 55
Average: 5.50

Sum via reduce method: 55
Sum of squares via reduce method: 385
Product via reduce method: 3628800

Even values displayed in sorted order: 2 4 6 8 10
Odd values multiplied by 10 displayed in sorted order: 10 30 50 70 90

Sum of integers from 1 to 9: 45
Sum of integers from 1 to 10: 55
```

Figura 17.5 | Demonstrando operações `IntStream`.

17.3.1 Criando um `IntStream` e exibindo seus valores com a operação terminal `forEach`

O método `IntStream` `static` *of* (linha 14) recebe um array `int` como um argumento e retorna um `IntStream` para processar os valores do array. Depois de criar um fluxo, você pode *encadear* múltiplas chamadas de método para criar um *pipeline de fluxo*. A instrução nas linhas 14 e 15 cria um `IntStream` para o array `values`, então usa o método `IntStream` **`forEach`** (uma operação terminal) para realizar uma tarefa em cada elemento no fluxo. O método `forEach` recebe como argumento um objeto que implementa a interface funcional **`IntConsumer`** (pacote **`java.util.function`**) — isso é uma versão específica de `int` da interface funcional `Consumer` genérica. O método **`accept`** dessa interface recebe um valor `int` e realiza uma tarefa com ele; nesse caso, exibe o valor e um espaço. Antes do Java SE 8, você normalmente implementaria a interface `IntConsumer` usando uma classe interna anônima como:

```
new IntConsumer()
{
   public void accept(int value)
   {
      System.out.printf("%d ", value);
   }
}
```

mas no Java SE 8, você simplesmente escreve a lambda

```
value -> System.out.printf("%d ", value)
```

O nome do parâmetro do método `accept` (`value`) torna-se o parâmetro da lambda, e a instrução do corpo do método `accept` torna-se o corpo da expressão lambda. Como você pode ver, a sintaxe de lambda é mais clara e mais concisa que a classe interna anônima.

Inferência de tipos e o tipo alvo de uma lambda

O compilador Java geralmente pode *inferir* os tipos dos parâmetros de uma lambda e o tipo retornado por uma lambda a partir do contexto em que ela é usada. Isso é determinado pelo **tipo alvo** da lambda — o tipo da interface funcional que é esperado onde a lambda aparece no código. Na linha 15, o tipo alvo é `IntConsumer`. Nesse caso, o tipo do parâmetro lambda é *inferido* como sendo `int`, porque o método accept da interface `IntConsumer` espera receber um `int`. Você pode declarar *explicitamente* o tipo do parâmetro, como em:

```
(int value) -> System.out.printf("%d ", value)
```

Ao fazer isso, a lista de parâmetros lambda *deve* ser colocada entre parênteses. Geralmente deixamos o compilador *inferir* o tipo do parâmetro lambda nos nossos exemplos.

Variáveis `final` locais, variáveis locais efetivamente `final` e capturando lambdas

Antes do Java SE 8, ao implementar uma classe interna anônima, você poderia usar as variáveis locais do método envolvente (conhecido como o *escopo léxico*), mas deveria declarar essas variáveis locais `final`. Lambdas também podem usar variáveis locais `final`. No Java SE 8, as classes internas anônimas e lambdas também podem usar variáveis **locais efetivamente `final`** — isto é, variáveis locais que *não* são modificadas depois que são inicialmente declaradas e inicializadas. Uma lambda que referencia uma variável local no escopo léxico envolvente é conhecida como uma **lambda de captura**. O compilador captura o valor da variável local e assegura que o valor pode ser usado quando a lambda for então executada, o que pode ocorrer *depois* que o escopo léxico *não existe mais*.

Usando `this` *em uma lambda que aparece em um método de instância*

Como em uma classe interna anônima, uma lambda pode usar a referência `this` da classe externa. Em uma classe interna anônima, você deve usar a sintaxe *NomeDaClasseExterna*`.this` — caso contrário, a referência `this` referencia o *objeto da classe interna anônima*. Em uma lambda, você referencia o objeto da classe externa simplesmente como `this`.

Nomes de parâmetro e variável em uma lambda

Os nomes de parâmetro e os nomes de variável utilizados em lambdas não podem ser os mesmos que quaisquer outras variáveis locais no âmbito léxico da lambda; caso contrário, ocorrerá um erro de compilação.

17.3.2 Operações terminais `count`, `min`, `max`, `sum` e `average`

A classe `IntStream` fornece várias operações terminais para reduções comuns de fluxo nos fluxos de valores `int`. Operações terminais são *gulosas* — elas processam imediatamente os itens no fluxo. Operações comuns de redução para `IntStreams` incluem:

- `count` (linha 19) retorna o número de elementos no fluxo.
- `min` (linha 21) retorna o menor `int` no fluxo.
- `max` (linha 23) retorna o maior `int` no fluxo.
- `sum` (linha 24) retorna a soma de todos os `ints` no fluxo.
- `average` (linha 26) retorna um `OptionalDouble` (pacote `java.util`) contendo a média dos `ints` no fluxo como um valor do tipo `double`. Para qualquer fluxo, é possível que *não* existam *elementos* no fluxo. Retornar `OptionalDouble` permite que o método `average` retorne a média se o fluxo contiver *pelo menos um elemento*. Nesse exemplo, sabemos que o fluxo tem 10 elementos, então chamamos o método classe `getAsDouble` de `OptionalDouble` para obter a média. Se não houvesse *elementos*, o `OptionalDouble` não conteria a média e `getAsDouble` lançaria uma `NoSuchElementException`. Para evitar essa exceção, você pode chamar em vez disso o método `orElse`, que retorna o valor do `OptionalDouble` se houver um ou, caso contrário, o valor que você passa para `orElse`.

A classe `IntStream` também fornece o método `summaryStatistics` que realiza as operações `count`, `min`, `max`, `sum` e `average` dos elementos de um `IntStream` e retorna os resultados como um objeto `IntSummaryStatistics` (pacote `java.util`). Isso fornece um aumento de desempenho significativo em relação a reprocessar um `IntStream` repetidamente para cada operação individual. Esse objeto tem métodos para obter cada resultado e um método `toString` que resume todos os resultados. Por exemplo, a instrução:

```
System.out.println(IntStream.of(values).summaryStatistics());
```

produz:

```
IntSummaryStatistics{count=10, sum=55, min=1, average=5.500000, max=10}
```

para os valores de array na Figura 17.5.

17.3.3 Operação terminal `reduce`

Você pode definir suas próprias reduções para um `IntStream` chamando o método `reduce`, como mostrado nas linhas 29 a 31 da Figura 17.5. Cada uma das operações terminais na Seção 17.3.2 é uma implementação especializada de `reduce`. Por exemplo, a linha 31 mostra como somar os valores de um `IntStream` usando `reduce` em vez de `sum`. O primeiro argumento (`0`) é um valor que ajuda a começar a operação de redução, e o segundo, um objeto que implementa a interface funcional `IntBinaryOperator` (pacote `java.util.function`). A lambda:

```
(x, y) -> x + y
```

implementa o método `applyAsInt` da interface, que recebe dois valores `int` (representando os operandos esquerdo e direito de um operador binário) e executa um cálculo com os valores; nesse caso, somar os valores. Uma lambda com dois ou mais parâmetros *deve* colocá-los entre parênteses. A avaliação da redução avança desta maneira:

- Na primeira chamada a `reduce`, o valor do parâmetro lambda `x` é o valor de identidade (`0`) e o valor do parâmetro lambda `y` é o *primeiro* `int` no fluxo (`3`), produzindo a soma `3` (0 + 3).
- Na próxima chamada a `reduce`, o valor do parâmetro lambda `x` é o resultado do primeiro cálculo (`3`) e o valor do parâmetro lambda `y` é o *segundo* `int` no fluxo (`10`), produzindo a soma `13` (3 + 10).
- Na próxima chamada a `reduce`, o valor do parâmetro lambda `x` é o resultado do cálculo anterior (`13`) e o valor do parâmetro lambda `y` é o *terceiro* `int` no fluxo (`6`), produzindo a soma `19` (13 + 6).

Esse processo continua a produzir um total atual dos valores de `IntStream` até que todos tenham sido utilizados, quando então a soma final é retornada.

O argumento do valor de identidade do método `reduce`

O primeiro argumento do método `reduce` é formalmente chamado de **valor de identidade** — que, quando combinado com qualquer elemento de fluxo usando o `IntBinaryOperator`, produz o valor original desse elemento. Por exemplo, ao somar os elementos, o valor de identidade é 0 (qualquer valor `int` adicionado a 0 resulta no valor original) e, ao obter o produto dos elementos, o valor de identidade é 1 (qualquer valor `int` multiplicado por 1 resulta no valor original).

Somando os quadrados dos valores com o método `reduce`

As linhas 34 a 36 da Figura 17.5 usam o método `reduce` para calcular as somas dos quadrados dos valores do `IntStream`. A lambda, nesse caso, adiciona o *quadrado* do valor atual ao total atual. Avaliação da redução avança desta maneira:

- Na primeira chamada a `reduce`, o valor do parâmetro lambda `x` é o valor de identidade (`0`) e o valor do parâmetro lambda `y` é o *primeiro* `int` no fluxo (`3`), produzindo o valor `9` ($0 + 3^2$).
- Na próxima chamada a `reduce`, o valor do parâmetro lambda `x` é o resultado do primeiro cálculo (9) e o valor do parâmetro lambda `y` é o segundo `int` no fluxo (10), produzindo a soma `109` ($9 + 10^2$).
- Na próxima chamada a `reduce`, o valor do parâmetro lambda `x` é o resultado do cálculo anterior (`109`) e o valor do parâmetro lambda `y` é o *terceiro* `int` no fluxo (`6`), produzindo a soma `145` ($109 + 6^2$).

Esse processo continua a produzir um total atual dos quadrados dos valores do `IntStream` até que todos eles tenham sido utilizados, ponto em que a soma final é retornada.

Calculando o produto dos valores com o método `reduce`

As linhas 39 a 41 da Figura 17.5 utilizam o método `reduce` para calcular o produto dos valores do `IntStream`. Nesse caso, a lambda multiplica seus dois argumentos. Como estamos gerando um produto, nesse caso, começamos com o valor de identidade `1`. Avaliação da redução avança desta maneira:

- Na primeira chamada a `reduce`, o valor do parâmetro lambda `x` é o valor de identidade (`1`) e o valor do parâmetro lambda `y` é o *primeiro* `int` no fluxo (`3`), produzindo o valor `3` (1 * 3).
- Na próxima chamada a `reduce`, o valor do parâmetro lambda `x` é o resultado do primeiro cálculo (`3`) e o valor do parâmetro lambda `y` é o *segundo* `int` no fluxo (`10`), produzindo a soma `30` (3 * 10).
- Na próxima chamada a `reduce`, o valor do parâmetro lambda `x` é o resultado do cálculo anterior (`30`) e o valor do parâmetro lambda `y` é o *terceiro* `int` no fluxo (`6`), produzindo a soma `180` (30 * 6).

Esse processo continua a gerar um produto atual dos valores de `IntStream` até que todos eles tenham sido utilizados, quando então o produto final é retornado.

17.3.4 Operações intermediárias: filtrando e classificando valores `IntStream`

As linhas 45 a 48 da Figura 17.5 criam um pipeline de fluxo que *localiza* os inteiros pares em um `IntStream`, *classifica-os* em ordem crescente e *exibe* cada valor seguido por um espaço.

Operação intermediária `filter`

Você *filtra* elementos para produzir um fluxo dos resultados intermediários que correspondem a uma condição — conhecida como *predicado*. O método `IntStream` **`filter`** (linha 46) recebe um objeto que implementa a interface funcional **`IntPredicate`** (pacote `java.util.function`). A lambda na linha 46:

```
value -> value % 2 == 0
```

implementa o método **`test`** da interface, que recebe um `int` e retorna um `boolean` indicando se o `int` atende o predicado, nesse caso, o `IntPredicate` retorna `true` se o valor que ele recebe for divisível por 2. Chamadas a `filter` e outros fluxos intermediários são *preguiçosas* — elas *só* são avaliadas depois que uma *operação terminal* (que é gulosa) é executada — e produz novos fluxos dos elementos. Nas linhas 45 a 48, isso ocorre quando `forEach` é chamado (linha 48).

Operação intermediária `sorted`

O método `IntStream` **`sorted`** ordena os elementos do fluxo em ordem *crescente*. Como `filter`, `sorted` é uma operação *preguiçosa*; mas quando então a classificação é realizada, todas as operações intermediárias anteriores no pipeline de fluxo devem estar completas para que o método `sorted` saiba quais elementos classificar.

Processando o pipeline de fluxo e operações intermediárias com estado versus *sem estado*

Quando `forEach` é chamado, o pipeline de fluxo é processado. A linha 46 produz um `IntStream` intermediário contendo apenas os inteiros pares, então a linha 47 classifica-os e a linha 48 exibe cada elemento.

O método `filter` é uma **operação intermédia sem estado** — ela não requer nenhuma informação sobre outros elementos no fluxo a fim de testar se o elemento atual atende ao predicado. Da mesma forma, o método `map` (discutido em breve) é uma operação intermediária sem estado. O método `sorted` é uma **operação intermediária com estado** que requer informações sobre *todos* os outros elementos no fluxo para classificá-los. Da mesma forma, o método `distinct` é uma operação intermediária com estado. A documentação on-line para cada operação de fluxo intermediária especifica se é uma operação sem ou com estado.

Outros métodos da interface funcional `IntPredicate`

A interface `IntPredicate` também contém três métodos `default`:

- **`and`** — realiza um *AND lógico* com *avaliação de curto-circuito* (Seção 5.9) entre o `IntPredicate` em que o método é chamado e o `IntPredicate` que o método recebe como argumento.
- **`negate`** — *inverte* o valor `boolean` do `IntPredicate` em que o método é chamado.
- **`or`** — realiza um *OR lógico* com a *avaliação de curto-circuito* entre o `IntPredicate` em que o método é chamado e o `IntPredicate` que o método recebe como argumento.

Compondo expressões lambda

Você pode usar esses métodos e objetos `IntPredicate` para compor condições mais complexas. Por exemplo, considere os dois seguintes `IntPredicates`:

```
IntPredicate even = value -> value % 2 == 0;
IntPredicate greaterThan5 = value -> value > 5;
```

Para localizar todos os inteiros pares maiores que 5, você poderia substituir a lambda na linha 46 pelo `IntPredicate`

```
even.and(greaterThan5)
```

17.3.5 Operação intermediária: mapeamento

As linhas 54 a 58 da Figura 17.5 criam um pipeline de fluxo que *localiza* os inteiros ímpares em um `IntStream`, *multiplica* cada inteiro ímpar por 10, *classifica* os valores em ordem crescente e *exibe* cada valor seguido por um espaço.

Operação intermediária `map`

O novo recurso aqui é a operação de *mapeamento* que recebe cada valor e o multiplica por 10. O mapeamento é uma *operação intermediária* que transforma os elementos de um fluxo em novos valores e produz um fluxo contendo os elementos resultantes. Às vezes, esses são de tipos diferentes dos elementos do fluxo original.

O método `IntStream` **`map`** (linha 56) recebe um objeto que implementa a interface funcional **`IntUnaryOperator`** (pacote `java.util.function`). A lambda na linha 55:

```
value -> value * 10
```

implementa o método **`applyAsInt`** da interface, que recebe um `int` e o mapeia para um novo valor `int`. Chamadas a `map` são *preguiçosas*. O método `map` é uma operação de fluxo *sem estado*.

Processando o pipeline de fluxo

Quando `forEach` é chamado (linha 58), o pipeline de fluxo é processado. Primeiro, a linha 55 produz um `IntStream` intermediário contendo apenas os valores ímpares. Em seguida, a linha 56 multiplica cada inteiro ímpar por `10`. Então, a linha 57 classifica os valores e a linha 58 exibe cada elemento.

17.3.6 Criando fluxos de `int`s com os métodos `IntStream` `range` e `rangeClosed`

Se você precisar de uma *sequência ordenada* de valores `int`, crie um `IntStream` contendo esses valores com os métodos `IntStream` `range` (linha 63 da Figura 17.5) e `rangeClosed` (linha 67). Os dois métodos recebem dois argumentos `int` representando o intervalo de valores. O método **`range`** produz uma sequência de valores do primeiro argumento até, mas *não* incluindo, o segundo. O método **`rangeClosed`** produz uma sequência de valores, incluindo *ambos* os argumentos. As linhas 63 e 67 demonstram esses métodos para produzir sequências de valores `int` 1 a 9 e 1 a 10, respectivamente. Para a lista completa dos métodos `IntStream`, visite:

```
http://docs.oracle.com/javase/8/docs/api/java/util/stream/IntStream.html
```

17.4 Manipulações Stream<Integer>

[Esta seção demonstra como lambdas e fluxos podem ser usados para simplificar as tarefas de programação que você aprendeu no Capítulo 7, "Arrays e ArrayLists".]

Assim como o método `of` da classe `IntStream` pode criar um `IntStream` de um array de `ints`, o método `stream` da classe `Array` pode ser usado para criar um `Stream` a partir de um array de objetos. A Figura 17.6 realiza *a filtragem* e *classificação* em um `Stream<Integer>` usando as mesmas técnicas aprendidas na Seção 17.3. O programa também mostra como *coletar* os resultados de operações de pipeline de fluxo em uma nova coleção que pode ser processada em declarações subsequentes. Apesar desse exemplo, usamos os `values` de array `Integer` (linha 12) que se iniciam com valores `int` — o compilador *encaixa* cada `int` em um objeto `Integer`. A linha 15 mostra os conteúdos de `values`, antes que se faça qualquer processamento.

```java
1  // Figura 17.6: ArraysAndStreams.java
2  // Demonstrando lambdas e fluxos com um array de integers.
3  import java.util.Arrays;
4  import java.util.Comparator;
5  import java.util.List;
6  import java.util.stream.Collectors;
7
8  public class ArraysAndStreams
9  {
10    public static void main(String[] args)
11    {
12       Integer[] values = {2, 9, 5, 0, 3, 7, 1, 4, 8, 6};
13
14       // exibe valores originais
15       System.out.printf("Original values: %s%n", Arrays.asList(values));
16
17       // classifica os valores em ordem crescente com fluxos
18       System.out.printf("Sorted values: %s%n",
19          Arrays.stream(values)
20                .sorted()
21                .collect(Collectors.toList()));
22
23       // valores maiores que 4
24       List<Integer> greaterThan4 =
25          Arrays.stream(values)
26                .filter(value -> value > 4)
27                .collect(Collectors.toList());
28       System.out.printf("Values greater than 4: %s%n", greaterThan4);
29
30       // filtra valores maiores que 4 e então classifica os resultados
31       System.out.printf("Sorted values greater than 4: %s%n",
32          Arrays.stream(values)
33                .filter(value -> value > 4)
34                .sorted()
35                .collect(Collectors.toList()));
36
37       // lista greaterThan4 classificada com fluxos
38       System.out.printf(
39          "Values greater than 4 (ascending with streams): %s%n",
40          greaterThan4.stream()
41                .sorted()
42                .collect(Collectors.toList()));
43    }
44 } // fim da classe arraysAndStreams
```

```
Original values: [2, 9, 5, 0, 3, 7, 1, 4, 8, 6]
Sorted values: [0, 1, 2, 3, 4, 5, 6, 7, 8, 9]
Values greater than 4: [9, 5, 7, 8, 6]
Sorted values greater than 4: [5, 6, 7, 8, 9]
Values greater than 4 (ascending with streams): [5, 6, 7, 8, 9]
```

Figura 17.6 | Demonstrando lambdas e fluxos com um array de `Integers`.

17.4.1 Criando um Stream<Integer>

Ao passar um array de objetos para o método static stream da classe Arrays, o método retorna um Stream do tipo adequado; por exemplo, a linha 19 produz um Stream<Integer> a partir de um array Integer. A interface **Stream** (pacote java.util.stream) é uma interface genérica para executar operações de fluxo em qualquer tipo *não primitivo*. Os tipos dos objetos que são processados são determinados pela origem de Stream.

A classe Arrays também fornece versões sobrecarregadas do método stream para criar IntStreams, LongStreams e DoubleStreams a partir de arrays completos de int, long e double ou de intervalos dos elementos nos arrays. As classes IntStream, LongStream e DoubleStream especializadas fornecem vários métodos para operações comuns em fluxos numéricos, como vimos na Seção 17.3.

17.4.2 Classificando um Stream e coletando os resultados

Na Seção 7.15, você aprendeu a classificar arrays com os métodos static sort e parallelSort da classe Arrays. Muitas vezes você classificará os resultados das operações de fluxo, assim nas linhas 18 a 21 classificaremos o array values usando técnicas de fluxo e exibiremos os valores classificados. Primeiro, a linha 19 cria um Stream<Integer> de values. Em seguida, a linha 20 chama o método Stream sorted, que classifica os elementos — isso resulta em um Stream<Integers> intermediário com os valores em ordem *crescente*.

Para exibir os resultados classificados, podemos gerar uma saída de cada valor usando a operação terminal Stream forEach (como na linha 15 da Figura 17.5). Mas, ao processar fluxos, muitas vezes você cria *novas* coleções contendo os resultados, de modo que possa executar operações adicionais nelas. Para criar uma coleção, use o método Stream **collect** (Figura 17.6, linha 21), que é uma *operação terminal*. À medida que o pipeline de fluxo é processado, o método collect executa uma operação de **redução mutável** que insere os resultados em um objeto que pode ser posteriormente *modificado* — frequentemente uma coleção, como um List, Map ou Set. A versão do método collect na linha 21 recebe como argumento um objeto que implementa a interface **Collector** (pacote java.util.stream), que especifica como realizar a redução mutável. A classe **Collectors** (pacote java.util.stream) fornece métodos static que retornam implementações de Collector predefinidas. Por exemplo, o método Collectors **toList** (linha 21) transforma o Stream<Integer> em uma coleção List<Integer>. Nas linhas 18 a 21, a List<Integer> resultante é então exibida com uma chamada *implícita* ao método toString.

Demonstramos outra versão do método collect na Seção 17.6. Para mais detalhes sobre a classe Collectors, visite:

http://docs.oracle.com/javase/8/docs/api/java/util/stream/Collectors.html

17.4.3 Filtrando um Stream e armazenando os resultados para uso posterior

As linhas 24 a 27 da Figura 17.6 criam um Stream<Integer>, chamam o método Stream filter (que recebe um Predicate) para localizar todos os valores maiores que 4 e coletar os resultados em um List<Integer>. Como IntPredicate (Seção 17.3.4), a interface funcional Predicate tem um método test que retorna um boolean indicando se o argumento atende a uma condição, bem como os métodos **and**, **negate** e **or**.

Atribuímos o List<Integer> resultante do pipeline de fluxo à variável greaterThan4, que é usada na linha 28 para exibir os valores maiores que 4 e utilizada novamente nas linhas 40 a 42 para realizar operações adicionais apenas sobre os valores maiores que 4.

17.4.4 Filtrando e classificando um Stream e coletando os resultados

As linhas 31 a 35 exibem os valores maiores que 4 em ordem classificada. Primeiro, a linha 32 cria um Stream<Integer>. Então, na linha 33, filter filtra os elementos a fim de localizar todos os valores maiores que 4. Em seguida, a linha 34 indica que queremos os resultados classificados (sorted). Por fim, a linha 35 usa collect para coletar os resultados em uma List<Integer>, que é então exibida como uma String.

17.4.5 Classificando resultados coletados anteriormente

As linhas 40 a 42 usam a coleção greaterThan4, que foi criada nas linhas 24 a 27 para mostrar processamento adicional em uma coleção contendo os resultados de um pipeline de fluxo prévio. Nesse caso, usamos fluxos para classificar os valores em greaterThan4 e collect para coletar os resultados em um novo List<Integers>, e então exibimos os valores ordenados.

17.5 Manipulações Stream<String>

[***Esta seção demonstra como lambdas e fluxos podem ser usados para simplificar as tarefas de programação aprendidas no Capítulo 14, "Strings, caracteres e expressões regulares".***]

A Figura 17.7 executa algumas das mesmas operações de fluxo vistas nas seções 17.3 e 17.4, mas em um `Stream<String>`. Além disso, demonstramos *a classificação sem distinção de maiúsculas e minúsculas* e a classificação em ordem *decrescente*. Ao longo desse exemplo, usamos o array `String strings` (linhas 11 e 12), que é inicializado com os nomes das cores — alguns dos quais com uma letra maiúscula inicial. A linha 15 exibe o conteúdo de `strings` *antes de* realizar qualquer processamento de fluxo.

```
1  // Figura 17.7: ArraysAndStreams2.java
2  // Demonstrando lambdas e fluxos com um array de Strings.
3  import java.util.Arrays;
4  import java.util.Comparator;
5  import java.util.stream.Collectors;
6
7  public class ArraysAndStreams2
8  {
9     public static void main(String[] args)
10    {
11       String[] strings =
12          {"Red", "orange", "Yellow", "green", "Blue", "indigo", "Violet"};
13
14       // exibe strings originais
15       System.out.printf("Original strings: %s%n", Arrays.asList(strings));
16
17       // strings em maiúsculas
18       System.out.printf("strings in uppercase: %s%n",
19          Arrays.stream(strings)
20                .map(String::toUpperCase)
21                .collect(Collectors.toList()));
22
23       // strings menores que "n" (sem distinção maiúsc/minúsc) em ordem crescente
24       System.out.printf("strings greater than m sorted ascending: %s%n",
25          Arrays.stream(strings)
26                .filter(s -> s.compareToIgnoreCase("n") < 0)
27                .sorted(String.CASE_INSENSITIVE_ORDER)
28                .collect(Collectors.toList()));
29
30       // strings menores que "n" (com distinção maiúsc/minúsc) em ordem decrescente
31       System.out.printf("strings greater than m sorted descending: %s%n",
32          Arrays.stream(strings)
33                .filter(s -> s.compareToIgnoreCase("n") < 0)
34                .sorted(String.CASE_INSENSITIVE_ORDER.reversed())
35                .collect(Collectors.toList()));
36    }
37 } // fim da classe ArraysAndStreams2
```

```
Original strings: [Red, orange, Yellow, green, Blue, indigo, Violet]
strings in uppercase: [RED, ORANGE, YELLOW, GREEN, BLUE, INDIGO, VIOLET]
strings greater than m sorted ascending: [orange, Red, Violet, Yellow]
strings greater than m sorted descending: [Yellow, Violet, Red, orange]
```

Figura 17.7 | Demonstrando lambdas e fluxos com um array de `String`s.

17.5.1 Mapeando Strings para maiúsculas usando uma referência de método

As linhas 18 a 21 exibem as `String`s em letras maiúsculas. Para fazer isso, a linha 19 cria um `Stream<String>` a partir do array `strings` e, então, a linha 20 chama o método `Stream map` para mapear cada `String` para sua versão em maiúsculas chamando o método de instância `String toUpperCase`. `String::toUpperCase` é conhecido como **referência de método** e é uma notação abreviada para uma expressão lambda — nesse caso, para uma expressão lambda como:

```
(String s) -> {return s.toUpperCase();}
```

ou

```
s -> s.toUpperCase()
```

`String::toUpperCase` é uma referência de método para um método de instância `String toUpperCase`. A Figura 17.8 mostra quatro tipos de referências de método.

Lambda	Descrição
`String::toUpperCase`	Referência de método para um método de instância de uma classe. Cria uma lambda de um parâmetro que chama o método de instância sobre o argumento da lambda e retorna o resultado do método. Usada na Figura 17.7.
`System.out::println`	Referência de método para um método de instância que deve ser chamado em um objeto específico. Cria uma lambda de um parâmetro que chama o método de instância sobre o objeto especificado — passando o argumento da lambda para o método de instância — e retorna o resultado do método. Usada na Figura 17.10.
`Math::sqrt`	Referência de método para um método `static` de uma classe. Cria uma lambda de um parâmetro em que o argumento da lambda é passado para o método `static` especificado e a lambda retorna o resultado do método.
`TreeMap::new`	Referência de construtor. Cria uma lambda que chama o construtor sem argumentos da classe especificada para criar e inicializar um novo objeto dessa classe. Usada na Figura 17.17.

Figura 17.8 | Tipos de referências de método.

O método `Stream` `map` recebe como argumento um objeto que implementa a interface funcional `Function` — a referência do método de instância `String::toUpperCase` é tratada como uma lambda que implementa a interface `Function`. O método **`apply`** dessa interface recebe um parâmetro e retorna um resultado, nesse caso, o método `apply` recebe uma `String` e retorna a versão em maiúsculas da `string`. A linha 21 *coleta* os resultados em uma `List<String>` que geramos como uma `String`.

17.5.2 Filtrando `Strings` e classificando-as em ordem crescente sem distinção entre maiúsculas e minúsculas

As linhas 24 a 28 filtram e classificam `Strings`. A linha 25 cria um `Stream<String>` do array `strings`, então, a linha 26 chama o método `Stream` `filter` para localizar todas as `Strings` que são maiores que `"m"`, usando uma comparação *sem distinção entre maiúsculas e minúsculas* na lambda `Predicate`. A linha 27 classifica os resultados e a linha 28 os coleta em uma `List<String>` que geramos como uma `String`. Nesse caso, a linha 27 invoca a versão do método `Stream` `sorted` que recebe um `Comparator` como argumento. Como vimos na Seção 16.7.1, um `Comparator` define um método `compare` que retorna um valor negativo se o primeiro valor que é comparado for menor que o segundo, 0 se eles forem iguais e um valor positivo se o primeiro valor for maior que o segundo. Por padrão, o método `sorted` utiliza a *ordem natural* para o tipo — para `Strings`, a ordem natural diferencia maiúsculas de minúsculas, o que significa que `"Z"` é menor que `"a"`. Passar o `Comparator` `String.CASE_INSENSITIVE_ORDER` predefinido realiza uma classificação *sem distinção entre maiúsculas e minúsculas*.

17.5.3 Filtrando `Strings` e classificando-as em ordem decrescente sem distinção entre maiúsculas e minúsculas

As linhas 31 a 35 realizam as mesmas tarefas que as linhas 24 a 28, mas classificam as `Strings` em *ordem decrescente*. A interface funcional `Comparator` contém o método `default` **`reversed`**, que inverte a ordenação de um `Comparator` existente. Quando aplicadas a `String.CASE_INSENSITIVE_ORDER`, `Strings` são classificadas em *ordem decrescente*.

17.6 Manipulações `Stream<Employee>`

O exemplo nas figuras 17.9 a 17.16 demonstra várias capacidades de lambda e fluxo usando um `Stream<Employee>`. A classe `Employee` (Figura 17.9) representa um empregado com um nome, sobrenome, salário e departamento e fornece métodos para manipular esses valores. Além disso, a classe fornece um método `getName` (linhas 69 a 72) que retorna o primeiro e último nome combinados como uma `String`, e um método `toString` (linhas 75 a 80), que retorna uma `String` formatada contendo o nome, sobrenome, salário e departamento do empregado.

```
1  // Figura 17.9: Employee.java
2  // Classe Employee.
3  public class Employee
4  {
5     private String firstName;
6     private String lastName;
7     private double salary;
8     private String department;
9
```

continua

continuação

```
   // construtor
   public Employee(String firstName, String lastName,
      double salary, String department)
   {
      this.firstName = firstName;
      this.lastName = lastName;
      this.salary = salary;
      this.department = department;
   }

   // configura firstName
   public void setFirstName(String firstName)
   {
      this.firstName = firstName;
   }

   // obtém firstName
   public String getFirstName()
   {
      return firstName;
   }

   // configura lastName
   public void setLastName(String lastName)
   {
      this.lastName = lastName;
   }

   // obtém lastName
   public String getLastName()
   {
      return lastName;
   }

   // configura o salário
   public void setSalary(double salary)
   {
      this.salary = salary;
   }

   // obtém salário
   public double getSalary()
   {
      return salary;
   }

   // configura departamento
   public void setDepartment(String department)
   {
      this.department = department;
   }

   // obtém departamento
   public String getDepartment()
   {
      return department;
   }

   // retorna o nome e o sobrenome do empregado combinados
   public String getName()
   {
      return String.format("%s %s", getFirstName(), getLastName());
   }

   // retorna uma String contendo informações do Employee
   @Override
   public String toString()
   {
```

continua

continuação

```
      return String.format("%-8s %-8s %8.2f   %s",
         getFirstName(), getLastName(), getSalary(), getDepartment());
   } // fim do método toString
} // fim da classe Employee
```

Figura 17.9 | Classe `Employee` para uso nas figuras 17.10 a 17.16.

17.6.1 Criando e exibindo uma `List<Employee>`

A classe `ProcessingEmployees` (figuras 17.10 a 17.16) é dividida em vários números para que possamos mostrar as operações de lambda e fluxo com suas saídas correspondentes. A Figura 17.10 cria um array de `Employees` (linhas 17 a 24) e obtém sua visualização `List` (linha 27).

```
1  // Figura 17.10: ProcessingEmployees.java
2  // Processando fluxos de objetos Employee.
3  import java.util.Arrays;
4  import java.util.Comparator;
5  import java.util.List;
6  import java.util.Map;
7  import java.util.TreeMap;
8  import java.util.function.Function;
9  import java.util.function.Predicate;
10 import java.util.stream.Collectors;
11
12 public class ProcessingEmployees
13 {
14    public static void main(String[] args)
15    {
16       // inicializa o array de Employees
17       Employee[] employees = {
18          new Employee("Jason", "Red", 5000, "IT"),
19          new Employee("Ashley", "Green", 7600, "IT"),
20          new Employee("Matthew", "Indigo", 3587.5, "Sales"),
21          new Employee("James", "Indigo", 4700.77, "Marketing"),
22          new Employee("Luke", "Indigo", 6200, "IT"),
23          new Employee("Jason", "Blue", 3200, "Sales"),
24          new Employee("Wendy", "Brown", 4236.4, "Marketing")};
25
26       // obtém a visualização List dos Employees
27       List<Employee> list = Arrays.asList(employees);
28
29       // exibe todos os Employees
30       System.out.println("Complete Employee list:");
31       list.stream().forEach(System.out::println);
32
```

```
Complete Employee list:
Jason    Red       5000.00   IT
Ashley   Green     7600.00   IT
Matthew  Indigo    3587.50   Sales
James    Indigo    4700.77   Marketing
Luke     Indigo    6200.00   IT
Jason    Blue      3200.00   Sales
Wendy    Brown     4236.40   Marketing
```

Figura 17.10 | Criando um array de `Employees`, convertendo-o em uma `List` e exibindo a `List`.

A linha 31 cria um `Stream<Employee>`, então usa o método `Stream` `forEach` para exibir a representação em `String` de cada `Employee`. A referência do método de instância `System.out::println` é convertida pelo compilador em um objeto que implementa a interface funcional `Consumer`. O método accept dessa interface recebe um argumento e retorna `void`. Nesse exemplo, o método `accept` passa cada Employee para o método de instância `println` do objeto `System.out`, que chama implicitamente o método `toString` da classe `Employee` para obter a representação em `String`. A saída no final da Figura 17.10 mostra os resultados da exibição de todos os `Employees`.

17.6.2 Filtrando Employees com salários em um intervalo especificado

A Figura 17.11 demonstra a filtragem de `Employees` com um objeto que implementa a interface funcional `Predicate<Employee>`, que é definida com uma lambda nas linhas 34 e 35. Definir lambdas dessa forma permite reutilizá-los várias vezes, como foi feito nas linhas 42 e 49. As linhas 41 a 44 geram uma saída dos `Employees` com salários no intervalo 4000 a 6000 classificados por salário da seguinte maneira:

- A linha 41 cria um `Stream<Employee>` a partir da `List<Employee>`.
- A linha 42 filtra o fluxo usando o `Predicate` nomeado `fourToSixThousand`.
- A linha 43 classifica por salário os `Employees` que restam no fluxo. Para especificar um `Comparator` para os salários, usamos o método `static comparing` da interface `Comparator`. O método `Employee::getSalary` de referência que é passado como um argumento é convertido pelo compilador em um objeto que implementa a interface `Function`. Essa `Function` é usada para extrair um valor de um objeto no fluxo para utilização em comparações. O método `comparing` retorna um objeto `Comparator` em cada um dos dois objetos `getSalary` e, então, retorna um valor negativo se o salário do primeiro `Employee` for menor que o segundo, 0 se forem iguais e um valor positivo se o salário do primeiro `Employee` for maior que o segundo.
- Por fim, a linha 44 realiza a operação `forEach` terminal que processa o pipeline de fluxo e gera uma saída dos `Employees` classificados por salário.

```
33        // Predicate que retorna true para salários no intervalo US$ 4000-US$ 6000
34        Predicate<Employee> fourToSixThousand =
35           e -> (e.getSalary() >= 4000 && e.getSalary() <= 6000);
36
37        // Exibe Employees com salários no intervalo US$ 4000-US$ 6000
38        // classificados em ordem crescente por salário
39        System.out.printf(
40           "%nEmployees earning $4000-$6000 per month sorted by salary:%n");
41        list.stream()
42            .filter(fourToSixThousand)
43            .sorted(Comparator.comparing(Employee::getSalary))
44            .forEach(System.out::println);
45
46        // Exibe o primeiro Employee com salário no intervalo US$ 4000-US$ 6000
47        System.out.printf("%nFirst employee who earns $4000-$6000:%n%s%n",
48           list.stream()
49               .filter(fourToSixThousand)
50               .findFirst()
51               .get());
52
```

```
Employees earning $4000-$6000 per month sorted by salary:
Wendy    Brown     4236.40   Marketing
James    Indigo    4700.77   Marketing
Jason    Red       5000.00   IT

First employee who earns $4000-$6000:
Jason    Red       5000.00   IT
```

Figura 17.11 | Filtrando `Employees` com salários no intervalo US$ 4000 a US$ 6000.

Processamento do pipeline de fluxo de curto-circuito

Na Seção 5.9, você estudou a avaliação de curto-circuito com os operadores lógicos AND (&&) e OR (||). Uma das características interessantes do desempenho da avaliação preguiçosa é a capacidade de executar a *avaliação de curto-circuito,* isto é, interromper o processamento do pipeline de fluxo assim que o resultado desejado está disponível. A linha 50 demonstra o método `Stream` **`findFirst`** — a *operação terminal de curto-circuito* que processa o pipeline de fluxo e termina o processamento assim que o *primeiro* objeto do pipeline de fluxo é encontrado. Com base na lista original de `Employees`, o processamento de fluxo nas linhas 48 a 51, que filtra `Employees` com salários no intervalo US$ 4000 a US$ 6000, procede da seguinte forma: o `Predicate fourToSixThousand` é aplicado ao primeiro `Employee` (Jason Red). Seu salário (US$ 5000) está no intervalo US$ 4000 a US$ 6000, assim o `Predicate` retorna `true` e o processamento do fluxo termina *imediatamente*, tendo processado apenas um dos oito objetos no fluxo. O método `findFirst` então retorna um `Optional` (nesse caso, um `Optional<Employee>`) contendo o objeto que foi encontrado, se tiver encontrado algum. A chamada e o método `Optional get` (linha 51) retorna o objeto `Employee` correspondente nesse exemplo. Mesmo que o fluxo contivesse milhões de objetos `Employee`, a operação `filter` seria realizada somente depois que uma correspondência tivesse sido encontrada.

17.6.3 Classificando `Employees` por múltiplos campos

A Figura 17.12 mostra como usar fluxos para classificar objetos por *múltiplos* campos. Nesse exemplo, classificamos `Employees` pelo sobrenome, então, para `Employees` com o mesmo sobrenome, também os classificamos pelo nome. Para fazer isso, começamos criando duas `Functions` que recebem um `Employee` e retornam uma `String`:

- `byFirstName` (linha 54) recebe uma referência de método `Employee` para método de instância `getFirstName`.
- `byLastName` (linha 55) recebe uma referência de método `Employee` para método de instância `getLastName`.

Em seguida, usamos essas `Functions` para criar um `Comparator` (`lastThenFirst`; linhas 58 e 59) que primeiro compara dois `Employees` pelo sobrenome, então os compara pelo nome. Usamos o método `Comparator` de `comparing` para criar um `Comparator` que chama `Function` `byLastName` em um `Employee` para obter seu sobrenome. No `Comparator` resultante, chamamos o método `Comparator` **`thenComparing`** para criar um `Comparator` que primeiro compara `Employees` por sobrenome, e *se os sobrenomes forem iguais*, então os compara pelo nome. As linhas 64 e 65 utilizam esse novo `lastThenFirst` `Comparator` para classificar os `Employees` em ordem *crescente* e, então, exibem os resultados. Reutilizamos o `Comparator` nas linhas 71 a 73, mas chamamos seu método `reversed` para indicar que os `Employees` devem ser classificados em ordem *decrescente* pelo sobrenome, então, pelo nome.

```
53        // Functions para obter o nome e o sobrenome de um Employee
54        Function<Employee, String> byFirstName = Employee::getFirstName;
55        Function<Employee, String> byLastName = Employee::getLastName;
56
57        // Comparator para comparar Employees pelo nome, então, pelo sobrenome
58        Comparator<Employee> lastThenFirst =
59           Comparator.comparing(byLastName).thenComparing(byFirstName);
60
61        // classifica funcionários pelo sobrenome e, então, pelo nome
62        System.out.printf(
63           "%nEmployees in ascending order by last name then first:%n");
64        list.stream()
65           .sorted(lastThenFirst)
66           .forEach(System.out::println);
67
68        // classifica funcionários em ordem decrescente pelo sobrenome e, então, pelo nome
69        System.out.printf(
70           "%nEmployees in descending order by last name then first:%n");
71        list.stream()
72           .sorted(lastThenFirst.reversed())
73           .forEach(System.out::println);
74
```

```
Employees in ascending order by last name then first:
Jason    Blue     3200.00   Sales
Wendy    Brown    4236.40   Marketing
Ashley   Green    7600.00   IT
James    Indigo   4700.77   Marketing
Luke     Indigo   6200.00   IT
Matthew  Indigo   3587.50   Sales
Jason    Red      5000.00   IT

Employees in descending order by last name then first:
Jason    Red      5000.00   IT
Matthew  Indigo   3587.50   Sales
Luke     Indigo   6200.00   IT
James    Indigo   4700.77   Marketing
Ashley   Green    7600.00   IT
Wendy    Brown    4236.40   Marketing
Jason    Blue     3200.00   Sales
```

Figura 17.12 | Classificando `Employees` pelo sobrenome e, então, pelo nome.

17.6.4 Mapeando `Employees` para `Strings` de sobrenome únicas

Você anteriormente utilizou operações de `map` para executar cálculos em valores `int` e converter `Strings` em letras maiúsculas. Nos dois casos, os fluxos resultantes continham valores dos mesmos tipos que os fluxos originais. A Figura 17.13 mostra como mapear objetos de um tipo (`Employee`) para objetos de um tipo diferente (`String`). As linhas 77 a 81 realizam as seguintes tarefas:

- A linha 77 cria um `Stream<Employee>`.
- A linha 78 mapeia `Employees` para seus sobrenomes usando a referência do método de instância `Employee::getName` como o argumento `function` do método `map`. O resultado é um `Stream<String>`.
- A linha 79 chama o método `Stream` **distinct** no `Stream<String>` para eliminar quaisquer objetos `String` duplicados em um `Stream<String>`.
- A linha 80 classifica os sobrenomes únicos.
- Por fim, a linha 81 executa uma operação `forEach` terminal que processa o pipeline de fluxo e gera os sobrenomes únicos em ordem de classificação.

As linhas 86 a 89 classificam os `Employees` por sobrenome e depois pelo nome, e então usam `map` para mapear `Employees` para `Strings` com o método de instância `Employee getName` (linha 88) e, por fim, exibem os nomes classificados em uma operação `forEach` terminal.

```
75        // exibe os sobrenomes únicos dos funcionários classificados
76        System.out.printf("%nUnique employee last names:%n");
77        list.stream()
78            .map(Employee::getLastName)
79            .distinct()
80            .sorted()
81            .forEach(System.out::println);
82
83        // exibe apenas o nome e o sobrenome
84        System.out.printf(
85           "%nEmployee names in order by last name then first name:%n");
86        list.stream()
87            .sorted(lastThenFirst)
88            .map(Employee::getName)
89            .forEach(System.out::println);
90
```

```
Unique employee last names:
Blue
Brown
Green
Indigo
Red

Employee names in order by last name then first name:
Jason Blue
Wendy Brown
Ashley Green
James Indigo
Luke Indigo
Matthew Indigo
Jason Red
```

Figura 17.13 | Mapeando objetos `Employee` para sobrenomes e nomes completos.

17.6.5 Agrupando `Employees` por departamento

A Figura 17.14 usa o método `Stream` `collect` (linha 95) para agrupar `Employees` por departamento. O argumento do método `collect` é um `Collector` que especifica como resumir os dados de uma forma útil. Nesse caso, usamos o `Collector` retornado pelo método `Collectors static` **groupingBy**, que recebe uma `Function` que classifica os objetos no fluxo — os valores retornados por essa função são utilizados como as chaves em um `Map`. Os valores correspondentes, por padrão, são `Lists` contendo os elementos de fluxo em uma determinada categoria. Quando o método `collect` é usado com seu `Collector`, o resultado é um `Map<String, List<Employee>>`, no qual cada chave `String` é um departamento e cada `List<Employee>` contém os `Employees` nesse departamento. Atribuímos esse `Map` à variável `groupedByDepartment`, que é usada nas linhas de 96 a 103 para exibir os `Employees` agrupados por departamento. O método `Map` **forEach** realiza uma operação em cada um dos pares chave–valor do `Map`. O argumento para o método é um objeto que implementa a interface funcional **BiConsumer**. O método `accept` dessa interface tem dois parâmetros. Para `Maps`, o primeiro parâmetro representa a chave e o segundo, o valor correspondente.

```
        // agrupa Employees por departamento
        System.out.printf("%nEmployees by department:%n");
        Map<String, List<Employee>> groupedByDepartment =
           list.stream()
               .collect(Collectors.groupingBy(Employee::getDepartment));
        groupedByDepartment.forEach(
           (department, employeesInDepartment) ->
           {
              System.out.println(department);
              employeesInDepartment.forEach(
                 employee -> System.out.printf("   %s%n", employee));
           }
        );

```

```
Employees by department:
Sales
   Matthew  Indigo    3587.50   Sales
   Jason    Blue      3200.00   Sales
IT
   Jason    Red       5000.00   IT
   Ashley   Green     7600.00   IT
   Luke     Indigo    6200.00   IT
Marketing
   James    Indigo    4700.77   Marketing
   Wendy    Brown     4236.40   Marketing
```

Figura 17.14 | Agrupando `Employees` por departamento.

17.6.6 Contando o número de `Employees` em cada departamento

A Figura 17.15 mais uma vez demonstra o método `Stream` `collect` e o método `static` `Collectors` `groupingBy`, mas, nesse caso, contamos o número de `Employees` em cada departamento. As linhas 107 a 110 produzem um `Map<String, Long>` em que cada chave `String` é um nome de departamento e o valor `Long` correspondente é o número de `Employees` nesse departamento. Nesse caso, usamos uma versão do método `Collector` `static` `groupingBy` que recebe dois argumentos, o primeiro é uma `Function` que classifica os objetos no fluxo e o segundo é outro `Collector` (conhecido como **Collector downstream**). Nesse caso, usamos uma chamada ao método `Collectors` `static` `counting` como o segundo argumento. Esse método retorna um `Collector` que conta o número de objetos em uma determinada classificação, em vez de coletá-los em uma `List`. As linhas 111 a 113 então geram uma saída dos pares chave–valor da `Map<String, Long>` resultante.

```
105         // conta o número de Employees em cada departamento
106         System.out.printf("%nCount of Employees by department:%n");
107         Map<String, Long> employeeCountByDepartment =
108            list.stream()
109                .collect(Collectors.groupingBy(Employee::getDepartment,
110                   Collectors.counting()));
111         employeeCountByDepartment.forEach(
112            (department, count) -> System.out.printf(
113               "%s has %d employee(s)%n", department, count));
114
```

```
Count of Employees by department:
IT has 3 employee(s)
Marketing has 2 employee(s)
Sales has 2 employee(s)
```

Figura 17.15 | Contando o número de `Employees` em cada departamento.

17.6.7 Somando e calculando a média de salários de `Employee`

A Figura 17.16 demonstra o método `Stream` **`mapToDouble`** (linhas 119, 126 e 132), que mapeia objetos para valores `double` e retorna um `DoubleStream`. Nesse caso, mapeamos objetos `Employee` para seus salários a fim de calcular a *soma* e a *média*. O

```
115         // soma os salários dos Employees com o método de soma DoubleStream
116         System.out.printf(
117            "%nSum of Employees' salaries (via sum method): %.2f%n",
118            list.stream()
119                .mapToDouble(Employee::getSalary)
120                .sum());
121
122         // calcula soma dos salários dos Employees com o método reduce Stream
123         System.out.printf(
124            "Sum of Employees' salaries (via reduce method): %.2f%n",
125            list.stream()
126                .mapToDouble(Employee::getSalary)
127                .reduce(0, (value1, value2) -> value1 + value2));
128
129         // calcula a média de salários dos Employees com o método average DoubleStream
130         System.out.printf("Average of Employees' salaries: %.2f%n",
131            list.stream()
132                .mapToDouble(Employee::getSalary)
133                .average()
134                .getAsDouble());
135      } // fim de main
136   } // fim da classe ProcessingEmployees
```

```
Sum of Employees' salaries (via sum method): 34524.67
Sum of Employees' salaries (via reduce method): 34525.67
Average of Employees' salaries: 4932.10
```

Figura 17.16 | Somando e calculando a média de salários dos `Employees`.

método `mapToDouble` recebe um objeto que implementa a interface funcional `ToDoubleFunction` (pacote `java.util.function`). O método `applyAsDouble` dessa interface chama um método de instância em um objeto e retorna um valor `double`. As linhas 119, 126 e 132 passam para `mapToDouble` a referência do método de instância `Employee Employee::getSalary`, que retorna o salário atual do `Employee` como um `double`. O compilador converte essa referência de método em um objeto que implementa a interface funcional `ToDoubleFunction`.

As linhas 118 a 120 criam um `Stream<Employee>`, mapeiam-no para um `DoubleStream`, então chamam o método `DoubleStream` `sum` para calcular a soma dos salários dos `Employees`. As linhas 125 a 127 também somam os salários dos `Employees`, mas fazem isso usando o método `DoubleStream` `reduce` em vez de `sum` — introduzimos o método `reduce` na Seção 17.3 com `IntStreams`. Por fim, as linhas 131 a 134 calculam a média de salários dos `Employees` utilizando o método `DoubleStream` `average`, que retorna um `OptionalDouble` se `DoubleStream` não contiver nenhum elemento. Nesse caso, sabemos que o fluxo tem elementos, assim simplesmente chamamos o método `OptionalDouble` `getAsDouble` para obter o resultado. Lembre-se de que você também pode usar o método `orElse` para especificar um valor que deve ser usado se o método `average` foi chamado em uma `DoubleStream` vazia e, portanto, não pode calcular a média.

17.7 Criando um `Stream<String>` de um arquivo

A Figura 17.17 usa lambdas e fluxos para resumir o número de ocorrências de cada palavra em um arquivo e, então, exibe um resumo das palavras em ordem alfabética agrupadas pela letra inicial. Isso é comumente chamado de concordância: `http://en.wikipedia.org/wiki/Concordance_(publishing)`. Concordâncias são muitas vezes utilizadas para analisar obras publicadas. Por exemplo, concordâncias das obras de William Shakespeare e Christopher Marlowe foram usadas para questionar se eles são a mesma pessoa. A Figura 17.18 mostra a saída do programa. A linha 16 da Figura 17.17 cria uma expressão regular `Pattern` que usaremos para dividir as linhas de texto em palavras individuais. Essa `Pattern` representa um ou mais caracteres de espaço em branco consecutivos. (Expressões regulares foram introduzidas na Seção 14.7.)

```
1   // Figura 17.17: StreamOfLines.java
2   // Contando ocorrências de palavras em um arquivo de texto.
3   import java.io.IOException;
4   import java.nio.file.Files;
5   import java.nio.file.Paths;
6   import java.util.Map;
7   import java.util.TreeMap;
8   import java.util.regex.Pattern;
9   import java.util.stream.Collectors;
```

continua

continuação

```java

public class StreamOfLines
{
   public static void main(String[] args) throws IOException
   {
      // Regex que localiza um ou mais caracteres de espaço em branco consecutivos
      Pattern pattern = Pattern.compile("\\s+");

      // conta ocorrências de cada palavra em um Stream<String> classificado por palavra
      Map<String, Long> wordCounts =
         Files.lines(Paths.get("Chapter2Paragraph.txt"))
             .map(line -> line.replaceAll("(?!')\\p{P}", ""))
             .flatMap(line -> pattern.splitAsStream(line))
             .collect(Collectors.groupingBy(String::toLowerCase,
                TreeMap::new, Collectors.counting()));

      // exibe as palavras agrupadas pela letra inicial
      wordCounts.entrySet()
         .stream()
         .collect(
            Collectors.groupingBy(entry -> entry.getKey().charAt(0),
               TreeMap::new, Collectors.toList()))
         .forEach((letter, wordList) ->
            {
               System.out.printf("%n%C%n", letter);
               wordList.stream().forEach(word -> System.out.printf(
                  "%13s: %d%n", word.getKey(), word.getValue()));
            });
   }
} // fim da classe streamOfLines
```

Figura 17.17 | Contando ocorrências de palavras em um arquivo de texto.

```
A
            a: 2
          and: 3
  application: 2
   arithmetic: 1
B
        begin: 1
C
   calculates: 1
 calculations: 1
      chapter: 1
     chapters: 1
  commandline: 1
     compares: 1
   comparison: 1
      compile: 1
     computer: 1
D
    decisions: 1
 demonstrates: 1
      display: 1
     displays: 2
E
      example: 1
     examples: 1
F
          for: 1
         from: 1
H
          how: 2
I
       inputs: 1
     instruct: 1
   introduces: 1
J
         java: 1
          jdk: 1
L
         last: 1
        later: 1
        learn: 1
M
         make: 1
     messages: 2
N
      numbers: 2
O
      obtains: 1
           of: 1
           on: 1
       output: 1
P
      perform: 1
      present: 1
      program: 1
  programming: 1
     programs: 2
R
       result: 1
      results: 2
          run: 1
S
         save: 1
       screen: 1
         show: 1
          sum: 1
T
         that: 3
          the: 7
        their: 2
         then: 2
         this: 2
           to: 4
        tools: 1
          two: 2
U
          use: 2
         user: 1
W
           we: 2
         with: 1
Y
       you'll: 2
```

Figura 17.18 | Saída para o programa da Figura 17.17 disposta em três colunas.

Resumindo as ocorrências de cada palavra no arquivo

As linhas 19 a 24 resumem o conteúdo do arquivo de texto "Chapter2Paragraph.txt" (que está localizado na pasta com o exemplo) em um Map<String, Long> em que cada chave String é uma palavra no arquivo e o valor Long correspondente é o número de ocorrências dessa palavra. A instrução executa as seguintes tarefas:

- A linha 20 utiliza o método Files lines para criar uma Stream<String> a fim de ler as linhas de texto de um arquivo. A classe Files (pacote java.nio.file) é uma das muitas classes nas APIs Java que foram aprimoradas para suportar Streams.

- A linha 21 usa o método Stream map para remover toda a pontuação, exceto apóstrofos, das linhas de texto. O argumento de lambda representa uma Function que chama o método String replaceAll em seu argumento String. Esse método recebe dois argumentos — o primeiro é uma String de expressão regular a localizar e o segundo é uma string que será usada para substituir cada ocorrência da String a localizar. Na expressão regular, "(?!')" indica que o restante da expressão regular deve ignorar apóstrofos (como em uma contração, como "you'll") e "\\p{P}" localiza qualquer caractere de pontuação. Para qualquer correspondência, a chamada a replaceAll remove a pontuação substituindo-a por uma String vazia. O resultado da linha 21 é um Stream<String> intermediário que contém as linhas sem pontuação.

- A linha 22 usa o método Stream flatMap para dividir cada linha de texto em palavras separadas. O método flatMap recebe uma Function que mapeia um objeto em um fluxo de elementos. Nesse caso, o objeto é uma String contendo as palavras e o resultado é outro Stream<String> intermediário para as palavras individuais. A lambda na linha 22 passa a String representando uma linha de texto para o método Pattern splitAsStream (novo no Java SE 8), que usa a expressão regular especificada no Pattern (linha 16) para tokenizar a String em suas palavras individuais.

- As linhas 23 e 24 usam o método Stream collect para contar a frequência de cada palavra e inserir as palavras e suas contagens em TreeMap<String, Long>. Aqui, usamos uma versão do método Collectors groupingBy, que recebe três argumentos — um classificador, uma fábrica Map e um Collector downstream. O classificador é uma Function que retorna objetos para uso como chaves no Map resultante — a referência de método String::toLowerCase converte cada palavra no Stream<String> em minúsculas. A fábrica Map é um objeto que implementa a interface Supplier e retorna uma coleção Map — a *referência de construtor* TreeMap::new retorna um TreeMap que mantém as chaves em ordem classificada. Collectors.counting() é o Collector downstream que determina o número de ocorrências de cada chave no fluxo.

Exibindo o resumo agrupado pela letra inicial

Em seguida, as linhas 27 a 37 agrupam os pares chave–valor em Map wordCounts pela primeira letra das chaves. Isso produz um novo Map em que cada chave é um Character e o valor correspondente é uma List dos pares chave–valor em wordCounts em que a chave começa com o Character. A instrução executa as seguintes tarefas:

- Primeiro, precisamos obter um Stream para processar os pares chave–valor em wordCounts. A interface Map não contém nenhum método que retorna Streams. Assim, a linha 27 chama o método Map entrySet em wordCounts para obter um Set de objetos Map.Entry que contêm um par chave–valor. Isso produz um objeto do tipo Set<Map.Entry<String, Long>>.

- A linha 28 chama o método Set stream para obter um Stream<Map.Entry<String, Long>>.

- As linhas 29 a 31 chamam o método Stream collect com três argumentos — um classificador, uma fábrica Map e um Collector downstream. A Function classificadora nesse caso obtém a chave de Map.Entry e, então, usa o método String charAt para obter o primeiro caractere da chave — este se torna uma chave Character no Map resultante. Mais uma vez, usamos a referência de construtor TreeMap::new como a fábrica Map para criar um TreeMap que mantém as chaves em ordem classificada. O Collector downstream (Collectors.toList ()) insere os objetos Map.Entry em uma coleção List. O resultado da coleta é um Map<Character, List<Map.Entry<String, Long >>>.

- Por fim, para exibir o resumo das palavras e suas contagens por letra (isto é, a concordância), as linhas 32 a 37 passam uma lambda para o método Map forEach. A lambda (uma BiConsumer) recebe dois parâmetros — letter e wordList representam a chave Character e o valor List, respectivamente, para cada par chave–valor no Map produzido pela operação collect anterior. O corpo dessa lambda tem duas instruções, assim ele *deve* ser colocado entre chaves. A instrução na linha 34 exibe a chave Character em uma linha própria. A instrução nas linhas 35 e 36 obtém um Stream<Map.Entry<String, Long>> da wordList e, então, chama o método Stream forEach para exibir a chave e o valor de cada Map.Entry.

17.8 Gerando fluxos de valores aleatórios

Na Figura 6.7, demonstramos uma rolagem de dado de seis lados 6.000.000 vezes e o resumo das frequências de cada face utilizando *iteração externa* (um loop for) e uma instrução switch que determinava qual contador incrementar. Então, exibimos os resultados usando instruções separadas que realizavam a iteração externa. Na Figura 7.7, reimplementamos a Figura 6.7 para substituir toda a instrução switch por uma única instrução que incrementava os contadores em um array — essa versão da rolagem de um dado ainda usou a iteração externa para produzir e resumir 6.000.000 rolagens aleatórias e exibir os resultados finais. Ambas as versões anteriores desse exemplo usaram variáveis mutáveis para controlar a iteração externa e resumir os resultados. A Figura

17.19 reimplementa esses programas com uma *única instrução* que faz tudo, usando lambdas, fluxos, iteração interna e nenhuma variável mutável para rolar o dado 6.000.000 vezes, calcular as frequências e exibir os resultados.

```
1   // Figura 17.19: RandomIntStream.java
2   // Rolando um dado 6.000.000 vezes com fluxos
3   import java.security.SecureRandom;
4   import java.util.Map;
5   import java.util.function.Function;
6   import java.util.stream.IntStream;
7   import java.util.stream.Collectors;
8
9   public class RandomIntStream
10  {
11     public static void main(String[] args)
12     {
13        SecureRandom random = new SecureRandom();
14
15        // rolando um dado 6.000.000 vezes e resumindo os resultados
16        System.out.printf("%-6s%s%n", "Face", "Frequency");
17        random.ints(6_000_000, 1, 7)
18              .boxed()
19              .collect(Collectors.groupingBy(Function.identity(),
20                 Collectors.counting()))
21              .forEach((face, frequency) ->
22                 System.out.printf("%-6d%d%n", face, frequency));
23     }
24  } // fim da classe RandomIntStream
```

```
Face  Frequency
1     999339
2     999937
3     1000302
4     999323
5     1000183
6     1000916
```

Figura 17.19 | Rolando um dado 6.000.000 vezes com fluxos.

Criando um `IntStream` de valores aleatórios

No Java SE 8, a classe `SecureRandom` tem os métodos sobrecarregados **`ints`**, **`longs`** e **`doubles`** que são herdados da classe `Random` (pacote `java.util`). Esses métodos retornam `IntStream`, `LongStream` e `DoubleStream`, respectivamente, que representam fluxos dos números aleatórios. Cada método tem quatro sobrecargas. Descrevemos as sobrecargas de `ints` aqui — os métodos `longs` e `doubles` realizam as mesmas tarefas para fluxos de valores `long` e `double`, respectivamente:

- `ints()` — cria um `IntStream` para um *fluxo infinito* de `ints` aleatórios. Um **fluxo infinito** tem um número *desconhecido* de elementos — você utiliza uma operação terminal de curto-circuito para concluir o processamento em um fluxo infinito. Usaremos um fluxo infinito no Capítulo 23 para encontrar números primos com o Crivo de Eratóstenes.
- `ints(long)` — cria um `IntStream` com o número especificado de `ints` aleatórios.
- `ints(int, int)` — cria um `IntStream` para um *fluxo infinito* de valores `int` aleatórios no intervalo que começa no primeiro argumento e vai até, mas sem incluir, o segundo argumento.
- `ints(long, int, int)` — cria um `IntStream` com o número especificado de valores `int` aleatórios no intervalo que começa no primeiro argumento e vai até, mas sem incluir, o segundo argumento.

A linha 17 utiliza a última versão sobrecarregada de `ints` para criar um `IntStream` de 6.000.000 valores inteiros aleatórios no intervalo 1 a 6.

Convertendo um `IntStream` em um `Stream<Integer>`

Resumimos as frequências de rolagem nesse exemplo coletando-as em um `Map<Integer, Long>` em que cada chave `Integer` é um lado do dado e cada valor `Long` é a frequência desse lado. Infelizmente, o Java não permite valores primitivos em coleções, portanto, para resumir os resultados em um `Map`, primeiro é preciso converter o `IntStream` em um `Stream<Integer>`. Fazemos isso chamando o método `IntStream` **`boxed`**.

Resumindo as frequências dos resultados dos lançamentos de um dado

As linhas 19 e 20 chamam o método `Stream collect` para resumir os resultados em um `Map<Integer, Long>`. O primeiro argumento para o método `Collectors groupingBy` (linha 19) chama o método `static` **`identity`** da interface `Function`, que cria uma `Function` que simplesmente retorna seu argumento. Isso permite que valores aleatórios reais sejam usados como chaves `Map`. O segundo argumento ao método `groupingBy` conta o número de ocorrências de cada chave.

Exibindo os resultados

As linhas 21 e 22 chamam o método `forEach` do `Map` resultante para exibir o resumo dos resultados. Esse método recebe um objeto que implementa a interface funcional `BiConsumer` como um argumento. Lembre-se de que, para `Maps`, o primeiro parâmetro representa a chave e o segundo, o valor correspondente. A lambda nas linhas 21 e 22 utiliza o parâmetro `face` como chave e `frequency` como o valor, e exibe a face e frequência.

17.9 Rotinas de tratamento de eventos Lambda

Na Seção 12.11, vimos como implementar uma rotina de tratamento de evento usando uma classe interna anônima. Algumas interfaces ouvintes de evento como `ActionListener` e `ItemListener` são interfaces funcionais. Para essas interfaces, você pode implementar rotinas de tratamento de evento com lambdas. Por exemplo, a instrução a seguir da Figura 12.21:

```
imagesJComboBox.addItemListener(
   new ItemListener() // classe interna anônima
   {
      // trata evento JComboBox
      @Override
      public void itemStateChanged(ItemEvent event)
      {
         // determina se o item está selecionado
         if (event.getStateChange() == ItemEvent.SELECTED)
            label.setIcon(icons[
               imagesJComboBox.getSelectedIndex()]);
      }
   } // fim da classe interna anônima
); // fim da chamada para addItemListener
```

que registra uma rotina de tratamento de evento para um `JComboBox` pode ser implementada de forma mais concisa como

```
imagesJComboBox.addItemListener(event -> {
   if (event.getStateChange() == ItemEvent.SELECTED)
      label.setIcon(icons[imagesJComboBox.getSelectedIndex()]);
});
```

Para uma rotina de tratamento de evento simples como essa, uma lambda reduz significativamente a quantidade de código que você precisa escrever.

17.10 Notas adicionais sobre interfaces Java SE 8

Interfaces Java SE 8 permitem herdar implementações de método

Interfaces funcionais *devem* conter um único método `abstract`, mas também podem conter métodos `default` e métodos `static` que são totalmente implementados nas declarações de interface. Por exemplo, a interface `Function` — que é usada extensivamente na programação funcional — tem os métodos `apply` (`abstract`), `compose` (`default`), `andThen` (`default`) e `identity` (`static`).

Quando uma classe implementa uma interface com os métodos `default` e *não* os sobrescreve, a classe herda as implementações dos métodos `default`. O designer de uma interface agora pode aprimorá-la adicionando novos métodos `default` e `static` sem quebrar o código existente que implementa a interface. Por exemplo, a interface `Comparator` (Seção 16.7.1) agora contém muitos métodos `default` e `static`, mas as classes mais antigas que implementam essa interface ainda irão compilar e funcionar corretamente no Java SE 8.

Se uma classe herda o mesmo método `default` das duas interfaces dissociadas, a classe *deve* sobrescrever esse método; caso contrário, o compilador não saberá qual método utilizar, assim ele vai gerar um erro de compilação.

Java SE 8: anotação `@FunctionalInterface`

Você pode criar suas próprias interfaces funcionais garantindo que cada uma contenha um único método `abstract` e zero ou mais métodos `default` ou `static`. Embora não seja necessário, você pode declarar que uma interface é funcional precedendo-a com a **anotação `@FunctionalInterface`**. O compilador então garantirá que a interface contém um único método `abstract`; caso contrário, ele vai gerar um erro de compilação.

17.11 Java SE 8 e recursos de programação funcional

Veja no site do Deitel os links (em inglês) Deitel Resource Centers, que compilamos à medida que escrevíamos este livro (http://www.deitel.com/ResourceCenters/ViewCompleteResourceCenterList/tabid/56/Default.aspx).

17.12 Conclusão

Neste capítulo, você aprendeu as novas capacidades de programação funcional do Java SE 8. Apresentamos muitos exemplos, frequentemente mostrando maneiras mais simples de implementar as tarefas que você programou em capítulos anteriores.

Resumimos as tecnologias-chave da programação funcional — interfaces funcionais, lambdas e fluxos. Você aprendeu a processar elementos em uma `IntStream` — um fluxo de valores `int`. Você criou uma `IntStream` a partir de um array de `ints` e, então, utilizou operações terminais e intermediárias de fluxo para criar e processar um pipeline de fluxo que produziu um resultado. Você usou lambdas para criar métodos anônimos que implementaram interfaces funcionais.

Mostramos como utilizar uma operação terminal `forEach` para executar uma operação em cada elemento de fluxo. Usamos operações de redução para contar o número de elementos de fluxo, determinar os valores mínimos e máximos, bem como calcular a soma e média dos valores. Você também aprendeu a usar o método `reduce` para criar suas próprias operações de redução.

Você usou operações intermediárias para filtrar os elementos que correspondiam a um predicado e mapear elementos para novos valores — em cada caso, essas operações produziram fluxos intermediários em que foi possível realizar processamento adicional. Você também aprendeu a classificar elementos em ordem crescente e decrescente e como classificar objetos por múltiplos campos.

Demonstramos como armazenar os resultados de um pipeline de fluxo em uma coleção para uso posterior. Para fazer isso, você tirou vantagem das várias implementações de `Collector` predefinidas fornecidas pela classe `Collectors`. Também aprendeu a usar uma `Collector` para agrupar elementos em categorias.

Você aprendeu que várias classes Java SE 8 foram aprimoradas para suportar a programação funcional. Você então usou o método `Files lines` para obter um `Stream<String>` que lia as linhas de texto de um arquivo e utilizou o método `SecureRandom ints` para obter um `IntStream` de valores aleatórios. Você também aprendeu a converter um `IntStream` em um `Stream<Integer>` (por meio do método `boxed`) para poder usar o método `Stream collect` a fim de resumir as frequências de valores `Integer` e armazenar os resultados em um `Map`.

Em seguida, você aprendeu a implementar uma interface funcional de tratamento de evento usando uma lambda. Por fim, apresentamos algumas informações adicionais sobre interfaces e fluxos do Java SE 8. No próximo capítulo, discutiremos a programação recursiva em que os métodos chamam a eles mesmos direta ou indiretamente.

Resumo

Seção 17.1 Introdução

- Antes do Java SE 8, o Java suportava três paradigmas de programação — programação procedural, programação orientada a objetos e programação genérica. O Java SE 8 acrescenta a programação funcional.
- As novas capacidades da linguagem e da biblioteca que suportam a programação funcional foram adicionadas ao Java como parte do Projeto Lambda.

Seção 17.2 Visão geral das tecnologias de programação funcional

- Antes da programação funcional, você normalmente determinava o que queria alcançar e, então, especificava os passos precisos para realizar essa tarefa.
- Usar um loop para iterar por uma coleção de elementos é conhecido como iteração externa e requer acesso sequencial aos elementos. Essa iteração também requer variáveis mutáveis.
- Na programação funcional, você especifica o que quer alcançar em uma tarefa, mas não como realizar isso.
- Deixar a biblioteca determinar como iterar por uma coleção de elementos é conhecido como iteração interna. A iteração interna é mais fácil de paralelizar.
- A programação funcional focaliza a imutabilidade — não modifica a origem de dados que é processada ou qualquer outro estado do programa.

Seção 17.2.1 Interfaces funcionais

- Interfaces funcionais também são conhecidas como interfaces de método abstrato único (SAM).
- O pacote `java.util.function` contém seis interfaces funcionais básicas `BinaryOperator`, `Consumer`, `Function`, `Predicate`, `Supplier` e `UnaryOperator`.
- Há muitas versões especializadas das seis interfaces funcionais básicas para uso com valores primitivos `int`, `long` e `double`. Também há personalizações genéricas da `Consumer`, `Function` e `Predicate` para operações binárias — isto é, métodos que recebem dois argumentos.

Seção 17.2.2 Expressões lambda

- Uma expressão lambda representa um método anônimo — uma notação abreviada para implementar uma interface funcional.
- O tipo de uma lambda é o tipo da interface funcional que a lambda implementa.
- Expressões lambda podem ser usadas em qualquer lugar em que interfaces funcionais são esperadas.
- Uma lambda consiste em uma lista de parâmetros seguida pelo símbolo seta (`->`) e um corpo, como em:

```
(listaDeParâmetros) -> {instruções}
```

Por exemplo, a seguinte lambda recebe dois `ints` e retorna sua soma:

```
(int x, int y) -> {return x + y;}
```

O corpo dessa lambda é um bloco de instruções que pode conter uma ou mais instruções entre chaves.

- Os tipos de parâmetro de uma lambda podem ser omitidos, como em:

```
(x, y) -> {return x + y;}
```

caso em que o parâmetro e os tipos de retorno são determinados pelo contexto da lambda.

- Uma lambda com um corpo de uma expressão pode ser escrita como:

```
(x, y) -> x + y
```

Nesse caso, o valor da expressão é retornado implicitamente.

- Quando a lista de parâmetro contém um único parâmetro, os parênteses podem ser omitidos, como em:

```
value -> System.out.printf("%d ", value)
```

- Uma lambda com uma lista de parâmetros vazia é definida com `()` à esquerda do símbolo seta (`->`), como em:

```
() -> System.out.println("Welcome to lambdas!")
```

- Também há formas de lambda abreviadas e especializadas que são conhecidas como referências de método.

Seção 17.2.3 Fluxos

- Fluxos são objetos que implementam a interface `Stream` (do pacote `java.util.stream`) e permitem realizar tarefas de programação funcional. Também há interfaces de fluxo especializadas para processar valores `int`, `long` ou `double`.
- Fluxos movem os elementos por uma sequência de passos de processamento — conhecida como pipeline de fluxo — que começa com uma origem de dados, realiza várias operações intermediárias nos elementos da origem de dados e termina com uma operação terminal. Um pipeline de fluxo é formado encadeando chamadas de método.
- Ao contrário de coleções, fluxos não têm um armazenamento próprio — depois que o fluxo é processado, ele não pode ser reutilizado, porque não mantém uma cópia da origem de dados original.
- Uma operação intermediária especifica as tarefas a executar nos elementos do fluxo e sempre resulta em um novo fluxo.
- Operações intermediárias são preguiçosas — elas só são realizadas depois que uma operação terminal é invocada. Isso permite que desenvolvedores de biblioteca otimizem o desempenho do processamento de fluxo.
- Uma operação terminal inicia o processamento das operações intermediárias de um pipeline de fluxo e produz um resultado. Operações terminais são gulosas — elas realizam a operação solicitada quando são chamadas.

Seção 17.3 Operações `IntStream`

- Um `IntStream` (pacote `java.util.stream`) é um fluxo especializado para manipular valores `int`.

Seção 17.3.1 Criando um `IntStream` e exibindo seus valores com a operação terminal `forEach`

- O método `IntStream static of` recebe um array `int` como um argumento e retorna um `IntStream` para processar os valores do array.
- O método `IntStream forEach` (uma operação terminal) recebe como argumento um objeto que implementa a interface funcional `IntConsumer` (pacote `java.util.function`). O método `accept` dessa interface recebe um valor `int` e realiza uma tarefa com ele.
- O compilador Java pode inferir os tipos dos parâmetros de uma lambda e o tipo retornado por uma lambda a partir do contexto em que ela é utilizada. Isso é determinado pelo tipo alvo da lambda — o tipo de interface funcional que é esperado onde a lambda aparece no código.
- Lambdas podem usar variáveis locais `final` ou variáveis locais efetivamente `final`.
- Uma lambda que referencia uma variável local no escopo léxico envolvente é conhecida como uma lambda de captura.
- Uma lambda pode usar a referência `this` da classe externa sem qualificá-la com o nome da classe externa.
- Os nomes de parâmetro e os nomes de variável usados nas lambdas não podem ser os mesmos que quaisquer outras variáveis locais no escopo lexical da lambda; caso contrário, ocorrerá um erro de compilação.

Seção 17.3.2 Operações terminais `count`, `min`, `max`, `sum` e `average`

- A classe `IntStream` fornece as operações terminais para reduções comuns de fluxo — `count` retorna o número de elementos, `min` retorna o menor `int`, `max` retorna o maior `int`, `sum` retorna a soma de todos os `ints` e `average` retorna um `OptionalDouble` (pacote `java.util`) contendo a média dos `ints` como um valor do tipo `double`.
- O método `getAsDouble` da classe `OptionalDouble` retorna o `double` no objeto ou lança uma `NoSuchElementException`. Para evitar essa exceção, chame o método `orElse`, que retorna o valor de `OptionalDouble` se houver um ou, caso contrário, o valor passado para `orElse`.
- O método `IntStream` `summaryStatistics` realiza as operações `count`, `min`, `max`, `sum` e `average` em uma passagem pelos elementos de `IntStream` e retorna os resultados como um objeto `IntSummaryStatistics` (pacote `java.util`).

Seção 17.3.3 Operação terminal `reduce`

- Você pode definir suas próprias reduções para um `IntStream` chamando o método `reduce`. O primeiro argumento é um valor que ajuda você a iniciar a operação de redução e o segundo argumento é um objeto que implementa a interface funcional `IntBinaryOperator`.
- O primeiro argumento do método `reduce` é formalmente chamado valor de identidade — um valor que, quando combinado com qualquer elemento de fluxo usando o `IntBinaryOperator`, produz o valor original desse elemento.

Seção 17.3.4 Operações intermediárias: filtrando e classificando valores `IntStream`

- Você filtra elementos para produzir um fluxo de resultados intermediários que correspondem a um predicado. O método `IntStream` `filter` recebe um objeto que implementa a interface funcional `IntPredicate` (pacote `java.util.function`).
- O método `IntStream` `sorted` (uma operação preguiçosa) ordena os elementos do fluxo em ordem crescente (por padrão). Todas as operações intermediárias anteriores no pipeline de fluxo devem estar concluídas para que o método `sorted` saiba quais elementos classificar.
- O método `filter` é uma operação intermediária sem estado — ele não requer nenhuma informação sobre outros elementos no fluxo a fim de testar se o elemento atual atende o predicado.
- O método `sorted` é uma operação intermediária com estado que requer informações sobre todos os outros elementos no fluxo para classificá-los.
- O método `default` `and` da interface `IntPredicate` realiza uma operação lógica AND com avaliação de curto-circuito entre o `IntPredicate` em que o método é chamado e seu argumento `IntPredicate`.
- O método `default` `negate` da interface `IntPredicate` inverte o valor `boolean` do `IntPredicate` em que o método é chamado.
- O método `default` `or` da interface `IntPredicate` realiza uma operação lógica OR com avaliação de curto-circuito entre o `IntPredicate` em que o método é chamado e seu argumento `IntPredicate`.
- Você pode usar métodos `default` da interface `IntPredicate` para compor condições mais complexas.

Seção 17.3.5 Operação intermediária: mapeamento

- O mapeamento é uma operação intermediária que transforma elementos de um fluxo em novos valores e produz um fluxo que contém os elementos resultantes (possivelmente de tipo diferente).
- O método `IntStream` `map` (uma operação intermediária sem estado) recebe um objeto que implementa a interface funcional `IntUnaryOperator` (pacote `java.util.function`).

Seção 17.3.6 Criando fluxos de `ints` com os métodos `IntStream` `range` e `rangeClosed`

- Os métodos `IntStream` `range` e `rangeClosed` produzem uma sequência ordenada de valores `int`. Os dois métodos recebem dois argumentos `int` representando o intervalo de valores. O método `range` produz uma sequência de valores que começa no primeiro argumento e vai até, mas sem incluir, o segundo argumento. O método `rangeClosed` produz uma sequência de valores incluindo os dois argumentos.

Seção 17.4 Manipulações `Stream<Integer>`

- O método `stream` da classe `Array` é utilizado para criar um `Stream` de um array de objetos.

Seção 17.4.1 Criando um `Stream<Integer>`

- A interface `Stream` (pacote `java.util.stream`) é uma interface genérica para executar operações de fluxo nos objetos. Os tipos dos objetos que são processados são determinados pela origem de `Stream`.
- A classe `Arrays` fornece métodos `stream` sobrecarregados para criar `IntStreams`, `LongStreams` e `DoubleStreams` dos arrays `int`, `long` e `double` ou dos intervalos dos elementos nos arrays.

Seção 17.4.2 Classificando um `Stream` e coletando os resultados

- O método `Stream` `sorted` classifica por padrão os elementos de um fluxo em ordem crescente.

- Para criar uma coleção contendo os resultados de um pipeline de fluxo, use o método `Stream` `collect` (uma operação terminal). À medida que o pipeline de fluxo é processado, o método `collect` executa uma operação de redução mutável que insere os resultados em um objeto, como `List`, `Map` ou `Set`.
- O método `collect` com um argumento recebe um objeto que implementa a interface `Collector` (pacote `java.util.stream`), a qual especifica como realizar a redução mutável.
- A classe `Collectors` (pacote `java.util.stream`) fornece os métodos `static` que retornam implementações `Collector` predefinidas.
- O método `Collectors` `toList` transforma um `Stream<T>` em uma coleção `List<T>`.

Seção 17.4.3 Filtrando um `Stream` e armazenando os resultados para uso posterior

- O método `Stream` `filter` recebe um `Predicate` e resulta em um fluxo de objetos que correspondem ao `Predicate`. O método `Predicate` retorna um `test` que indica um `boolean` se o argumento satisfaz uma condição. A interface `Predicate` também tem métodos `and`, `negate` e `or`.

Seção 17.4.5 Classificando resultados coletados anteriormente

- Ao inserir os resultados de um pipeline de fluxo em uma coleção, você pode criar um novo fluxo a partir da coleção para realizar operações de fluxo adicionais sobre os resultados anteriores.

Seção 17.5.1 Mapeando `Strings` para maiúsculas usando uma referência de método

- O método `Stream` `map` mapeia cada elemento para um novo valor e produz um novo fluxo com o mesmo número de elementos que o fluxo original.
- A referência de método é uma notação abreviada para uma expressão lambda.
- *NomeDaClasse*`::`*nomeDoMétodoDeInstância* representa uma referência de método para um método de instância de uma classe. Cria uma lambda de um parâmetro que chama o método de instância sobre o argumento da lambda e retorna o resultado do método.
- *nomeDoObjeto*`::`*nomeDoMétodoDeInstância* representa uma referência de método para um método de instância que deve ser chamado em um objeto específico. Cria uma lambda de um parâmetro que chama o método de instância sobre o objeto especificado — passando o argumento da lambda para o método de instância — e retorna o resultado do método.
- *NomeDaClasse*`::`*nomeDoMétodoStatic* representa uma referência de método para um método `static` de uma classe. Cria uma lambda de um parâmetro em que o argumento da lambda é passado para o método `static` especificado e a lambda retorna o resultado do método.
- *NomeDaClasse*`::new` representa uma referência de construtor. Cria uma lambda que chama o construtor sem argumentos da classe especificada para criar e inicializar um novo objeto dessa classe.

Seção 17.5.2 Filtrando `Strings` e classificando-as em ordem crescente sem distinção entre maiúsculas e minúsculas

- O método `Stream` `sorted` pode receber um `Comparator` como um argumento para especificar como comparar elementos de fluxo para classificação.
- Por padrão, o método `sorted` usa a ordem natural para o tipo de elemento do fluxo.
- Para `Strings`, a ordem natural diferencia maiúsculas de minúsculas, o que significa que `"Z"` é menor que `"a"`. Passar o `Comparator` `String.CASE_INSENSITIVE_ORDER` predefinido realiza uma classificação sem distinção entre maiúsculas e minúsculas.

Seção 17.5.3 Filtrando `Strings` e classificando-as em ordem decrescente sem distinção entre maiúsculas e minúsculas

- O método `default` `reversed` da interface funcional `Comparator` inverte a ordenação de um `Comparator` existente.

Seção 17.6.1 Criando e exibindo uma `List<Employee>`

- Quando a referência do método de instância `System.out::println` é passada para o método `Stream` `forEach`, ela é convertida pelo compilador em um objeto que implementa a interface funcional `Consumer`. O método `accept` dessa interface recebe um argumento e retorna `void`. Nesse caso, o método `accept` passa o argumento para o método de instância `println` do objeto `System.out`.

Seção 17.6.2 Filtrando `Employees` com salários em um intervalo especificado

- Para reutilizar uma lambda, você pode atribuí-la a uma variável do tipo de interface funcional apropriado.
- O método `static` `comparing` da interface `Comparator` recebe uma `Function` que é usada para extrair um valor de um objeto no fluxo para uso em comparações e retorna um objeto `Comparator`.
- Uma característica interessante do desempenho da avaliação preguiçosa é a capacidade de executar uma avaliação de curto-circuito — isto é, parar o processamento do pipeline de fluxo assim que o resultado desejado estiver disponível.
- O método `Stream` `findFirst` é uma operação terminal de curto-circuito que processa o pipeline de fluxo e termina o processamento assim que o primeiro objeto do pipeline de fluxo é encontrado. O método retorna um `Optional` contendo o objeto que foi encontrado, se houver algum.

Seção 17.6.3 Classificando `Employees` por múltiplos campos

- Para classificar objetos por dois campos, você cria um `Comparator` que usa duas `Functions`. Primeiro você chama o método `comparing` de `Comparator` para criar um `Comparator` com a primeira `Function`. No `Comparator` resultante, você chama o método `thenComparing` com a segunda `Function`. O `Comparator` resultante compara os objetos usando a primeira `Function` e, então, para objetos que são iguais, compara-os pela segunda `Function`.

Seção 17.6.4 Mapeando `Employees` para `Strings` de sobrenome únicas

- É possível mapear objetos em um fluxo para diferentes tipos a fim de produzir outro fluxo com o mesmo número de elementos que o fluxo original.
- O método `Stream` `distinct` elimina objetos duplicados em um fluxo.

Seção 17.6.5 Agrupando `Employees` por departamento

- O método `Collectors` `static` `groupingBy` com um argumento recebe uma `Function` que classifica os objetos no fluxo — os valores retornados por essa função são utilizados como as chaves em um `Map`. Os valores correspondentes, por padrão, são `Lists` contendo os elementos de fluxo em uma determinada categoria.
- O método `Map` `forEach` realiza uma operação em cada par chave–valor. O método recebe um objeto que implementa a interface funcional `BiConsumer`. O método `accept` dessa interface tem dois parâmetros. Para `Maps`, o primeiro representa a chave e o segundo, o valor correspondente.

Seção 17.6.6 Contando o número de `Employees` em cada departamento

- O método `Collectors` `static` `groupingBy` com dois argumentos recebe uma `Function` que classifica os objetos no fluxo e outro `Collector` (conhecido como `Collector` downstream).
- O método `Collectors` `static` `counting` retorna um `Collector` que conta o número de objetos em uma determinada classificação, em vez de coletá-los em uma `List`.

Seção 17.6.7 Somando e calculando a média de salários de `Employee`

- O método `Stream` `mapToDouble` mapeia os objetos `double` para valores e retorna um `DoubleStream`. O método recebe um objeto que implementa a interface funcional `ToDoubleFunction` (pacote `java.util.function`). O método `applyAsDouble` dessa interface chama um método de instância em um objeto e retorna um valor `double`.

Seção 17.7 Criando um `Stream<String>` de um arquivo

- O método `Files` `lines` cria um `Stream<String>` para ler as linhas de texto de um arquivo.
- O método `Stream` `flatMap` recebe uma `Function` que mapeia um objeto para um fluxo — por exemplo, uma linha de texto em palavras.
- O método `Pattern` `splitAsStream` usa uma expressão regular para tokenizar uma `String`.
- O método `Collectors` `groupingBy` com três argumentos recebe um classificador, uma fábrica `Map` e um `Collector` downstream. O classificador é uma `Function` que retorna os objetos que são utilizados como chaves no `Map` resultante. A fábrica `Map` é um objeto que implementa a interface `Supplier` e retorna uma nova coleção `Map`. O `Collector` downstream determina como coletar os elementos de cada grupo.
- O método `Map` `entrySet` retorna um `Set` de objetos `Map.Entry` contém pares chave–valor do `Map`.
- O método `Set` `stream` retorna um fluxo para processar os elementos do `stream`.

Seção 17.8 Gerando fluxos de valores aleatórios

- Os métodos `ints`, `longs` e `doubles` da classe `SecureRandom` (herdados da classe `Random`) retornam `IntStream`, `LongStream` e `DoubleStream`, respectivamente, para os fluxos dos números aleatórios.
- O método `ints` sem argumentos cria um `IntStream` para um fluxo infinito de valores `int` aleatórios. Um fluxo infinito é um fluxo com um número desconhecido de elementos — você utiliza uma operação terminal de curto-circuito para concluir o processamento em um fluxo infinito.
- O método `ints` com um argumento `long` cria um `IntStream` com o número especificado de valores `int` aleatórios.
- O método `ints` com dois argumentos `int` cria um `IntStream` para um fluxo infinito de valores `int` aleatórios no intervalo que começa no primeiro argumento e vai até, mas sem incluir, o segundo.
- O método `ints` com um `long` e dois argumentos `int` cria uma `IntStream` com o número especificado de valores `int` aleatórios no intervalo que começa no primeiro argumento e vai até, mas sem incluir, o segundo.
- Para converter um `IntStream` em um `Stream<Integer>`, chame o método `IntStream` `boxed`.
- O método `Function` `static` `identity` cria uma `Function` que simplesmente retorna seu argumento.

Seção 17.9 Rotinas de tratamento de eventos Lambda

- Algumas interfaces ouvintes de eventos são funcionais. Para essas interfaces, você pode implementar rotinas de tratamento de evento com lambdas. Para uma rotina de tratamento de evento simples, uma lambda reduz significativamente a quantidade de código que você precisa escrever.

Seção 17.10 Notas adicionais sobre interfaces Java SE 8

- As interfaces funcionais devem conter um único método `abstract`, mas também podem conter métodos `default` e `static` que são totalmente implementados nas declarações da interface.
- Quando uma classe implementa uma interface com os métodos `default` e não os sobrescreve, a classe herda as implementações dos métodos `default`. O designer de uma interface agora pode aprimorá-la adicionando novos métodos `default` e `static` sem quebrar o código existente que implementa a interface.
- Se uma classe herdar o mesmo método `default` das duas interfaces, a classe deve sobrescrever esse método; caso contrário, o compilador irá gerar um erro de compilação.
- Você pode criar suas próprias interfaces funcionais garantindo que cada uma contenha um único método `abstract` e zero ou mais métodos `default` ou `static`.
- Você pode declarar que uma interface é funcional precedendo-a com a anotação `@FunctionalInterface`. O compilador então garantirá que a interface contém um único método `abstract`; caso contrário, ele vai gerar um erro de compilação.

Exercícios de revisão

17.1 Preencha as lacunas em cada uma das seguintes afirmações:

a) Expressões lambda implementam ________.

b) Programas funcionais são mais fáceis de ________ (isto é, executam várias operações simultaneamente) para que seus programas possam tirar vantagem das arquiteturas multiprocessadas a fim de melhorar o desempenho.

c) Com a iteração ________ a biblioteca determina como acessar todos os elementos em uma coleção para realizar uma tarefa.

d) A interface funcional ________ contém o método `apply`, que recebe dois argumentos `T`, realiza uma operação neles (como um cálculo) e retorna um valor do tipo `T`.

e) A interface funcional ________ contém o método `test`, que recebe um argumento `T` e retorna um `boolean` e testa se o argumento `T` atende a uma condição.

f) Uma ________ representa um método anônimo — uma notação abreviada para implementar uma interface funcional.

g) Operações intermediárias de fluxo são ________ — elas só são executadas depois que uma operação terminal é invocada.

h) A operação terminal de fluxo ________ executa o processamento em cada elemento em um fluxo.

i) ________ lambdas usam variáveis locais do escopo lexical envolvente.

j) Uma característica do desempenho da avaliação preguiçosa é a capacidade de executar uma avaliação de ________ — isto é, parar o processamento do pipeline de fluxo assim que o resultado desejado estiver disponível.

k) Para `Map`s, o primeiro parâmetro de uma `BiConsumer` representa a ________ e o segundo representa o ________ correspondente.

17.2 Determine se cada um dos seguintes itens é *verdadeiro* ou *falso*. Se *falso*, explique por quê.

a) Expressões lambda podem ser usadas em qualquer lugar em que interfaces funcionais são esperadas.

b) Operações terminais são preguiçosas — elas executam a operação solicitada quando são chamadas.

c) O primeiro argumento do método `reduce` é formalmente chamado identidade de valor — um valor que, quando combinado com um elemento de fluxo usando o `IntBinaryOperator`, produz valor original do elemento de fluxo. Por exemplo, ao somar os elementos, o valor de identidade é 1 e ao obter o produto dos elementos o valor de identidade é 0.

d) O método `Stream` `findFirst` é uma operação terminal de curto-circuito que processa o pipeline de fluxo, mas termina o processamento assim que um objeto é encontrado.

e) O método de `Stream` `flatMap` recebe uma `Function` que mapeia um fluxo em um objeto. Por exemplo, o objeto pode ser uma `String` contendo palavras e o resultado pode ser outro `Stream<String>` intermediário para as palavras individuais.

f) Quando uma classe implementa uma interface com métodos `default` e sobrescreve-os, a classe herda as implementações dos métodos `default`. O designer de uma interface agora pode aprimorá-la adicionando novos métodos `default` e `static` sem quebrar o código existente que implementa a interface.

17.3 Escreva uma lambda ou referência de método para cada uma das seguintes tarefas:

a) Escreva uma lambda que pode ser usada no lugar da seguinte classe interna anônima:

```
new IntConsumer()
{
   public void accept(int value)
   {
      System.out.printf("%d ", value);
   }
}
```

b) Escreva uma referência de método que pode ser usada no lugar da seguinte lambda:

```
(String s) -> {return s.toUpperCase();}
```

c) Escreva uma lambda sem argumentos que retorna implicitamente a `String` `"Welcome to lambdas!"`.

d) Escreva uma referência de método para o método `Math sqrt`.

e) Crie uma lambda de um parâmetro que devolve o cubo do seu argumento.

Respostas dos exercícios de revisão

17.1 a) interfaces funcionais. b) paralelizar. c) interna. d) `BinaryOperator<T>`. e) `Predicate<T>`. f) expressão lambda. g) preguiçosas. h) `forEach`. i) Capturar. j) curto-circuito. k) chave, valor.

17.2 a) Verdadeiro. b) Falso. Operações terminais são *gulosas* — elas executam a operação solicitada quando são chamadas. c) Falso. Ao somar os elementos, o valor de identidade é 0 e, ao obter o produto dos elementos, o valor de identidade é 1. d) Verdadeiro. e) Falso. O método `Stream flatMap` recebe uma `Function` que mapeia um objeto em um fluxo. f) Falso. Deve informar: "... Não os sobrescreva, ..." em vez de "sobrescrevê-los".

17.3 a) `value -> System.out.printf("%d ", value)`

b) `String::toUpperCase`

c) `() -> "Welcome to lambdas!"`

d) `Math::sqrt`

e) `value -> value * value * value`

Questões

17.4 Preencha as lacunas em cada uma das seguintes afirmações:

a) Fluxos ________ são formados a partir de fontes de fluxos, operações intermediárias e operações terminais.

b) O código a seguir utiliza a técnica da iteração ________:

```
int sum = 0;

for (int counter = 0; counter < values.length; counter++)
   sum += values[counter];
```

c) As capacidades da programação funcional focalizam ________ — não modificam a origem de dados que é processada ou qualquer outro estado de programa.

d) A interface funcional ________ contém o método `accept`, que recebe um argumento `T` e retorna `void`; `accept` realiza uma tarefa com o argumento `T`, como gerar uma saída do objeto, invocar um método do objeto etc.

e) A interface funcional ________ contém o método `get`, que não recebe argumentos e produz um valor do tipo `T` — isso é muitas vezes usado para criar um objeto de coleção em que os resultados de uma operação de fluxo são inseridos.

f) Fluxos são objetos que implementam a interface `Stream` e permitem realizar tarefas de programação funcional sobre ________ dos elementos.

g) A operação intermediária de fluxo ________ resulta em um fluxo contendo apenas os elementos que atendem uma condição.

h) ________ insere os resultados do processamento de um pipeline de fluxo em uma coleção como um `List`, `Set` ou `Map`.

i) Chamadas a `filter` e outros fluxos intermediários são preguiçosas, elas não são avaliadas até que uma operação ________ gulosa seja realizada.

j) O método `Pattern` ________ (novo no Java SE 8) usa uma expressão regular para tokenizar uma `String`.

k) As interfaces funcionais *devem* conter um único método ________, mas também podem conter métodos ________ e métodos `static` que são totalmente implementados nas declarações da interface.

17.5 Determine se cada um dos seguintes itens é *verdadeiro* ou *falso*. Se *falso*, explique por quê.

a) Uma operação intermediária especifica as tarefas a executar nos elementos do fluxo; isso é eficiente porque evita criar um novo fluxo.

b) Operações de redução recebem todos os valores no fluxo e os transforma em um novo fluxo.

c) Se você precisa de uma sequência ordenada de valores `int`, crie um `IntStream` contendo esses valores com os métodos `IntStream range` e `rangeClosed`. Os dois métodos recebem dois argumentos `int` representando o intervalo de valores. O método `rangeClosed` produz uma sequência de valores que começa no primeiro argumento e vai até, mas sem incluir, o segundo argumento. O método `range` produz uma sequência de valores incluindo os dois argumentos.

d) A classe `Files` (pacote `java.nio.file`) é uma das muitas classes ao longo das APIs Java que foram aprimoradas para suportar `Streams`.

e) A interface `Map` não contém nenhum método que retorna `Streams`.

f) A interface funcional `Function`, que é usada extensivamente na programação funcional, tem os métodos `apply` (`abstract`), `compose` (`abstract`), `andThen` (`default`) e `identity` (`static`).

g) Se uma classe herda o mesmo método `default` das duas interfaces, a classe *deve* sobrescrever esse método; caso contrário, o compilador não sabe qual método usar, assim ele gera um erro de compilação.

17.6 Escreva uma lambda ou referência de método para cada uma das seguintes tarefas:

a) Escreva uma expressão lambda que recebe dois parâmetros `double` `a` e `b` e retorna o produto. Utilize a forma de lambda que lista explicitamente o tipo de cada parâmetro.

b) Reescreva a expressão lambda na parte (a) utilizando a forma de lambda que não lista o tipo de cada parâmetro.

c) Reescreva a expressão lambda na parte (b) utilizando a forma de lambda que retorna implicitamente o valor da expressão do corpo da lambda.

d) Escreva uma lambda sem argumentos que retorna implicitamente a string `"Welcome to lambdas!"`.

e) Escreva uma referência de construtor para a classe `ArrayList`.

f) Reimplemente a seguinte instrução usando uma lambda como a rotina de tratamento de evento:

```
button.addActionListener(
   new ActionListener()
   {
      public void actionPerformed(ActionEvent event)
      {
         JOptionPane.showMessageDialog(ParentFrame.this,
            "JButton event handler");
      }
   }
);
```

17.7 Supondo que `list` seja um `List<Integer>`, explique em detalhes o pipeline de fluxo:

```
list.stream()
    .filter(value -> value % 2 != 0)
    .sum()
```

17.8 Supondo que `random` seja um objeto `SecureRandom`, explique em detalhes o pipeline de stream:

```
random.ints(1000000, 1, 3)
      .boxed()
      .collect(Collectors.groupingBy(Function.identity(),
         Collectors.counting()))
      .forEach((side, frequency) ->
         System.out.printf("%-6d%d%n", side, frequency));
```

17.9 ***(Resumindo os caracteres em um arquivo)*** Modifique o programa da Figura 17.17 para resumir o número de ocorrências de cada caractere no arquivo.

17.10 ***(Resumindo os tipos de arquivo em um diretório)*** A Seção 15.3 demonstrou como obter informações sobre arquivos e diretórios no disco. Além disso, você usou um `DirectoryStream` para exibir o conteúdo de um diretório. A interface `DirectoryStream` agora contém o método `default` `entries`, que retorna um `Stream`. Use as técnicas da Seção 15.3, método `DirectoryStream` `entries`, lambdas e fluxos para resumir os tipos de arquivos em um diretório especificado.

17.11 ***(Manipulando um `Stream<Invoice>`)*** Use a classe `Invoice` fornecida na pasta `exercises` com os exemplos deste capítulo para criar um array de objetos `Invoice`. Use os dados de exemplo mostrados na Figura 17.20. A classe `Invoice` inclui quatro propriedades — uma `PartNumber` (tipo `int`), uma `PartDescription` (tipo `String`), uma `Quantity` do item sendo adquirido (tipo `int`) e um `Price` (tipo `double`). Realize as seguintes consultas no array dos objetos `Invoice` e exiba os resultados:

a) Use lambdas e fluxos para classificar os objetos `Invoice` por `PartDescription`, então exiba os resultados.

b) Use lambdas e fluxos para classificar os objetos `Invoice` por `Price`, então exiba os resultados.

c) Use lambdas e fluxos para mapear cada `Invoice` para sua `PartDescription` e `Quantity`, classifique os resultados por `Quantity`, e então os exiba.

d) Use lambdas e fluxos para mapear cada `Invoice` para sua `PartDescription` e o valor de `Invoice` (isto é, `Quantity * Price`). Ordene os resultados por valor `Invoice`.

e) Modifique a Parte (d) para selecionar os valores `Invoice` no intervalo US$ 200 a US$ 500.

Número da peça	Descrição da peça	Quantidade	Preço
83	Electric sander	7	57.98
24	Power saw	18	99.99
7	Sledge hammer	11	21.50
77	Hammer	76	11.99

continua

continuação

Número da peça	Descrição da peça	Quantidade	Preço
39	`Lawn mower`	3	79.50
68	`Screwdriver`	106	6.99
56	`Jig saw`	21	11.00
3	`Wrench`	34	7.50

Figura 17.20 | Dados de exemplo para a Questão 17.11.

17.12 ***(Remoção de palavras duplicadas)*** Escreva um programa que insere uma frase do usuário (suponha nenhuma pontuação), e então determina e exibe as palavras únicas em ordem alfabética. Trate da mesma maneira letras minúsculas e maiúsculas.

17.13 ***(Classificando letras e removendo duplicatas)*** Escreva um programa que insere 30 letras aleatórias em uma `List<Character>`. Realize as seguintes operações e exiba os resultados:

a) Classifique a `List` em ordem crescente.

b) Classifique a `List` em ordem decrescente.

c) Mostre a `List` em ordem crescente com duplicatas removidas.

17.14 ***(Mapeando e então reduzindo um `IntStream` para paralelização)*** A lambda que você passa para o método `reduce` de um fluxo deve ser *associativa* — isto é, independentemente da ordem em que as subexpressões são avaliadas, o resultado deve ser o mesmo. A expressão lambda nas linhas 34 a 36 da Figura 17.5 *não* é associativa. Se usasse fluxos paralelos (Capítulo 23, "Concorrência") com essa lambda, você poderia obter resultados incorretos para a soma dos quadrados, dependendo da ordem em que as subexpressões são avaliadas. A maneira correta de implementar as linhas 34 a 36 seria *primeiro* mapear cada valor `int` para o quadrado desse valor e, *então*, reduzir o fluxo para a soma dos quadrados. Modifique a Figura 17.5 para implementar as linhas 34 a 36 dessa maneira.

18 Recursão

O! thou hast damnable iteration, and art indeed able to corrupt a saint.
[Fazes sempre citações execráveis; és capaz de corromper um santo.]
— William Shakespeare

É um tipo precário de memória que só funciona para trás.
— Lewis Carroll

A vida só pode ser compreendida olhando-se para trás; mas apenas pode ser vivida olhando-se para a frente.
— Soren Kierkegaard

Objetivos

Neste capítulo, você irá:

- Entender o conceito de recursão.
- Desenvolver e usar métodos recursivos.
- Determinar o caso básico e o passo recursivo em um algoritmo de mesma natureza.
- Aprender como as chamadas de método recursivo são tratadas pelo sistema.
- Entender as diferenças entre recursão e iteração, e quando usar cada uma.
- Aprender o que são fractais e como desenhá-los usando recursão.
- Aprender o que é retorno recursivo e por que é uma técnica eficaz para resolução de problemas.

Sumário

18.1 Introdução

Os programas que discutimos até aqui em geral são estruturados como métodos que chamam uns aos outros de uma maneira hierárquica. Para alguns problemas, é útil um método *chamar a si próprio*. Um método que faz isso é conhecido como **método recursivo**, que pode chamar a si próprio *direta* ou *indiretamente por outro método*. A recursão é um tópico importante discutido demoradamente em cursos de ciência da computação de nível superior. Neste capítulo, consideraremos a recursão no âmbito conceitual, então apresentaremos vários programas que contêm métodos recursivos. A Figura 18.1 resume os exemplos e os exercícios de recursão deste livro.

Capítulo	Exemplos e exercícios de recursão neste livro
18	Método fatorial (figuras 18.3 e 18.4) Método de Fibonacci (Figura 18.5) Torres de Hanói (Figura 18.11) Fractais (figuras 18.18 e 18.19) O que faz esse código? (exercícios 18.7, 18.12 e 18.13) Localize o erro no seguinte código (Exercício 18.8) Elevando um inteiro à potência de um inteiro (Exercício 18.9) Visualizando a recursão (Exercício 18.10) Máximo divisor comum (Exercício 18.11) Determine se uma string é um palíndromo (Exercício 18.14) Oito rainhas (Exercício 18.15) Imprima um array (Exercício 18.16) Imprima um array de trás para a frente (Exercício 18.17) Valor mínimo em um array (Exercício 18.18) Estrela fractal (Exercício 18.19) Percorrendo um labirinto com o retorno recursivo (Exercício 18.20) Gerando labirintos aleatoriamente (Exercício 18.21) Labirintos de qualquer tamanho (Exercício 18.22) Tempo para calcular um número de Fibonacci (Exercício 18.23)
19	Merge sort (Figura 19.6) Pesquisa linear (Exercício 19.8) Pesquisa binária (Exercício 19.9) Classificação rápida (Quicksort) (Exercício 19.10)
21	Inserção de árvore binária (Figura 21.17) Percorrendo uma árvore binária na pré-ordem (Figura 21.17) Percorrendo uma árvore binária na ordem (Figura 21.17) Percorrendo uma árvore binária na pós-ordem (Figura 21.17) Impressão de uma lista vinculada de trás para a frente (Exercício 21.20) Pesquisa em uma lista vinculada (Exercício 21.21)

Figura 18.1 | Resumo dos exemplos e exercícios de recursão neste livro.

18.2 Conceitos de recursão

Abordagens de solução de problemas de recursão têm um número de elementos em comum. Quando um método recursivo é chamado para resolver um problema, na verdade, ele é capaz de atuar somente no(s) *caso(s) mais simples(s)*, ou **caso(s) básico(s)**. Se o método é requisitado para um *caso básico*, ele retorna um resultado. Se é para um problema mais complexo, ele o divide em duas partes conceituais — uma que o método sabe como solucionar e outra que ele não sabe. Para tornar a recursão realizável, a última parte deve assemelhar-se ao problema original, mas ser uma versão ligeiramente mais simples ou menor dele. Como esse novo problema é parecido com o original, o método destina uma *cópia* nova dele próprio para trabalhar no problema menor — isso é referido como **chamada recursiva** e também é denominado **passo de recursão**. O passo de recursão normalmente inclui a instrução `return`, uma vez que seu resultado será combinado com a parte do problema que o método sabe como resolver para chegar a um resultado a ser repassado ao solicitante original. Esse conceito de separar o problema em duas partes menores é uma forma da abordagem de *dividir para conquistar*, introduzida no Capítulo 6.

O passo de recursão é executado enquanto a chamada do método original ainda está em aberto (isto é, não terminou de executar). Ele pode resultar em muitas outras chamadas recursivas à medida que o método divide cada novo subproblema em duas partes conceituais. Para a recursão por fim terminar, toda vez que o método convocar a si próprio com uma versão mais simples do problema original, a sequência de problemas cada vez menores deve *convergir para um caso básico*. Quando o método reconhece o caso básico, ele retorna um resultado para a cópia anterior dele próprio. Uma sequência de retornos segue até a chamada do método original retornar o resultado final para o chamador. Ilustraremos esse processo com um exemplo concreto na Seção 18.3.

Um método recursivo pode chamar outro método, que por sua vez pode fazer uma chamada de volta ao método recursivo. Isso é conhecido como uma **chamada recursiva indireta** ou **recursão indireta**. Por exemplo, o método `A` chama o método `B`, que faz uma chamada de volta ao método `A`. Isso ainda é recursão, porque a segunda chamada para o método `A` é feita enquanto a primeira está ativa — isto é, a primeira chamada ao método `A` ainda não concluiu sua execução (porque está esperando o método `B` voltar um resultado para ela) e não retornou ao chamador original do método `A`.

Para entender melhor o conceito de recursão, veremos um exemplo que é bem comum aos usuários de computador — a definição recursiva de um diretório de arquivos de sistema em um computador. Este normalmente armazena arquivos relacionados em um diretório, que pode estar vazio, conter arquivos e/ou outros diretórios (em geral conhecidos como subdiretórios). Cada um desses subdiretórios, por sua vez, também pode conter tanto arquivos como diretórios. Se quisermos listar cada arquivo em um diretório (incluindo todos os arquivos nos subdiretórios do diretório), precisamos criar um método que primeiro lista os arquivos do diretório inicial e, então, faz chamadas recursivas para listar os arquivos em todos os subdiretórios desse diretório. O caso básico se manifesta quando um diretório não contém nenhum subdiretório. Nesse ponto, todos os arquivos no diretório original foram listados e a recursividade não é mais necessária.

18.3 Exemplo que utiliza recursão: fatoriais

Vamos escrever um programa recursivo para efetuar um cálculo matemático popular. Considere o *fatorial* de um inteiro positivo, n, escrito como $n!$ (pronuncia-se "n fatorial"), que é o produto

$$n \cdot (n-1) \cdot (n-2) \cdot \ldots \cdot 1$$

com 1! igual a 1 e 0! definido como 1. Por exemplo, 5! é o produto $5 \cdot 4 \cdot 3 \cdot 2 \cdot 1$, que é igual a 120.

O fatorial de um inteiro `number` (onde `number` ≥ 0) pode ser calculado *iterativamente* (não recursivamente) utilizando-se uma instrução `for` como a seguinte:

```
factorial = 1;

for (int counter = number; counter >= 1; counter--)
   factorial *= counter;
```

A declaração recursiva do cálculo fatorial para inteiros maiores que 1 é obtida observando-se a seguinte relação:

$$n! = n \cdot (n-1)!$$

Por exemplo, 5! é claramente igual a $5 \cdot 4!$, como mostrado pelas seguintes equações:

$$5! = 5 \cdot 4 \cdot 3 \cdot 2 \cdot 1$$
$$5! = 5 \cdot (4 \cdot 3 \cdot 2 \cdot 1)$$
$$5! = 5 \cdot (4!)$$

A avaliação de 5! procederia como mostrado na Figura 18.2. A Figura 18.2(a) exibe como a sucessão de chamadas recursivas prossegue até 1! (o caso básico) ser avaliado como 1, o que termina a recursão. A Figura 18.2(b) apresenta os valores retornados de cada chamada recursiva para seu chamador até que o valor final seja calculado e retornado.

A Figura 18.3 utiliza a recursão para calcular e exibir os fatoriais dos inteiros de 0 a 21. O método recursivo `factorial` (linhas 7 a 13) primeiro testa para determinar se uma *condição de término* (linha 9) é `true`. Se `number` for menor ou igual a `1` (o caso básico), `factorial` retorna `1`, nenhuma recursão adicional é necessária e o método retorna. (A pré-condição da chamada para o método `factorial` nesse exemplo é que seu argumento deve ser não negativo.) Se `number` for maior que `1`, a linha 12 expressa o problema como o produto de `number` e uma chamada recursiva para `factorial` avaliando o fatorial de `number - 1`, que é um problema ligeiramente menor que o cálculo original, `factorial(number)`.

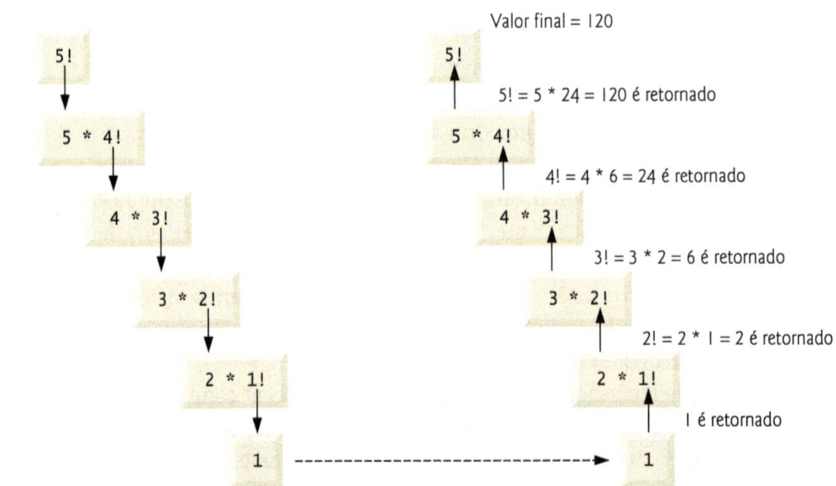

(a) Sequência de chamadas recursivas. (b) Valores retornados de cada chamada recursiva.

Figura 18.2 | Avaliação recursiva de 5!.

```
1  // Figura 18.3: FactorialCalculator.java
2  // Método fatorial recursivo.
3
4  public class FactorialCalculator
5  {
6     // método fatorial recursivo (supõe que o parâmetro é >= 0)
7     public static long factorial (long number)
8     {
9        if (number <= 1) // testa caso básico
10          return 1; // casos básicos: 0! = 1 e 1! = 1
11       else // passo de recursão
12          return number * factorial(number - 1);
13    }
14
15    // gera saída de fatoriais para valores de 0 a 21
16    public static void main(String[] args)
17    {
18       // calcula o fatorial de 0 a 21
19       for (int counter = 0; counter <= 21; counter++)
20          System.out.printf("%d! = %d%n", counter, factorial(counter));
21    }
22 } // fim da classe FactorialCalculator
```

```
0! = 1
1! = 1
2! = 2
3! = 6
4! = 24
5! = 120
```

continua

continuação

```
...
12! = 479001600 — 12! causa estouro de variáveis int
...
20! = 2432902008176640000
21! = -4249290049419214848 — 21! causa estouro de variáveis long
```

Figura 18.3 | Método fatorial recursivo.

Erro comum de programação 18.1

Omitir o caso básico ou escrever o passo de recursão incorretamente de modo que este não convirja para o caso básico pode causar um erro de lógica conhecido como ***recursão infinita****, em que as chamadas recursivas são feitas continuamente até a memória esgotar ou o acúmulo de chamadas de métodos estourar. Esse erro é análogo ao problema de um loop infinito em uma solução iterativa (não recursiva).*

O método `main` (linhas 16 a 21) exibe os fatoriais de 0 a 21. A chamada para o método `factorial` ocorre na linha 20. Esse método recebe um parâmetro de tipo `long` e retorna um resultado também de tipo `long`. A saída do programa mostra que os valores fatoriais se tornam grandes rapidamente. Utilizamos o tipo `long` (que pode representar inteiros relativamente grandes) para que o programa possa calcular fatoriais maiores que 12!. Infelizmente, o método `factorial` produz valores altos tão rápido que excedemos o maior valor `long` ao tentar calcular 21!, como você pode ver na última linha da saída do programa.

Por conta das limitações de tipos integrais, as variáveis `float` ou `double` podem, em última instância, ser necessárias para calcular fatoriais de números maiores. Isso aponta para uma fraqueza em algumas linguagens de programação — ou seja, que elas não são facilmente *estendidas com novos tipos* para lidar com os requisitos únicos do aplicativo. Como vimos no Capítulo 9, o Java é uma linguagem *extensível* que permite criar inteiros arbitrariamente grandes, se quisermos. De fato, o pacote `java.math` fornece classes **`BigInteger`** e `BigDecimal` de modo explícito para cálculos de precisão arbitrária que não podem ser efetuados com tipos primitivos. Você pode aprender mais sobre essas classes em

```
docs.oracle.com/javase/7/docs/api/java/math/BigInteger.html
docs.oracle.com/javase/7/docs/api/java/math/BigDecimal.html
```

18.4 Reimplementando a classe `FactorialCalculator` usando a classe `BigInteger`

A Figura 18.4 reimplementa a classe `FactorialCalculator` usando variáveis `BigInteger`. Para demonstrar valores maiores em relação às variáveis que `long` pode armazenar, calculamos os fatoriais dos números 0 a 50. A linha 3 importa a classe `BigInteger` do pacote `java.math`. O novo método `factorial` (linhas 8 a 15) recebe um `BigInteger` como um argumento e retorna também um `BigInteger`.

```
1  // Figura 18.4: FactorialCalculator.java
2  // Método fatorial recursivo.
3  import java.math.BigInteger;
4
5  public class FactorialCalculator
6  {
7     // método fatorial recursivo (supõe que o parâmetro é >= 0)
8     public static BigInteger factorial(BigInteger number)
9     {
10       if (number.compareTo(BigInteger.ONE) <= 0) // caso básico de teste
11          return BigInteger.ONE; // casos básicos: 0! = 1 e 1! = 1
12       else // passo de recursão
13          return number.multiply(
14             factorial(number.subtract(BigInteger.ONE)));
15    }
16
17    // gera saída de fatoriais para valores 0 a 50
18    public static void main(String[] args)
19    {
20       // calcula o fatorial de 0 a 50
```

continua

continuação

```
21         for (int counter = 0; counter <= 50; counter++)
22            System.out.printf("%d! = %d%n", counter,
23               factorial(BigInteger.valueOf(counter)));
24      }
25   } // fim da classe FactorialCalculator
```

```
0! = 1
1! = 1
2! = 2
3! = 6
...
21! = 51090942171709440000 – 21! e valores maiores não causam mais estouro
22! = 1124000727777607680000
...
47! = 258623241511168180642964355153611979969197632389120000000000
48! = 12413915592536072670862289047373375038521486354677760000000000
49! = 608281864034267560872252163321295376887552831379210240000000000
50! = 30414093201713378043612608166064768844377641568960512000000000000
```

Figura 18.4 | Cálculos fatoriais com um método recursivo.

Como `BigInteger` *não* é um tipo primitivo, não podemos usar os operadores aritméticos, relacionais e de igualdade com `BigInteger`s; em vez disso, devemos utilizar os métodos `BigInteger` para realizar essas tarefas. A linha 10 testa o caso básico com o método `BigInteger` `compareTo`. Esse método compara o `BigInteger` `number` que chama o método para o argumento `BigInteger` do método. O método retorna `-1` se o `BigInteger` que chama o método for menor que o argumento, `0` se eles forem iguais ou `1` se o `BigInteger` que chama o método for maior que o argumento. A linha 10 compara o `BigInteger` `number` com a constante `BigInteger` `ONE`, que representa o valor inteiro 1. Se `compareTo` retornar `-1` ou `0`, então `number` é menor ou igual a 1 (o caso básico), e o método retorna a constante `BigInteger.ONE`. Do contrário, as linhas 13 e 14 realizam a etapa de recursão com os métodos `BigInteger` `multiply` e `subtract` para implementar os cálculos necessários a fim de multiplicar `number` pelo fatorial de `number - 1`. O resultado do programa mostra que `BigInteger` lida com os grandes valores produzidos pelo cálculo fatorial.

18.5 Exemplo que utiliza recursão: série de Fibonacci

A **série de Fibonacci**,

0, 1, 1, 2, 3, 5, 8, 13, 21, ...

inicia com 0 e 1 e tem a propriedade de que cada número de Fibonacci subsequente é a soma dos dois anteriores. Essa série ocorre na natureza e descreve a forma de uma espiral. A relação de números de Fibonacci sucessivos converge para um valor constante de 1,618..., que é chamado de **relação áurea** ou **média áurea**. Humanos tendem a achar a média áurea esteticamente agradável. Os arquitetos com frequência projetam janelas, salas e edifícios cujos comprimento e largura estão na relação da média áurea. Cartões-postais são muitas vezes projetados com uma relação de comprimento/largura igual à relação áurea.

A série de Fibonacci pode ser definida recursivamente como segue:

$$\text{fibonacci}(0) = 0$$
$$\text{fibonacci}(1) = 1$$
$$\text{fibonacci}(n) = \text{fibonacci}(n - 1) + \text{fibonacci}(n - 2)$$

Há *dois casos básicos* para o cálculo de Fibonacci: `fibonacci(0)` é definido como 0, e `fibonacci(1)`, como 1. O programa na Figura 18.5 calcula o *i*-ésimo número de Fibonacci de maneira recursiva, usando o método `fibonacci` (linhas 10 a 18). O método `main` (linhas 21 a 26) testa `fibonacci`, exibindo os valores de Fibonacci de 0 a 40. A variável `counter` criada no cabeçalho `for` (linha 23) indica qual número de Fibonacci calcular para cada iteração do loop. Números de Fibonacci tendem a se tornar grandes rapidamente (embora não tão rápido quanto fatoriais). Portanto, utilizamos o tipo `BigInteger` como o parâmetro e o retorno do método `fibonacci`.

```
1    // Figura 18.5: FibonacciCalculator.java
2    // Método recursivo de Fibonacci.
3    import java.math.BigInteger;
4
5    public class FibonacciCalculator
```

continua

continuação

```
6    {
7       private static BigInteger TWO = BigInteger.valueOf(2);
8
9       // declaração recursiva do método fibonacci
10      public static BigInteger fibonacci(BigInteger number)
11      {
12         if (number.equals(BigInteger.ZERO) ||
13              number.equals(BigInteger.ONE)) // casos básicos
14            return number;
15         else // passo de recursão
16            return fibonacci(number.subtract(BigInteger.ONE)).add(
17               fibonacci(number.subtract(TWO)));
18      }
19
20      // exibe os valores de Fibonacci de 0 a 40
21      public static void main(String[] args)
22      {
23         for (int counter = 0; counter <= 40; counter++)
24            System.out.printf("Fibonacci of %d is: %d%n", counter,
25               fibonacci(BigInteger.valueOf(counter)));
26      }
27   } // fim da classe FibonacciCalculator
```

```
Fibonacci of 0 is: 0
Fibonacci of 1 is: 1
Fibonacci of 2 is: 1
Fibonacci of 3 is: 2
Fibonacci of 4 is: 3
Fibonacci of 5 is: 5
Fibonacci of 6 is: 8
Fibonacci of 7 is: 13
Fibonacci of 8 is: 21
Fibonacci of 9 is: 34
Fibonacci of 10 is: 55

...
Fibonacci of 37 is: 24157817
Fibonacci of 38 is: 39088169
Fibonacci of 39 is: 63245986
Fibonacci of 40 is: 102334155
```

Figura 18.5 | Método recursivo de Fibonacci.

A chamada para o método `fibonacci` (linha 25) de `main` *não* é uma chamada recursiva, mas todas as subsequentes a `fibonacci` realizadas a partir das linhas 16 e 17 da Figura 18.5 o são, porque nesse ponto elas são iniciadas pelo próprio método `fibonacci`. Toda vez que `fibonacci` é chamado, ele testa imediatamente quanto aos *casos básicos* — `number` igual a 0 ou `number` igual a 1 (linhas 12 e 13). Usamos constantes `BigInteger` `ZERO` e `ONE` para representar os valores 0 e 1, respectivamente. Se a condição nas linhas 12 e 13 for `true`, `fibonacci` apenas retorna `number`, porque `fibonacci(0)` é 0 e `fibonacci(1)` é 1. De modo curioso, se `number` for maior que 1, o passo de recursão gera *duas* chamadas recursivas (linhas 16 e 17), cada uma para um problema ligeiramente menor que a chamada original a `fibonacci`. As linhas 16 e 17 usam os métodos `BigInteger` `add` e `subtract` para ajudar a implementar o passo recursivo. Também utilizamos uma constante do tipo `BigInteger` nomeada `TWO` que é definida na linha 7.

Analisando as chamadas para o método `Fibonacci`

A Figura 18.6 mostra como o método `fibonacci` avalia `fibonacci(3)`. Na parte inferior da figura, resta-nos os valores 1, 0 e 1 — os resultados da avaliação dos *casos básicos*. Os primeiros dois valores de retorno (da esquerda para a direita), 1 e 0, são retornados como os das chamadas `fibonacci(1)` e `fibonacci(0)`. A soma 1 mais 0 é retornada como o valor de `fibonacci(2)`. Ele é adicionado ao resultado (1) da chamada para `fibonacci(1)`, produzindo o valor 2. Esse valor final é então retornado como o de `fibonacci(3)`.

A Figura 18.6 levanta algumas questões interessantes sobre *a ordem em que compiladores Java avaliam os operandos de operadores*. Essa ordem é diferente daquela em que os operadores são aplicados a seus operandos — a saber, a ordem ditada pelas regras de precedência de operadores. A partir da Figura 18.6, parece que enquanto `fibonacci(3)` está sendo avaliada, duas chamadas recursivas são feitas — `fibonacci(2)` e `fibonacci(1)`. Mas em qual ordem elas serão feitas? *A linguagem Java especifica que a ordem de avaliação dos operandos é da esquerda para a direita*. Portanto, a chamada `fibonacci(2)` é feita primeiro e a `fibonacci(1)`, depois.

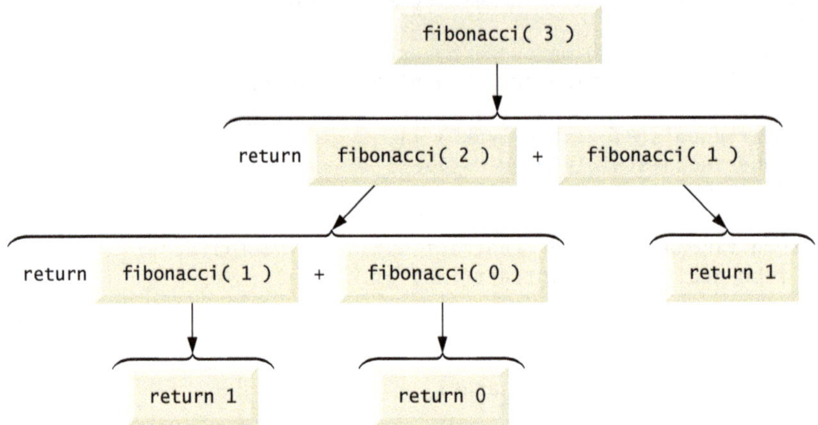

Figura 18.6 | Conjunto de chamadas recursivas para `fibonacci(3)`.

É preciso um pouco de cautela sobre programas recursivos como os utilizamos aqui para gerar números de Fibonacci. Cada invocação do método `fibonacci` que não corresponder a um dos *casos básicos* (0 ou 1) resulta em *mais duas chamadas recursivas* a esse método. Por isso, esse conjunto de chamadas recursivas foge do controle rapidamente. Calcular o valor de Fibonacci de 20 com o programa na Figura 18.5 requer 21.891 chamadas para o método `fibonacci`; calcular o valor de Fibonacci de 30 requer 2.692.537 chamadas! À medida que tentar calcular valores de Fibonacci maiores, você notará que cada número de Fibonacci consecutivo que solicita ao aplicativo para isso resulta em um aumento substancial no tempo de cálculo e no número de chamadas para o método `fibonacci`. Por exemplo, o valor de Fibonacci de 31 requer 4.356.617 chamadas, e o de 32 requer 7.049.155 chamadas! Como você pode ver, o número de chamadas para `fibonacci` aumenta rapidamente — 1.664.080 chamadas adicionais entre valores de Fibonacci de 30 e 31, e 2.692.538 entre valores de Fibonacci de 31 e 32! Essa diferença no número de chamadas feitas entre valores de 31 e 32 é mais que 1,5 vez a diferença no número de chamadas por valores Fibonacci entre 30 e 31. Problemas dessa natureza podem humilhar até mesmo os computadores mais poderosos do mundo. [*Observação*: no campo da teoria da complexidade, os cientistas da computação estudam a rapidez com que os algoritmos trabalham para completar suas tarefas. As questões sobre complexidade são discutidas em detalhes no curso do currículo de ciência da computação de nível superior geralmente chamado "Algoritmos". Introduziremos várias questões complexas no Capítulo 19, "Pesquisa, classificação e Big O"]. Nos exercícios deste capítulo, você será solicitado a melhorar o programa de Fibonacci da Figura 18.5 para que ele calcule a quantidade aproximada de tempo necessário a fim de executar o cálculo. Para esse propósito, você chamará o método `static System currentTimeMillis`, que não aceita nenhum argumento e retorna a hora atual do computador em milissegundos.

Dica de desempenho 18.1

Evite programas recursivos no estilo Fibonacci, porque resultam em uma "explosão" exponencial de chamadas de método.

18.6 Recursão e a pilha de chamadas de método

No Capítulo 6, a estrutura de dados de *pilha* foi introduzida no contexto de entender como o Java realiza chamadas de método. Discutimos tanto *pilha de chamadas de método* como *quadros de pilha*. Nesta seção, utilizaremos esses conceitos para demonstrar como a pilha de execução do programa trata as chamadas de método *recursivo*.

Primeiro, voltaremos ao exemplo de Fibonacci — chamando especificamente o método `fibonacci` com o valor `3`, como na Figura 18.6. Para mostrar a *ordem* na qual os quadros de pilha das chamadas de método são colocados na pilha, marcamos as chamadas de método na Figura 18.7.

Quando a primeira chamada de método (`A`) é feita, um *quadro de pilha* contendo o valor da variável local `number` (`3`, nesse caso) é *inserido* na *pilha de execução do programa*. Essa pilha, incluindo o quadro de pilha para a chamada de método `A`, é ilustrada na parte (a) da Figura 18.8. [*Observação*: usamos uma pilha simplificada aqui. Uma pilha real de execução do programa e seus quadros de pilha seriam mais complexos que na Figura 18.8, contendo informações como onde a chamada de método deve *retornar* ao completar a execução.]

Dentro da chamada de método `A`, as chamadas de método `B` e `E` são feitas. A chamada de método original ainda não foi concluída, assim seu quadro de pilha permanece na pilha. A primeira chamada de método a ser feita dentro de `A` é a `B`, então o quadro de pilha para a chamada de método `B` é adicionado à pilha na parte superior daquele para a chamada de método `A`. A chamada de método `B` deve executar e terminar antes de a chamada de método `E` ser feita. Dentro da chamada de método `B`, as chamadas de método `C` e `D` serão feitas. A chamada de método `C` é feita primeiro, e seu quadro de pilha é adicionado à pilha [parte (b) da Figura 18.8]. A chamada de método `B` ainda não terminou e seu quadro de pilha ainda está na pilha de chamada de método. Quando a chamada de método `C` executa, ela não faz mais chamadas de método, e simplesmente retorna o valor `1`. Quando esse método retorna, seu quadro de pilha é removido do topo da pilha. Agora a chamada de método na parte superior da pilha é a `B`, que continua a executar realizando a chamada de método `D`. O quadro de pilha para a chamada de método `D` é adicionado à pilha [parte (c) da Figura 18.8].

A chamada de método `D` encerra sem fazer mais nenhuma chamada de método e retorna o valor `0`. O quadro de pilha para essa chamada de método é então removido da pilha. Agora, ambas as chamadas de método feitas de dentro da chamada de método `B` retornaram. A chamada de método `B` continua a executar, retornando o valor `1`. A chamada de método `B` conclui e seu quadro de pilha é removido da pilha. Nesse ponto, o quadro de pilha para a chamada de método `A` está na parte superior da pilha e o método continua sua execução. Esse método faz a chamada de método `E`, cujo quadro de pilha é agora adicionado à pilha [parte (d) da Figura 18.8]. A chamada de método `E` completa e retorna o valor `1`. O quadro de pilha para essa chamada de método é removido da pilha, e mais uma vez a chamada de método `A` continua a executar. Nesse ponto, a chamada de método `A` não estará fazendo nenhuma outra chamada de método e pode terminar sua execução, retornando o valor `2` ao chamador de `A` (`fibonacci(3) = 2`). O quadro de pilha de `A` é removido da pilha. O método de execução sempre é aquele cujo quadro de pilha está no topo da pilha, e o quadro de pilha para esse método contém os valores das suas variáveis locais.

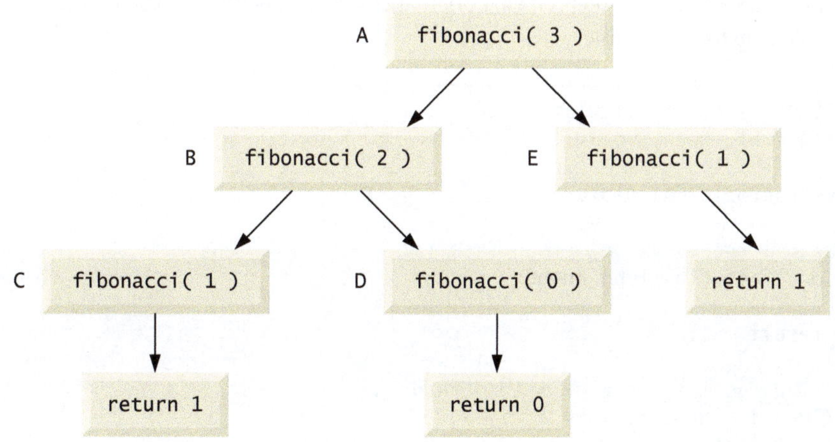

Figura 18.7 | Chamadas de método feitas dentro da chamada fibonacci(3).

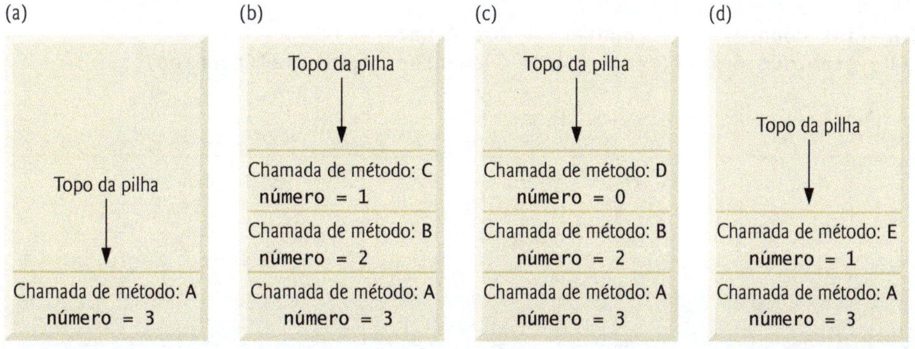

Figura 18.8 | Chamadas de método na pilha de execução do programa.

18.7 Recursão *versus* iteração

Estudamos os métodos `factorial` e `fibonacci`, que podem ser facilmente implementados de maneira recursiva ou iterativa. Nesta seção, compararemos duas abordagens e discutiremos por que você talvez escolha uma abordagem em relação a outra em uma situação particular.

Tanto a iteração como a recursão *baseiam-se em uma instrução de controle*: a iteração utiliza uma instrução de repetição (por exemplo, `for`, `while` ou `do...while`), enquanto a recursão utiliza uma instrução de seleção (por exemplo, `if`, `if...else` ou `switch`). Tanto a iteração como a recursão envolvem *repetição*: a iteração adota explicitamente uma instrução de repetição, enquanto a recursão alcança a repetição por meio de repetidas chamadas de método. Tanto uma como a outra abrangem um *teste de terminação*: a iteração termina quando a condição de continuação do loop falha, enquanto a recursão termina quando um caso básico é alcançado. A iteração com repetição e recursão controladas por contador *gradualmente se aproximam do término*: a iteração continua modificando um contador até que este assume um valor que faz a condição de continuação do loop falhar; a recursão prossegue produzindo versões menores do problema original até que o caso básico seja alcançado. Tanto a iteração como a recursão *podem ocorrer infinitamente*: há um loop infinito com a iteração se o teste de continuação do loop nunca se tornar falso, enquanto a recursão infinita acontece se o passo de recursão não reduzir o problema sempre em uma maneira que convirja no caso básico, ou se o caso básico não for testado.

Para ilustrar as diferenças entre iteração e recursão, vamos examinar uma solução iterativa para o problema fatorial (Figura 18.9). Uma instrução de repetição é utilizada (linhas 12 e 13), em vez da instrução de seleção da solução recursiva (linhas 9 a 12 da Figura 18.3). Ambas as soluções usam um teste de terminação. Na solução recursiva (Figura 18.3), a linha 9 testa quanto ao *caso básico*. Na solução iterativa, a linha 12 da Figura 18.9 testa a condição de continuação do loop — se o teste falhar, o loop termina. Por fim, em vez de produzir versões menores do problema original, a solução iterativa utiliza um contador que é modificado até a condição de continuação do loop tornar-se falsa.

```
1  // Figura 18.9: FactorialCalculator.java
2  // Método fatorial iterativo.
3  
4  public class FactorialCalculator
5  {
6     // declaração recursiva de método fatorial
7     public long factorial(long number)
8     {
9        long result = 1;
10 
11       // declaração iterativa de método fatorial
12       for (long i = number; i >= 1; i--)
13          result *= i;
14 
15       return result;
16    }
17 
18    // gera saída de fatoriais para valores 0 a 10
19    public static void main(String[] args)
20    {
21       // calcula o fatorial de 0 a 10
22       for (int counter = 0; counter <= 10; counter++)
23          System.out.printf("%d! = %d%n", counter, factorial(counter));
24    }
25 } // fim da classe FactorialCalculator
```

```
0! = 1
1! = 1
2! = 2
3! = 6
4! = 24
5! = 120
6! = 720
7! = 5040
8! = 40320
9! = 362880
10! = 3628800
```

Figura 18.9 | Método fatorial iterativo.

A recursão tem muitas *negativas*. Ela repetidamente invoca o mecanismo, e em consequência o *overhead, das chamadas de método*. Essa repetição pode ser *cara* tanto em termos de tempo de processador como de espaço de memória. Cada chamada recursiva faz outra *cópia* do método (na verdade, somente as variáveis do método, armazenadas no quadro de pilha) ser criada — esse conjunto de cópias *pode consumir espaço considerável de memória*. Visto que a iteração ocorre dentro de um método, as chamadas de método repetidas e a atribuição extra de memória são evitadas.

Observação de engenharia de software 18.1

Qualquer problema que possa ser resolvido recursivamente também pode ser resolvido iterativamente. Uma abordagem recursiva em geral é preferida sobre uma iterativa quando a primeira espelha mais naturalmente o problema e resulta em um programa mais fácil de entender e depurar. Uma abordagem recursiva pode ser com frequência implementada com menos linhas de código. Outra razão de escolher uma abordagem recursiva é que uma iterativa talvez não seja aparente.

Dica de desempenho 18.2

Evite utilizar a recursão em situações que requerem alto desempenho. Chamadas recursivas levam tempo e consomem memória adicional.

Erro comum de programação 18.2

Ter acidentalmente um método não recursivo chamando a si próprio seja direta ou indiretamente por meio de outro método pode causar recursão infinita.

18.8 Torres de Hanói

No início deste capítulo, estudamos os métodos que podem ser facilmente implementados tanto de maneira recursiva como iterativa. Agora, apresentaremos um problema cuja solução recursiva demonstra a elegância da recursão e cuja solução iterativa pode não ser tão aparente.

As **Torres de Hanói** são um dos problemas clássicos com os quais todo cientista da computação deve lidar. Diz a lenda que, em um templo no Extremo Oriente, os sacerdotes tentam mover uma pilha de discos dourados de um pino de diamante para outro (Figura 18.10). A pilha inicial tem 64 discos sobrepostos em um pino e organizados de baixo para cima por tamanho decrescente. Os sacerdotes tentam mover a pilha de um pino para outro sob as restrições de que exatamente um disco seja movido por vez e de que, em nenhuma circunstância, um disco maior pode ser colocado em cima de um menor. Três pinos são fornecidos, e um deles é utilizado para armazenar discos temporariamente. Ao que parece, o mundo acabará quando os sacerdotes completarem sua tarefa, portanto, há pouco incentivo para facilitarmos esses esforços.

Vamos assumir que os sacerdotes estão tentando mover os discos do pino 1 para o pino 3. Desejamos desenvolver um algoritmo que represente a sequência precisa de transferências de discos de um pino para outro.

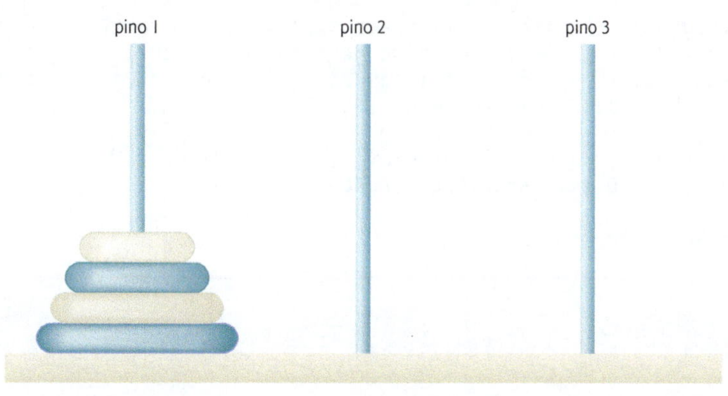

Figura 18.10 | As Torres de Hanói para o caso com quatro discos.

Se procurarmos uma solução iterativa, provavelmente nos encontraremos sem esperança "enroscados" no gerenciamento dos discos. Em vez disso, abordar esse problema de maneira recursiva produz logo uma solução. Mover *n* discos pode ser visualizado em termos de mover somente *n* – 1 discos (daí a recursão), como a seguir:

1. Mova *n* – 1 discos do pino 1 para o pino 2, utilizando o pino 3 como área de armazenamento temporário.
2. Mova o último disco (o maior) do pino 1 para o pino 3.
3. Mova *n* – 1 discos do pino 2 para o pino 3, utilizando o pino 1 como área de armazenamento temporário.

O processo termina quando a última tarefa envolve mover *n* = 1 disco (isto é, o caso básico). Essa tarefa é cumprida movendo o disco sem usar uma área de armazenamento temporário.

Na Figura 18.11, o método `solveTowers` (linhas 6 a 25) resolve o problema das Torres de Hanói, dado o número total de discos (nesse caso, `3`), o pino inicial, o pino final e o pino de armazenamento temporário como parâmetros. O caso básico (linhas 10 a 14) surge quando um único disco precisa ser movido do pino inicial para o final. No passo de recursão (linhas 18 a 24), a linha 18 move `disks - 1` discos do primeiro pino (`sourcePeg`) para o pino armazenado temporariamente (`tempPeg`). Quando todos, exceto um dos discos, foram movidos para o pino temporário, a linha 21 move o disco maior do pino inicial para o final. A linha 24 conclui os demais movimentos chamando o método `solveTowers` a fim de mover recursivamente os discos `disks - 1` do pino temporário (`tempPeg`) para o final (`destinationPeg`), dessa vez utilizando o primeiro pino (`sourcePeg`) como o pino temporário. A linha 35 em `main` chama o método recursivo `solveTowers`, que gera saída dos passos para o prompt de comando.

```
1   // Figura 18.11: TowersOfHanoi.java
2   // Solução do problema das Torres de Hanói com um método recursivo.
3   public class TowersOfHanoi
4   {
5      // move recursivamente os discos entre as torres
6      public static void solveTowers(int disks, int sourcePeg,
7         int destinationPeg, int tempPeg)
8      {
9         // caso básico -- somente um disco a ser movido
10        if (disks == 1)
11        {
12           System.out.printf("%n%d --> %d", sourcePeg, destinationPeg);
13           return;
14        }
15
16        // passo recursivo -- move os discos (disco - 1) do sourcePeg
17        // para tempPeg usando destinationPeg
18        solveTowers(disks - 1, sourcePeg, tempPeg, destinationPeg);
19
20        // move o último disco de sourcePeg para destinationPeg
21        System.out.printf("%n%d --> %d", sourcePeg, destinationPeg);
22
23        // move (disks - 1) discos de tempPeg para destinationPeg
24        solveTowers(disks - 1, tempPeg, destinationPeg, sourcePeg);
25     }
26
27     public static void main(String[] args)
28     {
29        int startPeg = 1; // valor 1 utilizado para indicar startPeg na saída
30        int endPeg = 3; // valor 3 utilizado para indicar endPeg na saída
31        int tempPeg = 2; // valor 2 utilizado para indicar tempPeg na saída
32        int totalDisks = 3; // número de discos
33
34        // chamada não recursiva inicial: move todos os discos.
35        solveTowers(totalDisks, startPeg, endPeg, tempPeg);
36     }
37  } // fim da classe TowersOfHanoi
```

```
1 --> 3
1 --> 2
3 --> 2
1 --> 3
2 --> 1
2 --> 3
1 --> 3
```

Figura 18.11 | Solução do problema das Torres de Hanói com um método recursivo.

18.9 Fractais

Um **fractal** é uma figura geométrica que pode ser gerada a partir de um padrão repetido recursivamente (Figura 18.12). A figura é modificada recursivamente aplicando o padrão em cada segmento da forma original. Embora essas figuras tenham sido estudadas antes do século XX, foi o matemático Benoit Mandelbrot que introduziu o termo "fractal" na década de 1970, com as especificidades de como um fractal é criado e de suas aplicações práticas. A geometria fractal de Mandelbrot fornece modelos matemáticos para muitas formas complexas encontradas na natureza, como montanhas, nuvens e litorais. Os fractais têm muitas utilizações na matemática e na ciência. Eles podem ser utilizados para entender melhor os sistemas ou padrões que aparecem na natureza (por exemplo, ecossistemas), no corpo humano (por exemplo, nas circunvoluções cerebrais) ou no universo (por exemplo, grupos de galáxias). Nem todos os fractais são semelhantes a objetos na natureza. Desenhar fractais tornou-se uma forma popular de arte. Os fractais têm uma **propriedade autossimilar** — quando subdivididos em partes, cada uma delas parece uma cópia de tamanho reduzido do total. Muitos fractais produzem uma cópia exata do original quando uma parte deles é ampliada — diz-se que um fractal é **estritamente autossimilar**.

18.9.1 Fractal da Curva de Koch

Como exemplo, analisaremos o estritamente autossimilar fractal da **Curva de Koch** (Figura 18.12). Ele é formado com a remoção do terço médio de cada linha no desenho e substituindo-o por duas linhas que constituem um ponto, de tal modo que, se esse terço médio permanecesse no meio da linha original, um triângulo equilátero seria formado. As formas para criar fractais costumam envolver a remoção de toda ou de uma parte da imagem fractal anterior. Esse padrão já foi determinado para o fractal — aqui nos concentraremos em como usar essas fórmulas em uma solução recursiva.

Iniciamos com uma linha reta (Figura 18.12(a)) e aplicamos o padrão, criando um triângulo a partir do terço médio (Figura 18.12(b)). Então, aplicamos o padrão novamente a cada linha reta, resultando na Figura 18.12(c). Sempre que o padrão é aplicado, dizemos que o fractal está em um novo **nível**, ou **profundidade** (às vezes o termo **ordem** também é usado). Fractais podem ser exibidos em muitos níveis — por exemplo, um fractal no nível 3 teve três iterações do padrão aplicadas (Figura 18.12(d)). Depois de apenas algumas iterações, esse fractal começa a parecer com uma parte de um floco de neve (figuras 18.12(e) e (f)). Visto que esse é um fractal estritamente autossimilar, cada parte dele contém uma cópia exata do todo. Na Figura 18.12(f), por exemplo, destacamos uma parte do fractal com uma caixa tracejada. Se aumentássemos o tamanho da imagem nessa caixa, ela seria exatamente como o fractal inteiro da parte (f).

Um fractal semelhante, o **floco de neve de Koch**, é semelhante à Curva de Koch, mas inicia com um triângulo, em vez de com uma linha. O mesmo padrão é aplicado a cada lado do triângulo, resultando em uma imagem que lembra um floco de neve fechado. Para simplificar, escolhemos nos concentrar na Curva de Koch.

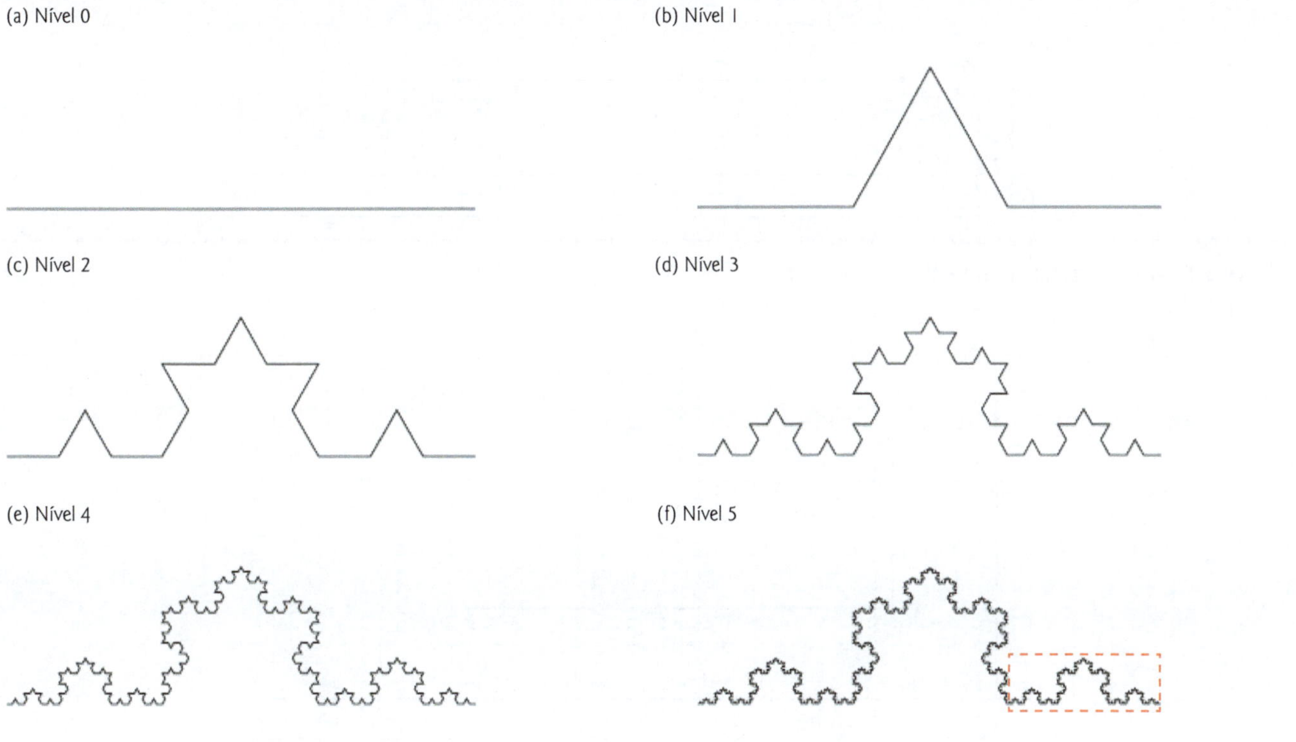

Figura 18.12 | Fractal da Curva de Koch.

18.9.2 (Opcional) Estudo de caso: fractal de Lo Feather

Agora, demonstraremos o uso da recursão para desenhar fractais escrevendo um programa a fim de criar um tipo estritamente autossimilar. Chamamos esse fractal de "fractal de Lo Feather", nomeado por Sin Han Lo, um colega da Deitel & Associates que o produziu. O fractal por fim será parecido com metade de uma pena (veja os produtos na Figura 18.19). O caso básico, ou nível fractal de 0, inicia como uma linha entre dois pontos, A e B (Figura 18.13). Para elaborar o próximo nível mais alto localizamos o ponto intermediário (C) da linha, e para calcular a localização do ponto C utilizamos a seguinte fórmula:

```
xC = (xA + xB) / 2;
yC = (yA + yB) / 2;
```

[*Observação:* o x e o y à esquerda de cada letra referem-se às coordenadas desse ponto. Por exemplo, xA diz respeito à coordenada *x* do ponto A, enquanto yC relaciona-se à coordenada *y* do ponto C. Em nossos diagramas, denotamos o ponto por sua letra, seguida por dois números que representam as coordenadas *x* e *y*.]

Para criar esse fractal, também devemos localizar um ponto D que resida à esquerda do segmento AC e estabeleça um triângulo isósceles reto ADC. A fim de calcular o local do ponto D, usamos as seguintes fórmulas:

```
xD = xA + (xC - xA) / 2 - (yC - yA) / 2;
yD = yA + (yC - yA) / 2 + (xC - xA) / 2;
```

Vamos agora mover-nos do nível 0 para o nível 1 da seguinte forma: inicialmente, adicionamos os pontos C e D (como na Figura 18.14). Então, removemos a linha original e acrescentamos os segmentos DA, DC e DB. As linhas restantes se curvarão em um ângulo, fazendo que nosso fractal se pareça uma pena. Para o próximo nível do fractal, esse algoritmo é repetido em cada uma das três linhas no nível 1. Para cada linha, as fórmulas citadas são aplicadas, nas quais o antigo ponto D é agora considerado o ponto A, enquanto a outra extremidade de cada linha é tida como o ponto B.

Figura 18.13 | "Fractal de Lo Feather" no nível 0.

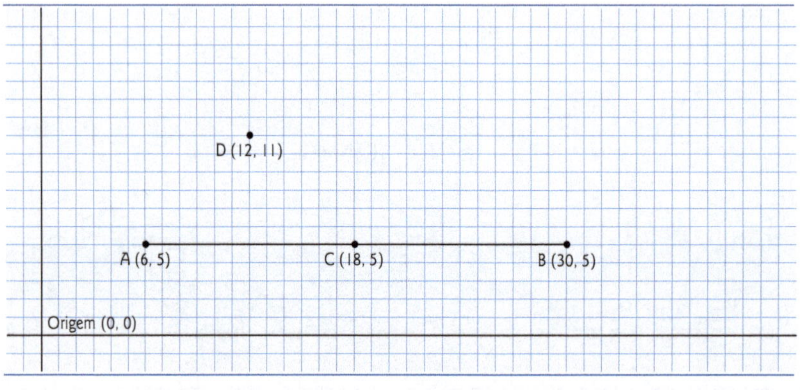

Figura 18.14 | Determinando os pontos C e D para o nível 1 do "fractal de Lo Feather".

A Figura 18.15 contém a linha do nível 0 (agora uma linha tracejada) e as três linhas adicionadas a partir do nível 1. Mudamos o ponto `D` para que seja o ponto `A` e os pontos originais `A`, `C` e `B` para `B1`, `B2` e `B3`, respectivamente. As fórmulas precedentes foram utilizadas para localizar os novos pontos `C` e `D` em cada linha. Esses pontos também são numerados de 1 a 3 para monitorar qual está associado com cada linha. Os pontos `C1` e `D1`, por exemplo, representam os pontos `C` e `D` relativos à linha formada a partir do ponto `A` para o ponto `B1`. A fim de alcançar o nível 2, as três linhas na Figura 18.15 são removidas e substituídas pelas novas linhas dos pontos `C` e `D` que acabaram de ser adicionados. A Figura 18.16 mostra as novas linhas (as linhas do nível 2 são mostradas como linhas tracejadas para sua conveniência). A Figura 18.17 indica o nível 2 sem as linhas tracejadas do nível 1. Uma vez que esse processo foi repetido várias vezes, o fractal criado começará a parecer-se com metade de uma pena, como na Figura 18.19. Apresentaremos o código para esse aplicativo em breve.

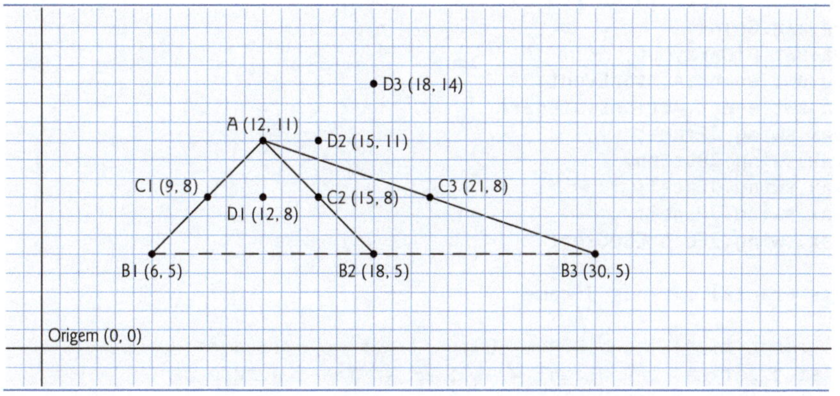

Figura 18.15 | "Fractal de Lo Feather" no nível 1, com os pontos C e D determinados para o nível 2. [*Observação:* o fractal no nível 0 está incluído como uma linha tracejada para servir de lembrete de onde a linha foi localizada em relação ao fractal atual.]

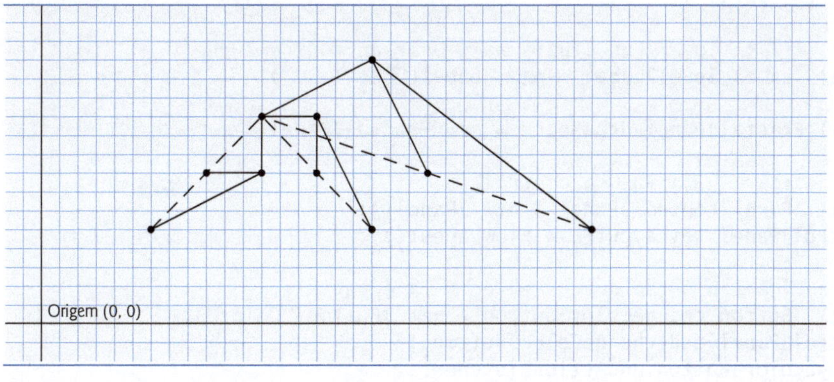

Figura 18.16 | "Fractal de Lo Feather" no nível 2, com linhas tracejadas do nível 1 fornecidas.

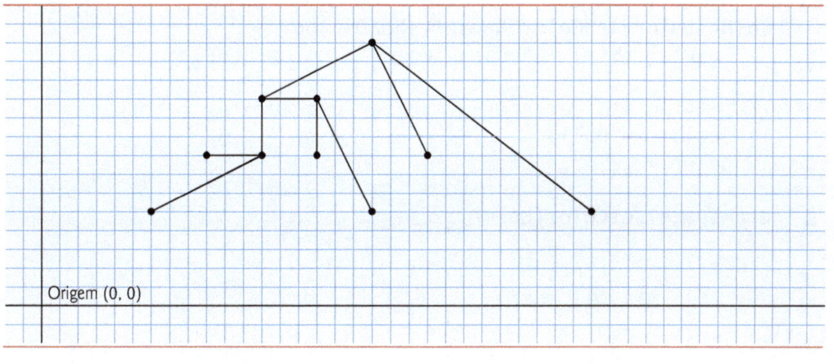

Figura 18.17 | "Fractal de Lo Feather" no nível 2.

O aplicativo na Figura 18.18 define a interface com o usuário para desenhar esse fractal (mostrado no fim da Figura 18.19). A interface consiste em três botões: um para o usuário alterar a cor do fractal, um para aumentar o nível de recursão e um para diminuir o nível de recursão. Um `JLabel` monitora o nível atual de recursão, que é modificado chamando-se o método `setLevel`, a ser discutido em breve. As linhas 15 e 16 especificam que as constantes `WIDTH` e `HEIGHT` são `400` e `480`, respectivamente, para o tamanho do `JFrame`. O usuário dispara um `ActionEvent` clicando no botão **Color**. A rotina de tratamento de evento para esse botão é registrada nas linhas 37 a 54. O método `actionPerformed` exibe um `JColorChooser`. Esse diálogo retorna o objeto `Color` selecionado ou azul (se o usuário pressionar **Cancel** ou fechar o diálogo sem pressionar **OK**). A linha 51 chama o método `setColor` na classe `FractalJPanel` para atualizar a cor.

```
1  // Figura 18.18: Fractal.java
2  // Interface com o usuário do fractal.
3  import java.awt.Color;
4  import java.awt.FlowLayout;
5  import java.awt.event.ActionEvent;
6  import java.awt.event.ActionListener;
7  import javax.swing.JFrame;
8  import javax.swing.JButton;
9  import javax.swing.JLabel;
10 import javax.swing.JPanel;
11 import javax.swing.JColorChooser;
12
13 public class Fractal extends JFrame
14 {
15    private static final int WIDTH = 400;  // define a largura de GUI
16    private static final int HEIGHT = 480; // define a altura de GUI
17    private static final int MIN_LEVEL = 0;
18    private static final int MAX_LEVEL = 15;
19
20    // configura a GUI
21    public Fractal()
22    {
23       super("Fractal");
24
25       // configura levelJLabel para adicionar ao controlJPanel
26       final JLabel levelJLabel = new JLabel("Level: 0");
27
28       final FractalJPanel drawSpace = new FractalJPanel(0);
29
30       // configura o painel de controle
31       final JPanel controlJPanel = new JPanel();
32       controlJPanel.setLayout(new FlowLayout());
33
34       // configura o botão de cor e registra o ouvinte
35       final JButton changeColorJButton = new JButton("Color");
36       controlJPanel.add(changeColorJButton);
37       changeColorJButton.addActionListener(
38          new ActionListener() // classe interna anônima
39          {
40             // processa o evento changeColorJButton
41             @Override
42             public void actionPerformed(ActionEvent event)
43             {
44                Color color = JColorChooser.showDialog(
45                   Fractal.this, "Choose a color", Color.BLUE);
46
47                // configura a cor padrão, se nenhuma cor for retornada
48                if (color == null)
49                   color = Color.BLUE;
50
51                drawSpace.setColor(color);
52             }
53          } // fim da classe interna anônima
54       ); // fim de addActionListener
55
56       // configura o botão decrease level para adicionar painel de controle e
57       // ouvinte registrado
58       final JButton decreaseLevelJButton = new JButton("Decrease Level");
```

continua

continuação

```
        controlJPanel.add(decreaseLevelJButton);
        decreaseLevelJButton.addActionListener(
           new ActionListener() // classe interna anônima
           {
              // processa o evento decreaseLevelJButton
              @Override
              public void actionPerformed(ActionEvent event)
              {
                 int level = drawSpace.getLevel();
                 --level;

                 // modifica o nível se possível
                 if ((level >= MIN_LEVEL)) &&
                    (level <= MAX_LEVEL))
                 {
                    levelJLabel.setText(“Level: “ + level);
                    drawSpace.setLevel(level);
                    repaint();
                 }
              }
           } // fim da classe interna anônima
        ); // fim de addActionListener

        // configura o botão increase level para adicionar painel de controle
        // e registra o ouvinte
        final JButton increaseLevelJButton = new JButton(“Increase Level”);
        controlJPanel.add(increaseLevelJButton);
        increaseLevelJButton.addActionListener(
           new ActionListener() // classe interna anônima
           {
              // processa evento increaseLevelJButton
              @Override
              public void actionPerformed(ActionEvent event)
              {
                 int level = drawSpace.getLevel();
                 ++level;

                 // modifica o nível se possível
                 if ((level >= MIN_LEVEL)) &&
                    (level <= MAX_LEVEL))
                 {
                    levelJLabel.setText(“Level: “ + level);
                    drawSpace.setLevel(level);
                    repaint();
                 }
              }
           } // fim da classe interna anônima
        ); // fim de addActionListener

        controlJPanel.add(levelJLabel);

        // cria mainJPanel para conter controlJPanel e drawSpace
        final JPanel mainJPanel = new JPanel();
        mainJPanel.add(controlJPanel);
        mainJPanel.add(drawSpace);

        add(mainJPanel); // adiciona JPanel ao JFrame

        setSize(WIDTH, HEIGHT); // configura o tamanho de JFrame
        setVisible(true); // exibe JFrame
     } // fim do construtor Fractal

     public static void main(String[] args)
     {
        Fractal demo = new Fractal();
        demo.setDefaultCloseOperation(JFrame.EXIT_ON_CLOSE);
     }
  } // fim da classe Fractal
```

Figura 18.18 | Interface com o usuário do fractal.

A rotina de tratamento de evento do botão **Decrease Level** é registrada nas linhas 60 a 80. O método `actionPerformed` recupera o nível atual de recursão e o decrementa por 1 (linhas 67 e 68). As linhas 71 e 72 asseguram que o nível é maior ou igual a `MIN_LEVEL` e menor ou igual a `MAX_LEVEL` — o fractal não é definido para níveis de recursão menores que `MIN_LEVEL` e não é possível ver o detalhe adicional acima de `MAX_LEVEL`. Há como subir até qualquer nível desejado, mas, em torno do nível 10 ou mais alto, a geração do fractal torna-se *lenta* por conta de detalhes a ser desenhados. As linhas 74 a 76 reconfiguram a marca de nível para refletir a alteração — o novo nível é configurado e o método `repaint` é chamado a fim de atualizar a imagem para mostrar o fractal ao novo nível.

O **Increase Level** `JButton` funciona como o **Decrease Level** `JButton`, mas o nível é incrementado em vez de decrementado para mostrar mais detalhes do fractal (linhas 93 e 94). Quando o aplicativo é executado pela primeira vez, o nível é configurado como 0, o que exibirá uma linha azul entre dois pontos que foram especificados na classe `FractalJPanel`.

A classe `FractalJPanel` (Figura 18.19) estabelece as dimensões de desenho do `JPanel` como `400` por `400` (linhas 13 e 14). O construtor `FractalJPanel` (linhas 18 a 24) aceita o nível atual como um parâmetro e o atribui a sua variável de instância `level`. A variável de instância `color` é definida como azul por padrão. As linhas 22 e 23 mudam a cor de fundo do `JPanel` para branco (a fim de facilitar a visualização do fractal) e definem as dimensões de desenho do `FractalJPanel`.

```
1  // Figura 18.19: FractalJPanel.java
2  // Desenhando o "fractal de Lo Feather" com a recursão.
3  import java.awt.Graphics;
4  import java.awt.Color;
5  import java.awt.Dimension;
6  import javax.swing.JPanel;
7
8  public class FractalJPanel extends JPanel
9  {
10    private Color color; // armazena cor utilizada para desenhar o fractal
11    private int level;   // armazena o nível atual do fractal
12
13    private static final int WIDTH = 400;  // define a largura do JPanel
14    private static final int HEIGHT = 400; // define a altura do JPanel
15
16    // configura o nível do fractal inicial com o valor especificado
17    // e configura as especificações do JPanel
18    public FractalJPanel(int currentLevel)
19    {
20       color = Color.BLUE;  // inicializa a cor do desenho como azul
21       level = currentLevel; // configura o nível do fractal inicial
22       setBackground(Color.WHITE);
23       setPreferredSize(new Dimension(WIDTH, HEIGHT));
24    }
25
26    // desenha o fractal recursivamente
27    public void drawFractal(int level, int xA, int yA, int xB,
28       int yB, Graphics g)
29    {
30       // caso básico: desenha uma linha conectando dois pontos dados
31       if (level == 0)
32          g.drawLine(xA, yA, xB, yB);
33       else // passo de recursão: determina novos pontos, desenha próximo nível
34       {
35          // calcula ponto intermediário entre (xA, yA) e (xB, yB)
36          int xC = (xA + xB) / 2;
37          int yC = (yA + yB) / 2;
38
39          // calcula o quarto ponto (xD, yD) que forma um
40          // triângulo isósceles entre (xA, yA) e (xC, yC)
41          // onde o ângulo direito está a (xD, yD)
42          int xD = xA + (xC - xA) / 2 - (yC - yA) / 2;
43          int yD = yA + (yC - yA) / 2 + (xC - xA) / 2;
44
45          // desenha recursivamente o Fractal
46          drawFractal(level - 1, xD, yD, xA, yA, g);
47          drawFractal(level - 1, xD, yD, xC, yC, g);
48          drawFractal(level - 1, xD, yD, xB, yB, g);
49       }
50    }
51
52    // começa a desenhar o fractal
```

continua

continuação

```
    @Override
    public void paintComponent(Graphics g)
    {
       super.paintComponent(g);

       // desenha o padrão de fractal
       g.setColor(color);
       drawFractal(level, 100, 90, 290, 200, g);
    }

    // configura a cor de desenho como c
    public void setColor(Color c)
    {
       color = c;
    }

    // configura o novo nível de recursão
    public void setLevel(int currentLevel)
    {
       level = currentLevel;
    }

    // retorna o nível de recursão
    public int getLevel()
    {
       return level;
    }
 } // fim da classe FractalJPanel
```

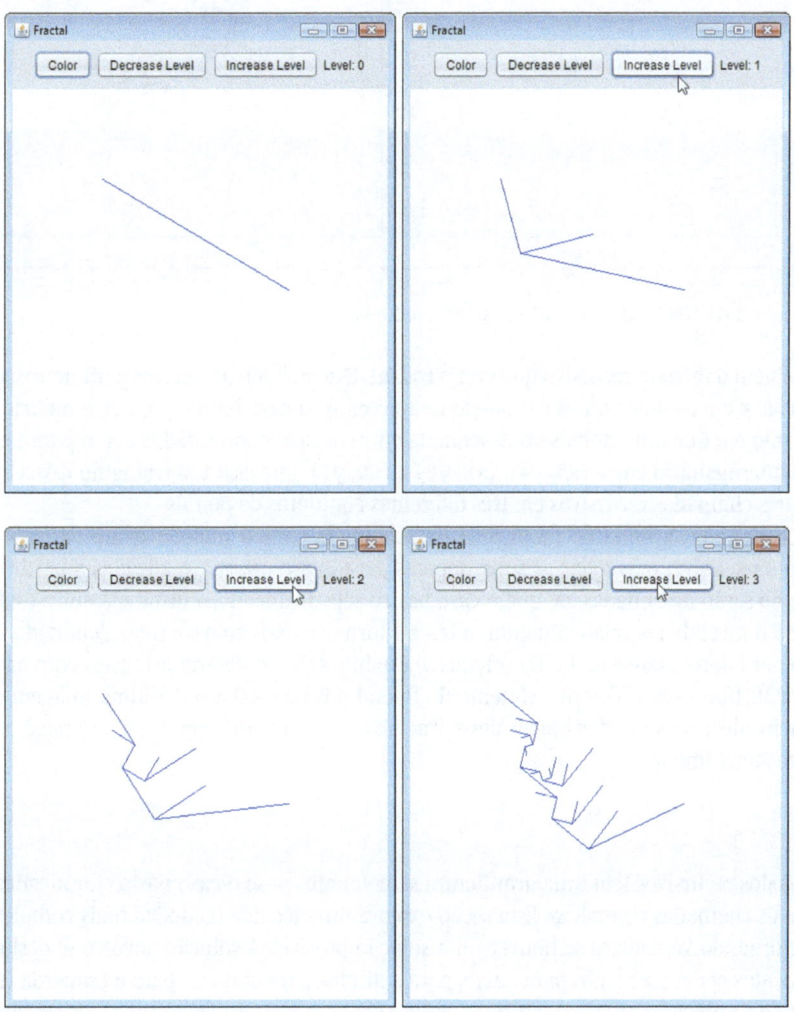

continua

continuação

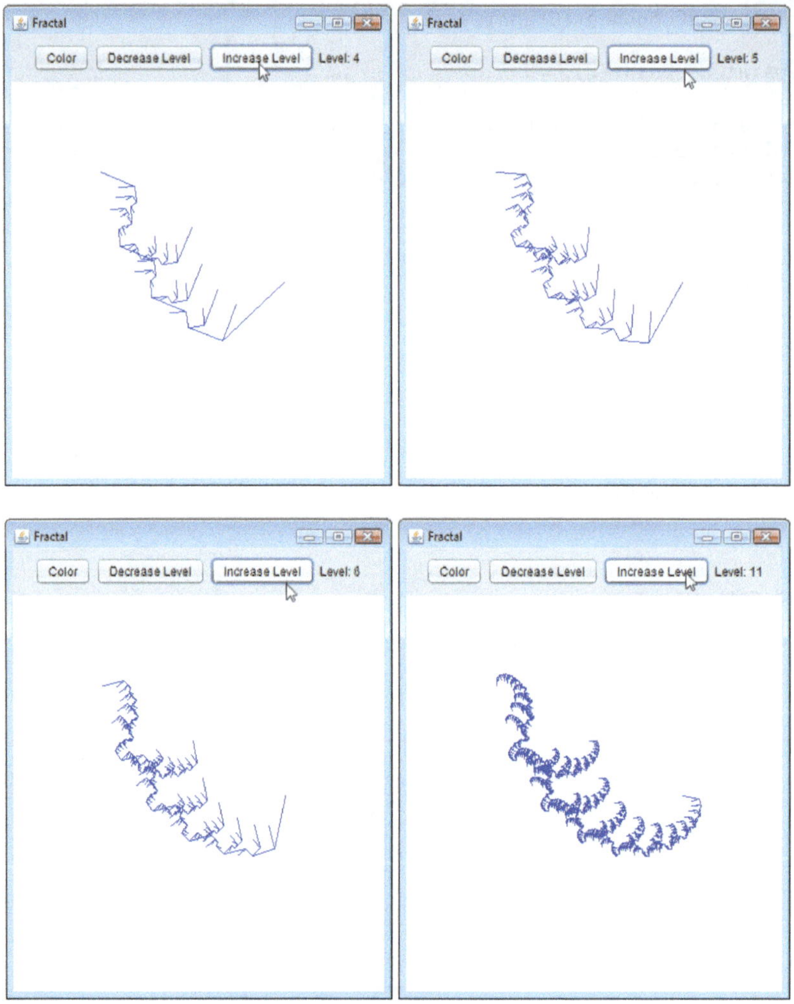

Figura 18.19 | Desenhando o "fractal de Lo Feather" com a recursão.

As linhas 27 a 50 definem o método recursivo que cria o fractal. Esse método aceita seis parâmetros: o nível, quatro inteiros que especificam as coordenadas *x* e *y* de dois pontos e o objeto `Graphics g`. O caso básico para esse método (linha 31) ocorre quando `level` é igual a 0, momento em que uma linha será desenhada entre os dois pontos dados como parâmetros. As linhas 36 a 43 calculam (`xC`, `yC`), o ponto intermediário entre (`xA`, `yA`), (`xB`, `yB`) e (`xD`, `yD`), que cria um triângulo isósceles com (`xA`, `yA`) e (`xC`, `yC`). As linhas 46 a 48 fazem três chamadas recursivas em três diferentes conjuntos de pontos.

No método `paintComponent`, a linha 60 faz a primeira chamada para o método `drawFractal` começar a desenhar. Essa chamada de método não é recursiva, mas todas as subsequentes para `drawFractal` realizadas a partir do corpo de `drawFractal` são. Visto que as linhas não serão desenhadas até que o caso básico seja alcançado, a distância entre os dois pontos diminui a cada chamada recursiva. Como o nível de recursão aumenta, o fractal torna-se mais suave e mais detalhado. A forma desse fractal estabiliza-se à medida que o nível aproxima-se de 11. Os fractais se estabilizarão em diferentes níveis com base na forma e no tamanho.

O produto da Figura 18.19 mostra o desenvolvimento do fractal dos níveis 0 a 6. A última imagem exibe a forma de definição do fractal no nível 11. Se focalizarmos um dos braços desse fractal, ele será idêntico para toda a imagem. Essa propriedade define o fractal como estritamente autossimilar.

18.10 Retorno recursivo

Todos os nossos métodos recursivos têm uma arquitetura semelhante — se o caso básico for alcançado, retorna um resultado; se não for, faz uma ou mais chamadas recursivas. Esta seção explora uma técnica recursiva mais complexa que encontra um caminho em um labirinto, retornando verdadeiro se houver uma solução possível. A solução envolve se deslocar um passo por vez pelo labirinto, onde os movimentos podem ser feitos para baixo, para a direita, para cima ou para a esquerda (movimentos diagonais não são permitidos). A partir da localização atual no labirinto (iniciando com o ponto de entrada), os seguintes passos são dados: para cada direção possível, o movimento é realizado nela e uma chamada recursiva é feita para decifrar o restante do labirinto a partir da nova localização. Quando alcançamos um caminho sem saída (isto é, não podemos mais avançar sem nos deparar com uma parede), voltamos à localização anterior e tentamos pegar uma direção diferente. Se nenhuma outra direção pode ser tomada, voltamos. Esse processo continua até encontrarmos um ponto no labirinto onde um movimento *possa* ser feito em outra direção. Uma vez que essa localização é descoberta, vamos para a nova direção e continuamos com outra chamada recursiva a fim de solucionar o restante do labirinto.

Para voltar à localização anterior no labirinto, nosso método recursivo simplesmente retorna falso, subindo a cadeia de chamadas de método até a chamada recursiva anterior (que referencia a localização anterior no labirinto). Usar recursão para retornar a um ponto de decisão anterior é conhecido como **retorno recursivo**. Se um conjunto de chamadas recursivas não resultar em uma solução para o problema, o programa *volta* ao ponto de decisão anterior e toma uma decisão diferente, ocasionando frequentemente outro conjunto de chamadas recursivas. Neste exemplo, o ponto de decisão anterior é a localização anterior no labirinto, e a decisão a ser tomada é a direção que o próximo movimento deve tomar. Uma direção resultou em um *caminho sem saída*, então a busca continua com uma direção *diferente*. A solução do retorno recursivo para o problema do labirinto usa a recursão para retornar apenas *parte do caminho* na cadeia das chamadas de método e, assim, tenta uma direção nova. Se a reversão alcançar o ponto de entrada do labirinto e os caminhos em todas as direções forem tentados, ele não tem uma solução.

Os exercícios solicitam que sejam implementadas soluções do retorno recursivo para o problema do labirinto (exercícios 18.20 a 18.22) e para o das Oito Rainhas (Exercício 18.15), que tenta encontrar uma forma de colocar oito rainhas em um tabuleiro de xadrez vazio, de modo que nenhuma delas esteja "atacando" qualquer outra (isto é, duas rainhas não ficam na mesma linha, na mesma coluna ou na mesma diagonal).

18.11 Conclusão

Neste capítulo, você aprendeu a criar métodos recursivos — isto é, os métodos que chamam a si próprios. Você aprendeu que os métodos recursivos em geral dividem um problema em duas partes conceituais: uma que o método sabe resolver (o caso básico) e outra que o método não sabe resolver (o passo de recursão). O passo de recursão é uma versão ligeiramente menor do problema original e é realizado por uma chamada de método recursivo. Você viu alguns exemplos populares de recursão, incluindo os de como calcular fatoriais e produzir valores nas séries de Fibonacci. Você, então, aprendeu o funcionamento da recursão "no detalhe", com a ordem em que as chamadas de método recursivo são adicionadas ou removidas da pilha de execução do programa. Em seguida, você comparou as abordagens recursivas e iterativas. Você descobriu como usar a recursão para resolver problemas mais complexos — Torres de Hanói e exibição de fractais. O capítulo concluiu com uma introdução ao retorno recursivo, uma técnica para resolução de problemas que envolve voltar através de chamadas recursivas a fim de tentar possíveis soluções diferentes. No próximo capítulo, você aprenderá numerosas técnicas para classificar e pesquisar um item em listas de dados, e explorará as circunstâncias sob as quais cada técnica de pesquisa e classificação deve ser utilizada.

Resumo

Seção 18.1 Introdução

- Um método recursivo chama a ele mesmo direta ou indiretamente por meio de outro método.

Seção 18.2 Conceitos de recursão

- Quando um método recursivo é chamado para resolver um problema, ele só pode solucionar o(s) caso(s) mais simples(s), ou caso(s) de base. Se chamado com um caso básico, o método retorna um resultado.
- Se um método recursivo é chamado com um problema mais complexo do que o de um caso básico, ele geralmente o divide em duas partes conceituais: uma que o método sabe resolver e uma que ele não sabe.
- Para tornar a recursão realizável, a parte que o método não sabe resolver deve ser semelhante ao problema original, mas uma versão ligeiramente mais simples ou menor dele. Como esse novo problema é similar ao original, o método chama uma cópia nova de si próprio para trabalhar nele — isso é chamado de passo de recursão.
- Para a recursão por fim terminar, toda vez que um método chamar a si próprio com uma versão mais simples do problema original, a sequência de problemas cada vez menores deve convergir para um caso básico. Quando o método reconhece o caso básico, ele retorna um resultado para a cópia anterior do método.
- Uma chamada recursiva pode ser uma chamada para outro método, que por sua vez faz uma chamada de volta ao método original. Esse processo ainda resulta em uma chamada recursiva ao método original. Isso é conhecido como uma chamada recursiva indireta ou recursão indireta.

Seção 18.3 Exemplo que utiliza recursão: fatoriais

- Omitir o caso básico ou escrever o passo de recursão incorretamente de modo que ele não convirja para o caso básico pode causar recursão infinita, esgotando por fim a memória. Isso é análogo ao problema de um loop infinito em uma solução iterativa (não recursiva).

Seção 18.5 Exemplo que utiliza recursão: série de Fibonacci

- As séries de Fibonacci iniciam com 0 e 1 e têm a propriedade de que cada número de Fibonacci subsequente é a soma dos dois anteriores.
- A relação de números de Fibonacci sucessivos converge para um valor constante de 1,618..., um número que é chamado de relação áurea ou média áurea.
- Algumas soluções recursivas, como Fibonacci, resultam em uma "explosão" das chamadas de método.

Seção 18.6 Recursão e a pilha de chamadas de método

- O método de execução sempre é aquele cujo quadro de pilha está no topo da pilha, e o quadro de pilha para esse método contém os valores de suas variáveis locais.

Seção 18.7 Recursão versus *iteração*

- Tanto iteração como recursão se baseiam em uma estrutura de controle: a iteração usa uma instrução de repetição; a recursão, uma instrução de seleção.
- Tanto a iteração como a recursão envolvem repetição: a iteração utiliza explicitamente uma instrução de repetição, enquanto a recursão alcança a repetição por meio de repetidas chamadas de método.
- Tanto uma como a outra envolvem um teste de terminação: a iteração termina quando a condição de continuação do loop falha e a recursão, quando um caso básico é reconhecido.
- A iteração com repetição controlada por contador e a recursão gradualmente se aproximam do término: a iteração continua modificando um contador até que este assume um valor que faz a condição de continuação do loop falhar; a recursão continua produzindo versões mais simples do problema original até que o caso básico seja alcançado.
- Tanto iteração como recursão podem ocorrer infinitamente: um loop infinito ocorre com a iteração se o teste de continuação dele nunca se tornar falso, enquanto a recursão infinita acontece se o passo de recursão não reduzir o problema a cada vez de uma maneira que convirja para o caso básico.
- A recursão repetidamente invoca o mecanismo, e em consequência o overhead, das chamadas de método.
- Qualquer problema que possa ser resolvido recursivamente também pode ser resolvido iterativamente.
- Uma abordagem recursiva em geral é preferida sobre uma abordagem iterativa quando ela espelha mais naturalmente o problema e resulta em um programa mais fácil de entender e depurar.
- Uma abordagem recursiva pode ser com frequência implementada com poucas linhas de código, mas uma abordagem iterativa correspondente poderia exigir uma grande quantidade de código. Outra razão para escolher uma solução recursiva é que uma solução iterativa poderia não ser aparente.

Seção 18.9 Fractais

- Um fractal é uma figura geométrica gerada de um padrão repetido recursiva e infinitamente.
- Fractais têm uma propriedade autossimilar: subpartes são cópias de tamanho reduzido do todo.

Seção 18.10 Retorno recursivo

- Em um retorno recursivo, se um conjunto de chamadas recursivas não resultar em uma solução para o problema, o programa volta ao ponto de decisão e toma uma decisão diferente, proporcionando frequentemente outro conjunto de chamadas recursivas.

Exercícios de revisão

18.1 Determine se cada uma das seguintes frases é *verdadeira* ou *falsa*. Se *falsa*, explique por quê.

a) Um método que chama a si próprio indiretamente não é um exemplo de recursão.
b) A recursão pode ser eficiente em computação por causa da utilização reduzida do espaço de memória.
c) Quando um método recursivo é chamado para resolver um problema, na verdade ele é capaz de resolver somente o(s) caso(s) mais simples(s), ou caso(s) de base.
d) Para tornar a recursão realizável, o passo de recursão em uma solução recursiva deve ser semelhante ao do problema original, mas uma versão ligeiramente maior dele.

18.2 Um(a) ________ é necessário(a) para terminar a recursão.

a) passo de recursão
b) instrução `break`
c) tipo de retorno `void`
d) caso básico

18.3 A primeira chamada para invocar um método recursivo é ________.
a) não recursivo(a)
b) recursiva(o)
c) passo de recursão
d) nenhuma das alternativas anteriores

18.4 Toda vez que o padrão de um fractal é aplicado, diz-se que esse fractal está em um(a) novo(a) ________.
a) largura
b) altura
c) nível
d) volume

18.5 Tanto a iteração como a recursão envolvem um(a) ________.
a) instrução de repetição
b) teste de terminação
c) variável de contador
d) nenhuma das alternativas anteriores

18.6 Preencha as lacunas em cada uma das seguintes afirmações:
a) A relação de números de Fibonacci sucessivos converge em um valor constante de 1,618..., um número que foi chamado de ________ ou ________.
b) A iteração normalmente utiliza uma instrução de repetição, enquanto a recursão normalmente utiliza uma instrução de ________.
c) Os fractais têm uma propriedade ________ — quando subdivididos em partes, cada uma delas é uma cópia de tamanho reduzido do total.

Respostas dos exercícios de revisão

18.1 a) Falsa. Um método que chama a si mesmo dessa maneira é um exemplo da recursão indireta. b) Falsa. A recursão pode ser ineficiente em computação por causa de múltiplas chamadas de método e utilização do espaço de memória. c) Verdadeira. d) Falsa. Para tornar a recursão realizável, o passo de recursão em uma solução recursiva deve ser semelhante ao do problema original, mas ligeiramente *menor* que ele.

18.2 d

18.3 a

18.4 c

18.5 b

18.6 a) proporção áurea, média áurea. b) seleção. c) autossimilar.

Questões

18.7 O que o seguinte código faz?

```java
public int mystery(int a, int b)
{
   if (b == 1)
      return a;
   else
      return a + mystery(a, b - 1);
}
```

18.8 Localize o(s) erro(s) no seguinte método recursivo e explique como corrigi-lo(s). Esse método deve encontrar a soma dos valores de 0 a n.

```java
public int sum(int n)
{
   if (n == 0)
      return 0;
   else
      return n + sum(n);
}
```

18.9 (***Método recursivo power***) Escreva uma método recursivo `power(base, exponent)` que, quando chamado, retorna

$$base^{exponente}$$

Por exemplo, `power(3,4)` = 3 * 3 * 3 * 3. Assuma que `exponent` é um inteiro maior ou igual a 1. *Dica:* o passo de recursão deve adotar o relacionamento

$$base^{exponente} = base \cdot base^{exponente - 1}$$

e a condição de terminação se manifesta quando `exponent` é igual a `1` porque

$$base^{1} = base$$

Incorpore esse método em um programa que permita que o usuário insira a `base` e o `exponent`.

18.10 (***Visualização de recursão***) É interessante observar a recursão "em ação". Modifique o método fatorial na Figura 18.3 para exibir sua variável local e o parâmetro de chamada recursiva. Para cada chamada recursiva, exiba as saídas em uma linha separada e adicione um nível de recuo. Faça o melhor que você puder para tornar a saída limpa, interessante e significativa. Seu objetivo aqui é projetar e implementar um formato de saída que facilite o entendimento da recursão. Você pode querer adicionar essas capacidades de exibição a outros exemplos de recursão e a exercícios por todo o texto.

18.11 (***Máximo divisor comum***) O máximo divisor comum dos inteiros `x` e `y` é o maior inteiro que divide tanto `x` como `y`. Escreva um método recursivo `gcd` que retorna o máximo divisor comum de `x` e `y`. O `gcd` de `x` e `y` é definido recursivamente como segue: se `y` é igual a `0`, então `gcd(x, y)` é `x`; do contrário, `gcd(x, y)` é `gcd(y, x % y)`, onde `%` é o operador de resto. Utilize esse método para substituir o que você escreveu no aplicativo do Exercício 6.27.

18.12 O que o seguinte programa faz?

```java
// Solução do Exercício 18.12: MysteryClass.java
public class MysteryClass
{
   public static int mystery(int[] array2, int size)
   {
      if (size == 1)
         return array2[0];
      else
         return array2[size - 1] + mystery(array2, size - 1);
   }

   public static void main(String[] args)
   {
      int[] array = {1, 2, 3, 4, 5, 6, 7, 8, 9, 10};

      int result = mystery(array, array.length);
      System.out.printf("Result is: %d%n", result);
   } // fim do método main
} // fim da classe MysteryClass
```

18.13 O que o seguinte programa faz?

```java
// Solução do Exercício 18.13: SomeClass.java
public class SomeClass
{
   public static String someMethod(int[] array2, int x)
   {
      if (x < array2.length)
         return String.format(
            "%s%d ", someMethod(array2, x + 1), array2[x]);
      else
         return "";
   }

    public static void main(String[] args)
   {
      int[] array = {1, 2, 3, 4, 5, 6, 7, 8, 9, 10};
      String results = someMethod(array, 0);
      System.out.println(results);
   }
} // fim da classe SomeClass
```

18.14 **(*Palíndromos*)** Um palíndromo é uma string que pode ser lida igualmente da esquerda para a direita e da direita para a esquerda. Alguns exemplos de palíndromos são "radar", "a cara rajada da jararaca" e "a bola da loba". Escreva um método recursivo `testPalindrome` que retorna o valor `boolean` `true`, se a string armazenada no array for um palíndromo, e `false`, caso contrário. O método deve ignorar espaços e pontuação na string.

18.15 **(*Oito Rainhas*)** Um quebra-cabeças para os fãs de xadrez é o problema das Oito Rainhas, que pergunta: é possível colocar oito rainhas em um tabuleiro de xadrez vazio, de modo que nenhuma delas esteja "atacando" qualquer outra (isto é, sem que duas rainhas estejam na mesma linha, na mesma coluna ou na mesma diagonal)? Por exemplo, se uma rainha for colocada no canto superior esquerdo do tabuleiro, nenhuma outra rainha pode ser colocada em qualquer um dos quadrados marcados na Figura 18.20. Resolva o problema recursivamente. [*Dica:* sua solução deve começar com a primeira coluna e procurar uma localização nela em que uma rainha possa ser colocada — inicialmente, coloque a rainha na primeira linha. A solução precisa, então, pesquisar recursivamente as colunas restantes. Nas primeiras poucas, há várias localizações onde uma rainha pode ser colocada. Utilize a primeira localização disponível. Se uma coluna for alcançada sem nenhuma possível localização para uma rainha, o programa deve retornar à coluna anterior e mover essa rainha para uma nova linha. Esse contínuo procedimento de voltar e tentar novas alternativas é um exemplo de retorno recursivo.]

18.16 **(*Exibir um array*)** Escreva um método recursivo `printArray` que exibe todos os elementos em um array de inteiros, separados por espaços.

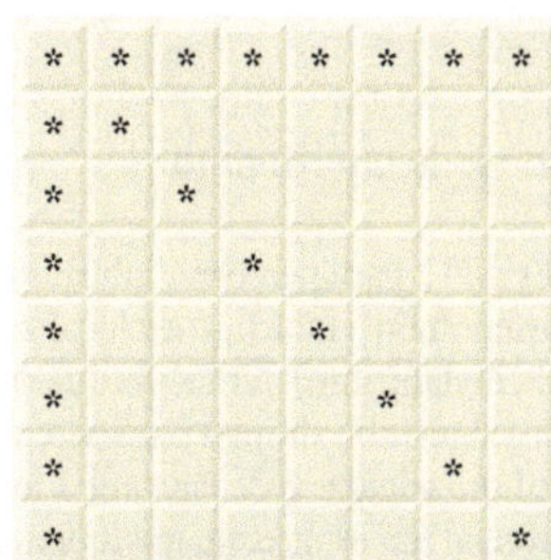

Figura 18.20 | Os quadrados eliminados pela colocação de uma rainha no canto superior esquerdo de um tabuleiro.

18.17 **(*Exibir* um array de trás para a frente)** Escreva um método recursivo `stringReverse` que aceita um array de caracteres contendo uma string como um argumento e a exibe de trás para a frente. [*Dica:* utilize o método `String` `toCharArray`, que não aceita nenhum argumento, para obter um array `char` contendo os caracteres na `String`.]

18.18 **(*Localizar o valor mínimo em um array*)** Escreva um método recursivo `recursiveMinimum` que determina o menor elemento em um array de inteiros. O método deve retornar quando ele receber um array de um elemento.

18.19 **(*Fractais*)** Repita o padrão fractal da Seção 18.9 para formar uma estrela. Inicie com cinco linhas (veja a Figura 18.21) em vez de uma, e cada linha é uma ponta diferente da estrela. Aplique o padrão "fractal de Lo Feather" a cada ponta da estrela.

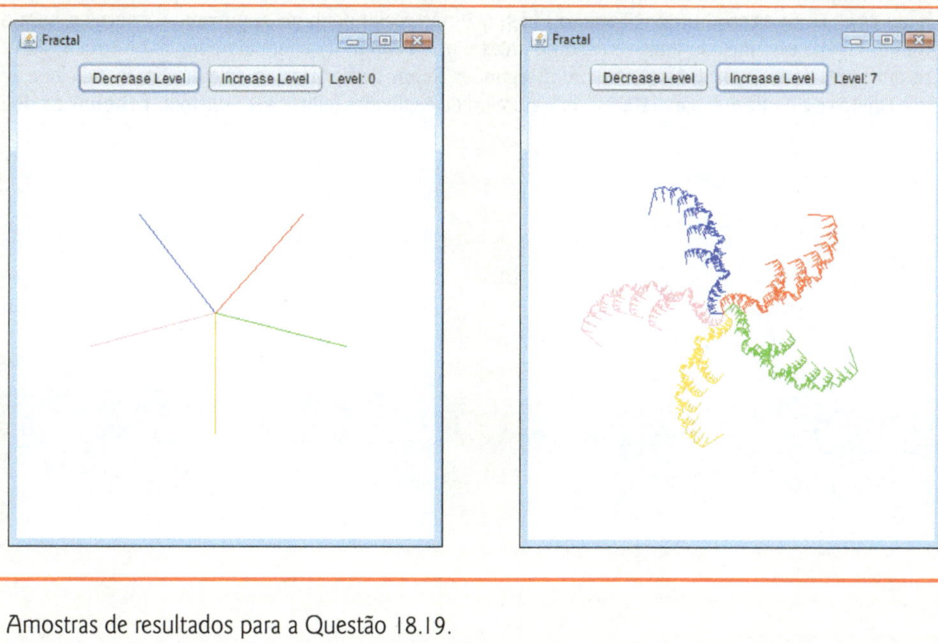

Figura 18.21 | Amostras de resultados para a Questão 18.19.

18.20 ***(Percurso para sair de um labirinto utilizando retorno recursivo)*** A grade de `#s` e pontos (`.`) na Figura 18.22 é uma representação bidimensional do array de um labirinto. Os `#s` representam as paredes do labirinto, e os pontos, as localizações nos possíveis caminhos por ele. Um movimento só é permitido nas posições do array que contiverem um ponto.

```
# # # # # # # # # # # #
# . . . # . . . . . . #
. . # . # . # # # # . #
# # # . # . . . . # . #
# . . . . # # # . # . .
# # # # . # . # . # . #
# . . # . # . # . # . #
# # . # . # . # . # . #
# . . . . . . . . # . #
# # # # # # . # # # . #
# . . . . . . # . . . #
# # # # # # # # # # # #
```

Figura 18.22 | Representação de array bidimensional de um labirinto.

Escreva um método recursivo (`mazeTraversal`) para percorrer labirintos como o da Figura 18.22. O método deve receber como argumentos o array de caracteres de 12 por 12 representando o labirinto e a localização atual nele (na primeira vez que esse método é chamado, a localização atual deve ser o ponto de entrada no labirinto). À medida que `mazeTraversal` tenta localizar a saída, ele deve colocar o caractere `x` em cada quadrado no caminho. Há um algoritmo simples para percorrer um labirinto que garante a localização da saída (assumindo que existe uma saída). Se não houver nenhuma saída, você chegará à localização inicial novamente. O algoritmo é como segue: a partir da localização atual no labirinto, tente mover-se um espaço em qualquer uma das possíveis direções (para baixo, para a direita, para cima ou para a esquerda). Se for possível ir pelo menos para uma direção, chame `mazeTraversal` recursivamente, passando o novo local no labirinto como o atual. Caso não consiga caminhar em nenhuma direção, "volte" a um local anterior no labirinto e tente um novo sentido a partir desse local (esse é um exemplo do retorno recursivo). Programe o método para exibir o labirinto depois de cada movimento a fim de que o usuário possa observar enquanto uma solução para ele é procurada. A saída final do labirinto deve exibir somente o caminho necessário para resolvê-lo — na hipótese de que seguir por uma direção resulte em um caminho sem saída, o `x` para marcar esses passos não deve ser exposto. [*Dica:* para mostrar apenas o caminho final, pode ser útil marcar os locais que resultam em um caminho sem saída com outro caractere (como `'0'`).]

18.21 ***(Gerar labirintos aleatoriamente)*** Escreva um método `mazeGenerator` que recebe como argumento um array bidimensional de 12 × 12 caracteres e que produza aleatoriamente um labirinto. O método também deve fornecer as posições inicial e final desse labirinto. Teste seu método `mazeTraversal` da Questão 18.20 utilizando vários labirintos gerados aleatoriamente.

18.22 ***(Labirintos de qualquer tamanho)*** Generalize os métodos `mazeTraversal` e `mazeGenerator` da Questão 18.20 e da Questão 18.21 para processar labirintos de qualquer largura e altura.

18.23 ***(Tempo para calcular números de Fibonacci)*** Aprimore o programa de Fibonacci da Figura 18.5 para que ele calcule a quantidade aproximada de tempo necessário a fim de efetuar o cálculo e o número de chamadas feitas para o método recursivo. Para esse fim, chame o método `static System currentTimeMillis`, que não aceita nenhum argumento e retorna a hora atual do computador em milissegundos. Chame esse método duas vezes, uma antes e outra depois da chamada para `fibonacci`. Salve cada valor e calcule a diferença em horas para determinar quantos milissegundos foram necessários ao cálculo. Então, adicione uma variável à classe `FibonacciCalculator` e utilize-a para estabelecer o número de chamadas feitas para o método `fibonacci`. Exiba seus resultados.

Pesquisa, classificação e Big O

19

Entre lágrimas e soluços,
escolheu as de maior tamanho...
— Lewis Carroll

Tente o último e nunca duvides; Nada é tão difícil, mas a pesquisa o encontrará.
— Robert Herrick

Guardei-o na memória,
e a chave a levas.
— William Shakespeare

É uma lei imutável nos negócios que palavras são palavras, explicações são explicações, promessas são promessas — mas somente desempenho é realidade.
— Harold S. Green

Objetivos

Neste capítulo, você irá:

- Procurar um dado valor em um array usando pesquisa linear e pesquisa binária.
- Classificar arrays usando os algoritmos de classificação por inserção e seleção iterativa.
- Classificar arrays usando o algoritmo recursivo de classificação por intercalação.
- Determinar a eficiência dos algoritmos de pesquisa e de classificação.
- Introduzir a notação Big O para comparar a eficiência dos algoritmos.

Sumário

19.1 Introdução

Pesquisar dados envolve determinar se um valor (chamado de **chave de pesquisa**) está presente nos dados e, se estiver, encontrar a sua localização. Dois algoritmos de pesquisa famosos são a pesquisa linear simples e a mais rápida, porém mais complexa, pesquisa binária. A **classificação** coloca os dados em uma ordem crescente ou decrescente, com base em uma ou mais **chaves de classificação**. Uma lista de nomes poderia ser classificada alfabeticamente, contas bancárias poderiam ser classificadas pelo número de conta, registros de folha de pagamento de funcionários poderiam ser classificados pelo CPF e assim por diante. Este capítulo introduz dois algoritmos simples de classificação: por seleção e por inserção, juntamente com a classificação por intercalação, mais eficiente, porém mais complexa. A Figura 19.1 resume os algoritmos de pesquisa e classificação discutidos nos exemplos e exercícios deste livro.

Observação de engenharia de software 19.1

Em aplicativos que exigem pesquisa e classificação, utilize as capacidades predefinidas da API Java Collections (Capítulo 16). As técnicas apresentadas neste capítulo são fornecidas para introduzir os alunos aos conceitos por trás dos algoritmos de pesquisa e classificação — cursos de nível superior de ciência da computação tipicamente discutem esses algoritmos em detalhes.

Capítulo	Algoritmo	Posição
Algoritmos de pesquisa:		
16	Método `binarySearch` da classe `Collections`	Figura 16.12
19	Pesquisa linear	Seção 19.2
	Pesquisa binária	Seção 19.4
	Pesquisa linear recursiva	Exercício 19.8
	Pesquisa binária recursiva	Exercício 19.9
21	Pesquisa linear em uma `List`	Exercício 21.21
	Pesquisa em árvore binária	Exercício 21.23
Algoritmos de classificação:		
16	Método `sort` da classe `Collections`	Figuras 16.6 a 16.9
	Coleção `SortedSet`	Figura 16.17
19	Classificação por seleção	Seção 19.6
	Classificação por inserção	Seção 19.7
	Classificação por intercalação recursiva	Seção 19.8
	Classificação por borbulhamento	Exercícios 19.5 e 19.6
	Classificação de Bucket	Exercício 19.7
	Quicksort recursivo	Exercício 19.10
21	Classificação em árvore binária	Seção 21.7

Figura 19.1 | Algoritmos de pesquisa e classificação abordados neste texto.

19.2 Pesquisa linear

Pesquisar um número de telefone, localizar um site por um mecanismo de pesquisa e verificar a definição de uma palavra em um dicionário são todas operações que envolvem pesquisar grandes volumes de dados. Esta seção e a Seção 19.4 discutem dois algoritmos de pesquisa comuns — um que é fácil de programar, mas relativamente ineficiente (pesquisa linear) e outro que é relativamente eficiente, mas mais complexo de programar (pesquisa binária).

Algoritmo de pesquisa linear

O **algoritmo de pesquisa linear** pesquisa cada elemento em um array sequencialmente. Se a chave de pesquisa não corresponder a um elemento no array, o algoritmo testa cada elemento e, quando alcança o fim do array, informa o usuário que a chave de pesquisa não está presente. Se a chave de pesquisa estiver no array, o algoritmo testa cada elemento até encontrar um que corresponda à chave de pesquisa e retorna o índice desse elemento.

Como um exemplo, considere um array que contém os valores a seguir

```
34   56   2   10   77   51   93   30   5   52
```

e um programa que pesquisa 51. Utilizando o algoritmo de pesquisa linear, o programa primeiro verifica se 34 corresponde à chave de pesquisa. Se não corresponder, o algoritmo então verifica se 56 corresponde à chave de pesquisa. O programa continua a percorrer o array sequencialmente, testando 2, 10 e então 77. Quando o programa testa 51, que corresponde à chave de pesquisa, o programa retorna o índice 5, que é a localização do 51 no array. Se, depois de verificar cada elemento do array, o programa determinar que a chave de pesquisa não corresponde a nenhum elemento no array, ele retorna um valor de sentinela (por exemplo, `-1`).

Implementação da pesquisa linear

A classe `LinearSearchTest` (Figura 19.2) contém o método `static linearSearch` para realizar pesquisas de um array `int` e `main` para testar `linearSearch`.

```java
// Figura 19.2: LinearSearchTest.java
// Pesquisando sequencialmente um item em um array.
import java.security.SecureRandom;
import java.util.Arrays;
import java.util.Scanner;

public class LinearSearchTest
{
   // realiza uma pesquisa linear nos dados
   public static int linearSearch(int data[], int searchKey)
   {
      // faz um loop pelo array sequencialmente
      for (int index = 0; index < data.length; index++)
         if (data[index] == searchKey)
            return index; // retorna o índice de inteiros

      return -1; // inteiro não foi localizado
   } // fim do método linearSearch

   public static void main(String[] args)
   {
      Scanner input = new Scanner(System.in);
      SecureRandom generator = new SecureRandom();

      int[] data = new int[10]; // cria o array

      for (int i = 0; i < data.length; i++) // preenche o array
         data[i] = 10 + generator.nextInt(90);

      System.out.printf("%s%n%n", Arrays.toString(data)); // exibe o array

      // obtém a entrada de usuário
      System.out.print("Please enter an integer value (-1 to quit): ");
      int searchInt = input.nextInt();

      // insere repetidamente um inteiro; -1 termina o programa
      while (searchInt != -1)
      {
         int position = linearSearch(data, searchInt); // realiza a pesquisa

```

continua

continuação

```
41          if (position == -1) // não encontrado
42             System.out.printf("%d was not found%n%n", searchInt);
43          else // encontrado
44             System.out.printf("%d was found in position %d%n%n",
45                searchInt, position);
46
47          // obtém a entrada de usuário
48          System.out.print("Please enter an integer value (-1 to quit): ");
49          searchInt = input.nextInt();
50       }
51    } // fim de main
52 } // fim da classe LinearSearchTest
```

```
[59, 97, 34, 90, 79, 56, 24, 51, 30, 69]

Please enter an integer value (-1 to quit): 79
79 was found in position 4

Please enter an integer value (-1 to quit): 61
61 was not found

Please enter an integer value (-1 to quit): 51
51 was found in position 7

Please enter an integer value (-1 to quit): -1
```

Figura 19.2 | Pesquisando sequencialmente um item em um array.

Método `linearSearch`

O método `linearSearch` (linhas 10 a 18) realiza a pesquisa linear. O método recebe como parâmetros o array para pesquisar (`data`) e a `searchKey`. As linhas 13 a 15 fazem um loop pelos elementos no array `data`. A linha 14 compara cada um com `searchKey`. Se os valores forem iguais, a linha 15 retornará o *índice* do elemento. Se houver valores *duplicados* no array, a pesquisa linear retorna o índice do *primeiro* elemento no array que corresponde à chave de pesquisa. Se o loop terminar sem encontrar o valor, a linha 17 retornará `-1`.

Método `main`

O método `main` (linhas 20 a 51) permite ao usuário pesquisar um array. As linhas 25 a 28 criam um array de `10 ints` e o preenchem com `ints` aleatórios de `10 a 99`. Então, a linha 30 exibe o conteúdo do array usando o método `Arrays static toString`, que retorna uma representação `String` do array com os elementos entre colchetes (`[e]`) e separados por vírgulas.

As linhas 33 e 34 solicitam ao usuário e armazenam a chave de pesquisa. A linha 39 chama o método `linearSearch` para determinar se `searchInt` está no array `data`. Se não, `linearSearch` retorna `-1` e o programa notifica o usuário (linhas 41 e 42). Se `searchInt` estiver no array, `linearSearch` retorna a posição do elemento, para o qual o programa gera a saída nas linhas 44 e 45. As linhas 48 e 49 obtêm a próxima chave de pesquisa do usuário.

19.3 Notação Big O

Todos os algoritmos de pesquisa têm o *mesmo* objetivo — localizar um elemento (ou elementos) que corresponde a uma dada chave de pesquisa se esse elemento, de fato, existir. Há, porém, alguns aspectos que diferenciam os algoritmos de pesquisa uns dos outros. *A principal diferença é o esforço que eles exigem para completar a pesquisa.* Uma maneira de descrever esse esforço é com a **notação Big O**, que indica o quanto um algoritmo precisa trabalhar para resolver um problema. Para algoritmos de pesquisa e de classificação, isso depende particularmente de quantos elementos de dados há. Neste capítulo, usamos Big O para descrever os casos de pior cenário de tempo de execução para vários algoritmos de pesquisa e classificação.

19.3.1 Algoritmos O(1)

Suponha que um algoritmo seja projetado para testar se o primeiro elemento de um array é igual ao segundo. Se o array tiver 10 elementos, esse algoritmo exigirá uma comparação. Se o array tiver 1.000 elementos, ele ainda exigirá uma comparação. Na realidade, o algoritmo é completamente independente do número de elementos no array. Diz-se que esse algoritmo tem um **tempo de execução constante**, que é representado na notação Big O como $O(1)$ e pronunciado como "ordem um". Um algoritmo que é $O(1)$ não necessariamente exige somente uma comparação. $O(1)$ simplesmente significa que o número de comparações é *constante* — não aumenta à medida que o tamanho do array aumenta. Um algoritmo que testa se o primeiro elemento de um array é igual a qualquer um dos três próximos elementos ainda é $O(1)$ mesmo se exigir três comparações.

19.3.2 Algoritmos O(*n*)

Um algoritmo que testa se o primeiro elemento do array é igual a *qualquer um* dos outros elementos do array irá requerer no máximo $n - 1$ comparações, onde n é o número de elementos do array. Se o array tiver 10 elementos, esse algoritmo exigirá até nove comparações. Se o array tiver 1.000 elementos, ele exigirá até 999 comparações. À medida que n aumenta, a parte n da expressão "predomina", e subtrair uma torna-se irrelevante. A notação Big O é projetada para destacar esses termos dominantes e ignorar termos que não têm importância à medida que n aumenta. Por essa razão, diz-se que um algoritmo que exige um total de $n - 1$ comparações (como aquele que descrevemos anteriormente) é dito ser **$O(n)$**. Diz-se que um algoritmo $O(n)$ tem um tempo de **execução linear**. $O(n)$ costuma ser pronunciado "na ordem de n" ou, simplesmente, "ordem n".

19.3.3 Algoritmos O(*n*²)

Agora suponha que você tem um algoritmo que testa se *qualquer* elemento de um array é duplicado em uma outra parte no array. O primeiro elemento deve ser comparado com elementos alternados no array. O segundo elemento deve ser comparado com elementos alternados, exceto o primeiro (já foi comparado com o primeiro). O terceiro elemento deve ser comparado com elementos alternados, exceto os dois primeiros. No final, esse algoritmo terminará fazendo $(n - 1) + (n - 2) + \ldots + 2 + 1$ ou $n^2/2 - n/2$ comparações. À medida que n aumenta, o termo n^2 predomina e o termo n torna-se irrelevante. Mais uma vez, a notação Big O destaca o termo n^2, deixando $n/2$. Mas, como veremos a seguir, fatores constantes são omitidos na notação Big O.

A notação Big O considera como o tempo de execução de um algoritmo aumenta em relação ao número de itens processado. Suponha que um algoritmo exija n^2 comparações. Com quatro elementos, o algoritmo requer 16 comparações; com oito elementos, 64 comparações. Com esse algoritmo, *dobrar* o número de elementos *quadruplica* o número de comparações. Considere um algoritmo semelhante que exige $n^2/2$ comparações. Com quatro elementos, o algoritmo requer oito comparações; com oito elementos, 32 comparações. Mais uma vez, *dobrar* o número de elementos *quadruplica* o número de comparações. Esses dois algoritmos aumentam conforme o quadrado de n, assim o Big O ignora a constante e os dois algoritmos são considerados como **$O(n^2)$**, o que é chamado **tempo de execução quadrático**, pronunciado como "na ordem de n ao quadrado" ou, mais simplesmente, "ordem do quadrado de n".

Quando n é pequeno, algoritmos $O(n^2)$ (executados nos computadores de hoje em dia) não afetarão significativamente o desempenho. Mas, à medida que n aumentar, você começará a observar a degradação de desempenho. Um algoritmo $O(n^2)$ executando em um array de um milhão de elementos exigiria um trilhão de "operações" (onde cada uma, na verdade, exigiria várias instruções de máquina para executar). Isso pode levar várias horas. Um array de um bilhão de elementos exigiria um quintilhão de operações, um número tão grande que o algoritmo demoraria décadas para executar! Infelizmente, algoritmos $O(n^2)$ são fáceis de escrever, como você verá neste capítulo. Você também verá algoritmos com medidas Big O mais favoráveis. Frequentemente, esses eficientes algoritmos demandam um pouco mais de perícia e trabalho para serem criados, mas seu desempenho superior recompensa muito bem o esforço extra, especialmente à medida que o n torna-se grande e algoritmos são combinados em programas maiores.

19.3.4 Big O da pesquisa linear

O algoritmo de pesquisa linear executa a $O(n)$ vezes. O pior caso nesse algoritmo é que cada elemento deve ser verificado para determinar se o item de pesquisa existe no array. Se o tamanho do array for *dobrado*, o número de comparações que o algoritmo deve realizar também será *dobrado*. A pesquisa linear pode fornecer um excelente desempenho se o elemento que corresponde à chave de pesquisa estiver próximo ou no início do array. Mas buscamos algoritmos que, em média, tenham um bom desempenho em *todas* as pesquisas, incluindo aqueles em que o elemento que corresponde à chave de pesquisa está próximo do final do array.

A pesquisa linear é fácil de programar, mas pode ser lenta em comparação com outros algoritmos de pesquisa. Se um programa precisar realizar muitas pesquisas em grandes arrays, é melhor implementar um algoritmo mais eficiente, como a pesquisa binária que apresentaremos a seguir.

> **Dica de desempenho 19.1**
>
> *Às vezes os algoritmos mais simples demonstram um fraco desempenho. Sua virtude é que são fáceis de programar, testar e depurar. Às vezes, algoritmos mais complexos são necessários para conseguir desempenho máximo.*

19.4 Pesquisa binária

O **algoritmo de pesquisa binária** é mais eficiente que o de pesquisa linear, mas exige que o array seja classificado. A primeira iteração desse algoritmo testa o elemento no *meio* do array. Se isso corresponder à chave de pesquisa, o algoritmo termina. Supondo que o array seja classificado em ordem *crescente*, se a chave de pesquisa for *menor que* o elemento do meio, ela não poderá localizar nenhum elemento na segunda metade do array e o algoritmo continua com apenas a primeira metade do array (isto é, até o primeiro elemento, mas sem incluir o elemento do meio). Se a chave de pesquisa for *maior que* o elemento no meio, ela não poderá localizar nenhum elemento na primeira metade do array e o algoritmo continua apenas com a segunda metade (isto é, o elemento *depois* do elemento do meio até o último elemento). Cada iteração testa o valor do meio da parte restante do array. Se a chave de pesquisa não corresponder ao elemento, o algoritmo eliminará metade dos elementos restantes. O algoritmo termina localizando um elemento que corresponde à chave de pesquisa ou reduzindo o subarray ao tamanho zero.

Exemplo

Como um exemplo, considere o array de 15 elementos classificado

```
2  3  5  10  27  30  34  51  56  65  77  81  82  93  99
```

e uma chave de pesquisa de 65. Um programa que implementa o algoritmo de pesquisa binária primeiro verificaria se 51 é a chave de pesquisa (uma vez que 51 é o elemento no *meio* do array). A chave de pesquisa (65) é maior que 51, assim 51 é ignorado junto com a primeira metade do array (todos os elementos menores que 51), deixando

```
56  65  77  81  82  93  99
```

Em seguida, o algoritmo verifica se 81 (o elemento no meio do restante do array) corresponde à chave de pesquisa. A chave de pesquisa (65) é menor que 81, portanto 81 é descartado junto com os elementos maiores que 81. Depois de apenas dois testes, o algoritmo reduziu a somente três o número de valores a verificar (56, 65 e 77). Ele, então, verifica 65 (que de fato corresponde à chave de pesquisa) e retorna o índice do elemento no array que contém 65. Esse algoritmo exigiu apenas três comparações para determinar se a chave de pesquisa localizou um elemento do array. Utilizar um algoritmo de pesquisa linear exigiria 10 comparações. [*Observação*: neste exemplo, optamos por utilizar um array com 15 elementos, de modo que sempre haverá um elemento óbvio no meio do array. Com um número par de elementos, o meio do array reside entre dois elementos. Implementamos o algoritmo para escolher o maior desses dois elementos.]

19.4.1 Implementação de pesquisa binária

A classe `BinarySearchTest` (Figura 19.3) contém:

- O método `static` `binarySearch` para pesquisar em um array `int` uma chave especificada.
- O método `static` `remainingElements` para exibir os elementos remanescentes no array que está sendo pesquisado.
- `main` para testar o método `binarySearch`.

O método `main` (linhas 57 a 90) é quase idêntico ao `main` na Figura 19.2. Nesse programa, criamos um array de 15 elementos (linha 62) e a linha 67 chama o método `static` sort da classe `Arrays` para classificar os elementos `data` do array em um array em ordem crescente (por padrão). Lembre-se de que o algoritmo de pesquisa binária só funcionará em um array classificado. A primeira linha da saída desse programa mostra o array classificado de `ints`. Quando o usuário instrui o programa a pesquisar `18`, o programa primeiro testa o elemento do meio, que é `57` (como indicado por *). A chave de pesquisa é menor que `57`, assim o programa elimina a segunda metade do array e testa o elemento do meio na primeira metade. A chave de pesquisa é menor que `36`, portanto o programa elimina a segunda metade do array, deixando somente três elementos. Por fim, o programa verifica `18` (que corresponde à chave de pesquisa) e retorna o índice `1`.

```
1   // Figura 19.3: BinarySearchTest.java
2   // Utiliza a pesquisa binária para localizar um item em um array.
3   import java.security.SecureRandom;
4   import java.util.Arrays;
5   import java.util.Scanner;
6
7   public class BinarySearchTest
8   {
9      // realiza uma pesquisa binária sobre os dados
10     public static int binarySearch(int[] data, int key)
11     {
12        int low = 0; // extremidade baixa da área de pesquisa
13        int high = data.length - 1; // extremidade alta da área de pesquisa
14        int middle = (low + high + 1) / 2; // elemento do meio
15        int location = -1; // valor de retorno; -1 se não localizado
16
17        do // faz um loop para procurar o elemento
18        {
19           // imprime os elementos remanescentes do array
20           System.out.print(remainingElements(data, low, high));
21
22           // gera espaços para alinhamento
23           for (int i = 0; i < middle; i++)
```

continua

continuação

```
            System.out.print("   ");
         System.out.println(" * "); // indica o meio atual

         // se o elemento for localizado no meio
         if (key == data[middle])
            location = middle; // a localização é o meio atual
         else if (key < data[middle]) // elemento do meio é muito alto
            high = middle - 1; // elimina a metade mais alta
         else  // elemento do meio é muito baixo
            low = middle + 1; // elimina a metade mais alta

         middle = (low + high + 1) / 2; // recalcula o meio
      } while ((low <= high) && (location == -1));

      return location; // retorna a localização da chave de pesquisa
   } // fim do método binarySearch

   // método para gerar saída de certos valores no array
   private static String remainingElements(int[] data, int low, int high)
   {
      StringBuilder temporary = new StringBuilder();

      // acrescenta espaços para alinhamento
      for (int i = 0; i < low; i++)
         temporary.append("   ");

      // gera a saída dos elementos que permanecem no array
      for (int i = low; i <= high; i++)
         temporary.append(data[i] + " ");

      return String.format("%s%n", temporary);
   } // fim do método remainingElements

   public static void main(String[] args)
   {
      Scanner input = new Scanner(System.in);
      SecureRandom generator = new SecureRandom();

      int[] data = new int[15]; // cria o array

      for (int i = 0; i < data.length; i++) // preenche o array
         data[i] = 10 + generator.nextInt(90);

      Arrays.sort(data); // binarySearch requer array classificado
      System.out.printf("%s%n%n", Arrays.toString(data)); // exibe o array

      // obtém a entrada de usuário
      System.out.print("Please enter an integer value (-1 to quit): ");
      int searchInt = input.nextInt();

      // insere repetidamente um inteiro; -1 termina o programa
      while (searchInt != -1)
      {
         // realiza a pesquisa
         int location = binarySearch(data, searchInt);

         if (location == -1) // não encontrado
            System.out.printf("%d was not found%n%n", searchInt);
         else // encontrado
            System.out.printf("%d was found in position %d%n%n",
               searchInt, location);

         // obtém a entrada de usuário
         System.out.print("Please enter an integer value (-1 to quit): ");
         searchInt = input.nextInt();
      }
   } // fim de main
} // fim da classe BinarySearchTest
```

continua

continuação

```
[13, 18, 29, 36, 42, 47, 56, 57, 63, 68, 80, 81, 82, 88, 88]

Please enter an integer value (-1 to quit): 18
13 18 29 36 42 47 56 57 63 68 80 81 82 88 88
                   *
13 18 29 36 42 47 56
         *
13 18 29
    *
18 was found in position 1

Please enter an integer value (-1 to quit): 82
13 18 29 36 42 47 56 57 63 68 80 81 82 88 88
                   *
                     63 68 80 81 82 88 88
                              *
                               82 88 88
                                   *
                               82
                                *

82 was found in position 12

Please enter an integer value (-1 to quit): 69
13 18 29 36 42 47 56 57 63 68 80 81 82 88 88
                   *
                     63 68 80 81 82 88 88
                              *
                     63 68 80
                         *
                          80
                           *
69 was not found

Please enter an integer value (-1 to quit): -1
```

Figura 19.3 | Use a pesquisa binária para localizar um item em um array (o * na saída marca o elemento do meio).

As linhas 10 a 39 declaram o método `binarySearch`, que recebe como parâmetros o array a pesquisar (`data`) e a chave de pesquisa (`key`). As linhas 12 a 14 calculam o índice da extremidade `low`, o índice da extremidade `high` índice `middle` da parte do array em que o programa está atualmente pesquisando. No início do método, a extremidade `low` é `0`, a extremidade `high` é o comprimento do array menos `1` e `middle` é a média desses dois valores. A linha 15 inicializa a `location` do elemento para `-1` — o valor que será retornado se o `key` não for localizado. As linhas 17 a 36 fazem um loop até que `low` seja maior que `high` (isso ocorre quando a `key` não é localizada) ou a `key` não é igual a `-1` (indicando que a `key` de pesquisa foi localizada). A linha 28 testa se o valor no elemento `middle` é igual a `key`. Se sim, a linha 29 atribui `middle` a `location`, o loop termina e `location` é retornada ao chamador. Cada iteração do loop testa um valor único (linha 28) e *elimina metade dos valores restantes no array* (linha 31 ou 33) se o valor não for a `key`.

19.4.2 Eficiência da pesquisa binária

No cenário do pior caso, pesquisar um array *classificado* de 1.023 elementos leva *apenas 10 comparações* quando utilizamos uma pesquisa binária. Dividir repetidamente 1.023 por 2 (porque depois de cada comparação podemos eliminar metade do array) e arredondar para baixo (porque também removemos o elemento do meio) produz os valores 511, 255, 127, 63, 31, 15, 7, 3, 1 e 0. O número 1.023 ($2^{10} - 1$) é dividido por 2 apenas 10 vezes para obter o valor 0, o que indica que não há mais elementos a testar. Dividir por 2 é equivalente a uma comparação no algoritmo de pesquisa binária. Portanto, um array de 1.048.575 ($2^{20} - 1$) elementos exige no *máximo 20 comparações* para localizar a chave e um array de mais de um bilhão de elementos demanda no *máximo 30 comparações* para localizar a chave. Isso é uma tremenda melhoria no desempenho em relação à pesquisa linear. Para um array de um bilhão de elementos, isso representa uma diferença entre uma média de 500 milhões de comparações para a pesquisa linear e no máximo apenas 30 comparações para a pesquisa binária! O número máximo de comparações necessárias para a pesquisa binária de qualquer array classificado é o expoente da primeira potência de 2 maior que o número de elementos no array, que é representado como $\log_2 n$. Todos os logaritmos crescem aproximadamente na mesma taxa, assim na notação Big O a base pode ser omitida. Isso resulta em um Big O de ***O*(log *n*)** para uma pesquisa binária, que também é conhecida como **tempo de execução logarítmico** e pronunciada como "log ordem n".

19.5 Algoritmos de classificação

Classificar dados (isto é, colocar os dados em alguma ordem particular como crescente ou decrescente) é uma das aplicações mais importantes da computação. Um banco classifica todos os cheques pelo número de conta, de modo que possa preparar extratos bancários individuais no final de cada mês. As companhias telefônicas classificam suas listas de assinantes por sobrenome e, depois, pelo primeiro nome para facilitar a localização de números de telefone. Praticamente todas as empresas devem classificar alguns dados e, muitas vezes, volumes maciços deles. Classificar dados é um problema intrigante, que faz uso intensivo do computador e que atrai esforços intensos de pesquisa.

Um item importante a entender sobre a classificação é que o resultado final — o array classificado — será o *mesmo*, independentemente do algoritmo que você utiliza para classificar o array. A escolha do algoritmo só afeta o tempo de execução e uso de memória do programa. O restante deste capítulo apresenta três algoritmos de classificação comuns. As duas primeiras — *classificação por seleção* e *classificação por inserção* — são fáceis de programar, mas *ineficientes*. O último algoritmo — *a classificação por intercalação* — é muito mais *rápido* do que a classificação por seleção e a classificação por inserção, mas é mais *difícil de programar*. Focalizamos a classificação de arrays de dados de tipo primitivo, ou seja, `ints`. Também é possível classificar arrays de objetos de classe, como demonstrado na Seção 16.7.1, usando as capacidades de classificação predefinidas da API Collections.

19.6 Classificação por seleção

Classificação por seleção é um algoritmo de classificação simples, mas ineficiente. Se você classificar em ordem crescente, a primeira iteração seleciona o *menor* elemento no array e o permuta pelo primeiro elemento. A segunda iteração seleciona o *segundo menor* item (que é o menor item dos elementos restantes) e troca-o pelo segundo elemento. O algoritmo continua até que a última iteração selecione o *segundo maior* elemento e permute-o pelo penúltimo índice, deixando o maior elemento no último índice. Depois da *i*-ésima iteração, os menores itens *i* do array serão classificados na ordem crescente nos primeiros elementos *i* do array.

Como um exemplo, considere o array

```
34   56   4   10   77   51   93   30   5   52
```

Um programa que implementa a classificação por seleção primeiro determina o menor elemento (4) desse array, que está contido no índice 2. O programa troca 4 por 34, resultando em

```
4   56   34   10   77   51   93   30   5   52
```

O programa então determina o menor valor dos elementos restantes (todos os elementos, exceto 4), que é 5, contido no índice 8. O programa troca 5 por 56, resultando em

```
4   5   34   10   77   51   93   30   56   52
```

Na terceira iteração, o programa determina o próximo menor valor (10) e o troca por 34.

```
4   5   10   34   77   51   93   30   56   52
```

O processo continua até que o array seja completamente classificado.

```
4   5   10   30   34   51   52   56   77   93
```

Depois da primeira iteração, o menor elemento está na primeira posição. Depois da segunda iteração, os dois menores elementos estarão na ordem nas duas primeiras posições. Depois da terceira iteração, os três menores elementos estarão na ordem nas três primeiras posições.

19.6.1 Implementação da classificação por seleção

A classe `SelectionSortTest` (Figura 19.4) contém:

- O método `static selectionSort` para classificar um array `int` usando o algoritmo de classificação por seleção.
- O método `static swap` para permutar os valores dos dois elementos do array.
- O método `static printPass` para exibir o conteúdo do array depois de cada passagem.
- `main` para testar o método `selectionSort`.

Como nos exemplos de pesquisa, `main` (linhas 57 a 72) cria um array de `ints` nomeados `data` e o preenche com `ints` aleatórios no intervalo `10 a 99`. A linha 68 testa o método `selectionSort`.

```java
// Figura 19.4: SelectionSortTest.java
// Classificando um array com classificação por seleção.
import java.security.SecureRandom;
import java.util.Arrays;

public class SelectionSortTest
{
   // classifica o array utilizando a classificação por seleção
   public static void selectionSort(int[] data)
   {
      // faz um loop sobre data.length - 1 elementos
      for (int i = 0; i < data.length - 1; i++)
      {
         int smallest = i; // primeiro índice do array remanescente

         // faz um loop para localizar o índice do menor elemento
         for (int index = i + 1; index < data.length; index++)
            if (data[index] < data[smallest])
               smallest = index;

         swap(data, i, smallest); // troca o menor elemento na posição
         printPass(i + 1, smallest); // passagem de saída do algoritmo
      }
   } // finaliza o método SelectionSort

   // método auxiliar para trocar valores em dois elementos
   private static void swap(int[] data, int first, int second)
   {
      int temporary = data[first]; // armazena o primeiro em temporário
      data[first] = data[second]; // substitui o primeiro pelo segundo
      data[second] = temporary; // coloca o temporário no segundo
   }

   // imprime uma passagem do algoritmo
   private static void printPass(int[] data, int pass, int index)
   {
      System.out.printf("after pass %2d: ", pass);

      // saída de elementos até item selecionado
      for (int i = 0; i < index; i++)
         System.out.printf("%d  ", data[i]);

      System.out.printf("%d* ", data[index]); // indica troca

      // termina de gerar a saída do array
      for (int i = index + 1; i < data.length; i++)
         System.out.printf("%d  ", data[i]);

      System.out.printf("%n               "); // para alinhamento

      // indica quantidade do array que é classificado
      for (int j = 0; j < pass; j++)
         System.out.print("--  ");
      System.out.println();
   }

   public static void main(String[] args)
   {
      SecureRandom generator = new SecureRandom();

      int[] data = new int[10]; // cria o array

      for (int i = 0; i < data.length; i++) // preenche o array
         data[i] = 10 + generator.nextInt(90);

      System.out.printf("Unsorted array:%n%s%n%n",
```

continua

continuação

```
67            Arrays.toString(data)); // exibe o array
68         selectionSort(data); // classifica o array
69
70         System.out.printf("Sorted array:%n%s%n%n",
71            Arrays.toString(data)); // exibe o array
72      }
73   } // fim da classe SelectionSortTest
```

```
Unsorted array:
[40, 60, 59, 46, 98, 82, 23, 51, 31, 36]
after pass  1: 23  60  59  46  98  82  40* 51  31  36
               --
after pass  2: 23  31  59  46  98  82  40  51  60* 36
               --  --
after pass  3: 23  31  36  46  98  82  40  51  60  59*
               --  --  --
after pass  4: 23  31  36  40  98  82  46* 51  60  59
               --  --  --  --
after pass  5: 23  31  36  40  46  82  98* 51  60  59
               --  --  --  --  --
after pass  6: 23  31  36  40  46  51  98  82* 60  59
               --  --  --  --  --  --
after pass  7: 23  31  36  40  46  51  59  82  60  98*
               --  --  --  --  --  --  --
after pass  8: 23  31  36  40  46  51  59  60  82* 98
               --  --  --  --  --  --  --  --
after pass  9: 23  31  36  40  46  51  59  60  82* 98
               --  --  --  --  --  --  --  --  --
Sorted array:
[23, 31, 36, 40, 46, 51, 59, 60, 82, 98]
```

Figura 19.4 | Classificando um array com classificação por seleção.

Métodos `selectionSort` *e* `swap`

As linhas 9 a 24 declaram o método `selectionSort`. As linhas 12 a 23 fazem um loop `data.length - 1` vezes. A linha 14 declara e inicializa (para o índice `i` atual) a variável `smallest`, que armazena o índice do menor elemento no array remanescente. As linhas 17 a 19 fazem um loop sobre os elementos restantes no array. Para cada um desses elementos, a linha 18 compara seu valor com o valor do menor elemento. Se o elemento atual for menor que o menor elemento, a linha 19 atribui o índice do elemento atual a `smallest`. Quando esse loop termina, `smallest` conterá o índice do menor elemento no array restante. A linha 21 chama o método `swap` (linhas 27 a 32) para colocar o menor elemento restante na próxima área ordenada do array.

Métodos `printPass`

A saída do método `printPass` utiliza traços (linhas 52 e 53) para indicar a parte do array que é classificada após cada passagem. Um asterisco é colocado ao lado da posição do elemento que foi trocado pelo menor elemento nessa passagem. A cada passagem, o elemento ao lado do asterisco (especificado na linha 43) e o elemento acima do conjunto de traços mais à direita foram permutados.

19.6.2 Eficiência da classificação por seleção

O algoritmo de classificação por seleção é executado no tempo $O(n^2)$. O método `selectionSort` (linhas 9 a 24) contém dois loops `for`. O loop externo (linhas 12 a 23) itera pelos primeiros $n - 1$ elementos no array, colocando o menor item restante na sua posição classificada. O loop interno (linhas 17 a 19) itera por cada item no array restante, procurando o menor elemento. Esse loop é executado $n - 1$ vezes durante a primeira iteração do loop externo, $n - 2$ vezes durante a segunda iteração e, então, $n - 3, \ldots, 3, 2, 1$. Esse loop interno irá iterar um total de $n(n - 1)/2$ ou $(n^2 - n)/2$. Na notação Big O, os menores termos são descartados e as constantes são ignoradas, deixando um Big O de $O(n^2)$.

19.7 Classificação por inserção

A **classificação por inserção** é um outro algoritmo de classificação *simples, mas ineficiente*. A primeira iteração desse algoritmo seleciona o *segundo elemento* no array e, se for *menor que o primeiro elemento, troca-o pelo primeiro elemento*. A segunda iteração examina o terceiro elemento e o insere na posição correta com relação aos dois primeiros elementos, de modo que todos os três elementos estejam na ordem. Na *i*-ésima iteração desse algoritmo, os primeiros elementos *i* no array original serão classificados.

Considere como um exemplo o seguinte array, que é idêntico àquele utilizado nas discussões sobre classificação por seleção e classificação por intercalação.

```
34   56   4   10   77   51   93   30   5   52
```

Um programa que implementa o algoritmo de classificação por inserção analisará os dois primeiros elementos do array, 34 e 56. Estes já estão em ordem; portanto, o programa continua. (Se eles estivessem fora da ordem, o programa iria permutá-los.)

Na próxima iteração, o programa examina o terceiro valor, 4. Esse valor é menor que 56, portanto o programa armazena 4 em uma variável temporária e move o 56 um elemento para a direita. O programa então verifica e determina que 4 é menor que 34, assim move o 34 um elemento para a direita. O programa agora alcançou o começo do array, assim coloca 4 no zero-ésimo elemento. O array agora está

```
4   34   56   10   77   51   93   30   5   52
```

Na próxima iteração, o programa armazena 10 em uma variável temporária. Então, compara 10 a 56 e move o 56 um elemento para a direita porque ele é maior que 10. O programa então compara 10 com 34, movendo o 34 um elemento para a direita. Quando o programa compara 10 a 4, ele observa que 10 é maior que 4 e coloca 10 no elemento 1. O array agora está

```
4   10   34   56   77   51   93   30   5   52
```

Usando esse algoritmo, na *i*-ésima iteração, os primeiros elementos *i* do array original são classificados, mas podem não estar nos locais finais — valores menores podem ser localizados mais tarde no array.

19.7.1 Implementação da classificação por inserção

A classe `InsertionSortTest` (Figura 19.5) contém:

- O método `static insertionSort` para classificar `ints` usando o algoritmo de classificação por inserção.
- O método `static printPass` para exibir o conteúdo do array depois de cada passagem.
- `main` para testar o método `insertionSort`.

O método `main` (linhas 53 a 68) é idêntico àquele `main` na Figura 19.4, exceto que a linha de 64 chama o método `insertionSort`.

```
1  // Figura 19.5: InsertionSortTest.java
2  // Classificando um array com a classificação por inserção.
3  import java.security.SecureRandom;
4  import java.util.Arrays;
5
6  public class InsertionSortTest
7  {
8     // classifica o array utilizando a classificação por inserção
9     public static void insertionSort(int[] data)
10    {
11       // faz um loop sobre data.length - 1 elementos
12       for (int next = 1; next < data.length; next++)
13       {
14          int insert = data[next]; // valor a inserir
15          int moveItem = next; // local para inserir elemento
16
17          // procura o local para colocar o elemento atual
18          while (moveItem > 0 && data[moveItem - 1] > insert)
19          {
20             // desloca o elemento direito um slot
21             data[moveItem] = data[moveItem - 1];
22             moveItem--;
23          }
24
25          data[moveItem] = insert; // local do elemento inserido
26          printPass(data, next, moveItem); // passagem de saída do algoritmo
27       }
28    }
29
30    // imprime uma passagem do algoritmo
31    public static void printPass(int[] data, int pass, int index)
32    {
33       System.out.printf("after pass %2d: ", pass);
```

continua

continuação

```
34
35         // gera saída dos elementos até o item trocado
36         for (int i = 0; i < index; i++)
37            System.out.printf("%d  ", data[i]);
38
39         System.out.printf("%d* ", data[index]); // indica troca
40
41         // termina de gerar a saída do array
42         for (int i = index + 1; i < data.length; i++)
43            System.out.printf("%d  ", data[i]);
44
45         System.out.printf("%n               "); // para alinhamento
46
47         // indica quantidade do array que é classificado
48         for(int i = 0; i <= pass; i++)
49            System.out.print("--  ");
50         System.out.println();
51      }
52
53      public static void main(String[] args)
54      {
55         SecureRandom generator = new SecureRandom();
56
57         int[] data = new int[10]; // cria o array
58
59         for (int i = 0; i < data.length; i++) // preenche o array
60            data[i] = 10 + generator.nextInt(90);
61
62         System.out.printf("Unsorted array:%n%s%n%n",
63            Arrays.toString(data)); // exibe o array
64         insertionSort(data); // classifica o array
65
66         System.out.printf("Sorted array:%n%s%n%n",
67            Arrays.toString(data)); // exibe o array
68      }
69   } // fim da classe InsertionSortTest
```

```
Unsorted array:
[34, 96, 12, 87, 40, 80, 16, 50, 30, 45]
after pass 1: 34  96* 12  87  40  80  16  50  30  45
              --  --
after pass 2: 12* 34  96  87  40  80  16  50  30  45
              --  --  --
after pass 3: 12  34  87* 96  40  80  16  50  30  45
              --  --  --  --
after pass 4: 12  34  40* 87  96  80  16  50  30  45
              --  --  --  --  --
after pass 5: 12  34  40  80* 87  96  16  50  30  45
              --  --  --  --  --  --
after pass 6: 12  16* 34  40  80  87  96  50  30  45
              --  --  --  --  --  --  --
after pass 7: 12  16  34  40  50* 80  87  96  30  45
              --  --  --  --  --  --  --  --
after pass 8: 12  16  30* 34  40  50  80  87  96  45
              --  --  --  --  --  --  --  --  --
after pass 9: 12  16  30  34  40  45* 50  80  87  96
              --  --  --  --  --  --  --  --  --  --
Sorted array:
[12, 16, 30, 34, 40, 45, 50, 80, 87, 96]
```

Figura 19.5 | Classificando um array com a classificação por inserção.

Método `insertionSort`

As linhas 9 a 28 declaram o método `insertionSort`. As linhas 12 a 27 fazem um loop por itens `data.length - 1` no array. A cada iteração, a linha 14 declara e inicializa a variável `insert`, que contém o valor do elemento que será inserido na parte classificada do array. A linha 15 declara e inicializa a variável `moveItem`, que monitora onde inserir o elemento. As linhas 18 a 23 fazem um loop para localizar a posição correta onde o elemento deve ser inserido. O loop terminará quando o programa alcançar o início do array ou quando alcançar um elemento menor que o valor a ser inserido. A linha 21 move um elemento para a direita no array, e a linha 22 decrementa a posição na qual inserir o próximo elemento. Depois de o loop terminar, a linha 25 insere o elemento na posição.

Método `printPass`

A saída do método `printPass` (linhas 31 a 51) utiliza traços para indicar a parte do array que é classificada após cada passagem. Um asterisco é colocado ao lado do elemento que foi inserido na posição nessa passagem.

19.7.2 Eficiência da classificação por inserção

O algoritmo de classificação por inserção também é executado em tempo da notação $O(n^2)$. Como a classificação por seleção, a implementação da classificação por inserção (linhas 9 a 28) contém dois loops. O loop `for` (linhas 12 a 27) itera `data.length - 1` vezes, inserindo um elemento na posição apropriada nos elementos classificados até o momento. Para os propósitos desse aplicativo, `data.length - 1` é equivalente a $n - 1$ (uma vez que `data.length` é o tamanho do array). O loop `while` (linhas 18 a 23) itera pelos elementos precedentes no array. No pior caso, esse loop `while` exigirá $n - 1$ comparações. Cada loop individual é executado no tempo $O(n)$. Na notação Big O, loops aninhados significam que você deve *multiplicar* o número de comparações. Para cada iteração de um loop externo, haverá certo número de iterações do loop interno. Nesse algoritmo, para cada $O(n)$ iterações do loop externo, haverá $O(n)$ iterações do loop interno. Multiplicar esses valores resulta em uma Big O de $O(n^2)$.

19.8 Classificação por intercalação

A **classificação por intercalação** é um algoritmo de classificação *eficiente*, mas é conceitualmente *mais complexo* que a classificação por seleção e a classificação por inserção. O algoritmo de classificação por intercalação classifica um array *dividindo-o* em dois subarrays de igual tamanho, *classificando* cada subarray e, então, *mesclando* em um array maior. Com um número ímpar de elementos, o algoritmo cria os dois subarrays de tal maneira que um deles tenha um elemento a mais que o outro.

A implementação da classificação por intercalação nesse exemplo é recursiva. O caso de base é um array com um elemento, o qual, naturalmente, é classificado; assim, neste caso, a classificação por intercalação retorna imediatamente. O passo de recursão divide o array em duas partes aproximadamente iguais, classifica-as recursivamente e, então, intercala os dois arrays classificados em um array classificado maior.

Suponha que o algoritmo já tenha intercalado arrays menores para criar os arrays classificados A:

```
4   10   34   56   77
```

e B:

```
5   30   51   52   93
```

A classificação por intercalação combina esses dois arrays em um array classificado maior. O menor elemento em A é 4 (localizado no zero-ésimo índice de A). O menor elemento em B é 5 (localizado no zero-ésimo índice de B). A fim de determinar o menor elemento no maior array, o algoritmo compara 4 e 5. O valor em A é menor, assim 4 torna-se o primeiro elemento no array intercalado. O algoritmo continua comparando 10 (o segundo elemento em A) com 5 (o primeiro elemento em B). O valor de B é menor, portanto 5 torna-se o segundo elemento no maior array. O algoritmo continua comparando 10 a 30, com 10 tornando-se o terceiro elemento no array e assim por diante.

19.8.1 Implementação da classificação por intercalação

A Figura 19.6 declara a classe `MergeSortTest`, que contém:

- O método `static mergeSort` para iniciar a classificação de um array `int` usando o algoritmo de classificação por intercalação.
- O método `static sortArray` para executar o algoritmo de classificação por intercalação recursiva — isso é chamado pelo método `mergeSort`.
- O método `static merge` para intercalar dois subarrays classificados em um único subarray classificado.
- O método `static subarrayString` para obter a representação `String` de um subarray para propósitos de saída.
- `main` para testar o método `mergeSort`.

O método `main` (linhas 101 a 116) é idêntico ao `main` nas figuras 19.4 e 19.5, exceto que a linha 112 chama o método `mergeSort`. A saída desse programa exibe as divisões e intercalações realizadas pela classificação por intercalação, mostrando o progresso da classificação em cada passo do algoritmo. Vale muito a pena analisar essas saídas a fim de entender completamente esse algoritmo de classificação elegante.

```java
// Figura 19.6: MergeSortTest.java
// Classificando um array com a classificação por intercalação.
import java.security.SecureRandom;
import java.util.Arrays;

public class MergeSortTest
{
   // chama o método split recursivo para iniciar a classificação por intercalação
   public static void mergeSort(int[] data)
   {
      sortArray(data, 0, data.length - 1); // classifica todo o array
   } // fim do método sort

   // divide o array, classifica subarrays e intercala subarrays no array classificado
   private static void sortArray(int[] data, int low, int high)
   {
      // caso básico de teste; tamanho do array é igual a 1
      if ((high - low) >= 1) // se não for o caso básico
      {
         int middle1 = (low + high) / 2; // calcula o meio do array
         int middle2 = middle1 + 1; // calcula o próximo elemento

         // gera uma saída do passo de divisão
         System.out.printf("split:    %s%n",
            subarrayString(data, low, high));
         System.out.printf("          %s%n",
            subarrayString(data, low, middle1));
         System.out.printf("          %s%n%n",
            subarrayString(data, middle2, high));

         // divide o array pela metade; classifica cada metade (chamadas recursivas)
         sortArray(data, low, middle1); // primeira metade do array
         sortArray(data, middle2, high); // segunda metade do array

         // intercala dois arrays classificados depois que as chamadas de divisão retornam
         merge (data, low, middle1, middle2, high);
      } // fim do if
   } // fim do método sortArray

   // intercala dois subarrays classificados em um subarray classificado
   private static void merge(int[] data, int left, int middle1,
      int middle2, int right)
   {
      int leftIndex = left; // índice no subarray esquerdo
      int rightIndex = middle2; // índice no subarray direito
      int combinedIndex = left; // índice no array temporário funcional
      int[] combined = new int[data.length]; // array de trabalho

      // gera saída de dois subarrays antes de mesclar
      System.out.printf("merge:    %s%n",
         subarrayString(data, left, middle1));
      System.out.printf("          %s%n",
         subarrayString(data, middle2, right));

      // intercala arrays até alcançar o final de um deles
      while (leftIndex <= middle1 && rightIndex <= right)
      {
         // coloca o menor dos dois elementos atuais no resultado
         // e o move para o próximo espaço nos arrays
         if (data[leftIndex] <= data[rightIndex])
            combined[combinedIndex++] = data[leftIndex++];
         else
            combined[combinedIndex++] = data[rightIndex++];
      }

      // se o array esquerdo estiver vazio
```

continua

continuação

```java
      if (leftIndex == middle2)
         // copia o restante do array direito
         while (rightIndex <= right)
            combined[combinedIndex++] = data[rightIndex++];
      else // o array direito está vazio
         // copia o restante do array esquerdo
         while (leftIndex <= middle1)
            combined[combinedIndex++] = data[leftIndex++];

      // copia os valores de volta ao array original
      for (int i = left; i <= right; i++)
         data[i] = combined[i];

      // gera saída do array intercalado
      System.out.printf("          %s%n%n",
         subarrayString(data, left, right));
   } // fim do método merge

   // método para gerar saída de certos valores no array
   private static String subarrayString(int[] data, int low, int high)
   {
      StringBuilder temporary = new StringBuilder();

      // gera espaços para alinhamento
      for (int i = 0; i < low; i++)
         temporary.append("   ");

      // gera a saída dos elementos que permanecem no array
      for (int i = low; i <= high; i++)
         temporary.append(" " + data[i]);

      return temporary.toString();
   }

   public static void main(String[] args)
   {
      SecureRandom generator = new SecureRandom();

      int[] data = new int[10]; // cria o array

      for (int i = 0; i < data.length; i++) // preenche o array
         data[i] = 10 + generator.nextInt(90);

      System.out.printf("Unsorted array:%n%s%n%n",
         Arrays.toString(data)); // exibe o array
      mergeSort(data); // classifica o array

      System.out.printf("Sorted array:%n%s%n%n",
         Arrays.toString(data)); // exibe o array
   }
} // fim da classe MergeSortTest
```

```
Unsorted array:
[75, 56, 85, 90, 49, 26, 12, 48, 40, 47]

split:    75 56 85 90 49 26 12 48 40 47
          75 56 85 90 49
                         26 12 48 40 47

split:    75 56 85 90 49
          75 56 85
                   90 49

split:    75 56 85
          75 56
                85
```

continua

continuação

```
split:    75 56
          75
             56

merge:    75
             56
          56 75

merge:    56 75
                85
          56 75 85

split:             90 49
                   90
                      49

merge:             90
                      49
                   49 90

merge:    56 75 85
                   49 90
          49 56 75 85 90

split:                   26 12 48 40 47
                         26 12 48
                                  40 47

split:                   26 12 48
                         26 12
                               48

split:                   26 12
                         26
                            12

merge:                   26
                            12
                         12 26

merge:                   12 26
                               48
                         12 26 48

split:                            40 47
                                  40
                              47

merge:                       40
                              47
                           40 47

merge:               12 26 48
                           40 47
                    12 26 40 47 48

merge:   49 56 75 85 90
                    12 26 40 47 48
        12 26 40 47 48 49 56 75 85 90

Sorted array:
[12, 26, 40, 47, 48, 49, 56, 75, 85, 90]
```

Figura 19.6 | Classificando um array com a classificação por intercalação.

Método `mergeSort`

As linhas 9 a 12 da Figura 19.6 declaram o método `mergeSort`. A linha 11 chama o método `sortArray` com `0` e `data.length - 1` como os argumentos — que correspondem aos índices iniciais e finais, respectivamente, do array a ser classificado. Esses valores informam ao método `sortArray` a operar no array inteiro.

Método `sortArray`

O método recursivo `sortArray` (linhas 15 a 38) executa o algoritmo de classificação por intercalação recursiva. A linha 18 testa o caso de base. Se o tamanho do array for `1`, o array já está classificado, assim o método retorna imediatamente. Se o tamanho do array for maior que `1`, o método divide o array em dois, chama recursivamente o método `sortArray` para classificar os dois subarrays e então os intercala. A linha 32 chama recursivamente o método `sortArray` na primeira metade do array e a linha 33, na segunda metade. Depois que essas duas chamadas de método retornam, cada metade do array terá sido classificada. A linha 36 chama o método `merge` (linhas 41 a 83) nas duas metades do array para combinar os dois arrays classificados em um array classificado maior.

Método `merge`

As linhas 41 a 83 declaram o método `merge`. As linhas 56 a 64 em `merge` fazem um loop até que o final de um dos subarrays é alcançado. A linha 60 testa qual elemento no começo dos arrays é o menor. Se o elemento no array esquerdo for o menor, a linha 61 coloca-o na posição no array combinado. Se o elemento no array direito for menor, a linha 63 coloca-o na posição no array combinado. Quando o loop `while` termina, um subarray inteiro foi inserido no array combinado, mas o outro subarray ainda contém dados. A linha 67 testa se o array esquerdo alcançou o fim. Se alcançou, as linhas 69 e 70 preenchem o array combinado com os elementos do array direito. Se o array esquerdo não alcançou o fim, o array direito deve então ter alcançado o fim e as linhas 73 e 74 preenchem o array combinado com os elementos do array esquerdo. Por fim, as linhas 77 e 78 copiam o array combinado para o array original.

19.8.2 Eficiência da classificação por intercalação

A classificação por intercalação é *muito mais eficiente* do que a classificação por inserção ou seleção. Considere a primeira chamada (não recursiva) a `sortArray`. Isso resulta em duas chamadas recursivas a `sortArray` com cada um dos subarrays tendo aproximadamente metade do tamanho do array original, e uma única chamada a `merge`, que requer, na pior das hipóteses, $n - 1$ comparações para preencher o array original, que é $O(n)$. (Lembre-se de que cada elemento de array pode ser escolhido comparando um elemento de cada subarray.) As duas chamadas a `sortArray` resultam em quatro chamadas a `sortArray` recursivas adicionais, cada uma com um subarray com aproximadamente um quarto do tamanho do array original, juntamente com duas chamadas a `merge` que exigem, na pior das hipóteses, $n/2 - 1$ comparações, para um número total de comparações de $O(n)$. Esse processo continua, cada chamada a `sortArray` gerando duas chamadas a `sortArray` adicionais e uma chamada a `merge` até que o algoritmo tenha *dividido* o array em subarrays de um elemento. Em cada nível, $O(n)$ comparações são exigidas para *intercalar* os subarrays. Cada nível divide os arrays pela metade, assim dobrar o tamanho do array requer mais um nível. Quadruplicar o tamanho do array requer mais dois níveis. Esse padrão é logarítmico e resulta em $\log_2 n$ níveis. Isso resulta em uma eficiência total de **O(n log n)**.

19.9 Resumo de Big O para os algoritmos de pesquisa e classificação deste capítulo

A Figura 19.7 resume os algoritmos de pesquisa e classificação abordados neste capítulo com a notação Big O para cada um. A Figura 19.8 lista os valores de Big O que abordamos neste capítulo junto com alguns valores para n a fim de destacar as diferenças nas taxas de crescimento.

Algoritmo	Posição	Big O
Algoritmos de pesquisa:		
Pesquisa linear	Seção 19.2	$O(n)$
Pesquisa binária	Seção 19.4	$O(\log n)$
Pesquisa linear recursiva	Exercício 19.8	$O(n)$
Pesquisa binária recursiva	Exercício 19.9	$O(\log n)$
Algoritmos de classificação:		
Classificação por seleção	Seção 19.6	$O(n^2)$
Classificação por inserção	Seção 19.7	$O(n^2)$
Classificação por intercalação	Seção 19.8	$O(n \log n)$
Classificação por borbulhamento	Exercícios 19.5 e 19.6	$O(n^2)$

Figura 19.7 | Algoritmos de pesquisa e classificação com valores na notação Big O.

$n =$	$O(\log n)$	$O(n)$	$O(n \log n)$	$O(n^2)$
1	0	1	0	1
2	1	2	2	4
3	1	3	3	9
4	1	4	4	16
5	1	5	5	25
10	1	10	10	100
100	2	100	200	10.000
1000	3	1000	3000	10^6
1.000.000	6	1.000.000	6.000.000	10^{12}
1.000.000.000	9	1.000.000.000	9.000.000.000	10^{18}

Figura 19.8 | Número de comparações para notações Big O comuns.

19.10 Conclusão

Este capítulo fez uma introdução à pesquisa e classificação. Discutimos dois algoritmos de pesquisa — a pesquisa linear e a pesquisa binária — e três algoritmos de classificação — classificação por seleção, classificação por inserção e classificação por intercalação. Introduzimos a notação Big O, que ajuda a analisar a eficiência de um algoritmo. Os dois próximos capítulos continuam nossa discussão das estruturas de dados dinâmicas que podem aumentar ou diminuir em tempo de execução. O Capítulo 20 demonstra como usar as capacidades genéricas do Java para implementar classes e métodos genéricos. O Capítulo 21 discute os detalhes da implementação das estruturas de dados genéricas. Cada um dos algoritmos neste capítulo é de "único thread" — no Capítulo 23, "Concorrência", discutiremos multithreading e como ele pode ajudá-lo a programar para alcançar melhor desempenho nos atuais sistemas multiprocessados.

Resumo

Seção 19.1 Introdução

- Pesquisar dados envolve determinar se uma chave de pesquisa está nos dados e, se estiver, encontrar sua localização.
- Classificação envolve organizar dados em ordem.

Seção 19.2 Pesquisa linear

- O algoritmo de pesquisa linear pesquisa cada elemento no array sequencialmente até encontrar o elemento correto, ou até alcançar o fim do array sem encontrar o elemento.

Seção 19.3 Notação Big O

- Uma das principais diferenças entre os algoritmos de pesquisa é a quantidade de esforço que eles exigem.
- A notação Big O descreve a eficiência de um algoritmo em termos do trabalho necessário para resolver um problema. Em geral, os algoritmos de pesquisa e classificação dependem do número de elementos nos dados.
- Um algoritmo que é $O(1)$ não necessariamente requer uma única comparação. Significa apenas que o número de comparações não aumenta à medida que o tamanho do array aumenta.
- Diz-se que um algoritmo $O(n)$ tem um tempo de execução linear.
- A notação Big O destaca os fatores dominantes e ignora os termos sem importância com valores de n altos.
- A notação Big O se preocupa com a taxa de crescimento dos tempos de execução do algoritmo, portanto constantes são ignoradas.
- O algoritmo de pesquisa linear executa a $O(n)$ vezes.
- O pior caso na pesquisa linear é que cada elemento deve ser verificado para determinar se a chave de pesquisa existe, o que ocorre se a chave de pesquisa for o último elemento de array ou não estiver presente.

Seção 19.4 Pesquisa binária

- A pesquisa binária é mais eficiente do que a pesquisa linear, mas exige que o array seja classificado.
- A primeira iteração da pesquisa binária testa o elemento do meio no array. Se este for a chave de pesquisa, o algoritmo retornará sua localização. Se a chave de pesquisa for menor que o elemento do meio, a pesquisa continuará com a primeira metade do array. Se a chave de pesquisa for maior que o elemento do meio, a pesquisa continuará com a segunda metade do array. Cada iteração testa o valor do meio do array restante e, se o elemento não for localizado, elimina metade dos elementos restantes.
- A pesquisa binária é um algoritmo de pesquisa mais eficiente do que a pesquisa linear, pois cada comparação elimina metade dos elementos no array.
- A pesquisa binária é executada em tempo de $O(\log n)$ porque cada etapa remove a metade dos elementos remanescente; isso também é conhecido como tempo de execução logarítmica.
- Se o tamanho do array for dobrado, a pesquisa binária requer uma única comparação extra.

Seção 19.6 Classificação por seleção

- Classificação por seleção é um algoritmo de classificação simples, mas ineficiente.
- A classificação começa selecionando o menor elemento e o permuta pelo primeiro elemento. A segunda iteração seleciona o segundo menor item (que é o menor item restante) e troca-o pelo segundo elemento. A classificação continua até que a última iteração selecione o segundo maior elemento e permute-o pelo penúltimo elemento, deixando o maior elemento no último índice. Na i-ésima iteração da classificação por seleção, os menores itens i do array inteiro são classificados nos primeiros índices i.
- O algoritmo de classificação por seleção executa no tempo $O(n^2)$.

Seção 19.7 Classificação por inserção

- A primeira iteração da classificação por inserção seleciona o segundo elemento no array e, se for menor que o primeiro elemento, troca-o pelo primeiro elemento. A segunda iteração examina o terceiro elemento e o insere na posição correta com relação aos dois primeiros elementos. Depois da i-ésima iteração da classificação por inserção, os primeiros elementos i no array original são classificados.
- O algoritmo de classificação por inserção executa a $O(n^2)$ vezes.

Seção 19.8 Classificação por intercalação

- A classificação por intercalação é um algoritmo de classificação mais rápido, mas mais complexo de implementar que a classificação por seleção e classificação por inserção. O algoritmo de classificação por intercalação classifica um array dividindo-o em dois subarrays de igual tamanho, classificando cada subarray recursivamente e mesclando os subarrays em um array maior.
- O caso básico da classificação por intercalação é um array com um único elemento. O array de um elemento já está classificado, assim a classificação por intercalação retorna imediatamente quando é chamada com um array de um elemento. A parte da intercalação da classificação por intercalação recebe dois arrays classificados e os combina em um array classificado maior.
- A classificação por intercalação realiza a intercalação examinando o primeiro elemento em cada array, que também é o menor elemento no array. A classificação por intercalação seleciona o menor destes e coloca-os no primeiro elemento do maior array. Se ainda houver elementos no subarray, a classificação por intercalação examina o segundo deles (que agora é o menor elemento remanescente) e o compara ao primeiro elemento no outro subarray. A classificação por intercalação continua esse processo até que o maior array seja preenchido.
- No pior caso, a primeira chamada à classificação por intercalação tem de fazer $O(n)$ comparações para preencher os n slots no array final.
- A parte da intercalação do algoritmo de classificação por intercalação é realizada em dois subarrays, cada um com aproximadamente o tamanho $n/2$. Criar cada um desses subarrays exige $n / 2 - 1$ comparações para cada subarray ou o total de $O(n)$ comparações. Esse padrão continua à medida que cada nível constrói duas vezes o número de arrays, mas cada um tem a metade do tamanho do array anterior.
- Semelhante à pesquisa binária, essa divisão em metades resulta em $\log n$ níveis para uma eficiência total de $O(n \log n)$.

Exercícios de revisão

19.1 Preencha as lacunas em cada uma das seguintes afirmações:

a) Um aplicativo de classificação por seleção demoraria aproximadamente ________ vezes a mais para ser executado em um array de 128 elementos do que em um array de 32 elementos.

b) A eficiência da classificação por intercalação é ________.

19.2 Qual aspecto-chave da pesquisa binária e da classificação por intercalação é responsável pela parte logarítmica das suas respectivas Big O?

19.3 Em que sentido a classificação por inserção é superior à classificação por intercalação? Em que sentido a classificação por intercalação é superior à classificação por inserção?

19.4 No texto, dizemos que depois que a classificação por intercalação divide o array em dois subarrays, ela então classifica esses dois subarrays e os intercala. Por que alguém ficaria intrigado com a nossa afirmação de que "ele então classifica esses dois subarrays"?

Respostas dos exercícios de revisão

19.1 a) 16, porque um algoritmo $O(n^2)$ demora 16 vezes mais para classificar quatro vezes o mesmo número de informações. b) $O(n \log n)$.

19.2 Esses dois algoritmos incorporam a "divisão por metades" — de algum modo reduzindo algo pela metade. A pesquisa binária elimina uma metade do array depois de cada comparação. A classificação por intercalação divide o array pela metade toda vez que é chamada.

19.3 A classificação por inserção é mais fácil de entender e programar do que a classificação por intercalação. A classificação por intercalação é muito mais eficiente [$O(n \log n)$] do que a classificação por inserção [$O(n^2)$].

19.4 Em certo sentido, ela na verdade não classifica esses dois subarrays. Simplesmente continua a dividir o array original pela metade até que ele fornece um subarray de um elemento, que está, naturalmente, classificado. Ela, então, cria os dois subarrays originais intercalando esses arrays de um elemento para formar subarrays maiores, que são então intercalados e assim por diante.

Questões

19.5 ***(Classificação por borbulhamento)*** Implemente uma classificação por borbulhamento — outra técnica de classificação simples, mas ineficiente. É chamada classificação por borbulhamento ou classificação por afundamento porque os menores valores gradualmente "borbulham" no seu caminho para a parte superior do array (isto é, na direção do primeiro elemento) como bolhas de ar que emergem na superfície, enquanto os maiores valores afundam na parte inferior (final) do array. A técnica utiliza loops aninhados para fazer várias passagens pelo array. Cada passagem compara pares sucessivos de elementos. Se um par estiver na ordem crescente (ou os valores forem iguais), a classificação por borbulhamento deixa os valores como estão. Se um par estiver na ordem decrescente, a classificação por borbulhamento troca seus valores no array. A primeira passagem compara os dois primeiros elementos do array e troca seus valores, se necessário. Ela então compara o segundo e terceiro elementos no array. O final dessa passagem compara os dois últimos elementos no array e troca-os, se necessário. Depois de uma passagem, o maior elemento estará no último índice. Depois de duas passagens, os dois maiores elementos estarão nos dois últimos índices. Explique por que a classificação por borbulhamento é um algoritmo $O(n^2)$.

19.6 ***(Classificação por borbulhamento aprimorada)*** Faça as seguintes modificações simples para melhorar o desempenho da classificação por borbulhamento que você desenvolveu na Questão 19.5:

a) Depois da primeira passagem, garante-se que o número maior está no elemento de número mais alto do array; após a segunda passagem, os dois números mais altos estão "no lugar"; e assim por diante. Em vez de fazer nove comparações em cada passagem para um array de 10 elementos, modifique a classificação por borbulhamento para fazer oito comparações na segunda passagem, sete na terceira passagem e assim por diante.

b) Os dados no array já podem estar na ordem adequada ou quase adequada, então por que fazer nove passagens se menos seriam suficientes? Modifique a classificação para verificar no fim de cada passagem se alguma troca foi feita. Se não houvesse nenhum, os dados já deveriam estar classificados, assim o programa deve terminar. Se trocas foram feitas, pelo menos mais uma passagem é necessária.

19.7 ***(Bucket sort)*** Uma classificação do tipo *bucket sort* inicia com um array unidimensional de inteiros positivos a ser classificado e um array bidimensional de inteiros com linhas indexadas de 0 a 9 e colunas indexadas de 0 a $n - 1$, onde n é o número dos valores a ser classificado. Cada linha do array bidimensional é chamada *bucket*. Escreva uma classe chamada `BucketSort` que contém um método chamado `sort` que opera desta maneira:

a) Coloque cada valor do array unidimensional em uma linha do array de bucket, com base nas "unidades" (mais à direita) do dígito. Por exemplo, 97 é colocado na linha 7, 3 é colocado na linha 3 e 100 é colocado na linha 0. Esse procedimento é chamado de *passagem de distribuição*.

b) Realize um loop pelo array de bucket linha por linha e copie os valores de volta para o array original. Esse procedimento é chamado *passagem de coleta*. A nova ordem dos valores precedentes no array unidimensional é 100, 3 e 97.

c) Repita esse processo para a posição de cada dígito subsequente (dezenas, centenas, milhares etc.). Na segunda passagem (dígitos das dezenas), 100 é colocado na linha 0, 3 é colocado na linha 0 (porque 3 não tem nenhum dígito de dezena) e 97 é colocado na linha 9. Depois da passagem de coleta, a ordem dos valores no array unidimensional é 100, 3 e 97. Na terceira passagem (dígitos das centenas), 100 é colocado na linha 1, 3 é colocado na linha 0 e 97 é colocado na linha 0 (depois do 3). Depois dessa última passagem de coleta, o array original está na ordem classificada.

O array bidimensional dos buckets tem 10 vezes o comprimento do array de inteiros sendo classificado. Essa técnica de classificação fornece um melhor desempenho do que uma classificação por borbulhamento, mas exige muito mais memória — a classificação por borbulhamento exige espaço para somente um elemento adicional de dados. Essa comparação é um exemplo da relação de troca espaço/tempo: a *bucket sort* utiliza mais memória que a classificação por borbulhamento, mas seu desempenho é melhor. Essa versão da *bucket sort* requer cópia de todos os dados de volta para o array original a cada passagem. Outra possibilidade é criar um segundo array de bucket bidimensional e permutar os dados repetidamente entre os dois arrays de bucket.

19.8 ***(Pesquisa linear recursiva)*** Modifique a Figura 19.2 para usar o método recursivo `recursiveLinearSearch` para realizar uma pesquisa linear do array. O método deve receber a chave de pesquisa e o índice inicial como argumentos. Se a chave de pesquisa for encontrada, seu índice no array é retornado; caso contrário, `-1` é retornado. Cada chamada ao método recursivo deve verificar um índice no array.

19.9 ***(Pesquisa binária recursiva)*** Modifique a Figura 19.3 para usar o método recursivo `recursiveBinarySearch` a fim de realizar uma pesquisa binária do array. O método deve receber a chave de pesquisa, o índice inicial e o índice final como argumentos. Se a chave de pesquisa for encontrada, seu índice no array é retornado. Se a chave de pesquisa não for encontrada, é retornado `-1`.

19.10 ***(Quicksort)*** A técnica de classificação recursiva chamada *quicksort* usa o seguinte algoritmo dimensional básico para um array dos valores:

a) *Passo de partição*: selecione o primeiro elemento do array não classificado e determine sua localização final no array classificado (isto é, todos os valores à esquerda do elemento no array são menores que o elemento e todos os valores à direita do elemento no array são maiores que o elemento — mostramos como fazer isso a seguir). Agora temos um elemento em sua posição adequada e dois subarrays não classificados.
b) *Passo recursivo*: realize o *Passo 1* em cada subarray não classificado. Toda vez que o *Passo 1* for realizado em um subarray, outro elemento é colocado em sua posição final no array classificado e dois subarrays não classificados são criados. Quando um subarray consiste em apenas um elemento, esse elemento está na sua localização final (porque o array de um elemento já está classificado).

O algoritmo básico parece suficientemente simples, mas como determinamos a posição final do primeiro elemento de cada subarray? Como um exemplo, considere o seguinte conjunto de valores (o elemento em negrito é o elemento de partição — ele será colocado em sua localização final no array classificado):

37 2 6 4 89 8 10 12 68 45

Iniciando a partir do elemento mais à direita do array, compare cada elemento com 37 até um elemento menor que 37 ser encontrado; então, permute 37 e esse elemento. O primeiro elemento menor que 37 é 12, então 37 e 12 são permutados. O novo array é

12 2 6 4 89 8 10 **37** 68 45

O elemento 12 está em itálico para indicar que acabou de ser permutado com 37.

Iniciando a partir da esquerda do array, mas começando com o elemento depois de 12, compare cada elemento com 37 até um elemento maior que 37 ser encontrado, então permute 37 e esse elemento. O primeiro elemento maior que 37 é 89, então 37 e 89 foram permutados. O novo array é

12 2 6 4 **37** 8 10 *89* 68 45

Iniciando da direita, mas começando com o elemento antes de 89, compare cada elemento com 37 até um elemento menor que 37 ser encontrado — então, permute 37 e esse elemento. O primeiro elemento menor que 37 é 10, então 37 e 10 são permutados. O novo array é

12 2 6 4 *10* 8 **37** 89 68 45

Iniciando da esquerda, mas começando com o elemento depois de 10, compare cada elemento com 37 até um elemento maior que 37 ser encontrado — então, permute 37 e esse elemento. Não há mais elementos maiores que 37, então, quando comparamos 37 com ele mesmo, sabemos que 37 foi colocado na sua localização final no array classificado. Cada valor à esquerda do 37 é menor que ele e cada valor à direita do 37 é maior que ele.

Uma vez que a partição foi aplicada no array anterior, há dois subarrays não classificados. O subarray com valores menores que 37 contém 12, 2, 6, 4, 10 e 8. O subarray com valores maiores que 37 contém 89, 68 e 45. A classificação continua recursivamente, com ambos os subarrays sendo particionados da mesma maneira que o array original.

Com base na discussão precedente, escreva o método recursivo `quickSortHelper` para classificar um array unidimensional de inteiros. O método deve receber como argumentos um índice inicial e um índice final no array original sendo classificado.

Classes e métodos genéricos

20

... nossa individualidade especial, enquanto distinta da nossa humanidade genérica.

— Oliver Wendell Holmes, Sr.

Nascido sob uma lei, subjugado a outra.

— Lord Brooke

Objetivos

Neste capítulo, você irá:

- Criar métodos genéricos que realizam tarefas idênticas em argumentos de diferentes tipos.
- Criar uma classe `Stack` genérica que pode ser utilizada para armazenar objetos de qualquer tipo de classe ou interface.
- Compreender a conversão em tempo de compilação dos métodos e classes genéricos.
- Entender como sobrecarregar métodos genéricos com métodos não genéricos ou outros métodos genéricos.
- Entender os tipos brutos.
- Utilizar curingas quando informações precisas de tipo sobre um parâmetro não são requeridas no corpo de método.

Sumário

20.1 Introdução

Você já usou métodos e classes genéricos existentes nos capítulos 7 e 16. Neste capítulo, aprenderá a escrever seus próprios.

Seria conveniente se pudéssemos escrever um único método `sort` para classificar os elementos em um array de `Integer`, em um array de `String` ou em um array de qualquer tipo que suporte ordenamento (isto é, seus elementos podem ser comparados). Também seria conveniente se pudéssemos escrever uma única classe `Stack` que seria utilizada como uma `Stack` de inteiros, uma `Stack` de números de ponto flutuante, uma `Stack` de `Strings` ou uma `Stack` de qualquer outro tipo. Seria ainda mais conveniente se pudéssemos detectar não correspondências de tipos em *tempo de compilação* — conhecida como **segurança de tipos em tempo de compilação**. Por exemplo, se uma `Stack` deve armazenar somente números inteiros, uma tentativa de colocar uma `String` nessa `Stack` deve produzir um erro de *compilação*. Este capítulo discute **genéricos** — especificamente **métodos genéricos** e **classes genéricas** — que fornecem os meios para criar os modelos gerais seguros para os tipos mencionados.

20.2 Motivação para métodos genéricos

Métodos sobrecarregados são frequentemente utilizados para realizar operações *semelhantes* em tipos *diferentes* de dados. Para motivar os métodos genéricos, começaremos com um exemplo (Figura 20.1) contendo métodos `printArray` sobrecarregados (linhas 22 a 29, 32 a 39 e 42 a 49) que imprimem as representações `String` dos elementos de um array `Integer`, um array `Double` e um array `Character`, respectivamente. Poderíamos ter utilizado arrays dos tipos primitivos `int`, `double` e `char`. Utilizamos arrays das classes empacotadoras de tipo para definir nosso exemplo de método genérico, porque *somente tipos por referência podem ser usados para especificar os tipos genéricos em métodos e classes genéricos*.

```
1  // Figura 20.1: OverloadedMethods.java
2  // Imprimindo elementos do array com métodos sobrecarregados.
3
4  public class OverloadedMethods
5  {
6     public static void main(String[] args)
7     {
8        // cria arrays de Integer, Double e Character
9        Integer[] integerArray = {1, 2, 3, 4, 5, 6};
10       Double[] doubleArray = {1.1, 2.2, 3.3, 4.4, 5.5, 6.6, 7.7};
11       Character[] characterArray = {'H', 'E', 'L', 'L', 'O'};
12
13       System.out.printf("Array integerArray contains:%n");
14       printArray(integerArray); // passa um array de Integer
15       System.out.printf("%nArray doubleArray contains:%n");
16       printArray(doubleArray); // passa um array Double
17       System.out.printg("%nArray characterArray contains:%n");
18       printArray(characterArray); // passa um array de Character
19    }
20
21    // método printArray para imprimir um array de Integer
22    public static void printArray(Integer[] inputArray)
23    {
24       // exibe elementos do array
25       for (Integer element : inputArray)
26          System.out.printf("%s ", element);
```

continua

continuação

```
27
28          System.out.println();
29       }
30
31       // método printArray para imprimir um array de Double
32       public static void printArray(Double[] inputArray)
33       {
34          // exibe elementos do array
35          for (Double element : inputArray)
36             System.out.printf("%s ", element);
37
38          System.out.println();
39       }
40
41       // método printArray para imprimir um array de Character
42       public static void printArray(Character[] inputArray)
43       {
44          // exibe elementos do array
45          for (Character element : inputArray)
46             System.out.printf("%s ", element);
47
48          System.out.println();
49       }
50    } // fim da classe OverloadedMethods
```

```
Array integerArray contains:
1 2 3 4 5 6

Array doubleArray contains:
1.1 2.2 3.3 4.4 5.5 6.6 7.7

Array characterArray contains:
H E L L O
```

Figura 20.1 | Imprimindo elementos do array com métodos sobrecarregados.

O programa começa declarando e inicializando três arrays — array `Integer` `integerArray` de seis elementos (linha 9), array `Double` `doubleArray` de sete elementos (linha 10) e array `Character` `characterArray` de cinco elementos (linha 11). Então, as linhas 13 a 18 exibem o conteúdo de cada array.

Quando o compilador encontra uma chamada de método, ele tenta localizar uma declaração de método com o mesmo nome e com parâmetros que correspondam aos tipos de argumento da chamada. Nesse exemplo, cada chamada a `printArray` corresponde a uma das declarações do método `printArray`. Por exemplo, a linha 14 chama `printArray` com `integerArray` como seu argumento. O compilador determina o tipo do argumento (isto é, `Integer[]`) e tenta localizar um método `printArray` que especifica um parâmetro `Integer[]` (linhas 22 a 29) e, então, define uma chamada para esse método. De maneira semelhante, quando o compilador encontra a chamada na linha 16, ele determina o tipo do argumento (isto é, `Double[]`), tenta localizar um método `printArray` que especifica um parâmetro `Double[]` (linhas 32 a 39) e, então, configura uma chamada a esse método. Por fim, quando o compilador encontra a chamada a `printArray` na linha 18, ele determina o tipo do argumento (isto é, `Character[]`), tenta localizar um método `printArray` que especifica um parâmetro `Character[]` (linhas 42 a 49) e, então, configura uma chamada a esse método.

Recursos comuns nos métodos `printArray` sobrecarregados

Estude cada método `printArray`. O tipo de elemento de array aparece no cabeçalho de cada método (linhas 22, 32 e 42) e no cabeçalho da instrução `for` (linhas 25, 35 e 45). Se fôssemos substituir os tipos de elemento em cada método por um nome genérico, `T` por convenção, então todos os três métodos se pareceriam com aquele na Figura 20.2. Aparentemente, se fosse possível substituir o tipo de elemento do array em cada um dos três métodos por um *único tipo genérico,* então poderíamos declarar *um* método `printArray` que pode exibir as representações `String` dos elementos de *qualquer* array que contém objetos. O método na Figura 20.2 é semelhante à declaração do método genérico `printArray`, que veremos na Seção 20.3. Aquele mostrado aqui *não irá compilar* — usamos isso simplesmente para mostrar que os três métodos `printArray` da Figura 20.1 são idênticos, exceto pelos tipos que eles processam.

```
public static void printArray(T [] inputArray)
{
   // exibe elementos do array
   for (T element : inputArray)
      System.out.printf("%s ", element);

   System.out.println();
}
```

Figura 20.2 | O método `printArray` em que os nomes dos tipos reais são substituídos por um nome de tipo genérico (nesse caso, `T`).

20.3 Métodos genéricos: implementação e tradução em tempo de compilação

Se as operações realizadas por vários métodos sobrecarregados forem *idênticas* para cada tipo de argumento, os métodos sobrecarregados podem ser codificados mais compacta e convenientemente com um método genérico. Você pode escrever uma única declaração de método genérico que pode ser chamada com argumentos de tipos diferentes. Com base nos tipos dos argumentos passados para o método genérico, o compilador trata cada chamada de método apropriadamente. Em *tempo de compilação,* o compilador garante a *segurança de tipo* do seu código, evitando muitos erros em tempo de execução.

A Figura 20.3 reimplementa a Figura 20.1 usando um método `printArray` genérico (linhas 22 a 29 da Figura 20.3). As chamadas `printArray` nas linhas 14, 16 e 18 são idênticas àquelas da Figura 20.1 (linhas 14, 16 e 18) e as saídas dos dois aplicativos são idênticas. Isso demonstra o poder expressivo dos genéricos.

```
1  // Figura 20.3: GenericMethodTest.java
2  // Imprimindo elementos do array com o método genérico printArray.
3
4  public class GenericMethodTest
5  {
6     public static void main(String[] args)
7     {
8        // cria arrays de Integer, Double e Character
9        Integer[] intArray = {1, 2, 3, 4, 5};
10       Double[] doubleArray = {1.1, 2.2, 3.3, 4.4, 5.5, 6.6, 7.7};
11       Character[] charArray = {'H', 'E', 'L', 'L', 'O'};
12
13       System.out.printf("Array integerArray contains:%n");
14       printArray(integerArray); // passa um array de Integers
15       System.out.printf("%nArray doubleArray contains:%n");
16       printArray(doubleArray); // passa um array Doubles
17       System.out.printf("%nArray characterArray contains:%n");
18       printArray(characterArray); // passa um array de Characters
19    }
20
21    // método genérico printArray
22    public static <T> void printArray(T[] inputArray)
23    {
24       // exibe elementos do array
25       for (T element : inputArray)
26          System.out.printf("%s ", element);
27
28       System.out.println();
29    }
30 } // fim da classe GenericMethodTest
```

```
Array integerArray contains:
1 2 3 4 5 6

Array doubleArray contains:
1.1 2.2 3.3 4.4 5.5 6.6 7.7

Array characterArray contains:
H E L L O
```

Figura 20.3 | Imprimindo elementos do array com o método genérico `printArray`.

Seção do parâmetro de tipo de um método genérico

A linha 22 inicia a declaração do método `printArray`. Todas as declarações de métodos genéricos têm uma **seção de parâmetros de tipo** (<T> nesse exemplo) delimitada por **colchetes angulares** que precede o tipo de retorno do método. Cada seção do parâmetro de tipo contém um ou mais **parâmetros de tipo**, separados por vírgulas. Um parâmetro de tipo, também conhecido como uma **variável de tipo**, é um identificador que especifica um nome genérico do tipo. Os parâmetros de tipo podem ser utilizados para declarar o tipo de retorno, tipos de parâmetro e tipos de variáveis locais em uma declaração de método genérico e atuam como marcadores de lugar para os tipos dos argumentos passados ao método genérico, conhecidos como **argumentos de tipos reais**. O corpo de um método genérico é declarado como o de qualquer outro método. *Os parâmetros de tipo podem representar somente tipos por referência* — não tipos primitivos (como `int`, `double` e `char`). Também observe que os nomes dos parâmetros de tipo por toda a declaração de método devem corresponder aqueles declarados na seção de parâmetro de tipo. Por exemplo, a linha 25 declara `element` como tipo `T`, que corresponde ao parâmetro de tipo (`T`) declarado na linha 22. Além disso, um parâmetro de tipo pode ser declarado somente uma vez na seção de parâmetro de tipo, mas pode aparecer mais de uma vez na lista de parâmetros do método. Por exemplo, o nome do parâmetro de tipo `T` aparece duas vezes na seguinte lista de parâmetros do método:

```
public static <T> T maximum(T value1, T value2)
```

Os nomes de parâmetro de tipo não precisam ser únicos entre diferentes métodos genéricos. No método `printArray`, `T` aparece nos mesmos dois locais onde os métodos `Array` sobrecarregados da Figura 20.1 especificaram `Integer`, `Double` ou `Character` como o tipo de elemento do array. O restante do `printArray` é idêntico às versões apresentadas na Figura 20.1.

> **Boa prática de programação 20.1**
>
> *As letras `T` (para "type"), `E` (para "element") `K` (para "key") e `V` (para "value") são comumente usadas como parâmetros de tipo. Para outras letras comuns, acesse `http://docs.oracle.com/javase/tutorial/java/generics/types.html`.*

Testando o método `printArray` genérico

Como na Figura 20.1, o programa na Figura 20.3 começa declarando e inicializando o array `Integer` `integerArray` de seis elementos (linha 9), o array `Double` `doubleArray` de sete elementos (linha 10) e o array `Character` `characterArray` de cinco elementos (linha 11). Então, cada array é enviado para a saída chamando `printArray` (linhas 14, 16 e 18) — uma vez com o argumento `integerArray`, uma vez com o argumento `doubleArray` e uma vez com o argumento `characterArray`.

Quando o compilador encontra a linha 14, ele primeiro determina o tipo do argumento `integerArray` (isto é, `Integer[]`) e tenta localizar um método chamado `printArray` que especifica um único parâmetro `Integer[]`. Não há tal método nesse exemplo. Em seguida, o compilador determina se há um método genérico chamado `printArray` que especifica um parâmetro de array individual e utiliza um parâmetro de tipo para representar o tipo de elemento do array. O compilador determina que o `printArray` (linhas 22 a 29) é uma correspondência e configura uma chamada ao método. O mesmo processo é repetido para chamadas ao método `printArray` nas linhas 16 e 18.

> **Erro comum de programação 20.1**
>
> *Se o compilador não puder encontrar uma correspondência entre uma chamada de método e uma declaração de método genérico ou não genérico, ocorrerá um erro de compilação.*

> **Erro comum de programação 20.2**
>
> *Se o compilador não encontrar uma declaração de método que corresponda exatamente a uma chamada de método, mas encontrar dois ou mais métodos que podem satisfazer a chamada de método, ocorrerá um erro de compilação. Para os detalhes completos sobre a solução de chamadas para métodos sobrecarregados e genéricos, acesse `http://docs.oracle.com/javase/specs/jls/se7/html/jls-15.html#jls-15.12`.*

Além de configurar as chamadas de método, o compilador também determina se as operações no corpo do método podem ser aplicadas a elementos do tipo armazenado no argumento do array. A única operação realizada nos elementos de array nesse exemplo é gerar saída para sua representação `String`. A linha 26 realiza uma *chamada* a `toString` *implícita* em cada `element`. *Para trabalhar com genéricos, todo elemento do array deve ser um objeto de um tipo de classe ou interface.* Como todos os objetos têm um método `toString`, o compilador fica satisfeito com o fato de que a linha 26 realiza uma operação *válida* para qualquer objeto no argumento do array do `printArray`. Os métodos `toString` das classes `Integer`, `Double` e `Character` retornam a representação de `String` dos valores subjacentes do valor `int`, `double` ou `char`, respectivamente.

Erasure em tempo de compilação

Quando o compilador traduz o método genérico `printArray` em bytecodes Java, ele remove a seção de parâmetro de tipo e *substitui os parâmetros de tipo por tipos reais*. Esse processo é conhecido como **erasure**. Por padrão, todos os tipos genéricos são substituídos pelo tipo `Object`. Assim, a versão compilada do método `printArray` aparece como mostrado na Figura 20.4 — há somente *uma* cópia desse código utilizada para todas as chamadas a `printArray` no exemplo. Isso é bem diferente de outros mecanismos semelhantes em outras linguagens de programação, como templates do C++, em que uma *cópia separada do código-fonte* é gerada e compilada para *cada* tipo passado como um argumento para o método. Como veremos na Seção 20.4, a tradução e compilação dos genéricos é um pouco mais complicada do que aquilo que foi discutido nesta seção.

Declarando `printArray` como um método genérico na Figura 20.3, eliminamos a necessidade dos métodos sobrecarregados da Figura 20.1 e criamos um método reutilizável que pode gerar saída das representações de `String` dos elementos em qualquer array que contenha objetos. Entretanto, esse exemplo em particular poderia simplesmente ter declarado o método `printArray` como mostrado na Figura 20.4, utilizando um array `Object` como o parâmetro. Isso produziria os mesmos resultados, pois qualquer `Object` pode ser enviado para a saída como uma `String`. Em um método genérico, os benefícios se tornam mais aparentes ao colocar restrições sobre os parâmetros de tipo, como demonstramos na próxima seção.

```java
public static void printArray(Object [] inputArray)
{
   // exibe elementos do array
   for (Object element : inputArray)
      System.out.printf("%s ", element);

   System.out.println();
}
```

Figura 20.4 | O método genérico `printArray` depois que o compilador executa uma erasure.

20.4 Questões adicionais da tradução em tempo de compilação: métodos que utilizam um parâmetro de tipo como o tipo de retorno

Vamos considerar um método genérico em que parâmetros de tipo são utilizados no tipo de retorno e na lista de parâmetros (Figura 20.5). O aplicativo utiliza um método genérico `maximum` para determinar e retornar o maior dos seus três argumentos do mesmo tipo. Infelizmente, *o operador relacional > não pode ser utilizado com tipos por referência*. Entretanto, é possível comparar dois objetos da mesma classe se essa classe implementar a **interface** genérica **`Comparable<T>`** (do pacote `java.lang`). Todas as classes empacotadoras de tipo para tipos primitivos implementam essa interface. As **interfaces genéricas** permitem especificar, com uma única declaração de interface, um conjunto de tipos relacionados. Objetos `Comparable<T>` têm um **método `compareTo`**. Por exemplo, se houver dois objetos `Integer`, `integer1` e `integer2`, eles poderão ser comparados com a expressão:

```java
integer1.compareTo(integer2)
```

Ao declarar uma classe que implementa `Comparable<T>`, você deve implementar o método `compareTo` a fim de comparar o conteúdo dos dois objetos dessa classe e retornar os resultados da comparação. Como especificado na documentação da interface `Comparable<T>`, `compareTo` *deve* retornar `0` se os objetos forem iguais, um inteiro negativo se `object1` for menor que `object2` ou um inteiro positivo se `object1` for maior que `object2`. Por exemplo, o método `compareTo` da classe `Integer` compara os valores de `int` armazenados em dois objetos `Integer`. Um benefício da implementação da interface `Comparable<T>` é que objetos `Comparable<T>` podem ser utilizados com os métodos de classificação e pesquisa da classe `Collections` (pacote `java.util`). Discutimos esses métodos no Capítulo 16. Nesse exemplo, usaremos o método `compareTo` no método `maximum` para ajudar a determinar o maior valor.

```java
// Figura 20.5: MaximumTest.java
// O método genérico maximum retorna o maior dos três objetos.

public class MaximumTest
{
   public static void main(String[] args)
   {
      System.out.printf("Maximum of %d, %d and %d is %d%n%n", 3, 4, 5,
         maximum(3, 4, 5));
      System.out.printf("Maximum of %.1f, %.1f and %.1f is %.1f%n%n",
```

continua

continuação

```
11            6.6, 8.8, 7.7, maximum(6.6, 8.8, 7.7));
12         System.out.printf("Maximum of %s, %s and %s is %s%n", "pear",
13            "apple", "orange", maximum("pear", "apple", "orange"));
14      }
15
16      // determina o maior dos três objetos Comparable
17      public static <T extends Comparable<T>> T maximum(T x, T y, T z)
18      {
19         T max = x; // supõe que x é inicialmente o maior
20
21         if (y.compareTo(max) > 0)
22            max = y; // y é o maior até agora
23
24         if (z.compareTo(max) > 0)
25            max = z; // z é o maior
26
27         return max; // retorna o maior objeto
28      }
29   } // fim da classe MaximumTest
```

```
Maximum of 3, 4 and 5 is 5

Maximum of 6.6, 8.8 and 7.7 is 8.8

Maximum of pear, apple and orange is pear
```

Figura 20.5 | Método genérico `maximum` com um limite superior no seu parâmetro de tipo.

Método genérico `maximum` e especificando um limite superior de um parâmetro de tipo

O método genérico `maximum` (linhas 17 a 28) utiliza o parâmetro de tipo `T` como o tipo de retorno do método (linha 17), como o tipo dos parâmetros do método de `x`, `y` e `z` (linha 17) e como o tipo da variável local `max` (linha 19). A seção de parâmetros de tipo especifica que `T` `extende` `Comparable<T>` — apenas objetos das classes que implementam a interface de `Comparable<T>` podem ser usados nesse método. `Comparable<T>` é conhecido como **limite superior** do parâmetro de tipo. Por padrão, `Object` é o limite superior, significando que um objeto de qualquer tipo pode ser usado. As declarações do parâmetro de tipo que limitam o parâmetro sempre utilizam a palavra-chave `extends`, independentemente de o parâmetro de tipo estender uma classe ou implementar uma interface. O limite superior pode ser uma lista separada por vírgulas que contém zero ou uma classe e zero ou mais interfaces.

Esse parâmetro de tipo do método `maximum` é mais restritivo do que aquele especificado para `printArray` na Figura 20.3, o qual foi capaz de gerar a saída de arrays contendo qualquer tipo de objeto. A restrição `Comparable<T>` é importante, porque nem todos os objetos podem ser comparados. Entretanto, é garantido que objetos `Comparable<T>` terão um método `compareTo`.

O método `maximum` utiliza o mesmo algoritmo utilizado na Seção 6.4 para determinar o maior dos seus três argumentos. O método supõe que seu primeiro argumento (`x`) é o maior e o atribui à variável local `max` (linha 19). Em seguida, a instrução `if` nas linhas 21 e 22 determina se `y` é maior que `max`. A condição invoca o método `compareTo` de `y` com a expressão `y.compareTo(max)`, que retorna um inteiro negativo, `0` ou um inteiro positivo, para determinar o relacionamento de `y` com `max`. Se o valor de retorno do `compareTo` for maior que `0`, então `y` é maior e é atribuído à variável `max`. De maneira semelhante, a instrução `if` nas linhas 24 e 25 determina se `z` é maior que `max`. Se for, a linha 25 atribui `z` a `max`. Então, a linha 27 retorna `max` ao chamador.

Chamando o método `maximum`

Em `main` (linhas 6 a 14), a linha 9 chama `maximum` com os inteiros `3`, `4` e `5`. Quando o compilador encontra essa chamada, ele primeiro procura um método `maximum` que recebe três argumentos do tipo `int`. Não há tal método, assim o compilador procura um método genérico que possa ser utilizado e encontra o método genérico `maximum`. Entretanto, lembre-se de que os argumentos para um método genérico devem ser de um *tipo por referência*. O compilador assim converte por autoboxing os três valores de `int` em objetos `Integer` e especifica que os três objetos `Integer` serão passados para `maximum`. A classe `Integer` (pacote `java.lang`) implementa a interface `Comparable<Integer>` de tal maneira que o método `compareTo` compara os valores `int` em dois objetos `Integer`. Portanto, `Integers` são argumentos válidos para o método `maximum`. Quando o `Integer` representando o valor máximo é retornado, tentamos enviá-lo para a saída com o especificador de formato `%d`, que gera a saída de um valor de tipo primitivo `int`. Assim, é gerada a saída do valor de retorno de `maximum` como um valor `int`.

Um processo semelhante ocorre para os três argumentos `double` passados para `maximum` na linha 11. Cada `double` é convertido por autoboxing em um objeto `Double` e passado para `maximum`. Mais uma vez, isso é permitido porque a classe `Double` (pacote `java.lang`) implementa a interface `Comparable<Double>`. O `Double` retornado por `maximum` é gerado com o especificador de formato `%.1f`, que envia para a saída um valor de tipo primitivo `double`. Portanto, o valor de retorno de `maximum` é convertido por auto-unboxing e enviado para a saída como um `double`. A chamada a `maximum` na linha 13 recebe três `Strings`, que também são objetos `Comparable<String>`. Colocamos intencionalmente o maior valor em uma posição diferente em cada chamada de método (linhas 9, 11 e 13) para mostrar que o método genérico sempre encontra o valor máximo, independentemente da sua posição na lista de argumentos.

Erasure e o limite superior de um parâmetro de tipo

Quando o compilador converte o método `maximum` em bytecodes, ele usa erasure para substituir os parâmetros de tipo por tipos reais. Na Figura 20.3, todos os tipos genéricos foram substituídos pelo tipo `Object`. Na verdade, todos os parâmetros de tipo são substituídos pelo *limite superior* do parâmetro de tipo, que é especificado na seção de parâmetros de tipo. A Figura 20.6 simula a erasure de tipos do método maximum, mostrando o código-fonte do método depois de a seção de parâmetro de tipo ter sido removida e o parâmetro de tipo `T` ter sido substituído pelo limite superior, `Comparable`, por toda a declaração de método. O *erasure* de `Comparable<T>` é simplesmente `Comparable`.

Depois do erasure, o método `maximum` especifica que ele retorna o tipo `Comparable`. Entretanto, o método chamador não espera receber um `Comparable`. Ele espera receber um objeto do mesmo tipo que foi passado para `maximum` como um argumento — `Integer`, `Double` ou `String` nesse exemplo. Quando o compilador substitui as informações do parâmetro de tipo pelo tipo do limite superior na declaração do método, ele também insere *operações explícitas de coerção* na frente de cada chamada de método para assegurar que o valor retornado é do tipo esperado pelo chamador. Portanto, a chamada a `maximum` na linha 9 (Figura 20.5) é precedida por uma coerção para `Integer`, como em

```
(Integer) maximum(3, 4, 5)
```

a chamada a `maximum` na linha 11 é precedida por uma coerção em `Double`, como em

```
(Double) maximum(6.6, 8.8, 7.7)
```

e a chamada a `maximum` na linha 13 é precedida por uma coerção em `String`, como em

```
(String) maximum("pear", "apple", "orange")
```

Em cada caso, o tipo da coerção para o valor de retorno é *inferido* a partir dos tipos dos argumentos de método na chamada de método particular porque, de acordo com a declaração do método, o tipo de retorno e os tipos de argumento correspondem. Sem genéricos, você seria responsável pela implementação da operação de coerção.

```
public static Comparable maximum(Comparable x, Comparable y, Comparable z)
{
   Comparable max = x; // supõe que x é inicialmente o maior

   if (y.compareTo(max) > 0)
      max = y; // y é o maior até agora

   if (z.compareTo(max) > 0)
      max = z; // z é o maior

   return max; // retorna o maior objeto
}
```

Figura 20.6 | O método genérico `maximum` depois de a erasure ser realizada pelo compilador.

20.5 Sobrecarregando métodos genéricos

Um método genérico pode ser sobrecarregado como qualquer outro método. Uma classe pode fornecer dois ou mais métodos genéricos que especificam o mesmo nome de método, mas diferentes parâmetros de método. Por exemplo, o método genérico `printArray` da Figura 20.3 poderia ser sobrecarregado por um outro método genérico `printArray` com os parâmetros adicionais `lowSubscript` e `highSubscript` para especificar a parte do array que será enviada para a saída (veja o Exercício 20.5).

Um método genérico também pode ser sobrecarregado por métodos não genéricos. Quando o compilador encontra uma chamada de método, ele procura a declaração de método que melhor corresponde ao nome do método e aos tipos de argumento especificados na chamada — um erro ocorre quando dois ou mais métodos sobrecarregados podem ser considerados igualmente a melhor correspondência. Por exemplo, o método genérico `printArray` da Figura 20.3 poderia ser sobrecarregado por uma versão específica para `Strings`, que gera a saída de `Strings` em um formato tabular elegante (veja o Exercício 20.6).

20.6 Classes genéricas

O conceito de uma estrutura de dados, como uma pilha, pode ser entendido *independentemente* do tipo de elemento que ela manipula. Classes genéricas fornecem um meio de descrever o conceito de uma pilha (ou de qualquer outra classe) de uma maneira *independente do tipo*. Podemos então instanciar objetos *específicos de tipo* da classe genérica. Genéricos fornecem uma boa oportunidade para reutilização de software.

Uma vez que tem uma classe genérica, você pode utilizar uma notação concisa e simples para indicar o(s) tipo(s) que deve(m) ser utilizado(s) no lugar do(s) parâmetro(s) de tipo da classe. Em tempo de compilação, o compilador garante a *segurança de tipo* do seu código e utiliza as técnicas de *erasure* descritas nas seções 20.3 e 20.4 para permitir que o código do seu cliente interaja com a classe genérica.

Uma classe `Stack` genérica, por exemplo, poderia ser a base para criar muitas classes `Stack` lógicas (por exemplo, "`Stack` de `Double`", "`Stack` de `Integer`", "`Stack` de `Character`", "`Stack` de `Employee`"). Essas classes são conhecidas como **classes parametrizadas** ou **tipos parametrizados** porque aceitam um ou mais parâmetros. Lembre-se de que parâmetros de tipo só representam *tipos por referência*, o que significa que a classe `Stack` genérica não pode ser instanciada com tipos primitivos. Entretanto, é possível instanciar uma `Stack` que armazena objetos das classes empacotadoras de tipo do Java e permitir que o Java utilize o *autoboxing* para converter os valores primitivos em objetos. Lembre-se de que o autoboxing ocorre quando o valor de um tipo primitivo (por exemplo, `int`) é inserido em uma `Stack` que contém objetos da classe empacotadora (por exemplo, `Integer`). O *auto-unboxing* ocorre quando um objeto da classe empacotadora é removido da `Stack` e atribuído a uma variável de tipo primitivo.

Implementando uma classe `Stack` genérica

A Figura 20.7 declara uma classe `Stack` genérica para fins de demonstração — o pacote `java.util` já contém uma classe `Stack` genérica. A declaração da classe genérica se parece com uma não genérica, mas o nome da classe é seguido por uma *seção de parâmetros de tipo* (linha 5). Nesse caso, o parâmetro de tipo `T` representa o tipo de elemento que a `Stack` manipulará. Como ocorre com métodos genéricos, a seção de parâmetro de tipo de uma classe genérica pode ter um ou mais parâmetros de tipo separado por vírgulas. (Você criará uma classe genérica com dois parâmetros de tipo no Exercício 20.8.) O parâmetro de tipo `T` é utilizado por toda a declaração de classe `Stack` para representar o tipo de elemento. Esse exemplo implementa uma `Stack` como uma `ArrayList`.

A classe `Stack` declara variáveis `elements` como um `ArrayList<T>` (linha 7). Essa `ArrayList` armazenará os elementos da `Stack`. Como você sabe, um `ArrayList` pode crescer de forma dinâmica, assim os objetos da nossa classe `Stack` também podem crescer de forma dinâmica. O construtor sem argumento da classe `Stack` (linhas 10 a 13) invoca o construtor de um argumento (linhas 16 a 20) para criar uma `Stack` em que o `ArrayList` subjacente tem uma capacidade de `10` elementos. O construtor de um argumento também pode ser chamado diretamente para criar uma `Stack` com uma capacidade inicial especificada. A linha 18 valida o argumento do construtor. A linha 19 cria o `ArrayList` da capacidade especificada (ou 10 se a capacidade fosse inválida).

```
1  // Figura 20.7: Stack.java
2  // Declaração da classe genérica Stack.
3  import java.util.ArrayList;
4
5  public class Stack<T>
6  {
7     private final ArrayList<T> elements; // ArrayList armazena elementos da pilha
8
9     // construtor sem argumento cria uma pilha do tamanho padrão
10    public Stack()
11    {
12       this(10); // tamanho padrão da pilha
13    }
14
15    // construtor cria uma pilha com o número especificado de elementos
16    public Stack(int capacity)
17    {
18       int initCapacity = capacity > 0 ? capacity : 10; // valida
19       elements = new ArrayList<T>(initCapacity); // cria a ArrayList
20    }
21
22    // insere o elemento na pilha
23    public void push(T pushValue)
24    {
25       elements.add(pushValue); // insere pushValue na Stack
26    }
```

continua

continuação

```
27
28       // retorna o elemento superior se não estiver vazia; do contrário lança uma EmptyStackException
29       public T pop()
30       {
31          if (elements.isEmpty()) // se a pilha estiver vazia
32             throw new EmptyStackException("Stack is empty, cannot pop");
33
34          // remove e retorna o elemento superior da Stack
35          return elements.remove(elements.size() - 1);
36       }
37    } // fim da classe Stack<T>
```

Figura 20.7 | Declaração da classe genérica `Stack`.

O método `push` (linhas 23 a 26) utiliza o método `add` `ArrayList` para acrescentar o item ao final dos `ArrayList` `elements`. O último elemento no `ArrayList` representa o *topo* da pilha.

O método `pop` (linhas 29 a 36) primeiro determina se está sendo feita uma tentativa de remover um elemento de uma `Stack` vazia. Se esse for o caso, a linha 32 lança uma `EmptyStackException` (declarada na Figura 20.8). Caso contrário, a linha 35 na Figura 20.7 retorna o elemento no topo da `Stack` removendo o último elemento do `ArrayList` subjacente.

A classe `EmptyStackException` (Figura 20.8) fornece um construtor sem argumento e um construtor de um argumento. O construtor sem argumentos configura a mensagem de erro padrão e o construtor de um argumento configura uma mensagem de erro personalizada.

Como ocorre com métodos genéricos, quando uma classe genérica é compilada, o compilador executa a técnica de *erasure* nos parâmetros de tipo da classe e os substitui pelos seus limites superiores. Para a classe `Stack` (Figura 20.7), nenhum limite superior é especificado, portanto o limite superior padrão, `Object`, é utilizado. O escopo do parâmetro de tipo de uma classe genérica é a classe inteira. Entretanto, parâmetros de tipo *não podem* ser utilizados nas declarações de variáveis `static` de uma classe.

```
// Figura 20.8: EmptyStackException.java
// Declaração da classe EmptyStackException.
public class EmptyStackException extends RuntimeException
{
   // construtor sem argumento
   public EmptyStackException()
   {
      this("Stack is empty");
   }

   // construtor de um argumento
   public EmptyStackException(String message)
   {
      super(message);
   }
} // fim da classe EmptyStackException
```

Figura 20.8 | Declaração de classe `EmptyStackException`.

Testando a classe genérica Stack da Figura 20.7

Agora, vamos considerar o aplicativo (Figura 20.9) que utiliza a classe genérica `Stack` (Figura 20.7). As linhas 12 e 13 na Figura 20.9 criam e inicializam as variáveis do tipo `Stack<Double>` (dizemos "`Stack` de `Double`") e `Stack<Integer>` (dizemos "`Stack` de `Integer`"). Os tipos `Double` e `Integer` são conhecidos como **argumentos de tipo** de `Stack`. O compilador usa-os para substituir os parâmetros de tipo de modo que ele possa realizar a verificação de tipo e inserir as operações de coerção como necessário. Discutiremos as operações de coerção em mais detalhes a seguir. As linhas 12 e 13 instanciam `doubleStack` com uma capacidade de `5` e `integerStack` com uma capacidade de `10` (o padrão). As linhas 16 e 17 e 20 e 21 chamam os métodos `testPushDouble` (linhas 25 a 36), `testPopDouble` (linhas 39 a 59), `testPushInteger` (linhas 62 a 73) e `testPopInteger` (linhas 76 a 96), respectivamente, para demonstrar as duas `Stacks` nesse exemplo.

```java
// Figura 20.9: StackTest.java
// Programa de teste da classe genérica Stack.

public class StackTest
{
   public static void main(String[] args)
   {
      double[] doubleElements = {1.1, 2.2, 3.3, 4.4, 5.5};
      int[] integerElements = {1, 2, 3, 4, 5, 6, 7, 8, 9, 10};

      // Criando um Stack<Double> e um Stack<Integer>
      Stack<Double> doubleStack = new Stack<>(5);
      Stack<Integer> integerStack = new Stack<>();

      // coloca os elementos de doubleElements em doubleStack
      testPushDouble(doubleStack, doubleElements);
      testPopDouble(doubleStack); // remove de doubleStack

      // coloca os elementos de integerElements em integerStack
      testPushInteger(integerStack, integerElements);
      testPopInteger(integerStack); // remove de integerStack
   }

   // testa o método push com a pilha de double
   private static void testPushDouble(
      Stack<Double> stack, double[] values)
   {
      System.out.printf("%nPushing elements onto doubleStack%n");

      // insere elementos na Stack
      for (double value : values)
      {
         System.out.printf("%.1f ", value);
         stack.push(value); // insere em doubleStack
      }
   }

   // testa o método pop com a pilha de double
   private static void testPopDouble(Stack<Double> stack)
   {
      // remove elementos da pilha
      try
      {
         System.out.printf("%nPopping elements from doubleStack%n");
         double popValue; // armazena o elemento removido da pilha

         // remove todos os elementos da Stack
         while (true)
         {
            popValue = stack.pop(); // remove de doubleStack
            System.out.printf("%.1f ", popValue);
         }
      }
      catch(EmptyStackException emptyStackException)
      {
         System.err.println();
         emptyStackException.printStackTrace();
      }
   }

   // testa o método push com a pilha de integer
   private static void testPushInteger(
      Stack<Integer> stack, int[] values)
   {
      System.out.printf("%nPushing elements onto integerStack%n");

```

continua

continuação

```
67          // insere elementos na Stack
68          for (int value : values)
69          {
70             System.out.printf("%d ", value);
71             stack.push(value); // insere em integerStack
72          }
73       }
74
75       // testa o método pop com a pilha de integer
76       private static void testPopInteger(Stack<Integer> stack)
77       {
78          // remove elementos da pilha
79          try
80          {
81             System.out.printf("%nPopping elements from integerStack%n");
82             int popValue; // armazena o elemento removido da pilha
83
84             // remove todos os elementos da Stack
85             while (true)
86             {
87                popValue = stack.pop(); // remove de intStack
88                System.out.printf("%d ", popValue);
89             }
90          }
91          catch(EmptyStackException emptyStackException)
92          {
93             System.err.println();
94             emptyStackException.printStackTrace();
95          }
96       }
97    } // fim da classe StackTest
```

```
Pushing elements onto doubleStack
1.1 2.2 3.3 4.4 5.5
Popping elements from doubleStack
5.5 4.4 3.3 2.2 1.1
EmptyStackException: Stack is empty, cannot pop
      at Stack.pop(Stack.java:32)
      at StackTest.testPopDouble(StackTest.java:50)
      at StackTest.main(StackTest.java:17)

Pushing elements onto integerStack
1 2 3 4 5 6 7 8 9 10
Popping elements from integerStack
10 9 8 7 6 5 4 3 2 1
EmptyStackException: Stack is empty, cannot pop
      at Stack.pop(Stack.java:32)
      at StackTest.testPopInteger(StackTest.java:87)
      at StackTest.main(StackTest.java:21)
```

Figura 20.9 | Programa de teste da classe genérica `Stack`.

Métodos `testPushDouble` *e* `testPopDouble`

O método `testPushDouble` (linhas 25 a 36) invoca o método `push` (linha 34) para colocar os valores 1.1, 2.2, 3.3, 4.4 e 5.5 de `double` armazenados no array `doubleElements` em `doubleStack`. O *autoboxing* ocorre na linha 34 quando o programa tenta inserir um valor de tipo primitivo `double` em `doubleStack`, que armazena somente referências a objetos `Double`.

O método `testPopDouble` (linhas 39 a 59) invoca o método `Stack` `pop` (linha 50) em um loop infinito (linhas 48 a 52) para remover todos os valores da pilha. A saída mostra que os valores de fato são removidos na ordem último a entrar, primeiro a sair (a característica definidora das pilhas). Quando o loop tenta usar `pop` para remover um sexto valor, a `doubleStack` está vazia, então `pop` lança uma `EmptyStackException`, o que faz com que o programa avance para o bloco `catch` (linhas 54 a 58). O rastreamento da pilha indica a exceção que ocorreu e mostra que o método `pop` gerou a exceção na linha 32 do arquivo `Stack.java` (Figura 20.7). O rastreamento também mostra que `pop` foi chamado pelo método `StackTest` `testPopDouble` na linha 50 (Figura 20.9) de `StackTest.java` e que o método `testPopDouble` foi chamado a partir do método `main` na linha 17 de `StackTest.java`. Essas informações permitem determinar os métodos que estavam na pilha de chamadas de métodos no momento em que a exceção ocorreu. Como o programa captura a exceção, a exceção é considerada como tendo sido tratada e o programa pode continuar a execução.

O *auto-unboxing* ocorre na linha 50 quando o programa atribui o objeto `Double` removido da pilha a uma variável primitiva `double`. A partir da Seção 20.4, lembre-se de que o compilador insere coerções para assegurar que os tipos adequados sejam retornados a partir de métodos genéricos. Depois do *erasure*, o método `Stack` `pop` retorna o tipo `Object`, mas o código do cliente em `testPopDouble` espera receber um `double` quando o método `pop` retorna. Assim, o compilador insere uma coerção `Double`, como em

```
popValue = (Double) stack.pop();
```

O valor atribuído a `popValue` será desempacotado (*unboxed*) a partir do objeto `Double` retornado por `pop`.

Métodos `testPushInteger` *e* `testPopInteger`

O método `testPushInteger` (linhas 62 a 73) invoca o método `Stack` `push` para colocar valores em `integerStack` até que ela esteja cheia. O método `testPopInteger` (linhas 76 a 96) chama o método `Stack` `pop` para remover valores da `integerStack`. Mais uma vez, os valores são removidos na ordem "último a entrar, primeiro a sair". Durante o *erasure*, o compilador reconhece que o código de cliente no método `testPopInteger` espera receber um `int` quando o método `pop` retorna. Dessa forma, o compilador insere uma coerção em `Integer`, como em

```
popValue = (Integer) stack.pop();
```

O valor atribuído a `popValue` será desempacotado (*unboxed*) a partir do objeto `Integer` retornado por `pop`.

Criando métodos genéricos para testar a classe `Stack<T>`

O código nos métodos `testPushDouble` e `testPushInteger` é *quase idêntico* para colocar valores em uma `Stack<Double>` ou em uma `Stack<Integer>`, respectivamente, e o código nos métodos `testPopDouble` e `testPopInteger` é quase idêntico para remover valores de uma `Stack<Double>` ou de uma `Stack<Integer>`, respectivamente. Isso apresenta uma outra oportunidade de utilizar métodos genéricos. A Figura 20.10 declara o método genérico `testPush` (linhas 24 a 35) para realizar as mesmas tarefas dos métodos `testPushDouble` e `testPushInteger` na Figura 20.9 — isto é, inserir valores `push` em uma `Stack<T>`. Da mesma forma, o método genérico `testPop` (Figura 20.10, linhas 38 a 58) realiza as mesmas tarefas que `testPopDouble` e `testPopInteger` na Figura 20.9 — isto é, usa `pop` para remover valores de uma `Stack<T>`. A saída da Figura 20.10 corresponde precisamente àquela da Figura 20.9.

```
1  // Figura 20.10: StackTest2.java
2  // Passando objetos Stack genéricos para métodos genéricos.
3  public class StackTest2
4  {
5     public static void main(String[] args)
6     {
7        Double [] doubleElements = {1.1, 2.2, 3.3, 4.4, 5.5};
8        Integer [] integerElements = {1, 2, 3, 4, 5, 6, 7, 8, 9, 10};
9
10       // Criando um Stack<Double> e um Stack <Integer>
11       Stack<Double> doubleStack = new Stack<>(5);
12       Stack<Integer> integerStack = new Stack<>();
13
14       // coloca os elementos de doubleElements em doubleStack
15       testPush("doubleStack", doubleStack, doubleElements);
16       testPop("doubleStack", doubleStack); // remove de doubleStack
17
18       // coloca os elementos de integerElements em integerStack
19       testPush("integerStack", integerStack, integerElements);
20       testPop("integerStack", integerStack); // remove de integerStack
21    }
22
23    // método genérico testPush insere elementos em uma Stack
24    public static <T> void testPush(String name , Stack<T> stack,
25       T[] elements)
26    {
27       System.out.printf("%nPushing elements onto %s%n", name);
28
29       // insere elementos na Stack
30       for (T element : elements)
```

continua

continuação

```
31       {
32          System.out.printf("%s ", element);
33          stack.push(element); // insere o elemento na pilha
34       }
35    }
36
37    // método genérico testPop remove elementos de uma Stack
38    public static <T> void testPop(String name, Stack<T> stack)
39    {
40       // remove elementos da pilha
41       try
42       {
43          System.out.printf("%nPopping elements from %s%n", name);
44          T popValue; // armazena o elemento removido da pilha
45
46          // remove todos os elementos da Stack
47          while (true)
48          {
49             popValue = stack.pop();
50             System.out.printf("%s ", popValue);
51          }
52       }
53       catch(EmptyStackException emptyStackException)
54       {
55          System.out.println();
56          emptyStackException.printStackTrace();
57       }
58    }
59 } // fim da classe StackTest2
```

```
Pushing elements onto doubleStack
1.1 2.2 3.3 4.4 5.5
Popping elements from doubleStack
5.5 4.4 3.3 2.2 1.1
EmptyStackException: Stack is empty, cannot pop
        at Stack.pop(Stack.java:32)
        at StackTest2.testPop(StackTest2.java:50)
        at StackTest2.main(StackTest2.java:17)

Pushing elements onto integerStack
1 2 3 4 5 6 7 8 9 10
Popping elements from integerStack
10 9 8 7 6 5 4 3 2 1
EmptyStackException: Stack is empty, cannot pop
        at Stack.pop(Stack.java:32)
        at StackTest2.testPop(StackTest2.java:50)
        at StackTest2.main(StackTest2.java:21
```

Figura 20.10 | Passando objetos `Stack` genéricos para métodos genéricos.

As linhas 11 e 12 criam os objetos `Stack<Double>` e `Stack<Integer>`, respectivamente. As linhas 15 e 16 e 19 e 20 invocam os métodos genéricos `testPush` e `testPop` para testar os objetos `Stack`. Como parâmetros de tipo só podem representar tipos por referência, para que sejam capazes de passar os arrays `doubleElements` e `integerElements` para o método genérico `testPush`, os arrays declarados nas linhas 7 e 8 devem ser declarados com os tipos empacotadores `Double` e `Integer`. Quando esses arrays são inicializados com valores de tipos primitivos, o compilador *autoempacota* cada valor de tipo primitivo.

O método genérico `testPush` (linhas 24 a 35) utiliza o parâmetro de tipo `T` (especificado na linha 24) para representar o tipo de dados armazenado na `Stack<T>`. O método genérico recebe três argumentos — uma `String` que representa o nome do objeto `Stack<T>` para propósitos de saída, uma referência a um objeto de tipo `Stack<T>` e um array de tipo `T` — o tipo de elementos que será colocado em `Stack<T>`. O compilador impõe uma *consistência* entre o tipo da `Stack` e os elementos que serão colocados na `Stack` quando o método `push` é invocado, que é o valor real da chamada do método genérico. O método genérico `testPop` (linhas 38 a 58) recebe dois argumentos — uma `String` que representa o nome do objeto `Stack<T>` para propósitos de saída e uma referência a um objeto do tipo `Stack<T>`.

20.7 Tipos brutos

Os programas de teste para a classe genérica `Stack` na Seção 20.6 instanciam `Stacks` com argumentos do tipo `Double` e `Integer`. Também é possível instanciar uma classe genérica `Stack` sem especificar um argumento de tipo, como a seguir:

```
Stack objectStack = new Stack(5); // nenhum argumento de tipo especificado
```

Nesse caso, o `objectStack` tem um **tipo bruto** — o compilador usa implicitamente o tipo `Object` por toda a classe genérica para cada argumento de tipo. Assim, a instrução precedente cria uma `Stack` que pode armazenar objetos de *qualquer* tipo. Isso é importante para *retrocompatibilidade* com versões anteriores do Java. Por exemplo, todas as estruturas de dados do Java Collections Framework (Capítulo 16) armazenavam referências a `Objects`, mas agora são implementadas como tipos genéricos.

Uma variável `Stack` de tipo bruto pode ser atribuída a uma `Stack` que especifica um argumento de tipo, como um objeto `Stack <Double>`, como a seguir:

```
Stack rawTypeStack2 = new Stack<Double>(5);
```

porque o tipo `Double` é uma subclasse de `Object`. Essa atribuição é permitida porque os elementos em uma `Stack<Double>` (isto é, objetos `Double`) são certamente objetos — a classe `Double` é uma subclasse indireta de `Object`.

De maneira semelhante, uma variável `Stack` que especifica um argumento de tipo na sua declaração pode ser atribuída a um tipo bruto do objeto `Stack`, como em:

```
Stack<Integer> integerStack = new Stack(10);
```

Embora essa atribuição seja permitida, é *perigosa*, porque uma `Stack` do tipo bruto armazenaria outros tipos além de `Integer`. Nesse caso, o compilador emite uma mensagem de alerta que indica a atribuição insegura.

Usando tipos brutos com a classe genérica Stack

O programa de teste da Figura 20.11 utiliza a noção de tipos brutos. A linha 11 instancia a classe genérica `Stack` com o tipo bruto, o que indica que `rawTypeStack1` pode conter objetos de qualquer tipo. A linha 14 atribui um `Stack<Double>` à variável `rawTypeStack2`, declarada como uma `Stack` do tipo bruto. A linha 17 atribui uma `Stack` do tipo bruto à variável `Stack <Integer>`, o que é válido, mas faz com que o compilador emita uma mensagem de alerta (Figura 20.12) indicando uma *atribuição potencialmente insegura* — mais uma vez, isso ocorre porque uma `Stack` do tipo bruto armazenaria outros tipos além de `Integer`. Além disso, as chamadas aos métodos genéricos `testPush` e `testPop` nas linhas 19 a 22 resultam em mensagens de aviso do compilador (Figura 20.12). Esses ocorrem porque `rawTypeStack1` e `rawTypeStack2` são declaradas como `Stacks` do tipo bruto, mas cada um dos métodos `testPush` e `testPop` espera um segundo argumento que é uma `Stack` com um argumento de tipo específico. Esses alertas indicam que o compilador não pode garantir que os tipos manipulados pelas pilhas são os tipos corretos, uma vez que não fornecemos uma variável declarada com um argumento de tipo. Os métodos `testPush` (Figura 20.11, linhas 28 a 39) e `testPop` (linhas 42 a 62) são os mesmos que na Figura 20.10.

```
1  // Figura 20.11: RawTypeTest.java
2  // Programa de teste de tipos brutos.
3  public class RawTypeTest
4  {
5     public static void main(String[] args)
6     {
7        Double[] doubleElements = {1.1, 2.2, 3.3, 4.4, 5.5};
8        Integer[] integerElements = {1, 2, 3, 4, 5, 6, 7, 8, 9, 10};
9
10       // Pilha de tipos brutos atribuídos à classe Stack da variável de tipos brutos
11       Stack rawTypeStack1 = new Stack(5);
12
13       // Stack <Double> atribuído à Stack da variável de tipos brutos
14       Stack rawTypeStack2 = new Stack<Double>(5);
15
16       // Pilha dos tipos brutos atribuídos à variável Stack<Integer>
17       Stack<Integer> integerStack = new Stack(10);
18
19       testPush("rawTypeStack1", rawTypeStack1, doubleElements);
20       testPop("rawTypeStack1", rawTypeStack1);
21       testPush("rawTypeStack2", rawTypeStack2, doubleElements);
22       testPop("rawTypeStack2", rawTypeStack2);
23       testPush("integerStack", integerStack, integerElements);
24       testPop("integerStack", integerStack);
25    }
```

continua

continuação

```java

    // método genérico insere elementos na pilha
    public static <T> void testPush(String name, Stack<T> stack,
       T[] elements)
    {
       System.out.printf("%nPushing elements onto %s%n", name);

       // insere elementos na Stack
       for (T element : elements)
       {
          System.out.printf("%s ", element);
          stack.push(element); // insere o elemento na pilha
       }
    }

    // método genérico testPop remove elementos da pilha
    public static <T> void testPop(String name, Stack<T> stack)
    {
       // remove elementos da pilha
       try
       {
          System.out.printf("%nPopping elements from %s%n", name);
          T popValue; // armazena o elemento removido da pilha

          // remove elementos da Stack
          while (true)
          {
             popValue = stack.pop(); // remove da pilha
             System.out.printf("%s ", popValue);
          }
       } // fim do try
       catch(EmptyStackException emptyStackException)
       {
          System.out.println();
          emptyStackException.printStackTrace();
       }
    }
 } // fim da classe RawTypeTest
```

```
Pushing elements onto rawTypeStack1
1.1 2.2 3.3 4.4 5.5
Popping elements from rawTypeStack1
5.5 4.4 3.3 2.2 1.1
EmptyStackException: Stack is empty, cannot pop
        at Stack.pop(Stack.java:32)
        at RawTypeTest.testPop(RawTypeTest.java:53)
        at RawTypeTest.main(RawTypeTest.java:20)

Pushing elements onto rawTypeStack2
1.1 2.2 3.3 4.4 5.5
Popping elements from rawTypeStack2
5.5 4.4 3.3 2.2 1.1
EmptyStackException: Stack is empty, cannot pop
        at Stack.pop(Stack.java:32)
        at RawTypeTest.testPop(RawTypeTest.java:53)
        at RawTypeTest.main(RawTypeTest.java:22)

Pushing elements onto integerStack
1 2 3 4 5 6 7 8 9 10
Popping elements from integerStack
10 9 8 7 6 5 4 3 2 1
EmptyStackException: Stack is empty, cannot pop
        at Stack.pop(Stack.java:32)
        at RawTypeTest.testPop(RawTypeTest.java:53)
        at RawTypeTest.main(RawTypeTest.java:24)
```

Figura 20.11 | Programa de teste de tipos brutos.

Avisos do compilador

A Figura 20.12 mostra as mensagens de aviso geradas pelo compilador quando o arquivo `RawTypeTest.java` (Figura 20.11) é compilado com a opção `-Xlint:unchecked`, que fornece informações adicionais sobre operações potencialmente inseguras no código que usa genéricos. O primeiro alerta na Figura 20.11 é gerado para a linha 17, que atribuiu um tipo bruto de `Stack` a uma variável `Stack<Integer>` — o compilador não pode assegurar que todos os objetos na `Stack` serão objetos `Integer`. O próximo aviso ocorre na linha 19. O compilador determina o argumento de tipo do método `testPush` do array `Double` passado como o terceiro argumento, porque o segundo argumento de método é uma variável `Stack` do tipo bruto. Nesse caso, `Double` é o tipo de argumento, assim o compilador espera uma `Stack<Double>` como o segundo argumento. O aviso ocorre porque o compilador não pode garantir que uma `Stack` de tipo bruto contenha apenas `Doubles`. O aviso ocorre na linha 21 pela mesma razão, embora a `Stack` real que referencia `rawTypeStack2` seja uma `Stack<Double>`. O compilador não pode garantir que a variável sempre irá se referir ao mesmo objeto `Stack`, assim ele deve utilizar o tipo declarado da variável para realizar todas as verificações de tipos. As linhas 20 e 22 geram alertas porque o método `testPop` espera como um argumento uma `Stack` à qual foi especificado um argumento de tipo. Entretanto, em cada chamada a `testPop`, passamos uma variável `Stack` de tipo bruto. Portanto, o compilador indica um alerta, uma vez que não pode verificar os tipos utilizados no corpo do método. Em geral, você deve evitar o uso de tipos brutos.

```
RawTypeTest.java:17: warning: [unchecked] unchecked conversion
found   : Stack
required: Stack<java.lang.Integer>
      Stack<Integer> integerStack = new Stack(10);
                                      ^
RawTypeTest.java:19: warning: [unchecked] unchecked conversion
found   : Stack
required: Stack<java.lang.Double>
      testPush("rawTypeStack1", rawTypeStack1, doubleElements);
                                ^
RawTypeTest.java:19: warning: [unchecked] unchecked method invocation: <T>testPush(java.lang.
String,Stack<T>,T[]) in RawTypeTest is applied to
(java.lang.String,Stack,java.lang.Double[])
      testPush("rawTypeStack1", rawTypeStack1, doubleElements);
              ^
RawTypeTest.java:20: warning: [unchecked] unchecked conversion
found   : Stack
required: Stack<T>
      testPop("rawTypeStack1", rawTypeStack1);
                               ^
RawTypeTest.java:20: warning: [unchecked] unchecked method invocation: <T>testPop(java.lang.
String,Stack<T>) in RawTypeTest is applied to
(java.lang.String,Stack)
      testPop("rawTypeStack1", rawTypeStack1);
             ^
RawTypeTest.java:21: warning: [unchecked] unchecked conversion
found   : Stack
required: Stack<java.lang.Double>
      testPush("rawTypeStack2", rawTypeStack2, doubleElements);
                                ^
RawTypeTest.java:21: warning: [unchecked] unchecked method invocation: <T>testPush(java.lang.
String,Stack<T>,T[]) in RawTypeTest is applied to
(java.lang.String,Stack,java.lang.Double[])
      testPush("rawTypeStack2", rawTypeStack2, doubleElements);
              ^
RawTypeTest.java:22: warning: [unchecked] unchecked conversion
found   : Stack
required: Stack<T>
      testPop("rawTypeStack2", rawTypeStack2);
                               ^
RawTypeTest.java:22: warning: [unchecked] unchecked method invocation: <T>testPop(java.lang.
String,Stack<T>) in RawTypeTest is applied to
(java.lang.String,Stack)
      testPop("rawTypeStack2", rawTypeStack2);
             ^
9 warnings
```

Figura 20.12 | Mensagens de alerta do compilador.

20.8 Curingas em métodos que aceitam parâmetros de tipo

Nesta seção, apresentamos um conceito poderoso sobre genéricos conhecido como **curingas**. Vamos considerar um exemplo que motiva curingas. Suponha que você quer implementar um método genérico `sum` que soma os números em uma coleção, como uma `ArrayList`. Você começaria inserindo os números na coleção. Como classes genéricas só podem ser usadas com tipos de classe ou tipos de interface, os números sofreriam um *autoboxing* como objetos das classes empacotadoras de tipo. Por exemplo, qualquer valor `int` seria *autoempacotado* como um objeto `Integer`, e qualquer valor `double` seria convertido por *autoboxing* em um objeto `Double`. Gostaríamos de ser capazes de somar todos os números na `ArrayList`, independentemente dos seus tipos. Por essa razão, declararemos a `ArrayList` com o argumento de tipo `Number`, que é a superclasse tanto de `Integer` como de `Double`. Além disso, o método `sum` receberá um parâmetro do tipo `ArrayList<Number>` e somará seus elementos. A Figura 20.13 demonstra a somatória dos elementos de uma `ArrayList` de `Numbers`.

A linha 11 declara e inicializa um array de `Numbers`. Como os inicializadores são valores primitivos, o Java *autoempacota* cada valor de tipo primitivo como um objeto do seu tipo empacotador correspondente. Os valores `int` `1` e `3` são *autoempacotados* como objetos `Integer`, e os valores `double` `2.4` e `4.1` são *autoempacotados* como objetos `Double`. A linha 12 declara e cria um objeto `ArrayList` que armazena `Numbers` e lhe atribui à variável `numberList`.

As linhas 14 a 15 percorrem o array `numbers` e colocam cada elemento em `numberList`. A linha 17 gera saída do conteúdo do `ArrayList` como uma `String`. Essa instrução invoca implicitamente o método `toString` de `ArrayList`, que retorna uma `String` na forma `"[`*elementos*`]"`, em que *elementos* é uma lista separada por vírgulas das representações `String` dos elementos. As linhas 18 e 19 exibem a soma dos elementos que é retornada pela chamada ao método `sum`.

O método `sum` (linhas 23 a 32) recebe um `ArrayList` de `Numbers` e calcula o total do `Numbers` na coleção. O método utiliza valores `double` para executar os cálculos e retorna o resultado como um `double`. As linhas 28 e 29 utilizam a instrução `for` aprimorada, projetada para funcionar tanto em coleções como arrays do Collections Framework, para somar os elementos da `ArrayList`.

```
1  // Figura 20.13: TotalNumbers.java
2  // Somando os números em uma ArrayList<Number>.
3  import java.util.ArrayList;
4
5  public class TotalNumbers
6  {
7     public static void main(String[] args)
8     {
9        // cria, inicializa e gera saída de ArrayList de números contendo
10       // Integers e Doubles, e então exibe o total dos elementos
11       Number[] numbers = {1, 2.4, 3, 4.1}; // Integers e Doubles
12       ArrayList<Number> numberList = new ArrayList<>();
13
14       for (Number element : numbers)
15          numberList.add(element); // insere cada número na numberList
16
17       System.out.printf("numberList contains: %s%n", numberList);
18       System.out.printf("Total of the elements in numberList: %.1f%n",
19          sum(numberList));
20    }
21
22    // calcula o total de elementos em ArrayList
23    public static double sum(ArrayList<Number> list)
24    {
25       double total = 0; // inicializa o total
26
27       // calcula a soma
28       for (Number element : list)
29          total += element.doubleValue();
30
31       return total;
32    }
33 } // fim da classe TotalNumbers
```

```
numberList contains: [1, 2.4, 3, 4.1]
Total of the elements in numberList: 10.5
```

Figura 20.13 | Somando os números em uma `ArrayList<Number>`.

A instrução `for` atribui cada `Number` do `ArrayList` à variável `element` e, então, utiliza o **método `Number doubleValue`** para obter o valor do tipo primitivo subjacente do `Number` como um valor `double`. O resultado é adicionado a `total`. Quando o loop termina, o método retorna o `total`.

Implementando o método sum com um argumento de tipo de curinga em seu parâmetro

Lembre-se de que o propósito do método `sum` na Figura 20.13 era somar qualquer tipo de `Numbers` armazenado em uma `ArrayList`. Criamos uma `ArrayList` de `Numbers` que continha tanto objetos `Integer` como `Double`. A saída da Figura 20.13 demonstra que o método `sum` funcionou adequadamente. Dado o fato de que esse método `sum` pode somar os elementos de uma `ArrayList` de `Numbers`, talvez você esperasse que o método também funcionasse para `ArrayLists` que contêm elementos de somente um tipo numérico, como `ArrayList<Integer>`. Portanto, modificamos a classe `TotalNumbers` para criar uma `ArrayList` de `Integers` e a passamos para o método `sum`. Ao compilar o programa, o compilador emite a mensagem de erro a seguir:

```
sum(java.util.ArrayList<java.lang.Number>) in TotalNumbersErrors cannot be applied to (java.util.
ArrayList<java.lang.Integer>)
```

Embora `Number` seja a superclasse de `Integer`, o compilador não considera o tipo `ArrayList<Number>` como uma superclasse de `ArrayList<Integer>`. Se fosse, então todas as operações que poderíamos realizar em `ArrayList<Number>` também funcionariam em uma `ArrayList<Integer>`. Considere o fato de que você pode adicionar um objeto `Double` a uma `ArrayList<Number>` porque um `Double` *é um* `Number`, mas você não pode adicionar um objeto `Double` a um `ArrayList<Integer>` porque um `Double` *não é um* `Integer`. Portanto, o relacionamento de subtipos não se aplica.

Como é possível criar uma versão mais flexível do método `sum` que possa somar os elementos de qualquer `ArrayList` que contém elementos de qualquer subclasse de `Number`? Isso é onde os **argumentos de tipo curingas** são importantes. Os curingas permitem especificar parâmetros de método, valores de retorno, variáveis ou campos e assim por diante, que atuam como supertipos ou subtipos de tipos parametrizados. Na Figura 20.14, o parâmetro do método `sum` é declarado na linha 50 com o tipo:

```
ArrayList<? extends Number>
```

Um argumento do tipo curinga é denotado pelo ponto de interrogação (`?`), que representa por si mesmo um "tipo desconhecido". Nesse caso, o curinga estende a classe `Number`, o que significa que ele tem um limite superior de `Number`. Portanto, o argumento de tipo desconhecido deve ser `Number` ou uma subclasse de `Number`. Com o tipo de parâmetro mostrado aqui, o método `sum` pode receber um argumento `ArrayList` que contém qualquer tipo de `Number`, como `ArrayList<Integer>` (linha 20), `ArrayList<Double>` (linha 33) ou `ArrayList<Number>` (linha 46).

```
1  // Figura 20.14: WildcardTest.java
2  // Programa de teste de curinga.
3  import java.util.ArrayList;
4
5  public class WildcardTest
6  {
7     public static void main(String[] args)
8     {
9        // cria, inicializa e gera saída de ArrayList de Integers, então
10       // exibe o total dos elementos
11       Integer[] integers = {1, 2, 3, 4, 5};
12       ArrayList<Integer> integerList = new ArrayList<>();
13
14       // insere elementos na integerList
15       for (Integer element : integers)
16          integerList.add(element);
17
18       System.out.printf("integerList contains: %s%n", integerList);
19       System.out.printf("Total of the elements in integerList: %.0f%n%n",
20          sum(integerList));
21
22       // cria, inicializa e gera saída do ArrayList de Doubles, então
23       // exibe o total dos elementos
24       Double[] doubles = {1.1, 3.3, 5.5};
25       ArrayList<Double> doubleList = new ArrayList<>();
26
27       // insere elementos na doubleList
28       for (Double element : doubles)
29          doubleList.add(element);
```

continua

continuação

```
30
31          System.out.printf("doubleList contains: %s%n", doubleList);
32          System.out.printf("Total of the elements in doubleList: %.1f%n%n",
33             sum(doubleList));
34
35          // cria, inicializa e gera saída de ArrayList de números contendo
36          // Integers e Doubles, e então exibe o total dos elementos
37          Number[] numbers = {1, 2.4, 3, 4.1}; // Integers e Doubles
38          ArrayList<Number> numberList = new ArrayList<>();
39
40          // insere elementos na numberList
41          for (Number element : numbers)
42             numberList.add(element);
43
44          System.out.printf("numberList contains: %s%n", numberList);
45          System.out.printf("Total of the elements in numberList: %.1f%n",
46             sum(numberList));
47       } // fim de main
48
49       // totaliza os elementos; usando um curinga no parâmetro ArrayList
50       public static double sum(ArrayList<? extends Number> list)
51       {
52          double total = 0; // inicializa o total
53
54          // calcula a soma
55          for (Number element : list)
56             total += element.doubleValue();
57
58          return total;
59       }
60    } // fim da classe WildcardTest
```

```
integerList contains: [1, 2, 3, 4, 5]
Total of the elements in integerList: 15

doubleList contains: [1.1, 3.3, 5.5]
Total of the elements in doubleList: 9.9

numberList contains: [1, 2.4, 3, 4.1]
Total of the elements in numberList: 10.5
```

Figura 20.14 | Programa de teste de curinga.

As linhas 11 a 20 criam e inicializam um `ArrayList<Integer>`, geram a saída dos seus elementos e os somam chamando o método `sum` (linha 20). As linhas 24 a 33 executam as mesmas operações para um `ArrayList<Double>`. As linhas 37 a 46 executam as mesmas operações para um `ArrayList<Number>` que contém `Integers` e `Doubles`.

No método `sum` (linhas 50 a 59), embora os tipos de elemento do argumento de `ArrayList` não sejam conhecidos diretamente pelo método, eles são conhecidos como sendo pelo menos do tipo `Number`, porque o curinga foi especificado com o limite superior `Number`. Por essa razão, a linha 56 é permitida porque todos os objetos `Number` têm um método `doubleValue`.

Embora curingas forneçam flexibilidade ao passar tipos parametrizados para um método, eles também têm algumas desvantagens. Como o curinga (`?`) no cabeçalho do método (linha 50) não especifica um nome de parâmetro de tipo, você não pode utilizá-lo como um nome de tipo por todo o corpo do método (isto é, não pode substituir `Number` por `?` na linha 55). Você pode, porém, declarar o método `sum` da seguinte forma:

```
public static <T extends Number> double sum(ArrayList<T> list)
```

que permite ao método receber um `ArrayList` que contém elementos de qualquer subclasse `Number`. Você pode então usar o parâmetro de tipo `T` por todo o corpo do método.

Se o curinga for especificado sem um limite superior, somente os métodos do tipo `Object` podem ser invocados nos valores do tipo curinga. Além disso, métodos que utilizam curingas nos seus argumentos de tipo do parâmetro não podem ser utilizados para adicionar elementos a uma coleção referenciada pelo parâmetro.

Erro comum de programação 20.3

Utilizar um curinga na seção de parâmetro de tipo de um método ou como um tipo explícito de uma variável no corpo do método é um erro de sintaxe.

20.9 Conclusão

Este capítulo introduziu genéricos. Você aprendeu a declarar métodos e classes genéricas com parâmetros de tipo especificados nas seções de parâmetros de tipo. Você também aprendeu a especificar o limite superior para um parâmetro de tipo e como o compilador Java usa *erasure* e coerção para suportar múltiplos tipos de métodos e classes genéricos. Discutimos como a retrocompatibilidade é alcançada por meio de tipos brutos. Você também aprendeu a utilizar curingas em um método genérico ou classe genérica.

No Capítulo 21, veremos como implementar suas próprias estruturas de dados dinâmicas personalizadas que podem aumentar ou diminuir em tempo de execução. Em particular, você implementará essas estruturas de dados usando as capacidades genéricas aprendidas neste capítulo.

Resumo

Seção 20.1 Introdução

- Os métodos genéricos permitem especificar, com uma única declaração de método, um conjunto de métodos relacionados.
- Classes e interfaces genéricas permitem especificar conjuntos de tipos relacionados.

Seção 20.2 Motivação para métodos genéricos

- Métodos sobrecarregados são frequentemente utilizados para realizar operações semelhantes em tipos diferentes de dados.
- Quando o compilador encontra uma chamada de método, ele tenta localizar uma declaração de método com um nome e parâmetros que são compatíveis com os tipos de argumento na chamada de método.

Seção 20.3 Métodos genéricos: implementação e tradução em tempo de compilação

- Se as operações realizadas por vários métodos sobrecarregados forem idênticas para cada tipo de argumento, elas podem ser codificadas mais compacta e convenientemente com um método genérico. Uma declaração de método genérica única pode ser chamada com argumentos de diferentes tipos de dados. Com base nos tipos de argumentos passados para um método genérico, o compilador trata cada chamada de método apropriadamente.
- Todas as declarações de métodos genéricos contêm uma seção de parâmetro de tipo delimitado por colchetes angulares (< e >) que precede o tipo de retorno do método.
- Uma seção de parâmetro de tipo contém um ou mais parâmetros de tipo separados por vírgulas.
- Um parâmetro de tipo é um identificador que especifica um nome de tipo genérico. Os parâmetros de tipo podem ser utilizados como o tipo de retorno, tipos de parâmetro e tipos de variáveis locais em uma declaração de método genérico e atuam como marcadores de lugar para os tipos dos argumentos passados para o método genérico, conhecidos como argumentos de tipo reais. Os parâmetros de tipo podem representar somente tipos por referência.
- Os nomes dos parâmetros de tipo utilizados por toda uma declaração de método devem corresponder aos declarados na seção de parâmetros de tipo. O nome de um parâmetro de tipo pode ser declarado somente uma vez na seção de parâmetro de tipo, mas pode aparecer mais de uma vez na lista de parâmetros do método.
- Quando o compilador encontra uma chamada de método, ele determina os tipos de argumento e tenta localizar um método com o mesmo nome e parâmetros que correspondem aos tipos de argumento. Se não houver esse método, o compilador procura métodos com o mesmo nome, parâmetros compatíveis e métodos genéricos correspondentes.
- Os objetos de uma classe que implementa a interface genérica `Comparable` podem ser comparados com o método `compareTo`, que retorna 0 se os objetos forem iguais, um número inteiro negativo se o primeiro objeto for menor que o segundo ou um número inteiro positivo se o primeiro objeto for maior que o segundo.
- Todas as classes empacotadoras de tipos para tipos primitivos implementam a interface `Comparable`.
- Objetos `Comparable` podem ser usados com os métodos de classificação e pesquisa da classe `Collections`.

Seção 20.4 Questões adicionais da tradução em tempo de compilação: métodos que utilizam um parâmetro de tipo como o tipo de retorno

- Quando um método genérico é compilado, o compilador executa o *erasure* para remover a seção de parâmetros de tipo e substituir os parâmetros de tipo por tipos reais. Por padrão, cada parâmetro de tipo é substituído pelo seu limite superior, que é `Object`, a menos que indicado o contrário.
- Quando o *erasure* é realizado em um método que retorna uma variável de tipo, as coerções explícitas são inseridas na frente de cada chamada de método para garantir que o valor retornado tenha o tipo esperado pelo chamador.

Seção 20.5 Sobrecarregando métodos genéricos

- Um método genérico pode ser sobrecarregado com outros métodos genéricos ou não.

Seção 20.6 Classes genéricas

- As classes genéricas fornecem um meio de descrever uma classe de uma maneira independente de tipo. Podemos então instanciar objetos específicos de tipo da classe genérica.
- Uma declaração de classe genérica se parece com a declaração de uma classe não genérica, exceto que o nome de classe é seguido por uma seção de parâmetro de tipo. A seção de parâmetro de tipo de uma classe genérica pode ter um ou mais parâmetros de tipo separados por vírgulas.
- Quando uma classe genérica é compilada, o compilador realiza a erasure nos parâmetros de tipo da classe e os substitui pelos seus limites superiores.
- Os parâmetros de tipo não podem ser utilizados nas declarações de uma classe `static`.
- Ao instanciar um objeto de uma classe genérica, os tipos especificados dentro de colchetes angulares depois do nome de classe são conhecidos como argumentos de tipo. O compilador usa-os para substituir os parâmetros de tipo de modo que ele possa realizar a verificação de tipo e inserir as operações de coerção como necessário.

Seção 20.7 Tipos brutos

- É possível instanciar uma classe genérica sem especificar um argumento de tipo. Nesse caso, diz-se que o novo objeto da classe tem um tipo bruto — o compilador utiliza implicitamente o tipo `Object` (ou o limite superior do parâmetro de tipo) por toda a classe genérica para cada argumento de tipo.

Seção 20.8 Curingas em métodos que aceitam parâmetros de tipo

- A classe `Number` é a superclasse tanto de `Integer` como `Double`.
- O método `Number doubleValue` obtém o valor do tipo primitivo subjacente de `Number` como um valor de `double`.
- Os argumentos do tipo curinga permitem especificar parâmetros de método, valores de retorno, variáveis e assim por diante, que atuam como supertipos dos tipos parametrizados. Um argumento do tipo curinga é denotado pelo ponto de interrogação `?`, que representa um "tipo desconhecido". Um curinga também pode ter um limite superior.
- Como um curinga (`?`) não é um nome do parâmetro de tipo, você não pode utilizá-lo como um nome de tipo por todo o corpo de um método.
- Se um curinga for especificado sem um limite superior, somente os métodos do tipo `Object` podem ser invocados nos valores do tipo de curinga.
- Métodos que utilizam curingas como argumentos de tipo não podem ser utilizados para adicionar elementos a uma coleção referenciada pelo parâmetro.

Exercícios de revisão

20.1 Determine se cada um dos seguintes itens é *verdadeiro* ou *falso*. Se *falso*, explique por quê.

a) Um método genérico não pode ter o mesmo nome que um método não genérico.

b) Todas as declarações de métodos genéricos têm uma seção de parâmetro de tipo que precede imediatamente o nome de método.

c) Um método genérico pode ser sobrecarregado por um outro com o mesmo nome do método, mas diferentes parâmetros de método.

d) Um parâmetro de tipo pode ser declarado somente uma vez na seção de parâmetro de tipo, mas pode aparecer mais de uma vez na lista de parâmetros do método.

e) Os nomes dos parâmetros de tipo entre diferentes métodos genéricos devem ser únicos.

f) O escopo de um parâmetro de tipo da classe genérico é a classe inteira, exceto seus membros `static`.

20.2 Preencha as lacunas em cada um dos seguintes itens:

a) ________ e ________ permitem especificar, com uma única declaração de método, um conjunto de métodos relacionados ou, com uma única declaração de classe, um conjunto de tipos relacionados, respectivamente.

b) Uma seção de parâmetro de tipo é delimitada por ________.

c) ________ de um método genérico podem ser usados para especificar os tipos de argumento do método, especificar o tipo de retorno do método e declarar variáveis dentro do método.

d) A instrução "`Stack objectStack = new Stack();`" indica que `objectStack` armazena ________.

e) Na declaração de uma classe genérica, o nome da classe é seguido por um(a) ________.

f) A sintaxe ________ especifica que o limite superior de um curinga é o tipo `T`.

Respostas dos exercícios de revisão

20.1 a) Falso. Métodos genéricos e não genéricos podem ter o mesmo nome de método. Um método genérico pode sobrecarregar um outro com o mesmo nome do método, mas diferentes parâmetros de método. Um método genérico também pode ser sobrecarregado fornecendo métodos não genéricos com o mesmo nome de método e número de argumentos. b) Falso. Todas as declarações de métodos genéricos têm uma seção de parâmetro de tipo que imediatamente precede o tipo de retorno do método. c) Verdadeiro. d) Verdadeiro. e) Falso. Nomes de parâmetro de tipo entre diferentes métodos genéricos não precisam ser únicos. f) Verdadeiro.

20.2 a) Métodos genéricos, classes genéricas. b) colchetes angulares (< e >). c) Parâmetros de tipo. d) um tipo bruto. e) seção de parâmetro de tipo. f) `? extends T`.

Questões

20.3 ***(Explique a notação)*** Explique o uso da seguinte notação em um programa Java:

```
public class Array<T> { }
```

20.4 ***(Método genérico `SelectionSort`)*** Escreva um método `selectionSort` genérico com base no programa de classificação da Figura 19.4. Escreva um programa de teste que insere, classifica e gera uma saída de um array `Integer` e um array `Float`. [*Dica:* use `<T extends Comparable<T>>` na seção de parâmetros de tipo para o método `selectionSort`, de modo que você possa usar o método `compareTo` para comparar os objetos do tipo que `T` representa.]

20.5 ***(Método genérico sobrecarregado `printArray`)*** Sobrecarregue o método genérico `printArray` da Figura 20.3 para que ele receba dois argumentos do tipo inteiro adicionais, `lowSubscript` e `highSubscript`. Uma chamada a esse método imprime somente a parte especificada do array. Valide `lowSubscript` e `highSubscript`. Se um deles estiver fora do intervalo, o método `printArray` sobrecarregado deve lançar uma `InvalidSubscriptException`; caso contrário, `printArray` deve retornar o número de elementos impressos. Então, modifique `main` para praticar as duas versões do `printArray` nos arrays `integerArray`, `doubleArray` e `characterArray`. Teste todas as capacidades das duas versões de `printArray`.

20.6 ***(Sobrecarregando um método genérico com um método não genérico)*** Sobrecarregue o método genérico `printArray` da Figura 20.3 com uma versão não genérica que imprime especificamente um array de `Strings` em um formato tabular perfeito, como mostrado na saída do exemplo a seguir:

```
Array stringArray contains:
one     two     three    four
five    six     seven    eight
```

20.7 ***(Método genérico `isEqualTo`)*** Escreva uma versão genérica simples do método `isEqualTo` que compara seus dois argumentos com o método `equals` e retorna `true` se forem iguais e `false` caso contrário. Utilize esse método genérico em um programa que chama `isEqualTo` com uma variedade de tipos predefinidos, como `Object` ou `Integer`. Qual resultado você obtém ao tentar executar esse programa?

20.8 ***(Classe genérica `Pair`)*** Escreva uma classe genérica `Pair` que tem dois parâmetros de tipo — `F` e `S` —, cada um representando o tipo do primeiro e segundo elemento do par, respectivamente. Adicione os métodos *get* e *set* ao primeiro e ao segundo elemento do par. [*Dica:* o cabeçalho da classe deve ser `public class Pair< F, S >`.]

20.9 ***(Sobrecarregando métodos genéricos)*** Como métodos genéricos podem ser sobrecarregados?

20.10 ***(Solução de sobrecarga)*** O compilador realiza um processo de correspondência para determinar qual método chamar quando um método é invocado. Sob quais circunstâncias uma tentativa de fazer uma correspondência resulta em um erro em tempo de compilação?

20.11 ***(O que essa instrução faz?)*** Explique por que um programa Java utilizaria a instrução

```
ArrayList<Employee> workerList = new ArrayList<>();
```

Estruturas de dados genéricas personalizadas

21

Much that I bound, I could not free;
Much that I freed returned to me.
[Muito do que eu prendi,não pude libertar; Muito do que eu libertei voltou para mim.]

— Lee Wilson Dodd

Há sempre espaço no ponto mais alto.

— Daniel Webster

I think that I shall never see
A poem lovely as a tree.
[Parece-me que ninguém nunca há de ver poema tão belo como a árvore.]

— Joyce Kilmer

Objetivos

Neste capítulo, você irá:

- Formar estruturas de dados encadeadas utilizando referências, classes autorreferenciais, recursão e genéricos.
- Criar e manipular estruturas de dados dinâmicas, como listas encadeadas, filas, pilhas e árvores binárias.
- Aprender vários aplicativos importantes de estruturas de dados encadeadas.
- Aprender a criar estruturas de dados reutilizáveis com classes, herança e composição.
- Organizar classes em pacotes para promover a reutilização.

Sumário

21.1 Introdução

Este capítulo mostra como construir **estruturas de dados dinâmicas** que crescem e encolhem em tempo de execução. As **listas encadeadas** são coleções de itens de dados "vinculados em uma cadeia" — as inserções e exclusões podem ser feitas em *qualquer lugar* de uma lista encadeada. As **pilhas** são importantes em compiladores e sistemas operacionais; as inserções e as exclusões são feitas somente no final de uma pilha — sua **parte superior**. As **filas** representam filas de espera; as inserções são feitas na parte de trás (também referida como **cauda**) de uma fila e as exclusões são feitas na parte da frente da fila (também referida como **cabeça**). As **árvores binárias** facilitam a pesquisa e classificação de dados em alta velocidade, a eliminação eficiente de itens de dados duplicados, a representação de diretórios de sistema de arquivos, a compilação de expressões em linguagem de máquina e muitas outras aplicações interessantes.

Discutimos cada um desses principais tipos de estrutura de dados e implementamos programas que os criam e manipulam. Usamos classes, herança e composição para criá-las por questão de reutilização e manutenção. Também explicamos como organizar classes em seus próprios pacotes para promover a reutilização. Incluímos este capítulo para os alunos da ciência da computação e engenharia da computação que precisam entender como construir estruturas de dados encadeadas.

Observação de engenharia de software 21.1

A grande maioria dos desenvolvedores de software deve usar as classes de coleção genéricas predefinidas que discutimos no Capítulo 16, em vez de desenvolver estruturas de dados personalizadas encadeadas.

Projeto opcional on-line "Construindo seu próprio compilador"

Se você se sentir ambicioso, talvez queira tentar o projeto maior descrito na seção especial intitulada "Construindo seu próprio compilador", que postamos on-line em <http://www.deitel.com/books/jhtp10> (em inglês). Você vem utilizando um compilador Java para traduzir seus programas Java em bytecodes a fim de poder executar esses programas em seu computador. Nesse projeto, você realmente construirá seu próprio compilador. Ele lerá instruções escritas em uma linguagem simples, mas poderosa e de alto nível, semelhante às primeiras versões da linguagem popular BASIC e converterá essas instruções em instruções Simpletron Machine Language (SML) — SML é a linguagem que você aprendeu na seção especial do Capítulo 7, "Construindo seu próprio computador". Seu programa Simpletron Simulator então executará o programa SML produzido por seu compilador! A implementação desse projeto utilizando uma abordagem orientada a objetos lhe fornecerá uma oportunidade para praticar grande parte do que você aprendeu neste livro. A seção especial orienta você cuidadosamente ao longo das especificações da linguagem de alto nível e descreve os algoritmos de que precisará para converter cada instrução de linguagem de alto nível em instruções de linguagem de máquina. Se você gosta de desafios, pode tentar os muitos aprimoramentos no compilador e no Simpletron Simulator sugeridos nos exercícios.

21.2 Classes autorreferenciais

Uma **classe autorreferencial** contém uma variável de instância que referencia outro objeto do mesmo tipo de classe. Por exemplo, a declaração da classe genérica `Node`

```
class Node<T>
{
   private T data;
   private Node<T> nextNode; // referência ao próximo nó vinculado

   public Node(T data) { /* corpo do construtor */ }
   public void setData(T data) { /* corpo do método */ }
   public T getData() { /* corpo do método */ }
   public void setNext(Node<T> next) { /* corpo do método */ }
   public Node<T> getNext() { /* corpo do método */ }
}
```

tem duas variáveis de instância `private` — a variável `data` (do tipo genérico `T`) e a variável `nextNode` `Node<T>`. A variável `nextNode` referencia um objeto `Node<T>`, um objeto da mesma classe que está sendo declarada aqui, daí o termo "classe autorreferencial". O campo `nextNode` é um **link** — ele "vincula" um objeto de tipo `Node<T>` a outro objeto do mesmo tipo. O tipo `Node<T>` também tem cinco métodos: um construtor que recebe um valor para inicializar `data`, um método `setData` para configurar o valor de `data`, um método `getData` para retornar o valor de `data`, um método `setNext` para configurar o valor de `nextNode` e um método `getNext` para retornar uma referência ao próximo nó.

Os programas podem vincular objetos autorreferenciais para formar estruturas de dados tão úteis quanto listas, filas, pilhas e árvores. A Figura 21.1 ilustra dois objetos autorreferenciais vinculados entre si para formar uma lista. Uma barra invertida — representando uma referência `null` — é colocada no membro de link do segundo objeto autorreferencial para indicar que o link *não* referencia outro objeto. A barra invertida é ilustrativa; ela não corresponde ao caractere barra invertida no Java. Por convenção, no código usamos a referência `null` para indicar o fim de uma estrutura de dados.

Figura 21.1 | Objetos de classe autorreferencial vinculados entre si.

21.3 Alocação dinâmica de memória

Criar e manter estruturas de dados dinâmicas requer **alocação dinâmica de memória** — permissão para que um programa obtenha mais espaço de memória em tempo de execução para armazenar novos nós e liberar espaço não mais necessário. Lembre-se de que o Java não exige que você libere explicitamente a memória alocada dinamicamente. Em vez disso, o Java realiza *coleta de lixo* automática de objetos que não são mais referenciados em um programa.

O limite para alocação dinâmica de memória pode ser tão grande quanto a quantidade de memória física disponível no computador ou a quantidade de espaço em disco disponível em um sistema de memória virtual. Frequentemente, os limites são muito menores, porque a memória disponível do computador deve ser compartilhada entre muitos aplicativos.

A criação da declaração e expressão de instância de classe

```
// 10 são os dados de nodeToAdd
Node<Integer> nodeToAdd = new Node<Integer>(10);
```

aloca um objeto `Node<Integer>` e retorna uma referência a ele, que é atribuída ao `nodeToAdd`. Se a *memória insuficiente* estiver disponível, a expressão anterior lança um `OutOfMemoryError`. As seções a seguir discutem que listas, pilhas, filas e árvores — todas as quais utilizam alocação dinâmica de memória e classes autorreferenciais para criar estruturas de dados dinâmicas.

21.4 Listas encadeadas

Uma lista encadeada é uma coleção linear (isto é, uma sequência) de objetos de classe autorreferencial, chamados **nós**, conectados por *links* de referência — daí o termo lista "encadeada". Tipicamente, um programa acessa uma lista encadeada por meio de uma referência ao primeiro nó. O programa acessa cada nó subsequente por uma referência de link armazenado no nó anterior. Por convenção, a referência de link no último nó da lista é definida como `null` para indicar o "fim da lista". Os dados são armazenados e removidos das listas encadeadas dinamicamente — o programa cria e exclui os nós como necessário. As pilhas e filas são estruturas de dados também lineares e, como veremos, são versões limitadas de listas encadeadas. As árvores são estruturas de dados *não lineares*.

As listas de dados podem ser armazenadas em arrays de Java convencionais, mas as listas encadeadas fornecem várias vantagens. Uma lista encadeada é apropriada quando o número de elementos de dados a ser representado na estrutura de dados é *imprevisível*. Listas encadeadas são dinâmicas, assim o comprimento de uma lista pode aumentar ou diminuir como necessário, enquanto o tamanho de um array Java convencional não pode ser alterado — ele é fixo quando o programa cria o array. [Naturalmente, `ArrayLists` *podem* crescer e encolher.] Os arrays convencionais podem tornar-se cheios. As listas encadeadas tornam-se cheias apenas quando o sistema tem *memória insuficiente* para satisfazer solicitações de alocação de armazenamento dinâmico. O pacote `java.util` contém a classe `LinkedList` (discutida no Capítulo 16) para implementar e manipular listas encadeadas que crescem e encolhem durante a execução de programa.

Dica de desempenho 21.1

A inserção em uma lista encadeada é rápida — somente duas referências precisam ser modificadas (depois de localizar o ponto de inserção). Todos os objetos existentes de nó permanecem em suas localizações atuais na memória.

As listas encadeadas podem ser mantidas em ordem de classificação simplesmente inserindo cada novo elemento no ponto adequado na lista. (Naturalmente, leva tempo para *localizar* o ponto de inserção adequado.) *Os elementos existentes da lista não precisam ser movidos.*

Dica de desempenho 21.2

A inserção e a exclusão em um array classificado podem consumir muito tempo — todos os elementos que se seguem ao elemento inserido ou excluído devem ser deslocados apropriadamente.

21.4.1 Listas encadeadas individualmente

Nós de lista encadeada normalmente *não são armazenados contiguamente* na memória. Em vez disso, são logicamente contíguos. A Figura 21.2 ilustra uma lista encadeada com vários nós. Esse diagrama apresenta uma **lista encadeada individualmente** — cada nó contém uma referência ao próximo nó da lista. Em geral, as listas encadeadas são implementadas como *listas duplamente encadeadas* — cada nó contém uma referência ao próximo nó na lista *e* uma referência ao anterior.

Dica de desempenho 21.3

Os elementos de um array são contíguos na memória. Isso permite acesso imediato a qualquer elemento do array, porque seu endereço pode ser calculado diretamente como seu deslocamento a partir do início do array. As listas encadeadas não têm recursos para tal acesso imediato — um elemento só pode ser acessado percorrendo a lista da parte da frente (ou de trás em uma lista duplamente encadeada).

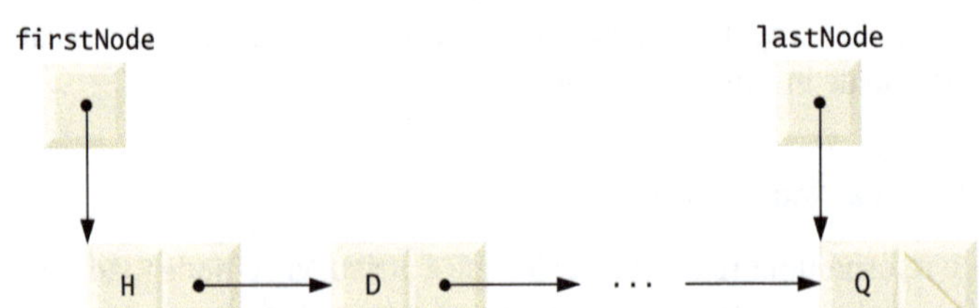

Figura 21.2 | Representação gráfica de lista encadeada.

21.4.2 Implementando uma classe `List` genérica

O programa das figuras 21.3 a 21.5 utiliza um objeto de nossa classe genérica `List` para manipular uma lista de objetos variados. O programa consiste em quatro classes: `ListNode` (Figura 21.3, linhas 6 a 37), `List` (Figura 21.3, linhas 40 a 147), `EmptyListException` (Figura 21.4) e `ListTest` (Figura 21.5). Encapsulada em cada objeto `List` está uma lista encadeada de objetos `ListNode`.

[*Observação:* as classes `List`, `ListNode` e `EmptyListException` são colocadas no pacote `com.deitel.datastructures`, para que possam ser reutilizadas por todo este capítulo. Na Seção 21.4.10, discutimos a instrução `package` (linha 3 das figuras 21.3 e 21.4), e mostramos como compilar e executar programas que usam as classes nos seus próprios pacotes.]

```
1  // Figura 21.3: List.java
2  // Declarações de classe ListNode e List.
3  package com.deitel.datastructures;
4
5  // classe para representar um nó em uma lista
6  class ListNode<T>
7  {
8     // membros de acesso de pacote; List pode acessá-los diretamente
9     T data; // dados para esse nó
10    ListNode<T> nextNode; // referência para o próximo nó na lista
11
12    // construtor cria um ListNode que referencia o objeto
13    ListNode(T object)
14    {
15       this(object, null);
16    }
17
18    // construtor cria ListNode que referencia o objeto
19    // especificado e o próximo ListNode
20    ListNode(T object, ListNode<T> node)
21    {
22       data = object;
23       nextNode = node;
24    }
25
26    // retorna referência aos dados no nó
27    T getData()
28    {
29       return data;
30    }
31
32    // retorna referência ao próximo nó na lista
33    ListNode<T> getNext()
34    {
35       return nextNode;
36    }
37 } // fim da classe ListNode<T>
38
39 // definição da classe List
40 public class List<T>
41 {
42    private ListNode<T> firstNode;
43    private ListNode<T> lastNode;
44    private String name; // string como "lista" usada na impressão
45
46    // construtor cria List vazia com "list" como o nome
47    public List()
48    {
49       this("list");
50    }
51
52    // construtor cria uma List vazia com um nome
53    public List(String listName)
54    {
55       name = listName;
56       firstNode = lastNode = null;
57    }
58
59    // insere o item na frente de List
60    public void insertAtFront(T insertItem)
61    {
62       if (isEmpty()) // firstNode e lastNode referenciam o mesmo objeto
63          firstNode = lastNode = new ListNode<T>(insertItem);
64       else // firstNode referenciam o novo nó
65          firstNode = new ListNode<T>(insertItem, firstNode);
```

continua

continuação

```
   }

   // insere o item no fim de List
   public void insertAtBack(T insertItem)
   {
      if (isEmpty()) // firstNode e lastNode referenciam o mesmo objeto
         firstNode = lastNode = new ListNode<T>(insertItem);
      else // nextNode do lastNode referencia o novo nó
         lastNode = lastNode.nextNode = new ListNode<T>(insertItem);
   }

   // remove o primeiro nó de List
   public T removeFromFront() throws EmptyListException
   {
      if (isEmpty()) // lança exceção se List estiver vazia
         throw new EmptyListException(name);

      T removedItem = firstNode.data; // recupera dados sendo removidos

      // atualiza referências firstNode e lastNode
      if (firstNode == lastNode)
         firstNode = lastNode = null;
      else
         firstNode = firstNode.nextNode;

      return removedItem; // retorna dados de nó removidos
   }

   // remove o último nó de List
   public T removeFromBack() throws EmptyListException
   {
      if (isEmpty()) // lança exceção se List estiver vazia
         throw new EmptyListException(name);

      T removedItem = lastNode.data; // recupera dados sendo removidos

      // atualiza referências firstNode e lastNode
      if (firstNode == lastNode)
         firstNode = lastNode = null;
      else // localiza o novo último nó
      {
         ListNode<T> current = firstNode;

         // faz loop enquanto o nó atual não referencia lastNode
         while (current.nextNode != lastNode)
            current = current.nextNode;

         lastNode = current; // atual é novo lastNode
         current.nextNode = null;
      }

      return removedItem; // retorna dados de nó removidos
   }

   // determina se a lista estiver vazia
   public boolean isEmpty()
   {
      return firstNode == null; // retorna true se a lista estiver vazia
   }

   // gera saída do conteúdo da lista
   public void print()
   {
      if (isEmpty())
      {
         System.out.printf("Empty %s%n", name);
         return;
      }

      System.out.printf("The %s is: ", name);
```

continua

continuação

```
      ListNode<T> current = firstNode;

      // enquanto não estiver no fim de lista, gera saída dos dados do nó atual
      while (current != null)
      {
         System.out.printf("%s ", current.data);
         current = current.nextNode;
      }

      System.out.println();
   }
} // fim da classe List<T>
```

Figura 21.3 | Declarações de classe `ListNode` e `List`.

```
// Figura 21.4: EmptyListException.java
// Declaração da classe EmptyListException.
package com.deitel.datastructures;

public class EmptyListException extends RuntimeException
{
   // construtor
   public EmptyListException()
   {
      this("List"); // chama outro construtor de EmptyListException
   }

   // construtor
   public EmptyListException(String name)
   {
      super(name + " is empty"); // chama construtor de superclasse
   }
} // fim da classe EmptyListException
```

Figura 21.4 | Declaração da classe `EmptyListException`.

```
// Figura 21.5: ListTest.java
// Classe ListTest para demonstrar capacidades de List.
import com.deitel.datastructures.List;
import com.deitel.datastructures.EmptyListException;

public class ListTest
{
   public static void main(String[] args)
   {
      List<Integer> list = new List<>();

      // insere inteiros na lista
      list.insertAtFront(-1);
      list.print();
      list.insertAtFront(0);
      list.print();
      list.insertAtBack(1);
      list.print();
      list.insertAtBack(5);
      list.print();

      // remove objetos da lista; imprime depois de cada remoção
      try
      {
         int removedItem = list.removeFromFront();
```

continua

continuação

```
26            System.out.printf("%n%d removed%n", removedItem);
27            list.print();
28
29            removedItem = list.removeFromFront();
30            System.out.printf("%n%d removed%n", removedItem);
31            list.print();
32
33            removedItem = list.removeFromBack();
34            System.out.printf("%n%d removed%n", removedItem);
35            list.print();
36
37            removedItem = list.removeFromBack();
38            System.out.printf("%n%d removed%n", removedItem);
39            list.print();
40         }
41         catch (EmptyListException emptyListException)
42         {
43            emptyListException.printStackTrace();
44         }
45      }
46   } // fim da classe ListTest
```

```
The list is: -1
The list is: 0 -1
The list is: 0 -1 1
The list is: 0 -1 1 5

0 removed
The list is: -1 1 5

-1 removed
The list is: 1 5

5 removed
The list is: 1

1 removed
Empty list
```

Figura 21.5 | A classe `ListTest` para demonstrar as capacidades de `List`.

21.4.3 Classes genéricas `ListNode` e `List`

A classe genérica `ListNode` (Figura 21.3, linhas 6 a 37) declara campos de acesso de pacote `data` e `nextNode`. O campo `data` é uma referência do tipo `T`, assim seu tipo será determinado quando o código do cliente cria o objeto `List` correspondente. A variável `nextNode` armazena uma referência ao próximo objeto `ListNode` na lista encadeada (ou `null` se o nó for o último na lista).

As linhas 42 e 43 da classe `List` (Figura 21.3, linhas 40 a 47) declaram referências ao primeiro e ao último `ListNode` em uma `List` (`firstNode` e `lastNode`, respectivamente). Os construtores (linhas 47 a 50 e 53 a 57) inicializam ambas as referências como `null`. Os métodos mais importantes da classe `List` são `insertAtFront` (linhas 60 a 66), `insertAtBack` (linhas 69 a 75), `removeFromFront` (linhas 78 a 92) e `removeFromBack` (linhas 95 a 118). O método `isEmpty` (linhas 121 a 124) é um *método predicado* que determina se a lista está vazia (isto é, a referência ao primeiro nó da lista é `null`). Os métodos predicados em geral testam uma condição e não modificam o objeto em que eles são chamados. Se a lista estiver vazia, o método `isEmpty` retorna `true`; caso contrário, retorna `false`. O método `print` (linhas 127 a 146) exibe o conteúdo da lista. Veremos os métodos da classe `List` em mais detalhes depois de discutirmos a classe `ListTest`.

21.4.4 Classe `ListTest`

O método `main` da classe `ListTest` (Figura 21.5) cria um objeto `List<Integer>` (linha 10), insere objetos no início da lista utilizando o método `insertAtFront`, insere objetos no fim da lista utilizando o método `insertAtBack`, exclui objetos na frente da lista utilizando o método `removeFromFront` e exclui objetos do fim da lista utilizando o método `removeFromBack`. Depois de cada operação de inserção e remoção, `ListTest` chama o método `List` `print` para exibir o conteúdo da lista atual. Se uma tentativa de remover um item de uma lista vazia for feita, uma `EmptyListException` (Figura 21.4) é lançada, então as chamadas de método para `removeFromFront` e `removeFromBack` são colocadas em um bloco `try` que é seguido por uma rotina de tratamento de exceção apropriada. Observe nas linhas 13, 15, 17 e 19 (Figura 21.5) que o aplicativo passa valores `int` primitivos literais para os métodos `insertAtFront` e `insertAtBack`. Cada um desses métodos foi declarado com um parâmetro do tipo genérico `T` (Figura 21.3, linhas 60 e 69). Como esse exemplo manipula um `List<Integer>`, o tipo `T` representa a classe empacotadora de tipo `Integer`. Nesse caso, a JVM *converte* (*autobox*) cada valor literal em um objeto `Integer` e esse objeto é realmente inserido na lista.

21.4.5 Método List insertAtFront

Agora discutimos cada método de classe `List` (Figura 21.3) em detalhes e fornecemos diagramas que mostram as manipulações de referência realizadas pelos métodos `insertAtFront`, `insertAtBack`, `removeFromFront` e `removeFromBack`. O método `insertAtFront` (linhas 60 a 66 da Figura 21.3) coloca um novo nó na frente da lista. Os passos são:

1. Chamar `isEmpty` para determinar se a lista está vazia (linha 62).
2. Se a lista estiver vazia, atribua `firstNode` e `lastNode` ao novo `ListNode` que foi inicializado com `insertItem` (linha 63). (Lembre-se de que os operadores de atribuição são avaliados da direita para a esquerda.) O construtor `ListNode` nas linhas 13 a 16 chama o construtor `ListNode` nas linhas 20 a 24 para configurar a variável de instância `data` para referenciar o `insertItem` passado como um argumento e para configurar a referência `nextNode` como `null`, porque esse é o primeiro e último nó na lista.
3. Se a lista não estiver vazia, o novo nó é "vinculado" na lista configurando `firstNode` como um novo objeto `ListNode` e inicializando esse objeto com `insertItem` e `firstNode` (linha 65). Quando o construtor `ListNode` (linhas 20 a 24) executar, ele configura a variável de instância `data` para referenciar o `insertItem` passado como um argumento e realiza a inserção configurando a referência `nextNode` do novo nó como o `ListNode` passado como um argumento, que era anteriormente o primeiro nó.

Na Figura 21.6, a parte (a) mostra uma lista e um novo nó durante a operação `insertAtFront` e antes de o programa vincular o novo nó na lista. As setas tracejadas na parte (b) ilustram o *Passo 3* da operação `insertAtFront`, que permite que o nó que contém 12 se torne o novo primeiro nó na lista.

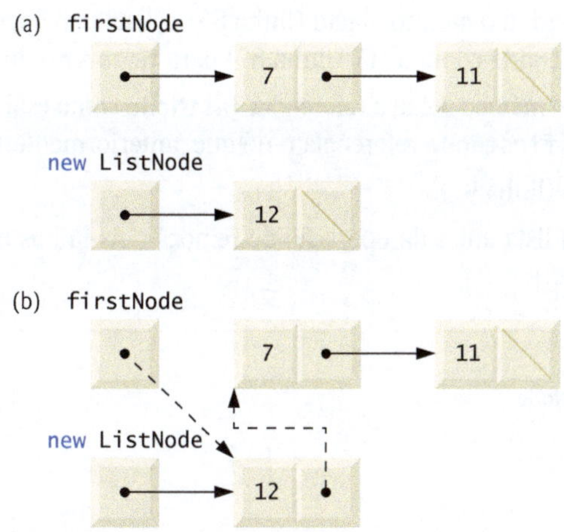

Figura 21.6 | Representação gráfica da operação `insertAtFront`.

21.4.6 Método List insertAtBack

O método `insertAtBack` (linhas 69 a 75 da Figura 21.3) coloca um novo nó na parte de trás da lista. Os passos são:

1. Chamar `isEmpty` para determinar se a lista está vazia (linha 71).
2. Se a lista estiver vazia, atribua `firstNode` e `lastNode` ao novo `ListNode` que foi inicializado com `insertItem` (linha 72). O construtor `ListNode` nas linhas 13 a 16 chama o construtor nas linhas 20 a 24 para configurar a variável de instância `data` a fim de referenciar o `insertItem` passado como um argumento e configurar a referência `nextNode` como `null`.
3. Se a lista não estiver vazia, a linha 74 vincula o novo nó na lista atribuindo a `lastNode` e `lastNode.nextNode` a referência ao novo `ListNode` que foi inicializado com `insertItem`. O construtor do `ListNode` (linhas 13 a 16) configura a variável de instância `data` para referenciar o `insertItem` passado como um argumento e configura a referência `nextNode` como `null`, pois esse é o último nó na lista.

Na Figura 21.7, a parte (a) mostra uma lista e um novo nó durante a operação `insertAtBack` e antes de vincular o novo nó à lista. As setas tracejadas na parte (b) ilustram o *Passo 3* do método `insertAtBack`, que adiciona o novo nó ao fim de uma lista que não estiver vazia.

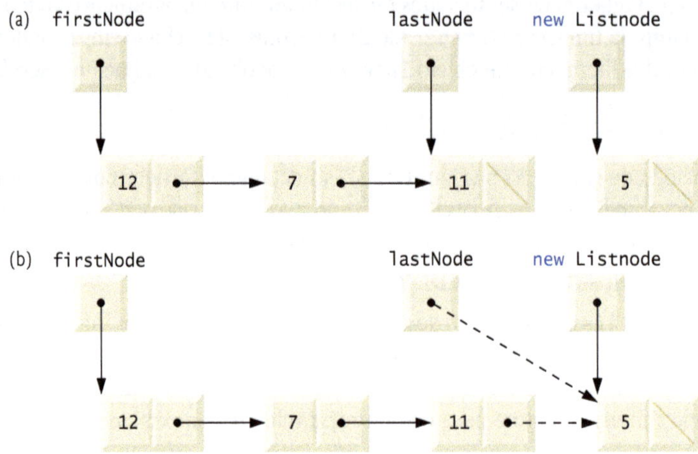

Figura 21.7 | Representação gráfica da operação `insertAtBack`.

21.4.7 Método List `removeFromFront`

O método `removeFromFront` (linhas 78 a 92 da Figura 21.3) remove o primeiro nó da lista e retorna uma referência aos dados removidos. Se a lista estiver vazia quando o programa chamar esse método, o método lançará uma `EmptyListException` (linhas 80 e 81). Caso contrário, o método retorna uma referência aos dados removidos. Os passos são:

1. Atribua `firstNode.data` (os dados que estão sendo removidos) a `removedItem` (linha 83).
2. Se `firstNode` e `lastNode` referenciarem o mesmo objeto (linha 86), a lista tem apenas um elemento nesse momento. Então, o método configura `firstNode` e `lastNode` como `null` (linha 87) para remover o nó da lista (deixando a lista vazia).
3. Se a lista tiver mais de um nó, então o método deixa a referência `lastNode` como está e atribui o valor de `firstNode.nextNode` ao `firstNode` (linha 89). Portanto, `firstNode` referencia o nó que, anteriormente, era o segundo nó na lista.
4. Retornar a referência `removedItem` (linha 91).

Na Figura 21.8, a parte (a) ilustra a lista antes da operação de remoção. As linhas tracejadas e setas na parte (b) mostram as manipulações de referência.

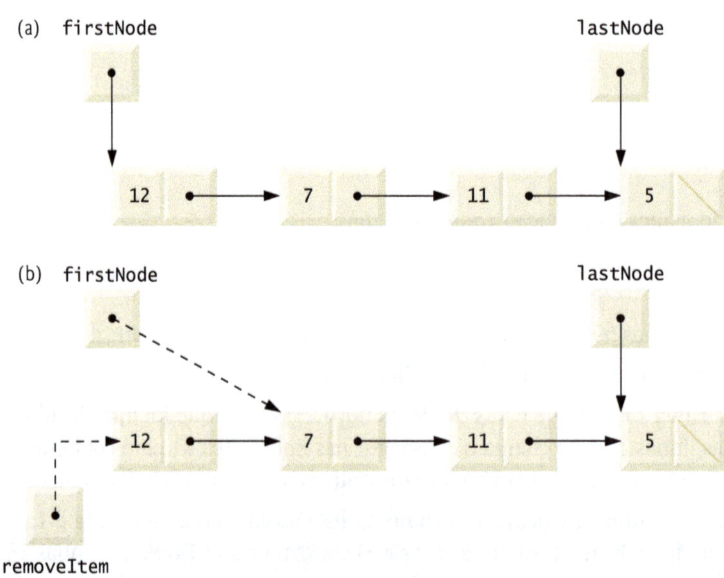

Figura 21.8 | Representação gráfica da operação `removeFromFront`.

21.4.8 Método `List` removeFromBack

O método `removeFromBack` (linhas 95 a 118 da Figura 21.3) remove o último nó de uma lista e retorna uma referência aos dados removidos. O método lança uma `EmptyListException` (linhas 97 e 98) se a lista estiver vazia quando o programa chamar esse método. Os passos são:

1. Atribua `lastNode.data` (os dados que estão sendo removidos) a `removedItem` (linha 100).
2. Se `firstNode` e `lastNode` referenciarem o mesmo objeto (linha 103), a lista terá apenas um elemento nesse momento. Então, a linha 104 configura `firstNode` e `lastNode` como `null` para remover esse nó da lista (deixando a lista vazia).
3. Se a lista tiver mais de um nó, crie a referência `ListNode current` e atribua `firstNode` (linha 107).
4. Agora "percorrer a lista" com `current` até ela referenciar o nó antes do último nó. O loop `while` (linhas 110 e 111) atribui `current.nextNode` a `current`, contanto que `current.nextNode` (o próximo nó na lista) não seja `lastNode`.
5. Depois de localizar o penúltimo nó, atribuir `current` a `lastNode` (linha 113) para atualizar qual nó é o último na lista.
6. Configurar o `current.nextNode` como `null` (linha 114) para remover o último nó da lista e terminar a lista no nó atual.
7. Retornar a referência `removedItem` (linha 117).

Na Figura 21.9, a parte (a) ilustra a lista antes da operação de remoção. As linhas tracejadas e setas na parte (b) mostram as manipulações de referência. [Limitamos as operações de inserção e remoção `List` ao início e ao fim da lista. No Exercício 21.26, você vai aprimorar a classe `List` para permitir inserções e exclusões *em qualquer lugar* na `List`.]

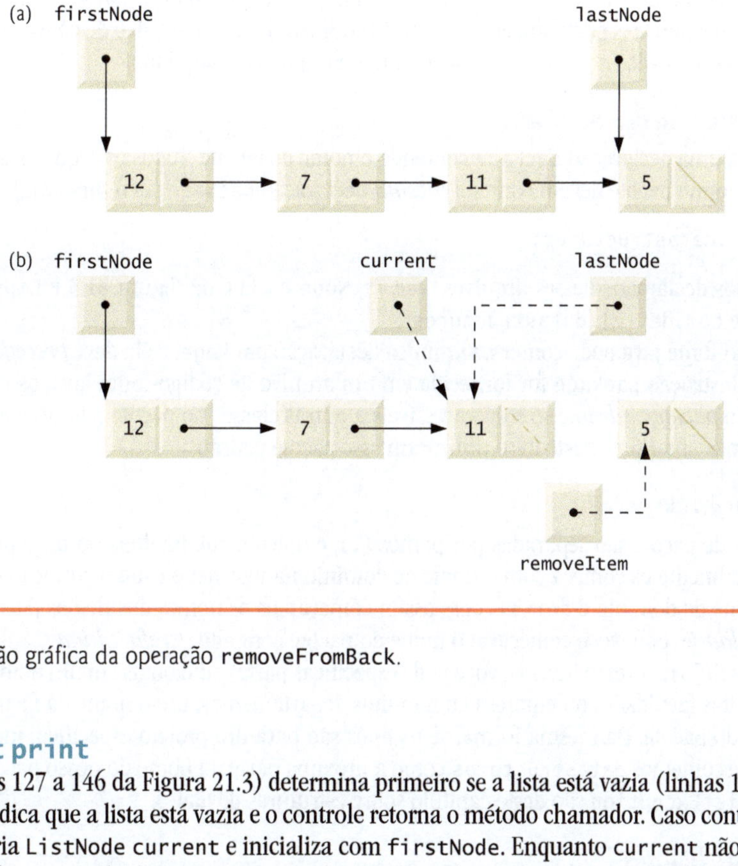

Figura 21.9 | Representação gráfica da operação `removeFromBack`.

21.4.9 Método `List` print

O método `print` (linhas 127 a 146 da Figura 21.3) determina primeiro se a lista está vazia (linhas 129 a 133). Se estiver, `print` exibe uma mensagem que indica que a lista está vazia e o controle retorna o método chamador. Caso contrário, `print` gera saída dos dados da lista. A linha 136 cria `ListNode current` e inicializa com `firstNode`. Enquanto `current` não estiver `null`, há mais itens na lista. Portanto, a linha 141 gera saída de uma representação de string de `current.data`. A linha 142 muda para o próximo nó na lista atribuindo o valor de referência `current.nextNode` a `current`. Esse algoritmo de impressão é idêntico a listas encadeadas, pilhas e filas.

21.4.10 Criando seus próprios pacotes

Como você sabe, os tipos da API Java (classes, interfaces e `enums`) são organizados em *pacotes* que agrupam os tipos relacionados. Pacotes facilitam a reutilização de software permitindo que programas usem `import` para importar as classes existentes, em vez de *copiá-las* para as pastas de cada programa que as usa. Programadores usam pacotes para organizar os componentes do programa, especialmente em grandes programas. Por exemplo, pode haver um pacote que contém os tipos que compõem a interface gráfica com o usuário do seu programa, outro para os tipos que gerenciam os dados do seu aplicativo e outro para os tipos que se comunicam com os servidores em uma rede. Além disso, pacotes ajudam a especificar nomes únicos para cada tipo que você declara, o que (como discutiremos) ajuda a evitar conflitos de nome de classe. Esta seção apresenta como criar e usar seus próprios pacotes. Boa parte do que é discutido aqui é tratada para você por IDEs como NetBeans, Eclipse e IntelliJ IDEA. Focalizaremos como criar e utilizar pacotes com as ferramentas de linha de comando do JDK.

Passos para declarar uma classe reutilizável

Antes que uma classe possa ser importada para múltiplos programas, ela deve ser colocada em um pacote a fim de torná-la reutilizável. Os passos para criar uma classe reutilizável são:

1. Declarar um ou mais tipos `public` (classes, interfaces e `enum`s). Apenas tipos `public` podem ser reutilizados fora do pacote em que eles são declarados.
2. Escolher um nome único de pacote e adicionar uma **declaração `package`** ao arquivo de código-fonte para cada tipo reutilizável que deve fazer parte do pacote.
3. Compilar os tipos de modo que eles sejam colocados no diretório apropriado do pacote.
4. Importar os tipos reutilizáveis para um programa e usá-los.

Agora discutiremos cada um desses passos em mais detalhes.

Passo 1: criando tipos `public` para reutilização

Para o *Passo 1,* você declara os tipos que serão inseridos no pacote, incluindo tanto os tipos reutilizáveis como quaisquer tipos de suporte. Na Figura 21.3, a classe `List` é `public`, assim ela é reutilizável fora do seu pacote. A classe `ListNode`, porém, não é `public`, assim ela *só* pode ser usada pela classe `List` e por quaisquer outros tipos declarados no *mesmo* pacote. Na Figura 21.4, a classe `EmptyListException` é `public`, portanto, ela também é reutilizável. Se um arquivo de código-fonte contém mais de um tipo, todos os tipos no arquivo são colocados no mesmo pacote quando o arquivo é compilado.

Passo 2: adicionando instruções `package`

Para o *passo 2,* forneça uma declaração `package` contendo o nome do pacote. Todos os arquivos de código-fonte contendo tipos que devem fazer parte do mesmo pacote devem conter a *mesma* declaração `package`. As figuras 21.3 e 21.4 contêm:

```
package com.deitel.datastructures;
```

indicando que todos os tipos declarados nesses arquivos — `ListNode` e `List` na Figura 21.3 e `EmptyListException` na Figura 21.4 — são parte do pacote `com.deitel.datastructures`.

Cada arquivo de código-fonte Java pode conter *uma* única declaração `package`, e ela deve *preceder* todas as outras declarações e instruções. Se nenhuma instrução `package` for fornecida em um arquivo de código-fonte Java, os tipos declarados nesse arquivo serão inseridos no chamado *pacote padrão* e só serão acessíveis a outras classes no pacote padrão que estão localizadas no *mesmo diretório*. Todos os programas anteriores neste livro utilizaram esse pacote padrão.

Convenções de nomeação de pacote

As partes de um nome de pacote são separadas por pontos (`.`), e tipicamente há duas ou mais partes. Para garantir nomes de pacotes *únicos,* você normalmente os começa com o nome de domínio na internet da sua instituição ou empresa na ordem inversa — por exemplo, nosso nome de domínio é `deitel.com`, assim começamos os nomes dos nossos pacotes com `com.deitel`. Para o nome de domínio *suafaculdade*`.edu`, você começaria o nome do pacote com `edu.`*suafaculdade*.

Depois do nome de domínio na ordem inversa, você pode especificar partes adicionais em um nome de pacote. Se você é parte de uma universidade com muitas faculdades ou empresa com muitos departamentos, use o nome da faculdade ou departamento como a próxima parte do nome do pacote. Da mesma forma, se os tipos são para um projeto específico, inclua o nome do projeto como parte do nome do pacote. Escolhemos `datastructures` como a próxima parte do nome do nosso pacote para indicar que as classes `ListNode`, `List` e `EmptyListException` são deste capítulo sobre estruturas de dados.

Nomes totalmente qualificados

O nome do `package` é parte do **nome de tipo completamente qualificado**, assim o nome de classe `List` na verdade é `com.deitel.datastructures.List`. Você pode utilizar esse nome completamente qualificado nos seus programas ou pode `importar` a classe e utilizar seu **nome simples** (o nome sozinho — `List`) no programa. Se outro pacote também contiver uma classe `List`, os nomes de classe totalmente qualificados podem ser usados para distinguir as classes no programa e evitar um **conflito de nomes** (também chamado **colisão de nomes**).

Passo 3: compilando tipos empacotados

O *Passo 3* é compilar a classe de modo que ela seja armazenada no pacote apropriado. Quando um arquivo Java contendo uma declaração `package` é compilado, o arquivo de classe resultante é colocado no diretório especificado pela declaração. As classes no pacote `com.deitel.datastructures` são colocadas no diretório

```
com
   deitel
      datastructures
```

Os nomes na declaração `package` especificam o local exato das classes do pacote.

A opção `-d` de linha de comando `javac` faz com que o compilador crie os diretórios com base na declaração `package`. A opção também especifica onde o diretório de nível superior no nome de pacote deve ser colocado no seu sistema, você pode especificar um caminho relativo ou completo para esse local. Por exemplo, o comando

```
javac -d . List.java EmptyListException.java
```

especifica que o primeiro diretório no nosso nome de pacote (`com`) deve ser colocado no diretório atual. O ponto (`.`) depois de `-d` no comando anterior representa o *diretório atual* nos sistemas operacionais Windows, UNIX, Linux e Mac OS X (e em vários outros também). Da mesma forma, o comando

```
javac -d .. List.java EmptyListException.java
```

especifica que o primeiro diretório no nome do nosso pacote (`com`) deve ser colocado no diretório *pai* — fizemos isso para todas as classes reutilizáveis neste capítulo. Depois de compilado com a opção `–d`, o diretório `datastructures` do pacote contém os arquivos `ListNode.class`, `List.class` e `EmptyListException.class`.

Passo 4: importando tipos do seu pacote

Depois que os tipos são compilados em um pacote, eles podem ser importados (*Passo 4*). A classe `ListTest` (Figura 21.5) está no *pacote padrão* porque seu arquivo `.java` não contém uma declaração `package`. Como a classe `ListTest` está em um pacote *diferente* de `List` e `EmptyListException`, você deve usar `import` para importar essas classes de modo que a classe `ListTest` possa usá-las (linhas 3 e 4 da Figura 21.5) ou você deve *qualificar totalmente* os nomes `List` e `EmptyListException` em todos os lugares em que eles são utilizados ao longo da classe `ListTest`. Por exemplo, a linha 10 da Figura 21.5 poderia ter sido escrita como:

```
com.deitel.datastructures.List<Integer> list =
   new com.deitel.datastructures.List<>();
```

Declarações de importação de tipo simples versus *importação de tipo por demanda*

As linhas 3 e 4 da Figura 21.5 são **declarações de importação de tipo simples** — cada uma delas especifica *uma* classe a importar. Quando um arquivo de código-fonte usa *múltiplas* classes de um pacote, você pode importar essas classes com a **declaração de importação de tipo por demanda**

```
import nomedopacote.*;
```

que utiliza um asterisco (`*`) no final para informar o compilador que *todas* as classes `public` do pacote *nomedopacote* podem ser usadas no arquivo contendo a `import`. Apenas as classes que são *usadas* são carregadas em tempo de execução. A `import` anterior permite utilizar o nome simples de qualquer tipo do pacote *nomedopacote*. Ao longo deste livro, fornecemos declarações de importação de tipo simples como uma forma de documentação para mostrar especificamente quais tipos são usados em cada programa.

> **Erro comum de programação 21.1**
>
> *Utilizar a declaração* `import import java.*;` *causa um erro de compilação. Você deve especificar o nome completo do pacote a partir do qual deseja importar as classes.*

> **Dica de prevenção de erro 21.1**
>
> *Utilizar declarações de importação de tipo simples ajuda a evitar conflitos de nome importando apenas os tipos que você realmente usa no seu código.*

Especificando o classpath ao compilar um programa

Ao compilar `ListTest`, o `javac` deve localizar os arquivos `.class` para as classes `List` e `EmptyListException` para garantir que a classe `ListTest` os utilize corretamente. O compilador utiliza um objeto especial chamado **carregador de classe** para localizar as classes que ele precisa. O carregador de classe inicia pesquisando as classes Java padrão que são empacotadas no JDK. Ele então procura **pacotes opcionais**. O Java fornece um **mecanismo de extensão** que permite que novos (opcionais) pacotes sejam adicionados ao Java para propósitos de desenvolvimento e execução. Se a classe não for encontrada nas classes Java padrão ou nas classes de extensão, o carregador da classe procura o **classpath** — uma lista de diretórios ou **repositórios de arquivos** contendo os tipos reutilizáveis. Cada diretório ou repositório de arquivo é separado do próximo por um **separador de diretório** — um ponto e vírgula (`;`) no Windows ou dois-pontos (`:`) em arquivos UNIX/Linux/Mac OS X. Repositórios de arquivos são arquivos individuais que contêm diretórios de outros arquivos, tipicamente em um formato compactado. Por exemplo, as classes padrão utilizadas pelos seus programas estão contidas no repositório de arquivos `rt.jar`, instalado com o JDK. Os repositórios de arquivos normalmente terminam com as extensões de nome de arquivo `.jar` ou `.zip`.

Por padrão, o classpath consiste apenas no diretório atual. Entretanto, o classpath pode ser modificado

1. fornecendo a opção `-classpath` *listaDeDiretórios* para o compilador `javac` ou
2. configurando a **variável de ambiente** `CLASSPATH` (uma variável especial que você define e o sistema operacional mantém de modo que os programas possam procurar classes nos locais especificados).

Se você compilar `ListTest.java` sem especificar a opção `–classpath` como em

```
javac ListTest.java
```

o carregador de classe supõe que o(s) pacote(s) adicional(is) utilizado(s) pelo programa `ListTest` está(ão) no *diretório atual*. Como mencionado, colocamos nosso pacote no diretório *pai* para que ele pudesse ser utilizado por outros programas neste capítulo. Para compilar `ListTest.java`, use o comando

```
javac -classpath .;.. ListTest.java
```

no Windows ou o comando

```
javac -classpath .:.. ListTest.java
```

no UNIX/Linux/Mac OS X. O `.` no classpath permite que o carregador de classe localize `ListTest` no diretório atual. O `..` permite que o carregador de classe localize o conteúdo do pacote `com.deitel.datastructures` no diretório pai.

Erro comum de programação 21.2

Especificar um classpath explícito elimina o diretório atual do classpath. Isso impede que classes no diretório atual (incluindo pacotes no diretório atual) sejam carregadas adequadamente. Se classes precisarem ser carregadas do diretório atual, inclua um ponto (.) ao classpath para especificar o diretório atual.

Observação de engenharia de software 21.2

Em geral, é mais adequado utilizar a opção `-classpath` *do compilador, em vez da variável de ambiente* `CLASSPATH`*, para especificar o classpath de um programa. Isso permite que cada programa tenha seu próprio classpath.*

Dica de prevenção de erro 21.2

Especificar o classpath com a variável de ambiente `CLASSPATH` *pode resultar em erros sutis e difíceis de localizar em programas que utilizam diferentes versões do mesmo pacote.*

Especificando o classpath ao executar um programa

Ao executar um programa, a JVM deve ser capaz de localizar os arquivos `.class` para as classes do programa. Como ocorre com o compilador, o comando `java` utiliza um *carregador de classe* que primeiro pesquisa as classes padrão e classes de extensão para então pesquisar o classpath (o diretório atual por padrão). O classpath pode ser especificado explicitamente utilizando-se as mesmas técnicas discutidas para o compilador. Como ocorre com o compilador, é melhor especificar um classpath individual do programa por meio das opções de linha de comando da JVM. Você pode especificar o classpath no comando `java` por meio das opções de linha de comando `-classpath` ou `-cp`, seguido por uma lista dos diretórios ou repositórios de arquivos. Novamente, se você precisar carregar classes a partir do diretório atual, certifique-se de incluir um ponto (`.`) ao classpath para especificar o diretório atual. Para executar o programa `ListTest`, use o seguinte comando:

```
java -classpath .:.. ListTest
```

Você precisará usar os comandos `javac` e `java` semelhantes para cada um dos exemplos restantes deste capítulo. Para informações adicionais sobre o classpath, visite `docs.oracle.com/javase/7/docs/technotes/tools/index.html#general`.

21.5 Pilhas

Uma pilha é uma versão limitada de uma lista — *novos nós podem ser inseridos e removidos de uma pilha apenas na parte superior*. Por essa razão, uma pilha é referida como uma estrutura de dados **último a entrar, primeiro a sair (last-in, first-out — LIFO)**. O elemento link no nó inferior é definido como null para indicar a parte inferior da pilha. Não é necessário implementar uma pilha como uma lista encadeada — a pilha também pode ser implementada utilizando um array.

Os métodos primários para manipular uma pilha são **push** e **pop**, que adicionam um novo nó ao topo da pilha e removem um nó do topo da pilha, respectivamente. O método pop também retorna os dados do nó removido.

As pilhas têm muitas aplicações interessantes. Por exemplo, quando um programa chama um método, o método chamado deve saber retornar ao seu chamador, assim o endereço de retorno do método chamador é inserido na pilha de execução do programa (discutido na Seção 6.6). Se uma série de chamadas de método ocorre, os sucessivos endereços de retorno são empilhados na ordem último a entrar, primeiro a sair, de modo que cada método possa retornar para seu chamador. As pilhas suportam as chamadas de método recursivo da *mesma* maneira que as chamadas de método não recursivo convencionais.

A pilha de execução de programa também contém a memória criada para variáveis locais a cada invocação de um método durante a execução de um programa. Quando o método retorna para seu chamador, a memória para variáveis locais desse método é removida da pilha e essas variáveis não são mais conhecidas para o programa. Se a variável local é uma referência e o objeto que ela referencia não tem outras variáveis que o referenciam, o objeto pode passar por coleta de lixo.

Os compiladores utilizam pilhas para avaliar expressões aritméticas e gerar o código de linguagem de máquina para processá-las. Os exercícios neste capítulo exploram várias aplicações de pilhas, incluindo seu uso para desenvolver um compilador completo. Além disso, o pacote java.util contém a classe Stack (ver Capítulo 16) para implementar e manipular pilhas que podem crescer e encolher durante a execução do programa.

Nesta seção, tiramos vantagem do relacionamento íntimo entre listas e pilhas para implementar uma classe de pilha reutilizando a classe List<T> da Figura 21.3. Demonstramos duas formas diferentes de reutilização. Primeiro, implementaremos a classe de pilha estendendo a classe List. Então, implementaremos uma classe de pilha que tem o mesmo desempenho por meio de *composição*, incluindo uma referência a um objeto List como uma variável de instância private. As estruturas de dados de lista, pilha e fila neste capítulo são implementadas para armazenar referências a objetos de qualquer tipo a fim de encorajar mais capacidade de reutilização.

Classe de pilha que herda de List<T>

As figuras 21.10 e 21.11 criam e manipulam uma classe de pilha que estende a classe List<T> da Figura 21.3. Queremos que a pilha tenha os métodos push, pop, isEmpty e print. Essencialmente, esses são os métodos List<T> insertAtFront, removeFromFront, isEmpty e print. Naturalmente, a classe List<T> contém outros métodos (como insertAtBack e removeFromBack) que não tornaríamos acessível pela interface public à classe de pilha. É importante lembrar que todos os métodos na interface de classe public da List<T> também são métodos public da subclasse StackInheritance<T> (Figura 21.10). Cada método de StackInheritance<T> chama o método List<T> apropriado, por exemplo, o método push chama insertAtFront e o método pop chama removeFromFront. Clientes de StackInheritance<T> podem chamar os métodos isEmpty e print porque são herdados de List<T>. A classe StackInheritance<T> é declarada no pacote com.deitel.datastructures (linha 3) para reutilização. StackInheritance<T> não importa List<T> — as classes estão no mesmo pacote.

O método main da classe StackInheritanceTest (Figura 21.11) cria um objeto da classe StackInheritance<T> chamado stack (linha 10). O programa adiciona inteiros na pilha (linhas 13, 15, 17 e 19). *O autoboxing* é usado aqui para inserir objetos Integer na estrutura de dados. As linhas 27 a 32 removem os objetos da pilha em um loop while infinito. Se o método pop for invocado em uma pilha vazia, o método lança uma EmptyListException. Nesse caso, o programa exibe o rastreamento de pilha da exceção, que mostra os métodos na pilha de execução do programa no momento em que a exceção ocorreu. O programa utiliza o método print (herdado de List) para gerar a saída do conteúdo da pilha.

```
1   // Figura 21.10: StackInheritance.java
2   // StackInheritance estende a classe List.
3   package com.deitel.datastructures;
4
5   public class StackInheritance<T> extends List<T>
6   {
7      // construtor
8      public StackInheritance()
9      {
10        super("stack");
11     }
12
13     // adiciona objeto à pilha
14     public void push(T object)
15     {
```

continua

continuação

```
            insertAtFront(object);
        }

        // remove objeto da pilha
        public T pop() throws EmptyListException
        {
            return removeFromFront();
        }
    } // fim da classe StackInheritance
```

Figura 21.10 | `StackInheritance` estende a classe `List`.

```
    // Figura 21.11: StackInheritanceTest.java
    // Programa de manipulação de pilha.
    import com.deitel.datastructures.StackInheritance;
    import com.deitel.datastructures.EmptyListException;

    public class StackInheritanceTest
    {
        public static void main(String[] args)
        {
            StackInheritance<Integer> stack = new StackInheritance<>();

            // utiliza o método push
            stack.push(-1);
            stack.print();
            stack.push(0);
            stack.print();
            stack.push(1);
            stack.print();
            stack.push(5);
            stack.print();

            // remove itens de pilha
            try
            {
                int removedItem;

                while (true)
                {
                    removedItem = stack.pop(); // utiliza o método pop
                    System.out.printf("%n%d popped%n", removedItem);
                    stack.print();
                }
            }
            catch (EmptyListException emptyListException)
            {
                emptyListException.printStackTrace();
            }
        }
    } // fim da classe StackInheritanceTest
```

```
The stack is: -1
The stack is: 0 -1

The stack is: 1  0 -1
The stack is: 5  1  0 -1

5 popped
The stack is: 1 0 -1

1 popped
The stack is: 0 -1
```

continua

continuação

```
0 popped
The stack is: -1

-1 popped
Empty stack
com.deitel.datastructures.EmptyListException: stack is empty
      at com.deitel.datastructures.List.removeFromFront(List.java:81)
      at com.deitel.datastructures.StackInheritance.pop(
         StackInheritance.java:22)
      at StackInheritanceTest.main(StackInheritanceTest.java:29)
```

Figura 21.11 | Programa de manipulação de pilha.

Formando uma classe de pilha por meio de composição em vez de herança

Uma melhor maneira de implementar uma classe de pilha é reutilizando uma classe de lista por *composição*. A Figura 21.12 utiliza uma private List<T> (linha 7) na declaração de classe da StackComposition<T>. A composição permite que ocultemos os métodos List<T> que não devem estar na interface public da nossa pilha. Fornecemos os métodos da interface public que utilizam somente os métodos List<T> necessários. A implementação de cada método de pilha como uma chamada para um método List<T> chama-se **delegação** — o método de pilha invocado delega a chamada para o método List<T> apropriado. Em particular, StackComposition<T> delega chamadas para métodos List<T> insertAtFront, removeFromFront, isEmpty e print. Nesse exemplo, não mostramos a classe StackCompositionTest, porque a única diferença é que alteramos o tipo da pilha de StackInheritance para StackComposition (linhas 3 e 10 da Figura 21.11).

```
1   // Figura 21.12: StackComposition.java
2   // StackComposition usa um objeto List composto.
3   package com.deitel.datastructures;
4
5   public class StackComposition<T>
6   {
7      private List<T> stackList;
8
9      // construtor
10     public StackComposition()
11     {
12        stackList = new List<T>("stack");
13     }
14
15     // adiciona objeto à pilha
16     public void push(T object)
17     {
18        stackList.insertAtFront(object);
19     }
20
21     // remove objeto da pilha
22     public T pop() throws EmptyListException
23     {
24        return stackList.removeFromFront();
25     }
26
27     // determina se a pilha está vazia
28     public boolean isEmpty()
29     {
30        return stackList.isEmpty();
31     }
32
33     // gera saída do conteúdo de pilha
34     public void print()
35     {
36        stackList.print();
37     }
38  } // fim da classe StackComposition
```

Figura 21.12 | StackComposition utiliza um objeto List composto.

21.6 Filas

Outra estrutura de dados comumente utilizada é a fila. Uma fila é semelhante a uma fila de caixa de um supermercado — o caixa atende a pessoa no *início* da fila *primeiro*. Outros clientes entram no final da fila e esperam ser atendidos. *Os nós de fila são removidos apenas a partir da cabeça (ou no início) da fila e são inseridos apenas na cauda (ou no final).* Por essa razão, uma fila é uma estrutura de dados **primeiro a entrar, primeiro a sair** (**first-in, first-out — FIFO**). As operações de inserção e remoção são conhecidas como **enqueue** e **dequeue**.

As filas têm muitas utilizações em sistemas de computador. Cada CPU em um computador pode atender um único aplicativo por vez. Todo aplicativo que requer tempo de processador é colocado em uma fila. O aplicativo na frente da fila é o próximo a receber o serviço. Cada aplicativo avança gradualmente para a frente à medida que os aplicativos antes dele recebem o serviço.

As filas também são utilizadas para suportar **spooling de impressão**. Por exemplo, uma única impressora talvez seja compartilhada por todos os usuários de uma rede. Muitos usuários podem enviar trabalhos de impressão à impressora, mesmo quando a impressora já estiver ocupada. Esses trabalhos de impressão são colocados em uma fila até a impressora ficar disponível. Um programa chamado **spooler** gerencia a fila para assegurar que, à medida que cada trabalho de impressão é concluído, o próximo seja enviado à impressora.

Os pacotes de informações também *esperam* em filas em redes de computadores. Toda vez que um pacote chegar a um nó de rede, ele deve ser roteado para o próximo nó ao longo do caminho para o destino final do pacote. O nó de roteamento roteia um pacote por vez, então pacotes adicionais são enfileirados até o roteador conseguir roteá-los.

Um servidor de arquivos em uma rede de computadores trata as solicitações de acesso a arquivo de muitos clientes por toda a rede. Os servidores têm uma capacidade limitada para servir solicitações de clientes. Quando essa capacidade é excedida, as solicitações dos clientes *esperam* em filas.

A Figura 21.13 cria uma classe `Queue<T>` que contém um objeto `List<T>` (Figura 21.3) e fornece os métodos `enqueue`, `dequeue`, `isEmpty` e `print`. A classe `List<T>` contém alguns métodos (por exemplo, `insertAtFront` e `removeFromBack`) e é preferível que ela não seja acessível por meio da interface `public` da `Queue<T>`. Usar composição permite ocultar outros métodos `public` da classe `List<T>` de clientes da classe `Queue<T>`. Cada método `Queue<T>` chama um método `List<T>` adequado — `enqueue` chama `List<T> insertAtBack`, `dequeue` chama `List<T> removeFromFront`, `isEmpty` chama `List<T> isEmpty` e `print` chama `List<T> print`. Para reutilização, a classe `Queue<T>` é declarada no pacote `com.deitel.datastructures`.

```
// Figura 21.13: Queue.java
// Queue usa a classe List.
package com.deitel.datastructures;

public class Queue
{
   private List<T> queueList;

   // construtor
   public Queue()
   {
      queueList = new List<T>("queue");
   }

   // adiciona o objeto à fila
   public void enqueue(T object)
   {
      queueList.insertAtBack(object);
}

   // remove o objeto da fila
   public T dequeue() throws EmptyListException
   {
      return queueList.removeFromFront();
   }

   // determina se a fila está vazia
   public boolean isEmpty()
   {
      return queueList.isEmpty();
   }

   // gera o conteúdo da fila
   public void print()
   {
      queueList.print();
   }
} // fim da classe Queue
```

Figura 21.13 | `Queue` utiliza a classe `List`.

O método `main` da classe `QueueTest` (Figura 21.14) cria e inicializa a variável `Queue<T>` (linha 10). As linhas 13, 15, 17 e 19 enfileiram quatro inteiros, tirando proveito de *autoboxing* para inserir objetos `Integer` na fila. As linhas 27 a 32 utilizam um loop infinito para desenfileirar os objetos na ordem primeiro a entrar, primeiro a sair. Quando a fila está vazia, o método `dequeue` lança uma `EmptyListException` e o programa exibe o rastreamento de pilha da exceção.

```java
1  // Figura 21.14: QueueTest.java
2  // Classe QueueTest.
3  import com.deitel.datastructures.Queue;
4  import com.deitel.datastructures.EmptyListException;
5
6  public class QueueTest
7  {
8     public static void main(String[] args)
9     {
10       Queue<Integer> queue = new Queue<>();
11
12       // utiliza o método enqueue
13       queue.enqueue(-1);
14       queue.print();
15       queue.enqueue(0);
16       queue.print();
17       queue.enqueue(1);
18       queue.print();
19       queue.enqueue(5);
20       queue.print();
21
22       // remove os objetos da fila
23       try
24       {
25          int removedItem;
26
27          while (true)
28          {
29             removedItem = queue.dequeue(); // utiliza método dequeue
30             System.out.printf("%n%d dequeued%n", removedItem);
31             queue.print();
32          }
33       }
34       catch (EmptyListException emptyListException)
35       {
36          emptyListException.printStackTrace();
37       }
38    }
39 } // fim da classe QueueTest
```

```
The queue is: -1
The queue is: -1 0
The queue is: -1 0 1
The queue is: -1 0 1 5

-1 dequeued
The queue is: 0 1 5

0 dequeued
The queue is: 1 5

1 dequeued
The queue is: 5

5 dequeued
Empty queue
com.deitel.datastructures.EmptyListException: queue is empty
       at com.deitel.datastructures.List.removeFromFront(List.java:81)
       at com.deitel.datastructures.Queue.dequeue(Queue.java:24)
       at QueueTest.main(QueueTest.java:29)
```

Figura 21.14 | Programa de processamento de fila.

21.7 Árvores

Listas, pilhas e filas são **estruturas de dados lineares** (isto é, **sequências**). Uma árvore é uma estrutura de dados bidimensional, não linear, com propriedades especiais. Os nós da árvore contêm dois ou mais links. Esta seção discute as árvores binárias (Figura 21.15) — árvores cujos nós contêm, cada um, dois links (nenhum, um ou ambos os quais podem ser `null`). O **nó raiz** é o primeiro nó em uma árvore. Cada link no nó raiz referencia um **filho**. O **filho esquerdo** é o primeiro nó na **subárvore esquerda** (também conhecido como o nó raiz da subárvore esquerda) e o **filho direito** é o primeiro nó na **subárvore direita** (também conhecido como o nó raiz da subárvore direita). Os filhos de um nó específico são chamados **irmãos**. Um nó sem filhos é chamado **nó de folha**. Os cientistas da computação normalmente desenham árvores indo do nó raiz para baixo — o oposto da maneira como a maioria das árvores cresce na natureza.

Em nosso exemplo, criamos uma árvore binária especial chamada **árvore de pesquisa binária**. Uma árvore de pesquisa binária (sem valores de nó duplicados) tem a característica de que os valores em qualquer subárvore esquerda são menores que o valor no nó pai dessa subárvore e os valores em qualquer subárvore direita são maiores que o valor no nó pai dessa subárvore. A Figura 21.16 ilustra uma árvore de pesquisa binária com 12 valores de inteiro. A forma da árvore de pesquisa binária que corresponde a um conjunto de dados pode variar, dependendo da ordem em que os valores são inseridos na árvore.

As figuras 21.17 e 21.18 criam uma classe genérica de árvore de pesquisa binária e a utilizam para manipular uma árvore de inteiros. O aplicativo na Figura 21.18 *percorre* a árvore (isto é, atravessa todos os nós) de três maneiras — usando percursos recursivos **na ordem**, **na pré-ordem** e **na pós-ordem** (árvores quase sempre são processadas de forma recursiva). O programa gera 10 números aleatórios e insere cada um na árvore. A classe `Tree<T>` é declarada no pacote `com.deitel.datastructures` para reutilização.

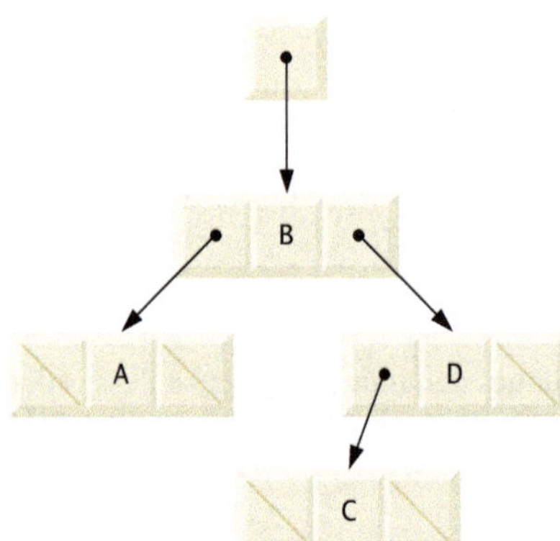

Figura 21.15 | Representação gráfica da árvore binária.

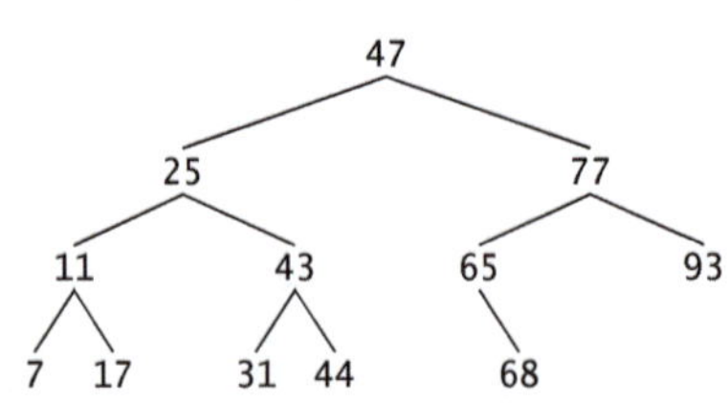

Figura 21.16 | Árvore de pesquisa binária contendo 12 valores.

```java
// Figura 21.17: Tree.java
// Declarações de classe TreeNode e Tree por uma árvore de pesquisa binária.
package com.deitel.datastructures;

// definição da classe TreeNode
class TreeNode<T extends Comparable<T>>
{
   // membros de acesso de pacote
   TreeNode<T> leftNode;
```

continua

continuação

```java
      T data; // valor do nó
      TreeNode<T> rightNode;

      // construtor inicializa os dados e os torna um nó de folha
      public TreeNode(T nodeData)
      {
         data = nodeData;
         leftNode = rightNode = null; // o nó não tem nenhum filho
      }

      // localiza ponto de inserção e insere novo nó; ignora os valores duplicados
      public void insert(T insertValue)
      {
         // insere na subárvore esquerda
         if (insertValue.compareTo(data) < 0)
         {
            // insere novo TreeNode
            if (leftNode == null)
               leftNode = new TreeNode<T>(insertValue);
            else // continua percorrendo a subárvore esquerda recursivamente
               leftNode.insert(insertValue);
         }
         // insere na subárvore direita
         else if (insertValue.compareTo(data) > 0)
         {
            // insere novo TreeNode
            if (rightNode == null)
               rightNode = new TreeNode<T>(insertValue);
            else // continua percorrendo a subárvore direita recursivamente
               rightNode.insert(insertValue);
         }
      }
   } // fim da classe TreeNode

   // definição da classe Tree
   public class Tree<T extends Comparable<T>>
   {
      private TreeNode<T> root;

      // construtor inicializa uma Tree de inteiros vazia
      public Tree()
      {
         root = null;
      }

      // insere um novo nó na árvore de pesquisa binária
      public void insertNode(T insertValue)
     {
         if (root == null)
            root = new TreeNode<T>(insertValue); // cria o nó raiz
         else
            root.insert(insertValue); // chama o método insert
      }

      // inicia o percurso na pré-ordem
      public void preorderTraversal()
      {
         preorderHelper(root);
      }

      // método recursivo para realizar percurso na pré-ordem
      private void preorderHelper(TreeNode<T> node)
      {
         if (node == null)
            return;

         System.out.printf("%s ", node.data); // gera saída de dados do nó
         preorderHelper(node.leftNode); // percorre subárvore esquerda
         preorderHelper(node.rightNode); // percorre subárvore direita
      }
```

continua

continuação

```
    // inicia percurso na ordem
    public void inorderTraversal()
    {
       inorderHelper(root);
    }

    // método recursivo para realizar percurso na ordem
    private void inorderHelper(TreeNode<T> node)
    {
       if (node == null)
          return;

       inorderHelper(node.leftNode); // percorre subárvore esquerda
       System.out.printf("%s ", node.data); // gera saída de dados do nó
       inorderHelper(node.rightNode); // percorre subárvore direita
    }

    // inicia percurso na pós-ordem
    public void postorderTraversal()
    {
       postorderHelper(root);
    }

    // método recursivo para realizar percurso na pós-ordem
    private void postorderHelper(TreeNode<T> node)
    {
       if (node == null)
          return;

       postorderHelper(node.leftNode); // percorre subárvore esquerda
       postorderHelper(node.rightNode); // percorre subárvore direita
       System.out.printf("%s ", node.data); // gera saída de dados do nó
    }
} // fim da classe Tree
```

Figura 21.17 | Declarações de classe `TreeNode` e `Tree` para uma árvore de pesquisa binária.

```
// Figura 21.18: TreeTest.java
// Programa de teste da árvore binária.
import java.security.SecureRandom;
import com.deitel.datastructures.Tree;

public class TreeTest
{
   public static void main(String[] args)
   {
      Tree<Integer> tree = new Tree<Integer>();
      SecureRandom randomNumber = new SecureRandom();

      System.out.println("Inserting the following values: ");

      // insere 10 inteiros aleatórios de 0 a 99 na árvore
      for (int i = 1; i <= 10; i++)
      {
         int value = randomNumber.nextInt(100);
         System.out.printf("%d ", value);
         tree.insertNode(value);
      }

      System.out.printf("%n%nPreorder traversal%n");
      tree.preorderTraversal();

      System.out.printf("%n%nInorder traversal%n");
      tree.inorderTraversal();
```

continua

continuação

```
28
29            System.out.printf("%n%nPostorder traversal%n");
30            tree.postorderTraversal();
31            System.out.println();
32        }
33    } // fim da classe TreeTest
```

```
Inserting the following values:
49 64 14 34 85 64 46 14 37 55

Preorder traversal
49 14 34 46 37 64 55 85

Inorder traversal
14 34 37 46 49 55 64 85

Postorder traversal
37 46 34 14 55 85 64 49
```

Figura 21.18 | Programa de teste da árvore binária.

Vamos percorrer o programa de árvore binária. O método `main` da classe `TreeTest` (Figura 21.18) começa instanciando um objeto `Tree<T>` vazio e atribuindo sua referência à variável `tree` (linha 10). As linhas 16 a 21 geram 10 inteiros aleatoriamente, cada um dos quais é inserido na árvore chamando o método `insertNode` (linha 20). O programa então realiza percursos na pré-ordem, na ordem e pós-ordem (esses serão explicados em breve) de `tree` (linhas 24, 27 e 30, respectivamente).

Visão geral da classe `Tree`

A classe `Tree` (Figura 21.17, linhas 45 a 114) requer que seu argumento de tipo implemente a interface `Comparable` de modo que cada valor inserido na árvore possa ser *comparado* com os valores existentes para encontrar o ponto de inserção. A classe tem o campo `root` `private` (linha 47) — uma referência `TreeNode` ao nó raiz da árvore. O construtor de `Tree` (linhas 50 a 53) inicializa `root` como `null` para indicar que a árvore está *vazia*. A classe contém o método `insertNode` (linhas 56 a 62) para inserir um novo nó na árvore e os métodos `preorderTraversal` (linhas 65 a 68), `inorderTraversal` (linhas 82 a 85) e `postorderTraversal` (linhas 99 a 102) para iniciar os percursos da árvore. Cada um desses métodos chama um método utilitário recursivo para realizar as operações de percurso na representação interna da árvore.

Método `Tree insertNode`

O método `insertNode` da classe `Tree` (linhas 56 a 62) primeiro determina se a árvore está vazia. Se estiver, a linha 59 aloca um novo `TreeNode`, inicializa o nó com o valor que está sendo inserido na árvore e atribui o novo nó à referência `root`. Se a árvore não estiver vazia, a linha 61 chama o método `TreeNode insert` (linhas 21 a 41). Esse método utiliza a recursão para determinar a localização do novo nó na árvore e insere o nó nessa localização. Um nó pode ser inserido apenas como um nó de folha em uma árvore de pesquisa binária.

Método `TreeNode insert`

O método `TreeNode insert` compara o valor a ser inserido com o valor `data` no nó raiz. Se o valor de inserção for menor que os dados do nó raiz (linha 24), o programa determina se a subárvore esquerda está vazia (linha 27). Se estiver, a linha 28 aloca um novo `TreeNode`, inicializa este com o valor que está sendo inserido e atribui o novo nó à referência `leftNode`. Caso contrário, a linha 30 chama recursivamente `insert` para a subárvore esquerda para inserir o valor na subárvore esquerda. Se o valor de inserção for maior que os dados do nó raiz (linha 33), o programa determina se a subárvore direita está vazia (linha 36). Se estiver, a linha 37 aloca um novo `TreeNode`, inicializa este com o valor que está sendo inserido e atribui o novo nó à referência `rightNode`. Caso contrário, a linha 39 chama recursivamente `insert` para a subárvore direita a fim de inserir o valor na subárvore direita. Se o `insertValue` já estiver na árvore, ele é simplesmente ignorado.

Métodos `Tree inorderTraversal`*,* `preorderTraversal` *e* `postorderTraversal`

Os métodos `inorderTraversal`, `preorderTraversal` e `postorderTraversal` chamam os métodos auxiliares `Tree` `inorderHelper` (linhas 88 a 96), `preorderHelper` (linhas 71 a 79) e `postorderHelper` (linhas 105 a 113), respectivamente, para percorrer a árvore e imprimir os valores de nó. Os métodos auxiliares da classe `Tree` permitem iniciar um percurso sem passar o nó `root` para o método. A referência `root` é um *detalhe de implementação* que o programador não deve ser capaz de acessar. Os métodos `inorderTraversal`, `preorderTraversal` e `postorderTraversal` simplesmente aceitam a referência `root` privada e passam-na para o método auxiliar apropriado para iniciar um percurso da árvore. O caso básico para cada método auxiliar determina se a referência que ele recebe é `null` e, se for, retorna imediatamente.

O método `inorderHelper` (linhas 88 a 96) define os passos para um percurso na ordem:

1. Percorra a subárvore esquerda com uma chamada a `inorderHelper` (linha 93).
2. Processe o valor no nó (linha 94).
3. Percorra a subárvore direita com uma chamada a `inorderHelper` (linha 95).

O percurso na ordem não processa o valor em um nó até que os valores na subárvore esquerda desse nó sejam processados. O percurso na ordem da árvore na Figura 21.19 é

```
6 13 17 27 33 42 48
```

O percurso na ordem de uma árvore de pesquisa binária imprime os valores de nó na *ordem crescente*. O processo de criar uma árvore de pesquisa binária realmente classifica os dados; portanto, ele é chamado de **classificação de árvore binária**.

O método `preorderHelper` (linhas 71 a 79) define os passos para um percurso na pré-ordem:

1. Processe o valor no nó (linha 76).
2. Percorra a subárvore esquerda com uma chamada a `preorderHelper` (linha 77).
3. Percorra a subárvore direita com uma chamada a `preorderHelper` (linha 78).

O percurso na pré-ordem processa o valor em cada nó quando o nó é visitado. Depois de processar o valor em um nó em particular, processa os valores na subárvore esquerda e, então, processa os valores na subárvore direita. O percurso na pré-ordem da árvore na Figura 21.19 é

```
27 13 6 17 42 33 48
```

O método `postorderHelper` (linhas 105 a 113) define os passos para um percurso na pós-ordem:

1. Percorra a subárvore esquerda com uma chamada a `postorderHelper` (linha 110).
2. Percorra a subárvore direita com uma chamada a `postorderHelper` (linha 111).
3. Processe o valor no nó (linha 112).

O percurso na pós-ordem processa o valor em cada nó depois que os filhos de todo esse nó forem processados. A `postorderTraversal` da árvore na Figura 21.19 é

```
6 17 13 33 48 42 27
```

A árvore de pesquisa binária facilita a **eliminação de duplicatas**. Na construção de uma árvore, a operação de inserção reconhece as tentativas de inserir um valor duplicado, porque uma duplicata segue as mesmas decisões "vá para esquerda" ou "vá para direita", em cada comparação, que o valor original seguiu. Portanto, a operação de inserção por fim compara a duplicata com um nó que contém o mesmo valor. Nesse ponto, a operação de inserção pode decidir *descartar* o valor duplicado (como fizemos nesse exemplo).

Pesquisar um valor que corresponda a um valor-chave em uma árvore binária é rápido, especialmente em **árvores fortemente empacotadas** (ou **equilibradas**). Em uma árvore compactada, cada nível contém aproximadamente duas vezes o número de elementos que o nível anterior. A Figura 21.19 é uma árvore binária compactada. Uma árvore de pesquisa binária empacotada fortemente com elementos n tem $\log_2 n$ níveis. Portanto, no máximo $\log_2 n$ comparações são necessárias para localizar uma correspondência ou determinar que não há nenhuma correspondência. Pesquisar em uma árvore de pesquisa binária (fortemente empacotada) de 1.000 elementos requer no máximo 10 comparações, pois $2^{10} > 1.000$. Pesquisar em uma árvore de pesquisa binária (fortemente empacotada) de 1.000.000 elementos requer no máximo 20 comparações, pois $2^{20} > 1.000.000$.

Os exercícios do capítulo apresentam algoritmos para várias outras operações de árvore binária, como excluir um item de uma árvore binária, imprimir uma árvore binária em um formato de árvore bidimensional e realizar um **percurso na ordem de nível de uma árvore binária**. O percurso na ordem de nível visita os nós da árvore linha por linha, iniciando no nível do nó raiz. Em cada nível da árvore, um percurso na ordem de nível visita os nós da esquerda para a direita. Outros exercícios de árvore binária incluem permitir uma árvore de pesquisa binária conter valores duplicados, inserir valores de string em uma árvore binária e determinar quantos níveis estão contidos em uma árvore binária.

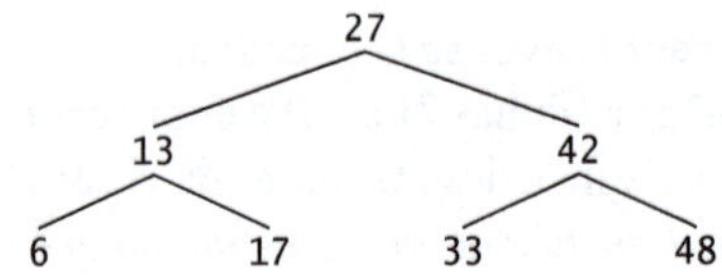

Figura 21.19 | A árvore de pesquisa binária com sete valores.

21.8 Conclusão

Este capítulo completa nossa apresentação das estruturas de dados. Começamos no Capítulo 16 com uma introdução às coleções predefinidas do Java Collections Framework e continuamos no Capítulo 20 mostrando como implementar métodos e coleções genéricos. Neste capítulo, você aprendeu a construir estruturas de dados dinâmicas genéricas que crescem e encolhem em tempo de execução. Você aprendeu que as listas encadeadas são coleções de itens de dados que são "vinculados em uma cadeia". Também vimos que um aplicativo pode realizar inserções e exclusões no início e no final de uma lista encadeada. Você aprendeu que as estruturas de dados pilha e fila são versões limitadas de listas. Quanto às pilhas, vimos que as inserções e exclusões só podem ser feitas na parte superior. Quanto às filas, que representam filas de espera, você viu que as inserções são feitas na cauda (na parte de trás) e as exclusões são feitas na cabeça (na parte da frente). Você também aprendeu a estrutura de dados da árvore binária. Você viu uma árvore de pesquisa binária que facilitou a pesquisa e a classificação de dados em alta velocidade e a eliminação eficiente de itens de dados duplicados. Por todo o capítulo, você aprendeu a criar e a empacotar essas estruturas de dados para capacidade de reutilização e de manutenção.

No próximo capítulo, continuaremos a analisar os conceitos da GUI Swing, com base nas técnicas aprendidas no Capítulo 12. No Capítulo 25, introduziremos a JavaFX GUI e incluiremos tratamentos detalhados da JavaFX GUI, elementos gráficos e multimídia nos capítulos do Site de Apoio (em inglês).

Resumo

Seção 21.1 Introdução

- Estruturas de dados dinâmicas podem crescer e encolher em tempo de execução.
- As listas encadeadas são coleções de itens de dados "vinculados em uma cadeia" — as inserções e exclusões podem ser feitas em qualquer lugar de uma lista encadeada.
- Pilhas são importantes nos compiladores e sistemas operacionais — inserções e exclusões são feitas apenas na parte superior de uma pilha.
- Em uma fila, as inserções são feitas na parte inferior e as exclusões, na parte superior.
- As árvores binárias facilitam a pesquisa e classificação de dados em alta velocidade, a eliminação eficiente de itens de dados duplicados, a representação de diretórios de sistema de arquivos e a compilação de expressões em linguagem de máquina.

Seção 21.2 Classes autorreferenciais

- Uma classe autorreferencial contém uma referência que referencia outro objeto do mesmo tipo de classe. Objetos autorreferenciais podem ser vinculados para formar estruturas de dados dinâmicas.

Seção 21.3 Alocação dinâmica de memória

- O limite para alocação dinâmica de memória pode ser tão grande quanto a memória física disponível no computador ou o espaço em disco disponível em um sistema de memória virtual. Frequentemente, os limites são bem menores, porque a memória disponível do computador deve ser compartilhada entre muitos usuários.
- Se nenhuma memória estiver disponível, um `OutOfMemoryError` é lançado.

Seção 21.4 Listas encadeadas

- Uma lista encadeada é acessada por uma referência ao primeiro nó da lista. Cada nó subsequente é acessado por meio do membro de referência de link armazenado no nó anterior.
- Por convenção, a referência de link no último nó de uma lista é configurada como `null` para marcar o final da lista.
- Um nó pode conter dados de qualquer tipo, incluindo objetos de outras classes.
- Uma lista encadeada é apropriada quando o número de elementos de dados a ser armazenado for imprevisível. As listas encadeadas são dinâmicas, portanto o comprimento de uma lista pode aumentar ou diminuir, conforme necessário.
- O tamanho de um array Java "convencional" não pode ser alterado — ele é fixado no momento de criação.
- Os nós de lista normalmente não são armazenados na memória contígua. Em vez disso, são logicamente contíguos.
- Pacotes ajudam a gerenciar os componentes do programa e facilitam a reutilização de software.
- Pacotes fornecem uma convenção para nomes de tipo únicos que ajudam a evitar conflitos de nome.
- Antes que uma classe possa ser importada para múltiplos aplicativos, ela deve ser colocada em um pacote. Há somente uma declaração `package` em cada arquivo de código-fonte Java e ela deve preceder todas as outras declarações e instruções no arquivo.
- Cada nome de pacote deve iniciar com seu nome de domínio internet na ordem inversa. Depois que o nome de domínio for invertido, você pode escolher qualquer outro nome para seu pacote.

- Ao compilar tipos em um pacote, a opção de linha de comando `javac -d` especifica onde armazenar o pacote e faz com que o compilador crie os diretórios do pacote, se eles não existirem.
- O nome `package` é parte do nome de tipo totalmente qualificado.
- Uma declaração import de tipo simples especifica uma classe a importar. Uma declaração import de tipo por demanda importa somente as classes que o programa utiliza a partir de um pacote particular.
- O compilador utiliza um carregador de classe para localizar as classes que ele precisa no classpath. O classpath consiste em uma lista de diretórios ou repositórios de arquivos, cada um separado por um separador de diretório.
- O classpath para o compilador e a JVM podem ser especificados fornecendo a opção `-classpath` para o comando `javac java`, ou configurando a variável de ambiente `CLASSPATH`. Se for necessário carregar classes do diretório atual, inclua um ponto (`.`) no classpath.

Seção 21.5 Pilhas

- Uma pilha é uma estrutura de dados do tipo último a entrar, primeiro a sair (last-in, first-out — LIFO). Os métodos primários utilizados para manipular uma pilha são `push` e `pop`, que adicionam um novo nó ao topo da pilha e removem um nó do topo, respectivamente. O método `pop` retorna os dados do nó removido.
- Quando uma chamada de método é feita, o método chamado deve saber retornar para seu chamador, assim o endereço de retorno é inserido na pilha de execução do programa. Se ocorrer uma série de chamadas de método, os sucessivos valores de retorno são colocados na pilha na ordem último a entrar, primeiro a sair.
- A pilha de execução do programa contém o espaço criado para variáveis locais a cada invocação de um método. Quando o método retorna para seu chamador, o espaço para variáveis locais desse método é removido da pilha e essas variáveis não estão mais disponíveis para o programa.
- As pilhas são utilizadas por compiladores para avaliar expressões aritméticas e gerar código de linguagem de máquina para processar as expressões.
- A técnica de implementar cada método de pilha como uma chamada a um método `List` é chamada de delegação — o método de pilha invocado delega a chamada ao método `List` apropriado.

Seção 21.6 Filas

- Uma fila é semelhante a uma fila de caixa em um supermercado — a primeira pessoa nela é servida primeiro e os outros clientes entram apenas no final e esperam ser atendidos.
- Os nós da fila só são removidos a partir da cabeça da fila e só são inseridos na cauda. Por essa razão, uma fila é referida como uma estrutura de dados primeiro a entrar, primeiro a sair (first-in, first-out — FIFO).
- As operações de inserção e remoção para uma fila são conhecidas como `enqueue` e `dequeue`.
- As filas têm muitas utilizações em sistemas de computador. A maioria dos computadores tem apenas um processador, então somente um usuário por vez pode ser servido. As entradas para os outros aplicativos são colocadas em uma fila. A entrada na frente da fila é a próxima a receber o serviço. Cada entrada avança gradualmente para a frente da fila quando os aplicativos recebem o serviço.

Seção 21.7 Árvores

- Uma árvore é uma estrutura de dados bidimensional não linear. Os nós da árvore contêm dois ou mais links.
- Uma árvore binária é uma árvore cujos nós contêm dois ou mais links. O nó raiz é o primeiro nó em uma árvore.
- Cada link no nó raiz refere-se a um filho. O filho esquerdo é o primeiro nó na subárvore esquerda, e o filho direito é o primeiro nó na subárvore direita.
- Os filhos de um nó são chamados irmãos. Um nó sem filhos é um nó de folha.
- Em uma árvore de pesquisa binária sem valores duplicados, os valores em qualquer subárvore esquerda são menores que o valor no nó pai da subárvore e os valores em qualquer subárvore direita são maiores que o valor no nó pai da subárvore. Um nó pode ser inserido apenas como um nó de folha em uma árvore de pesquisa binária.
- Um percurso na ordem de uma árvore de pesquisa binária processa os valores de nó na ordem crescente.
- Em um percurso na pré-ordem, o valor em cada nó é processado quando o nó é percorrido. Então, os valores na subárvore esquerda são processados e, em seguida, os valores na subárvore direita.
- Em um percurso na pós-ordem, o valor em cada nó é processado depois dos valores de seus filhos.
- A árvore de pesquisa binária facilita a eliminação de duplicatas. Quando a árvore é criada, as tentativas de inserir um valor duplicado são reconhecidas porque uma duplicata segue as mesmas decisões "siga para a esquerda" ou "siga para a direita" em cada comparação que o valor original fez. Portanto, a duplicata acaba sendo comparada com um nó contendo o mesmo valor. O valor duplicado pode ser descartado nesse ponto.
- Em uma árvore fortemente empacotada, cada nível contém aproximadamente duas vezes o número de elementos que o anterior. Então, uma árvore de pesquisa binária fortemente empacotada com elementos n tem $\log_2 n$ níveis e, portanto, no máximo $\log_2 n$ comparações teriam de ser feitas para localizar uma correspondência ou determinar que não existe nenhuma correspondência. Pesquisar em uma árvore de pesquisa binária (fortemente empacotada) de 1.000 elementos requer no máximo 10 comparações, pois $2^{10} > 1.000$. Pesquisar em uma árvore de pesquisa binária (fortemente empacotada) de 1.000.000 elementos requer no máximo 20 comparações, pois $2^{20} > 1.000.000$.

Exercícios de revisão

21.1 Preencha as lacunas em cada uma das seguintes afirmações:

a) Uma classe ________ é utilizada para formar estruturas de dados dinâmicas que podem crescer e encolher em tempo de execução.

b) Um(a) ________ é uma versão limitada de uma lista encadeada em que nós podem ser inseridos e excluídos somente a partir do início da lista.

c) Um método que não altera uma lista encadeada, mas simplesmente a examina para determinar se ela está vazia, é referido como um método ________.

d) Uma fila é referida como uma estrutura de dados ________, porque os primeiros nós inseridos são os primeiros nós removidos.

e) A referência ao próximo nó em uma lista encadeada é referida como ________.

f) Reivindicar automaticamente memória alocada dinamicamente em Java é chamado de ________.

g) Um(a) ________ é uma versão limitada de uma lista encadeada em que os nós podem ser inseridos apenas no final da lista e excluídos apenas do início da lista.

h) Um(a) ________ é uma estrutura de dados bidimensional não linear que contém nós com dois ou mais links.

i) Uma pilha é referida como uma estrutura de dados ________, porque o último nó inserido é o primeiro nó removido.

j) Os nós de uma árvore ________ contêm dois membros de link.

k) O primeiro nó de uma árvore é o nó de ________.

l) Cada link em um nó de árvore refere-se a um(a) ________ ou ________ desse nó.

m) Um nó de árvore que não tem filhos é chamado de nó ________.

n) Os três algoritmos de percorrer que mencionamos no texto para árvores de pesquisa binária são ________, ________ e ________.

o) Ao compilar tipos em um pacote, a opção de linha de comando `javac` ________ especifica onde armazenar o pacote e faz com que o compilador crie os diretórios do pacote, se eles não existirem.

p) O compilador utiliza um(a) ________ para localizar as classes que ele precisa no classpath.

q) O classpath para o compilador e para a JVM pode ser especificado com a opção ________ para o comando `javac` ou `java`, ou configurando a variável de ambiente ________.

r) Há somente um(a) ________ em um arquivo de código-fonte Java e deve preceder todas as outras declarações e instruções no arquivo.

21.2 Quais são as diferenças entre uma lista encadeada e uma pilha?

21.3 Quais são as diferenças entre uma pilha e uma fila?

21.4 Comente como cada uma das seguintes entidades ou conceitos contribuem para a capacidade de reutilização das estruturas de dados:

a) classes

b) herança

c) composição

21.5 Forneça os percursos na ordem, pré-ordem e pós-ordem da árvore de pesquisa binária da Figura 21.20.

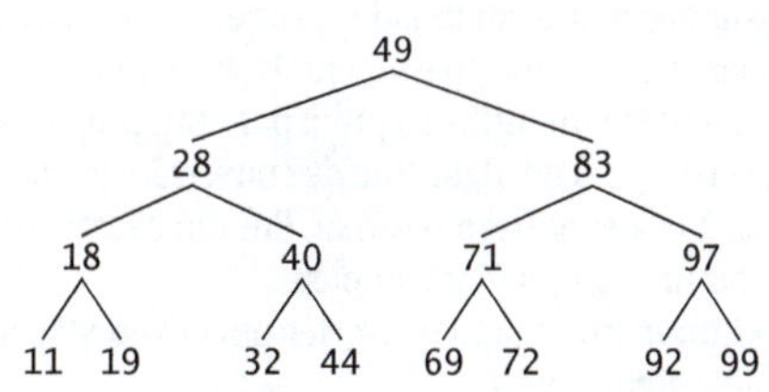

Figura 21.20 | Árvore de pesquisa binária com 15 nós.

Respostas dos exercícios de revisão

21.1 a) autorreferencial. b) pilha. c) predicado. d) primeiro a entrar, primeiro a sair (first-in, first-out — FIFO). e) link. f) coleta de lixo. g) fila. h) árvore i) último a entrar, primeiro a sair (LIFO). j) binária. k) raiz. l) filho ou subárvore. m) de folha. n) pré-ordem, na ordem, pós-ordem. o) `-d`. p) carregador de classe. q) `-classpath`, `CLASSPATH`. r) declaração `package`.

21.2 É possível inserir um nó em qualquer lugar de uma lista encadeada e remover um nó de qualquer lugar de uma lista encadeada. Os nós em uma pilha podem ser inseridos somente na parte superior da pilha e removidos somente a partir da parte superior.

21.3 Uma fila é uma estrutura de dados FIFO que tem referências tanto para sua cabeça como para sua cauda, de modo que os nós podem ser inseridos na cauda e excluídos da cabeça. Uma pilha é uma estrutura de dados LIFO que tem uma única referência ao topo da pilha, onde a inserção e a exclusão são realizadas.

21.4 a) Classes permitem criar quantos objetos de estrutura de dados quisermos.

b) A herança permite que uma subclasse reutilize as funcionalidades de uma superclasse. Métodos da superclasse públicos e protegidos podem ser acessados por meio de uma subclasse para eliminar lógica duplicada.

c) A composição permite que uma classe reutilize o código armazenando uma referência a uma instância de outra classe em um campo. Métodos públicos da instância podem ser chamados pelos métodos na classe que contém a referência.

21.5 O percurso na ordem é

```
11 18 19 28 32 40 44 49 69 71 72 83 92 97 99
```

O percurso na pré-ordem é

```
49 28 18 11 19 40 32 44 83 71 69 72 97 92 99
```

O percurso na pós-ordem é

```
11 19 18 32 44 40 28 69 72 71 92 99 97 83 49
```

Questões

21.6 ***(Concatenando listas)*** Escreva um programa que concatena dois objetos de lista encadeada de caracteres. A classe `ListConcatenate` deve incluir um método `static concatenate` que aceita referências tanto para objetos de lista como para argumentos e concatena a segunda lista com a primeira.

21.7 ***(Inserindo em uma lista ordenada)*** Escreva um programa que insere 25 inteiros aleatórios de 0 a 100 na ordem em um objeto de lista encadeada. Para este exercício, você precisará modificar a classe `List<T>` (Figura 21.3) para manter uma lista ordenada. Nomeie a nova versão da classe como `SortedList`.

21.8 ***(Combinando listas ordenadas)*** Modifique a classe `SortedList` da Questão 21.7 para incluir um método `merge` que pode mesclar a `SortedList` que ela recebe como um argumento com a `SortedList` que chama o método. Escreva um aplicativo para testar o método `merge`.

21.9 ***(Copiando uma lista de trás para a frente)*** Escreva um método `static reverseCopy` que recebe uma `List<T>` como um argumento e retorna uma cópia dessa `List<T>` com seus elementos invertidos. Teste esse método em um aplicativo.

21.10 ***(Imprimindo uma frase na ordem inversa usando um pilha)*** Escreva um programa que insere uma linha de texto e usa uma pilha para exibir as palavras da linha na ordem inversa.

21.11 ***(Testador de palíndromo)*** Escreva um programa que utiliza uma pilha para determinar se uma string é um palíndromo (isto é, a string é escrita identicamente de trás para a frente). O programa deve ignorar espaços e pontuação.

21.12 ***(Conversor de infixo para pós-fixo)*** Pilhas são utilizadas por compiladores para ajudar no processo de avaliar expressões e gerar código de linguagem de máquina. Neste e no próximo exercício, investigamos como os compiladores avaliam expressões aritméticas que consistem apenas de constantes, operadores e parênteses.

Os humanos geralmente escrevem expressões como `3 + 4` e `7 / 9` em que o operador (`+` ou `/` aqui) é escrito entre seus operandos — isso é chamado de *notação infixa*. Os computadores "preferem" *notação pós-fixa*, na qual o operador é escrito à direita de seus dois operandos. As expressões infixas precedentes apareceriam na notação pós-fixa como `3 4 +` e `7 9 /`, respectivamente.

Para avaliar uma expressão infixa complexa, um compilador primeiro converteria a expressão em notação pós-fixa e avaliaria a versão. Cada um desses algoritmos requer apenas uma única passagem da esquerda para a direita pela expressão. Cada algoritmo utiliza um objeto pilha em suporte de sua operação, mas cada um utiliza a pilha para um propósito diferente.

Neste exercício, você escreverá uma versão Java do algoritmo de conversão de infixo para pós-fixo. No próximo exercício, você escreverá uma versão Java do algoritmo de avaliação da expressão pós-fixa. Em um exercício posterior, você descobrirá que o código que escrever neste exercício pode ajudá-lo a implementar um compilador completo.

Escreva a classe `InfixToPostfixConverter` para converter uma expressão aritmética infixa comum (suponha que uma expressão válida foi inserida) com inteiros de único dígito como

```
(6 + 2) * 5 - 8 / 4
```

para uma expressão pós-fixa. A versão pós-fixada (nenhum parêntese é necessário) dessa expressão infixada é

```
6 2 + 5 * 8 4 / -
```

O programa deve ler a expressão no `StringBuffer infix` e utilizar uma das classes de pilha implementadas neste capítulo para ajudar a criar a expressão pós-fixa no `StringBuffer postfix`. O algoritmo para criar uma expressão pós-fixa é o seguinte:

a) Adicionar um parêntese esquerdo `'('` à pilha.

b) Acrescentar um parêntese direito `')'` ao final de `infix`.

c) Enquanto a pilha não estiver vazia, ler `infix` da esquerda para a direita e fazer o seguinte:

Se o caractere atual em `infix` for um dígito, acrescentá-lo a `postfix`.

Se o caractere atual em `infix` for um parêntese esquerdo, adicioná-lo à pilha.

Se o caractere atual em `infix` for o operador:

Remover operadores (se houver algum) do topo da pilha enquanto eles tiverem precedência igual ou mais alta que a do operador atual e acrescentar os operadores removidos a `postfix`.

Adicionar o caractere atual a `infix` na pilha.

Se o caractere atual em `infix` for um parêntese direito:

Remover operadores da parte superior da pilha e acrescentá-los a `postfix` até que um parêntese esquerdo esteja na parte superior da pilha.

Remover (e descartar) o parêntese esquerdo da pilha.

As seguintes operações aritméticas são permitidas em uma expressão:

+ adição
- subtração
* multiplicação
/ divisão
^ exponenciação
% resto

A pilha deve ser mantida com nós de pilha e cada um contém uma variável de instância e uma referência ao próximo nó de pilha. Alguns métodos que você pode querer fornecer são os seguintes:

a) O método `convertToPostfix`, que converte a expressão infixa em notação pós-fixa.

b) O método `isOperator`, que determina se `c` é o operador.

c) O método `precedence`, que determina se a precedência do `operator1` (da expressão infixa) é menor, igual ou maior que a do `operator2` (da pilha). O método retorna `true` se `operator1` tiver precedência mais baixa que `operator2`. Caso contrário, `false` é retornado.

d) O método `peek` (que deve ser adicionado à classe de pilha), que retorna o valor superior da pilha sem estourá-la.

21.13 ***(Avaliador pós-fixado)*** Escreva a classe `PostfixEvaluator` que avalia uma expressão pós-fixada como

```
6 2 + 5 * 8 4 / -
```

O programa deve ler uma expressão pós-fixa consistindo em dígitos e operadores em um `StringBuffer`. Utilizando versões modificadas dos métodos de pilha implementados anteriormente neste capítulo, o programa deve varrer a expressão e avaliá-la (supõe que ela seja válida). O algoritmo é como segue:

a) Acrescentar um parêntese direito `')'` ao final da expressão pós-fixa. Quando o caractere do parêntese direito for encontrado, mais nenhum processamento é necessário.

b) Até o parêntese direito ser encontrado, leia a expressão da esquerda para a direita.

Se o caractere atual for um dígito, faça o seguinte:

Adicionar seu valor de inteiro à pilha (o valor de inteiro de um caractere de dígito é seu valor no conjunto de caracteres Unicode menos o valor de `'0'` em Unicode).

Caso contrário, se o caractere atual for um *operador*:

Remover os dois elementos superiores da pilha para variáveis `x` e `y`.

Calcular `y` *operador* `x`.

Adicionar o resultado do cálculo à pilha.

c) Quando o parêntese direito for encontrado na expressão, remover o valor da parte superior da pilha. Esse é o resultado da expressão pós-fixa.

[*Observação:* em (b) acima (com base na expressão de exemplo no início deste exercício), se o operador for `'/'`, o topo da pilha é 4 e o próximo elemento na pilha é `40`, então remova `4` para `x`, remova `40` para `y`, avalie `40 / 4` e adicione o resultado, `10`, de volta à pilha. Essa nota também se aplica ao operador `'-'`.] As operações aritméticas permitidas em uma expressão são: + (adição), - (subtração), * (multiplicação), / (divisão), ^ (exponenciação) e % (resto).

A pilha deve ser mantida com uma das classes de pilha introduzidas neste capítulo. Você pode querer fornecer os seguintes métodos:

a) O método `evaluatePostfixExpression`, que avalia a expressão pós-fixa.

b) O método `calculate`, que avalia a expressão `op1 operator op2`.

21.14 ***(Modificação do avaliador de pós-fixo)*** Modifique o programa avaliador de pós-fixo do Exercício 21.13 de modo que ele possa processar os operandos de inteiros maiores que 9.

21.15 ***(Simulação de Supermercado)*** Escreva um programa que simula uma fila de caixa em um supermercado. A fila é um objeto fila. Os clientes (isto é, os objetos cliente) chegam em intervalos aleatórios inteiros de 1 a 4 minutos. Além disso, cada cliente é atendido em intervalos aleatórios inteiros de 1 a 4 minutos. Obviamente, as taxas precisam ser equilibradas. Se a taxa média de chegada for maior que a taxa média de atendimento, a fila crescerá infinitamente. Mesmo com taxas "equilibradas", a aleatoriedade ainda pode provocar filas longas. Execute a simulação de supermercado para um dia de 12 horas (720 minutos) utilizando o seguinte algoritmo:

a) Escolha um inteiro aleatório entre 1 e 4 para determinar o minuto em que o primeiro cliente chega.

b) Na hora da chegada do primeiro cliente, faça o seguinte:

Determine o tempo de atendimento do serviço ao cliente (inteiro aleatório de 1 a 4).

Comece atendendo o cliente.

Agende a hora de chegada do próximo cliente (inteiro aleatório de 1 a 4 adicionado à hora atual).

c) Para cada minuto simulado do dia, considere o seguinte:

Se o próximo cliente chegar, prosseguir da seguinte maneira:

Expresse isso.

Enfileire o cliente.
Agende a hora de chegada do próximo cliente.
Se o atendimento do último cliente tiver sido concluído, faça o seguinte:
Expresse isso.
Desenfileire o próximo cliente a ser atendido.
Determine o tempo de atendimento do cliente (inteiro aleatório de 1 a 4 adicionado à hora atual).

Agora execute sua simulação para 720 minutos e responda a cada um dos seguintes itens:

a) Qual é o número máximo de clientes na fila a qualquer hora?

b) Qual é a espera mais longa que qualquer cliente experimenta?

c) O que acontece se o intervalo de chegada é alterado de 1 a 4 minutos para 1 a 3 minutos?

21.16 ***(Permitindo duplicatas em uma árvore binária)*** Modifique as figuras 21.17 e 21.18 para permitir que a árvore binária contenha duplicatas.

21.17 ***(Processando uma árvore de pesquisa binária de `Strings`)*** Escreva um programa com base no programa das figuras 21.17 e 21.18 que insere uma linha de texto, tokeniza-o em palavras separadas, insere as palavras em uma árvore de pesquisa binária e imprime percursos na ordem, pré-ordem e pós-ordem da árvore.

21.18 ***(Eliminação de duplicata)*** Neste capítulo, vimos que a eliminação de duplicata é simples e direta quando se cria uma árvore de pesquisa binária. Descreva como você realizaria a eliminação de duplicatas ao utilizar apenas um array unidimensional. Compare o desempenho da eliminação de duplicata baseada em array com o desempenho da eliminação de duplicata baseada em pesquisa de árvore binária.

21.19 ***(Profundidade de uma árvore binária)*** Modifique as figuras 21.17 e 21.18 de modo que a classe `Tree` forneça um método `getDepth` que determina quantos níveis estão na árvore. Teste o método em um aplicativo que insere 20 inteiros aleatórios em uma `Tree`.

21.20 ***(Imprimir recursivamente uma lista de trás para a frente)*** Modifique a classe `List<T>` da Figura 21.3 para incluir o método `printListBackward`, que gera recursivamente os itens em um objeto de lista encadeada na ordem inversa. Escreva um programa de teste que cria uma lista de inteiros e imprime a lista em ordem inversa.

21.21 ***(Pesquisar recursivamente uma lista)*** Modifique a classe `List<T>` da Figura 21.3 para incluir o método `search`, que pesquisa recursivamente em um objeto de lista encadeada em um valor especificado. O método deve retornar uma referência ao valor se ele for encontrado; caso contrário, ele deve retornar `null`. Utilize seu método em um programa de teste que cria uma lista de inteiros. O programa deve solicitar ao usuário um valor para localizar na lista.

21.22 ***(Exclusão de árvore binária)*** Neste exercício, discutimos a exclusão de itens de árvores de pesquisa binária. O algoritmo de exclusão não é tão simples e direto quanto o algoritmo de inserção. Três casos são encontrados ao excluir-se um item — o item está contido em um nó de folha (isto é, não tem filhos), o item está contido em um nó que tem um filho ou está em um nó que tem dois filhos.

Se o item a ser excluído está contido em um nó de folha, o nó é excluído e a referência no nó pai é configurada como nula.

Se o item a ser excluído está contido em um nó com um filho, a referência no nó pai é configurada para referenciar o nó filho e o nó contendo o item de dados é excluído. Isso faz com que o nó filho tome o lugar do nó excluído na árvore.

O último caso é o mais difícil. Quando um nó com dois filhos é excluído, outro nó na árvore deve tomar seu lugar. Entretanto, a referência no nó pai simplesmente não pode ser atribuída para referenciar um dos filhos do nó a ser excluído. Na maioria dos casos, a árvore de pesquisa binária resultante não incorporaria a seguinte característica das árvores de pesquisa binária (sem valores duplicados): *os valores em qualquer subárvore esquerda são menores que o valor no nó pai e os valores em qualquer subárvore direita são maiores que o valor no nó pai.*

Qual é o nó utilizado como um *nó substituto* para manter essa característica? É o nó contendo o maior valor na árvore menor que o valor no nó que está sendo excluído, ou o nó contendo o menor valor na árvore maior que o valor no nó que está sendo excluído? Vamos considerar o nó com o menor valor. Em uma árvore de pesquisa binária, o valor maior menor que um valor do pai encontra-se na subárvore esquerda do nó pai e seguramente estará contido no nó mais à direita da subárvore. Esse nó é encontrado descendo a subárvore esquerda pela direita até que a referência ao filho direito do nó atual seja nula. Agora estamos referenciando o nó substituto, que é um nó de folha ou um nó com um filho à sua esquerda. Se o nó substituto for um nó de folha, os passos para realizar a exclusão são os seguintes:

a) Armazene a referência ao nó a ser excluído em uma variável de referência temporária.

b) Configure a referência no pai do nó sendo excluído para referenciar o nó substituto.

c) Configure a referência no pai do nó substituto como `null`.

d) Configure a referência como a subárvore direita no nó substituto para referenciar a subárvore direita do nó a ser excluído.

e) Configure a referência como a subárvore esquerda no nó substituto para referenciar a subárvore esquerda do nó a ser excluído.

Os passos de exclusão para um nó substituto com um filho esquerdo são semelhantes àqueles para um nó substituto sem filhos, mas o algoritmo também deve mover o filho para a posição do nó substituto na árvore. Se o nó substituto for um nó com um filho esquerdo, os passos a realizar a exclusão são como segue:

a) Armazene a referência ao nó a ser excluído em uma variável de referência temporária.

b) Configure a referência no pai do nó sendo excluído para referenciar o nó substituto.

c) Configure a referência no pai do nó substituto para referenciar o filho esquerdo do nó substituto.

d) Configure a referência como a subárvore direita no nó substituto para referenciar a subárvore direita do nó a ser excluído.

e) Configure a referência como a subárvore esquerda no nó substituto para referenciar a subárvore esquerda do nó a ser excluído.

Escreva o método `deleteNode`, que aceita como seu argumento o valor a ser excluído. O método `deleteNode` deve localizar na árvore o nó que contém o valor a ser excluído e utilizar os algoritmos discutidos aqui para excluir o nó. Se o valor não for encontrado na árvore, o método deve exibir uma mensagem indicando isso. Modifique o programa das figuras 21.17 e 21.18 para utilizar esse método. Depois de excluir um item, chame os métodos `inorderTraversal`, `preorderTraversal` e `postorderTraversal` para confirmar que a operação de exclusão foi realizada corretamente.

21.23 ***(Árvore de pesquisa binária)*** Modifique a classe `Tree` da Figura 21.17 para incluir o método `contains`, que tenta localizar um valor especificado em um objeto de árvore de pesquisa binária. O método deve aceitar como um argumento uma chave de pesquisa a ser localizada. Se o nó contendo a chave de pesquisa for localizado, o método deve retornar uma referência aos dados desse nó; caso contrário, deve retornar `null`.

21.24 ***(Travessia na ordem de nível de árvore binária)*** O programa das figuras 21.17 e 21.18 ilustrou os três métodos recursivos de atravessar uma árvore binária — travessias na ordem, pré-ordem e pós-ordem. Esse exercício apresenta o percurso *na ordem de nível* de uma árvore binária, em que os valores de nó são impressos nível por nível, iniciando no nível do nó raiz. Os nós em cada nível são impressos da esquerda para a direita. O percurso na ordem de nível não é um algoritmo recursivo. Ele utiliza um objeto fila para controlar a saída dos nós. O algoritmo é como segue:

a) Inserir o nó raiz na fila.

b) Enquanto houver nós esquerdos na fila, fazer o seguinte:

Obter o próximo nó na fila.
Imprimir o valor do nó.
Se a referência ao filho esquerdo do nó não for nula:
Inserir o nó filho esquerdo na fila.
Se a referência ao filho direito do nó não for nula:
Inserir o nó filho direito na fila.

Escreva o método `levelOrder` para realizar um percurso na ordem de nível de um objeto de árvore binária. Modifique o programa das figuras 21.17 e 21.18 para utilizar esse método. [*Observação:* você também precisará utilizar métodos de processamento de fila da Figura 21.13 nesse programa.]

21.25 ***(Imprimindo árvores)*** Modifique a classe `Tree` da Figura 21.17 para incluir um método `outputTree` recursivo a fim de exibir um objeto de árvore binária. O método deve gerar saída da árvore linha por linha com o topo da árvore na parte esquerda da tela e a parte inferior da árvore em direção à parte direita da tela. Cada linha é enviada para a saída verticalmente. Por exemplo, a árvore binária ilustrada na Figura 21.20 é enviada para a saída, como mostrado na Figura 21.21.

O nó mais à direita da folha aparece na parte superior da saída na coluna mais à direita e o nó raiz aparece à esquerda da saída. Cada coluna inicia cinco espaços à direita da coluna precedente. O método `outputTree` deve receber um argumento `totalSpaces` para representar o número de espaços que precedem o valor a ser enviado para a saída. (Essa variável deve iniciar em zero de modo que o nó raiz seja enviado para a saída à esquerda da tela.) O método utiliza uma travessia na ordem modificada para dar a saída à árvore — ele inicia no nó mais à direita na árvore e segue para a esquerda. O algoritmo é como segue:

```
               99
          97
               92
     83
               72
          71
               69
49
               44
          40
               32
     28
               19
          18
               11
```

Figura 21.21 | Saída de exemplo do método recursivo `outputTree`.

Enquanto a referência ao nó atual for nula, apresente o seguinte:
Invoque recursivamente `outputTree` com a subárvore direita do nó atual e `totalSpaces + 5`.
Utilize uma declaração `for` para contar de 1 a `totalSpaces` e forneça espaços.
Forneça o valor no nó atual.
Estabeleça a referência ao nó atual para se referir à subárvore esquerda do nó atual.
Aumente o `totalSpaces` por 5.

21.26 ***(Inserção/exclusão em qualquer lugar em uma lista encadeada)*** Nossa classe de lista encadeada permitiu inserções e exclusões no início e no fim da lista encadeada. Essas capacidades foram convenientes para nós quando utilizamos herança ou composição para produzir uma classe de pilha e uma classe de fila com uma quantidade mínima de código simplesmente reutilizando a classe de lista.

As listas encadeadas são normalmente mais gerais que aquelas que fornecemos. Modifique a classe da lista encadeada que desenvolvemos neste capítulo para tratar inserções e exclusões em *qualquer lugar* da lista. Crie diagramas comparáveis àqueles das figuras 21.6 (`insertAtFront`), 21.7 (`insertAtBack`), 21.8 (`removeFromFront`) e 21.9 (`removeFromBack`) que mostram como inserir um novo nó no meio de uma lista encadeada e como remover um nó existente do meio de uma lista encadeada.

21.27 ***(Listas e filas sem referências de fim)*** Nossa implementação de uma lista encadeada (Figura 21.3) utilizou tanto `firstNode` como `lastNode`. O `lastNode` foi útil para os métodos `insertAtBack` e `removeFromBack` da classe `List`. O método `insertAtBack` corresponde ao método `enqueue` da classe `Queue`. Reescreva a classe `List` de modo que ela não utilize um `lastNode`. Portanto, quaisquer operações no fim de uma lista devem começar pesquisando no início da lista. Isso afeta nossa implementação da classe `Queue` (Figura 21.13)?

21.28 ***(Desempenho da classificação e da pesquisa de árvore binária)*** Um problema com a classificação de árvore binária é que a ordem em que os dados são inseridos afeta a forma da árvore — para a mesma coleção de dados, ordens diferentes podem produzir árvores binárias de formas significativamente diferentes. O desempenho dos algoritmos de classificação e pesquisa de árvore binária é sensível à forma da árvore binária. Que forma teria uma árvore binária se seus dados fossem inseridos na ordem crescente? Na ordem decrescente? Que forma a árvore deveria ter para alcançar desempenho máximo de pesquisa?

21.29 ***(Listas indexadas)*** Como apresentado no texto, as listas encadeadas devem ser pesquisadas sequencialmente. Para listas grandes, isso pode resultar em desempenho pobre. Uma técnica comum para aprimorar o desempenho de pesquisa de lista é criar e manter um índice para a lista. Um índice é um conjunto de referências para lugares-chave na lista. Por exemplo, um aplicativo que pesquisa uma lista grande de nomes pode aprimorar seu desempenho criando um índice com 26 entradas — uma para cada letra do alfabeto. Uma operação de pesquisa de um sobrenome iniciando com 'Y' iria primeiro pesquisar o índice para determinar onde as entradas 'Y' iniciaram e, então, "saltaria" na lista nesse ponto e pesquisaria linearmente até que o nome desejado fosse localizado. Isso seria muito mais rápido que pesquisar a lista encadeada desde o início. Utilize a classe `List` da Figura 21.3 como a base de uma classe `IndexedList`. Escreva um programa que demonstra a operação de listas indexadas. Certifique-se de incluir os métodos `insertInIndexedList`, `searchIndexedList` e `deleteFromIndexedList`.

21.30 ***(Classe Queue que é herdada de uma classe List)*** Na Seção 21.5, criamos uma classe de pilha da classe `List` com a herança (Figura 21.10) e com a composição (Figura 21.12). Na Seção 21.6, criamos uma classe queue a partir da classe `List` com composição (Figura 21.13). Crie uma classe queue herdando da classe `List`. Quais as diferenças entre essa classe e aquela criada com a composição?

Seção especial: construindo seu próprio compilador

Nos exercícios 7.36 a 7.38, introduzimos a Simpletron Machine Language (SML) e implementamos um simulador de computador Simpletron para executar programas SML. Nos exercícios 21.31 a 21.35, construímos um compilador que converte programas escritos em uma linguagem de programação de alto nível em SML. Esta seção "amarra" o processo de programação inteiro. Você escreverá programas nessa nova linguagem de alto nível, compilará esses programas no compilador que construir e os executará no simulador construído no Exercício 7.37. Você deve se esforçar o máximo possível para implementar seu compilador de uma maneira orientada a objetos. [*Observação:* por conta do tamanho das descrições para os exercícios 21.31 a 21.35, elas foram postadas em um documento PDF localizado em `www.deitel.com/books/jhtp10/`.]

Componentes GUI: parte 2

22

...a força dos eventos desperta talentos adormecidos.

— Edward Hoagland

Você e eu veríamos fotografias mais interessantes se eles parassem de se preocupar e, em vez disso, aplicassem senso comum ao problema do registro da aparência e comportamento de suas próprias eras.

— Jessie Tarbox Beals

Objetivos

Neste capítulo, você irá:

- Criar e manipular controles deslizantes, menus, menus pop-up e janelas.
- Alterar programaticamente a aparência e o comportamento de uma GUI utilizando a aparência e o comportamento plugáveis do Swing.
- Criar uma interface de múltiplos documentos com `JDesktopPane` e `JInternalFrame`.
- Usar os gerenciadores de layout adicionais `BoxLayout` e `GridBagLayout`.

Sumário

22.1 Introdução

Neste capítulo, continuamos nosso estudo de GUIs Swing. Discutimos componentes e gerenciadores de layout adicionais e projetamos a base para construir mais GUIs complexas. Começamos com controles deslizantes para fazer uma seleção dentro de um intervalo de valores inteiros, então discutimos detalhes adicionais das janelas. Em seguida, você usará menus para organizar comandos em um aplicativo.

A aparência e o comportamento de uma GUI Swing podem ser uniformes em todas as plataformas em que um programa Java executa ou a GUI pode ser personalizada utilizando a **aparência e comportamento plugáveis** (**pluggable look-and-feel — PLAF**) do Swing. Fornecemos um exemplo que ilustra como alterar entre a aparência e comportamento de metal padrão do Swing (que parece e se comporta da mesma maneira em diferentes plataformas), a nova aparência e comportamento Nimbus (introduzida no Capítulo 12), uma aparência e comportamento que simula o **Motif** (uma aparência e comportamento popular do UNIX) e uma que simula a aparência e comportamento do Windows da Microsoft.

Muitos aplicativos de hoje em dia utilizam uma interface de múltiplos documentos (multiple document interface, MDI) — uma janela principal (frequentemente chamada *janela pai*) contendo outras janelas (frequentemente chamadas de *janelas filhas*) para gerenciar vários documentos abertos em paralelo. Por exemplo, muitos programas de correio eletrônico permitem abrir várias janelas de correio eletrônico ao mesmo tempo, de modo que você possa compor ou ler múltiplas mensagens de correio eletrônico. Demonstramos as classes do Swing para criar interface de múltiplos documentos. Por fim, você conhecerá os gerenciadores de layout adicionais para organizar interfaces gráficas com o usuário. Usamos vários outros componentes GUI Swing em capítulos posteriores à medida que eles são necessários.

O Swing é agora considerado uma tecnologia legada. Para GUIs, elementos gráficos e multimídia nos novos aplicativos Java, você deve usar os recursos apresentados nos capítulos sobre JavaFX deste livro.

Java SE 8: implementando ouvintes de evento com lambdas

Ao longo deste capítulo, utilizamos classes internas anônimas e classes aninhadas para implementar rotinas de tratamento de evento de modo que os exemplos possam ser compilados e executados com o Java SE 7 e o Java SE 8. Em muitos dos exemplos, você pode implementar as interfaces funcionais ouvintes de eventos com lambdas do Java SE 8 (como demonstrado na Seção 17.9).

22.2 JSlider

O `JSlider` permite a um usuário selecionar a partir de um intervalo de valores inteiros. A classe `JSlider` herda de `JComponent`. A Figura 22.1 mostra um `JSlider` horizontal com **marcas de medida** e o **indicador** que permite a um usuário selecionar um valor. `JSliders` podem ser personalizados para exibir *marcas de medida maiores*, *marcas de medida menores* e rótulos para as marcas de medida. Eles também suportam **medidas de aderência**, que fazem o *indicador*, quando posicionado entre duas marcas de medida, aderir àquela mais próxima.

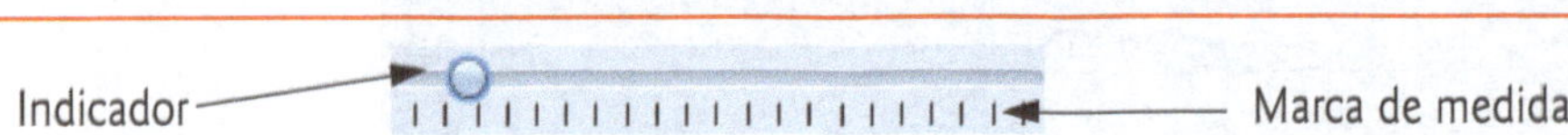

Figura 22.1 | Um componente `JSlider` com uma orientação horizontal.

A maioria dos componentes GUI Swing suporta interações de mouse e teclado — por exemplo, se um `JSlider` tem o foco (isto é, o componente GUI está atualmente selecionado na interface com o usuário), pressionar a tecla de seta para a esquerda ou para a direita faz o indicador do `JSlider` diminuir ou aumentar por 1, respectivamente. A tecla da seta para baixo e para cima também fazem com que o indicador diminua ou aumente por 1 medida, respectivamente. A *tecla PgDn* (*page down*) e a *tecla PgUp* (*page up*) fazem com que o marcador diminua ou aumente por **incrementos de bloco** de um décimo do intervalo de valores, respectivamente. A *tecla Home* move o indicador para o valor mínimo do `JSlider`, e a *tecla End*, para o valor máximo do `JSlider`.

Os `JSliders` têm uma orientação horizontal ou uma vertical. Para um `JSlider` horizontal, o valor mínimo está na extrema esquerda do `JSlider` e o valor máximo, na extrema direita. Para um `JSlider` vertical, o valor mínimo está na parte inferior e o valor máximo, na parte superior. As posições de valor mínimo e máximo em um `JSlider` podem ser alternadas chamando o método `JSlider` **`setInverted`** com argumento `boolean` `true`. A posição relativa do indicador indica o valor atual do `JSlider`.

O programa nas figuras 22.2 a 22.4 permite ao usuário dimensionar um círculo desenhado em uma subclasse de `JPanel` chamada de `OvalPanel` (Figura 22.2). O usuário especifica o diâmetro do círculo com um `JSlider` horizontal. A classe `OvalPanel` sabe desenhar um círculo em si mesma, utilizando sua própria variável de instância `diameter` para determinar o diâmetro do círculo — o `diameter` é utilizado como a largura e a altura do retângulo delimitador em que o círculo será exibido. O valor `diameter` é configurado quando o usuário interage com o `JSlider`. A rotina de tratamento de evento chama o método `setDiameter` na classe `OvalPanel` para configurar o `diameter` e chama `repaint` para desenhar o novo círculo. A chamada `repaint` resulta em uma chamada para o método `OvalPanel` `paintComponent`.

```java
// Figura 22.2: OvalPanel.java
// Uma classe JPanel personalizada.
import java.awt.Graphics;
import java.awt.Dimension;
import javax.swing.JPanel;

public class OvalPanel extends JPanel
{
   private int diameter = 10; // diâmetro padrão

   // desenha uma oval do diâmetro especificado
   @Override
   public void paintComponent(Graphics g)
   {
      super.paintComponent(g);
      g.fillOval(10, 10, diameter, diameter);
   }

   // valida e configura o diâmetro e então repinta
   public void setDiameter(int newDiameter)
   {
      // se diâmetro inválido, assume o padrão de 10
      diameter = (newDiameter >= 0 ? newDiameter : 10);
      repaint(); // repinta o painel
   }

   // utilizado pelo gerenciador de layout para determinar o tamanho preferido
   public Dimension getPreferredSize()
   {
      return new Dimension(200, 200);
   }

   // utilizado pelo gerenciador de layout para determinar o tamanho mínimo
   public Dimension getMinimumSize()
   {
      return getPreferredSize();
   }
} // fim da classe OvalPanel
```

Figura 22.2 | Subclasse `JPanel` para desenhar círculos de um diâmetro especificado.

```java
// Figura 22.3: SliderFrame.java
// Utilizando JSliders para dimensionar uma oval.
import java.awt.BorderLayout;
import java.awt.Color;
import javax.swing.JFrame;
import javax.swing.JSlider;
import javax.swing.SwingConstants;
import javax.swing.event.ChangeListener;
import javax.swing.event.ChangeEvent;

public class SliderFrame extends JFrame
{
   private final JSlider diameterJSlider; // slider para selecionar o diâmetro
   private final OvalPanel myPanel; // painel para desenhar um círculo

   // construtor sem argumento
   public SliderFrame()
   {
      super("Slider Demo");

      myPanel = new OvalPanel(); // cria o painel para desenhar um círculo
      myPanel.setBackground(Color.YELLOW);

      // configura o JSlider para controlar o valor do diâmetro
      diameterJSlider =
         new JSlider(SwingConstants.HORIZONTAL, 0, 200, 10);
      diameterJSlider.setMajorTickSpacing(10); // cria uma marca de medida a cada 10
      diameterJSlider.setPaintTicks(true); // pinta as marcas de medida no slider

      // registra o ouvinte de evento do JSlider
      diameterJSlider.addChangeListener(
         new ChangeListener() // classe interna anônima
         {
            // trata da alteração de valor do controle deslizante
            @Override
            public void stateChanged(ChangeEvent e)
            {
               myPanel.setDiameter(diameterJSlider.getValue());
            }
         }
      );

      add(diameterJSlider, BorderLayout.SOUTH);
      add(myPanel, BorderLayout.CENTER);
   }
} // fim da classe SliderFrame
```

Figura 22.3 | Valor do `JSlider` utilizado para determinar o diâmetro de um círculo.

```java
// Figura 22.4: SliderDemo.java
// Testando SliderFrame.
import javax.swing.JFrame;

public class SliderDemo
{
   public static void main(String[] args)
   {
      SliderFrame sliderFrame = new SliderFrame();
      sliderFrame.setDefaultCloseOperation(JFrame.EXIT_ON_CLOSE);
      sliderFrame.setSize(220, 270);
      sliderFrame.setVisible(true);
   }
} // fim da classe SliderDemo
```

continua

continuação

a) GUI inicial com círculo padrão

b) GUI depois que o usuário move o indicador de JSlider para a direita

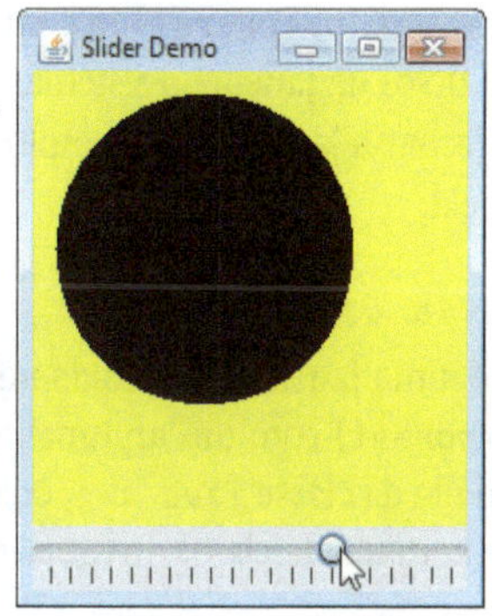

Figura 22.4 | Classe de teste para o `SliderFrame`.

A classe `OvalPanel` (Figura 22.2) contém um método `paintComponent` (linhas 12 a 17) que desenha uma oval preenchida (nesse exemplo, um círculo), um método `setDiameter` (linhas 20 a 25) que altera o `diameter` do círculo e `repaints` a `OvalPanel`, um método `getPreferredSize` (linhas 28 a 31) que retorna a largura e altura preferidas de uma `OvalPanel` e um método `getMinimumSize` (linhas 34 a 37) que retorna a largura e altura mínimas de uma `OvalPanel`. Os métodos `getPreferredSize` e `getMinimumSize` são utilizados por alguns gerenciadores de layout para determinar o tamanho de um componente.

A classe `SliderFrame` (Figura 22.3) cria o `JSlider` que controla o diâmetro do círculo. O construtor da classe `SliderFrame` (linhas 17 a 45) cria o objeto `OvalPanel myPanel` (linha 21) e configura sua cor de fundo (linha 22). As linhas 25 e 26 criam o objeto `JSlider diameterJSlider` para controlar o diâmetro do círculo desenhado no `OvalPanel`. O construtor `JSlider` recebe quatro argumentos. O primeiro especifica a orientação do `diameterJSlider`, que é `HORIZONTAL` (uma constante na interface `SwingConstants`). O segundo e o terceiro argumentos indicam os valores inteiros mínimo e máximo no intervalo de valores para este `JSlider`. O último argumento indica que o valor inicial do `JSlider` (isto é, onde o indicador é exibido) deve ser `10`.

As linhas 27 e 28 personalizam a aparência do `JSlider`. O método **`setMajorTickSpacing`** indica que cada marca de medida principal representa 10 valores no intervalo de valores suportados pelo `JSlider`. O método **`setPaintTicks`** com um argumento `true` indica que as marcas de medida devem ser exibidas (elas não são exibidas por padrão). Para outros métodos utilizados para personalizar a aparência de um `JSlider`, consulte a documentação on-line do `JSlider` (`docs.oracle.com/javase/7/docs/api/javax/swing/JSlider.html`).

`JSliders` geram **`ChangeEvents`** (pacote `javax.swing.event`) em resposta a interações do usuário. Um objeto de uma classe que implementa a interface **`ChangeListener`** (pacote `javax.swing.event`) e declara o método **`stateChanged`** pode responder a `ChangeEvents`. As linhas 31 a 41 registram um `ChangeListener` para tratar eventos do `diameterJSlider`. Quando o método `stateChanged` (linhas 35 a 39) é chamado em resposta a uma interação do usuário, a linha 38 chama o método `setDiameter` de `myPanel` e passa o valor atual do `JSlider` como um argumento. O método `JSlider` **`getValue`** retorna a posição atual do marcador.

22.3 Entendendo o Windows no Java

Um `JFrame` é uma **janela** com uma **barra de título** e uma **borda**. A classe `JFrame` é uma subclasse de `Frame` (pacote `java.awt`), que é uma subclasse de `Window` (pacote `java.awt`). Assim, `JFrame` é um dos componentes GUI Swing *pesados*. Ao exibir uma janela em um programa Java, a janela é fornecida pelo conjunto de ferramentas de janelas da plataforma local e, portanto, ela irá parecer qualquer outra janela exibida nessa plataforma. Quando um aplicativo Java executa em um Macintosh e exibe uma janela, a barra de título da janela e as bordas serão semelhantes àquelas de outros aplicativos do Macintosh. Quando um aplicativo Java é executado em um sistema Microsoft Windows e exibe uma janela, a barra de título e bordas da janela parecerão aquelas de outros aplicativos Microsoft Windows. E quando um aplicativo Java executar em uma plataforma UNIX e exibir uma janela, a barra de título da janela e as bordas serão semelhantes às dos outros aplicativos UNIX dessa plataforma.

Retornando recursos de janela ao sistema

Por padrão, quando o usuário fecha uma janela `JFrame`, ela é ocultada (isto é, removida da tela), mas você pode controlar isso com o método `JFrame` **`setDefaultCloseOperation`**. A interface **`WindowConstants`** (pacote `javax.swing`), cuja classe o `JFrame` implementa, declara três constantes — `DISPOSE_ON_CLOSE`, `DO_NOTHING_ON_CLOSE` e `HIDE_ON_CLOSE` (o padrão) — para uso com esse método. Algumas plataformas permitem que apenas um número limitado de janelas seja exibido na tela. Portanto, uma janela é um recurso valioso que deve ser devolvido ao sistema quando não for mais necessária. A classe `Window` (uma superclasse indireta de `JFrame`) declara o método **`dispose`** para esse propósito. Quando uma `janela` não é mais necessária em um aplicativo, você deve descartá-la explicitamente. Isso pode ser feito chamando o método `dispose` de `Window` ou chamando o método `setDefaultCloseOperation` com o argumento `WindowConstants.DISPOSE_ON_CLOSE`. Terminar um aplicativo também retornará os recursos da janela ao sistema. Usar `DO_NOTHING_ON_CLOSE` indica que o programa determinará o que fazer quando o usuário tentar fechar a janela. Por exemplo, o programa pode querer perguntar se deve salvar as alterações em um arquivo antes de fechar uma janela.

Exibindo e posicionando janelas

Por padrão, uma janela só é exibida na tela depois que o programa invoca o método `setVisible` da janela (herdado da classe `java.awt.Component`) com um argumento `true`. O tamanho de uma janela deve ser configurado com uma chamada ao método `setSize` (herdado da classe `java.awt.Component`). A posição de uma janela, quando aparece, na tela é especificada com o método **`setLocation`** (herdado da classe `java.awt.Component`).

Eventos de janela

Quando o usuário manipula a janela, essa ação gera **eventos de janela**. Os ouvintes de evento são registrados para eventos de janela com o método `Window` **`addWindowListener`**. A interface **`WindowListener`** fornece sete métodos de tratamento de eventos de janela — **`windowActivated`** (chamado quando o usuário torna uma janela a janela ativa), **`windowClosed`** (chamado depois de a janela ser fechada), **`windowClosing`** (chamado quando o usuário inicia o fechamento da janela), **`windowDeactivated`** (chamado quando o usuário torna outra janela a janela ativa), **`windowDeiconified`** (chamado quando o usuário restaura uma janela que está sendo minimizada), **`windowIconified`** (chamado quando o usuário minimiza uma janela) e **`windowOpened`** (chamado quando um programa exibe uma janela na tela pela primeira vez).

22.4 Utilizando menus com frames

Os **menus** são uma parte integrante das GUIs. Eles permitem que o usuário realize ações sem poluir desnecessariamente uma GUI com componentes extras. Em GUIs Swing, os menus podem ser anexados somente aos objetos das classes que fornecem o método **`setJMenuBar`**. Duas dessas classes são `JFrame` e `JApplet`. As classes usadas para declarar menus são `JMenuBar`, `JMenu`, `JMenuItem`, `CheckBoxMenuItem` e a classe `JRadioButtonMenuItem`.

Observação sobre a aparência e comportamento 22.1

Os menus simplificam as GUIs porque os componentes podem ser ocultos dentro deles. Esses componentes serão visíveis somente quando o usuário procurá-los selecionando no menu.

Visão geral dos vários componentes relacionados a menus

A classe **`JMenuBar`** (uma subclasse de `JComponent`) contém os métodos necessários para gerenciar uma **barra de menus**, que é um contêiner de menus. A classe **`JMenu`** (uma subclasse de `javax.swing.JMenuItem`) contém os métodos necessários para gerenciar menus. Os menus contêm itens de menu e são adicionados a barras de menus ou a outros menus como submenus. Quando um menu é clicado, ele se expande para mostrar sua lista dos itens de menu.

A classe **`JMenuItem`** (uma subclasse de `javax.swing.AbstractButton`) contém os métodos necessários para gerenciar **itens de menu**. Um item de menu é um componente GUI dentro de um menu que, quando selecionado, resulta em um evento de ação. Um item de menu pode ser utilizado para iniciar uma ação ou ser um **submenu** que fornece mais itens de menu a partir dos quais o usuário pode selecionar. Os submenus são úteis para agrupar itens de menu relacionados em um menu.

A classe **`JCheckBoxMenuItem`** (uma subclasse de `javax.swing.JMenuItem`) contém os métodos necessários para gerenciar itens de menu que podem ser ativados ou desativados. Quando um `JCheckBoxMenuItem` é selecionado, uma marca de verificação aparece à esquerda do item de menu. Quando o `JCheckBoxMenuItem` é selecionado novamente, a marca é removida.

A classe **`JRadioButtonMenuItem`** (uma subclasse de `javax.swing.JMenuItem`) contém os métodos necessários para gerenciar itens de menu que podem ser ativados ou desativados, como os `JCheckBoxMenuItems`. Quando múltiplos `JRadioButtonMenuItems` são mantidos como parte de um `ButtonGroup`, apenas um item do grupo pode ser selecionado de cada vez. Quando um `JRadioButtonMenuItem` é selecionado, um círculo preenchido aparece à esquerda do item de menu. Quando um outro `JRadioButtonMenuItem` é selecionado, o círculo preenchido do item de menu anteriormente selecionado é removido.

Usando menus em um aplicativo

As figuras 22.5 e 22.6 demonstram vários itens de menu e como especificar caracteres especiais chamados **mnemônicos** que podem fornecer acesso rápido a um menu ou item de menu a partir do teclado. Os mnemônicos podem ser utilizados com todas as subclasses de `javax.swing.AbstractButton`. A classe `MenuFrame` (Figura 22.5) cria a GUI e manipula os eventos de item de menu. A maior parte do código nesse aplicativo aparece no construtor da classe (linhas 34 a 151).

```
// Figura 22.5: MenuFrame.java
// Demonstrando menus.
import java.awt.Color;
import java.awt.Font;
import java.awt.BorderLayout;
import java.awt.event.ActionListener;
import java.awt.event.ActionEvent;
import java.awt.event.ItemListener;
import java.awt.event.ItemEvent;
import javax.swing.JFrame;
import javax.swing.JRadioButtonMenuItem;
import javax.swing.JCheckBoxMenuItem;
import javax.swing.JOptionPane;
import javax.swing.JLabel;
import javax.swing.SwingConstants;
import javax.swing.ButtonGroup;
import javax.swing.JMenu;
import javax.swing.JMenuItem;
import javax.swing.JMenuBar;

public class MenuFrame extends JFrame
{
   private final Color[] colorValues =
      {Color.BLACK, Color.BLUE, Color.RED, Color.GREEN};
   private final JRadioButtonMenuItem[] colorItems; // itens do menu Color
   private final JRadioButtonMenuItem[] fonts; // itens do menu Font
   private final JCheckBoxMenuItem[] styleItems; // itens do menu Font Style
   private final JLabel displayJLabel; // exibe texto de exemplo
   private final ButtonGroup fontButtonGroup; // gerencia itens do menu Font
   private final ButtonGroup colorButtonGroup; // gerencia itens do menu Color
   private int style; // utilizado para criar estilos de fontes

   // construtor sem argumento para configurar a GUI
   public MenuFrame()
   {
      super("Using JMenus");

      JMenu fileMenu = new JMenu("File"); // cria o menu File
      fileMenu.setMnemonic('F'); // configura o mnemônico como F

      // cria item de menu About...
      JMenuItem aboutItem = new JMenuItem("About...");
      aboutItem.setMnemonic('A'); // configura o mnemônico com A
      fileMenu.add(aboutItem); // adiciona o item about ao menu File
      aboutItem.addActionListener(
         new ActionListener() // classe interna anônima
         {
            // exibe um diálogo de mensagem quando o usuário seleciona About...
            @Override
            public void actionPerformed(ActionEvent event)
            {
               JOptionPane.showMessageDialog(MenuFrame.this,
                  "This is an example\nof using menus",
                  "About", JOptionPane.PLAIN_MESSAGE);
            }
         }
      );

      JMenuItem exitItem = new JMenuItem("Exit"); // cria o item exit
      exitItem.setMnemonic('x'); // configura o mnemônico como x
      fileMenu.add(exitItem); // adiciona o item exit ao menu File
      exitItem.addActionListener(
         new ActionListener() // classe interna anônima
         {
            // termina o aplicativo quando o usuário clica exitItem
            @Override
            public void actionPerformed(ActionEvent event)
            {
               System.exit(0); // encerra o aplicativo
            }
```

continua

continuação

```
         }
      );

      JMenuBar bar = new JMenuBar(); // cria a barra de menus
      setJMenuBar(bar); // adiciona uma barra de menus ao aplicativo
      bar.add(fileMenu); // adiciona o menu File à barra de menus

      JMenu formatMenu = new JMenu("Format"); // cria o menu Format
      formatMenu.setMnemonic('r'); // configura o mnemônico como r

      // array listando cores de string
      String[] colors = { "Black", "Blue", "Red", "Green" };

      JMenu colorMenu = new JMenu("Color"); // cria o menu Color
      colorMenu.setMnemonic('C'); // configura o mnemônico como C

      // cria itens de menu de botão de rádio para cores
      colorItems = new JRadioButtonMenuItem[colors.length];
      colorButtonGroup = new ButtonGroup(); // gerencia cores
      ItemHandler itemHandler = new ItemHandler(); // rotina de tratamento para cores

      // cria itens do menu Color com botões de opção
      for (int count = 0; count < colors.length; count++)
      {
         colorItems[count] =
            new JRadioButtonMenuItem(colors[count]); // cria o item
         colorMenu.add(colorItems[count]); // adiciona o item ao menu Color
         colorButtonGroup.add(colorItems[count]); // adiciona ao grupo
         colorItems[count].addActionListener(itemHandler);
      }

      colorItems[0].setSelected(true); // seleciona o primeiro item Color

      formatMenu.add(colorMenu); // adiciona o menu Color ao menu Format
      formatMenu.addSeparator(); // adiciona um separador no menu

      // array listando nomes de fonte
      String[] fontNames = { "Serif", "Monospaced", "SansSerif" };
      JMenu fontMenu = new JMenu("Font"); // cria a fonte do menu
      fontMenu.setMnemonic('n'); // configura o mnemônico como n

      // cria itens do menu radio button para nomes de fonte
      fonts = new JRadioButtonMenuItem[fontNames.length];
      fontButtonGroup = new ButtonGroup(); // gerencia os nomes das fontes

      // criar itens do menu Font com botões de opção
      for (int count = 0; count < fonts.length; count++)
      {
         fonts[count] = new JRadioButtonMenuItem(fontNames[count]);
         fontMenu.add(fonts[count]); // adiciona fonte ao menu Font
         fontButtonGroup.add(fonts[count]); // adiciona ao grupo de botões
         fonts[count].addActionListener(itemHandler); // adiciona rotina de tratamento
      }

      fonts[0].setSelected(true); // seleciona o primeiro item do menu Font
      fontMenu.addSeparator(); // adiciona uma barra separadora ao menu Font

      String[] styleNames = { "Bold", "Italic" }; // nomes dos estilos
      styleItems = new JCheckBoxMenuItem[styleNames.length];
      StyleHandler styleHandler = new StyleHandler(); // rotina de tratamento de estilo

      // cria itens do menu Style com caixas de seleção
      for (int count = 0; count < styleNames.length; count++)
      {
         styleItems[count] =
            new JCheckBoxMenuItem(styleNames[count]); // para estilo
         fontMenu.add(styleItems[count]); // adiciona ao menu Font
         styleItems[count].addItemListener(styleHandler); // rotina de tratamento
      }

      formatMenu.add(fontMenu); // adiciona o menu Font ao menu Format
```

continua

continuação

```
      bar.add(formatMenu); // adiciona o menu Format à barra de menus

      // configura o rótulo para exibir texto
      displayJLabel = new JLabel("Sample Text", SwingConstants.CENTER);
      displayJLabel.setForeground(colorValues[0]);
      displayJLabel.setFont(new Font("Serif", Font.PLAIN, 72));

      getContentPane().setBackground(Color.CYAN); // configura o fundo
      add(displayJLabel, BorderLayout.CENTER); // adiciona displayJLabel
   } // fim do construtor de MenuFrame

   // classe interna para tratar eventos de ação dos itens de menu
   private class ItemHandler implements ActionListener
   {
      // processa seleções de cor e fonte
      @Override
      public void actionPerformed(ActionEvent event)
      {
         // processa a seleção de cor
         for (int count = 0; count < colorItems.length; count++)
         {
            if (colorItems[count].isSelected())
            {
               displayJLabel.setForeground(colorValues[count]);
               break;
            }
         }

         // processa a seleção de fonte
         for (int count = 0; count < fonts.length; count++)
         {
            if (event.getSource() == fonts[count])
            {
               displayJLabel.setFont(
                  new Font(fonts[count].getText(), style, 72));
            }
         }

         repaint(); // redesenha o aplicativo
      }
   } // fim da classe ItemHandler

   // classe interna para tratar eventos de itens dos itens de menu da caixa de verificação
   private class StyleHandler implements ItemListener
   {
      // processa seleções de estilo da fonte
      @Override
      public void itemStateChanged(ItemEvent e)
      {
         String name = displayJLabel.getFont().getName(); // fonte atual
         Font font; // nova fonte com base nas seleções pelo usuário

         // determina quais itens estão marcados e cria Font
         if (styleItems[0].isSelected() &&
              styleItems[1].isSelected())
            font = new Font(name, Font.BOLD + Font.ITALIC, 72);
         else if (styleItems[0].isSelected())
            font = new Font(name, Font.BOLD, 72);
         else if (styleItems[1].isSelected())
            font = new Font(name, Font.ITALIC, 72);
         else
            font = new Font(name, Font.PLAIN, 72);

         displayJLabel.setFont(font);
         repaint(); // redesenha o aplicativo
      }
   }
} // fim da classe MenuFrame
```

Figura 22.5 | JMenus e mnemônicos.

```java
// Figura 22.6: MenuTest.java
// Testando MenuFrame.
import javax.swing.JFrame;

public class MenuTest
{
   public static void main(String[] args)
   {
      MenuFrame menuFrame = new MenuFrame();
      menuFrame.setDefaultCloseOperation(JFrame.EXIT_ON_CLOSE);
      menuFrame.setSize(500, 200);
      menuFrame.setVisible(true);
   }
} // fim da classe MenuTest
```

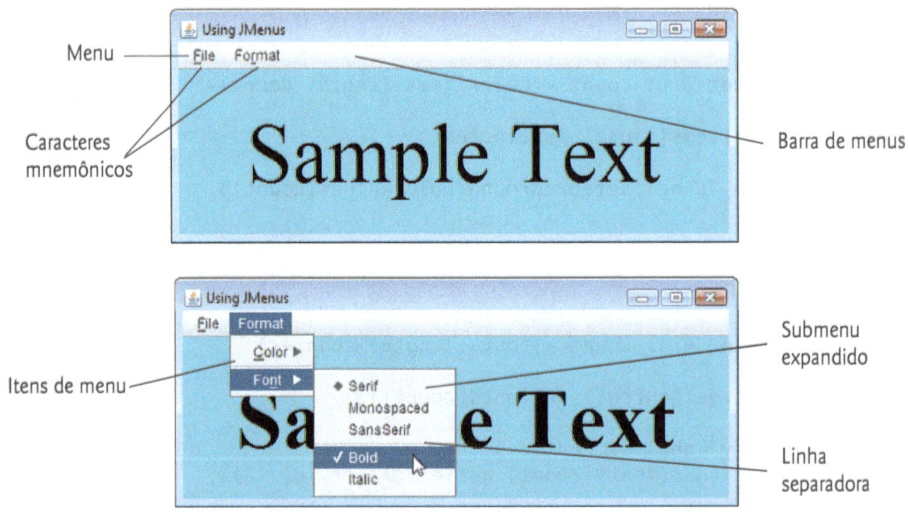

Figura 22.6 | Classe de teste para o `MenuFrame`.

Configurando o menu File

As linhas 38 a 76 configuram o menu **File** e o anexam à barra de menus. O menu **File** contém um item de menu **About...** que exibe um diálogo de mensagem quando o item de menu é selecionado e um item de menu **Exit** que pode ser selecionado para terminar o aplicativo. A linha 38 cria um `JMenu` e passa para o construtor a string `"File"` como o nome do menu. A linha 39 utiliza o método `JMenu` `setMnemonic` (herdado da classe `AbstractButton`) para indicar que `F` é o mnemônico desse menu. Pressionar a tecla *Alt* e a letra *F* abre o menu da mesma maneira que clicar o nome de menu com o mouse abriria. Na GUI, o caractere de mnemônico no nome do menu é exibido com um sublinhado. (Ver capturas de tela na Figura 22.6.)

Observação sobre a aparência e comportamento 22.2

Os mnemônicos fornecem acesso rápido a comandos de menu e comandos de botão pelo teclado.

Observação sobre a aparência e comportamento 22.3

Diferentes mnemônicos devem ser utilizados para cada botão ou item de menu. Normalmente, a primeira letra do rótulo no item de menu ou botão é utilizada como o mnemônico. Se diversos botões ou itens de menu iniciam com a mesma letra, escolha a próxima letra mais significativa do nome (por exemplo, x comumente é escolhido para um botão **Exit** *ou um item do menu). Mnemônicos não diferenciam entre maiúsculas e minúsculas.*

As linhas 42 e 43 criam `JMenuItem aboutItem` com o texto "`About...`" e configuram seu mnemônico como a letra `A`. Esse item de menu é adicionado a `fileMenu` na linha 44 com o método `add` `JMenu`. Para acessar o item de menu **About...** pelo teclado, pressione a tecla *Alt* e a letra *F* para abrir o menu **File**, então pressione *A* para selecionar o item de menu **About...**. As linhas 46 a 56 criam um `ActionListener` para processar o evento de ação de `aboutItem`. As linhas 52 a 54 exibem uma caixa de diálogo de mensagem. Na maioria das utilizações anteriores de `showMessageDialog`, o primeiro argumento era `null`. O propósito do primeiro argumento é especificar a **janela pai**, que ajuda a determinar onde a caixa de diálogo será exibida. Se a janela pai for especificada como `null`, a caixa de diálogo aparecerá no centro da tela. Caso contrário, ela aparece centralizada na janela pai especificada. Neste exemplo, o programa especifica a janela pai com `MenuFrame.this` — a referência `this` do objeto `MenuFrame`. Ao utilizar a referência `this` em uma classe interna, especificar `this` sozinha faz referência ao objeto da classe interna. Para representar objetos da classe externa com a referência `this`, qualifique `this` com o nome da classe externa e um ponto (`.`).

Lembre-se de que caixas de diálogo são tipicamente modais. Uma caixa de diálogo modal não permite que qualquer outra janela do aplicativo seja acessada até que a caixa de diálogo seja fechada. Os diálogos exibidos com a classe `JOptionPane` são modais. A classe **`JDialog`** pode ser utilizada para criar seus próprios diálogos modais ou não modais.

As linhas 59 a 72 criam o item de menu `exitItem`, configuram seus mnemônicos como `x`, adicionam a `fileMenu` e registram um `ActionListener` que termina o programa quando o usuário seleciona `exitItem`. As linhas 74 a 76 criam o `JMenuBar`, adicionam essa barra de menus à janela com o método `JFrame` `setJMenuBar` e usam o método `JMenuBar` **`add`** para anexar o `fileMenu` ao `JMenuBar`.

Observação sobre a aparência e comportamento 22.4

Os menus aparecem da esquerda para a direita na ordem em que eles são adicionados a um `JMenuBar`.

Configurando o menu Format

As linhas 78 e 79 criam o `formatMenu` e definem seu mnemônico como `r`. `F` não é usado porque esse é o mnemônico do menu **File**. As linhas 84 e 85 criam `colorMenu` (isso será um submenu em **Format**) e definem seu mnemônico como `C`. A linha 88 cria o array `JRadioButtonMenuItem colorItems`, que fará referência aos itens do menu em `colorMenu`. A linha 89 cria `ButtonGroup colorButtonGroup`, o que garante que apenas um dos itens do submenu **Color** é selecionado de cada vez. A linha 90 cria uma instância da classe interna `ItemHandler` (declarada nas linhas 154 a 181) que responde a seleções nos submenus **Color** e **Font** (discutidos mais adiante). O loop nas linhas 93 a 100 cria cada `JRadioButtonMenuItem` no array `colorItems`, adiciona cada item de menu a `colorMenu` e a `colorButtonGroup` e registra o `ActionListener` para cada item de menu.

A linha 102 invoca o método `AbstractButton` **`setSelected`** para selecionar o primeiro elemento no array `colorItems`. A linha 104 adiciona `colorMenu` como um submenu de `formatMenu`. A linha 105 invoca o método `JMenu` **`addSeparator`** para adicionar uma linha **separadora** horizontal ao menu.

Observação sobre a aparência e comportamento 22.5

Um submenu é criado adicionando um menu como um item de menu a um outro menu.

Observação sobre a aparência e comportamento 22.6

Separadores podem ser adicionados a um menu para agrupar itens de menu logicamente.

Observação sobre a aparência e comportamento 22.7

Qualquer `JComponent` *pode ser adicionado a um* `JMenu` *ou a um* `JMenuBar`.

As linhas 108 a 126 criam o submenu **Font** e vários `JRadioButtonMenuItems` e selecionam o primeiro elemento do array `JRadioButtonMenuItem fonts`. A linha 129 cria um array `JCheckBoxMenuItem` para representar os itens de menu a fim de especificar os estilos negrito e itálico para as fontes. A linha 130 cria uma instância da classe interna `StyleHandler` (declarada nas linhas 185 a 208) para responder aos eventos de `JCheckBoxMenuItem`. A instrução `for` nas linhas 133 a 139 cria cada `JCheckBoxMenuItem`, adiciona esses itens ao `fontMenu` e registra seu `ItemListener`. A linha 141 adiciona `fontMenu` como um submenu de `formatMenu`. A linha 142 adiciona o `formatMenu` a `bar` (a barra de menus).

Criando o restante da GUI e definindo as rotinas de tratamento de evento

As linhas 145 a 147 criam um `JLabel` para o qual os itens do menu **Format** controlam a fonte, cor de fonte e estilo de fonte. A cor inicial de primeiro plano é definida como o primeiro elemento do array `colorValues` (`Color.BLACK`) chamando o método `JComponent` **`setForeground`**. A fonte inicial é definida como `Serif` com estilo `PLAIN` e um tamanho em pontos de `72`. A linha 149 configura a cor de fundo do painel de conteúdo da janela como ciano e a linha 150 anexa o `JLabel` ao `CENTER` do painel de conteúdo `BorderLayout`.

O método `actionPerformed` da classe `ItemHandler` (linhas 157 a 181) utiliza duas instruções `for` para determinar qual item de menu de fonte ou de cor gerou o evento e configura a fonte ou cor do `JLabel displayLabel`, respectivamente. A condição `if` na linha 163 usa o método `AbstractButton` **`isSelected`** para determinar o `JRadioButtonMenuItem` selecionado. A condição `if` na linha 173 invoca o objeto de evento do método `getSource` para obter uma referência ao `JRadioButtonMenuItem` que gerou o evento. A linha 176 invoca o método `AbstractButton getText` para obter o nome da fonte a partir do item de menu.

O método `StyleHandler itemStateChanged` (linhas 188 a 207) é chamado se o usuário selecionar um `JCheckBoxMenuItem` no `fontMenu`. As linhas 195 a 203 determinam quais `JCheckBoxMenuItems` estão selecionados e usam seu estado combinado para determinar o novo estilo de fonte.

22.5 JPopupMenu

Aplicativos muitas vezes fornecem **menus pop-up sensíveis ao contexto** por diversas razões — eles podem ser convenientes, pode não haver uma barra de menu e as opções que eles exibem podem ser específicas a componentes individuais na tela. No Swing, esses menus são criados com a classe **`JPopupMenu`** (uma subclasse de `JComponent`). Esses menus oferecem opções que são específicas para o componente em que o **evento desencadeador pop-up** ocorreu — na maioria dos sistemas, quando o usuário pressiona e libera o botão direito do mouse.

Observação sobre a aparência e comportamento 22.8

O evento de acionamento do pop-up é específico da plataforma. Na maioria das plataformas que utilizam um mouse com múltiplos botões, o evento de acionamento do pop-up ocorre quando o usuário clica com o botão direito do mouse em um componente que suporta um menu pop-up.

O aplicativo nas figuras 22.7 e 22.8 cria um `JPopupMenu` que permite ao usuário selecionar uma de três cores e alterar a cor de fundo da janela. Quando o usuário clica com o botão direito do mouse sobre o fundo da janela `PopupFrame`, aparece um `JPopupMenu` que contém cores. Se o usuário clicar em um `JRadioButtonMenuItem` de uma cor, o método `ItemHandler actionPerformed` altera a cor de fundo do painel de conteúdo da janela.

A linha 25 do construtor `PopupFrame` (Figura 22.7, linhas 21 a 70) cria uma instância da classe `ItemHandler` (declarada nas linhas 73 a 89) que processará os eventos dos itens a partir dos itens de menu do menu pop-up. A linha 29 cria o `JPopupMenu`. A instrução `for` (linhas 33 a 39) cria um objeto `JRadioButtonMenuItem` (linha 35), adiciona-o a `popupMenu` (linha 36), adiciona-o a `ButtonGroup colorGroup` (linha 37) para manter um `JRadioButtonMenuItem` selecionado de cada vez e registra seu `ActionListener` (linha 38). A linha 41 configura o fundo inicial como branco, invocando o método `setBackground`.

```
1  // Figura 22.7: PopupFrame.java
2  // Demonstrando JPopupMenus.
3  import java.awt.Color;
4  import java.awt.event.MouseAdapter;
5  import java.awt.event.MouseEvent;
6  import java.awt.event.ActionListener;
7  import java.awt.event.ActionEvent;
8  import javax.swing.JFrame;
9  import javax.swing.JRadioButtonMenuItem;
10 import javax.swing.JPopupMenu;
11 import javax.swing.ButtonGroup;
12
13 public class PopupFrame extends JFrame
14 {
15    private final JRadioButtonMenuItem[] items; // contém itens para cores
16    private final Color[] colorValues =
17       { Color.BLUE, Color.YELLOW, Color.RED }; // cores a serem utilizadas
18    private final JPopupMenu popupMenu; // permite que o usuário selecione a cor
19
20    // construtor sem argumento configure a GUI
21    public PopupFrame()
22    {
```

continua

continuação

```
      super("Using JPopupMenus");

      ItemHandler handler = new ItemHandler(); // rotina de tratamento para itens de menu
      String[] colors = { "Blue", "Yellow", "Red" };

      ButtonGroup colorGroup = new ButtonGroup(); // gerencia itens de cor
      popupMenu = new JPopupMenu(); // cria menu pop-up
      items = new JRadioButtonMenuItem[colors.length];

      // cria item de menu, adiciona-o ao menu pop-up, permite tratamento de eventos
      for (int count = 0; count < items.length; count++)
      {
         items[count] = new JRadioButtonMenuItem(colors[count]);
         popupMenu.add(items[count]); // adiciona o item ao menu pop-up
         colorGroup.add(items[count]); // adiciona o item ao grupo de botões
         items[count].addActionListener(handler); // adiciona handler
      }

      setBackground(Color.WHITE);

      // declara um MouseListener para a janela a fim de exibir o menu pop-up
      addMouseListener(
         new MouseAdapter() // classe interna anônima
         {
            // trata eventos de pressionamento do mouse
            @Override
            public void mousePressed(MouseEvent event)
            {
               checkForTriggerEvent(event);
            }

            // trata eventos de liberação de botão do mouse
            @Override
            public void mouseReleased(MouseEvent event)
            {
               checkForTriggerEvent(event);
            }

            // determina se o evento deve acionar o menu pop-up
            private void checkForTriggerEvent(MouseEvent event)
            {
               if (event.isPopupTrigger())
                  popupMenu.show(
                     event.getComponent(), event.getX(), event.getY());
            }
         }
      );
   } // fim do construtor PopupFrame

   // classe interna privada para tratar eventos de item de menu
   private class ItemHandler implements ActionListener
   {
      // processa seleções de itens de menu
      @Override
      public void actionPerformed(ActionEvent event)
      {
         // determina qual item de menu foi selecionado
         for (int i = 0; i < items.length; i++)
         {
            if (event.getSource() == items[i])
            {
               getContentPane().setBackground(colorValues[i]);
               return;
            }
         }
      }
   } // fim da classe interna privada ItemHandler
} // fim da classe PopupFrame
```

Figura 22.7 | JPopupMenu para selecionar cores.

```java
// Figura 22.8: PopupTest.java
// Testando PopupFrame.
import javax.swing.JFrame;

public class PopupTest
{
   public static void main(String[] args)
   {
      PopupFrame popupFrame = new PopupFrame();
      popupFrame.setDefaultCloseOperation(JFrame.EXIT_ON_CLOSE);
      popupFrame.setSize(300, 200);
      popupFrame.setVisible(true);
   }
} // fim da classe PopupTest
```

Figura 22.8 | Classe de teste para o `PopupFrame`.

As linhas 44 a 69 registram um `MouseListener` para lidar com os eventos do mouse da janela do aplicativo. Os métodos `mousePressed` (linhas 48 a 52) e `mouseReleased` (linhas 55 a 59) verificam o evento disparador do pop-up. Cada método chama o método utilitário privado `checkForTriggerEvent` (linhas 62 a 67) para determinar se o evento de disparo de pop-up ocorreu. Se sim, o método `MouseEvent` **`isPopupTrigger`** retorna `true`, e o método `JPopupMenu` **`show`** exibe o `JPopupMenu`. O primeiro argumento para o método `show` especifica o **componente de origem**, cuja posição ajuda a determinar onde o `JPopupMenu` aparecerá na tela. Os dois últimos argumentos são as coordenadas *x* e *y* (medidas do canto superior esquerdo do componente de origem) em que o `JPopupMenu` deve aparecer.

Observação sobre a aparência e comportamento 22.9

Exibir um `JPopupMenu` para o evento de acionamento de pop-up de múltiplos componentes GUI requer o registro de rotinas de tratamento de eventos de mouse para cada um desses componentes GUI.

Quando o usuário seleciona um item no menu pop-up, o método `actionPerformed` da classe `ItemHandler` (linhas 76 a 88) determina qual `JRadioButtonMenuItem` o usuário selecionou e configura a cor de fundo do painel de conteúdo da janela.

22.6 Aparência e comportamento plugáveis

Um programa que utiliza componentes AWT GUI do Java (pacote `java.awt`) assume a aparência e comportamento da plataforma em que o programa executa. Um aplicativo Java executando em um Mac OS X se parece com outros aplicativos do Mac OS X, um executando no Microsoft Windows se parece com outros aplicativos do Windows, e um executando em uma plataforma Linux se parece com outros aplicativos nessa plataforma Linux. Às vezes, isso é desejável porque permite que os usuários do aplicativo em cada plataforma utilizem componentes GUI com os quais eles já estão familiarizados. Mas isso também introduz questões interessantes de portabilidade.

Dica de portabilidade 22.1

Componentes GUI muitas vezes têm uma aparência diferente em plataformas distintas (fontes, tamanhos de fonte, bordas de componente etc.) e podem exigir diferentes quantidades de espaço para que sejam exibidos. Isso poderia alterar os layouts e alinhamentos da GUI.

Dica de portabilidade 22.2

Componentes GUI em plataformas diferentes têm funcionalidades-padrão diferentes, por exemplo, nem todas as plataformas permitem que um botão com o foco seja "pressionado" com a barra de espaço.

Componentes GUI de peso leve do Swing eliminam muitas dessas questões fornecendo funcionalidades uniformes em todas as plataformas e definindo uma aparência e comportamento uniformes entre as plataformas. A Seção 12.2 introduziu a aparência e o comportamento do *Nimbus*. Versões anteriores do Java utilizavam a **aparência e o comportamento metálicos**, que ainda é o padrão. O Swing também fornece a flexibilidade para personalizar a aparência e comportamento com um estilo Microsoft Windows (somente em sistemas Windows), um estilo Motif (UNIX) (em diferentes plataformas) ou um estilo Macintosh (somente em sistemas Mac).

As figuras 22.9 e 22.10 demonstram uma maneira de mudar a aparência e comportamento de uma GUI Swing. Criam-se vários componentes GUI, assim você pode ver a mudança na aparência e no comportamento ao mesmo tempo. As janelas de saída mostram as aparências e os comportamentos Metal, Nimbus, CDE/Motif, Windows e Windows Classic que estão disponíveis nos sistemas Windows. A aparência e comportamento instalados irão variar de acordo com a plataforma.

Abrangemos anteriormente os componentes GUI e os conceitos das rotinas de tratamento de evento nesse exemplo, então aqui focalizaremos o mecanismo para alterar a aparência e o comportamento. A classe **`UIManager`** (pacote `javax.swing`) contém uma classe aninhada **`LookAndFeelInfo`** (uma classe `public static`) que mantém as informações sobre aparência e comportamento. A linha 20 (Figura 22.9) declara um array do tipo `UIManager.LookAndFeelInfo` (observe a sintaxe utilizada para identificar a classe interna `static`). A linha 34 utiliza o método **`getInstalledLookAndFeels`** de `UIManager static` para obter o array dos objetos `UIManager.LookAndFeelInfo` que descrevem cada aparência e comportamento disponível no seu sistema.

Dica de desempenho 22.1

Cada aparência e comportamento é representada por uma classe Java. O método `UIManager getInstalledLookAndFeels` não carrega cada classe. Em vez disso, fornece os nomes das classes de aparência e comportamento disponíveis de modo que uma escolha possa ser feita (presumivelmente uma vez na inicialização do programa). Isso reduz o overhead de ter de carregar todas as classes de aparência e comportamento mesmo se o programa não utilizar algumas delas.

```
1  // Figura 22.9: LookAndFeelFrame.java
2  // Alterando a aparência e o comportamento.
3  import java.awt.GridLayout;
4  import java.awt.BorderLayout;
5  import java.awt.event.ItemListener;
6  import java.awt.event.ItemEvent;
7  import javax.swing.JFrame;
8  import javax.swing.UIManager;
9  import javax.swing.JRadioButton;
10 import javax.swing.ButtonGroup;
11 import javax.swing.JButton;
12 import javax.swing.JLabel;
13 import javax.swing.JComboBox;
14 import javax.swing.JPanel;
15 import javax.swing.SwingConstants;
16 import javax.swing.SwingUtilities;
17
18 public class LookAndFeelFrame extends JFrame
19 {
20    private final UIManager.LookAndFeelInfo[] looks;
21    private final String[] lookNames; // nomes da aparência e do comportamento
22    private final JRadioButton[] radio; // para selecionar a aparência e o comportamento
23    private final ButtonGroup group; // grupo para botões de rádio
24    private final JButton button; // exibe a aparência do botão
25    private final JLabel label; // exibe a aparência do rótulo
26    private final JComboBox<String> comboBox; // exibe a aparência da caixa de combinação
27
28    // configura a GUI
29    public LookAndFeelFrame()
30    {
31       super("Look and Feel Demo");
32
33       // obtém as informações sobre a aparência e comportamento instaladas
34       looks = UIManager.getInstalledLookAndFeels();
```

continua

continuação

```
      lookNames = new String[looks.length];

      // obtém os nomes das aparências e comportamentos instalados
      for (int i = 0; i < looks.length; i++)
         lookNames[i] = looks[i].getName();

      JPanel northPanel = new JPanel();
      northPanel.setLayout(new GridLayout(3, 1, 0, 5));

      label = new JLabel("This is a " + lookNames[0] + " look-and-feel",
         SwingConstants.CENTER);
      northPanel.add(label);

      button = new JButton("JButton");
      northPanel.add(button);

      comboBox = new JComboBox<String>(lookNames);
      northPanel.add(comboBox);

      // cria um array para botões de opção
      radio = new JRadioButton[looks.length];

      JPanel southPanel = new JPanel();

      // usa um GridLayout com três botões em cada linha
      int rows = (int) Math.ceil(radio.length / 3.0);
      southPanel.setLayout(new GridLayout(rows, 3));

      group = new ButtonGroup(); // grupo de botões para aparências e comportamentos
      ItemHandler handler = new ItemHandler(); // rotina de tratamento de aparência e comportamento

      for (int count = 0; count < radio.length; count++)
      {
         radio[count] = new JRadioButton(lookNames[count]);
         radio[count].addItemListener(handler); // adiciona rotina de tratamento
         group.add(radio[count]); // adiciona botão de opções ao grupo
         southPanel.add(radio[count]); // adiciona botão de opções ao painel
      }

      add(northPanel, BorderLayout.NORTH); // adiciona o painel North
      add(southPanel, BorderLayout.SOUTH); // adiciona o painel South

      radio[0].setSelected(true); // configura a seleção padrão
   } // fim do construtor LookAndFeelFrame

   // utiliza UIManager para alterar a aparência e comportamento da GUI
   private void changeTheLookAndFeel(int value)
   {
      try // muda a aparência e comportamento
      {
         // configura a aparência e comportamento para esse aplicativo
         UIManager.setLookAndFeel(looks[value].getClassName());

         // atualiza os componentes nesse aplicativo
         SwingUtilities.updateComponentTreeUI(this);
      }
      catch (Exception exception)
      {
         exception.printStackTrace();
      }
   }

   // classe interna private para tratar eventos de botão de opção
   private class ItemHandler implements ItemListener
   {
      // processa a seleção de aparência e comportamento feita pelo usuário
      @Override
      public void itemStateChanged(ItemEvent event)
      {
         for (int count = 0; count < radio.length; count++)
```

continua

continuação

```
            {
               if (radio[count].isSelected())
               {
                  label.setText(String.format(
                     "This is a %s look-and-feel", lookNames[count]));
                  comboBox.setSelectedIndex(count); // configura o índice da caixa de combinação
                  changeTheLookAndFeel(count); // muda a aparência e comportamento
               }
            }
         }
      } // fim da classe interna privada ItemHandler
   } // fim da classe LookAndFeelFrame
```

Figura 22.9 | Aparência e comportamento de uma GUI baseada no Swing.

```
// Figura 22.10: LookAndFeelDemo.java
// Alterando a aparência e comportamento.
import javax.swing.JFrame;

public class LookAndFeelDemo
{
   public static void main(String[] args)
   {
      LookAndFeelFrame lookAndFeelFrame = new LookAndFeelFrame();
      lookAndFeelFrame.setDefaultCloseOperation(JFrame.EXIT_ON_CLOSE);
      lookAndFeelFrame.setSize(400, 220);
      lookAndFeelFrame.setVisible(true);
   }
} // fim da classe LookAndFeelDemo
```

Figura 22.10 | Classe de teste para o `LookAndFeelFrame`.

Nosso método utilitário `changeTheLookAndFeel` (linhas 81 a 95) é chamado pela rotina de tratamento de evento para os `JRadioButtons` na parte inferior da interface com o usuário. A rotina de tratamento de evento (declarada na classe interna `private ItemHandler` nas linhas 98 a 115) passa um inteiro que representa o elemento do array `looks` que deve ser utilizado para alterar a aparência e comportamento. A linha 86 invoca o método `static` **`setLookAndFeel`** de `UIManager` para alterar a aparência e comportamento. O método **`getClassName`** da classe `UIManager.LookAndFeelInfo` determina o nome da classe de aparência e comportamento que corresponde ao objeto `UIManager.LookAndFeelInfo`. Se a aparência e comportamento ainda não tiverem sido carregados, eles serão carregados como parte da chamada a `setLookAndFeel`. A linha 89 invoca o método `static` **`updateComponentTreeUI`** da classe **`SwingUtilities`** (pacote `javax.swing`) para alterar a aparência e comportamento de cada componente GUI anexado ao seu argumento (instância `this` da nossa classe de aplicativo `LookAndFeelFrame`) para a nova aparência e comportamento.

22.7 `JDesktopPane` e `JInternalFrame`

A **interface de múltiplos documentos (MDI)** é uma janela principal (chamada **janela pai**) contendo outras janelas (chamadas **janelas filhas**) e é muitas vezes usada para gerenciar vários documentos abertos. Por exemplo, muitos programas de correio eletrônico permitem ter várias janelas abertas ao mesmo tempo, assim você pode compor ou ler múltiplas mensagens de correio eletrônico simultaneamente. De maneira semelhante, vários processadores de texto permitem que o usuário abra múltiplos documentos em janelas separadas dentro de uma janela principal, tornando possível alternar entre elas sem fechar uma e abrir outra. O aplicativo nas figuras 22.11 e 22.12 demonstra as classes **`JDesktopPane`** e **`JInternalFrame`** do Swing para implementar interfaces de múltiplos documentos.

```java
// Figura 22.11: DesktopFrame.java
// Demonstrando JDesktopPane
import java.awt.BorderLayout;
import java.awt.Dimension;
import java.awt.Graphics;
import java.awt.event.ActionListener;
import java.awt.event.ActionEvent;
import java.util.Random;
import javax.swing.JFrame;
import javax.swing.JDesktopPane;
import javax.swing.JMenuBar;
import javax.swing.JMenu;
import javax.swing.JMenuItem;
import javax.swing.JInternalFrame;
import javax.swing.JPanel;
import javax.swing.ImageIcon;

public class DesktopFrame extends JFrame
{
   private final JDesktopPane theDesktop;

   // configura a GUI
   public DesktopFrame()
   {
      super("Using a JDesktopPane");

      JMenuBar bar = new JMenuBar();
      JMenu addMenu = new JMenu("Add");
      JMenuItem newFrame = new JMenuItem("Internal Frame");

      addMenu.add(newFrame); // adiciona um novo item de quadro ao menu Add
      bar.add(addMenu); // adiciona o menu Add à barra de menus
      setJMenuBar(bar); // configura a barra de menus para esse aplicativo

      theDesktop = new JDesktopPane();
      add(theDesktop); // adiciona painel de área de trabalho ao quadro

      // configura o ouvinte para o item de menu newFrame
      newFrame.addActionListener(
         new ActionListener() // classe interna anônima
```

continua

continuação

```
41            {
42               // exibe a nova janela interna
43               @Override
44               public void actionPerformed(ActionEvent event)
45               {
46                  // cria o quadro interno
47                  JInternalFrame frame = new JInternalFrame(
48                     "Internal Frame", true, true, true, true);
49
50                  MyJPanel panel = new MyJPanel();
51                  frame.add(panel, BorderLayout.CENTER);
52                  frame.pack(); // configura o quadro interno de acordo com o tamanho do conteúdo
53
54                  theDesktop.add(frame); // anexa o quadro interno
55                  frame.setVisible(true); // mostra o quadro interno
56               }
57            }
58         );
59      } // fim do construtor DesktopFrame
60   } // fim da classe DesktopFrame
61
62   // classe para exibir um ImageIcon em um painel
63   class MyJPanel extends JPanel
64   {
65      private static final SecureRandom generator = new SecureRandom();
66      private final ImageIcon picture; // imagem a ser exibida
67      private final static String[] images = { "yellowflowers.png",
68         "purpleflowers.png", "redflowers.png", "redflowers2.png",
69         "lavenderflowers.png" };
70
71      // carrega a imagem
72      public MyJPanel()
73      {
74         int randomNumber = generator.nextInt(images.length);
75         picture = new ImageIcon(images[randomNumber]); // configura o ícone
76      }
77
78      // exibe imageIcon no painel
79      @Override
80      public void paintComponent(Graphics g)
81      {
82         super.paintComponent(g);
83         picture.paintIcon(this, g, 0, 0); // exibe o ícone
84      }
85
86      // retorna as dimensões da imagem
87      public Dimension getPreferredSize()
88      {
89         return new Dimension(picture.getIconWidth(),
90            picture.getIconHeight());
91      }
92   } // fim da classe MyJPanel
```

Figura 22.11 | Interface de múltiplos documentos.

As linhas 27 a 33 criam um `JMenuBar`, um `JMenu` e um `JMenuItem`, adicionam o `JMenuItem` ao `JMenu`, adicionam o `JMenu` ao `JMenuBar` e definem o `JMenuBar` para a janela do aplicativo. Quando o usuário seleciona o `JMenuItem` `newFrame`, o aplicativo cria e exibe um novo objeto `JInternalFrame` contendo uma imagem.

A linha 35 atribui a variável `theDesktop` `JDesktopPane` (pacote `javax.swing`) a um novo objeto `JDesktopPane` que será usado para gerenciar as janelas filhas `JInternalFrame`. A linha 36 adiciona o `JDesktopPane` ao `JFrame`. Por padrão, o `JDesktopPane` é adicionado ao centro do painel de conteúdo `BorderLayout` e então o `JDesktopPane` se expande para preencher a janela inteira do aplicativo.

```java
// Figura 22.12: DesktopTest.java
// Demonstrando JDesktopPane.
import javax.swing.JFrame;

public class DesktopTest
{
   public static void main(String[] args)
   {
      DesktopFrame desktopFrame = new DesktopFrame();
      desktopFrame.setDefaultCloseOperation(JFrame.EXIT_ON_CLOSE);
      desktopFrame.setSize(600, 480);
      desktopFrame.setVisible(true);
   }
} // fim da classe DesktopTest
```

Figura 22.12 | Classe de teste para o `DeskTopFrame`.

As linhas 39 a 58 registram um `ActionListener` para tratar o evento quando o usuário seleciona o item de menu `newFrame`. Quando o evento ocorre, o método `actionPerformed` (linhas 43 a 56) cria um objeto `JInternalFrame` nas linhas 47 e 48. O construtor `JInternalFrame` aqui utilizado recebe cinco argumentos — uma `String` para a barra de título da janela interna, um `boolean` indicando se o frame interno pode ser redimensionado pelo usuário, um `boolean` indicando se o frame interno pode ser fechado pelo usuário, um `boolean` indicando se o frame interno pode ser maximizado pelo usuário e um `boolean` indicando se o frame interno pode ser minimizado pelo usuário. Para cada um dos argumentos `boolean`, um valor `true` indica que a operação deve ser permitida (como é o caso aqui).

Como com `JFrames` e `JApplets`, um `JInternalFrame` tem um painel de conteúdo a que componentes GUI podem ser anexados. A linha 50 cria uma instância da nossa classe `MyJPanel` (declarada nas linhas 63 a 91) que é adicionada ao `JInternalFrame` na linha 51.

A linha 52 utiliza o método `JInternalFrame` **pack** para configurar o tamanho da janela filha. O método `pack` utiliza os tamanhos preferidos dos componentes para determinar o tamanho da janela. A classe `MyJPanel` declara o método `getPreferredSize` (linhas 87 a 91) para especificar o tamanho preferido do painel para utilização pelo método `pack`. A linha 54 adiciona o `JInternalFrame` ao `JDesktopPane` e a linha 55 exibe o `JInternalFrame`.

As classes `JInternalFrame` e `JDesktopPane` fornecem muitos métodos para gerenciar janelas filhas. Consulte a documentação on-line da API de `JInternalFrame` e `JDesktopPane` para listas completas desses métodos:

```
docs.oracle.com/javase/7/docs/api/javax/swing/JInternalFrame.html
docs.oracle.com/javase/7/docs/api/javax/swing/JDesktopPane.html
```

22.8 JTabbedPane

Um **JTabbedPane** organiza componentes GUI em camadas, das quais somente uma é visível de cada vez. Os usuários acessam cada camada por uma guia — semelhante a pastas em um gabinete de arquivos. Quando o usuário clica em uma guia, a camada apropriada é exibida. As guias aparecem na parte superior por padrão, mas também podem ser posicionadas à esquerda, direita ou parte inferior do `JTabbedPane`. Qualquer componente pode ser posicionado em uma guia. Se o componente for um contêiner, como um painel, ele poderá utilizar qualquer gerenciador de layout para organizar vários componentes na guia. A classe `JTabbedPane` é uma subclasse de `JComponent`. O aplicativo nas figuras 22.13 e 22.14 cria um painel com três abas. Cada guia exibe um dos `JPanels` — `panel1`, `panel2` ou `panel3`.

```
// Figura 22.13: JTabbedPaneFrame.java
// Demonstrando o JTabbedPane.
import java.awt.BorderLayout;
import java.awt.Color;
import javax.swing.JFrame;
import javax.swing.JTabbedPane;
import javax.swing.JLabel;
import javax.swing.JPanel;
import javax.swing.JButton;
import javax.swing.SwingConstants;

public class JTabbedPaneFrame extends JFrame
{
   // configura a GUI
   public JTabbedPaneFrame()
   {
      super("JTabbedPane Demo");

      JTabbedPane tabbedPane = new JTabbedPane(); // cria o JTabbedPane

      // configura o panel1 e o adiciona ao JTabbedPane
      JLabel label1 = new JLabel("panel one", SwingConstants.CENTER);
      JPanel panel1 = new JPanel();
      panel1.add(label1);
      tabbedPane.addTab("Tab One", null, panel1, "First Panel");

      // configura o panel2 e o adiciona a JTabbedPane
      JLabel label2 = new JLabel("panel two", SwingConstants.CENTER);
      JPanel panel2 = new JPanel();
      panel2.setBackground(Color.YELLOW);
      panel2.add(label2);
```

continua

continuação

```
32         tabbedPane.addTab("Tab Two", null, panel2, "Second Panel");
33 
34         // configura o panel3 e o adiciona a JTabbedPane
35         JLabel label3 = new JLabel("panel three");
36         JPanel panel3 = new JPanel();
37         panel3.setLayout(new BorderLayout());
38         panel3.add(new JButton("North"), BorderLayout.NORTH);
39         panel3.add(new JButton("West"), BorderLayout.WEST);
40         panel3.add(new JButton("East"), BorderLayout.EAST);
41         panel3.add(new JButton("South"), BorderLayout.SOUTH);
42         panel3.add(label3, BorderLayout.CENTER);
43         tabbedPane.addTab("Tab Three", null, panel3, "Third Panel");
44 
45         add(tabbedPane); // adiciona o JTabbedPane ao frame
46      }
47   } // fim da classe JTabbedPaneFrame
```

Figura 22.13 | `JTabbedPane` utilizado para organizar componentes GUI.

```
// Figura 22.14: JTabbedPaneDemo.java
// Demonstrando o JTabbedPane.
import javax.swing.JFrame;

public class JTabbedPaneDemo
{
   public static void main(String[] args)
   {
      JTabbedPaneFrame tabbedPaneFrame = new JTabbedPaneFrame();
      tabbedPaneFrame.setDefaultCloseOperation(JFrame.EXIT_ON_CLOSE);
      tabbedPaneFrame.setSize(250, 200);
      tabbedPaneFrame.setVisible(true);
   }
} // fim da classe JTabbedPaneDemo
```

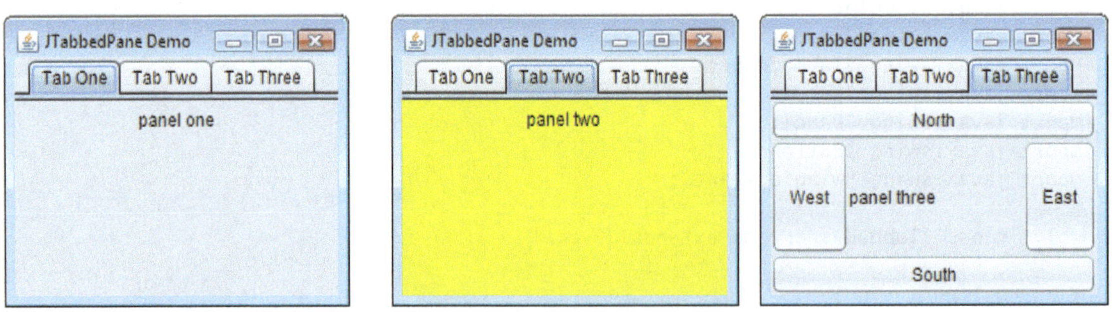

Figura 22.14 | Classe de teste para o `JTabbedPaneFrame`.

O construtor (linhas 15 a 46) constrói a GUI. A linha 19 cria um `JTabbedPane` vazio com as configurações padrão — isto é, guias ao longo da parte superior. Se as guias não se ajustarem em uma linha, elas serão empacotadas a fim de formar linhas adicionais das guias. Em seguida, o construtor cria os `JPanels` `panel1`, `panel2` e `panel3` e seus componentes GUI. À medida que configuramos cada painel, nós o adicionamos ao `tabbedPane` utilizando o método `JTabbedPane` **addTab** com quatro argumentos. O primeiro argumento é uma `String` que especifica o título da guia. O segundo argumento é uma referência `Icon` que especifica um ícone a ser exibido na guia. Se o `Icon` for uma referência `null`, nenhuma imagem será exibida. O terceiro argumento é uma referência `Component` que representa o componente GUI a ser exibido quando o usuário clica na guia. O último argumento é uma `String` que especifica a dica de ferramenta para a guia. Por exemplo, a linha 25 adiciona o `JPanel` `panel1` ao `tabbedPane` com o título `"Tab One"` e a dica de ferramenta `"First Panel"`. Os `JPanels` `panel2` e `panel3` são adicionados ao `tabbedPane` nas linhas 32 e 43. Para visualizar uma guia, clique nela com o mouse ou utilize as teclas de seta para alternar as guias.

22.9 Gerenciador de layout BoxLayout

No Capítulo 12, introduzimos três gerenciadores de layout — `FlowLayout`, `BorderLayout` e `GridLayout`. Esta seção e a Seção 22.10 apresentam dois gerenciadores de layout adicionais (resumidos na Figura 22.15). Eles serão discutidos nos exemplos a seguir.

O gerenciador de layout `BoxLayout` (no pacote `javax.swing`) organiza os componentes GUI horizontalmente ao longo do eixo *x* ou verticalmente ao longo do eixo *y* de um contêiner. O aplicativo nas figuras 22.16 e 22.17 demonstra o `BoxLayout` e a classe contêiner `Box`, que utiliza o `BoxLayout` como seu gerenciador padrão de layout.

Gerenciador de layout	Descrição
`BoxLayout`	Permite que componentes GUI sejam dispostos da esquerda para a direita ou de cima para baixo em um contêiner. A classe `Box` declara um contêiner que usa `BoxLayout` e fornece métodos `static` para criar um `Box` com um `BoxLayout` horizontal ou vertical.
`GridBagLayout`	Semelhante a `GridLayout`, mas o tamanho dos componentes pode variar e podem ser adicionados em qualquer ordem.

Figura 22.15 | Gerenciadores de layout adicionais.

```java
// Figura 22.16: BoxLayoutFrame.java
// Demonstrando BoxLayout.
import java.awt.Dimension;
import javax.swing.JFrame;
import javax.swing.Box;
import javax.swing.JButton;
import javax.swing.BoxLayout;
import javax.swing.JPanel;
import javax.swing.JTabbedPane;

public class BoxLayoutFrame extends JFrame
{
   // configura a GUI
   public BoxLayoutFrame()
   {
      super("Demonstrating BoxLayout");

      // cria contêineres Box com BoxLayout
      Box horizontal1 = Box.createHorizontalBox();
      Box vertical1 = Box.createVerticalBox();
      Box horizontal2 = Box.createHorizontalBox();
      Box vertical2 = Box.createVerticalBox();

      final int SIZE = 3; // número de botões em cada Box

      // adiciona botões a Box horizontal1
      for (int count = 0; count < SIZE; count++)
         horizontal1.add(new JButton("Button " + count));

      // cria um suporte e adiciona botões a Box vertical1
      for (int count = 0; count < SIZE; count++)
      {
         vertical1.add(Box.createVerticalStrut(25));
         vertical1.add(new JButton("Button " + count));
      }

      // cria a cola horizontal e adiciona botões a Box horizontal2
      for (int count = 0; count < SIZE; count++)
      {
         horizontal2.add(Box.createHorizontalGlue());
         horizontal2.add(new JButton("Button " + count));
      }

      // cria uma área rígida e adiciona botões a Box vertical2
      for (int count = 0; count < SIZE; count++)
      {
         vertical2.add(Box.createRigidArea(new Dimension(12, 8)));
         vertical2.add(new JButton("Button " + count));
```

continua

continuação

```
      }

      // cria cola vertical e adiciona botões ao painel
      JPanel panel = new JPanel();
      panel.setLayout new BoxLayout(panel, BoxLayout.Y_AXIS) ();

      for (int count = 0; count < SIZE; count++)
      {
         panel.add(Box.createGlue());
         panel.add(new JButton("Button " + count));
      }

      // cria um JTabbedPane
      JTabbedPane tabs = new JTabbedPane(
         JTabbedPane.TOP, JTabbedPane.SCROLL_TAB_LAYOUT);

      // coloca cada contêiner no painel com guias
      tabs.addTab("Horizontal Box", horizontal1);
      tabs.addTab("Vertical Box with Struts", vertical1);
      tabs.addTab("Horizontal Box with Glue", horizontal2);
      tabs.addTab("Vertical Box with Rigid Areas", vertical2);
      tabs.addTab("Vertical Box with Glue", panel);

      add(tabs); // coloca o painel com guias no frame
   } // fim do construtor BoxLayoutFrame
} // fim da classe BoxLayoutFrame
```

Figura 22.16 | Gerenciador de layout `BoxLayout`.

```
// Figura 22.17: BoxLayoutDemo.java
// Demonstrando BoxLayout.
import javax.swing.JFrame;

public class BoxLayoutDemo
{
   public static void main(String[] args)
   {
      BoxLayoutFrame boxLayoutFrame = new BoxLayoutFrame();
      boxLayoutFrame.setDefaultCloseOperation(JFrame.EXIT_ON_CLOSE);
      boxLayoutFrame.setSize(400, 220);
      boxLayoutFrame.setVisible(true);
   }
} // fim da classe BoxLayoutDemo
```

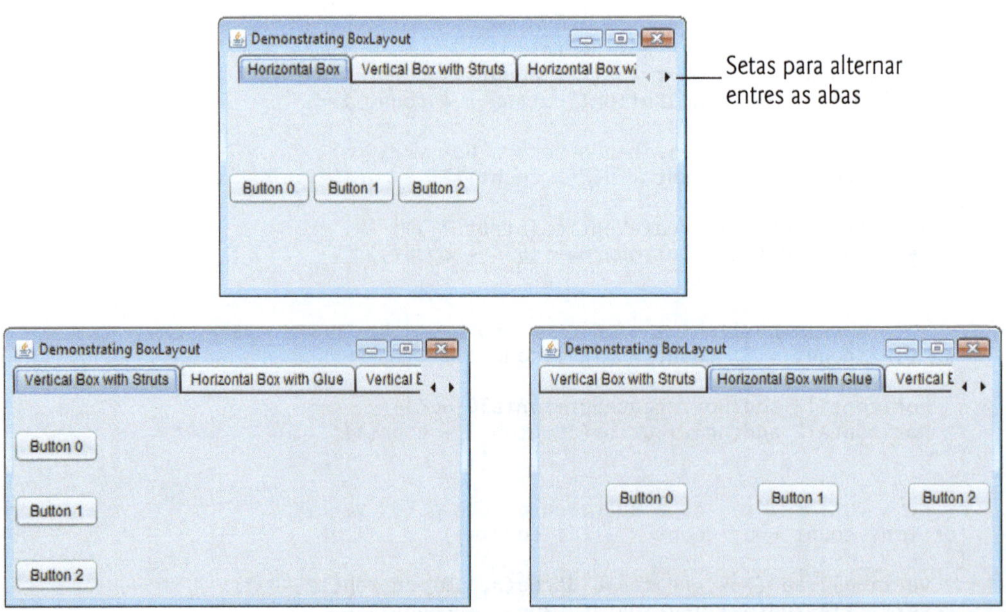

continua

continuação

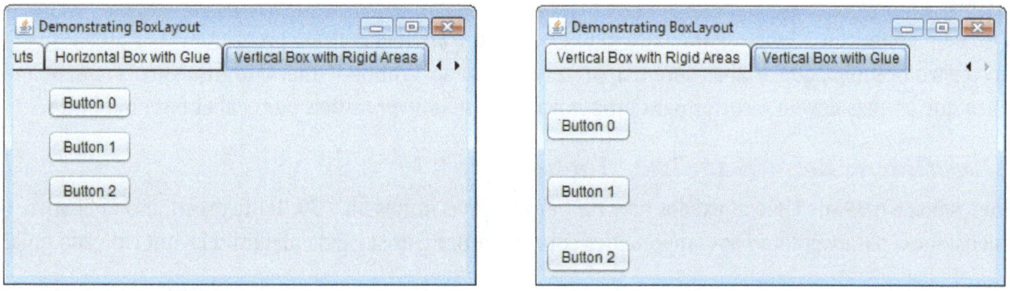

Figura 22.17 | Classe de teste para o `BoxLayoutFrame`.

Criando contêineres Box

As linhas 19 a 22 criam contêineres `Box`. As referências `horizontal1` e `horizontal2` são inicializadas com método `static` `Box` `createHorizontalBox`, que retorna um contêiner `Box` com um `BoxLayout` horizontal em que os componentes GUI são organizados da esquerda para a direita. As variáveis `vertical1` e `vertical2` são inicializadas com o método `static` `Box` **`createVerticalBox`**, que retorna referências aos contêineres `Box` com um `BoxLayout` vertical, no qual os componentes GUI são organizados de cima para baixo.

Struts

O loop nas linhas 27 e 28 adiciona três `JButtons` a `horizontal1`. A estrutura `for` nas linhas 31 a 35 adiciona três `JButtons` ao `vertical1`. Antes de adicionar cada botão, a linha 33 adiciona uma **estrutura vertical** ao contêiner com o método `static` `Box` **`createVerticalStrut`**. Uma estrutura vertical é um componente GUI invisível que tem uma altura fixa em pixels e é utilizado para garantir uma quantidade fixa de espaço entre os componentes GUI. O argumento `int` para o método `createVerticalStrut` determina a altura da estrutura em pixels. Quando o contêiner é redimensionado, a distância entre os componentes GUI separados por struts não muda. A classe `Box` também declara o método **`createHorizontalStrut`** para `BoxLayouts` horizontais.

Cola

A estrutura `for` nas linhas 38 a 42 adiciona três `JButtons` ao `horizontal2`. Antes de adicionar cada botão, a linha 40 adiciona a **cola horizontal** ao contêiner com o método `static` `Box` **`createHorizontalGlue`**. A cola horizontal é um componente GUI invisível que pode ser utilizado entre componentes GUI de tamanho fixo para ocupar espaço adicional. Normalmente, o espaço extra aparece à direita do último componente GUI horizontal ou abaixo do último vertical em um `BoxLayout`. A cola permite que espaço extra seja colocado entre componentes GUI. Quando o contêiner é redimensionado, componentes separados por componentes de cola permanecem no mesmo tamanho, mas a cola se expande ou se contrai para ocupar o espaço entre eles. A classe `Box` também declara o método **`createVerticalGlue`** para `BoxLayouts` verticais.

Áreas rígidas

A estrutura `for` nas linhas 45 a 49 adiciona três `JButtons` ao `vertical2`. Antes de cada botão ser adicionado, a linha 47 adiciona uma **área rígida** ao contêiner com o método `static` `Box` **`createRigidArea`**. Uma área rígida é um componente GUI invisível que sempre tem a largura e altura fixas em pixels. O argumento para o método `createRigidArea` é um objeto `Dimension` que especifica a largura e altura da área.

Definindo um BoxLayout *para um* Container

As linhas 52 e 53 criam um objeto `JPanel` e configuram seu layout como um `BoxLayout` da maneira convencional, utilizando o método `Container` `setLayout`. O construtor `BoxLayout` recebe uma referência ao contêiner cujo layout ele controla, e uma constante indicando se o layout é horizontal (**`BoxLayout.X_AXIS`**) ou vertical (**`BoxLayout.Y_AXIS`**).

Adicionando Glue *e* JButtons

A estrutura `for` nas linhas 55 a 59 adiciona três `JButtons` ao `panel`. Antes de adicionar cada botão, a linha 57 adiciona um componente de cola ao contêiner com o método `static` `Box` **`createGlue`**. Esse componente expande ou contrai com base no tamanho da classe `Box`.

Criando o JTabbedPane

As linhas 62 e 63 criam um `JTabbedPane` para exibir os cinco contêineres nesse programa. O argumento `JTabbedPane.TOP` enviado para o construtor indica que as abas devem aparecer no topo do `JTabbedPane`. O argumento `JTabbedPane.SCROLL_TAB_LAYOUT` especifica que as abas devem recorrer para uma nova linha se houver muitas para caber em uma linha.

Anexando os contêineres Box e JPanel ao JTabbedPane

Os contêineres `Box` e o `JPanel` são anexados ao `JTabbedPane` nas linhas 66 a 70. Tente executar o aplicativo. Quando a janela aparecer, redimensione-a para ver como os componentes cola, estrutura e área rígida afetam o layout em cada guia.

22.10 Gerenciador de layout GridBagLayout

Um dos gerenciadores de layout mais poderosos predefinidos é `GridBagLayout` (no pacote `java.awt`). Esse layout é semelhante a `GridLayout` pelo fato de que organiza os componentes em uma grade, mas é mais flexível. Os componentes podem variar em tamanho (isto é, eles podem ocupar múltiplas linhas e colunas) e ser adicionados em qualquer ordem.

O primeiro passo na utilização de `GridBagLayout` é determinar a aparência da GUI. Para este passo você precisa somente de um pedaço de papel. Desenhe a GUI e, então, desenhe uma grade sobre ela, dividindo os componentes nas linhas e colunas. Os números iniciais de linhas e colunas devem ser 0, de modo que o gerenciador de layout `GridBagLayout` possa utilizar os números de linha e coluna para posicionar adequadamente os componentes na grade. A Figura 22.18 demonstra como desenhar linhas e colunas sobre uma GUI.

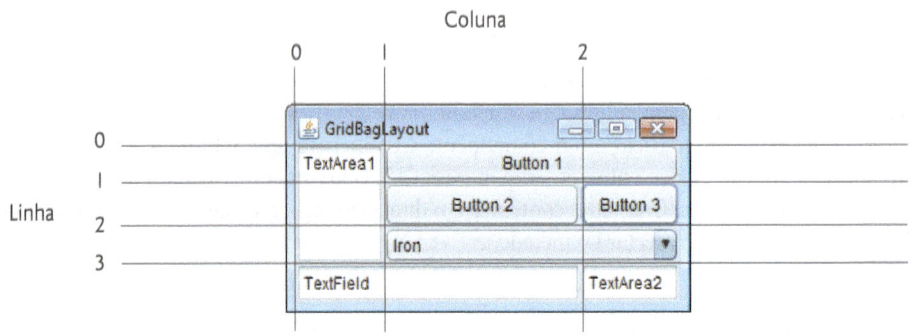

Figura 22.18 | Projetando uma GUI que utilizará `GridBagLayout`.

GridBagConstraints

Um objeto `GridBagConstraints` descreve como um componente é posicionado em um `GridBagLayout`. Vários campos `GridBagConstraints` estão resumidos na Figura 22.19.

Campo	Descrição
`anchor`	Especifica a posição relativa (`NORTH`, `NORTHEAST`, `EAST`, `SOUTHEAST`, `SOUTH`, `SOUTHWEST`, `WEST`, `NORTHWEST`, `CENTER`) do componente em uma área que ele não preenche.
`fill`	Redimensiona o componente na direção especificada (`NONE`, `HORIZONTAL`, `VERTICAL`, `BOTH`) quando a área de exibição for maior que o componente.
`gridx`	A coluna em que o componente será colocado.
`gridy`	A linha em que o componente será colocado.
`gridwidth`	O número de colunas que o componente ocupa.
`gridheight`	O número de linhas que o componente ocupa.
`weightx`	A quantidade de espaço extra a alocar horizontalmente. O componente na grade pode tornar-se mais largo se houver espaço extra disponível.
`weighty`	A quantidade de espaço extra a alocar verticalmente. O componente na grade pode tornar-se mais alto se houver espaço extra disponível.

Figura 22.19 | Campos `GridBagConstraints`.

Campo GridBagConstraints anchor

O campo `GridBagConstraints` `anchor` especifica a posição relativa do componente em uma área que ele não preenche. Atribui-se à variável `anchor` uma das seguintes constantes `GridBagConstraints`: `NORTH`, `NORTHEAST`, `EAST`, `SOUTHEAST`, `SOUTH`, `SOUTHWEST`, `WEST`, `NORTHWEST` ou `CENTER`. O valor padrão é `CENTER`.

Campo GridBagConstraints fill

O campo `GridBagConstraints` `fill` define como o componente aumenta se a área em que pode ser exibido for maior que o componente. Atribui-se à variável `fill` uma das seguintes constantes `GridBagConstraints`: `NONE`, `VERTICAL`, `HORIZONTAL` ou `BOTH`. O valor padrão é `NONE`, o que indica que o componente não crescerá em nenhuma direção. `VERTICAL` indica que ele crescerá verticalmente. `HORIZONTAL` indica que ele crescerá horizontalmente. `BOTH` indica que ele crescerá em ambas as direções.

Campos GridBagConstraints gridx e gridy

As variáveis `gridx` e `gridy` especificam onde o canto superior esquerdo do componente é posicionado na grade. A variável `gridx` corresponde à coluna, e a variável `gridy`, à linha. Na Figura 22.18, o `JComboBox` (exibindo "`Iron`") tem um valor `gridx` de 1 e um valor `gridy` de 2.

Campo GridBagConstraints gridwidth

A variável `gridwidth` especifica o número de colunas que um componente ocupa. O `JComboBox` ocupa duas colunas. A variável `gridheight` especifica o número de linhas que um componente ocupa. A `JTextArea` à esquerda da Figura 22.18 ocupa três linhas.

Campo GridBagConstraints weightx

A variável `weightx` especifica como distribuir o espaço horizontal extra para componentes na grade em um `GridBagLayout` quando o contêiner é redimensionado. Um valor zero indica que o componente na grade não aumenta horizontalmente por conta própria. Entretanto, se o componente distribui uma coluna contendo um componente com valor `weightx` diferente de zero, o componente com o valor `weightx` de zero crescerá horizontalmente na mesma proporção que o(s) outro(s) componente(s) dessa coluna. Isso ocorre porque cada componente deve ser mantido na mesma linha e coluna em que foi originalmente posicionado.

Campo GridBagConstraints weighty

A variável `weighty` especifica como distribuir espaço vertical extra para componentes na grade em um `GridBagLayout` quando o contêiner é redimensionado. Um valor zero indica que o componente na grade não aumenta verticalmente por conta própria. Entretanto, se o componente se distribui por uma linha contendo um componente com valor `weighty` diferente de zero, o componente com o valor `weighty` de zero cresce verticalmente na mesma proporção que o(s) outro(s) componente(s) na mesma linha.

Efeitos de weightx e weighty

Na Figura 22.18, os efeitos de `weighty` e `weightx` não podem ser vistos facilmente até que o contêiner seja redimensionado e espaço adicional torne-se disponível. Os componentes com valores de peso maiores ocupam mais do espaço adicional que aqueles com valores de peso menores.

Os componentes devem receber valores de peso positivos diferentes de zero — caso contrário, eles "se amontoam" no meio do contêiner. A Figura 22.20 mostra a GUI da Figura 22.18 com todos os pesos configurados como zero.

Demonstrando GridBagLayout

O aplicativo nas figuras 22.21 e 22.22 utiliza o gerenciador de layout `GridBagLayout` para organizar os componentes da GUI na Figura 22.18. O aplicativo não faz nada, exceto demonstrar como usar `GridBagLayout`.

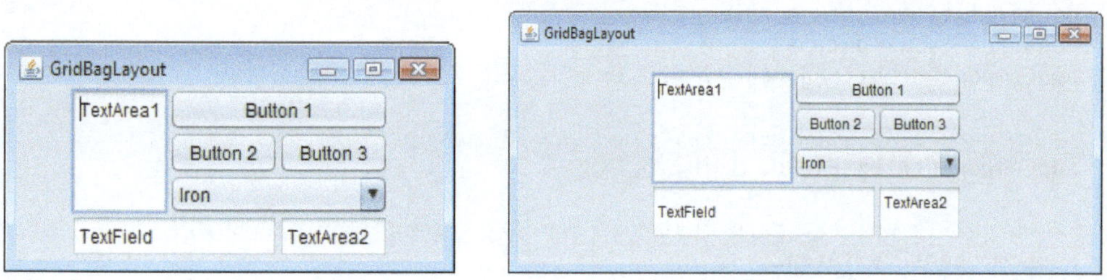

Figura 22.20 | `GridBagLayout` com os pesos configurados como zero.

```java
// Figura 22.21: GridBagFrame.java
// Demonstrando GridBagLayout.
import java.awt.GridBagLayout;
import java.awt.GridBagConstraints;
import java.awt.Component;
import javax.swing.JFrame;
import javax.swing.JTextArea;
import javax.swing.JTextField;
import javax.swing.JButton;
import javax.swing.JComboBox;

public class GridBagFrame extends JFrame
{
   private final GridBagLayout layout; // layout desse frame
   private final GridBagConstraints constraints; // restrições de layout

   // configura a GUI
   public GridBagFrame()
   {
      super("GridBagLayout");
      layout = new GridBagLayout();
      setLayout(layout); // configura o layout de frame
      constraints = new GridBagConstraints(); // instancia restrições

      // cria componentes GUI
      JTextArea textArea1 = new JTextArea("TextArea1", 5, 10);
      JTextArea textArea2 = new JTextArea("TextArea2", 2, 2);

      String[] names = { "Iron", "Steel", "Brass" };
      JComboBox<String> comboBox = new JComboBox<String>(names);

      JTextField textField = new JTextField("TextField");
      JButton button1 = new JButton("Button 1");
      JButton button2 = new JButton("Button 2");
      JButton button3 = new JButton("Button 3");

      // weightx e weighty para textArea1 são 0: o padrão
      // anchor para todos os componentes CENTER: o padrão
      constraints.fill = GridBagConstraints.BOTH;
      addComponent(textArea1, 0, 0, 1, 3);

      // weightx e weighty para button1 são 0: o padrão
      constraints.fill = GridBagConstraints.HORIZONTAL;
      addComponent(button1, 0, 1, 2, 1);

      // weightx e weighty para comboBox são 0: o padrão
      // fill é HORIZONTAL
      addComponent(comboBox, 2, 1, 2, 1);

      // button2
      constraints.weightx = 1000;  // pode crescer na largura
      constraints.weighty = 1;     // pode crescer na altura
      constraints.fill = GridBagConstraints.BOTH;
      addComponent(button2, 1, 1, 1, 1);

      // preenchimento é BOTH para button3
      constraints.weightx = 0;
      constraints.weighty = 0;
      addComponent(button3, 1, 2, 1, 1);

      // weightx e weighty para textField são 0, preenchimento é BOTH
      addComponent(textField, 3, 0, 2, 1);

      // weightx e weighty para textArea2 são 0, preenchimento é BOTH
      addComponent(textArea2, 3, 2, 1, 1);
   } // fim do construtor GridBagFrame

   // método para configurar restrições em
```

continua

continuação

```
   private void addComponent(Component component,
      int row, int column, int width, int height)
   {
      constraints.gridx = column;
      constraints.gridy = row;
      constraints.gridwidth = width;
      constraints.gridheight = height;
      layout.setConstraints(component, constraints); // configura constraints
      add(component); // adiciona componente
   }
} // fim da classe GridBagFrame
```

Figura 22.21 | Gerenciador de layout `GridBagLayout`.

```
// Figura 22.22: GridBagDemo.java
// Demonstrando GridBagLayout.
import javax.swing.JFrame;

public class GridBagDemo
{
   public static void main(String[] args)
   {
      GridBagFrame gridBagFrame = new GridBagFrame();
      gridBagFrame.setDefaultCloseOperation(JFrame.EXIT_ON_CLOSE);
      gridBagFrame.setSize(300, 150);
      gridBagFrame.setVisible(true);
   }
} // fim da classe GridBagDemo
```

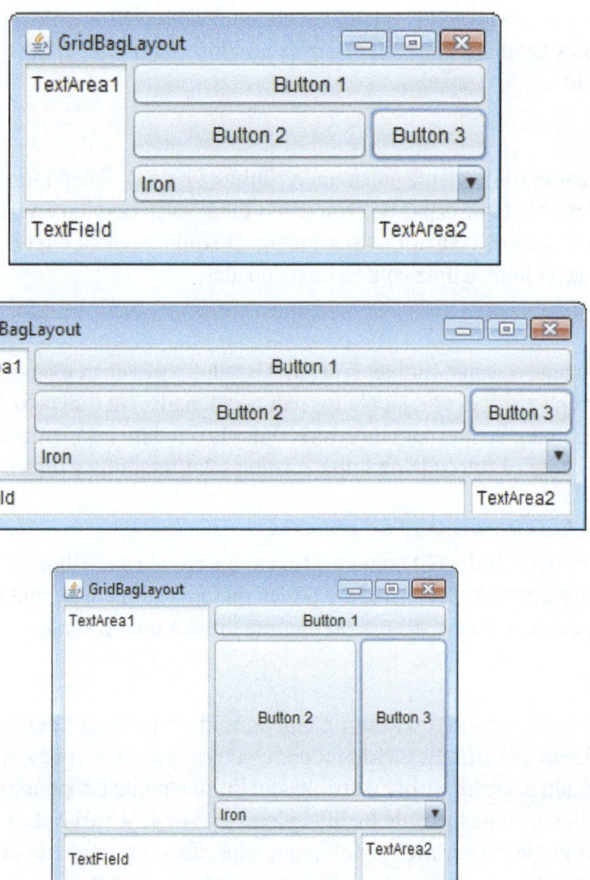

Figura 22.22 | Classe de teste para o `GridBagFrame`.

Visão geral da GUI

A GUI contém três JButtons, duas JTextAreas, um JComboBox e um JTextField. O gerenciador de layout é GridBagLayout. As linhas 21 e 22 criam o objeto GridBagLayout e configuram o gerenciador de layout para o JFrame como layout. A linha 23 cria o objeto GridBagConstraints utilizado para determinar a localização e o tamanho de cada componente na grade. As linhas 26 a 35 criam cada componente GUI que será adicionado ao painel de conteúdo.

JTextArea textArea1

As linhas 39 e 40 configuram a JTextArea textArea1 e a adicionam ao painel de conteúdo. Os valores para weightx e weighty não são especificados em constraints, então cada um tem o valor zero por padrão. Portanto, a JTextArea não redimensionará a si própria mesmo se o espaço estiver disponível. Entretanto, ele se distribui por múltiplas linhas, então o tamanho vertical está sujeito aos valores weighty dos JButtons button2 e button3. Quando um botão é redimensionado verticalmente com base no seu valor weighty, a JTextArea também é redimensionada.

A linha 39 configura a variável fill em constraints como GridBagConstraints.BOTH, fazendo com que a JTextArea sempre preencha toda a sua área alocada na grade. Um valor anchor não é especificado em constraints, então o padrão de CENTER é utilizado. Não utilizamos a variável anchor nesse aplicativo, assim todos os componentes utilizarão o padrão. A linha 40 chama nosso método utilitário addComponent (declarado nas linhas 69 a 78). O objeto JTextArea, a linha, a coluna, o número de colunas a distribuir e o número de linhas a distribuir são passados como argumentos.

JButton button1

JButton button1 é o próximo componente adicionado (linhas 43 e 44). Por padrão, os valores de weightx e weighty ainda são zero. A variável fill é configurada como HORIZONTAL — o componente sempre ocupará sua área na direção horizontal. A direção vertical não é ocupada. Como o valor weighty é zero, o botão se tornará mais alto somente se outro componente na mesma linha tiver um valor weighty diferente de zero. JButton button1 está localizado na linha 0, coluna 1. Uma linha e duas colunas são ocupadas.

JComboBox comboBox

JComboBox comboBox é o próximo componente adicionado (linha 48). Por padrão, os valores de weightx e weighty são zero e a variável fill é configurada como HORIZONTAL. O botão JComboBox crescerá somente na direção horizontal. As variáveis weightx, weighty e fill retêm os valores definidos em constraints até que sejam alteradas. O botão JComboBox é colocado na linha 2, coluna 1. Uma linha e duas colunas são ocupadas.

JButton button2

JButton button2 é o próximo componente adicionado (linhas 51 a 54). É dado um valor de weightx de 1000 e um valor de weighty de 1. A área ocupada pelo botão é capaz de crescer nas direções horizontal e vertical. A variável fill é configurada como BOTH, que especifica que o botão sempre ocupará a área inteira. Quando a janela é redimensionada, button2 crescerá. O botão é colocado na linha 1, coluna 1. Uma linha e uma coluna são ocupadas.

JButton button3

JButton button3 é adicionado a seguir (linhas 57 a 59). Os valores weightx e weighty são configurados como zero e o valor de fill é BOTH. JButton button3 crescerá se a janela for redimensionada; ele é afetado pelos valores de peso de button2. O valor weightx para button2 é muito maior do que para button3. Quando o redimensionamento ocorrer, button2 ocupará uma porcentagem maior do novo espaço. O botão é colocado na linha 1, coluna 2. Uma linha e uma coluna são ocupadas.

JTextField textField e JTextArea textArea2

Tanto o JTextField textField (linha 62) como o JTextArea textArea2 (linha 65) têm um valor weightx de 0 e um valor weighty de 0. O valor de fill é BOTH. O JTextField é posicionado na linha 3, coluna 0 e a JTextArea na linha 3, coluna 2. O JTextField ocupa uma linha e duas colunas, a JTextArea uma linha e uma coluna.

Método addComponent

Os parâmetros do método addComponent são um component de referência Component e os inteiros row, column, width e height. As linhas 72 e 73 definem as variáveis GridBagConstraints gridx e gridy. A variável gridx é atribuída à coluna em que o Component será posicionado e o valor gridy é atribuído à linha em que Component será posicionado. As linhas 74 e 75 configuram as variáveis gridwidth e gridheight de GridBagConstraints. A variável gridwidth especifica o número de colunas que o Component estenderá na grade e a variável gridheight especifica o número de linhas que o Component estenderá na grade. A linha 76 configura GridBagConstraints para um componente em GridBagLayout. O método **setConstraints** da classe GridBagLayout aceita um argumento Component e um argumento GridBagConstraints. A linha 77 adiciona o componente ao JFrame.

Quando executar esse aplicativo, tente redimensionar a janela para ver como as limitações para cada componente GUI afetam sua posição e tamanho na janela.

Constantes `GridBagConstraints` *RELATIVE e REMAINDER*

Em vez de `gridx` e `gridy`, uma variação de `GridBagLayout` utiliza as constantes `GridBagConstraints` **`RELATIVE`** e **`REMAINDER`**. `RELATIVE` especifica que o penúltimo componente em uma linha particular deve ser posicionado à direita do componente anterior na linha. `REMAINDER` especifica que um componente é o último em uma coluna. Qualquer componente que não seja o antepenúltimo ou o último componente em uma linha deve especificar os valores para as variáveis `GridbagConstraints` `gridwidth` e `gridheight`. O aplicativo nas figuras 22.23 e 22.24 organiza os componentes em `GridBagLayout`, utilizando essas constantes.

```java
// Figura 22.23: GridBagFrame2.java
// Demonstrando as constantes GridBagLayout.
import java.awt.GridBagLayout;
import java.awt.GridBagConstraints;
import java.awt.Component;
import javax.swing.JFrame;
import javax.swing.JComboBox;
import javax.swing.JTextField;
import javax.swing.JList;
import javax.swing.JButton;

public class GridBagFrame2 extends JFrame
{
   private final GridBagLayout layout; // layout desse frame
   private final GridBagConstraints constraints; // restrições de layout

   // configura a GUI
   public GridBagFrame2()
   {
      super("GridBagLayout");
      layout = new GridBagLayout();
      setLayout(layout); // configura o layout de frame
      constraints = new GridBagConstraints(); // instancia restrições

      // cria componentes GUI
      String[] metals = { "Copper", "Aluminum", "Silver" };
      JComboBox comboBox = new JComboBox(metals);

      JTextField textField = new JTextField("TextField");

      String[] fonts = { "Serif", "Monospaced" };
      JList list = new JList(fonts);

      String[] names = { "zero", "one", "two", "three", "four" };
      JButton[] buttons = new JButton[names.length];

      for (int count = 0; count < buttons.length; count++)
         buttons[count] = new JButton(names[count]);

      // define restrições dos componentes GUI para textField
      constraints.weightx = 1;
      constraints.weighty = 1;
      constraints.fill = GridBagConstraints.BOTH;
      constraints.gridwidth = GridBagConstraints.REMAINDER;
      addComponent(textField);

      // buttons[0] -- weightx e weighty são 1: fill é BOTH
      constraints.gridwidth = 1;
      addComponent(buttons[0]);

      // buttons[1] -- weightx e weighty são 1: fill é BOTH
```

continua

continuação

```
      constraints.gridwidth = GridBagConstraints.RELATIVE;
      addComponent(buttons[1]);

      // buttons[2] -- weightx e weighty são 1: fill é BOTH
      constraints.gridwidth = GridBagConstraints.REMAINDER;
      addComponent(buttons[2]);

      // comboBox -- weightx é 1: fill é BOTH
      constraints.weighty = 0;
      constraints.gridwidth = GridBagConstraints.REMAINDER;
      addComponent(comboBox);

      // buttons[3] -- weightx é 1: fill é BOTH
      constraints.weighty = 1;
      constraints.gridwidth = GridBagConstraints.REMAINDER;
      addComponent(buttons[3]);

      // buttons[4] -- weightx e weighty são 1: fill é BOTH
      constraints.gridwidth = GridBagConstraints.RELATIVE;
      addComponent(buttons[4]);

      // list -- weightx e weighty são 1: fill é BOTH
      constraints.gridwidth = GridBagConstraints.REMAINDER;
      addComponent(list);
   } // fim do construtor GridBagFrame2

   // adiciona um componente ao contêiner
   private void addComponent(Component component)
   {
      layout.setConstraints(component, constraints);
      add(component); // adiciona componente
   }
} // fim da classe GridBagFrame2
```

Figura 22.23 | Constantes `GridBagConstraints` `RELATIVE` e `REMAINDER`.

```
// Figura 22.24: GridBagDemo2.java
// Demonstrando as constantes GridBagLayout.
import javax.swing.JFrame;

public class GridBagDemo2
{
   public static void main(String[] args)
   {
      GridBagFrame2 gridBagFrame = new GridBagFrame2();
      gridBagFrame.setDefaultCloseOperation(JFrame.EXIT_ON_CLOSE);
      gridBagFrame.setSize(300, 200);
      gridBagFrame.setVisible(true);
   }
} // fim da classe GridBagDemo2
```

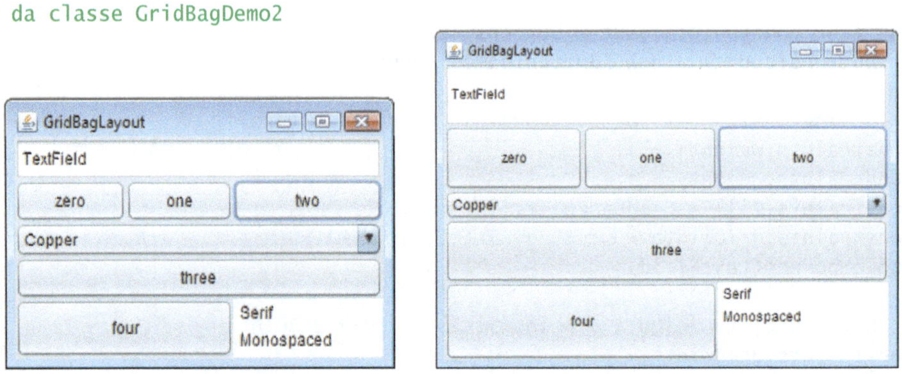

Figura 22.24 | Classe de teste para o `GridBagDemo2`.

Configurando o layout do `JFrame` como um `GridBagLayout`

As linhas 21 e 22 criam um `GridBagLayout` e o utilizam para configurar o gerenciador de layout do `JFrame`. Os componentes posicionados em `GridBagLayout` são criados nas linhas 27 a 38 — eles são um `JComboBox`, um `JTextField`, uma `JList` e cinco `JButtons`.

Configurando o `JTextField`

O `JTextField` é adicionado primeiro (linhas 41 a 45). Os valores `weightx` e `weighty` são configurados como 1. A variável `fill` é configurada como `BOTH`. A linha 44 especifica que o `JTextField` é o último componente na linha. O `JTextField` é adicionado ao painel de conteúdo com uma chamada ao nosso método utilitário `addComponent` (declarado nas linhas 79 a 83). O método `addComponent` aceita um argumento `Component` e utiliza o método `GridBagLayout` `setConstraints` para configurar as limitações para o `Component`. O método `add` anexa o componente ao painel de conteúdo.

Configurando `JButton buttons[0]`

`JButton buttons[0]` (linhas 48 e 49) tem os valores `weightx` e `weighty` de 1. A variável `fill` é `BOTH`. Uma vez que `buttons[0]` não é um dos dois últimos componentes na linha, é dado um `gridwidth` de 1, então ocupa uma coluna. O `JButton` é adicionado ao painel de conteúdo com uma chamada para o método utilitário `addComponent`.

Configurando `JButton buttons[1]`

`JButton buttons[1]` (linhas 52 e 53) tem os valores `weightx` e `weighty` de 1. A variável `fill` é `BOTH`. A linha 52 especifica que o `JButton` deve ser posicionado em relação ao componente anterior. O `Button` é adicionado ao `JFrame` com uma chamada de `addComponent`.

Configurando `JButton buttons[2]`

`JButton buttons[2]` (linhas 56 e 57) tem os valores `weightx` e `weighty` de 1. A variável `fill` é `BOTH`. O `JButton` é o último componente na linha, então `REMAINDER` é utilizado. O `JButton` é adicionado ao painel de conteúdo com uma chamada a `addComponent`.

Configurando `JComboBox`

O `JComboBox` (linhas 60 a 62) tem um `weightx` de 1 e um `weighty` de 0. O `JComboBox` não aumentará na vertical. O `JComboBox` é o único componente na linha, então `REMAINDER` é utilizado. O `JComboBox` é adicionado ao painel de conteúdo com uma chamada a `addComponent`.

Configurando `JButton buttons[3]`

`JButton buttons[3]` (linhas 65 a 67) tem os valores `weightx` e `weighty` de 1. A variável `fill` é `BOTH`. Esse `JButton` é o único componente na linha, então `REMAINDER` é utilizado. O `JButton` é adicionado ao painel de conteúdo com uma chamada a `addComponent`.

Configurando `JButton buttons[4]`

`JButton buttons[4]` (linhas 70 e 71) tem os valores `weightx` e `weighty` de 1. A variável `fill` é `BOTH`. Esse `JButton` é o penúltimo componente na linha, então `RELATIVE` é utilizado. O `JButton` é adicionado ao painel de conteúdo com uma chamada a `addComponent`.

Configurando `JList`

A `JList` (linhas 74 e 75) tem valores de `weightx` e `weighty` de 1. A variável `fill` é `BOTH`. A `JList` é adicionada ao painel de conteúdo com uma chamada a `addComponent`.

22.11 Conclusão

Este capítulo completa nossa introdução às GUIs. Neste capítulo, discutimos temas adicionais sobre GUIs, como menus, controles deslizantes, menus pop-up, interfaces de múltiplos documentos, painéis com abas e aparência e comportamento plugáveis do Java. Todos esses componentes podem ser adicionados a aplicativos existentes para torná-los mais fáceis de utilizar e entender. Também apresentamos gerenciadores de layout adicionais para organizar e dimensionar componentes GUI. No próximo capítulo, veremos multithreading, que permite especificar que um aplicativo deve executar várias tarefas ao mesmo tempo.

Resumo

Seção 22.2 JSlider

- `JSliders` permitem selecionar a partir de um intervalo de valores inteiros. Eles podem exibir marcas de medida significativas e secundárias, e rótulos para marcas de verificação. Eles também suportam medidas aderentes — posicionar o indicador entre duas marcas de medida faz com ele se encaixe na marca de medida mais próxima.
- Os `JSliders` têm orientação horizontal ou vertical. Para um `JSlider` horizontal, o valor mínimo está na extrema esquerda e o valor máximo, na extrema direita. Para um `JSlider` vertical, o valor mínimo está na parte inferior extrema e o valor máximo, na parte superior extrema. A posição do indicador aponta o valor atual do `JSlider`. O método `getValue` da classe `JSlider` retorna a posição do indicador atual.
- O método `JSlider` `setMajorTickSpacing` () define o espaçamento para marcas de medida em um `JSlider`. O método `setPaintTicks` com um argumento `true` indica que as marcas de medida devem ser exibidas.
- Os `JSliders` geram `ChangeEvents` quando o usuário interage com um `JSlider`. Um `ChangeListener` declara o método `stateChanged` que pode responder a `ChangeEvents`.

Seção 22.3 Entendendo o Windows no Java

- Os eventos de uma janela podem ser tratados por um `WindowListener`, que fornece sete métodos da rotina de tratamento de evento — `windowActivated`, `windowClosed`, `windowClosing`, `windowDeactivated`, `windowDeiconified`, `windowIconified` e `windowOpened`.

Seção 22.4 Utilizando menus com frames

- Menus organizam perfeitamente os comandos em uma GUI. Em GUIs Swing, os menus só podem ser anexados a objetos das classes com o método `setJMenuBar`.
- Um `JMenuBar` é um contêiner para menus. Um `JMenuItem` aparece em um menu. Um `JMenu` contém itens de menu e pode ser adicionado a um `JMenuBar` ou a outros `JMenus` como submenus.
- Quando um menu é clicado, ele se expande para mostrar sua lista dos itens de menu.
- Quando um `JCheckBoxMenuItem` é selecionado, uma marca de verificação aparece à esquerda do item de menu. Quando o `JCheckBoxMenuItem` é selecionado novamente, a marca é removida.
- Em um `ButtonGroup`, um único `JRadioButtonMenuItem` pode ser selecionado de cada vez.
- O método `AbstractButton` `setMnemonic` especifica o mnemônico para um botão. Os caracteres mnemônicos normalmente são exibidos com um caractere de sublinhado.
- Uma caixa de diálogo modal não permite acesso a qualquer outra janela no aplicativo até que o diálogo seja fechado. Os diálogos exibidos com a classe `JOptionPane` são modais. A classe `JDialog` pode ser utilizada para criar seus próprios diálogos modais ou não modais.

Seção 22.5 JPopupMenu

- Menus pop-up sensíveis ao contexto são criados com a classe `JPopupMenu`. O evento de acionamento do pop-up normalmente ocorre quando o usuário pressiona e libera o botão direito do mouse. O método `MouseEvent` `isPopupTrigger` retorna `true` se o evento de acionamento do pop-up ocorreu.
- O método `JPopupMenu` `show` exibe um `JPopupMenu`. O primeiro argumento especifica o componente de origem, que ajuda a determinar onde o `JPopupMenu` aparecerá. Os dois últimos argumentos são as coordenadas no canto superior esquerdo do componente de origem, em que o `JPopupMenu` aparece.

Seção 22.6 Aparência e comportamento plugáveis

- A classe `UIManager.LookAndFeelInfo` mantém as informações sobre uma aparência e um comportamento.
- O método `static` `UIManager` `getInstalledLookAndFeels` retorna um array de objetos `UIManager.LookAndFeelInfo` que descrevem as aparências e comportamentos disponíveis.
- O método `UIManager` `static` `setLookAndFeel` altera a aparência e comportamento. O método `SwingUtilities` `static` `updateComponentTreeUI` altera a aparência e comportamento de cada componente associado ao seu argumento `Component` para a nova aparência e comportamento.

Seção 22.7 JDesktopPane *e* JInternalFrame

- Muitos aplicativos atuais utilizam uma interface de múltiplos documentos (multiple-document interface — MDI) para gerenciar vários documentos abertos que são processados em paralelo. As classes `JDesktopPane` e `JInternalFrame` do Swing fornecem suporte para criar interfaces de múltiplos documentos.

Seção 22.8 JTabbedPane

- Um `JTabbedPane` organiza componentes GUI em camadas, das quais somente uma é visível de cada vez. Usuários acessam cada camada clicando na aba.

Seção 22.9 Gerenciador de layout BoxLayout

- `BoxLayout` organiza os componentes GUI da esquerda para a direita ou de cima para baixo em um contêiner.
- A classe `Box` representa um contêiner com `BoxLayout` como seu gerenciador padrão de layout e fornece métodos `static` para criar um `Box` com um `BoxLayout` horizontal ou vertical.

Seção 22.10 Gerenciador de layout GridBagLayout

- `GridBagLayout` é semelhante a `GridLayout`, mas o tamanho de cada componente pode variar.
- Um objeto `GridBagConstraints` especifica como um componente é posicionado em um campo `GridBagLayout`.

Exercícios de revisão

22.1 Preencha as lacunas em cada uma das seguintes afirmações:

a) A classe ________ é utilizada para criar um objeto de menu.

b) O método ________ da classe `JMenu` coloca uma barra separadora em um menu.

c) Os eventos `JSlider` são tratados pelo método ________ da interface ________.

d) A variável de instância `GridBagConstraints` ________ é configurada como `CENTER` por padrão.

22.2 Determine se cada um dos seguintes itens é *verdadeiro* ou *falso*. Se *falso*, explique por quê.

a) Quando o programador cria um `JFrame`, no mínimo um menu deve ser criado e adicionado ao `JFrame`.

b) A variável `fill` pertence à classe `GridBagLayout`.

c) O desenho em um componente GUI é realizado com relação à coordenada (0, 0) do canto superior esquerdo do componente.

d) O layout padrão para um `Box` é `BoxLayout`.

22.3 Encontre o(s) erro(s) em cada um dos seguintes itens e explique como corrigi-lo(s).

a)
```
JMenubar b;
```

b)
```
mySlider = JSlider(1000, 222, 100, 450);
```

c)
```
gbc.fill = GridBagConstraints.NORTHWEST; // configura preenchimento
```

d)
```
// sobrescreve para pintar sobre um componente Swing personalizado
public void paintcomponent(Graphics g)
{
   g.drawString("HELLO", 50, 50);
}
```

e)
```
// cria e exibe um JFrame
JFrame f = new JFrame("A Window");
f.setVisible(true);
```

Respostas dos exercícios de revisão

22.1 a) `JMenu`. b) `addSeparator`. c) `stateChanged`, `ChangeListener`. d) `anchor`.

22.2 a) Falso. Um `JFrame` não requer nenhum menu.

b) Falso. A variável `fill` pertence à classe `GridBagConstraints`.

c) Verdadeiro.

d) Verdadeiro.

22.3 a) `JMenubar` deve ser `JMenuBar`.

b) O primeiro argumento para o construtor deve ser um `SwingConstants.HORIZONTAL` ou `SwingConstants.VERTICAL` e a palavra-chave `new` deve ser utilizada depois do operador `=`. Além disso, o valor mínimo deve ser menor do que o máximo, e o valor inicial deve estar no intervalo.

c) A constante deve ser `BOTH`, `HORIZONTAL`, `VERTICAL` ou `NONE`.

d) `paintcomponent` deve ser `paintComponent` e o método deve chamar o `super.paintComponent(g)` como sua primeira instrução.

e) O método `setSize` do `JFrame` também deve ser chamado para estabelecer o tamanho da janela.

Questões

22.4 ***(Preencher os espaços em branco)*** Preencha os espaços em branco em cada uma das seguintes instruções:

a) Um `JMenuItem` que é um `JMenu` é chamado ________

b) O método ________ anexa uma `JMenuBar` a um `JFrame`.

c) A classe contêiner ________ tem um padrão `BoxLayout`.

d) Um(a) ________ gerencia um conjunto de janelas-filhas declarado com a classe `JInternalFrame`.

22.5 ***(Verdadeiro ou falso)*** Declare se cada uma das seguintes instruções é *verdadeira* ou *falsa*. Se *falsa*, explique por quê.

a) Os menus requerem um objeto `JMenuBar`, então podem ser anexados a um `JFrame`.

b) `BoxLayout` é o gerenciador padrão de layout para um `JFrame`.

c) `JApplets` podem conter menus.

22.6 ***(Encontre os erros de código)*** Encontre o(s) erro(s) em cada um dos seguintes itens. Explique como corrigi-lo(s).

a) `x.add(new JMenuItem("Submenu Color")); // cria submenu`

b) `container.setLayout(new GridbagLayout());`

22.7 ***(Exiba um círculo e seus atributos)*** Escreva um programa que exibe um círculo de tamanho aleatório e calcula e exibe área, raio, diâmetro e circunferência. Utilize as seguintes equações: *diâmetro* = $2 \times$ *raio*, *área* = $\pi \times$ *raio*^{2}, *circunferência* = $2 \times \pi \times$ *raio*. Utilize a constante `Math.PI` para pi (π). Todos os desenhos devem ser feitos em uma subclasse de `JPanel` e os resultados dos cálculos, exibidos em um `JTextArea` de leitura.

22.8 ***(Usando um `JSlider`)*** Aprimore o programa na Questão 22.7 permitindo ao usuário alterar o raio com um `JSlider`. O programa deve funcionar em todos os raios no intervalo de 100 a 200. À medida que o raio muda, o diâmetro, a área e a circunferência devem ser atualizados e exibidos. O raio inicial deve ser 150. Utilize as equações da Questão 22.7. Todos os desenhos devem ser feitos em uma subclasse de `JPanel` e os resultados dos cálculos, exibidos em um `JTextArea` de leitura.

22.9 ***(Variando `weightx` e `weighty`)*** Explorar os efeitos da variação dos valores `weightx` e `weighty` do programa na Figura 22.21. O que acontece quando um slot tem um peso diferente de zero, mas não pode preencher toda a área (isto é, o valor `fill` não é `BOTH`)?

22.10 ***(Sincronizando um `JSlider` e um `JTextField`)*** Escreva um programa que usa o método `paintComponent` para desenhar o valor atual de um `JSlider` em uma subclasse de `JPanel`. Além disso, forneça um `JTextField` em que um valor específico possa ser inserido. O `JTextField` deve exibir o valor atual do `JSlider` todas as vezes. Alterar o valor no `JTextField` também deve atualizar o `JSlider`. Um `JLabel` deve ser utilizado para identificar o `JTextField`. Os métodos `JSlider` `setValue` e `getValue` devem ser utilizados. [*Observação:* o método `setValue` é um método `public` que não retorna um valor e aceita um argumento do tipo inteiro, o valor `JSlider`, que determina a posição do indicador.]

22.11 ***(Criando um seletor de cores)*** Declare uma subclasse do `JPanel` chamada `MyColorChooser` que fornece três objetos `JSlider` e três objetos `JTextField`. Cada `JSlider` representa os valores de 0 a 255 para as partes de azul, verde e vermelha de uma cor. Utilize esses valores como os argumentos para o construtor `Color` a fim de criar um novo objeto `Color`. Exiba o valor atual de cada `JSlider` no correspondente `JTextField`. Quando o usuário altera o valor do `JSlider`, o `JTextField` deve ser alterado correspondentemente. Utilize seu novo componente GUI como parte de um aplicativo que exibe o valor `Color` atual desenhando um retângulo preenchido.

22.12 ***(Criando um seletor de cores: modificação)*** Modifique a classe `MyColorChooser` da Questão 22.11 para permitir ao usuário digitar um valor inteiro em um `JTextField` para configurar o valor de vermelho, verde ou azul. Quando o usuário pressionar *Enter* no `JTextField`, o `JSlider` correspondente deve ser configurado com o valor apropriado.

22.13 ***(Criando um seletor de cores: modificação)*** Modifique o aplicativo na Questão 22.12 para desenhar a cor atual como um retângulo em uma instância de uma subclasse do `JPanel`, que fornece seu próprio método `paintComponent` para desenhar o retângulo e fornece os métodos *set* para configurar os valores de vermelho, verde e azul para a cor atual. Quando um método *set* é invocado, o painel de desenho deve automaticamente repintar (`repaint`) a si próprio.

22.14 ***(Aplicativo de desenho)*** Modifique o aplicativo na Questão 22.13 para permitir que o usuário arraste o mouse pelo painel de desenho (uma subclasse do `JPanel`) a fim de desenhar uma forma na cor atual. Permita ao usuário escolher que forma desenhar.

22.15 ***(Modificação no aplicativo de desenho)*** Modifique o aplicativo na Questão 22.14 para permitir que o usuário feche o aplicativo clicando na caixa de fechamento na janela que é exibida e selecionando `Exit` de um menu `File`. Utilize as técnicas mostradas na Figura 22.5.

22.16 ***(Aplicativo de desenho completo)*** Utilizando as técnicas desenvolvidas neste capítulo e no Capítulo 12, crie um aplicativo de desenho completo. O programa deve utilizar os componentes GUI do Capítulo 12 e deste capítulo para permitir que o usuário selecione as características de forma, cor e preenchimento. Cada forma deve ser armazenada em um array de objetos `MyShape`, onde `MyShape` é a superclasse na sua hierarquia das classes de forma. Use uma `JDesktopPane` e `JInternalFrames` para permitir que o usuário crie múltiplos desenhos separados em janelas filhas separadas. Crie a interface com o usuário como uma janela filha separada contendo todo o componente GUI que permite ao usuário determinar as características da forma que será desenhada. O usuário então pode clicar em qualquer `JInternalFrame` para desenhar a forma.

Concorrência

23

A mais geral definição da beleza ... Multiplicidade na Unidade.
— Samuel Taylor Coleridge

Não bloqueie o modo de pesquisa.
— Charles Sanders Peirce

Aprenda a trabalhar e a esperar.
— Henry Wadsworth Longfellow

Objetivos

Neste capítulo, você irá:

- Entender concorrência, paralelismo e multithreading.
- Aprender o ciclo de vida de uma thread.
- Usar `ExecutorService` para lançar threads concorrentes que executam `Runnables`.
- Utilizar métodos `synchronized` para coordenar o acesso a dados mutáveis compartilhados.
- Compreender os relacionamentos produtor/consumidor.
- Usar `SwingWorker` para atualizar GUIs Swing de uma maneira segura para threads.
- Comparar o desempenho do método `Arrays sort` e `parallelSort` em um sistema multiprocessado.
- Usar fluxos paralelos para melhor desempenho em sistemas multiprocessados.
- Usar `CompletableFutures` para executar cálculos longos assincronamente e obter os resultados no futuro.

Sumário

23.1 Introdução

[*Observação: as seções marcadas com "Avançado" são destinadas aos leitores que desejam um tratamento mais profundo da concorrência e podem ser ignoradas pelos leitores que preferem apenas uma abordagem básica.*] Seria interessante se pudéssemos concentrar nossa atenção na realização de uma única tarefa de cada vez e fazer isso bem, o que geralmente é difícil de alcançar em um mundo complexo em que muitas coisas acontecem ao mesmo tempo. Este capítulo apresenta as capacidades do Java para desenvolver programas que criam e gerenciam múltiplas tarefas. Como demonstraremos, isso pode melhorar significativamente o desempenho do programa.

Quando dizemos que duas tarefas operam **concorrentemente**, queremos dizer que ambas *progridem* ao mesmo tempo. Até recentemente, a maioria dos computadores tinha apenas um único processador. Sistemas operacionais nesses computadores executam tarefas de forma concorrente alternando rapidamente entre elas, fazendo uma pequena parte de cada uma antes de passar para a próxima, de modo que todas as tarefas continuem progredindo. Por exemplo, é comum que computadores pessoais compilem um programa, enviem um arquivo para uma impressora, recebam mensagens de correio eletrônico por uma rede e muito mais, concorrentemente. Desde sua criação, o Java suporta a concorrência.

Quando dizemos que duas tarefas operam **em paralelo**, queremos dizer que elas são executadas *simultaneamente*. Nesse sentido, o paralelismo é um subconjunto da concorrência. O corpo humano realiza uma grande variedade de operações paralelas. Respiração, circulação sanguínea, digestão, pensar e caminhar, por exemplo, podem ocorrer em paralelo, assim como todos os sentidos — visão, audição, tato, olfato e paladar. Acredita-se que esse paralelismo é possível porque se acredita que o cérebro humano contém bilhões de "processadores". Computadores multiprocessados de hoje em dia têm múltiplos processadores que podem realizar tarefas em paralelo.

Concorrência do Java

O Java disponibiliza a concorrência por meio da linguagem e APIs. Programas Java podem ter várias **threads de execução**, em que cada thread tem sua própria pilha de chamadas de método e seu próprio contador de programa, permitindo que seja executada concorrentemente com outras threads enquanto compartilha os recursos de nível de aplicativo como memória e handles de arquivo. Essa capacidade é chamada **multithreading**.

Dica de desempenho 23.1

Um problema com aplicativos de uma única thread que pode levar a uma responsividade prejudicada é que atividades longas devem ser concluídas antes que outras possam começar. Em um aplicativo com múltiplas threads, as threads podem ser distribuídas por múltiplos processadores (se disponíveis), de modo que múltiplas tarefas sejam mesmo executadas em paralelo e o aplicativo possa operar de modo mais eficiente. O multithreading também pode melhorar o desempenho em sistemas de um único processador — quando uma thread não pode prosseguir (porque, por exemplo, está esperando o resultado de uma operação de E/S), outra pode usar o processador.

Usos da programação concorrente

Discutiremos muitas aplicações da **programação de processos concorrentes**. Por exemplo, no streaming de áudio ou vídeo pela internet, talvez o usuário não queira esperar até que todo o áudio ou vídeo seja baixado antes de iniciar a reprodução. Para resolver esse problema, múltiplas threads podem ser usadas — uma para baixar o áudio ou vídeo (mais adiante no capítulo chamaremos esta de *thread produtora*) e outra para reproduzi-lo (mais adiante no capítulo chamaremos esta de *thread consumidora*). Essas atividades prosseguem concorrentemente. Para evitar reprodução instável, as threads são **sincronizadas** (isto é, suas ações são coordenadas) para que a thread do player só comece depois que houver uma quantidade suficiente de áudio ou vídeo na memória para manter a thread do player ocupada. Threads produtoras e consumidoras *compartilham a memória* — mostraremos como coordenar essas threads para assegurar uma execução correta. A Java Virtual Machine (JVM) cria threads para executar programas e threads para executar tarefas de manutenção como coleta de lixo.

A programação concorrente é complexa

Escrever programas de múltiplas threads pode ser difícil. Embora a mente humana possa realizar funções simultaneamente, as pessoas acham difícil alternar entre linhas de pensamento paralelas. Para ver por que programas de múltiplas threads podem ser difíceis de escrever e de entender, tente a seguinte experiência: abra três livros na página 1 e tente ler os livros concorrentemente. Leia algumas palavras do primeiro livro, então algumas do segundo, então algumas do terceiro, então volte ao início e leia as próximas palavras do primeiro livro etc. Depois dessa experiência, você apreciará os desafios da tecnologia multithreading — alternar entre os livros, ler brevemente, lembrar-se de onde parou em cada livro, aproximar ainda mais o livro que está lendo para poder vê-lo melhor e afastar os que não está lendo — e, no meio de todo esse caos, tentar compreender o conteúdo dos livros!

Use as classes predefinidas das Concurrency APIs sempre que possível

Programas aplicativos concorrentes são complexos e propensos a erros. Se precisar usar sincronização em um programa, siga estas orientações:

1. *A grande maioria dos programadores deve usar as interfaces e classes de coleção existentes das APIs de concorrência que gerenciam a sincronização para você — como a classe `ArrayBlockingQueue` (uma implementação da interface `BlockingQueue`) discutida na Seção 23.6.* Duas outras classes da API de concorrência que usaremos com frequência são `LinkedBlockingQueue` e `ConcurrentHashMap` (cada uma resumida na Figura 23.22). As classes da API de concorrência são escritas por especialistas, foram exaustivamente testadas e depuradas, operam de forma eficiente e ajudam a evitar armadilhas comuns. A Seção 23.10 resume as coleções de concorrência predefinidas do Java.
2. Para programadores avançados que querem controlar a sincronização, use a palavra-chave `synchronized` e os métodos `Object` `wait`, `notify` e `notifyAll` que discutiremos na Seção 23.7 opcional.
3. Apenas os programadores mais avançados devem usar `Locks` e `Conditions`, que apresentamos na Seção 23.9 opcional, e classes como `LinkedTransferQueue` — uma implementação da interface `TransferQueue` —, que resumimos na Figura 23.22.

Talvez você queira ler nossas discussões sobre os recursos mais avançados nos itens 2 e 3, embora seja improvável que você venha a utilizá-los. Explicamos estes porque:

- Eles fornecem uma base sólida para compreender como os aplicativos concorrentes sincronizam o acesso à memória compartilhada.
- Mostrando a complexidade envolvida no uso desses recursos de baixo nível, esperamos que você preste atenção à mensagem: *use as capacidades de concorrência predefinidas mais simples sempre que possível.*

23.2 Ciclo de vida e estados de thread

A qualquer momento, diz-se que uma thread está em um de vários **estados de thread** — ilustrado no diagrama de estado UML na Figura 23.1. Vários dos termos no diagrama são definidos nas seções mais adiante. Incluímos essa discussão para ajudá-lo a entender o que acontece "sob o capô" em um ambiente multithread Java. O Java oculta a maior parte desses detalhes, simplificando significativamente a tarefa de desenvolver aplicativos multiencadeados.

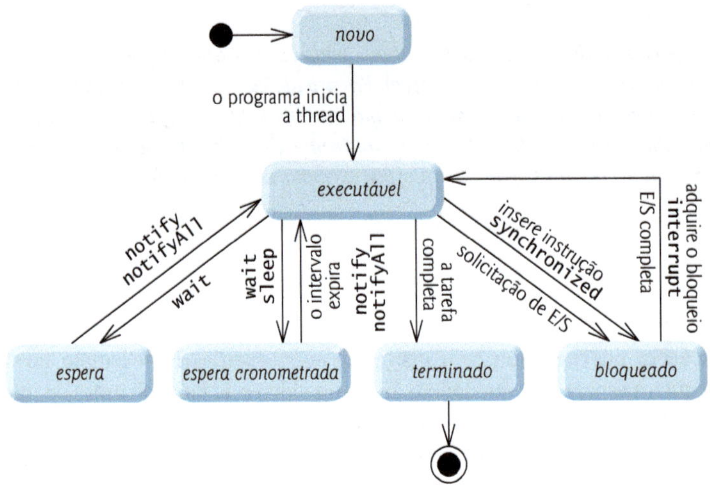

Figura 23.1 | Diagrama de estado de ciclo de vida da thread.

23.2.1 Estados *novo* e *executável*

Uma nova thread inicia seu ciclo de vida no estado ***novo***. Ela permanece nesse estado até que o programa inicie a thread, o que a coloca no estado ***executável***. Considera-se que uma thread no estado *executável* está executando sua tarefa.

23.2.2 Estado de *espera*

Às vezes a thread *executável* transita para o estado de ***espera*** enquanto aguarda outra thread realizar uma tarefa. Uma thread em *espera* volta ao estado *executável* somente quando outra thread a notifica para continuar a execução.

23.2.3 Estado de *espera sincronizada*

Uma thread *executável* pode entrar no estado de ***espera sincronizada*** por um intervalo especificado de tempo. Ela faz a transição de volta ao estado *executável* quando esse intervalo de tempo expira ou o evento que ela espera ocorre. Threads de *espera sincronizada* não podem utilizar um processador, mesmo se houver um disponível. Uma thread *executável* pode transitar para o estado de *espera sincronizada* se fornecer um intervalo de espera opcional quando ela estiver esperando outra thread realizar uma tarefa. Essa thread retornará ao estado *executável* quando ela for notificada por outra thread ou quando o intervalo sincronizado expirar — o que ocorrer primeiro. Outra maneira de posicionar uma thread no estado em *espera sincronizada* é colocar uma thread *executável* para dormir — uma **thread adormecida** permanece no estado de *espera sincronizada* por um determinado período de tempo (chamado **intervalo de adormecimento**), depois do qual ela retorna ao estado *executável*. As threads dormem quando, por um breve período, não têm de realizar nenhuma tarefa. Por exemplo, um processador de texto pode conter uma thread que grave periodicamente backups (isto é, grava uma cópia) do documento atual no disco para fins de recuperação. Se a thread não dormisse entre os sucessivos backups, seria necessário um loop em que testaria continuamente se deve ou não gravar uma cópia do documento em disco. Esse loop consumiria tempo de processador sem realizar trabalho produtivo, reduzindo assim o desempenho do sistema. Nesse caso, é mais eficiente para a thread especificar um intervalo de adormecimento (igual ao período entre backups sucessivos) e entrar no estado de *espera sincronizada*. Essa thread é retornada ao estado *executável* quando seu intervalo de adormecimento expira, ponto em que ela grava uma cópia do documento no disco e entra novamente no estado de *espera sincronizada*.

23.2.4 Estado *bloqueado*

Uma thread *executável* passa para o estado ***bloqueado*** quando tenta realizar uma tarefa que não pode ser concluída imediatamente e deve esperar temporariamente até que a tarefa seja concluída. Por exemplo, quando uma thread emite uma solicitação de entrada/saída, o sistema operacional só permite que ela seja executada depois que a solicitação de E/S estiver concluída — nesse ponto, a thread *bloqueada* faz uma transição para o estado *executável,* assim pode continuar a execução. Uma thread *bloqueada* não pode utilizar um processador, mesmo se algum estiver disponível.

23.2.5 Estado *terminado*

Uma thread *executável* entra no estado ***terminado*** (às vezes chamado estado ***morto***) quando ela conclui com sucesso suas tarefas ou é de outro modo terminada (talvez em razão de um erro). No diagrama de estado UML da Figura 23.1, o estado *terminado* é seguido pelo estado final da UML (símbolo do alvo) para indicar o fim das transições de estado.

23.2.6 Visão do sistema operacional do estado *executável*

No nível do sistema operacional, o estado *executável* do Java geralmente inclui *dois estados separados* (Figura 23.2). O sistema operacional oculta esses estados da Java Virtual Machine (JVM), que vê apenas o estado *executável*. Quando uma thread entra pela primeira vez no estado *executável* a partir do estado *novo*, ela está no estado ***pronto***. Uma thread *pronta* entra no estado de ***execução*** (isto é, começa a executar) quando o sistema operacional a atribui a um processador — também conhecido como **despachar a thread**. Na maioria dos sistemas operacionais, cada thread recebe uma pequena quantidade de tempo de processador — chamada de **quantum** ou **fração de tempo** — com a qual realiza sua tarefa. Decidir qual deve ser o tamanho máximo do *quantum* é um tema-chave nos cursos sobre sistemas operacionais. Quando o *quantum* expira, a thread retorna ao estado *pronto,* e o sistema operacional atribui outra thread ao processador. As transições entre os estados *pronto* e *em execução* são tratadas exclusivamente pelo sistema operacional. A JVM não "vê" as transições — ela simplesmente vê a thread como *executável* e deixa para o sistema operacional fazer a transição entre a thread *pronta* e *em execução*. O processo que um sistema operacional usa para determinar qual thread despachar é chamado **agendamento de thread** e depende das prioridades de thread.

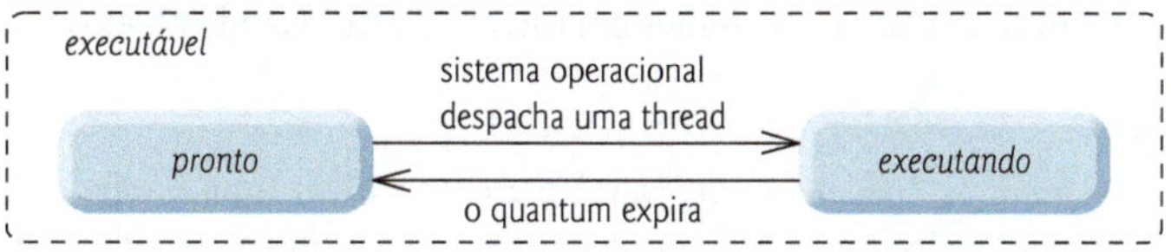

Figura 23.2 | Visualização interna do sistema operacional do estado *executável* do Java.

23.2.7 Prioridades de thread e agendamento de thread

Cada thread Java tem uma **prioridade de thread** que ajuda a determinar a ordem em que as threads são agendadas. Cada novo thread herda a prioridade da thread que o cria. Informalmente, as threads de prioridade mais alta são mais importantes para um programa e devem ser alocadas em tempo de processador antes das threads de prioridade mais baixa. *Entretanto, as prioridades de thread não podem garantir a ordem em que elas são executadas.*

Recomenda-se não criar e utilizar explicitamente objetos `Thread` *para implementar a concorrência, mas, em vez disso, utilizar a interface* `Executor` *(que é descrita na Seção 23.3).* A classe `Thread` contém alguns métodos `static` úteis, que utilizaremos mais adiante no capítulo.

A maioria dos sistemas operacionais suporta o fracionamento de tempo, o que permite que threads de igual prioridade compartilhem um processador. Sem o fracionamento de tempo, cada thread em um conjunto de threads de igual prioridade executa até sua conclusão (a menos que ela deixe o estado *executável* e entre no estado de *espera* ou *espera sincronizada* ou seja interrompida por uma thread de prioridade mais alta) antes de outras threads de igual prioridade terem uma chance de executar. Com o fracionamento de tempo, mesmo se a thread *não* tiver concluído a execução quando seu quantum expirar, o processador é tirado da thread e recebe a próxima thread de igual prioridade, se houver alguma disponível.

O **agendador de thread** de um *sistema operacional* determina qual thread é executada em seguida. Uma simples implementação do scheduler de thread mantém a thread de prioridade mais alta *executando* o tempo todo e, se houver mais de uma thread de prioridade mais alta, isso assegura que cada uma dessas threads executa por um quantum no estilo **rodízio**. Esse processo continua até que todas as threads executem até sua conclusão.

Observação de engenharia de software 23.1

O Java fornece utilitários de alto nível para a concorrência a fim de ocultar boa parte dessa complexidade e tornar a programação multithread menos propensa a erros. As prioridades de thread são utilizadas nos bastidores para interagir com o sistema operacional, mas a maioria dos programadores que utiliza o multithreading do Java não se preocupará com a configuração e o ajuste de prioridades de thread.

Dica de portabilidade 23.1

O agendamento de threads depende da plataforma — o comportamento de um programa multithread pode variar entre diferentes implementações do Java.

23.2.8 Bloqueio e adiamento indefinidos

Quando uma thread de prioridade mais alta entra no estado *pronto*, o sistema operacional geralmente faz preempção da thread atualmente *em execução* (uma operação conhecida como **agendamento preemptivo**). Dependendo do sistema operacional, um fluxo contínuo de threads de prioridade mais alta poderia adiar — possivelmente por um tempo indefinido — a execução de threads de prioridade mais baixa. Esse **adiamento indefinido** é às vezes referido, mais alegoricamente, como **inanição**. Sistemas operacionais empregam uma técnica chamada de *envelhecimento* para evitar inanição — como a thread espera no estado *pronto*, o sistema operacional aumenta gradualmente a prioridade da thread para garantir que esta por fim será executada.

Outro problema relacionado ao adiamento indefinido é chamado de **impasse**. Isso ocorre quando uma thread em espera (vamos chamá-la de thread1) não pode prosseguir porque está esperando (direta ou indiretamente) outra thread (vamos chamá-la de thread2) prosseguir, enquanto simultaneamente a thread2 não pode prosseguir porque está esperando (direta ou indiretamente) a thread1 prosseguir. As duas threads estão esperando uma à outra, então as ações que permitiriam a cada thread continuar a execução podem jamais ocorrer.

23.3 Criando e executando threads com o framework `Executor`

Esta seção demonstra como realizar tarefas concorrentes em um aplicativo usando objetos `Executors` e `Runnable`.

Criando tarefas concorrentes com a interface `Runnable`

Você implementa a interface **`Runnable`** (pacote `java.lang`) para especificar uma tarefa que pode executar concorrentemente com outras tarefas. A interface `Runnable` declara o método **`run`** único, que contém o código que define a tarefa que um objeto `Runnable` deve realizar.

Executando objetos `Runnable` com um `Executor`

Para permitir que um `Runnable` realize a tarefa, você deve executá-lo. Um objeto **`Executor`** executa `Runnables`. Ele faz isso criando e gerenciando um grupo de threads chamado de **pool de threads**. Quando um `Executor` começa a executar um `Runnable`, o `Executor` chama o método `Runnable` do objeto `run`, que é executado na nova thread.

A interface `Executor` declara um único método chamado **`execute`** que aceita um `Runnable` como um argumento. O `Executor` atribui cada `Runnable` passado para o método `execute` a uma das threads disponíveis no pool de threads. Se não houver nenhuma thread disponível, o `Executor` cria uma nova thread ou espera uma thread tornar-se disponível e atribui a essa thread o `Runnable` que foi passado para o método `execute`.

Usar um `Executor` tem muitas vantagens para você mesmo criar threads. `Executors` podem *reutilizar os threads existentes* para eliminar a sobrecarga de criar uma nova thread para cada tarefa e melhorar o desempenho *otimizando o número de threads* a fim de garantir que o processador permaneça ocupado, sem criar um número excessivo de threads que o aplicativo fica sem recursos.

Observação de engenharia de software 23.2

Embora seja possível criar threads explicitamente, é recomendável usar a interface `Executor` para gerenciar a execução dos objetos `Runnable`.

Usando classe `Executors` para obter um `ExecutorService`

A **interface `ExecutorService`** (do pacote `java.util.concurrent`) *estende* `Executor` e declara vários métodos para gerenciar o ciclo de vida de um `Executor`. Você obtém um objeto `ExecutorService` chamando um dos métodos `static` declarados na classe **`Executors`** (do pacote `java.util.concurrent`). Usamos a interface `ExecutorService` e um método de classe `Executors` no nosso exemplo, que realiza três tarefas.

Implementando a interface `Runnable`

A classe `PrintTask` (Figura 23.3) implementa `Runnable` (linha 5), *de modo que múltiplos `PrintTasks` possam executar concorrentemente*. A variável `sleepTime` (linha 8) armazena um valor inteiro aleatório de 0 a 5 segundos criado no construtor `PrintTask` (linha 17). Cada thread executando uma `PrintTask` adormece de acordo com a quantidade de tempo especificado por `sleepTime`, então gera o nome da tarefa e uma mensagem indicando que ela está ativa.

```
1  // Figura 23.3: PrintTask.java
2  // Classe PrintTask dorme por um tempo aleatório de 0 a 5 segundos
3  import java.security.SecureRandom;
4
5  public class PrintTask implements Runnable
6  {
```

continua

continuação

```
7      private static final SecureRandom generator = new SecureRandom();
8      private final int sleepTime; // tempo de adormecimento aleatório para a thread
9      private final String taskName;
10
11     // construtor
12     public PrintTask(String taskName)
13     {
14        this.taskName = taskName;
15
16        // seleciona tempo de adormecimento aleatório entre 0 e 5 segundos
17        sleepTime = generator.nextInt(5000); // milissegundos
18     }
19
20     // método run contém o código que uma thread executará
21     public void run()
22     {
23        try // coloca a thread para dormir pela quantidade de tempo sleepTime
24        {
25           System.out.printf("%s going to sleep for %d milliseconds.%n",
26              taskName, sleepTime);
27           Thread.sleep(sleepTime); // coloca a thread para dormir
28        }
29        catch (InterruptedException exception)
30        {
31           exception.printStackTrace();
32           Thread.currentThread().interrupt(); // reinterrompe a thread
33        }
34
35        // imprime o nome da tarefa
36        System.out.printf("%s done sleeping%n", taskName);
37     }
38  } // fim da classe PrintTask
```

Figura 23.3 | A classe `PrintTask` dorme por um tempo aleatório de 0 a 5 segundos.

Uma `PrintTask` é executada quando uma thread chama o método `run` de `PrintTask`. As linhas 25 e 26 exibem uma mensagem indicando o nome da tarefa atualmente em execução e que a tarefa irá dormir por `sleepTime` milissegundos. A linha 27 invoca o método `static` `sleep` da classe `Thread` para colocar a thread no estado de *espera sincronizada* pelo período de tempo especificado. Nesse ponto, a thread perde o processador e o sistema permite que outra thread execute. Quando a thread acordar, ela entra novamente no estado *executável*. Quando a `PrintTask` é mais uma vez atribuída a um processador, a linha 36 gera uma mensagem indicando que a tarefa parou de dormir, então o método `run` termina. A `catch` nas linhas 29 a 33 é necessária porque o método `sleep` pode lançar uma exceção *verificada* do tipo `InterruptedException` se o método `interrupt` de uma thread adormecida for chamado.

Deixe a thread tratar `InterruptedExceptions`

É considerada uma boa prática permitir que a thread em execução lide com `InterruptedExceptions`. Normalmente, você faria isso declarando que o método `run` lance a exceção, em vez de capturá-la. Mas lembre-se do Capítulo 11: ao sobrescrever um método, `throws` pode conter apenas os mesmos tipos de exceção ou um subconjunto dos tipos de exceção declarados no método original da cláusula `throws`. O método `Runnable` `run` não tem uma cláusula na declaração original, por isso não podemos fornecer uma na linha 21. Para garantir que a thread em execução receba a `InterruptedException`, a linha 32 primeiro obtém uma referência à `Thread` em execução chamando o método `currentThread`, então usa o método `interrupt` dessa `Thread` para disponibilizar `InterruptedException` para a thread atual.[1]

Usando o `ExecutorService` *para gerenciar threads que executam* `PrintTasks`

A Figura 23.4 usa um objeto `ExecutorService` para gerenciar threads que executam `PrintTasks` (como definido na Figura 23.3). As linhas 11 a 13 criam e nomeiam três `PrintTasks` para executar. A linha 18 utiliza o método `Executors` `newCachedThreadPool` para obter um `ExecutorService` que é capaz de criar novas threads, à medida que são necessárias, pelo aplicativo. Essas threads são usadas pelo `ExecutorService` para executar `Runnables`.

[1] Para obter informações detalhadas sobre como lidar com interrupções de thread, consulte o Capítulo 7 do *Java Concurrency in Practice* de Brian Goetz, et al., Addison-Wesley Professional, 2006.

```
1  // Figura 23.4: TaskExecutor.java
2  // Usando um ExecutorService para executar Runnables.
3  import java.util.concurrent.Executors;
4  import java.util.concurrent.ExecutorService;
5
6  public class TaskExecutor
7  {
8     public static void main(String[] args)
9     {
10       // cria e nomeia cada executável
11       PrintTask task1 = new PrintTask("task1");
12       PrintTask task2 = new PrintTask("task2");
13       PrintTask task3 = new PrintTask("task3");
14
15       System.out.println("Starting Executor");
16
17       // cria ExecutorService para gerenciar threads
18       ExecutorService executorService = Executors.newCachedThreadPool();
19
20       // inicia as três PrintTasks
21       executorService.execute(task1); // inicia task1
22       executorService.execute(task2); // inicia task2
23       executorService.execute(task3); // inicia task3
24
25       // fecha ExecutorService -- ele decide quando fechar threads
26       executorService.shutdown();
27
28       System.out.printf("Tasks started, main ends.%n%n");
29    }
30 } // fim da classe TaskExecutor
```

```
Starting Executor
Tasks started, main ends

task1 going to sleep for 4806 milliseconds
task2 going to sleep for 2513 milliseconds
task3 going to sleep for 1132 milliseconds
task3 done sleeping
task2 done sleeping
task1 done sleeping
```

```
Starting Executor
task1 going to sleep for 3161 milliseconds.
task3 going to sleep for 532 milliseconds.
task2 going to sleep for 3440 milliseconds.
Tasks started, main ends.

task3 done sleeping
task1 done sleeping
task2 done sleeping
```

Figura 23.4 | Usando um `ExecutorService` para executar `Runnables`.

As linhas 21 a 23 invocam o método `execute` de `ExecutorService`, que executa seu argumento `Runnable` (nesse caso, uma `PrintTask`) em algum momento no futuro. A tarefa especificada pode ser executada em uma das threads no pool de threads do `ExecutorService`, em uma nova thread criada para executá-la ou na thread que chamou o método `execute` — o `ExecutorService` gerencia esses detalhes. O método `execute` retorna imediatamente de cada invocação — o programa *não* espera cada `PrintTask` terminar. A linha 26 chama o método `ExecutorService` **`shutdown`**, que notificará o `ExecutorService` para *parar de aceitar novas tarefas, mas continua executando as tarefas que já foram* submetidas. Depois que todos os `Runnables` previamente submetidos concluíram, o `ExecutorService` termina. A linha 28 gera uma mensagem indicando que as tarefas foram iniciadas e a thread `main` está terminando sua execução.

Thread principal

O código em `main` é executado na **thread principal**, que é criada pela JVM. O código no método `run` de `PrintTask` (linhas 21 a 37 da Figura 23.3) é executado sempre que o `Executor` começa cada `PrintTask` — novamente, isso ocorre algum tempo depois que eles foram passados para o método `execute` de `ExecutorService` (Figura 23.4, linhas 21 a 23). Quando `main` termina, o próprio programa continua a executar porque ainda há tarefas que devem terminar de executar. O programa só terminará depois que essas tarefas estão concluídas.

Saídas de exemplo

As saídas de exemplo mostram o nome e o tempo de adormecimento de cada tarefa à medida que a thread vai dormir. A thread com o tempo de adormecimento mais curto *na maioria dos casos* acorda primeiro, o que indica que ela não está mais dormindo e terminará. Na Seção 23.8, discutimos as questões de multithreading que poderiam impedir que a thread com o tempo mais curto de adormecimento acordasse primeiro. Na primeira saída, a thread `main` termina *antes* de qualquer uma das `PrintTasks` gerar a saída de seus nomes e tempos de adormecimento. Isso mostra que a thread `main` executa até a conclusão antes que qualquer uma das `PrintTasks` tenha uma chance de executar. Na segunda saída, todas as `PrintTasks` imprimem seus nomes e períodos de adormecimento *antes* de a thread `main` terminar. Isso mostra que as `PrintTasks` começaram ser executadas antes da thread principal terminar. Além disso, observe na segunda saída de exemplo, `task3` vai dormir antes da última `task2`, embora passemos `task2` para o método `execute` de `ExecutorService` antes da `task3`. Isso ilustra o fato de que *não podemos prever a ordem em que as tarefas começarão a ser executadas, mesmo se conhecermos a ordem em que elas foram criadas e iniciadas*.

Esperando que as tarefas previamente agendadas terminem

Depois de agendar tarefas para executar, você normalmente irá querer *esperar que as tarefas concluam* — por exemplo, para usar os resultados das tarefas. Depois de chamar o método `shutdown`, você pode chamar o método `ExecutorService` `awaitTermination` para esperar que as tarefas agendadas sejam concluídas. Demonstramos isso na Figura 23.7. Nós propositadamente não chamamos `awaitTermination` na Figura 23.4 para demonstrar que um programa pode continuar a executar após a thread principal terminar.

23.4 Sincronização de thread

Quando várias threads compartilham um objeto e este é *modificado* por uma ou mais delas, podem ocorrer resultados indeterminados (como veremos nos exemplos) a menos que o acesso ao objeto compartilhado seja gerenciado de forma adequada. Se uma thread estiver atualizando um objeto compartilhado e outra thread também tenta atualizá-lo, não é certo qual atualização de thread terá efeito. Da mesma forma, se uma thread estiver atualizando um objeto compartilhado e outra thread tenta lê-lo, não é certo se a thread de leitura verá o valor antigo ou o novo. Nesses casos, o comportamento do programa não pode ser confiável, às vezes o programa produzirá os resultados corretos, outras vezes não, e não haverá nenhuma indicação de que o objeto compartilhado foi manipulado incorretamente.

O problema pode ser resolvido fornecendo a somente uma thread, por vez, o código de *acesso exclusivo* que acessa o objeto compartilhado. Durante esse tempo, outras threads que desejarem acessar o objeto são mantidas na espera. Quando a thread com acesso exclusivo termina de acessar o objeto, uma das threads em espera pode continuar. Esse processo, chamado de **sincronização de thread**, coordena o acesso aos dados compartilhados por múltiplas threads concorrentes. Sincronizando threads dessa forma, você pode garantir que cada thread que acessa um objeto compartilhado *impede* que todas as outras threads façam isso simultaneamente, o que é chamado de **exclusão mútua**.

23.4.1 Dados imutáveis

Na verdade, a sincronização de thread é necessária *somente* para os **dados mutáveis** compartilhados, isto é, os dados que podem *mudar* durante a vida útil. Com **dados** compartilhados **imutáveis** que *não* mudarão, não é possível que uma thread veja os valores antigos ou incorretos como resultado da manipulação dos dados por outra thread.

Ao compartilhar *dados imutáveis* entre threads, declare os campos de dados correspondentes `final` para indicar que os valores das variáveis *não* mudarão depois que são inicializados. Isso evita a modificação acidental dos dados compartilhados, o que poderia comprometer a segurança da thread. *Rotular as referências de objetos como `final` indica que a referência não mudará, mas não garante que o objeto referenciado é imutável — isso depende inteiramente das propriedades do objeto.* Mas uma boa prática é marcar as referências que não mudarão como `finais`.

Observação de engenharia de software 23.3

Sempre declare campos de dados que você não espera que mudem como `final`. Variáveis primitivas que são declaradas como `final` podem ser compartilhadas com segurança entre threads. Uma referência de objeto que é declarada como `final` garante que o objeto que ela referencia será totalmente construído e inicializado antes de ser usado pelo programa, e evita que a referência aponte para outro objeto.

23.4.2 Monitores

Uma maneira comum de realizar a sincronização é utilizar os **monitores** predefinidos do Java. Cada objeto tem um monitor e um **bloqueio de monitor** (ou **bloqueio intrínseco**). O monitor garante que o bloqueio de monitor do seu objeto é mantido por no máximo uma única thread por vez. Monitores e bloqueios de monitor podem, portanto, ser usados para impor a exclusão mútua. Se uma operação requer que a thread em execução *segure um bloqueio* enquanto a operação é executada, uma thread deve *adquirir o bloqueio* antes de prosseguir com a operação. Outras threads que tentam executar uma operação que requer o mesmo bloqueio serão *bloqueadas* até que a primeira thread *libere o bloqueio*, ponto em que as threads *bloqueadas* podem tentar adquirir o bloqueio e prosseguir com a operação.

Para especificar que uma thread deve segurar um monitor de bloqueio para executar um bloco do código, o código deve ser colocado em uma **instrução `synchronized`**. Diz-se que esse código é **guardado** pelo bloqueio de monitor; uma thread deve **adquirir o bloqueio** para executar as instruções guardadas. O monitor permite que uma única thread de cada vez execute as instruções dentro das instruções `synchronized` que bloqueiam o mesmo objeto, uma vez que uma única thread de cada vez pode reter o bloqueio de monitor. As instruções `synchronized` são declaradas usando a **palavra-chave `synchronized`**:

```
synchronized (objeto)
{
   instruções
}
```

onde *objeto* é o objeto cujo bloqueio de monitor será adquirido; *objeto* é normalmente `this` se for o objeto em que a instrução `synchronized` aparece. Se diversas instruções `synchronized` estiverem tentando executar em um objeto ao mesmo tempo, apenas uma delas poderá estar ativa no objeto por vez — todas as outras threads que tentarem entrar em uma instrução `synchronized` do mesmo objeto serão colocadas no estado *bloqueado*.

Quando uma instrução `synchronized` termina a execução, o bloqueio de monitor do objeto é liberado e uma das threads *bloqueadas* tentando entrar em uma instrução `synchronized` pode adquirir o bloqueio para prosseguir. O Java também permite **métodos `synchronized`**. Antes de ser executado, um método de instância `synchronized` deve adquirir o bloqueio no objeto que é usado para chamar o método. Da mesma forma, um método `static synchronized` deve adquirir o bloqueio na classe que é usada para chamar o método.

Observação de engenharia de software 23.4

Utilizar um bloco `synchronized` para impor exclusão mútua é um exemplo do padrão de projeto conhecido como Java Monitor Pattern (ver a Seção 4.2.1 do Java Concurrency in Practice de Brian Goetz, et al., Addison-Wesley Professional, 2006).

23.4.3 Compartilhamento de dados mutáveis não sincronizados

Primeiro, ilustramos os perigos de compartilhar um objeto entre threads *sem* uma sincronização adequada. Neste exemplo (figuras 23.5 a 23.7), dois `Runnables` mantêm referências a um único array de inteiros. Cada `Runnable` grava três valores no array, e então termina. Isso pode parecer inofensivo, mas veremos que pode resultar em erros se o array for manipulado sem sincronização.

Classe `SimpleArray`

Um objeto `SimpleArray` (Figura 23.5) será *compartilhado* entre várias threads. `SimpleArray` permitirá que essas threads insiram valores `int` em `array` (declarado na linha 9). A linha 10 inicializa a variável `writeIndex`, que será utilizada para determinar o próximo elemento do array que deve ser gravado. O construtor (linhas 13 a 16) cria um array de inteiros do tamanho desejado.

```
1  // Figura 23.5: SimpleArray.java
2  // Classe que gerencia um array de inteiros para ser compartilhado por várias threads.
3  import java.security.SecureRandom;
4  import java.util.Arrays;
5
6  public class SimpleArray // ATENÇÃO: NÃO SEGURO PARA THREADS!
7  {
8     private static final SecureRandom generator = new SecureRandom();
9     private final int[] array; // array de inteiros compartilhado
10    private int writeIndex = 0; // índice compartilhado do próximo elemento a gravar
11
12    // cria um SimpleArray de um determinado tamanho
13    public SimpleArray(int size)
14    {
```

continua

continuação

```
15         array = new int[size];
16      }
17
18      // adiciona um valor ao array compartilhado
19      public void add(int value)
20      {
21         int position = writeIndex; // armazena o índice de gravação
22
23         try
24         {
25            // coloca a thread para dormir durante 0 a 499 milissegundos
26            Thread.sleep(generator.nextInt(500));
27         }
28         catch (InterruptedException ex)
29         {
30            Thread.currentThread().interrupt(); // reinterrompe a thread
31         }
32
33         // coloca o valor no elemento apropriado
34         array[position] = value;
35         System.out.printf("%s wrote %2d to element %d.%n",
36            Thread.currentThread().getName(), value, position);
37
38         ++writeIndex; // índice de incremento de elemento a ser gravado depois
39         System.out.printf("Next write index: %d%n", writeIndex);
40      }
41
42      // usado para gerar saída do conteúdo do array de inteiros compartilhado
43      public String toString()
44      {
45         return Arrays.toString(array);
46      }
47   } // fim da classe SimpleArray
```

Figura 23.5 | A classe que gerencia um array de inteiros a ser compartilhado por várias threads. (*Atenção:* o exemplo das figuras 23.5 a 23.7 *não* é seguro para threads.)

O método `add` (linhas 19 a 40) permite que novos valores sejam inseridos na extremidade do array. A linha 21 armazena o valor `writeIndex` atual. A linha 26 coloca a thread que chama `add` para dormir durante um intervalo aleatório de 0 a 499 milissegundos. Isso é feito para tornar mais óbvios os problemas associados com o *acesso não sincronizado a dados mutáveis compartilhados*. Depois que a thread acorda, a linha 34 insere o valor passado para `add` no array no elemento especificado por `position`. As linhas 35 e 36 geram uma mensagem indicando o nome da thread em execução, o valor que foi inserido no array e onde ele foi inserido. A expressão `Thread.currentThread().getName()`(linha 36) primeiro obtém uma referência a `Thread` atualmente em execução, então usa o método `getName` da `Thread` para obter seu nome. A linha 38 incrementa `writeIndex` para que a próxima chamada para `add` insira um valor no próximo elemento do array. As linhas 43 a 46 sobrescrevem o método `toString` para criar uma representação `String` do conteúdo do array.

Classe `ArrayWriter`

A classe `ArrayWriter` (Figura 23.6) implementa a interface `Runnable` a fim de definir uma tarefa para inserir valores em um objeto `SimpleArray`. O construtor (linhas 10 a 14) recebe dois argumentos — um `value` de inteiros, que é o primeiro valor que essa tarefa irá inserir no objeto `SimpleArray`, e uma referência ao objeto `SimpleArray`. A linha 20 invoca o método `add` no objeto `SimpleArray`. A tarefa é concluída depois que três inteiros consecutivos começando com `SimpleArray` são inseridos no objeto `SimpleArray`.

```
1  // Figura 23.6: ArrayWriter.java
2  // Adiciona inteiros a um array compartilhado com outros Runnables
3  import java.lang.Runnable;
4
5  public class ArrayWriter implements Runnable
6  {
7     private final SimpleArray sharedSimpleArray;
8     private final int startValue;
```

continua

continuação

```java

   public ArrayWriter(int value, SimpleArray array)
   {
      startValue = value;
      sharedSimpleArray = array;
   }

   public void run()
   {
      for (int i = startValue; i < startValue + 3; i++)
      {
         sharedSimpleArray.add(i); // adiciona um elemento ao array compartilhado
      }
   }
} // fim da classe ArrayWriter
```

Figura 23.6 | Adiciona inteiros a um array compartilhado com outros `Runnables`. (*Atenção*: o exemplo das figuras 23.5 a 23.7 *não* é seguro para threads.)

Classe SharedArrayTest

A classe `SharedArrayTest` (Figura 23.7) executa duas tarefas `ArrayWriter` que adicionam valores a um único objeto `SimpleArray`. A linha 12 constrói um objeto `SimpleArray` de seis elementos. As linhas 15 e 16 criam duas novas tarefas `ArrayWriter`, uma que insere os valores 1 a 3 no objeto `SimpleArray` e outra que insere os valores 11 a 13. As linhas 19 a 21 criam um `ExecutorService` e executam os dois `ArrayWriters`. A linha 23 invoca o método `shutDown` do `ExecutorService` para *evitar que tarefas adicionais sejam iniciadas* e permitir que o aplicativo termine quando as tarefas atualmente em execução forem concluídas.

```java
1  // Figura 23.7: SharedArrayTest.java
2  // Executando dois Runnables para adicionar elementos a um SimpleArray compartilhado.
3  import java.util.concurrent.Executors;
4  import java.util.concurrent.ExecutorService;
5  import java.util.concurrent.TimeUnit;
6
7  public class SharedArrayTest
8  {
9     public static void main(String[] arg)
10    {
11       // constrói o objeto compartilhado
12       SimpleArray sharedSimpleArray = new SimpleArray(6);
13
14       // cria duas tarefas a gravar no SimpleArray compartilhado
15       ArrayWriter writer1 = new ArrayWriter(1, sharedSimpleArray);
16       ArrayWriter writer2 = new ArrayWriter(11, sharedSimpleArray);
17
18       // executa as tarefas com um ExecutorService
19       ExecutorService executorService = Executors.newCachedThreadPool();
20       executorService.execute(writer1);
21       executorService.execute(writer2);
22
23       executorService.shutdown();
24
25       try
26       {
27          // espera 1 minuto para que ambos os escritores terminem a execução
28          boolean tasksEnded =
29             executorService.awaitTermination(1, TimeUnit.MINUTES);
30
31          if (tasksEnded)
32          {
33             System.out.printf("%nContents of SimpleArray:%n");
34             System.out.println(sharedSimpleArray); // imprime o conteúdo
35          }
36          else
```

continua

continuação

```
37                 System.out.println(
38                    "Timed out while waiting for tasks to finish.");
39           }
40           catch (InterruptedException ex)
41           {
42              ex.printStackTrace();
43           }
44        } // fim de main
45     } // fim da classe SharedArrayTest
```

```
pool-1-thread-1 wrote 1 to element 0.
Next write index: 1
pool-1-thread-1 wrote  2 to element 1.
Next write index: 2
pool-1-thread-1 wrote  3 to element 2.
Next write index: 3
pool-1-thread-2 wrote 11 to element 0.
Next write index: 4
```

O primeiro `pool-1-thread-1` gravou o valor 1 no elemento 0. O `pool-1-thread-2` posterior gravou o valor 11 no elemento 0, *sobrescrevendo* assim o valor previamente armazenado.

```
pool-1-thread-2 wrote 12 to element 4.
Next write index: 5
pool-1-thread-2 wrote 13 to element 5.
Next write index: 6

Contents of SimpleArray:
[11, 2, 3, 0, 12, 13]
```

Figura 23.7 | Executando dois `Runnables` para adicionar elementos a um array compartilhado. (*Atenção:* o exemplo das figuras 23.5 a 23.7 *não* é seguro para threads.)

Método `ExecutorService awaitTermination`

Lembre-se de que o método `ExecutorService shutdown` retorna imediatamente. Assim, qualquer código que aparece *após* a chamada para o método `shutdown` do `ExecutorService` na linha 23 *continuará a executar desde que a thread* `main` *ainda esteja atribuída a um processador*. Queremos gerar o objeto `SimpleArray` para mostrar os resultados *depois* que as threads concluem suas tarefas. Então, precisamos que o programa espere que as threads concluam antes que `main` gere o conteúdo do objeto `SimpleArray`. A interface `ExecutorService` fornece o método **`awaitTermination`** para essa finalidade. Esse método retorna o controle para o chamador ou quando todas as tarefas em execução no `ExecutorService` estão concluídas ou quando o tempo limite especificado expira. Se todas as tarefas são concluídas antes que `awaitTermination` expire, esse método retorna `true`; caso contrário, retorna `false`. Os dois argumentos para `awaitTermination` representam um valor de tempo limite e uma unidade de medida especificada com uma constante da classe `TimeUnit` (nesse caso, `TimeUnit.MINUTES`).

O método `awaitTermination` lança uma `InterruptedException` se a thread que chama é interrompida enquanto espera que outras threads terminem. Como capturamos essa exceção no método `main` do aplicativo, não há necessidade de reinterromper a thread `main`, uma vez que esse programa terminará assim que `main` terminar.

Nesse exemplo, se *as duas* tarefas forem concluídas antes que `awaitTermination` expirar, a linha 34 exibe o conteúdo do objeto `SimpleArray`. Caso contrário, as linhas 37 e 38 exibem uma mensagem indicando que as tarefas não terminaram a execução antes de `awaitTermination` ter expirado.

Saída de exemplo do programa

A saída da Figura 23.7 mostra os problemas (destacados na saída) que podem ser causados por *não sincronizar o acesso aos dados mutáveis compartilhados*. O valor `1` foi gravado no elemento `0`, então mais tarde *sobrescrito* pelo valor `11`. Além disso, quando `writeIndex` foi incrementado para 3, *nada foi gravado nesse elemento,* como indicado pelo 0 nesse elemento do array impresso.

Lembre-se de que adicionamos chamadas ao método `Thread sleep` entre as operações nos dados mutáveis compartilhados para enfatizar a *imprevisibilidade do agendamento de thread* e aumentar a probabilidade de produzir saída errônea. Mesmo que essas operações pudessem proceder no passo normal, você continuaria a ver erros na saída do programa. Mas os processadores modernos podem lidar com as operações simples do método `SimpleArray add` tão rapidamente que talvez você não veja os erros causados pelas duas threads executando esse método de forma concorrente, mesmo que você tenha testado o programa dezenas de vezes. *Um dos desafios da programação multithread é detectar os erros — eles podem ocorrer de maneira tão infrequente e de forma imprevisível que um programa falho não produz resultados incorretos durante o teste, criando a ilusão de que o programa está correto.* Essa é mais uma razão para usar coleções predefinidas que lidam com a sincronização para você.

23.4.4 Compartilhamento de dados mutáveis sincronizados — tornando operações atômicas

Os erros de saída da Figura 23.7 podem ser atribuídos ao fato de que o objeto compartilhado, `SimpleArray`, não é **seguro para threads** — `SimpleArray` é suscetível a erros se *acessado concorrentemente por várias threads*. O problema reside no método `add`, que armazena o valor de `writeIndex`, insere um novo valor nesse elemento, e então incrementa `writeIndex`. Esse método não apresentaria nenhum problema em um programa de uma única thread. Mas se uma das threads obtiver o valor de `writeIndex`, não haverá nenhuma garantia de que outra thread não possa incrementar `writeIndex` *antes* de a primeira thread ter a chance de inserir um valor no array. Se isso acontecer, a primeira thread será gravada no array com base em um **valor desatualizado** de `writeIndex` — um valor que não é mais válido. Outra possibilidade é que uma thread pode obter o valor de `writeIndex` *depois* de outra thread adicionar um elemento ao array, mas *antes* de `writeIndex` ser incrementado. Nesse caso, a primeira thread também seria gravada no array com base em um valor inválido para `writeIndex`.

`SimpleArray` *não é seguro para threads porque permite que quaisquer threads leiam e modifiquem os dados mutáveis compartilhados concorrentemente,* o que pode causar erros. Para tornar `SimpleArray` seguro para threads, temos de assegurar que duas threads quaisquer não possam acessar os dados mutáveis compartilhados ao mesmo tempo. Enquanto uma thread está no processo de armazenar `writeIndex`, adicionar um valor ao array e incrementar `writeIndex`, *nenhuma outra thread* pode ler ou alterar o valor de `writeIndex` ou modificar o conteúdo do array em qualquer ponto durante essas três operações. Em outras palavras, queremos que essas três operações — armazenar `writeIndex`, gravar no array, incrementar `writeIndex` — sejam uma **operação atômica**, que não pode ser dividida em suboperações menores. (Como veremos nos exemplos mais adiante, operações de leitura em dados mutáveis compartilhados também devem ser atômicas.) Podemos simular a atomicidade garantindo que uma única thread execute as três operações ao mesmo tempo. Quaisquer outras threads que precisem realizar a operação devem *esperar* até que a primeira thread termine a operação `add` completamente.

A atomicidade pode ser alcançada usando a palavra-chave `synchronized`. Inserindo nossas três suboperações em uma instrução `synchronized` ou método `synchronized`, permitimos que uma única thread de cada vez adquira o bloqueio e realize as operações. Depois que essa thread concluiu todas as operações no bloco `synchronized` e libera o bloqueio, outra thread pode adquirir o bloqueio e começar a executar as operações. Isso assegura que uma thread executando as operações verá os valores reais dos dados mutáveis compartilhados e que *esses valores não serão alterados inesperadamente no meio das operações como resultado de outra thread modificá-los.*

Observação de engenharia de software 23.5

Coloque todos os acessos a dados mutáveis que podem ser compartilhados por várias threads dentro de instruções `synchronized` ou métodos `synchronized` que são sincronizados no mesmo bloqueio. Ao realizar múltiplas operações nos dados mutáveis compartilhados, segure o bloqueio durante toda a operação para garantir que a operação seja efetivamente atômica.

A classe `SimpleArray` com sincronização

A Figura 23.8 exibe a classe `SimpleArray` com a sincronização adequada. Observe que ela é idêntica à classe `SimpleArray` da Figura 23.5, exceto que `add` agora é um método `synchronized` (linha 20). Assim, uma única thread de cada vez pode executar esse método. Reutilizamos as classes `ArrayWriter` (Figura 23.6) e `SharedArrayTest` (Figura 23.7) a partir do exemplo anterior.

```
1  // Figura 23.8: SimpleArray.java
2  // Classe que gerencia um array de inteiros a ser compartilhado por múltiplas
3  // threads com sincronização.
4  import java.security.SecureRandom;
5  import java.util.Arrays;
6
7  public class SimpleArray
8  {
9     private static final SecureRandom generator = new SecureRandom();
10    private final int[] array; // array de inteiros compartilhado
11    private int writeIndex = 0; // índice do próximo elemento a ser gravado
12
13    // cria um SimpleArray de um determinado tamanho
14    public SimpleArray(int size)
15    {
16       array = new int[size];
17    }
18
19    // adiciona um valor ao array compartilhado
20    public synchronized void add(int value)
21    {
```

continua

continuação

```
22          int position = writeIndex; // armazena o índice de gravação
23
24          try
25          {
26             // em aplicativos reais, não se deve dormir enquanto se mantém um bloqueio
27             Thread.sleep(generator.nextInt(500)); // apenas para demonstração
28          }
29          catch (InterruptedException ex)
30          {
31             Thread.currentThread().interrupt();
32          }
33
34          // coloca o valor no elemento apropriado
35          array[position] = value;
36          System.out.printf("%s wrote %2d to element %d.%n",
37             Thread.currentThread().getName(), value, position);
38
39          ++writeIndex; // incrementa índice de elemento a ser gravado depois
40          System.out.printf("Next write index: %d%n", writeIndex);
41       }
42
43       // usado para gerar o conteúdo do array de inteiros compartilhado
44       public synchronized String toString()
45       {
46          return Arrays.toString(array);
47       }
48    } // fim da classe SimpleArray
```

```
pool-1-thread-1 wrote  1 to element 0.
Next write index: 1
pool-1-thread-2 wrote 11 to element 1.
Next write index: 2
pool-1-thread-2 wrote 12 to element 2.
Next write index: 3
pool-1-thread-2 wrote 13 to element 3.
Next write index: 4
pool-1-thread-1 wrote  2 to element 4.
Next write index: 5
pool-1-thread-1 wrote  3 to element 5.
Next write index: 6

Contents of SimpleArray:
[1, 11, 12, 13, 2, 3]
```

Figura 23.8 | A classe que gerencia um array de inteiros a ser compartilhado por várias threads com sincronização.

A linha 20 declara o método `add` como `synchronized`, fazendo com que todas as operações nesse método se comportem como uma única operação atômica. A linha 22 executa a primeira suboperação — armazenar o valor de `writeIndex`. A linha 35 define a segunda suboperação, gravando um elemento na `position` do índice. A linha 39 incrementa `writeIndex`. Quando o método termina de executar na linha 41, a thread em execução *libera* implicitamente o bloqueio `SimpleArray`, tornando possível que outra thread inicie a execução do método `add`.

No método `synchronized add`, imprimimos mensagens no console indicando o progresso das threads à medida que elas executam esse método, além de realizar as operações reais necessárias para inserir um valor no array. Fazemos isso de modo que as mensagens sejam impressas na ordem correta, permitindo ver se o método está corretamente sincronizado comparando esses resultados com aqueles do exemplo anterior não sincronizado. Continuamos a gerar mensagens a partir dos blocos `synchronized` nos exemplos posteriores apenas para propósitos de demonstração; tipicamente, porém, a E/S *não deve* ser realizada em blocos `synchronized`, porque é importante minimizar a quantidade de tempo que um objeto permanece "bloqueado". [**Observação: a linha 27, nesse exemplo, chama o método `sleep Thread` (apenas para propósitos de demonstração) a fim de enfatizar a imprevisibilidade do agendamento de threads. Você nunca deve chamar `sleep` enquanto segura um bloqueio em um aplicativo real.**]

Dica de desempenho 23.2

Mantenha a duração das instruções `synchronized` o mais curta possível enquanto mantém a sincronização necessária. Isso minimiza o tempo de espera para as threads bloqueadas. Evite realizar E/S, cálculos longos e operações que não exigem sincronização ao segurar um bloqueio.

23.5 Relacionamento entre produtor e consumidor sem sincronização

Em um **relacionamento produtor/consumidor**, a parte **produtora** de um aplicativo gera dados e *os armazena em um objeto compartilhado*, e a parte **consumidora** do aplicativo *lê os dados do objeto compartilhado*. O relacionamento produtor/consumidor separa a tarefa da identificação do trabalho a ser feito das tarefas envolvidas na execução do trabalho.

Exemplos do relacionamento produtor/consumidor

Um exemplo de relacionamento produtor/consumidor comum é o **spooling de impressão**. Embora uma impressora talvez não esteja disponível quando você quer imprimir a partir de um aplicativo (isto é, o produtor), você ainda pode "completar" a tarefa de impressão, à medida que os dados são temporariamente armazenados em disco até que a impressora esteja disponível. Da mesma forma, quando a impressora (isto é, um consumidor) está disponível, ela não tem de esperar até que um usuário atual queira imprimir. Os trabalhos de impressão em spool podem ser impressos assim que a impressora estiver disponível. Outro exemplo do relacionamento produtor/consumidor é um aplicativo que copia dados para DVDs inserindo-os em um buffer de tamanho fixo, que é esvaziado à medida que a unidade de DVD grava os dados no DVD.

Sincronização e dependência de estado

Em um relacionamento produtor/consumidor de múltiplas threads, uma **thread produtora** gera dados e os coloca em um objeto compartilhado chamado **buffer**. Uma **thread consumidora** lê dados do buffer. Esse relacionamento requer *sincronização* para garantir que os valores sejam produzidos e consumidos adequadamente. Todas as operações nos dados *mutáveis* que são compartilhados por várias threads (por exemplo, os dados no buffer) devem ser guardadas com um bloqueio para evitar corrupção, como discutido na Seção 23.4. Operações nos dados em buffer compartilhados por uma thread produtora e consumidora também são **dependentes do estado** — as operações devem prosseguir somente se o buffer estiver no estado correto. Se o buffer estiver em um *estado não cheio,* o produtor pode produzir; se o buffer estiver em um *estado não vazio,* o consumidor pode consumir. Todas as operações que acessam o buffer devem usar a sincronização para garantir que os dados são gravados no buffer ou lidos do buffer somente se ele estiver no estado adequado. Se o produtor tentando inserir os próximos dados no buffer determinar que ele está cheio, a thread produtora deve *esperar* até que haja espaço para gravar um novo valor. Se uma thread consumidora descobrir que o buffer está vazio ou que os dados anteriores já foram lidos, a thread consumidora também deve *esperar* que novos dados tornem-se disponíveis. Outros exemplos de dependência de estado são que você não pode dirigir seu carro se o tanque de gasolina estiver vazio e você não pode colocar mais gasolina no tanque se ele já estiver cheio.

Erros de lógica da falta de sincronização

Considere como os erros de lógica podem surgir se não sincronizarmos o acesso entre múltiplas threads que manipulam dados mutáveis compartilhados. Nosso próximo exemplo (figuras 23.9 a 23.13) implementa um relacionamento produtor/consumidor *sem a sincronização adequada*. Uma thread produtora grava os números de 1 a 10 em um buffer compartilhado — uma única posição na memória compartilhada entre duas threads (uma variável `int` única chamada `buffer` na linha 6 da Figura 23.12 nesse exemplo). A thread consumidora lê esses dados do buffer compartilhado e os exibe. A saída do programa mostra os valores que a produtora grava (produz) no buffer compartilhado e os valores que a consumidora lê (consome) a partir do buffer compartilhado.

Cada valor que a thread produtora gravar no buffer compartilhado deve ser consumido *exatamente uma vez* pela thread consumidora. Entretanto, as threads nesse exemplo não são sincronizadas. Portanto, *os dados podem ser perdidos ou deturpados se a produtora colocar novos dados no buffer compartilhado antes de a consumidora ler os dados anteriores*. Além disso, os dados podem ser *duplicados* incorretamente se a consumidora consumir os dados outra vez antes de a produtora produzir o próximo valor. Para mostrar essas possibilidades, a thread consumidora no exemplo a seguir mantém um total de todos os valores que ela lê. A thread produtora produz valores de 1 a 10. Se a consumidora ler cada valor produzido uma vez e apenas uma vez, o total será 55. Entretanto, se executar esse programa várias vezes, você verá que o total nem sempre é 55 (como mostrado nas saídas da Figura 23.13). Para enfatizar a questão, as threads produtoras e consumidoras no exemplo dormem por intervalos aleatórios de até três segundos entre a execução de suas tarefas. Portanto, não sabemos quando a thread produtora tentará gravar um novo valor ou quando a thread consumidora tentará ler um valor.

Interface `Buffer`

O programa consiste na interface `Buffer` (Figura 23.9) e nas classes `Producer` (Figura 23.10), `Consumer` (Figura 23.11), `UnsynchronizedBuffer` (Figura 23.12) e `SharedBufferTest` (Figura 23.13). A interface `Buffer` (Figura 23.9) declara os métodos `blockingPut` (linha 6) e `blockingGet` (linha 9) que um `Buffer` (como `UnsynchronizedBuffer`) deve implementar para permitir que a thread `Producer` insira um valor no `Buffer` e a thread `Consumer` recupere um valor de `Buffer`, respectivamente. Nos exemplos subsequentes, os métodos `blockingPut` e `blockingGet` chamarão os métodos que lançam `InterruptedExceptions` — normalmente isso indica que um método pode ter sido temporariamente impedido de realizar uma tarefa. Declaramos cada método com uma cláusula `throws` para que não seja necessário modificar essa interface para os exemplos mais adiante.

```java
// Figura 23.9: Buffer.java
// Interface Buffer especifica métodos chamados por Producer e Consumer.
public interface Buffer
{
   // coloca o valor int no Buffer
   public void blockingPut(int value) throws InterruptedException;

   // retorna o valor int a partir do Buffer
   public int blockingGet() throws InterruptedException;
} // fim da interface Buffer
```

Figura 23.9 | A interface buffer especifica os métodos chamados por `Producer` e `Consumer`. (*Atenção:* o exemplo das figuras 23.9 a 23.13 *não* é seguro para threads.)

Classe Producer

A classe `Producer` (Figura 23.10) implementa a interface `Runnable`, permitindo que ela seja executada como uma tarefa em uma thread separada. O construtor (linhas 11 a 14) inicializa a referência `Buffer sharedLocation` com um objeto criado em `main` (linha 15 da Figura 23.13) e passado para o construtor. Como veremos, esse é um objeto `UnsynchronizedBuffer` que implementa a interface `Buffer` *sem sincronizar acesso ao objeto compartilhado*. A thread `Producer` nesse programa executa as tarefas especificadas no método `run` (Figura 23.10, linhas 17 a 39). Cada iteração do loop (linhas 21 a 35) invoca o método `Thread sleep` (linha 25) para colocar a thread `Producer` no estado de *espera sincronizada* de um intervalo aleatório de tempo entre 0 e 3 segundos. Quando a thread acordar, a linha 26 passa o valor da variável de controle `count` para o método `blockingPut` do objeto `Buffer` para configurar o valor do buffer compartilhado. As linhas 27 e 28 mantêm um total de todos os valores produzidos até agora e gera saída desse valor. Quando o loop é concluído, as linhas 36 e 37 exibem uma mensagem indicando que `Producer` concluiu a produção de dados e está terminando. Em seguida, o método `run` termina, o que indica que `Producer` completou sua tarefa. Qualquer método chamado a partir do método `run` de um `Runnable` (por exemplo, o método `Buffer blockingPut`) é executado como parte da thread dessa tarefa de execução. Esse fato torna-se importante nas seções 23.6 a 23.8 quando adicionamos a sincronização ao relacionamento produtor/consumidor.

```java
1  // Figura 23.10: Producer.java
2  // Produtor com um método run que insere os valores de 1 a 10 em buffer.
3  import java.security.SecureRandom;
4
5  public class Producer implements Runnable
6  {
7     private static final SecureRandom generator = new SecureRandom();
8     private final Buffer sharedLocation; // referência a objeto compartilhado
9
10    // construtor
11    public Producer(Buffer sharedLocation)
12    {
13       this.sharedLocation = sharedLocation;
14    }
15
16    // armazena os valores de 1 a 10 em sharedLocation
17    public void run()
18    {
19       int sum = 0;
20
21       for (int count = 1; count <= 10; count++)
22       {
23          try // dorme de 0 a 3 segundos, então coloca valor em Buffer
24          {
25             Thread.sleep(generator.nextInt(3000)); // sono aleatório
26             sharedLocation.blockingPut(count); // configura valor no buffer
27             sum += count; // incrementa soma de valores
28             System.out.printf("\t%2d%n", sum);
29          }
30          catch (InterruptedException exception)
31          {
32             Thread.currentThread().interrupt();
33          }
34       }
35
```

continua

continuação

```
      System.out.printf(
         "Producer done producing%nTerminating Producer%n");
   }
} // fim da classe Producer
```

Figura 23.10 | `Producer` com um método `run` que insere os valores de 1 a 10 em buffer. (*Atenção:* o exemplo das figuras 23.9 a 23.13 *não* é seguro para threads.)

Classe Consumer

A classe `Consumer` (Figura 23.11) também implementa a interface `Runnable`, permitindo que `Consumer` execute concorrentemente com `Producer`. As linhas 11 a 14 inicializam a referência `Buffer sharedLocation` com um objeto que implementa a interface `Buffer` (criada em `main`, Figura 23.13) e passada para o construtor como o parâmetro `shared`. Como veremos, esse é o mesmo objeto `UnsynchronizedBuffer` que é utilizado para inicializar o objeto `Producer` — portanto, as duas threads compartilham o mesmo objeto. A thread `Consumer` nesse programa realiza as tarefas especificadas no método `run` (linhas 17 a 39). As linhas 21 a 34 iteram 10 vezes. Cada iteração invoca o método `Thread sleep` (linha 26) para colocar a thread `Consumer` no estado em *espera sincronizada* por até 3 segundos. Em seguida, a linha 27 utiliza o método `BlockingGet` para recuperar o valor no buffer compartilhado, então adiciona o valor à variável `sum`. A linha 28 exibe o total de todos os valores consumidos até agora. Quando o loop for concluído, as linhas 36 e 37 exibem uma linha que indica a soma dos valores consumidos. Então, o método `run` termina, o que indica que `Consumer` completou sua tarefa. Depois que ambas as threads entram no estado *terminada*, o programa é encerrado.

```
1  // Figura 23.11: Consumer.java
2  // Consumidor com um método run que faz um loop, lendo 10 valores do buffer.
3  import java.security.SecureRandom;
4
5  public class Consumer implements Runnable
6  {
7     private static final SecureRandom generator = new SecureRandom();
8     private final Buffer sharedLocation; // referência a objeto compartilhado
9
10    // construtor
11    public Consumer(Buffer sharedLocation)
12    {
13       this.sharedLocation = sharedLocation;
14    }
15
16    // lê o valor do sharedLocation 10 vezes e soma os valores
17    public void run()
18    {
19       int sum = 0;
20
21       for (int count = 1; count <= 10; count++)
22       {
23          // dorme de 0 a 3 segundos, lê o valor do buffer e adiciona a soma
24          try
25          {
26             Thread.sleep(generator.nextInt(3000));
27             sum += sharedLocation.blockingGet();
28             System.out.printf("\t\t\t%2d%n", sum);
29          }
30          catch (InterruptedException exception)
31          {
32             Thread.currentThread().interrupt();
33          }
34       }
35
36       System.out.printf("%n%s %d%n%s%n",
37          "Consumer read values totaling", sum, "Terminating Consumer");
38    }
39 } // fim da classe Consumer
```

Figura 23.11 | `Consumer` com um método `run` que faz um loop, lendo 10 valores do buffer. (*Atenção:* o exemplo das figuras 23.9 a 23.13 *não* é seguro para threads.)

Chamamos o método Thread sleep apenas para propósitos de demonstração

Utilizamos o método `sleep` no método `run` das classes `Producer` e `Consumer` para enfatizar o fato de que, *em aplicativos com múltiplas threads, é imprevisível quando cada thread realizará sua tarefa e por quanto tempo ela realizará a tarefa quando tiver um processador.* Normalmente, esses problemas de agendamento de thread estão além do controle do desenvolvedor Java. Nesse programa, as tarefas da nossa thread são bem simples — `Producer` grava os valores de `1` a `10` no buffer e `Consumer` lê 10 valores do buffer e adiciona cada valor à variável `sum`. Sem a chamada de método `sleep`, e se `Producer` executasse primeiro, considerando os processadores fenomenalmente rápidos de hoje, `Producer` possivelmente completaria sua tarefa antes de `Consumer` ter uma chance de executar. Se `Consumer` executasse primeiro, ele possivelmente consumiria dados da lixeira dez vezes, então terminaria antes que `Producer` pudesse produzir o primeiro valor real.

A classe UnsynchronizedBuffer não sincroniza o acesso ao buffer

A classe `UnsynchronizedBuffer` (Figura 23.12) implementa a interface `Buffer` (linha 4), mas *não* sincroniza o acesso ao estado do buffer — fazemos isso propositadamente para demonstrar os problemas que ocorrem quando múltiplas threads acessam *dados compartilhados mutáveis sem* sincronização. A linha 6 declara a variável de instância `buffer` e a inicializa com `-1`. Esse valor é utilizado para demonstrar o caso em que `Consumer` tenta consumir um valor *antes* de `Producer` colocar alguma vez um valor em `buffer`. Mais uma vez, os métodos `blockingPut` (linhas 9 a 13) e `blockingGet` (linhas 16 a 20) *não* sincronizam o acesso à variável de instância `buffer`. O método `blockingPut` simplesmente atribui seu argumento a `buffer` (linha 12) e o método `blockingGet` simplesmente retorna o valor de `buffer` (linha 19). Como veremos na Figura 23.13, o objeto `UnsynchronizedBuffer` é compartilhado entre o `Producer` e o `Consumer`.

```
1   // Figura 23.12: UnsynchronizedBuffer.java
2   // UnsynchronizedBuffer mantém o inteiro compartilhado que é acessado por
3   // uma thread produtora e uma thread consumidora.
4   public class UnsynchronizedBuffer implements Buffer
5   {
6      private int buffer = -1; // compartilhado pelas threads producer e consumer
7
8      // coloca o valor no buffer
9      public void blockingPut(int value) throws InterruptedException
10     {
11        System.out.printf("Producer writes\t%2d", value);
12        buffer = value;
13     }
14
15     // retorna valor do buffer
16     public int blockingGet() throws InterruptedException
17     {
18        System.out.printf("Consumer reads\t%2d", buffer);
19        return buffer;
20     }
21  } // fim da classe UnsynchronizedBuffer
```

Figura 23.12 | `UnsynchronizedBuffer` mantém o inteiro compartilhado que é acessado por uma thread produtora e uma thread consumidora. (*Atenção:* o exemplo das figuras 23.9 a 23.13 *não* é seguro para threads.)

Classe SharedBufferTest

Na classe `SharedBufferTest` (Figura 23.13), a linha 12 cria um `ExecutorService` para executar os `Runnables` `Producer` e `Consumer`. A linha 15 cria um `UnsynchronizedBuffer` e o atribui à variável `Buffer sharedLocation`. Esse objeto armazena os dados que as threads `Producer` e `Consumer` compartilharão. As linhas 24 e 25 criam e executam `Producer` e `Consumer`. Os construtores `Producer` e `Consumer` recebem o mesmo objeto `Buffer` (`sharedLocation`), assim cada objeto referencia o mesmo `Buffer`. Essas linhas também carregam implicitamente as threads e chamam o método `run` de cada `Runnable`. Por fim, a linha 27 chama o método `shutdown` para que o aplicativo possa terminar quando as threads executando o `Producer` e o `Consumer` concluírem suas tarefas e a linha 28 espera que as tarefas agendadas sejam concluídas. Quando `main` termina (linha 29), a thread principal de execução entra no estado *terminada*.

```java
// Figura 23.13: SharedBufferTest.java
// Aplicativo com duas threads que manipulam um buffer não sincronizado.
import java.util.concurrent.ExecutorService;
import java.util.concurrent.Executors;
import java.util.concurrent.TimeUnit;

public class SharedBufferTest
{
   public static void main(String[] args) throws InterruptedException
   {
      // cria novo pool de threads com duas threads
      ExecutorService executorService = Executors.newCachedThreadPool();

      // cria UnsynchronizedBuffer para armazenar ints
      Buffer sharedLocation = new UnsynchronizedBuffer();

      System.out.println(
         "Action\t\tValue\tSum of Produced\tSum of Consumed");
      System.out.printf(
         "------\t\t-----\t---------------\t---------------%n%n");

      // executar Producer e Consumer, dando a cada um
      // acesso a sharedLocation
      executorService.execute(new Producer(sharedLocation));
      executorService.execute(new Consumer(sharedLocation));

      executorService.shutdown(); // termina o aplicativo quando as tarefas concluem
      executorService.awaitTermination(1, TimeUnit.MINUTES);
   }
} // fim da classe SharedBufferTest
```

```
Action          Value   Sum of Produced Sum of Consumed
------          -----   --------------- ---------------

Producer writes  1       1
Producer writes  2       3                                — 1 é perdido
Producer writes  3       6                                — 2 é perdido
Consumer reads   3                       3
Producer writes  4      10
Consumer reads   4                       7
Producer writes  5      15
Producer writes  6      21                                — 5 é perdido
Producer writes  7      28                                — 6 é perdido
Consumer reads   7                      14
Consumer reads   7                      21                — 7 é lido novamente
Producer writes  8      36
Consumer reads   8                      29
Consumer reads   8                      37                — 8 é lido novamente
Producer writes  9      45
Producer writes 10      55                                — 9 é perdido

Producer done producing
Terminating Producer
Consumer reads  10                      47
Consumer reads  10                      57                — 10 é lido novamente
Consumer reads  10                      67                — 10 é lido novamente
Consumer reads  10                      77                — 10 é lido novamente

Consumer read values totaling 77
Terminating Consumer
```

continua

continuação

```
Action           Value   Sum of Produced Sum of Consumed
------           -----   --------------- ---------------

Consumer reads  -1                       1    —— lê -1 dado inválido
Producer writes  1       1
Consumer reads   1                       0
Consumer reads   1                       1    —— 1 é lido novamente
Consumer reads   1                       2    —— 1 é lido novamente
Consumer reads   1                       3    —— 1 é lido novamente
Consumer reads   1                       4    —— 1 é lido novamente
Producer writes  2       3
Consumer reads   2                       6
Producer writes  3       6
Consumer reads   3                       9
Producer writes  4       10
Consumer reads   4                       13
Producer writes  5       15
Producer writes  6       21                   —— 5 é perdido
Consumer reads   6                       19

Consumer read values totaling 19
Terminating Consumer
Producer writes  7       28                   —— 7 nunca é lido
Producer writes  8       36                   —— 8 nunca é lido
Producer writes  9       45                   —— 9 nunca é lido
Producer writes 10       55                   —— 10 nunca é lido
Producer done producing

Terminating Producer
Producer writes  2       3
```

Figura 23.13 | Aplicativo com duas threads que manipulam um buffer não sincronizado. (*Atenção:* o exemplo das figuras 23.9 a 23.13 *não* é seguro para threads.)

Lembre-se da visão geral desse exemplo que o `Producer` deve executar primeiro e todos os valores produzidos pelo `Producer` devem ser consumidos exatamente uma vez pelo `Consumer`. Entretanto, quando você estuda a primeira saída da Figura 23.13, note que `Producer` grava os valores `1`, `2` e `3` antes de `Consumer` ler seu primeiro valor (`3`). Portanto, os valores `1` e `2` são *perdidos*. Posteriormente, os valores `5`, `6` e `9` são *perdidos*, enquanto `7` e `8` são *lidos duas vezes* e `10` é lido quatro vezes. Então, a primeira saída produz um total incorreto de 77, em vez de um total correto de 55. Na segunda saída, `Consumer` lê o valor de `-1` *antes* de `Producer` ter gravado um valor. O `Consumer` lê o valor `1` *cinco vezes* antes de o `Producer` gravar o valor `2`. Enquanto isso, todos os valores `5`, `7`, `8`, `9` e `10` são *perdidos* — os últimos quatro porque o `Consumer` termina *antes* do `Producer`. O total incorreto de `Consumer`, 19, é exibido. (As linhas na saída em que `Producer` ou `Consumer` atuou fora de ordem são destacadas.)

Dica de prevenção de erro 23.1

O acesso a um objeto compartilhado por threads concorrentes deve ser cuidadosamente controlado ou um programa pode produzir resultados incorretos.

Para resolver os problemas dos dados *perdidos* e *duplicados,* a Seção 23.6 apresenta um exemplo em que usamos um `ArrayBlockingQueue` (do pacote `java.util.concurrent`) para sincronizar o acesso ao objeto compartilhado, garantindo que cada um e todos os valores serão processados uma vez e apenas uma vez.

23.6 Relacionamento produtor/consumidor: ArrayBlockingQueue

A melhor maneira de sincronizar as threads produtora e consumidora é usar as classes do pacote `java.util.concurrent` Java que *encapsulam a sincronização para você.* O Java inclui a classe **`ArrayBlockingQueue`** — uma classe de buffer totalmente implementada e *segura para threads* que implementa a interface **`BlockingQueue`**. A interface estende a interface `Queue` discutida no Capítulo 16 e declara os métodos **`put`** e **`take`**, equivalentes de bloqueio dos métodos `Queue` `offer` e `poll`, respectivamente. O método `put` coloca um elemento no final da `BlockingQueue` em espera se a fila estiver cheia. O método `take` removerá um elemento da cabeça da `BlockingQueue`, esperando se a fila estiver vazia. Esses métodos tornam a classe `ArrayBlockingQueue` uma boa escolha para implementar um buffer compartilhado. Como o método `put` é bloqueado até que haja espaço no buffer para gravar dados, e o método `take` é bloqueado até que haja novos dados a ler, primeiro o produtor deve produzir um valor, o consumidor consome corretamente somente depois que o produtor grava um valor e o produtor produz corretamente o próximo valor (depois do primeiro) apenas depois que o consumidor lê o valor anterior (ou o primeiro). `ArrayBlockingQueue` armazena os dados mutáveis compartilhados em um array, cujo tamanho é especificado como um argumento de construtor de `ArrayBlockingQueue`. Depois de criado, um `ArrayBlockingQueue` tem tamanho fixo e não irá se expandir para acomodar elementos extras.

Classe `BlockingBuffer`

As figuras 23.14 e 23.15 demonstram um `Producer` e um `Consumer` acessando um `ArrayBlockingQueue`. A classe `BlockingBuffer` (Figura 23.14) usa um objeto `ArrayBlockingQueue` que armazena um `Integer` (linha 7). A linha 11 cria a `ArrayBlockingQueue` e passa `1` para o construtor, de modo que o objeto armazena um único valor para simular o exemplo `UnsynchronizedBuffer` na Figura 23.12. As linhas 7 e 11 (Figura 23.14) usam genéricos, que discutimos nos capítulos 16 a 20. Analisamos *buffers de múltiplos elementos* na Seção 23.8. Como nossa classe `BlockingBuffer` usa a classe `ArrayBlockingQueue` *segura para threads* a fim de gerenciar todo o seu estado compartilhado (o buffer compartilhado, nesse caso), o próprio `BlockingBuffer` é *seguro para threads,* embora não tenhamos implementado a sincronização.

`BlockingBuffer` implementa a interface `Buffer` (Figura 23.9) e utiliza as classes `Producer` (Figura 23.10 modificada para remover a linha 28) e `Consumer` (Figura 23.11 modificada para remover a linha 28) do exemplo na Seção 23.5. Essa abordagem demonstra a sincronização encapsulada — *as threads acessando o objeto compartilhado não sabem que seus acessos ao buffer agora estão sincronizados.* A sincronização é tratada inteiramente nos métodos `blockingPut` e `blockingGet` de `BlockingBuffer` chamando os métodos sincronizados `ArrayBlockingQueue` `put` e `take`, respectivamente. Assim, os `Runnables` `Producer` e `Consumer` são apropriadamente sincronizados simplesmente chamando os métodos `blockingPut` e `blockingGet` do objeto compartilhado.

A linha 17 no método `blockingPut` (Figura 23.14, linhas 15 a 20) chama o método `put` do objeto `ArrayBlockingQueue`. Essa chamada de método é bloqueada, se necessário, até que haja espaço no `buffer` para colocar o `value`. O método `blockingGet` (linhas 23 a 30) chama o método `take` do objeto `ArrayBlockingQueue` (linha 25). Essa chamada de método é *bloqueada*, se necessário, até que haja um elemento no `buffer` para remover. As linhas 18 e 19 e 26 e 27 utilizam o método `size` do objeto `ArrayBlockingQueue` para exibir o número total de elementos atualmente no `ArrayBlockingQueue`.

```
1  // Figura 23.14: BlockingBuffer.java
2  // Criando um buffer sincronizado usando um ArrayBlockingQueue.
3  import java.util.concurrent.ArrayBlockingQueue;
4
5  public class BlockingBuffer implements Buffer
6  {
7     private final ArrayBlockingQueue<Integer> buffer; // buffer compartilhado
8
9     public BlockingBuffer()
10    {
11       buffer = new ArrayBlockingQueue<Integer>(1);
12    }
13
14    // coloca o valor no buffer
15    public void blockingPut(int value) throws InterruptedException
16    {
17       buffer.put(value); // coloca o valor no buffer
18       System.out.printf("%s%2d\t%s%d%n", "Producer writes ", value,
19          "Buffer cells occupied: ", buffer.size());
20    }
21
22    // retorna valor do buffer
23    public int blockingGet() throws InterruptedException
24    {
25       int readValue = buffer.take(); // remove o valor do buffer
26       System.out.printf("%s %2d\t%s%d%n", "Consumer reads ",
27          readValue, "Buffer cells occupied: ", buffer.size());
28
29       return readValue;
30    }
31 } // fim da classe BlockingBuffer
```

Figura 23.14 | Criando um buffer sincronizado usando um `ArrayBlockingQueue`.

Classe `BlockingBufferTest`

A classe `BlockingBufferTest` (Figura 23.15) contém o método `main` que carrega o aplicativo. A linha 13 cria um `ExecutorService` e a linha 16 cria um objeto `BlockingBuffer` e atribui sua referência à variável para o `Buffer sharedLocation`. As linhas 18 e 19 executam os `Runnables Producer` e `Consumer`. A linha 21 chama o método `shutdown` para fechar o aplicativo quando as threads terminam de executar as tarefas do `Producer` e do `Consumer` e a linha 22 espera as tarefas agendadas serem concluídas.

Embora os métodos `put` e `take` de `ArrayBlockingQueue` estejam adequadamente sincronizados, os métodos `BlockingBuffer` `blockingPut` e `blockingGet` (Figura 23.14) não são declarados como sincronizados. Assim, as instruções realizadas no método `blockingPut` — a operação `put` (linha 17) e a saída (linhas 18 e 19) — *não são atômicas*; assim como não o são as instruções

```java
1   // Figura 23.15: BlockingBufferTest.java
2   // Duas threads manipulando um buffer de bloqueio que
3   // implementa adequadamente o relacionamento produtor/consumidor.
4   import java.util.concurrent.ExecutorService;
5   import java.util.concurrent.Executors;
6   import java.util.concurrent.TimeUnit;
7
8   public class BlockingBufferTest
9   {
10     public static void main(String[] args) throws InterruptedException
11     {
12        // cria novo pool de threads com duas threads
13        ExecutorService executorService = Executors.newCachedThreadPool();
14
15        // cria BlockingBuffer para armazenar ints
16        Buffer sharedLocation = new BlockingBuffer();
17
18        executorService.execute(new Producer(sharedLocation));
19        executorService.execute(new Consumer(sharedLocation));
20
21        executorService.shutdown();
22        executorService.awaitTermination(1, TimeUnit.MINUTES);
23     }
24  } // fim da classe BlockingBufferTest
```

```
Producer writes  1      Buffer cells occupied: 1
Consumer reads   1      Buffer cells occupied: 0
Producer writes  2      Buffer cells occupied: 1
Consumer reads   2      Buffer cells occupied: 0
Producer writes  3      Buffer cells occupied: 1
Consumer reads   3      Buffer cells occupied: 0
Producer writes  4      Buffer cells occupied: 1
Consumer reads   4      Buffer cells occupied: 0
Producer writes  5      Buffer cells occupied: 1
Consumer reads   5      Buffer cells occupied: 0
Producer writes  6      Buffer cells occupied: 1
Consumer reads   6      Buffer cells occupied: 0
Producer writes  7      Buffer cells occupied: 1
Consumer reads   7      Buffer cells occupied: 0
Producer writes  8      Buffer cells occupied: 1
Consumer reads   8      Buffer cells occupied: 0
Producer writes  9      Buffer cells occupied: 1
Consumer reads   9      Buffer cells occupied: 0
Producer writes 10      Buffer cells occupied: 1

Producer done producing
Terminating Producer
Consumer reads  10      Buffer cells occupied: 0

Consumer read values totaling 55
Terminating Consumer
```

Figura 23.15 | Duas threads manipulando um buffer de bloqueio que implementa adequadamente o relacionamento produtor/consumidor.

no método blockingGet — a operação take (linha 25) e a saída (linhas 26 e 27). Portanto, não há garantias de que cada saída ocorrerá imediatamente após a operação put ou take correspondente, e as saídas podem aparecer fora de ordem. Mesmo se isso acontecer, o objeto ArrayBlockingQueue está corretamente sincronizando o acesso aos dados, como evidenciado pelo fato de que a soma dos valores lidos pelo consumidor sempre está correta.

23.7 (Avançado) Relacionamento entre produtor e consumidor com synchronized, wait, notify e notifyAll

[*Observação:* esta seção destina-se a programadores *avançados* que querem controlar a sincronização.[2]] O exemplo anterior mostrou como múltiplas threads podem compartilhar um buffer de um único elemento de uma forma segura para threads usando a classe ArrayBlockingQueue que encapsula a sincronização necessária para proteger os dados mutáveis compartilhados. Para propósitos educacionais, agora explicaremos como você pode implementar um buffer compartilhado usando a palavra-chave synchronized e os métodos da classe Object. *Usar um ArrayBlockingQueue geralmente resulta em código mais fácil de manter e com melhor desempenho.*

Depois de identificar os dados mutáveis compartilhados e a *diretiva de sincronização* (isto é, associar os dados com um bloqueio que os protege), o próximo passo para sincronizar o acesso ao buffer é implementar os métodos blockingGet e blockingPut como métodos synchronized. Isso requer que uma thread obtenha o *bloqueio de monitor* no objeto Buffer antes de tentar acessar os dados no buffer, mas isso não garante automaticamente que as threads prossigam com uma operação somente se o buffer estiver no estado adequado. Precisamos de uma maneira de permitir que nossas threads *esperem,* dependendo de certas condições serem verdadeiras. No caso da inserção de um novo item no buffer, a condição que permite que a operação avance é que o *buffer não esteja cheio*. No caso da busca de um item a partir do buffer, a condição que permite que a operação avance é que o *buffer não esteja vazio*. Se a condição em questão for verdadeira, a operação pode continuar; se for falsa, a thread deve *esperar* até que a condição torne-se verdadeira. Quando uma thread espera uma condição, ela é removida da disputa pelo processador, colocada no estado de *espera* e o bloqueio que ela segura é liberado.

Métodos wait, notify e notifyAll

Os métodos Object wait, notify e notifyAll podem ser usados com condições para fazer threads *esperarem* quando elas não podem realizar suas tarefas. Se uma thread obtém o *bloqueio de monitor* em um objeto, então determina que não pode continuar com sua tarefa nesse objeto até que alguma condição seja atendida, a thread pode chamar o método Object wait no objeto synchronized; isso *libera o bloqueio de monitor* no objeto, e a thread espera no estado em *espera* enquanto outras threads tentam entrar na(s) instrução(ões) ou método(s) synchronized do objeto. Quando uma thread que executa uma instrução (ou método) synchronized completa ou satisfaz a condição que outra thread pode estar esperando, ela pode chamar o método Object notify no objeto synchronized para permitir que uma thread em espera transite para o estado *executável* novamente. Nesse ponto, a thread que transitou do estado de *espera* para o estado *executável* pode tentar *readquirir o bloqueio de monitor* no objeto. Mesmo se a thread for capaz de readquirir o bloqueio de monitor, ela ainda pode não ser capaz de realizar sua tarefa nesse momento — caso em que irá entrar novamente no estado de *espera* e liberará implicitamente o *bloqueio de monitor*. Se uma thread chamar notifyAll em um objeto synchronized, então *todas* as threads que esperam o bloqueio de monitor se tornarão elegíveis para *readquirir o bloqueio* (isto é, todas elas transitarão para o estado *executável*).

Lembre-se de que somente *uma* thread por vez pode obter o bloqueio de monitor no objeto — as outras threads que tentarem adquirir o mesmo bloqueio de monitor serão *bloqueadas* até que o bloqueio de monitor se torne disponível novamente (isto é, até que nenhuma outra thread esteja executando em uma instrução synchronized desse objeto).

Erro comum de programação 23.1

É um erro se uma thread emitir um wait, notify ou notifyAll sobre um objeto sem adquirir um bloqueio para ele. Isso causa uma IllegalMonitorStateException.

Dica de prevenção de erro 23.2

Uma boa prática é utilizar notifyAll para notificar que as threads em espera se tornem executáveis. Fazer isso evita a possibilidade de que seu programa possa esquecer as threads em espera que, de outra forma, passariam fome.

As figuras 23.16 e 23.17 demonstram um Producer e um Consumer acessando um buffer compartilhado com sincronização. Nesse caso, o Producer sempre produz *primeiro* um valor, o Consumer consome corretamente somente depois *que* o Producer

2 Para obter informações detalhadas sobre wait, notify e notifyAll, consulte o Capítulo 14 do livro *Java Concurrency in Practice* de Brian Goetz et al., Addison-Wesley Professional, 2006.

produz um valor e o `Producer` produz corretamente o próximo valor somente depois que o `Consumer` consome o valor anterior (ou o primeiro). Reutilizamos a interface `Buffer` e as classes `Producer` e `Consumer` do exemplo na Seção 23.5, exceto que a linha 28 é removida da classe `Producer` e da classe `Consumer`.

Classe SynchronizedBuffer

A sincronização é tratada nos métodos `blockingPut` e `blockingGet` da classe `SynchronizedBuffer` (Figura 23.16), que implementa a interface `Buffer` (linha 4). Assim, os métodos `run` de `Producer` e `Consumer` simplesmente chamam os métodos `blockingPut` e `blockingGet` do objeto compartilhado `synchronized`. Mais uma vez, geramos as mensagens dos métodos `synchronized` dessa classe somente para propósitos de demonstração — a E/S *não deve* ser realizada em blocos `synchronized`, porque é importante minimizar a quantidade de tempo que um objeto está "bloqueado".

```
1   // Figura 23.16: SynchronizedBuffer.java
2   // Sincronizando o acesso a dados mutáveis compartilhados usando
3   // métodos wait e notifyAll de Object.
4   public class SynchronizedBuffer implements Buffer
5   {
6      private int buffer = -1; // compartilhado pelos threads producer and consumer
7      private boolean occupied = false;
8
9      // coloca o valor no buffer
10     public synchronized void blockingPut(int value)
11        throws InterruptedException
12     {
13        // enquanto não houver posições vazias, coloca a thread em estado de espera
14        while (occupied)
15        {
16           // envia informações da thread e do buffer para a saída, então espera
17           System.out.println("Producer tries to write."); // apenas para demonstração
18           displayState("Buffer full. Producer waits."); // apenas para demonstração
19           wait();
20        }
21
22        buffer = value; // configura novo valor de buffer
23
24        // indica que a produtora não pode armazenar outro valor
25        // até a consumidora recuperar valor atual de buffer
26        occupied = true;
27
28        displayState("Producer writes " + buffer); // apenas para demonstração
29
30        notifyAll(); // instrui thread(s) em espera a entrar no estado executável
31     } // fim do método blockingPut; libera bloqueio em SynchronizedBuffer
32
33     // retorna valor do buffer
34     public synchronized int blockingGet() throws InterruptedException
35     {
36        // enquanto os dados não são lidos, coloca thread em estado de espera
37        while (!occupied)
38        {
39           // envia informações da thread e do buffer para a saída, então espera
40           System.out.println("Consumer tries to read."); // apenas para demonstração
41           displayState("Buffer empty. Consumer waits."); // apenas para demonstração
42           wait();
43        }
44
45        // indica que a produtora pode armazenar outro valor
46        // porque a consumidora acabou de recuperar o valor do buffer
47        occupied = false;
48
49        displayState("Consumer reads " + buffer); // apenas para demonstração
50
51        notifyAll(); // instrui thread(s) em espera a entrar no estado executável
52
53        return buffer;
```

continua

continuação

```
54       } // fim do método blockingGet; libera bloqueio em SynchronizedBuffer
55
56       // exibe a operação atual e o estado de buffer; apenas para demonstração
57       private synchronized void displayState(String operation)
58       {
59          System.out.printf("%-40s%d\t\t%b%n%n", operation, buffer,
60             occupied);
61       }
62    } // fim da classe SynchronizedBuffer
```

Figura 23.16 | Sincronizando acesso aos dados mutáveis compartilhados utilizando os métodos `Object` `wait` e `notifyAll`.

Campos e métodos da classe `SynchronizedBuffer`

A classe `SynchronizedBuffer` contém os campos `buffer` (linha 6) e `occupied` (linha 7) — você deve sincronizar o acesso a *ambos os* campos para assegurar que a classe `SynchronizedBuffer` é segura para threads. Os métodos `blockingPut` (linhas 10 a 31) e `blockingGet` (linhas 34 a 54) são declarados como `synchronized` — apenas *uma* thread pode chamar um desses métodos de cada vez em um objeto `SynchronizedBuffer` particular. O campo `occupied` é usado para determinar se é a vez do `Producer` ou do `Consumer` de realizar uma tarefa. Esse campo é utilizado em expressões condicionais nos métodos `blockingPut` e `blockingGet`. Se `occupied` for `false`, então `buffer` está vazio, assim o `Consumer` não pode ler o valor de `buffer`, mas o `Producer` pode inserir um valor em `buffer`. Se `occupied` for `true`, o `Consumer` pode ler um valor de `buffer`, mas o `Producer` não pode inserir um valor em `buffer`.

O método `blockingPut` e a thread `Producer`

Quando o método `run` da thread `Producer` invoca o método `blockingPut synchronized`, a thread tenta implicitamente adquirir o bloqueio de monitor do objeto `SynchronizedBuffer`. Se o bloqueio de monitor estiver disponível, a thread `Producer` adquire *implicitamente* o bloqueio. Então, o loop `while` nas linhas 14 a 20 determina se `occupied` é `true`. Se for, `buffer` está *cheio* e queremos esperar até que o buffer esteja vazio, assim a linha 17 gera uma mensagem indicando que a thread `Producer` está tentando gravar um valor, e a linha 18 invoca o método `displayState` (linhas 57 a 61) para gerar outra mensagem indicando que `buffer` está *cheio* e que a thread `Producer` está *esperando* até que haja espaço. A linha 19 invoca o método `wait` (herdado de `Object` por `SynchronizedBuffer`) para colocar a thread que chamou o método `blockingPut` (isto é, a thread `Producer`) no estado de *espera* pelo objeto `SynchronizedBuffer`. A chamada a `wait` faz com que a thread chamadora libere *implicitamente* o bloqueio do objeto `SynchronizedBuffer`. Isso é importante porque a thread não pode realizar atualmente sua tarefa e porque outras threads (nesse caso, a `Consumer`) devem ter permissão de acessar o objeto para permitir que a condição (`occupied`) mude. Agora outra thread pode tentar adquirir o bloqueio do objeto `SynchronizedBuffer` e invocar o método `blockingPut` ou `blockingGet` do objeto.

A thread `Producer` permanece no estado em *espera* até que outra thread *notifique* `Producer` de que ela pode prosseguir — ponto em que `Producer` retorna ao estado *executável* e tenta readquirir implicitamente o bloqueio no objeto `SynchronizedBuffer`. Se o bloqueio estiver disponível, a thread `Producer` o readquire e o método `blockingPut` continua a executar com a próxima instrução depois da chamada `wait`. Como `wait` é chamado em um loop, a condição de continuação do loop é testada novamente para determinar se a thread pode prosseguir. Caso contrário, `wait` é invocado novamente — caso contrário, o método `blockingPut` continua com a próxima instrução depois do loop.

A linha 22 no método `blockingPut` atribui o `value` ao `buffer`. A linha 26 configura `occupied` como `true` para indicar que o `buffer` agora contém um valor (isto é, uma consumidora pode ler o valor, mas a `Producer` ainda não pode colocar outro valor lá). A linha 28 invoca o método `displayState` para gerar uma mensagem indicando que o `Producer` está gravando um novo valor no `buffer`. A linha 30 invoca o método `notifyAll` (herdado de `Object`). Se quaisquer threads estiverem em *espera* no bloqueio de monitor do objeto `SynchronizedBuffer`, essas threads entram no estado *executável* e agora podem tentar *readquirir o bloqueio*. O método `notifyAll` retorna imediatamente, e o método `blockingPut` então retorna ao chamador (isto é, o método `run` de `Producer`). Quando o método `blockingPut` retorna, ele libera *implicitamente o bloqueio de monitor* do objeto `SynchronizedBuffer`.

O método `blockingGet` e a thread `Consumer`

Os métodos `blockingGet` e `blockingPut` são implementados de maneira semelhante. Quando o método `run` da thread `Consumer` invoca o método `synchronized blockingGet`, a thread tenta *adquirir o bloqueio de monitor* do objeto `SynchronizedBuffer`. Se o bloqueio estiver disponível, a thread `Consumer` o adquire. Então, o loop `while` nas linhas 37 a 43 determina se `occupied` é `false`. Se estiver, o buffer estará vazio, então a linha 40 gera saída de uma mensagem indicando que a thread está tentando ler um valor e a linha 41 invoca o método `displayState` para gerar saída de uma mensagem indicando que o buffer está *vazio* e que a thread `Consumer` está *esperando*. A linha 42 invoca o método `wait` para colocar a thread que chamou o método `blockingGet` (isto é, a `Consumer`) no estado de *espera* para o objeto `SynchronizedBuffer`. Novamente, a chamada a `wait` faz com que a thread de chamada libere *implicitamente o bloqueio* do objeto `SynchronizedBuffer`, então outra thread pode tentar adquirir o bloqueio `SynchronizedBuffer` do objeto e invocar o método `blockingGet` ou `blockingPut` do objeto. Se o bloqueio no `SynchronizedBuffer` não estiver disponível (por exemplo, se a `Producer` ainda não retornou do método `blockingPut`), a `Consumer` é *bloqueada* até que o bloqueio torne-se disponível.

A thread `Consumer` permanece no estado de *espera* até que seja *notificada* por outra thread de que ela pode prosseguir — ponto em que a thread `Consumer` retorna ao estado *executável* e tenta *implicitamente readquirir o bloqueio* do objeto `SynchronizedBuffer`. Se o bloqueio estiver disponível, o `Consumer` o readquire e o método `blockingGet` continua a executar com a próxima instrução depois da `wait`. Como `wait` é chamado em um loop, a condição de continuação do loop é testada novamente para determinar se a thread pode prosseguir com sua execução. Se não puder, `wait` é invocado novamente — caso contrário, o método `blockingGet` continua com a próxima instrução depois do loop. A linha 47 configura `occupied` como `false` para indicar que agora o `buffer` está vazio (isto é, uma `Consumer` não pode ler o valor, mas uma `Producer` pode colocar outro valor no `buffer`), a linha 49 chama o método `displayState` para indicar que a consumidora está lendo e a linha 51 invoca o método `notifyAll`. Se quaisquer threads estiverem no estado em *espera* aguardando o bloqueio nesse objeto `SynchronizedBuffer`, elas entram no estado *executável* e agora podem tentar *readquirir o bloqueio*. O método `notifyAll` retorna imediatamente, então o método `blockingGet` retorna o valor de `buffer` ao seu chamador. Quando o método `blockingGet` retornar, o bloqueio no objeto `SynchronizedBuffer` será *implicitamente liberado*.

Dica de prevenção de erro 23.3

Sempre invoque o método `wait` em um loop que testa a condição em que a tarefa está esperando. É possível que uma thread reentre no estado executável *(por meio de uma espera sincronizada ou outra thread chamando `notifyAll`) antes que a condição seja atendida. Testar a condição novamente assegura que a thread não executará de maneira errada se tiver sido notificada anteriormente.*

O método `displayState` também é `synchronized`

Observe que o método `displayState` é um método `synchronized`. Isso é importante porque ele também lê os dados compartilhados mutáveis do `SynchronizedBuffer`. Embora uma única thread em um dado momento possa adquirir o bloqueio de um determinado objeto, uma thread pode adquirir o bloqueio do mesmo objeto *múltiplas* vezes — isso é conhecido como um **bloqueio de reentrada** e permite que um método `synchronized` invoque outro no mesmo objeto.

Testando a classe `SynchronizedBuffer`

A classe `SharedBufferTest2` (Figura 23.17) é semelhante à classe `SharedBufferTest` (Figura 23.13). `SharedBufferTest2` contém o método `main` (Figura 23.17, linhas 9 a 26), que carrega o aplicativo. A linha 12 cria um `ExecutorService` para executar as tarefas de `Producer` e `Consumer`. A linha 15 cria um objeto `SynchronizedBuffer` e atribui sua referência à variável `Buffer sharedLocation`. Esse objeto armazena os dados que serão compartilhados entre o `Producer` e `Consumer`. As linhas 17 e 18 exibem os títulos de coluna na saída. As linhas 21 e 22 executam `Producer` e `Consumer`. Por fim, a linha 24 chama o método `shutdown` para terminar o aplicativo quando o `Producer` e o `Consumer` concluírem suas tarefas e a linha 25 espera que as tarefas agendadas sejam concluídas. Quando o método `main` conclui (linha 26), a thread principal de execução termina.

```
1  // Figura 23.17: SharedBufferTest2.java
2  // Duas threads manipulando corretamente um buffer sincronizado.
3  import java.util.concurrent.ExecutorService;
4  import java.util.concurrent.Executors;
5  import java.util.concurrent.TimeUnit;
6
7  public class SharedBufferTest2
8  {
9     public static void main(String[] args) throws InterruptedException
10    {
11       // cria um newCachedThreadPool
12       ExecutorService executorService = Executors.newCachedThreadPool();
13
14       // cria SynchronizedBuffer para armazenar ints
15       Buffer sharedLocation = new SynchronizedBuffer();
16
17       System.out.printf("%-40s%s\t\t%s%n%-40s%s%n%n", "Operation",
18          "Buffer", "Occupied", "---------", "------\t\t--------");
19
20       // executa as tarefas do produtor e consumidor
```

continua

continuação

```
        executorService.execute(new Producer(sharedLocation));
        executorService.execute(new Consumer(sharedLocation));

        executorService.shutdown();
        executorService.awaitTermination(1, TimeUnit.MINUTES);
    }
} // fim da classe SharedBufferTest2
```

```
Operation                               Buffer          Occupied
---------                               ------          --------

Consumer tries to read.
Buffer empty. Consumer waits.           -1              false

Producer writes 1                       1               true

Consumer reads 1                        1               false

Consumer tries to read.
Buffer empty. Consumer waits.           1               false

Producer writes 2                       2               true

Consumer reads 2                        2               false

Producer writes 3                       3               true

Consumer reads 3                        3               false

Producer writes 4                       4               true

Producer tries to write.
Buffer full. Producer waits.            4               true

Consumer reads 4                        4               false

Producer writes 5                       5               true

Consumer reads 5                        5               false

Producer writes 6                       6               true

Producer tries to write.
Buffer full. Producer waits.            6               true

Consumer reads 6                        6               false

Producer writes 7                       7               true

Producer tries to write.
Buffer full. Producer waits.            7               true

Consumer reads 7                        7               false

Producer writes 8                       8               true

Consumer reads 8                        8               false

Consumer tries to read.
Buffer empty. Consumer waits.           8               false

Producer writes 9                       9               true

Consumer reads 9                        9               false

Consumer tries to read.

Buffer empty. Consumer waits.           9               false
```

continua

continuação

```
Producer writes 10                       10                true

Consumer reads 10                        10                false

Producer done producing
Terminating Producer

Consumer read values totaling 55
Terminating Consumer
```

Figura 23.17 | Duas threads manipulando corretamente um buffer sincronizado.

Estude as saídas na Figura 23.17. Observe que *cada inteiro produzido é consumido exatamente uma vez — nenhum valor é perdido e nenhum valor é consumido mais de uma vez*. A sincronização assegura que `Producer` produz um valor apenas quando o buffer está *vazio*, e `Consumer` consome apenas quando o buffer está *cheio*. A `Producer` sempre vai primeiro, a `Consumer` *espera* se a `Producer` não tiver produzido desde que a `Consumer` foi consumida pela última vez e a `Producer` espera se a `Consumer` ainda não tiver consumido o valor que a `Producer` produziu mais recentemente. Execute esse programa várias vezes para confirmar que todo inteiro produzido é consumido exatamente *uma vez*. Na saída de exemplo, observe as linhas que indicam quando a `Producer` e a `Consumer` devem *esperar* para realizar suas respectivas tarefas.

23.8 (Avançado) Relacionamento produtor/consumidor: buffers limitados

O programa na Seção 23.7 utiliza sincronização de thread para garantir que duas threads manipulam corretamente os dados em um buffer compartilhado. Entretanto, o aplicativo não pode apresentar um ótimo desempenho. Se as duas threads operarem em diferentes velocidades, uma delas gastará mais (ou a maior parte) de seu tempo na espera. Por exemplo, no programa na Seção 23.7 compartilhamos uma única variável de inteiro entre as duas threads. Se a thread `Producer` produzir valores mais *rápido* do que a `Consumer` possa consumi-los, então a thread `Producer` *esperará* a `Consumer`, porque não haverá nenhuma outra posição no buffer em que colocar o próximo valor. Da mesma forma, se `Consumer` consumir valores *mais rapidamente* do que `Producer` os produz, `Consumer` *espera* até que `Producer` insira o próximo valor no buffer compartilhado. Mesmo quando temos threads que operam nas *mesmas* velocidades relativas, essas threads podem ficar ocasionalmente "fora de sincronia" por um período de tempo, fazendo com que uma delas *espere* a outra.

Dica de desempenho 23.3

Não podemos fazer suposições a respeito das velocidades relativas de threads concorrentes — as interações que ocorrem com o sistema operacional, a rede, o usuário e outros componentes podem fazer com que as threads operem em diferentes velocidades. Quando isso acontece, as threads esperam. Quando as threads esperam excessivamente, os programas tornam-se menos eficientes, os programas interativos tornam-se menos responsivos e os aplicativos sofrem retardos mais longos.

Buffers limitados

Para minimizar a quantidade de tempo de espera por threads que compartilham recursos e operam nas mesmas velocidades médias, podemos implementar um **buffer limitado** que fornece um número fixo de células de buffer em que a `Producer` pode colocar valores e a partir do qual a `Consumer` pode recuperar esses valores. (Na verdade, já fizemos isso com a classe `ArrayBlockingQueue` na Seção 23.6.) Se a `Producer` produzir temporariamente valores mais rápido do que a `Consumer` pode consumi-los, a `Producer` pode escrever valores adicionais nas células de buffer extras, se algum estiver disponível. Essa capacidade permite à `Producer` realizar sua tarefa mesmo que a `Consumer` não esteja pronta para receber o valor atual que está sendo produzido. De maneira semelhante, se a `Consumer` consumir mais rápido do que a capacidade da `Producer` de produzir novos valores, a `Consumer` pode ler valores adicionais (se houver algum) do buffer. Isso permite que a `Consumer` se mantenha ocupada, mesmo que a `Producer` não esteja pronta para produzir valores adicionais. Um exemplo do relacionamento produtor/consumidor que utiliza um buffer limitado é streaming de vídeo, discutido na Seção 23.1.

Mesmo um *buffer limitado* é inadequado se `Producer` e `Consumer` operarem de forma consistente em diferentes velocidades. Se `Consumer` sempre executar mais rápido do que `Producer`, então um buffer contendo uma única posição será suficiente. Se a `Producer` sempre executar mais rápido, somente um buffer com um número "infinito" de posições seria capaz de absorver a produção extra. Mas se `Producer` e `Consumer` executarem aproximadamente na mesma velocidade média, um buffer limitado ajuda a suavizar os efeitos de qualquer aumento ou diminuição ocasional de velocidade na execução de qualquer uma das threads.

A chave para utilizar um *buffer limitado* com uma `Producer` e uma `Consumer` que operam quase na mesma velocidade é fornecer ao buffer posições suficientes para tratar a produção "extra" antecipada. Se, em um período de tempo, determinarmos que a `Producer` produz frequentemente até mais três valores do que a `Consumer` pode consumir, podemos fornecer um buffer de pelo menos três células para tratar a produção extra. Criar o buffer com um tamanho muito pequeno pode fazer com que as threads esperem mais tempo.

[*Observação:* como mencionamos na Figura 23.22, `ArrayBlockingQueue` pode funcionar com múltiplos produtores e múltiplos consumidores. Por exemplo, uma fábrica que produz produtos muito rapidamente precisará ter muito mais veículos de entrega (isto é, consumidores) para remover os produtos rapidamente da área de armazenagem (isto é, o buffer limitado), de modo que a fábrica possa continuar a fabricar produtos na capacidade total.]

Dica de desempenho 23.4

Mesmo ao utilizar um buffer limitado, *é possível que uma thread produtora pudesse preencher o buffer, o que forçaria a produtora a esperar até que uma consumidora consumisse um valor para liberar um elemento no buffer. De maneira semelhante, se o buffer estiver vazio em qualquer dado momento, uma thread consumidora deve esperar até que a produtora produza outro valor. A chave para utilizar um buffer limitado é otimizar o tamanho do buffer para minimizar a quantidade de tempo de espera da thread, sem desperdiçar espaço.*

Buffers limitados usando `ArrayBlockingQueue`

A maneira mais simples de implementar um buffer limitado é usar um `ArrayBlockingQueue` para o buffer de modo que *todos os detalhes da sincronização sejam tratados para você*. Isso pode ser feito modificando o exemplo da Seção 23.6 para passar o tamanho desejado para o buffer limitado no construtor `ArrayBlockingQueue`. Em vez de repetir nosso exemplo anterior de `ArrayBlockingQueue` com um tamanho diferente, apresentamos um exemplo que ilustra como você mesmo pode construir um buffer limitado. Mais uma vez, usar um `ArrayBlockingQueue` resultará em um código mais fácil de manter e com melhor desempenho. Na Questão 23.13, solicitamos que você reimplemente o exemplo desta seção utilizando as técnicas da API Java de Concorrência apresentadas na Seção 23.9.

Implementando seu próprio buffer limitado como um buffer circular

O programa nas figuras 23.18 e 23.19 demonstra uma `Producer` e uma `Consumer` acessando um *buffer limitado com sincronização*. Mais uma vez, reutilizamos a interface `Buffer` e as classes `Producer` e `Consumer` do exemplo na Seção 23.5, exceto que a linha 28 é removida da classe `Producer` e da classe de `Consumer`. Implementamos o buffer limitado na classe `CircularBuffer` (Figura 23.18) como um **buffer circular** que usa um array compartilhado de três elementos. Um buffer circular grava e lê os elementos do array na ordem, começando na primeira célula e indo até a última. Quando uma `Producer` ou `Consumer` alcança o último elemento, ela retorna ao primeiro e começa a gravação ou leitura, respectivamente, a partir daí. Nessa versão do relacionamento produtor/consumidor, a `Consumer` consome um valor somente quando o array não estiver vazio e a `Producer` produz um valor somente quando o array não estiver cheio. Mais uma vez, as instruções de saída utilizadas nos métodos `synchronized` dessa classe são *apenas para propósitos de demonstração*.

```
// Figura 23.18: CircularBuffer.java
// Sincronizando o acesso a um buffer limitado de três elementos compartilhados.
public class CircularBuffer implements Buffer
{
   private final int[] buffer = {-1, -1, -1}; // buffer compartilhado

   private int occupiedCells = 0; // conta número de buffers utilizados
   private int writeIndex = 0; // índice do próximo elemento em que gravar
   private int readIndex = 0; // índice do próximo elemento a ler

   // coloca o valor no buffer
   public synchronized void blockingPut(int value)
      throws InterruptedException
   {
      // espera até que haja espaço disponível no buffer, então grava o valor;
      // enquanto não houver posições vazias, põe o thread no estado bloqueado
      while (occupiedCells == buffer.length)
      {
         System.out.printf("Buffer is full. Producer waits.%n");
         wait(); // espera até uma célula do buffer ser liberada
      } // fim do while

      buffer[writeIndex] = value; // configura novo valor de buffer
```

continua

continuação

```
      // atualiza índice de gravação circular
      writeIndex = (writeIndex + 1) % buffer.length;

      ++occupiedCells; // mais uma célula do buffer está cheia
      displayState("Producer writes " + value);
      notifyAll(); // notifica threads que estão esperando para ler a partir do buffer
   }

   // retorna valor do buffer
   public synchronized int blockingGet() throws InterruptedException
   {
      // espera até que o buffer tenha dados, então lê o valor;
      // enquanto os dados não são lidos, coloca thread em estado de espera
      while (occupiedCells == 0)
      {
         System.out.printf("Buffer is empty. Consumer waits.%n");
         wait(); // espera até que uma célula do buffer seja preenchida
      } // fim do while

      int readValue = buffer[readIndex]; // lê valor do buffer

      // atualiza índice de leitura circular
      readIndex = (readIndex + 1) % buffer.length;

      --occupiedCells; // um número menor de células do buffer é ocupado
      displayState("Consumer reads " + readValue);
      notifyAll(); // notifica threads que estão esperando para gravar no buffer

      return readValue;
   }

   // exibe a operação atual e o estado de buffer
   public synchronized void displayState(String operation)
   {
      // gera saída de operação e número de células de buffers ocupadas
      System.out.printf("%s%s%d)%n%s", operation,
         " (buffer cells occupied: ", occupiedCells, "buffer cells:  ");

      for (int value : buffer)
         System.out.printf(" %2d  ", value); // gera a saída dos valores no buffer

      System.out.printf("%n               ");

      for (int i = 0; i < buffer.length; i++)
         System.out.print("---- ");

      System.out.printf("%n               ");

      for (int i = 0; i < buffer.length; i++)
      {
         if (i == writeIndex && i == readIndex)
            System.out.print(" WR"); // índice de gravação e leitura
         else if (i == writeIndex)
            System.out.print(" W   "); // só grava índice
         else if (i == readIndex)
            System.out.print("  R  "); // só lê índice
         else
            System.out.print("     "); // nenhum dos índices
      }

      System.out.printf("%n%n");
   }
} // fim da classe CircularBuffer
```

Figura 23.18 | Sincronizando o acesso a um buffer limitado de três elementos compartilhados.

A linha 5 inicializa o array `buffer` como um array `int` de três elementos que representa o buffer circular. A variável `occupiedCells` (linha 7) conta o número de elementos no `buffer` que contêm dados a serem lidos. Quando `occupiedBuffers` for `0`, o buffer circular está *vazio* e `Consumer` deve *esperar* — quando `occupiedCells` for `3` (o tamanho do buffer circular), o buffer circular estará *cheio* e `Producer` deverá *esperar*. A variável `writeIndex` (linha 8) indica a próxima posição em que um valor pode ser colocado por uma `Producer`. A variável `readIndex` (linha 9) indica a posição a partir da qual o próximo valor pode ser lido por um método `Consumer`. Todas as variáveis de instância de `CircularBuffer` são parte dos dados compartilhados mutáveis da classe, assim o acesso a todas essas variáveis deve ser sincronizado para garantir que um `CircularBuffer` seja seguro para threads.

Método `CircularBuffer blockingPut`

O método `blockingPut CircularBuffer` (linhas 12 a 31) realiza as mesmas tarefas que na Figura 23.16, com algumas modificações. O loop nas linhas 17 a 21 determina se a `Producer` precisa *esperar* (isto é, todas as células do buffer estão *cheias*). Se precisar, a linha 19 indica que a `Producer` está *esperando* para realizar sua tarefa. Então, a linha 20 invoca o método `wait`, fazendo com que a thread `Producer` *libere o bloqueio* do `CircularBuffer` e *espere* até que haja espaço para que um novo valor seja gravado no buffer. Quando a execução continuar na linha 23 depois do loop `while`, o valor gravado pela `Producer` será colocado no buffer circular na posição `writeIndex`. Então, a linha 26 atualiza `writeIndex` para a próxima chamada para o método `CircularBuffer blockingPut`. Essa linha é a chave para a *circularidade* do buffer. Quando `writeIndex` é incrementado *depois do final do buffer*, a linha o configura como `0`. A linha 28 incrementa `occupiedCells` porque agora há mais um valor no buffer que `Consumer` pode ler. Em seguida, a linha 29 invoca o método `displayState` (linhas 57 a 86) para atualizar a saída com o valor produzido, o número de células de buffer ocupadas, o conteúdo das células de buffer e os `writeIndex` e `readIndex` atuais. A linha 30 invoca o método `notifyAll` para fazer a transição das threads *em espera* para o estado *executável*, assim uma thread `Consumer` em espera (se houver alguma) agora pode novamente tentar ler um valor do buffer.

Método `CircularBuffer blockingGet`

O método `CircularBuffer blockingGet` (linhas 34 a 54) também realiza as mesmas tarefas que ele realizou na Figura 23.16, com algumas pequenas modificações. O loop nas linhas 38 a 42 (Figura 23.18) determina se a `Consumer` deve esperar (isto é, todas as células do buffer estão *vazias*). Se a `Consumer` precisar *esperar*, a linha 40 atualizará a saída para indicar que a `Consumer` está *esperando* para realizar sua tarefa. Então a linha 41 invoca o método `wait`, fazendo com que a thread atual *libere o bloqueio* no `CircularBuffer` e *espere* até que os dados estejam disponíveis para leitura. Quando a execução por fim continuar na linha 44 depois de uma chamada `notifyAll` de `Producer`, `readValue` receberá o valor na localização `readIndex` do buffer circular. Então, a linha 47 atualiza `readIndex` para a próxima chamada para o método `CircularBuffer blockingGet`. Essa linha e a linha 26 implementam a *circularidade* do buffer. A linha 49 decrementa `occupiedCells`, porque agora há mais uma posição aberta no buffer em que a thread `Producer` pode colocar um valor. A linha 50 invoca o método `displayState` para atualizar a saída com o valor consumido, o número de células do buffer ocupadas, o conteúdo das células do buffer e o `writeIndex` e `readIndex` atuais. A linha 51 invoca o método `notifyAll` para permitir que quaisquer threads `Producer` *em espera gravem* no objeto `CircularBuffer` para tentar gravar novamente. Então, a linha 53 retorna o valor consumido ao chamador.

Método `CircularBuffer displayState`

O método `displayState` (linhas 57 a 86) gera o estado do aplicativo. As linhas 63 e 64 geram os valores das células do buffer. A linha 64 utiliza o método `printf` com um especificador de formato `"%2d"` para imprimir o conteúdo de cada buffer com um espaço inicial se ele for de um único dígito. As linhas 71 a 83 geram saída dos `writeIndex` e `readIndex` atuais com as letras `W` e `R`, respectivamente. Mais uma vez, `displayState` é um método sincronizado porque acessa os dados mutáveis compartilhados da classe `CircularBuffer`.

Testando a classe `CircularBuffer`

A classe `CircularBufferTest` (Figura 23.19) contém o método `main` que carrega o aplicativo. A linha 12 cria `ExecutorService` e a linha 15 cria um objeto `CircularBuffer` e atribui sua referência à variável `CircularBuffer sharedLocation`. A linha 18 invoca o método `displayState` da `CircularBuffer` para mostrar o estado inicial do buffer. As linhas 21 e 22 executam as tarefas `Producer` e `Consumer`. A linha 24 chama o método `shutdown` para terminar o aplicativo quando as threads completam as tarefas `Producer` e `Consumer` e a linha 25 espera que as tarefas sejam concluídas.

```
1  // Figura 23.19: CircularBufferTest.java
2  // Threads Producer e Consumer manipulam corretamente um buffer circular.
3  import java.util.concurrent.ExecutorService;
4  import java.util.concurrent.Executors;
5  import java.util.concurrent.TimeUnit;
6
7  public class CircularBufferTest
8  {
```

continua

continuação

```java
    public static void main(String[] args) throws InterruptedException
    {
       // cria novo pool de threads com duas threads
       ExecutorService executorService = Executors.newCachedThreadPool();

       // cria CircularBuffer para armazenar ints
       CircularBuffer sharedLocation = new CircularBuffer();

       // exibe o estado inicial do CircularBuffer
       sharedLocation.displayState("Initial State");

       // executa as tarefas do produtor e consumidor
       executorService.execute(new Producer(sharedLocation));
       executorService.execute(new Consumer(sharedLocation));

       executorService.shutdown();
       executorService.awaitTermination(1, TimeUnit.MINUTES);
    }
 } // fim da classe CircularBufferTest
```

```
Initial State (buffer cells occupied: 0)
buffer cells:   -1   -1   -1
               ---- ---- ----
                WR

Producer writes 1 (buffer cells occupied: 1)
buffer cells:    1   -1   -1
               ---- ---- ----
                 R   W

Consumer reads 1 (buffer cells occupied: 0)
buffer cells:    1   -1   -1
               ---- ---- ----
                     WR
Buffer is empty. Consumer waits.

Producer writes 2 (buffer cells occupied: 1)
buffer cells:    1    2   -1
               ---- ---- ----
                      R   W
Consumer reads 2 (buffer cells occupied: 0)
buffer cells:    1    2   -1
               ---- ---- ----
                          WR

Producer writes 3 (buffer cells occupied: 1)
buffer cells:    1    2    3
               ---- ---- ----
                W          R

Consumer reads 3 (buffer cells occupied: 0)
buffer cells:    1    2    3
               ---- ---- ----
                WR

Producer writes 4 (buffer cells occupied: 1)
buffer cells:    4    2    3
               ---- ---- ----
                 R   W

Producer writes 5 (buffer cells occupied: 2)
buffer cells:    4    5    3
               ---- ---- ----
                 R        W
Consumer reads 4 (buffer cells occupied: 1)
buffer cells:    4    5    3
               ---- ---- ----
                      R   W
```

continua

continuação

```
Producer writes 6 (buffer cells occupied: 2)
buffer cells:    4    5    6
               ---- ---- ----
                 W    R
Producer writes 7 (buffer cells occupied: 3)
buffer cells:    7    5    6
               ---- ---- ----
                     WR

Consumer reads 5 (buffer cells occupied: 2)
buffer cells:    7    5    6
               ---- ---- ----
                     W    R

Producer writes 8 (buffer cells occupied: 3)
buffer cells:    7    8    6
               ---- ---- ----
                          WR

Consumer reads 6 (buffer cells occupied: 2)
buffer cells:    7    8    6
               ---- ---- ----
                 R         W
Consumer reads 7 (buffer cells occupied: 1)
buffer cells:    7    8    6
               ---- ---- ----
                      R    W

Producer writes 9 (buffer cells occupied: 2)
buffer cells:    7    8    9
               ---- ---- ----
                 W    R

Consumer reads 8 (buffer cells occupied: 1)
buffer cells:    7    8    9
               ---- ---- ----
                 W         R

Consumer reads 9 (buffer cells occupied: 0)
buffer cells:    7    8    9
               ---- ---- ----
                WR

Producer writes 10 (buffer cells occupied: 1)
buffer cells:   10    8    9
               ---- ---- ----
                 R    W


Producer done producing
Terminating
Producer
Consumer reads 10 (buffer cells occupied: 0)
buffer cells:   10    8    9
               ---- ---- ----
                     WR


Consumer read values totaling: 55
Terminating Consumer
```

Figura 23.19 | As threads `Producer` e `Consumer` manipulam corretamente um buffer circular.

Sempre que `Producer` grava um valor ou `Consumer` lê um valor, o programa gera uma mensagem indicando a ação executada (uma leitura ou gravação), o conteúdo de `buffer` e o local de `writeIndex` e `readIndex`. Na saída da Figura 23.19, o primeiro `Producer` grava o valor 1. O buffer contém então o valor `1` na primeira célula e o valor `-1` (o valor padrão usado para propósitos de saída) nas outras duas células. O índice de gravação é atualizado para a segunda célula, enquanto o índice de leitura permanece na primeira. Em seguida, `Consumer` lê `1`. O buffer contém os mesmos valores, mas o índice de leitura foi atualizado na segunda célula. A `Consumer` então tenta ler novamente, mas o buffer está vazio e `Consumer` é forçada a esperar. Só uma vez nessa execução do programa foi necessário que qualquer thread esperasse.

23.9 (Avançado) Relacionamento produtor/consumidor: interfaces Lock e Condition

Embora a palavra-chave `synchronized` forneça a maioria das necessidades básicas da sincronização de threads, o Java fornece outras ferramentas para auxiliar no desenvolvimento de programas concorrentes. Nesta seção, discutiremos as interfaces `Lock` e `Condition`. Essas interfaces lhe dão controle mais preciso sobre a sincronização de threads, mas o uso delas é mais complicado. *Apenas os programadores mais avançados devem usar essas interfaces.*

Interface Lock e classe ReentrantLock

Qualquer objeto pode conter uma referência a um objeto que implementa a interface `Lock` (do pacote `java.util.concurrent.locks`). Uma thread chama o método `lock` de `Lock` (análogo a entrar em um bloco `synchronized`) para adquirir o bloqueio. Uma vez que um `Lock` foi obtido por uma thread, o objeto `Lock` não permitirá que outra thread obtenha o `Lock` até que a primeira thread libere o `Lock` (chamando o método `unlock` de `Lock` — análogo a sair de um bloco `synchronized`). Se várias threads tentam chamar o método `lock` no mesmo objeto `Lock` simultaneamente, somente uma dessas threads pode obter o bloqueio — todas as outras são colocadas em um estado de *espera* por esse bloqueio. Quando uma thread chama o método `unlock`, o bloqueio do objeto é liberado e uma thread na espera tentando bloquear o objeto prossegue.

Dica de prevenção de erro 23.4

Coloque as chamadas para o método `Lock` `unlock` em um bloco `finally`. Se uma exceção for lançada, o `unlock` ainda deve ser chamado ou o impasse pode ocorrer.

A classe `ReentrantLock` (do pacote `java.util.concurrent.locks`) é uma implementação básica da interface `Lock`. O construtor de um `ReentrantLock` aceita um argumento `boolean` que especifica se o bloqueio tem uma **diretiva de imparcialidade**. Se o argumento for `true`, a diretiva de imparcialidade de `ReentrantLock` é "a thread em espera por mais tempo que adquirirá o bloqueio quando ele estiver disponível". Essa diretiva de imparcialidade garante que *o adiamento indefinido* (também chamado de *inanição*) não possa ocorrer. Se o argumento da diretiva de imparcialidade estiver configurado como `false`, não é garantido qual thread na espera irá adquirir o bloqueio quando estiver disponível.

Observação de engenharia de software 23.6

Usar um `ReentrantLock` com uma diretiva de imparcialidade evita o adiamento indefinido.

Dica de desempenho 23.5

Na maioria dos casos, é preferível um bloqueio não imparcial, porque usar um bloqueio imparcial pode diminuir o desempenho do programa.

Objetos de condição e interface Condition

Se uma thread que possui um `Lock` determina que não é possível continuar sua tarefa até que alguma condição seja satisfeita, a thread pode esperar em um **objeto de condição**. Usar objetos `Lock` permite declarar explicitamente os objetos de condição em que uma thread talvez precise esperar. Por exemplo, no relacionamento produtor/consumidor, os produtores podem esperar *um* objeto e os consumidores podem esperar *outro*. Isso não é possível ao usar as palavras-chave `synchronized` e o bloqueio de monitor predefinido de um objeto. Objetos de condição estão associados a um `Lock` específico e são criados chamando o método `newCondition` de um `Lock`, que retorna um objeto que implementa a interface `Condition` (do pacote `java.util.concurrent.locks`). Para esperar um objeto de condição, a thread pode chamar o método `await` de `Condition` (análogo ao método `Object` `wait`). Isso libera imediatamente o `Lock` associado e coloca a thread no estado de *espera* dessa `Condition`. Outras threads podem então tentar obter o `Lock`. Quando uma thread *executável* completar uma tarefa e determinar que a thread na *espera* agora pode continuar, a thread *executável* pode chamar o método `Condition` `signal` (análogo ao método `Object` `notify`) para permitir que uma thread no estado de *espera* dessa `Condition` retorne ao estado *executável*. Nesse ponto, a thread que fez a transição do estado de *espera* para o estado *executável* pode tentar readquirir o `Lock`. Mesmo se for capaz de *readquirir* o `Lock`, a thread talvez ainda não possa ser capaz de realizar sua tarefa nesse momento — nesse caso, a thread pode chamar o método `await` de `Condition` para *liberar* o `Lock` e entrar novamente no estado de *espera*. Se múltiplas threads estiverem no estado de *espera* de uma `Condition` quando `signal` for chamado, a implementação padrão de `Condition` sinaliza a thread de espera mais longa para fazer a transição para o estado *executável*. Se uma thread chamar método `Condition` `signalAll` (análogo ao método `notifyAll` de `Object`), então todas as threads que esperam essa condição fazem a transição para o estado *executável* e tornam-se elegíveis para readquirir o `Lock`. Apenas uma dessas threads pode obter o `Lock` no objeto — as outras vão esperar até que o `Lock` se torne disponível novamente. Se o `Lock` tiver uma *diretiva de imparcialidade*, a thread em espera por mais tempo adquire o `Lock`. Quando uma thread concluir sua tarefa com um objeto compartilhado, ela deve chamar o método `unlock` para liberar o `Lock`.

Dica de prevenção de erro 23.5

Quando múltiplas threads manipulam um objeto compartilhado utilizando bloqueios, assegure que se uma thread chamar o método `await` para entrar no estado de espera *por um objeto de condição, uma thread separada, por fim, chame o método `Condition` `signal` para fazer a transição da thread em espera pelo objeto de condição de volta para o estado* executável. *Se múltiplas threads podem estar esperando o objeto de condição, uma thread separada pode chamar o método `Condition` `signalAll` como uma salvaguarda para assegurar que todas as threads na espera tenham outra oportunidade de realizar suas tarefas. Se isso não for feito, pode ocorrer inanição.*

Erro comum de programação 23.2

Uma `IllegalMonitorStateException` ocorre se uma thread emitir um `await`, um `signal` ou um `signalAll` em um objeto `Condition` que foi criado a partir de uma `ReentrantLock` sem ter adquirido o bloqueio para esse objeto `Condition`.

`Lock` e `Condition` versus a palavra-chave `synchronized`

Em alguns aplicativos, usar objetos `Lock` e `Condition` pode ser preferível a utilizar a palavra-chave `synchronized`. `Locks` permitem *interromper* threads em espera ou especificar um *tempo limite de* espera para adquirir um bloqueio, o que não é possível com a palavra-chave `synchronized`. Além disso, um `Lock` *não* é limitado a ser adquirido e liberado no *mesmo* bloco de código, que é o caso com a palavra-chave `synchronized`. Objetos `Condition` permitem especificar múltiplas condições em que threads podem *esperar*. Assim, é possível indicar para as threads em espera que um objeto de condição específico agora é verdadeiro chamando `signal` ou `signallAll` nesse objeto `Condition`. Com `synchronized`, não há nenhuma maneira de indicar explicitamente a condição em que threads estão esperando e, portanto, não há como notificar as threads esperando uma condição que elas podem prosseguir sem também sinalizar para as threads esperando quaisquer outras condições. Há outras vantagens possíveis do uso dos objetos `Lock` e `Condition`, mas geralmente é melhor usar a palavra-chave `synchronized`, a menos que seu aplicativo requeira capacidades de sincronização avançadas.

Observação de engenharia de software 23.7

Pense em `Lock` e `Condition` como uma versão avançada de `synchronized`. `Lock` e `Condition` suportam esperas sincronizadas, esperas interrompíveis e múltiplas filas de `Condition` por `Lock` — se você não precisa de um desses recursos, você não precisa de `Condition` e `Lock`.

Dica de prevenção de erro 23.6

O uso das interfaces `Lock` e `Condition` é propenso a erros — não há garantias de que `unlock` seja chamado, enquanto o monitor em uma instrução `synchronized` sempre será liberado quando a instrução conclui a execução. Claro, você pode garantir que `unlock` será chamado se ele for inserido em um bloco `finally`, como fizemos na Figura 23.20.

Usando `Locks` e `Conditions` para implementar a sincronização

Agora implementamos o relacionamento produtor/consumidor utilizando os objetos `Lock` e `Condition` para coordenar o acesso a um buffer de elemento único compartilhado (figuras 23.20 e 23.21). Nesse caso, cada valor produzido é corretamente consumido apenas uma vez. Mais uma vez, reutilizamos a interface `Buffer` e as classes `Producer` e `Consumer` do exemplo na Seção 23.5, exceto que a linha 28 é removida da classe `Producer` e da classe `Consumer`.

Classe `SynchronizedBuffer`

A classe `SynchronizedBuffer` (Figura 23.20) contém cinco campos. A linha 11 cria um novo objeto do tipo `ReentrantLock` e atribui sua referência à variável `Lock accessLock`. O `ReentrantLock` é criado sem a *diretiva de imparcialidade*, porque em qualquer momento apenas uma única `Producer` ou `Consumer` estará esperando para adquirir o `Lock` nesse exemplo. As linhas 14 e 15 criam duas `Conditions` utilizando o método `Lock` `newCondition`. `Condition canWrite` contém uma fila para uma thread

`Producer` que espera o buffer tornar-se *cheio* (isto é, há dados no buffer que a `Consumer` ainda não leu). Se o buffer estiver *cheio*, `Producer` chama o método `await` nessa `Condition`. Quando a `Consumer` lê os dados de um buffer *cheio*, chama o método `signal` dessa `Condition`. `Condition canRead` contém uma fila para a thread `Consumer` que espera o buffer *esvaziar-se* (isto é, não há dados no buffer para a `Consumer` ler). Se o buffer estiver *vazio*, a `Consumer` chama o método `await` dessa `Condition`. Quando `Producer` gravar no buffer *vazio*, ele chama o método `signal` nessa `Condition`. A variável `int buffer` (linha 17) contém os dados mutáveis compartilhados. A variável `boolean occupied` (linha 18) monitora se o buffer atualmente contém dados (que `Consumer` deve ler).

```
1  // Figura 23.20: SynchronizedBuffer.java
2  // Sincronizando o acesso a um número inteiro compartilhado usando
3  // interfaces Lock e Condition
4  import java.util.concurrent.locks.Lock;
5  import java.util.concurrent.locks.ReentrantLock;
6  import java.util.concurrent.locks.Condition;
7
8  public class SynchronizedBuffer implements Buffer
9  {
10    // Bloqueio para controlar sincronização com esse buffer
11    private final Lock accessLock = new ReentrantLock();
12
13    // condições para controlar leitura e gravação
14    private final Condition canWrite = accessLock.newCondition();
15    private final Condition canRead = accessLock.newCondition() ;
16
17    private int buffer = -1; // compartilhado pelas threads producer e consumer
18    private boolean occupied = false; // se o buffer estiver ocupado
19
20    // coloca o valor int no buffer
21    public void blockingPut(int value) throws InterruptedException
22    {
23       accessLock.lock(); // bloqueia esse objeto
24
25       // envia informações da thread e do buffer para a saída, então espera
26       try
27       {
28          // enquanto o buffer não estiver vazio, coloca thread no estado de espera
29          while (occupied)
30          {
31             System.out.println("Producer tries to write.");
32             displayState("Buffer full. Producer waits.");
33             canWrite.await(); // espera até que o buffer esteja vazio
34          }
35
36          buffer = value; // configura novo valor de buffer
37
38          // indica que a produtora não pode armazenar outro valor
39          // até a consumidora recuperar valor atual de buffer
40          occupied = true;
41
42          displayState("Producer writes " + buffer);
43
44          // sinaliza quaisquer threads que estão esperando para ler o buffer
45          canRead.signalAll();
46       }
47       finally
48       {
49          accessLock.unlock(); // desbloqueia esse objeto
50       }
51    }
52
53    // retorna valor do buffer
54    public int blockingGet() throws InterruptedException
55    {
56       int readValue = 0; // inicializa do valor lido a partir do buffer
57       accessLock.lock(); // bloqueia esse objeto
58
59       // envia informações da thread e do buffer para a saída, então espera
60       try
```

continua

continuação

```
61        {
62           // se não houver dados para serem lidos, coloca a thread em estado de espera
63           while (!occupied)
64           {
65              System.out.println("Consumer tries to read.");
66              displayState("Buffer empty. Consumer waits.");
67              canRead.await(); // espera até o buffer tornar-se cheio
68           }
69
70           // indica que a produtora pode armazenar outro valor
71           // porque a consumidora acabou de recuperar o valor do buffer
72           occupied = false;
73
74           readValue = buffer; // recupera o valor do buffer
75           displayState("Consumer reads " + readValue);
76
77           // sinaliza qualquer thread que está esperando o buffer tornar-se vazio
78           canWrite.signalAll();
79        }
80        finally
81        {
82           accessLock.unlock(); // desbloqueia esse objeto
83        }
84
85        return readValue;
86     }
87
88     // exibe a operação atual e o estado de buffer
89     private void displayState(String operation)
90     {
91        try
92        {
93           accessLock.lock(); // bloqueia esse objeto
94           System.out.printf("%-40s%d\t\t%b%n%n", operation, buffer,
95              occupied);
96        }
97        finally
98        {
99           accessLock.unlock(); // desbloqueia esses objetos
100       }
101    }
102 } // fim da classe SynchronizedBuffer
```

Figura 23.20 | Sincronizando o acesso a um número inteiro compartilhado usando as interfaces `Lock` e `Condition`.

A linha 23 no método `blockingPut` chama o método `lock` no `accessLock` de `SynchronizedBuffer`. Se o bloqueio estiver *disponível* (isto é, nenhuma outra thread o adquiriu), essa thread agora possui o bloqueio e a thread continua. Se o bloqueio *não* estiver *disponível* (isto é, ele é mantido por outra thread), o método `lock` espera até que o bloqueio seja liberado. Depois que o bloqueio é adquirido, as linhas 26 a 46 são executadas. A linha 29 testa `occupied` para determinar se `buffer` está cheio. Se estiver, as linhas 31 e 32 exibem uma mensagem indicando que a thread irá *esperar*. A linha 33 chama o método `Condition` `await` do objeto de condição `canWrite`, que libera temporariamente o `Lock` de `SynchronizedBuffer` e *espera* um sinal da `Consumer` de que o buffer está disponível para gravação. Quando o `buffer` estiver disponível, o método prossegue, gravando no `buffer` (linha 36), configurando `occupied` como `true` (linha 40) e exibindo uma mensagem indicando que o produtor gravou um valor (linha 42). A linha 45 chama o método `Condition` `signal` do objeto de condição `canRead` para notificar a `Consumer` em espera (se houver algum) de que o buffer tem novos dados a serem lidos. A linha 49 chama o método `unlock` de um bloco `finally` para *liberar* o bloqueio e permitir que a `Consumer` prossiga.

A linha 57 do método `blockingGet` (linhas 54 a 86) chama o método `lock` para *adquirir* o `Lock`. Esse método *espera* até que o `Lock` esteja *disponível*. Depois que o `Lock` é *adquirido*, a linha 63 testa se `occupied` é `false`, indicando que o buffer está *vazio*. Se estiver, a linha 67 chama o método `await` no objeto de condição `canRead`. Lembre-se de que o método `signal` é chamado na variável `canRead` no método `blockingPut` (linha 45). Quando o objeto `Condition` é *sinalizado*, o método `blockingGet` continua. As linhas 72 a 74 configuram `occupied` como `false`, armazenam o valor de `buffer` em `readValue` e geram o `readValue`. Então a linha 78 *sinaliza* o objeto de condição `canWrite`. Isso desperta a `Producer` se ela estiver de fato *esperando* pelo buffer a ser *esvaziado*. A linha 82 chama o método `unlock` a partir de um bloco `finally` para *liberar* o bloqueio, e a linha 85 retorna `readValue` para o chamador.

Erro comum de programação 23.3

Esquecer-se de usar `signal` *para sinalizar uma thread em espera é um erro de lógica. A thread permanecerá no estado* em espera, *o que vai evitar que ela continue. Essa espera pode levar a adiamento indefinido ou impasse.*

Classe SharedBufferTest2

A classe `SharedBufferTest2` (Figura 23.21) é idêntica àquela da Figura 23.17. Estude as saídas na Figura 23.21. *Observe que cada inteiro produzido é consumido exatamente uma vez — não há valores perdidos, e não há valores consumidos mais de uma vez.* Os objetos `Lock` e `Condition` garantem que `Producer` e `Consumer` só executem as suas respectivas tarefas da vez. A `Producer` *deve* ir primeiro, a `Consumer` *deve esperar* se a `Producer` não tiver produzido desde que a `Consumer` foi consumida pela última vez e a `Producer` *deve esperar* se a `Consumer` ainda não tiver consumido o valor que a `Producer` produziu mais recentemente. Execute esse programa várias vezes para confirmar que todo inteiro produzido é consumido exatamente uma vez. Na saída de exemplo, observe as linhas que indicam quando a `Producer` e a `Consumer` devem *esperar* para realizar suas respectivas tarefas.

```java
// Figura 23.21: SharedBufferTest2.java
// Duas threads manipulando um buffer sincronizado.
import java.util.concurrent.ExecutorService;
import java.util.concurrent.Executors;
import java.util.concurrent.TimeUnit;

public class SharedBufferTest2
{
   public static void main(String[] args) throws InterruptedException
   {
      // cria novo pool de threads com duas threads
      ExecutorService executorService = Executors.newCachedThreadPool();

      // cria SynchronizedBuffer para armazenar ints
      Buffer sharedLocation = new SynchronizedBuffer();

      System.out.printf("%-40s%s\t\t%s%n%-40s%s%n%n", "Operation",
         "Buffer", "Occupied", "---------", "------\t\t--------");

      // executa as tarefas do produtor e consumidor
      executorService.execute(new Producer(sharedLocation));
      executorService.execute(new Consumer(sharedLocation));

      executorService.shutdown();
      executorService.awaitTermination(1, TimeUnit.MINUTES);
   }
} // fim da classe SharedBufferTest2
```

```
Operation                               Buffer          Occupied
---------                               ------          --------

Producer writes 1                       1               true

Producer tries to write.
Buffer full. Producer waits.            1               true

Consumer reads 1                        1               false

Producer writes 2                       2               true

Producer tries to write.
Buffer full. Producer waits.            2               true

Consumer reads 2                        2               false

Producer writes 3                       3               true

Consumer reads 3                        3               false

Producer writes 4                       4               true

Consumer reads 4                        4               false

Consumer tries to read.
Buffer empty. Consumer waits.           4               false
```

continua

continuação

```
Producer writes 5                          5               true

Consumer reads 5                           5               false

Consumer tries to read.
Buffer empty. Consumer waits.              5               false

Producer writes 6                          6               true

Consumer reads 6                           6               false

Producer writes 7                          7               true

Consumer reads 7                           7               false

Producer writes 8                          8               true

Consumer reads 8                           8               false

Producer writes 9                          9               true

Consumer reads 9                           9               false

Producer writes 10                         10              true

Producer done producing
Terminating Producer
Consumer reads 10                          10              false

Consumer read values totaling 55
Terminating Consumer
```

Figura 23.21 | Duas threads manipulando um buffer sincronizado.

23.10 Coleções concorrentes

No Capítulo 16, introduzimos várias coleções da API Java Collections. Também mencionamos que é possível obter versões *sincronizadas* dessas coleções para permitir que uma única thread por vez acesse uma coleção que pode ser compartilhada entre várias threads. As coleções do pacote `java.util.concurrent` são especificamente projetadas e otimizadas para compartilhar coleções entre múltiplas threads.

A Figura 23.22 lista as muitas coleções concorrentes no pacote `java.util.concurrent`. As entradas para `ConcurrentHashMap` e `LinkedBlockingQueue` são exibidas em negrito, porque essas são de longe as coleções de concorrência utilizadas com mais frequência. Como as coleções apresentadas no Capítulo 16, as coleções de concorrência foram aprimoradas para suportar lambdas. Mas em vez de fornecer métodos para suportar fluxos, as coleções de concorrência fornecem suas próprias implementações das várias operações do tipo fluxo — por exemplo, `ConcurrentHashMap` tem os métodos `forEach`, `reduce` e `search` — que são projetadas e otimizadas para coleções de concorrência compartilhadas entre threads. Para informações adicionais sobre coleções de concorrência, visite

Java 7: `http://docs.oracle.com/javase/7/docs/api/java/util/concurrent/locks/package-summary.html`

Java 8: `http://docs.oracle.com/javase/8/docs/api/java/util/concurrent/locks/package-summary.html`

Coleção	Descrição
`ArrayBlockingQueue`	Uma fila de tamanho fixo que suporta o relacionamento produtor/consumidor — possivelmente com muitos produtores e consumidores.
`ConcurrentHashMap`	**Um mapa baseado em hash (semelhante ao `HashMap` apresentado no Capítulo 16) que permite um número arbitrário de threads de leitura e um número limitado de threads de gravação. Isso e o `LinkedBlockingQueue` são de longe as coleções de concorrência utilizadas com mais frequência.**
`ConcurrentLinkedDeque`	A implementação como lista vinculada concorrente de uma fila de duas extremidades.

continua

continuação

Coleção	Descrição
`ConcurrentLinkedQueue`	A implementação como lista vinculada concorrente de uma fila que pode crescer de forma dinâmica.
`ConcurrentSkipListMap`	Um mapa concorrente que é classificado por suas chaves.
`ConcurrentSkipListSet`	Um conjunto de concorrência classificado.
`CopyOnWriteArrayList`	Um `ArrayList` seguro para threads. Cada operação que modifica a coleção primeiro cria uma nova cópia do conteúdo. Usado quando a coleção é atravessada com muito mais frequência do que o conteúdo da coleção é modificado.
`CopyOnWriteArraySet`	Um conjunto que é implementado utilizando `CopyOnWriteArrayList`.
`DelayQueue`	Uma fila de tamanho variável que contém objetos `Delayed`. Um objeto só pode ser removido depois que seu retardo expirou.
`LinkedBlockingDeque`	Uma fila de bloqueio de dupla extremidade implementada como uma lista vinculada que opcionalmente pode ter tamanho fixo.
`LinkedBlockingQueue`	**Uma fila de bloqueio implementada como uma lista vinculada que opcionalmente pode ter tamanho fixo. Isso e o `ConcurrentHashMap` são de longe as coleções de concorrência utilizadas com mais frequência.**
`LinkedTransferQueue`	A implementação como lista vinculada da interface `TransferQueue`. Cada produtor tem a opção de esperar que um consumidor receba um elemento sendo inserido (por meio do método `transfer`) ou pode simplesmente colocar o elemento na fila (por meio do método `put`). Também fornece o método sobrecarregado `tryTransfer` para transferir imediatamente um elemento para um consumidor em espera ou para fazer isso dentro de um período de tempo limite especificado. Se a transferência não puder ser concluída, o elemento não é colocado na fila. Normalmente utilizado em aplicativos que passam mensagens entre threads.
`PriorityBlockingQueue`	Uma fila de bloqueio de comprimento variável baseada em prioridade (como uma `PriorityQueue`).
`SynchronousQueue`	[Para especialistas.] A implementação de uma fila de bloqueio que não tem uma capacidade interna. Cada operação de inserção por uma thread deve esperar uma operação de remoção de outra thread e vice-versa.

Figura 23.22 | Resumo das coleções de concorrência (pacote `java.util.concurrent`).

23.11 Multithreading com GUI: SwingWorker

Aplicativos Swing apresentam um conjunto único de desafios para a programação multithread. Todos os aplicativos Swing têm uma única thread, chamada de **thread de despacho de eventos**, para tratar as interações com os componentes GUI do aplicativo. Interações típicas incluem *atualizar componentes GUI* ou *processar ações do usuário* como cliques do mouse. Todas as tarefas que requerem interação com a GUI de um aplicativo são colocadas em uma *fila de eventos* e são executadas sequencialmente pela thread de despacho de eventos.

Componentes GUI Swing não são seguros para threads — eles não podem ser manipulados por múltiplas threads sem o risco de resultados incorretos que podem corromper a GUI. Ao contrário dos outros exemplos apresentados neste capítulo, a segurança de threads em aplicativos GUI é alcançada não pela sincronização das ações das threads, mas *garantindo que os componentes Swing são acessados somente da thread de despacho de eventos.* Essa técnica é chamada de **confinamento de thread**. Permitir que apenas uma thread acesse objetos não seguros a thread elimina a possibilidade de corrupção por causa das várias threads acessando esses objetos concorrentemente.

É aceitável realizar cálculos breves na thread de despacho de eventos em sequência com manipulações de componentes GUI. Se um aplicativo deve realizar um cálculo muito longo em resposta a uma interação do usuário, a thread de despacho de eventos não pode atender outras tarefas na fila de eventos enquanto a thread estiver presa nesse cálculo. Isso faz com que os componentes GUI tornem-se indiferentes. É preferível tratar um cálculo de longa duração em uma thread separada, liberando a thread de despacho de eventos para continuar a gerenciar outras interações da GUI. Obviamente, você deve atualizar a GUI com os resultados do cálculo da thread de despacho de eventos, em vez da thread trabalhadora que realizou o cálculo.

Classe `SwingWorker`

A classe `SwingWorker` (no pacote `javax.swing`) permite realizar uma tarefa assíncrona em uma thread trabalhadora (como um cálculo de longa duração) e, então, atualizar os componentes Swing da thread de despacho de eventos com base nos resultados da tarefa. `SwingWorker` implementa a interface `Runnable`, o que significa que *um objeto `SwingWorker` pode ser agendado para executar em uma thread separada*. A classe `SwingWorker` fornece vários métodos para simplificar a realização de uma tarefa em uma thread trabalhadora e disponibilizar os resultados para exibição em uma GUI. Alguns métodos `SwingWorker` comuns estão descritos na Figura 23.23.

Método	Descrição
`doInBackground`	Define um cálculo longo e é chamado em uma thread trabalhadora.
`done`	Executa na thread de despacho de eventos quando `doInBackground` retorna.
`execute`	Agenda o objeto `SwingWorker` para que seja executado em uma thread trabalhadora.
`get`	Aguarda o cálculo completar, então retorna o resultado do cálculo (isto é, o valor de retorno de `doInBackground`).
`publish`	Envia resultados intermediários do método `doInBackground` para o método `process` para o processamento na thread de despacho de eventos.
`process`	Recebe os resultados intermediários do método `publish` e processa esses resultados na thread de despacho de eventos.
`setProgress`	Configura a propriedade de progresso para notificar qualquer ouvinte de alteração de propriedade na thread de despacho de eventos das atualizações da barra de progresso.

Figura 23.23 | Métodos `SwingWorker` comumente usados.

23.11.1 Realizando cálculos em uma thread Worker: números de Fibonacci

No próximo exemplo, o usuário insere um número *n* e o programa recebe o *enésimo* número de Fibonacci, que calculamos usando o algoritmo recursivo discutido na Seção 18.5. Como o algoritmo é demorado para grandes valores, usamos um objeto `SwingWorker` para realizar o cálculo em uma thread trabalhadora. A GUI também fornece um conjunto separado de componentes que obtêm o próximo número de Fibonacci na sequência com cada clique de um botão, começando com `fibonacci(1)`. Esse conjunto de componentes realiza o cálculo curto diretamente na thread de despacho de eventos. Esse programa é capaz de produzir até o 92º número de Fibonacci — os valores subsequentes estão fora do intervalo que pode ser representado por um `long`. Lembre-se de que você pode usar a classe `BigInteger` para representar valores inteiros arbitrariamente grandes.

A classe `BackgroundCalculator` (Figura 23.24) realiza o cálculo Fibonacci recursivo em uma *thread trabalhadora*. Essa classe estende `SwingWorker` (linha 8), sobrescrevendo os métodos `doInBackground` e `done`. O método `doInBackground` (linhas 21 a 24) calcula o *enésimo* número de Fibonacci em uma thread trabalhadora e retorna o resultado. O método `done` (linhas 27 a 43) exibe o resultado em um `JLabel`.

```
1  // Figura 23.24: BackgroundCalculator.java
2  // Subclasse SwingWorker para calcular os números de Fibonacci
3  // em uma thread em segundo plano.
4  import javax.swing.SwingWorker;
5  import javax.swing.JLabel;
6  import java.util.concurrent.ExecutionException;
7
8  public class BackgroundCalculator extends SwingWorker<Long, Object>
9  {
10    private final int n; // Número de Fibonacci a calcular
11    private final JLabel resultJLabel; // JLabel para exibir o resultado
12
13    // construtor
14    public BackgroundCalculator(int n, JLabel resultJLabel)
15    {
16       this.n = n;
17       this.resultJLabel = resultJLabel;
18    }
19
20    // código de longa duração para ser executado em uma thread trabalhadora
```

continua

continuação

```
21        public Long doInBackground()
22        {
23           return nthFib = fibonacci(n);
24        }
25
26        // código a ser executado na thread de despacho de eventos quando doInBackground retorna
27        protected void done()
28        {
29           try
30           {
31              // obtém o resultado de doInBackground e o exibe
32              resultJLabel.setText(get().toString());
33           }
34           catch (InterruptedException ex)
35           {
36              resultJLabel.setText("Interrupted while waiting for results.");
37           }
38           catch (ExecutionException ex)
39           {
40              resultJLabel.setText(
41                 "Error encountered while performing calculation.");
42           }
43        }
44
45        // método fibonacci recursivo; calcula o enésimo número de Fibonacci
46        public long fibonacci(long number)
47        {
48           if (number == 0 || number == 1)
49              return number;
50           else
51              return fibonacci(number - 1) + fibonacci(number - 2);
52        }
53     } // fim da classe BackgroundCalculator
```

Figura 23.24 | A subclasse `SwingWorker` para calcular os números de Fibonacci em uma thread em segundo plano.

`SwingWorker` é uma *classe genérica*. Na linha 8, o primeiro parâmetro de tipo é `Long` e o segundo é `Object`. O primeiro parâmetro de tipo indica o tipo retornado pelo método `doInBackground`; o segundo indica o tipo que é passado entre os métodos `publish` e `process` para lidar com os resultados intermediários. Como não utilizamos `publish` e `process` nesse exemplo, simplesmente usamos `Object` como o segundo parâmetro de tipo. Discutimos `publish` e `process` na Seção 23.11.2.

Um objeto `BackgroundCalculator` pode ser instanciado de uma classe que controla uma GUI. Um `BackgroundCalculator` mantém as variáveis de instância para um inteiro que representa o número de Fibonacci a ser calculado e um `JLabel` que exibe os resultados do cálculo (linhas 10 e 11). O construtor `BackgroundCalculator` (linhas 14 a 18) inicializa essas variáveis de instância com os argumentos que são passados para o construtor.

Observação de engenharia de software 23.8

Quaisquer componentes GUI que serão manipulados pelos métodos `SwingWorker`, como os componentes que serão atualizados a partir dos métodos `process` ou `done`, devem ser passados para o construtor da subclasse `SwingWorker` e armazenados no objeto de subclasse. Isso dá a esses métodos acesso aos componentes GUI que eles manipulam.

Quando o método `execute` é chamado em um objeto `BackgroundCalculator`, o objeto está agendado para execução em uma thread trabalhadora. O método `doInBackground` é chamado a partir da thread trabalhadora e chama o método `fibonacci` (linhas 46 a 52), passando a variável de instância `n` como um argumento (linha 23). O método `fibonacci` usa recursão para calcular o Fibonacci de `n`. Quando `fibonacci` retorna, o método `doInBackground` retorna o resultado.

Depois que `doInBackground` retorna, o método `done` é chamado a partir da thread de despacho de eventos. Esse método tenta definir o resultado exibido por `JLabel` como o valor de retorno de `doInBackground` chamando o método `get` para recuperar esse valor de retorno (linha 32). Se necessário, o método `get` *espera* que o resultado esteja pronto, mas, como ele é chamado a partir do método `done`, o cálculo estará concluído *antes* de `get` ser chamado. As linhas 34 a 37 capturam `InterruptedException` se a thread atual for interrompida enquanto espera que `get` retorne. Essa exceção não ocorrerá no exemplo, uma vez que o cálculo já estará concluído quando `get` for chamado. As linhas 38 a 42 capturam `ExecutionException`, que é lançada se ocorrer uma exceção durante o cálculo.

Classe `FibonacciNumbers`

A classe `FibonacciNumbers` (Figura 23.25) exibe uma janela contendo dois conjuntos de componentes GUI — um conjunto para calcular um número de Fibonacci em uma thread trabalhadora e outro para obter o próximo número de Fibonacci em resposta ao clique de um usuário em um `JButton`. O construtor (linhas 38 a 109) insere esses componentes em `JPanel`s intitulados separados. As linhas 46 e 47 e 78 e 79 adicionam dois `JLabel`s, um `JTextField` e um `JButton` ao `workerJPanel` para permitir que o usuário insira um inteiro cujo número de Fibonacci será calculado por `BackgroundWorker`. As linhas 84 e 85 e 103 adicionam dois `JLabel`s e um `JButton` ao `eventThreadJPanel` para permitir que o usuário obtenha o próximo número de Fibonacci na sequência. As variáveis de instância `n1` e `n2` contêm os dois números de Fibonacci anteriores na sequência e são inicializadas como `0` e `1`, respectivamente (linhas 29 e 30). A variável de instância `count` armazena o número na sequência mais recentemente calculado e é inicializada como `1` (linha 31). Os dois `JLabel`s exibem `count` e `n2` inicialmente, assim o usuário verá o texto `Fibonacci of 1: 1` no `eventThreadJPanel` quando a GUI iniciar.

```
1  // Figura 23.25: FibonacciNumbers.java
2  // Usando SwingWorker para realizar um cálculo longo com
3  // resultados exibidos em uma GUI.
4  import java.awt.GridLayout;
5  import java.awt.event.ActionEvent;
6  import java.awt.event.ActionListener;
7  import javax.swing.JButton;
8  import javax.swing.JFrame;
9  import javax.swing.JPanel;
10 import javax.swing.JLabel;
11 import javax.swing.JTextField;
12 import javax.swing.border.TitledBorder;
13 import javax.swing.border.LineBorder;
14 import java.awt.Color;
15 import java.util.concurrent.ExecutionException;
16
17 public class FibonacciNumbers extends JFrame
18 {
19    // componentes para calcular o número de Fibonacci inserido pelo usuário
20    private final JPanel workerJPanel =
21       new JPanel(new GridLayout(2, 2, 5, 5));
22    private final JTextField numberJTextField = new JTextField();
23    private final JButton goJButton = new JButton("Go");
24    private final JLabel fibonacciJLabel = new JLabel();
25
26    // componentes e variáveis para obter o próximo número de Fibonacci
27    private final JPanel eventThreadJPanel =
28       new JPanel(new GridLayout(2, 2, 5, 5));
29    private long n1 = 0; // inicializa com o primeiro número de Fibonacci
30    private long n2 = 1; // inicializa com o segundo número de Fibonacci
31    private int count = 1; // número de Fibonacci atual para exibir
32    private final JLabel nJLabel = new JLabel("Fibonacci of 1: ");
33    private final JLabel nFibonacciJLabel =
34       new JLabel(String.valueOf(n2));
35    private final JButton nextNumberJButton = new JButton("Next Number");
36
37    // construtor
38    public FibonacciNumbers()
39    {
40       super("Fibonacci Numbers");
41       setLayout(new GridLayout(2, 1, 10, 10));
42
43       // adiciona componentes GUI ao painel SwingWorker
44       workerJPanel.setBorder(new TitledBorder(
45          new LineBorder(Color.BLACK), "With SwingWorker"));
46       workerJPanel.add(new JLabel("Get Fibonacci of:"));
47       workerJPanel.add(numberJTextField);
48       goJButton.addActionListener(
49          new ActionListener()
50          {
51             public void actionPerformed(ActionEvent event)
52             {
```

continua

continuação

```
               int n;

               try
               {
                  // recupera a entrada do usuário como um inteiro
                  n = Integer.parseInt(numberJTextField.getText());
               }
               catch(NumberFormatException ex)
               {
                  // exibe uma mensagem de erro se o usuário não inseriu
                  // um número inteiro
                  fibonacciJLabel.setText("Enter an integer.");
                  return;
               }

               // indica que o cálculo começou
               fibonacciJLabel.setText("Calculating...");

               // cria uma tarefa para realizar o cálculo em segundo plano
               BackgroundCalculator task =
                  new BackgroundCalculator(n, fibonacciJLabel);
               task.execute(); // executa a tarefa
            }
         } // fim da classe interna anônima
      ); // fim da chamada para addActionListener
      workerJPanel.add(goJButton);
      workerJPanel.add(fibonacciJLabel);

      // adiciona componentes GUI ao painel da thread de despacho de eventos
      eventThreadJPanel.setBorder(new TitledBorder(
         new LineBorder(Color.BLACK), "Without SwingWorker"));
      eventThreadJPanel.add(nJLabel);
      eventThreadJPanel.add(nFibonacciJLabel);
      nextNumberJButton.addActionListener(
         new ActionListener()
         {
            public void actionPerformed(ActionEvent event)
            {
               // calcula o número de Fibonacci após n2
               long temp = n1 + n2;
               n1 = n2;
               n2 = temp;
               ++count;

               // exibe o próximo número de Fibonacci
               nJLabel.setText("Fibonacci of " + count + ": ");
               nFibonacciJLabel.setText(String.valueOf(n2));
            }
         } // fim da classe interna anônima
      ); // fim da chamada para addActionListener
      eventThreadJPanel.add(nextNumberJButton);

      add(workerJPanel);
      add(eventThreadJPanel);
      setSize(275, 200);
      setVisible(true);
   } // fim do construtor

   // método main inicia a execução de programa
   public static void main(String[] args)
   {
      FibonacciNumbers application = new FibonacciNumbers();
      application.setDefaultCloseOperation(EXIT_ON_CLOSE);
   }
} // fim da classe FibonacciNumbers
```

continua

continuação

a) Começa a calcular uma sequência Fibonacci de 40 números em segundo plano

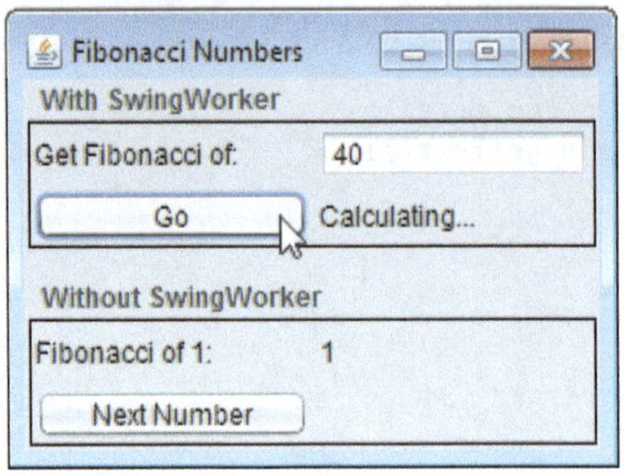

b) Calculando outros valores de Fibonacci enquanto Fibonacci de 40 números continua calculando

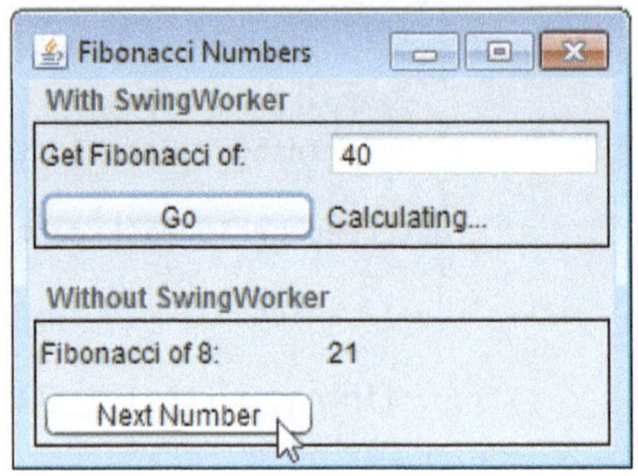

c) Termina de calcular Fibonacci de 40 números

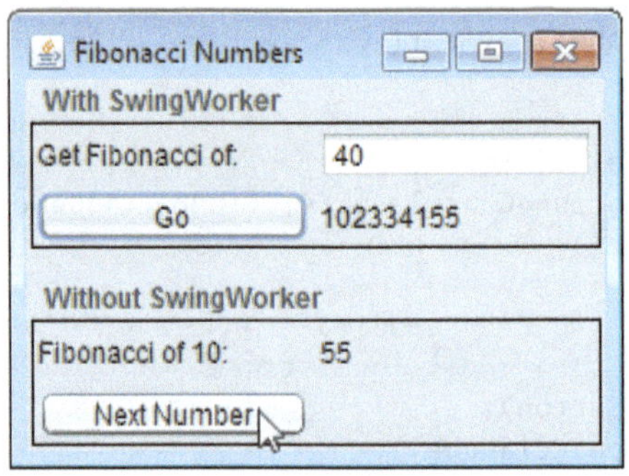

Figura 23.25 | Usando `SwingWorker` para realizar um cálculo longo com os resultados exibidos em uma GUI.

As linhas 48 a 77 registram a rotina de tratamento de eventos para o `goJButton`. Se o usuário clicar nesse `JButton`, a linha 58 obtém o valor inserido no `numberJTextField` e tenta analisá-lo como um inteiro. As linhas 72 e 73 criam um novo objeto `BackgroundCalculator`, passando o valor inserido pelo usuário e o `fibonacciJLabel` que é usado para exibir os resultados do cálculo. A linha 74 chama o método `execute` no `BackgroundCalculator`, agendando-o para execução em uma thread trabalhadora separada. O método `execute` não espera que `BackgroundCalculator` termine de executar. Ele retorna imediatamente, permitindo que a GUI continue a processar outros eventos enquanto o cálculo é realizado.

Se o usuário clicar no `nextNumberJButton` no `eventThreadJPanel`, a rotina de tratamento de eventos registrada nas linhas 86 a 102 é executada. As linhas 92 a 95 adicionam os dois números de Fibonacci anteriores armazenados em `n1` e `n2` para determinar o próximo número na sequência, atualizar `n1` e `n2` para seus novos valores e incrementar `count`. Então, as linhas 98 e 99 atualizam a GUI para exibir o próximo número. O código para esses cálculos está no método `actionPerformed`, assim eles são realizados na *thread de despacho de eventos*. Lidar com esses cálculos curtos na thread de despacho de eventos não torna a GUI irresponsiva, como acontece com o algoritmo recursivo para calcular o Fibonacci de um grande número. Como o cálculo Fibonacci mais longo é realizado em uma thread trabalhadora separada usando o `SwingWorker`, é possível obter o próximo número de Fibonacci enquanto o cálculo recursivo ainda está em progresso.

23.11.2 Processando resultados intermediários: crivo de Eratóstenes

Apresentamos um exemplo que usa a classe `SwingWorker` para executar um longo processo em uma *thread em segundo plano* e atualizar a GUI quando o processo está concluído. Agora apresentamos um exemplo da atualização da GUI com resultados intermediários antes de o processo longo terminar. A Figura 23.26 apresenta a classe `PrimeCalculator`, que estende `SwingWorker` para calcular os primeiros *n* números primos em uma *thread trabalhadora*. Além dos métodos `doInBackground` e `done` usados no exemplo anterior, essa classe usa os métodos `SwingWorker` `publish`, `process` e `setProgress`. Nesse exemplo, o método `publish` envia números primos para o método `process` à medida que eles são encontrados, o método `process` apresenta esses números primos em um componente GUI e o método `setProgress` atualiza a propriedade de progresso. Mais adiante mostramos como usar essa propriedade para atualizar um `JProgressBar`.

```
// Figura 23.26: PrimeCalculator.java
// Calcula os primeiros n números primos, exibindo-os à medida que os encontra.
import javax.swing.JTextArea;
import javax.swing.JLabel;
import javax.swing.JButton;
```

continua

continuação

```
import javax.swing.SwingWorker;
import java.security.SecureRandom;
import java.util.Arrays;
import java.util.List;
import java.util.concurrent.CancellationException;
import java.util.concurrent.ExecutionException;

public class PrimeCalculator extends SwingWorker<Integer, Integer>
{
   private static final SecureRandom generator = new SecureRandom();
   private final JTextArea intermediateJTextArea; // exibe os números primos encontrados
   private final JButton getPrimesJButton;
   private final JButton cancelJButton;
   private final JLabel statusJLabel; // exibe o status do cálculo
   private final boolean[] primes; // array booleano para encontrar números primos

   // construtor
   public PrimeCalculator(int max, JTextArea intermediateJTextArea,
      JLabel statusJLabel, JButton getPrimesJButton,
      JButton cancelJButton)
   {
      this.intermediateJTextArea = intermediateJTextArea;
      this.statusJLabel = statusJLabel;
      this.getPrimesJButton = getPrimesJButton;
      this.cancelJButton = cancelJButton;
      primes = new boolean[max];

      Arrays.fill(primes, true); // inicializa todos os elementos de número primo como true
   }

   // encontra todos os números primos até max usando o Crivo de Eratóstenes
   public Integer doInBackground()
   {
      int count = 0; // o número de primos encontrados

      // começando no terceiro valor, circula pelo array e coloca
      // falso como o valor de qualquer número maior que for um múltiplo
      for (int i = 2; i < primes.length; i++)
      {
         if (isCancelled()) // se o cálculo foi cancelado
            return count;
         else
         {
            setProgress(100 * (i + 1) / primes.length);

            try
            {
               Thread.sleep(generator.nextInt(5));
            }
            catch (InterruptedException ex)
            {
               statusJLabel.setText("Worker thread interrupted");
               return count;
            }

            if (primes[i]) // i é primo
            {
               publish(i); // torna i disponível para exibição na lista de números primos
               ++count;

               for (int j = i + i; j < primes.length; j += i)
                  primes[j] = false; // i não é primo
            }
         }
      }

```

continua

continuação

```
72          return count;
73       }
74
75       // exibe os valores publicados na lista de números primos
76       protected void process(List<Integer> publishedVals)
77       {
78          for (int i = 0; i < publishedVals.size(); i++)
79             intermediateJTextArea.append(publishedVals.get(i) + "\n");
80       }
81
82       // código para executar quando doInBackground completa
83       protected void done()
84       {
85          getPrimesJButton.setEnabled(true); // ativa o botão Get Primes
86          cancelJButton.setEnabled(false); // desativa o botão Cancel
87
88          try
89          {
90             // recupera e exibe o valor de retorno doInBackground
91             statusJLabel.setText("Found " + get() + " primes.");
92          }
93          catch (InterruptedException | ExecutionException |
94             CancellationException ex)
95          {
96             statusJLabel.setText(ex.getMessage());
97          }
98       }
99    } // fim da classe PrimeCalculator
```

Figura 23.26 | Calcula os primeiros *n* números primos, exibindo-os à medida que os encontra.

A classe `PrimeCalculator` estende `SwingWorker` (linha 13), com o primeiro parâmetro de tipo indicando o tipo de retorno do método `doInBackground` e o segundo indicando o tipo dos resultados intermediários passados entre os métodos `publish` e `process`. Nesse caso, ambos os parâmetros de tipo são `Integers`. O construtor (linhas 23 e 34) recebe como argumentos um inteiro que indica o limite superior dos números primos a localizar, um `JTextArea` usado para exibir números primos na GUI, um `JButton` para iniciar um cálculo e um para cancelá-lo e um `JLabel` utilizado para exibir o status do cálculo.

Crivo de Eratóstenes

A linha 33 inicializa os elementos do array `boolean primes` como `true` com o método `Arrays fill`. `PrimeCalculator` usa esse array e o algoritmo do **crivo de Eratóstenes** (descrito no Exercício 7.27) para encontrar todos os números primos menores que `max`. O crivo de Eratóstenes recebe uma lista de números inteiros e, começando com o primeiro número primo, remove todos os múltiplos desse número primo. Então, ele passa para o próximo número primo, que será o próximo número que ainda não foi removido, e elimina todos os seus múltiplos. Isso continua até que o fim da lista seja alcançado e todos os números não primos sejam removidos. Algoritmicamente, começamos com o elemento 2 do array `boolean` e definimos as células correspondentes para todos os valores que são múltiplos de 2 como `false` para indicar que eles são divisíveis por 2 e, portanto, não números primos. Então, passamos para o próximo elemento no array, verificamos se ele é `true` e, se for, definimos todos seus múltiplos como `false` para indicar que eles são divisíveis pelo índice atual. Quando todo o array for percorrido dessa forma, todos os índices que contêm `true` são números primos, uma vez que eles não têm divisores.

Método doInBackground

No método `doInBackground` (linhas 37 a 73), a variável de controle `i` para o loop (linhas 43 a 70) controla o índice atual para implementar o crivo de Eratóstenes. A linha 45 chama o método `SwingWorker` **`isCancelled`** herdado para determinar se o usuário clicou no botão **Cancel**. Se `isCancelled` retorna `true`, o método `doInBackground` retorna o número de primos encontrados até agora (linha 46) sem terminar o cálculo.

Se o cálculo não for cancelado, a linha 49 chama `setProgress` para atualizar o percentual do array que já foi percorrido até agora. A linha 53 coloca a thread atualmente em execução para dormir por até 4 milissegundos. Discutiremos a razão disso em breve. A linha 61 testa se o elemento do array `primes` no índice atual é `true` (e, portanto, primo). Se for, a linha 63 passa o índice para o método `publish` para que ele possa ser exibido como um *resultado intermediário* na GUI e a linha 64 incrementa o número de primos encontrados. As linhas 66 e 67 definem todos os múltiplos do índice atual como `false` para indicar que eles não são primos. Quando todo o array foi percorrido, a linha 72 retorna o número de primos encontrados.

Método process

As linhas 76 a 80 declaram o método `process`, que é executado na thread de despacho de eventos e recebe seu argumento `publishedVals` do método `publish`. A passagem dos valores entre `publish` na thread trabalhadora e `process` na thread de despacho de eventos é assíncrona; `process` pode não ser invocado para cada chamada para `publish`. Todos os `Integers` publicados a partir da última chamada a `process` são recebidos como uma `List` pelo método `process`. As linhas 78 e 79 iteram por essa lista e exibem os valores publicados em uma `JTextArea`. Como o cálculo no método `doInBackground` progride rapidamente, publicando valores frequentemente, atualizações para a `JTextArea` podem se acumular na thread de despacho de eventos, fazendo com que a GUI se torne lenta. Na verdade, ao procurar um número grande de primos, a *thread de despacho de eventos* pode receber tantos pedidos em rápida sucessão para atualizar a `JTextArea` que ela *esgota a memória em sua fila de eventos*. É por isso que colocamos a thread trabalhadora para *dormir* por alguns milissegundos entre as chamadas para `publish`. O cálculo é desacelerado apenas o suficiente para permitir que a thread de despacho de eventos mantenha o passo com as solicitações para atualizar a `JTextArea` com novos números primos, permitindo que a GUI seja atualizada suavemente e permaneça responsiva.

Método done

As linhas 83 a 98 definem o método `done`. Quando o cálculo é concluído ou cancelado, o método `done` ativa o botão **Get Primes** e desativa o botão **Cancel** (linhas 85 e 86). A linha 91 obtém e exibe o valor de retorno — o número de primos encontrados — do método `doInBackground`. As linhas 93 a 97 capturam as exceções lançadas pelo método `get` e exibem uma mensagem apropriada no `statusJLabel`.

Classe FindPrimes

A classe `FindPrimes` (Figura 23.27) exibe um `JTextField` que permite ao usuário inserir um número, um `JButton` para começar a encontrar todos os primos menores que esse número e uma `JTextArea` para exibir os números primos. Um `JButton` permite que o usuário cancele o cálculo, e uma `JProgressBar` mostra o progresso do cálculo. O construtor (linhas 32 a 125) configura a GUI.

```
1   // Figura 23.27: FindPrimes.java
2   // Usando um SwingWorker para exibir números primos e atualizar uma JProgressBar
3   // enquanto os números primos são calculados.
4   import javax.swing.JFrame;
5   import javax.swing.JTextField;
6   import javax.swing.JTextArea;
7   import javax.swing.JButton;
8   import javax.swing.JProgressBar;
9   import javax.swing.JLabel;
10  import javax.swing.JPanel;
11  import javax.swing.JScrollPane;
12  import javax.swing.ScrollPaneConstants;
13  import java.awt.BorderLayout;
14  import java.awt.GridLayout;
15  import java.awt.event.ActionListener;
16  import java.awt.event.ActionEvent;
17  import java.util.concurrent.ExecutionException;
18  import java.beans.PropertyChangeListener;
19  import java.beans.PropertyChangeEvent;
20
21  public class FindPrimes extends JFrame
22  {
23     private final JTextField highestPrimeJTextField = new JTextField();
24     private final JButton getPrimesJButton = new JButton("Get Primes");
25     private final JTextArea displayPrimesJTextArea = new JTextArea();
26     private final JButton cancelJButton = new JButton("Cancel");
27     private final JProgressBar progressJProgressBar = new JProgressBar();
28     private final JLabel statusJLabel = new JLabel();
29     private PrimeCalculator calculator;
30
31     // construtor
32     public FindPrimes()
33     {
34        super("Finding Primes with SwingWorker");
35        setLayout(new BorderLayout());
36
37        // inicializa o painel para obter um número a partir do usuário
```

continua

continuação

```
JPanel northJPanel = new JPanel();
northJPanel.add(new JLabel("Find primes less than: "));
highestPrimeJTextField.setColumns(5);
northJPanel.add(highestPrimeJTextField);
getPrimesJButton.addActionListener(
   new ActionListener()
   {
      public void actionPerformed(ActionEvent e)
      {
         progressJProgressBar.setValue(0); // redefine a JProgressBar
         displayPrimesJTextArea.setText(""); // limpa a JTextArea
         statusJLabel.setText(""); // limpa o JLabel

         int number; // busca números primos por meio desse valor

         try
         {
            // obtém entrada de usuário
            number = Integer.parseInt(
               highestPrimeJTextField.getText());
         }
         catch (NumberFormatException ex)
         {
            statusJLabel.setText("Enter an integer.");
            return;
         }

         // constrói um novo objeto PrimeCalculator
         calculator = new PrimeCalculator(number,
            displayPrimesJTextArea, statusJLabel, getPrimesJButton,
            cancelJButton);

         // ouve alterações de propriedades da barra de progresso
         calculator.addPropertyChangeListener(
            new PropertyChangeListener()
            {
               public void propertyChange(PropertyChangeEvent e)
               {
                  // se a propriedade alterada for progress,
                  // atualiza a barra de progresso
                  if (e.getPropertyName().equals("progress"))
                  {
                     int newValue = (Integer) e.getNewValue();
                     progressJProgressBar.setValue(newValue);
                  }
               }
            } // fim da classe interna anônima
         ); // finaliza a chamada para addPropertyChangeListener

         // desativa o botão Get Primes e ativa o botão Cancel
         getPrimesJButton.setEnabled(false);
         cancelJButton.setEnabled(true);

         calculator.execute(); // executa o objeto PrimeCalculator
      }
   } // fim da classe interna anônima
); // fim da chamada para addActionListener
northJPanel.add(getPrimesJButton);

// adiciona uma JList rolável para exibir os resultados do cálculo
displayPrimesJTextArea.setEditable(false);
add(new JScrollPane(displayPrimesJTextArea,
   ScrollPaneConstants.VERTICAL_SCROLLBAR_ALWAYS,
   ScrollPaneConstants.HORIZONTAL_SCROLLBAR_NEVER));

// inicializa um painel para exibir cancelJButton,
```

continua

continuação

```
104          // progressJProgressBar e statusJLabel
105          JPanel southJPanel = new JPanel(new GridLayout(1, 3, 10, 10));
106          cancelJButton.setEnabled(false);
107          cancelJButton.addActionListener(
108             new ActionListener()
109             {
110                public void actionPerformed(ActionEvent e)
111                {
112                   calculator.cancel(true); // cancela o cálculo
113                }
114             } // fim da classe interna anônima
115          ); // fim da chamada para addActionListener
116          southJPanel.add(cancelJButton);
117          progressJProgressBar.setStringPainted(true);
118          southJPanel.add(progressJProgressBar);
119          southJPanel.add(statusJLabel);
120
121          add(northJPanel, BorderLayout.NORTH);
122          add(southJPanel, BorderLayout.SOUTH);
123          setSize(350, 300);
124          setVisible(true);
125       } // fim do construtor
126
127       // método main inicia a execução de programa
128       public static void main(String[] args)
129       {
130          FindPrimes application = new FindPrimes();
131          application.setDefaultCloseOperation(EXIT_ON_CLOSE);
132       } // fim de main
133    } // fim da classe FindPrimes
```

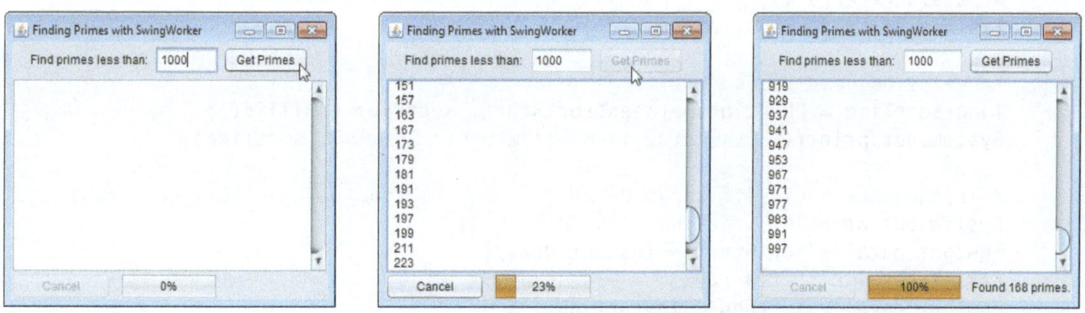

Figura 23.27 | Usando um `SwingWorker` para exibir números primos e atualizar uma `JProgressBar` enquanto os números primos são calculados.

As linhas 42 a 94 registram a rotina de tratamento de eventos para o `getPrimesJButton`. Quando o usuário clica nesse `JButton`, as linhas 47 a 49 redefinem a `JProgressBar` e limpam a `displayPrimesJTextArea` e o `statusJLabel`. As linhas 53 a 63 analisam o valor no `JTextField` e exibem uma mensagem de erro se o valor não for um número inteiro. As linhas 66 a 68 constroem um novo objeto `PrimeCalculator`, passando como argumentos o inteiro que o usuário inseriu, a `displayPrimesJTextArea` para exibir os números primos, o `statusJLabel` e os dois `JButtons`.

As linhas 71 a 85 registram um `PropertyChangeListener` para o objeto `PrimeCalculator`. **`PropertyChangeListener`** é uma interface do pacote `java.beans` que define um único método, `propertyChange`. Sempre que o método `setProgress` é chamado em um `PrimeCalculator`, o `PrimeCalculator` gera um `PropertyChangeEvent` para indicar que a propriedade de progresso que mudou. O método `propertyChange` escuta esses eventos. A linha 78 testa se um dado `PropertyChangeEvent` indica uma mudança na propriedade de progresso. Se indicar, a linha 80 obtém o novo valor da propriedade e a linha 81 atualiza a `JProgressBar` com o novo valor da propriedade de progresso.

O **Get Primes** `JButton` está desativado (linha 88) para que somente um cálculo que atualiza a GUI possa executar de cada vez, e o **Cancel** `JButton` está ativado (linha 89) para permitir que o usuário interrompa o cálculo antes de ele estar concluído. A linha 91 executa o `PrimeCalculator` para começar a encontrar primos. Se o usuário clicar no `cancelJButton`, a rotina de tratamento de eventos registrada nas linhas 107 a 115 chama o método **`cancel`** de `PrimeCalculator` (linha 112), que é herdado da classe `SwingWorker`, e o cálculo retorna antecipadamente. O argumento `true` para método `cancel` indica que a thread realizando a tarefa deve ser interrompida em uma tentativa de cancelar a tarefa.

23.12 Tempos de sort/parallelSort com a API Date/Time do Java SE 8

Na Seção 7.15, usamos o método sort static da classe Arrays para classificar um array e introduzimos o método static parallelSort para classificar grandes arrays mais eficientemente em sistemas multiprocessados. A Figura 23.28 usa ambos os métodos para classificar arrays de 15.000.000 de elementos com valores int aleatórios para que possamos demonstrar a melhoria no desempenho do parallelSort em relação a sort em um sistema multiprocessado (isso foi executado em um sistema dual-core).

```
// SortComparison.java
// Comparando o desempenho dos métodos sort e parallelSort de Arrays.
import java.time.Duration;
import java.time.Instant;
import java.text.NumberFormat;
import java.util.Arrays;
import java.security.SecureRandom;

public class SortComparison
{
   public static void main(String[] args)
   {
      SecureRandom random = new SecureRandom();

      // cria um array de ints aleatórios e então o copia
      int[] array1 = random.ints(15_000_000).toArray();
      int[] array2 = new int[array1.length];
      System.arraycopy(array1, 0, array2, 0, array1.length);

      // cronometra a classificação de array1 com método sort de Arrays
      System.out.println("Starting sort");
      Instant sortStart = Instant.now();
      Arrays.sort(array1);
      Instant sortEnd = Instant.now();

      // exibe os resultados do timing
      long sortTime = Duration.between(sortStart, sortEnd).toMillis();
      System.out.printf("Total time in milliseconds: %d%n%n", sortTime);

      // cronometra a classificação de array2 com o método parallelSort de Arrays
      System.out.println("Starting parallelSort");
      Instant parallelSortStart = Instant.now();
      Arrays.parallelSort(array2);
      Instant parallelSortEnd = Instant.now();

      // exibe os resultados do timing
      long parallelSortTime =
         Duration.between(parallelSortStart, parallelSortEnd).toMillis();
      System.out.printf("Total time in milliseconds: %d%n%n",
         parallelSortTime);

      // exibe a diferença de tempo como um percentual
      String percentage = NumberFormat.getPercentInstance().format(
         (double) sortTime / parallelSortTime);
      System.out.printf("%nsort took %s more time than parallelSort%n",
         percentage);
   }
} // fim da classe SortComparison
```

```
Starting sort
Total time in milliseconds: 1319

Starting parallelSort
Total time in milliseconds: 323

sort took 408% more time than parallelSort
```

Figura 23.28 | Comparando o desempenho dos métodos sort e parallelSort de Arrays.

Criando os arrays

A linha 16 usa o método `SecureRandom` `ints` para criar um `IntStream` de 15.000.000 de valores `int` aleatórios, então chama o método `IntStream` `toArray` para inserir os valores em um array. As linhas 17 e 18 copiam o array de modo que as chamadas tanto a `sort` como a `parallelSort` funcionem com o mesmo conjunto de valores.

Calculando o tempo do método `Arrays` `sort` com as classes `Instant` e `Duration` da API Date/Time

As linhas 22 e 24 chamam o método `static` `now` da classe `Instant` para obter a data/hora atual antes e depois da chamada a `sort`. Para determinar a diferença entre dois `Instants`, a linha 27 usa o método `static` `between` da classe `Duration`, que retorna um objeto `Duration` contendo a diferença de tempo. Em seguida, chamamos o método `Duration` `toMillis` para obter a diferença em milissegundos.

Calculando o tempo do método `Arrays` `parallelSort` com as classes `Instant` e `Duration` da API Date/Time

As linhas 32 a 34 cronometram a chamada para o método `parallelSort` `Arrays`. Então, as linhas 37 e 38 calculam a diferença entre `Instants`.

Exibindo a diferença percentual entre datas/horas de classificação

As linhas 43 e 44 usam um `NumberFormat` (pacote `java.text`) para formatar a relação entre os tempos de classificação como uma porcentagem. O método `NumberFormat` `static` `getPercentInstance` retorna um `NumberFormat` que é usado para formatar um número como uma porcentagem. O método `NumberFormat` `format` realiza a formatação. Como podemos ver na saída de exemplo, o método sort levou mais de *400% mais tempo* para classificar os 15.000.000 valores `int` aleatórios.

Outras operações de array paralelas

Além do método `parallelSort`, a classe `Arrays` agora contém os métodos `parallelSetAll` e `parallelPrefix`, que realizam as seguintes tarefas:

- **`parallelSetAll`** — Preenche um array com os valores produzidos por uma função de gerador que recebe um `int` e retorna um valor do tipo `int`, `long` ou `double`. Dependendo de qual sobrecarga do método `parallelSetAll` é usada, a função de gerador é um objeto de uma classe que implementa `IntToDoubleFunction` (para arrays `double`), `IntUnaryOperator` (para arrays `int`), `IntToLongFunction` (para arrays `long`) ou `IntFunction` (para arrays de qualquer tipo não primitivo).

- **`parallelPrefix`** — Aplica um `BinaryOperator` ao elemento atual e aos elementos anteriores do array e armazena o resultado no elemento atual. Por exemplo, considere:

```
int[] values = {1, 2, 3, 4, 5};
Arrays.parallelPrefix(values, (x, y) -> x + y);
```

Essa chamada para `parallelPrefix` usa um `BinaryOperator` que *soma* dois valores. Depois que a chamada é concluída, o array contém 1, 3, 6, 10 e 15. Da mesma forma, a seguinte chamada a `parallelPrefix` usa um `BinaryOperator` que *multiplica* dois valores. Depois que a chamada é concluída, o array contém 1, 2, 6, 24 e 120:

```
int[] values = {1, 2, 3, 4, 5};
Arrays.parallelPrefix(values, (x, y) -> x * y);
```

23.13 Java SE 8: fluxos paralelos *versus* sequenciais

No Capítulo 17, vimos lambdas e fluxos Java SE 8. Mencionamos que fluxos são fáceis de *paralelizar*, permitindo que os programas se beneficiem de um melhor desempenho em sistemas multiprocessados. Usando as capacidades de timing introduzidas na Seção 23.12, a Figura 23.29 demonstra as operações de fluxo *sequencial* e *paralelo* em um array de 10.000.000 elementos de valores `long` aleatórios (criados na linha 17) para comparar o desempenho.

```
1  // StreamStatisticsComparison.java
2  // Comparando o desempenho das operações de fluxo sequencial e paralelo.
3  import java.time.Duration;
4  import java.time.Instant;
5  import java.util.Arrays;
6  import java.util.LongSummaryStatistics;
7  import java.util.stream.LongStream;
8  import java.security.SecureRandom;
9
10 public class StreamStatisticsComparison
```

continua

continuação

```java
{
   public static void main(String[] args)
   {
      SecureRandom random = new SecureRandom();

      // cria um array de valores long aleatórios
      long[] values = random.longs(10_000_000, 1, 1001).toArray();

      // realiza os cálculos separadamente
      Instant separateStart = Instant.now();
      long count = Arrays.stream(values).count();
      long sum = Arrays.stream(values).sum();
      long min = Arrays.stream(values).min().getAsLong();
      long max = Arrays.stream(values).max().getAsLong();
      double average = Arrays.stream(values).average().getAsDouble();
      Instant separateEnd = Instant.now();

      // exibe resultados
      System.out.println("Calculations performed separately");
      System.out.printf("    count: %,d%n", count);
      System.out.printf("      sum: %,d%n", sum);
      System.out.printf("      min: %,d%n", min);
      System.out.printf("      max: %,d%n", max);
      System.out.printf("  average: %f%n", average);
      System.out.printf("Total time in milliseconds: %d%n%n",
         Duration.between(separateStart, separateEnd).toMillis());

      // cronometra a operação de soma com um fluxo sequencial
      LongStream stream1 = Arrays.stream(values);
      System.out.println("Calculating statistics on sequential stream");
      Instant sequentialStart = Instant.now();
      LongSummaryStatistics results1 = stream1.summaryStatistics();
      Instant sequentialEnd = Instant.now();

      // exibe resultados
      displayStatistics(results1);
      System.out.printf("Total time in milliseconds: %d%n%n",
         Duration.between(sequentialStart, sequentialEnd).toMillis());

      // cronometra a operação de soma com um fluxo paralelo
      LongStream stream2 = Arrays.stream(values).parallel();
      System.out.println("Calculating statistics on parallel stream");
      Instant parallelStart = Instant.now();
      LongSummaryStatistics results2 = stream2.summaryStatistics();
      Instant parallelEnd = Instant.now();

      // exibe resultados
      displayStatistics(results1);
      System.out.printf("Total time in milliseconds: %d%n%n",
         Duration.between(parallelStart, parallelEnd).toMillis());
   }

   // exibe os valores de LongSummaryStatistics
   private static void displayStatistics(LongSummaryStatistics stats)
   {
      System.out.println("Statistics");
      System.out.printf("    count: %,d%n", stats.getCount());
      System.out.printf("      sum: %,d%n", stats.getSum());
      System.out.printf("      min: %,d%n", stats.getMin());
      System.out.printf("      max: %,d%n", stats.getMax());
      System.out.printf("  average: %f%n", stats.getAverage());
   }
} // fim da classe StreamStatisticsComparison
```

continua

continuação

```
Calculations performed separately
      count: 10,000,000
         sum: 5,003,695,285
         min: 1
         max: 1,000
   average: 500.369529
Total time in milliseconds: 173

Calculating statistics on sequential stream
Statistics
      count: 10,000,000
         sum: 5,003,695,285
         min: 1
         max: 1,000
   average: 500.369529
Total time in milliseconds: 69

Calculating statistics on parallel stream
Statistics
      count: 10,000,000
         sum: 5,003,695,285
         min: 1
         max: 1,000
   average: 500.369529
Total time in milliseconds: 38
```

Figura 23.29 | Comparando o desempenho das operações de fluxo sequencial e paralelo.

Executando operações de fluxo com passagens separadas de um fluxo sequencial

A Seção 17.3 demonstrou várias operações numéricas em `IntStreams`. As linhas 20 a 26 realizam e cronometram as operações de fluxo `count`, `sum`, `min`, `max` e `average`, cada uma executada individualmente em um `LongStream` retornado pelo método `stream Arrays`. As linhas 29 a 36 então exibem os resultados e o tempo total necessário para executar todas as cinco operações.

Executando operações de fluxo com uma passagem única de um fluxo sequencial

As linhas 39 a 48 demonstram a melhoria de desempenho obtida usando o método `LongStream summaryStatistics` para determinar a contagem, soma, valor mínimo, valor máximo e média em um único passo de um `LongStream` *sequencial* — todos os fluxos são sequenciais por padrão. Essa operação levou aproximadamente 40% do tempo necessário para realizar as cinco operações separadamente.

Executando operações de fluxo com uma única passagem de um fluxo paralelo

As linhas 51 a 60 demonstram a melhoria de desempenho obtida usando o método `LongStream summaryStatistics` em um `LongStream` *paralelo*. Para obter um fluxo paralelo que pode tirar vantagem dos processadores multiprocessados, simplesmente invoque o método `parallel` em um fluxo existente. Como você pode ver a partir da saída de exemplo, realizar as operações em um fluxo paralelo diminuiu o tempo total necessário ainda mais — levando aproximadamente 55% do tempo de cálculo para o `LongStream` sequencial e apenas 22% do tempo necessário para executar as cinco operações separadamente.

23.14 (Avançado) Interfaces `Callable` e `Future`

A interface `Runnable` fornece apenas as funcionalidades mais básicas para a programação de múltiplas threads. De fato, essa interface tem limitações. Suponha que um `Runnable` esteja realizando um cálculo longo e o aplicativo queira recuperar o resultado desse cálculo. O método `run` não pode retornar um valor, assim *os dados compartilhados mutáveis* precisam passar o valor de volta para a thread chamadora. Como você agora sabe, isso exigiria sincronização de thread. A interface **`Callable`** (do pacote `java.util.concurrent`) corrige essa limitação. A interface declara um método único chamado **`call`**, que retorna um valor que representa o resultado da tarefa da `Callable` — como o resultado de um cálculo de longa duração.

Um aplicativo que cria uma `Callable` provavelmente quer executá-la concorrentemente com outros `Runnables` e `Callables`. O método `ExecutorService` **`submit`** executa seu argumento `Callable` e retorna um objeto do tipo **`Future`** (do pacote `java.util.concurrent`), que representa o resultado futuro da `Callable`. O método **`get`** da interface `Future` *bloqueia* a thread chamadora, e espera que a `Callable` termine e retorne seu resultado. A interface também fornece métodos que permitem cancelar a execução de uma `Callable`, determinar se a `Callable` foi cancelada e se ela completou sua tarefa.

Executando tarefas assíncronas com `CompletableFuture`

O Java SE 8 introduz a classe `CompletableFuture` (pacote `java.util.concurrent`), que implementa a interface `Future` e permite executar `Runnables` *assincronamente* que realizam tarefas ou `Suppliers` que retornam valores. A interface `Supplier`, como a interface `Callable`, é uma interface funcional com um único método (nesse caso, `get`) que não recebe argumentos e retorna um resultado. A classe `CompletableFuture` fornece muitas capacidades adicionais para programadores avançados, como criar `CompletableFutures` sem executá-las imediatamente, compor uma ou mais `CompletableFutures` para que você possa esperar que qualquer ou todas elas completem, executar código depois que uma `CompletableFuture` completa e mais.

A Figura 23.30 realiza dois cálculos de longa duração sequencialmente e, então, executa-os novamente assincronamente usando `CompletableFutures` para demonstrar a melhoria de desempenho da execução assíncrona em um sistema multiprocessado. Para propósitos de demonstração, nosso cálculo de longa duração é realizado por um método `fibonacci` recursivo (linhas 73 a 79, semelhante àquele apresentado na Seção 18.5). Para valores maiores de Fibonacci, a implementação recursiva pode exigir tempo de computação *significativo* — na prática, é muito mais rápido calcular valores de Fibonacci usando um loop.

```
1   // FibonacciDemo.java
2   // Cálculos de Fibonacci realizados de formas síncrona e assíncrona
3   import java.time.Duration;
4   import java.text.NumberFormat;
5   import java.time.Instant;
6   import java.util.concurrent.CompletableFuture;
7   import java.util.concurrent.ExecutionException;
8
9   // classe que armazena dois Instants no tempo
10  class TimeData
11  {
12     public Instant start;
13     public Instant end;
14
15     // retorna o tempo total em segundos
16     public double timeInSeconds()
17     {
18        return Duration.between(start, end).toMillis() / 1000.0;
19     }
20  } // fim da classe TimeData
21
22  public class FibonacciDemo
23  {
24     public static void main(String[] args)
25        throws InterruptedException, ExecutionException
26     {
27        // realiza cálculos síncronos fibonacci(45) e fibonacci(44)
28        System.out.println("Synchronous Long Running Calculations");
29        TimeData synchronousResult1 = startFibonacci(45);
30        TimeData synchronousResult2 = startFibonacci(44);
31        double synchronousTime =
32           calculateTime(synchronousResult1, synchronousResult2);
33        System.out.printf(
34           "  Total calculation time = %.3f seconds%n", synchronousTime);
35
36        // realiza cálculos assíncronos fibonacci(45) e fibonacci(44)
37        System.out.printf("%nAsynchronous Long Running Calculations%n");
38        CompletableFuture<TimeData> futureResult1 =
39           CompletableFuture.supplyAsync(() -> startFibonacci(45));
40        CompletableFuture<TimeData> futureResult2 =
41           CompletableFuture.supplyAsync(() -> startFibonacci(44));
42
43        // espera os resultados das operações assíncronas
44        TimeData asynchronousResult1 = futureResult1.get();
45        TimeData asynchronousResult2 = futureResult2.get();
46        double asynchronousTime =
47           calculateTime(asynchronousResult1, asynchronousResult2);
48        System.out.printf(
49           "  Total calculation time = %.3f seconds%n", asynchronousTime);
50
```

continua

continuação

```java
      // exibe a diferença de tempo como um percentual
      String percentage = NumberFormat.getPercentInstance().format(
         synchronousTime / asynchronousTime);
      System.out.printf("%nSynchronous calculations took %s" +
         " more time than the asynchronous calculations%n", percentage);
   }

   // executa a função fibonacci assincronamente
   private static TimeData startFibonacci(int n)
   {
      // cria um objeto TimeData para armazenar datas/horas
      TimeData timeData = new TimeData();

      System.out.printf("  Calculating fibonacci(%d)%n", n);
      timeData.start = Instant.now();
      long fibonacciValue = fibonacci(n);
      timeData.end = Instant.now();
      displayResult(n, fibonacciValue, timeData);
      return timeData;
   }

   // método fibonacci recursivo; calcula o enésimo número de Fibonacci
   private static long fibonacci(long n)
   {
      if (n == 0 || n == 1)
         return n;
      else
         return fibonacci(n - 1) + fibonacci(n - 2);
   }

   // exibe o resultado do cálculo de Fibonacci e o tempo total de cálculo
   private static void displayResult(int n, long value, TimeData timeData)
   {
      System.out.printf("  fibonacci(%d) = %d%n", n, value);
      System.out.printf(
         "  Calculation time for fibonacci(%d) = %.3f seconds%n",
         n, timeData.timeInSeconds());
   }

   // exibe o resultado do cálculo de Fibonacci e o tempo total de cálculo
   private static double calculateTime(TimeData result1, TimeData result2)
   {
      TimeData bothThreads = new TimeData();

      // determina a primeira hora inicial
      bothThreads.start = result1.start.compareTo(result2.start) < 0 ?
         result1.start : result2.start;

      // determina a última hora final
      bothThreads.end = result1.end.compareTo(result2.end) > 0 ?
         result1.end : result2.end;

      return bothThreads.timeInSeconds();
   }
} // fim da classe FibonacciDemo
```

```
Synchronous Long Running Calculations
  Calculating fibonacci(45)
  fibonacci(45) = 1134903170
  Calculation time for fibonacci(45) = 5.884 seconds
  Calculating fibonacci(44)
  fibonacci(44) = 701408733

  Calculation time for fibonacci(44) = 3.605 seconds
  Total calculation time = 9.506 seconds
```

continua

continuação

```
Asynchronous Long Running Calculations
  Calculating fibonacci(45)
  Calculating fibonacci(44)
  fibonacci(44) = 701408733
  Calculation time for fibonacci(44) = 3.650 seconds
  fibonacci(45) = 1134903170
  Calculation time for fibonacci(45) = 5.911 seconds
  Total calculation time = 5.911 seconds

Synchronous calculations took 161% more time than the asynchronous ones
```

Figura 23.30 | Cálculos de Fibonacci realizados de formas síncrona e assíncrona.

Classe `TimeData`

A classe `TimeData` (linhas 10 a 20) armazena dois `Instants` representando a hora inicial e final de uma tarefa, e fornece o método `timeInSeconds` para calcular o tempo total entre eles. Usamos objetos `TimeData` ao longo desse exemplo para calcular o tempo necessário para realizar cálculos de Fibonacci.

O método `startFibonacci` para realizar e cronometrar cálculos de Fibonacci

O método `startFibonacci` (linhas 59 a 70) é chamado várias vezes em `main` (linhas 29, 30, 39 e 41) para iniciar os cálculos de Fibonacci e calcular o tempo que cada cálculo exige. O método recebe o número de Fibonacci a calcular e realiza as seguintes tarefas:

- A linha 62 cria um objeto `TimeData` para armazenar as horas iniciais e finais do cálculo.
- A linha 64 exibe o número de Fibonacci a ser calculado.
- A linha 65 armazena a hora atual antes do método `fibonacci` ser chamado.
- A linha 66 chama o método `fibonacci` para realizar o cálculo.
- A linha 67 armazena a hora atual depois que a chamada para `fibonacci` termina.
- A linha 68 mostra o resultado e o tempo total necessário para o cálculo.
- A linha 69 retorna o objeto `TimeData` para usar no método `main`.

Realizando cálculos de Fibonacci de forma síncrona

O método `main` (linhas 24 a 56) primeiro demonstra os cálculos de Fibonacci síncronos. A linha 29 chama `startFibonacci(45)` para iniciar o cálculo `fibonacci(45)` e armazenar o objeto `TimeData` contendo as horas iniciais e finais do cálculo. Quando essa chamada termina, a linha 30 chama `startFibonacci(44)` para iniciar o cálculo `fibonacci(44)` e armazenar o `TimeData`. Então, as linhas 31 e 32 passam objetos `TimeData` para o método `calculateTime` (linhas 91 a 104), que retorna o tempo total de cálculo em segundos. As linhas 33 e 34 exibem o tempo total de cálculo para os cálculos de Fibonacci síncronos.

Realizando cálculos de Fibonacci assincronamente

As linhas 38 a 41 no `main` lançam os cálculos de Fibonacci assíncronos em threads separadas. O método `CompletableFuture` `static` **`supplyAsync`** executa uma tarefa assíncrona que retorna um valor. O método recebe como argumento um objeto que implementa a interface `Supplier` — nesse caso, usamos lambdas com listas de parâmetros vazios para invocar `startFibonacci(45)` (linha 39) e `startFibonacci(44)` (linha 41). O compilador infere que `supplyAsync` retorna um `CompletableFuture<TimeData>` porque o método `startFibonacci` retorna o tipo `TimeData`. A classe `CompletableFuture` também fornece o método **`runAsync`** `static` para executar uma tarefa assíncrona que não retorna um resultado — esse método recebe um `Runnable`.

Obtendo resultados dos cálculos assíncronos

A classe `CompletableFuture` implementa a interface `Future` para que possamos obter os resultados das tarefas assíncronas chamando o método `Future get` (linhas 44 e 45). Essas são chamadas de *bloqueio* — elas fazem a thread `main` *esperar* até que as tarefas assíncronas completem e retornem os resultados. No nosso caso, os resultados são objetos `TimeData`. Depois que ambas as tarefas retornam, as linhas 46 e 47 passam ambos os objetos `TimeData` para o método `calculateTime` (linhas 91 a 104) para obter o tempo total de cálculo em segundos. Então, as linhas 48 e 49 exibem o tempo total de cálculo para os cálculos de Fibonacci assíncronos. Por fim, as linhas 52 a 55 calculam e exibem a diferença percentual em tempo de execução para os cálculos síncronos e assíncronos.

Saídas do programa

No nosso computador dual-core, os cálculos síncronos levaram um total de 9,506 segundos. Embora os cálculos assíncronos individuais tenham levado aproximadamente a mesma quantidade de tempo que os cálculos síncronos correspondentes, o tempo total para os cálculos assíncronos foi de apenas 5,911 segundos, porque os dois cálculos foram na verdade realizados *em paralelo*. Como podemos ver na saída, os cálculos síncronos levaram 161% mais tempo para completar, assim a execução assíncrona forneceu uma melhoria significativa de desempenho.

23.15 (Avançado) Estrutura de fork/join

As APIs de concorrência do Java incluem o framework fork/join, que ajuda os programadores a paralelizar algoritmos. O framework está além do escopo deste livro. Especialistas dizem que a maioria dos programadores Java, porém, se beneficiarão do uso do framework fork/join "nos bastidores" na API Java e em outras bibliotecas de terceiros. Por exemplo, as capacidades paralelas dos fluxos Java SE 8 são implementadas usando esse framework.

O framework fork/join é particularmente bem adequado para algoritmos do tipo "dividir para conquistar", como a classificação por intercalação implementada na Seção 19.8. Lembre-se de que o algoritmo de classificação por intercalação recursiva classifica um array *dividindo-o* em dois subarrays de igual tamanho, *classificando* cada subarray e, então, *mesclando-os* em um array maior. Cada subarray é classificado realizando o mesmo algoritmo no subarray. Para algoritmos como a classificação por intercalação, o framework fork/join pode ser usado para criar tarefas concorrentes de modo que elas possam ser distribuídas ao longo de múltiplos processadores e sejam verdadeiramente executadas em paralelo — os detalhes da atribuição das funções a diferentes processadores são tratados pelo framework.

23.16 Conclusão

Neste capítulo, apresentamos as capacidades de concorrência do Java para melhorar o desempenho de aplicativos em sistemas multiprocessados. Você aprendeu as diferenças entre a execução concorrente e paralela. Discutimos que o Java disponibiliza a concorrência por meio de multithreading. Você também aprendeu que a própria JVM cria threads para executar um programa, e que ela também pode criar threads para executar tarefas de manutenção como coleta de lixo.

Discutimos o ciclo de vida de uma thread e os estados que uma thread pode ocupar durante seu tempo de vida. A seguir, apresentamos a interface `Runnable`, que é utilizada para especificar uma tarefa que pode ser executada concorrentemente com outras tarefas. O método `run` dessa interface é invocado pela thread que executa a tarefa. Mostramos como executar um objeto `Runnable` associando-o a um objeto da classe `Thread`. Então, mostramos como usar a interface `Executor` para gerenciar a execução de objetos `Runnable` por pools de threads, que podem reutilizar as threads existentes para eliminar a sobrecarga de criar uma nova thread para cada tarefa e melhorar o desempenho otimizando o número de threads para garantir que o processador permaneça ocupado.

Você aprendeu que, quando várias threads compartilham um objeto e um ou mais deles modificam esse objeto, resultados indeterminados podem ocorrer a menos que o acesso ao objeto compartilhado seja gerenciado de forma adequada. Mostramos como resolver esse problema por meio da sincronização de threads, que coordena o acesso aos dados mutáveis compartilhados por múltiplas threads concorrentes. Você aprendeu várias técnicas para realizar a sincronização — primeiro com a classe predefinida `ArrayBlockingQueue` (que trata *todos* os detalhes da sincronização para você), então com os monitores predefinidos do Java e a palavra-chave `synchronized` e, por fim, com as interfaces `Lock` e `Condition`.

Discutimos o fato de que GUIs Swing não são seguras para threads, assim todas as interações e modificações para a GUI devem ser executadas na thread de despacho de eventos. Também discutimos os problemas associados com a realização de cálculos de longa execução na thread de despacho de eventos. Então, mostramos como você pode usar a classe `SwingWorker` para realizar cálculos de longa duração em threads trabalhadoras. Você aprendeu a exibir os resultados de uma `SwingWorker` em uma GUI quando o cálculo estiver concluído e a exibir os resultados intermediários enquanto o cálculo ainda estava em processo.

Revisitamos os métodos `parallelSort` e `sort` da classe `Arrays` para demonstrar o benefício do uso de um algoritmo de classificação paralela em um computador multiprocessado. Usamos as classes Instant e Duration da API Date/Time do Java SE 8 para cronometrar as operações de classificação.

Você aprendeu que fluxos Java SE 8 são fáceis de paralelizar, permitindo que os programas se beneficiem de melhor desempenho em sistemas multiprocessados e, que para obter um fluxo paralelo, você simplesmente invoca o método `parallel` em um fluxo existente.

Discutimos as interfaces `Callable` e `Future`, que permitem executar tarefas que retornam resultados e obtê-los, respectivamen-te. Então apresentamos um exemplo da realização de tarefas de longa execução de forma síncrona e assíncrona usando a nova classe `CompletableFuture` do Java SE 8. Utilizamos as técnicas de multithreading introduzidas neste capítulo novamente no Capítulo 28, "Rede" (no Site de Apoio, em inglês), para ajudar a construir servidores de múltiplas threads que podem interagir com múltiplos clientes concorrentemente. No próximo capítulo, apresentamos o desenvolvimento de aplicativo de banco de dados com a API JDBC do Java.

Resumo

Seção 23.1 Introdução

- Duas tarefas que operaram concorrentemente progridem de uma vez.
- Duas tarefas que operam em paralelo são executadas simultaneamente. Nesse sentido, o paralelismo é um subconjunto da concorrência. Computadores multiprocessados de hoje em dia têm múltiplos processadores que podem realizar tarefas em paralelo.
- O Java disponibiliza a concorrência por meio da linguagem e APIs.
- Programas Java podem ter múltiplas threads de execução, em que cada thread tem sua própria pilha de chamadas de método e contador de programa, permitindo que ele execute concorrentemente com outras threads. Essa capacidade é chamada de multithreading.
- Em um aplicativo com múltiplas threads, as threads podem ser distribuídas por múltiplos processadores (se disponíveis), de modo que diversas tarefas sejam mesmo executadas concorrentemente e o aplicativo possa operar de modo mais eficiente.
- A JVM cria threads para executar um programa e para tarefas de manutenção como coleta de lixo.
- O multithreading também pode melhorar o desempenho em sistemas de um único processador — quando uma thread não pode prosseguir (porque, por exemplo, está esperando o resultado de uma operação de E/S), outra pode usar o processador.
- A grande maioria dos programadores deve usar as interfaces e classes de coleção existentes nas APIs de concorrência que gerenciam a sincronização para você.

Seção 23.2 Ciclo de vida e estados de thread

- Uma nova thread inicia seu ciclo de vida no estado *novo*. Quando o programa inicia a thread, ele é colocado no estado *executável*. Considera-se que uma thread no estado *executável* está executando sua tarefa.
- Uma thread *executável* entra no estado de *espera* aguardando outra thread realizar uma tarefa. Uma thread em espera faz a transição para o estado *executável* quando outra thread a notifica para continuar executando.
- Uma thread *executável* pode entrar no estado de *espera sincronizada* durante um intervalo de tempo especificado, fazendo a transição de volta ao estado *executável* quando esse intervalo de tempo expira ou quando o evento que ela está esperando ocorre.
- Uma thread *executável* pode transitar para o estado de *espera sincronizada* se fornecer um intervalo de espera opcional quando ela estiver esperando outra thread realizar uma tarefa. Essa thread retornará ao estado *executável* quando é notificada por outra thread ou quando o intervalo de tempo expira.
- Uma thread adormecida permanece no estado de *espera sincronizada* durante um período de tempo designado, depois do qual ela retorna ao estado *executável*.
- A thread *executável* faz uma transição para o estado *bloqueado* quando ela tenta executar uma tarefa que não pode ser concluída imediatamente e a thread deve esperar temporariamente até que a tarefa seja concluída. Nesse ponto, a thread *bloqueada* faz uma transição para o estado *executável,* assim ela pode retomar a execução.
- Uma thread *executável* entra no estado *terminado* quando completa sua tarefa ou, caso contrário, termina (talvez em razão de um erro).
- No nível de sistema operacional, o estado *executável* geralmente inclui dois estados separados. Quando uma thread entra pela primeira vez no estado *executável* a partir do estado *novo*, ela está no estado *pronto*. Uma thread *pronta* entra no estado de *execução* quando o sistema operacional a despacha.
- A maioria dos sistemas operacionais aloca um *quantum* no qual uma thread realiza sua tarefa. Quando isso expira, a thread retorna ao estado *pronto* e outra thread é atribuída ao processador.
- O agendamento de threads determina qual thread despachar com base nas prioridades de thread.
- O trabalho de um scheduler de thread do sistema operacional é determinar a próxima thread que entrará em execução.
- Quando uma thread de prioridade mais alta entra no estado *pronto*, o sistema operacional geralmente faz preempção da thread atualmente *em execução* (uma operação conhecida como agendamento preemptivo).
- Dependendo do sistema operacional, as threads de prioridade mais alta poderiam adiar — possivelmente por um tempo indefinido — a execução de threads de prioridade mais baixa.

Seção 23.3 Criando e executando threads com o framework `Executor`

- Um objeto `Runnable` representa uma tarefa que pode ser executada concorrentemente com outras tarefas.
- A interface `Runnable` declara o método `run` em que você insere o código que define a tarefa a realizar. A thread executando um `Runnable` chama o método `run` para realizar a tarefa.
- Um programa não terminará até que sua última thread complete a execução.
- Você não pode prever a ordem em que as threads serão agendadas, mesmo se você conhecer a ordem em que elas foram criadas e iniciadas.
- É recomendável utilizar a interface `Executor` para gerenciar a execução de objetos `Runnable`. Em geral, um objeto `Executor` cria e gerencia um grupo de threads — chamado de pool de threads.
- `Executors` podem reutilizar as threads existentes e melhorar o desempenho otimizando o número de threads para garantir que o processador permaneça ocupado.

- O método `Executor` `execute` recebe um `Runnable` e o atribui a uma lista de threads disponíveis em um pool de threads. Se não houver nenhuma, o `Executor` cria uma nova thread ou espera que uma torne-se disponível.
- A interface `ExecutorService` (do pacote `java.util.concurrent`) estende a interface `Executor` e declara outros métodos para gerenciar o ciclo de vida de um `Executor`.
- Um objeto que implementa a interface `ExecutorService` pode ser criado com os métodos `static` declarados na classe `Executors` (do pacote `java.util.concurrent`).
- O método `Executors` `newCachedThreadPool` retorna um `ExecutorService`, que cria novas threads à medida que são necessárias pelo aplicativo.
- O método `ExecutorService` `execute` executa seu `Runnable` em algum momento no futuro. O método retorna imediatamente de cada invocação — o programa não espera cada tarefa terminar.
- O método `ExecutorService` `shutdown` notifica o `ExecutorService` a parar de aceitar novas tarefas, mas continua executando as tarefas existentes e termina quando essas tarefas completam a execução.

Seção 23.4 Sincronização de thread

- A sincronização de threads coordena o acesso aos dados mutáveis compartilhados por múltiplas threads concorrentes.
- Sincronizando threads, você pode garantir que cada thread acessando um objeto compartilhado evita que todas as outras threads façam isso simultaneamente — isso é chamado de exclusão mútua.
- Uma maneira comum de realizar a sincronização é utilizar os monitores predefinidos do Java. Cada objeto tem um monitor e um bloqueio de monitor. O monitor garante que o bloqueio de monitor do objeto é mantido por no máximo uma única thread a qualquer momento e, portanto, pode ser usado para impor a exclusão mútua.
- Se uma operação requer que a thread em execução segure um bloqueio enquanto a operação é executada, uma thread deve adquirir o bloqueio antes que possa prosseguir com a operação. Quaisquer outras threads que tentam executar uma operação que requer o mesmo bloqueio serão *bloqueadas* até que a primeira thread libere o bloqueio, ponto em que as threads *bloqueadas* podem tentar adquirir o bloqueio.
- Para especificar que uma thread deve segurar um bloqueio de monitor para executar um bloco do código, o código deve ser inserido em uma instrução `synchronized`. Diz-se que esse código é guardado pelo bloqueio de monitor.
- As instruções `synchronized` são declaradas usando a palavra-chave `synchronized`.

```
synchronized (objeto)
{
   instruções
} // fim da instrução synchronized
```

  onde *objeto* é o objeto cujo bloqueio de monitor será adquirido; *objeto* é normalmente `this` se for o objeto em que a instrução `synchronized` aparece.
- O Java também permite métodos `synchronized`. Antes de ser executado, um método de instância `synchronized` deve adquirir o bloqueio no objeto que é usado para chamar o método. De forma similar, um método `static` `synchronized` deve adquirir o bloqueio na classe que é usada para chamar o método.
- O método `awaitTermination` `ExecutorService` força um programa a esperar que as threads terminem. Ele retorna o controle para o chamador quando todas as tarefas em execução no `ExecutorService` se completam ou quando o tempo limite especificado expira. Se todas as tarefas se completarem antes de o tempo limite expirar, o método retorna `true`; caso contrário, retorna `false`.
- Você pode simular a atomicidade, garantindo que uma única thread realize um conjunto de operações de cada vez. A atomicidade pode ser alcançada com instruções `synchronized` ou métodos `synchronized`.
- Ao compartilhar dados imutáveis entre threads, você deve declarar os campos correspondentes de dados `final` para indicar que os valores das variáveis não vão mudar depois que elas são inicializadas.

Seção 23.5 Relacionamento entre produtor e consumidor sem sincronização

- Em um relacionamento produtor/consumidor de múltiplas threads, uma thread produtora gera dados e os coloca em um objeto compartilhado chamado buffer. Uma thread consumidora lê dados do buffer.
- As operações em um buffer de dados compartilhados por um produtor e um consumidor só devem prosseguir se o buffer estiver no estado correto. Se o buffer não estiver cheio, o produtor pode produzir; se o buffer não estiver vazio, o consumidor pode consumir. Se o buffer estiver cheio quando o produtor tenta gravar nele, o produtor deve esperar até que haja espaço. Se o buffer estiver vazio ou o valor anterior já foi lido, o consumidor deve esperar que novos dados se tornem disponíveis.

Seção 23.6 Relacionamento produtor/consumidor: `ArrayBlockingQueue`

- `ArrayBlockingQueue` é uma classe de buffer totalmente implementada no pacote `java.util.concurrent` que implementa a interface `BlockingQueue`.
- Um `ArrayBlockingQueue` pode implementar um buffer compartilhado em um relacionamento produtor/consumidor. O método `put` insere um elemento no final da `BlockingQueue`, esperando se a fila de espera estiver cheia. O método `take` removerá um elemento da cabeça da `BlockingQueue`, esperando se a fila estiver vazia.

- `ArrayBlockingQueue` armazena dados mutáveis compartilhados em um array que é dimensionado com um argumento passado para o construtor. Depois de criada, uma `ArrayBlockingQueue` tem tamanho fixo.

Seção 23.7 (Avançado) Relacionamento entre produtor e consumidor com `synchronized`, `wait`, `notify` e `notifyAll`

- Você mesmo pode implementar um buffer compartilhado usando a palavra-chave `synchronized` e os métodos `Object` `wait`, `notify` e `notifyAll`.
- Uma thread pode chamar o método `wait` `Object` para libertar o bloqueio de monitor de um objeto, e esperar no estado de *espera* enquanto as outras threads tentam entrar na(s) instrução(ões) ou método(s) do objeto `synchronized`.
- Quando uma thread que executa uma instrução (ou método) `synchronized` completa ou satisfaz a condição que outra thread pode estar esperando, ela pode chamar o método `Object` `notify` para permitir que uma thread em espera transite para o estado *executável*. Nesse ponto, a thread que fez a transição pode tentar readquirir o bloqueio de monitor no objeto.
- Se uma thread chamar `notifyAll`, então todas as threads que esperam o bloqueio de monitor se tornarão elegíveis para readquirir o bloqueio (isto é, todas farão a transição para o estado *executável*).

Seção 23.8 (Avançado) Relacionamento produtor/consumidor: buffers limitados

- Você não pode fazer suposições sobre as velocidades relativas das threads concorrentes.
- Um buffer limitado pode ser usado para minimizar a quantidade de tempo de espera para threads que compartilham recursos e operam nas mesmas velocidades médias. Se a produtora produzir valores temporariamente mais rápido do que a consumidora pode consumi-los, a produtora pode escrever valores adicionais no espaço extra de buffer (se algum estiver disponível). Se a consumidora consumir mais rápido do que a capacidade da produtora de produzir novos valores, a consumidora poderá ler valores adicionais (se houver algum) do buffer.
- A chave para utilizar um buffer limitado com uma produtora e uma consumidora que operam quase na mesma velocidade é fornecer ao buffer posições suficientes para tratar a produção "extra" antecipada.
- A maneira mais simples de implementar um buffer limitado é utilizar um `ArrayBlockingQueue` para o buffer, de modo que todos os detalhes da sincronização sejam tratados para você.

Seção 23.9 (Avançado) Relacionamento produtor/consumidor: interfaces `Lock` e `Condition`

- As interfaces `Lock` e `Condition` dão aos programadores controle mais preciso sobre a sincronização de threads, mas o uso delas é mais complicado.
- Qualquer objeto pode conter uma referência a um objeto que implementa a interface `Lock` (do pacote `java.util.concurrent.locks`). Uma thread chama o método `lock` de uma `Lock` para adquirir o bloqueio. Depois que um `Lock` foi obtido por uma thread, o `Lock` só permitirá que outra thread o obtenha depois que a primeira thread o libera (chamando o método `unlock` de `Lock`).
- Se várias threads tentam chamar o método `lock` no mesmo objeto `Lock` ao mesmo tempo, apenas uma thread pode obter o bloqueio — as outras são colocadas no estado de *espera*. Quando uma thread chama `unlock`, o bloqueio do objeto é liberado e uma thread em espera tentando bloquear o objeto prossegue.
- A classe `ReentrantLock` é uma implementação básica da interface `Lock`.
- O construtor `ReentrantLock` recebe um `boolean` que especifica se o bloqueio tem uma diretiva de imparcialidade. Se for `true`, a diretiva de imparcialidade de `ReentrantLock` é "a thread em espera por mais tempo irá adquirir o bloqueio quando ele estiver disponível" — isso impede o adiamento indefinido. Se o argumento estiver configurado como `false`, não é garantido que a thread na espera irá adquirir o bloqueio quando ele estiver disponível.
- Se uma thread que possui um `Lock` determina que não é possível continuar sua tarefa até que alguma condição seja satisfeita, a thread pode esperar em um objeto de condição. Usar objetos `Lock` permite declarar explicitamente os objetos de condição em que uma thread talvez precise esperar.
- Objetos `Condition` são associados a um `Lock` específico e são criados chamando o método `Lock` `newCondition` que retorna um objeto `Condition`. Para esperar uma `Condition`, a thread pode chamar o método `await` de `Condition`. Isso libera imediatamente o `Lock` associado e coloca a thread no estado de *espera* dessa `Condition`. Outras threads podem então tentar obter o `Lock`.
- Quando uma thread *executável* completar uma tarefa e determinar que a thread na *espera* agora pode continuar, a thread *executável* pode chamar o método `Condition` `signal` para permitir que uma thread no estado de *espera* dessa `Condition` retorne ao estado *executável*. Nesse ponto, a thread que fez a transição do estado de *espera* para o estado *executável* pode tentar readquirir o `Lock`.
- Se múltiplas threads estiverem no estado de *espera* de uma `Condition` quando `signal` for chamado, a implementação padrão de `Condition` sinaliza a thread de espera mais longa para fazer a transição para o estado *executável*.
- Se uma thread chamar método `Condition` `signalAll`, então todas as threads que esperam essa condição mudam para o estado *executável* e tornam-se elegíveis para readquirir o `Lock`.
- Quando uma thread concluir sua tarefa com um objeto compartilhado, ela deve chamar o método `unlock` para liberar o `Lock`.
- `Locks` permitem interromper threads em espera ou especificar um tempo limite de espera para adquirir um bloqueio — não é possível com `synchronized`. Além disso, um objeto `Lock` não se limita a ser adquirido e liberado no mesmo bloco do código, que é o caso com a palavra-chave `synchronized`.

- Objetos `Condition` permitem especificar múltiplas condições em que threads podem esperar. Assim, é possível indicar para as threads em espera que um objeto de condição específico agora é verdadeiro chamando os métodos `signal` ou `signalAll` desse objeto `Condition`. Com `synchronized`, não há nenhuma maneira de indicar explicitamente a condição em que threads esperam.

Seção 23.11 Multithreading com GUI: `SwingWorker`

- Uma thread de despacho de eventos trata as interações com componentes GUI do aplicativo. Todas as tarefas que interagem com a GUI são colocadas em uma fila de eventos e executadas sequencialmente por essa thread.
- Componentes GUI Swing não são seguros para threads. A segurança de thread é alcançada garantindo que os componentes Swing são acessados somente a partir da thread de despacho de eventos.
- Realizar um cálculo demorado em resposta a uma interação com a interface de usuário amarra a thread de despacho de eventos, impedindo-a de atender outras tarefas e fazendo com que os componentes GUI tornem-se irresponsíveis. Cálculos de longa duração devem ser tratados em threads separadas.
- Você pode estender a classe genérica `SwingWorker` (pacote `javax.swing`), que implementa `Runnable`, para realizar uma tarefa em uma thread trabalhadora, e então atualizar componentes Swing da thread de despacho de eventos com base nos resultados da tarefa. Você sobrescreve os métodos `doInBackground` e `done`. O método `doInBackground` executa o cálculo e retorna o resultado. O método `done` exibe os resultados na GUI.
- O primeiro parâmetro de tipo da classe `SwingWorker` indica o tipo retornado pelo método `doInBackground`; o segundo indica o tipo que é passado entre os métodos `publish` e `process` para lidar com os resultados intermediários.
- O método `doInBackground` é chamado de uma thread trabalhadora. Depois que `doInBackground` retorna, o método `done` é chamado da thread de despacho de eventos para exibir os resultados.
- Uma `ExecutionException` é lançada se ocorrer uma exceção durante o cálculo.
- O método `SwingWorker` `publish` envia repetidamente resultados intermediários para o método `process`, que exibe os resultados em um componente GUI. O método `setProgress` atualiza a propriedade de progresso.
- O método `process` é executado na thread de despacho de eventos e recebe dados do método `publish`. A passagem dos valores entre `publish` na thread trabalhadora e `process` na thread de despacho de eventos é assíncrona; `process` não necessariamente é invocado para cada chamada para `publish`.
- `PropertyChangeListener` é uma interface do pacote `java.beans` que define um único método, `propertyChange`. Sempre que o método `setProgress` é invocado, um `PropertyChangeEvent` é gerado para indicar que a propriedade de progresso mudou.

Seção 23.12 Tempos de `sort`*/*`parallelSort` *com a API Date/Time do Java SE 8*

- O método `now` `static` da classe `Instant` começa a data/hora atual.
- Para determinar a diferença entre dois `Instants`, use o método `static` `between` da classe `Duration` que retorna um objeto `Duration` contendo a diferença de data/hora.
- O método `Duration` `toMillis` retorna a `Duration` como valor `long` em milissegundos.
- O método `NumberFormat` `static` `getPercentInstance` retorna um `NumberFormat` que é usado para formatar um número como uma porcentagem.
- O método `NumberFormat` `format` retorna uma representação `String` de seu argumento no formato numérico especificado.
- O método `Arrays` `static` `parallelSetAll` preenche um array com os valores produzidos por uma função de gerador que recebe um `int` e retorna um valor do tipo `int`, `long` ou `double`. Dependendo de qual sobrecarga do método `parallelSetAll` é utilizada, a função de gerador é um objeto de uma classe que implementa `IntToDoubleFunction` (para arrays double), `IntUnaryOperator` (para arrays int), `IntToLongFunction` (para arrays long) ou `IntFunction` (para arrays de qualquer tipo não primitivo).
- O método `Arrays` `static` `parallelPrefix` aplica uma `BinaryOperator` ao elemento atual e aos elementos anteriores do array e armazena o resultado no elemento atual.

Seção 23.13 Java SE 8: fluxos paralelos versus *sequenciais*

- Fluxos são fáceis de paralelizar, permitindo que os programas se beneficiem de melhor desempenho em sistemas multiprocessados.
- Para obter um fluxo paralelo, basta invocar o método `parallel` em um fluxo existente.

Seção 23.14 (Avançado) Interfaces `Callable` *e* `Future`

- A interface `Callable` (do pacote `java.util.concurrent`) declara um único método chamado de `call` que permite que uma tarefa retorne um valor.
- O método `ExecutorService` `submit` executa uma `Callable` passada como seu argumento. O método `submit` retorna um objeto do tipo `Future` (do pacote `java.util.concurrent`) que representa o resultado futuro da execução da `Callable`.
- A interface `Future` declara o método `get` para retornar o resultado da `Callable`. A interface também fornece métodos que permitem cancelar a execução de uma `Callable`, determinar se a `Callable` foi cancelada e se ela completou sua tarefa.

- O Java SE 8 introduz uma nova classe `CompletableFuture` (pacote `java.util.concurrent`), que implementa a interface `Future` e permite executar assincronamente `Runnables` que executam tarefas ou `Suppliers` que retornam valores.
- A interface `Supplier`, como a interface `Callable`, é uma interface funcional com um único método (nesse caso, `get`) que não recebe argumentos e retorna um resultado.
- O método `CompletableFuture static SupplyAsync` executa assincronamente uma tarefa `Supplier` que retorna um valor.
- O método `CompletableFuture static runAsync` executa assincronamente uma tarefa `Runnable` que não retorna um resultado.
- O método `CompletableFuture get` é um método de bloqueio — ele faz com que a thread chamadora espere até a tarefa assíncrona ser concluída e retorna seus resultados.

Seção 23.15 (Avançado) Estrutura de fork/join

- As APIs de concorrência do Java incluem o framework fork/join, que ajuda programadores a paralelizar algoritmos. O framework fork/join é particularmente adequado para algoritmos do tipo "dividir para conquistar", como a classificação por intercalação.

Exercícios de revisão

23.1 Preencha as lacunas em cada uma das seguintes afirmações:

a) Uma thread entra no estado *terminado* quando ________.

b) Para pausar um número designado de milissegundos e retomar a execução, uma thread deve chamar o método ________ da classe ________.

c) Uma thread *executável* pode entrar no estado ________ por um intervalo especificado de tempo.

d) No nível do sistema operacional, o estado *executável* realmente inclui dois estados separados, ________ e ________.

e) `Runnables` são executadas utilizando uma classe que implementa a interface ________.

f) O método `ExecutorService` ________ termina cada thread em uma interface `ExecutorService` logo que terminar de executar sua `Runnable` atual, se houver alguma.

g) Em um relacionamento ________, o ________ gera dados e armazena-os em um objeto compartilhado, e o ________ lê os dados do objeto compartilhado.

h) A palavra-chave ________ indica que somente uma thread por vez deve executar em um objeto.

23.2 (***Seções opcionais avançadas***) Preencha os espaços em branco em cada uma das seguintes instruções:

a) O método ________ da classe `Condition` move uma única thread no estado de *espera* de um objeto para o estado *executável*.

b) O método ________ da classe `Condition` move toda thread no estado de *espera* de um objeto para o estado *executável*.

c) Uma thread pode chamar o método ________ em um objeto `Condition` para liberar o `Lock` associado e colocar essa thread no estado ________.

d) A classe ________ implementa a interface `BlockingQueue` que utiliza um array.

e) O método ________ `static` da classe `Instant` começa a data/hora atual.

f) O método `Duration` ________ retorna a `Duration` como valor `long` em milissegundos.

g) O método `NumberFormat static` ________ retorna um `NumberFormat` que é usado para formatar um número como uma porcentagem.

h) O método `NumberFormat` ________ retorna uma representação `String` de seu argumento no formato numérico especificado.

i) O método `Arrays static` ________ preenche um array com os valores produzidos por uma função de gerador.

j) O método `Arrays static` ________ aplica uma `BinaryOperator` ao elemento atual e os elementos anteriores do array e armazena o resultado no elemento atual.

k) Para obter um fluxo paralelo, basta invocar o método ________ em um fluxo existente.

l) Entre seus muitos recursos, um `CompletableFuture` permite executar assincronamente ________ que realiza tarefas ou ________ que retornam valores.

23.3 Determine se cada um dos seguintes itens é *verdadeiro* ou *falso*. Se *falso*, explique por quê.

a) Uma thread não é *executável* se tiver terminado.

b) Alguns sistemas operacionais utilizam fracionamento de tempo com threads. Portanto, eles podem permitir que as threads façam preempção de threads da mesma prioridade.

c) Quando o quantum da thread expira, a thread retorna ao estado de *execução* enquanto o sistema operacional a atribui a um processador.

d) Em um sistema de processador único sem divisão do tempo, cada thread em um conjunto de threads com prioridade igual (sem nenhuma outra thread presente) é executada até a conclusão antes que outras threads com prioridade igual tenham a oportunidade de executar.

23.4 (***Seções opcionais avançadas***) Determine se cada uma das seguintes instruções é *verdadeira* ou *falsa*. Se *falsa*, explique por quê.

a) Para determinar a diferença entre dois `Instants`, use o método `static difference` da classe `Duration` que retorna um objeto `Duration` contendo a diferença de data/hora.

b) Fluxos são fáceis de paralelizar, permitindo que os programas se beneficiem de melhor desempenho em sistemas multiprocessados.

c) A interface `Supplier`, como a interface `Callable`, é uma interface funcional com um único método que não recebe argumentos e retorna um resultado.

d) O método `CompletableFuture static runAsync` executa assincronamente uma tarefa `Supplier` que retorna um valor.

e) O método `CompletableFuture static supplyAsync` executa assincronamente uma tarefa `Runnable` que não retorna um resultado.

Respostas dos exercícios de revisão

23.1 a) seu método `run` termina. b) `sleep`, `Thread`. c) *espera sincronizada*. d) *pronto*, *em execução*. e) `Executor`. f) `shutdown`. g) produtor/consumidor, produtor, consumidor. h) `synchronized`.

23.2 a) `signal`. b) `signalAll`. c) `await`, *em espera*. d) `ArrayBlockingQueue`. e) `now`. f) `toMillis`. g) `getPercentInstance`. h) `format`. i) `parallelSetAll`. j) `parallelPrefix`. k) `parallel`. l) `Runnables`, `Suppliers`.

23.3 a) Verdadeiro. b) Falso. Fracionamento de tempo permite uma thread executar até que sua fração de tempo (ou quantum) expire. Então outras threads de igual prioridade podem executar. c) Falsa. Quando o quantum de uma thread expira, a thread retorna ao estado *pronto* e o sistema operacional atribui ao processador outra thread. d) Verdadeira.

23.4 a) Falso. O método `Duration` para calcular a diferença entre dois `Instants` é chamado `between`. b) Verdadeiro. c) Verdadeiro. d) Falso. O método que executa assincronamente um `Supplier` é `supplyAsync`. e) Falso. O método que executa assincronamente um `Runnable` é `runAsync`.

Questões

23.5 ***(Verdadeiro ou falso)*** Declare se cada uma das seguintes instruções é *verdadeira* ou *falsa*. Se *falsa*, explique por quê.

a) O método `sleep` não consome tempo de processador enquanto uma thread dorme.

b) Os componentes Swing são seguros para thread.

c) **(Avançado)** Declarar um método `synchronized` garante que o impasse não ocorra.

d) **(Avançado)** Uma vez que um `ReentrantLock` foi obtido por uma thread, o objeto `ReentrantLock` não permitirá que outra thread obtenha o bloqueio até que a primeira thread o libere.

23.6 ***(Termos de multithreading)*** Defina cada um dos seguintes termos.

a) thread

b) multithreading

c) estado *executável*

d) estado de *espera sincronizada*

e) agendamento preemptivo

f) interface `Runnable`

g) relacionamento produtor/consumidor

h) quantum

23.7 ***(Avançado: termos de Multithreading)*** Discuta cada um dos seguintes termos no contexto de mecanismos de thread do Java:

a) `synchronized`

b) `wait`

c) `notify`

d) `notifyAll`

e) `Lock`

f) `Condition`

23.8 ***(Estado bloqueado)*** Liste as razões para entrar no estado *bloqueado*. Para cada uma delas, descreva como o programa normalmente deixará o estado *bloqueado* e entrará no estado *executável*.

23.9 ***(Impasse e adiamento indefinido)*** Dois problemas que podem ocorrer em sistemas que permitem que as threads esperem são os impasses, em que uma ou mais threads esperarão eternamente por um evento que não pode ocorrer, e o adiamento indefinido, em que uma ou mais threads serão retardadas por um tempo imprevisivelmente longo. Dê um exemplo de como cada um desses problemas podem ocorrer em programas Java de múltiplas threads.

23.10 ***(Rebatendo a bola)*** Escreva um programa que faz uma bola azul rebater dentro de um `JPanel`. A bola deve começar a se mover com um evento `mousePressed`. Quando a bola atingir a borda do `JPanel`, ela deve rebater fora da borda e continuar na direção oposta. A bola deve ser atualizada com uma interface `Runnable`.

23.11 ***(Rebatendo bolas)*** Modifique o programa na Questão 23.10 para adicionar uma nova bola toda vez que o usuário clicar no mouse. Ofereça um mínimo de 20 bolas. Escolha a cor para cada nova bola aleatoriamente.

23.12 ***(Bolas rebatendo com sombras)*** Modifique o programa na Questão 23.11 para adicionar sombras. À medida que uma bola se mover, desenhe uma oval sólida preta na parte inferior do `JPanel`. Você pode considerar adicionar um efeito 3-D, aumentando ou diminuindo o tamanho de cada bola quando ela atingir a borda do `JPanel`.

23.13 ***(Avançado: buffer circular com `Locks` e `Conditions`)*** Reimplemente o exemplo na Seção 23.8 utilizando os conceitos `Lock` e `Condition` apresentados na Seção 23.9.

23.14 ***(Buffer limitado: um exemplo do mundo real)*** Descreva como a alça de acesso de uma rodovia para uma estrada local é um bom exemplo de um relacionamento produtor/consumidor com um buffer limitado. Em particular, discuta como os projetistas podem escolher o tamanho da alça de acesso.

Fluxos paralelos

Para os exercícios 23.15 a 23.17, talvez você precise criar conjuntos de dados maiores para ver uma diferença significativa de desempenho.

23.15 ***(Resumindo as palavras em um arquivo)*** Reimplemente a Figura 17.17 usando fluxos paralelos. Use as técnicas de cronometragem da API Date/Time que você aprendeu na Seção 23.12 para comparar o tempo necessário para as versões sequenciais e paralelas do programa.

23.16 ***(Resumindo os caracteres em um arquivo)*** Reimplemente o Exercício 17.9 usando fluxos paralelos. Use as técnicas de cronometragem da API Date/Time que você aprendeu na Seção 23.12 para comparar o tempo necessário para as versões sequenciais e paralelas do programa.

23.17 ***(Resumindo os tipos de arquivo em um diretório)*** Reimplemente o Exercício 17.10 usando fluxos paralelos. Use as técnicas de cronometragem da API Date/Time que você aprendeu na Seção 23.12 para comparar o tempo necessário para as versões sequenciais e paralelas do programa.

Acesso a bancos de dados com JDBC

24

É um equívoco capital teorizar antes de ter os dados.

— Arthur Conan Doyle

Vai pois agora, escreve isso numa tábua perante eles, registra-o num livro, para que fique como testemunho para o tempo vindouro, para sempre.

— A Bíblia Sagrada, Isaías 30:8

Obtenha seus fatos primeiro e então você pode distorcê-los o quanto quiser.

— Mark Twain

Gosto de dois tipos de homens: americanos e estrangeiros.

— Mae West

Objetivos

Neste capítulo, você irá:

- Aprender conceitos de banco de dados relacional.
- Utilizar Structured Query Language (SQL) para recuperar dados de um banco de dados e manipular dados em um banco de dados.
- Utilizar a API JDBC™ para acessar bancos de dados.
- Usar a interface `RowSet` do pacote `javax.sql` para manipular bancos de dados.
- Usar a descoberta automática de driver JDBC do JDBC 4.
- Criar instruções SQL precompiladas com parâmetros por meio de `PreparedStatements`.
- Aprender como o processamento de transações torna aplicativos de banco de dados mais robustos.

Sumário

24.1 Introdução

Um **banco de dados** é uma coleção organizada de dados. Há muitas estratégias diferentes para organizar dados para facilitar acesso e manipulação. Um **sistema de gerenciamento de bancos de dados** (**database management system — DBMS**) fornece mecanismos para armazenar, organizar, recuperar e modificar dados para muitos usuários. Os sistemas de gerenciamento de bancos de dados permitem acesso e armazenamento de dados sem envolver a representação interna de dados.

Structured Query Language

Os sistemas de banco de dados mais populares de hoje são *bancos de dados relacionais* (Seção 24.2). Uma linguagem chamada **SQL** é a linguagem padrão internacional utilizada quase universalmente com bancos de dados relacionais para realizar **consultas** (isto é, solicitar informações que satisfazem dados critérios) e manipular dados.

Sistemas populares de gerenciamento de banco de dados relacional

Alguns **sistemas de gerenciamento de banco de dados relacional** (**RDBMSs**) populares são Microsoft SQL Server®, Oracle®, Sybase®, IBM DB2®, Informix®, PostgreSQL e MySQL™. O JDK vem com um RDBMS Java puro chamado Java DB — a versão Oracle chamada Apache Derby™.

JDBC

Programas Java interagem com bancos de dados usando a **API Java Database Connectivity (JDBC™)**. Um **driver JDBC** permite aos aplicativos Java conectar-se a um banco de dados em um DBMS particular e permite a você manipular esse banco de dados utilizando o JDBC API.

> **Observação de engenharia de software 24.1**
> *A API JDBC é portátil, o mesmo código pode manipular bancos de dados em vários RDBMSs.*

Os sistemas de gerenciamento de bancos de dados mais populares fornecem drivers JDBC. Neste capítulo, introduzimos o JDBC e o utilizamos para manipular bancos de dados Java DB. As técnicas demonstradas aqui também podem ser utilizadas para manipular outros bancos de dados que têm drivers JDBC. Se não manipularem, fornecedores independentes fornecem drivers JDBC para muitos DBMSs. Os exemplos deste capítulo foram testados com o Java DB usando JDKs do Java SE 7 e Java SE 8.

Java Persistence API (JPA)

No Capítulo 29 (em inglês, no Site de Apoio), introduzimos a Java Persistence API (JPA). Neste capítulo, você aprenderá a autoge-rar classes Java que representam as tabelas em um banco de dados e os relacionamentos entre elas — conhecido como mapeamento objeto-relacional —, então aprenderá a usar os objetos dessas classes para interagir com um banco de dados. Como veremos, o armazenamento e a recuperação de dados de um banco de dados serão tratados para você — as técnicas aprendidas neste capítulo tipicamente permanecerão ocultas de você pela JPA.

24.2 Bancos de dados relacionais

Um **banco de dados relacional** é uma representação lógica de dados que permite que os dados sejam acessados sem considerar sua estrutura física. Um banco de dados relacional armazena dados em **tabelas**. A Figura 24.1 ilustra uma tabela de exemplo que pode ser utilizada em um sistema pessoal. O nome da tabela é `Employee` e seu principal propósito é armazenar os atributos dos empregados. Tabelas são compostas de **linhas**, cada uma descrevendo uma única entidade — na Figura 24.1, um empregado. Linhas são compostas de **colunas** em que os valores são armazenados. Essa tabela consiste em seis linhas. A coluna `Number` de cada linha é a **chave primária** da tabela — uma coluna (ou grupo de colunas) com um valor que é *único* para cada linha. Isso garante que cada linha possa ser identificada por sua chave primária. Bons exemplos de colunas de chave primária são o número do CPF, o número de ID de um empregado e o número de série de um produto em um sistema de inventário, uma vez que é garantido que os valores em cada uma dessas colunas são únicos. As linhas na Figura 24.1 são exibidas em ordem por chave primária. Nesse caso, as linhas são listadas na ordem crescente por chave primária, mas podem ser listadas em ordem decrescente ou absolutamente em nenhuma ordem particular.

Cada coluna representa um atributo de dados diferente. As linhas são únicas (pela chave primária) dentro de uma tabela, mas os valores de coluna particulares podem ser duplicados entre as linhas. Por exemplo, três linhas diferentes na coluna `Department` da tabela `Employee` contêm o número 413.

Number	Name	Department	Salary	Location
23603	Jones	413	1100	New Jersey
24568	Kerwin	413	2000	New Jersey
34589	Larson	642	1800	Los Angeles
35761	Myers	611	1400	Orlando
47132	Neumann	413	9000	New Jersey
78321	Stephens	611	8500	Orlando

Linha

Chave primária

Coluna

Figura 24.1 | Dados de exemplo da tabela `Employee`.

Selecionando subconjuntos de dados

Frequentemente, diferentes usuários de um banco de dados estão interessados em dados distintos e diferentes relacionamentos entre os dados. A maioria dos usuários exige apenas os subconjuntos das linhas e colunas. Consultas especificam quais subconjuntos de dados selecionar a partir de uma tabela. Use a SQL para definir consultas. Por exemplo, você pode selecionar dados da tabela `Employee` para criar um resultado que mostra onde cada departamento está localizado, apresentando os dados classificados em ordem crescente por número de departamento. Esse resultado é mostrado na Figura 24.2. SQL é discutido na Seção 24.4.

Department	Location
413	New Jersey
611	Orlando
642	Los Angeles

Figura 24.2 | Exemplo de dados `Department` e `Location` distintos na tabela `Employees`.

24.3 Um banco de dados books

Introduzimos bancos de dados relacionais no contexto do banco de dados `books` deste capítulo, que você utilizará em vários exemplos. Antes de discutirmos SQL, apresentamos as *tabelas* do banco de dados `books`. Utilizamos esse banco de dados para introduzir vários conceitos de banco de dados, incluindo como utilizar SQL para obter informações do banco de dados e manipular os dados. Fornecemos um script para criar o banco de dados. Você pode encontrar o script no diretório de exemplos para este capítulo, no site do Deitel. A Seção 24.5 explica como utilizar esse script.

Tabela `Authors`

O banco de dados consiste em três tabelas: `Authors`, `AuthorISBN` e `Titles`. A tabela `Authors` (descrita na Figura 24.3) consiste em três colunas que mantêm o número de ID único, nome e sobrenome de cada autor. A Figura 24.4 contém dados de exemplo da tabela `Authors`.

Coluna	Descrição
`AuthorID`	Número de ID do autor no banco de dados. No banco de dados `books`, essa coluna de números inteiros é definida como **autoincrementada** — para cada linha inserida nessa tabela, o valor `AuthorID` aumenta por 1 automaticamente a fim de assegurar que cada linha tenha um `AuthorID` único. Essa coluna representa a chave primária da tabela. Colunas autoincrementadas são chamadas de colunas de identidade. O script SQL que fornecemos para esse banco de dados usa a palavra-chave do SQL **`IDENTITY`** para marcar a coluna `AuthorID` como uma coluna de identidade. Para obter informações adicionais sobre como utilizar a palavra-chave `IDENTITY` e criar bancos de dados, consulte o Java DB Developer's Guide em `http://docs.oracle.com/javadb/10.10.1.2/devguide/derbydev.pdf`.
`FirstName`	Nome do autor (uma string).
`LastName`	Sobrenome do autor (uma string).

Figura 24.3 | Tabela `Authors` do banco de dados `books`.

AuthorID	FirstName	LastName
1	Paul	Deitel
2	Harvey	Deitel
3	Abbey	Deitel
4	Dan	Quirk
5	Michael	Morgano

Figura 24.4 | Dados de exemplo da tabela `authors`.

Tabela `Titles`

A tabela `Titles` descrita na Figura 24.5 consiste em quatro colunas que mantêm informações sobre cada livro no banco de dados, incluindo o ISBN, título, número da edição e ano dos direitos autorais. A Figura 24.6 contém os dados da tabela `Titles`.

Coluna	Descrição
`ISBN`	ISBN do livro (uma string). A chave primária da tabela. O ISBN é a abreviação de "International Standard Book Number" — um sistema de numeração padronizado que os editores utilizam para dar a todos os livros um número de identificação único.
`Title`	Título do livro (uma string).
`EditionNumber`	Número de edição do livro (um inteiro).
`Copyright`	Ano de direitos autorais do livro (uma string).

Figura 24.5 | Tabela `Titles` do banco de dados `books`.

ISBN	Title	EditionNumber	Copyright
0132151006	Internet & World Wide Web How to Program	5	2012
0133807800	Java How to Program	10	2015
0132575655	Java How to Program, Late Objects Version	10	2015
013299044X	C How to Program	7	2013
0132990601	Simply Visual Basic 2010	4	2013
0133406954	Visual Basic 2012 How to Program	6	2014
0133379337	Visual C# 2012 How to Program	5	2014
0136151574	Visual C++ 2008 How to Program	2	2008

continua

continuação

ISBN	Title	EditionNumber	Copyright
0133378713	C++ How to Program	9	2014
0133570924	Android How to Program	2	2015
0133570924	Android for Programmers: An App-Driven Approach, Volume 1	2	2014
0132121360	Android for Programmers: An App-Driven Approach	1	2012

Figura 24.6 | Dados de exemplo da tabela `Titles` do banco de dados `books`.

Tabela `AuthorISBN`

A tabela `AuthorISBN` (descrita na Figura 24.7) consiste em duas colunas que mantêm ISBNs para cada livro e números de identificação dos autores correspondentes. Essa tabela associa autores com seus livros. A coluna `AuthorID` é uma **chave estrangeira** — uma coluna nessa tabela que coincide com a coluna de chave primária em outra tabela (isto é, `AuthorID` na tabela `Authors`). A coluna `ISBN` também é uma chave estrangeira — ela corresponde à coluna da chave primária (isto é, `ISBN`) na tabela `Titles`. Um banco de dados pode consistir em muitas tabelas. Um objetivo ao projetar um banco de dados é *minimizar* a quantidade de dados *duplicados* entre as tabelas do banco de dados. As chaves estrangeiras, que são especificadas quando uma tabela de banco de dados é criada no banco de dados, vinculam os dados em *múltiplas* tabelas. Juntas, as colunas `AuthorID` e `ISBN` nessa tabela formam uma *chave primária composta*. Cada linha nessa tabela corresponde *unicamente a um* autor com o ISBN de *um* livro. A Figura 24.8 contém os dados da tabela `AuthorISBN` do banco de dados `books`.

Cada valor de chave extrangeira deve aparecer como o valor de chave primária da outra tabela para que o DBMS possa garantir que o valor da chave estrangeira seja válido — isso é conhecido como **regra de integridade referencial**. Por exemplo, o DBMS assegura que o valor `AuthorID` para uma linha específica da tabela `AuthorISBN` é válido verificando se há uma linha na tabela `Authors` com esse `AuthorID` como a chave primária.

Coluna	Descrição
`AuthorID`	O número de ID do autor, uma chave estrangeira para a tabela `Authors`.
`ISBN`	O ISBN de um livro, uma chave estrangeira para a tabela `Titles`.

Figura 24.7 | Tabela `AuthorISBN` do banco de dados `books`.

AuthorID	ISBN	AuthorID	ISBN
1	0132151006	2	0133379337
2	0132151006	1	0136151574
3	0132151006	2	0136151574
1	0133807800	4	0136151574
2	0133807800	1	0133378713
1	0132575655	2	0133378713
2	0132575655	1	0133764036
1	013299044X	2	0133764036
2	013299044X	3	0133764036
1	0132990601	1	0133570924
2	0132990601	2	0133570924
3	0132990601	3	0133570924
1	0133406954	1	0132121360
2	0133406954	2	0132121360
3	0133406954	3	0132121360
1	0133379337	5	0132121360

Figura 24.8 | Dados de exemplo da tabela `AuthorISBN` de `books`.

As chaves estrangeiras também permitem que os dados *relacionados* em *múltiplas* tabelas sejam *selecionados* a partir dessas tabelas — isso é conhecido como fazer uma **join**, ou **junção**, dos dados. Existe um **relacionamento de um para muitos** entre uma chave primária e uma chave estrangeira correspondente (por exemplo, um autor pode escrever muitos livros e um livro pode ser escrito por vários autores). Isso significa que uma chave estrangeira pode aparecer *muitas* vezes na própria tabela, mas só *uma vez* (como a chave primária) em outra tabela. Por exemplo, o `ISBN 0132151006` pode aparecer em várias linhas de `AuthorISBN` (porque esse livro tem vários autores), mas apenas uma vez em `Titles`, onde o `ISBN` é a chave primária.

Diagrama de relacionamento de entidade (ER)

Há um relacionamento de um para muitos entre uma chave primária e uma chave estrangeira correspondente (por exemplo, um autor pode escrever muitos livros). Uma chave estrangeira pode aparecer muitas vezes na própria tabela, mas apenas uma vez (como a chave primária) em outra tabela. A Figura 24.9 é um **diagrama de relacionamento de entidade** (**entity-relationship — ER**) do banco de dados `books`. Esse diagrama mostra as *tabelas de banco de dados* e os *relacionamentos* entre elas. O primeiro compartimento em cada caixa contém o nome da tabela e os compartimentos restantes contêm as colunas da tabela. Os nomes em itálico são chaves primárias. *Uma chave primária da tabela identifica unicamente cada linha na tabela*. Cada linha deve ter um valor de chave primária, e esse valor deve ser único na tabela. Isso é conhecido como **Regra de Integridade de Entidade**. Mais uma vez, para a tabela `AuthorISBN`, a chave primária é a combinação de ambas as colunas — isso é conhecido como chave primária composta.

As linhas que conectam as tabelas na Figura 24.9 representam os *relacionamentos* entre as tabelas. Considere a linha entre as tabelas `Authors` e `AuthorISBN`. No final da linha de `Authors`, há um `1` e, no final de `AuthorISBN`, um símbolo de infinito (∞). Isso indica um *relacionamento de um para muitos* — para *cada* autor na tabela `Authors` pode haver um *número arbitrário* de ISBNs para livros escritos por esse autor na tabela `AuthorISBN` (isto é, um autor pode escrever *qualquer* número de livros). Observe que a linha do relacionamento vincula a coluna `AuthorID` na tabela `Authors` (onde `AuthorID` é a chave primária) com a coluna `AuthorID` na tabela `AuthorISBN` (onde `AuthorID` é uma chave estrangeira) — a linha entre as tabelas vincula a chave primária com a chave estrangeira correspondente.

A linha entre as tabelas `Titles` e `AuthorISBN` ilustra um *relacionamento de um para muitos* — um livro pode ser escrito por muitos autores. Observe que a linha entre as tabelas vincula a chave primária `ISBN` na tabela `Titles` com a chave estrangeira correspondente na tabela `AuthorISBN`. Os relacionamentos na Figura 24.9 ilustram que a única finalidade da tabela `AuthorISBN` é fornecer um **relacionamento de muitos para muitos** entre as tabelas `Authors` e `Titles` — um autor pode escrever *vários* livros, e um livro pode ter *vários* autores.

Figura 24.9 | Relacionamentos de tabela no banco de dados `books`.

24.4 SQL

Discutiremos agora o SQL no contexto do nosso banco de dados `books`. Você será capaz de utilizar o SQL discutido aqui nos exemplos posteriores no capítulo. As próximas várias subseções demonstram consultas e instruções SQL utilizando as palavras-chave SQL na Figura 24.10. Outras palavras-chave de SQL estão além do escopo deste texto.

Palavras-chave de SQL	Descrição
`SELECT`	Recupera dados de uma ou mais tabelas.
`FROM`	Tabelas envolvidas na consulta. Requeridas em cada `SELECT`.
`WHERE`	Critérios de seleção que determinam as linhas a ser recuperadas, excluídas ou atualizadas. Opcional em uma consulta ou uma instrução de SQL.
`GROUP BY`	Critérios para agrupar linhas. Opcional em uma consulta `SELECT`.

continua

continuação

Palavras-chave de SQL	Descrição
`ORDER BY`	Critérios para ordenar linhas. Opcional em uma consulta `SELECT`.
`INNER JOIN`	Mescla linhas de múltiplas tabelas.
`INSERT`	Insere linhas em uma tabela especificada.
`UPDATE`	Atualiza linhas em uma tabela especificada.
`DELETE`	Exclui linhas de uma tabela especificada.

Figura 24.10 | As palavras-chave de consulta de SQL.

24.4.1 Consulta SELECT básica

Vamos considerar várias consultas de SQL que extraem informações do banco de dados `books`. Uma consulta de SQL "seleciona" linhas e colunas de uma ou mais tabelas em um banco de dados. Essas seleções são realizadas por consultas com a palavra-chave SELECT. O formato básico de uma consulta `SELECT` é

SELECT * FROM *nomeDaTabela*

em que o *caractere curinga* **asterisco (*)** indica que todas as colunas da tabela *nomeDaTabela* devem ser recuperadas. Por exemplo, para recuperar todos os dados na tabela `Authors`, utilize

```
SELECT * FROM Authors
```

A maioria dos programas não exige todos os dados em uma tabela. Para recuperar somente colunas específicas, substitua o asterisco (*) por uma lista dos nomes de coluna separados por vírgulas. Por exemplo, para recuperar somente as colunas `AuthorID` e `LastName` de todas as linhas na tabela `Authors`, utilize a consulta

```
SELECT AuthorID, LastName FROM Authors
```

Essa consulta retorna os dados listados na Figura 24.11.

AuthorID	LastName	AuthorID	LastName
1	Deitel	4	Quirk
2	Deitel	5	Morgano
3	Deitel		

Figura 24.11 | Dados `AuthorID` e `LastName` de exemplo da tabela `Authors`.

Observação de engenharia de software 24.2

Em geral, os programadores processam resultados sabendo antecipadamente a ordem das colunas no resultado — por exemplo, selecionar `AuthorID` e `LastName` da tabela `Authors` assegura que as colunas aparecerão no resultado com `AuthorID` como a primeira coluna e `LastName` como a segunda coluna. Em geral, os programas processam colunas de resultados especificando o número de coluna no resultado (iniciando do número 1 da primeira coluna). Selecionar colunas por nome evita retornar colunas desnecessárias e protege contra mudanças na ordem real das colunas na(s) tabela(s) retornando as colunas na ordem exata especificada.

Erro comum de programação 24.1

Se um programador supõe que as colunas são sempre retornadas na mesma ordem de uma consulta que utiliza o asterisco (*), o programa pode processar o resultado incorretamente. Se a ordem de coluna na(s) tabela(s) mudar ou se colunas adicionais forem adicionadas posteriormente, a ordem das colunas no resultado mudaria de maneira correspondente.

24.4.2 Cláusula WHERE

Na maioria dos casos, é necessário localizar linhas em um banco de dados que satisfaçam certos **critérios de seleção**. Somente as linhas que satisfazem os critérios de seleção (formalmente chamadas de **predicados**) são selecionadas. A SQL utiliza a **cláusula WHERE** opcional em uma consulta para especificar os critérios de seleção para a consulta. A forma básica de uma consulta com critérios de seleção é

SELECT *nomeDaColuna1*, *nomeDaColuna2*, ... FROM *nomeDaTabela* WHERE *critérios*

Por exemplo, para selecionar as colunas Title, EditionNumber e Copyright da tabela Titles para a qual os dados de Copyright são maiores que 2013, utilize a consulta

```
SELECT Title, EditionNumber, Copyright
   FROM Titles
   WHERE Copyright > '2013'
```

Strings em SQL são delimitadas por aspas simples (') em vez de duplas ("). A Figura 24.12 mostra o resultado da consulta precedente.

Title	EditionNumber	Copyright
Java How to Program	10	2015
Java How to Program, Late Objects Version	10	2015
Visual Basic 2012 How to Program	6	2014
Visual C# 2012 How to Program	5	2014
C++ How to Program	9	2014
Android How to Program	2	2015
Android for Programmers: An App-Driven Approach, Volume 1	2	2014

Figura 24.12 | Amostragem de títulos com direitos autorais posteriores a 2005 da tabela Titles.

Correspondência de padrão: zero ou mais caracteres

Os critérios da cláusula WHERE podem conter os operadores <, >, <=, >=, =, <> e LIKE. O operador **LIKE** é utilizado para **correspondência de padrão** com caracteres curingas **porcentagem** (%) e **sublinhado** (_). A correspondência de padrão permite à SQL procurar strings que correspondem a um dado padrão.

Um padrão que contém um caractere porcentagem (%) procura strings que tenham zero ou mais caracteres na posição do caractere porcentagem no padrão. Por exemplo, a seguinte consulta localiza as linhas de todos os autores cujo sobrenome começa com a letra D:

```
SELECT AuthorID, FirstName, LastName
   FROM Authors
   WHERE LastName LIKE 'D%'
```

A consulta anterior seleciona as duas linhas mostradas na Figura 24.13 — porque três dos cinco autores em nosso banco de dados têm um sobrenome que inicia com a letra D (seguida por zero ou mais caracteres). O % no padrão LIKE da cláusula WHERE indica que qualquer número de caracteres pode aparecer depois da letra D na coluna LastName. A string padrão é colocada entre caracteres de aspas simples.

AuthorID	FirstName	LastName
1	Paul	Deitel
2	Harvey	Deitel
3	Abbey	Deitel

Figura 24.13 | Autores da tabela Authors cujo sobrenome começa com D.

Dica de portabilidade 24.1

Consulte a documentação do seu sistema de banco de dados para determinar se a SQL diferencia maiúsculas de minúsculas no seu sistema e para determinar a sintaxe das palavras-chave SQL.

Dica de portabilidade 24.2

Leia a documentação do seu sistema de banco de dados com cuidado para determinar se ele suporta o operador `LIKE` *como discutido aqui.*

Correspondência de padrão: qualquer caractere

Um caractere sublinhado (_) na string padrão indica um único curinga nessa posição no padrão. Por exemplo, a seguinte consulta localiza as linhas de todos os autores cujos sobrenomes começam com qualquer caractere (especificado por _) seguido pela letra `o`, seguida por qualquer número de caracteres adicionais (especificado por `%`):

```
SELECT AuthorID, FirstName, LastName
   FROM Authors
   WHERE LastName LIKE '_o%'
```

A consulta precedente produz a linha mostrada na Figura 24.14, porque apenas um autor em nosso banco de dados tem um sobrenome que contém a letra `o` como sua segunda letra.

AuthorID	FirstName	LastName
5	Michael	Morgano

Figura 24.14 | O único autor da tabela `Authors` cujo sobrenome contém `o` como a segunda letra.

24.4.3 Cláusula ORDER BY

As linhas no resultado de uma consulta podem ser classificadas em ordem crescente ou decrescente utilizando a **cláusula ORDER BY**. O formato básico de uma consulta com uma cláusula `ORDER BY` é

```
SELECT nomeDaColuna1, nomeDaColuna2, ... FROM nomeDaTabela ORDER BY coluna ASC
SELECT nomeDaColuna1, nomeDaColuna2, ... FROM nomeDaTabela ORDER BY coluna DESC
```

onde `ASC` especifica a ordem crescente (do mais baixo para o mais alto), `DESC` especifica ordem decrescente (do mais alto para o mais baixo) e *coluna* especifica a coluna em que a classificação é baseada. Por exemplo, para obter a lista de autores em ordem crescente por sobrenome (Figura 24.15), utilize a consulta

```
SELECT AuthorID, FirstName, LastName
   FROM Authors
   ORDER BY LastName ASC
```

AuthorID	FirstName	LastName
1	Paul	Deitel
2	Harvey	Deitel
3	Abbey	Deitel
5	Michael	Morgano
4	Dan	Quirk

Figura 24.15 | Dados de exemplo da tabela `Authors` em ordem crescente por `LastName`.

Classificando em ordem decrescente

A ordem de classificação padrão é crescente, então ASC é opcional. Para obter a mesma lista de autores em ordem decrescente por sobrenome (Figura 24.16), utilize a consulta

```
SELECT AuthorID, FirstName, LastName
   FROM Authors
   ORDER BY LastName DESC
```

AuthorID	FirstName	LastName
4	Dan	Quirk
5	Michael	Morgano
1	Paul	Deitel
2	Harvey	Deitel
3	Abbey	Deitel

Figura 24.16 | Dados de exemplo da tabela `Authors` em ordem decrescente por `LastName`.

Classificando por múltiplas colunas

As múltiplas colunas podem ser utilizadas para classificação com uma cláusula ORDER BY da forma

ORDER BY *coluna1 ordemDeClassificação*, *coluna2 ordemDeClassificação*, ...

onde *ordemDeClassificação* é tanto ASC como DESC. A *ordemDeClassificação* não precisa ser idêntica para cada coluna. A consulta

```
SELECT AuthorID, FirstName, LastName
   FROM Authors
   ORDER BY LastName, FirstName
```

classifica todas as linhas em ordem crescente por sobrenome, e depois por nome. Se quaisquer linhas tiverem o mesmo valor de sobrenome, elas serão retornadas classificadas por nome (Figura 24.17).

AuthorID	FirstName	LastName
3	Abbey	Deitel
2	Harvey	Deitel
1	Paul	Deitel
5	Michael	Morgano
4	Dan	Quirk

Figura 24.17 | Dados de exemplo de `Authors` em ordem crescente por `LastName` e `FirstName`.

Combinando as cláusulas WHERE e ORDER BY

As cláusulas WHERE e ORDER BY podem ser combinadas em uma consulta, como em

```
SELECT ISBN, Title, EditionNumber, Copyright
   FROM Titles
   WHERE Title LIKE '%How to Program'
   ORDER BY Title ASC
```

que retorna o ISBN, Title, EditionNumber e Copyright de cada livro na tabela Titles que tem um Title terminando em "How to Program" e é classificado na ordem crescente por Title. Os resultados da consulta são mostrados na Figura 24.18.

ISBN	Title	EditionNumber	Copyright
0133764036	Android How to Program	2	2015
013299044X	C How to Program	7	2013
0133378713	C++ How to Program	9	2014
0132151006	Internet & World Wide Web How to Program	5	2012
0133807800	Java How to Program	10	2015
0133406954	Visual Basic 2012 How to Program	6	2014
0133379337	Visual C# 2012 How to Program	5	2014
0136151574	Visual C++ 2008 How to Program	2	2008

Figura 24.18 | Amostragem de livros da tabela `Titles` cujos títulos acabam com `How to Program` em ordem crescente por `Title`.

24.4.4 Mesclando dados a partir de múltiplas tabelas: INNER JOIN

Os projetistas de banco de dados costumam dividir os dados relacionados em tabelas separadas para assegurar que um banco de dados não armazene dados de maneira redundante. Por exemplo, no banco de dados `books`, utilizamos uma tabela `AuthorISBN` para armazenar os dados do relacionamento entre os autores e seus títulos correspondentes. Se não separássemos essas informações em tabelas individuais, precisaríamos incluir as informações de autor com cada entrada na tabela `Titles`. Isso resultaria no armazenamento de informações de autor *duplicadas* no caso dos autores que escreveram múltiplos livros. Frequentemente é necessário mesclar dados de múltiplas tabelas em um único resultado. Conhecido como conectar tabelas, isso é especificado por um operador **INNER JOIN**, que mescla linhas de duas tabelas correspondendo os valores nas colunas que são comuns às tabelas. A forma básica de uma `INNER JOIN` é:

```
SELECT nomeDeColuna1, nomeDeColuna2, ...
FROM tabela1
INNER JOIN tabela2
   ON tabela1.nomeDaColuna = tabela2.nomeDaColuna
```

A **cláusula ON** do `INNER JOIN` especifica as colunas de cada tabela que são comparadas para determinar quais linhas são mescladas — esses campos quase sempre correspondem aos campos de chave estrangeira nas tabelas que são conectadas. Por exemplo, a consulta a seguir produz uma lista de autores acompanhados pelos ISBNs de livros escritos por cada autor:

```
SELECT FirstName, LastName, ISBN
FROM Authors
INNER JOIN AuthorISBN
   ON Authors.AuthorID = AuthorISBN.AuthorID
ORDER BY LastName, FirstName
```

A consulta mescla dados das colunas `FirstName` e `LastName` da tabela `Authors` com a coluna `ISBN` da tabela `AuthorISBN`, classificando os resultados em ordem crescente por `LastName` e `FirstName`. Note o uso da sintaxe *nomeDaTabela*.*nomeDaColuna* na cláusula `ON`. Essa sintaxe (chamada de **nome qualificado**) especifica as colunas de cada tabela que devem ser comparadas para unir as tabelas. A sintaxe "*NomeDaTabela*." é requerida se as colunas tiverem o mesmo nome em ambas as tabelas. A mesma sintaxe pode ser utilizada em qualquer consulta para distinguir colunas em diferentes tabelas que tenham o mesmo nome. Em alguns sistemas, os nomes de tabela qualificados com o nome de banco de dados podem ser utilizados para realizar consultas entre diferentes bancos de dados. Como sempre, a consulta pode conter uma cláusula `ORDER BY`. A Figura 24.19 mostra os resultados da consulta anterior, ordenados por `LastName` e `FirstName`. [*Observação:* para economizar espaço, dividimos o resultado da consulta em duas colunas, cada uma contendo as colunas `FirstName`, `LastName` e `ISBN`.]

Erro comum de programação 24.2

Em uma consulta, a falha em qualificar nomes de colunas que tenham o mesmo nome em duas ou mais tabelas é um erro. Nesses casos, a instrução deve preceder esses nomes de coluna com seus nomes de tabela e um ponto (por exemplo, `Authors.AuthorID`*).*

FirstName	LastName	ISBN	FirstName	LastName	ISBN
Abbey	Deitel	0132121360	Harvey	Deitel	0133764036
Abbey	Deitel	0133570924	Harvey	Deitel	0133378713
Abbey	Deitel	0133764036	Harvey	Deitel	0136151574
Abbey	Deitel	0133406954	Harvey	Deitel	0133379337
Abbey	Deitel	0132990601	Harvey	Deitel	0133406954
Abbey	Deitel	0132151006	Harvey	Deitel	0132990601
Harvey	Deitel	0132121360	Harvey	Deitel	013299044X
Harvey	Deitel	0133570924	Harvey	Deitel	0132575655
Harvey	Deitel	0133807800	Paul	Deitel	0133406954
Harvey	Deitel	0132151006	Paul	Deitel	0132990601
Paul	Deitel	0132121360	Paul	Deitel	013299044X
Paul	Deitel	0133570924	Paul	Deitel	0132575655
Paul	Deitel	0133764036	Paul	Deitel	0133807800
Paul	Deitel	0133378713	Paul	Deitel	0132151006
Paul	Deitel	0136151574	Michael	Morgano	0132121360
Paul	Deitel	0133379337	Dan	Quirk	0136151574

Figura 24.19 | Amostragem de autores e ISBNs dos livros que eles escreveram em ordem crescente por `LastName` e `FirstName`.

24.4.5 Instrução INSERT

A instrução `INSERT` insere uma linha em uma tabela. A forma básica dessa instrução é

```
INSERT INTO nomeDaTabela (nomeDaColuna1, nomeDaColuna2, …, nomeDaColunaN)
   VALUES (valor1, valor2, …, valorN)
```

onde *nomeDaTabela* é a tabela na qual inserir a linha. O *nomeDaTabela* é seguido por uma lista de nomes de coluna separados por vírgulas entre parênteses (essa lista não é necessária se a operação `INSERT` especificar um valor para cada coluna da tabela na ordem correta). A lista de nomes de coluna é seguida pela palavra-chave de SQL `VALUES` e uma lista separada por vírgulas de valores entre parênteses. Os valores especificados aqui devem corresponder às colunas especificadas depois do nome de tabela tanto pela ordem como pelo tipo (por exemplo, se *nomeDaColuna1* deve ser a coluna `FirstName`, então o *valor1* deve ser uma string entre aspas simples que representam o nome). Sempre liste explicitamente as colunas ao inserir linhas. Se a ordem das colunas da tabela mudar ou uma nova coluna for adicionada, utilizar apenas `VALUES` pode causar um erro. A instrução `INSERT`

```
INSERT INTO Authors (FirstName, LastName)
   VALUES ('Sue', 'Red')
```

insere uma linha na tabela `Authors`. A instrução indica que os valores são fornecidos para as colunas `FirstName` e `LastName`. Os valores correspondentes são `'Sue'` e `'Smith'`. Não especificamos um `AuthorID` nesse exemplo porque `AuthorID` é uma coluna autoincrementada na tabela `Authors`. Para cada linha adicionada a essa tabela, o DBMS atribui um único valor `AuthorID` que é o próximo valor na sequência autoincrementada (isto é, 1, 2, 3 e assim por diante). Nesse caso, Sue Red receberia o `AuthorID` número 6. A Figura 24.20 mostra a tabela `Authors` depois da operação `INSERT`. [*Observação:* nem todo o sistema de gerenciamento de bancos de dados suporta colunas autoincrementadas. Verifique a documentação do seu DBMS para alternativas às colunas de autoincremento.]

Erro comum de programação 24.3

A SQL delimita strings com aspas simples ('). Uma string contendo uma aspa simples (por exemplo, O'Malley) deve ter duas aspas simples na posição onde a aspa simples aparece (por exemplo, `'O''Malley'`*). A primeira funciona como um caractere de escape para a segunda. Não "escapar" caracteres aspas simples em uma string que seja parte de uma instrução de SQL é um erro de sintaxe de SQL.*

Erro comum de programação 24.4

É um erro especificar um valor para uma coluna autoincrementada.

AuthorID	FirstName	LastName
1	Paul	Deitel
2	Harvey	Deitel
3	Abbey	Deitel
4	Dan	Quirk
5	Michael	Morgano
6	Sue	Red

Figura 24.20 | Os dados de exemplo da tabela `Authors` depois de uma operação `INSERT`.

24.4.6 Instrução UPDATE

Uma instrução `UPDATE` modifica os dados em uma tabela. Sua forma básica é

```
UPDATE nomeDaTabela
   SET nomeDaColuna1 = valor1, nomeDaColuna2 = valor2, ..., nomeDaColunaN = valorN
   WHERE critérios
```

onde *nomeDaTabela* é a tabela a atualizar. O *nomeDaTabela* é seguido pela palavra-chave `SET` e uma lista separada por vírgulas de pares *nomeDaColuna* = *valor*. A cláusula `WHERE` opcional fornece critérios que determinam quais linhas atualizar. Apesar de não ser necessária, a cláusula `WHERE` é geralmente utilizada, a menos que uma alteração seja feita em cada linha. A instrução `UPDATE`

```
UPDATE Authors
   SET LastName = 'Black'
   WHERE LastName = 'Red' AND FirstName = 'Sue'
```

atualiza uma linha na tabela `Authors`. A instrução indica que `LastName` receberá o valor `Black` para a linha onde `LastName` é `Red` e `FirstName` é `Sue`. [*Observação:* se houver múltiplas linhas correspondentes, essa instrução modificará *todas* as linhas para que tenham o sobrenome "Black".] Se soubéssemos o `AuthorID` antes da operação `UPDATE` (possivelmente porque pesquisamos por ela anteriormente), a cláusula `WHERE` poderia ser simplificada da seguinte maneira:

```
WHERE AuthorID = 6
```

A Figura 24.21 mostra a tabela `Authors` depois de a operação `UPDATE` ter acontecido.

AuthorID	FirstName	LastName
1	Paul	Deitel
2	Harvey	Deitel
3	Abbey	Deitel
4	Dan	Quirk
5	Michael	Morgano
6	Sue	Black

Figura 24.21 | Os dados de exemplo da tabela `Authors` depois de uma operação `UPDATE`.

24.4.7 Instrução DELETE

Uma instrução `DELETE` de SQL remove as linhas de uma tabela. Sua forma básica é

```
DELETE FROM nomeDaTabela WHERE critérios
```

onde *nomeDaTabela* é a tabela a partir da qual excluir. A cláusula WHERE opcional especifica os critérios utilizados para determinar quais linhas excluir. Se essa cláusula for omitida, todas as linhas da tabela serão excluídas. A instrução DELETE

```
DELETE FROM Authors
   WHERE LastName = 'Black' AND FirstName = 'Sue'
```

exclui a linha para Sue Black na tabela Authors. Se soubermos o AuthorID antes de a operação DELETE ocorrer, a cláusula WHERE pode ser simplificada assim:

```
WHERE AuthorID = 5
```

A Figura 24.22 mostra a tabela Authors depois de a operação DELETE ter acontecido.

AuthorID	FirstName	LastName
1	Paul	Deitel
2	Harvey	Deitel
3	Abbey	Deitel
4	Dan	Quirk
5	Michael	Morgano

Figura 24.22 | Os dados de exemplo da tabela Authors depois de uma operação DELETE.

24.5 Configurando um banco de dados Java DB

Os exemplos deste capítulo usam o banco de dados Java puro **Java DB** da Oracle, que é instalado com o JDK da Oracle no Windows, Mac OS X e Linux. Antes que possa executar os aplicativos deste capítulo, você deve configurar no Java DB o banco de dados books que é usado nas seções 24.6 e 24.7 e o banco de dados addressbook que é usado na Seção 24.8.

Para este capítulo, você utilizará a versão embarcada do Java DB. Isso significa que o banco de dados que você manipula em cada exemplo tem de estar localizado nessa pasta do exemplo. Os exemplos deste capítulo estão localizados em duas subpastas ch24 dos exemplos — books_examples e addressbook_example (no site do Deitel, apresentado em "Antes de começar"). O Java DB também pode funcionar como um servidor que pode receber solicitações de banco de dados por uma rede, mas isso está além do escopo deste capítulo.

Pastas de instalação do JDK

O software Java DB está localizado no subdiretório db do diretório de instalação do seu JDK. Os diretórios listados a seguir são para o JDK 7 atualização 51 da Oracle:

- JDK de 32 bits no Windows:
  C:\Program Files (x86)\Java\jdk1.7.0_51
- JDK de 64 bits no Windows:
  C:\Program Files\Java\jdk1.7.0_51
- Mac OS X:
  /Library/Java/JavaVirtualMachines/jdk1.7.0_51.jdk/Contents/Home
- Ubuntu Linux:
  /usr/lib/jvm/java-7-oracle

No Linux, o local de instalação depende do instalador que você usa e, possivelmente, da versão do Linux utilizada. Usamos o Ubuntu Linux para propósitos de teste.

Dependendo da sua plataforma, o nome da pasta de instalação do JDK pode ser diferente se você usar uma atualização diferente do JDK 7 ou utilizar o JDK 8. Nas instruções a seguir, você deve atualizar o nome da pasta de instalação do JDK com base na versão JDK que está utilizando.

Configuração do Java DB

O Java DB vem com vários arquivos que permitem configurá-lo e executá-lo. Antes de executar esses arquivos a partir de uma janela de comando, você deve definir a variável de ambiente JAVA_HOME para que ela referencie o diretório de instalação exato do JDK listado (ou o local onde você instalou o JDK se ele for diferente daqueles listados). Consulte a seção "Antes de começar" deste livro para saber como configurar as variáveis de ambiente.

24.5.1 Criando bancos de dados do capítulo no Windows

Depois de definir a variável de ambiente `JAVA_HOME`, siga os seguintes passos:

1. Execute o bloco de notas como administrador. Para fazer isso no Windows 7, selecione **Iniciar > Todos os Programas > Acessórios**, clique com o botão direito do mouse no bloco de notas e selecione **Run as administrator**. No Windows 8, procure o Bloco de Notas, clique com o botão direito do mouse nos resultados da pesquisa e selecione **Avançado** na barra de aplicativos, então selecione **Executar como administrador**.
2. A partir do Bloco de notas, abra o arquivo de lote `setEmbeddedCP.bat` que está localizado na pasta `db\bin` da pasta de instalação do JDK.
3. Localize a linha

```
@rem set DERBY_INSTALL=
```

   e altere-a para

```
@set DERBY_INSTALL=%JAVA_HOME%\db
```

   Salve as alterações e feche esse arquivo.
4. Abra uma janela de Prompt de Comando e mude para a pasta `db\bin` da pasta de instalação do JDK. Então, digite `setEmbeddedCP.bat` e pressione *Enter* para definir as variáveis de ambiente requeridas pelo Java DB.
5. Use o comando `cd` para mudar para o diretório `books_examples` deste capítulo. Esse diretório contém um script SQL `books.sql` que cria o banco de dados `books`.
6. Execute o seguinte comando (com as aspas):

```
"%JAVA_HOME%\db\bin\ij"
```

   para iniciar a ferramenta de linha de comando a fim de interagir com o Java DB. As aspas duplas são necessárias porque o caminho que a variável de ambiente `%JAVA_HOME%` representa contém um espaço. Isso exibirá o prompt `ij>`.
7. No prompt `ij>`, digite

```
connect 'jdbc:derby:books;create=true;user=deitel;
  password=deitel';
```

   e pressione *Enter* para criar o banco de dados `books` no diretório atual e criar o usuário `deitel` com a senha `deitel` para acessar o banco de dados.
8. Para criar a tabela de banco de dados e inserir dados de exemplo nela, fornecemos o arquivo `address.sql` no diretório desse exemplo. Para executar esse script SQL, digite

```
run 'books.sql';
```

   Depois de criar o banco de dados, você pode executar as instruções SQL apresentadas na Seção 24.4 para confirmar a execução delas. Cada comando que você insere no prompt `ij>` deve ser terminado com um ponto e vírgula (`;`).
9. Para terminar a ferramenta de linha de comando Java DB, digite

```
exit;
```

10. Vá para a subpasta `addressbook_example` da pasta de exemplos `ch24`, que contém o script SQL `addressbook.sql` que cria o banco de dados `addressbook`. Repita os passos 6 a 9. Em cada passo, substitua `books` por `addressbook`.

Agora você está pronto para executar os exemplos deste capítulo.

24.5.2 Criando bancos de dados do capítulo no Mac OS X

Depois de definir a variável de ambiente `JAVA_HOME`, siga os seguintes passos:

1. Abra um Terminal, digite:

```
DERBY_HOME=/Library/Java/JavaVirtualMachines/jdk1.7.0_51.jdk/
  Contents/Home/db
```

   e pressione *Enter*. Então, digite

```
export DERBY_HOME
```

   e pressione *Enter*. Isso especifica onde o Java DB está localizado no Mac.

2. Na janela Terminal, mude para a pasta `db/bin` da pasta de instalação do JDK. Então, digite `./setEmbeddedCP` e pressione *Enter* para definir as variáveis de ambiente requeridas pelo Java DB.
3. Na janela do Terminal, use o comando `cd` a fim de ir para o diretório `books_examples`. Esse diretório contém um script SQL `books.sql` que cria o banco de dados `books`.
4. Execute o seguinte comando (com as aspas):

```
$JAVA_HOME/db/bin/ij
```

para iniciar a ferramenta de linha de comando a fim de interagir com o Java DB. Isso exibirá o prompt `ij>`.

5. Siga os passos 7 a 9 da Seção 24.5.1 para criar o banco de dados `books`.
6. Use o comando `cd` a fim de ir para o diretório `addressbook_example`. Esse diretório contém um script SQL `addressbook.sql` que cria o banco de dados `addressbook`.
7. Siga os passos 7 a 9 da Seção 24.5.1 para criar o banco de dados `addressbook`. Em cada passo, substitua `books` por `addressbook`.

Agora você está pronto para executar os exemplos deste capítulo.

24.5.3 Criando bancos de dados do capítulo no Linux

Depois de definir a variável de ambiente `JAVA_HOME`, siga os seguintes passos:

1. Abra uma janela de shell.
2. Siga os passos da Seção 24.5.2, mas no passo 1 defina `DERBY_HOME` como

`DERBY_HOME=`*PastaDaSuaInstalaçãoDoLinuxJDK*`/db`

No nosso sistema Ubuntu Linux, era:

```
DERBY_HOME=/usr/lib/jvm/java-7-oracle/db
```

Agora você está pronto para executar os exemplos deste capítulo.

24.6 Manipulando bancos de dados com o JDBC

Esta seção apresenta dois exemplos. O primeiro mostra como conectar-se a um banco de dados e consultá-lo. O segundo exemplo demonstra como exibir o resultado da consulta em uma `JTable`.

24.6.1 Consultando e conectando-se a um banco de dados

O exemplo da Figura 24.23 realiza uma consulta simples no banco de dados `books` que recupera a tabela `Authors` inteira e exibe os dados. O programa ilustra a conexão com o banco de dados, consultando-o e processando o resultado. A seguinte discussão apresenta os aspectos-chave de JDBC do programa.

As linhas 3 a 8 importam as interfaces JDBC e classes do pacote `java.sql` utilizadas nesse programa. O método `main` (linhas 12 a 48) se conecta ao banco de dados `books`, consulta-o, exibe o resultado dessa consulta e fecha a conexão. A linha 14 declara uma constante de `String` para o URL de banco de dados. Isso identifica o nome do banco de dados ao qual se conectar, bem como informações sobre o protocolo utilizado pelo driver JDBC (discutido brevemente). As linhas 15 e 16 declaram uma constante `String` que representa a consulta SQL que selecionará as colunas `authorID`, `firstName` e `lastName` na tabela `authors` do banco de dados.

```
1  // Figura 24.23: DisplayAuthors.java
2  // Exibindo o conteúdo da tabela Authors.
3  import java.sql.Connection;
4  import java.sql.Statement;
5  import java.sql.DriverManager;
6  import java.sql.ResultSet;
7  import java.sql.ResultSetMetaData;
8  import java.sql.SQLException;
9
10 public class DisplayAuthors
11 {
12    public static void main(String args[])
13    {
14       final String DATABASE_URL = "jdbc:derby:books";
15       final String SELECT_QUERY =
16          "SELECT authorID, firstName, lastName FROM authors";
17
```

continua

continuação

```
18         // usa try com recursos para conectar-se e consultar o banco de dados
19         try (
20            Connection connection = DriverManager.getConnection(
21               DATABASE_URL, "deitel", "deitel");
22            Statement statement = connection.createStatement();
23            ResultSet resultSet = statement.executeQuery(SELECT_QUERY))
24         {
25            // obtém os metadados de ResultSet
26            ResultSetMetaData metaData = resultSet.getMetaData();
27            int numberOfColumns = metaData.getColumnCount();
28
29            System.out.printf("Authors Table of Books Database:%n%n");
30
31            // exibe os nomes de coluna no ResultSet
32            for (int i = 1; i <= numberOfColumns; i++)
33               System.out.printf("%-8s\t", metaData.getColumnName(i));
34            System.out.println();
35
36            // exibe os resultados da consulta
37            while (resultSet.next())
38            {
39               for (int i = 1; i <= numberOfColumns; i++)
40                  System.out.printf("%-8s\t", resultSet.getObject(i));
41               System.out.println();
42            }
43         } // Os métodos close dos objetos AutoCloseable são chamados agora
44         catch (SQLException sqlException)
45         {
46            sqlException.printStackTrace();
47         }
48      }
49   } // fim da classe DisplayAuthors
```

```
Authors Table of Books Database:

AUTHORID        FIRSTNAME       LASTNAME
1               Paul            Deitel
2               Harvey          Deitel
3               Abbey           Deitel
4               Dan             Quirk
5               Michael         Morgano
```

Figura 24.23 | Exibindo o conteúdo da tabela Authors.

O JDBC suporta **descoberta automática de driver** — ele carrega o driver de banco de dados na memória para você. Para garantir que o programa pode localizar a classe do driver, você deve incluir a localização da classe no classpath do programa ao executá-lo. Você fez isso para o Java DB na Seção 24.5 quando executou o arquivo `setEmbeddedCP.bat` ou `setEmbeddedCP` no sistema — esse passo configurou uma variável de ambiente `CLASSPATH` na janela de comando para sua plataforma. Depois de fazer isso, você poderia executar esse aplicativo simplesmente utilizando o comando

```
java DisplayAuthors
```

Conectando-se ao banco de dados

As interfaces JDBC que usamos nesse exemplo estendem a interface `AutoCloseable`, assim você pode usar objetos que implementam essas interfaces com a instrução `try` com recursos (introduzida na Seção 11.12). As linhas 19 a 23 criam os objetos `AutoCloseable` desse exemplo entre os parênteses depois da palavra-chave `try` — esses objetos são fechados automaticamente quando o bloco `try` termina (linha 43) ou se ocorrer uma exceção durante a execução do bloco `try`. Cada objeto criado entre os parênteses depois da palavra-chave `try` deve ser separado do seguinte por um ponto e vírgula (`;`).

As linhas 20 e 21 criam um objeto **`Connection`** (pacote `java.sql`) referenciado por `connection`. Um objeto que implementa a interface `Connection` gerencia a conexão entre o programa Java e o banco de dados. Os objetos `Connection` permitem aos programas criar instruções de SQL que acessem bancos de dados. O programa inicializa `connection` com o resultado de uma chamada para o método `static` **`getConnection`** da classe **`DriverManager`** (pacote `java.sql`), que tenta conectar-se ao banco de dados especificado por seu URL.

O método `getConnection` recebe três argumentos

- uma `String` que especifica o URL do banco de dados,
- uma `String` que especifica o nome de usuário e
- uma `String` que especifica a senha.

O nome de usuário e a senha para o banco de dados `books` foram definidos na Seção 24.5. Se você usou um nome de usuário e senha diferentes aí, você precisará substituir o nome de usuário (segundo argumento) e a senha (terceiro argumento) passados para o método `getConnection` na linha 21.

O URL localiza o banco de dados (possivelmente em uma rede ou no sistema de arquivos local do computador). O URL `jdbc:derby:books` especifica o protocolo para comunicação (`jdbc`), o **subprotocolo** para comunicação (`derby`) e a localização do banco de dados (`books`). O subprotocolo `derby` indica que o programa usa um subprotocolo Java DB/Apache Derby específico para conectar-se ao banco de dados — lembre-se de que o Java DB é simplesmente a versão da Oracle para o Apache Derby. Se `DriverManager` não se conectar ao banco de dados, o método `getConnection` lança uma **`SQLException`** (pacote `java.sql`). A Figura 24.24 lista os nomes de driver JDBC e formatos de URL de banco de dados de vários RDBMSs populares.

RDBMS	Formato de URL de banco de dados
MySQL	`jdbc:mysql://` *nomeDoHost*`:`*númeroDePorta*`/`*nomeDoBancoDeDados*
ORACLE	`jdbc:oracle:thin:@` *nomeDoHost*`:`*númeroDePorta*`:`*nomeDoBancoDeDados*
DB2	`jdbc:db2:` *nomeDoHost*`:`*númeroDePorta*`/`*nomeDoBancoDeDados*
PostgreSQL	`jdbc:postgresql://` *nomeDoHost*`:`*númeroDePorta*`/`*nomeDoBancoDeDados*
Java DB/Apache Derby	`jdbc:derby:`*nomeDoBancoDados* (incorporado) `jdbc:derby://`*nomeDoHost*`:`*númeroDaPorta*`/`*nomeDoBancoDeDados* (rede)
Microsoft SQL Server	`jdbc:sqlserver://`*nomeDoHost*`:` *númeroDaPorta*`;databaseName=`*nomeDoBancoDeDados*
Sybase	`jdbc:sybase:Tds:` *nomeDoHost*`:`*númeroDePorta*`/`*nomeDoBancoDeDados*

Figura 24.24 | Formatos URL populares do banco de dados JDBC.

Observação de engenharia de software 24.3

A maioria dos sistemas de gerenciamento de bancos de dados requer que o usuário efetue logon antes de acessar o conteúdo de banco de dados. O método `DriverManager getConnection` é sobrecarregado com versões que permitem ao programa fornecer o nome de usuário e a senha para ganhar acesso.

Criando uma `Statement` para executar consultas

A linha 22 da Figura 24.23 invoca o método `Connection` **`createStatement`** para obter um objeto que implementa a interface `Statement` (pacote `java.sql`). O programa utiliza o objeto **`Statement`** para enviar instruções de SQL ao banco de dados.

Executando uma consulta

A linha 23 utiliza o método **`executeQuery`** do objeto `Statement` para submeter uma consulta que seleciona todas as informações de autor de tabela `Authors`. Esse método retorna um objeto que implementa a interface **`ResultSet`** e contém os resultados da consulta. Os métodos `ResultSet` permitem que o programa manipule o resultado da consulta.

Processando `ResultSet` de uma consulta

As linhas 26 a 42 processam o `ResultSet`. A linha 26 obtém o objeto **`ResultSetMetaData`** (pacote `java.sql`) do `ResultSet`. Os **metadados** descrevem o conteúdo do `ResultSet`. Os programas podem utilizar os metadados programaticamente para obter informações sobre nomes de coluna e tipos do `ResultSet`. A linha 27 utiliza o método `ResultSetMetaData` **`getColumnCount`** para recuperar o número de colunas no `ResultSet`. As linhas 32 e 33 exibem os nomes de coluna.

Observação de engenharia de software 24.4

Os metadados permitem aos programas processar o conteúdo de `ResultSet` dinamicamente quando informações detalhadas sobre o `ResultSet` não forem conhecidas antecipadamente.

As linhas 37 a 42 exibem os dados em cada linha do `ResultSet`. Primeiro, o programa posiciona o cursor `ResultSet` (que aponta para a linha sendo processada) na primeira linha no `ResultSet` com o método `next` (linha 37). O método `next` retorna o valor `boolean true` se for capaz de se posicionar na próxima linha; caso contrário, o método retorna `false`.

Erro comum de programação 24.5

Inicialmente, um cursor `ResultSet` é posicionado antes da primeira linha. Ocorre uma `SQLException` se você tentar acessar o conteúdo de um `ResultSet` antes de posicionar o cursor `ResultSet` na primeira linha com o método `next`.

Se houver linhas no `ResultSet`, as linhas 39 e 40 extraem e exibem o conteúdo de cada coluna na linha atual. Quando um `ResultSet` é processado, cada coluna pode ser extraída como um tipo Java específico — o método `ResultSetMetaData` `getColumnType` retorna uma constante do tipo inteiro da classe `Types` (pacote `java.sql`) indicando o tipo de uma coluna especificada. Os programas podem utilizar esses valores em uma instrução `switch` para invocar os métodos `ResultSet` que retornam os valores de coluna como tipos Java apropriados. Por exemplo, se o tipo de uma coluna é `Types.INTEGER`, o método `ResultSet` `getInt` pode ser usado para obter o valor de coluna como um `int`. Para simplificar, esse exemplo trata cada valor como um `Object`. Recuperamos cada valor de coluna com o método `ResultSet` `getObject` (linha 40), então imprimimos a representação `String` de `Object`. Os métodos `ResultSet` *get* normalmente recebem como argumento um número de coluna (como um `int`) ou nome de coluna (como uma `String`) indicando quais valores de coluna obter. Ao contrário de índices de array, os *números de coluna do* `ResultSet` *começam em 1*.

Dica de desempenho 24.1

Se uma consulta especificar as colunas exatas a selecionar do banco de dados, o `ResultSet` conterá as colunas na ordem especificada. Nesse caso, utilizar o número de coluna para obter o valor da coluna é mais eficiente que utilizar o nome de coluna. O número de coluna fornece acesso direto à coluna especificada. Utilizar o nome de coluna requer uma pesquisa linear dos nomes de coluna para localizar a coluna apropriada.

Dica de prevenção de erro 24.1

Usar nomes de coluna para obter valores de um `ResultSet` produz código que é menos propenso a erros do que obter valores por número de coluna — você não precisa lembrar a ordem das colunas. Além disso, se a ordem das colunas mudar, seu código não terá de mudar.

Erro comum de programação 24.6

Especificar um índice de coluna 0 ao obter valores de um `ResultSet` causa uma `SQLException` — o primeiro índice de coluna em um `ResultSet` sempre é 1.

Quando o final do bloco `try` é alcançado (linha 43), o método é chamado em `ResultSet`, `Statement` e `Connection`, que foram obtidos pela instrução `try` com recursos.

Erro comum de programação 24.7

Uma `SQLException` ocorre se você tentar manipular um `ResultSet` após fechar a `Statement` que a criou. O `ResultSet` é descartado quando a `Statement` é fechada.

Observação de engenharia de software 24.5

Todo objeto `Statement` pode abrir apenas um objeto `ResultSet` por vez. Quando um `Statement` retorna um novo `ResultSet`, `Statement` fecha o `ResultSet` anterior. Para utilizar múltiplos `ResultSet`s paralelamente, objetos `Statement` separados devem retornar `ResultSet`s.

24.6.2 Consultando o banco de dados books

O próximo exemplo (figuras 24.25 e 24.28) permite ao usuário inserir qualquer consulta no programa. O exemplo exibe o resultado de uma consulta em uma `JTable`, utilizando um objeto `TableModel` para fornecer os dados de `ResultSet` para a `JTable`.

Uma `JTable` é um componente GUI Swing que pode ser vinculado a um banco de dados para exibir os resultados de uma consulta. A classe `ResultSetTableModel` (Figura 24.25) realiza a conexão com o banco de dados por meio de um `TableModel` e mantém o `ResultSet`. A classe `DisplayQueryResults` (Figura 24.28) cria a GUI e especifica uma instância da classe `ResultSetTableModel` para fornecer dados a `JTable`.

Classe `ResultSetTableModel`

A classe `ResultSetTableModel` (Figura 24.25) estende a classe **`AbstractTableModel`** (pacote `javax.swing.table`), que implementa a interface `TableModel`. `ResultSetTableModel` sobrescreve os métodos `TableModel` **`getColumnClass`**, **`getColumnCount`**, **`getColumnName`**, **`getRowCount`** e **`getValueAt`**. As implementações padrão dos métodos `TableModel` `isCellEditable` e `setValueAt` (fornecidos pelo `AbstractTableModel`) não são sobrescritas, porque esse exemplo não suporta edição de células `JTable`. As implementações padrão dos métodos `TableModel` **`addTableModelListener`** e **`removeTableModelListener`** (fornecidos por `AbstractTableModel`) não são sobrescritas, porque as implementações desses métodos em `AbstractTableModel` adicionam e removem adequadamente os ouvintes (*listeners*) de evento.

```java
// Figura 24.25: ResultSetTableModel.java
// Um TableModel que fornece dados ResultSet a uma JTable.
import java.sql.Connection;
import java.sql.Statement;
import java.sql.DriverManager;
import java.sql.ResultSet;
import java.sql.ResultSetMetaData;
import java.sql.SQLException;
import javax.swing.table.AbstractTableModel;

// Linhas e colunas do ResultSet são contadas a partir de 1 e linhas e
// colunas JTable são contadas a partir de 0. Ao processar
// linhas ou colunas de ResultSet para utilização em uma JTable, é
// necessário adicionar 1 ao número de linha ou coluna para manipular
// a coluna apropriada de ResultSet (isto é, coluna 0 de JTable é a
// coluna de ResultSet 1 e a linha de JTable 0 é a linha de ResultSet 1).
public class ResultSetTableModel extends AbstractTableModel
{
   private final Connection connection;
   private final Statement statement;
   private ResultSet resultSet;
   private ResultSetMetaData metaData;
   private int numberOfRows;

   // monitora o status da conexão de banco de dados
   private boolean connectedToDatabase = false;

   // construtor inicializa resultSet e obtém seu objeto de metadados;
   // determina número de linhas
   public ResultSetTableModel(String url, String username,
      String password, String query) throws SQLException
   {
      // conecta-se ao banco de dados
      connection = DriverManager.getConnection(url, username, password);

      // cria Statement para consultar o banco de dados
      statement = connection.createStatement(
         ResultSet.TYPE_SCROLL_INSENSITIVE,
         ResultSet.CONCUR_READ_ONLY);

      // atualiza status de conexão de banco de dados
      connectedToDatabase = true;

      // configura consulta e a executa
      setQuery(query);
   }

   // obtém a classe que representa o tipo de coluna
   public Class getColumnClass(int column) throws IllegalStateException
   {
      // certifica-se de que há uma conexão disponível com o banco de dados
      if (!connectedToDatabase)
```

continua

continuação

```
         throw new IllegalStateException("Not Connected to Database");

      // determina a classe Java de coluna
      try
      {
         String className = metaData.getColumnClassName(column + 1);

         // retorna objeto Class que representa className
         return Class.forName(className);
      }
      catch (Exception exception)
      {
         exception.printStackTrace();
      }

      return Object.class; // se ocorrerem os problemas acima, supõe tipo Object
   }

   // obtém número de colunas em ResultSet
   public int getColumnCount() throws IllegalStateException
   {
      // certifica-se de que há uma conexão disponível com o banco de dados
      if (!connectedToDatabase)
         throw new IllegalStateException("Not Connected to Database");

      // determina número de colunas
      try
      {
         return metaData.getColumnCount();
      }
      catch (SQLException sqlException)
      {
         sqlException.printStackTrace();
      }

      return 0; // se ocorrerem os problemas acima, retorna 0 para o número de colunas
   }

   // obtém nome de uma coluna particular em ResultSet
   public String getColumnName(int column) throws IllegalStateException
   {
      // certifica-se de que há uma conexão disponível com o banco de dados
      if (!connectedToDatabase)
         throw new IllegalStateException("Not Connected to Database");

      // determina o nome de coluna
      try
      {
         return metaData.getColumnName(column + 1);
      }
      catch (SQLException sqlException)
      {
         sqlException.printStackTrace();
      }

      return ""; // se ocorrerem problemas, retorna string vazia para nome de coluna
   }

   // retorna número de linhas em ResultSet
   public int getRowCount() throws IllegalStateException
   {
      // certifica-se de que há uma conexão disponível com o banco de dados
      if (!connectedToDatabase)
         throw new IllegalStateException("Not Connected to Database");

      return numberOfRows;
   }

   // obtém valor na linha e coluna especificadas
```

continua

continuação

```
      public Object getValueAt(int row, int column)
         throws IllegalStateException
      {
         // certifica-se de que há uma conexão disponível com o banco de dados
         if (!connectedToDatabase)
            throw new IllegalStateException("Not Connected to Database");

         // obtém um valor na linha e coluna de ResultSet especificada
         try
         {
            resultSet.absolute(row + 1);
            return resultSet.getObject(column + 1);
         }
         catch (SQLException sqlException)
         {
            sqlException.printStackTrace();
         }

         return ""; // se ocorrerem problemas, retorna objeto string vazio
      }

      // configura nova string de consulta de banco de dados
      public void setQuery(String query)
         throws SQLException, IllegalStateException
      {
         // certifica-se de que há uma conexão disponível com o banco de dados
         if (!connectedToDatabase)
            throw new IllegalStateException("Not Connected to Database");

         // especifica consulta e a executa
         resultSet = statement.executeQuery(query);

         // obtém metadados para o ResultSet
         metaData = resultSet.getMetaData();

         // determina o número de linhas em ResultSet
         resultSet.last(); // move para a última linha
         numberOfRows = resultSet.getRow(); // obtém número de linha

         // notifica a JTable de que o modelo foi alterado
         fireTableStructureChanged();
      }

      // fecha Statement e Connection
      public void disconnectFromDatabase()
      {
         if (connectedToDatabase)
         {
            // fecha Statement e Connection
            try
            {
               resultSet.close();
               statement.close();
               connection.close();
            }
            catch (SQLException sqlException)
            {
               sqlException.printStackTrace();
            }
            finally  // atualiza status de conexão de banco de dados
            {
               connectedToDatabase = false;
            }
         }
      }
   } // fim da classe ResultSetTableModel
```

Figura 24.25 | Um `TableModel` que fornece dados `ResultSet` para uma `JTable`.

Construtor ResultSetTableModel

O construtor `ResultSetTableModel` (linhas 30 a 46) aceita cinco argumentos `String` — o nome de classe driver, o URL do banco de dados, o nome de usuário, a senha e a consulta padrão a ser executada. O construtor lança qualquer exceção que ocorra no seu corpo de volta para o aplicativo que criou o objeto `ResultSetTableModel`, de modo que o aplicativo possa determinar como tratar a exceção (por exemplo, informar um erro e terminar o aplicativo). A linha 34 estabelece uma conexão com o banco de dados. As linhas 37 a 39 chamam o método `Connection createStatement` para criar um objeto `Statement`. Esse exemplo utiliza uma versão de método `createStatement` que aceita dois argumentos — o tipo de conjunto de resultados (result set) e a concorrência do conjunto de resultados. O **tipo de conjunto de resultados** (Figura 24.26) especifica se o cursor do `ResultSet` é capaz de rolar em ambas as direções ou apenas para a frente e se o `ResultSet` é sensível às alterações feitas nos dados subjacentes.

Constante ResultSet	Descrição
`TYPE_FORWARD_ONLY`	Especifica que o cursor de um `ResultSet` pode mover apenas para a frente (isto é, da primeira para a última linha no `ResultSet`).
`TYPE_SCROLL_INSENSITIVE`	Especifica que o cursor de um `ResultSet` pode rolar em qualquer direção e que as alterações feitas no `ResultSet` durante o processamento do `ResultSet` não são refletidas no `ResultSet`, a menos que o programa consulte novamente o banco de dados.
`TYPE_SCROLL_SENSITIVE`	Especifica que cursor de um `ResultSet` pode rolar em qualquer direção e que as alterações feitas no `ResultSet` durante o processamento do `ResultSet` são refletidas imediatamente no `ResultSet`.

Figura 24.26 | Constantes `ResultSet` para especificar o tipo `ResultSet`.

Dica de portabilidade 24.3

Alguns drivers JDBC não suportam `ResultSets` roláveis. Nesses casos, o driver em geral retorna um `ResultSet` em que o cursor só pode mover para a frente. Para informações adicionais, consulte sua documentação de driver de banco de dados.

Erro comum de programação 24.8

Tentar mover o cursor para trás por um `ResultSet` quando o driver de banco de dados não suportar rolagem para trás causa uma `SQLFeatureNotSupportedException`.

`ResultSets` que são sensíveis a alterações refletem essas alterações imediatamente depois que elas são feitas com os métodos da interface `ResultSet`. Se um `ResultSet` não for sensível a alterações, a consulta que produziu o `ResultSet` deve ser novamente executada para refletir qualquer alteração feita. A **concorrência do conjunto de resultados** (Figura 24.27) especifica se o `ResultSet` pode ser atualizado com os métodos de atualização do `ResultSet`.

Constante de concorrência `static ResultSet`	Descrição
`CONCUR_READ_ONLY`	Especifica que um `ResultSet` não pode ser atualizado (isto é, as alterações no conteúdo do `ResultSet` não podem ser refletidas no banco de dados com os métodos update do `ResultSet`).
`CONCUR_UPDATABLE`	Especifica que um `ResultSet` pode ser atualizado (isto é, as alterações no conteúdo podem ser refletidas no banco de dados com os métodos update do `ResultSet`).

Figura 24.27 | Constantes `ResultSet` para especificar propriedades de resultado.

Dica de portabilidade 24.4

Alguns drivers JDBC não suportam `ResultSets` atualizáveis. Nesses casos, o driver em geral retorna um `ResultSet` de leitura. Para informações adicionais, consulte sua documentação de driver de banco de dados.

Erro comum de programação 24.9

Tentar atualizar um `ResultSet` quando o driver de banco de dados não suporta `ResultSets` atualizáveis causa `SQLFeatureNotSupportedExceptions`.

Esse exemplo utiliza um `ResultSet` que é rolável, insensível às alterações e apenas de leitura. A linha 45 (Figura 24.25) invoca o método `ResultSetTableModel setQuery` (linhas 144 a 163) para realizar a consulta padrão.

Método `ResultSetTableModel getColumnClass`

O método `getColumnClass` (linhas 49 a 69) retorna um objeto `Class` que representa a superclasse de todos os objetos em uma coluna particular. A `JTable` utiliza essas informações para configurar o renderizador de célula e editor de célula padrão para essa coluna na `JTable`. A linha 58 utiliza o método `ResultSetMetaData` **`getColumnClassName`** para obter o nome de classe completamente qualificado para a coluna especificada. A linha 61 carrega a classe e retorna o correspondente objeto `Class`. Se ocorrer uma exceção, `catch` nas linhas 63 a 66 imprime um rastreamento de pilha e a linha 68 retorna `Object.class` — a instância `Class` que representa a classe `Object` — como o tipo padrão. [*Observação:* a linha 58 utiliza o argumento `column + 1`. Como os arrays, os números de linha e coluna da `JTable` são contados a partir de 0. Contudo, os números de linha e coluna no `ResultSet` são contados a partir de 1. Portanto, ao processar as linhas ou colunas `ResultSet` para utilização em uma `JTable`, é necessário adicionar 1 ao número de linha ou coluna para manipular a linha ou coluna `ResultSet` apropriada.]

Método `ResultSetTableModel getColumnCount`

O método `getColumnCount` (linhas 72 a 89) retorna o número de colunas no `ResultSet` subjacente do modelo. A linha 81 utiliza o método `ResultSetMetaData` **`getColumnCount`** para obter o número de colunas no `ResultSet`. Se ocorrer uma exceção, o `catch` nas linhas 83 a 86 imprime um rastreamento de pilha e a linha 88 retorna 0 como o número padrão de colunas.

Método `ResultSetTableModel getColumnName`

O método `getColumnName` (linhas 92 a 109) retorna o nome da coluna no `ResultSet` subjacente do modelo. A linha 101 utiliza o método `ResultSetMetaData` **`getColumnName`** para obter o nome de coluna do `ResultSet`. Se ocorrer uma exceção, `catch` nas linhas 103 a 106 imprime um rastreamento de pilha e a linha 108 retorna a string vazia como o nome padrão de coluna.

Método `ResultSetTableModel getRowCount`

O método `getRowCount` (linhas 112 a 119) retorna o número de linhas na `ResultSet` subjacente do modelo. Quando o método `setQuery` (linhas 144 a 163) realizar uma consulta, ele armazena o número de linhas na variável `numberOfRows`.

Método `ResultSetTableModel getValueAt`

O método `getValueAt` (linhas 122 a 141) retorna o `Object` em uma linha e coluna particular do `ResultSet` subjacente do modelo. A linha 132 utiliza o método `ResultSet` **`absolute`** para posicionar o cursor `ResultSet` em uma linha específica. A linha 133 utiliza o método `ResultSet getObject` para obter `Object` em uma coluna específica da linha atual. Se ocorrer uma exceção, `catch` nas linhas 135 a 138 imprime um rastreamento de pilha e a linha 140 retorna uma string vazia como o valor padrão.

Método `ResultSetTableModel setQuery`

O método `setQuery` (linhas 144 a 163) executa a consulta que ele recebe como um argumento para obter um novo `ResultSet` (linha 152). A linha 155 obtém o `ResultSetMetaData` para o novo `ResultSet`. A linha 158 utiliza o método `ResultSet` **`last`** para posicionar o cursor `ResultSet` na última linha no `ResultSet`. [*Observação:* isso pode ser lento se a tabela contiver muitas linhas.] A linha 159 utiliza o método `ResultSet` **`getRow`** para obter o número de linha para a linha atual no `ResultSet`. A linha 162 invoca o método **`fireTableStructureChanged`** (herdado da classe `AbstractTableModel`) para notificar qualquer `JTable` que utiliza esse objeto `ResultSetTableModel` como seu modelo que a estrutura do modelo alterou. Isso faz com que a `JTable` preencha novamente suas linhas e colunas com os novos dados de `ResultSet`. O método `setQuery` lança qualquer exceção que ocorra no seu corpo de volta para o aplicativo que invocou `setQuery`.

Método `ResultSetTableModel disconnectFromDatabase`

O método `disconnectFromDatabase` (linhas 166 a 186) implementa um método de terminação apropriado para a classe `ResultSetTableModel`. Um projetista de classe deve fornecer um método `public` que os clientes da classe devem invocar explicitamente para liberar recursos que um objeto utilizou. Nesse caso, o método `disconnectFromDatabase` fecha a instrução e a conexão de banco de dados (linhas 173 a 175), que são consideradas recursos limitados. Os clientes da classe `ResultSetTableModel` devem sempre invocar esse método quando a instância dessa classe não for mais necessária. Antes de liberar recursos, a linha 168 verifica se a conexão já foi terminada. Se não, o método prossegue. Os outros métodos na classe `ResultSetTableModel` lançam uma `IllegalStateException` se `connectedToDatabase` for `false`. O método `disconnectFromDatabase` configura `connectedToDatabase` como `false` (linha 183) para assegurar que os clientes não utilizam uma instância de `ResultSetTableModel` depois que a instância já foi terminada. `IllegalStateException` é uma exceção das bibliotecas Java que é adequada para indicar essa condição de erro.

Classe `DisplayQueryResults`

A classe `DisplayQueryResults` (Figura 24.28) implementa a GUI do aplicativo e interage com o `ResultSetTableModel` por meio de um objeto `JTable`. Esse aplicativo também demonstra as capacidades de classificação e filtragem `JTable`.

```
// Figura 24.28: DisplayQueryResults.java
// Exibe o conteúdo da tabela Authors no banco de dados de livros.
import java.awt.BorderLayout;
import java.awt.event.ActionListener;
import java.awt.event.ActionEvent;
import java.awt.event.WindowAdapter;
import java.awt.event.WindowEvent;
import java.sql.SQLException;
import java.util.regex.PatternSyntaxException;
import javax.swing.JFrame;
import javax.swing.JTextArea;
import javax.swing.JScrollPane;
import javax.swing.ScrollPaneConstants;
import javax.swing.JTable;
import javax.swing.JOptionPane;
import javax.swing.JButton;
import javax.swing.Box;
import javax.swing.JLabel;
import javax.swing.JTextField;
import javax.swing.RowFilter;
import javax.swing.table.TableRowSorter;
import javax.swing.table.TableModel;

public class DisplayQueryResults extends JFrame
{
   // URL de banco de dados, nome de usuário e senha
   private static final String DATABASE_URL = "jdbc:derby:books";
   private static final String USERNAME = "deitel";
   private static final String PASSWORD = "deitel";

   // consulta padrão recupera todos os dados da tabela Authors
   private static final String DEFAULT_QUERY = "SELECT * FROM Authors";

   private static ResultSetTableModel tableModel;

   public static void main(String args[])
   {
      // cria o ResultSetTableModel e exibe tabela de banco de dados
      try
      {
         // cria o TableModel para resultados da consulta SELECT * FROM authors
         tableModel = new ResultSetTableModel(DATABASE_URL,
            USERNAME, PASSWORD, DEFAULT_QUERY);

         // configura JTextArea em que o usuário digita consultas
         final JTextArea queryArea = new JTextArea(DEFAULT_QUERY, 3, 100);
         queryArea.setWrapStyleWord(true);
         queryArea.setLineWrap(true);

         JScrollPane scrollPane = new JScrollPane(queryArea,
            ScrollPaneConstants.VERTICAL_SCROLLBAR_AS_NEEDED,
            ScrollPaneConstants.HORIZONTAL_SCROLLBAR_NEVER);

         // configura o JButton para enviar consulta
         JButton submitButton = new JButton("Submit Query");
```

continua

continuação

```

         // cria o Box para gerenciar o posicionamento da queryArea e do
         // submitButton na GUI
         Box boxNorth = Box.createHorizontalBox();
         boxNorth.add(scrollPane);
         boxNorth.add(submitButton);

         // cria JTable com base no TableModel
         JTable resultTable = new JTable(tableModel);

         JLabel filterLabel = new JLabel("Filter:");
         final JTextField filterText = new JTextField();
         JButton filterButton = new JButton("Apply Filter");
         Box boxSouth = Box.createHorizontalBox();

         boxSouth.add(filterLabel);
         boxSouth.add(filterText);
         boxSouth.add(filterButton);

         // posiciona componentes GUI no painel de conteúdo do JFrame
         JFrame window = new JFrame("Displaying Query Results");
         add(boxNorth, BorderLayout.NORTH);
         add(new JScrollPane(resultTable), BorderLayout.CENTER);
         add(boxSouth, BorderLayout.SOUTH);

         // cria evento ouvinte para submitButton
         submitButton.addActionListener(
            new ActionListener()
            {
               public void actionPerformed(ActionEvent event)
               {
                  // realiza uma nova consulta
                  try
                  {
                     tableModel.setQuery(queryArea.getText());
                  }
                  catch (SQLException sqlException)
                  {
                     JOptionPane.showMessageDialog(null,
                        sqlException.getMessage(), "Database error",
                        JOptionPane.ERROR_MESSAGE);

                     // tenta recuperar a partir da consulta de usuário inválida
                     // executando consulta padrão
                     try
                     {
                        tableModel.setQuery(DEFAULT_QUERY);
                        queryArea.setText(DEFAULT_QUERY);
                     }
                     catch (SQLException sqlException2)
                     {
                        JOptionPane.showMessageDialog(null,
                           sqlException2.getMessage(), "Database error",
                           JOptionPane.ERROR_MESSAGE);

                        // assegura que a conexão de banco de dados está fechada
                        tableModel.disconnectFromDatabase();

                        System.exit(1); // termina o aplicativo
                     }
                  }
               }
            }
         );
```

continua

continuação

```
            final TableRowSorter<TableModel> sorter =
               new TableRowSorter<TableModel>(tableModel);
            resultTable.setRowSorter(sorter);

            // cria ouvinte para filterButton
            filterButton.addActionListener(
               new ActionListener()
               {
                  // passa o texto de filtro para o ouvinte
                  public void actionPerformed(ActionEvent e)
                  {
                     String text = filterText.getText();

                     if (text.length() == 0)
                        sorter.setRowFilter(null);
                     else
                     {
                        try
                        {
                           sorter.setRowFilter(
                              RowFilter.regexFilter(text));
                        }
                        catch (PatternSyntaxException pse)
                        {
                           JOptionPane.showMessageDialog(null,
                              "Bad regex pattern", "Bad regex pattern",
                              JOptionPane.ERROR_MESSAGE);
                        }
                     }
                  }
               }
            );
            // dispõe da janela quando o usuário fecha o aplicativo (isso sobrescreve
            // o padrão de HIDE_ON_CLOSE)
            window.setDefaultCloseOperation(DISPOSE_ON_CLOSE);
            window.setSize(500, 250);
            window.setVisible(true);

            // assegura que o banco de dados é fechado quando o usuário fechar o aplicativo
            addWindowListener(
               new WindowAdapter()
               {
                  // desconecta-se do banco de dados e sai quando a janela for fechada
                  public void windowClosed(WindowEvent event)
                  {
                     tableModel.disconnectFromDatabase();
                     System.exit(0);
                  }
               }
            );
         }
         catch (SQLException sqlException)
         {
            JOptionPane.showMessageDialog(null, sqlException.getMessage(),
               "Database error", JOptionPane.ERROR_MESSAGE);
            tableModel.disconnectFromDatabase();
            System.exit(1); // termina o aplicativo
         }
      }
   } // fim da classe DisplayQueryResults
```

continua

continuação

a) Exibindo todos os autores da tabela Authors

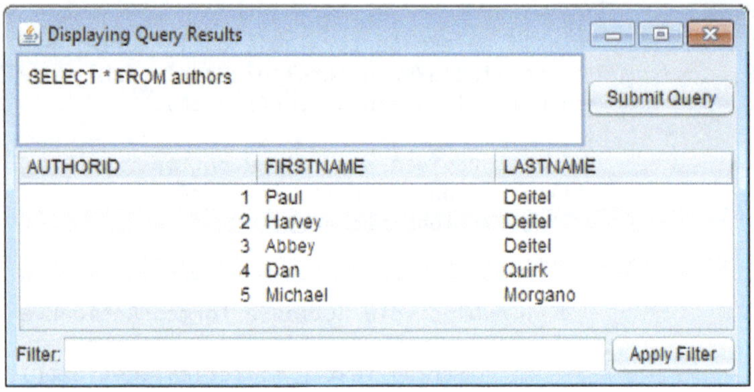

b) Exibindo os nomes e sobrenomes dos autores junto com os títulos e números de edição dos livros que eles escreveram

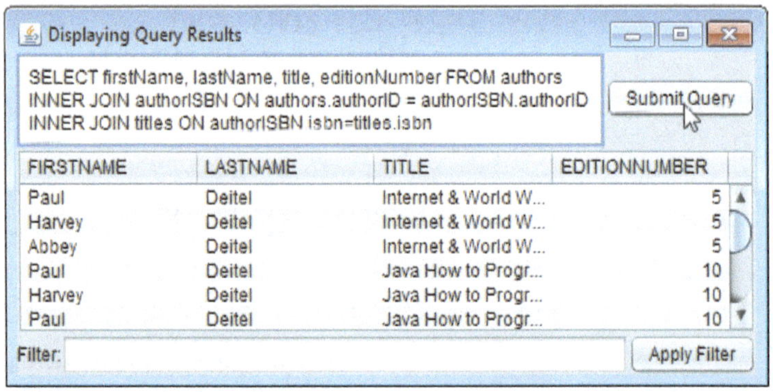

c) Filtrando os resultados da consulta anterior para mostrar apenas os livros com Java no título

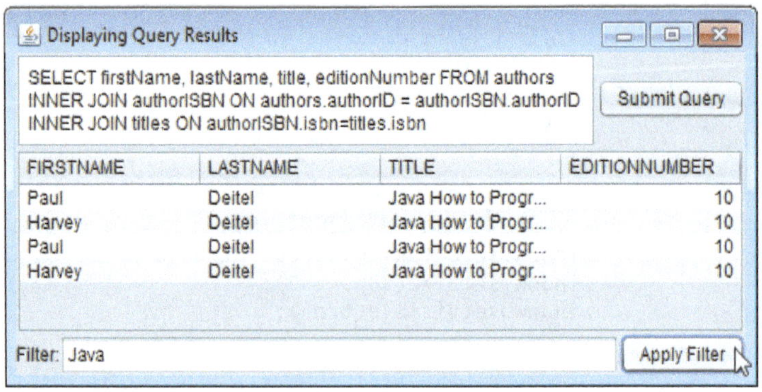

Figura 24.28 | Exibe o conteúdo da tabela `Authors` no banco de dados `books`.

As linhas 27 a 29 e 32 declaram o URL, o nome de usuário, a senha e a consulta padrão que são passados para o construtor `ResultSetTableModel` a fim de criar a conexão inicial com o banco de dados e executar a consulta padrão. O método `main` (linhas 36 a 179) cria um objeto `ResultSetTableModel` e a GUI para o aplicativo e exibe a GUI em um `JFrame`. A linha 64 cria o objeto `JTable` e passa um objeto `ResultSetTableModel` (criado nas linhas 42 e 43) para o construtor `JTable`, que então registra a `JTable` como um ouvinte para `TableModelEvents` gerados pelo `ResultSetTableModel`.

As variáveis locais `queryArea` (linha 46), `filterText` (linha 67) e `sorter` (linhas 121 e 122) são declaradas `final` porque são usadas a partir de classes internas anônimas. Lembre-se de que qualquer variável local que será usada em uma classe interna anônima deve ser declarada `final`; caso contrário, ocorrerá um erro de compilação. (No Java SE 8, esse programa seria compilado sem declarar essas variáveis `final` porque as variáveis seriam efetivamente `final`, como discutido no Capítulo 17.)

As linhas 82 a 119 registram uma rotina de tratamento de evento para `submitButton` em que o usuário clica para submeter uma consulta para o banco de dados. Quando o usuário clica no botão, o método `actionPerformed` (linhas 85 a 117) invoca o método `setQuery` da classe `ResultSetTableModel` para executar a nova consulta (linha 90). Se a consulta do usuário falhar (por exemplo, por causa de um erro de sintaxe na entrada do usuário), as linhas 102 e 103 executam a consulta padrão. Se a consulta padrão também falhar, haverá um erro mais grave, então a linha 112 assegura que a conexão de banco de dados é fechada e a linha 114 fecha o programa. As capturas de tela na Figura 24.28 mostram os resultados de duas consultas. A primeira captura de tela mostra a consulta padrão que recupera todos os dados de tabela `Authors` de banco de dados `books`. A segunda captura de tela mostra uma consulta que seleciona o nome e o sobrenome de cada autor a partir da tabela `Authors` e combina essas informações com o título e número de edição da tabela `Titles`. Tente inserir suas próprias consultas na área de texto e clique no botão **Submit Query** para executar a consulta.

As linhas 161 a 170 registram um `WindowListener` para o evento `windowClosed`, que ocorre quando o usuário fecha a janela. Como `WindowListeners` podem tratar vários eventos de janela, estendemos a classe `WindowAdapter` e sobrescrevemos apenas a rotina de tratamento de eventos `windowClosed`.

Classificando linhas em uma `JTable`

`JTables` permitem que os usuários classifiquem linhas de dados em uma coluna específica. As linhas 121 e 122 usam a classe `TableRowSorter` (do pacote `javax.swing.table`) para criar um objeto que utiliza nosso `ResultSetTableModel` a fim de classificar linhas na `JTable`, que exibe os resultados da consulta. Quando o usuário clica no título de uma coluna `JTable` particular, o `TableRowSorter` interage com o `TableModel` subjacente para reordenar as linhas com base nos dados da coluna. A linha 123 usa o método `JTable` `setRowSorter` para especificar o `TableRowSorter` para `resultTable`.

Filtrando linhas em uma `JTable`

`JTables` agora podem mostrar subconjuntos dos dados do `TableModel` subjacente. Isso é conhecido como filtrar dados. As linhas 126 a 152 registram uma rotina de tratamento de evento para o `filterButton` em que o usuário clica para filtrar os dados. No método `actionPerformed` (linhas 130 a 150), a linha 132 obtém o texto de filtro. Se o usuário não especificar o texto de filtro, a linha 135 usa o método `JTable` `setRowFilter` para remover qualquer filtro anterior configurando o filtro como `null`. Caso contrário, as linhas 140 e 141 utilizam `setRowFilter` para especificar um `RowFilter` (do pacote `javax.swing`) com base na entrada do usuário. A classe `RowFilter` fornece vários métodos para criar filtros. O método `static` `regexFilter` recebe uma `String` contendo um padrão de expressão regular como seu argumento e um conjunto opcional de índices que especificam as colunas a filtrar. Se nenhum índice for especificado, todas as colunas serão pesquisadas. Nesse exemplo, o padrão de expressão regular é o texto que o usuário digitou. Depois que o filtro é definido, os dados exibidos na `JTable` são atualizados com base na `TableModel` filtrada.

24.7 Interface RowSet

Nos exemplos anteriores, você aprendeu a consultar um banco de dados estabelecendo explicitamente uma `Connection` com o banco de dados, preparando uma `Statement` para consultar o banco de dados e executar a consulta. Nesta seção, demonstramos a **interface `RowSet`**, que configura a conexão de banco de dados e prepara automaticamente as instruções de consulta. A interface `RowSet` fornece vários métodos *set* que permitem especificar as propriedades necessárias para estabelecer uma conexão (como o URL do banco de dados, o nome do usuário e a senha do banco de dados) e criar uma `Statement` (como uma consulta). `RowSet` também fornece vários métodos *get* que retornam essas propriedades.

`RowSets` conectados e desconectados

Há dois tipos de objetos `RowSet` — conectado e desconectado. Um objeto **`RowSet` conectado** conecta-se ao banco de dados uma vez e permanece conectado enquanto o objeto estiver em uso. Um objeto **`RowSet` desconectado** conecta-se ao banco de dados, executa uma consulta para recuperar os dados do banco de dados e depois fecha a conexão. Um programa pode alterar os dados em um `RowSet` desconectado enquanto ele estiver desconectado. Dados modificados podem ser atualizados no banco de dados depois que um `RowSet` desconectado restabelecer a conexão com o banco de dados.

O pacote `javax.sql.rowset` contém duas subinterfaces de `RowSet` — `JdbcRowSet` e `CachedRowSet`. `JdbcRowSet`, um `RowSet` conectado, atua como um empacotador em torno de um objeto `ResultSet` e permite aos programadores percorrer e atualizar as linhas no `ResultSet`. Lembre-se de que por padrão um objeto `ResultSet` é não rolável e apenas de leitura — você deve configurar explicitamente a constante result-set como `TYPE_SCROLL_INSENSITIVE` e configurar a constante de concorrência do result-set como `CONCUR_UPDATABLE` para fazer um objeto `ResultSet` rolável e atualizável. Um objeto `JdbcRowSet` é rolável e atualizável por padrão. `CachedRowSet`, um `RowSet` desconectado, armazena os dados em cache de um `ResultSet` na memória e desconecta-se do banco de dados. Como `JdbcRowSet`, um objeto `CachedRowSet` é rolável e atualizável por padrão. Um objeto `CachedRowSet` também é *serializável*, então ele pode ser passado entre aplicativos Java por uma rede, como a internet. Entretanto, `CachedRowSet` tem uma limitação — a quantidade de dados que pode ser armazenada na memória é limitada. O pacote `javax.sql.rowset` contém três outras subinterfaces de `RowSet`.

Dica de portabilidade 24.5

Um `RowSet` pode fornecer capacidade de rolagem para drivers que não suportam `ResultSets` roláveis.

Usando um `RowSet`

A Figura 24.29 reimplementa o exemplo da Figura 24.23 utilizando um `RowSet`. Em vez de estabelecer a conexão e criar um `Statement` explicitamente, a Figura 24.29 utiliza um objeto `JdbcRowSet` para criar uma `Connection` e um `Statement` automaticamente.

A classe RowSetProvider (pacote javax.sql.rowset) fornece o método newFactory static que retorna um objeto que implementa a interface RowSetFactory (pacote javax.sql.rowset), que pode ser usada para criar vários tipos de RowSets. As linhas 18 e 19 na instrução try com recursos usam o método RowSetFactory createJdbcRowSet para obter um objeto JdbcRowSet.

As linhas 22 a 24 definem as propriedades RowSet que o DriverManager usa para estabelecer uma conexão de banco de dados. A linha 22 invoca o método JdbcRowSet setUrl para especificar o banco de dados URL. A linha 23 invoca o método JdbcRowSet setUsername para especificar o nome de usuário. A linha 24 invoca o método JdbcRowSet setPassword para especificar a senha. A linha 25 invoca o método JdbcRowSet setCommand para especificar a consulta SQL que será usada para preencher o RowSet. A linha 26 invoca o método JdbcRowSet execute para executar a consulta de SQL. O método execute realiza quatro ações — estabelece uma Connection, prepara a consulta Statement, executa a consulta e armazena o ResultSet retornado pela consulta. Connection, Statement e ResultSet são encapsulados no objeto JdbcRowSet.

```
1  // Figura 24.29: JdbcRowSetTest.java
2  // Exibindo o conteúdo da tabela Authors com JdbcRowSet.
3  import java.sql.ResultSetMetaData;
4  import java.sql.SQLException;
5  import javax.sql.rowset.JdbcRowSet;
6  import javax.sql.rowset.RowSetProvider;
7
8  public class JdbcRowSetTest
9  {
10    // nome do driver JDBC e URL do banco de dados
11    private static final String DATABASE_URL = "jdbc:derby:books";
12    private static final String USERNAME = "deitel";
13    private static final String PASSWORD = "deitel";
14
15    public static void main(String args[])
16    {
17       // conecta-se ao banco de dados books e o consulta
18       try (JdbcRowSet rowSet =
19          RowSetProvider.newFactory().createJdbcRowSet())
20       {
21          // especifica as propriedades JdbcRowSet
22          rowSet.setUrl(DATABASE_URL);
23          rowSet.setUsername(USERNAME);
24          rowSet.setPassword(PASSWORD);
25          rowSet.setCommand("SELECT * FROM Authors"); // configura a consulta
26          rowSet.execute(); // executa a consulta
27
28          // processa resultados da consulta
29          ResultSetMetaData metaData = rowSet.getMetaData();
30          int numberOfColumns = metaData.getColumnCount();
31          System.out.printf("Authors Table of Books Database:%n%n");
32
33          // exibe o cabeçalho rowset
34          for (int i = 1; i <= numberOfColumns; i++)
35             System.out.printf("%-8s\t", metaData.getColumnName(i));
36          System.out.println();
37
38          // exibe cada linha
39          while (rowSet.next())
40          {
41             for (int i = 1; i <= numberOfColumns; i++)
42                System.out.printf("%-8s\t", rowSet.getObject(i));
43             System.out.println();
44          }
45       }
46       catch (SQLException sqlException)
47       {
48          sqlException.printStackTrace();
49          System.exit(1);
50       }
51    }
52 } // fim da classe JdbcRowSetTest
```

continua

continuação

```
Authors Table of Books Database:

AUTHORID        FIRSTNAME        LASTNAME
1               Paul             Deitel
2               Harvey           Deitel
3               Abbey            Deitel
4               Dan              Quirk
5               Michael          Morgano
```

Figura 24.29 | Exibindo o conteúdo da tabela `Authors` usando `JdbcRowSet`.

O código restante é quase idêntico ao da Figura 24.23, exceto que a linha 29 (Figura 24.29) obtém um objeto `ResultSetMetaData` do `JdbcRowSet`, a linha 39 utiliza o método `next` do `JdbcRowSet` para obter a próxima linha do resultado e a linha 42 utiliza o método `getObject` do `JdbcRowSet` para obter o valor de uma coluna. Quando o final do bloco `try` é alcançado, a instrução "`try` com recursos" invoca o método `JdbcRowSet` **`close`**, que fecha o `ResultSet`, a `Statement` e a `Connection` encapsulados do `RowSet`. Em um `CachedRowSet`, invocar `close` também libera os recursos mantidos por esse `RowSet`. A saída desse aplicativo é a mesma que a da Figura 24.23.

24.8 PreparedStatements

Uma **`PreparedStatement`** permite criar instruções SQL compiladas que são executadas de forma mais eficiente do que `Statements`. `PreparedStatements` também podem especificar parâmetros, tornando-os mais flexíveis do que `Statements` — você pode executar a mesma consulta repetidamente com diferentes valores de parâmetro. Por exemplo, no banco de dados `books`, talvez você queira localizar todos os títulos dos livros de um autor com nome e sobrenome específicos e executar essa consulta para vários autores. Com uma `PreparedStatement`, essa consulta é definida da seguinte forma:

```
PreparedStatement authorBooks = connection.prepareStatement(
   "SELECT LastName, FirstName, Title " +
   "FROM Authors INNER JOIN AuthorISBN " +
      "ON Authors.AuthorID=AuthorISBN.AuthorID " +
   "INNER JOIN Titles " +
      "ON AuthorISBN.ISBN=Titles.ISBN " +
   "WHERE LastName = ? AND FirstName = ?");
```

Os dois pontos de interrogação (`?`) na última linha da instrução SQL anterior são espaços reservados para os valores que serão passados como parte da consulta para o banco de dados. Antes de executar uma `PreparedStatement`, o programa deve especificar os valores de parâmetro usando métodos *set* da interface `PreparedStatement`.

Para a consulta anterior, ambos os parâmetros são strings que podem ser definidas com o método `PreparedStatement` **`setString`** desta maneira:

```
authorBooks.setString(1, "Deitel");
authorBooks.setString(2, "Paul");
```

O primeiro argumento do método `setString` representa o número do parâmetro que é definido, e o segundo argumento é o valor desse parâmetro. Números de parâmetro são *contados a partir de 1,* começando com o primeiro ponto de interrogação (`?`). Quando o programa executa a `PreparedStatement` anterior com os valores de parâmetro definidos, a SQL passada para o banco de dados é

```
SELECT LastName, FirstName, Title
FROM Authors INNER JOIN AuthorISBN
   ON Authors.AuthorID=AuthorISBN.AuthorID
INNER JOIN Titles
   ON AuthorISBN.ISBN=Titles.ISBN
WHERE LastName = 'Deitel' AND FirstName = 'Paul'
```

O método `setString` "escapa" automaticamente os valores de parâmetro `String`, se necessário. Por exemplo, se o último nome for O'Brien, a instrução

```
authorBooks.setString(1, "O'Brien");
```

escapa o caractere `'` em O'Brien substituindo-o por dois caracteres de aspas simples para que a aspa simples apareça corretamente no banco de dados.

Dica de desempenho 24.2

`PreparedStatements` são mais eficientes que `Statements` ao executar instruções SQL múltiplas vezes e com diferentes valores de parâmetro.

Dica de prevenção de erro 24.2

Use `PreparedStatements` com parâmetros para consultas que recebem valores `String` como argumentos a fim de garantir que as `Strings` sejam colocadas corretamente entre aspas na instrução SQL.

Dica de prevenção de erro 24.3

`PreparedStatements` ajudam a prevenir ataques de injeção SQL, que normalmente ocorrem em instruções SQL que incluem entrada de usuário inadequadamente. Para evitar esse problema de segurança, use `PreparedStatements` em que a entrada de usuário só possa ser fornecida por meio de parâmetros — indicados com o ? ao criar uma `PreparedStatement`. Depois de criar uma `PreparedStatement`, você pode usar os métodos set *para especificar a entrada de usuário como argumentos para esses parâmetros.*

A interface `PreparedStatement` fornece métodos *set* para cada tipo SQL suportado. É importante usar o método *set* apropriado para o tipo SQL do parâmetro no banco de dados — `SQLExceptions` ocorrem quando um programa tenta converter um valor de parâmetro em um tipo incorreto.

Aplicativo de catálogo de endereços que usa `PreparedStatements`

Apresentamos agora um aplicativo de catálogo de endereços que permite pesquisar as entradas existentes, adicionar novas entradas e procurar aquelas com um sobrenome específico. Nosso banco de dados `AddressBook` Java DB contém uma tabela `Addresses` com as colunas `addressID`, `FirstName`, `LastName`, `Email` e `PhoneNumber`. A coluna `addressID` é uma coluna de identidade na tabela `Addresses`.

Classe `Person`

Nosso aplicativo de catálogo de endereços consiste em três classes — `Person` (Figura 24.30), `PersonQueries` (Figura 24.31) e `AddressBookDisplay` (Figura 24.32). A classe `Person` é uma classe simples que representa uma pessoa no catálogo de endereços. A classe contém campos para o ID de endereço, nome, sobrenome, endereço de e-mail e número de telefone, bem como métodos *set* e *get* para manipular esses campos.

```java
// Figura 24.30: Person.java
// Classe Person que representa uma entrada em um livro de endereços.
public class Person
{
   private int addressID;
   private String firstName;
   private String lastName;
   private String email;
   private String phoneNumber;

   // construtor
   public Person()
   {
   }

   // construtor
   public Person(int addressID, String firstName, String lastName,
      String email, String phoneNumber)
   {
      setAddressID(addressID);
      setFirstName(firstName);
      setLastName(lastName);
      setEmail(email);
      setPhoneNumber(phoneNumber);
   }
```

continua

continuação

```

   // define o AddressID
   public void setAddressID(int addressID)
   {
      this.addressID = addressID;
   }

   // retorna o AddressID
   public int getAddressID()
   {
      return addressID;
   }

   // define o firstName
   public void setFirstName(String firstName)
   {
      this.firstName = firstName;
   }

   // retorna o nome
   public String getFirstName()
   {
      return firstName;
   }

   // define o lastName
   public void setLastName(String lastName)
   {
      this.lastName = lastName;
   }

   // retorna o sobrenome
   public String getLastName()
   {
      return lastName;
   }

   // define o endereço de e-mail
   public void setEmail(String email)
   {
      this.email = email;
   }

   // retorna o endereço de e-mail
   public String getEmail()
   {
      return email;
   }

   // define o número de telefone
   public void setPhoneNumber(String phone)
   {
      this.phoneNumber = phone;
   }

   // retorna o número de telefone
   public String getPhoneNumber()
   {
      return phoneNumber;
   }
} // fim da classe Person
```

Figura 24.30 | A classe `Person` que representa uma entrada em um `AddressBook`.

Classe PersonQueries

A classe `PersonQueries` (Figura 24.31) gerencia a conexão banco de dados do aplicativo de catálogo de endereços e cria as `PreparedStatements` que o aplicativo usa para interagir com o banco de dados. As linhas 18 a 20 declaram três variáveis `PreparedStatement`. O construtor (linhas 23 a 49) conecta-se ao banco de dados nas linhas 27 e 28.

```
1  // Figura 24.31: PersonQueries.java
2  // PreparedStatements utilizadas pelo aplicativo de catálogo de endereços.
3  import java.sql.Connection;
4  import java.sql.DriverManager;
5  import java.sql.PreparedStatement;
6  import java.sql.ResultSet;
7  import java.sql.SQLException;
8  import java.util.List;
9  import java.util.ArrayList;
10
11 public class PersonQueries
12 {
13    private static final String URL = "jdbc:derby:AddressBook";
14    private static final String USERNAME = "deitel";
15    private static final String PASSWORD = "deitel";
16
17    private Connection connection; // gerencia a conexão
18    private PreparedStatement selectAllPeople;
19    private PreparedStatement selectPeopleByLastName;
20    private PreparedStatement insertNewPerson;
21
22    // construtor
23    public PersonQueries()
24    {
25       try
26       {
27          connection =
28             DriverManager.getConnection(URL, USERNAME, PASSWORD);
29
30          // cria a consulta que seleciona todas as entradas em AddressBook
31          selectAllPeople =
32             connection.prepareStatement("SELECT * FROM Addresses");
33
34          // criar consulta que seleciona as entradas com um último nome específico
35          selectPeopleByLastName = connection.prepareStatement(
36             "SELECT * FROM Addresses WHERE LastName = ?");
37
38          // cria a inserção que adiciona uma nova entrada no banco de dados
39          insertNewPerson = connection.prepareStatement(
40             "INSERT INTO Addresses " +
41             "(FirstName, LastName, Email, PhoneNumber) " +
42             "VALUES (?, ?, ?, ?)");
43       }
44       catch (SQLException sqlException)
45       {
46          sqlException.printStackTrace();
47          System.exit(1);
48       }
49    }
50
51    // seleciona todos os endereços no banco de dados
52    public List< Person > getAllPeople()
53    {
54       List< Person > results = null;
55       ResultSet resultSet = null;
56
57       try
58       {
59          // executeQuery retorna o ResultSet contendo as entradas correspondentes
```

continua

continuação

```
         resultSet = selectAllPeople.executeQuery();
         results = new ArrayList< Person >();

         while (resultSet.next())
         {
            results.add(new Person(
               resultSet.getInt("addressID"),
               resultSet.getString("FirstName"),
               resultSet.getString("LastName"),
               resultSet.getString("Email"),
               resultSet.getString("PhoneNumber")));
         }
      }
      catch (SQLException sqlException)
      {
         sqlException.printStackTrace();
      }
      finally
      {
         try
         {
            resultSet.close();
         }
         catch (SQLException sqlException)
         {
            sqlException.printStackTrace();
            close();
         }
      }

      return results;
   }

   // seleciona a pessoa pelo sobrenome
   public List< Person > getPeopleByLastName(String name)
   {
      List< Person > results = null;
      ResultSet resultSet = null;

      try
      {
         selectPeopleByLastName.setString(1, name); // especifica o sobrenome

         // executeQuery retorna o ResultSet contendo as entradas correspondentes
         resultSet = selectPeopleByLastName.executeQuery();

         results = new ArrayList< Person >();

         while (resultSet.next())
         {
            results.add(new Person(resultSet.getInt("addressID"),
               resultSet.getString("FirstName"),
               resultSet.getString("LastName"),
               resultSet.getString("Email"),
               resultSet.getString("PhoneNumber")));
         }
      }
      catch (SQLException sqlException)
      {
         sqlException.printStackTrace();
      }
      finally
      {
         try
         {
```

continua

continuação

```
125             resultSet.close();
126          }
127          catch (SQLException sqlException)
128          {
129             sqlException.printStackTrace();
130             close();
131          }
132       }
133
134       return results;
135    }
136
137    // adiciona uma entrada
138    public int addPerson(
139       String fname, String lname, String email, String num)
140    {
141       int result = 0;
142
143       // configura parâmetros, então executa insertNewPerson
144       try
145       {
146          insertNewPerson.setString(1, fname);
147          insertNewPerson.setString(2, lname);
148          insertNewPerson.setString(3, email);
149          insertNewPerson.setString(4, num);
150
151          // insere a nova entrada; retorna nº de linhas atualizadas
152          result = insertNewPerson.executeUpdate();
153       }
154       catch (SQLException sqlException)
155       {
156          sqlException.printStackTrace();
157          close();
158       }
159
160       return result;
161    }
162
163    // fecha a conexão do banco de dados
164    public void close()
165    {
166       try
167       {
168          connection.close();
169       }
170       catch (SQLException sqlException)
171       {
172          sqlException.printStackTrace();
173       }
174    }
175 } // fim da classe PersonQueries
```

Figura 24.31 | `PreparedStatements` utilizadas pelo aplicativo de catálogo de endereços.

Criando PreparedStatements

As linhas 31 e 32 invocam o método `Connection` **`prepareStatement`** para criar a `PreparedStatement` nomeada `selectAllPeople` que seleciona todas as linhas na tabela `Addresses`. As linhas 35 e 36 criam a `PreparedStatement` nomeada `selectPeopleByLastName` com um parâmetro. Essa instrução seleciona todas as linhas na tabela `Addresses` que correspondem a um sobrenome específico. Observe que o caractere ? é usado para especificar o parâmetro do sobrenome. As linhas 39 a 42 criam a `PreparedStatement` nomeada `insertNewPerson` com quatro parâmetros que representam o nome, o sobrenome, o endereço de e-mail e o número de telefone para uma nova entrada. Novamente, observe os caracteres ? usados para representar esses parâmetros.

Método PersonQueries getAllPeople

O método `getAllPeople` (linhas 52 a 91) executa `PreparedStatement selectAllPeople` (linha 60) chamando o método **`executeQuery`**, que retorna um `ResultSet` contendo as linhas que correspondem à consulta (nesse caso, todas as linhas na tabela `Addresses`). As linhas 61 a 71 inserem os resultados da consulta em um `ArrayList` dos objetos `Person`, que é retornado para o chamador na linha 90. O método `getPeopleByLastName` (linhas 94 a 135) usa o método `PreparedStatement setString` para definir o parâmetro para `selectPeopleByLastName` (linha 101). Então, a linha 104 executa a consulta e as linhas 106 a 115 inserem os resultados da consulta em um `ArrayList` dos objetos `Person`. A linha 134 retorna o `ArrayList` para o chamador.

Métodos PersonQueries, addPerson *e* Close

O método `addPerson` (linhas 138 a 161) utiliza o método `PreparedStatement setString` (linhas 146 a 149) para definir os parâmetros para a `insertNewPerson PreparedStatement`. A linha 152 usa o método `PreparedStatement` **`executeUpdate`** para inserir o novo registro. Esse método retorna um inteiro indicando o número das linhas que foram atualizadas (ou inseridas) no banco de dados. O método `close` (linhas 164 a 174) simplesmente fecha a conexão do banco de dados.

Classe AddressBookDisplay

O aplicativo `AddressBookDisplay` (Figura 24.32) usa um objeto `PersonQueries` para interagir com o banco de dados. A linha 59 cria o objeto `PersonQueries`. Quando o usuário pressiona o `JButton` **Browse All Entries**, a rotina `browseButtonActionPerformed` (linhas 309 a 335) é chamada. A linha 313 chama o método `getAllPeople` no objeto `PersonQueries` para obter todas as entradas no banco de dados. O usuário pode então rolar pelas entradas usando os `JButtons` **Previous** e **Next**. Quando o usuário pressiona o `JButton` **Find**, a rotina `queryButtonActionPerformed` (linhas 265 a 287) é chamada. As linhas 267 e 268 chamam o método `getPeopleByLastName` no objeto `PersonQueries` para obter as entradas no banco de dados que correspondem ao sobrenome especificado. Se houver várias dessas entradas, o usuário pode então rolar por elas usando os `JButtons` **Previous** e **Next**.

```
1  // Figura 24.32: AddressBookDisplay.java
2  // Um catálogo de endereços simples
3  import java.awt.event.ActionEvent;
4  import java.awt.event.ActionListener;
5  import java.awt.event.WindowAdapter;
6  import java.awt.event.WindowEvent;
7  import java.awt.FlowLayout;
8  import java.awt.GridLayout;
9  import java.util.List;
10 import javax.swing.JButton;
11 import javax.swing.Box;
12 import javax.swing.JFrame;
13 import javax.swing.JLabel;
14 import javax.swing.JPanel;
15 import javax.swing.JTextField;
16 import javax.swing.WindowConstants;
17 import javax.swing.BoxLayout;
18 import javax.swing.BorderFactory;
19 import javax.swing.JOptionPane;
20
21 public class AddressBookDisplay extends JFrame
22 {
23    private Person currentEntry;
24    private PersonQueries personQueries;
25    private List<Person> results;
26    private int numberOfEntries = 0;
27    private int currentEntryIndex;
28
29    private JButton browseButton;
30    private JLabel emailLabel;
31    private JTextField emailTextField;
32    private JLabel firstNameLabel;
33    private JTextField firstNameTextField;
34    private JLabel idLabel;
35    private JTextField idTextField;
36    private JTextField indexTextField;
37    private JLabel lastNameLabel;
38    private JTextField lastNameTextField;
```

continua

continuação

```
   private JTextField maxTextField;
   private JButton nextButton;
   private JLabel ofLabel;
   private JLabel phoneLabel;
   private JTextField phoneTextField;
   private JButton previousButton;
   private JButton queryButton;
   private JLabel queryLabel;
   private JPanel queryPanel;
   private JPanel navigatePanel;
   private JPanel displayPanel;
   private JTextField queryTextField;
   private JButton insertButton;

   // construtor
   public AddressBookDisplay()
   {
      super("Address Book");

      // estabelece conexão com o banco e configura PreparedStatements
      personQueries = new PersonQueries();

      // cria GUI
      navigatePanel = new JPanel();
      previousButton = new JButton();
      indexTextField = new JTextField(2);
      ofLabel = new JLabel();
      maxTextField = new JTextField(2);
      nextButton = new JButton();
      displayPanel = new JPanel();
      idLabel = new JLabel();
      idTextField = new JTextField(10);
      firstNameLabel = new JLabel();
      firstNameTextField = new JTextField(10);
      lastNameLabel = new JLabel();
      lastNameTextField = new JTextField(10);
      emailLabel = new JLabel();
      emailTextField = new JTextField(10);
      phoneLabel = new JLabel();
      phoneTextField = new JTextField(10);
      queryPanel = new JPanel();
      queryLabel = new JLabel();
      queryTextField = new JTextField(10);
      queryButton = new JButton();
      browseButton = new JButton();
      insertButton = new JButton();

      setLayout(new FlowLayout(FlowLayout.CENTER, 10, 10));
      setSize(400, 300);
      setResizable(false);

      navigatePanel.setLayout(
         new BoxLayout(navigatePanel, BoxLayout.X_AXIS));

      previousButton.setText("Previous");
      previousButton.setEnabled(false);
      previousButton.addActionListener(
         new ActionListener()
         {
            public void actionPerformed(ActionEvent evt)
            {
               previousButtonActionPerformed(evt);
            }
         }
      );
```

continua

continuação

```
         navigatePanel.add(previousButton);
         navigatePanel.add(Box.createHorizontalStrut(10));

         indexTextField.setHorizontalAlignment(
            JTextField.CENTER);
         indexTextField.addActionListener(
            new ActionListener()
            {
               public void actionPerformed(ActionEvent evt)
               {
                  indexTextFieldActionPerformed(evt);
               }
            }
         );

         navigatePanel.add(indexTextField);
         navigatePanel.add(Box.createHorizontalStrut(10));

         ofLabel.setText("of");
         navigatePanel.add(ofLabel);
         navigatePanel.add(Box.createHorizontalStrut(10));

         maxTextField.setHorizontalAlignment(
            JTextField.CENTER);
         maxTextField.setEditable(false);
         navigatePanel.add(maxTextField);
         navigatePanel.add(Box.createHorizontalStrut(10));

         nextButton.setText("Next");
         nextButton.setEnabled(false);
         nextButton.addActionListener(
            new ActionListener()
            {
               public void actionPerformed(ActionEvent evt)
               {
                  nextButtonActionPerformed(evt);
               }
            }
         );

         navigatePanel.add(nextButton);
         add(navigatePanel);

         displayPanel.setLayout(new GridLayout(5, 2, 4, 4));

         idLabel.setText("Address ID:");
         displayPanel.add(idLabel);

         idTextField.setEditable(false);
         displayPanel.add(idTextField);

         firstNameLabel.setText("First Name:");
         displayPanel.add(firstNameLabel);
         displayPanel.add(firstNameTextField);

         lastNameLabel.setText("Last Name:");
         displayPanel.add(lastNameLabel);
         displayPanel.add(lastNameTextField);

         emailLabel.setText("Email:");
         displayPanel.add(emailLabel);
         displayPanel.add(emailTextField);

         phoneLabel.setText("Phone Number:");
```

continua

continuação

```
      displayPanel.add(phoneLabel);
      displayPanel.add(phoneTextField);
      add(displayPanel);

      queryPanel.setLayout(
         new BoxLayout(queryPanel, BoxLayout.X_AXIS));

      queryPanel.setBorder(BorderFactory.createTitledBorder(
         "Find an entry by last name"));
      queryLabel.setText("Last Name:");
      queryPanel.add(Box.createHorizontalStrut(5));
      queryPanel.add(queryLabel);
      queryPanel.add(Box.createHorizontalStrut(10));
      queryPanel.add(queryTextField);
      queryPanel.add(Box.createHorizontalStrut(10));

      queryButton.setText("Find");
      queryButton.addActionListener(
         new ActionListener()
         {
            public void actionPerformed(ActionEvent evt)
            {
               queryButtonActionPerformed(evt);
            }
         }
      );

      queryPanel.add(queryButton);
      queryPanel.add(Box.createHorizontalStrut(5));
      add(queryPanel);

      browseButton.setText("Browse All Entries");
      browseButton.addActionListener(
         new ActionListener()
         {
            public void actionPerformed(ActionEvent evt)
            {
               browseButtonActionPerformed(evt);
            }
         }
      );

      add(browseButton);

      insertButton.setText("Insert New Entry");
      insertButton.addActionListener(
         new ActionListener()
         {
            public void actionPerformed(ActionEvent evt)
            {
               insertButtonActionPerformed(evt);
            }
         }
      );

      add(insertButton);

      addWindowListener(
         new WindowAdapter()
         {
            public void windowClosing(WindowEvent evt)
            {
               personQueries.close(); // fecha a conexão
               System.exit(0);
            }
```

continua

continuação

```java
            }
        );

        setVisible(true);
    } // fim do construtor

    // trata a chamada quando previousButton é clicado
    private void previousButtonActionPerformed(ActionEvent evt)
    {
        currentEntryIndex--;

        if (currentEntryIndex < 0)
            currentEntryIndex = numberOfEntries - 1;

        indexTextField.setText("" + (currentEntryIndex + 1));
        indexTextFieldActionPerformed(evt);
    }

    // trata a chamada quando nextButton é clicado
    private void nextButtonActionPerformed(ActionEvent evt)
    {
        currentEntryIndex++;

        if (currentEntryIndex >= numberOfEntries)
            currentEntryIndex = 0;

        indexTextField.setText("" + (currentEntryIndex + 1));
        indexTextFieldActionPerformed(evt);
    }

    // trata a chamada quando queryButton é clicado
    private void queryButtonActionPerformed(ActionEvent evt)
    {
        results =
            personQueries.getPeopleByLastName(queryTextField.getText());
        numberOfEntries = results.size();

        if (numberOfEntries != 0)
        {
            currentEntryIndex = 0;
            currentEntry = results.get(currentEntryIndex);
            idTextField.setText("" + currentEntry.getAddressID());
            firstNameTextField.setText(currentEntry.getFirstName());
            lastNameTextField.setText(currentEntry.getLastName());
            emailTextField.setText(currentEntry.getEmail());
            phoneTextField.setText(currentEntry.getPhoneNumber());
            maxTextField.setText("" + numberOfEntries);
            indexTextField.setText("" + (currentEntryIndex + 1));
            nextButton.setEnabled(true);
            previousButton.setEnabled(true);
        }
        else
            browseButtonActionPerformed(evt);
    }

    // trata a chamada quando um novo valor é inserido em indexTextField
    private void indexTextFieldActionPerformed(ActionEvent evt)
    {
        currentEntryIndex =
            (Integer.parseInt(indexTextField.getText()) - 1);

        if (numberOfEntries != 0 && currentEntryIndex < numberOfEntries)
        {
```

continua

continuação

```java
         currentEntry = results.get(currentEntryIndex);
         idTextField.setText("" + currentEntry.getAddressID());
         firstNameTextField.setText(currentEntry.getFirstName());
         lastNameTextField.setText(currentEntry.getLastName());
         emailTextField.setText(currentEntry.getEmail());
         phoneTextField.setText(currentEntry.getPhoneNumber());
         maxTextField.setText("" + numberOfEntries);
         indexTextField.setText("" + (currentEntryIndex + 1));
      }
   }

   // trata a chamada quando browseButton é clicado
   private void browseButtonActionPerformed(ActionEvent evt)
   {
      try
      {
         results = personQueries.getAllPeople();
         numberOfEntries = results.size();

         if (numberOfEntries != 0)
         {
            currentEntryIndex = 0;
            currentEntry = results.get(currentEntryIndex);
            idTextField.setText("" + currentEntry.getAddressID());
            firstNameTextField.setText(currentEntry.getFirstName());
            lastNameTextField.setText(currentEntry.getLastName());
            emailTextField.setText(currentEntry.getEmail());
            phoneTextField.setText(currentEntry.getPhoneNumber());
            maxTextField.setText("" + numberOfEntries);
            indexTextField.setText("" + (currentEntryIndex + 1));
            nextButton.setEnabled(true);
            previousButton.setEnabled(true);
         }
      }
      catch (Exception e)
      {
         e.printStackTrace();
      }
   }

   // trata a chamada quando insertButton é clicado
   private void insertButtonActionPerformed(ActionEvent evt)
   {
      int result = personQueries.addPerson(firstNameTextField.getText(),
         lastNameTextField.getText(), emailTextField.getText(),
         phoneTextField.getText());

      if (result == 1)
         JOptionPane.showMessageDialog(this, "Person added!",
            "Person added", JOptionPane.PLAIN_MESSAGE);
      else
         JOptionPane.showMessageDialog(this, "Person not added!",
            "Error", JOptionPane.PLAIN_MESSAGE);

      browseButtonActionPerformed(evt);
   }

   // método main
   public static void main(String args[])
   {
      new AddressBookDisplay();
   }
} // fim da classe AddressBookDisplay
```

continua

continuação

a) Tela **Address Book** inicial.

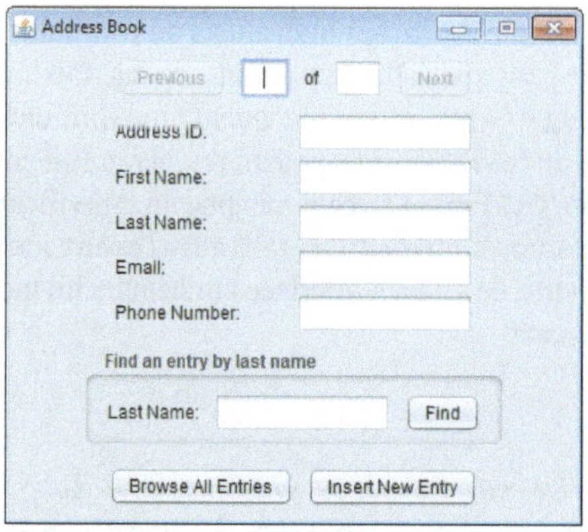

b) Resultados de clicar em **Browse All Entries**.

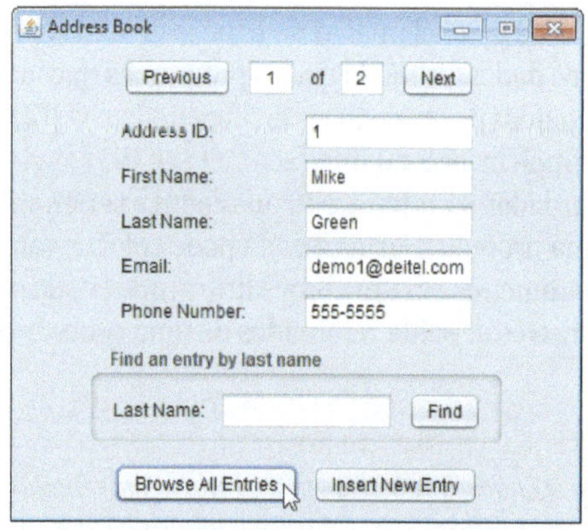

c) Navegando até a próxima entrada.

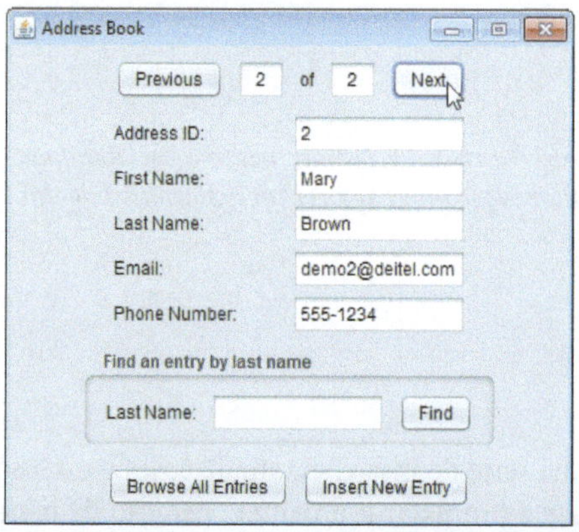

d) Localizando as entradas com o sobrenome `Green`.

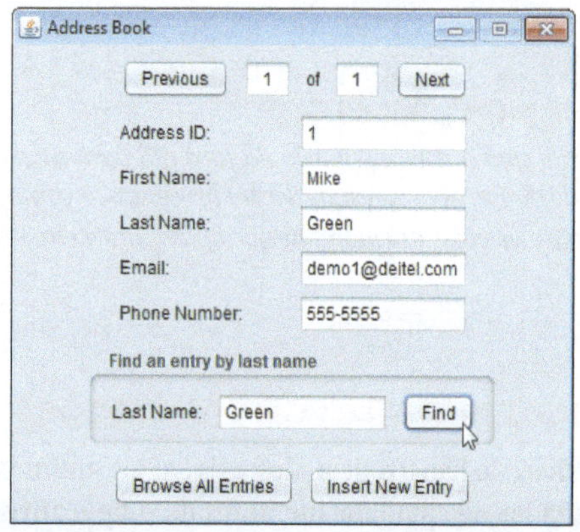

e) Depois de adicionar uma nova entrada e navegar por ela.

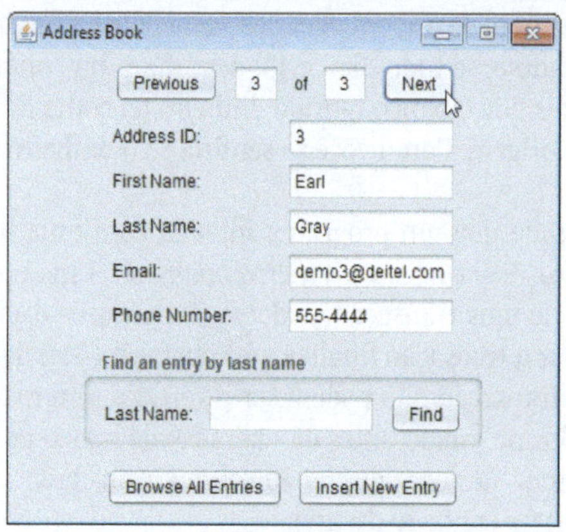

Figura 24.32 | Um catálogo de endereços simples.

Para adicionar uma nova entrada ao banco de dados `AddressBook`, o usuário pode inserir nome, sobrenome, e-mail e número de telefone (o `AddressID` será *autoincrementado*) nos `JTextFields` e pressionar o `JButton` **Insert New Entry**. A rotina de tratamento `insertButtonActionPerformed` (linhas 338 a 352) é chamada. As linhas 340 a 342 chamam o método `addPerson` no objeto `PersonQueries` para adicionar uma nova entrada ao banco de dados. A linha 351 chama `browseButtonActionPerformed` para obter o conjunto atualizado das pessoas no catálogo de endereços e atualizar a GUI de acordo com isso.

O usuário pode então exibir diferentes entradas pressionando o `JButton` **Previous** ou o `JButton` **Next**, o que resulta nas chamadas aos métodos `previousButtonActionPerformed` (linhas 241 a 250) ou `nextButtonActionPerformed` (linhas 253 a 262), respectivamente. Como alternativa, o usuário pode inserir um número no `indexTextField` e pressionar *Enter* para visualizar uma entrada específica. Isso resulta em uma chamada ao método `indexTextFieldActionPerformed` (linhas 290 a 306) a fim de exibir o registro especificado.

24.9 Procedures armazenadas

Muitos sistemas de gerenciamento de bancos de dados podem armazenar instruções individuais ou conjuntos de instruções de SQL em um banco de dados, de modo que os programas que acessam esse banco de dados possam invocá-las. Tais coleções identificadas de SQL são chamadas de **procedures armazenadas**. O JDBC permite que os programas invoquem procedures armazenadas utilizando objetos que implementam a interface **`CallableStatement`**. `CallableStatements` podem receber argumentos especificados com os métodos herdados da interface `PreparedStatement`. Além disso, `CallableStatements` podem especificar **parâmetros de saída** nos quais uma procedure armazenada pode colocar valores de retorno. A interface `CallableStatement` inclui métodos para especificar quais parâmetros em uma procedure armazenada são parâmetros de saída. A interface também inclui métodos para obter os valores de parâmetros de saída retornados de uma procedure armazenada.

Dica de portabilidade 24.6

Embora a sintaxe para criar procedures armazenadas seja diferente entre sistemas de gerenciamento de bancos de dados, a interface `CallableStatement` *fornece uma interface uniforme para especificar os parâmetros de entrada e saída para procedures armazenadas e para invocar procedures armazenadas.*

Dica de portabilidade 24.7

De acordo com a documentação da Java API para interface `CallableStatement`*, para a máxima portabilidade entre sistemas de banco de dados, os programas devem processar as contagens de atualização ou os* `ResultSets` *retornados de um* `CallableStatement` *antes de obter os valores de qualquer parâmetro de saída.*

24.10 Processamento de transações

Muitos aplicativos de bancos de dados exigem garantias de que uma série de inserções, atualizações e exclusões de bancos de dados sejam executadas adequadamente antes de o aplicativo continuar a processar a próxima operação de banco de dados. Por exemplo, ao transferir dinheiro eletronicamente entre contas bancárias, vários fatores determinam se a transação é bem-sucedida. Você começa especificando a conta de origem e o valor que pretende transferir dessa conta para a conta de destino. Então, você especifica a conta de destino. O banco verifica a conta de origem para determinar se há fundos suficientes para completar a transferência. Se houver, o banco retira o valor especificado e, se tudo der certo, deposita-o na conta de destino para concluir a transferência. O que acontece se a transferência falhar depois que o banco retira o dinheiro da conta de origem? Em um sistema bancário adequado, o banco redeposita o dinheiro na conta de origem. Como você se sentiria se o dinheiro fosse subtraído da sua conta fonte e o banco *não o depositasse* na conta de destino?

O **processamento de transações** permite que um programa interaja com uma base de dados para *tratar uma operação de banco de dados (ou um conjunto de operações) como uma única operação*. Uma operação desse tipo também é conhecida como **operação atômica** ou **transação**. No final de uma transação, podemos tomar uma decisão de **confirmar a transação** (*commit*) ou **reverter a transação** (*roll back*). Confirmar a transação finaliza a(s) operação(ões) de banco de dados; todas as inserções, atualizações e exclusões realizadas como parte da transação não podem ser revertidas sem realizar uma nova operação de banco de dados. Reverter a transação deixa o banco de dados no estado antes da operação de banco de dados. Isso é útil quando uma parte de uma transação não for concluída adequadamente. Na nossa discussão sobre a transferência entre a conta e o banco, a transação seria revertida se o depósito não pudesse ser feito na conta de destino.

O Java fornece processamento de transação via métodos de interface `Connection`. O método **`setAutoCommit`** especifica se cada instrução SQL é confirmada após ser concluída (um argumento `true`) ou se várias instruções SQL devem ser agrupadas como uma transação (um argumento `false`). Se o argumento para `setAutoCommit` for `false`, o programa deve seguir a última instrução SQL na transação com uma chamada ao método `Connection` **`commit`** (para confirmar as alterações no banco de dados) ou o método `Connection` **`rollback`** (para retornar o banco de dados ao estado anterior à transação). A interface `Connection` também fornece o método **`getAutoCommit`** para determinar o estado autocommit para `Connection`.

24.11 Conclusão

Neste capítulo, você aprendeu os conceitos básicos de banco de dados, como consultar e manipular dados em um banco de dados utilizando SQL e utilizar JDBC para permitir que os aplicativos Java interajam com bancos de dados. Você aprendeu os comandos SQL `SELECT`, `INSERT`, `UPDATE` e `DELETE`, bem como cláusulas como `WHERE`, `ORDER BY` e `INNER JOIN`. Você criou e configurou bancos de dados no Java DB usando scripts SQL predefinidos. Você aprendeu os passos para obter uma `Connection` com o banco de dados, para criar uma `Statement` para interagir com os dados do banco de dados, executar a instrução e processar os resultados. Então, você usou um `RowSet` para simplificar o processo de conexão com um banco de dados e criação de instruções. Você usou

`PreparedStatements` para criar instruções SQL precompiladas. Também fornecemos uma visão geral das `CallableStatements` e do processamento de transações. No próximo capítulo, você construirá interfaces gráficas com o usuário usando JavaFX — a tecnologia GUI do Java do futuro.

Resumo

Seção 24.1 Introdução

- Um banco de dados é uma coleção integrada de dados. Um sistema de gerenciamento de banco de dados (DBMS) fornece mecanismos para armazenar, organizar, recuperar e modificar dados.
- Os sistemas de gerenciamento de bancos de dados mais populares de hoje são sistemas de bancos de dados relacionais.
- SQL é a linguagem internacional padrão usada para consultar e manipular dados relacionais.
- Os programas se conectam aos bancos de dados relacionais e interagem com eles por meio de uma interface — o software que facilita comunicações entre um sistema de gerenciamento de bancos de dados e um programa.
- Um driver JDBC permite que os aplicativos Java se conectem a um banco de dados em um DBMS particular e possibilita aos programadores recuperar e manipular dados de banco de dados.

Seção 24.2 Bancos de dados relacionais

- Um banco de dados relacional armazena dados em tabelas. As tabelas são compostas de linhas, e as linhas são compostas de colunas nas quais os valores são armazenados.
- A chave primária de uma tabela tem um valor único em cada linha.
- Cada coluna de uma tabela representa um atributo diferente.
- A chave primária pode ser composta de mais de uma coluna.
- Uma coluna de identidade é a maneira padrão SQL de representar uma coluna autoincrementada. A palavra-chave do SQL `IDENTITY` marca uma coluna como uma coluna de identidade.
- Uma chave estrangeira é uma coluna em uma tabela que corresponde à coluna de chave primária em outra tabela. Isso é conhecido como Regra de Integridade Referencial.
- Um relacionamento de um para muitos entre tabelas indica que uma linha em uma tabela pode ter muitas linhas relacionadas em uma tabela separada.
- Cada coluna em uma chave primária deve ter um valor e o valor da chave primária deve ser único. Isso é conhecido como Regra de Integridade de Entidade.
- As chaves estrangeiras permitem que as informações de múltiplas tabelas sejam unidas. Há um relacionamento de um para muitos entre uma chave primária e sua chave estrangeira correspondente.

Seção 24.4.1 Consulta SELECT básica

- A forma básica de uma consulta é

  `SELECT * FROM` *nomeDaTabela*

  onde o asterisco (*) indica que todas as colunas de *nomeDaTabela* devem ser selecionadas e *nomeDaTabela* especifica a tabela no banco de dados a partir da qual as linhas serão recuperadas.
- Para recuperar colunas específicas, substitua o * por uma lista de nomes de coluna separados por vírgulas.

Seção 24.4.2 Cláusula WHERE

- A cláusula `WHERE` opcional em uma consulta especifica os critérios de seleção da consulta. A forma básica de uma consulta com critérios de seleção é

  `SELECT` *nomeDaColuna1*, *nomeDaColuna2*, … `FROM` *nomeDaTabela* `WHERE` *critérios*

- A cláusula `WHERE` pode conter os operadores <, >, <=, >=, =, <> e `LIKE`. `LIKE` é usado para correspondência de padrão de string com caracteres curinga de porcentagem (%) e sublinhado (_).
- Um caractere de porcentagem (%) em um padrão indica que uma string que corresponde ao padrão tem zero ou mais caracteres na posição do caractere de porcentagem no padrão.
- Um sublinhado (_) na string padrão indica um único caractere nessa posição do padrão.

Seção 24.4.3 Cláusula ORDER BY

- O resultado de uma consulta pode ser classificado com a cláusula `ORDER BY`. A forma mais simples de uma cláusula `ORDER BY` é

```
SELECT nomeDaColuna1, nomeDaColuna2, ... FROM nomeDaTabela ORDER BY coluna ASC
SELECT nomeDaColuna1, nomeDaColuna2, ... FROM nomeDaTabela ORDER BY coluna DESC
```

onde `ASC` especifica a ordem crescente, `DESC` especifica a ordem decrescente e *coluna* especifica a coluna em que a classificação é baseada. A ordem de classificação padrão é crescente, então `ASC` é opcional.

- Múltiplas colunas podem ser utilizadas para fins de ordenação com uma cláusula `ORDER BY` da forma

```
ORDER BY coluna1 ordemDeClassificação, coluna2 ordemDeClassificação, ...
```

- As cláusulas `WHERE` e `ORDER BY` podem ser combinadas em uma consulta. Se utilizada, `ORDER BY` deve ser a última cláusula na consulta.

Seção 24.4.4 Mesclando dados a partir de múltiplas tabelas: INNER JOIN

- Uma `INNER JOIN` mescla linhas de duas tabelas correspondendo valores em colunas que são comuns às tabelas. A forma básica do operador `INNER JOIN` é:

```
SELECT nomeDaColuna1, nomeDaColuna2, ...
FROM tabela1
INNER JOIN tabela2
  ON tabela1.nomeDaColuna = tabela2.nomeDaColuna
```

A cláusula `ON` especifica as colunas de cada tabela que são comparadas para determinar as linhas que são unidas. Se uma instrução de SQL utiliza colunas com o mesmo nome de múltiplas tabelas, os nomes de coluna devem ser completamente qualificados prefixando-os com seus nomes de tabela e um ponto (`.`).

Seção 24.4.5 Instrução INSERT

- Uma instrução `INSERT` insere uma nova linha em uma tabela. A forma básica dessa instrução é

```
INSERT INTO nomeDaTabela (nomeDaColuna1, nomeDaColuna2, ..., nomeDaColunaN)
  VALUES (valor1, valor2, ..., valorN)
```

onde *nomeDaTabela* é a tabela na qual inserir a linha. O *nomeDaTabela* é seguido por uma lista separada por vírgulas de nomes de coluna entre parênteses. A lista de nomes de coluna é seguida pela palavra-chave de SQL `VALUES` e uma lista separada por vírgulas de valores entre parênteses.

- A SQL usa aspas simples (`'`) para delimitar strings. Para especificar uma string contendo uma aspa simples na SQL, escape a aspa simples com outra aspa simples (isto é, `''`).

Seção 24.4.6 Instrução UPDATE

- Uma instrução `UPDATE` modifica os dados em uma tabela. A forma básica de uma instrução `UPDATE` é

```
UPDATE nomeDaTabela
  SET nomeDaColuna1 = valor1, nomeDaColuna2 = valor2, ..., nomeDaColunaN = valorN
  WHERE critérios
```

onde *nomeDaTabela* é a tabela a atualizar. A palavra-chave `SET` é seguida por uma lista de pares de *nomeDaColuna* = *valor* separada por vírgulas. A cláusula `WHERE` opcional determina que linhas atualizar.

Seção 24.4.7 Instrução DELETE

- A instrução `DELETE` remove linhas de uma tabela. A forma mais simples de uma instrução `DELETE` é

```
DELETE FROM nomeDaTabela WHERE critérios
```

onde *nomeDaTabela* é a tabela a partir da qual excluir uma linha (ou linhas). Os *critérios* `WHERE` opcionais determinam que linhas excluir. Se essa cláusula for omitida, todas as linhas da tabela serão excluídas.

Seção 24.5 Configurando um banco de dados Java DB

- O Java DB do banco de dados Java puro da Oracle é instalado com o JDK no Windows, Mac OS X e Linux.
- O Java DB tem tanto uma versão incorporada como uma versão de rede.
- O software Java DB está localizado no subdiretório `db` do diretório de instalação do seu JDK.
- O Java DB vem com vários arquivos que permitem configurá-lo e executá-lo. Antes de executar esses arquivos a partir de uma janela de comando, você deve definir a variável de ambiente `JAVA_HOME` para referenciar o diretório de instalação exato do JDK.
- Use o arquivo `setEmbeddedCP.bat` ou `setEmbeddedCP` (dependendo da plataforma do seu SO) para configurar o `CLASSPATH` para que funcione com bancos de dados incorporados Java DB.
- A ferramenta `ij` Java DB permite interagir com o Java DB a partir da linha de comando. Você pode utilizá-la para criar bancos de dados, executar scripts SQL e realizar consultas SQL. Cada comando que você insere no prompt `ij>` deve ser terminado com um ponto e vírgula (`;`).

Seção 24.6.1 Consultando e conectando-se a um banco de dados

- O pacote `java.sql` contém as classes e interfaces para acessar bancos de dados relacionais em Java.
- Um objeto que implementa a interface `Connection` gerencia a conexão entre um programa Java e um banco de dados. Os objetos `Connection` permitem aos programas criar instruções de SQL que acessam dados.
- O método `DriverManager getConnection` tenta conectar-se a um banco de dados em um URL que especifica o protocolo para a comunicação, o subprotocolo para a comunicação e o nome do banco de dados.
- O método `Connection createStatement` cria um objeto `Statement`, que pode ser usado para submeter instruções SQL ao banco de dados.
- O método `Statement executeQuery` executa uma consulta e retorna um objeto `ResultSet`. Os métodos `ResultSet` permitem que um programa manipule os resultados da consulta.
- Um objeto `ResultSetMetaData` descreve o conteúdo de um `ResultSet`. Os programas podem utilizar metadados programaticamente para obter informações sobre os nomes de coluna e tipos de `ResultSet`.
- O método `ResultSetMetaData getColumnCount` recupera o número de colunas `ResultSet`.
- O método `ResultSet next` posiciona o cursor `ResultSet` na próxima linha e retorna `true` se a linha existir; do contrário, retorna `false`. Esse método deve ser chamado para começar o processamento de um `ResultSet` porque o cursor é inicialmente posicionado antes da primeira linha.
- É possível extrair cada coluna `ResultSet` como um tipo Java específico. O método `ResultSetMetaData getColumnType` retorna uma constante `Types` (pacote `java.sql`) indicando o tipo da coluna.
- Os métodos `ResultSet` *get* em geral recebem como um argumento um número de coluna (como um `int`) ou um nome de coluna (como uma `String`) indicando que valor da coluna obter.
- Os números de linha e coluna de `ResultSet` iniciam em 1.
- Todo objeto `Statement` pode abrir apenas um objeto `ResultSet` por vez. Quando um `Statement` retorna um novo `ResultSet`, `Statement` fecha o `ResultSet` anterior.

Seção 24.6.2 Consultando o banco de dados `books`

- O método `TableModel getColumnClass` retorna um objeto `Class` que representa a superclasse de todos os objetos em uma determinada coluna. A `JTable` utiliza essas informações para configurar o renderizador de célula e editor de célula padrão para essa coluna na `JTable`.
- O método `Connection createStatement` tem uma versão sobrecarregada que recebe a concorrência e o tipo de resultado. O tipo de resultado especifica se o cursor de `ResultSet` for capaz de rolar em ambas as direções ou apenas avançar e se o `ResultSet` é sensível ou não às alterações. A concorrência do resultado especifica se o `ResultSet` pode ser atualizado.
- Alguns drivers JDBC não suportam `ResultSets` roláveis ou atualizáveis.
- O método `ResultSetMetaData getColumnClassName` obtém o nome totalmente qualificado da classe da coluna.
- O método `TableModel getColumnCount` retorna o número de colunas no `ResultSet`.
- O método `TableModel getColumnName` retorna o nome da coluna no `ResultSet`.
- O método `ResultSetMetaData getColumnName` obtém o nome de uma coluna do `ResultSet`.
- O método `TableModel getRowCount` retorna o número de linhas no `ResultSet` do modelo.
- O método `TableModel getValueAt` retorna o `Object` em uma linha e coluna particulares do `ResultSet` subjacente do modelo.
- O método `ResultSet absolute` posiciona o cursor `ResultSet` em uma linha específica.
- O método `AbstractTableModel fireTableStructureChanged` notifica qualquer `JTable` utilizando um objeto `TableModel` particular que os dados do seu modelo foram alterados no modelo.

Seção 24.7 Interface `RowSet`

- A interface `RowSet` configura a conexão de banco de dados e executa a consulta automaticamente.
- Um `RowSet` conectado permanece conectado ao banco de dados enquanto o objeto está em uso. Um `RowSet` desconectado conecta, executa uma consulta, então fecha a conexão.
- `JdbcRowSet` (um `RowSet` conectado) empacota um objeto `ResultSet` e permite rolar e atualizar suas linhas. Ao contrário de um objeto `ResultSet`, um `JdbcRowSet` é rolável e atualizável por padrão.
- `CachedRowSet`, um `RowSet` desconectado, armazena em cache os dados de um `ResultSet` na memória. Um `CachedRowSet` é rolável e atualizável. Um `CachedRowSet` também é serializável.
- A classe `RowSetProvider` (pacote `javax.sql.rowset`) fornece o método `static newFactory` que retorna um objeto que implementa a interface `RowSetFactory` (pacote `javax.sql.rowset`), que pode ser usada para criar vários tipos de `RowSets`.
- O método `RowSetFactory createJdbcRowSet` retorna um objeto `JdbcRowSet`.
- O método `JdbcRowSet setUrl` especifica o URL do banco de dados.
- O método `JdbcRowSet setUsername` especifica o nome de usuário.
- O método `JdbcRowSet setPassword` especifica a senha.

- O método `JdbcRowSet setCommand` especifica a consulta SQL que será usada para preencher um `RowSet`.
- O método `JdbcRowSet execute` executa a consulta SQL. O método `execute` estabelece uma `Connection` com o banco de dados, prepara a consulta `Statement`, executa-a e armazena o `ResultSet` retornado pela consulta. `Connection`, `Statement` e `ResultSet` são encapsulados no objeto `JdbcRowSet`.

Seção 24.8 PreparedStatements

- `PreparedStatements` são compiladas, assim elas executam de forma mais eficiente do que `Statements`.
- `PreparedStatements` podem ter parâmetros, de modo que a mesma consulta pode ser executada com diferentes argumentos.
- Um parâmetro é especificado com um ponto de interrogação (?) na instrução SQL. Antes de executar uma `PreparedStatement`, você deve usar os métodos *set* de `PreparedStatement` para especificar os argumentos.
- O primeiro argumento do método `PreparedStatement setString` representa o número de parâmetro que é definido e o segundo argumento é o valor desse parâmetro.
- Números de parâmetro são contados a partir de 1, começando com o primeiro ponto de interrogação (?).
- O método `setString` "escapa" automaticamente os valores de parâmetro `String`, se necessário.
- A interface `PreparedStatement` fornece métodos set para cada tipo SQL suportado.

Seção 24.9 Procedures armazenadas

- O JDBC permite que programas chamem procedures armazenadas, utilizando objetos `CallableStatement`.
- `CallableStatement` pode especificar os parâmetros de entrada. `CallableStatement` pode especificar os parâmetros de saída, em que uma procedure armazenada pode inserir valores de retorno.

Seção 24.10 Processamento de transações

- O processamento de transações permite a um programa interagir com um banco de dados para tratar uma operação de banco de dados (ou um conjunto de operações) como uma única operação — conhecida como operação atômica ou transação.
- Ao final de uma transação, podemos tomar uma decisão de confirmar (*commit*) ou reverter (*roll back*) a transação.
- Confirmar uma transação finaliza a(s) operação(ões) de banco de dados — inserções, atualizações e exclusões não podem ser revertidas sem realizar uma nova operação de banco de dados.
- Reverter uma transação deixa o banco de dados no estado antes da operação de banco de dados.
- O Java fornece processamento de transação via métodos de interface `Connection`.
- O método `setAutoCommit` especifica se cada instrução SQL é confirmada após concluir (um argumento `true`) ou se várias instruções SQL devem ser agrupadas como uma transação.
- Quando autocommit está desativado, o programa deve seguir a última instrução SQL na transação com uma chamada ao método `Connection commit` (a fim de confirmar as alterações no banco de dados) ou o método `rollback` (para retornar o banco de dados ao estado anterior à transação).
- O método `getAutoCommit` determina o estado de autocommit para a `Connection`.

Exercício de revisão

24.1 Preencha as lacunas em cada uma das seguintes afirmações:

a) A linguagem padrão internacional de banco de dados é ________.

b) Uma tabela em um banco de dados consiste em ________ e ________.

c) Os objetos de instrução retornam resultados de consulta de SQL como objetos ________.

d) A ________ identifica unicamente cada linha em uma tabela.

e) A palavra-chave de SQL ________ é seguida pelos critérios de seleção que especificam as linhas a selecionar em uma consulta.

f) As palavras-chave de SQL ________ especificam a ordem em que linhas são classificadas em uma consulta.

g) Mesclar linhas de múltiplas tabelas de banco de dados é chamado ________ das tabelas.

h) Um(a) ________ é uma coleção organizada de dados.

i) Um(a) ________ é um conjunto de colunas cujos valores correspondem aos valores de chave primária de outra tabela.

j) O método ________ ________ é usado para obter uma `Connection` com um banco de dados.

k) A interface ________ ajuda a gerenciar a conexão entre um programa Java e um banco de dados.

l) Um objeto ________ é utilizado para submeter uma consulta a um banco de dados.

m) Ao contrário de um objeto `ResultSet`, os objetos ________ e ________ são roláveis e atualizáveis por padrão.

n) ________, um `RowSet` desconectado, armazena os dados em cache de um `ResultSet` na memória.

Respostas do exercício de revisão

24.1 a) SQL. b) linhas, colunas. c) `ResultSet`. d) chave primária. e) `WHERE`. f) `ORDER BY`. g) junção. h) banco de dados. i) chave estrangeira. j) `DriverManager`, `getConnection`. k) `Connection`. l) `Statement`. m) `JdbcRowSet`, `CachedRowSet`. n) `CachedRowSet`.

Questões

24.2 ***(Aplicativo de consulta para o banco de dados books)*** Usando as técnicas mostradas neste capítulo, defina um aplicativo completo de consulta para o banco de dados `books`. Forneça as seguintes consultas predefinidas:

a) Selecione todos os autores da tabela `Authors`.

b) Selecione um autor específico e liste todos os livros para esse autor. Inclua título, ano e ISBN de cada livro. Ordene as informações alfabeticamente pelo nome e, então, pelo sobrenome do autor.

c) Selecione um título específico e liste todos os autores para esse título. Ordene os autores em ordem alfabética pelo sobrenome, então pelo nome.

d) Forneça quaisquer outras consultas que você considerar apropriadas.

Exiba um `JComboBox` com nomes apropriados para cada consulta predefinida. Também permita que os usuários forneçam suas próprias consultas.

24.3 ***(Aplicativo de manipulação de dados para o banco de dados books)*** Defina um aplicativo de manipulação de dados para o banco de dados `books`. O usuário deve ser capaz de editar os dados existentes e adicionar novos dados ao banco de dados (obedecendo às restrições de integridade referenciais e de entidade). Permita ao usuário editar o banco de dados das seguintes maneiras:

a) Adicionar um novo autor.

b) Editar as informações existentes para um autor.

c) Adicione um novo título para um autor. (Lembre-se de que o livro deve ter uma entrada na tabela `AuthorISBN`.)

d) Adicione uma nova entrada na tabela `AuthorISBN` para vincular autores com títulos.

24.4 ***(Banco de dados de empregados)*** Na Seção 10.5, introduzimos uma hierarquia de folhas de pagamento de empregados para calcular a folha de pagamento de cada empregado. Nesse exercício, fornecemos um banco de dados de empregados que corresponde à hierarquia de folhas de pagamento dos empregados. (Um script SQL para criar o banco de dados `employees` é fornecido com os exemplos deste capítulo.) Escreva um aplicativo que permita ao usuário:

a) Adicionar empregados à tabela `employee`.

b) Adicionar informações de folha de pagamento à tabela apropriada para cada novo empregado. Por exemplo, para um empregado assalariado adicione informações de folha de pagamento à tabela `salariedEmployees`.

A Figura 24.33 é o diagrama de relacionamento de entidade do banco de dados `employees`.

24.5 ***(Aplicativo de consulta do banco de dados de empregados)*** Modifique a Questão 24.4 para fornecer uma `JComboBox` e uma `JTextArea` para permitir ao usuário realizar uma consulta que seja selecionada a partir da `JComboBox` ou definida na `JTextArea`. As consultas predefinidas de exemplo são:

a) Selecione todos os empregados que trabalham no Departamento de SALES.

b) Selecione os assalariados por hora que trabalham mais de 30 horas.

c) Selecione todos os empregados comissionados em ordem decrescente da taxa de comissão.

24.6 ***(Aplicativo de manipulação de dados para o banco de dados Employee)*** Modifique a Questão 24.5 para realizar as seguintes tarefas:

a) Aumente 10% do salário base de todos os empregados comissionados com salário base.

b) Se o aniversário do empregado cair no mês atual, adicione um bônus de US$ 100.

c) Para todos os empregados comissionados com vendas brutas acima de US$ 10.000, adicione um bônus de US$ 100.

24.7 ***(Modificação no catálogo de endereços: atualize uma entrada existente)*** Modifique o programa nas figuras 24.30 a 24.32 para fornecer um `JButton` que permite ao usuário invocar um método chamado `updatePerson` na classe `PersonQueries` a fim de atualizar a entrada atual no banco de dados `AddressBook`.

24.8 ***(Modificação no catálogo de endereços: exclua uma entrada existente)*** Modifique o programa da Questão 24.7 para fornecer um `JButton` que permite ao usuário chamar um método nomeado `deletePerson` na classe `PersonQueries` para excluir a entrada atual no banco de dados `AddressBook`.

24.9 ***(Projeto opcional: estudo de caso ATM com um banco de dados)*** Modifique o estudo de caso opcional ATM (capítulos 33 e 34, em inglês, no Site de Apoio) para usar um banco de dados real a fim de armazenar informações de conta. Fornecemos um script SQL para criar `BankDatabase`, que tem uma única tabela que consiste em quatro colunas — `AccountNumber` (um `int`), `PIN` (um `int`) `AvailableBalance` (um `double`) e `TotalBalance` (um `double`).

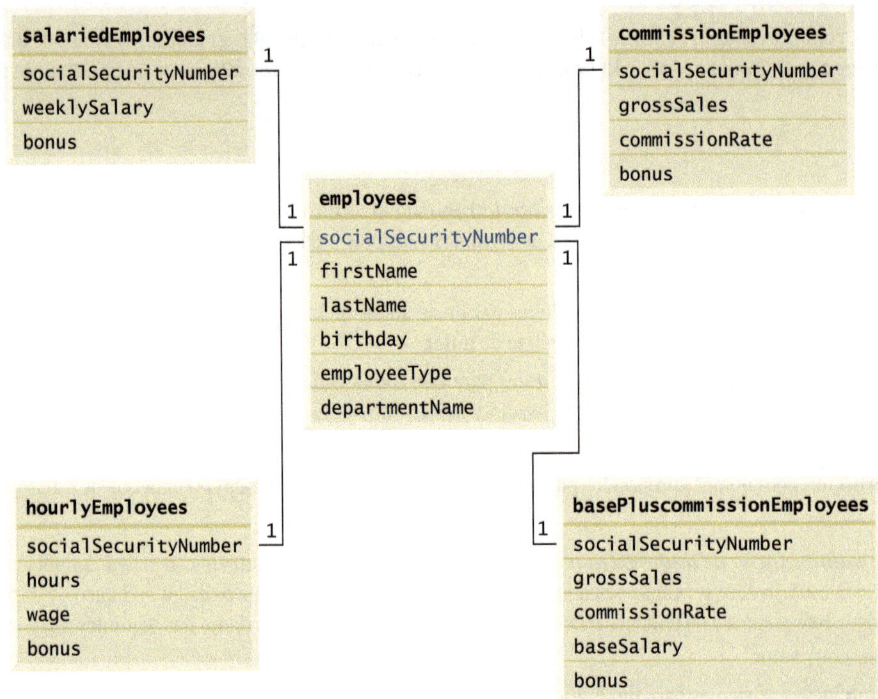

Figura 24.33 | Relacionamentos de tabela no banco de dados `employees`.

GUI do JavaFX: parte I

25

Calma!, que luz é aquela na janela? É o leste e traz Julieta como um sol.
— William Shakespeare

Mesmo um pequeno evento na vida de uma criança é um evento no mundo da criança e, portanto, um evento do mundo.
— Gaston Bachelard

... os mais sábios profetas certificam-se do evento primeiro.
— Horace Walpole

Você acha que posso ouvir essas coisas o dia todo?
— Lewis Carroll

Objetivos

Neste capítulo, você irá:

- Construir GUIs do JavaFX e manipular eventos gerados por interações do usuário com elas.
- Compreender a estrutura de uma janela de aplicativo JavaFX.
- Usar JavaFX Scene Builder para criar arquivos FXML que descrevem cenas JavaFX contendo `Labels`, `ImageViews`, `TextFields`, `Sliders` e `Buttons` sem escrever nenhum código.
- Organizar componentes GUI usando os contêineres de layout VBox e GridPane.
- Usar uma classe de controladores para definir rotina de tratamento de evento para interfaces JavaFX FXML.
- Construir dois aplicativos JavaFX.

Sumário

25.1 Introdução

[*Observação:* os pré-requisitos para este capítulo são os capítulos 1 a 11. Este capítulo não requer que você já tenha lido o Capítulo 12, "Componentes GUI: parte 1", que discute GUI Swing.]

Uma **interface gráfica com usuário** (**graphical user interface — GUI**) apresenta um mecanismo amigável ao usuário para interagir com um aplicativo. Uma GUI dá ao aplicativo uma "aparência" e "comportamento" distintos. As GUIs são construídas a partir de **componentes GUI**. Eles às vezes são chamados de *controles* ou *widgets* — abreviação para *window gadgets* (controles de janela). Um componente GUI é um objeto com que o usuário interage pro meio do mouse, do teclado ou outra forma de entrada, como reconhecimento de voz.

Observação sobre a aparência e comportamento 25.1

Fornecer aos diferentes aplicativos componentes de interface com o usuário consistentes e intuitivos permite que os usuários se familiarizem com um novo aplicativo, para que possam aprendê-lo mais rapidamente e utilizá-lo mais produtivamente.

História da GUI em Java

A biblioteca GUI original do Java era o Abstract Window Toolkit (AWT). O Swing (capítulos 12 e 22) foi adicionado à plataforma no Java SE 1.2. Desde então, o Swing manteve-se como a principal tecnologia de interfaces gráficas no Java. O Swing agora está no modo de manutenção — a Oracle parou de se desenvolver e fornecerá apenas correções de bugs daqui para a frente; no entanto, continuará a ser parte do Java e ainda é amplamente utilizada.

A API para interfaces, elementos gráficos e multimídia do futuro em Java é o **JavaFX**. A Sun Microsystems (adquirida pela Oracle em 2010) anunciou o JavaFX em 2007 como um concorrente do Adobe Flash e do Microsoft Silverlight. O JavaFX 1.0 foi lançado em 2008. Antes da versão 2.0, os desenvolvedores usavam JavaFX Script, que era semelhante a JavaScript, para escrever aplicações JavaFX. O código-fonte JavaFX Script compilava para bytecode Java, permitindo que os aplicativos JavaFX executem no Java Virtual Machine. A partir da versão 2.0 em 2011, o JavaFX foi reimplementado como um conjunto de bibliotecas Java que podem ser usadas diretamente em aplicativos Java. Alguns dos benefícios do JavaFX *versus* Swing incluem:

- JavaFX é mais fácil de usar — ele fornece uma API para GUI, elementos gráficos e multimídia (imagens, animação, áudio e vídeo), enquanto o Swing é apenas para GUIs; portanto, você precisa usar outras APIs para elementos gráficos e aplicativos multimídia.
- Com o Swing, muitos IDEs forneciam ferramentas de design de interfaces gráficas para arrastar e soltar componentes em um layout; mas cada IDE produzia um código diferente. O JavaFX Scene Builder (Seção 25.2) pode ser usado independente ou integrado com muitas IDEs e produz o mesmo código, independentemente do IDE.
- Embora componentes Swing possam ser personalizados, o JavaFX oferece completo controle sobre a aparência e comportamento de uma GUI do JavaFX (Capítulo 26, em inglês, no Site de Apoio) por meio de Cascading Style Sheets (CSS).
- O JavaFX foi projetado para melhorar a segurança de threads, o que é importante para os sistemas multiprocessados de hoje.
- O JavaFX suporta transformações para reposicionamento e reorientação de componentes JavaFX, e animações para alterar as propriedades de componentes JavaFX ao longo do tempo. Eles podem ser usados para fazer aplicações mais intuitivas e fáceis de usar.

A versão JavaFX utilizada neste capítulo

Neste capítulo, utilizamos o JavaFX 2.2 (lançado no final de 2012) com o Java SE 7. Testamos os aplicativos do capítulo em Windows, Mac OS X e Linux. Quando escrevíamos este livro, a Oracle estava prestes a lançar o JavaFX 8 e o Java SE 8. Nossos capítulos 26 e 27, em inglês, no Site de Apoio deste livro, apresentam recursos adicionais de GUI do JavaFX e introduzem gráficos JavaFX e recursos multimídia no contexto do JavaFX 8 e Java SE 8.

25.2 JavaFX Scene Builder e o IDE NetBeans

A maioria dos livros de Java que introduzem programação GUI fornece GUIs codificadas manualmente, isto é, os autores constroem as GUIs a partir do zero em código Java, em vez de usar uma ferramenta de design GUI visual. Isso é devido ao mercado fraturado de IDEs Java — há tantos IDEs Java que os autores não podem contar com o uso de um IDE específico.

O JavaFX é organizado de forma diferente. A ferramenta **JavaFX Scene Builder** é uma ferramenta autônoma de layout visual de JavaFX GUI que também pode ser usada com vários IDEs, incluindo os mais populares — NetBeans, Eclipse e IntelliJ IDEA. O JavaFX Scene Builder é o mais plenamente integrado com o NetBeans,[1] razão pela qual nós o utilizamos em nossa apresentação do JavaFX.

O JavaFX Scene Builder permite criar GUIs, arrastando e soltando componentes da GUI da biblioteca do Scene Builder para uma área de design e, então, modificando e modelando a GUI — tudo sem escrever nenhuma linha de código. Os recursos de edição e visualização dinâmicas do JavaFX Scene Builder permitem que você visualize sua GUI à medida que a cria e modifica, sem compilar e executar o aplicativo. Você pode usar **Cascading Style Sheets (CSS)** para alterar toda a aparência e o comportamento de sua GUI, um conceito chamado às vezes de **skinning**. No Capítulo 26 do Site de Apoio (em inglês), vamos demonstrar as noções básicas de estilização com CSS.

Neste capítulo, usamos o JavaFX Scene Builder versão 1.1 e o NetBeans 7.4 para criar dois aplicativos introdutórios completos em JavaFX. Os capítulos 26 e 27 do Site de Apoio (em inglês) usam o JavaFX Scene Builder 2.0.

O que é FXML?

À medida que você cria e modifica uma GUI, o JavaFX Scene Builder gera **FXML (FX Markup Language)** — um vocabulário XML para definir e organizar controles GUI do JavaFX sem escrever nenhum código Java. Você não precisa saber FXML ou XML para estudar este capítulo. Como você verá na Seção 25.4, o JavaFX Scene Builder oculta os detalhes da FXML de tal modo que você pode se concentrar em definir *o que* a GUI deve conter, sem especificar *como* gerá-la — esse é outro exemplo de programação declarativa, que usamos com lambdas Java SE no Capítulo 17.

Observação de engenharia de software 25.1

O código FXML é separado da lógica do programa que é definida no código-fonte Java — essa separação entre interface (GUI) e implementação (o código Java) faz com que seja mais fácil depurar, modificar e manter aplicações GUI do JavaFX.

25.3 Estrutura de janelas do aplicativo JavaFX

Uma janela JavaFX app consiste em várias partes (Figura 25.1) que você vai usar nas seções 25.4 e 25.5:

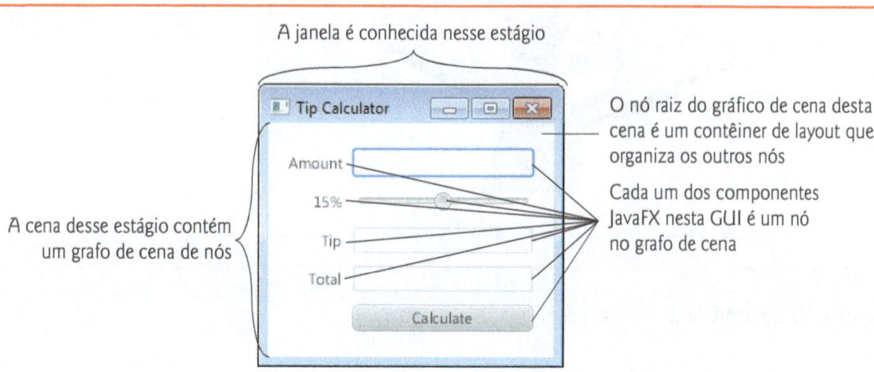

Figura 25.1 | Partes de uma janela de aplicativo JavaFX.

[1] `https://netbeans.org/`

- A janela em que a GUI de um aplicativo JavaFX é exibida é conhecida como palco ou **stage** e é uma instância da classe `Stage` (pacote `javafx.stage`).
- O stage contém uma **cena** ativa que define a GUI como um **grafo de cena** — uma estrutura em forma de árvore dos elementos visuais de um aplicativo, tais como controles GUI, formas, imagens, vídeo, texto etc. A cena é uma instância da classe de `Scene` (pacote `javafx.scene`).
- Cada elemento visual no grafo de cena é um **nó** — uma instância de uma subclasse de `Node` (pacote `javafx.scene`) que define os atributos e comportamentos comuns a todos os nós do grafo de cena. Com a exceção do primeiro nó no grafo de cena — conhecido como o **nó raiz** —, cada nó tem um pai. Os nós podem sofrer transformações (por exemplo, podem ser movidos, girados, redimensionados e inclinados), opacidade (que controla se um nó é transparente, parcialmente transparente ou opaco), efeitos (por exemplo, sombras, desfoques, reflexão e iluminação) e outros aspectos apresentaremos no Capítulo 26 (em inglês, no Site de Apoio).
- Nós que têm filhos são tipicamente **contêineres de layout** que organizam seus nós filhos na cena. Você vai usar dois contêineres de layout (`VBox` e `GridPane`) neste capítulo e aprender vários mais nos capítulos 26 e 27 (em inglês, no Site de Apoio).
- Os nós dispostos em um contêiner de layout são uma combinação de controles e, em GUIs mais complexas, possivelmente outros contêineres de layout. **Controles** são componentes GUI, como as `Labels` que exibem texto, `TextFields` que permitem que um programa receba o texto digitado pelo usuário, `Buttons` que iniciam ações e muito mais. Quando o usuário interage com um controle, como clicar em um `Button`, o controle gera um `event`. Os programas podem responder a esses eventos — o que é conhecido como tratamento de evento — para especificar o que deve acontecer a cada interação do usuário.
- Uma rotina de tratamento de evento é um método que responde a uma interação do usuário. As rotinas de tratamento de evento de uma GUI FXML são definidas na chamada **classe de controladores** (como você verá na Seção 25.5.5).

25.4 Aplicativo Welcome — exibindo texto e uma imagem

Nesta seção, *sem escrever nenhum código* você vai construir um aplicativo JavaFX **Welcome** que exibe texto em uma `Label` e uma imagem em um `ImageView` (Figura 25.2). Primeiro, você criará um projeto de aplicativo JavaFX no *NetBeans IDE*. Então, usará técnicas de programação visual e o JavaFX Scene Builder para *arrastar e soltar* componentes do JavaFX para a área de design. Então, você usará a janela **Inspector** do JavaFX Scene Builder para configurar opções, como texto e tamanho da fonte dos `Labels` e as imagens do `ImageView`. Por fim, você executará o aplicativo a partir do NetBeans. Esta seção pressupõe que você leu a seção "Antes de começar", e instalou o NetBeans e o Scene Builder. Usamos o NetBeans 7.4, o Scene Builder 1.1 e o Java SE 7 para os exemplos deste capítulo.

Figura 25.2 | Aplicativo **Welcome** final em execução no Windows 7.

25.4.1 Criando o projeto do aplicativo

Agora você vai usar o NetBeans para criar um **JavaFX FXML App**. Abra o NetBeans em seu sistema. Inicialmente, a **Start Page** (Figura 25.3) é exibida — essa página oferece links para a documentação do NetBeans e exibe uma lista de seus projetos mais recentes, se houver algum.

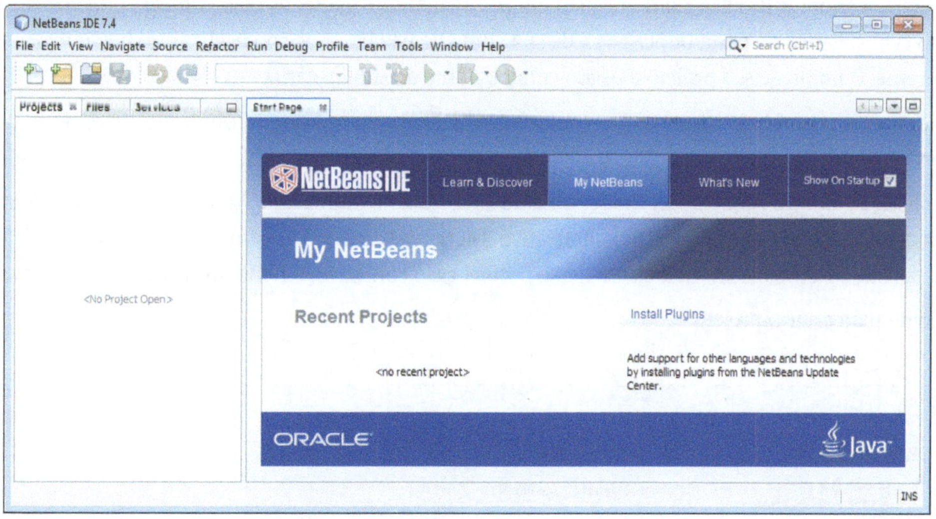

Figura 25.3 | O NetBeans IDE mostra a **Start Page**.

Criando um novo projeto

Para criar um aplicativo, você deve primeiro criar um **projeto** — um grupo de arquivos relacionados, como arquivos de código e imagens que compõem um aplicativo. Clique no botão **New Project...** ( ) na barra de ferramentas ou selecione **File > New Project...** para exibir o **diálogo** **New Project** (Figura 25.4). Em **Categories**, selecione **JavaFX**, e em **Projects**, selecione **JavaFX FXML Application** e clique em **Next >**.

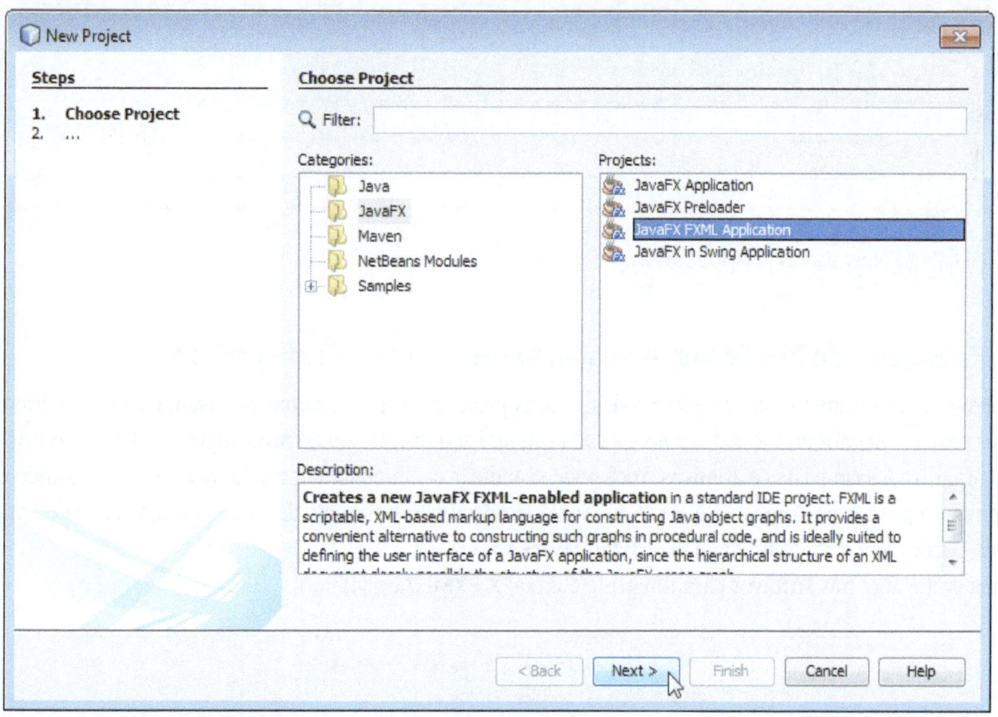

Figura 25.4 | Caixa de diálogo **New Project**.

Diálogo New JavaFX Application

Na caixa de diálogo **New JavaFX Application** (Figura 25.5), especifique as seguintes informações:

1. **Campo Project Name:** esse é o nome de seu aplicativo. Digite `Welcome` nesse campo.

2. **Campo Project Location:** a localização do projeto em seu sistema. O NetBeans coloca novos projetos em um subdiretório do `NetBeansProjects` dentro da pasta `Documents` de sua conta de usuário. Você pode clicar no botão **Browse...** para especificar um local diferente. O nome de seu projeto é usado como o nome do subdiretório.
3. **Campo FXML name:** o nome do arquivo que conterá a GUI FXML do aplicativo. Digite `Welcome` aqui, o IDE cria o arquivo `Welcome.fxml` no projeto.
4. **Caixa de verificação Create Application Class:** quando essa opção é marcada, o NetBeans cria uma classe com o nome especificado. Essa classe contém o método `main` do aplicativo. Digite `Welcome` nesse campo. Se você preceder o nome da classe com um nome de pacote, o NetBeans criará a classe nesse pacote; caso contrário, o NetBeans irá colocar a classe no pacote padrão.

Clique em **Finish** para criar o projeto.

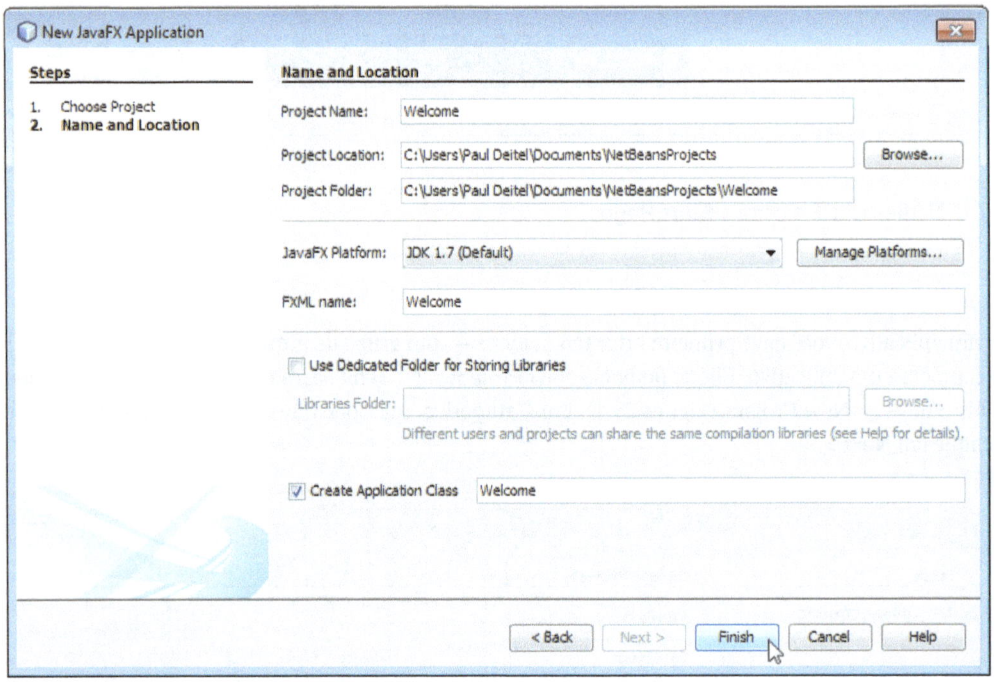

Figura 25.5 | Diálogo **New JavaFX Application**.

25.4.2 Janela Projects do NetBeans — visualizando o conteúdo do projeto

A janela **Projects** NetBeans fornece acesso a todos os seus projetos. O nó **Welcome** representa o projeto desse aplicativo. Você pode ter muitos projetos abertos ao mesmo tempo — cada um terá seu próprio nó de nível superior. Dentro do nó de um projeto, os conteúdos são organizados em pastas e arquivos. Você pode visualizar o conteúdo do projeto `Welcome` expandindo o nó **Welcome > Source Packages > <default package>** (Figura 25.6). Se você especificou um nome de pacote para a classe do aplicativo na Figura 25.5, o nome do pacote será exibido no lugar de **<default package>**.

O NetBeans cria e abre três arquivos para um projeto **JavaFX FXML Application:**

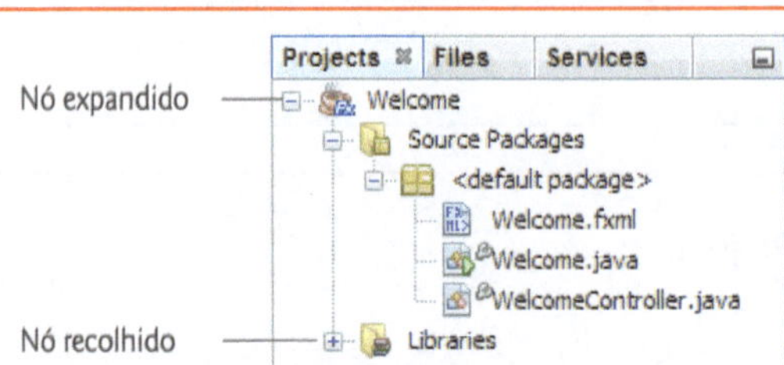

Figura 25.6 | Janela NetBeans **Projects.**

- `Welcome.fxml` — Esse arquivo contém a marcação FXML para a GUI. Por padrão, o IDE cria uma GUI que contém um `Button` e um `Label`.
- `Welcome.java` — Essa é a classe principal que cria a GUI a partir do arquivo FXML e a exibe em uma janela.
- `WelcomeController.java` — Essa é a classe em que você define a rotina de tratamento de evento da GUI que permite que o aplicativo responda a interações do usuário com a interface gráfica.

Na Seção 25.5, quando apresentamos um aplicativo com rotinas de tratamento de evento, vamos discutir a classe do aplicativo principal e a classe de controladores em detalhe. Para o aplicativo **Welcome** você não vai editar nenhum desses arquivos no NetBeans, assim você pode fechá-las. Você não precisa do arquivo `WelcomeController.java` nesse aplicativo; portanto, você pode clicar com o botão direito no arquivo na janela **Projects** e selecionar **Delete** para removê-lo. Clique em **Yes** no diálogo de confirmação para excluir o arquivo.

25.4.3 Adicionando uma imagem ao projeto

Uma maneira de usar uma imagem em seu aplicativo é adicionar seu arquivo ao projeto e, então, exibi-lo em um `ImageView`. A imagem `bug.png` que você vai usar para esse aplicativo está localizada na subpasta `images` da pasta de exemplos deste capítulo (ver seção Antes de começar). Localize a pasta `images` em seu sistema de arquivos e, então, arraste `bug.png` para o nó **<default package>** do projeto a fim de adicionar o arquivo ao projeto.

25.4.4 Abrindo o JavaFX Scene Builder a partir do NetBeans

Agora abra o JavaFX Scene Builder para poder criar a GUI desse aplicativo. Para tanto, clique com o botão direito do mouse em `Welcome.fxml` na janela **Projects**, selecione **Open** para ver o arquivo FXML no Scene Builder (Figura 25.7).

Excluindo os controles padrão

O arquivo FXML fornecido pelo NetBeans contém uma GUI padrão que consiste em um controle `Button` e um controle `Label`. O aplicativo **Welcome** não vai usar esses controles padrão; portanto, você pode eliminá-los. Para tanto, clique em cada um no painel de conteúdo (ou na janela **Hierarchy** na parte inferior esquerda da janela do Scene Builder) e, então, pressione a tecla *Backspace* ou a tecla *Delete*. Em cada caso, o Scene Builder exibe o aviso "**Some components have an fx:id. Do you really want to delete them?**". Isso significa que pode haver código Java no projeto que referencia esses controles — para esse aplicativo, não haverá nenhum código; portanto, você pode clicar em **Delete** para remover esses controles.

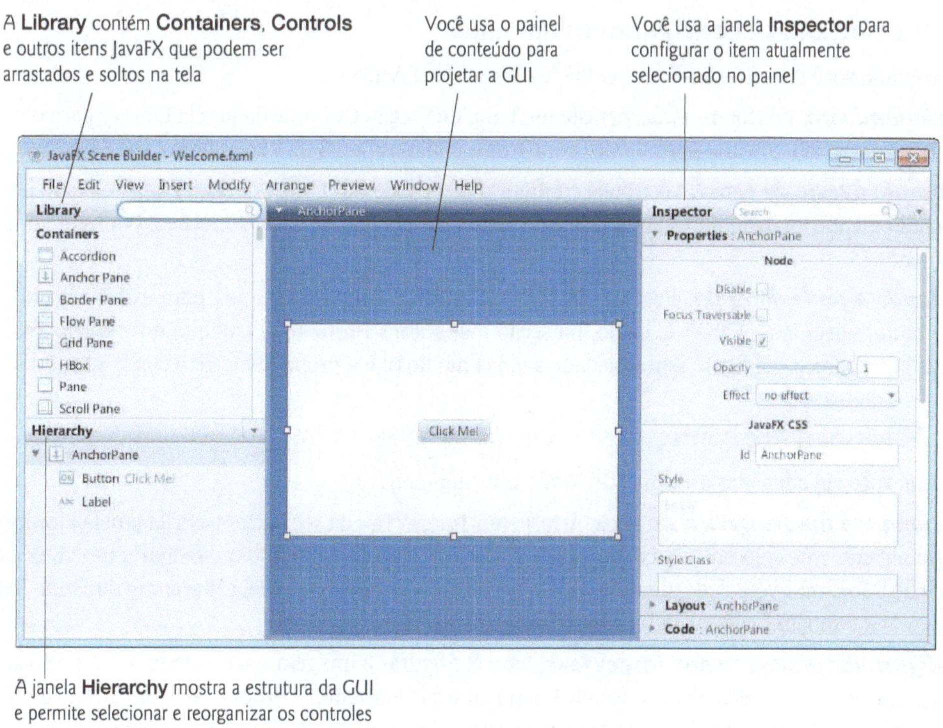

Figura 25.7 | O JavaFX Scene Builder exibindo a GUI padrão em `Welcome.fxml`.

Excluindo a referência à classe `WelcomeController`

Como você vai aprender na Seção 25.5, no Scene Builder, você pode especificar o nome da classe de controladores que contém métodos para responder a interações do usuário com a GUI. O aplicativo **Welcome** não precisa responder a quaisquer interações com o usuário, assim você removerá a referência no arquivo FXML à classe `WelcomeController`. Para tanto, selecione o nó `AnchorPane` na janela **Hierarchy** e, então, clique na seção **Code** da janela **Inspector** para expandi-la e exclua o valor especificado no campo **Controller class**. Agora você está pronto para criar a GUI do aplicativo **Welcome**.

25.4.5 Mudando para um contêiner de layout `VBox`

Para esse aplicativo, você vai colocar um `Label` e um `ImageView` em um **contêiner de layout `VBox`** (pacote `javafx.scene.layout`) que será o nó raiz do grafo de cena. Contêineres de layout ajudam a organizar e dimensionar componentes GUI. O `VBox` organiza seus nós *verticalmente* de cima para baixo. O `VBox` é um dos vários contêineres de layout JavaFX para organizar controles em uma GUI. Discutimos o contêiner de layout `GridPane` na Seção 25.5 e vários outros no Capítulo 26, em inglês, no Site de Apoio. Por padrão, o NetBeans fornece uma `AnchorPane` como o layout raiz. Para mudar o `AnchorPane` padrão para uma `VBox`:

1. ***Adicionando um `VBox` ao layout padrão.*** Arraste um `VBox` da seção **Containers** da janela **Library** para o `AnchorPane` padrão no painel de conteúdo do Scene Builder.
2. ***Tornando o `VBox` o layout raiz.*** Selecione **Edit > Trim Document to Selection** para tornar o `VBox` o layout raiz e remover o `AnchorPane`.

25.4.6 Configurando o contêiner de layout `VBox`

Agora você especificará o alinhamento, o tamanho inicial e o preenchimento até as bordas (*padding*) do `VBox`:

1. ***Especificando o alinhamento do `VBox`.*** O **alinhamento** do `VBox` determina o posicionamento dos filhos do `VBox` no layout. Nesse aplicativo, queremos que cada nó filho (o `Label` e o `ImageView`) fique centralizado horizontalmente na cena, e que os dois filhos fiquem centralizados verticalmente, de modo que haja uma quantidade igual de espaço acima do `Label` e abaixo da `ImageView`. Para tanto, selecione o `VBox` e, então, na seção **Inspector's Properties**, configure a propriedade **Alignment** como `CENTER`. Quando você configurar o **Alignment**, observe a variedade de valores de alinhamento potenciais que você pode usar.
2. ***Especificando tamanho preferencial do `VBox`.*** O **tamanho preferencial** (largura e altura) do nó raiz do grafo de cena é usado pela cena para determinar o tamanho da janela quando o aplicativo começa a executar. Para configurar o tamanho preferencial, selecione o `VBox` e, então, na seção **Layout** do **Inspector**, configure a propriedade **Pref Width** como `450` e a propriedade **Pref Height** como `300`.

25.4.7 Adicionando e configurando um `Label`

Em seguida, você criará o `Label` que exibe `"Welcome to JavaFX!"`:

1. ***Adicionando um rótulo ao `VBox`.*** Arraste um `Label` da seção **Controls** da janela **Library** para o `VBox`. O `Label` é automaticamente centralizado no `VBox` porque você configurou o alinhamento do `VBox` como `CENTER` na Seção 25.4.6.
2. ***Alterando o texto do `Label`.*** Você pode configurar o texto de um `Label` clicando duas vezes nele e digitando o texto, ou selecionando o `Label` e definindo sua propriedade **Text** na seção **Inspector's Properties**. Configure o texto `Label` como `"Welcome to JavaFX!"`.
3. ***Mudando a fonte do `Label`.*** Para esse aplicativo, vamos configurar o `Label` para exibir em uma fonte grande e em negrito. Para tanto, selecione o `Label` e, então, na seção **Inspector's Preferences**, clique no valor à direita da propriedade **Font**. Na janela que aparece, configure a propriedade **style** como `Bold` e a propriedade **size** como `30`.

25.4.8 Adicionando e configurando um `ImageView`

Por fim, você vai adicionar o `ImageView` que exibe `bug.png`.

1. ***Adicionando um ImageView ao `VBox`.*** Arraste um `ImageView` da seção **Controls** da janela **Library** para o `VBox`. O `ImageView` é automaticamente colocado abaixo do `Label`. Cada novo controle que você adicionar a um `VBox` é colocado abaixo dos outros filhos do `VBox`, mas você pode alterar a ordem arrastando os filhos na janela **Hierarchy** de Scene Builder. Assim como `Label`, o `ImageView` também é centralizado automaticamente no `VBox`.
2. ***Configurando a imagem dos `ImageViews`.*** Para configurar a imagem a ser exibida, selecione o `ImageView` e clique no botão de reticências (...) à direita da propriedade **Image** na seção **Inspector's Properties**. Por padrão, o Scene Builder abre uma janela mostrando a pasta de código-fonte do projeto, que é onde você colocou o arquivo de imagem `bug.png` na Seção 25.4.3. Selecione o arquivo de imagem e clique em **Open**. O Scene Builder exibe a imagem e redimensiona o `ImageView` para coincidir com as proporções de altura e largura da imagem, configurando as propriedades **Fit Width** e **Fit Height** do `ImageView`.

3. ***Alterando o tamanho do `ImageView`.*** Queremos apresentar a imagem em seu tamanho original. Para tanto, você deve excluir os valores padrão para propriedades **Fit Width** e **Fit Height** do `ImageView`, que estão localizados na seção **Layout** do **Inspector**. Depois de excluir esses valores, o Scene Builder redimensiona o `ImageView` para as dimensões exatas da imagem. Salve o arquivo FXML.

Você completou a GUI. O painel de conteúdo do Scene Builder agora deve aparecer como mostrado na Figura 25.8.

Figura 25.8 | Projeto concluído de GUI do aplicativo **Welcome** no Scene Builder.

25.4.9 Executando o aplicativo `Welcome`

Você pode executar o aplicativo a partir do NetBeans de uma destas três maneiras:

- Selecione o nó raiz do projeto na janela **Projects** do NetBeans e, então, clique no botão **Run Project** (▷) na barra de ferramentas.
- Selecione o nó raiz do projeto na janela **Projects** do NetBeans e, então, pressione F6.
- Clique com o botão direito do mouse no nó raiz do projeto na janela **Projects** do NetBeans e, então, selecione **Run**.

Em cada caso, o IDE irá compilar o aplicativo (se ainda não estiver compilado) e, então, executá-lo. O aplicativo **Welcome** agora deve aparecer como mostrado na Figura 25.2.

25.5 Aplicativo Tip Calculator — Introdução à manipulação de eventos

O aplicativo **Tip Calculator** (Figura 25.9 [a]) calcula e exibe a gorjeta e o total de uma conta de um restaurante. Por padrão, o aplicativo calcula o total com uma gorjeta de 15%. Você pode especificar um percentual para a gorjeta de 0% a 30% movendo o *indicador* do `Slider` — isso atualiza o percentual da gorjeta (Figura 25.9 [b] e [c]). Nesta seção, você irá construir um aplicativo **Tip Calculator** usando vários componentes JavaFX e aprender como responder a interações do usuário com a interface gráfica.

a) GUI **Tip Calculator** inicial

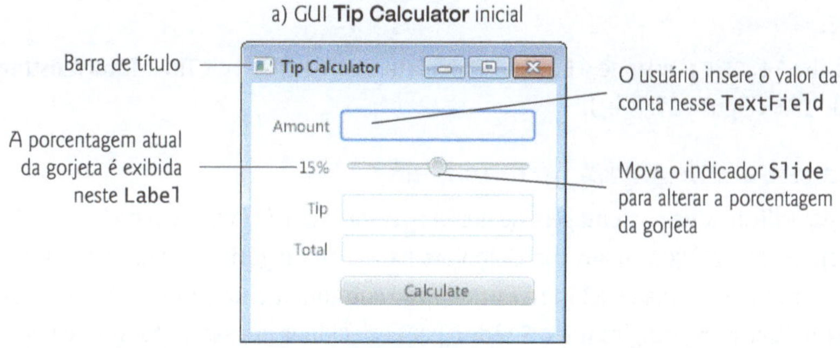

continua

continuação

b) GUI depois que o usuário insere o valor 34,56 e clica no botão **Calculate**

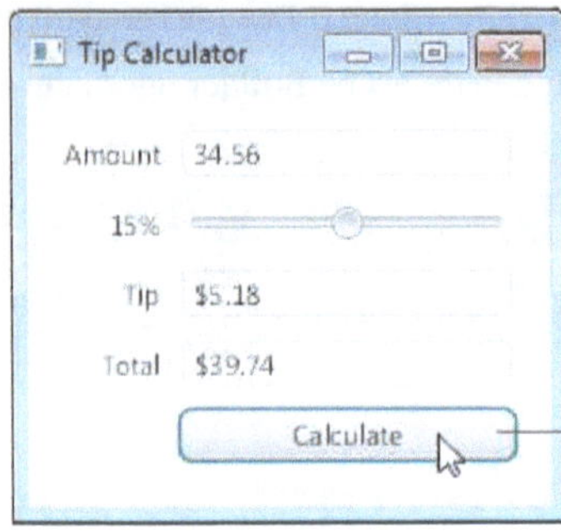

O usuário clica no botão **Calculate** para exibir a gorjeta e o total

c) GUI depois que o usuário move o indicador do `Slider` para alterar a porcentagem de gorjeta para 20%, então, clica no botão **Calculate**

Percentual da gorjeta atualizada depois que o usuário moveu o indicador do `Slider`

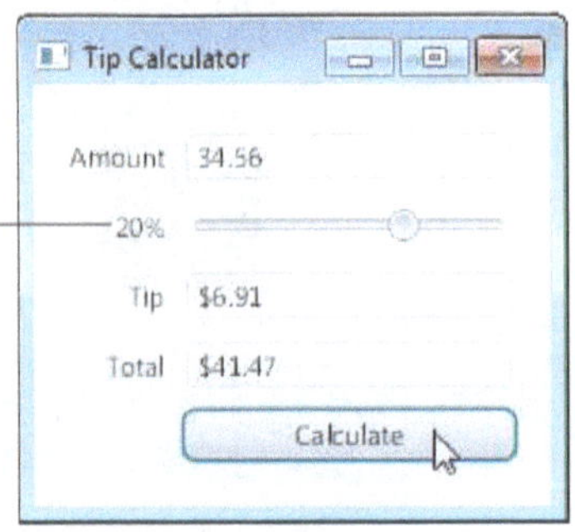

Figura 25.9 | Entrando no valor da conta e calculando a gorjeta.

Você começará testando o aplicativo, utilizando-o para calcular gorjetas de 15% e 10%. Então, daremos uma visão geral das tecnologias que você usará para criar o aplicativo. Você vai construir a GUI do aplicativo usando o NetBeans JavaFX e o SceneBuilder. Por fim, vamos apresentar o código Java completo para o aplicativo e então analisar o código passo a passo.

25.5.1 Testando o aplicativo Tip Calculator

Abrindo e executando o aplicativo

Abra o NetBeans IDE e, então, execute os seguintes passos para abrir o projeto do aplicativo **Tip Calculator** e executá-lo:

1. *Abrindo o projeto do aplicativo* **Tip Calculator**. Selecione **File > Open Project...** ou clique no botão **Open Project...** ( ) na barra de ferramentas para exibir a caixa de diálogo **Open Project**. Navegue até a pasta de exemplos deste capítulo (no site do Deitel), selecione `TipCalculator` e clique no botão **Open Project**. Um nó `TipCalculator` agora aparece na janela **Projects**.
2. *Executando o aplicativo* **Tip Calculator**. Clique com o botão direito do mouse no projeto `TipCalculator` na janela **Projects** e clique no botão **Run Project** ( ) na barra de ferramentas.

Inserindo um total de conta

Usando o teclado, insira `34.56` e pressione o `Button` **Calculate**. Os `TextFields` **Tip** e **Total** mostram o valor da gorjeta e a conta total para uma gorjeta de 15% (Figura 25.9 [b]).

Selecionando um percentual de gorjeta personalizado

Use o `Slider` para especificar uma porcentagem de gorjeta *personalizada*. Arraste o *indicador* `Slider` até que a porcentagem leia **20%** (Figura 25.9 [c]), então pressione o `Button` **Calculate** para exibir a gorjeta e o total atualizados. Ao arrastar o indicador, o percentual de gorjeta no `Label` à esquerda do `Slider` é atualizado continuamente. Por padrão, o `Slider` permite selecionar valores de 0,0 a 100,0, mas nesse aplicativo restringiremos o `Slider` para selecionar números inteiros de 0 a 30.

25.5.2 Visão geral das Technologies

Esta seção apresenta as tecnologias que você usará para construir o aplicativo **Tip Calculator**.

Classe `Application`

A classe principal em um aplicativo JavaFX é uma subclasse de `Application` (pacote `javafx.application.Application`). O método `main` do aplicativo chama o método `static launch` da classe `Application` para iniciar a execução de um aplicativo JavaFX. Esse método, por sua vez, faz com que o tempo de execução do JavaFX crie um objeto da subclasse `Application` e chame o método `start`, que cria a GUI, anexa-a a uma `Scene` e a coloca no `Stage` que o método `start` recebe como um argumento.

Organizando componentes JavaFX com um `GridPane`

Lembre-se de que os contêineres de layout organizam os componentes JavaFX em uma `Scene`. Uma `GridPane` (pacote `javafx.scene.layout`) organiza os componentes JavaFX em *colunas* e *linhas* em uma grade retangular.

Esse aplicativo usa uma `GridPane` (Figura 25.10) para organizar as visualizações em duas colunas e cinco linhas. Cada célula em uma `GridPane` pode estar vazia ou conter um ou mais componentes JavaFX, incluindo contêineres de layout que organizam outros controles. Cada componente em um `GridPane` pode ser estendido por *múltiplas* colunas ou linhas, embora essa capacidade não tenha sido utilizada na GUI. Ao arrastar um `GridPane` até o painel de conteúdo do Scene Builder, o Scene Builder cria o `GridPane` com duas colunas e três linhas por padrão. Você pode adicionar e remover colunas e linhas conforme necessário. Discutiremos outros recursos do `GridPane` ao apresentar os passos da construção da GUI. Para saber mais sobre a classe `GridPane`, visite:

`http://docs.oracle.com/javafx/2/api/javafx/scene/layout/GridPane.html`

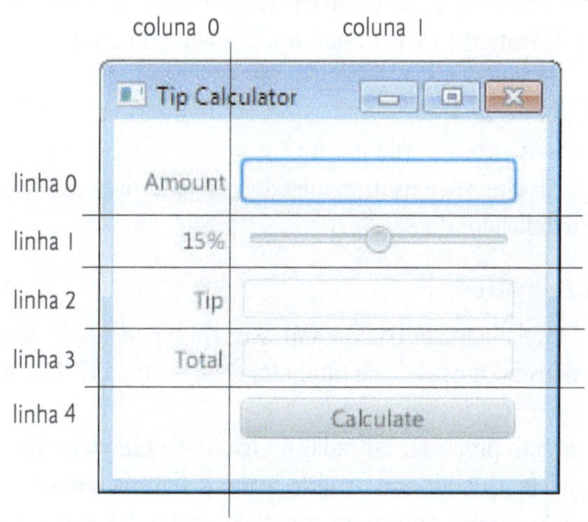

Figura 25.10 | `GridPane` da GUI **Tip Calculator** rotulado por suas linhas e colunas.

Criando e personalizando a GUI com o Scene Builder

Você vai criar `Labels`, `TextFields`, um `Slider` e um `Button` arrastando-os até o painel de conteúdo no Scene Builder, e então personalizá-los usando a janela **Inspector**.

- Um `TextField` (pacote `javafx.scene.control`) pode aceitar entrada de texto do usuário ou exibir texto. Você usará um `TextField` editável para inserir o valor da conta do usuário e dois `TextFields` *não editáveis* para exibir o valor da gorjeta e valor total.
- Um `Slider` (pacote `javafx.scene.control`) representa um valor no intervalo 0,0 a 100,0 por padrão e permite que o usuário selecione um número nesse intervalo movendo o indicador do `Slider`. Você personalizará o `Slider` para que o usuário possa escolher uma percentagem de gorjeta personalizada *somente* a partir do intervalo mais limitado de 0 a 30.
- Um `Button` (pacote `javafx.scene.control`) permite que o usuário inicie uma ação — nesse aplicativo, pressionar o `Button` **Calculate** calcula e exibe o valor da gorjeta e o valor total.

Formatando números como strings de percentagem e moeda específicas ao local

Você usará a classe `NumberFormat` (pacote `java.text`) para criar strings de percentagem e moeda *específicas da localidade* — uma parte importante da *internacionalização*.

Tratamento de evento

Normalmente, um usuário interage com uma GUI do aplicativo para indicar as tarefas que o aplicativo deve realizar. Por exemplo, ao escrever um e-mail em um aplicativo de e-mail, clicar no botão **Send** instrui o aplicativo a enviar o e-mail para os endereços de e-mail especificados. As GUIs são **baseadas em evento**. Quando o usuário interage com um componente GUI, a interação — conhecida como um **evento** — guia o programa para realizar uma tarefa. Algumas interações de usuário comuns que fazem com que um aplicativo realize uma tarefa incluem *clicar* em um botão, *digitar* em um campo de texto, *selecionar* o item de um menu, *fechar* uma janela e *mover* o mouse. O código que realiza uma tarefa em resposta a um evento é chamado de **rotina de tratamento de evento** e o processo total de responder a eventos é conhecido como **tratamento de evento**.

Antes que um aplicativo possa responder a um evento para um controle específico, você deve:

1. Criar uma classe que representa a rotina de tratamento de evento e implementa uma interface apropriada — conhecida como **interface ouvinte de evento**.
2. Indicar que um objeto dessa classe deve ser notificado quando o evento ocorre — o que é conhecido como **registrar a rotina de tratamento de evento**.

Nesse aplicativo, você responderá a dois eventos — quando o usuário move o indicador `Slider`, o aplicativo atualizará o `Label` que exibe a porcentagem de gorjeta, e quando o usuário clica em `Button` **Calculate**, o aplicativo calculará e exibirá o valor da gorjeta e o total da conta.

Veremos que, para certos eventos — como quando o usuário clica em um `Button` —, você pode vincular um controle ao método de tratamento de evento usando a seção **Code** da janela **Inspector** do Scene Builder. Nesse caso, a classe que implementa a interface ouvinte de eventos será criada para você e chamará o método que você especifica. Para eventos que ocorrem quando o valor da propriedade de controle muda — como quando o usuário move o indicador do `Slider` para mudar o valor do `Slider` —, veremos que é necessário criar a rotina de tratamento de evento inteiramente no código.

Implementando a interface `ChangeListener` para tratar alterações na posição do `Slider`

Você implementará a interface `ChangeListener` (do pacote `javafx.beans.value`) para responder ao evento quando o usuário move o indicador do `Slider`. Em particular, você usará o método `changed` para exibir o percentual de gorjeta selecionado pelo usuário à medida que o usuário move o indicador do `Slider`.

Arquitetura Model-View-Controller (MVC)

Aplicativos JavaFX em que a GUI é implementada como FXML seguem o **padrão de design Model-View-Controller** (**MVC**), que separa os dados de um aplicativo (contidos no **modelo**), de um lado, e, de outro, a GUI do aplicativo (a **visualização**) e a lógica de processamento do aplicativo (o **controlador**).

O controlador implementa a lógica para processar entradas do usuário. O modelo contém dados do aplicativo e a visualização apresenta os dados armazenados no modelo. Quando um usuário fornece alguma entrada, o controlador modifica o modelo com a entrada dada. No **Tip Calculator**, o modelo é o valor da conta, a gorjeta e o total. Quando o modelo muda, o controlador atualiza a visualização para apresentar os dados alterados.

Em um aplicativo JavaFX FXML, você define as rotinas de tratamento de evento do aplicativo em uma **classe de controladores**. A classe de controladores define as variáveis de instância para interagir com os controles programaticamente, bem como os métodos de tratamento de evento. A classe de controladores também pode declarar variáveis de instância adicionais, variáveis e métodos `static` que suportam a operação do aplicativo. Em um aplicativo simples como o **Tip Calculator**, o modelo e o controlador são muitas vezes combinados em uma única classe, como faremos nesse exemplo.

Classe `FXMLLoader`

Quando um aplicativo JavaFX FXML começa a executar, o método `static load` da classe `FXMLLoader` é usado para carregar o arquivo FXML que representa a GUI do aplicativo. Esse método:

- Cria o grafo de cena da GUI e retorna uma referência `Parent` (pacote `javafx.scene`) ao nó raiz do grafo de cena.
- Inicializa as variáveis de instância do controlador para os componentes que são manipulados programaticamente.
- Cria e registra as rotinas de tratamento de evento para quaisquer eventos especificados na FXML.

Discutiremos esses passos em mais detalhes nas seções 25.5.4 e 25.5.5.

25.5.3 Construindo a GUI do aplicativo

Nesta seção, mostraremos os passos precisos para utilizar o Scene Builder a fim de criar a GUI do **Tip Calculator**. A GUI só ficará parecida com aquela mostrada na Figura 25.9 depois que você tiver concluído os passos.

Valores de propriedade fx:id *para os controles desse aplicativo*

Se um controle ou o layout for manipulado programaticamente na classe de controladores (como faremos com um dos `Labels`, todos os `TextFields` e o `Slider` nesse aplicativo), você deve fornecer um nome para esse controle ou layout. Na Seção 25.5.4, veremos como declarar variáveis no seu código fonte para cada um desses componentes na FXML, e discutiremos como essas variáveis são inicializadas para você. O nome de cada objeto é especificado por meio da **propriedade fx:id**. Você pode configurar o valor dessa propriedade selecionando um componente na cena e, então, expandindo a seção **Code** da janela **Inspector** — a propriedade **fx:id** aparece no topo da seção **Code**. A Figura 25.11 mostra as propriedades **fx:id** dos controles programaticamente manipulados do **Tip Calculator**. Para maior clareza, nossa convenção de atribuição de nomes é usar o nome de classe do controle na propriedade **fx:id**.

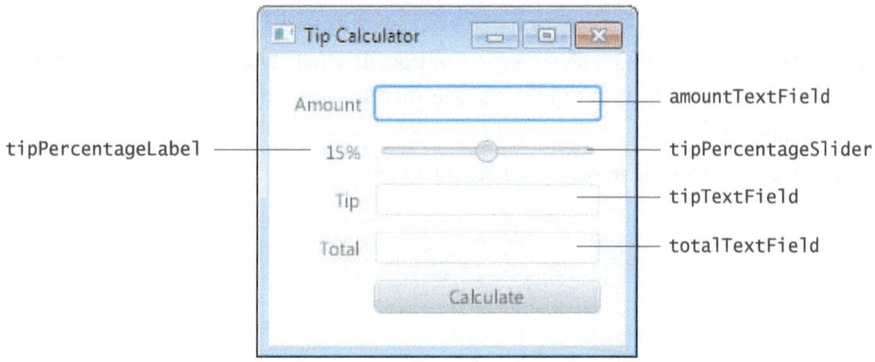

Figura 25.11 | Controles programaticamente manipulados do **Tip Calculator** rotulados com suas **fx:ids**.

Criando o projeto `TipCalculator`

Clique no botão **New Project...** ( ) na barra de ferramentas ou selecione **File > New Project...** no diálogo **New Project**. Em **Categories**, selecione **JavaFX** e, em **Projects**, selecione **JavaFX FXML Application**, clique em **Next >** e especifique `TipCalculator` nos campos **Project Name**, **FXML name** e **Create Application Class**. Clique em **Finish** para criar o projeto.

Passo 1: alterando o layout raiz de uma `AnchorPane` *para um* `GridPane`

Abra `TipCalculator.fxml` no Scene Builder para que você possa construir a GUI e excluir os controles padrão, então altere a `AnchorPane` padrão para um `GridPane`:

1. ***Adicionando um*** `GridPane` ***ao layout padrão.*** Arraste um `GridPane` da seção **Containers** da janela **Library** até o `AnchorPane` padrão no painel de conteúdo do Scene Builder.
2. ***Tornando o*** `GridPane` ***o layout raiz.*** Selecione **Edit > Trim Document to Selection** para tornar o `GridPane` o layout raiz e remover o `AnchorPane`.

Passo 2: adicionando linhas ao `GridPane`

Por padrão, o `GridPane` contém duas colunas e três linhas. Lembre-se de que a GUI na Figura 25.10 consiste em cinco linhas. Você pode adicionar uma linha acima ou abaixo de uma linha existente clicando com o botão direito do mouse em uma linha e selecionando **Grid Pane > Add Row Above** ou **Grid Pane > Add Row Below**. Após adicionar duas linhas, o `GridPane` deve se parecer com aquele mostrado na Figura 25.12. Você pode seguir passos semelhantes para adicionar colunas. Você pode excluir uma linha ou coluna clicando com o botão direito na guia que contém o número de linha ou coluna e selecionando **Delete**.

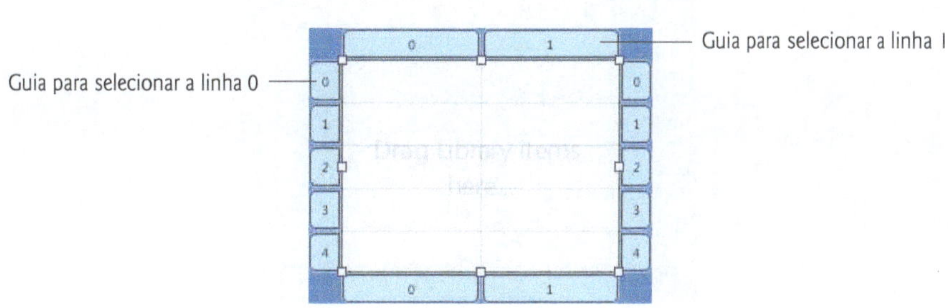

Figura 25.12 | `GridPane` com cinco linhas.

Passo 3: adicionando os controles ao `GridPane`

Agora você adicionará os controles na Figura 25.10 ao `GridPane`. Para aqueles que têm **fx:ids** (veja a Figura 25.11), enquanto o controle está selecionado, configure a propriedade **fx:id** na seção **Code** da janela **Inspetor**. Siga os seguintes passos:

1. ***Adicionando os `Labels`.*** Arraste `Labels` da seção **Controls** da janela **Library** para as primeiras quatro linhas da coluna esquerda do `GridPane` (isto é, coluna 0). Ao adicionar cada `Label`, defina o texto como mostrado na Figura 25.10.
2. ***Adicionando os `TextFields`.*** Arraste `TextFields` da seção **Controls** da janela **Library** para as linhas 0, 2 e 3 da coluna direita do `GridPane` (isto é, coluna 1).
3. ***Adicionando um `Slider`.*** Arraste um `Slider` horizontal da seção **Controls** da janela **Library** para a linha 1 da coluna direita do `GridPane`.
4. ***Adicionando um `Button`.*** Arraste um `Button` da seção **Controls** da janela **Library** na linha 4 da coluna direita do `GridPane`. Você pode definir o texto do `Button` clicando duas vezes nele, ou selecionando o `Button` e, então, definindo a propriedade **Text** na seção **Properties** da janela **Inspector**.

   O `GridPane` deve se parecer com aquele mostrado na Figura 25.13.

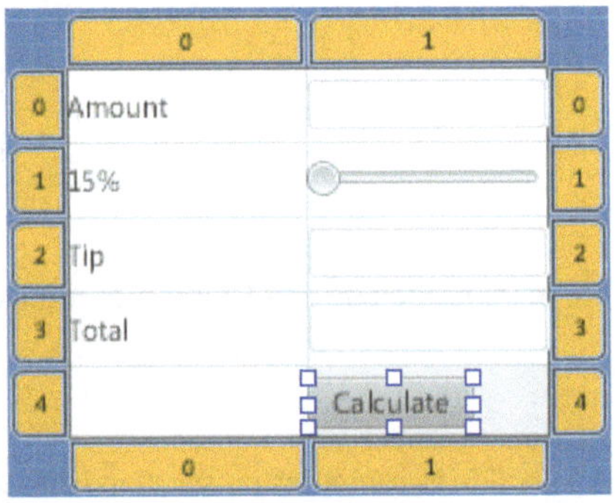

Figura 25.13 | `GridPane` preenchido com controles do **Tip Calculator**.

Passo 4: alinhando à direita o conteúdo da coluna 0 do `GridPane`

O conteúdo de uma coluna `GridPane` é alinhado à esquerda por padrão. Para alinhar o conteúdo à direita da coluna 0, selecione-o clicando na guia na parte superior ou inferior da coluna, então, na seção **Layout** do **Inspector**, configure a propriedade **Halignment** (alinhamento horizontal) como `RIGHT`.

Passo 5: dimensionando as colunas `GridPane` para encaixar o conteúdo

Por padrão, o Scene Builder define a largura de cada coluna `GridPane` como 100 pixels e a altura de cada linha como 30 pixels para garantir que você possa facilmente arrastar os controles nas células do `GridPane`. Nesse aplicativo, dimensionamos cada coluna de modo que se ajustassem ao seu conteúdo. Para tanto, selecione a coluna 0 clicando na guia na parte superior ou inferior da coluna e, então, na seção **Layout** do **Inspector**, configure a propriedade **Pref Width** como `USE_COMPUTED_SIZE` para indicar que a largura da coluna deve basear-se no filho mais largo — **Amount** `Label` nesse caso. Repita esse processo para a coluna 1. O `GridPane` deve se parecer com aquele mostrado na Figura 25.14.

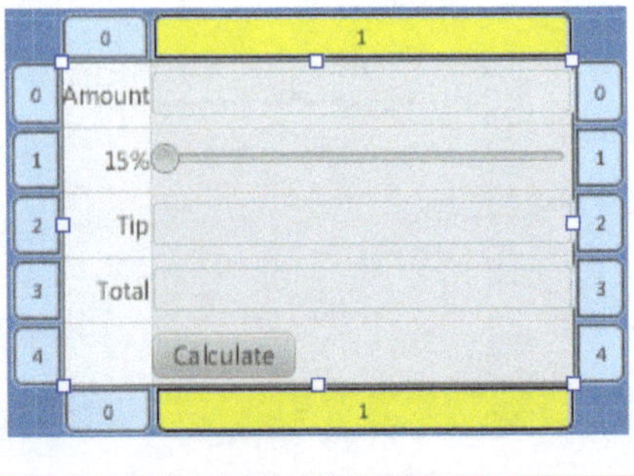

Figura 25.14 | `GridPane` com colunas dimensionadas para ajustar-se ao conteúdo.

Passo 6: dimensionando os `TextFields`

O Scene Builder define a largura de cada `TextField` como 200 pixels por padrão. Você pode dimensionar os controles conforme apropriado para cada GUI que você cria. Nesse aplicativo, não é necessário que os `TextFields` sejam tão grandes, assim usamos a largura preferida para cada `TextField`, que é um pouco menor. Ao definir uma propriedade como o mesmo valor para vários controles, você pode selecionar todos eles e especificar o valor uma vez. Para selecionar todos os três `TextFields`, mantenha a *tecla Ctrl* (ou *Command*) pressionada e clique em cada `TextField`. Então, na seção **Layout** do **Inspector**, configure a propriedade **Pref Width** como `USE_COMPUTED_SIZE`. Isso indica que cada `TextField` deve utilizar a largura preferida (como definido pelo JavaFX). Observe que a coluna direita do `GridPane` foi redimensionada de acordo com as larguras preferidas dos `TextFields`.

Passo 7: dimensionando os `Buttons`

Por padrão, o Scene Builder define uma largura `Button` com base em seu texto. Para esse aplicativo, optamos por tornar o `Button` da mesma largura que os outros controles na coluna direita do `GridPane`. Para tanto, selecione o `Button` e, então, na seção **Layout** do **Inspector**, configure a propriedade **Max Width** como `MAX_VALUE`. Isso faz com que a largura do `Button` aumente para preencher a largura da coluna.

Pré-visualizando a GUI

Ao projetar sua GUI, você pode visualizá-la selecionando **Preview > Show Preview in Window**. Como você pode ver na Figura 25.15, não há nenhum espaço entre os `Labels` na coluna esquerda e os controles na coluna direita. Além disso, não há nenhum espaço ao redor do `GridPane` porque o `Stage` está dimensionado para se ajustar ao conteúdo da `Scene`. Assim, muitos dos controles tocam ou chegam muito perto das bordas da janela. Você corrigirá esses problemas no próximo passo.

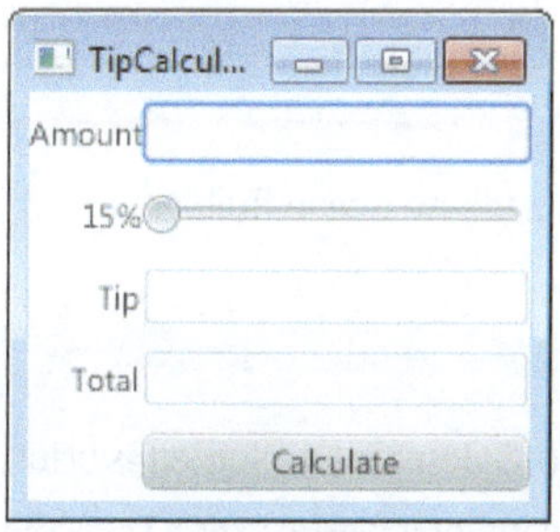

Figura 25.15 | `GridPane` com `TextFields` e `Buttons` redimensionados.

Passo 8: configurando o preenchimento do `GridPane` e o espaço horizontal entre as colunas

O espaço entre o conteúdo de um nó e as bordas na parte superior, direita, inferior e esquerda é conhecido como **preenchimento** (*padding*), que separa o conteúdo e as bordas do nó. Como o tamanho do `GridPane` determina o tamanho da janela `Stage`, o preenchimento nesse exemplo também separa os filhos do `GridPane` e as bordas da janela. Para definir o preenchimento, selecione o `GridPane` e, então, na seção **Layout** do **Inspector** configure os quatro valores da propriedade **Padding** (**TOP**, **RIGHT**, **BOTTOM** e **LEFT**) como `14` — a distância recomendada do JavaFX entre a borda de um controle e a borda de uma `Scene`.

Você pode especificar a quantidade padrão de espaço entre as colunas e linhas de um `GridPane` com as propriedades **Hgap** (espaço horizontal) e **Vgap** (espaço vertical), respectivamente. Uma vez que o Scene Builder define a altura de cada linha do `GridPane` como 30 pixels — que é maior do que as alturas dos controles desse aplicativo — já há algum espaço vertical entre os componentes. Para especificar o espaço horizontal entre as colunas, selecione o `GridPane` na janela **Hierarchy** e, então, na seção **Layout** do **Inspector**, configure a propriedade **Hgap** como `8`. Se você quiser controlar com precisão o espaço vertical entre os componentes, configure a propriedade **Pref Height** de cada linha como `USE_COMPUTED_SIZE` (como fizemos para a propriedade **Pref Width** das colunas no Passo 5) e, então, defina a propriedade **Vgap** do `GridPane`.

Passo 9: tornando o `tipTextField` e o `totalTextField` não editáveis e não focalizáveis

O `tipTextField` e o `totalTextField` são usados nesse aplicativo apenas para exibir os resultados; eles não recebem entrada de texto. Por essa razão, eles não devem ser interativos. Você só pode digitar em um `TextField` se eles estiver "em **foco**" — ou seja, é o controle com o qual o usuário interage. Ao clicar em um controle interativo, este recebe o foco. Da mesma forma, ao pressionar a tecla *Tab*, o foco é transferido do controle focalizável atual para o próximo — isso ocorre na ordem em que os controles foram adicionados à GUI. Controles interativos, como `TextFields`, `Sliders` e `Buttons`, são focalizáveis por padrão. Controles não interativos, como `Labels`, não são focalizáveis.

Neste aplicativo, o `tipTextField` e `totalTextField` não são nem editáveis nem focalizáveis. Para fazer essas alterações, selecione ambos os `TextFields` e, então, na seção **Properties** do **Inspector**, desmarque as propriedades **Editable** e **Focus Traversable**.

Passo 10: definindo propriedades do `Slider`

Para completar a GUI, agora você vai configurar o `Slider` do **Tip Calculator**. Por padrão, o intervalo de um `Slider` é de `0.0` a `100.0` e seu valor inicial é 0.0. Esse aplicativo permite percentagens de gorjeta de 0 a 30 com um padrão de 15. Para fazer essas alterações, selecione o `Slider` e, então, na seção **Properties** do **Inspector**, defina a propriedade **Max** do `Slider` como `30` e a propriedade **Value** como `15`. Também configuramos a propriedade **Block Increment** como `5` — esse é o valor pelo qual a propriedade **Value** aumenta ou diminui quando o usuário clica entre uma extremidade do `Slider` e o indicador do `Slider`. Salve o arquivo FXML selecionando **File > Save**.

Pré-visualizando o layout final

Selecione **Preview > Show Preview in Window** para visualizar a GUI final (Figura 25.16). Quando discutirmos a classe `TipCalculatorController` na Seção 25.5.5, mostraremos como especificar a rotina de tratamento de evento do `Button` **Calculate** no arquivo FXML.

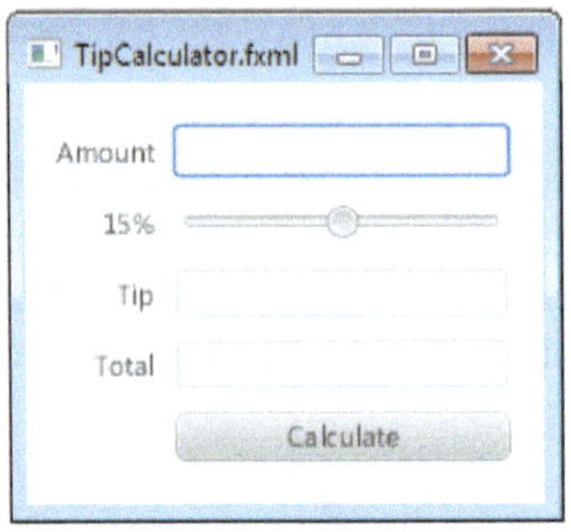

Figura 25.16 | O design da GUI final pré-visualizada no Scene Builder.

25.5.4 Classe `TipCalculator`

Quando você criou o projeto do aplicativo **Tip Calculator**, o NetBeans criou dois arquivos de código-fonte Java para você:

- `TipCalculator.java` — Esse arquivo contém a classe `TipCalculator`, em que o método `main` (discutido nesta seção) carrega o arquivo FXML para criar a GUI e anexá-la a uma `Scene` que é exibida no `Stage` do aplicativo.
- `TipCalculatorController.java` — Esse arquivo contém a classe `TipCalculatorController` (discutida na Seção 25.5.5), que é onde você especifica as rotinas de tratamento de evento dos controles `Slider` e `Button`.

A Figura 25.17 apresenta a classe `TipCalculator`. O código foi reformatado para atender nossas convenções. Com exceção da linha 18, todo o código nessa classe foi gerado pelo NetBeans. Como discutido na Seção 25.5.2, a subclasse `Application` é o ponto de partida para um aplicativo JavaFX. O método `main` chama o método `static launch` da classe `Application` (linha 26) para iniciar a execução do aplicativo. Esse método, por sua vez, faz com que o tempo de execução do JavaFX crie um objeto da classe `TipCalculator` e chama seu método `start`.

```
1  // Figura 25.17: TipCalculator.java
2  // Classe principal do aplicativo que carrega e exibe a GUI do Tip Calculator
3  import javafx.application.Application;
4  import javafx.fxml.FXMLLoader;
5  import javafx.scene.Parent;
6  import javafx.scene.Scene;
7  import javafx.stage.Stage;
8
9  public class TipCalculator extends Application
10 {
11    @Override
12    public void start(Stage stage) throws Exception
13    {
14       Parent root =
15          FXMLLoader.load(getClass().getResource("TipCalculator.fxml"));
16
17       Scene scene = new Scene(root); // anexa o grafo de cena à cena
18       stage.setTitle("Tip Calculator"); // exibido na barra de título da janela
19       stage.setScene(scene); // anexa a cena ao estágio
```

continua

continuação

```
20         stage.show(); // exibe o estágio
21     }
22 
23     public static void main(String[] args)
24     {
25         // cria um objeto TipCalculator e chama o método start
26         launch(args);
27     }
28 }
```

Figura 25.17 | A classe principal do aplicativo que carrega e exibe a GUI do **Tip Calculator**.

Método `Application` `start` sobrescrito

O método `start` (linhas 11 a 21) cria a GUI, anexa esta a uma `Scene` e a insere no `Stage` que o método `start` recebe como um argumento. As linhas 14 e 15 usam método `static` `load` da classe `FXMLLoader` para criar o grafo de cena da GUI. Esse método:

- Retorna uma referência `Parent` (pacote `javafx.scene`) ao nó raiz do grafo de cena (neste exemplo, o `GridPane`).
- Cria um objeto da classe de controladores.
- Inicializa as variáveis de instância do controlador para os componentes que são manipulados programaticamente.
- Registra as rotinas de tratamento de evento para os eventos especificados na FXML.

Discutimos a inicialização das variáveis de instância do controlador e o registro das rotinas de tratamento de evento na Seção 25.5.5.

Criando o `Scene`

Para exibir a GUI, você deve anexá-la a uma `Scene`, então anexar a `Scene` ao `Stage` que é passado para o método `start`. A linha 17 cria uma `Scene`, passando `root` (o nó raiz do grafo de cena) como um argumento para o construtor. Por padrão, o tamanho da `Scene` é determinado pelo tamanho do nó raiz do grafo de cena. Versões sobrecarregadas do construtor de `Scene` permitem especificar o tamanho e preenchimento da `Scene` (uma cor, degradê ou imagem), que aparecem no fundo da `Scene`. A linha 18 utiliza o método `Scene` `setTitle` para especificar o texto que aparece na barra de título da janela do `Stage`. A linha 19 insere o método `Stage` `setScene` para posicionar a `Scene` no `Stage`. Por fim, a linha 20 chama o método `Stage` `show` para exibir a janela `Stage`.

25.5.5 Classe `TipCalculatorController`

As figuras 25.18 a 25.21 apresentam a classe `TipCalculatorController`, que responde a interações do usuário com o `Button` e o `Slider` do aplicativo. Substitua o código que o NetBeans gerou no `TipCalculatorController.java` pelo código nas figuras 25.18 a 25.21.

Instruções `import` da classe `TipCalculatorController`

A Figura 25.18 mostra as instruções `import` da classe `TipCalculatorController`.

As linhas 3 a 12 usam `import` para importar as classes e interfaces usadas pela classe `TipCalculatorController`:

```
1  // TipCalculatorController.java
2  // Controlador que trata os eventos calculateButton e tipPercentageSlider
3  import java.math.BigDecimal;
4  import java.math.RoundingMode;
5  import java.text.NumberFormat;
6  import javafx.beans.value.ChangeListener;
7  import javafx.beans.value.ObservableValue;
8  import javafx.event.ActionEvent;
9  import javafx.fxml.FXML;
10 import javafx.scene.control.Label;
11 import javafx.scene.control.Slider;
12 import javafx.scene.control.TextField;
13 
```

Figura 25.18 | Declarações `import` da classe `TipCalculatorController`.

- A classe `BigDecimal` do pacote `java.math` (linha 3) é utilizada para realizar cálculos monetários precisos. O `RoundingMode` enum do pacote `java.math` (linha 4) é usado para especificar como valores `BigDecimal` são arredondados durante cálculos ou ao formatar números de ponto flutuante como `Strings`.

- A classe `NumberFormat` do pacote `java.text` (linha 5) fornece as capacidades de formatação numérica, como formatos de moedas e percentagens específicos da localidade. Por exemplo, na localidade dos EUA, o valor monetário 34,56 é formatado como $34,95 e o percentual 15 é formatado como 15%. A classe `NumberFormat` determina a localidade do sistema em que o aplicativo é executado e, então, formata os valores de moeda e as percentagens correspondentemente.

- Você implementa a interface `ChangeListener` do pacote `javafx.beans.value` (linha 6) para responder ao evento quando o usuário mover o indicador do `Slider`. O método `changed` dessa interface recebe um objeto que implementa a interface `ObservableValue` (linha 7), isto é, um valor que gera um evento quando ele muda.

- A rotina de tratamento de evento de um `Button` recebe um `ActionEvent` (linha 8; pacote `javafx.event`) que indica que o `Button` foi clicado. Como veremos no Capítulo 26 (em inglês, no Site de Apoio), muitos controles JavaFX suportam `ActionEvents`.

- A anotação `FXML` (linha 9; pacote `javafx.fxml`) é usada no código de uma classe de controladores JavaFX para marcar as variáveis de instância que devem referenciar os componentes JavaFX no arquivo FXML da GUI e os métodos que podem responder aos eventos dos componentes JavaFX no arquivo FXML da GUI.

- O pacote `javafx.scene.control` (linhas 10 a 12) contém muitas classes de controle JavaFX, incluindo `Label`, `Slider` e `TextField`.

Ao escrever código com várias classes e interfaces, use o comando **Source > Organize Imports** do NetBeans IDE para deixar o IDE inserir as instruções `import` para você. Se o mesmo nome de classe ou interface aparecer em mais de um pacote, o IDE exibirá uma caixa de diálogo na qual você pode selecionar a instrução `import` apropriada.

Variáveis de instância e variáveis `static` do `TipCalculatorController`

As linhas 17 a 38 da Figura 25.19 apresentam a classe e as variáveis de instância `static` do `TipCalculatorController`. Os objetos `NumberFormat` (linhas 17 a 20) são usados para formatar percentagens e valores monetários, respectivamente. O método `getCurrencyInstance` retorna um objeto `NumberFormat` que formata os valores como moeda usando a localidade padrão para o sistema no qual o aplicativo está em execução. Da mesma forma, o método `getPercentInstance` retorna um objeto `NumberFormat` que formata os valores como percentagens utilizando a localidade padrão do sistema. O objeto `BigDecimal` `tipPercentage` (linha 22) armazena a percentagem atual da gorjeta e é utilizado no cálculo da gorjeta (Figura 25.20) quando o usuário clica no `Button` **Calculate** do aplicativo.

```
14   public class TipCalculatorController
15   {
16      // formatadores para moeda e porcentagens
17      private static final NumberFormat currency =
18         NumberFormat.getCurrencyInstance();
19      private static final NumberFormat percent =
20         NumberFormat.getPercentInstance();
21
22      private BigDecimal tipPercentage = new BigDecimal(0.15); // 15% padrão
23
24      // Controles da Gui definidos na FXML e usados pelo código do controlador
25      @FXML
26      private TextField amountTextField;
27
28      @FXML
29      private Label tipPercentageLabel;
30
31      @FXML
32      private Slider tipPercentageSlider;
33
34      @FXML
35      private TextField tipTextField;
36
37      @FXML
38      private TextField totalTextField;
39
```

Figura 25.19 | Variáveis `static` e variáveis de instância do `TipCalculatorController`.

Anotação @FXML

Lembre-se da Seção 25.5.3, em que cada controle que esse aplicativo manipula no código-fonte Java precisa de uma **fx:id**. As linhas 25 a 38 (Figura 25.19) declaram as variáveis de instância correspondentes da classe de controladores. A **notação `@FXML`** que precede cada declaração (linhas 25, 28, 31, 34 e 37) indica que o nome de variável pode ser usado no arquivo FXML que descreve a GUI do aplicativo. Os nomes de variáveis que você especifica na classe de controladores devem corresponder precisamente aos valores **fx:id** especificados ao criar a GUI. Quando o `FXMLLoader` carrega o `TipCalculator.fxml` para criar a GUI, ele também inicializa cada uma das variáveis de instância do controlador que são declaradas com `@FXML` para garantir que referenciem os componentes GUI correspondentes no arquivo FXML.

Rotina de tratamento de evento `calculateButtonPressed` do `TipCalculatorController`

A Figura 25.20 apresenta o método `calculateButtonPressed` da classe `TipCalculatorController`, que é chamado quando o usuário clica no `Button` **Calculate**. A notação `@FXML` (linha 41) que precede o método indica que esse método pode ser usado para especificar a rotina de tratamento de evento de um controle no arquivo FXML que descreve a GUI do aplicativo. Para um controle que gera um `ActionEvent` (como é o caso de muitos controles JavaFX), o método de tratamento de evento deve retornar `void` e receber um parâmetro `ActionEvent` (linha 42).

```
40      // calcula e exibe o valor de gorjeta e o valor total
41      @FXML
42      private void calculateButtonPressed(ActionEvent event)
43      {
44         try
45         {
46            BigDecimal amount = new BigDecimal(amountTextField.getText());
47            BigDecimal tip = amount.multiply(tipPercentage);
48            BigDecimal total = amount.add(tip);
49
50            tipTextField.setText(currency.format(tip));
51            totalTextField.setText(currency.format(total));
52         }
53         catch (NumberFormatException ex)
54         {
55            amountTextField.setText("Enter amount");
56            amountTextField.selectAll();
57            amountTextField.requestFocus();
58         }
59      }
60
```

Figura 25.20 | Rotina de tratamento de evento `calculateButtonPressed` do `TipCalculatorController`.

Especificando a rotina de tratamento de evento do `Button` `Calculate` no Scene Builder

Ao criar o projeto `TipCalculator` com o NetBeans, ele pré-configurou a classe `TipCalculatorController` como o controlador para a GUI em `TipCalculator.fxml`. Você pode ver isso no Scene Builder selecionando o nó raiz da cena (isto é, o `GridPane`) e então expandindo a seção **Code** da janela **Inspector**. O nome da classe do controlador é especificado no campo **Controller class**. Se você declarar o método `calculateButtonPressed` na classe de controladores antes de especificar a rotina de tratamento de evento do `Button` **Calculate** na FXML, quando você abrir o Scene Builder, ele verifica na classe controladora os métodos prefixados com `@FXML` e permite selecionar esses métodos para configurar a rotina de tratamento de evento.

Para indicar que `calculateButtonPressed` deve ser chamado quando o usuário clica no `Button` **Calculate**, abra o `TipCalculator.fxml` no Scene Builder e então:

1. Selecione o `Button` **Calculate**.
2. Na janela **Inspector**, expanda a seção **Code**.
3. Em **On Action**, selecione `#calculateButtonPressed` da lista suspensa e salve o arquivo FXML.

Quando o `FXMLLoader` carrega o `TipCalculator.fxml` para criar a GUI, ele cria e registra uma rotina de tratamento de evento para o `ActionEvent` do `Button` **Calculate**. Uma rotina de tratamento de evento de um `ActionEvent` é um objeto de uma classe que implementa a interface **`EventHandler<ActionEvent>`**, a qual contém um método `handle` que retorna `void` e recebe um parâmetro `ActionEvent`. Esse método, por sua vez, chama o método `calculateButtonPressed` quando o usuário clica no `Button` **Calculate**. O `FXMLLoader` executa tarefas semelhantes para cada ouvinte de evento especificado na seção **Code** da janela **Inspector**.

Calculando e exibindo o valor da gorjeta e o valor total

As linhas 46 a 51 calculam e exibem o valor da gorjeta e o valor total. A linha 46 chama o método `getText` para obter do `amountTextField` o valor da conta digitado pelo usuário. Essa `String` é passada para o construtor `BigDecimal`, que lança uma `NumberFormatException` se o argumento não for um número. Nesse caso, a linha 55 chama o método `setText` de `amountTextField` para exibir a mensagem `"Enter amount"` no `TextField`. A linha 56 então chama o método `selectAll` para selecionar o texto do `TextField` e a linha 57 chama `requestFocus`, que dá ao `TextField` o foco. Isso permite que o usuário digite imediatamente um novo valor no `amountTextField` sem primeiro ter de selecionar o texto. Os métodos `getText`, `setText` e `selectAll` são herdados na classe `TextField` da classe `TextInputControl` (pacote `javafx.scene.control`), e o método `requestFocus` é herdado na classe `TextField` a partir da classe `Node` (pacote `javafx.scene`).

Se a linha 46 não lançar uma exceção, a linha 47 calcula a `tip` chamando o método `multiply` para multiplicar o `amount` pelo `tipPercentage`, e a linha 48 calcula o `total` chamando o método `add` para adicionar a `tip` ao `amount` da conta. Em seguida, as linhas 50 e 51 utilizam o método `format` do objeto `currency` para criar `Strings` formatadas representando o valor da gorjeta e o valor total — esses são exibidos em `tipTextField` e `totalTextField`, respectivamente.

Método `initialize` de `TipCalculatorController`

A Figura 25.21 apresenta o método `initialize` da classe `TipCalculatorController`. Quando o `FXMLLoader` cria um objeto da classe `TipCalculatorController`, ele determina se a classe contém um método `initialize` sem parâmetros e, se contiver, chama esse método para inicializar o controlador. Esse método pode ser utilizado para configurar o controlador antes de a GUI ser exibida. A linha 65 chama o método `setRoundingMode` do objeto `currency` para especificar como os valores monetários devem ser arredondados. O valor `RoundingMode.HALF_UP` indica que valores maiores ou iguais a .5 devem ser arredondados para cima — por exemplo, 34.567 seria formatado como 34.57 e 34.564 seria formatado como 34.56.

```
61      // chamado pelo FXMLLoader para inicializar o controlador
62      public void initialize()
63      {
64         // 0 a 4 arredonda para baixo, 5 a 9 arredonda para cima
65         currency.setRoundingMode(RoundingMode.HALF_UP);
66
67         // ouvinte para alterações no valor do tipPercentageSlider
68         tipPercentageSlider.valueProperty().addListener(
69            new ChangeListener<Number>()
70            {
71               @Override
72               public void changed(ObservableValue<? extends Number> ov,
73                  Number oldValue, Number newValue)
74               {
75                  tipPercentage =
76                     BigDecimal.valueOf(newValue.intValue() / 100.0);
77                  tipPercentageLabel.setText(percent.format(tipPercentage));
78               }
79            }
80         );
81      }
82   }
```

Figura 25.21 | Método `initialize` de `TipCalculatorController`.

Utilizando uma classe interna anônima para tratamento de evento

Cada controle JavaFX tem várias propriedades, algumas das quais, como o valor de `Slider`, podem notificar um ouvinte de evento quando elas são alteradas. Para essas propriedades, você deve registrar manualmente como a rotina de tratamento de evento um objeto de uma classe que implementa a interface `ChangeListener` do pacote `javafx.beans.value`. Se essa rotina de tratamento de evento não for reutilizada, você normalmente a define como uma instância de uma **classe interna anônima** — uma classe que é declarada sem um nome e normalmente aparece dentro da declaração de um método. As linhas 68 a 80 são uma instrução que declara a classe do ouvinte de evento, cria um objeto dessa classe e o registra como o ouvinte para alterações no valor do `tipPercentageSlider`.

A chamada para o método `valueProperty` (linha 68) retorna um objeto da classe `DoubleProperty` (pacote `javax.beans.property`) que representa o valor do `Slider`. Uma `DoubleProperty` é um `ObservableValue` que pode notificar ouvintes quando o valor muda. Cada classe que implementa a interface `ObservableValue` fornece o método `addListener` (chamado na linha 68) para registrar um `ChangeListener`. No caso do valor de um `Slider`, o argumento de `addListener` é um objeto que implementa `ChangeListener<Number>`, porque o valor do `Slider` é um valor numérico.

Como uma classe interna anônima não tem nomes, deve-se criar um objeto da classe interna anônima no ponto em que a classe é declarada (iniciando na linha 69). O argumento do método `addListener` é definido nas linhas 69 a 79 como uma expressão de criação de instância da classe que declara uma classe interna anônima e cria um objeto dessa classe. Uma referência a esse objeto é então passada para `addListener`. Após a palavra-chave `new`, a sintaxe `ChangeListener<Number>()` (linha 69) começa a declaração de uma classe interna anônima que implementa a interface `ChangeListener<Number>`. Isso é semelhante a começar uma declaração de classe com

```
public class MyHandler implements ChangeListener<Number>
```

A chave de abertura esquerda (`{`) na linha 70 e a chave de fechamento direita (`}`) na linha 79 delimitam o corpo da classe interna anônima. As linhas 71 a 78 declaram o método `changed` do `ChangeListener<Number>`, que recebe uma referência a `ObservableValue` que mudou, um `Number` contendo o valor antigo do `Slider` antes de o evento ter ocorrido e um `Number` contendo o novo valor do `Slider`. Quando o usuário move o indicador do `Slider`, as linhas 75 e 76 armazenam o novo percentual de gorjeta e a linha 77 atualiza o `tipPercentageLabel`.

Uma classe interna anônima pode acessar suas variáveis de instância e suas variáveis e métodos `static` de sua classe de nível superior — neste caso, a classe interna anônima usa as variáveis de instância `tipPercentage` e `tipPercentageLabel` e a variável `static percent`. Mas uma classe interna anônima tem acesso limitado às variáveis locais do método em que ela é declarada — ela só pode acessar as variáveis locais `final` declaradas no corpo do método delimitador. (A partir do Java SE 8, uma classe interna anônima também pode acessar efetivamente as variáveis locais `final` de uma classe — consulte na Seção 17.3.1 informações adicionais.)

Java SE 8: usando um lambda para implementar o `ChangeListener`

Lembre-se de que dissemos na Seção 10.10 que no Java SE 8 uma interface que contém um método é uma interface funcional e lembre-se também de que dissemos no Capítulo 17 que essas interfaces podem ser implementadas com lambdas. A Seção 17.9 mostrou como implementar uma interface funcional de manipulação de eventos usando um lambda. A rotina de tratamento de evento no Figura 25.21 pode ser implementada com um lambda desta maneira:

```
tipPercentageSlider.valueProperty().addListener(
   (ov, oldValue, newValue) ->
   {
      tipPercentage =
         BigDecimal.valueOf(newValue.intValue() / 100.0);
      tipPercentageLabel.setText(percent.format(tipPercentage));
   });
```

25.6 Recursos abordados nos capítulos do Site de Apoio sobre JavaFX

O JavaFX é uma tecnologia robusta de GUI, elementos gráficos e multimídia. Nos capítulos 26 e 27 (em inglês, no Site de Apoio), você vai:

- Entender layouts e controles adicionais JavaFX.
- Lidar com outros tipos de eventos (como `MouseEvents`).
- Aplicar transformações (como mover, girar, dimensionar e inclinar) e efeitos (como sombras projetadas, desfoques, reflexos e iluminação) aos nós de um grafo de cena.
- Usar CSS para especificar a aparência e o comportamento dos controles.
- Utilizar as propriedades JavaFX e vinculação de dados para permitir a atualização automática dos controles à medida que os dados correspondentes mudam.
- Usar capacidades gráficas JavaFX.
- Executar animações JavaFX.
- Utilizar capacidades de multimídia JavaFX para reproduzir áudio e vídeo.

Além disso, nosso JavaFX Resource Center

```
http://www.deitel.com/JavaFX
```

contém links para os recursos on-line onde você pode aprender mais sobre as capacidades do JavaFX.

25.7 Conclusão

Neste capítulo, introduzimos o JavaFX. Apresentamos a estrutura de um estágio JavaFX (a janela do aplicativo). Você aprendeu que o stage exibe o grafo de cena de uma cena, que o grafo de cena é composto por nós e que nós consistem em layouts e controles.

Você projetou GUIs usando técnicas de programação visual no JavaFX Scene Builder, o que lhe permitiu criar GUIs sem escrever nenhum código Java. Você organizou `Label`, `ImageView`, `TextField`, `Slider` e `Button` usando os contêineres de layout `VBox` e `GridPane`. Você aprendeu como a classe `FXMLLoader` usa a FXML criada no Scene Builder para criar a GUI.

Você implementou uma classe de controladores para responder a interações do usuário com os controles `Button` e `Slider`. Mostramos que certas rotinas de tratamento de evento podem ser especificadas diretamente na FXML do Scene Builder, mas rotinas de tratamento de evento para alterações nos valores de propriedade de um controle devem ser implementadas diretamente no código dos controladores. Você também aprendeu que o `FXMLLoader` cria e inicializa uma instância da classe de controladores de um aplicativo, inicializa as variáveis de instância do controlador que são declaradas com a notação `@FXML` e cria e registra rotinas de tratamento de evento para os eventos especificados na FXML.

No Capítulo 26 (Site de Apoio), você utilizará controles e layouts adicionais JavaFX e usará a CSS para estilizar sua GUI. Você também aprenderá mais sobre as propriedades JavaFX e como usar uma técnica chamada de vinculação de dados para atualizar automaticamente os elementos em uma GUI com novos dados.

Resumo

Seção 25.1 Introdução

- Uma interface gráfica com usuário (graphical user interface — GUI) apresenta um mecanismo amigável ao usuário para interagir com um aplicativo. Uma GUI dá ao aplicativo uma "aparência" e "comportamento" distintos.
- As GUIs são construídas a partir de componentes GUI — às vezes chamados controles ou widgets.
- Fornecer aos diferentes aplicativos componentes de interface com o usuário consistentes e intuitivos permite que os usuários se familiarizem com um novo aplicativo, para que possam aprendê-lo mais rapidamente e utilizá-lo de forma mais produtiva.
- A API para interfaces, elementos gráficos e multimídia do futuro em Java é o JavaFX.

Seção 25.2 JavaFX Scene Builder e o IDE NetBeans

- O JavaFX Scene Builder é uma ferramenta autônoma visual de layout JavaFX GUI que também pode ser usada com vários IDEs.
- O JavaFX Scene Builder permite criar GUIs, arrastando e soltando componentes da GUI da biblioteca do Scene Builder para uma área de design e, então, modificando e modelando a GUI — tudo sem escrever nenhuma linha de código.
- O JavaFX Scene Builder gera FXML (FX Markup Language) — um vocabulário XML para definir e organizar controles JavaFX GUI sem escrever nenhum código Java.
- O código FXML é separado da lógica do programa que é definida no código-fonte Java — essa separação entre interface (GUI) e implementação (o código Java) faz com que seja mais fácil depurar, modificar e manter aplicações GUI do JavaFX.

Seção 25.3 Estrutura de janelas do aplicativo JavaFX

- A janela em que a GUI do aplicativo JavaFX é exibida é conhecida como stage e é uma instância da classe `Stage` (pacote `javafx.stage`).
- O estágio contém uma cena que define a GUI como um grafo de cena — uma estrutura de árvore dos elementos visuais de um aplicativo, como controles de GUI, formas, imagens, vídeo, texto e outros. A cena é uma instância da classe `Scene` (pacote `javafx.scene`).
- Cada elemento visual no grafo de cena é um nó — uma instância de uma subclasse de `Node` (pacote `javafx.scene`), que define os atributos e comportamentos comuns para todos os nós no grafo de cena.
- O primeiro nó no grafo de cena é conhecido como nó raiz.
- Nós que têm filhos são tipicamente contêineres de layout que organizam seus nós filhos na cena.
- Os nós organizados em um contêiner de layout são uma combinação de controles e, eventualmente, de outros contêineres de layout.
- Quando o usuário interage com um controle, ele gera um evento. Programas podem usar o tratamento de eventos para especificar o que deve acontecer quando cada interação do usuário ocorre.
- Uma rotina de tratamento de evento é um método que responde a uma interação do usuário. As rotinas de tratamento de evento de uma GUI FXML são definidas em uma classe de controladores.

Seção 25.4 Aplicativo **Welcome** *— exibindo texto e uma imagem*

- Para criar um aplicativo no NetBeans, você primeiro deve criar um projeto — um grupo de arquivos relacionados, como arquivos de código e imagens que compõem um aplicativo.
- A janela **Projects** do NetBeans fornece acesso a todos os seus projetos. Dentro do nó de um projeto, os conteúdos são organizados em pastas e arquivos.

- O NetBeans cria três arquivos para o projeto de um aplicativo JavaFX FXML: um arquivo de marcação FXML para a GUI, um arquivo contendo a classe principal do aplicativo e um arquivo contendo classe de controladores do aplicativo.
- Para abrir o arquivo FXML de um projeto no JavaFX Scene Builder, clique com o botão direito do mouse no arquivo FXML na janela **Projects**, então selecione **Open**.
- Contêineres de layout ajudam a organizar os componentes GUI. Um `VBox` organiza seus nós verticalmente de cima para baixo.
- Para tornar um contêiner de layout o nó raiz em um grafo de cena, selecione o contêiner de layout e, então, escolha o item de menu **Edit > Trim Document to Selection** do Scene Builder.
- O alinhamento de um `VBox` determina o posicionamento de layout dos seus filhos.
- O tamanho preferencial (largura e altura) do nó raiz do grafo de cena é usado pela cena para determinar o tamanho da janela quando o aplicativo começa a executar.
- Você pode definir o texto de um `Label` clicando duas vezes nele e digitando o texto, ou selecionando o `Label` e definindo sua propriedade `Text` na seção **Properties** do **Inspector**.
- Ao adicionar controles a um `VBox`, cada novo controle é posicionado abaixo dos anteriores por padrão. Você pode alterar a ordem arrastando os filhos na janela **Hierarchy** do **Scene Builder**.
- Para definir a imagem a ser exibida, selecione a `ImageView`, então defina a propriedade **Image** na seção **Properties** do **Inspector**. A proporção de uma imagem é a proporção da largura em relação à altura da imagem.
- Para especificar o tamanho de uma `ImageView`, configure as propriedades **Fit Width** e **Fit Height** na seção **Layout** do **Inspector**.

Seção 25.5.2 Visão geral das Technologies

- A classe principal do aplicativo JavaFX é herdada de `Application` (pacote `javafx.application.Application`).
- O método `main` da classe principal chama o método `static launch` da classe `Application` para iniciar a execução de um aplicativo JavaFX. Esse método, por sua vez, faz com que o tempo de execução do JavaFX crie um objeto da subclasse `Application` e chame seu método `start`, o qual cria a GUI, anexa esta a uma `Scene` e a insere no `Stage` em que o método start recebe como um argumento.
- Um `GridPane` (pacote `javafx.scene.layout`) organiza os nós JavaFX em colunas e linhas em uma grade retangular.
- Cada célula em um `GridPane` pode estar vazia ou conter um ou mais componentes JavaFX, incluindo contêineres de layout que organizam outros controles.
- Cada componente em um `GridPane` pode se estender por várias colunas ou linhas.
- Um `TextField` (pacote `javafx.scene.control`) pode aceitar a entrada de texto ou exibi-lo.
- Um `Slider` (pacote `javafx.scene.control`) representa um valor no intervalo 0,0 a 100,0 por padrão e permite que o usuário selecione um número nesse intervalo movendo o indicador do `Slider`.
- Um `Button` (pacote `javafx.scene.control`) permite que o usuário inicie uma ação.
- A classe `NumberFormat` (pacote `java.text`) pode formatar strings de moeda e percentual específicas para a localidade.
- As GUIs são baseadas em evento. Quando o usuário interage com um componente GUI, a interação — conhecida como um evento — guia o programa para realizar uma tarefa.
- O código que executa uma tarefa em resposta a um evento é chamado rotina de tratamento de evento.
- Para certos eventos, você pode vincular um controle ao método de tratamento de eventos usando a seção **Code** da janela **Inspector** do Scene Builder. Nesse caso, a classe que implementa a interface ouvinte de eventos será criada para você e chamará o método que especifica.
- Para eventos que ocorrem quando o valor da propriedade de um controle muda, você deve criar a rotina de tratamento de evento inteiramente no código.
- Você implementa a interface `ChangeListener` (pacote `javafx.beans.value`) para responder ao evento quando o usuário move o indicador do `Slider`.
- Aplicativos JavaFX em que a GUI é implementada como FXML aderem ao padrão de designer Model-View-Controller (MVC), que separa os dados de um aplicativo (contidos no modelo), de um lado, e, de outro, a GUI do aplicativo (a visualização) e a lógica de processamento do aplicativo (o controlador). O controlador implementa a lógica para processar entradas do usuário. A visualização apresenta os dados armazenados no modelo. Quando um usuário fornece entrada, o controlador modifica o modelo com a entrada dada. Quando o modelo muda, o controlador atualiza a visualização para apresentar os dados alterados. Em um aplicativo simples, o modelo e o controlador são muitas vezes combinados em uma única classe.
- Em um aplicativo JavaFX FXML, você define as rotinas de tratamento de evento do aplicativo em uma classe de controladores. A classe de controladores define as variáveis de instância para interagir com os controles programaticamente, bem como os métodos de tratamento de evento.
- O método `static load` da classe `FXMLLoader` usa o arquivo FXML que representa a GUI do aplicativo para criar o grafo de cena da GUI e retorna uma referência `Parent` (pacote `javafx.scene`) ao nó raiz do grafo de cena. Ele também inicializa as variáveis de instância do controlador, e cria e registra as rotinas de tratamento de evento para quaisquer eventos especificados na FXML.

Seção 25.5.3 Construindo a GUI do aplicativo

- Se um controle ou o layout for manipulado programaticamente na classe de controladores, você deve fornecer um nome para esse controle ou layout. O nome de cada objeto é especificado por meio da propriedade **fx:id**. Você pode definir o valor dessa propriedade selecionando um componente em sua cena e, então, expandindo a janela **Code** do **Inspector** — a propriedade **fx:id** aparece na parte superior.
- Por padrão, o `GridPane` contém duas colunas e três linhas. Você pode adicionar uma linha acima ou abaixo de uma linha existente clicando com o botão direito em uma linha e selecionando **Grid Pane > Add Row Above** ou **Grid Pane > Add Row Below**. Você pode excluir uma linha ou coluna clicando com o botão direito na guia que contém o número de linha ou coluna e selecionando **Delete**.
- Você pode configurar o texto de um `Button` clicando duas vezes nele, ou selecionando o `Button` e, então, definindo a propriedade **Text** na seção **Properties** da janela **Inspector**.
- O conteúdo de uma coluna `GridPane` é alinhado à esquerda por padrão. Para alterar o alinhamento, selecione a coluna clicando na guia na parte superior ou inferior da coluna e, então, na seção **Layout** do **Inspector**, defina a propriedade **Halignment**.
- Configurar a propriedade **Pref Width** de um nó de uma coluna `GridPane` como `USE_COMPUTED_SIZE` indica que a largura deve basear-se no filho mais largo.
- Para que um `Button` tenha a mesma largura que os outros controles na coluna de um `GridPane`, selecione o `Button` e, então, na seção **Layout** do **Inspector**, configure a propriedade **Max Width** como `MAX_VALUE`.
- Ao projetar sua GUI, você pode visualizá-la no Scene Builder selecionando **Preview > Show Preview in Window**.
- O espaço entre o conteúdo de um nó e as bordas na parte superior, direita, inferior e esquerda é conhecido como preenchimento (*padding*), que separa o conteúdo e as bordas do nó. Para definir o preenchimento, selecione o nó e, então, na seção **Layout** do **Inspector**, configure os valores da propriedade **Padding**.
- Você pode especificar o valor padrão do espaço entre colunas e linhas de um `GridPane` com as propriedades **Hgap** (espaço horizontal) e **Vgap** (espaço vertical), respectivamente.
- Você só pode digitar em um `TextField` se ele tiver o "foco", ou seja, é o controle com o qual o usuário interage. Ao clicar em um controle interativo, este recebe o foco. Da mesma forma, ao pressionar a tecla *Tab,* o foco é transferido do controle focalizável atual para o próximo — isso ocorre na ordem em que os controles foram adicionados à GUI.

Seção 25.5.4 Classe `TipCalculator`

- Para exibir uma GUI, você deve anexá-la a uma `Scene` e, então, anexar a `Scene` ao `Stage` que é passado para o Método `Application start`.
- Por padrão, o tamanho da `Scene` é determinado pelo tamanho do nó raiz do grafo de cena. Versões sobrecarregadas do construtor `Scene` permitem especificar o tamanho e o preenchimento da `Scene` (uma cor, degradê ou imagem), que aparece no fundo da `Scene`.
- O método `setTitle Scene` especifica o texto que aparece na barra de título da janela `Stage`.
- O método `Stage setScene` insere uma `Scene` em um `Stage`.
- O método `Stage show` exibe a janela `Stage`.

Seção 25.5.5 Classe `TipCalculatorController`

- O `RoundingMode enum` do pacote `java.math` é usado para especificar como valores `BigDecimal` são arredondados durante cálculos ou ao formatar números de ponto flutuante como `Strings`.
- A classe `NumberFormat` do pacote `java.text` fornece capacidades de formatação numérica, como formatos de moeda e porcentagem específicos da localidade.
- A rotina de tratamento de evento de um `Button` recebe um `ActionEvent`, que indica que o `Button` foi clicado. Muitos controles JavaFX suportam `ActionEvents`.
- O pacote `javafx.scene.control` contém muitas classes de controle JavaFX.
- A anotação `@FXML` que precede uma variável de instância indica que o nome da variável pode ser usado no arquivo FXML que descreve a GUI do aplicativo. Os nomes de variáveis que você especifica na classe de controladores devem corresponder precisamente aos valores **fx:id** especificados ao criar a GUI.
- Quando o `FXMLLoader` carrega um arquivo FXML para criar uma GUI, ele também inicializa cada uma das variáveis de instância do controlador que são declaradas com `@FXML` para garantir que elas referenciam os componentes GUI correspondentes no arquivo FXML.
- A notação `@FXML` que precede um método indica que o método pode ser usado para especificar uma rotina de tratamento de evento do controle no arquivo FXML que descreve a GUI do aplicativo.
- Quando o `FXMLLoader` cria um objeto de uma classe de controladores, ele determina se a classe contém um método `initialize` sem parâmetros e, se contiver, chama esse método para inicializar o controlador. Esse método pode ser utilizado para configurar o controlador antes de a GUI ser exibida.
- Uma classe interna anônima é uma classe que é declarada sem um nome e normalmente aparece dentro de uma declaração de método.
- Como uma classe interna anônima não tem nomes, deve-se criar um objeto da classe no ponto em que a classe é declarada.

- Uma classe interna anônima pode acessar suas variáveis de instância, e suas variáveis e métodos `static` de sua classe de nível superior, mas tem acesso limitado às variáveis locais do método em que é declarada — ela só pode acessar as variáveis locais `final` declaradas no corpo do método delimitador. (A partir do Java SE 8, uma classe interna anônima também pode acessar as variáveis locais efetivamente `final` de uma classe.)

Exercícios de revisão

25.1 Preencha as lacunas em cada uma das seguintes afirmações:

a) Um(a) ________ pode exibir texto e aceitar entrada de texto do usuário.

b) Use um(a) ________ para organizar componentes GUI em células em uma grade retangular.

c) A janela ________ do JavaFX Scene Builder mostra a estrutura da GUI e permite selecionar e reorganizar os controles.

d) Você implementa a interface ________ para responder a eventos quando o usuário move o indicador de um `Slider`.

e) Um(a) ________ representa a janela do aplicativo.

f) O método ________ é chamado pelo `FXMLLoader` antes de a GUI ser exibida.

g) O conteúdo de uma cena é posicionado no(a) ________.

h) Os elementos no grafo de cena são chamados ________.

i) O(A) ________ permite construir JavaFX GUIs usando as técnicas de arrastar e soltar.

j) Um arquivo ________ contém a descrição de uma GUI do JavaFX.

25.2 Determine se cada um dos seguintes itens é *verdadeiro* ou *falso*. Se *falso*, explique por quê.

a) Você deve criar JavaFX GUIs codificando-as manualmente no Java.

b) O layout `VBox` organiza os componentes verticalmente em uma cena.

c) Para alinhar os controles à direita em uma coluna `GridPane`, configure a propriedade **Alignment** como `RIGHT`.

d) O `FXMLLoader` inicializa as variáveis de instância `@FXML` do controlador.

e) Você sobrescreve o método `launch` da classe `Application` para exibir o estágio de um aplicativo JavaFX.

f) O controle com o qual o usuário interage "tem o foco".

g) Por padrão, um `Slider` permite selecionar valores de 0 a 255.

h) Um nó pode se estender por várias colunas em um `GridPane`.

i) Cada subclasse `Application` deve sobrescrever o método `start`.

Respostas dos exercícios de revisão

25.1 a) `TextField`. b) `GridPane`. c) Hierarchy. d) `ChangeListener<Number>`. e) `Stage`. f) `initialize`. g) grafo de cena. h) nós. i) JavaFX Scene Builder. j) FXML.

25.2 a) Falso. Você pode usar o JavaFX Scene Builder para criar JavaFX GUIs sem escrever nenhum código. b) Verdadeiro. c) Falso. O nome da propriedade é **Halignment** d) Verdadeiro. e) Falso. Você sobrescreve o método `start` da classe `Application` para exibir o estágio de um aplicativo JavaFX. f) Verdadeiro. g) Falso. Por padrão, um `Slider` permite selecionar valores de 0 a 100,0. h) Verdadeiro. i) Verdadeiro.

Questões

25.3 ***(Aplicativo de colagem)*** Encontre quatro imagens de marcos famosos usando sites como o Flickr. Crie um aplicativo semelhante ao aplicativo **Welcome** em que você organiza as imagens em uma colagem. Adicione o texto que identifica cada marco. Utilize imagens que fazem parte do seu projeto ou especifique o URL de uma imagem que está on-line.

25.4 ***(Aplicativo* Tip Calculator *aprimorado)*** Modifique o aplicativo **Tip Calculator** para permitir que o usuário insira o número de pessoas em uma festa. Calcule e exiba o valor devido por cada pessoa se a conta tivesse de ser dividida uniformemente entre os membros da festa.

25.5 ***(Aplicativo calculador de hipoteca)*** Crie um aplicativo calculador de hipoteca que permite ao usuário inserir um preço de compra, um pagamento de entrada e uma taxa de juros. Com base nesses valores, o aplicativo deve calcular o valor do empréstimo (preço de compra menos o pagamento de entrada) e exibir o pagamento mensal para empréstimos de 10, 20 e 30 anos. Permita que o usuário selecione um prazo personalizado de empréstimo (em anos) usando um `Slider` e exiba o pagamento mensal para esse prazo personalizado do empréstimo.

25.6 ***(Aplicativo de cálculo de pagamento de empréstimo estudantil)*** Um banco oferece empréstimos estudantis que podem ser pagos em 5, 10, 15, 20, 25 ou 30 anos. Escreva um aplicativo que permite ao usuário inserir o valor do empréstimo e a taxa de juros anual. Com base nesses valores, o aplicativo deve exibir o prazo do empréstimo em anos e os pagamentos mensais correspondentes.

25.7 ***(Aplicativo de cálculo de financiamento de veículo)*** Normalmente, bancos oferecem financiamentos de veículos por períodos que variam de dois a cinco anos (24 a 60 meses). Os clientes pagam os empréstimos em parcelas mensais. O valor de cada pagamento mensal baseia-se no prazo do empréstimo, no valor emprestado e na taxa de juros. Crie um aplicativo que permite ao cliente inserir o preço de um veículo, o valor do pagamento de entrada e a taxa de juros anual do empréstimo. O aplicativo deve exibir o prazo do empréstimo em meses e os pagamentos mensais para empréstimos de dois, três, quatro e cinco anos. A variedade das opções permite ao usuário comparar facilmente os planos de pagamento e escolher o mais adequado.

25.8 ***(Aplicativo de cálculo de quilômetros por litro)*** Motoristas muitas vezes querem saber quantos quilômetros por litro seus carros fazem para poder estimar os custos da gasolina. Desenvolva um aplicativo que permita ao usuário inserir o número de quilômetros percorridos e o número de litros utilizados e calcular e exibir os quilômetros correspondentes por litro.

Fazendo a diferença

25.9 ***(Aplicativo de cálculo do índice de massa corporal)*** A fórmula para calcular o IMC é:

$$IMC = \frac{peso\ (kg)}{altura^2\ (m^2)}$$

$$IMC = \frac{peso\ (libras) \times 703}{altura^2\ (polegadas^2)}$$

Crie um aplicativo que calcule o IMC que permita ao usuário inserir o peso e a altura, sendo esses valores em unidades inglesas ou em unidades métricas e, então, calcule e exiba o índice de massa corporal do usuário. O aplicativo também deve exibir as seguintes informações da Organização Mundial da Saúde (OMS):

```
IMC           Classificação
< 16          Magreza grave
16 a < 17     Magreza moderada
17 a < 18,5   Magreza leve
18,5 a < 25   Saudável
25 a < 30     Sobrepeso
30 a < 35     Obesidade Grau I
35 a < 40     Obesidade Grau II (severa)
≥ 40          Obesidade Grau III (mórbida)
```

25.10 ***(Calculadora de frequência cardíaca)*** Ao fazer exercícios físicos, você pode utilizar um monitor de frequência cardíaca para ver se sua frequência permanece dentro de um intervalo seguro sugerido pelos seus treinadores e médicos. Segundo a American Heart Association (AHA), a fórmula para calcular a *frequência cardíaca máxima* por minuto é *220 menos a idade* (`http://bit.ly/AHATargetHeartRates`). Sua *frequência cardíaca alvo* é um intervalo entre 50 e 85% da frequência cardíaca máxima. [*Observação:* essas fórmulas são estimativas fornecidas pela AHA. As frequências cardíacas máximas e alvo podem variar com base na saúde, capacidade física e sexo da pessoa. Sempre consulte um médico ou profissional de saúde qualificado antes de começar ou modificar um programa de exercícios físicos.] Escreva um aplicativo que insira a idade da pessoa, então calcule e exiba a frequência cardíaca máxima e a frequência cardíaca alvo da pessoa.

A

Tabela de precedência de operador

Os operadores são mostrados em ordem de precedência decrescente de cima para baixo (Figura A.1).

Operador	Descrição	Associatividade
++	incremento pós-fixo unário	da direita para a esquerda
--	decremento pós-fixo unário	
++	incremento pré-fixo unário	da direita para a esquerda
--	decremento pré-fixo unário	
+	mais unário	
-	menos unário	
!	negação lógica unária	
~	complemento unário sobre bits	
(*tipo*)	coerção unária	
*	multiplicação	da esquerda para a direita
/	divisão	
%	resto	
+	adição ou concatenação de string	da esquerda para a direita
-	subtração	
<<	deslocamento para a esquerda	da esquerda para a direita
>>	deslocamento para a direita com sinal	
>>>	deslocamento para a direita sem sinal	
<	menor que	da esquerda para a direita
<=	menor que ou igual a	
>	maior que	
>=	maior que ou igual a	
instanceof	comparação de tipo	
==	é igual a	da esquerda para a direita
!=	não é igual a	
&	E sobre bits E lógico booleano	da esquerda para a direita
^	OU exclusivo sobre bits OU lógico booleano exclusivo	da esquerda para a direita

continua

continuação

<table>
<tr><th>Operador</th><th>Descrição</th><th>Associatividade</th></tr>
<tr><td>|</td><td>OU inclusivo sobre bits
OU inclusivo lógico booleano</td><td>da esquerda para a direita</td></tr>
<tr><td>&&</td><td>E condicional</td><td>da esquerda para a direita</td></tr>
<tr><td>||</td><td>OU condicional</td><td>da esquerda para a direita</td></tr>
<tr><td>?:</td><td>condicional</td><td>da direita para a esquerda</td></tr>
<tr><td>=</td><td>atribuição</td><td>da direita para a esquerda</td></tr>
<tr><td>+=</td><td>atribuição de adição</td><td></td></tr>
<tr><td>-=</td><td>atribuição de subtração</td><td></td></tr>
<tr><td>*=</td><td>atribuição de multiplicação</td><td></td></tr>
<tr><td>/=</td><td>atribuição de divisão</td><td></td></tr>
<tr><td>%=</td><td>atribuição de resto</td><td></td></tr>
<tr><td>&=</td><td>atribuição E de bits</td><td></td></tr>
<tr><td>^=</td><td>atribuição de OU exclusivo de bits</td><td></td></tr>
<tr><td>|=</td><td>atribuição de OU inclusivo de bits</td><td></td></tr>
<tr><td><<=</td><td>atribuição de deslocamento para a esquerda de bits</td><td></td></tr>
<tr><td>>>=</td><td>atribuição de bits com deslocamento para a direita com sinal</td><td></td></tr>
<tr><td>>>>=</td><td>atribuição de bits com deslocamento para a direita sem sinal</td><td></td></tr>
</table>

Figura A.1 | Tabela de precedência de operadores.

Conjunto de caracteres ASCII

B

	0	1	2	3	4	5	6	7	8	9
0	nul	soh	stx	etx	eot	enq	ack	bel	bs	ht
1	nl	vt	ff	cr	so	si	dle	dc1	dc2	dc3
2	dc4	nak	syn	etb	can	em	sub	esc	fs	gs
3	rs	us	sp	!	"	#	$	%	&	‘
4	(	)	*	+	,	-	.	/	0	1
5	2	3	4	5	6	7	8	9	:	;
6	<	=	>	?	@	A	B	C	D	E
7	F	G	H	I	J	K	L	M	N	O
8	P	Q	R	S	T	U	V	W	X	Y
9	Z	[	\	]	^	_	’	a	b	c
10	d	e	f	g	h	i	j	k	l	m
11	n	o	p	q	r	s	t	u	v	w
12	x	y	z	{	|	}	~	del		

Figura B.1 | Conjunto de caracteres ASCII.

Os dígitos à esquerda da tabela são os dígitos à esquerda dos equivalentes decimais (0 a 127) dos códigos de caractere, e os dígitos na parte superior da tabela são os dígitos à direita dos códigos de caractere. Por exemplo, o código de caractere para "F" é 70 e o código de caractere para "&" é 38.

A maioria dos usuários deste livro está interessada no conjunto de caracteres ASCII utilizado para representar caracteres da língua inglesa em muitos computadores. O conjunto de caracteres ASCII é um subconjunto do conjunto de caracteres Unicode utilizado pelo Java para representar caracteres da maioria dos idiomas do mundo. Para obter mais informações sobre o conjunto de caracteres Unicode, consulte o Apêndice H, em inglês, no Site de Apoio do livro.

C

Palavras-chave e palavras reservadas

Palavras-chave do Java				
`abstract`	`assert`	`boolean`	`break`	`byte`
`case`	`catch`	`char`	`class`	`continue`
`default`	`do`	`double`	`else`	`enum`
`extends`	`final`	`finally`	`float`	`for`
`if`	`implements`	`import`	`instanceof`	`int`
`interface`	`long`	`native`	`new`	`package`
`private`	`protected`	`public`	`return`	`short`
`static`	`strictfp`	`super`	`switch`	`synchronized`
`this`	`throw`	`throws`	`transient`	`try`
`void`	`volatile`	`while`		
Palavras-chave que não são atualmente utilizadas				
`const`	`goto`			

Figura C.1 | Palavras-chave do Java.

O Java também contém as palavras reservadas `true` e `false`, que são literais `boolean`, e `null`, que é o literal que representa uma referência a nada. Assim como as palavras-chave, essas palavras reservadas não podem ser utilizadas como identificadores.

D

Tipos primitivos

Tipo	Tamanho em bits	Valores	Padrão
`boolean`		`true` ou `false`	
[*Observação*: a representação de um `boolean` é específica à Java Virtual Machine em cada plataforma.]			
`char`	16	`'\u0000'` a `'\uFFFF'` (0 a 65535)	(conjunto de caracteres Unicode ISO)
`byte`	8	–128 a +127 ($–2^7$ a $2^7 – 1$)	
`short`	16	–32.768 a +32.767 ($–2^{15}$ a $2^{15} – 1$)	
`int`	32	–2.147.483.648 a +2.147.483.647 ($–2^{31}$ a $2^{31} – 1$)	
`long`	64	–9.223.372.036.854.775.808 a +9.223.372.036.854.775.807 ($–2^{63}$ a $2^{63} – 1$)	
`float`	32	*Intervalo negativo:* –3,4028234663852886E+38 a –1,40129846432481707e–45 *Intervalo positivo:* 1,40129846432481707e–45 a 3,4028234663852886E+38	(IEEE 754, ponto flutuante)
`double`	64	*Intervalo negativo:* –1,7976931348623157E+308 a –4,94065645841246544e–324 *Intervalo positivo:* 4,94065645841246544e–324 a 1,7976931348623157E+308	(IEEE 754, ponto flutuante)

Figura D.1 | Tipos primitivos do Java.

Você pode usar sublinhados para tornar valores literais numéricos mais legíveis. Por exemplo, `1_000_000` é equivalente a `1000000`.

Para obter mais informações sobre o IEEE 754, visite `http://grouper.ieee.org/groups/754/`. Para obter mais informações sobre o Unicode, consulte o Apêndice H, em inglês, no Site de Apoio do livro.

E

Utilizando o depurador

And so shall I catch the fly.
— William Shakespeare

Fomos criados para cometer equívocos, programados para erro.
— Lewis Thomas

O que antecipamos raramente ocorre; o que menos esperamos geralmente acontece.
— Benjamin Disraeli

Objetivos

Neste apêndice, você irá:

- Configurar pontos de interrupção para depurar aplicativos.
- Utilizar o comando `run` para executar um aplicativo por meio do depurador.
- Utilizar o comando `stop` para configurar um ponto de interrupção.
- Utilizar o comando `cont` para continuar a execução.
- Utilizar o comando `print` para avaliar expressões.
- Utilizar o comando `set` para alterar valores de variáveis durante a execução do programa.
- Utilizar os comandos `step`, `step up` e `next` para controlar a execução.
- Utilizar o comando `watch` para ver como um campo é modificado durante a execução do programa.
- Utilizar o comando `clear` para listar pontos de interrupção ou remover um ponto de interrupção.

Sumário

E.1 Introdução

No Capítulo 2, você aprendeu que há dois tipos de erro — de sintaxe e de lógica — e aprendeu a eliminar erros de sintaxe do seu código. Erros de lógica não impedem que o aplicativo compile com sucesso, mas fazem com que ele produza resultados errôneos quando executado. O JDK inclui um software chamado de **depurador**, que permite monitorar a execução dos seus aplicativos para que você possa localizar e remover erros de lógica. O depurador será uma das suas ferramentas mais importantes de desenvolvimento de aplicativos. Muitos IDEs fornecem depuradores próprios semelhantes àquele incluído no JDK ou fornecem uma interface gráfica com o usuário para o depurador do JDK.

Este apêndice demonstra os recursos-chave do depurador do JDK que utilizam aplicativos de linha de comando e não recebem nenhuma entrada do usuário. Os mesmos recursos de depurador discutidos aqui podem ser utilizados para depurar aplicativos que recebem a entrada do usuário, mas depurar esses aplicativos requer uma configuração um pouco mais complexa. Para focalizar os recursos do depurador, optamos por demonstrá-lo com aplicativos de linha de comando simples que não envolvem nenhuma entrada do usuário. Para informações adicionais sobre o depurador Java, visite `http://docs.oracle.com/javase/7/docs/technotes/tools/windows/jdb.html`.

E.2 Pontos de interrupção e os comandos run, stop, cont e print

Iniciamos nosso estudo do depurador investigando os **pontos de interrupção**, que são marcadores que podem ser configurados em qualquer linha executável do código. Quando a execução do aplicativo alcança um ponto de interrupção, a execução pausa, permitindo que você examine os valores das variáveis para ajudar a determinar se há erros de lógica. Por exemplo, você pode examinar o valor de uma variável que armazena o resultado de um cálculo a fim de determinar se o cálculo foi realizado corretamente. Configurar um ponto de interrupção em uma linha de código que não é executável (como um comentário) faz com que o depurador exiba uma mensagem de erro.

Para ilustrar os recursos do depurador, utilizaremos o aplicativo `AccountTest` (Figura E.1), que cria e manipula um objeto da classe `Account` (Figura 3.8). A execução de `AccountTest` inicia em `main` (linhas 7 a 24). A linha 9 cria um objeto `Account` com um saldo inicial de US$ 50,00. Lembre-se de que o construtor de `Account` aceita um argumento, que especifica o `balance` (saldo) inicial de `Account`. As linhas 12 e 13 geram a saída do saldo inicial na conta utilizando o método `getBalance` de `Account`. A linha 15 declara e inicializa uma variável local `depositAmount`. As linhas 17 a 19 então imprimem `depositAmount` e o adicionam ao `balance` de `Account` utilizando seu método `credit`. Por fim, as linhas 22 e 23 exibem o novo `balance`. [*Observação:* o diretório de exemplos da Figura 3.8 contém uma cópia de `Account.java` idêntica àquela na Figura 3.8.]

```
1  // Figura E.1: AccountTest.Java
2  // Cria e manipula um objeto Account.
3
4  public class AccountTest
5  {
6     // método main inicia a execução
7     public static void main(String[] args)
8     {
9        Account account = new Account("Jane Green", 50.00);
10
11       // exibe o saldo inicial do objeto Account
12       System.out.printf("initial account balance: $%.2f%n",
13          account.getBalance());
14
15       double depositAmount = 25.0; // deposita uma quantia
16
```

continua

continuação

```
        System.out.printf("%nadding %.2f to account balance%n%n",
           depositAmount);
        account.deposit(depositAmount); // adiciona ao saldo da conta

        // exibe um novo saldo
        System.out.printf("new account balance: $%.2f%n",
           account.getBalance());
     }
  } // fim da classe AccountTest
```

```
initial account balance: $50.00

adding 25.00 to account balance

new account balance: $75.00
```

Figura E.1 | Criando e manipulando um objeto `Account`.

Nos passos a seguir, você utilizará pontos de interrupção e vários comandos de depurador para examinar o valor da variável `depositAmount` declarada em `AccountTest` (Figura E.1).

1. ***Abrindo a janela do*** **Command Prompt** ***e mudando de diretório.*** Abra a janela do **Command Prompt** selecionando **Start > Programs > Accessories > Command Prompt**. Mude para o diretório que contém os exemplos do Apêndice E digitando `cd C:\examples\debugger` [*Observação:* se seus exemplos estiverem em um diretório diferente, utilize este diretório aqui.]
2. ***Compilando o aplicativo para depuração.*** O depurador Java só funciona com os arquivos `.class` compilados com a opção de compilador `-g`, que gera informações utilizadas pelo depurador para ajudar a depurar seus aplicativos. Compile o aplicativo com a opção de linha de comando `-g` digitando `javac -g AccountTest.java Account.java`. A partir do Capítulo 3, lembre-se de que esse comando compila tanto `AccountTest.java` como `Account.java`. O comando `java -g *.java` compila todos os arquivos `.java` do diretório de trabalho para depuração.
3. ***Iniciando o depurador.*** No **Command Prompt**, digite `jdb` (Figura E.2). Esse comando iniciará o depurador Java e permitirá que você utilize os seus recursos. [*Observação:* modificamos as cores da nossa janela **Command Prompt** por questão de legibilidade.]
4. ***Executando um aplicativo no depurador.*** Execute o aplicativo `AccountTest` por meio do depurador digitando **`run AccountTest`** (Figura E.3). Se você não configurar pontos de interrupção antes de executar seu aplicativo no depurador, o aplicativo executará como faria utilizando o comando `java`.

```
C:\examples\debugger>javac -g AccountTest.java Account.java

C:\examples\debugger>jdb
Initializing jdb ...
>
```

Figura E.2 | Iniciando o depurador Java.

```
C:\examples\debugger>jdb
Initializing jdb ...
> run AccountTest
run  AccountTest
Set uncaught java.lang.Throwable
Set deferred uncaught java.lang.Throwable
>
VM Started: initial account balance: $50.00

adding 25.00 to account balance

new account balance: $75.00
The application exited
```

Figura E.3 | Executando o aplicativo `AccountTest` por meio do depurador.

5. ***Reiniciando o depurador.*** Para utilização adequada do depurador, você deve configurar pelo menos um ponto de interrupção antes de executar o aplicativo. Reinicie o depurador digitando `jdb`.

6. ***Inserindo pontos interrupção em Java.*** Você configura um ponto de interrupção em uma linha específica do código no seu aplicativo. Os números das linhas utilizados nestes passos são provenientes do código-fonte na Figura E.1. Configure um ponto de interrupção na linha 12 no código-fonte digitando `stop at AccountTest:12` (Figura E.4). O **comando `stop`** insere um ponto de interrupção no número da linha especificada depois do comando. Você pode configurar quantos pontos de interrupção forem necessários. Configure um outro ponto de interrupção na linha 19 digitando `stop at AccountTest:19` (Figura E.4). Quando o aplicativo executa, ele interrompe a execução em qualquer linha que contenha um ponto de interrupção. Diz-se que o aplicativo está no **modo de interrupção** (*break mode*) quando o depurador pausa a execução do aplicativo. Pontos de interrupção podem ser até mesmo configurados depois de o processo de depuração ter iniciado. O comando de depurador `stop in`, seguido por um nome de classe, um ponto e um nome de método (por exemplo, `stop in Account.credit`) instrui o depurador a configurar um ponto de interrupção na primeira instrução executável no método especificado. O depurador pausa a execução quando o controle do programa entra no método.

7. ***Executando o aplicativo e começando o processo de depuração.*** Digite `run AccountTest` para executar o aplicativo e começar o processo de depuração (Figura E.5). O depurador imprime texto indicando que os pontos de interrupção foram configurados nas linhas 12 e 19. Ele identifica cada ponto de interrupção como um "deferred breakpoint" ("ponto de interrupção adiado"), pois cada um foi configurado antes de o aplicativo iniciar a execução no depurador. O aplicativo pausa quando a execução alcança o ponto de interrupção na linha 12. Nesse ponto, o depurador o notifica de que um ponto de interrupção foi alcançado e exibe o código-fonte nessa linha (12). Essa linha do código é a próxima instrução que será executada.

8. ***Utilizando o comando `cont` para retomar a execução.*** Digite `cont`. O **comando `cont`** faz com que o aplicativo continue a execução até o próximo ponto de interrupção ser alcançado (linha 19) quando o depurador o notifica (Figura E.6). A saída normal de `AccountTest` aparece entre as mensagens do depurador.

```
C:\examples\debugger>jdb
Initializing jdb ...
> stop at AccountTest:12
Deferring breakpoint AccountTest:12.
It will be set after the class is loaded.
> stop at AccountTest:19
Deferring breakpoint AccountTest:19.
It will be set after the class is loaded.
>
```

Figura E.4 | Configurando pontos de interrupção nas linhas 12 e 19.

```
It will be set after the class is loaded.
> run AccountTest
run  AccountTest
Set uncaught java.lang.Throwable
Set deferred uncaught java.lang.Throwable
>
VM Started: Set deferred breakpoint AccountTest:19
Set deferred breakpoint AccountTest:12

Breakpoint hit: "thread=main", AccountTest.main(), line=12 bci=13
12          System.out.printf("initial account balance: $%.2f%n",

main[1]
```

Figura E.5 | Reiniciando o aplicativo `AccountTest`.

```
main[1] cont
> initial account balance: $50.00

adding 25.00 to account balance

Breakpoint hit: "thread=main", AccountTest.main(), line=19 bci=60
19          account.deposit(depositAmount); // add to account balance

main[1]
```

Figura E.6 | A execução alcança o segundo ponto de interrupção.

9. ***Examinando o valor de uma variável.*** Digite `print depositAmount` para exibir o valor atual armazenado na variável `depositAmount` (Figura E.7). O **comando `print`** permite examinar dentro do computador o valor de uma das suas variáveis. Esse comando lhe ajudará a encontrar e eliminar erros de lógica no seu código. O valor exibido é `25.0` — o valor atribuído a `depositAmount` na linha 15 da Figura E.1.
10. ***Continuando a execução do aplicativo.*** Digite `cont` para continuar a execução do aplicativo. Não há nenhum ponto de interrupção, portanto o aplicativo não está mais no modo de interrupção. O aplicativo continua a execução e consequentemente termina (Figura E.8). O depurador irá parar quando o aplicativo terminar.

```
main[1] print depositAmount
 depositAmount = 25.0
main[1]
```

Figura E.7 | Examinando o valor da variável `depositAmount`.

```
main[1] cont
> new account balance: $75.00

The application exited
```

Figura E.8 | Continuando a execução do aplicativo e encerrando o depurador.

E.3 Os comandos `print` e `set`

Na seção anterior, você aprendeu a utilizar o comando `print` do depurador para examinar o valor de uma variável durante a execução do programa. Nesta seção, você aprenderá a utilizar o comando `print` para examinar o valor de expressões mais complexas. Você também aprenderá como utilizar o **comando `set`**, que permite ao programador atribuir novos valores a variáveis.

Para esta seção, supomos que você seguiu os *passos 1* e *2*, na Seção E.2, para abrir a janela **Command Prompt**, mudar para o diretório que contém os exemplos deste apêndice (por exemplo, `C:\examples\debugger`) e compilar o aplicativo `AccountTest` (e a classe `Account`) para depuração.

1. ***Iniciando a depuração.*** No **Command Prompt**, digite `jdb` para iniciar o depurador de Java.
2. ***Inserindo um ponto de interrupção.*** Configure um ponto de interrupção na linha 19 no código-fonte digitando `stop at AccountTest:19`.
3. ***Executando o aplicativo e alcançando um ponto de interrupção.*** Digite `run AccountTest` para iniciar o processo de depuração (Figura E.9). Isso fará com que o método `main` de `AccountTest` seja executado até o ponto de interrupção na linha 19 ser alcançado. Isso suspende a execução do aplicativo e alterna o aplicativo para o modo de interrupção. Nesse ponto, as instruções nas linhas 9 a 13 criaram um objeto `Account` e imprimiram o saldo inicial da `Account` obtido chamando o método `getBalance`. A instrução na linha 15 (Figura E.1) declarou e inicializou a variável local `depositAmount` como `25.0`. A instrução na linha 19 é a próxima que será executada.

```
C:\examples\debugger>jdb
Initializing jdb ...
> stop at AccountTest:19
Deferring breakpoint AccountTest:19.
It will be set after the class is loaded.
> run AccountTest
run  AccountTest
Set uncaught java.lang.Throwable
Set deferred uncaught java.lang.Throwable
>
VM Started: Set deferred breakpoint AccountTest:19
initial account balance: $50.00

adding 25.00 to account balance

Breakpoint hit: "thread=main", AccountTest.main(), line=19 bci=60
19          account.deposit(depositAmount); // add to account balance

main[1]
```

Figura E.9 | A execução do aplicativo é suspensa quando o depurador alcança o ponto de interrupção na linha 19.

4. ***Avaliando expressões aritméticas e booleanas.*** Lembre-se, da Figura E.2, que depois de o aplicativo entrar no modo de interrupção, você pode explorar os valores das variáveis do aplicativo utilizando o comando `print` depurador. Você também pode utilizar o comando `print` para avaliar expressões aritméticas e `booleanas`. Na janela do **Command Prompt**, digite `print depositAmount - 2.0`. O comando `print` retorna o valor `23.0` (Figura E.10). Entretanto, esse comando na verdade não altera o valor de `depositAmount`. Na janela do **Command Prompt**, digite `print depositAmount == 23.0`. Expressões contendo o símbolo == são tratadas como expressões `boolean`. O valor retornado é `false` (Figura E.10) porque `depositAmount` atualmente não contém o valor `23.0` — `depositAmount` ainda é `25.0`.
5. ***Modificando valores.*** O depurador permite alterar os valores das variáveis durante a execução do aplicativo. Isso pode ser valioso para experimentar diferentes valores e localizar erros de lógica nos aplicativos. Você pode utilizar o comando `set` do depurador para alterar o valor de uma variável. Digite `set depositAmount = 75.0`. O depurador altera o valor de `depositAmount` e exibe seu novo valor (Figura E.11).
6. ***Visualizando o resultado do aplicativo.*** Digite `cont` para continuar a execução do aplicativo. A linha 19 de `AccountTest` (Figura E.1) é executada, passando `depositAmount` para o método `credit` de `Account`. O método `main` então exibe o novo saldo. O resultado é `$125.00` (Figura E.12). Isso mostra que o passo anterior alterou o valor de `depositAmount` a partir do seu valor inicial (`25.0`) para `75.0`.

```
main[1] print depositAmount - 2.0
 depositAmount - 2.0 = 23.0
main[1] print depositAmount == 23.0
 depositAmount == 23.0 = false
main[1]
```

Figura E.10 | Examinando os valores de uma expressão aritmética e `booleana`.

```
main[1] set depositAmount = 75.0
 depositAmount = 75.0 = 75.0
main[1]
```

Figura E.11 | Modificando valores.

```
main[1] cont
> new account balance: $125.00

The application exited

C:\examples\debugger>
```

Figura E.12 | Saída mostrando novo saldo da conta com base no valor alterado de `depositAmount`.

E.4 Controlando a execução utilizando os comandos `step`, `step up` e `next`

Às vezes, será necessário executar um aplicativo linha por linha para encontrar e corrigir erros. Investigar uma parte do seu aplicativo desta maneira pode ajudá-lo a verificar se o código de um método executa corretamente. Nesta seção, você aprenderá a utilizar o depurador para essa tarefa. Os comandos que você aprenderá nesta seção permitem executar um método linha por linha, executar todas as instruções de um método de uma vez ou executar apenas as instruções remanescentes de um método (se você já tiver executado algumas instruções dentro do método).

Mais uma vez, supomos que você esteja trabalhando no diretório que contém os exemplos deste apêndice e que tenha compilado para depuração com a opção de compilador `-g`.

1. ***Iniciando o depurador.*** Inicie o depurador digitando `jdb`.
2. ***Configurando um ponto de interrupção.*** Digite `stop at AccountTest:19` para configurar um ponto de interrupção na linha 19.
3. ***Executando o aplicativo.*** Execute o aplicativo digitando `run AccountTest`. Depois que o aplicativo exibe as duas mensagens de saída, o depurador indica que o ponto de interrupção foi alcançado e exibe o código na linha 19. O depurador e o aplicativo então fazem uma pausa e esperam o próximo comando a ser inserido.
4. ***Utilizando o comando `step`.*** O **comando `step`** executa a próxima instrução no aplicativo. Se a próxima instrução a executar for uma chamada de método, o controle será transferido para o método chamado. O comando `step` permite que você entre em um método e estude as instruções individuais desse método. Por exemplo, você pode utilizar os comandos `print` e `set` para visualizar e modificar as variáveis dentro do método. Você agora utilizará o comando `step` para entrar no método `credit` da classe `Account` (Figura 3.8) digitando `step` (Figura E.13). O depurador indica que o passo foi completado e exibe a próxima instrução executável — nesse caso, a linha 21 da classe `Account` (Figura 3.8).
5. ***Utilizando o comando `step up`.*** Depois de utilizar o comando step into para inspecionar o método `credit`, digite **`step up`**. Esse comando executa as instruções remanescentes no método e retorna o controle ao local em que o método foi chamado. O método `credit` contém apenas uma instrução para adicionar o parâmetro `amount` do método à variável de instância `balance`. O comando `step up` executa essa instrução e então pausa antes da linha 22 em `AccountTest`. Portanto, a próxima ação a ocorrer será imprimir o novo saldo da conta (Figura E.14). Em métodos longos, é recomendável examinar algumas linhas-chave do código e, então, continuar a depurar o código do chamador. O comando `step up` é útil para situações em que você não quer continuar a investigar todo o método linha por linha.
6. ***Utilizando o comando `cont` para continuar a execução.*** Insira o comando `cont` (Figura E.15) para continuar a execução. A instrução nas linhas 22 e 23 é executada, exibindo o novo saldo e então o aplicativo e o depurador terminam.

```
main[1] step
>
Step completed: "thread=main", Account.deposit(), line=24 bci=0
24          if (depositAmount > 0.0) // if the depositAmount is valid

main[1]
```

Figura E.13 | Entrando na inspeção (*stepping into*) do método `credit`.

```
main[1] step up
>
Step completed: "thread=main", AccountTest.main(), line=22 bci=65
22          System.out.printf("new account balance: $%.2f%n",

main[1]
```

Figura E.14 | Saindo da inspeção (*stepping out*) de um método.

```
main[1] cont
> new account balance: $75.00
The application exited
C:\examples\debugger>
```

Figura E.15 | Continuando a execução do aplicativo `AccountTest`.

7. ***Reiniciando o depurador.*** Reinicie o depurador digitando `jdb`.
8. ***Configurando um ponto de interrupção.*** Os pontos de interrupção só persistem até o final da sessão de depuração em que eles são configurados — depois de o depurador encerrar, todos os pontos de interrupção são removidos. (Na Seção E.6, você aprendeu a remover um ponto de interrupção manualmente antes do final da sessão de depuração.) Portanto, o ponto de interrupção configurado para a linha 19 no *Passo 2* não mais existirá depois da reinicialização do depurador no *Passo 7*. Para redefinir o ponto de interrupção na linha 19, digite mais uma vez `stop at AccountTest:19`.
9. ***Executando o aplicativo.*** Digite `run AccountTest` para executar o aplicativo. Como no *Passo 3*, `AccountTest` é executado até o ponto de interrupção na linha 19 ser alcançado, o depurador então pausa e espera o próximo comando.
10. ***Utilizando o comando*** **`next`**. Digite `next`. Esse comando comporta-se como o comando `step`, exceto quando a próxima instrução a executar contém uma chamada de método. Nesse caso, o método chamado é executado na sua totalidade e o aplicativo avança para a próxima linha executável depois da chamada de método (Figura E.16). Lembre-se do *Passo 4* de que o comando `step` entraria no método chamado. Neste exemplo, o comando `next` faz com que o método `Account` `credit` execute e então o depurador pausa na linha 22 em `AccountTest`.
11. ***Utilizando o comando*** **`exit`**. Utilize o comando `exit` para encerrar a sessão de depuração (Figura E.17). Esse comando faz com que o aplicativo `AccountTest` termine imediatamente em vez de executar as instruções restantes em `main`. Ao depurar alguns tipos de aplicativo (por exemplo, aplicativos GUI), o aplicativo continuará a executar mesmo depois de a sessão de depuração terminar.

```
main[1] next
>
Step completed: "thread=main", AccountTest.main(), line=22 bci=65
22          System.out.printf("new account balance: $%.2f%n",

main[1]
```

Figura E.16 | Inspeção (*stepping over*) de uma chamada de método.

```
main[1] exit

C:\examples\debugger>
```

Figura E.17 | Encerrando o depurador.

E.5 O comando watch

Nesta seção, apresentamos o comando `watch`, que instrui o depurador a monitorar um campo. Quando esse campo está em vias de ser alterado, o depurador o notificará. Nesta seção, você aprenderá a utilizar o comando `watch` para ver como o campo `balance` do objeto `Account` é modificado durante a execução do aplicativo `AccountTest`.

Como ocorre nas duas seções anteriores, supomos que você seguiu o *Passo 1* e o *Passo 2* na Seção E.2 para abrir a Command Prompt, mudar para o diretório de exemplos correto e compilar as classes `AccountTest` e `Account` para depuração (isto é, com a opção de compilador `-g`).

1. ***Iniciando o depurador.*** Inicie o depurador digitando `jdb`.
2. ***Monitorando o campo de uma classe.*** Configure um ponto de monitoração (*watch*) no campo `balance` de `Account` digitando `watch Account.balance` (Figura E.18). Você pode configurar um watch em qualquer campo durante a execução do depurador. Sempre que o valor em um campo está em vias de mudar, o depurador entra no modo de interrupção e o notifica de que o valor irá mudar. Os pontos de monitoração só podem ser colocados em campos, não em variáveis locais.

```
C:\examples\debugger>jdb
Initializing jdb ...
> watch Account.balance
Deferring watch modification of Account.balance.
It will be set after the class is loaded.
>
```

Figura E.18 | Configurando um watch no campo `balance` de `Account`.

3. ***Executando o aplicativo.*** Execute o aplicativo com o comando `run AccountTest`. O depurador agora o notificará de que o valor do campo `balance` irá mudar (Figura E.19). Quando o aplicativo é inicializado, uma instância de `Account` é criada com um saldo inicial de US$ 50,00 e uma referência ao objeto `Account` é atribuída à variável local `account` (linha 9, Figura E.1). Com base na Figura 3.8, lembre-se de que quando o construtor desse objeto é executado, se o parâmetro `initialBalance` for maior que `0.0`, a variável de instância `balance` será atribuída ao valor do parâmetro `initialBalance`. O depurador o notifica de que o valor de `balance` será configurado como `50.0`.
4. ***Adicionando dinheiro à conta.*** Digite `cont` para continuar a executar o aplicativo. O aplicativo executa normalmente antes de alcançar o código na linha 19 da Figura E.1, que chama o método `credit` de `Account` para aumentar o `balance` do objeto `Account` por um `amount` especificado. O depurador o notifica de que a variável de instância `balance` irá mudar (Figura E. 20). Embora a linha 19 da classe `AccountTest` chame o método `deposit`, é a linha 25 do método `deposit` de `Account` que realmente altera o valor de `balance`.
5. ***Continuando a execução.*** Digite `cont` — o aplicativo terminará a execução porque ele não tenta nenhuma alteração adicional em `balance` (Figura E.21).
6. ***Reiniciando o depurador e redefinindo o ponto de monitoração sobre a variável.*** Digite `jdb` para reiniciar o depurador. Mais uma vez, configure um ponto de monitoração na variável de instância `balance` de `Account` digitando `watch Account.balance` e então digite `run AccountTest` para executar o aplicativo.
7. ***Removendo o ponto de monitoração no campo.*** Suponha que em um campo você queira monitorar somente uma parte da execução de um programa. Você pode remover o ponto de monitoração do depurador na variável `balance` digitando `unwatch Account.balance` (Figura E.22). Digite `cont` — o aplicativo terminará a execução sem reentrar no modo de interrupção.

```
> run AccountTest
run  AccountTest
Set uncaught java.lang.Throwable
Set deferred uncaught java.lang.Throwable
>
VM Started: Set deferred watch modification of Account.balance
Field (Account.balance) is 0.0, will be 50.0: "thread=main", Acount.<init>(), line=18 bci=17
18              this.balance = balance; // assign to instance variable balance

main[1]
```

Figura E.19 | O aplicativo `AccountTest` para quando `account` é criado e seu campo `balance` será modificado.

```
main[1] cont
> initial account balance: $50.00

adding 25.00 to account balance
Field (Account.balance) is 50.0, will be 75.0: "thread=main",
Account.deposit(), line=25 bci=13

25              balance = balance + depositAmount; // soma este ao balance

main[1]
```

Figura E.20 | Altere o valor de `balance` chamando o método `Account credit`.

```
main[1] cont
> new account balance: $75.00

The application exited

C:\examples\debugger>
```

Figura E.21 | Continuando a execução de `AccountTest`.

```
main[1] unwatch Account.balance
Removed: watch modification of Account.balance
main[1] cont
> initial account balance: $50.00

adding 25.00 to account balance

new account balance: $75.00

The application exited

C:\examples\debugger>
```

Figura E.22 | Removendo o ponto de monitoração na variável `balance`.

E.6 O comando `clear`

Na seção anterior, você aprendeu a utilizar o comando `unwatch` para remover um watch em um campo. O depurador também fornece o comando `clear` para remover um ponto de interrupção de um aplicativo. Frequentemente, você precisará depurar aplicativos que contêm ações repetitivas, como um loop. Talvez você queira examinar os valores das variáveis durante várias, mas possivelmente não todas, iterações do loop. Se configurar um ponto de interrupção no corpo de um loop, o depurador pausará antes de cada execução da linha que contém um ponto de interrupção. Depois de determinar que o loop está funcionando adequadamente, talvez você queira remover o ponto de interrupção e permitir que as iterações restantes prossigam normalmente. Nesta seção, utilizaremos o aplicativo de juros compostos na Figura 5.6 para demonstrar como o depurador comporta-se quando você configura um ponto de interrupção no corpo de uma instrução `for` e como remover um ponto de interrupção no meio de uma sessão de depuração.

1. ***Abrindo a janela* Command Prompt*, mudando diretórios e compilando o aplicativo para depuração.*** Abra a janela do Command Prompt, e então mude para o diretório que contém os exemplos do Apêndice E. Para sua conveniência, fornecemos uma cópia do arquivo `Interest.java` neste diretório. Compile o aplicativo para depuração digitando `javac -g Interest.java`.
2. ***Iniciando o depurador e configurando pontos de interrupção.*** Inicie o depurador digitando `jdb`. Configure os pontos de interrupção nas linhas 13 e 22 da classe `Interest` digitando `stop at Interest:13`, e então `stop at Interest:22`.
3. ***Executando o aplicativo.*** Execute o aplicativo digitando `run Interest`. O aplicativo executa até alcançar o ponto de interrupção na linha 13 (Figura E.23).
4. ***Continuando a execução.*** Digite `cont` para continuar — o aplicativo executa a linha 13, imprimindo os títulos da coluna `"Year"` e `"Amount on deposit"`. A linha 13 aparece antes da instrução `for` nas linhas 16 a 23 em `Interest` (Figura 5.6) e assim é executada somente uma vez. A execução continua depois da linha 13 até o ponto de interrupção na linha 22 ser alcançado durante a primeira iteração da instrução `for` (Figura E.24).
5. ***Examinando valores de variáveis.*** Digite `print year` para examinar o valor atual da variável `year` (isto é, a variável de controle do `for`). Imprima também o valor da variável `amount` (Figura E.25).

```
It will be set after the class is loaded.
> run Interest
run  Interest
Set uncaught java.lang.Throwable
Set deferred uncaught java.lang.Throwable
>
VM Started: Set deferred breakpoint Interest:22
Set deferred breakpoint Interest:13

Breakpoint hit: "thread=main", Interest.main(), line=13 bci=9
13          System.out.printf("%s%20s%n", "Year", "Amount on deposit");

main[1]
```

Figura E.23 | Alcançando o ponto de interrupção na linha 13 no aplicativo `Interest`.

```
main[1] cont
> Year   Amount on deposit
Breakpoint hit: "thread=main", Interest.main(), line=22 bci=55
22              System.out.printf("%4d%,20.2f%n", year, amount);

main[1]
```

Figura E.24 | Alcançando o ponto de interrupção na linha 22 no aplicativo `Interest`.

```
main[1] print year
 year = 1
main[1] print amount
 amount = 1050.0
main[1]
```

Figura E.25 | Imprimindo `year` e `amount` durante a primeira iteração da `for` de `Interest`.

6. ***Continuando a execução.*** Digite `cont` para continuar a execução. A linha 22 executa e imprime os valores atuais de `year` e `amount`. Depois de o `for` entrar na sua segunda iteração, o depurador o notifica de que o ponto de interrupção na linha 22 foi alcançado uma segunda vez. O depurador pausa toda vez que uma linha em que um ponto de interrupção foi configurado está em vias de executar — quando o ponto de interrupção aparece em um loop, o depurador pausa durante cada iteração. Imprima os valores das variáveis `year` e `amount` mais uma vez para ver como eles mudaram desde a primeira iteração da `for` (Figura E.26).
7. ***Removendo um ponto de interrupção.*** Você pode exibir uma lista de todos os pontos de interrupção no aplicativo digitando `clear` (Figura E.27). Suponha que você esteja satisfeito com o funcionamento da instrução `for` do aplicativo `Interest`, assim você quer remover o ponto de interrupção na linha 22 e permitir que as demais iterações do loop prossigam normalmente. Você pode remover o ponto de interrupção na linha 22 digitando `clear Interest:22`. Agora digite `clear` para listar os pontos de interrupção restantes no aplicativo. O depurador deve indicar que só o ponto de interrupção na linha 13 permanece (Figura E.27). Esse ponto de interrupção já foi alcançado e, portanto, deixará de afetar a execução.

```
main[1] cont
>    1           1,050.00
Breakpoint hit: "thread=main", Interest.main(), line=22 bci=55
22              System.out.printf("%4d%,20.2f%n", year, amount);

main[1] print amount
 amount = 1102.5
main[1] print year
 year = 2
main[1]
```

Figura E.26 | Imprimindo `year` e `amount` durante a segunda iteração da `for` de `Interest`.

```
main[1] clear
Breakpoints set:
        breakpoint Interest:13
        breakpoint Interest:22
main[1] clear Interest:22
Removed: breakpoint Interest:22
main[1] clear
Breakpoints set:
        breakpoint Interest:13
main[1]
```

Figura E.27 | Removendo o ponto de interrupção na linha 22.

8. ***Continuando a execução depois de remover um ponto de interrupção.*** Digite `cont` para continuar a execução. Lembre-se de que a execução foi pausada pela última vez antes da instrução `printf` na linha 22. Se o ponto de interrupção na linha 22 foi removido com sucesso, continuar o aplicativo irá gerar a saída correta para as iterações atuais e remanescentes da instrução `for` sem que o aplicativo pare (Figura E.28).

```
main[1] cont
>    2            1,102.50
   3            1,157.63
   4            1,215.51
   5            1,276.28
   6            1,340.10
   7            1,407.10
   8            1,477.46
   9            1,551.33
  10            1,628.89

The application exited

C:\examples\debugger>
```

Figura E.28 | O aplicativo executa sem um ponto de interrupção configurado na linha 22.

E.7 Conclusão

Neste apêndice, você aprendeu a inserir e remover pontos de interrupção no depurador. Os pontos de interrupção permitem pausar a execução do aplicativo para você examinar os valores das variáveis com o comando `print` do depurador. Essa capacidade o ajudará a localizar e corrigir erros de lógica nos seus aplicativos. Você viu como utilizar o comando `print` para examinar o valor de uma expressão e como utilizar o comando `set` para alterar o valor de uma variável. Você também aprendeu os comandos de depurador (incluindo os comandos `step`, `step up` e `next`) que podem ser utilizados para determinar se um método está executando corretamente. Você aprendeu a utilizar o comando `watch` para monitorar um campo por toda a vida de um aplicativo. Por fim, você aprendeu a utilizar o comando `clear` para listar todos os pontos de interrupção configurados para um aplicativo ou a remover pontos de interrupção individuais para continuar a execução sem pontos de interrupção.

Índice

Símbolos

A

B

D

G

H

I

J

N

O

P

S

U

V

W

X

Y

Z